An Overview of TVE in "Belt and Road" Countries

“一带一路”沿线国家
职业教育概览

（上册）

李建求　主编

商务印书馆
创于1897 The Commercial Press
2018年·北京

图书在版编目(CIP)数据

"一带一路"沿线国家职业教育概览 ： 全2册 / 李建求主编． -- 北京 ： 商务印书馆， 2018
ISBN 978-7-100-15600-4

Ⅰ． ①一… Ⅱ． ①李… Ⅲ． ①职业教育－概况－世界 Ⅳ． ① G719.1

中国版本图书馆CIP数据核字（2017）第296556号

"一带一路"沿线国家职业教育概览：全2册
李建求　主编

商　务　印　书　馆　出　版
（北京王府井大街36号　邮政编码100710）
商　务　印　书　馆　发　行
北京市艺辉印刷有限公司印刷
ISBN　978-7-100-15600-4

2018年1月第1版　　开本787×1092　1/16
2018年1月北京第1次印刷　　印张44½
定价：150.00元

编委会

内容提要

本书对“一带一路”沿线国家的基本情况、教育体系、国家学制、院校数量与教育政策等情况做了简要介绍。在此基础上，重点对各国职业技术教育与培训的发展战略与相关法规、现存体系与质量保障、治理模式与师资队伍等现状做出了简要阐述，并对其当前正在实施的职业技术教育与培训重大改革项目进行了重点介绍，对其职业技术教育与培训的诉求和发展趋势进行了分析。

本书的编写可为我国与沿线国家开展多层次、多形式的职业技术教育与培训的交流合作提供参考，为我国职业教育的改革与创新发展提供借鉴，促进中国与“一带一路”沿线各国在教育、经济与人文等方面的相互理解与交流对话。

目录

蒙古国

一、国家概况①

（一）地理

蒙古国（Mongolia），简称蒙古。蒙古地处蒙古高原，是地处亚洲中部的世界第二大内陆国家。蒙古的北面与俄罗斯接壤，东、西、南三面与中国交界，中蒙边界线长达4710千米。蒙古国土面积为156.65万平方千米，大部分为山地或高原，平均海拔1600米。西北部、中部多为山地，东部为丘陵、平原，有一望无际的天然牧场，南部多戈壁沙漠。山地间多溪流、湖泊，主要河流为色楞格河及其支流鄂尔浑河。境内有大小湖泊3000多个，总面积达1.5万余平方千米。蒙古地属典型的大陆性温带草原气候，常年平均气温为1.56℃。冬季最低气温可至-40℃，夏季最高气温可达38℃，气候较干燥。首都乌兰巴托冬夏气温差别很大，1月份平均气温为-20℃~-15℃，7月份平均为20℃~22℃。

（二）人文

截至2016年12月，蒙古人口总数约为312万。蒙古地广人稀，平均约为每平方公里2人，是全球人口密度最低的国家之一。在年龄结构组成上，现在35岁以下的年轻人约占总人口的70%，是一个年轻的国家。蒙古人口分布较不均衡，近半数人口居住在首都乌兰巴托市，2015年，乌兰巴托市人口近140万，其他人口集中的主要城市还有达尔汗、额尔登特等。蒙古人口组成以喀尔喀蒙古族为主，约占全国人口的80%，此外还有哈萨克族、杜尔伯特族等少数民族。蒙古主要语言为喀尔喀蒙古语，全国有95%的人使用；文字为斯拉夫蒙文。在宗教方面，喇嘛教为其第一大宗教，也是国教，还有一些居

---

① 本部分内容参考综合了以下网站关于蒙古的内容：中华人民共和国外交部．国家和组织．蒙古[EB/OL]. http://www.fmprc.gov.cn/web/gjhdq_676201/gj_676203/yz_676205/1206_676740/1206x0_676742/ [2017-09-18]；中国一带一路网．各国概况．蒙古[EB/OL]. https://www.yidaiyilu.gov.cn/gbjg/gbgk/811.htm[2017-09-18]；中华人民共和国商务部.2015年蒙古国民经济运行整体情况[EB/OL]. http://www.mofcom.gov.cn/article/i/dxfw/cj/201601/20160101244022.shtm[2017-09-18]；凤凰网．蒙古独立简史[EB/OL]. http://news.ifeng.com/history/special/fazhanmoshi/200909/0911_7964_1343994.shtml[2017-09-18]；新华网．财政观察：中国"一带一路"携手蒙古"草原之路"[EB/OL]. http://news.xinhuanet.com/world/2016-07/14/c_1119214869.htm[2017-09-18]；Mongolia's investment management company .Mongolia Economic Review 2016 [EB/OL]. http://www.nim.mn/backend/f/guQkWhzeaa.pdf[2017-09-18]。

民信奉基督教和伊斯兰教等。

蒙古最佳季节为7月上旬，此时气候适宜，也有蒙古传统、隆重的那达慕节日。1921年，蒙古人民革命党领导的人民革命取得胜利，将7月11日定为国庆日，从次年伊始，蒙古定期在这个时间举行全国性那达慕，是国庆活动的重要组成部分。那达慕，蒙语意为"游戏"、"娱乐"，原指蒙古民族历史悠久的摔跤、射箭、赛马竞技活动，现泛指富有民族特点的、古老传统的集体娱乐活动。

敖包是蒙古草原上常见的供人祈祷、祭祀的场所，路过敖包时一般均下马下车，按顺时针方向走三圈，并往上面添加石块，或者鸣笛三声，以祈祷一路平安。哈达多用于迎送、颁奖等礼仪场合，表示尊敬和祝福，有蓝、白、黄、绿、红五种颜色，其中蓝色级别最高。

在政治方面，1921年蒙古人民革命胜利后，于1924年宣布废除君主立宪制，成立蒙古人民共和国，定都库伦，后改名为乌兰巴托；1961年，蒙古成为联合国会员国；1992年2月放弃社会主义，推行多党制和总统制民主，实行议会制。

（三）经济

蒙古矿产资源丰富，已探明的有80多种，矿点6000多个，主要有铜、煤、铁、金、铅、锡、锌等，另外锰、铬、钨、磷、铀、萤石、石棉、石油等也储量丰富，其中煤炭、铜、金矿储量居世界前列。目前已探明煤炭储量约为1520亿吨，铜约2.4亿吨，磷约2亿吨，黄金约3100吨，石油约80亿桶。所以在蒙古，矿产行业发展迅速，拉动了相关产业和基础设施的发展建设，也促使了其教育系统（包括职教系统）的发展。2011年，受益于矿产业的快速发展，蒙古GDP增幅高达17.3%，是全球经济增速最快的经济体之一。但是自2013年以来，受蒙古国内政策、投资环境以及国际商贸价格等内外部因素影响，蒙古经济形势恶化，国民经济增速明显放缓。2015年，蒙古经济增速急速回落，国内生产总值117亿美元，实际增长率仅2.3%，人均GDP约3800美元；同年，失业率为8.01%。蒙古货币图格里克近3年年均贬值达20%，外汇储备截至2015年年末仅有13.23亿美元。国家经济陷入危机，政府债务占GDP比重可能高达78%。2016年上半年，蒙古经济持续低迷，世界银行、亚洲开发银行和国际货币基金组织预测的全年增长率分别低至0.7%、1%和0.4%。根据蒙古国家统计办公室2017年2月的数据，2016年实际经济增长率为1%，为近7年来最低增长速度①。

在产业结构方面，除矿业外，蒙古主要产业还包括农牧业、批发零售及机动车维修业、交通运输业等。2015年，农牧业GDP为3.17万亿图格里克（蒙古货币Tugrug），占GDP总量的13.6%；矿业3.87万亿图格里克，约占17%，批发零售及机动车维修业为2.75万亿图格里克，约占17%；交通和仓储业为1.14万亿图格里克，约占4.8%。

---

① Mongolia's investment management company. Mongolia Economic Review 2016 [EB/OL]. http://www.nim.mn/backend/f/guQkWhzeaa.pdf. [2017-09-18].

在中蒙贸易方面，中国已连续多年成为蒙古最大贸易伙伴国、最大进出口市场。据蒙古海关统计，2015 年，对华贸易总额为 53 亿美元，占其外贸总额的 62.6%。其中，对华出口 39.1 亿美元，占其出口总额 83.7%；自华进口 13.9 亿美元，占其进口总额 36.6%；对华贸易顺差 25.2 亿美元。对华出口产品主要有矿产品、动物毛皮原料及其制成品，自华进口产品主要包括汽柴油、食品、机械设备等。截至 2015 年末，中国对蒙古直接投资存量为 37.6 亿美元。

根据蒙古政府制定的 2007—2021 年发展规划，2016—2021 年经济年均增长率不低于 12%，人均 GDP 不低于 1.2 万美元，进入世界中等收入国家行列。

（四）教育

蒙古实行国家普及免费普通教育制。全国有全日制普通教育学校 751 所，63 所专业培训中心。全国共有高校 113 所，其中公立 16 所（主要有国立大学、科学技术大学、教育大学等），私立 92 所（主要有伊赫扎萨克大学、奥特根腾格尔大学等）。在全国总人口中，受过高等教育的人口比率很高。

根据政府间文化教育科学合作协定，蒙古与 50 多个国家交换留学生。近年来，中国教育部每年向蒙古提供约 300 多个全额奖学金名额；此外，中国商务部、中联部也有各类短期援助培训名额。

蒙古自 2005 年起实行 5+4+2 的 11 年基础教育体制（5 年小学、4 年初中和 2 年高中）；自 2008 年开始，实行 6+3+3 的 12 年基础教育体制（6 年小学、3 年初中和 3 年高中），所有 12 年基础教育都免费[①]。

蒙古教育文化科学部，是蒙古 13 个政府部门之一，教育、文化、科技是该部主管的三大工作。文化科学部设有科技高等教育政策协调局和中小学教育政策协调局，主管全国的教育工作，同时检查和指导全国各省、市教育局和科研单位的工作。

二、职业技术教育与培训的战略和法规

（一）战略

从 2009 年开始，蒙古对职业教育进行了一系列现代化改革，在战略目标上，从最初的以短期课程和技术培训为主，着手建立完整的职业技术教育与培训体系，把学校的职业教育、企业的职业培训和国家资格证书统一起来，并确立了被国际相关机构认可的职业资格标准。2009 年，蒙古成立了国家职业教育委员会和职教相关职能部门，其中，蒙古劳动部的职教与政策协调司负责相关政策的执行和组织，以及财政拨款和监管等。

① IBE: International Bureau of Education.World Data on Education, 7th edition [DB/OL]. http://www.ibe.unesco.org/en/resources?search_api_views_fulltext=World+Data+on+Education%2C+7th+edition%EF%BC%8C&field_region=All&field_countries%5B%5D=291&f%5B0%5D=&field_program=&field_services=&op=Apply2010/11. [2017-09-18]

《蒙古2030可持续发展蓝图》提出，到2030年，蒙古将进入中等收入国家前列，维持6.6%的经济增长率，消除所有贫困并维持生态平衡[①]。为了实现这一宏伟蓝图，蒙古政府制定了《国家职业教育发展计划（2016—2020）》，该计划推出了一系列行动举措，其中与教育有关的方面有：[②]

（1）提供均等、包容、实践性的教育，将学校变成人力资源开发中心；在各个教育层次建立教育质量、效果评价系统，将教育体系建立于标准之上；鼓励大学建立标准化的质量控制政策和规划，在人才培养上需符合劳动力市场需求；鼓励研究型大学。

（2）为促进就业、提高收入、提高社会保障，需依据劳动力市场需求增加有技术技能、高质量的人员数量。具体计划包括：开发制造业员工培训 / 再培训体系；将职教体系的管理层、教师纳入到定期的能力培训中；创造条件，让更多的职业教育工作由私立机构承担。

（3）每年对2万名青年人进行职业教育培训，提升他们的技术技能。

推进上述行动，必须完成以下任务：发展基于竞争力的培训和评测系统；改进质量保障机制；改进财政支持机制；提升人力资源的能力建设和管理；扩展社会合作；建立国家资格证书框架。

（二）法规

蒙古制定了《教育法》、《职业教育法》、《就业促进法》以及其他相关法律，对于完善职业教育体系和提高职业教育质量都有重要作用。下面列出以上法律中与职业教育有关的条款[③]：

（1）《教育法》（2002年通过，2003、2006、2008、2016年修订）

规定了教育管理方面的民主化和开放性，使所有公立学校的管理分散化，将权利下放至地方政府，同时增强大学的自治性，并使私立办学合法化。在财政支持上，其中第40章第3节（2006年修订）特别规定，对每个学生的资助需每年由政府规定和审核；第40章第5节（2012年修订）规定，对每个学生的资助需考虑学校地点、类型、专业方向及特殊人群需要，需合理运用。

（2）《职业教育法》（2009）

明确了蒙古职业教育的重要性、范围、种类、课程及标准，为职业学校和企业培训与社会各方合作创造法制环境，规范职业学校的管理和财政资助。其中，第21章第1、2节（2012年修订）特别规定，职业教育的资金来源为职教促进基金，政府负责审批有

---

① Mongolia's investment management company. Mongolia Economic Review 2016 [EB/OL]. http://www.nim.mn/backend/f/guQkWhzeaa.pdf. [2017-09-18]

② 蒙古外交部. 蒙古政府行动计划2016-2020.Action Program of The Government of Mongolia for 2016-2020 [EB/OL]. http://www.mfa.gov.mn/wp-content/uploads/2015/06/2016-2020_Gov_AP_Eng_Revised.pdf. [2017-09-16]

③ "蒙古 TVET 财政支持". EU STVET（欧洲对蒙古职教方面的支持）[EB/OL]. http://mcut.mn/wp-content/uploads/2016/06/TVET-Financing-in-Mongolia-ENG.pdf. [2017-09-15]

关该基金分配和流程；第22章规定（2012年修订），该基金的来源包括各级地方政府预算、国家预算、捐赠/借贷以及企业资助等；第23章（2012年修订）规定了基金的使用途径，包括公立职教学校的固定费用、公立/私立学校中每个学生的费用/薪水、课程/培训费用、在职培训费用等。

（3）《就业促进法》（2014）

第23章第1节规定，就业促进基金需为职业教育促进基金分配资源，以支持职业教育体系的发展。

（4）《综合预算法》（2011）

规定了职业教育各类资金的规划、使用，如国家预算、社会保险基金预算、人力资源开发基金预算等；

（5）《外国贷款、援助协调法》（2003）

明确了发展职业教育的外国资助法律条款。

三、职业技术教育与培训的体系与质量保障

（一）体系

蒙古教育实行12年学制，包括6年小学、3年初中以及3年高中，职业教育从高中阶段开始，时间为2年至2年半（见图1）。其中，0代表学前教育，1为小学阶段，2A、3A分别为初中、高中阶段，3B为高中阶段的职业教育，5B、5A和6代表4年制大学或更高阶段（如硕士、博士学位），4代表高等职业教育。

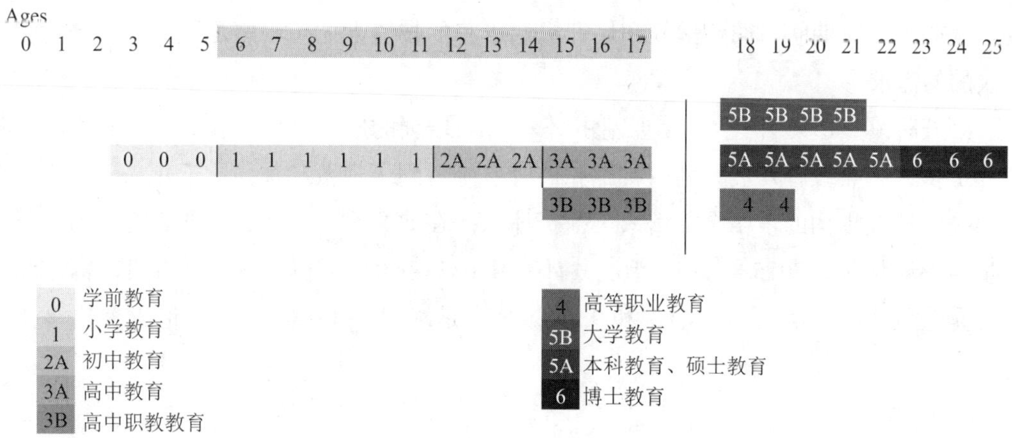

图1 蒙古学校教育制度

资料来源：蒙古国职业教育财政支持. EU STVET [EB/OL]. http://mcut.mn/wp-content/uploads/2016/06/TVET-Financing-in-Mongolia-ENG.pdf. [2017-09-15]

截止到2016年，蒙古共有81所职业教育学校，其中公立学校49所，私立学校32所。蒙古的私立职业学校从2006年开始得到了大力发展，其办学经费一方面来自学费收入，另一方面来自国家拨款，蒙古人口发展与社会福利部也给予经费支持。由于蒙古经济发展对技能人才需要量加大，大企业（特别是矿企）开始建立他们自己的培训机构。

蒙古的职业技术教育与培训体系的建立与普通教育体系一样，经历了一个逐步的发展与完善过程。最初，蒙古只有极少数的设备及工具培训，后来发展了短期课程培训和企业培训，职业培训系统不断完善，目前已建立了比较完备的教育体系。其建立和发展可以分为以下五个阶段：

第一阶段（1921—1930）：1921年人民革命前的蒙古有私塾、短期学校一类机构，没有现在的正规学校设置。而且，短期学校也大都是由极少数小规模、设施简陋、人员也很少的工厂组织的，培训的主要内容是实践知识和设备、工具使用技巧。

第二阶段（1930—1950）：随着蒙古经济的增长和新企业的不断涌现，技能工人要求量大增，短期课程、企业培训变得很普遍。

第三阶段（1950—1960）：蒙古经济迅速发展并且不断壮大，对技能人才的专业性和综合素质的要求也得到提高。这期间，蒙古政府着手发展职业技术教育与培训系统，让年青人（尤其是那些没有完成初、高中阶段教育的年轻人）接受职业教育和培训。

第四阶段（1964—1990）：职业技术教育与培训体系得到初步建立，该体系包括职业技术学校和在职培训两部分。为了加强管理，1984年，蒙古科学教育部（Ministry of Science and Education）成立了专门负责职业教育的职能部门，接管了工业和技术部的一些职教职责。这期间，职业学校和培训机构培养的技能人才基本满足了企业发展对专业工人的的需求。

第五阶段（1990年至今）：职业技术教育与培训的所有学校教育职能都转由科学教育部负责，职业教育发展计划、实施和监管系统得到了规范和加强。近年来，蒙古为职业学校和培训机构的学生全部引入了薪资体系，在此激励下，参加职业教育学习的学生数量也不断增加，2015－2016年度共计有42633名学生。在专业方面，目前需求量最大的是建筑和交通，各占28.4%和9.9%，其次是水暖工（6%）、下水道工（4.2%）专业。①

（二）保障

20世纪90年代之后，蒙古政府逐步建立了比较完善的职业技术教育与培训体系，但是仍然面临着新的挑战，即如何强化教育质量保障，并在国际标准的基础上进一步完善评估系统，使职业教育与劳动力市场需求紧密联系。为了保障职业教育质

---

① 蒙古国职业教育财政支持. EU STVET [EB/OL]. http://mcut.mn/wp-content/uploads/2016/06/TVET-Financing-in-Mongolia-ENG.pdf. [2017-09-15]

量，蒙古于1998年设立国家教育评估委员会（Mongolian National Council for Education Accreditation），委员会主席由国家总理兼任。该委员会独立运作，负责评估高等（Tertiary）学校、职教中心及职教课程的质量（学校评估是自愿参加）。国家教育评估委员会既负责普通高等教育的评估，也负责职业教育的评估。截至2010年，该委员会共评估91所高等院校（包括普通学校和职教学校）。毫无疑问，国家教育评估委员会具有极高的权威性，对于保障国家教育质量起到了非常重要的作用。

蒙古于2016年修订了《职业教育法》，该法对于如何保障职业教育质量做了明确规定，比如建立国家资格证书框架体系、严格审查职业院校的办学资格、第三方机构参与评估办学质量等等。另外，蒙古新近推出的《国家职业教育发展计划（2016—2021）》也对于保障职业教育发展质量提出了努力方向：职业资格证书的开发一定要符合劳动力市场需求；无论是针对学校的认证（评估、授权）还是个人的认证（技能评测），都必须基于准确的信息；国家要加强对职业教育师资的培训，职业教育教师要关注学生学习方法，要对学生的成绩进行准确评测（包括内部、外部审核两个步骤，确保可靠性），以便让雇主知道职业教育的毕业生是否有必备的技术和知识。

外国的一些援助项目在保障蒙古职业教育质量方面起到了重要作用。例如，千年挑战公司的蒙古援助项目（MCA–TVET：Millenniem Challenge Account–Mongolia）是一家美国对外援助机构，它的援助目的在于消除世界贫困、建立技术标准，建立基于国家认可的竞争力模块和课程的资格培训系统。该项目对蒙古职业教育进行援助，公司对援助项目的落实情况进行严格检查，在客观上促进了蒙古职业教育体系的发展和职业教育质量的提升。①

四、职业技术教育与培训的治理与教师

（一）治理

蒙古的职业技术教育与培训体系归属于科学教育部和劳工部两个部门管理，其中科学教育部负责超过两年的长期的、正式的职教体系，而劳工部则负责监管非正式的短期培训（时间从两个星期到45天不等）体系。蒙古的这种管理体系与世界上大多数国家职业教育管理体系类似。但是，蒙古的这一管理分工经历了一个比较长期的发展过程，最早的时候蒙古职教只是企业培训的很小规模，由工业部管理，后来规模较大之后由劳工部管理，再之后体系不断完善之后就把职业学校教育职能交由科学教育部管理了。蒙古科学教育部还成立有国家职业教育与培训技术支持中心（National Vocational Education and Training Methodology Center），该中心负责制定职业教育的相关技术规范和课程资料

① Capability Supply Landscape Study–Mongolia, Part I: Assessment of Current and Future Mongolian Education System Capacity for Labor Force Supply in Mongolia [EB/OL]. https://www.researchgate.net/publication/289272348 (2012–10)[2017–09–18]

（包括正式、非正式的课程）、师资培训以及与职教相关问题的研究工作（比如劳动力市场研究）。

近年来，蒙古政府越来越重视职业教育工作，加大了对职业教育的投资力度，使国家职业教育体系得到了有效治理。在职业教育的财政支持和经费管理上，企业也以各种形式提供资助并对经费进行管理，但总体上来说，大部分资助还是来自政府。蒙古政府对于职业教育的财政支持主要是通过税收优惠及补贴的方式进行的。蒙古政府通过税务调节的方式资助了大部分的公立职业学校和专业培训机构，政府资金也以各种方式补贴培训参与人员，如培训贷款等。过去 5 年来，一个公立职教学校的经费预算平均约为 13 亿图格里克，约合 70.2 万美元。2014 年，蒙古有超过 95% 的职业教育经费来自政府，1%—2% 来自学费，1%—3% 来自职业学校的其他活动收入。2015 年，蒙古在教育上的公共财政总支出约为 1.1 万亿图格里克，约合 5.58 亿美元，占蒙古政府的整个年度支出的 15.1%，GDP 的 4.7%。其中，47% 用在小学和中学阶段教育，22% 用在学前教育，7.6% 用在大学教育，职业教育的投入也在其中。由于职业教育涉及职业学校和培训市场，利益相关方多而复杂，所以经费管理也比较复杂。2016 年，蒙古公立职业教育学校共收到经费约合 4000 万美元，平均每个学生的年度费用约为 220 万图格里克，约合 1100 美元。在蒙古，职教体系学生费用比小学、中学和大学学生费用都要高一些，这主要是因为职业教育的设施投入比较高。表 1 提供了蒙古 2009—2015 年公共教育和职教体系的财政支出数据。

表 1　蒙古 2009—2015 年公共教育和职教体系财政支出数据

年份 图格里克	2009	2010	2011	2012	2013	2014	2015
GDP（10亿）	6590.6	9756.6	13173.8	16688.4	19174.4	22227.1	23166.8
GDP增长率（%）	-1.3	6.4	17.3	12.3	11.6	7.8	4.2
公共支出（10亿）	2336.6	3076.3	4997.0	5993.8	6164.7	7144.6	7136.9
公共支出占GDP比例（%）	35.5	31.5	37.9	35.9	32.2	32.1	30.8
教育预算（10亿）	430.5	546.5	706.4	898.3	946.8	1204.0	1100.9
教育预算占GDP比例（%）	6.5	5.6	5.4	5.4	4.9	5.4	4.8
教育预算占公共支出比例（%）	18.4	17.8	14.1	15.0	15.4	16.9	15.4
劳动部支出（10亿）	318.18	352.47	385.16	190.94	198.52	181.99	152.87
劳动部支出占GDP比例（%）	4.83	3.61	2.92	1.14	1.04	0.82	0.66
劳动部在职教上的支出（10亿）				59.13	66.37	78.45	70.72
职教支出占劳动部支出比例（%）				30.97	33.43	43.10	46.26

续表

图格里克 \ 年份	2009	2010	2011	2012	2013	2014	2015
职教支出占GDP比例（%）				0.35	0.35	0.35	0.31
教育预算+职教预算（10亿）	430.53	546.48	406.54	957.41	1013.15	1282.46	1171.61
年度通胀率	4.2	14	8.9	14	12.5	11	1.9

资料来源：蒙古国职业教育财政支持 . EU STVET [EB/OL]. http://mcut.mn/wp-content/uploads/2016/06/TVET-Financing-in-Mongolia-ENG.pdf. [2017-09-15]

在就业方面，作为职教系统投入产出的一个评价措施，在过去 7 年以来职教毕业生就业率超过 60%，高于普通大学毕业生就业率。

（二）教师

2011—2012 年，蒙古的职业技术教育与培训系统中共有 2093 名专任教师，占 3735 名全体教职工（包括行政教辅职位）的 56%，其中 60% 的教师有本科学位，29% 的教师有硕士或以上学位；28% 的教师从事职业教育工作超过 15 年以上，10% 的教师从事职业教育工作有 11—15 年，62% 的教师从事职业教育时间在 10 年以内。在课程教学方面，65% 的教师从事专业课程教学，35% 的教师从事通识课程教学；在专业背景方面，工程类教师占 18%，教育类教师占 10%，制造技术、建筑、艺术和科学背景（包括物理、化学、地理、生态等）的教师各占 6%—8%。在蒙古，从事职业教育工作一定年限之后，将有机会获得三种不同的荣誉称号：教学型教师（methodologist teachers）、引领型教师（leading teachers）和指导型教师（advisor-teacher）。截至 2012 年，蒙古全国共有 470 名教师被授予相应的荣誉称号，其中获得教学型教师称号的占 63%，获得引领型教师的占 28%，获得指导型教师称号的占 9%。①

蒙古的职业教育师资队伍建设比较弱，许多教师缺乏新技术知识，缺乏以就业为导向的教学方法，他们也很少有接受继续教育的机会，所以在培养技术工人以及与职场“无缝对接”方面比较弱，缺少相应的技术和方法。在职业教育师资培训方面，大部分教师依赖于在工作状态下的“校本培训”，在国家管理层面并没有系统的职前或在职培训。为提升教师的专业技术水平，有些职业院校定期让教师参加一些培训，但由于缺乏新的、与劳动力市场相适应的培训课程和设施，其效果并不理想。

① Mongolia’s investment management company. Mongolia Economic Review 2016 [EB/OL]. http://www.nim.mn/backend/f/guQkWhzeaa.pdf. [2017-09-18]

五、职业技术教育与培训的诉求与发展趋势

(一)诉求

本世纪初，蒙古国国内经济快速发展。从 2004 年到 2007 年，蒙古 GDP 年平均增长 8.6%，增速位居世界前茅。采矿业取代了原有的畜牧业，成为蒙古国的支柱产业，其产值占到蒙古国民生产总值的近 30%，出口额占蒙古国外贸出口总额的 80% 以上。[①] 在这个时期，蒙古对采矿业的技能人才需求旺盛，中学后职业教育发展迅速，大型矿企业开设培训学校培训本企业的技能人才。但是，利润率很高的采矿业让蒙古经济发展过于单一化，近几年陷入了能源陷阱，在这一阶段，蒙古并没有及时转变经济发展的方式，反而更加依靠采矿业。于是，与经济发展密切关联的职业教育也在人才培养上走向单一化。

这种形势给蒙古职业技术教育与培训的改革提出了新的诉求：职业教育学校要更加专业化，职业教育的专业要更加多样化；要定期进行针对市场的数量、质量分析，以掌握当前职业教育的人才需求趋势；鼓励职业学校培养可以推进技术进步的高层次专业人才；建立劳动力市场信息系统，引进国际教育统计体系，使教育指标符合国际标准；确保不同层次教育的连贯性及统一性；建立相应的系统，为毕业生提供行业指引和就业指导；加强同毕业生的联系，了解他们的需求，加强对毕业生进行常规的跟踪调查；希望通过严格的评估制度来减少学校数量，提升职业教育质量，促进国家经济发展。

在财政资助和经费管理方面，职业技术教育与培训也出现了新的诉求：在学校资助方面，需要进一步考查金额计算方法，以确保资金持续性；对于来自国外工人联合会（Foreign Worker Levy）的资金，需要进一步核实该类资金的实际使用情况；除国家资助外，需寻求企业及其他资助来源；整合各类财政资源，加强交流与合作，在国家策略中融合职教政策改革。[②]

(二)发展趋势

2014 年之后，蒙古的经济下行压力加大，蒙古政府开始反思经济模式以及与之相应的人才培养模式。近年来，蒙古高等教育在进行一系列改革。从 2015 年开始，蒙古科学教育部逐渐将 146 所高等学校整合为 101 所。蒙古高等教育改革整体框架涵盖学生服务、就业指导、课程建设、评估、能力建设、劳动力市场信息系统、财政资助、大学改革（创业型学校）、学习环境改善（如远程教育平台）、管理改革等各个方面。同样，在建立多元化的职业教育体系并丰富职业教育课程方面，蒙古也做了许多工作。蒙古针对

---

① 赫拉克. 蒙古国的经济是怎样走向衰退的.历史研习社 [EB/OL]. http://news.ifeng.com/a/20170628/51333256_0.shtml. [2017-09-15]

② 蒙古国职业教育财政支持 . EU STVET [EB/OL]. http://mcut.mn/wp-content/uploads/2016/06/TVET-Financing-in-Mongolia-ENG.pdf. [2017-09-15]

职业教育（尤其是公立教育系统）的规范化、现代化变革势在必行。①

无疑，蒙古要改革职业技术教育与培训体系，并使之能够对新经济有积极的促进作用，目前仍然面临诸多挑战，比如：教育和培训体系所提供的技术与人员不足以应对市场需求；人力资源没有充分利用；职教体系发展中公立、私立部分没有充分合作；教师专业水平有待提升；国家培训标准需与新的市场基准相符合；学习环境有待进一步完善；在政策管理方面，存在诸多限制和不足，包括政策束缚过多、资源提供不足、国家职业资格框架不完善、教师培训不足以及职教社会地位不高等等。因此，蒙古职业教育亟待变革，以灵活应对市场需求，教学实践、课程开发和培训内容也需要大范围更新。职业教育需要促进雇主参与设计课程和教学计划，能够基于市场信息预测未来发展趋势。

长远来看，蒙古国的经济结构需要进行优化，经济增长要摆脱对采矿业的高度依赖，同时职业教育也需要进行优化和调整。为了应对经济挑战并满足职业教育变革与发展诉求，蒙古将已有的供给驱动的职教体系转变为市场驱动和工业引领的灵活体系，建立模块化课程，促进公立与私立机构合作。②而且，蒙古政府也对在“一带一路”框架内与中国开展互利合作充满期待，这种合作是全方位的，也必然包括职业教育的合作。可以肯定的趋势是，蒙古的经济发展和职业教育改革今后将对接“一带一路”倡议，搭乘中国发展的“快车”，实现更多的可能性。

（深圳职业技术学院　技术与职业教育研究所　罗　欢）

主要参考文献

[1] 中华人民共和国外交部．国家和组织．蒙古国 [EB/OL]. http://www.fmprc.gov.cn/web/gjhdq_676201/gj_676203/yz_676205/1206_676740/1206x0_676742/. [2017-09-18]

[2] 中国一带一路网．各国概况．蒙古 [EB/OL]. https://www.yidaiyilu.gov.cn/gbjg/gbgk/811.htm. [2017-09-18]

[3] 中华人民共和国商务部．2015 年蒙古国民经济运行整体情况 [EB/OL].http://www.mofcom.gov.cn/article/i/dxfw/cj/201601/20160101244022.shtm. [2017-09-18]

[4]凤凰网.蒙古独立简史[EB/OL]. http://news.ifeng.com/history/special/fazhanmos

① 蒙古国职业教育财政支持 . EU STVET [EB/OL]. http://mcut.mn/wp-content/uploads/2016/06/TVET-Financing-in-Mongolia-ENG.pdf. [2017-09-15]

② Capability Supply Landscape Study-Mongolia, Part I: Assessment of Current and Future Mongolian Education System Capacity for Labor Force Supply in Mongolia [EB/OL]. https://www.researchgate.net/publication/289272348. (2012-10)[2017-09-18]

hi/200909/0911_7964_1343994.shtml. [2017-09-18]

[5] 新华网 . 财政观察：中国"一带一路"携手蒙古"草原之路"[EB/OL]. http://news.xinhuanet.com/world/2016-07/14/c_1119214869.htm. [2017-09-18]

[6] Mongolia's investment management company. Mongolia Economic Review 2016 [EB/OL]. http://www.nim.mn/backend/f/guQkWhzeaa.pdf. [2017-09-18]

[7] IBE: International Bureau of Education.World Data on Education, 7th edition [DB/OL]. http://www.ibe.unesco.org/en/resources?search_api_views_fulltext=World+Data+on+Education%2C+7th+edition%EF%BC%8C&field_region=All&field_countries%5B%5D=291&f%5B0%5D=&field_program=&field_services=&op=Apply2010/11. [2017-09-18]

[8] 蒙古外交部 . 蒙古政府行动计划 2016—2020.Action Program of The Government of Mongolia for 2016-2020[EB/OL]. http://www.mfa.gov.mn/wp-content/uploads/2015/06/2016-2020_Gov_AP_Eng_Revised.pdf. [2017-09-16]

[9]"蒙古 TVET 财政支持"，EU STVET（欧洲对蒙古职教方面的支持）[EB/OL]. http://mcut.mn/wp-content/uploads/2016/06/TVET-Financing-in-Mongolia-ENG.pdf. [2017-09-15]

[10] 赫拉克 . 蒙古国的经济是怎样走向衰退的 . 历史研习社 [EB/OL]. http://news.ifeng.com/a/20170628/51333256_0.shtml. [2017-09-15]

[11] Capability Supply Landscape Study-Mongolia,Part I: Assessment of Current and Future Mongolian Education System Capacity for Labor Force Supply in Mongolia [EB/OL]. https://www.researchgate.net/publication/289272348_Capability_Supply_Landscape_Study_-_Mongolia_Part_I_Assessment_of_Current_and_Future_Mongolian_Education_System_Capacity_for_Labour_Force_Supply_in_Mongolia. (2012-10)[2017-09-18]

新加坡共和国

一、国家概况

（一）地理[①]

新加坡共和国（Republic of Singapore），简称新加坡，地处马来半岛南端、马六甲海峡出入口，北隔柔佛海峡与马来西亚相邻，南隔新加坡海峡与印度尼西亚相望，是东南亚的一个岛国。国土面积包括新加坡岛及附近63个小岛，共719.1平方千米（2015年），其中新加坡岛占88.5%。地势低平，平均海拔15米，最高海拔163米，海岸线长193千米。属热带海洋性气候，常年高温潮湿多雨，年平均气温24℃~32℃，日平均气温26.8℃。新加坡是一个城市国家，分为西南、西北、中区、东北、东南共五大行政区（社区）。

（二）人文[②]

新加坡古称淡马锡，18—19世纪属马来柔佛王国。1819年，英国人史丹福·莱佛士登陆新加坡本岛，宣布新加坡为自由港。1824年新加坡成为英国殖民地，1942—1945年被日本占领，1945年后英国恢复殖民统治。1955—1959年新加坡部分自治，1959—1963年完全自治。1963—1965年，新加坡与马来亚、沙巴、沙捞越共同组成马来西亚联邦。1965年8月9日，新加坡脱离马来西亚，成立完全独立的主权国家。

新加坡实行议会共和制，总统为国家元首，委任议会多数党领袖为总理。现有人民行动党、工人党等注册政党24个。新加坡独立以来，人民行动党长期执政。李光耀自1965年长期担任总理，1990年吴作栋接任。2004年李显龙接替吴作栋出任总理，并于2006年、2011年和2015年三度连任。1993年举行首次总统全民选举，王鼎昌当选为首位民选总统。现任总统陈庆炎于2011年8月当选。

新加坡常住人口553.5万（2015年），其中新加坡公民337.5万，永久居民52.7万，外籍人士约163万人，人口密度7697／人·平方千米。新加坡人主要是由近一百多年来从欧

---

① 中华人民共和国外交部．国家和组织．新加坡 [EB/OL].http://www.fmprc.gov.cn/web/gjhdq_676201/gj_676203/yz_676205/1206_677076/1206x0_677078/.2017-09-10.

② 同上。

亚地区迁移而来的移民及其后裔组成，呈现出多元文化的社会特色。主要有四大族群：华族（74.2%）、马来族（13.3%）、印度族（9.10%）和其他种族（3.4%）。新加坡是一个多语言的国家，马来语为国语，英语、华语、马来语、泰米尔语为官方语言，英语为行政用语。新加坡实行双语政策，即"英语 + 母语"。主要宗教有佛教、道教、伊斯兰教、基督教和印度教。

（三）经济①

新加坡自然资源匮乏，属外贸驱动型经济，以电子、石油化工、金融、航运、服务业为主，外贸总额是国内生产总值的四倍，是全球第四大国际金融中心。建国初期，政府实施快速工业化战略，实现了经济长期高速增长。1960—1984 年间国内生产总值年均增长 9%，1990 年新加坡崭露头角，与韩国、中国台湾、中国香港一起并称"亚洲四小龙"。2001 年受全球经济放缓影响，经济出现 2% 的负增长，陷入独立之后最严重衰退。2008 年受国际金融危机影响，经济增长为 1.1%，2009 年跌至 -2.1%，政府加强金融市场监管，推出新一轮刺激经济政策。2010 年经济增长 14.5%，2011 年受欧债危机负面影响，经济增长再度放缓，2012 年经济增长为 1.3%。2013 年以来经济逐步起底回升，进入缓慢增长的"大象经济"时代。2015 年，新加坡国内生产总值 2927 亿美元，人均国内生产总值 5.3 万美元，国内生产总值增长率 2%，通货膨胀率 -0.5%，失业率 2%。

新加坡的工业主要有制造业和建筑业，2015 年产值为 980 亿新元，占国内生产总值的 25%。制造业主要包括电子、化学与化工、生物医药、精密机械、交通设备、石油产品、炼油等，是世界第三大炼油中心。农业产值占国民经济不到 0.1%，绝大部分粮食、蔬菜依赖进口。服务业包括零售与批发贸易、饭店旅游、交通与电讯、金融服务、商业服务等，2015 年产值为 2619.5 亿新元，占国内生产总值的 70.4%。旅游业是外汇主要来源之一，主要景点有圣淘沙岛、植物园、夜间动物园等。水运、空运等交通运输业发达，是世界重要的转口港及联系亚、欧、非、大洋洲的航空中心。

（四）教育

新加坡的教育发展经历了四个阶段：1959—1978 年为建国初期的"生存导向"阶段，主要任务大众普及教育；1979—1996 年为"效率导向"阶段，在普及教育的基础上注重效益，改革教育体制和结构，实行分流教育制度；1997—2010 年为"能力导向"阶段，强调以学生为中心，注重创造能力、思考能力培养，创建"重思考的学校，好学习的社会"；2011 年，新加坡提出今后 20 年教育由能力导向转变为"价值导向"。新加坡的教育强调双语（学生除了学习英语还要兼通母语）、体育、德育，创新和独立思考能力并重。②③

① 中华人民共和国外交部 . 国家和组织 . 新加坡 [EB/OL].http://www.fmprc.gov.cn/web/gjhdq_676201/gj_676203/yz_676205/1206_677076/1206x0_677078/.2017-09-10.

② Yvonne Guo，J.J.Woo. Singapore and Switzerland：Secrets to Small State Success[M]. Singapore：World Scientific，2015.165.

③ 宋若云 . 新加坡教育研究 [M]. 北京：经济科学出版社，2013.3.

目前，新加坡实行10年制中小学普及义务教育。小学教育为六年制，学生在六年级末参加离校考试（PSLE）并根据成绩分流，分别进入直通车、快捷班、普通（学术）、普通（工艺）等不同源流的中学。中学教育为4—5年，毕业参加新加坡剑桥普通教育证书"O水准"（普通水准）或"N水准"（初级水准）考试，进入中学后教育阶段：大学预科（初级学院/高中）2—3年，同届生约27.6%就读；工艺教育学院1—2年，同届生约24.5%就读；理工学院3年，同届生约47.3%就读；大学，同届生约32.3%就读。[①]（图1）

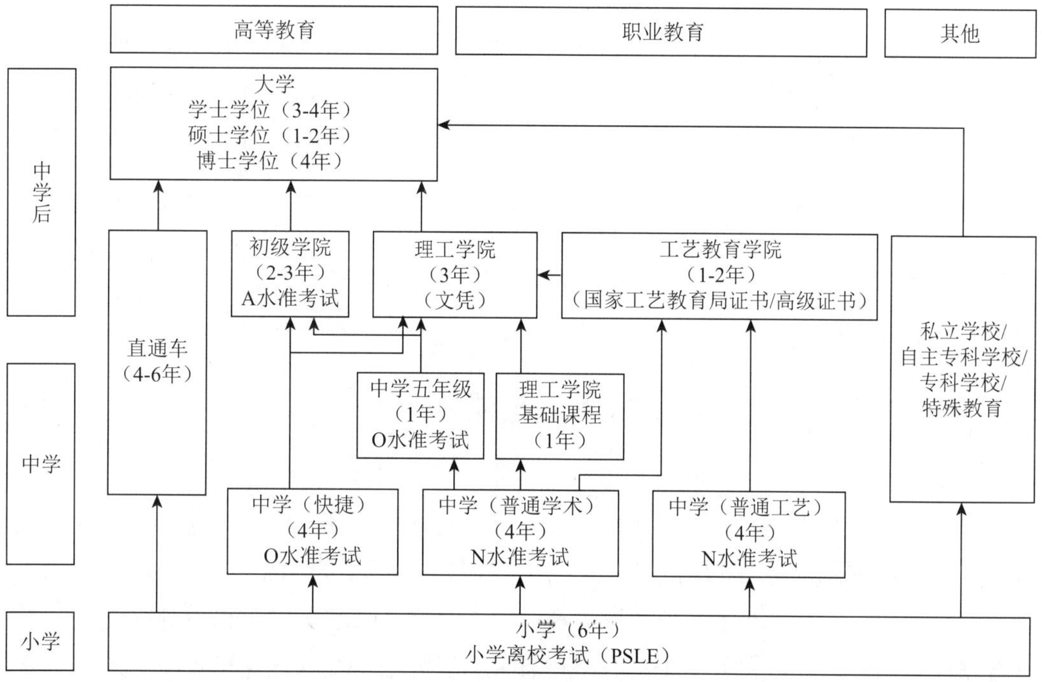

图1　新加坡教育体系[②]

2015年，新加坡有小学182所，在校生231933人（生师比16.0）；中学154所，在校生166573人（生师比12.2）；混合学校（小学+中学）16所，在校生37010人；初级学院（大学预科/高中）14所，在校生19181人；私立中小学29所；工艺教育学院3所（即东区学院、西区学院、中区学院），在校生29295人；理工学院5所（即新加坡理工学院、南洋理工学院、淡马锡理工学院、义安理工学院、共和理工学院），在校生76865人；大学6所（即新加坡国立大学、南洋理工大学、新加坡管理大学、新加坡科技设计大学、新加坡理工大学、新跃大学），在校生64303人；私立艺术学院2所（即拉萨尔艺术学院、南洋艺术学院），在校生3279人。（见表1）新加坡的工艺教育学

① Ministry of Education，Singapore. Education Statistics Digest 2016[EB/OL]. https://www.moe.gov.sg/education.2016-10-11.

② 根据新加坡教育部官方网站资料编译，https://www.moe.gov.sg/education.2016-11-05.

院和理工学院在全球享有盛誉。新加坡国立大学、南洋理工大学是世界著名高校，在2017年发布的泰晤士高等教育世界大学排名中，分别位列全球第22、52名和亚太地区第1、5名。

表1　2015年新加坡各级各类学校数及在校学生人数①

学校类别	学校数（所）	在校学生人数（人）
小学	182	231933（其中：女生112786）
中学	154	166573（其中：女生82198）
混合学校（小学+中学）	16	37010（其中：女生16991）
初级学院（大学预科/高中）	14	19181（其中：女生10388）
工艺教育学院	3	29295（其中：女生11267）
理工学院	5	76865（其中：女生36985）
大学	6	64303（其中：女生32890）
艺术学院（私立）	2	3279（其中：女生2248）

二、职业技术教育与培训的战略与法规

（一）战略

新加坡的职业技术教育与培训和国家经济发展紧密相联、相伴而行，随着国家经济战略调整而开展有组织的教育和培训，以适应经济发展的需要。1959年至1970年代中期，为应对建国初期的高失业率，新加坡的经济发展战略是力求在工业和制造业生产链的最低端站稳脚跟，以创造大量就业，因而政府大力发展职业技术教育与培训，为劳工密集型制造业培养技术工人，以满足制造业基地快速增长的需要。1970年代中期到1990年代，新加坡的经济发展迅速向资本密集型的高科技战略转移，因此需要更高水平的技能，职业技术教育与培训主要是为技术密集型产业培养高技能人才。1990年代中期以来，新加坡的经济发展开始向研发、创新、创造和服务转变，走向价值链高端，着重发展新技术、新型生物医学、生物制品和高价值服务业，职业技术教育与培训也重新定位，成为一种完全的中学后教育选择，即学生接受职业技术教育与培训之前至少要接受10年的中小学教育，改变了之前小学毕业生、或在中学2年级结束时分流学生去接受职业技术教育与培训的做法；同时，职业技术教育与培训更加注重内涵发展和转型发展，形成了开放包容的完善体系，课程中也更好地融入了培养创造性、创新能力和解决问题能力等方面的内容。

① 根据新加坡教育部2016年公布的教育统计年鉴数据整理.Ministry of Education，Singapore. Education Statistics Digest 2016[EB/OL]. https://www.moe.gov.sg/education.2016-10-11.

（二）法规

新加坡职业技术教育与培训的发展是一个不断探索、改革和创新的过程。通常，政府根据形势发展，委任一个由专家学者、劳资政以及各利益相关方代表组成的委员会，针对教育制度、教育政策、发展模式等重大问题进行专题检讨，提出改进策略，形成《报告书》提交国会辩论，以法案形式予以颁布实施。主要有：

1.《曾树吉报告书》（1961 年）①

该报告书由职业与技术教育调查委员会发布，对新加坡职业教育体系的建立具有深远影响。根据该报告书，政府第一次对中学职业教育、职业学院和理工学院的定位和布局进行了初步的系统设计。中学分为学术、技术、混合、职业等 4 种类型：学术型中学以升大学为目标；技术型中学开设 20% 的实践技能课程；混合中学则在一间学校同时提供这两种课程，均为 4 年制；职业中学为 2 年制，主要开设实践技能课程；职业学院为 2 年制，招收职业中学毕业生；理工学院主要培养较高水平的专业技术人员。

2.《成人教育局法案》（1960 年）②

根据该法案成立了成人教育局。成人教育局接受教育部的年度拨款资助，面向那些错过教育机会或辍学的成年人，开办基础教育、继续教育和成人普通教育课程培训班，帮助他们获得专业机构认证。

3.《中学技术教育检讨报告书：雪莱报告书》（1976 年）③

该报告书改变了新加坡中学技术教育的格局，把技术教育视为普通教育的延伸，作为所有中学普通教育课程的一部分，着重培养学生的应用能力、探究精神、实践技能和创新意识，学习 4 年。

4.《教育部报告书：吴庆瑞报告书》（1979 年）④

该报告书在新加坡教育史上具有划时代的意义，同时也是职业教育由弱转强的分水岭。时任副总理兼教育部长吴庆瑞领衔组建一个委员会，对教育制度进行全面检讨后提出：在小学三年级、小学六年级和中学四年级实行三次分流。小学三年级结束时分流为单语班、普通班和延长班，单语班在小学六年级时不参加离校考试，直接进入工业训练局、职业与工业训练局的培训学院；普通班和延长班参加小学六年级离校考试再次分流，一部分进入职业学院；中学四年级结束进行“N 水准”考试，学习进度慢的学生可以再读 1 年中学。

① N. Varaprasad. 50 Years of Technical Education in Singapore：How to Build a World a Class TVET System [M]. Singapore：World Scientific，2016.17–19.

② 同上书，2016. 23–24.

③ 同上书，2016. 30–31.

④ 同上书，2016. 33–34.

5.《职业与工业训练局法案》(1979 年)[①]

根据该法案，成人教育局与工业训练局合并，成立职业与工业训练局，下设 13 个行业咨询委员会，主要负责开展职业与技术培训，与主要行业保持紧密联系，负责职业资格设定、课程开发、培训设施与设备选购。1979 年至 1992 年间，职业与工业训练局是新加坡职业培训的主导者。

6.《小学教育改进检讨委员会报告书》(1991 年)[②]

该报告书对新加坡的学校体系进行全面检讨，对《吴庆瑞报告书》的条款进行了重大改动。小学阶段的分流推迟 1 年进行，学生都参加小学离校考试。中学阶段的普通源流分为"普通(学术)"和"普通(工艺)"，后者新开设技术科目课程。职业与工业训练局被重组为工艺教育学院，成为提供职业与技术教育的中学后教育机构，这是新加坡职业技术教育与培训发展史上最重大的进展之一。

7.《理工学院及工艺教育学院应用学习教育检讨委员会报告书》(2014 年)[③]

该报告书以促进应用教育、提升技能水平为目标，全面检视拓宽应用教育的途径、强化与业界的合作、促进理工学院及工艺教育学院毕业生的职业发展和学术进步等问题，从 4 大方面提出建议并被政府采纳，即：帮助学生做出明智的教育及职业选择；加强教育和技能培训；帮助学生毕业后提升技能；帮助毕业生的职业生涯发展。

8. "技能创前程"计划(2014 年)[④]

该计划由李显龙总理在 2014 年 8 月国庆集会演讲时宣布实施，是落实《理工学院及工艺教育学院应用学习教育检讨委员会报告书》的重要举措之一。"技能创前程"计划是一项全民终身学习运动，以职业生命周期为主轴，为不同阶段的职场人士提供学习及培训服务，在校学生、职场新手、中年人以及乐龄人士(指 60 岁以上)均可从中受益。从 2016 年起，每位 25 周岁及以上的新加坡人每年将获得 500 新元的补助，修读由政府认证的培训机构、大学、理工学院和工艺教育学院等提供的技能培训课程。

9.《继续教育与培训 2020 总体规划》(2014 年)[⑤]

该规划由新加坡劳动力发展局牵头制定，旨在改变雇主、个人和培训机构之间的重要关系，建立一流的继续教育和培训体系，促进终身学习。主要策略是：促进雇主参与和重视提升员工技能，深化专业能力并得到基于所学技能的职业发展；改进教育、培训与职业指导，帮助人们做出明智的学习与职业选择；提供广泛优质的学习机会，建立充满活力的继续教育与培训生态系统。

---

① N. Varaprasad. 50 Years of Technical Education in Singapore：How to Build a World a Class TVET System [M]. Singapore：World Scientific，2016. 35.

② 同上书，2016. 84–86.

③ 同上书，2016. 144–145.

④ 同上书，2016. 154–155.

⑤ 同上书，2016. 152.

三、职业技术教育与培训的体系与质量保障

（一）体系

新加坡的职业技术教育与培训体系有四大支柱：中学阶段学生分流、工艺教育学院（相当于中等职业教育）、理工学院（相当于高等职业教育）、继续教育与培训。

1. 中学阶段学生分流

学生完成六年小学教育后实行分流，接受 4—5 年的中学教育。中学分为快捷源流（中学一年级至四年级）和普通源流（中学一年级至五年级）。快捷源流学生在中学 4 年级时直接参加“O”水准考试（相当于中学毕业考试），根据成绩报读理工学院，或者进入初级学院然后入读大学。普通源流分为“普通（学术）”和“普通（工艺）”。一般而言，普通（学术）源流的学生报读理工学院，普通（工艺）源流的学生报读工艺教育学院，但相互之间也有交叉。

2. 工艺教育学院

工艺教育学院相当于中等职业教育，既招收中学毕业生开展全日制的职业技术教育，也面向社会开展继续教育与培训；管理和推广基于企业的技术技能培训与教育，例如举办学徒制培训、建立企业内部培训中心；负责管理技能证书和技术技能标准，推广和提供技术服务培训与教育咨询服务。

工艺教育学院由国家工艺教育局管理，实行“一制三院”管理体制，设东区、西区、中区 3 所学院。学院成立以来，实施“2000 计划、突破计划、创优计划、创新计划”等 4 个“五年计划”，并与知名行业巨头合作开展联合认证、建立先进的科技中心以及真实学习环境，形成了“手到，脑到，心到”的教学理念，致力于让学生拥有一双“会思考的手”。开设 66 个基础国家工艺教育局证书课程、60 个高级国家工艺教育局证书课程，年招生约 1.4 万人（2015 年）。[①] 工艺教育学院 2005 年成为新加坡第一个赢得“新加坡质量奖”的教育机构，2008 年赢得美国哈佛大学肯尼迪政府学院首度颁发的“政府创意施政奖”，获得社会及国际认同，被新加坡人称为“新加坡职业技术教育与培训体系的一颗明珠”。

3. 理工学院

理工学院相当于高等职业教育。新加坡目前有 5 所理工学院，面向工业、商业和服务业的中层职位培养辅助性专业技术人才。新加坡的第一所理工学院（新加坡理工学院）成立于殖民统治时期的 1954 年，独立建国后先后成立了义安理工学院（1982 年）、淡马锡理工学院（1990 年）、南洋理工学院（1992 年）和共和理工学院（2002 年）。理工学院的校园由美国、英国、日本等国际著名的建筑师总体规划设计，不仅有高标准的教学

① Ministry of Education，Singapore. Education Statistics Digest 2016[EB/OL]. https://www.moe.gov.sg/education.2016-10-11.

设施，还有世界级标准的体育设施，并与领先的业界伙伴合作建立了一批卓越的科技中心，如 IT 安全、生物技术、烹调技艺、机器人中心等。各理工学院形成了独具特色的教育理念和教学方法。例如，新加坡理工学院的"设计思维"、淡马锡理工学院和共和理工学院的"问题启发教学"、南洋理工学院的"教学工厂"等。5 所理工学院年招生约 2.4 万人，每所学院平均开设约 50 个不同专业（2015 年）。[①] 每届学生大约 50% 在学习期间可以获得至少一次海外培训的机会，一般是以到海外公司实习的形式进行。

4. 继续教育与培训

新加坡劳动力发展局、全国职工总会在推进继续教育与培训方面发挥主导作用，并设立有全国职工总会学习中心、就业与职能培训中心等一批政府批准设立的培训机构，通过与企业合作开发"劳动力技能认证"课程、实行"劳动力技能认证"制度、"技能升级与更新计划"、"再就业计划"等，提供高质量、创新性的培训，以提升劳动力的终身就业能力。2008 年以来，就业与职能培训中心已培训超过 30 万名工人，全国职工总会学习中心与企业合作培训 170 万余名工人。[②]2014 年"技能创前程"计划实施以来，目前涉及各行各业的培训课程已超过 1 万门。同时，在该计划支持下，理工学院和工艺教育学院的学生还可与适合的雇主进行工作配对，毕业后接受在职培训，继续进修相关课程。此外，理工学院和工艺教育学院也承担面向社会提供成人继续教育培训的任务。

（二）保障

1. 职业技能证书

国家职业技能证书分为以下三个等级[③]：

一是国家工艺教育局证书（Nitec），相当于初级技工证书，掌握某一职业的基本知识和技能，具备成为熟练技术工人的基础。通常需要经过 1—2 年的基本训练或学徒培训，完成工艺教育学院的课程即可获得此证书，并应聘就业。

二是高级国家工艺教育局证书（Higher Nitec），相当于中级技工证书，熟练掌握某一专门职业或技能所需的全部知识和技能。通常需要经过 2 年全日制技能训练，颁发给学业成绩优异的学生，工艺教育学院大约 5% 的学生能获得此证书。

三是特级国家工艺教育局证书（Master Nitec），相当于高级技工证书或技术大师，通常需要经过 5 年工作经验和继续教育培训，主要颁发给已获得证书、就业后又回到工艺教育学院继续深造的在职人员。

理工学院只颁发文凭（相当于大专学历），不颁发证书。

---

① Ministry of Education, Singapore. Education Statistics Digest 2016[EB/OL]. https://www.moe.gov.sg/education.2016-10-11.

② N. Varaprasad. 50 Years of Technical Education in Singapore: How to Build a World a Class TVET System [M]. Singapore: World Scientific, 2016. 126,128.

③ 资料来源：新加坡南洋理工大学国立教育学院林保圣教授讲义。

2. 质量保障

工艺教育学院、理工学院是政府法定机构，除了招生由教育部总体协调以外，各学院在课程设置、文凭颁发、评价方式、人事管理、经费使用等方面有充分的自主权。学院设立质量保障中心，恪守其高标准并被业界接受。政府每年公布毕业生就业数据和起薪水平，使各学院之间很容易比较，确保每个学院的文凭含金量都保持高水准。

四、职业技术教育与培训的治理与教师

（一）治理

新加坡的职业技术教育与培训由教育部管理。教育部有两位部长，一位负责高等教育和技能，一位负责中小学基础教育。教育部负责宏观管理，任命社会贤达和经验丰富的人士组成各个理工学院和工艺教育学院的董事会（通常由雇主、行业协会和政府部门等三方代表组成），负责学校的直接管理。在董事会的领导下，学院（以南洋理工学院为例）一般设有院长兼总裁 1 人，以及分别负责发展规划、行政服务、学术与学生、学系（7 个）、继续教育培训、支援中心等工作的副校长，还设有学术委员会、专业咨询委员会等机构。

目前，新加坡的教育投入居公共财政投入的第二位（仅次于国防）。教育经费预算约占国内生产总值的 3.5%，占国家总预算的 20%。[①] 工艺教育学院和理工学院的经费投入，由政府承担学院基建、设施、设备等所有的基本建设费用，学院的日常运行经费和人力成本的 80%—85% 来自政府拨款，15%—20% 来自学费收入。[②]2015—2016 年度，政府经常性教育经费投入中，工艺教育学院投入 4.6 亿新元，理工学院投入 14 亿新元。[③] 在继续教育与培训方面，政府为每一位年满 25 周岁及以上的公民建立技能培训账户，用于深化现有技能以及拓宽视野，每位公民首次将获得 500 美元补贴，之后每年按年度发放。

（二）教师

南洋理工大学国立教育学院是新加坡教师职前培训的主要机构，但主要是培训中小学教师。工艺教育学院和理工学院教师的入职基本条件是具有 5 年以上的企业工作经验。教师的薪资标准与公务员相当。学院有适宜的评价体系、职业发展规划、技能与知识提升、定期检讨机制，能够保持教师的整体竞争力。例如，南洋理工学院提出师资“无货架寿命”的理念，采用各种形式提升教师的专业技能，每年人均培训成本约 4000 新元。新进教师必须接受学院专门培训机构组织的为期三个月的培训，每个员工每年平均至少

① 数据来源：新加坡南洋理工大学国立教育学院林保圣教授讲义 .

② N. Varaprasad. 50 Years of Technical Education in Singapore：How to Build a World a Class TVET System [M]. Singapore: World Scientific，2016. 169.

③ Ministry of Education，Singapore. Education Statistics Digest 2016[EB/OL]. https://www.moe.gov.sg/education.2016-10-11.

要利用 25 天带薪培训假期参加新课程学习或企业培训，专业教师每隔 2—3 年就要从事一段时间企业项目的研发，每个学期至少有 15% 的教师开展企业项目开发。此外，新加坡还非常重视教师与国际接轨，鼓励并帮助教师创造机会到海外大学学习深造或在海外企业兼职实习，拓宽教师国际视野。

五、职业技术教育与培训的诉求与发展趋势

新加坡实行精英治国战略，同时也重视"使人人成功"。1991 年，新加坡公布"经济战略规划"，以进入发达国家第一方阵为愿景，勾画了未来 30 年经济发展的蓝图。进入 21 世纪，政府提出"打造新的新加坡"，努力向知识经济转型，使劳动者的知识技能与世界同步发展，以使新加坡人民具有较强的职业适应性，适应创新和发达经济体的需要。为了经济社会发展的需要，目前新加坡已经构建了一个较为完善的、拥有多元走道、职普沟通的职业技术教育与培训体系。但尽管如此，大学教育仍然是很多家长为孩子定下的最终目标。

从世界高等教育发展趋势来看，高等教育需要重新强调 STEM（科学、技术、工程和数学）学科的学习，高等教育也离不开技能。此外，随着全球经济和劳动力市场的波动加剧，就业及失业人士的新技能再培训已经十分紧迫。因而，目前新加坡更加强调技能的重要性，不仅倡导要精专技能，而且鼓励拥有多种技能，并为此实施了一些重大的改革计划。

首先，强化应用学习，强调掌握精专技能的重要性。前述"理工学院及工艺教育学院应用学习教育检讨委员会"提出的强化应用学习若干建议正在推进中。例如，为加强教育和技能培训，实行强化版的企业实习课程，增加高级国家工艺教育局证书的学额；在每一行业选择一所理工学院或工艺教育学院担任行业领导，新加坡理工学院、义安理工学院和共和理工学院分别担任饮食科技、海事与岸外工程和物流业的行业领导；政府为各中学安排了专业的教育及职业辅导员，每所理工学院和工艺教育学院也有 6 名全职的教育与职业辅导员，帮助学生做出明智的选择；制定不同行业的技能框架和职业发展途径，明确行业对技能的具体要求以及不同技能所应对的技能等级。

其次，推进"技能创前程"计划，落实《继续教育与培训 2020 总体规划》，倡导终身学习。政府希望实现三大突破：一是突破文凭至上，重视工作态度、精深技能、知识和经验，使人们能够胜任工作并有所擅长；二是突破课堂局限而不断学习，肯定应用学习和终身学习的价值，让职场也成为学习场所，激励雇主对人才培养发挥重要作用；三是突破对成功的狭隘定义，肯定每一个人在不同方面、通过不同方式而各有所长，如果用脑、用手、用心去做，都能够出类拔萃。

新加坡的职业技术教育与培训以创造就业和人的发展为使命，政府注重引导每个人去认识自己的长处，选择正确的途径、采用正确的态度，投入终身学习；引导家长要发

现孩子的特长，让孩子选择能充分发挥自己才能的途径；鼓励雇主尊重每一位员工的价值，根据员工的实际技能水平加以重用和嘉奖。新加坡正在探索新路，让每一个人都发挥最大潜能。

（深圳职业技术学院　教务处　卿中全）

主要参考文献

[1] 中华人民共和国外交部. 国家和组织. 新加坡[EB/OL]. http://www.fmprc.gov.cn/web/gjhdq_676201/gj_676203/ yz_676205/1206_677076/1206x0_677078/.2017-09-10.

[2] Yvonne Guo, J.J.Woo. Singapore and Switzerland: Secrets to Small State Success[M]. Singapore: World Scientific, 2015.165.

[3] Ministry of Education, Singapore. Education Statistics Digest 2016[EB/OL]. https://www.moe.gov.sg/education.2016-10-11.

[4] N. Varaprasad. 50 Years of Technical Education in Singapore: How to Build a World a Class TVET System [M]. Singapore: World Scientific, 2016.

[5] 宋若云 . 新加坡教育研究 [M]. 北京 : 经济科学出版社 , 2013.

[6] 新加坡南洋理工大学国立教育学院林保圣教授讲义。

马来西亚

一、国家概况

（一）地理

马来西亚（Malaysia）位于东南亚，国土被南中国海分隔成东、西两部分。东马位于加里曼丹岛北部，与印尼、菲律宾、文莱相邻。西马位于马来半岛南部，北与泰国接壤，南与新加坡隔柔佛海峡相望，东临南中国海，西濒马六甲海峡。国土面积约 33 万平方千米，全国海岸线总长 4192 千米。马来西亚属热带雨林气候，内地山区年均气温 22℃ ~28℃，沿海平原为 25℃ ~30℃。全国分为 13 个州和 3 个联邦直辖区，13 个州中，西马共 11 个州，包括柔佛、吉打、吉兰丹等，东马有沙巴、沙捞越 2 个州；另有首都吉隆坡、布特拉加亚和纳闽 3 个联邦直辖区。①

（二）人文

马来西亚是东南亚国家，马六甲海峡作为重要的海上通道，为马来西亚带来了贸易和外国影响，从根本上影响着其历史，包括成立前的印度文明、伊斯兰文明和欧洲殖民势力的影响。1957 年多民族的马来亚联合邦宣告独立。1950 至 1960 年代，英国在东南亚的 4 个殖民地先后取得独立或被授予自治地位，包括英属马来亚（1957 年 8 月 31 日起独立并改称“马来亚联合邦”）、新加坡（1959 年 6 月 3 日起自治建邦）、英属砂拉越（1963 年 7 月 22 日起自治）与北婆罗洲（1963 年 8 月 31 日起自治并改称“沙巴”）。1963 年 9 月 16 日，这 4 个国家和地区组成马来西亚，成为新的联邦制国家，1965 年新加坡退出。②

马来西亚是一个多元民族、多元宗教的国家，全国约有 30 多个民族，现有人口 3000 万（2016 年 12 月）。其中马来人 68.1%，华人 23.8%，印度人 7.1%，其他种族 1.0%。马来语为国语，通用英语，华语使用较广泛。马来西亚联邦宪法规定伊斯兰教为国教，全国超过 60% 的人信奉伊斯兰教，信奉者大多为马来人，印度人信奉印度教，土著原住

---

① 中华人民共和国外交部 . 马来西亚概况 [EB/OL].http://www.fmprc.gov.cn/web/gjhdq_676201/gj_676203/yz_676205/1206_676716/1206x0_676718/.2017-09-23.

② 历史之家网站 . 马来西亚历史简介 [EB/OL]. https://www.lszj.com/shijiefengyun/21412.html. 2017-09-23.

民既有信仰原始宗教的，也有皈依伊斯兰教、基督教和天主教的，华人的宗教信仰比较多元，包括佛教、儒教、道教以及基督教和天主教等。

马来西亚实行君主立宪联邦制。因历史原因，沙捞越州和沙巴州拥有较大自治权。国会是最高立法机构，由上议院和下议院组成。穆罕默德五世（Sultan Muhammad V），于2016年12月就任第15任最高元首；现任总理是穆罕默德·纳吉布，于2009年4月就任总理，2013年5月获连任。

马来西亚全国各地大小节日约有上百个，政府规定的全国性节日有10个，包括国庆（又称独立日，8月31日）、元旦、开斋节、春节、哈芝节、屠妖节、五一节、圣诞节、卫塞节、现任最高元首诞辰。除少数节日日期固定外，其余节日的具体日期由政府在前一年统一公布。①

（三）经济

马来西亚自然资源十分丰富，是农业与自然资源出口国，如天然橡胶、棕榈油、锡、优质热带硬木、天然气等，是世界上最大的棕榈油生产商，也曾经是锡的最大生产国，此外，还盛产可可、胡椒、椰子等热带经济作物，渔业资源也丰常丰富。

20世纪70年代前，马来西亚经济以农业为主，依赖初级产品出口，70年代以来不断调整产业结构，大力推行出口导向型经济，电子业、制造业、建筑业和服务业发展迅速，1987年起，经济连续10年保持8%以上的高速增长，曾为“亚洲四小虎”国家之一。1991年，马来西亚制订了跨世纪发展战略《2020宏愿（1991—2020）》，旨在于2020年建成发达国家。同时马来西亚重视发展高科技，启动了“多媒体超级走廊”“生物谷”等项目，② 推动产业转型升级。1998年受亚洲金融危机的冲击，马来西亚经济出现负增长，政府采取稳定汇率、重组银行企业债务、扩大内需和出口等政策，经济逐步恢复并保持中速增长。2008年下半年以来，受国际金融危机影响，国内经济增长放缓，出口下降。2009年纳吉布总理就任后，采取了多项刺激经济和内需增长的措施。目前，马来西亚经济逐步摆脱了金融危机影响，企稳回升势头明显。2010年马来西亚公布了以“经济繁荣与社会公平”为主题的第十个五年计划，并启动了“新经济模式”，继续推进经济转型。2015年马来西亚GDP为3356亿美元，增长率为5%，人均GDP为8256美元，对外贸易总额3665亿美元，外汇储备1023亿美元。

马来西亚政府鼓励以本国原料为主的加工工业，重点发展电子、汽车、钢铁、石油化工和纺织品等。2015年，马来西亚制造业领域GDP为2158亿林吉特，约占GDP的17.4%。矿业以锡、石油和天然气开采为主。农业以经济作物为主，主要有油棕、橡胶、

---

① 中华人民共和国外交部．马来西亚国家概况 [EB/OL].http://www.fmprc.gov.cn/web/gjhdq_676201/gj_676203/yz_676205/1206_676716/1206x0_676718/.2017-09-23.

② 深圳市人民政府政策研究室．一带一路沿线国家之马来西亚 [EB/OL]. http://www.sz.gov.cn/szsfyjzx/ylyd/201708/t20170825_8246776. htm.2017-09-23.

热带水果等，粮食自给率约为70%。渔业以近海捕捞为主，近年来深海捕捞和养殖业有所发展。服务业范围广泛，是国民经济发展的支柱性行业之一，就业人数约535.36万，占全国就业人口的50.76%，是就业人数最多的产业。旅游业是马来西亚第三大经济支柱，第二大外汇收入来源，拥有酒店约4072家，主要旅游点有吉隆坡、云顶、槟城等，据旅游部统计，2015年游客人数为2282.2万人次。2015年进出口贸易总额为13909.8亿林吉特，主要出口市场为新加坡、中国、日本，出口额为6511.3亿林吉特；进口额为7398.5亿林吉特，主要来源国为中国、新加坡、美国。全年外贸易出口额超887.2亿林吉特。

（四）教育

马来西亚的教育历史大概可以分为三个阶段：早期零散、宗教性的启蒙式教育，殖民时期英国教育模式，及后期发展到多民族的、多样的、分离式的教育并进一步走向统一的一体化教育[①]。

马来西亚是一个以马来人、华人和印度人三大族群为主的多元族群国家，三大族群都有自己独特的文化，拥有本族的教育机构。政府努力塑造以马来文化为基础的国家文化，推行"国民教育政策"，所有的国民学校采用统一的教学课程，重视马来语的普及教育。

马来西亚实行9年义务教育，小学学制6年（7—12岁），学生毕业后，自动升入中学接受5年中学教育。中学分成两个阶段，其中初中3年（中一至中三，13—15岁），高中2年（中四、中五，16—17岁）；学生中三毕业后，参加国家统一考试，进入高中、职业学院或技能训练机构学习和培训；学生中五毕业后，根据其"马来西亚教育文凭"，进入中学延修班（中六）或大学预科课程（1—2年，年龄介于18—19岁），这一阶段的教育为学生进入本地大学、外国大学以及其他高等教育机构或进入社会工作而准备。高等教育阶段的教育课程包括：学历证书课程、文凭课程、学位课程（第一学位或学士学位、硕士及博士学位）。公立高等教育可分为以下四个组成部分：（1）学院教育（政府公立学院、教师培训学院）；（2）职业技术教育（公立职业技术学院）；（3）大学教育（国立大学及国立大学学院）；（4）其他形式的高等教育（远程教育等）。[②]（图1）

2015年小学适龄儿童入学率为96.6%，中学入学率为91.1%。每12名小学生一名教师，每13.1名中学生一名教师。2017年，马来西亚共有1292所华小，60所华文独立中学。[③]

---

① 张淑细．马来西亚教育历史的回顾与展望[A]．纪念《教育史研究》创刊二十周年论文集(2009)[C]．

② 腾讯教育频道．马来西亚概况[EB/OL]. http://edu.qq.com/a/20090217/000223.htm. 2017-09-25.

③ 中华人民共和国外交部．马来西亚国家概况[EB/OL].http://www.fmprc.gov.cn/web/gjhdq_676201/gj_676203/yz_676205/1206_676716/1206x0_676718/.2017-09-23.

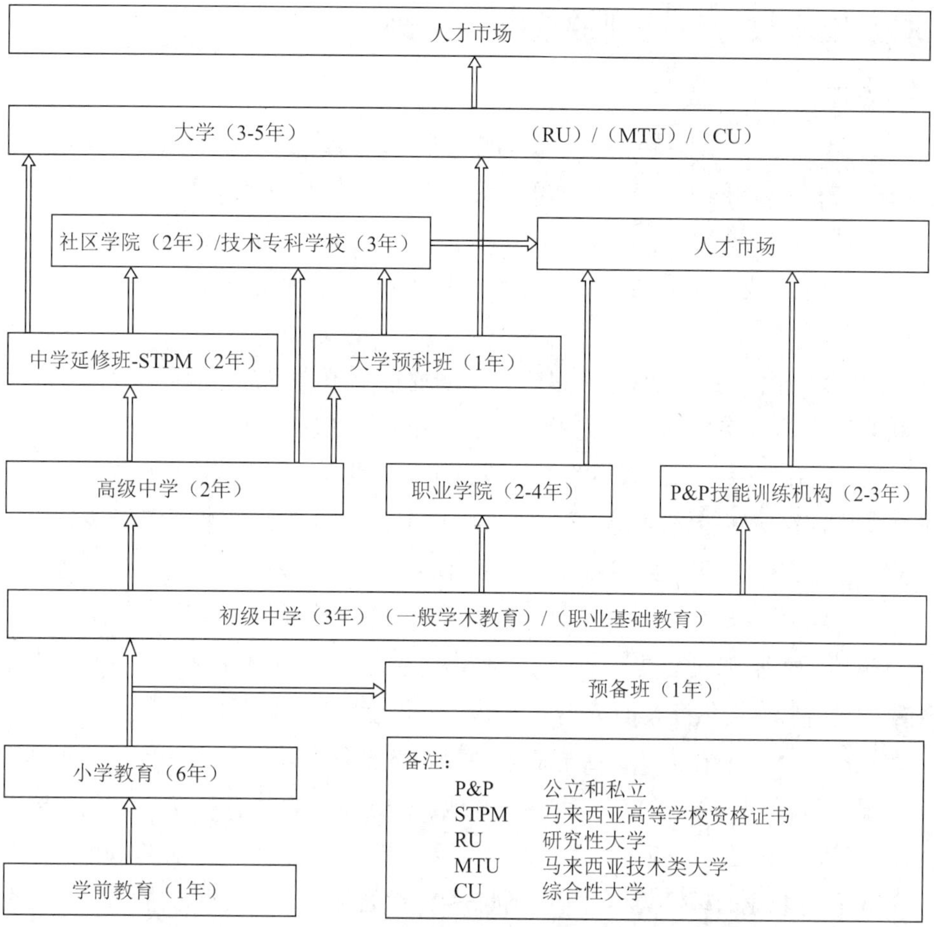

图 1 马来西亚教育系统和受教育路径[①]

马来西亚国民教育体系总体上以公立教育为主体，但在高等教育领域公立教育与私立教育并存。目前有 20 所公立大学，8 所外国大学分校，600 多所私立学院，在校大学生 60 余万人。著名公立大学有马来亚大学（2013 QS 世界大学排名，亚洲第 33）、马来西亚国民大学（第 57）、马来西亚理科大学（第 61）、马来西亚理工大学（第 68）等。1997 年政府通过了《私立教育法》，为私立高等教育的发展提供了法律保障。私立院校一般与欧美、澳新等国的高等院校合作，开设学分转移和双联课程。这些私立高等院校每年招收的本国及国外学生多达几十万名。[②]

---

① 李俊 , Lai Chee Sern 等 . 马来西亚职业技术教育的现状与挑战 [J]. 职教论坛 , 2016(36): 88–92.

② 中华人民共和国驻马来西亚大使馆经济、商务参赞处.马来西亚概况（教育制度）[EB/OL].http://my.mofcom.gov.cn/article/ddgk/201407/ 20140700648592.shtml. 2017–09–25.

二、职业技术教育与培训的战略与法规

（一）战略

20世纪90年代，马来西亚经济犹如插上了翅膀，迅速起飞。经济年均增长率达到8%的高速增长，人均国民收入由1990年的2437美元增加到近年的8000多美元，这同马来西亚世界一流的较为完善的职业教育体系不无关系。[①] 马来西亚《2020年宏愿》提出要在2020年成为先进工业国家，这使得马来西亚政府对职业技术教育采取优先发展的措施。

2009年纳吉布任马来西亚总理以来，力图通过改革，重拾马来西亚在1997年亚洲金融危机之前区域经济中的“领跑者”地位，并最终摆脱困扰马来西亚近20年的“中等收入陷阱”。在其一系列的改革举措和方案中，最为系统的当属2010年颁布的《新经济模式方案》，在“新经济模式”下，从2011年至2020年，马来西亚经济每年需增长6.5%，以达到成为发达国家的目标。它集中体现了马来西亚政府的基本施政方针和总体经济战略，并成为未来10年马来西亚体制改革和经济发展的重要战略性指导文件[②]。要达到这个目标的一个基础便是高技术人才的储备，在这过程当中，职业技术与培训系统可以为国家的经济转变提供高技能劳动力支撑，因而起着至关重要的作用。

从职业教育体系来看，马来西亚职业教育在教育各个阶段都有一定比重和体现。马来西亚基础教育学制为6–3–2，期间已大量地渗透了职业教育。小学生在初等教育的第4年就接触到就业科目，政府在小学4—6年级引人一门新科目——操作技能，以培养学生职业意识和对职业的理解力；在初中阶段引入综合科目——生活技能，以取代分为几个部分的旧的职业科目；高级中学第2年在普通教育与技术和职业教育之间全部完成编班选择，学生在高中后2年的教育有4种选择：艺术和人文、科学、宗教以及技术和职业。这样，从小学到高中，普教与职教紧密地结合在一起。另外，马来西亚还通过职教、高教衔接和职业培训规范化来促进教育的整体发展。[③]

（二）法规[④⑤]

1. 内阁委员会关于培训的报告（1991年）

该报告提出，马来西亚经济的持续增长取决于其行业保持着高的生产力和竞争力；而工业生产力，在很大程度上，依赖于熟练的人力资源及其技术，没有能够利用现代技术且受过良好教育的劳动力，生产力将受到损害，国家在全球经济中竞争的能力将受到破坏。

---

① 章明．马来西亚的职业技术教育 [J]. 国际展望，1994 (12): 29–32.

② 曾铮．马来西亚应对“中等收入陷阱”的经验和启示 [J]. 中国市场，2010(46): 8–10.

③ 章明．马来西亚的职业技术教育 [J]. 国际展望，1994 (12): 31–32.

④ UNESCO International Bureau of Education. World Data on Education. VII Ed. 2010/11. [DB/OL].http://www.ibe.unesco.org/fileadmin/user_upload/Publications/WDE/2010/pdf–versions/Malaysia.pdf. 2017–09–25

⑤ Ministry of Education. Education Direction. Legislation for Education. [EB/OL]. https://moe.gov.my/index.php/en/arkib/hala–tuju–pendidikan. 2017–09–25

该报告同时认识到，应重视对现有劳动力进行培训和再培训，对劳动力技能进行升级。

2.《教育法》(1996年)

1996年新《教育法》(废除了1961年《教育法》)，涵盖了学前教育到高等教育各个层次。该法规定，在国家教育系统的所有教育机构中使用国家语言（马来语）作为教学语言。另外，除国家教育系统的学校或任何其他受教育部豁免的教育机构外，所有学校均需使用国家课程，学生均需参加规定的统一考试。

3.《国家技能发展法案》(第652号法令)(2006年)

该法规定设立国家技能发展委员会（National Skills Development Council）作为技能鉴定及证书颁发机构（包括：证书、文凭、高级文凭），并开发国家职业技能标准（National Occupational Skills Standards）、制定国家技能培训课程。

4.“技能马来西亚”经济转型计划（2011年）

2011年初，马来西亚总理宣布一项名为“技能马来西亚”经济转型计划，目的在于让学校学生和劳动者更愿意选择职业技术教育，使职业技术教育更具吸引力。政府启动了全国范围的媒体宣传活动，宣传职业资格证书所能带来的职业前景与优势，以改变人们对职业教育的认识。

5. 教育发展蓝图

马来西亚教育部于2013年9月推出了《2013—2025教育发展蓝图》，制定国家未来13年的教育方向，并详细列出各项教育转型计划。2015年，马来西亚高等教育部绘制了2015—2025年高等教育发展的蓝图，它列出了推动马来西亚卓越教育持续发展的十项转变，其中的一项就是在与产业合作保证人才供需匹配的基础上，扩大职业技术教育与培训项目，培育出高质量的职业教育毕业生。

三、职业技术教育与培训的体系与质量保障

（一）体系①

马来西亚独立后，政府成立了教育委员会，审察已有的教育系统，该委员会于1956年发布了《拉扎克报告》，提倡在普通中学体系之外再设立一个职教体系。1960年《拉曼达立报告书》最终促使中学教育体系分为普通学术性体系和职教体系两个序列。1968年，当时的初级技术（商贸）学校转为商贸中学，后来成为职教类中学。1979年，另一个由执行总理马哈蒂尔·穆罕默德领导的高层委员会发布了《1979内阁报告》，确定了国家的高等教育须包括学术和职教两个序列的政策。

经过长期的发展和政策调整，马来西亚职教体系发展迅速，形成了较为完整的职教

① 本小节根据以下文献资料整理：Mr. Mustapor Bin Mohamad. 马来西亚高等职业技术教育问题与挑战 [J]. 世界职业技术教育，2002 (1): 9–12; 李俊、Lai Chee Sern 等．马来西亚职业技术教育的现状与挑战 [J]. 职教论坛，2016(36): 88–92.

与培训体系，主要包括：中等职业技术教育、高等职业技术教育、政府培训机构、私立培训学校（院）、公立－私立协办技术培训中心、外国资助培训机构等。

1. 中等职业教育

正规的职业技术教育从中等教育后半段（高中阶段）开始。根据教育部规定，学生可以选择普通高中（学术）、技术学校、宗教学校、体育学校和职业学校（学院）学习。普通全日制学校或职业学校的学生在两年后需要参加全国考试——马来西亚资格认证考试，这是一项重要的考试，它将决定学生高中后教育的层次和类型。

2. 高等职业技术教育

高等职业技术教育在马来西亚国家人力资源开发中扮演重要角色。主要包括职业学院、社区学院、技术专科学院或者马来西亚科技类大学开展的职业技术教育。学生完成2年职业学院的学业，可获得马来西亚技能证书（三级以上），完成4年完整的职业教育，可获马来西亚职业学位证书；社区学院的资格证书水平项目为期2年，技术专科学校的学位证书水平项目为期3年；一部分中学延修班学生可进入马来西亚科技类大学，在职业技术教育相关学科中获得学士、硕士和博士学位。

3. 政府培训机构

除教育部和高等教育部提供职业技术教育外，马来西亚的其他政府部门也建立了许多公开的技能训练学院，如：人力资源部设立了高级技术培训中心和工业培训机构；农村和区域发展部设立了马拉技能学院和马拉高级技能学院；青年体育部设立了国家青年技能学院；卫生部设立了护士学院。这些技能训练学院在资格证书水平（1—2年）和学位证书（2—3年）水平范围内提供不同的职业教育与培训项目。

4. 私立培训学校

无法进入公立培训机构就读的学生，可以选择工人技术学院和联邦技术学院，这两个培训学院历史最久，开设有内容广泛的职前证书、文凭和学位培训，私有部门中三分之一的技术工人在这里接受过技术培训。

5. 公立－私立协办培训机构

该类培训中心主要提供基本技术培训，使工人掌握必要的工作技能。1989年，政府与私人合作，成立了槟城技术培训中心，许多省也相继建立类似的中心。槟城技术培训中心授权可以开设高等职业技术教育课程，并且可在工程学方面颁发高级国家文凭。

6. 外国资助的培训机构

1992年成立的德国－马来西亚学院，在生产技术和工业电子方面提供高级技术教育，类似机构还有法国－马来西亚学院、英国－马来西亚学院、日本－马来西亚学院。它们除了颁发国家技能证书（三、四级）外，还有自己的证书。

根据2010年数据，马来西亚职教体系约有1000所学校，其中，通过评估的私立培训中心约600个，职业技术学校约88个，社区学校约100个。学生人数共约27万，其中 70% 在政府学校，2.5 万学生在教育部所属的技术中学，18.5 万在公办州立学校，6 万在私立学校。根据马来西亚第 10 个五年计划（2011—2015），在经济发展过程中，8 个核心领域需要 130 万技术工人，约占整体雇员需求量的 41%，其中最高的 5 个领域需要 82% 的技术工人。这些核心领域包括零售、大吉隆坡计划、教育、旅游、金融服务等。（见图 2）

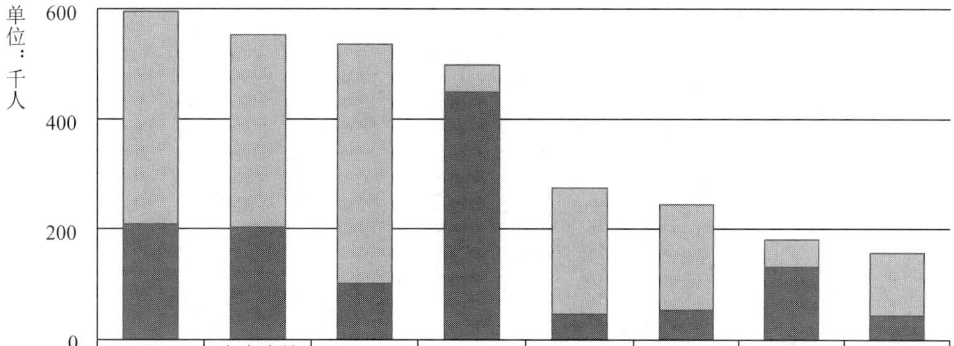

	零售业	大吉隆坡计划	教育	旅游	金融服务	商业服务	健康保健	机电工程
	1	2	3	4	5	6	7	8
■非职教体系	386	350	435	49	229	192	49	114
■职教体系	209	203	101	449	46	53	132	43

图 2　经济改革计划：8 个重要经济领域人才需求情况

资料来源：亚洲职业教育在线网站 . Key Reforms in Rivitalising Technical and Vocational Education and Training (TVET) in Malaysia.

（二）保障①

1. 职业技能证书

马来西亚资格框架是开发和分类资格认证的工具，它将职业教育与普通教育所获得的证书和学历水平放在一个框架中，分技术教育、职业教育和学术教育 3 个部分，由 8 个资格水平构成。国家职业技能证书分为 5 个等级，技能证书 1、2、3 级，属于职业技术资格证书；技能证书 4 级和 5 级分别属于职业技术教育文凭和高级文凭。在马来西亚的资格框架中，职业技术教育资格等级最高为 5 级，比本科毕业证书要低；高等教育资格等级则最低为 3 级，最高为 8 级，其中，学士、硕士及博士学位的资格等级分别为 6 级、7 级和 8 级（见表 1）。

① 本小节根据（1）李俊，Lai Chee Sern 等 . 马来西亚职业技术教育的现状与挑战 [J]. 职教论坛 , 2016(36): 88–92.;（2）Malaysia Qualification Agency (2011). Malaysia Qualification Framework (MQF) [EB/OL]. http://www.mqa.gov.my/mobile/mqf.html. 2017–09–23;（3）亚洲职业教育在线 . key Reforms in Rivitalising Technical and Vocational Education and Training (TVET) in Malaysia. [EB/OL]. www.tvet-online.asial.2017–09–23 编写。

表 1　马来西亚资格框架

<table>
<tr><th rowspan="2">水平</th><th colspan="3">分　类</th></tr>
<tr><th>技术教育</th><th>职业教育</th><th>高等教育</th></tr>
<tr><td>8级</td><td colspan="2" rowspan="5"></td><td>博士学位</td></tr>
<tr><td rowspan="2">7级</td><td>硕士学位</td></tr>
<tr><td>研究生毕业证书</td></tr>
<tr><td rowspan="2">6级</td><td>学士学位</td></tr>
<tr><td>本科毕业证书</td></tr>
<tr><td>5级</td><td>高级文凭</td><td>高级文凭</td><td>高级文凭</td></tr>
<tr><td>4级</td><td>文凭</td><td>文凭</td><td>文凭</td></tr>
<tr><td>3级</td><td>技能证书3级</td><td rowspan="3">职业技术
资格证书</td><td>资格认证</td></tr>
<tr><td>2级</td><td>技能证书2级</td><td rowspan="2"></td></tr>
<tr><td>1级</td><td>技能证书1级</td></tr>
</table>

资料来源：Malaysian Qualification Agency (2011). Malaysian Qualification Framework (MQF)

2. 质量保障

马来西亚第 10 个五年期间（2011—2015），在国家宏观层面提出了四个政策导向以提升职教体系的质量，包括:（1）通过广泛宣传，提高职教体系的形象，吸引更多的受训人员;（2）基于企业要求提升职教课程质量开展了一系列行动计划，如标准化职教课程、国家技能资格证书体系、建立新的国家技术委员会等;（3）打造高效的师资力量，建立新的教师和高级技能培训中心;（4）规范职教体系，审核现有的资金资助途径、评估职教学校等级等措施。

在提升技术培训方面，从雇主、学生、培训机构等各个方面采取多项措施，包括:（1）与工业界加强联系，在各技术领域设立"企业指引联合会"（Industry Lead Body）以促进职教体系的发展;（2）融合政府相关部门、企业、私立技术培训机构，建立"技术人员委员会"（Board of Technologists）以规范、监督和评估各职教课程;（3）加大资金扶持，扩展技术培训覆盖范围;（4）提高技术培训的知名度，在各项行动计划中推广"马来西亚技术标识"（"Skills Malaysia" branding），提倡技术培训;（5）建立职业发展通道，让马来西亚技术资格证书的拥有者可以进一步过渡到其他学位课程，同时为职教学生拓宽职业途径，并通过评估系统让其职业发展更通畅;（6）增加教师数量，尤其是高质量教师的数量，让符合学历要求且经验丰富的企业人士可以快速转换为职教教师;（7）协助培训机构招收学生，吸引外国学生加入马来西亚职教体系。

四、职业技术教育与培训的治理与教师

（一）治理

马来西亚职教体系由教育部、高等教育部、人力资源部等七个部门管理，大致可分为以下三个子系统：

1. 正规职业教育包括高中及高中后职业教育。高中学校层次的技术教育和职业培训由教育部管理。这一部分已充分融合到普通教育体系，教育的目标最终导向马来西亚教育证书。高等职业技术教育由大学提供，由高等教育部负责管理，职业学校和社区学院由马来西亚资格认证机构（Malaysian Qualification Agency）认证。

2. 非正规职业培训实施归口管理，由人力资源部、青年和体育部、创业部等管理各自职教体系。

3. 基于国家技能标准和资格证书的专业技能培训，按照 5 级技术资格框架，由国家职业培训委员会负责。

（二）教师

马来西亚小学、初中教师的培养和培训由教育部教师教育司负责，普通中小学教师由教育部设立的师范学校培养，学制为 2 年。职业技术学校教师由职业技术师范学校培养，学制为 3 年。高中和中学后的学校教师，由马来西亚大学教育专业培养，学制为 1 年。技术大学和农业大学也为培养教师开设专门课程。

2009 年 12 月，马来西亚颁布了新的教师标准，这是东南亚地区第一个基于胜任力设计的高素质教师标准。该标准分为两个部分，第一个部分包括教师标准建立的必要和基础、二个主要内容标准和实施五个方面的细节需求；第二个部分是与三个主要内容标准相对应的调查问卷表。新的教师标准对教师职业价值观、知识和理解以及教学的技能标准进行了详细界定，重视教师专业化发展中职业素养的形成，且可操作性强，强调教学与学习技能的形成，关注课堂教与学的环境。①

马来西亚还注重教师的后续培训，并安排预算进行资助，或提供全额薪酬奖学金，供教师继续在本地或海外学习；新的薪酬制度还要求每名教师每年至少参加 7 天的在职培训。通过一系列短期在职课程和研讨会，为教师提供知识和技能升级课程。

教师的基础工资取决于教师是否持有学位或文凭，拥有学位的教师的薪水要比持有文凭的工资高很多。尽管多年来教师薪酬有所增加，但仍低于医疗、工程和政府公务员。不过，教师岗位吸引力还是很大，每年都有很多人申请从数，且教师的流失率比较低。

---

① 刘娟娟、马路平等 . 马来西亚 MTS 教师标准及启示 [J]. 教育理论与实践 ,2013(11):26–29.

五、职业技术教育与培训的诉求与发展趋势

为实现2020年进入发达国家行列的目标，马来西亚政府已经意识到高新技术和技能人才对于国家未来的重要性，政府通过财政资助专项计划等方式发展职业教育培训。

（一）诉求[①]

马来西亚经济领域的快速发展及未来的战略，为职业教育与培训带来诸多挑战，在职业教育与培训方面需要国家和社会解决一系列的诉求。

1. 提升职业教育的社会地位和认可度

受传统和制度设计的局限，马来西亚职业教育的社会地位和认可度不高。人们认为职业教育是成绩不好的学生才会选择的；另外，职业教育最高资格证书仅为5级，不及本科毕业文凭。从职业教育与培训体制上而言，政府应当加强制度设计，一方面提高职业技术资格证书的等级，开发更高层次并且符合行业要求的高级职业资格证书。另外一方面，扩大职教学生进入普通高等教育的比例，使职业教育发展更有前景。

2. 解决好职业技术教育管理的多元问题

马来西亚职业技术教育与培训存在多头管理、"证"出多门且企业认可度不高等问题，应对现在证书进行统一管理，并联合行业和学校（包括培训机构），结合国际职业资格框架标准，制订职业资格证书类别和标准。

3. 提高职业技术教育质量

马来西亚职业技术教育与培训质量不高主要表现在教育培训内容和师资两个方面。在教育培训内容方面，需要加强与产业的结合，开发以结果导向的课程和培训体系；在师资数量和质量方面，由于社会经济发展增速，产业更新换代迅速，现有的职教师资在数量和水平上显得不足和落后，影响了职业教育的质量。应通过加大"双师"型教师比例和教师企业培训等方式提高教师技能水平。

（二）发展趋势

马来西亚正在向发达国家行列迈进，其职业技术教育与培训发展，从整体上符合世界职业技术教育与培训的发展趋势。

1. 传统意义上的中等职业教育与培训呈萎缩趋势。中等职业教育与培训由于社会发展、产业转型，由主要服务和补充农业转向服务工业和高科技产业发展。产业升级对职业教育与培训提出了更高的要求，当前全球中等职业教育学校的学生占高中段学生人数的比例呈下降趋势，发达国家如美国、日本则更加明显。[②]

2. 高等职业教育发展加快。随着产业的升级，职业教育与培训的重心上移。工业发

---

① 李俊、Lai Chee Sern 等．马来西亚职业技术教育的现状与挑战 [J]. 职教论坛，2016(36): 88–92.

② 王英杰．试谈世界职业技术教育发展趋势及我国职业技术教育的困境与出路 [J]. 比较高等教育，2001（3）47–53.

展及高新技术的应用对掌握高级专门技能人才的需求加大，使得高等职业教育发展加快。

3. 职业教育与培训观念由以就业为目标向职业生涯发展变化。马来西亚职业教育与培训观念与世界的职业教育发展趋势一样，正由狭隘的就业教育和培训向个体的职业生涯发展需要甚至终身教育转变。职业教育与培训的形式也由过去单一的学校教育发展为职前教育、岗前培训和在职培训等多种形式统一且连续的过程。

（深圳职业技术学院　联合国教科文组织职业技术教育与培训联系中心　王冰峰
深圳职业技术学院　技术与职业教育研究所　罗　欢）

主要参考文献

[1] 中华人民共和国外交部 . 马来西亚国家概况 [EB/OL].http://www.fmprc.gov.cn/web/gjhdq_676201/gj_676203/yz_676205/1206_676716/1206x0_676718/.2017-09-23.

[2] 中华人民共和国驻马来西亚大使馆经济、商务参赞处 . 马来西亚概况（教育制度）[EB/OL].http://my.mofcom.gov.cn/article/ddgk/201407/20140700648592.shtml. 2017-09-25.

[3] Ministry of Education. Education Direction. Legislation for Education. [EB/OL]. http://moe.gov.my/index.php/en/arkib/hala-tuju-pendidikan. 2017-09-25.

[4] 历史之家网站 . 马来西亚简史 [EB/OL]. https://www.lszj.com/shijiefengyun/21412.html. 2017-09-23.

[5] 腾讯教育频道 . 马来西亚概况 [EB/OL]. http://edu.qq.com/a/20090217/000223.htm. 2017-09-25.

[6] 张淑细 . 马来西亚教育历史的回顾与展望 [C]. 纪念《教育史研究》创刊二十周年论文集（2009）.

[7] 李俊，Lai Chee Sern 等 . 马来西亚职业技术教育的现状与挑战 [J]. 职教论坛 , 2016 (36) :88-92.

[8] 章明 . 马来西亚的职业技术教育 [J]. 国际展望 , 1994 (12) :31-32.

[9] 曾铮 . 马来西亚应对“中等收入陷阱”的经验和启示 [J]. 中国市场 , 2010 (46) :8-10.

[10] Mr. Mustapor Bin Mohamad. 马来西亚高等职业技术教育问题与挑战 [J]. 世界职业技术教育 , 2002 (1) :9-12.

[11] 刘娟娟，马路平等 . 马来西亚 MTS 教师标准及启示 [J]. 教育理论与实践 , 2013 (11) :26-29.

[12] 王英杰 . 试谈世界职业技术教育发展趋势及我国职业技术教育的困境与出路 [J]. 比较高等教育 , 2001 (3) :47-53.

印度尼西亚共和国

一、国家概况

（一）地理

印度尼西亚共和国（The Republic of Indonesia），通称印度尼西亚，简称印尼，是东南亚国家，首都为雅加达。印尼与巴布亚新几内亚、东帝汶和马来西亚等国家相接。国土面积1904443平方千米。[①]印尼多岛屿，主要岛屿有爪哇岛、苏门答腊岛、苏拉威西岛、加里曼丹岛（南部）和伊里安岛（西部）。岛屿之间构成许多海峡和内海，其中巽他海峡、马六甲海峡、龙目海峡等是沟通太平洋和印度洋的重要通道。内海主要有爪哇海、苏拉威西海、佛罗勒斯海和班达海等。地形以山地和高原为主，苏门答腊、爪哇、加里曼丹、伊里安岛地区平原辽阔，多沼泽，其他岛屿仅在沿海有狭长的平原。印尼属热带雨林气候，年平均气温 25℃ ~27℃。每年 5 月至 10 月为旱季，11 月至翌年 4 月为雨季。年平均降雨量 2000 多毫米，湿度为 70% 到 90%。[②]

（二）人文

印度尼西亚是海上交通的要冲，它有着悠久的历史和宗教底蕴。16 世纪，欧洲人抵达印尼群岛，发现了这些小国，开始在此建立殖民地。第一次世界大战完结之后，当地人开始争取自治。到了第二次世界大战时，日本占领了荷属印度尼西亚。“二战”结束，印尼宣告脱离荷兰东印度公司的管治。1947 年 7 月，荷兰向印尼发动了名为“警察行动”的大规模军事进攻，又于 1948 年 12 月发动了第二次“警察行动”，并逮捕了苏加诺。当联合国再次讨论这个问题后，荷兰承认印度尼西亚独立。最终东印度公司在 1949 年宣布放弃对印尼的管治权，使印尼得以正式独立，苏加诺被任为印尼第一任总统。[③]

1997 年亚洲金融危机对印尼造成全面冲击，引起局势动荡。1998 年 5 月，执政长

---

① 中华人民共和国外交部 . 印度尼西亚国家概况 [EB/OL]. http://www.fmprc.gov.cn/web/gjhdq_676201/gj_676203/yz_676205/1206_677244/1206x0_677246/. 2017-10-01.

② 中华人民共和国驻印度尼西亚共和国大使馆经济商务参赞处 . 自然地理 . 印度尼西亚国家概况 [EB/OL]. http://id.mofcom.gov.cn/article/ddgk/200305/20030500088482.shtml. 2017-10-01.

③ 联合国工业发展组织咨商机构 . 印尼概况 [EB/OL]. http://www.globalsmes.org/news/index.php?catalog=38&detailid=1081&func=detail&lan=gb. 2017-09-23.

达32年的苏哈托总统辞职，副总统哈比比接任总统。1999年10月，印尼人民协商会议（简称人协）选举瓦希德为总统，梅加瓦蒂为副总统。2001年7月23日，人协特别会议以渎职罪罢免瓦希德总统职务，梅加瓦蒂接任总统。2004年7月，印尼举行历史上首次总统直选，原政治安全统筹部长苏希洛和人民福利统筹部长尤素夫·卡拉（Muhammad Jusuf Kalla）通过两轮直选胜出。2009年7月，印尼举行第二次总统直选，苏希洛和原央行行长布迪约诺（Boediono）竞选搭档首轮胜出。2014年7月9日，印尼举行第三次总统直选，雅加达省长佐科·维多多（Joko Widodo）和前副总统尤素夫·卡拉搭档胜出，于10月20日宣誓就任新一届正副总统。佐科政府提出建设海洋强国战略，以维护国家安全、发展经济及反腐倡廉为施政重点。①

印尼现行宪法为《"四五"宪法》。该宪法于1945年8月18日颁布实施，1999年10月至2002年8月间先后进行过四次修改。宪法规定，印尼为单一的共和制国家，"信仰神道、人道主义、民族主义、民主主义、社会公正"是建国五项基本原则（简称"潘查希拉"）。实行总统制，总统为国家元首、行政首脑和武装部队最高统帅。2004年起，总统和副总统不再由人民协商会议选举产生，改由全民直选；每任五年，只能连任一次。总统任命内阁，内阁对总统负责。②

2015年，印度尼西亚总人口2.58亿，其中青年人口③4394.5万，平均人口年龄28.4岁，人口年增长率为1.28%。④全国有100多个民族，其中爪哇族人口占45%，巽他族14%，马都拉族7.5%，马来族7.5%，其他民族占26%。民族语言共有200多种，官方语言为印尼语。约87%的人口信奉伊斯兰教，是世界上穆斯林人口最多的国家。6.1%的人口信奉基督教，3.6%信奉天主教，其余信奉印度教、佛教和原始拜物教等。⑤

（三）经济

印尼富含石油、天然气以及煤、锡、铝矾土、镍、铜、金、银等矿产资源。矿业在印尼经济中占有重要地位，产值占GDP的10%左右。据官方统计，印尼石油储量约97亿桶（13.1亿吨），天然气储量4.8~5.1万亿立方米，煤炭已探明储量193亿吨，潜在储量可达900亿吨以上。

印尼也是东盟最大的经济体。农业、工业、服务业均在国民经济中发挥重要作用。1950~1965年GDP年均增长仅2%。60年代后期调整经济结构，经济开始提速，1970~1996年间GDP年均增长6%，跻身中等收入国家。1997年受亚洲金融危机重创，

---

① 中华人民共和国驻印度尼西亚共和国大使馆．印度尼西亚国家概况 [EB/OL]. http://www.fmprc.gov.cn/ce/ceindo/chn/indonesia_abc/gjgk/. 2017-09-26.

② 中国新闻网. 印度尼西亚国家概况 [EB/OL]. http://www.chinanews.com/gj/zlk/2014/01-15/118.shtml. 2017-09-20.

③ 指14—25岁人口。

④ 世界银行数据．印度尼西亚人口 [EB/OL].https://data.worldbank.org.cn/country/ID. 2017-10-02.

⑤ 中华人民共和国驻印度尼西亚共和国大使馆．印度尼西亚国家概况 [EB/OL]. http://www.fmprc.gov.cn/ce/ceindo/chn/indonesia_abc/gjgk/. 2017-09-21.

经济严重衰退，货币大幅贬值。1999年底开始缓慢复苏，GDP年均增长3%~4%。2003年底按计划结束国际货币基金组织（IMF）的经济监管。

苏希洛总统2004年执政后，积极采取措施吸引外资、发展基础设施建设、整顿金融体系、扶持中小企业发展，取得积极成效，经济增长一直保持在5%以上。2008年以来，面对国际金融危机，印尼政府应对得当，经济仍保持较快增长。2014年以来，受全球经济不景气和美联储调整货币政策等影响，印尼盾快速贬值。2016年印尼国内生产总值12406万亿印尼盾，同比增长5.02%。贸易总额2535亿美元，同比下降13.5%。全年通胀率3.02%。①

外贸在印尼国民经济中占重要地位，政府采取一系列措施鼓励和推动非油气产品出口，简化出口手续，降低关税。主要出口产品有石油、天然气、纺织品和成衣、木材、藤制品、手工艺品、鞋、铜、煤、纸浆和纸制品、电器、棕榈油、橡胶等。主要进口产品有机械运输设备、化工产品、汽车及零配件、发电设备、钢铁、塑料及塑料制品、棉花等。主要贸易伙伴为中国、日本、新加坡、美国。②

（四）教育

印度尼西亚独立后进行了教育改革，借鉴美国式的教育制度。印尼各类学校的学制是：学前教育2年；初等教育6年（学生的年龄7—12岁）；中等教育分为初中和初中中级（学生的年龄13—15岁）以及高中和高中中级（学生的年龄16—18岁），学制均为3年；高等教育学制5年（学生的年龄19—23岁）。所以印尼的学制可以概括为"6-3-3-5"制，从小学到大学共17年。大学毕业生毕业后还可考入研究生班。

值得注意的是，印度尼西亚有两种类型的高中：一类是SMA（Sekolah Menengah Atas），即普通中学；另一类是SMK（Sekolah Menengah Kejunuan），即职业高中。前者的学生可以继续升入大学，后者的学生在高中毕业不能进入大学，而是直接参加工作。此外，印度尼西亚还有伊斯兰学校体系，其中伊斯兰学校体系中的MA（Madrasah Aliyah）相当于普通高中（SMA），伊斯兰学校体系中的SAL（Madrasah Aliyah Kejunuan）相当于职业高中（SMK）。初中毕业生可以进入普通高中（SMA）或高级职业技术学校（SMK），也可以进入伊斯兰学校体系中的MA和SAL。学生进入高中前还要参加学业水平测试和心理测试。

印尼的学校分为国立和私立两类。国立学校由政府主办，多数为中小学，幼儿园和高等院校较少，办学质量较高。私立学校主要由政党、社团、私营企业和基金会创办，中小学较少，幼儿园和高等院校较多，接受政府文教部和创办单位的双重领导。印尼政

① 中华人民共和国外交部.印度尼西亚国家概况[EB/OL]. http://www.fmprc.gov.cn/web/gjhdq_676201/gj_676203/yz_676205/1206_677244/1206x0_677246/. 2017-09-20.

② 中国金融信息网 . 世界主要经济体概况：印度尼西亚 [EB/OL]. http://world.xinhua08.com/a/20141211/1424343.shtml. 2017-09-20.

府对教育经费的投入不断增加，而且占国家总投资的比率也较高。根据印尼中央统计局提供的数据，印尼 2006 年教育预算开支 4.69 万亿盾，占 GDP 的 1.5%。2010 年，印尼提出推广 12 年义务教育制计划。①

独立以来，印度尼西亚的高等院校也获得了很大发展。目前，印尼国立高等院校已发展到 49 所，私立高等院校 950 所。主要的国立大学有印度尼西亚大学、班查查兰大学、加查马达大学、艾尔朗卡大学、勿达雅纳大学以及哈沙努丁大学等，这些大学都是综合性的文理科大学。此外，较为闻名的学院有万隆的万隆工学院、雅加达附近的印尼工学院以及茂物的农学院等。主要的私立大学有雅加达的印尼基督教大学、万隆的天主教大学、伊斯兰大学等，这些大学也是综合性的文理科大学。②

二、职业技术教育与培训的战略与法规

（一）战略

印度尼西亚正在经历一个向知识经济过渡的时期，迫切需要提升竞争力。职业技术教育与培训的战略是逐渐加大对教育和培训体系的投资，使印度尼西亚的职业教育体系转变为一个由需求驱动的、重视实践的体系，从而提高民众的就业能力，并让更多的人参与到终身学习中来。

（二）法规

1.《劳动法》（2003）

职业教育培训的实施是通过政府、民间以及企业的职业教育培训机构进行的。2003 年修改的《劳动法》第 13 号第 9 条明确规定了国家职业教育培训政策的基本方针是“为提高劳动者的能力、效率和生活质量而全面实施职业能力的开发”。

2.《国家教育系统法案》（2003）

2003 年通过的《国家教育系统法案》对印度尼西亚的教育体系（包括职业教育）进行了阐述。它详细解释了各个阶段的教育及其结构；积极构建职业教育培训体系，并通过构建完备的政策和法律制度来保证职业技能资格制度的有效实施，以提高劳动力的质量。

3.《人力法》（2003）

2003 年的《人力法》第 13 条对国家培训体系（就业培训）作出了相关规定。

4.《教师法》（2005）

2005 年的《教师法》及其相应条款对教师行业组织和其资质作出了规定。

---

① 网易教育. 印尼：雅加达将九年义务教育增至12年[EB/OL]. http://edu.163.com/12/0511/13/ 817Q0M2G00293I4V.html. 2017-09-16.

② 中华人民共和国驻印度尼西亚共和国大使馆经济商务参赞处 . 印度尼西亚文化教育 [EB/OL]. http://id.mofcom.gov.cn/article/ddgk/201005/20100506903966.shtml. 2017-09-16.

三、职业技术教育与培训的体系与质量保障

（一）体系

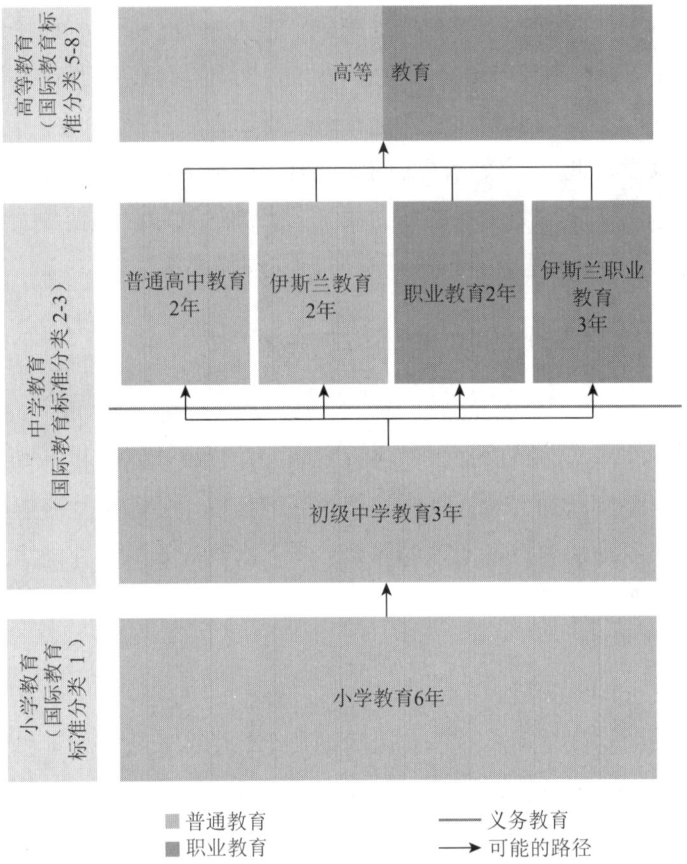

图 1　印度尼西亚职业技术教育与培训体系图

资料来源：UNESCO-IBE (2011). World Data on Education VII Ed. 2010/11. Indonesia. Geneva: UNESCO-IBE.

印尼的职业技术教育与培训系统非常庞大，主要由正规职业技术教育与培训和非正规职业技术教育与培训构成。

正规教育是职业技术教育与培训最重要的部分，其教育过程是一个"输入——过程——输出"的模式。主要步骤包括：6—7 岁的学龄儿童经过 6 年的小学学习后，再经过 3 年的中学学习，然后进入高级职业学校。高级职业学校学习的时间一般是 3 年，旨在把毕业生培养成具有中等技能水平的劳动力，使其拥有在社会中工作或者自我创业的一般技能，以及相应的职业态度。为了保证质量，正规的职业教育途径的课程在国家能力标准的基础上设计，学生完成课程学习后，还要参加相应的能力测验，才能从职业证

书机构或行业中获得职业资格证书。①

非正规职业技术教育与培训体系也是重要组成部分。2003年的《国家教育系统法案》规定："非正规教育是为需要教育服务的社区人员而设立的，它作为正规教育的替代、补充或增补，以支持终身教育。"② 非正规教育的目的是开发学生的潜力，强调知识与基本技能的习得。《国家教育系统法案》也规定："非正规教育包括生活技能教育、幼儿教育、青少年教育、妇女教育、素质教育、职业培训和实习，同等学历和其他旨在提高学生能力的各种教育。"非正规教育包括非正规的小学、初中和高中同等学历，被称之为Pakets A、B和C。Pakets从属于同等学历，允许那些不能进入正规教育系统学习的学生取得正规资格证书。Pakets A和B构成基础教育，这些学历特别针对那些生活在偏远地区的学生。另外，私人和公共机构还提供短期非正规的职业培训，其重点是帮助工人和学员提高技能以进入就业市场。

为了使通过正规教育或从学校辍学没有充足技能的青年人能够谋生，印度尼西亚主要通过在政府培训中心实施的各种专业培训项目提高他们的能力，从而使其顺利进入工作领域或自我创业。同时，一些非政府培训中心也通过时间不等的培训项目培养青年学生进入工作领域的必需技能，这种培训中心在性质上一般属于营利组织。然而，行业领域往往对求职者的素质不太满意，他们接受新工人后，往往还在自己的公司内部为新员工开展岗前培训。③

公共非正规职业培训机构也分为3类：A类（位于市区的最大培训机构）；B类（位于小城市中心的培训机构）；C类（分布在农村的最小培训机构）。较大的培训中心提供工业和服务技能培训，而较小的培训机构为个体经营人员提供不同的技术和技能培训。

印尼的职业技术教育与培训主要在以下三大场所进行。

首先是高级职业学校及高等院校。印度尼西亚主要是通过正式的教育系统中的高级职业学校来为青少年就业做准备的。高级职业学校有三方面的目的：第一，使学生成为生产型的人，有独立工作的能力，作为中等层次的工人，能够胜任各行各业的职位，并具有与特定领域相关的专业知识和技能；第二，为学生选择职业生涯、适应工作环境及发展职业态度做准备；第三，培养学生的知识、技能和工作精神，从而使其在未来能独立或通过高等教育得到发展。④

高等院校也是职业技术教育与培训的重要场所。印度尼西亚的高等职业教育机构有以下5种类型：①单科学院，只提供某一领域的教学，主要提供的是应用科学、工程或艺术研究方面的课程，课程结束后颁发技术类文凭和证书（公立和私立学校）；②高等

① 李玉静，程宇．印度尼西亚：促进劳动力进入工作世界[J]. 职业技术教育，2007 (9):40–41.
② 印度尼西亚共和国政府《国家教育系统法案》（2003）。
③ 李玉静，程宇．印度尼西亚：促进劳动力进入工作世界[J]. 职业技术教育，2007 (9):40–41.
④ 罗承日著．朱丽佳译．新千年亚洲职业培训的现状与发展方向[J]. 职业技术教育，2012 (13):84–89.

学校，在某一特定的学科提供学术和专业大学等级教育；③理工学院，附属于大学并提供副学位初级技工培训；④机构，由合格教师提供几个研究领域的教育课程并且与那些有权授予学位的大学处于同一级别；⑤大学，提供多个学科的培训和高等教育。

其次是农业学校。最开始，农业教育是在农业部的领导下，强调教授农业相关信息。在第三个五年计划期间，地方农业发展学校在所有的省份建立起来。在第五个五年计划期间，印度尼西亚有30所农业开发学校。此外，还有处于省级政府管理之下的地方性的农业开发学校。对于这些地方性的农业发展学校而言，农业部提供其发展所需的设施、教师培训和监督机制。同时，学校运营所需要的费用、长期发展和学校的维护成本都是省政府的责任。随着社会情况变化，许多学校也逐渐向农业社区大学和农业社区发展学院方向发展。①

最后是非正规的劳动力准备系统。除了正规的教育系统之外，印度尼西亚还通过1周到6个月的专业化短期培训项目培养人力资源，这些项目主要由社会上的培训提供者承担。② 非正式的劳动力准备系统所开展的职业技术教育与培训主要在以下场所进行。一是社区学院和生涯中心。社区学院和生涯中心主要为那些没有获得技能型工作的高级职业学校毕业生提供更加专业的技能培训。二是人力资源部管理的技能培训中心。技能培训中心实施一些常规的培训，其培训项目由人力资源技能培训中心根据培训需要设置，受训者可以是达到一定年龄的小学、初中、高中毕业生或者是失业的大学毕业生，也可以是学校的辍学者。三是教育和培训机构。教育和培训机构在国家教育部的管理之下，其主要的职能是实施学校教育层面之外的各种培训，以满足国家教育和普通公众的需要。四是私立课程机构。私立课程机构主要是为社区内的求职者提供多种专业化课程，其主要特点是所提供课程的学习时间不长，学习费用主要由参与人员自己承担。五是私立培训中心。印度尼西亚比较大的私立公司一般都有自己的培训中心。因此，如果这些公司招收高级职业学校毕业生或同等学历水平人员，将会对他们进行再培训，以提高他们的工作技能。③

（二）保障

1. 国家资格框架

印度尼西亚的学生完成高中教育后，学校颁发毕业证书。此后，学生可继续进入高等教育阶段学习。他们在所选择的高等教育机构毕业后，学校会授予相应的证书。如果从专科院校或理工学院毕业，则会获得学位等级证书。如在国家认可的大学、机构或高校4年全日制学习后，则会获得学士学位证书（S1资格证书）。再进行为期2年的学习后，会获得硕士学位证书。公立非正规职业培训机构的学生在完成学业后可获得资格证书。

① 刘思雯. 印度尼西亚职业技术教育发展研究 [D]. 广西师范大学硕士学位论文 .2014:17.

② 袁玉平，秦红群，吴涛. 印度尼西亚矿产资源与开发形势分析 [J]. 国土资源情报, 2011 (7):44-48.

③ 刘思雯. 印度尼西亚职业技术教育发展研究 [D]. 广西师范大学硕士学位论文 .2014:18-19.

他们也可以参加公司学员考试或专业协会的考试，以获取公司或协会颁发的资格证书。

印尼政府依据 2003 年第 13 号新劳动法的规定对原《国家资格制度》进行了调整，明确了国家资格制度的核心体系，即：按照职业教育培训所的职业教育培训进程和实务经验，规定各类职业资格的分级为：操作人员 3 级、技术员 3 级、专家 3 级，合计 9 级（如下图）。①

资格级别	实施内容	知　识	责任与义务
1	限定范围内一定内容的熟练操作。	规定知识的表达及其应用；不需要有新的理解。	执行规定的方针，在监视下实施，不对他人负有责任和义务。
2	较广的范围内熟练操作，限定一定知识，提供可选择的方案。	基础知识的运用，需要灵活运用必要信息解决基本问题，需要有新的理解。	执行规定的方针，间接监视下的有效管理，对他人负有指导责任和义务。
3	广范围内基本技术的实施和选择，把握各种日常所需内容。	关联专门知识的运用，可利用的情报的解释、预测和检讨，各种基本的解决方法的适用。	自觉贯彻规定方针，间接监视下的有效管理，根据成果大小负担对应的责任和义务，一定职务成果下的责任义务。
4	更广范围内的实施及特别技术的运用，基本常识的掌握和选择，异常事态下的应对和日常化的内容	更多关联专门知识的熟练运用，有用信息的分析和解释，具体问题或者异常事态下各种问题的解决。	自定计划的实施；全面指导和评估下的实施；根据成果全面负担责任和义务；职务成果质量下的责任义务。
5	更广范围内的实施及专门通用技术的运用，解决复杂问题的各种方案，习惯化与非习惯化问题的解决	职业领域的深入研究和对知识的全面掌握与运用，所有信息的分析和解释；对涉及逻辑要素问题的解决方法的选择。	自主活动并指导他人，按要求实施各种共通机能，高水平和质量的责任义务，成果合作的责任义务。
6	更广范围内的实施及特有的专门通用技术的运用，复杂问题交织的各种解决方案，稳定的非合法化习惯状态的快速应对。	相关职业领域的特定化知识，所有信息的再生和评价，提出解决具体、抽象问题的步骤。	实行程序化管理，在许多分类中的操作，确定个人或团队工作目标成果的责任义务。
7	对他人的有关技术、知识方面的责任义务：把握职业领域的研究趋势，独立开展学术研究与学术调查；对职业领域的重要人物的理论系统进行说明，并使他人理解其理论观点。		
8	对他人的有关技术、知识方面的责任义务：对职业领域总体的熟练把握和理解；国际化的学术研究及活动项目的计划和实施。		
9	对他人的有关技术、知识方面的责任义务：基于一定的国际标准，对专业人才进行评价；通过学术活动进一步推动知识的发展。		

图 2　印度尼西亚国家职业资格制度框架及其分类图表

资料来源：Standardization of Competency and Training Program Directorate〈www.sk kni.com〉accessed on 25 February, 2009.

① 贾秀芬 . 印度尼西亚职业教育培训的实施与评价 [J]. 职教论坛 , 2010 (4):90–91.

2. 质量保障

政府根据2003年的《教育系统法案》对教育机构进行评定以监控教育质量。国家学校认证委员会和国家高等教育认证委员会是负责认证的机构。

2005年印度尼西亚建立了国家职业资格委员会。这是一个半独立的政府机构，印尼对劳动力的质量控制主要通过国家职业资格委员会，其主要职能是确定标准化政策和职业证书及能力标准，实施能力测验认证，对颁发证书机构给予认证、发展标准信息系统和职业资格，把职业标准和职业资格结合起来，促进职业标准及职业资格实施，控制印尼劳动力职业标准的实施及职业资格认证。①

在国家职业资格委员会的基础上，印度尼西亚还建立了职业证书机构。职业证书机构是由职业协会和行业团体共同建立的独立机构，其主要职责是：帮助国家职业资格委员会发展能力标准；实施能力测验和能力认证；对职业培训机构和能力测验机构实施认证；开发能力测验系统工具。

职业证书机构的合法性由国家职业资格委员会认证。能力测验一般在正规教育系统中的政府或者私立机构中进行，其主要的作用是：在国家能力标准的基础上，与国家职业资格委员会合作开发能力测验工具；对求职者实施能力测验，然后颁发证书。②

四、职业技术教育与培训的治理与教师

（一）治理

1. 职业技术教育与培训的治理机构

（1）中央政府

文化教育部负责规划和实施教育服务。文化教育部的中央下属单位包括总秘书处、国家教育研究与发展研究所、基础教育和中等教育总局、高等教育委员会、非正规和非正式教育总局以及教师和教育人员素质发展总局。人力和移民部负责全国培训系统，为准备就业的公民服务。专业认证的国家机构负责颁发资格证书。

政府的职业教育培训主要在机械工程、电子工业、熔接、农业、商业（IT、计算机关联业）、建筑及其他（如服务）等7个专业领域进行。培训的对象以初、高中毕业生为主，同时包括全部失业者和在职者。还有针对那些远离市中心需要乘车参加职业教育培训者的"移动培训进程"，以及由企业和劳动者自由选择培训内容的"应用需求型进程"等多种形式的培训程序。上述任何一种形式的培训都由政府提供补助金。此外，农业学校的管理任务交给农业部，但是中央政府依然对其有监督权，包括给予设计指导方针方面的支持、咨询和监督的功能。

① 李玉静，程宇．印度尼西亚：促进劳动力进入工作世界 [J]. 职业技术教育，2007 (9):40–41.

② 刘思雯．印度尼西亚职业技术教育发展研究 [D]. 广西师范大学硕士学位论文，2014:19.

（2）地方政府

虽然职业教育培训的规则和方针是由中央政府制定的，但职业教育培训的实施却以地方政府为中心进行。政府在 34 个省市建立了省教育局（截至 2009 年 6 月），在 497 个地区和市设立了区办公室。这些机构由地方进行管理，并执行教育部的相关政策。《国家职业教育培训制度》是依据 2000 年的地方分权法关于推进权限向地方转移的方针而设立的。以雅加达职业教育培训所为例，地方政府管辖下的职业教育培训分为“定期职业教育培训”、“临时、自费、第三者协助的职业教育培训”和“专门的职业教育培训”三种。

（3）海外劳动力职业教育培训中心

为解决国内高失业率问题，印尼政府鼓励劳动力输出，并制定了相应的法律规定，如《关于人力资源和劳动力国外输出的法令》《关于印度尼西亚人国外劳动者的职业介绍和保护的法令》等。还设有海外劳动力职业教育培训中心（1983 年设立，现在的名称为海外职业开发培训中心），最初由劳动部和工业部共同管辖，1992 年以后完全由劳动部管辖。其职能是职业教育培训程序的制订与评估以及海外劳动力的培训。①

2. 职业技术教育与培训的推行机构

在印尼推行职业政策的机构是劳动部，下设两个职能部门。

一是职业教育培训与国内雇佣总局，负责管辖农业职业教育培训所、工业职业教育培训所等 6 个国家级的职业教育培训所，具有传播中央政府各种职业教育培训政策的作用。由于地方分权制的推行，大多数的职业教育培训所由地方管辖。另外，该总局下设 5 个分局，即职业教育培训基准与能力评价局、职业教育培训开发局、劳动者能力开发局、雇佣开发局以及劳动力就业促进局。其中，职业教育培训基准与能力评价局的职能是调整国家资格制度、不断扩充职业资格认定中的能力基准。职业教育培训开发局的职能是职业教育培训程序的开发、教师能力的开发以及职业教育培训机构基本要求的确定等。②

二是职业教育培训与能力促进委员会，该委员会下设海外劳动者培训开发中心、制造业与服务业培训开发中心以及劳动者能力发展中心等。这些组织的主要职能是针对职业教育培训教师、高端技术者、公务员等人员进行职业教育培训。

此外，还有职业教育培训调整机构，它是由中央政府、经营者团体和职业教育培训等机构参加的，对职业教育培训各种问题进行调整、评价的职能机构。其设置是为了统一国家职业教育培训的总体方向，以消除职业教育培训中投资浪费的问题。③

① 贾秀芬 . 印度尼西亚职业教育培训的实施与评价 [J]. 职教论坛 , 2010 (5):90.

② 同上文 , 2010 (5):89–90.

③ 同上文 , 2010 (5):89.

3. 经费

根据2003年的《国家教育法案》的规定，教育经费由中央政府、当地政府和社区负责承担。印尼教育经费在财政预算中占重要比例，仅次于农田水利和交通运输。《国家教育法案》规定：教育支出（不包括教师工资）至少应占国家预算的20%以及地方预算的20%。政府任命的教师工资由国家预算支出。国家政府以拨款的形式向教育机构发放经费，也以同样方式向地方政府发放教育经费。除了国家财政预算通过划拨资金给予职业教育支持之外，跨国海外公司也为职业教育投资，包括国际财政机构，例如世界银行、亚洲开发银行、美洲银行和国家间的双边合作（以贷款或者是拨款的形式）。[①]

（二）教师

印度尼西亚的主要教师培训机构是大学内的教师培训机构。2005年教师法要求这些机构开设4年制学位课程。根据2005年教师法，所有教师必须完成认证流程，此流程要求他们在2015年之前必须具备4年制高等教育学位。教师资格认证应按照国家标准委员会制定的标准进行。

五、职业技术教育与培训的诉求与发展趋势

（一）诉求

印尼职业教育与培训面临一些急需解决的问题，具体体现在：职业教育机构的实际培训和技能教学与劳动力市场需求之间缺乏足够的对应性；职业教育机构的学术型教师与实践型教师之间人数不平衡，后者人数较少；职业学校中教师员工的实践能力不高，职业学校中的各种设施设备，包括教学楼、办公设施、实验室设施等非常不足，然而这些又是提高学校教育效率的重要因素，这些方面的缺失使得毕业生很难实现就业所要求的标准。

（二）发展趋势

在未来，印尼发展职业教育有许多优势。

首先，职业教育需求越来越大。根据2010年人口普查，印度尼西亚有2.376亿人口，为世界第四人口大国，人口增长率为1.9%，全国有58%的人口居住于爪哇岛，为世界上人口最多的岛屿。虽于1960年开始实施家庭人口计划，但在2020年到2050年，印度尼西亚的人口有可能达到2.65亿或3.06亿。因此，它有着大量的劳动力资源，这些劳动力对职业教育与培训的需求会越来越大。

其次，职业教育迎来更大发展机遇。印度尼西亚是以农业立国的发展中国家，可供农业使用的土地，包括种植用的干地、淡水池、林地及湿地等，占全部土地面积的75%左右。它作为东南亚的新兴市场，具有潜在的投资吸引力。2013年，印尼国民生产总值

① 刘思雯. 印度尼西亚职业技术教育发展研究 [D]. 广西师范大学硕士学位论文，2014：22.

增长 5.78%，全年固定资产投资增长 4.71%，外国直接投资同比增长 22.4%，国内投资增长 39.0%。① 国内经济的平稳增长为职业教育发展带来更大机遇。

最后，政府更加重视职业教育。政府扩大了财政对于职业教育的支持力度，也采取了扩招学生数量的措施。在改革的过程中，政府在改变对于职业教育和培训系统固有的思维模式方面付出了巨大的努力。政府规划和出版了《2020 年我们所需的技能》，这充分说明印度尼西亚的一些重要的机构和院校在职业教育和培训上面做出了巨大努力。

为解决职业学校教育在实施过程中存在的问题，印尼政府主要采取以下措施：在国家职业资格委员会颁布的国家能力标准的基础上设计课程，能力标准是由行业、教育部门、商业联合会、人力资源部合作制定的，已经被相关团体所接受。此外，高等职业学校的课程还需要适应地方劳动力市场的需要。

（深圳职业技术学院　技术与职业教育研究所　袁　礼）

主要参考文献

[1] 中华人民共和国外交部 . 印度尼西亚国家概况 [EB/OL]. http://www.fmprc.gov.cn/web/gjhdq_676201/gj_676203/yz_676205/1206_677244/1206x0_677246/. 2017-10-01.

[2] 中华人民共和国驻印度尼西亚共和国大使馆经济商务参赞处 . 自然地理：印度尼西亚国家概况 [EB/OL]. http://id.mofcom.gov.cn/article/ddgk/200305/20030500088482.shtml. 2017-10-01.

[3] 联合国工业发展组织咨商机构 . 印尼概况 [EB/OL]. http://www.globalsmes.org/news/index.php?catalog=38&detailid=1081&func=detail&lan=gb. 2017-09-23.

[4] 中华人民共和国驻印度尼西亚共和国大使馆 . 国家概况：印度尼西亚 [EB/OL]. http://www.fmprc.gov.cn/ce/ceindo/chn/indonesia_abc/gjgk/. 2017-09-26.

[5] 世界银行 . 印度尼西亚人口 [EB/OL].https://data.worldbank.org.cn/country/ID. 2017-10-02.

[6] 中国金融信息网 . 世界主要经济体概况：印度尼西亚 [EB/OL]. http://world.xinhua08.com/a/20141211/1424343.shtml. 2017-09.20.

[7] 中华人民共和国驻印度尼西亚共和国大使馆经济商务参赞处 . 印度尼西亚文化教育 [EB/OL]. http://id.mofcom.gov.cn/article/ddgk/201005/20100506903966.shtml. 2017-09-16.

[8] 李玉静，程宇 . 印度尼西亚：促进劳动力进入工作世界 [J]. 职业技术教育 , 2007 (9) : 40-41.

[9] 罗承日著 . 朱丽佳译 . 新千年亚洲职业培训的现状与发展方向 [J]. 职业技术教育 , 2012 (13): 84-89.

① 北京济研咨询有限公司 . 2015 年印度尼西亚投资环境现状研究及发展趋势报告 [EB/OL]. http://www.ynshangji.com/z3000000005827054/. 2017-08-10.

[10] 刘思雯 . 印度尼西亚职业技术教育发展研究 [J]. 广西师范大学硕士学位论文 , 2014: 17.

[11] 袁玉平 , 秦红群 , 吴涛 . 印度尼西亚矿产资源与开发形势分析 [J]. 国土资源情报 , 2011 (7) : 44–48.

[12] 贾秀芬 . 印度尼西亚职业教育培训的实施与评价 [J]. 职教论坛 , 2010 (4) : 90–91.

[13] 李玉静、程宇 . 印度尼西亚 : 促进劳动力进入工作世界 [J]. 职业技术教育 , 2007 (9) : 40–41.

[14] 北京济研咨询有限公司 .2015 年印度尼西亚投资环境现状研究及发展趋势报告 [EB/OL]. http://www.ynshangji.com/z3000000005827054/.

[15] Government of the Republic of Indonesia (2003). Law on National Education System. National Gazette Republic of Indonesia.

[16] World Bank (2010). Indonesia Skills Report. Washington: the World Bank.

[17] UNESCO–IBE (2011). World Data on Education VII Ed. 2010/11. Indonesia. Geneva: UNESCO–IBE.

缅甸联邦共和国

一、国家概况

（一）地理

缅甸联邦共和国（The Republic of the Union of Myanmar），简称缅甸，位于中南半岛西部。东北与中国毗邻，西北与印度、孟加拉国相接，东南与老挝、泰国交界，西南濒临孟加拉湾和安达曼海。海岸线长 3200 千米。属热带季风气候，年平均气温 27℃。[①]地形以山地、高原为主，地势北高南低，喜马拉雅山脉从中国西藏东南延伸入缅甸境内。

缅甸处在中国与东南亚和南亚国家连通的“十字路口”，为连通中国、印度和东盟国家的陆上枢纽。新政府执政以来，加强了交通基础设施的投入建设，截至 2012 年，境内已建成公路总长 14.86 万千米，公路网密度为每平公里 2.198 千米[②]，铁路里程也达到了 3700 多千米。但世界银行报告统计显示，2012 年缅甸交通物流在全球 155 个国家中排名第 133 位[③]。

（二）人文

缅甸联邦是一个历史悠久的文明古国，1044 年形成统一国家后，经历了蒲甘、东坞和贡榜三个封建王朝。19 世纪，三次英缅战争结束后，英国接管了缅甸政府，该国成为英国的殖民地。1886 年缅甸被划为英属印度的一个省，1937 年缅甸脱离英属印度，直接受英国总督统治。“二战”期间，由于缅甸的重要战略位置，日本入侵缅甸，当时英国由于自身受到法西斯同盟德国攻击，自顾不暇，无力在缅甸投入很多力量以进行有效防备和抵抗日本的进攻，1942 年 5 月被日本占领。日本占领缅甸后，在缅甸实行殖民统治。许多缅甸人民积极展开与日本的斗争，抗日战争一直坚持到 1945 年日本投降。1945 年 3 月缅甸全国总起义，缅甸光复，之后英国重新控制缅甸。 1948 年，缅甸脱离英联邦宣布独立。2005 年，缅甸政府将首都从最大城市仰光迁至内比都。2011 年 1 月，缅甸联邦议

① 中华人民共和国外交部 . 缅甸国家概况 [EB/OL].(2016-12-01)[2017-10-15]. http://www.fmprc.gov.cn/web/gjhdq_676201/gj_676203/yz_676205/1206_676788/1206x0_676790/.

② Bank A D. Myanmar: Unlocking the Potential Country Diagnostic Study[J]. 2014.

③ 于景浩，孙广勇 . 缅甸道路基础设施亟待升级 [N]. 人民日报，2013 年 10 月 28 日 22 版 .

会举行首次会议，新宪法生效，国名更名为“缅甸联邦共和国”。[①]

缅甸共有人口5390万（2015年），共有135个民族，主要有缅族、克伦族、掸族、克钦族、钦族、克耶族、孟族和若开族等，缅族约占总人口的65%。各少数民族均有自己的语言，其中克钦、克伦、掸和孟等民族有文字。全国85%以上的人信奉佛教，约8%的人信奉伊斯兰教。[②]普通工人月工资在60～100美元之间，相较而言，劳动力成本低下，适宜发展劳动密集型产业[③]，同时也表示该国有大量有待开发的人力资源。

缅甸是个信仰自由的国家，不同宗教享有平等的发展权利，每年都有许多各种宗教的仪式和节日。其中信仰佛教的人最多，视佛塔、寺庙为圣地，缅甸有85%以上的人信仰佛教，大约5%的人信仰基督教，8%的人信仰伊斯兰教，约0.5%的人信仰印度教，1.21%的人信仰泛灵论。缅甸的佛教主要是南传上座部佛教。佛教不但是缅甸人的宗教信仰，而且是他们道德教育的源泉。缅甸人不能对寺庙、佛像、和尚有任何轻率举动，不能穿过短、过透的衣服。任何人进入佛寺一律要赤脚，否则将被视为对佛教不敬。缅甸人虔心向佛，民风淳朴。佛家人不杀生，但可以食肉滋养身体。信佛教家庭的男孩都须入寺庙当一段时间的和尚，过静修生活后才能还俗结婚。[④]

（三）经济

缅甸是传统的农业国家，农业占据国民经济的主导地位，在殖民地时期，英国推行“单一制”发展的殖民经济政策，缅甸形成了畸形的产业发展结构，以稻米业、林业、农林产品加工业和矿业为主[⑤]。大河下游的平原地带是主要的农业种植区，稻田占播种面积的70%[⑥]，主产世界闻名的缅甸大米。此外，缅甸是一个盛产玉石、石油、天然气和其他矿产资源的国家。矿产资源主要有锡、钨、锌、铝、锑、锰、金、银等，宝石和玉石在世界上享有盛誉。主要工业有石油和天然气开采、小型机械制造、纺织、印染、碾米、木材加工、制糖、造纸、化肥和制药等。缅政府大力发展旅游业，积极吸引外资，建设旅游设施。主要景点有世界闻名的仰光大金塔、文化古都曼德勒、万塔之城蒲甘、茵莱湖水上村庄以及额布里海滩等。

缅甸中部的伊洛瓦底江冲积平原，是缅甸人口众多、经济发达的地区。2015—2016财年，缅甸国内生产总值约670亿美元，人均约1291美元。经济增长率7.0%。外国直接投资637.22亿美元，外债余额91亿美元。主要贸易伙伴是中国、泰国、新加坡、日

---

① 商务部国际贸易经济合作研究院等．对外投资合作国别（地区）指南——缅甸[R]．商务部国际贸易经济合作研究院等 2016,4:2.

② 中华人民共和国外交部．缅甸国家概况[EB/OL].(2016-12-01)[2017-10-15]. http://www.fmprc.gov.cn/web/gjhdq_676201/gj_676203/yz_676205/1206_676788/1206x0_676790/.

③ 贺圣达，李晨阳．列国志・缅甸[M]．北京：社会科学文献出版社，2009.

④ 中华人民共和国外交部．缅甸国家概况[EB/OL].(2016-12-01)[2017-10-15]. http://www.fmprc.gov.cn/web/gjhdq_676201/gj_676203/yz_676205/1206_676788/1206x0_676790/.

⑤ 张旭东．试论英国在缅甸的早期殖民政策[J]．南洋问题研究，2003(02):39-47+97.

⑥ 贺圣达等．缅甸：谜一样的国家[J]．中国国家地理，2006（4）.

本、韩国[①]。2016年，根据人类发展指数（HDI），缅甸在188个国家中排名第145位，处于中等发展水平[②]。

（四）教育

从缅甸教育的历史发展来看，大致可以分为三个发展阶段：封建王朝时期的古代教育、殖民地时期的近代教育和独立以后的现代教育。古代教育时期以寺庙教育为主，女童鲜有接受教育的机会。但即使在现代教育发展起来以后，寺庙教育仍作为缅甸教育的特色代表，在缅文中，学校与寺庙的发音为同一个词。因为缅甸有大量的佛教信徒，全国建有众多的佛塔，为寺庙教育提供了便利条件。寺庙不仅成为人们进行宗教仪式的地点，同时也提供一些文化基础教育和技术课程，如钟表、摩托车修理和缝纫等。

1948年独立后，政府开始积极推动教育体制改革，实施义务教育，逐步扩大受教育范围。1962年4月，缅甸革命委员会宣布要革除传统的旧教育制度，而新教育制度的建立其目标首要在于应“符合缅甸社会主义路线”，把“训练谋生技能”作为教育培养的重要基础。为此，主要围绕以下方面采取了有力的措施：一是扩大职业教育办学规模，积极增设多种类型的职业学校。新教育制度改革推行后的二十余年时间里，技术、农业和职业学校从当初的19所，到20世纪80年代初增长到了95所，职业学校教师和学生数量也发生了大幅度的增加。[③]二是通过在普通教育中开设职业教育类课程，增加普通教育学生学习职业教育基础知识和技能的途径和机会，切实提高职业教育的影响力和覆盖范围。三是为地方院校的毕业生提供多样化的路径选择，既可以升入级别更高的学校继续学习，也可以选择通过技术资格考试进而走向就业岗位，从而大大拓宽了学生生涯发展通道。

自20世纪末期年代以来，缅甸政府努力推动教育发展，成立专门的教育委员会，并发布教育发展专项规划，如1990年的“全民教育”计划、“2001—2030教育发展计划”等，建立起满足知识经济时代和学习型社会特点的教育体制[④]。2011年，吴登盛政府上台以后，在全国范围内开展扫盲运动，2015年全国识字率提高到95.5%[⑤]。另一方面，为满足技术人才的需求，缅甸积极扩大职业教育规模，投资新建更多地职业技术学校，并放宽入学年龄限制。近年来，尽管新政府与外国和组织合作着手进行了多方面的改革，但缺乏受过教育的掌握现代技术的劳动力阻碍了缅甸的经济发展。

目前，缅甸实行小学义务教育。教育分学前教育、基础教育和高等教育。学前教育包括日托幼儿园和学前学校，招收3—5岁儿童；基础教育学制为10年，1—4年级为

---

① 中华人民共和国外交部 . 缅甸国家概况 [EB/OL].(2016-12-01) [2017-10-15]. http://www.fmprc.gov.cn/web/gjhdq_676201/gj_676203/yz_676205/1206_676788/1206x0_676790/.

② “2016 Human Development Report”. United Nations Development Programme. 2016. Retrieved 21 March 2017.

③ 林锡星 . 在教改中发展起来的缅甸职业教育 [J]. 比较教育研究 , 1986(5):40-40.

④ 蔡昌卓 . 东盟教育 [M]. 桂林 : 广西师范大学出版社，2009.199.

⑤ 李晨阳 . 缅甸国情报告（2015）[M]. 北京 : 社会科学文献出版社，2015.

小学，5—8 年级为普通初级中学，9、10 年级为高级中学；普通高校本科自 2012 年起改三年制为四年制。现有基础教育学校 40876 所，大学与学院 108 所，师范学院 20 所，科技与技术大学 63 所，部属大学与学院 22 所。著名学府有仰光大学、曼德勒大学等。[①]

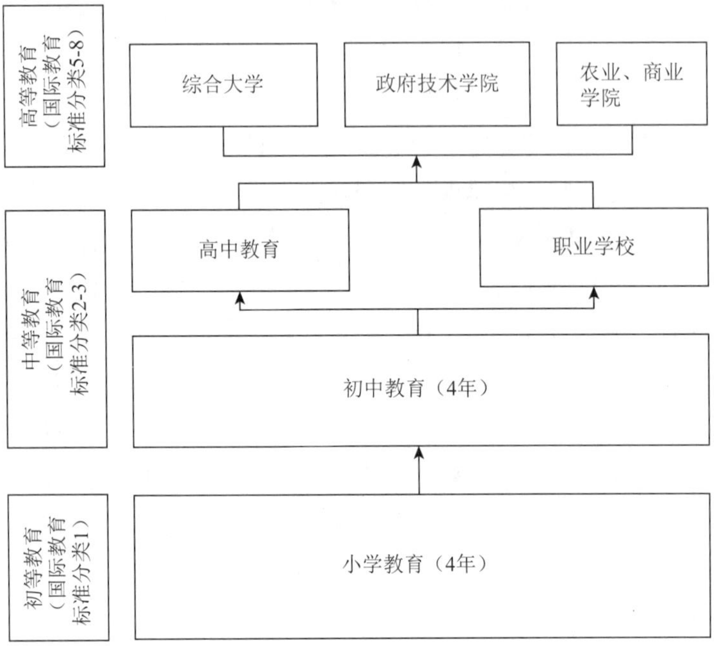

图 1　缅甸教育体系

二、职业技术教育与培训的战略和法规

（一）战略

缅甸的宪法赋予了每一位公民都平等地享有受教育的权利，旨在培养学生具备国家建设所需要的科学技术专业知识。职业技术教育与培训的使命和目标是提高公民的国家建设知识并培养技术人员、熟练工人和掌握实践知识的专家，促进国家的建设和发展。

缅甸《国家教育战略发展规划 2016—2021》指出，高质量的职业技术教育培训使缅甸经济具有技术熟练和有竞争力的劳动力，对于社会经济可持续的发展至关重要。缅甸未来在农业、能源、制造业、基础设施、畜牧业、渔业和旅游业将需要大量熟练的员工。为了应对这一需求，职业技术教育与培训系统将需要为学习者提供知识、技能和能力，以实现其职业发展需求并促进经济增长，同时还需要为在较不发达的缅甸经济部门寻求

① 中华人民共和国外交部 . 缅甸国家概况 [EB/OL].(2016-12-01) [2017-10-15]. http://www.fmprc.gov.cn/web/gjhdq_676201/gj_676203/yz_676205/1206_676788/1206x0_676790/.

就业和自营职业的公民提供适当需求的培训。[①]

表 1　2016—2021 年缅甸国家教育战略发展规划

战　　略	预 期 目 标
战略1：扩大职业技术教育与培训的范围，包括种族和弱势群体以及残疾人等各种目标群体	·增加大多数学习者获得职业技术教育与培训的机会 ·为农村地区提供更多职业技术教育与培训的机会 ·为学生提供更多不同职业教育水平之间衔接的机会 ·为职业技术教育与培训的学生提供更多的奖学金和奖学金计划 ·为学生接受高等教育提供更多的上升通道
战略2：提升职业技术教育与培训的质量和相关性	·加强对职业教育机构的管理 ·加强职前和在职教师培训，发展与能力标准一致的教学能力 ·毕业生达到行业要求的技能和水平 ·符合当地需要的职业教育课程 ·毕业生达到国家技能标准
战略3：加强职业技术教育与培训的管理	·在职业教育委员会的协调下，各部门之间以及政府与私营部门之间进行更好的合作 ·建立有助于预算流动的财务管理系统，各部门进行有效的财务管理 ·改进基于数据收集、分析、报告和循证决策的职业技术教育与培训管理系统 ·高级政府官员和行业代表使用研究数据制定政策和方案 ·运用公私合营制方案改善职业教育的准入和质量

（二）法规

缅甸《教育法》（2014 年修订）明确公共教育将分为初等教育、职业教育和高等教育以及正规和非正规教育和自学教育。教育法规定国家教育的主要目标是培养学生成为能够传承民族语言、传统、文学、珍视历史遗产和推动环境可持续性发展的公民；加强人力资源开发，为促进经济发展做准备，进而提高人民的生活水平；提供符合最新国际标准的学习环境，通过技术信息和通信信息等现代化手段改进教学、学习和研究；通过接受教育，帮助学生能够在自己的兴趣领域表现出色。

缅甸职业技术教育委员会 1974 年制定的《技术、农业和职业教育法》（1989 年修订）规定，由科学技术部职业技术教育司掌管职业教育发展的具体事务，阐明了其工作职责，并明确缅甸职业技术教育培养目标是培养具有爱国精神，掌握适应未来政治、经济和社会发展的技能型人才，以及工业和农牧业等产业发展所需要的熟练技术人员[②]，成为缅甸各项职业和技术教育活动顺利开展的依据与前提。

目前，教育部正在修改《工业和职业教育法（1978）》，起草《技术职业教育和培训法案》。

① The Government of the Republic of the Union of Myanmar Ministry of Education. NATIONAL EDUCATION STRATEGIC PLAN 2016—21[R].2016:22.

② 钟智翔 . 缅甸概论 [M]. 广州：世界图书出版广东有限公司，2012.196.

三、职业技术教育与培训的体系与质量保障

（一）体系

1. 正规职业技术教育与培训体系

2004 年，教育改革将基础教育从十年改为十一年，包括五年小学教育和六年中学教育，其中初中教育四年。缅甸的正规教育体系中，职业教育从小学毕业后即可以开始选择分流，小学辍学的学生可选择就读家庭科学与职业技术学校，而且普通中学教育也开设了职业教育课程，为学生提供学习基本的职业知识和技能，以帮助衔接学校教育和工作要求之间的差距。此外，中等职业技术学校还提供短期和非全日制夜校课程，以配合学员的工作安排。

在职业教育体系建设方面，缅甸的职业教育形成了相对完整的上升通道，在完成中学教育后，学生可以选择进入以下院校就读：政府技术学院、州农业学院以及商业学校，或者进入技术学院或综合大学学习。这一教育体系的目标是为缅甸公共及私营部门培养掌握娴熟技能的劳动力，课程涉及机械、电子等广泛的领域。经过技术学院或综合大学教育可以获得以下资格：两年学习后获得政府技术学院（AGTI）准学士学位，四年学习后获得技术学士学位（B. Tech），或五年学习后获得工学士学位。

缅甸大约有 459 个公共职业教育培训机构（不包括私立教育机构），其中科技部监管着 108 个职业教育机构，是监管机构最多的部委，起着重要作用。科技部监管的职业教育机构主要包括：教育培训学校（TTS），主要为两年制课程；机械维修学校，主要为六个月模块课程；工艺学校，主要为三个月模块课程。其中教育机构还包括四类：（1）27 所技术大学（TU），分布整个缅甸，学业五年；（2）三所政府技术学院（GTC），分布在中央区，学业五年；（3）11 所政府技术教育机构（GTI），主要分布在中央区和缅甸上部州，学业二年；（4）36 所技术高中，分布于整个国家。[①] 另外，在教育部管理范围内，其中有 120 所学校被确定为职前教育学校，在这些学校每周都安排有一定时长的职业课程，学生学习在特定的职业领域如农业技能、工业美术（手工艺品）和家政学，作为职业指导活动的基础。[②]

缅甸国家公立技术高中的培养目标为：（1）让学生将高中阶段的教育学习融入到专业领域的一系列实践活动中，以使他们熟悉并激发他们对专业科目的兴趣，从而给他们在未来的职业技术生涯或一般领域中平等的选择机会；（2）对于完成基础教育的学生，给予他们适当的职业技能训练，使他们能够在相关的产业或商业部门中获得有利的就业机会；（3）在科学、技术和商业方面提供经过培训的人力资源，使得技术劳动

---

① Milio S, Garnizova E, Shkreli A. Assessment study of technical and vocational education and training (TVET) in Myanmar[M]. 2014.

② 同上。

力培养与市场需求配套;（4）鼓励农村和偏远地区学生加强对技术培训领域和就业的参与教育。课程设置方面，技术高中的专业课程包括建筑技术、建筑服务技术、电气技术、电子技术、汽车机械技术、加工技术等；普通课程有缅甸语、英语、数学、物理、化学等。每年的总教学时长1400小时，课程学习为期2年，另有6个月的工作实习。

表2 缅甸国家技术高中课程安排的基本结构①

课程类型	学时/年	教学周数
专业课程	720小时	18周
普通课程	680小时	17周

2. 非正规和非正式职业技术教育与培训体系

非正规职业教育与培训以各种职业培训班、就业前培训和在岗培训的形式开展，针对有特殊需求的不同群体（如残疾人士、农村人口、辍学者和失学青年、无业青年和贫困青年）展开，培训主题涵盖了扫盲课程、解决社会经济问题的培训以及职业技能培训等方向，围绕上述领域精选课程和学习内容，体例灵活。非正规教育由非政府机构和国际组织提供，缅甸教育研究局负责监督。实践表明，以本地语言进行的教学和培训为满足农村地区青年和成人的就业需求发挥了重要的作用。

（二）保障

根据《教育法》的要求，缅甸建立了国家教育政策委员会和国家认证和质量保障委员会，以指导缅甸的教育改革与发展，并以系统衡量国家质量标准为基础，形成新的质量保障方法。国家教育政策委员会成立于2016年10月，对国家教育目标、政策和规划制定给以审查和指导。国家认证和质量保障委员会成立于2017年1月，其职能包括建立国家教育标准框架，确定标准和建立质量保障体系。国家教育政策委员会和国家认证和质量保障委员会均为独立于教育部之外的教育管理机构。

此外，议会两院都有由议会议员组成的教育促进委员会，其职责是向联邦政府提供教育法律实施方案与建议，做好不同教育政策之间的协调，并为政策方案的执行提供指导。

① The Union of Myanmar Ministry of Science and Technology Department of Technical and Vocational Education. Reorienting TVET Policy towards Education for Sustainable development in Myanmar[R]. www.unevoc.unesco.org/up/Myanmar_Country_Presentation.pdf. 2009-9-9.

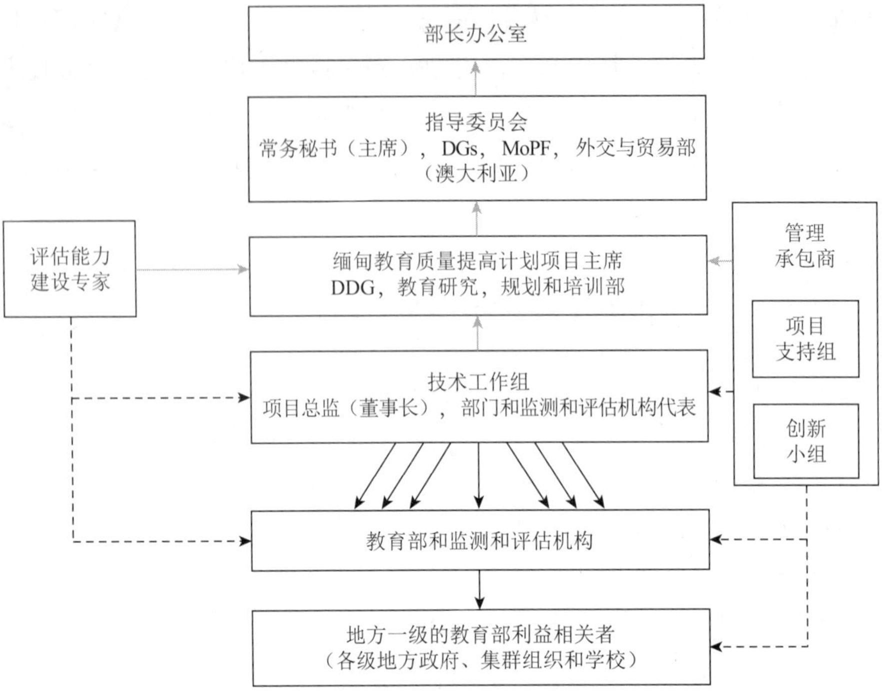

图 2　缅甸教育质量提高计划治理模式①

注：灰色箭头表示汇报路径，虚线箭头表示能力建设角色的参与，黑色箭头表示部门，监测和评估机构和次国家层面的流动。

总体而言，政府对教育机构的监管和教育信息系统的建设方面还处于初步建立和发展阶段，重点关注诸如教师队伍建设和学生人数等问题，而不是学习成果。目前还没有建立起明确的教育标准或框架来帮助教育工作者、教师、家长和社区评估教育发展质量。虽然有部分项目进行了一系列监测和评估活动，可以据此提供一些数据来源。然而，在中央一级还没有一个整合的系统可以将信息拉到一起，跟踪项目实施的进展。②

四、职业技术教育与培训的治理与教师

（一）治理

缅甸各类教育的管理工作并不是集中统一的，而是由不同的政府部门来负责管理。教育部统管基础教育、高等教育和师范教育，社会福利与救济安置部负责管理学前教育和残疾人特殊教育，而不同类型的职业教育院校或具体业务工作分属于内政部、科技部

① MYANMAR EDUCATION QUALITY IMPROVEMENT PROGRAM (MY-EQIP).(2017-02-03) [2017-10-15]. http://dfat.gov.au/about-us/business-opportunities/tenders/Documents/revised-draft-design-myanmar-education-quality-improvement-program.pdf

② 同上。

和卫生部等部门分别管理。

教育的主要行政机构是教育部。缅甸教育部下设教育规划和培训司、小学基础教育司、初中基础教育司、高中教育司、上缅甸高等教育司、下缅甸高等教育司、大学历史研究中心、考试董事会、语言委员会和教育研究局等 10 个主要部门。

科技部的重要职责之一在于开发人力资源，包括促进大学、学院和研究院发展，推广新课程和特色课程，促进国际交流与合作等。科技部下设 6 个部门，其中包括职业技术教育司。职业技术教育司具体负责职业学校、中等专业学校和农业高中的管理，同时负责国家职业教育政策的落实，包括规划学校发展、设置预算、建设教师队伍、组织各类技术培训、确立培训领域并提供课程等。综合职业技术教育与培训在政府技术学院进行，中等技术学校负责培养技术工人或基础技工。

职业技术教育司的职责由国家职业技术教育委员会设定。国家职业技术教育委员会是职业技术教育司的最高监督主体，对其各项活动负有管理和监督职责。国家职业技术教育委员会的成员包括来自其他相关部门和机构的高级官员。委员会下设两个教育委员会：技术教育委员会和职业教育委员会，分别负责管理实施各自职责范围内的教育活动。

在资源分配体系中，由国家计划部决定资源配置的优先级别。随后，再根据这些优先事项安排各下属部门的预算。目前经费分配方法并非根据劳动力市场需求安排，教育部下属部门预算有可能由前一年的资金分配情况决定。近年来，缅甸政府重视教育事业发展，相关部门配套出台了系列改革激励措施，一方面通过政策优化教育环境，积极吸引外资进入教育领域办学等[①]；另一方面政府加大教育投资力度，据有关报道数据显示，2011—2012 年教育支出为 3.4 亿美元，2015—2016 年教育预算则提高至 14 亿美元[②]。

（二）教师

缅甸教师由综合性大学、师范学院和教育学院等分类分级实施职前教师培养和在职教师的培训工作。

缅甸教育部在 1998 年对各类教师教育院校规定了各自的培养任务：仰光师范学院和实皆师范学院主要是培养高中教师；曼德勒教师培训学院等教育学院负责提供小学和初中教师证书课程；民族发展大学负责培养少数民族和边境地区的高中、初中和小学教师。

缅甸致力于发展培训机构，以及时应对劳动力市场的教育培训要求。科学技术部设有 2 个职业技术教育与培训教师培训中心，劳动部设有 3 个职业技术教育与培训教师

---

① 缅甸将允许外资进入教育领域 [EB/OL].http://www.mofcom.gov.cn/aarticle/i/jshz/new/201112/20111207882780.html. 2011-12-16.

② Yen Saning. Govt Proposes 20% Budget Rise Boosting Education, Defense and Health [EB/OL]. https://www.irrawaddy.com/news/burma/govt-proposes-20-budget-rise-boosting-education-defense-health.html. 2015-1-30.

培训中心，工业部设有6个职业技术教育与培训教师培训中心。自职业技术教育司成立起，职业技术教育与培训教师的培训课程就与小学和初中教师的教师培训课程同步进行。

2017年6月19日至6月25日，由缅甸教育部在缅甸仰光大学组织了一个课程发展培训班，为国家教师教育学院开发新的课程，此项目得到了联合国教科文组织国际教育局职前教师教育项目的支持，成为由教科文组织国际教育局培训师领导的课程开发技能培训讲习班。根据援助协议，国际教育局为国家课程核心小组举办三个针对课程开发技能相关领域的培训讲习班，为其成员提供全球课程开发方法的理解框架，特别是基于能力的方法及其应用，还包括在线审查新课程等。

五、职业技术教育与培训的诉求与发展趋势

（一）诉求

尽管劳动人口众多，缅甸的许多年轻人缺乏正规教育和英语语言能力，而且在缅甸的大公司目前面临熟练工人短缺的问题，尤其是信息技术、电信和银行等部门的人力资源严重短缺。2009年，缅甸的外国投资只有3亿美元左右，近年来增长迅速。在2013—2014年间达到41亿美元，在2014—2015年又同比增长。2014年缅甸商业调查发现，缺乏熟练劳动力是在缅甸企业发展的最大障碍之一，接下来的几年还将存在当地劳动力就业增长的巨大机会。2013年，劳动力市场评估报告指出，有很多业务部门需要工人具备高超的职业技能，其中包括销售和会计都是在高需求段位。根据世界银行《2016年商务报告》（Doing Business 2016）数据统计，缅甸从末位（189名）跃居至第167名，成为进步最快的国家之一。①

麦肯锡全球研究所（MGI）调查评估认为缅甸市场上熟练工人和半熟练工人的数量会不断增加，主要集中在制造业、基建业、农业、能源与采矿、旅游、金融、电信等行业。另一方面，劳动力市场需求与供给存在着不匹配。虽然他们分析指出未来对低技能工人的需求预计会下降，但是这种技术向高附加值产业转型的速度和程度还是未知的，在教育和劳动力市场领域的改革也存在着很大的不确定性。②

① 缅甸劳动力市场展望 [EB/OL]. http://www.ccpit.org/Contents/Channel_3590/2016/0112/559775/content_559775.htm. 2016-1-12.

② Milio S, Garnizova E, Shkreli A. Assessment study of technical and vocational education and training (TVET) in Myanmar[M]. 2014.

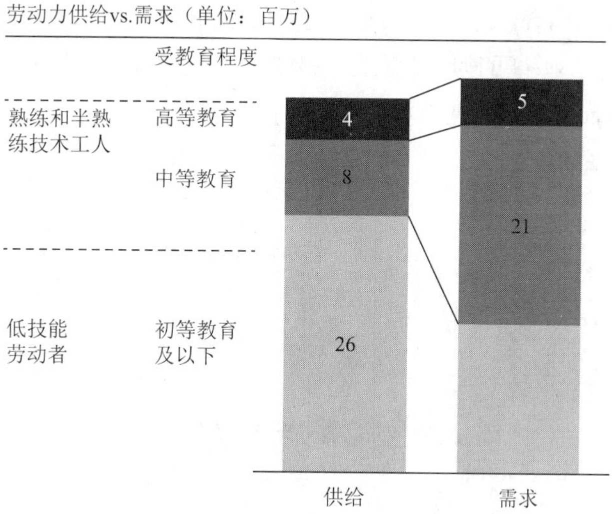

图 3　缅甸劳动力供给与需求对比

（资料来源：麦肯锡2013年分析）

从缅甸教育本身的发展情况来看，缅甸独立后到 1988 年才开始实施改革开放政策，国家经济实力不足等因素也影响了缅甸教育事业的发展，总体来说，缅甸的教育还存在办学经费不足、办学规模较小、资源分配不均衡等问题。在经济全球化发展的背景下，随着技术更新速度加快、工作模式不断变化，导致人员供给与需求、培训与技能等方面的不协调。从作为供给方的职业教育现状分析，职业教育主要存在基础设施不足、师资力量缺乏，短期内难以提供充足的教育培训资源，而且行业企业和机构之间的关系不良，职业教育发展缺少充分有效的行业指导和参与，都成为制约职业教育发展的障碍。

（二）发展趋势

1. 加强职业教育立法和管理改革

缅甸认识到职业技术教育和培训对于培养熟练劳动力的重要性，逐步推进国家教育政策改革。具体地说，在教育部门，修改和实施影响缅甸经济发展的有关规则和条例，以实现东盟经济共同体的目标。从 2012 年对教育部门进行全面的审视，到 2014 年重新修订国家教育法，这成为缅甸职业教育改革的基础和法律依据。在缅甸职业教育改革的进程中，一些机构得到建立，包括职业教育政策执行委员会、职业教育质量保障委员、国家技术标准局、国家技能发展局和国家资格框架。①

2. 增加职业教育的受教育机会和上升空间

随着经济改革的发展，需要培养更多的高度熟练的、有纪律的劳动力，教育管理部门将通过为未来的学生提供激励手段来扩大职业教育的发展规模。激励措施包括提供免费住宿、学费和毕业后推荐就业的机会。同时，将举办更多的职业培训课程，以获得职

① Kirkpatrick C T T. Myanmar Technical and Vocational Education Training System and Policy Reform[J]. 2017.

业教育文凭、学位和专业证书。而且，还将继续加强职业技术教育与高等教育联系起来，使得更多的职业教育毕业生可以继续学业，接受高等教育。

其他的职业教育改革项目重点集中在青年就业职业技术教育以及培训理念的建立等方面。

（深圳职业技术学院　技术与职业教育研究所　魏　明）

主要参考文献

[1] 中华人民共和国外交部 . 缅甸国家概况 [EB/OL]. (2016-12-01)[2017-10-15]. http://www.fmprc.gov.cn/web/gjhdq_676201/gj_676203/yz_676205/1206_676788/1206x0_676790/.

[2] Bank A D. Myanmar: Unlocking the Potential Country Diagnostic Study[J]. 2014.

[3] 于景浩 , 孙广勇 . 缅甸道路基础设施亟待升级 [N]. 人民日报 , 2013 年 10 月 28 日 22 版 .

[4] 商务部国际贸易经济合作研究院等 . 对外投资合作国别 (地区) 指南——缅甸 [R]. 商务部国际贸易经济合作研究院等 2016,4.

[5] 贺圣达 , 李晨阳 . 列国志・缅甸 [M]. 北京 : 社会科学文献出版社 ,2009.

[6] 张旭东 . 试论英国在缅甸的早期殖民政策 [J]. 南洋问题研究 ,2003, (02):39-47+97.

[7] 林锡星 . 在教改中发展起来的缅甸职业教育 [J]. 比较教育研究 , 1986 (5):40-40.

[8] 蔡昌卓 . 东盟教育 [M]. 桂林 : 广西师范大学出版社 , 2009.199.

[9] 李晨阳 . 缅甸国情报告 (2015) [M]. 北京 : 社会科学文献出版社 , 2015.

[10] The Government of the Republic of the Union of Myanmar Ministry of Education. NATIONAL EDUCATION STRATEGIC PLAN 2016-21[R].2016:22.

[11] 钟智翔 . 缅甸概论 [M]. 广州 : 世界图书出版广东有限公司 , 2012.

[12] Milio S, Garnizova E, Shkreli A. Assessment study of technical and vocational education and training (TVET) in Myanmar[M]. 2014.

[13] The Union of Myanmar Ministry of Science and Technology Department of Technical and Vocational Education.Reorienting TVET Policy towards Education for Sustainable development in Myanmar[R]. www.unevoc.unesco.org/up/Myanmar_Country_Presentation.pdf. 2009-9-9.

[14] MYANMAR EDUCATION QUALITY IMPROVEMENT PROGRAM (MY-EQIP), (2017-02-03). [2017-10-15].http://dfat.gov.au/about-us/business-opportunities/tenders/Documents/revised-draft-design-myanmar-education-quality-improvement-program.pdf

[15] Milio S, Garnizova E, Shkreli A. Assessment study of technical and vocational education and training (TVET) in Myanmar[M]. 2014.

[16] Yen Saning. Govt Proposes 20% Budget Rise Boosting Education, Defense and Health [EB/OL].

https://www.irrawaddy.com/news/burma/govt-proposes-20-budget-rise-boosting-education-defense-health.html. 2015-1-30.

[17] Milio S, Garnizova E, Shkreli A. Assessment study of technical and vocational education and training (TVET) in Myanmar[M]. 2014.

[18] Kirkpatrick C T T. Myanmar Technical and Vocational Education Training System and Policy Reform[J]. 2017.

泰王国

一、国家概况

（一）地理

泰王国（Kingdom of Thailand），简称泰国，地处中南半岛中部，东南临太平洋泰国湾，西南濒临印度洋安达曼海。西部及西北部与缅甸交界，东北部与老挝毗邻，东连柬埔寨，南接马来西亚。泰国国土面积51.3万平方千米，[①]在东南亚地区仅次于印度尼西亚、缅甸，境内50%以上为平原和低地。首都曼谷是全国政治、经济、文化中心和现代与传统相交融的大都市，依然保留着标志辉煌传统的名胜古迹，吸引了大批游客前往观光。[②]泰国全国分中部、南部、东部、北部和东北部五个地区，现有76个府。府下设县、区、村。曼谷是唯一的府级直辖市。泰国地势北高南低，由西北向东南倾斜。按地形分为肥沃广袤的中部平原，山峦起伏的东北部平原，丛林密布的北部山区和风光迷人的南部半岛。泰国气候属于热带季风气候，全年分为热、雨、旱三季。年均气温24℃~30℃。常年温度不下18℃，平均年降水量约1000毫米。[③]

（二）人文

泰国旧名暹罗，先后经历素可泰王朝、大城王朝、吞武里王朝和曼谷王朝，于1238年形成较为统一的国家。16世纪，葡萄牙、荷兰、英国、法国等殖民主义者先后入侵。1896年英法签订条约，规定暹罗为英属缅甸和法属印度支那间的缓冲国，暹罗成为东南亚唯一没有沦为殖民地的国家。19世纪末，拉玛四世王开始实行对外开放，五世王借鉴西方经验进行社会改革。1932年6月，民党发动政变，改君主专制为君主立宪制。1949年正式定名泰国。1949年5月11日，泰国人用自己民族的名称，把“暹罗”改为“泰”，主要是取其“自由”之意。[④]

---

① 泰国地理概况 [EB/OL].(2015-02-19)[2017-09-10] http://globserver.cn/%E6%9F%AC%E5%9F%94%E5%AF%A8/%E5%9C%B0%.

② 中华人民共和国外交部．泰国国家概况 [EB/OL].(2016-12-01)[2017-09-10].http://www.fmprc.gov.cn/web/gjhdq_676201/gj_676203/yz_676205/1206_676572/1206x0.

③ 公共服务平台对外投资合作泰国指南（2016年版）。

④ 中华人民共和国外交部．泰国国家概况 [EB/OL].(2016-12-01)[2017-09-10].http://www.fmprc.gov.cn/web/gjhdq_676201/gj_676203/yz_676205/1206_676572/1206x0.

泰王国宪法规定：泰王国是以国王为国家元首的民主体制国家。国会是最高立法机构，实行上、下两院制。上议院议员 150 人，其中 76 人直选产生，74 人遴选产生，任期 6 年。下议院议员 500 人，任期 4 年。现任国王是玛哈·哇集拉隆功，现任总理是巴育·詹欧差。[①]

泰国是个多民族国家，全国共有 30 多个民族，总人口 6796 万（2015 年），其中青年人口 896 万，人口年龄中位数为 38.0，年人口增长 0.38%。[②] 全国共有 30 多个民族。泰族为主要民族，占人口总数的 40%，其余为老挝族、华族、马来族、高棉族，以及苗、瑶、桂、汶、克伦、掸、塞芒、沙盖等山地民族。泰语为国语。90% 以上的民众信仰佛教，马来族信奉伊斯兰教，还有少数民众信仰基督教、天主教、印度教和锡克教。

佛教是泰国的国教，几百年来，无论是风俗习惯、文学、艺术和建筑等各方面，几乎都和佛教有着密切关系。在泰国，凡是信佛教的男孩子，到了一定年龄，都要一度削发为僧，连王室和贵族也不例外。到泰国旅游，处处可见身披黄色袈裟的僧侣，以及富丽堂皇的寺院。因此，泰国又有“黄袍佛国”的美名。佛教为泰国人塑造了道德标准，使之形成了崇尚忍让、安宁和爱好和平的精神风范。[③]

（三）经济

泰国实行自由经济政策，在 20 世纪 90 年代经济发展较快，跻身成为“亚洲四小虎”之一。泰国属外向型经济，依赖美、日、中等外部市场。泰国是传统农业国，农产品是外汇收入的主要来源之一，是世界天然橡胶最大出口国。20 世纪 80 年代，电子工业等制造业发展迅速，产业结构变化明显，经济持续高速增长，居民教育、卫生、社会福利状况不断改善。1996 年被列为中等收入国家。1997 年亚洲金融危机后陷入衰退。1999 年经济开始复苏。2003 年 7 月提前两年还清金融危机期间国际货币基金组织提供的 172 亿美元贷款。2015 年人均 GDP 约 5742 美元。[④] 泰国是是世界的新兴工业国家和世界新兴市场经济体之一，制造业、农业和旅游业是经济的主要部门。泰国是亚洲唯一的粮食净出口国，世界五大农产品出口国之一。泰国电子工业等制造业发展迅速，产业结构变化明显，汽车业是支柱产业，是东南亚汽车制造中心和东盟最大的汽车市场。泰国的旅游业发达，是世界最闻名的旅游胜地之一。[⑤]

（四）教育

泰国实行 12 年制义务教育，包括小学、初中、高中。

学前教育：学制为 4 年，3—6 岁。

---

① 中华人民共和国外交部 . 泰国国家概况 [EB/OL].(2016-12-01)[2017-09-10].http://www.fmprc.gov.cn/web/gjhdq_676201/gj_676203/yz_676205/1206_676572/1206x0.

② 联合国人口司的世界人口展望，2015 年修订（http://esa.un.org/unpd/wpp/dvd/）。

③ 商务部国际贸易经济合作研究院等 . 对外投资合作国别 (地区) 指南——泰国 [R]. 商务部国际贸易经济合作研究院等，2016.04:8-12.

④ 中华人民共和国外交部 . 泰国国家概况 [EB/OL].(2016-12-01)[2017-09-10].http://www.fmprc.gov.cn/web/gjhdq_676201/gj_676203/yz_676205/1206_676572/1206x0.

⑤ 同上。

小学教育：学制为 6 年，7—13 岁。

中学教育：分为初中和高中两个阶段。初中 3 年，高中 3 年。高中包括普通高中及职业高中。学生从初中后开始分流，学生可以选择进入普通高中或职业学校继续学习。

大学教育：分为 2 年制的大专和 4 年制的本科。学生本科毕业获得学士学位后，可以继续 2 年的学习，取得研究生学位。[①]

泰国的著名高等院校有：朱拉隆功大学、法政大学、农业大学、清迈大学、孔敬大学、宋卡纳卡琳大学、玛希敦大学、诗纳卡琳威洛大学、易三仓大学和曼谷大学等。此外，还有兰甘亨大学和素可泰大学等开放大学。[②]

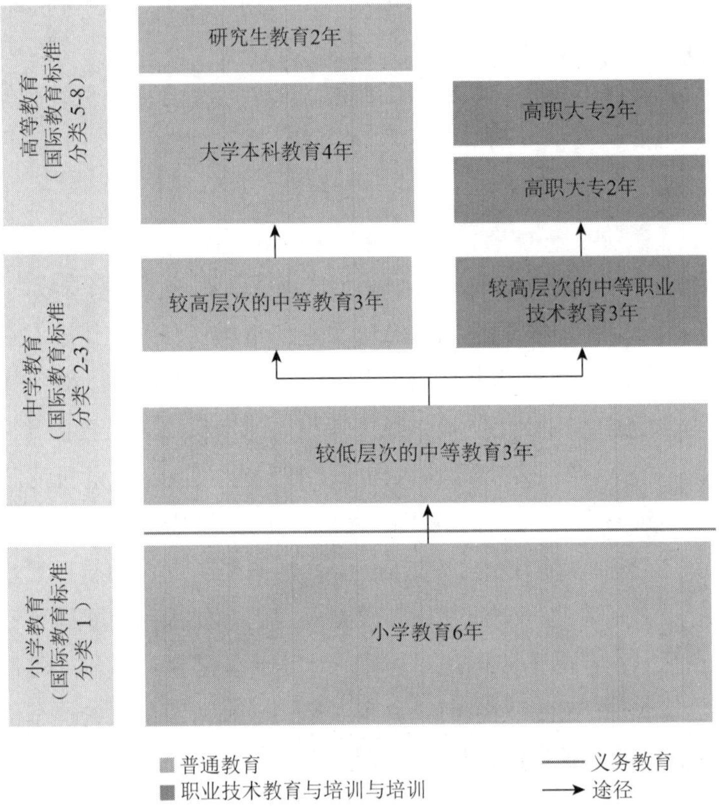

图 1　泰国教育体系结构图

资料来源：根据联合国教科文组织国际职业技术教育与培训中心（UNESCO–UNEVOC）数据编制，摘取于 Choomnoon、siripan（2011），《泰国：职业技术教育与培训在亚太地区的新挑战和新发展》。

---

① Education in Thailand: an OECD-UNESCO perspective. [EB/OL] (2017.10.2) http://www.oecd.org/countries/thailand/education-in-thailand-9789264259119-en.htm; http://www.moe.go.th/main2/article/e-hist01.htm.

② History of Thai Education.

二、职业技术教育与培训的战略与法规

泰国职业技术教育与培训的使命是培养具有熟练技术技能的人力资源，以确保泰国继续在国际劳动力与经济市场上的竞争力。

（一）战略

泰国的宪法赋予了每一位公民都平等地享有受教育的权利，教育是促进每个公民最大限度发挥能力的手段，应培养学生具备国家经济社会发展需要的知识与技能。

（1）泰国《国家教育计划 2002—2016》致力于使人力资源达到劳动力市场所需要的水平。高质量的职业技术教育培训使泰国经济具有技术熟练和有竞争力的劳动力，对于社会经济可持续的发展至关重要。

（2）第十个国民经济和社会发展计划，强调职业技术教育与培训的重要性，致力于到 2011 年使职业技术教育与培训的参与率从 42% 提高到学生总人数的 50%。其他目标包括：加强高职院校与产业团体及其他利益相关者的合作；完善国家职业技术教育与培训制度中政府政策框架；开发能力标准以确保人力资源发展的质量。

（3）按照达喀尔行动框架，泰国国家教育行动计划中设立了一系列与职业技术教育与培训相关的目标。这些目标分为两个阶段。2002—2006 年为第一阶段，主要集中于：扩大不继续接受高等教育的 9、12 级毕业生职业培训的可及性；将至少 50% 劳动力的知识和技能提高到较低的中等教育水平；拓展课程和教育服务的提供，包括非正规的职业技术教育与培训，以促进学习和生活技能的发展。2007—2016 年为第二阶段，除其他事项外，重点是让所有泰国人都有平等的机会根据他们的需要、兴趣和实际技能水平，采取高质量和灵活的继续教育方案。①

（二）法规

在泰国，国家教育系统的基本准则是建立起来的泰王国宪法（1997）和《国家教育法》（1999）。其中明确提到，保证所有的泰国公民有权接受至少 12 年的基础教育。

职业法案（2008）调控国家职业技术教育与培训体系。法案确立了职业技术教育与培训的各种形式，并指出：（1）高校和研究机构是正式的职业技术教育与培训体系的组成部分；（2）非正规机构提供的职业教育课程内容与各种目标群体的需要相适应；（3）要对企业家、国有企业和政府机构进行专门的职业培训。

1999 年《国家教育法》提出，对职业教育进行单独立法。该法律规定职业教育委员会办公室是负责职业教育的机构。

2008 年国家颁布的《佛历 2551 泰国职业技术教育法》对泰国职业技术教育的质量标准要求、行政管理机构、经费投资进行了统一规范。

① 参考：Choomnoon，siripan（2011）. 泰国：职业技术教育与培训在亚太地区的新挑战和新发展 . S. Majumdar（主编）。

三、职业技术教育与培训的体系与质量保障

（一）体系

泰国的职业技术体系并非一日而成的，是在国家领导下，教育部和职业技术教育办公室委员会结合泰国国情和社会发展需要，经过长期探索而形成的体系。

1. 中等职业技术教育

泰国中等职业技术教育主要采取两种形式进行。

一种是在普通中学中开设职业技术教育课程，泰国中等教育课程包括必修课、选修课和活动课，并采用学分制，可选修的必修课及选修课中就包括职业教育课程。

另一种是专门的中等职业技术学校，招收初中毕业生，学习期限为3年。教学目标主要是为了提高学生的某一专业技能，使其能够符合社会对劳动力的要求，成为具有熟练技能的工人。学生毕业后，学校为其颁发职业教育证书。但一般中等职业技术学校毕业生会参加考试继续升学深造。

中等职业技术学校也招收社会青年、失业者、在职工人或者已经具备一定专业技能的个人，对其进行短期的职业技术培训。

2. 高等职业技术教育

高等职业技术学校招收高中毕业生，学习年限为2至3年，目的在于以就业为导向，根据社会经济水平、劳动力市场需求提供对口的职业技术教育培训，要求毕业生掌握较高的职业技术能力，使其能够独立胜任工作任务，能解决较为复杂的问题，职业定向为机械工程师、会计师、电力工程师等。学生毕业后，学校为其颁发毕业文凭或者职业副学士学位证书，成为技师。获得毕业文凭或者职业副学士学位证书的毕业生可以通过竞争性考试到泰国皇家理工大学或北曼谷先皇技术学院学习深造。

3. 大学水平的职业技术教育

提供大学水平的职业技术教育的学校只有两所。一所是先皇技术大学，招收普通高中毕业生和已经完成高等职业技术教育的毕业生，毕业颁发本科和硕士研究生学历。另一所是北曼谷先皇技术学院，其前身是泰国政府和德意志联邦政府合作建立的泰德技术学院，除了学位课程外，该学院还提供工业技术领域的职业资格证书和文凭课程，获得硕士学位证书的毕业生可继续深造至博士研究生。

泰国各层次的职业技术教育非常强调实践和熟练的操作技能，在课程设置中，理论课程占20%左右，实际操作课程占80%左右。职业技术教育委员会办公室规定，学生要在学校的商店、校外的工厂、企业或公司进行毕业前实习。目前，多层次化的泰国职业技术教育体系在泰国已经形成，并为泰国经济的发展做出很大贡献。据泰国教育部官方统计，截至2005年，民办职业技术院校共有406所，各类非正规培训、短期培训机构共有2720家。截至2006年，公立职业技术教育院校共有404所，接受全日制教育与培

训的学生有 678558 人，接受非正规职业技术教育与培训、短期培训学员有 745349 人。[①]

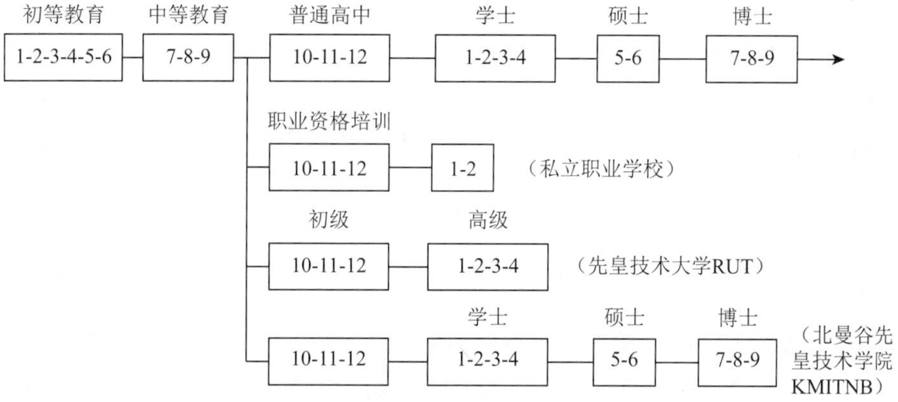

图 2　泰国职业教育与培训示意图

（二）保障

1. 资格与资格框架

泰国职业技术教育与培训包括中等与中等后两个层次，各层次包含不同的职业技术教育与培训项目、完成时间及最终可获取的资格证书。[②]

表 1　中等职业技术教育与培训

项　　目	时　间	资　　格
高级中等职业技术教育与培训方案	3年	职业教育证书
双轨制与学徒制	3年	双元制职业教育证书
短期课程累积	3—5年	职业技术教育与培训证书：学分累计制

表 2　中等后职业技术教育与培训

项　　目	时　间	资　　格
职业技术教育与培训学院	2年	技术教育高级文凭
大学本科	2年（获得技术教育高级文凭后）	学士学位

2. 质量保障

泰国职业技术教育与培训项目符合了“国民经济社会发展计划和国家教育计划（2002—2016）”设定的目标。具体地讲，职业技术教育与培训质量由职业教育委员会办公室下属的质量保障与教育标准处负责监控。

① 贾秀芬，庞龙．泰国职业教育的机制、政策与评价 [J]. 职教论坛，2012,（27）.
② 参考：教育部（2009）．成人学习的发展和现状教育（ALE）．泰国国家报告。

泰国政府鼓励职业院校以《泰国职业教育法》为基础，遵守《教育部关于教育质量体系、标准及实施的通知》(2010)以及职业教育委员会办公室和教育部制定的相关质量标准，根据官方规定自行设定职业院校质量标准，并向职业教育委员会办公室提供《年度自我评估报告》以帮助提升职业技术教育与培训质量。为此，职业院校每3年进行一次内部质量的检测评估。国家教育标准与质量保障办公室负责对职业院校实施每4年一次的外部质量评估。

四、职业技术教育与培训的治理与教师

教育部负责泰国的职业技术教育与培训项目。隶属于教育部的专门机构——职业教育委员会办公室负责泰国职业技术教育与培训体系的主要管理机构①，其主要任务包括：

为发展职业技术教育与培训的相关政策、发展规划和标准以及课程设置提供建议；

协调职业技术教育与培训项目及专业标准的提升；

培养职业技术教育与培训师资人才；

协调政府和私营部门在开发职业技术教育与培训体系方面的行动。

此外，职业教育委员会办公室还负责监管泰国416所职业院校的课程开发。这些院校由多校区的职业技术教育培训机构组成，遍布于各个省份。院校规模通常在300至6000名学生之间，其规模大小取决于所处区域的要求及可以提供的课程项目。每所职业技术教育培训机构均有自己的内部管理机构，由企业代表和其他利益相关者组成的委员会负责。

非正规职业技术教育培训项目由职业教育委员会下设的非正规与非正式教育办公室负责。其基本职能包括：1）为职业技术教育与培训的相关政策、计划与策略提供建议；2）促进利益相关者之间的合作；3）监测和评估非正规职业技术教育与培训。

泰国职业技术教育与培训体系主要由教育部提供资金支持。具体地讲，是由职业教育委员会办公室确定预算标准与分配方式。

职业技术教育与培训的教师和培训人员要求参加高等教育水平的职教师资培训课程，通常是职业教育委员会办公室组织的由教育学院提供的2年培训计划。教师必须在完成高中教育的基础上受训，课程结束后将获得技术教育高级文凭，相当于学士学位。②

---

① 参考：Choomnoon，siripan（2011）.泰国：职业技术教育与培训在亚太地区的新挑战和新发展.S. Majumdar（主编）.219-235.鹿特丹：Sense出版商；教育部（2009）.成人学习的发展和现状教育（ALE）.泰国国家报告.曼谷：教育部；职业技术教育与培训委员会办公室（2014）.愿景与使命.访问时间：2014年11月10日；联合国教科文组织-国际教育局（2011）.世界教育数据（第7版）.2010/2011.泰国.日内瓦：联合国教科文组织-国际教育局。

② 参考：荷兰（2012）.泰国国家模块.海牙：荷兰高等教育国际合作组织；职业技术教育与培训委员会办公室（2014）.高校职业技术教育与培训管理.访问时间：2014年11月10日。

五、职业技术教育与培训的诉求与发展趋势①

（一）诉求

泰国经济自第二次世界大战以来一直保持着稳定的发展，近几年更是发展迅速。泰国政府认识到，决定一个国家或地区社会经济发展的性质与速度的不只是资本和物质资源，更重要的是人力资源。泰国的人力资源培训暴露出了一些亟待解决的问题。

第一，与“四小龙”相比较，泰国的差距就在人力资本积累战略上，没有很好地执行教育、技术知识投资与有形物质投资齐头并进的政策，整个教育事业发展不平衡，在重视高等教育发展的同时，忽略了教育的普及程度和职业技术的培训，没有把职业技术教育与正规高等教育连结起来，形成初、中、高级的技术教育体系。②

第二，泰国的产业发展亟需提高劳工素质和发展技术水平。泰国应摸索一套适合自身情况的生产技术应用和发展模式，将职业技术教育与培训与农产品、保健、观光等重要产业联系起来，这将有利于促进泰国中小企业的发展。

第三，高新技术行业的人才极其匮乏。泰国需加强培养应用技术的研发人员，以高端技术和创意产业增加产品的附加值和国际竞争力。

第四，职业技术教育与培训机构的治理和问责结构不明晰。校园内的学生管理和学生德育问题需加强，应杜绝学生涉黄和吸毒现象。

（二）发展趋势

泰国制定了《2012—2026职业技术教育与培训计划》，该计划由职业教育委员会办公室执行。从这个计划可以看出泰国职业技术教育与培训的发展趋势：

第一，增加学生数量。（1）增加从TVET课程中毕业的学生数量，降低辍学率；（2）使用配额系统让学生报名注册；（3）让父母和老师了解职业技术教育与培训系统。

第二，提高职业技术教育与培训的覆盖面。（1）在多校区高校组建职业技术教育与培训机构；（2）在更多的地区建立高职院校；（3）扩大对弱势群体（如残疾人、老年人和妇女）的职业技术教育与培训；（4）鼓励企业参与职业技术教育与培训。

第三，加强职业技术教育与培训质量，通过发展项目学习教学方法与评价及在职业技术教育与培训中使用信息和通信技术。

第四，提高职业技术教育与培训行政管理的效率。（1）在管理中应用ICT；（2）运用以战略绩效为基础的预算并且在必要性、平等和符合政策的基础上分配预算；（3）与其

---

① 参考：Choomnoon，siripan（2011）. 泰国。职业技术教育与培训在亚太地区的新挑战和新发展 .S. Majumdar（主编）.219-235. 鹿特丹：Sense 出版商；国家经济和社会发展理事会（2011）. 第十一次国民经济和社会发展计划 . 曼谷：国民经济和社会发展局；职业技术教育与培训委员会办公室（2014）. 高校职业技术教育与培训管理 . 访问时间：2014 年 11 月 10 日。

② 中华人民共和国商务部 . http://www.mofcom.gov.cn/aarticle/i/jyjl/j/201205/20120508122507.html.

他邻国和国际上的国家合作。

（深圳职业技术学院　技术与职业教育研究所　宋　晶）

主要参考文献

[1] Choomnoon, siripan (2011). 泰国 . 职业技术教育与培训在亚太地区的新挑战和新发展 . S. Majumdar (主编).219–235.

[2] The Development and State of the Art of Adult Learning and Education (ALE). National Report of Thailand. Bangkok: Ministry of Education.

[3] National Economic and Social Development Board (2011). The Eleventh National Economic and Social Development Plan. Bangkok: National Economic and Social Development Board.

[4] Nuffic (2012). Thailand Country Module. The Hague: Netherlands organisation for international cooperation in higher education.

[5] Office of Vocational Education Commission (2014). Management of Vocational Education in the Colleges. Accessed: 10 November 2014.

[6] Office of Vocational Education Commission (2014). Vision and Mission. Accessed: 10 November 2014.

[7] UNESCO–IBE (2011). World Data on Education VII Ed. 2010/11. Thailand. Geneva: UNESCO–IBE.

老挝人民民主共和国

一、国家概况

（一）地理[①]

老挝人民民主共和国（The Lao People's Democratic Republic），简称老挝，首都万象（Vientiane），是位于中南半岛北部的内陆国家，北邻中国，南接柬埔寨，东临越南，西北达缅甸，西南毗连泰国，国土面积为23.68万平方千米，全国划分为17个省、1个直辖市（万象市）。老挝属热带、亚热带季风气候，5月至10月为雨季，11月至次年4月为旱季，年平均气温约26℃。老挝全境雨量充沛，一般年份降水量约为2000毫米。

（二）人文[②]

因缺乏史料，学术界对14世纪前的老挝历史有较多争议，通常认为在现今老挝疆域相继出现过堂明国、南掌国（澜沧国）等国家。1353年，法昂王建立澜沧王国（1353—1707），定都琅勃拉邦，老挝出现历史上第一个统一的多民族国家。1707年至1713年，澜沧王国先后分裂为北部琅勃拉邦、中部万象和南部占巴塞三个王国。1778年至1893年三国沦为暹罗（今泰国）属国。1893年，法国与暹罗签订《法暹条约》（又称《曼谷条约》），三国被并入法属印度支那联邦，1940年9月被日本占领。1945年9月15日，琅勃拉邦王国副王兼首相佩差拉在万象宣布老挝（旧称"寮国"）独立。

1947年至1970年代初，法国、美国先后扶持亲法、亲美势力，老挝人民为争取国家独立，多次发生内战。1975年12月2日，在万象召开的老挝全国人民代表大会宣布废除君主制，成立老挝人民民主共和国，组成以苏发努冯为主席的最高人民议会和以凯山·丰威汉为总理的政府。当前政府于2016年4月成立，国家主席是本扬·沃拉吉，政府总理是通伦·西苏里。

老挝实行社会主义制度，老挝人民革命党是老挝唯一政党。1991年老挝党"五大"确定"有原则的全面革新路线"，提出坚持党的领导和社会主义方向等六项基本原则，实行对外开放政策。2001年老挝党"七大"制定了至2010年基本消除贫困，至2020年

---

① 中华人民共和国外交部．老挝国家概况 [EB/OL].http://www.fmprc.gov.cn/web/gjhdq_676201/gj_676203/yz_676205/1206_676644/1206x0_676646/.2017-09-18.

② 同上。

摆脱不发达状态的奋斗目标。2016 年 1 月 18 日至 22 日，老挝党"十大"通过了社会发展"八五"规划、十年战略和十五年远景规划。当前，老挝政治稳定、社会安宁。

老挝人口总数为 680 万（2015 年），分为 49 个民族，分属老泰语族系、孟－高棉语族系、苗－瑶语族系、汉－藏语族系，统称为老挝民族，通用老挝语。居民多信奉佛教。华侨华人约 3 万多人。重要的节日有老挝人民军成立日（1 月 20 日）、老挝新年（宋干节，也叫泼水节，佛历 5 月，一般从每年公历 4 月 13 日开始，前后共 3 天）、独立日（10 月 12 日）、国庆日（12 月 2 日）、塔銮节（佛历 12 月，公历 11 月）。

（三）经济

老挝是东南亚唯一的内陆国，属欠发达国家，以农业为主，工业基础薄弱。1986 年起推行革新开放，调整经济结构，即农林业、工业和服务业相结合，优先发展农林业；取消高度集中的经济管理体制，实行多种所有制形式并存的经济政策，逐步完善市场经济机制，对外实行开放，颁布外资法，改善投资环境，扩大对外经济关系，经济稳步增长。

老挝有锡、铅、钾盐、铜、铁、金、石膏、煤、稀土等矿藏，水利资源丰富。2012 年森林面积约 1700 万公顷，全国森林覆盖率约 50%，产柚木、花梨等名贵木材。①

据老挝《经济社会报》《巴特寮报》《人民报》2017 年 4 月 27 日报道，老挝计划与投资部提交的统计报告指出：2016 年老挝经济增速为 7.02%。2016 年国内生产总值为 129.279 万亿基普，人均国内生产总值为 2408 美元。其中，农业增长 2.7%，占 GDP 的 17.2%；工业增长 12%，占 GDP 的 28.7%；服务业增长 4.6%，占 GDP 的 42.4%。电力行业由于发电机组已完成并投入使用，增长 39%，占 GDP 的 36.9%。2016 年通货膨胀率为 1.6%，同比 2015 年上升 0.3%。全年出口额达 45.23 亿美元，超额 22.2% 完成目标任务，进口额达 42.15 亿美元，完成计划的 80.1%，贸易顺差 3.08 亿美金。2016 年全国总投资达 42.857 亿基普，同比增长 24.2%。2017 年 9 月与美元汇率约为 88276∶1。②

（四）教育

老挝经济比较落后，教育事业发展缓慢，且存在教育投入不足、师资不足、职业教育入学率低和教育不公平等问题③。另外，由于历史原因，老挝当前教育体系下仍保留着许多陈旧的方面，它是殖民地、半封建体制与革新的现代教育的结合。④

自 1988 年推行革新路线以来，老挝社会稳定，经济发展较快，近几年，在教育领域进行了多项改革，其中主要包括2004 年12 月老挝政府内阁会议通过的"全民教育法案"，

---

① 中华人民共和国外交部．老挝国家概况 [EB/OL].http://www.fmprc.gov.cn/web/gjhdq_676201/gj_676203/yz_676205/1206_676644/1206x0_676646/.2017-09-18.

② 中华人民共和国商务部. 2016年老挝经济增速为7.02% [EB/OL]. http://www.mofcom.gov.cn/article/i/jyjl/j/201704/ 20170402566148.shtml. 2017-09-18.

③ 孙文桂．老挝国家教育概况及存在问题研究 [J]. 广西青年干部学院学报 ,2015,25(06): 45-49.

④ Sengdeuane Lachanthaboun. Vice Minister of Education Lao PDR: The Current Education Situation and Reform. 亚洲教育北京论坛论文集 [C].2006.20-51.

明确规定了基础教育的范畴，包括学前幼儿教育与发展、小学教育、初中教育、青少年与成人扫盲、残疾人技艺培训等[①]；2006年3月，老挝政府颁发了具有指导性意义的“国家教育体制改革法案”，该法案主要包括重新制定国家教育体制革新战略，改革教育结构和体制等六个方面。

根据现行学制，老挝小学为5年（义务教育），中学为7年（初中4年，高中3年）。高中教育包括普通高中和职业教育，学生完成高中阶段学业，通过毕业考试可获得文凭或通过高考进入大学阶段学习；职业学校为初中毕业生提供为期6个月到3年的课程或培训，学生修完3年学业可获职业教育证书或培训证书（为期半年到三年，分为1—4级）。高等教育包括普通大学和职业教育，其中普通大学包括专科、本科以及研究生教育，学制2到10年；职业教育包括文凭和证书教育，文凭教育有大专和本科学士学位两个层次，可通过全日制和继续教育或培训完成学业。（图1）

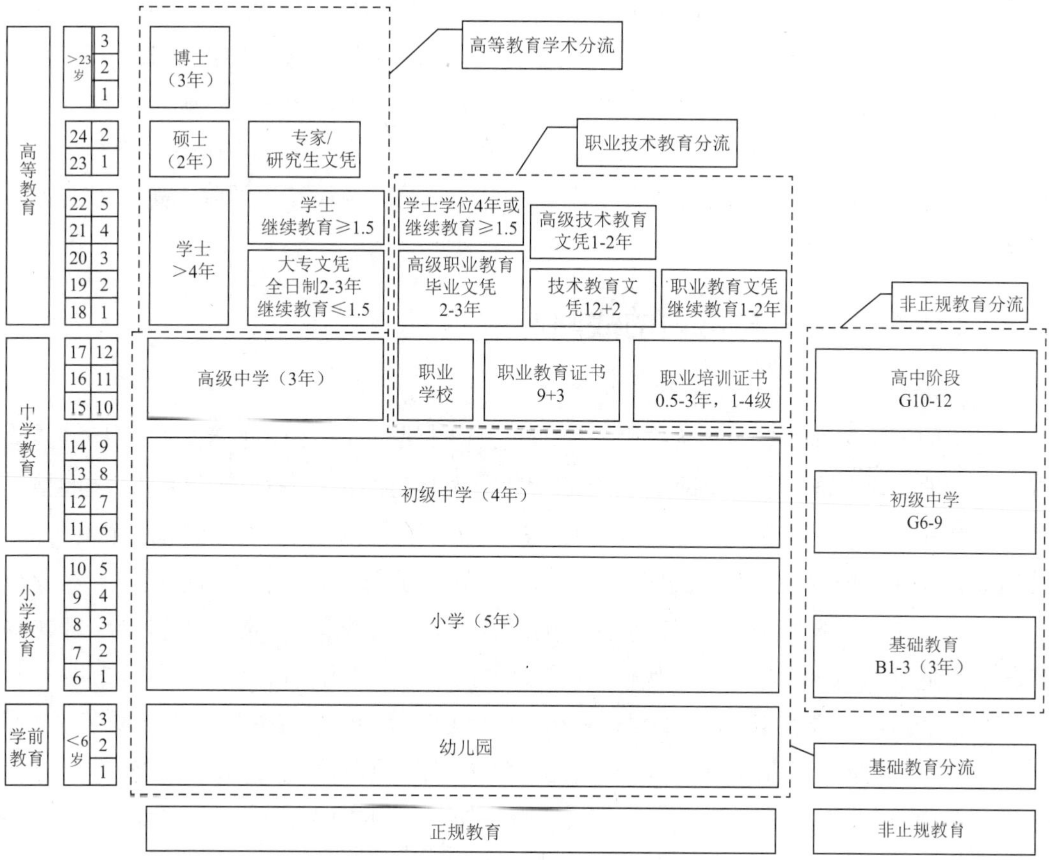

图1　老挝教育体系[②]

① 袁同凯．老挝基础教育改革述评[J].云南民族大学学报（哲学社会科学版），2012，29(6):121-125.

② UNESCO International Bureau of Education. World Data on Education. VII Ed. 2010/11. [DB/OL].http://www.ibe.unesco.org/fileadmin/user_upload/Publications/WDE/2010/pdf-versions/Lao_PDR.pdf. 2017-09-18.

1999年至2011年，老挝教育经费投入不断加大，1999年仅为GDP的1%，2008年达到2.3%，2011年占国家预算的17%、GDP的3.2%；但老挝教育经费很大程度上依赖于外来资助，各阶段的外来资助总额高达29000亿基普（约合3.78亿美元）。据2017年8月24日老挝《巴特寮报》报道，老挝政府拟投入18680亿基普（约合2.3亿美元）加快推进农村边远地区道路、电力、水利、卫生和教育等基础设施建设，促进农村发展与减贫，实现计划于2020年摆脱最不发达国家行列的发展目标。

经过加大投入并推动多项革新，老挝教育取得了一系列成效。2010年小学的入学率已从2000年的78.6%上升到92.7%，初中的入学率已从1990年的30%上升到2010年的63%，而高中入学率则从26%上升到37%。对于大学，每10万人中有2000人上学，高于预期目标。另外，15—40岁的人员中识字率已从2004年的76%上升到2009年的84%。在提升教育质量方面，也采取了一系列措施，包括为教师提供在职培训，对课本、职教和普通高教课程进行修订，建立绩效评估框架体系等等。

老挝现有4所大学，学生5.4万人。位于首都万象的老挝国立大学前身为东都师范学院，1995年6月与其他10所高等院校合并成立国立大学，有8个学院。近两年，老挝南部占巴塞省、北部琅勃拉邦省的国立大学分校相继独立，被正式命名为"占巴塞大学"和"苏发努冯大学"。另有直属卫生部的卫生学院。各类专业学院154所（主要为私立学院），学生5.9万人。①

二、职业技术教育与培训的战略与法规②

（一）战略

过去的几十年间，老挝经济有了快速增长，但主要属于资源消耗型，国家经济还是以低产能的农业经济为主。根据2010年世界银行对老挝的企业调查结果显示，技能型劳动力短缺和低产能是产业发展的主要约束因素。以近年来发展较快的旅游和服务业为例，英语能力欠缺、缺少旅游及相关职业技术教育，限制了企业的发展。与此同时，对劳动力和技术依赖度较高的企业发展滞后又影响了技术人才的培养和发展，如纺织行业2009年遭金融危机重创，技能型劳动力不断移往泰国，目前劳动力保留率很低。

根据老挝第8个五年计划（2016—2020），未来五年年均GDP增长率不低于7.5%，到2020年，老挝人均GDP达到3100美元。为了实现GDP增长目标，老挝政府将努力实现到2020年农林业年均增长率达3.2%，占GDP总量的19%；工业年均增长率9.3%，占GDP的32%；服务业年均增长8.9%，占GDP的41%。此外，到2020年，政府将努

① 中华人民共和国外交部．老挝国家概况 [EB/OL].http://www.fmprc.gov.cn/web/gjhdq_676201/gj_676203/yz_676205/1206_676644/1206x0_676646/.2017-09-18.

② UNESCO International Bureau of Education. World Data on Education. VII Ed. 2010/11.[DB/OL].http://www.ibe.unesco.org/fileadmin/user_upload/Publications/WDE/2010/pdf-versions/Lao_PDR.pdf. 2017-09-18.

力使贫困率下降到 15%，小学教育覆盖率达 99%，15 岁及以上年龄段文盲率降到 5%。①

近年来，老挝经济逐渐转向非资源型产业，包括农业、基础设施、制造、旅游等产业，政府也越来越重视职教系统。一是从财政资金上加大了投入，二是制订了促进职业教育相关法令和战略计划。

2011—2016 年期间，根据老挝教育发展框架，政府对职业教育支出投资从 2011—2012 财年的 540 亿基普上升到 2015—2016 财年的 1394 亿基普；此外，教育部门对职业教育的投入也成倍增长，从 2010—2011 财年的 750 亿基普增至 2014—2015 财年的 1290 亿基普。

2007 年 6 月，老挝总理批准了“2006—2020 年技术职业教育与培训发展战略计划”，并成立了一个跨部门小组，制订了“职业技术教育与培训计划的发展总体规划”，对职业教育与培训体系进行了重新设计。从实施主体上来看，鼓励政府机构、社会组织、培训机构和企业提供各类职业教育与培训；从学习形式上来看，其中包括：短期课程（6个月以内）；技术课程（6个月至3年）；证书课程（2至3年）；文凭课程（2至3年）。培训项目包括全职、兼职或工作实习（双重培训课程）。

2010 年“职教和技能开发总理法令”制订了更多详细的措施，政府加大对职教系统的支持，包括政策、经费、外来援助等。老挝政府在职教系统的改革涵盖各个领域，如恢复 9+3 职教课程、提高课程竞争力、建立质量保障系统、普通中学教育职业化等。具体主要包括以下几个方面：

1. 改革职教管理体系。包括横向的各职教管理部门间的合作以及纵向的中央和地区管理层间的合作；

2. 突出职教地位，促进职教协同发展。在行业、地区发展计划中体现职教系统的重要性，将职教政策与其他政策紧密关联；

3. 畅通职教路径，提高职教入学比率。加强宣传和引导，鼓励学生接受职业教育，扩大中学阶段职教比例，促进低、中、高阶段职教体系发展；

4. 建立多元化职教服务，扩大职教参与度。包括在正式教育体系中开设学徒项目，为退学学生提供学习机会；在非正式教育计划中融合技能培训内容，丰富社区学习内容；促进雇主的参与，鼓励他们提供技能培训；

5. 加快建立国家资格证书框架；

6. 发展私立职教与培训。从层次、地域等方面系统设计，建立公私职教协同发展、分工协作的职业体系，共同纳入职教质量保障系统；

7. 加大财政支持和经费扶持力度，促进职教持续发展；

8. 提高职教师资地位和待遇。

① 新华社亚太日报 . 新华时讯亚太专递 [N/OL].http://cn.apdnews.com/XinHuaNews/307544.html.2017-09-18.

经过政府、企业等各方面的努力，职教体系的学生数量有了大的提高，尤其是在私立学校和高等教育阶段；而中学阶段的学生人数仍旧有限，且资格证书类的学生数量大量减少，招收学生情况如表1：

表1　老挝职业教育和高等教育入学人数①

学历 \ 年份	2005—2006	2006—2007	2007—2008	2008—2009	2009—2010	2010—2011
硕士学位	/	/	/	387	736	1296
本科学位（公立）	25465	29585	30750	42298	50937	54433
本科学位（私立）	5109	8318	6730	11482	13822	14502
高等毕业证书（公立）	9056	8263	16578	23038	17060	22789
高等毕业证书（私立）	10017	17640	23736	22984	19432	17345
中等毕业证书（公立）	22652	20466	15603	12761	14009	18859
中等毕业证书（教育部）	/	/	/	7989	10234	14821
中等毕业证书（私立）	4020	1698	501	371	457	/
资格证书（公立）	2675	1657	643	187	26	1000

（二）法规②

老挝重视职业技术教育，并制定了一系列法律和法令来保障教育事业的发展和学生接受教育（包括职业技术教育）的权利。有关职业技术教育与培训的法规主要有：

1.《教育法》（2007年修订）

老挝《教育法》于2000年4月8日颁布并于2007年修订，以满足国家社会经济发展的要求。修订版本规定，所有个人和组织都有投资和促进教育的义务，并将中等教育的期限从3年增加到4年。该法还规定，政府有义务扩大中等教育，为老挝公民掌握基本知识和职业技能或进修创造条件；政府应根据劳动力市场和老挝公民就业的需要，认真规划职业教育发展；职业教育的发展必须得到政府有关部门的支持以及国有和民营企业的参与。

2.《劳动法》（2006年修订）

根据2006年12月27日老挝全国人民代表大会《关于劳动法修改法的决议》（2007年1月16日生效），企业应上缴利润的1%，工人应上缴收入的1.5%，建立由劳动和社会福利部（简称劳动部）管理的国家技能开发基金。该规定是2008年《职业技术教育与

① Policy Review of TVET in Lao PDR [DB/OL].http://www.unescobkk.org/education/news/article/policy-review-of-tvet-in-lao-pdr-unesco-2013/. 2017-09-18.

② UNESCO International Bureau of Education. World Data on Education. VII Ed. 2010/11. [DB/OL].http://www.ibe.unesco.org/fileadmin/user_upload/Publications/WDE/2010/pdf-versions/Lao_PDR.pdf. 2017-09-18.

培训计划的发展总体规划》和《2010年职业教育法令》的体现。

3.《第0922号法令》、《第0923号法令》和《第0924号法令》(2001年颁布)

2001年7月17日第0922号、0923号和0924号法令规定了高等教育学分制度，教学的组织，课程结构和学习期限以及与高等职业文凭及相关事项，学士和硕士课程等。

4.《职教和技能开发总理法令》(2010年颁布)

2010年1月22日颁布，明确了教育部职教体系与劳动部技能开发体系间的界限及目标，规定各部门须围绕职业教育与培训进行合作，明确定义了职业教育与培训的功能，对职业教育的经费、体系、质量保障以及提高职业教育发展措施都有明确规定，是老挝关于职业教育发展最为重要的法令。

三、职业技术教育与培训的体系与质量保障①

(一)体系

根据老挝现行法律和制度，教育部、劳动部、农业部、老挝银行和私立学校等均开办职业技术教育和培训，教育类型同时包括正规教育(Formal Education)和非正规教育(Non-Formal Eudcation)，包括高中及高中后教育。

1.公办中等及高等职业教育

教育部共管辖14所职业院校(TVET：Technical & Vocational Education & Training)和8所综合性职业教育与培训学校(IVET：Integrated Vocational Education and Training)②。2008—2009年期间，共有1.8万名学生在教育部公立院校就读，其中59%的学生修读高等毕业文凭课程(High Diploma Program)，40%的学生修读毕业文凭课程(Diploma Program)，少于1%的学生修读资格证书课程。

教育部综合性大学也提供正式的职教课程。2007—2008年，国立老挝大学2500名毕业生获得高等毕业证书，包括森林、工程和农业领域；300名学生从占巴塞大学毕业，获得高等毕业证书，专业包括农业、商业和工程。

2.私立职业技术教育

2008—2009年间，老挝共有78所私立职业学校，共招收2.2万名学生，主要提供职教方面的毕业证书课课程，包括英语、信息技术、商业、机械工程、食品加工、汽车和电子工程等领域。

3.非正规教育

主要指教育部管辖下的综合职业教育与培训学校提供的短期、非正规教育，也包括

---

① UNESCO International Bureau of Education. World Data on Education. VII Ed. 2010/11. [DB/OL].http://www.ibe.unesco.org/fileadmin/user_upload/Publications/WDE/2010/pdf-versions/Lao_PDR.pdf. 2017-09-18.

② 综合职业教育与培训学校(IVET)基于德国国际合作学校(German International Cooperation)的支持，主要为不同人群(包括成年人)提供正式职业教育和非正式基本职业培训，是边远地区的一种新型职教学校。

位于万象、占巴塞与琅勃拉邦的3个中心和全国范围的321个社区学习中心。通过短期课程提供基本的职业技能训练，包括伐木，建筑，鸡、鱼、青蛙的养殖，蘑菇种植，烹饪和美容等领域（2010年亚洲开发银行数据）。另外，劳动部管辖下也有技术发展中心，提供短期、长期培训课程，领域涵盖信息技术、汽车维修、木器、家具、纺织、电子、电力等各个方面，培训对象主要是退学青少年和没有技能的成年人。2008—2009年期间，共有2660名人员参加此类技能培训中心的短期课程。（表2）

表2　老挝其他部门职业教育体系（2008—2009）

	职业学校	培训人数	课程内容	外来协助
卫生部	医科大学及12所护理学校	硕士：13人，专业人员：52人，本科学位：308人，高等证书：227人，毕业证书：90人，护理证书638人	/	世界银行、亚洲开发银行共资助6所学校
财政部	3所培训学校	4500人（包含资格证书和学位课程）	金融、银行、会计	越南2004—2010年资助1所大学
农业部	5所专业培训学校	448人	农作物、畜牧业、渔业、森林等	瑞士、洛克菲勒基金
文化与通信部	5所培训学校	/	/	/
法律部	3所培训学校	/	/	/
老挝银行	1所培训学校	/	/	/
老挝女性联盟	3个培训中心	440人	烹饪、服装、美容、美发	/
老挝革命青年联盟	10个培训中心	900人	语言、美容、服装	/
社区学习中心	321个培训中心	1608人	基本文化、职业技能	/

（二）保障

1. 职业教育资格框架

老挝职业教育资格框架共由5个高中教育阶段职业教育证书，和5个高等教育阶段职业教育文凭构成，包括：

（1）高中教育阶段职业教育证书：

① 职业教育证书（VE：Vocational Education Certificate）：初中毕业后，完成3年职业教育正规课程，可以获得该证书；

② 综合职业教育与培训（IVET）一级证书：完成6个月职业教育培训课程；

③ 综合职业教育与培训（IVET）二级证书：完成12个月职业教育培训课程；

④ 综合职业教育与培训（IVET）三级证书：完成2年职业教育培训课程；

⑤ 综合职业教育与培训（IVET）四级证书：完成3年职业教育培训课程。

（2）高等教育阶段职业教育文凭：

高等职业教育阶段共有 4 个毕业证书和 1 个本科学位证书课程。分别如下：

① 技术教育毕业文凭（TE：Technical Education Diploma）：高中毕业（或获取 VE 证书）后，完成 2 年职业教育正规课程；

② 职业教育毕业文凭（VE：Vocational Education Diploma）：持有综合职业教育与培训（IVET）四级证书，完成 1—2 年职业教育培训课程；

③ 高级技术教育毕业文凭（High TVE Diploma）：高中毕业后完成 2-3 年职业教育正规课程，或持有中等职业教育文凭，并通过 1—2 年正规课程或培训课程；

④ 高级职业教育毕业文凭（High TVET Diploma）：持有中等职业教育文凭，完成 2—3 年职业教育正规课程；

⑤ 学士学位证书（Bachelor Degree）：持有高级技术教育毕业文凭（High TVE Diploma），完成 1.5 年以上正规课程或培训课程的学习。

此外，老挝职教体系的学生获得的资格证书或文凭，可以与普通教育体系互通，为学生在不同体系内学习提供了灵活的保障。为保障学术与职业证书之间的平衡，老挝正建立一个完整的国家证书框架。根据老挝职业教育与发展研究院制订的方案，证书框架涵盖技术培训、职业教育和高等教育几个部分，分 8 个级别，其中 1—4 级为资格证书层次，5—6 级为毕业证书和高等毕业证书层次，7 级为学士学位证书层次，而 8 级为更高学位层次（表 3）。

表 3　老挝职业教育证书 / 文凭与高等教育学位及技能等级对照表 ①

证书级别	高等教育（教育部）	职业教育（教育部）	技术培训（劳动部）
8	博士、硕士学位	/	/
7	本科学位	本科学位	/
6	副学士学位	高等证书/高级技术员	管理人员/技术4级
5	/	毕业证书/技术员	商业人员/技术3级
4	/	毕业证书/4级资格证书/技术员	技术人员/技术2级
3	/	3级资格证书/类技术工人	类技术人员/技术1级
2	/	2级资格证书/实践技能	授予证书
1	/	1级资格证书/基本技能	授予证书

2. 职业教育质量保障

为提升教育质量，使之符合区域和国际标准，老挝于 2010 年颁布教育总理法令，制

① 除国家证书框架之外，老挝职业教育与发展研究院（VEDI: Vocational Education Development Institute）正在开发国家职业证书框架（NVQF: National Vocational Qualification Framework）。

定了详细的教育质量保证战略计划，其中考试、评估、教育竞赛和国家资格框架等六大内容与职业教育与培训相关，职业教育相关规定确立了职业技术教育与培训机构的质量标准、自我评估、内部评估和外部评估机制，并且规定在每个学校和培训机构成立质量保证部门，计划还规定由职业教育院校（机构）的院长和职业教育部门组成评估小组，同时在教育标准和质量保障中心之下建立职业教育质量认证委员会。

教育标准和质量保障中心有权对学生进行测试和评估，并为各类型和层次的职业教育制订质量保证程序和标准。该中心曾获联合国教科文组织资助，开发职业教育与培训质量保障手册。自 1993 年以来，该中心在课程、教学 / 学习方法和学习成果几个方面制定了成人教育质量保证标准。

四、职业技术教育与培训的治理与教师①

（一）治理

老挝教育部、劳动部等多个部门都开办职业教育，国家十分重视并建立了一套统一的职业教育体系和行之有效的管理体系，老挝职业教育的国家治理可分为两个维度：不同部门和社会利益相关者之间的横向协作、中央和省级政府之间的纵向管理。

横向协调方面，“职业技术教育与技能发展总理法令”明确要求教育部和劳动部在职业教育方面进行合作，明确两个部门之间协作与互补，该法令为两部门进一步加强合作奠定了基础。

为落实“职业技术教育与培训总体规划”，老挝建立了一套跨部门的政策协调机制：2002 年老挝组建了国家培训委员会，由相关部门的 24 名代表组成，主席由教育部副部长担任，劳动部副部长和国家工商会主席共同担任委员会副主席，日常工作由 3 名教育部人员负责。国家培训委员会的职责包括：（1）制订职业教育政策；（2）协调公共领域和私营部门之间的技能培训；（3）组建并监督各行业委员会（分为医疗、家具、服装等九个行业），加强与企业协会、公共部门代表沟通；（4）开发和审定职业标准。

从纵向来看，正式的职业技术教育与培训系统由教育部职业技术司和省级政府教育厅分工协作，共同管理。教育部制订全国统一的规划、政策、发展方向和重点工作；各省负责监督并管理区域职业教育和培训机构的运行，职业教育经费由中央和省政府预算予以支持，省级政府对于职业教育与培训的管理留有了一定的自主权。

此外，老挝还建立了职业教育发展年会制度，作为中央和省级政府、职业院校信息共享的交流平台。教育部和各省教育厅官员，部属和省属公办职业院校、社会民办职业院校以及国家培训委员会代表参会，会议主题包括职业院校最佳实践成果分享、上一年度职业院校评估，下一年度工作计划等。作为信息共享和经验交流的平台，代表们的建

① Policy Review of TVET in Lao PDR [DB/OL].http://www.unescobkk.org/education/news/article/policy-review-of-tvet-in-lao-pdr-unesco-2013/. 2017-09-18.

议可在政策制订中作为参考，年会并不进行决策。

（二）教师[①]

老挝公办职业院校教师为终身职业，按中央政府规定进行聘用。2004—2005 年老挝全国各级学校共有教师 48113 人，其中 46% 为女教师；教师总数中，小学教师占比 57%，初中和高中教师占比 30%，幼儿园教师占比 6%。

老挝重视培训教师。近年来，老挝实施了《全国教师教育计划》（2003—2015）。2008 年之前，职业教育与发展研究院和国立老挝大学在职业教育教师职前培训上起着重要作用，国立老挝大学的工程学院一直负责提供本科层次的职教教师培训的理论部分，职业教育与发展研究院负责实践培训部分。2008 年，教育部决定将教师培训职能扩展到其他层次的职教学校。2009—2013 年，该计划每年培训了 600 名教师。2010 年 9 月老挝召开了政策研讨会，促进教育部、国立老挝大学以及德国技术合作组织之间的合作，就建立新的职业教育教师培训模式、明确培训机构的职责和分类进行了讨论和研究。

2010 年，教育部、劳动部等部门在教师培训方面进行协作，建立了新的职教师资培训模式，全年均开设职教教师的在职培训项目。近年，为职教领导层、行政人员及教师共开办了 61 个为期 1 天至 1 年的培训项目；另外，职业教育与发展研究院每年组织 150 名教师在职培训，主要内容为教育理记和技术应用。

五、职业技术教育与培训的诉求与发展趋势

1996 年，老挝人民革命党会议确立了一项长期发展目标：在 2020 年前脱离最不发达国家的队列。目前，老挝 65% 以上的人口都在 25 岁及以下，具有巨大的劳动力市场[②]，促进了老挝经济持续快速增长。与此同时，老挝全国 71% 的劳动力都从事农业劳动（但农业年增长率仅 3%），7% 的劳动力从事工业领域，22% 的劳动力从事服务业领域（2014 年）[③]。目前老挝经济增长的最大阻碍是技术工人的缺乏以及产业结构的不合理，因此，通过职业教育与培训提高人口技术水平，促进三大产业合理发展，进而推动国家经济社会的发展，是老挝政府的一项重要工作。

1. 优化产业布局，转变经济增长模式，带动职业教育与产业和经济发展的相互促进

老挝是农业国家，工业主要依靠矿业、水利等行业，服务业也较为落后，且经济增长属于粗放型增长模式。中央和地方政府在制定产业发展规划时要将职业教育纳入其中，实现产业发展与职业教育同步规划、同步实施；同时建立校企合作机制，使职业院校人才培训与产业对接，通过人才素质的提升，促进经济向集约型转变。

① 林远辉 . 当代老挝教师教育的发展状况 [J]. 世界教育信息 , 2008(8) :41-43.

② 苏州新闻网. 文化探访“一带一路”老挝苏大：过河之卒的开拓之路[EB/OL].http://www.subaonet.com/2016/0531/1733460.shtml. 2017-09-18.

③ 孙文桂 . 老挝国家教育概况及存在问题研究 [J]. 广西青年干部学院学报 ,2015，25(06): 45-49.

2. 加强立法，保障职业教育地位

虽然老挝政府重视职业教育，但老挝社会对职业教育接纳度不高。2010—2011 年，老挝职业教育的年鉴报告指出："2010—2011 年的职业教育毕业生仅有 18121 人。主要原因是老挝社会普遍认为职业教育是劳动者的工作，家长不愿意送孩子上职业学校，更喜欢送到私立高校或公办大学。"① 因此，应当以立法的形式，明确职业教育的整体地位，保障职业教育在资源分配、教师待遇、学生就业、资格证书等方面地位。

3. 重构职业教育与培训管理机制

老挝职业教育与培训现行管理机制由横向部委以及纵向中央和省级政府共同管理，从其横向主要运行机构——国家培训委员会的运行来看，该委员会并非权力部门，且不掌握资金等资源，对职业教育相关机构影响力有限；从纵向上看，当前没有适当的管理体系来协调中央和省政府对于职业教育与培训的管理，对职业教育与培训统一监督比较疲软。

此外，尽管老挝对职业教育进行了多次改革，但主要限于正式的职业技术教育与培训系统，教育部体系职业教育与其他部门及其职教子系统联系薄弱。因此，需通过重新定义或加强现有机制，对全国职业教育与培训进行梳理和统一监管。

（深圳职业技术学院　联合国教科文组织业技术教育与培训联系中心　王冰峰

深圳职业技术学院　技术与职业教育研究所　罗　欢）

主要参考文献

[1] 中华人民共和国外交部 . 老挝国家概况 [EB/OL].http://www.fmprc.gov.cn/web/gjhdq_676201/gj_676203/yz_676205/1206_676644/1206x0_676646/.2017-09-18.

[2] 中华人民共和国商务部. 2017老挝经济增速为7.02% [EB/OL].http://www.mofcom.gov.cn/article/i/jyjl/j/201704/ 20170402566148.shtml.2017-09-18.

[3] 孙文桂 . 老挝国家教育概况及存在问题研究 [J]. 广西青年干部学院学报 , 2015, 25 (06) : 45-49.

[4] 袁同凯 . 老挝基础教育改革述评 [J]. 云南民族大学学报 (哲学社会科学版), 2012, 29 (6) : 121-125.

[5] Sengdeuane Lachanthaboun. Vice Minister of Education Laos. Lao PDR: The Current Education Situation and Reform. 亚洲教育北京论坛论文集 [C].2006.20-51.

[6] UNESCO International Bureau of Education. World Data on Education. VII Ed. 2010/11. [DB/

① 袁同凯 . 老挝基础教育改革述评 [J]. 云南民族大学学报 (哲学社会科学版), 2012, 29 (6) :121-125.

OL].http://www.ibe.unesco.org/fileadmin/user_upload/Publications/WDE/2010/pdf-versions/Lao_PDR.pdf. 2017-09-18.

[7] Policy Review of TVET in Lao PDR[DB/OL].http://www.unescobkk.org/education/news/article/policy-review-of-tvet-in-lao-pdr-unesco-2013/. 2017-09-18.

[8] 新华社亚太日报 . 新华时讯亚太专递 [N/OL].http://cn.apdnews.com/XinHuaNews/307544.html.2017-09-18.

[9] 林远辉 . 当代老挝教师教育的发展状况 [J] , 世界教育信息 , 2008 (8) : 41-43.

[10] 苏州新闻网 .[EB/OL].http: //www.subaonet.com/2016/0531/1733460.shtml.2017-09-18.

柬埔寨王国

一、国家概况

（一）地理

柬埔寨王国（Kingdom of Cambodia），简称柬埔寨，位于中南半岛南部，与越南、泰国和老挝毗邻。[①]柬埔寨中部和南部是平原，东部、北部和西部被山地、高原环绕，大部分地区被森林覆盖。豆蔻山脉东段的奥拉山海拔 1813 米，为境内最高峰。[②]柬埔寨国土面积约 18 万平方千米。柬埔寨全国分为 24 个省和 1 个直辖市（金边市）。首都金边，面积678平方千米，人口约150万，是全国的政治、经济、文化和教育中心和交通枢纽。[③]柬埔寨属热带季风气候，年平均气温 29℃ ~30℃，5—10 月为雨季，11 月—次年 4 月为旱季，受地形和季风影响，各地降水量差异较大，象山南端可达 5400 毫米，金边以东约 1000 毫米。[④]

（二）人文

柬埔寨，原名高棉，公元 1 世纪下半叶建国，历经扶南、真腊、吴哥等王朝。该国 1863 年沦为法国保护国，1940 年被日本占领，1945 年日本投降后又被法国重新占领，1953年11月9日，宣布独立。1970年3月18日，朗诺集国发动政变，推翻西哈努克政权，改国名为“高棉共和国”。当年 3 月 23 日，西哈努克在北京宣布成立柬埔寨民族统一阵线，开展抗美救国斗争。5 月 5 日，成立以宾努亲王为首相的柬埔寨王国民族团结政府。1975年4月17日，柬埔寨抗击美国救国斗争取得胜利。1976年1月，柬埔寨颁布新宪法，改国名为“民主柬埔寨”。1978 年 12 月，越南出兵柬埔寨，成立“柬埔寨人民共和国”。

---

① 中华人民共和国外交部 . 柬埔寨国家概况 [EB/OL].(2016-12-01)[2017-09-10].http://www.fmprc.gov.cn/web/gjhdq_676201/gj_676203/yz_676205/1206_676572/1206x0_676574/.

② 柬埔寨 : 柬埔寨地理概况 [EB/OL].(2015-02-19)[2017-09-10]. http://globserver.cn/%E6%9F%AC%E5%9F%94%E5%AF%A8/%E5%9C%B0%E7%90%86.

③ 商务部国际贸易经济合作研究院等 . 对外投资合作国别 (地区) 指南——柬埔寨 [R]. 商务部国际贸易经济合作研究院等 .2016.04:04.

④ 柬埔寨 : 柬埔寨地理概况 [EB/OL].(2015-02-19)[2017-09-10]. http://globserver.cn/%E6%9F%AC%E5%9F%94%E5%AF%A8/%E5%9C%B0%E7%90%86.

1982 年 7 月，西哈努克亲王、宋双、乔森潘三方组成民主柬埔寨联合政府。1990 年 9 月成立柬埔寨全国最高委员会，西哈努克出任主席，同年 10 月 23 日，在巴黎召开的关于和平解决柬埔寨问题的国际会议上，签署了《柬埔寨冲突全面政治解决协定》。1993 年 5 月，柬埔寨在联合国主持下举行首次全国大选；9 月，颁布新宪法，改国名为“柬埔寨王国”，西哈努克重登王位。①

柬埔寨实行君主立宪制，国王是国家最高元首，国会是最高权力和立法机构，参议院有权审议国会通过的法案。政府首相由赢得国会议席 50%+1 以上简单多数的政党候选人担任。现任国王为诺罗敦·西哈莫尼，参议院主席赛冲，国会主席韩桑林。柬埔寨第五届政府于 2013 年 9 月成立，洪森为首相。②

柬埔寨人口约 1500 万，人口的地理分布很不平衡，居民主要集中在中部平原地带。金边及其周围经济比较发达的省份人口最稠密。全国人口密度为 80 人 / 平方公里，金边市人口密度为 5333 人 / 平方公里。柬埔寨现有华人、华侨约 70 万，约占全国总人数的 4.7%，首都金边市的华人、华侨最多，有 30 万人左右。高棉语为柬埔寨的通用语言，与英语、法语同为官方语言。中文、越南语是普通市民中使用较多的语言。

柬埔寨是一个多民族国家，共有 20 多个民族。高棉族是主体民族，占总人口的 80%。少数民族有占族、普农族、老族、泰族、华族、京族、缅族、马来族、斯丁族等。柬埔寨王国宪法规定“男女公民均享有充分的信仰自由，国家保护信仰和宗教自由”，同时又明确地将佛教确定为国教。信仰小乘佛教的人占全国人口的 85% 以上。此外还有基督教（约 3.6 万教民）和伊斯兰教（约 32 万教徒）。③

（三）经济

柬埔寨是传统农业国，实行对外开放和自由市场经济政策，工业基础薄弱，依赖外援外资，贫困人口约占总人口的 14%。本届政府实施以增长、就业、公平、效率为核心的国家发展“四角战略”（指农业、基础设施建设、私人经济、人力资源开发）的第三阶段。2010 年以来，柬埔寨保持了 6% 以上的经济增长速度，其中，2013 年后，经济增速达到或超过 7%。柬埔寨政府在其新制订的《2015—2025 产业发展规划》中提出，2018 年前，将努力确保每年 7% 以上的经济增速。④据报道，柬埔寨国家银行行长谢振

① 商务部国际贸易经济合作研究院等 . 对外投资合作国别 (地区) 指南——柬埔寨 [R]. 商务部国际贸易经济合作研究院等，2016.04:2-3.

② 中华人民共和国外交部 . 柬埔寨国家概况 [EB/OL].(2016-12-01)[2017-09-10].http://www.fmprc.gov.cn/web/gjhdq_676201/gj_676203/yz_676205/1206_676572/1206x0_676574/.

③ 商务部国际贸易经济合作研究院等 . 对外投资合作国别 (地区) 指南——柬埔寨 [R]. 商务部国际贸易经济合作研究院等，2016.04:8-12.

④ 中华人民共和国驻柬埔寨王国大使馆经济商务参赞处 . 柬埔寨 2015 年宏观经济形势及 2016 年预测 [EB/OL].(2016-05-04)[2017-09-12]. http://cb.mofcom.gov.cn/article/zwrenkou/201605/20160501310896.shtml.

都7月22日表示，2017年上半年柬埔寨经济继续保持良好增长势头，预计柬埔寨今年年度经济增长率为7%，主要得益于成衣业、建筑业与旅游业三大经济支柱的发展。截至2017年6月份，国家外汇储备金增至77亿美元，可保证6个月的产品与服务进口需要。①

柬埔寨经济产业可简略地划分为三大主类：农业、工业（主要是纺织服装产业和建筑业）、服务业（主要是旅游业）。农业是柬埔寨国民经济的第一大支柱，具有举足轻重的地位。尽管存在基础设施和技术落后、资金和人才匮乏、土地私有制问题等制约因素，但柬埔寨农业资源丰富，自然条件优越，劳动力充足，市场潜力较大，农业经济效益良好，农业发展前景广阔。制衣业和建筑业是柬埔寨工业的两大支柱。纺织服装产业既是柬埔寨工业的支柱，又是柬埔寨提供就业、消减贫困、保持社会稳定的主要力量。截至2015年底，柬埔寨全国约有1007家制衣厂和制鞋厂，创造约75万个就业岗位。柬埔寨旅游资源丰富。首都金边有塔仔山、王宫等名胜古迹；北部暹粒省吴哥王朝遗址群的吴哥窟是世界七大奇观之一；西南部的西哈努克港是著名的海滨休闲胜地。连年战乱的结束和国内政局的逐渐稳定，使柬埔寨旅游业得到了恢复并较快发展。旅游业的发展将继续带动金融、交通运输、酒店、餐饮和服务业等相关产业的发展，成为未来柬埔寨经济的重要支柱和收入来源。柬埔寨对旅游业充满信心，制定了未来旅游计划，预计2020年接待外国游客700万人次，提供80万个就业机会。②

（四）教育

柬埔寨从1863年开始被法国殖民长达近一个世纪，其教育体系与制度在各个方面深受法国影响。从20世纪70年代到90年代，柬埔寨教育受到毛泽东教育思想和苏联教育制度的广泛影响。自20世纪90年代后期开始，柬埔寨的教育发展得到联合国教科文组织、国际劳工组织、世界银行、亚洲开发银行等国际组织和国际社会的援助与支持。柬埔寨近期的教育制度、理念与行动更多地受到国际组织和西方教育的影响。为适应国家政治环境变迁和社会发展需要，柬埔寨的学校学制几经更改。1975年之前，基础教育是7+3+3学制，1979年改为4+3+3学制，1986年变为5+3+3学制，1996年变更为6+3+3学制，共12年③。

柬埔寨的教育体系有三条主线：学术教育、职业技术教育和非正规教育。柬埔寨正规的学术教育历史悠久，相比之下受到更多关注。职业技术教育从20世纪60年代开始发展，而非正规教育近期才开始出现。柬埔寨高等教育在20世纪60年代打下一些基础，近期获

① 中华人民共和国驻柬埔寨王国大使馆经济商务参赞处．柬埔寨央行数据显示2017年上半年柬经济形势良好[EB/OL].(2017-07-24)[2017-09-12].http://cb.mofcom.gov.cn/article/jmxw/201707/20170702614179.shtml.

② 商务部国际贸易经济合作研究院等．对外投资合作国别（地区）指南——柬埔寨[R].商务部国际贸易经济合作研究院等，2016.04:14-16.

③ YS Kim, JS Chung, SD Lee,YS Lim, KR Ryu. TVET Policy Reviews of 8 Asian Countries[R].Korea Research Institute for Vocational Education and Training. 2010.12:84.

得世界银行数百万美元的资助后才开始受到一定关注。世界银行近期给柬埔寨职业技术教育与培训提供了3000多万美元的资助和贷款，促进了职业技术教育与培训的发展。

柬埔寨在教育事业发展上投入大量资源。全国教育预算近年的增长超过20%，其教育重心放在初等教育和中等教育，以实现国家《千年发展目标》(Millennium Development Goals)和全民教育的发展目标。为促进教育事业发展，柬埔寨教育、青年与体育部出台两份重要的政策文件《教育战略规划》(Education Strategic Plan)和《教育事业支持计划》(Education Sector Support Program)，明确了教育的行动计划与策略。近来政府兴建了一些学校，职业技术教育和高等教育得到大力发展。尽管柬埔寨在事业发展上做出巨大努力，许多农村地区的成年人依然没有接受过教育。教育的城乡差异和性别差异依然显著。①

目前，柬埔寨实行九年制义务教育。教育体制包括小学（1—6年级）、初中（7—9年级）、高中（10—12年级）、大学及职业教育教育机构。目前，全国共有2772所幼儿园，6476所小学，1321所中学。小学入学率，尤其是城市小学的入学率相当高，但初中入学率为40%，高中仅为10%②；全国建立了105所大学（其中39所公立大学，66所私立大学）③和325家职业技术教育与培训机构（其中包括公立职业教育与培训机构56家）④。

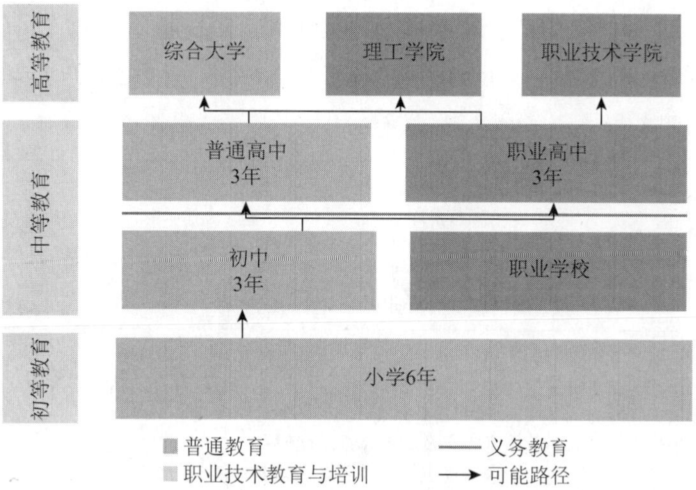

图1 柬埔寨教育体系图⑤

① YS Kim, JS Chung, SD Lee,YS Lim, KR Ryu. TVET Policy Reviews of 8 Asian Countries[R].Korea Research Institute for Vocational Education and Training. 2010.12:84–85.

② 商务部国际贸易经济合作研究院等. 对外投资合作国别(地区)指南——柬埔寨[R]. 商务部国际贸易经济合作研究院等，2016.04:10.

③ Khieng Sothy, Srinivasa Madhur, Chhem Rethy. Cambodia Education 2015 Employment and Empowerment[M]. Phnom Penh: Cambodia Development Resource Institute, March 2015: 50.

④ Khim Yorm. TVET Quality Assurance Development[R].Ministry of Labour and Vocational Training, 2015.07.

⑤ Ministry of Labour and Vocational Training.Current Status and Future TVET Policy Direction[R].Ministry of Labour and Vocational Training, 2011.11.

二、职业技术教育与培训的战略与法规

（一）战略

柬埔寨国民生产总值从 1994 年到 2004 年 10 年间增长 1 倍，到 2009 年的 15 年间增长了 3 倍。2012 年经济增长率达到 7.3%，2016 年人均国民生产总值增加到 1300 美元。[1]根据经济数据判断，柬埔寨已经从低收入国家转变为中等偏下收入国家。柬埔寨王国政府将社会经济发展目标确定为 2030 年成为高收入国家，2050 年成为发达国家。[2]2015 年东盟经济实现一体化，柬埔寨的人力资源及职业技术教育与培训已经进入东盟的就业市场竞争之中。无论从支持国家发展的角度，还是从参与区域和国际人力资源竞争的角度，职业技术教育与培训在柬埔寨国家发展中将发挥越来越重要的作用。有关职业技术教育与培训的战略主要体现在本世纪以来由教育、青年与体育部和劳工与职业培训部分别牵头制定的一系列国家战略规划与政策文件中。

1.《国家职业技术教育与培训发展规划（2006—2010）》（National TVET Development Plan 2006—2010）（劳工与职业培训部制定）：规划提出了职业技术教育与培训的两项目标：其一，呼应社会平等问题，协助穷人掌握技能，通过提高农业生产率或者提升自主就业能力，提高家庭收入；其二，提供适用的技术人员，满足企业需求。

2.《国家职业技术教育与培训规划—2008》（National TVET Development Plan—2008）（劳工与职业培训部制定）：规划描绘了从 1996 年至 2020 年 25 年的职业技术教育与培训发展的四个步骤：

第四步，2015—2020
开展远程技术教育；
扩大以国际标准开展行业培训的机构的数量；
在每个省建立技术学院；
建立国家技术培训研究所区域中心。

第三步，2009—2014
加强技术学院与行业协会的联系，使得协会能够管理和资助技术学院为其企业服务；
扩大能力标准项目/国家质量标准；
加强中学后职业技术教育及培训体系的建设；
将省级培训中心培训和优惠补贴技能培训计划扩展至全部省份。

第二步，2005—2008 教育发展规划II
加入新的职业技术教育与培训资助模式，强化国家培训理事会和国家培训基金会的职能；
制定全国职业技术教育和培训发展规划；
加大职业技术教育与培训司长对技职教育与培训的支持力度；
加快去中心化的步伐；

① Ministry of Economic and Finance .Cambodia's Macroeconomic Progress: A Journey of 25 Years[R]. Ministry of Economic and Finance, 2016.10.

② The Royal Government of Cambodia.National Technical Vocational Education and Training Policy 2017-2025[R]. The Royal Government of Cambodia,2017: 2.

加强省级培训委员会建设； 瞄准辍学青年，开展扶贫工作； 建设省级培训中心，提升社区基本技能； 试行公社培训优惠券计划； 开发省级培训中心收益模式； 提升私立职业技术教育与培训机构的质量和数量； 将国家技术培训研究所建成各级培训机构的示范； 加强企业参与职业技术教育与培训的力度； 将微型信贷与培训结合起来。
第一步 1995—2004 基本技能，教育发展规划I 启动构建国家职业技术教育与培训能力体系； 在各省建设和改善技术与职业技术教育与培训设施； 开展技术与职业技术教育与培训的其他基本建设。

图 2　柬埔寨职业技术教育与培训发展步骤图

资料来源：柬埔寨《国家职业技术教育与培训发展计划（2008）》

3.《教育战略规划（2009—2013）》(Education Strategic Plan 2009—2013）和《教育战略规划（2014—2018）》(Education Strategic Plan 2014—2018）（教育、青年与体育部制定）：两份战略规划先后提出了“职业技术教育与培训战略计划”，确定职业技术教育与培训的三个发展方向：确保获得职业技术教育与培训的平等权力；提升职业技术教育与培训的质量和效率；建设职业技术教育与培训制度结构并提升职业技术教育与培训工作人员的能力。

4.《技术教育政策（2013）》(Policy on Technical Education 2013）（教育、青年与体育部制定）：该政策的制定意在加强和扩大面向更多学生的技术教育服务，以保障国家的可持续发展和减少贫困。政策目标包括：建立和完善技术教育机构，提升教师技术能力，为高中学生提供职业教育学习机会，培养高中学生技术能力，调动社会资源和私营机构开展技术教育。

5.《职业技术教育与培训发展战略规划（2014—2018）》(Strategic Planning for TVET Development 2014—2018）（劳工与职业培训部制定）：规划对职业技术教育与培训提出三项要求：即提高职业技术教育与培训体系的质量以及与社会需求的相关性，提升职业培训项目的平等学习机会，提升职业技术教育与培训的善治与管理水平。

6.《高中阶段技术教育总体规划（2015—2019）》(Master Plan for Technical Education at Upper Secondary Level）（教育、青年与体育部制定）：该规划提出高中阶段技术教育发展的 8 大策略，其中包括 24 个小策略。8 大策略包括：建立法律架构，支持普通和技术教育体系；建立普通和技术教育体系；开发与修订技术教育课程与教材；配置技术教育设施与设备；培训技术教育教师，提升教师职业能力；开展技术教育的认证与质量保障；制定技术教育可持续发展计划；制定性别主流化发展计划。

7.《国家职业技术教育与培训政策（2017—2025）》（National Technical Vocational Education and Training Policy 2017—2025）（劳工与职业培训部制定）：该政策是2017年6月6日由总理洪森主持的内阁会议通过的职业技术教育与培训的战略规划。该政策意在加强政府对职业技术教育与训练制度的治理，政府将统合所有可用资源以实现目标。通过此项政策，未来可创造更多职业技术教育与训练机会，培养更多技术技能人才。该政策提出未来职业技术教育与培训发展的四大发展战略：提升职业技术教育与培训质量，满足国家和国际市场发展需求；提高职业技术教育与培训的平等入学机会，创造更多就业机会；促进公私合营，集聚社会资源促进职业技术教育与培训的可持续发展；改善职业技术教育与培训的系统治理。

（二）法规

柬埔寨职业技术教育与培训的发展历史虽然不长，基础较为薄弱，但是在国际组织和国际社会的援助与支持下，职业技术教育与培训的政策制定却取得了长足的进步。柬埔寨2007年修订的《教育法》，对职业技术教育与培训的属性和内涵做出界定。柬埔寨没有专门的《职业教育法》，有关职业技术教育与培训的法规分散在国家不同的法规、政策与规划中。主要包括：

1.《教育法》（2007）：《教育法》第三章第8条明确说明"有两种教育类型：普通教育和职业技术教育"，对职业技术教育的属性进行了界定。第四章第19条将职业技术教育与培训的内涵界定为："职业技术教育与培训涵盖公立或私立的职业技术教育与培训的机构、企业、社区或联合体所开展的各类职业教育与技能培训。"

2.《劳动法》（1997）：劳动法对学徒制、见习期、反种族歧视和职业健康与安全方面做出规定。该法明确了学徒制合同的性质，对教师资格、每家企业学徒数量、学徒证书发放和合同终止做出明确规定。该法规定见习期根据工种限定在1—3个月。[①]

3. 柬埔寨《四角战略（第三期）》（2013）（Rectangular Strategy Phase III 2013）：该战略强调职业技术教育与培训的重要性，提出加强职业技术教育与培训，建立劳动力统计体系，改革职业资格框架。该策略还提出努力改进工业领域的技能培训，尤其要加强工程师与技术人员的培训，为学生提供从职业技术教育向高等教育转学的机制。

4.《国家非正规教育政策》（2002）（National Policy on Non-Formal Education 2002）和《国家青年发展政策》（2011）（National Policy on Youth Development 2011）：两项政策强调开展短期增收培训计划，支持年轻企业家发展企业，开展软技能与企业管理培训，帮助企业家改进企业运营管理和洞察市场。

5.《工业发展政策（2015—2025）》（Industrial Development Policy 2015—2025）：政策强调改革职业技术教育与培训，允许私营企业在发现市场需求和开展针对性的技能培

① ILO.Youth Employment Policy SummaryCambodia[R]. ILO.2016:2-4.

训方面发挥更大的作用。

三、职业技术教育与培训的体系与质量保障

（一）体系

1. 职业技术教育与培训的使命与愿景

柬埔寨职业技术教育与培训的使命包括两个方面：一是减少贫困，二是支持工业发展。职业技术教育与培训将提供技能培训，帮助农村的贫困人口提升基本技能，创造就业机会，提高生产力，以提高家庭收入，减少贫困。同时职业技术教育与培训将培养工业发展所需要的高级技能，以吸引产业到柬埔寨发展，促进当地产业的发展。①

柬埔寨职业技术教育与培训的发展愿景体现在其未来的发展方向：职业技术教育与培训机构必须为学生开设满足国内、区域和国际劳动力市场需要的课程。职业技术与培训传授的技能必须基于能力标准。职业技术教育的毕业生不仅要能够应对当前的工作需求，而且还要能够为未来的工作做好准备，为此必须培养学生必需的知识、技能和态度，以应对未来出现的新工作。② 由此，柬埔寨职业技术教育与培训的愿景是培养能够满足个人终身就业需要和满足区域竞争所需要的技能。③

2. 柬埔寨职业教育的构成

（1）正规的职业教育与培训系统

在完成九年义务教育（小学 6 年、初中 3 年）后，学生可以选择参加正规职业技术教育与培训的专业学习或继续读普通高中教育。职业技术教育与培训在多个领域提供三个级别（各持续一年）高中层次的专业学习，其中包括汽车修理、力学、计算机技术、农业机械、电学、电子学、制冷设备修理和土木工程专业。

正规职业技术教育与培训体系同样招收已经完成 12 年级学习的高中毕业生，学习持续时间根据课程有所不同，但至少一年。例如，技术和专业培训中心提供持续 2 到 3 年的专业学习，并在完成后发放证书 / 高等文凭（技术员证书）。提供高等教育层次职业技术教育与培训的机构为理工院校，还有少量的职业培训中心或学校。

（2）非正规和非正式职业技术教育与培训体系

省级培训中心和职业培训中心是开展非正规职业技术教育与培训的主要机构。此类课程为持续 1 到 4 个月不等的短期课程，主要内容涉及农业、建筑、汽车修理技术、手艺和食品加工。这些培训的目的是解决社会混乱问题和减少贫困，主要面向农村地区。私营机构和非政府组织也提供大量的非正规培训，主要内容为非正规农业课程、手艺、

① H. E. Laov Him .TVET POLICY IN CAMBODIA[R].Ministry of Labour and Vocational Training.2012.04.

② 同上。

③ His Excellency Laov Him.Skill Workers, Driver for Future Cambodia's Economic Growth[R]. Ministry of Labour and Vocational Training.2013.11.

纺织和服装培训。①

3. 职业技术教育与培训机构

柬埔寨共有325家职业技术教育与培训机构，分别隶属于12个不同的政府部委管辖。在这些机构中，有56家公立培训机构，其他大都是专注培训业务的非政府组织机构。大部分的私营培训机构规模较小，像家庭作坊一样，聘用教师采用合同制，教师薪酬根据招生状况决定。开展的培训课程由教师根据自己的业务能力判断决定。②

（二）保障

为保障职业技术教育与培训的质量，建立职业技术教育与培训与学术教育、普通教育的比较机制，便于各种类型办学机构的自评、外部评估，便于国内和区域之间开展横向评估，柬埔寨职业培训理事会于2012年出台了《柬埔寨职业资格框架》（Cambodia Qualifications Framework）。柬埔寨职业资格框架是全国统一的，在教育与职业培训之间架起了灵活对接的通道。该资格框架共有8级，第1级是职业证书（vocational certificate），最高第8级是博士学位。完成9年级的学习，即初中毕业后可参加职业技术教育与培训1级证书的学习。职业资格框架内职业技术教育与培训体系的设计旨在让青少年在早期即可选择实用的教育，培养他们获得适当的技能和职场所需要的职业能力。关于柬埔寨国家职业资格框架的级别以及各个级别与基础教育体系、职业技术教育与培训体系和高等教育体系的对应关系详见表1。

表1　柬埔寨国家职业资格框架表③

国家资格框架级别	基础教育体系	职业技术教育与培训体系	高等教育体系
8		博士学位	博士学位
7		技术/商业硕士	硕士学位
6		技术/工程/商业学士	学士学位
5		技术/商业高级文凭	副学士学位
4	高中毕业证书	职业技术教育与培训三级证书	
3	高中毕业证书	职业技术教育与培训二级证书	
2	高中毕业证书	职业技术教育与培训一级证书	
1	初中毕业证书	职业技能证书	

① MLVT.Current Status and Future TVET Policy Direction[R]. Phnom Penh: Directorate General of TVET,MLVT.: 2011.

② ADB. Policy Priorities for a More Responsive Technical and Vocational Education and Training System in Cambodia[J]. ADB Brief.2016.11.No.73.

③ TEP OEUN. Current Status and Future TVET Policy Direction[R].MLVT.2011.

柬埔寨职业资格框架包含四项主要构成要素：级别、学分、学习成果和学习路径。级别是以数字形式表示，与资格名称相对应，用于描述学生所取得的职业技术或学术成就。学分用于描述学生取得学术或者职业技术资格应该完成的学习或工作量。学习成果指的是经过专业或项目学习所取得的成果。学习路径指的是对学生前期学习成果的认证和学分转换，使学生在职业技术教育与培训和高等教育之间，以及教育与培训和职场之间可以灵活转移。①

四、职业技术教育与培训的治理与教师

（一）治理

1. 柬埔寨职业技术教育与培训治理的发展

柬埔寨职业技术教育与培训体系的治理在过去十年中经历了四个主要阶段。在第一阶段，建立了负责职业技术教育与培训标准制定、认证和评估的专门机构；在第二阶段，职业技术教育与培训的决策趋于分散化；在第三阶段，强调向学校授权和给予更多自治权；在第四个阶段，强调民间团体和社会机构参与职业技术教育与培训的决策。

2004 年之前，正规的职业技术教育与培训归教育、青年与体育部下设的职业技术培训办公室负责。该办公室直接负责职业技术教育与培训的管理与发展，负责职业技术教育与培训机构及开设专业的管理。2005 年，职业技术教育与培训的管理职能由教育、青年与体育部转移到新建的劳工与职业培训部下设的职业教育与培训司负责。对非正规和非正式（短期）职业培训业务的管理也由社会福利部转移到新建的劳工与职业培训部。劳工与职业培训部是官方指定的职业技术教育与培训的规制机构。②

2. 柬埔寨职业技术教育与培训的治理架构

国家职业培训理事会全面负责全国的职业技术与培训体系，负责柬埔寨职业技术教育与培训的决策与监督。副首相作为国家职业培训理事会成员直接参与管理。另外 31 名成员包括 16 名高级政府官员（包括 5 名国务秘书、3 位副国务秘书和 8 位署长或副署长），还有其他直接参与职业技术教育与培训的所有部委代表。此外，还有私营行业或者雇主协会占有 5 个席位，工会代表占有 2 席，非政府组织代表占有 3 席，政府培训机构占有 4 席。国家职业培训理事会下设 3 个下属技术委员会：技能标准与测试委员会，职业技术教育与培训课程、专业与机构认证委员会，劳动力市场信息委员会。国家职业培训理事会在各省设置有省级职业培训理事会，由全国理事会的执行委员会管理。③

劳工与职业培训部下设的职业教育与培训司作为国家职业培训理事会的秘书处，为理事会提供全国技能开发的政策导向与指南。这种治理架构可以确保照顾到劳动力市场

---

① NTB.CAMBODIA QUALIFICATIONS FRAMEWORK[R].NTB.2012.02:1–2.

② UNESCO.TVET Policy Reviews of TVET in Cambodia[R].Paris: UNESCO. 2013:35.

③ 同上。

需求和对技能的需要，而不仅仅是考虑培训的供给侧发展需要。

除了劳工与职业培训部由官方制定负责管理职业技术教育与培训之外，其他部委也参与职业技术教育与培训项目管理，特别是“教育、青年与体育部”、妇女事务、健康、农业和其他相关部委。每个部都对其管辖的学校和教师提出业务要求，统筹职业技术教育与培训的公共预算。

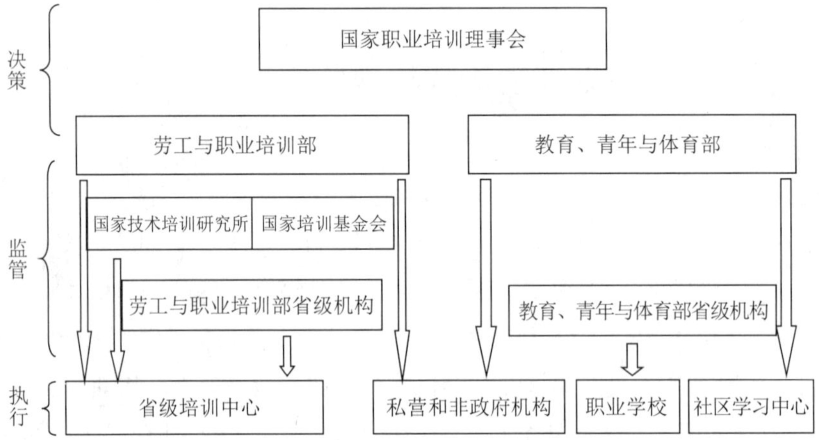

图 3　柬埔寨国家职业技术教育与培训治理架构图

（图片改编自：UNESCO. TVET Policy Reviews of TVET in Cambodia[R].Paris：UNESCO. 2013：37.）

从上面的柬埔寨国家职业技术教育与培训治理架构图可以看出，柬埔寨职业技术教育与培训的治理呈现自上而下纵向三层治理架构。三个层次分别是决策层、监管层和执行层。国家职业培训理事会在劳工与职业培训部和教育、青年与体育部的支持下决定国家宏观层面的职业技术教育与培训的政策与规划；在监管层面，劳工与职业培训部直接并通过国家职业培训研究所、国家培训基金会及劳工与职业培训部下设的省级机构对省级培训中心和私营与非政府机构的业务进行监督和管理；教育、青年与体育部直接并通过其下设的省级机构对职业学校、社区学习中心、私营和非政府机构进行监督和管理；在执行层面，省级培训中心、私营和非政府机构、职业技术学校、社区学习中心执行国家职业技术教育与培训的政策和法规，开展面向初中毕业生和社会大众的职业技术教育以及职业培训。

3. 职业技术教育与培训的主要利益相关人

柬埔寨职业技术教育与培训体系的主要利益相关人包括：国家职业培训理事会，劳工与职业培训部，教育、青年与体育部，国家就业局，国家职业培训研究所，国家培训基金会，劳工与职业培训部下设的省级机构，教育、青年与体育部下设的省级机构，教育与劳工的地方管理机构、省级培训中心，业主组织机构，技术学校，职业技术学院，理工学院，社区学习中心，私营公司和非政府机构。

（二）教师

柬埔寨《教育法》第20条明确要求所有的从教人员上岗前均需参加国家组织的培训。国家应该在教育从业人员入职之前和在职期间开展培训。除了高校的教授和工作人员之外，所有的教师都需参加负责教育的部委认可的教学法培训。负责教育的部委应该制定教师培训的基本课程以及公立和私立学校教师招聘的身体与专业标准。

国家技术培训研究所作为公立的职业技术教育与培训领域的培训机构，负责职业技术教育与培训的教师和培训师的培训。初级技术学校教师首先需要获得相应专业的副学士以上学位，高级技术学校教师首先要获得相应专业的学士以上学位，还要参加1年的培训课程方能具备入职资格。① 柬埔寨全国共有2449名职业技术教育与培训教师或培训师（其中女性1374人），都参加过1年的正规职业技术教学培训。②

五、职业技术教育与培训的诉求与发展趋势

（一）诉求

1. *柬埔寨的经济与产业结构调整需要职业技术教育与培训的响应与支持*

近年来柬埔寨政治稳定，经济发展持续增长。随着2015年东盟经济一体化的实现，柬埔寨需要更多技术技能人才，以促进经济社会发展，提高国家在区域和国际的竞争力。柬埔寨在过去20年中经济快速发展，但是主要是低技术含量和低附加值的行业驱动发展的。调查发现2011年到2014年年均就业增长达到7.4%。按绝对值计算，就业数量从2011年的367827人增长到2014年的454447人。就业需求增长最大的行业分别是服装和制鞋业（78.9%），金融和保险业（7.6%）和食品饮料（3.9%）。③2016年服装业就业人口达到65万，从就业和出口角度看仍然是国家的支柱产业。④ 由于柬埔寨人口较少，市场较小，从长远来说，劳动密集型的行业难以维持经济的持续增长。农业、建筑业、制造业、汽车工业和电气设备作为柬埔寨的经济支柱，从中期发展目标看将会成为职业技术教育与培训发展的主要领域。⑤2015年柬埔寨启动新的工业发展政策，吸引不同的行业和投资，减少低技能的就业群体。多元化行业发展和高技能的就业岗位要求职业技术教育与培训适应经济变化，培养适应时代和经济发展需要的技术技能人才。

---

① Khieng Sothy, Srinivasa Madhur, Chhem Rethy. Cambodia Education 2015 Employment and Empowerment[M]. Phnom Penh: Cambodia Development Resource Institute, March 2015: 90.

② MOLVT.Technical Vocational Education Training Statistics 2012–2013[R]. Phnom Penh: MOLVT. 2014.

③ Somean Kuoch. Skills Shortages and Skills Gaps in the Cambodian Labour Market: Evidence from Employer Skills Needs Survey 2014 [R].National Employment Agency.2015.05.

④ ADB. Policy Priorities for a More Responsive Technical and Vocational Education and Training System in Cambodia[J]. ADB Brief.2016.11.No.73.

⑤ His Excellency LaovHim.Skill Workers, Driver for Future Cambodia’s Economic Growth[R]. Ministry of Labour and Vocational Training.2013.11.

2. 柬埔寨青年就业与发展需要职业技术教育与培训的参与

柬埔寨是个“年轻的”国家，2016 年青年人（联合国的定义“15—24 岁”）在全国 1580 万人口中占比达到 20.6%。大约 80% 的人口居住在农村，50.4% 的就业人口从事农业。从受教育水平而言，38.2% 的青年人接受过中等教育，15.8% 的青年人接受过高等教育。①

柬埔寨 72.4% 的青年人由于家境贫困难以承担学费而辍学，平均辍学年龄为 16 岁。②与同区域的其他国家相比，青年失业率较低，2014 年的青年失业率为 2.4%。2014 年柬埔寨人口的总失业率为 0.4%。③柬埔寨青年人面临的主要问题是就业质量问题。许多青年人在非正规企业工作，工资收入低，没有劳动合同，也没有福利。大约 50% 的青年人从事农业，其中 46.8% 的青年人在自家干农活。2012 年“不就业、不升学、不进修”的青年人达到 8.7%，年轻女性比男性占比更高，分别达到 11.9% 和 4.8%。④

从柬埔寨的青年受教育水平和就业数据分析，柬埔寨首先要加大对青年人的职业技能培训，使他们能有一技之长，找到谋生与发展的手段。柬埔寨的职业技能培训市场广阔，前景无限。其次需要建设更多的职业技术院校，增加非农业的专业设置，吸引青年人参加正规的职业技术教育，打通青年人走出农家和农业到不同行业就业与发展的通道。

3. 柬埔寨的人才结构升级需要职业技术教育与培训支持

根据柬埔寨 2013 年的人口普查，在拥有副学士学位或者技术证书的 44 万人当中，大约 54% 修读的专业是社会学、商务、法律，10.2% 修读的专业为人文和艺术，仅有少数人修读过理科（8.7%）、工程与制造（6.0%）和农业（4.2%）。⑤这些数据表明，柬埔寨现有受教育人口中文科和商科毕业生占有主导地位，缺少职业技术教育重点培养的技术技能型人才。从受教育人口的专业结构的视角分析，柬埔寨的职业技术教育与培训具有广阔的发展潜力。

4. 柬埔寨劳动力技能错位需要职业技术教育与培训的干预

近年来的研究发现，柬埔寨劳动力技能不足和错位现象非常明显。大部分青年人不具备就业市场所需要的适当技能，特别是实用的、技术操作技能。此外，工作态度、沟通能力、团队协作和解决问题的能力也是当今劳动力市场面临的主要问题。2007 年世界银行开展的投资环境调查发现，认为员工技能是主要制约的公司比例从 2003 年的 6.5% 增加到 15.5%。调查还发现，在柬埔寨有 22% 的外国公司认为员工技能不足对其运营影

---

① ILO.Youth Employment Policy Summary CAMBODIA[R]. ILO.2016.

② Kanol, Heang; Khemarin, Khieu; Elder, Sara.Labour market transitions of young women and men in Cambodia[R]. Geneva :International Labour Office.2013: 02.

③ World Bank, World Development Indicators[R].Washington D.C.：World Bank. 2015.

④ ILO.Labour Market Transitions of Young Women and Men in Cambodia[R].ILO. 2015.

⑤ Somean Kuoch. Skills Shortages and Skills Gaps in the Cambodian Labour Market: Evidence from Employer Skills Needs Survey 2014 [R].National Employment Agency.2015.05:34.

响“严重”或者“非常严重”。亚洲开发银行（2012）认为柬埔寨的员工技能不足在影响国家发展。柬埔寨的人员技能不足和技能错位已经对柬埔寨多元化产业发展构成挑战。这些问题必须解决以避免失去长远发展的重要机会。为此，柬埔寨的劳动力必须获得经济转型和促进经济增长所需要的相应技能。办学机构应该提供产业发展，特别是制造业、旅游餐饮业、建筑业和农业发展所需要的相关课程教学和更加实用的技能。此外，还要提升软技能的培养。① 为了弥补技能不足和纠正技能错位的现象，为了适应国家产业调整与经济转型，柬埔寨的职业技术教育与培训机构需要完善，需要开展与国家发展紧密相关行业所需要的专业教学，培养国家支柱产业发展所需要的职业技能与通用的、可迁移的软技能，以促进就业，改善民生，保障国家可持续的经济发展。

（二）发展趋势

根据柬埔寨《国家职业技术教育与培训政策（2017—2025）》，通过分析未来数年职业技术教育与培训发展目标，可以窥见柬埔寨职业技术教育与培训的未来发展趋势：

1. 提升职业技术教育与培训质量，满足国内外市场需求

根据柬埔寨职业资格框架，继续完善和实施质量保障体系。提高培训教师的教学水平和教学质量，增配培训资源，适应技术革新，满足劳动力市场需求。在工业或经济区域建立职业技术园以便最有效地使用设备和充分利用培训教师的资源。

2. 增加职业技术教育与培训平等入学机会，促进就业

关注女性、贫困青少年、辍学学生、原住民等社会弱势群体，扩大机会使他们获得生存技能。加强体制和机制建设，扩大柬埔寨职业资格框架的推广和影响。通过广泛的宣传和引导，提升社会对职业技术教育与培训的认识。建立一站式服务，向社会大众提供便捷的职业技术教育与培训服务。

3. 通过公私合营整合社会资源，促进职业技术教育与培训可持续发展

加强职业技术教育与培训体系的公私合营以及与利益相关人的合作，根据市场与时代需求开发培训课程。联合利益相关人建立国家技能开发基金会。制定职业技术教育与培训收费政策，建立贫困学生、女性学生和原住民助学金制度。

4. 加强制度建设，提升职业技术教育与培训体系的治理能力

加强职业技术教育与培训规制框架建设，促进职业技能培训与劳动力市场需求的联动。建立基于绩效的职业技术教育与培训机构的拨款机制。提升职业技术教育与培训管理信息系统和劳动力市场信息系统，加强劳动力市场的预测分析和技能需求的评估。

（深圳职业技术学院　技术与职业教育研究所　杨文明）

① Yong yuthChalamwong, Khanittha Hongprayoon, Wanwisa Suebnusorn. Skills for Employability: Southeast Asia[R]. Thailand Development Research Institute.2012.08:41–42.

主要参考文献

[1] 柬埔寨《教育法》(2007)

[2] 柬埔寨《劳动法》(1997)

[3] 柬埔寨《国家非正规教育政策》(2002)

[4] 柬埔寨《国家青年发展政策》(2011)

[5] 柬埔寨《四角战略第三期》(2013)

[6] 柬埔寨《工业发展政策 (2015—2025) 》

[7] 柬埔寨《国家职业技术教育与培训发展规划 (2006—2010) 》

[8] 柬埔寨《国家职业技术教育与培训规划 2008》

[9] 柬埔寨《教育战略规划 (2009—2013) 》

[10] 柬埔寨《技术教育政策 (2013) 》

[11] 柬埔寨《教育战略规划 (2014—2018) 》

[12] 柬埔寨《职业技术教育与培训发展战略规划 (2014—2018) 》

[13] 柬埔寨《高中阶段技术教育总体规划 (2015—2019) 》

[14] 柬埔寨《国家职业技术教育与培训政策 (2017—2025) 》

[15] 商务部国际贸易经济合作研究院等 . 对外投资合作国别 (地区) 指南——柬埔寨 [R]. 商务部国际贸易经济合作研究院等 .2016.04: 04.

[16] YS Kim, JS Chung, SD Lee, YS Lim, KR Ryu. TVET Policy Reviews of 8 Asian Countries[R]. Korea Research Institute for Vocational Education and Training. 2010.12.

[17] Khieng Sothy, Srinivasa Madhur, Chhem Rethy. Cambodia Education 2015 Employment and Empowerment[M]. Phnom Penh: Cambodia Development Resource Institute, March 2015.

[18] KhimYorm.TVET Quality Assurance Development[R].Ministry of Labour and Vocational Training, 2015.

[19] MOLVT. Technical Vocational Education Training Statistics 2012–2013[R]. Phnom Penh: MOLVT. 2014.

[20] Somean Kuoch. Skills Shortages and Skills Gaps in the Cambodian Labour Market: Evidence from Employer Skills Needs Survey 2014 [R]. National Employment Agency. 2015.05.

[21] ADB. Policy Priorities for a More Responsive Technical and Vocational Education and Training System in Cambodia[J]. ADB Brief.2016.11.No.73.

[22] Kanol, Heang; Khemarin, Khieu; Elder, Sara. Labour market transitions of young women and men in Cambodia[R].Geneva : International Labour Office.2013: 02.

[23] World Bank, World Development Indicators[R].Washington D.C.: World Bank. 2015.

[24] ILO. Labour Market Transitions of Young Women and Men in Cambodia[R].ILO. 2015.

越南社会主义共和国

一、国家概况[①②]

（一）地理

越南社会主义共和国（The Socialist Republic of Viet Nam），简称越南，位于东南亚中南半岛东部，紧邻南海，北与中国广西、云南接壤，西与老挝、柬埔寨交界。越南国土面积32.9556万平方千米，地形狭长，呈S形，南北最长处达1600千米，东西最宽处有600千米，最窄处仅50千米。地势西北高，东南低，境内四分之三的面积为山地和高原。主要有红河三角洲和湄公河三角洲两大平原，面积分别为2万和5万平方千米，为越南主要的农业产区。北部和西北部多为高山和高原，中部长山山脉横贯南北。越南河流密布，长度在10千米以上的河流多达2860条，主要有红河、湄公河、沱江、泸江和太平河等。越南地处北回归线以南，高温多雨，属热带季风气候，年平均气温24℃左右，年平均降雨量为1500—2000毫米。北方四季分明，南方分为雨旱两季，大部分地区5—10月为雨季，11月—次年4月为旱季。

越南共有729座城市，包括河内、胡志明市、海防、岘港和芹苴5个直辖市。其城市分为6类，包括河内和胡志明市两个特别城市、15个一类城市、16个二类城市、45个三类城市和66个四类城市，其余为五类城市。首都河内，位于红河三角洲西北部，面积3344.7平方公里，截至2015年人口约为738万，是全国政治、文化中心，为越南面积最大、人口第二大城市。河内地处亚热带，临近海洋，气候宜人，四季如春，夏季平均气温28.9℃，冬季平均气温18.9℃，降雨丰富，名胜古迹较多，历史悠久，水陆交通便利。胡志明市是越南最大的港口城市和经济中心，位于湄公河三角洲东北部，南临南中国海，东南距海口仅80千米，由原西贡、堤岸、嘉定三市组成，面积2090平方千米。西贡港年吞吐量可达450—550万吨。据越南官方统计，胡志明市有华人约48万，市内第五郡（原堤岸市）是华人相对集中的地区。

---

① 越南国家概况．外交部网站（最近更新时间：2016年12月；访问时间：2017年9月）. http://www.fmprc.gov.cn/web/gjhdq_676201/gj_676203/yz_676205/1206_677292/1206x0_677294/.

② “国家概况”内容主要来自：商务部．对外投资合作国别（地区）指南——越南。

（二）人文

公元968年，越南成为独立的封建国家。1884年沦为法国保护国。1945年9月2日宣布独立，成立越南民主共和国。同年9月，法国再次入侵越南。1954年7月，关于恢复印度支那和平的日内瓦协定签署后，越南北方获得解放，南方仍由法国统治，后成立由美国扶植的南越政权。1961年起越南开始进行抗美救国战争，1973年1月越美在巴黎签订结束战争、恢复和平的协定，美军开始从南方撤走。1975年5月南方全部解放，1976年4月组建统一的国会，7月宣布越南全国统一，定国名为越南社会主义共和国。1986年开始实行改革开放政策，2001年越共九大确定建立社会主义市场经济体制。2016年4月，越南召开第十三届国会第十一次会议，选举产生新一届政府。

截至2015年，越南人口约为9190.39万，其中城镇人口占32%，农村人口占68%；劳动人口6433万，占70%。人口密度最大的是红河平原，平均每平方公里1217人；密度最小的为西北地区，平均每平方公里69人。

越南是一个多民族国家，共有54个民族，其中京族（也称越族）占总人口的86%，岱依族、傣族、芒族、华人、侬族人口均超过50万；主要语言为越南语（也是官方语言和主要民族语言）；主要宗教有佛教、天主教、和好教与高台教。①

在越南社会中，传统儒家思想和东方价值观占主导地位。在日常生活中注重礼节，讲究称谓和问候，对长辈称大爹、大妈或伯伯、叔叔，对平辈称兄、姐，对群众称乡亲们、父老们、同胞们（越南人之间）。京族人不喜欢别人用手拍背或用手指着人呼喊。越南人饮食较清淡，以清水煮、煎炸、烧烤为主，喜欢生、冷、辣食品；粮食以大米为主，也包括杂粮；尤其喜欢"鱼露"，一种用鲜鱼加工的食品，是京族人日常生活中不可缺少的调料；蔬菜以空心菜为主，也有白菜、黄瓜、南瓜等。越南人忌讳三人合影、一根火柴（或打火机）连续给三个人点烟，认为不吉利；忌讳被人摸头顶。

（三）经济

越南实行改革开放以来，经济保持较快增长速度，经济总量不断扩大，产业结构趋向协调，对外开放水平不断提高，基本形成了以国有经济为主导、多种经济成分共同发展的格局。2015年国内生产总值（GDP）约为1906亿美元，比上年增长6.68%，人均GDP为2100美元，其中农业占国民经济的17%，工业和建筑业占33.3%，服务业占39.7%。2015年越南失业率为2.31%，其中城市失业率为3.29%，农村为1.83%。主要工业产品有煤炭、原油、天然气、液化气、水产品等，粮食作物包括稻米、玉米、马铃薯、番薯和木薯等，经济作物主要有咖啡、橡胶、腰果、茶叶、花生、蚕丝等。越南是世界上第五大水泥生产国（前四大为中国、印度、伊朗和美国）。据越南工业与贸易信息中心公布，2017年前七个月，菲律宾已超过孟加拉成为其第一大出口市场，占出口总额的30%。

---

① 越南国家概况.外交部网站(最近更新时间：2016年12月；访问时间：2017年9月).http://www.fmprc.gov.cn/web/gjhdq_676201/gj_676203/yz_676205/1206_677292/1206x0_677294/.

2015年货物进出口贸易总额约为3280亿美元，其中出口总额1624亿美元，进口总额1656亿美元，贸易逆差32亿美元。主要贸易对象包括中国、美国、欧盟、东盟、日本及韩国。主要出口商品有：原油、服装纺织品、水产品、鞋类、大米、木材、电子产品、咖啡，主要出口市场有中国、欧盟、美国、东盟、日本；主要进口商品有：汽车、机械设备及零件、纺织原料、成品油、钢材、电子产品和零件，主要进口市场为中国、东盟、日本、韩国、欧盟、美国。

越南矿产资源丰富，种类多样，主要有近海油气、煤、铁、铝、锰、铬、锡、钛、磷等，其中煤、铁、铝储量较大；海洋生物种类繁多，如鱼类、蟹类、贝类、虾类等。森林面积约1000万公顷。

据世界银行发布的《2016年营商环境报告》，越南在全球189个经济体中排名第90位；据世界经济论坛《2015—2016全球竞争力报告》，越南在全球最具竞争力的140个国家和地区中排第56位。2016年4月，越南第十三届国会第十一次会议通过《关于2016—2020年5年经济社会发展规划的决议》，其中提到5年内GDP保持6.5%—7%的年均增长率；到2020年人均GDP达3200—3500美元，工业和服务业占GDP比重达85%；经过培训的劳动力比例达65%—70%，其中拥有毕业证、资格证书的比例达25%；重点产业包括能源、电力、交通运输、煤炭、纺织、汽车、通讯等领域。

（四）教育

越南有较为完善的教育体系，分为学前教育、基础教育和大学教育三个阶段，著名的大学有河内国家大学、百科大学和胡志明市国家大学等。2000年，越南宣布完成扫盲，并普及小学义务教育；2001年，开始普及9年义务教育。近年来，部分国家政府和国际组织向越南提供援助，支持其发展教育事业，特别是农村和少数民族地区教育。截至2015年，越南63个省、直辖市中，有37个省、直辖市达到普及5岁幼儿园教育水平；63个省、直辖市普及适龄小学教育。2015—2016年，共有幼儿园教师23.1万人，普通教师82.9万人，其中包括36.5万小学教师、31.3万中学教师和15.1万高中教师；全国幼儿园共有390万名小孩，小学共有770万名学生，中学510万和高中240万。截至2015年底，全国共有1467所专业学校，包括190所大专学校、280所中专学校、997家专业培训中心和近1000个专业机构，有专业教师4.06万人。

二、职业技术教育与培训的战略与法规

越南早在1993年第7届党代会中央委员会第4次会议决议中提出，教育的主要目标是提高人民的基本知识，丰富人力资源和培养人才；在《教育发展策略2001—2010、2011—2020》中，继续明确指出，一个高质量的人力资源对于社会经济的高速、可持续发展十分重要，是提升工业化、现代化进程中的主要驱动力之一；在2005年的教育法中，指出，教育的目标是“全面教育好人民，使他们拥有伦理、知识、健康、美学和专

业，……塑造、培养国民素质、竞争力、社会能力，……教育发展是国家第一优先项，……须与社会经济发展需求联系在一起，与科技进步相联系，……须将教育与就业联系在一起。”①

《国家社会经济发展计划 2011—2015》提出，国家发展愿景是成为现代化、工业化的国家，并将“教育、培训、科学和技术符合国家工业化和现代化的要求”作为主要目标之一，并提出了到 2020 年需达到的社会、经济发展指标，包括年均增长率、受过培训的人员需占劳动力人口的 55% 以上。在该计划中虽然没有明确规定职教体系在整个教育体系中的优先等级，但指出“培养高质量的人力资源是越南长期和主要的竞争需要”，所以，职教体系的一个重要任务是提供国际竞争所需要的高层次技术人才。

在职业教育方面，《教育法》规定，其内容需着重于职业技能的培养、按各职业要求提升技术、提升教育质量；在方法上须综合实践技能的开发和理论教学，让学生可以按各专业的需求去实践和发展；课程上需反映职业教育的目标，在知识、技能、广度、内容结构上设置标准；设立培训方法和形式，为各科目、领域设立培训结果评估方法；确保可以与其他教育课程互换互通。在职业教育管理上，基于职业高中教育课程审查委员会的认可，教育部与其他相关部门一起，设定职教高中课程的核心框架，包括结构、课程数目、课程时长、理论和实践的比例，确保各科目和专业的目标得以实现，而职业学校可以依据核心框架确定各自的培训课程。在各省份，则由相应的负责职业培训的部门和其他有关部门一起，为各培训层次定义核心课程。

2006 年专门颁布了《职业培训法》，阐明政府的相关政策，包括：

1）鼓励投资职业培训网络和提升培训质量；

2）通过更新课程、教学方法、人力资源开发、设备的现代化以及科研提升职业教育的质量；

3）建设几所世界级的培训学校；

4）依据市场需要设置专业；

5）鼓励建立私立培训学校；

6）教育机会平等，关注边远地区、特殊人群等。

2012 年颁布了《职教发展策略规划 2011—2020》，设置了具体的目标、策略任务、方案以及实施、财政指导原则，内容涵盖职教管理、师资培训、资格证书框架、培训课程和教学内容、设施、质量保证、与企业、劳动力市场关联、国际合作等多个方面。规划提出要重视 5 个核心要素：

1）提供合适的技术；

2）更有效的技术教学；

---

① 联合国教科文组织的报告 . 原文出自：世界教育数据：越南 . 编制：联合国教科文组织 UNESCO 国际教育部 .（IBE: International Bureau of Education，www.ibe.unesco.org），World Data on Education, 7th edition,2010/2011.

3）进一步改革职教体系的组织和管理；

4）培训机会均等；

5）进一步促进基于企业的培训。[①]

三、职业技术教育与培训的体系与质量保障

（一）体系

越南的基础教育实行5+4+3学制，即5年小学、4年初中和3年高中。小学教育是义务的，针对6—11岁的人群；入读高中需要通过入学考试。完成小学教育的学生可以参加职业培训学校为期1—3年的教育；完成初中的学生可以修读3—4年的职业教育，而高中毕业生则可以参加1—2年（对某些技术专业，则需要3年）的职业教育。中等职业教育的毕业生可以继续学习高等教育，但是他们通常需要进入3年的初级（或专科）大学（junior colleges）。初级大学着重于实践学习，专业主要为医科、管理和金融类，最后获取副学士学位证书（associate degree）。这样的毕业生还可以继续1—2年的学习获得学士学位。普通大学通常为4年（工程、兽医、药剂和建筑学通常为5年，牙医和医药学则需要6年）。越南职教体系结构如图1所示。

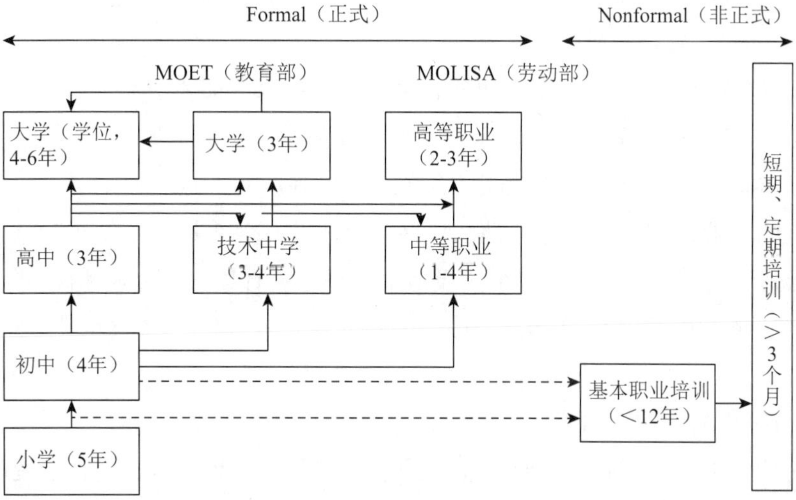

职教体系结构

资料来源：MOET = Ministry of Education and Training: MOLISA = Ministry of Labour–Invalids and Social Affairs. Source: Ministry of Labour–Invalids and Social Affairs (MOLISA).

在地区分布上，越南培训学校主要位于城镇，有些地区没有培训中心。所以，在边

① 内容来自：越南职教体系评估．亚洲开发银行．https://www.adb.org/sites/default/files/publication/59724/tvet-viet-nam-assessment.pdf.

远地区，很难通过提供技术培训帮助人们提高产业能力和收入。另外，自从1998年私立培训被批准以来，私立职业教育与培训有了较大的增长，目前在整个国家职业培训学校中占了很大的比重。私立培训集中在低成本的领域，如信息技术通讯、商业、语言等。政府依赖私立培训提供方吸收了大量的学生。根据《职教策略规划2020》，私立培训服务的学生人数将从2015年的20%增长到2020年的40%。

（二）保障

为了保障教学质量，国家成立了相应的评估机构对职教学校进行评估，并负责起草相应的政策文件。目前，已培训了180个评估人员，对35个学校（共63所）进行了评估。

在资格证书方面，政府制定了严格的法律法规，由劳动部负责管理，确保实施。职业教育总署须在教育培训机构的管理中，紧密联系国家技术标准，履行以下职责：

1）制定、实施有关职业培训的策略、方案、方针政策以及管理框架；

2）发布、实施职业培训的法律文件；

3）设立培训的目标、内容、方法、课程；为培训者设立标准、层次、设施标准以及资格框架；

4）管理培训的质量与实施；

5）维护有关统计信息；

6）组织师资、管理人员的培训；

7）充分利用、管理有关资源，协调相关研究、技术活动和国际合作；

8）监管有关法律事项，处理投诉、违法等事宜。

为了制定国家技术标准，劳动部已颁布了一系列原则，这些原则对于设立和实施一个国家标准的职业培训系统十分关键，包括一个职业在各个层次的知识、技术要求，以及标准的形式、内容，并规定了一个5级框架，每一级有最低的要求和核心条件，包括：

1）相关工作的范围、难度和复杂性；

2）执行工作的灵活性和创造性；

3）执行工作的协作性和责任。

为了资格证书体系的顺利运行，企业的参与和职责很重要。为此，越南政府设立了国家技术标准开发委员会，将企业和相关政府部门联合在一起，探讨、分析各种工作、技术，制定技术标准。目前，全国大约有20个标准开发委员会，有企业和商贸、交通、基建、农业、郊区发展及劳动等部门参与，并要求有关雇主、雇主联合会、劳工组织和技术专家学者参与。①

① 本节内容摘自：越南职教体系评估．亚洲开发银行．https://www.adb.org/sites/default/files/publication/59724/tvet-viet-nam-assessment.pdf.

四、职业技术教育与培训的治理与教师

（一）治理

在管理方面，越南的教育与培训部负责监管教育系统，为各层次教育设置大的政策方向。但是，具体管理事项，如学校建筑、师资和财政资源分配等已逐步实施分散管理：高中和职业中学由各省教育部门管理，初中、小学由地区教育和培训署管理，而大学则由中央教育与培训部负责。据统计，在具体管理上，中央政府和机构负责管理大约一半的大学（48%）、26% 的中学和 5% 的小学，95% 的小学由地方政府管理。

在职业教育管理上，以下几个部门对公立职教学校实施管辖权，包括：

（1）劳动部；

（2）教育与培训部；

（3）各行业部门，如工业与贸易、农业与郊区发展部、交通、建筑、国防、医疗以及文化、体育和旅游部；

（4）劳工联合会；

（5）妇女联合会；

（6）企业联合会；

（7）国有企业；

（8）省、市、地区政府。

目前按管理层划分，越南的职教学校主要有两类，即教育与培训部负责的短期职业培训、技术中学和技术大学，以及劳动部负责的学校，包括职业培训小学（部分为职业培训中心）、职业中学和职业大学。在越南，早些的技术中学与职业中学的主要区别在于课程中理论部分与实践部分所占比例的不同，技术中学的课程中一般实践占 40%，理论占 60%，而职业中学的比例为实践 70%、理论 30%。另外，技术中学的毕业生可以继续上技术大学和普通大学，而职业学校的毕业生则不可以。这种情况目前已经得到改善，理论、实践内容比例在两类职教中学中更为标准化，职业中学的毕业生也可以上普通大学。这是在融合两个部门管理的教育、培训系统方面的重要进步。

近年来，政府在教育投入方面有很大的增加。据 2009 年的数据，教育与培训的支出占政府总支出的 20%，GDP 的 6%，与其他许多中等收入国家类似。而在职教方面的预算，包括省、地区资源，占教育总预算的比例从 2006 年的 9.3% 上升到 2011 年的 13.5%，其中大部分资金来自于政府投入，占 63%，其余来自学费（占 21%）和私立企业（占 16%）。

（二）教师

根据职教总署 2007 年的数据，越南职教体系共有 20195 名教师，包括职业大学、中学和培训中心。其中，大学有 4678 名，中学有 9583 名，5934 名在其他培训学校；24%

为女性，1.1% 为少数族裔。在教学科目分类上，21% 的职教教师负责理论课程，33% 的负责实训课程，而理论、实训课程双兼的教师占 46%。在资格证书方面，60% 的教师有本科或以上学历，13% 有大学层次的资历，26% 有中学和其他层次的资历。

在师资管理上，理想的情况是有专门的教师培训方面的技术类大学，但在越南，这类大学只有 4 所。大部分教师是通过拥有本科学历、接受为期 6 个月的教师认证课程后受聘的。越南职教法规定，大学（或中学）的理论科目教师必须具有本科学位，实训课程教师须具有副学士学位证书[①]，或为工匠艺人、高级技术技能人员。事实上，由于教师通常需要同时教授这两类课程，所以本科学位成为必备的资格条件。在大学层次，职教资格证书课程一般为期 6 个月，不需要付学费，培训结束后也可以选择其他职业。在越南，大家都知道职教体系的教学质量有待提高，对此，职教总署也非常清楚。大部分教师缺少工业界或实际技术经验，一般职业院校在这方面对教师也没有要求；教师培训课程没有与业界的经验、职业标准相关联，在对教师的评测中，技术技能和应用通常被忽略或没有衡量，许多教师培训学校并没有足够的技术设施可以开发受训教师的技术技能。所以，学习只集中于基本的技术概念，而没有具备政府或工业界所需求的高技能技术。另外，企业在职教体系中的参与非常有限，也减少了教师获取业界技术或实践的机会。

教师的招聘大部分通过学校系统，而不是从企业招聘，导致教学活动无法基于技术探索、以技术内容为导向，而只能以教室为中心的方式去学习、获取技能。在这方面，私立大学则采取了更为灵活的雇佣方式，如聘用工业界人员（包括退休人员）为兼职教师。这种方式也已经为公立学校所采纳，但仍有待推广。在薪资方面，目前职教教师的薪水相对较低，对职业技术技能的提高也没有鼓励或奖励，所以很难从业界聘请到有技术的人员或生产管理人员。在越南，教师职业并没有很高的社会地位，这需要更好的政策支持。在教师数量上，由于政府大力提倡职业技术教育，越来越多的学生进入职教体系，使得教师数量不足，目前的师生比（1∶30）已经超过了政府政策所倡导的标准（1∶20）。这种状况要求政府更广泛地考虑教师招聘，并通过政策提高企业参与度，还需要进一步提升职教体系的社会地位。

在教学技术提升方面，基于工作场所的学习方式要求教师采用与一般教室教学不同的技术教学、评测方式。在越南，将知识、技术融合在一起，通过项目驱动、以问题为导向、以国家技术标准为依托的教学在职教体系是全新的模式。目前的岗前培训、在职培训相对来说效果不佳，需建立更有效的师资培训系统。

职教总署了解教师发展上的不足，目前已设立了职教教师技能证书课程。该课程针对那些没有大学学位而想成为教师的人群，提供的核心模块包括：职教心理学、教学技巧、教学体系管理以及特定科目教学方法。学员可以从以下内容中选择两个，以满足证

---

① 越南：年轻人的高等教育和技术发展 .Vietnam: Higher Education and Skills for Growth. 世界银行人力资源开发部（东亚和太平洋地区），2008 年 6 月。

书要求，包括：职业教育的科学方法、课程开发技巧、技术教学方法以及信息技术在教学中的运用。课程一般为期 6 个月，可以在大学或教师培训学校注册学习。[①]

五、职业技术教育与培训的诉求与发展趋势

越南自 20 世纪 80 年代实行政治、经济革新政策以来，其经济已取得快速的成长和发展，将越南从世界上最穷的国家之一转变为一个（低阶层次的）中等收入国家。自 1990 年以来，越南 GDP 增长在全球属于最快的国家之一，在 2000 年间年平均增长速度为 6.4%。尽管全球经济处于不稳定状态，越南经济却保持持续的增长，这得力于其强劲的国内需求和以出口为导向的制造业。[②]

经济的增长促进了财富的积累、企业雇佣需求的变化以及持续的以技能为导向的技术变化，使大学毕业生在大部分领域都能找到就业机会，对产业发展做出自己积极的贡献。除传统就业领域（如教育培训类、公共管理、服务等）之外，一些新兴发展领域的就业机会出现增长，如制造业、电力、煤气、水力等；其他如化工、电子、纺织等行业则需要更多掌握高端技术的人才。

越南的职教体系在过去 10 年来有了很大的发展，职教培训中心数量几乎增长了 5 倍，达到 684 个，职教学校（包括职教中学、大学）增加了 2 倍以上，学生人数也增长了 3 倍。更重要的是，一个强有力的法律、政策框架已经形成，包括 2006 年的职教法律、职教策略规划，实施和开发了许多提升培训质量的措施，如技术标准、课程框架、学习评测等；财政资助方面也拓宽了渠道；非政府类培训机构成为一个重要部分；中、高等层次的设施已经遍布全国；政府也采取了有力措施促进农业、边远地区的培训。[③] 过去 10 年职教体系尽管已经取得重大进展，但依然面对诸多挑战，包括：

（1）快速的人口增长；

（2）边远地区失业率上升；

（3）经济领域不能提供足够的工作机会；

（4）经济结构的变化带来新的职业上的需求；

（5）国内、国际的劳动力迁移；

（6）融入地区、全球经济。[④]

职教体系依旧存在某些深层次的问题，其中问题最为突出的，即企业对培训的支持

---

① 本节内容来自：越南职教体系评估 . 亚洲开发银行 .https://www.adb.org/sites/default/files/publication/59724/tvet-viet-nam-assessment.pdf.

② 越南国家概况 . 世界银行 . http://www.worldbank.org/en/country/vietnam/overview. 最近更新时间：2017 年 4 月，资料获取时间：2017 年 9 月。

③ 越南职教体系评估 . 亚洲开发银行 . https://www.adb.org/sites/default/files/publication/59724/tvet-viet-nam-assessment.pdf。

④ 基于条件选择、提升职业技术院校 . Selection and Promotion of TVET Institutes based on Criteria，越南 – 德国合作组织职业培训项目 . 越南职教总署。

不够，以及学生获得的实践技能的有效性存在很大差异，问题主要在于缺少有实践技能的教师、对毕业生的独立评价、对成效的评测标准缺失或不完善等；系统也缺少有效的管理和组织。越南《国家职教发展策略 2020》要求，职教体系要加强知识基础、协调管理，提升效能，政府将通过财政措施鼓励企业参与培训。

根据《国家职教发展策略 2020》，越南将在以下 9 个方面采取行动，提升职教体系的成效，包括：

（1）职业培训管理上的创新；

（2）教师和管理人员的发展；

（3）开发国家职业资格证书框架；

（4）开发培训课程、教学资料；

（5）加强培训设施、设备；

（6）促进质量保障；

（7）增强职业培训与劳动力市场、企业间的联系；

（8）提升职业培训的社会影响力；

（9）促进国际合作。①

《2011—2020 社会经济 10 年发展规划》明确指出，越南将把"促进技术发展，为现代工业和创新服务"作为 3 个突破方向之一（另两个方向为：提高市场分析研究和基础设施开发），从而把职业技术摆在了前所未有的高度。我们可以展望，越南的职业教育在不久的将来会出现大幅度的改观。

（深圳职业技术学院　技术与职业教育研究所　罗　欢）

主要参考资料

[1] 越南职教体系评估 . 亚洲开发银行 . 2014. https://www.adb.org/sites/default/files/publication/59724/tvet-viet-nam-assessment.pdf.

[2] 全球教育数据 : 越南 . 联合国教科文组织 (UNESCO) 国际教育部 (IBE: International Bureau of Education, www.ibe.unesco.org), World Data on Education, 7th edition, 2010—2011.

[3] 越南 : 年轻人的高等教育和技术发展 . Vietnam: Higher Education and Skills for Growth, 世界银行人力资源开发部 (东亚和太平洋地区), 2008 年 6 月 , http://siteresources.worldbank.org/

① 越南职教体系评估 . 亚洲开发银行 . https://www.adb.org/sites/default/files/publication/59724/tvet-viet-nam-assessment.pdf.

INTEASTASIAPACIFIC/Resources/Vietnam–HEandSkillsforGrowth.pdf

[4] 基于条件选择、提升职业技术院校 . Selection and Promotion of TVET Institutes based on Criteria. 越南 – 德国合作组织职业培训项目 . 越南职教总署 , http://www.planco.org/sites/default/files/downloads/guideline_–_criteria–based_promotion_of_tvet_institutes_vietnam.pdf.

[5] 对外投资合作国别 (地区) 指南——越南 . 商务部国际贸易经济合作研究院等 . 2016 年 6 月 .

[6] 越南国家概况 . 外交部网站 (最近更新时间 : 2016 年 12 月 ; 访问时间 : 2017 年 9 月), http://www.fmprc.gov.cn/web/gjhdq_676201/gj_676203/yz_676205/1206_677292/1206x0_677294/.

[7] 东南亚国家政策结构挑战 : 越南 . Structural Policy Challenges for South East Asian Countries–Vietnam, 经济合作与开发组织 OECD, 2013 年 , http://www.oecd.org/countries/vietnam/Viet Nam.pdf.

文莱达鲁萨兰国

一、国家概况

（一）地理[①]

文莱达鲁萨兰国（Negara Brunei Darussalam），简称文莱，位于加里曼丹岛西北部，北濒南中国海，东南西三面与马来西亚的沙捞越州接壤，并被沙捞越州的林梦分隔为东西两部分。面积 5765 平方千米，海岸线长约 162 千米，有 33 个岛屿，沿海为平原，内地多山地。属热带雨林气候，终年炎热多雨。年均气温 28℃。全国划分为 4 个区：文莱—摩拉区、马来奕区、都东区、淡布隆区。首都为斯里巴加湾市，位于文莱—摩拉区，面积 100.36 平方千米[②]，人口约 14 万，从 17 世纪起成为文莱首都，原称“文莱城”，1970 年 10 月 4 日改为现名。

（二）人文[③]

文莱古称浡泥。14 世纪中叶伊斯兰教传入，建立苏丹国。16 世纪初国力处于最强盛时期。16 世纪中期起，葡萄牙、西班牙、荷兰、英国等相继入侵。1888 年沦为英国保护国。1941 年被日本占领。1946 年英国恢复对文莱控制。1971 年与英国签约，获得除外交和国防事务外的自治。

文莱自 1984 年 1 月 1 日独立之日起即正式宣布“马来伊斯兰君主制”（MIB）为国家纲领。其内涵为：国家维护马来语言、文化和风俗主体地位，在全国推行伊斯兰法律和价值观，王室地位至高无上。该纲领将伊斯兰教确认为文莱国教，反对政教分离。现任国家元首为苏丹・哈吉・哈桑纳尔・博尔基亚・穆伊扎丁・瓦达乌拉，于 1967 年 10 月 5 日继位。

文莱有人口 41.72 万（2015 年）。其中马来人占 66%，华人约占 10%，其他族群和

---

① 中华人民共和国外交部 [EB/OL].http://www.fmprc.gov.cn/web/gjhdq_676201/gj_676203/yz_676205/1206_677004/1206x0_677006/. 2017-10-06.

② 2017 年 8 月 1 日，经国家元首批准，文莱首都面积从 13 平方公里扩展为 100.36 平方公里。资料来源：http://en.wikipedia.org/wiki/Bandar_Seri_Beganan. [2017-11-01]

③ 中华人民共和国外交部 [EB/OL].http://www.fmprc.gov.cn/web/gjhdq_676201/gj_676203/yz_676205/1206_677004/1206x0_677006/. 2017-10-06.

外籍人占24%。马来语为国语，通用英语，华人使用华语较广泛。伊斯兰教为国教，其他还有佛教、基督教等。重要的节日有：独立日（1月1日）、国庆日（2月23日）。苏丹·哈吉·哈桑纳尔·博尔基亚的生日（7月15日）。文莱是穆斯林国家，开斋节是其最盛大的节日，每年日期根据伊斯兰历而定。主要旅游景点有水村、王室陈列馆、清真寺、淡布隆国家森林公园等。

（三）经济[①]

文莱石油和天然气资源丰富，截至2014年底，文莱已探明石油储量为11亿桶，天然气储量为3000亿立方米，分别占全球总量的0.1%，是东南亚第三大产油国，世界第四大天然气生产国。

文莱是个以原油和天然气为主要经济支柱的国家，占整个国家国内生产总值50%。文莱是世界上最富有的国家之一，2011年人均GDP为48333美元，位居世界第六[②]。最近几年，由于油气产量下降，文莱经济增长出现停滞。2015年，国内生产总值为178亿文币（约合130亿美元），以不变价格计算，同比下降0.6%。其中，农、林、渔业同比增长6.4%，工业下降0.05%，服务业下降1.6%。首相府经济规划与发展局报告显示，2016年3月文莱失业人数为10073人（约为总人口的2.4%）。

据文莱官方统计，2015年文莱进出口贸易总额128.97亿文元（约93.83亿美元），同比下降26.76%。其中出口87.17亿文元（约63.41亿美元），同比下降34.56%；进口41.81亿文元（约30.41亿美元），同比下降2.5%。文莱主要贸易伙伴为日本、韩国、马来西亚、泰国和新加坡。大宗出口产品是原油和天然气，主要出口市场为韩国、日本、泰国。主要进口来源地为马来西亚、新加坡、中国和美国。

为摆脱单一经济束缚，近年来文莱大力发展油气下游产业、伊斯兰金融及清真产业、物流与通讯科技产业、旅游业等，加大对农、林、渔业以及基础设施建设投入，积极吸引外资，推动经济向多元化方向发展。

2016年，为加快吸引外资，进一步加快经济多元化发展，文莱政府进行了一系列改革，新设了一站式服务平台，优化缩减各项行政审批、决策流程。新成立了达鲁萨兰企业，并设立外国直接投资行动与支持中心，为外国投资者提供更全面、快速的服务。

（四）教育

文莱的教育制度主要是仿照英国模式，基本依照英国的教学大纲进行教育。采用文莱－剑桥通用教育证书（BC-GCE：Brunei-Cambridge General Certificate of Education）作为学生接受高中后教育和大学教育的标准。

2009年，文莱引入了新的面向21世纪的教育体系（SPN21）。新的教育体系最明显

① 中华人民共和国外交部 [EB/OL].http://www.fmprc.gov.cn/web/gjhdq_676201/gj_676203/yz_676205/1206_677004/1206x0_677006/. 2017-10-06.

② 360百科 [EB/OL].https://baike.so.com/doc/2873240-3032095.html. 2017-10-15.

的特点是为学生提供了多种教育选择，充分发挥每个学生的潜力，让学生掌握更为广泛的知识和技能，以胜任 21 世纪的挑战。文莱保障每个公民享受至少 12 年的教育，包括 1 年学前教育、6 年小学和 5 年中学。

在文莱，小学学制为 6 年，学生毕业时将参加小学评估考试，通过考试的同学进入中学学习，未通过的学生将参加来年的考试。中学分为初中和高中两个阶段，学生可选择 4 年计划或 5 年计划。其中，7、8 年级所有学生上统一的课程之后，可以选择普通课程（9—10 / 11 年级）、应用课程（9—11 年级）或特定专业课程（9—11 年级），不同课程之间可以依据学生的成绩和要求相互转换。中学阶段另有特别教育（基础职业教育），学制 5 年。在文莱，小学和初中每年有 3 个学期（1—5 月，5—9 月和 9—12 月），每个学期 18 周。学生在中学第 4 年或第 5 年参加 BC-GCE "O" 级考试，通过考试的学生可以参加职业技术教育或大学预科课程，完成大学预科课程的学生可参加 BC-GCE "A" 级考试，其他学生则前往国内外的大学、学院及培训中心等继续学习或选择就业。在文莱，大专学制 2 年半，本科学制 4 年，研究生 2 年，每学年 2 个学期（8—12 月，1—5 月）。如图 1。

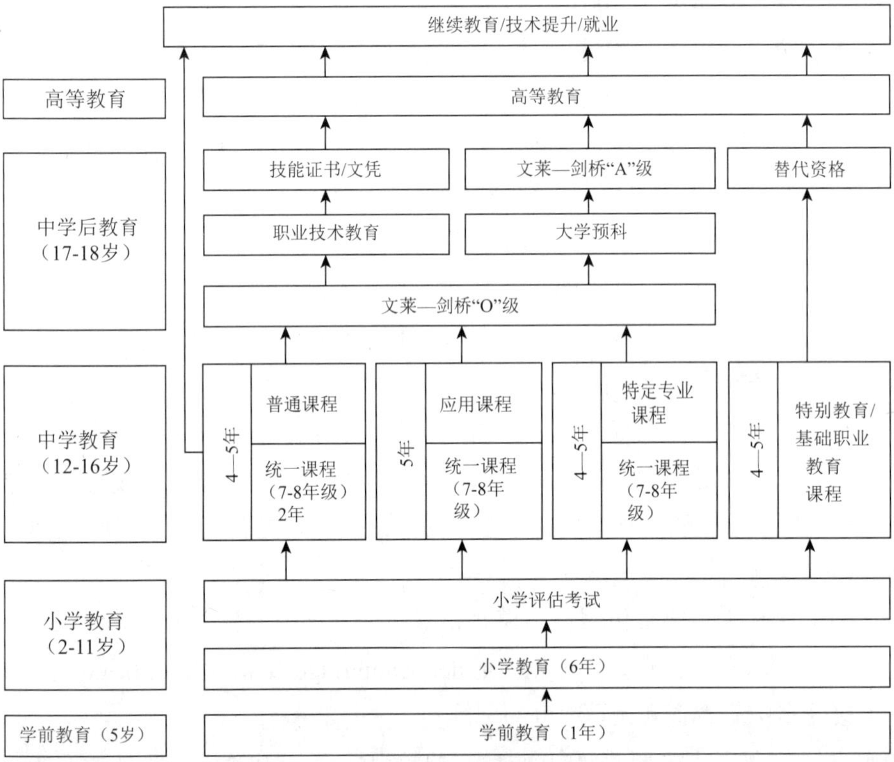

图 1　文莱教育结构图[①]

① The National Education System for the 21st Century. [EB/OL]. http://moe.gov.bn/spn21dl/SPN21%20ENG%20(2013)%20COMPLETE.pdf. 2017-10-15.

文莱实行免费教育，并资助留学费用，英文和华文私立学校资金自筹。据现有数据，2015 年，共有学校 254 所，其中公立学校 176 所，私立学校 78 所，幼儿园、小学及普通中学 235 所，职业技术学校 12 所，大学（含大专院校）7 所。在校学生总数为 113987 人，教师人数为 10,979 人。文莱公民受教育程度较高，女性识字率为 97.4%，男性识字率为 98.6%。①

二、职业技术教育与培训的战略与法规

（一）战略

文莱的职教体系于 1970 年正式引入，建立了两所职教学校，一所商贸类，一所工程类。学校的建立标识着文莱职教系统的开始，由一个专门的技术学校管理机构领导，这也是当时教育部下的一个规模不大的部门。

1977 年，一个文莱技术培训中心得以建立，开展有认证的国外课程，包括伦敦的几所学院；1982 年引入英国商业和技术教育委员会的技术课程，当地的学校也建立起自己的课程。随后职教体系继续扩展，更多的学校开始建立以应对国家的人力资源需求，领域涉及技术、汽车机械、护理、商贸等。20 世纪末一个主要的变化是从完全依赖外国课程转变到在当地发展类似课程，以应对当地工业需求，更灵活、更有效地为当地经济需求培养人才。1989 年，职业课程开发中心建立（即现在的课程开发部门，由技术教育部门管辖），其主要职责是为职教学校开发课程。1991 年，文莱职教委员会建立，负责职教资格认证。第一个获得认证的课程是 1992 年商业与金融专业的毕业证书。1994 年，所有贸易、技术课程都获得该委员会的认证，此时外国课程已逐渐淡出和终止。意识到职教体系对于建设国家人力资源的重要意义，教育部于 1993 年成立了一个独立的技术教育部门——技术教育司，其目的是为了保证职教课程的有效管理。

2008 年，文莱提出“2035 宏愿”，并设立三大奋斗目标：到 2035 年，拥有受过良好教育和技术熟练的人民；人民生活质量进入全球前十列；实现充满活力的可持续发展经济，人均生产力进入世界前十列。②

根据上述目标，文莱教育体系也制定了 8 个决策发展方向，其中包括引进国际一流的教育和学习方式，建设世界一流的中学、大学教育和职业教育，培养业界所需要的专家、专业人士和技术人员。③ 为促进上述目标的实现，2009 年，文莱重新构建了新的面向 21 世纪的教育体系，设置了教育目标，包括：让学生开发 21 世纪新技术；根据当前

---

① 中华人民共和国外交部 [EB/OL].http://www.fmprc.gov.cn/web/gjhdq_676201/gj_676203/yz_676205/1206_677004/1206x0_677006/. 2017-10-06.

② 中华人民共和国驻文莱达鲁萨兰国大使馆经济商务参赞处 [EB/OL]. http://bn.mofcom.gov.cn/article/jmxw/201410/20141000753182.shtml. 2017-10-15.

③ The National Education System for the 21st Century [EB/OL]. http://moe.gov.bn/spn21dl/SPN21%20ENG%20(2013)%20COMPLETE.pdf. 2017-10-15.

和未来需求提升教育质量；符合21世纪社会经济发展需求，应对挑战。职教体系亦设置了相应的目标和任务，如通过全球职教体系的比较，提供国际一流的教育；提供技术更新和终生学习机会等。

（二）法规

文莱没有专门的职业教育与培训的法律，除了教育法之外，主要以规划和政策的方式来引导、规范和发展职业教育与培训。

1.《教育法》（2003年颁布，2006年修订）

《教育法》（Education Act）规定了职业教育与培训的目标，并规范了实施机构，其中包括技能培训中心、职业学校、技术学院、护理学院等，为发展职业技术教育与培训，该法还设立了技术和职业教育委员会，教育法赋予该委员会较大的权力，包括独立履行其职责、任命委员、设立下级委员会等。①

2.《2012—2017教育战略规划》

《2012—2017教育战略规划》（Education's Strategic Plan for 2012–2017）重点强调了提高基础设施和课程质量，改进职业技术教育与培训等内容。明确提出了教育发展的3个战略重点领域、14个战略目标和18个关键绩效指标。通过明确规定和量化的指标，确保教育在可测可控的情况下，按照预定的目标和路径发展，整体提升文莱教育的质量与水平。②

3.《文莱技术教育升级计划2013—2018》

《文莱技术教育升级计划2013—2018》（Upgrading Plan for Technical Education Brunei Darussalam 2013–2018）改革对全国7个技术培训中心的管理，组建了文莱技术教育学院。

4.《技术职业教育转型白皮书》（2014年）

文莱职业技术教育与培训体制目前正在进行重大改革，2014年5月推出了《职业技术教育与培训白皮书》（The Technical and Vocational Education Transformation White Paper）。改革的目标是确保毕业生就业，从供给驱动转向需求驱动。③

三、职业技术教育与培训的体系与质量保障

（一）体系

1. 中学阶段的职业技术教育

中学阶段的特别教育属于个性化的教育计划，是基本的职业技术教育。中学阶段的

---

① International Labour Organization [EB/OL].http://www.ilo.org/dyn/natlex/natlex4.detail?p_lang=en&p_isn=78235&p_country=BRN&p_count=90. 2017-10-15

② Education for All 2015 National Review: Brunei Darussalam [EB/OL]. http://unesdoc.unesco.org/images/0023/002305/230503e.pdf. 2015-10-15

③ Brunei TVET transformation: the development of the Institute of Brunei Technical Education's two key surveys. [EB/OL]. http://www.tvet-online.asia/issue/8/ebil-etal. 2017-10-15

职业技术教育学制 5 年，满足中学特殊的教育需求，学生除了学习基本理论知识、生活和社会技能外，还参加工作实习。

2. 高中后职业技术教育

选择职业技术教育的学生通过为期 3 年的课程学习（包括 6 个月企业实业），可获得国家技能证书和国家高级文凭，或者通过 4 年的“三明治课程”学习（包括 1 年企业实习）取得学位。

3. 继续教育与培训

继续教育与培训对象为所有公民和 15 岁及以上的永久性居民，主要培训对象包括辍学或离校学生、政府雇员、养老金领取者和家庭主妇。共提供三种类型的教育和培训，包括学历提升、技能培训和短期课程。

（二）保障①

1. 职业技能证书

在资格证书方面，文莱职教体系采用 3 级证书框架，第一级为技术工人级（Skilled Worker），包括技术证书（Skill Certificates，SCs）；第二级为技术员级（Technologist），包括毕业证书（Diploma）和高级证书（Advanced Diploma）；第三级为专业人员级（Professional），指学位证书（Degree）。其中技术证书有 2 级，即 SC2 和 SC3，均为 1 年课程，针对高中学生或离开学校的人员。资格证书层次及最低要求见表 1。

表 1　资格证书层次及最低要求

级　别	最低要求
技术资格证书1（SC1）	完成9或10 年级基本学习，或其他相同的资历
技术资格证书2（SC2）	2个普通教育“O”级别（最低拿E成绩），或2个国际普通中学（成绩A–E），或其他相同的资历
技术资格证书3（SC3）	4个普通教育“O”级别（成绩：2个C，2个E），或4个国际普通中学（成绩：2个C，2个E），或相关领域内有文莱技术资格证书2级
毕业证书（DIP）	4个普通教育“O”级别（成绩：A–C，或以上），或4个国际普通中学（成绩：A–C，或以上），或相关领域内有文莱技术资格证书3级（最低GPA：2.0）

依据文莱劳动部提供的人力资源需求方面的数据，文莱的职教体系共有 48 种毕业证书、22 种 3 级技术证书、24 种 2 级技术证书以及 3 种学徒式培训机制，专业领域包括农业、工业、飞机工程、建筑、商业、计算机信息技术、服装、电子工程、发型和美容、旅游、汽车、焊接及制造工程、科学、艺术、机械工程以及信息、图书馆管理等等；资格证书由文莱职教委员会负责。文莱职教体系证书框架如下图 2 所示。

① The National Education System for the 21st Century. [EB/OL]. http://moe.gov.bn/spn21dl/SPN21%20ENG%20(2013)%20COMPLETE.pdf. 2017-10-15.

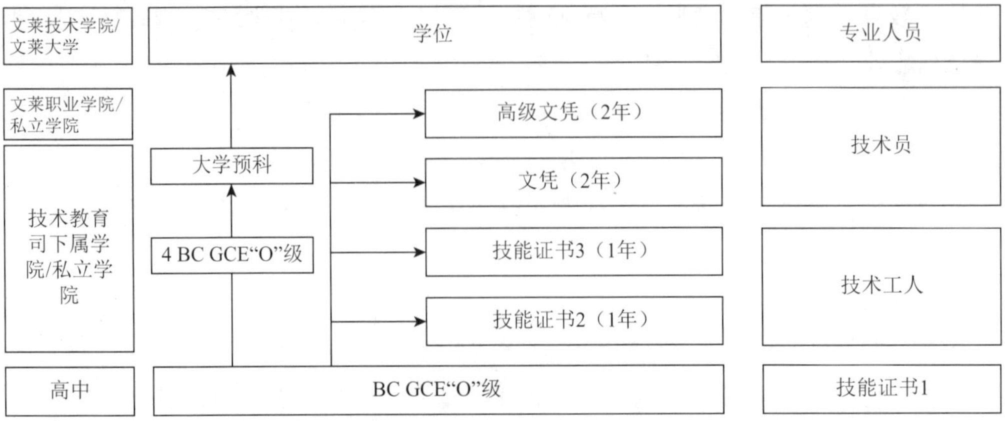

图 2　文莱职教体系证书框架

2. 质量保障

根据文莱 21 世纪教育战略，为保障职教体系质量，文莱制定了具体的行动计划，主要包括：

· 加强设施建设，更新、升级现有职教学校，应对学生人数的增加；

· 保障教师数量，增加教师流动性，提高师资资源效率；

· 加大教师培训力度（包括国内外培训），发展、升级教师的专业技术知识；

· 继续强化职教课程的审核和评估，让各方（公立 / 私立机构，如课程指导委员会）积极参与，以确保课程内容符合市场需求；

· 规范课程开发和评价流程，让各方积极参与，包括对教学实施过程进行监督以确保质量。

技术教育司 2008 年实施的 10 年计划（2008—2017）中已考虑上述行动计划。希望通过该计划的实施，文莱职教部可以在国家 21 世纪计划（SPN21）框架下有效运作职教体系。

在学业评估方面，依据“持续评价”的原理，由课程开发和评估委员会设置的评估机制完成，评价内容包括：课程作业、（实验室）报告、个人相关信息、实践 / 实验室测试、课堂 / 阶段测试、口试 / 展示、期末考试等各个方面。监管的流程包括内部反馈和外部审核。另外，文莱职教体系还评测一系列相关的技能，包括自我管理、计划和组织、沟通、合作、解决问题、主动性、运用数字、设计和技术技能以及学习能力。

四、职业技术教育与培训的治理与教师

（一）治理

文莱教育部于 1993 年建立技术教育司，对职业教育与培训进行有效管理。2013 年，文莱启动了技术教育升级计划，以打造新的文莱职业技术教育体系，2014 年教育部技术教育司更名为技术教育学院（Institute of Brunei Technical Education），原技术教育司下属 7 个培训中心（分布于文莱各地），于 2016 年正式更名，并成为文莱技术教育学院的校

区，由总部机构和 7 个学校组成[①]。

通过对职教体系的监管，达到以下目标：

（1）在技术、职业领域培养知识、技能型人力资源，让整个体系加速运行；

（2）提高技术工人的数量，满足职业市场需求；

（3）让中学毕业生更加准备好，选择正确的道路继续教育和培训；

（4）通过技术证书和毕业证书的课程学习，学生可以获取足够的知识和技术，提升竞争力；

（5）为成人学生和离开学校的人群提供终生学习的机会。

文莱职教体系自 1970 年正式引入以来有了长足的发展，在规模上从 1971 年的 111 名学生、19 名教师发展到 2007 年的 2551 名学生、470 名教师。而整个教育体系也有较快的增长，学生人数从 1912 年的 53 名上升到 2007 年的 68706 名。学校个数、学生人数历史变化情况图 3 所示。

年份		1951	1961	1971	1981	1991	2001	2011/2012
学校	小学	8	50	115	112	117	120	123
	中学	1	3	12	14	18	31	26
	护理/职教学校	0	0	2	3	4	8	6
	高等教育	0	0	1	1	2	3	2
教师	小学	34	NA	1168	1622	2198	2640	2637
	中学	0	NA	482	1084	1557	3096	2383
	护理/职教学校	0	0	19	117	293	470	486
	高等教育	300	0	17	61	211	539	403
学生	小学	0	16679	22235	22012	32136	32524	32679
	中学	0	0	8684	13677	20149	36182	28715
	护理/职教学校		0	111	527	1208	2551	2557
	高等教育			349	572	1047	4526	3830

图 3　学校个数、学生人数历史变化情况

（图 3 来源：Ministry of Education, Brunei, “The National Education System for the 21st Century，SPN21”，http://moe.gov.bn/spn21dl/SPN21 ENG (2013) COMPLETE.pdf, 2013）

① Institute of Brunei Technical Education: IBTE Network of School [EB/OL].https://ibte.edu.bn/network-of-schools/.2017-10-17.

2008—2028学生人数趋势（预计）如图4所示，其中职教体系的学生将从2008年的2600人升到2028年的5000人，20年间大约有90%的增长率。而对于职教中学，平均每年约有3500个（约占50%）学生加入职教体系。

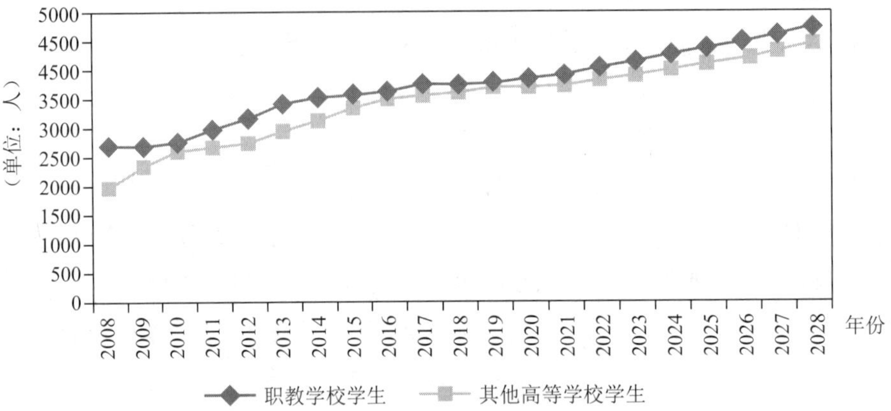

图4　2008—2028职教学生人数趋势

（图4来源：Ministry of Education, Brunei, "The National Education System for the 21st Century，SPN21"，http://moe.gov.bn/spn21dl/SPN21 ENG (2013) COMPLETE.pdf, 2013）

文莱将继续加强职教体系，包括：（1）加强各职教学校的能力建设；（2）与各方合作，如经济发展委员会（Economic Development Board）、经济规划和发展部（Department of Economic Planning & Development）、工业及基础资源部（Ministry of Industry & Primary Resources）、能源部（Ministry of Energy）等，确保所有课程符合工业界和社会需求；（3）开发国家技能框架，涵盖各个关键领域，如农业、旅游、商业、信息通讯技术、建筑与工程等；（4）招聘有工业界经验的教职员工；对所有教师实行统一政策，要求有工业界培训经验；（5）根据工业界、雇主开发的技能要求开发课程体系；（6）进行详细的就业数据调查，就业率是课程成功的标识。①

（二）教师

文莱大学苏丹·哈桑纳尔·博尔基亚教育学院是文莱唯一一所教师教育学院，其职前教育体系较为完备，开设有初、中等教育的本科、教育硕士及博士课程，可为文莱培养从学前教育至高等教育的各层次教师和教育管理人员。该学院的职后教师教育的招收对象为具有教育证书并有3年以上执教经验的在职教师，完成3年专业教育者获得在职初等教育学士学位，而完成1年全日制和2年业余学习者可获得各类在职教育证书。②其教育理念认为教师的专业教育是一个持续的过程：始于职前培训，并通过参与培训和在

① Ministry of Education, Brunei, "The National Education System for the 21st Century，SPN21"，http://moe.gov.bn/spn21dl/SPN21 ENG (2013) COMPLETE.pdf, 2013, 2017-10-15.

② 郑阳梅．文莱国家教育概况及其教育特色研究[J]．广西青年干部学院学报，2015(2):64-67.

职课程，继续贯穿教师的职业生涯。教育学院高度重视提高教师教学能力并为此提供短期在职课程。

为提高教师能力，文莱建立了教师学习发展和创新中心，该中心既是教育工作者工作和培训的实际场所，也是教师分享专业知识和经验、交换信息的虚拟场所。

文莱教师的工作环境良好，教育部各部门、高等院校给予了各方支持。积极地推动在职教育、咨询与指导能力的培训工作。目前，文莱的教师资历水平、师生比、班级规模、师生数量充分反映了文莱的教师教育的发展状况和国家整体教育水平。①

五、职业技术教育与培训的诉求与发展趋势

文莱“2035宏愿”有三大奋斗目标，其中第一项目标——依照国际最高标准培养受过良好教育的高技术人才，为职业教育与培训提出了明确要求。

目前文莱正在进行职业技术教育与培训现代化改革，其中有6项关键内容包括，课程重组、扩大学徒选择、进展审查、升级培训环境、引入新的教学服务计划、整合新成立的技术教育学院、教育部原技术教育司和其下的7个职业技术培训中心。与此同时，开展基于结果导向的毕业生就业能力和雇主满意度调查，考核职业教育与培训的过程和成绩。

由于长期沦为殖民地，文莱的现代教育事业起步较晚。近年来，职业教育与培训改革力度加大，主要需要解决的问题是加强职业教育与培训的规划与治理。近年来，文莱职业教育与培训进行了大刀阔斧的改革，表现在学制的改革、全国技术培训中心的调整与整合，甚至包括教育部技术教育司的改革。从国家对职业教育与培训的治理来看，教育部原技术教育司转制为文莱技术教育署，该署将脱离政府建制，吸收政、商、学等各界人士加入理事会，实现相对独立的运营。② 这可能弱化国家对职业教育与培训的治理与整体规划。另外一方面，随着文莱经济结构的调整，国家加大非油气产业的发展，为职业教育与培训带来挑战，在改革与快速调整的过程中加强职业教育与培训的规划与治理十分必要。

（深圳职业技术学院　技术与职业教育研究所　罗　欢
深圳职业技术学院　联合国教科文组织职业技术教育与培训联系中心　王冰峰）

① 黄斗．文莱国家教师教育体制分析 [J]. 文教资料，2009(23):125-127.
② 郑阳梅．文莱国家教育概况及其教育特色研究 [J]. 广西青年干部学院学报，2015(2).

主要参考文献

[1] 中华人民共和国外交部 [EB/OL].http://www.fmprc.gov.cn/web/gjhdq_676201/gj_676203/ yz_676205/1206_677004/1206x0_677006/. 2017-10-06.

[2] 中华人民共和国驻文莱达鲁萨兰国大使馆经济商务参赞处 [EB/OL]. http://bn.mofcom.gov.cn/article/jmxw/201410/20141000753182.shtml. 2017-10-15.

[3] 360 百科 [EB/OL].https://baike.so.com/doc/2873240-3032095.html. 2017-10-15.

[4] The National Education System for the 21st Century [EB/OL]. http://moe.gov.bn/spn21dl/SPN21%20ENG%20 (2013) %20COMPLETE.pdf. 2017-10-15.

[5] International Labour Organization [EB/OL].http://www.ilo.org/dyn/natlex/natlex4.detail?p_lang=en&p_isn=78235&p_country=BRN&p_count=90. 2017-10-15.

[6] Education for All 2015 National Review:Brunei Darussalam [EB/OL]. http://unesdoc.unesco.org/images/0023/002305/230503e.pdf. 2015-10-15.

[7] Brunei TVET transformation: the development of the Institute of Brunei Technical Education's two key surveys. [EB/OL]. http://www.tvet-online.asia/issue/8/ebil-etal. 2017-10-15.

[8] Institute of Brunei Technical Education:IBTE Network of School [EB/OL].https://ibte.edu.bn/network-of-schools/.2017-10-17.

[9] 郑阳梅 . 文莱国家教育概况及其教育特色研究 [J]. 广西青年干部学院学报 ,2015 (2) :64-67.

[10] 黄斗 . 文莱国家教师教育体制分析 [J]. 文教资料 , 2009 (23) :125-127.

菲律宾共和国

一、国家概况

（一）地理

菲律宾共和国（Republic of the Philippines），简称菲律宾，位于亚洲东南部。东临太平洋，南和西南隔苏拉威西海、巴拉巴克海峡与印度尼西亚、马来西亚相望，西濒南中国海，北隔巴士海峡与中国台湾省遥遥相对。菲律宾国土面积29.97万平方千米，全国划分为吕宋、维萨亚和棉兰佬三大部分。全国设有首都地区、科迪勒拉行政区、棉兰佬穆斯林自治区等18个地区，下设81个省。首都为大马尼拉市（Metro Manila），货币为比索（Peso）。菲律宾国土由大小7000多个岛屿组成，其中吕宋岛、棉兰佬岛、萨马岛等11个主要岛屿占全国总面积的96%。菲律宾海岸线长约18533千米，人口1288万。菲律宾属季风型热带雨林气候，高温多雨，湿度大，台风多。年均气温27℃，年降水量2000—3000毫米。森林面积1579万公顷，覆盖率达53%。有乌木、檀木等名贵木材。水产资源丰富，鱼类品种达2400多种，金枪鱼资源居世界前列。现已开发的海水、淡水渔场面积2080平方千米。旅游业发达，主要旅游点有长滩岛、保和岛、百胜滩、蓝色港湾、碧瑶市、马荣火山、伊富高省原始梯田等。①

（二）人文

14世纪前后，菲律宾出现了由土著部落和马来族移民构成的一些割据王国，其中最著名的是14世纪70年代兴起的苏禄王国。1521年，麦哲伦率领西班牙远征队到达菲律宾群岛。此后，西班牙逐步侵占菲律宾，并统治长达300多年。1898年6月12日，菲律宾宣告独立，成立菲律宾共和国。同年，美国依据对西班牙战争后签订的《巴黎条约》占领菲律宾。1942年，菲律宾被日本占领。第二次世界大战结束后，菲律宾再次沦为美国殖民地。1946年7月4日，美国同意菲律宾独立。菲律宾独立后实行总统制，由自由党和国民党轮流执政，总统为国家元首、政府首脑兼武装部队总司令。2016年6月，民主人民力量党候选人杜特尔特就任菲律宾第16任总统，并组阁本届政府。

---

① 中国一带一路网．菲律宾 [EB/OL].https://www.yidaiyilu.gov.cn/gbjg/gbgk/10008.htm.2017-9-15.

截至2015年8月，菲律宾全国人口数量为1亿98万，其中马来族占全国人口的85%以上，其他还包括他加禄人、伊洛人、邦邦牙人、维萨亚人和比科尔人等；少数民族及外来后裔有华人、阿拉伯人、印度人、西班牙人和美国人，还有为数不多的原住民。菲律宾有70多种语言，国语是以他加禄语为基础的菲律宾语，英语为官方语言。国民约85%信奉天主教，4.9%信奉伊斯兰教，少数人信奉独立教和基督教新教，华人多信奉佛教，原住民多信奉原始宗教。近年，人民生活水平提高较慢，贫困家庭比率为25%，失业率为5.7%。人均寿命70岁，人口出生率1.9%。①

（三）经济

2003—2014年，菲律宾经济虽起起落落，但年平均增长都在5%以上。2014年平均通货膨胀率为4.1%。菲律宾最大的优势是拥有数量众多、廉价、受过教育、懂英语的劳动力。菲律宾居民识字率达到94.6%，在亚洲地区名列前茅。加之菲律宾劳动成本大大低于发达国家的水平，因而吸收了大量西方公司把业务转移到菲律宾。菲律宾的重点和特色产业包括农业、旅游业、制造业、海外劳动汇款、交通运输、仓储业、采矿业及采石业。但总体而言，菲律宾经济为出口导向型经济。第三产业在国民经济中地位突出，农业和制造业也占相当比重。

20世纪60年代后期，菲律宾采取开放政策，积极吸引外资，经济发展取得显著成效。80年代后，受西方经济衰退和自身政局动荡影响，经济发展明显放缓。90年代初，拉莫斯政府采取一系列振兴经济的措施，经济开始全面复苏，并保持较高增长速度。1997年爆发的亚洲金融危机对菲律宾冲击不大，但其经济增速再度放缓。阿基诺总统执政后，增收节支，加大对农业和基础设施建设的投入，扩大内需和出口，国际收支得到改善，经济保持较快增长。工业产值占国内生产总值的30.8%。制造业占工业总产值的65.2%，建筑业占21.6%，矿产业占2.6%，电力及水气业占10.5%。农林渔业产值占国内生产总值的10.3%。主要出口产品为电子产品、服装及相关产品、电解铜等；主要进口产品为电子产品、矿产、交通及工业设备；主要贸易伙伴有美国、日本和中国等。②

（四）教育

菲律宾宪法规定，中小学实行义务教育。当前菲律宾的教育体系实施6-4-4结构，即6年初等教育，4年中学教育，4年高等教育。中学后职业教育通常被划归到高等教育范畴，普通高等教育与中学后教育的区别主要为普通高等教育毕业后会授予学位，而职业技术教育学生只获得资格证书。

---

① 中华人民共和国外交部．菲律宾国家概况[EB/OL]. http://www.fmprc.gov.cn/web/gjhdq_676201/gj_676203/yz_676205/1206_676452/1206x0_676454/.2017-9-15.

② 同上。

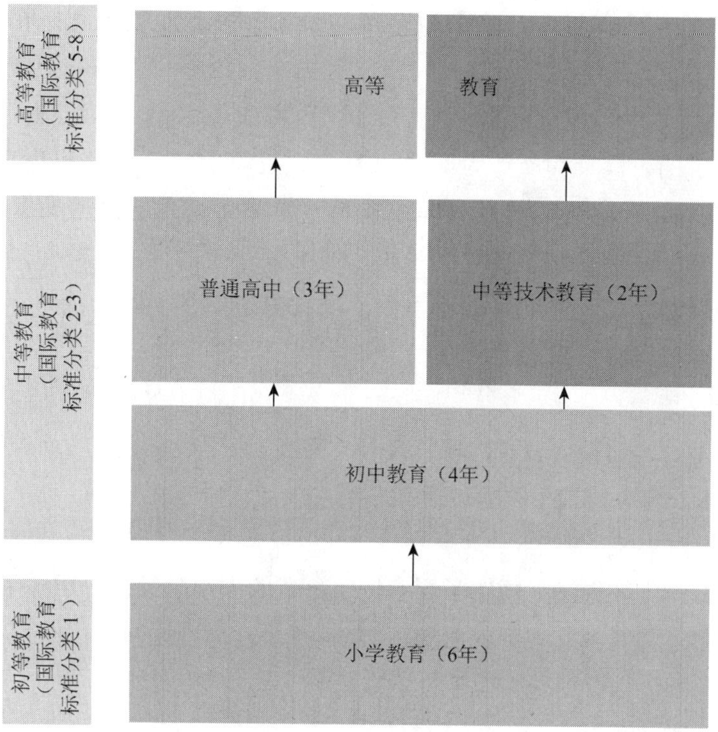

图1　菲律宾职业教育与培训体系结构[①]

按照经费来源不同，可以将菲律宾的教育系统分为私立教育和公立教育，菲律宾政府不仅重视教育，而且鼓励私人办学，为私立学校提供长期低息贷款，并免征财产税，所以过半的职业技术教育机会都是由私立教育机构提供，但初、中等教育仍以政府办学为主。[②]截至2006年，菲律宾全国共有中、小学44302所，小学生入学率达91%，中学生入学率60%，高等教育尤其是职业技术教育主要由私人提供。目前，全国共有高等教育机构1599所，在校生约244万人。著名高等院校有菲律宾大学、阿特尼奥大学、东方大学、远东大学、圣托玛斯大学等。2013年教育预算为2927亿比索。[③]

二、职业技术教育与培训的战略和法规

（一）战略

菲律宾历来重视职业技术教育与培训的发展，自1999年以来已连续制定和发布了三次国家职业技术教育与培训发展规划，前两次规划分别于1999年和2005年推出，第三次国家技术教育与发展规划于2011年发布，全称为《国家技术教育和技能

① The Philippine Technical Vocational Education and Training(TVET) System[EB/OL].http://www.tesda.gov.ph/uploads/file/Phil%20TVET%20system%20–%20syjuco.pdf.2017–9–15.

② 鞠慧敏，王文槿．菲律宾职业技术教育与培训的特色及启示 [J]. 外国教育研究 ,2012(9).

③ 中国一带一路网．菲律宾 [EB/OL]. https://www.yidaiyilu.gov.cn/gbjg/gbgk/10008.htm.2017–9–15.

发展规划（2011—2016）》，规划的战略目的是为所有职业教育利益相关方提供行动方案。该规划立足于菲律宾经济发展特点，致力于促进菲律宾的职业教育及其劳动力技能的包容性增长。该规划还聚焦于完善菲律宾职业技术教育与培训的国家体系，保障各类职教项目的发展质量。[①] 为配合职教发展战略的实施，菲律宾于 2014 年颁布《阶梯化教育法案》，该法案涉及了职业技术教育体系构建、课程改革及资格框架方面的内容，进一步完善了菲律宾政府对职业技术教育与培训的战略布局，这必将进一步提升菲律宾劳动力在亚洲地区的竞争力，对我国“一带一路”战略下职业技术教育实施“走出去”战略有一定的参考价值。[②]

（二）法规

1987 年，菲律宾将接受教育的权利载入《宪法》，之后在教育方面颁布了若干法律，其中与职业技术教育与培训相关的包括：

1.《教育法》（1982）

菲律宾国家的《教育法》规定了国家提供免费的中小学教育，明确了各级正规教育的目标、学制，还涉及私立教育的法律框架与各个教育阶段的管理部委及权责，并确立了建立高等教育委员会负责高等教育的相关工作。

2.《共和国 7796 号法案》（1994）

《共和国 7796 号法案》中最为重要的一项规定是成立“技术教育与技能发展局”，该发展局的目标即“为了支持开发高质量的、与菲律宾发展目标和优先发展领域需求一致的中级劳动力，提供实用的、可获得的和高效的技术技能教育”[③]。技术教育与技能发展局的核心职责包括：通过分析劳动力市场信息与行业信息制定国家职业教育政策，明确职业标准与能力标准，并组织制定和实施课程标准与职业资格认证等工作。此外，技术教育与技能发展局还负责对职业技术教育的学生提供奖学金项目与生涯规划服务等。总体而言，技术教育与技能发展局既负责宏观层面的政策与标准制定，也负责微观层面的劳动力培养，对促进职业技术教育与培训各利益相关方的合作与人力资源开发意义重大。因此，此法案也被菲律宾称为《技术教育和技能发展法案》，对职业技术教育与培训具有里程碑的意义。

3.《第 83 号总统令》（2012）

2012 年 10 月，菲律宾总统签署《第 83 号总统令》，授权建立“菲律宾资格框架制度”，目的是对接国际劳动力市场。该总统令主要用于指导国家职业资格框架的制定，

---

① 技术教育与技能发展局：2011—2016 年国家技术教育和技能发展规划 [EB/OL].http://www.tesda.gov.ph.2017-9-16.

② World TVET Database Philippines. Compiled by: UNESCO-UNEVOC International Centre for Technical and Vocational Education and Training[EB/OL].http://www.unevoc.unesco.org/wtdb/worldtvetdatabase_phl_En.pdf.2017-10-10.

③ Augusto Boboy Syjuco. The Philippine Technical Vocational Education and Training System[EB/OL].http：//www.tesda.gov.ph/uploads/file/Phil% 20TVET% 20system% 20 -% 20syjuco.pdf.2017-7-1.

以明确职业教育资格水平，规定资格认证结果的标准。菲律宾国家资格框架将特定的学生和工人通过不同途径掌握的知识、技能和价值水平，通过相应的资格标准对其发展予以认可并纳入全国职业资格系统。资格框架旨在确定全国不同区域间技能的可比性，以实现区域之间的相互承认，支持技能的区域性流动。此外，“菲律宾资格框架”还将作为教育系统确认进入或退出的依据，用以促进菲律宾终身学习体系的建立和完善。[①]

三、职业技术教育与培训的体系与质量保障

（一）体系

菲律宾职业技术教育与培训自中学后开始，职业教育包括2年的职业技术教育与培训专业教育，与4年的普通高等教育并行，所以职业技术教育在菲律宾被视为高等教育的一部分，为准备就业的学生和目标人群提供技能培训。同时，职业教育也为已经在劳动力市场上的目标人群提供在职培训，以帮助其完成技能升级，提升个体和整体的劳动生产能力。菲律宾教育部发布的一项学生发展进程报告显示，进入小学一年级的100个学生中，只有23个会进入大学学习，10人会主动选择接受职业技术教育与培训。[②]但是，菲律宾的大学毕业生也是职业技术教育与培训的重要来源，虽然各阶段毕业甚至退学的学生能力千差万别，可这也为菲律宾非正规职业技术教育与培训机构的发展提供了可能，诸如与正规教育并行的三种非正规培训模式：基于培训中心的培训、基于社区的培训和基于企业的培训。

1. 基于培训中心的培训

培训中心是由技术教育和技能发展局在地区和省级层面提供培训，菲律宾共有15个地区中心和45个省级培训中心。这类培训中心提供最新的劳动技能课程，虽区别于正规的学校职业教育，但师资大都来自于行业、企业一线，实际操作经验丰富，对菲律宾整体劳动技能提升非常重要。

2. 基于社区的培训

此类社区培训专门解决社区的技能需求，促进社区成员自主创业。但它主要面向贫困和边缘群体，由于其自身技能低、财力有限，他们无法接受正规教育。这种教育模式支持和帮助成员制定谋生创业计划，在完成培训后直接付诸实施。因其涉及贫困和边缘群体的技能发展，一般由当地政府部门和非政府组织进行协调和实施。

3. 基于企业的培训

基于企业的培训包括学徒制计划、领导力课程以及双轨制培训系统，学徒制计划是

① World TVET Database Philippines. Compiled by: UNESCO-UNEVOC International Centre for Technical and Vocational Education and Training[EB/OL].http://www.unevoc.unesco.org/wtdb/worldtvetdatabase_phl_En.pdf.2017-10-10.

② The Philippine Technical Vocational Education and Training(TVET) System[EB/OL].http://www.tesda.gov.ph/uploads/file/Phil%20TVET%20system%20-%20syjuco.pdf.2017-9-15.

建立在企业和培训者之间达成的学徒协议基础上的，这些培训计划时间从三个月到六个月不等，但需要强调的是学徒制只能由获得菲律宾技术教育和技能发展局认证的企业提供。①

学徒培训课程为短期在职培训课程，经由菲律宾技术教育和技能发展局批准。此类培训系统是一种基于双轨制的技能培训，需要分别在培训机构和工作中完成。双轨制培训建立在培训机构和获得菲律宾技术教育和技能发展局认证的公司之间的合作基础之上。培训机构必须满足教学设备的最低标准要求，培训机构、讲师和培训计划都必须得到菲律宾技术教育和技能发展局的认证。

（二）保障

菲律宾技术教育与技能发展局是负责职业教育发展的管理机构，也是一个确保职业技术教育与培训计划质量的保障机构。所有职业技术教育与培训提供者都必须符合规定的条件，各提供者需根据培训规章和基于能力的系统所描述的标准进行注册，且该注册是强制性的，注册的过程实际就是一个项目检测的过程。职业技术教育与培训计划注册所涉及的课程设计、培训师、培训机构及培训工具和设备的资格均要符合标准。

此外，技术教育与技能发展局董事会与行业领导者还协商制定各行业的培训规章，该类章程会涉及能力标准、培训标准、资格评估及认证安排。这些将为建立在能力基础上的技术教育和技能发展的课程、教材和评估方案的制定提供标准依据。同时，技术教育与技能发展局还负责制定相应的能力评估和认证系统，旨在确保职业技术教育与培训的毕业生和受训者具备必要的能力，以符合其所从事的工作场所及工作岗位的要求。此外，技术教育与技能发展局还负责采集相关证据，证明被评估人员拥有符合行业标准的能力。受训者只有达到资格认证规定的所有标准，才能取得特定行业所要求的国家资格证书，这也是拥有某特定能力的有力证明。②

2012 年，菲律宾总统签署《第 83 号总统令》，授权建立"菲律宾资格框架制度"，旨在促进整个教育和培训系统的创新和响应力。菲律宾国家资格框架是一个切实可行的学分转换系统，可帮助实现基础教育、技术教育及高等教育之间的过渡。③而且，正规教育与非正规教育系统间能力标准的对接有助于增强菲律宾职业能力标准的可操作性与可测量性，提升菲律宾劳动力的国际竞争力。

① World TVET Database Philippines. Compiled by: UNESCO-UNEVOC International Centre for Technical and Vocational Education and Training[EB/OL].http://www.unevoc.unesco.org/wtdb/worldtvetdatabase_phl_En.pdf.2017-10-10.

② 鞠慧敏，王文槿．菲律宾职业技术教育与培训的特色及启示 [J]. 外国教育研究 ,2012(9).

③ 技术教育与技能发展局：2012 年技术教育与技能发展局 (TESDA) 政策简报 [EB/OL].http://www.tesda.gov.ph/uploads/File/policybrief2013/PB%20Philippine%20Qualification%20Fr amework.pdf.2017-9-17.

四、职业技术教育与培训的治理与教师

（一）治理

技术教育和技能发展局负责管理和监督菲律宾的职业技术教育与培训系统。此外，它还作为利益相关方的咨询机构，负责制定政策和标准，确保技术教育发展的质量。技术教育和技能发展局负责动员职业技术教育与培训所有利益相关方，诸如行业企业、当地政府部门、培训机构和劳动力等，引导和鼓励其积极参与菲律宾的人力资源开发。技术教育和技能发展局除努力促进各机构之间的融合外，还致力于职业技术教育与培训的协调工作，以减少技能发展计划的重叠，为国家职业技术教育与培训提供统筹指导。具体而言，技术教育和技能发展局职责如下：整合、协调和监督技能发展计划，促进人力资源开发，批准技能标准和测试，还负责为参与人力资源开发的机构建立认证系统，为技术教育和技能发展项目提供经费资助，并为培训师培训计划提供资助。

目前为止，技术教育和技能发展局监督的公立和私立职业技术教育与培训学校和机构共计 4510 家，包括自身下辖的 125 家农渔业、贸易和专业培训机构。菲律宾职业技术教育与培训机构中，有 38% 为公立，62% 为私立。[①] 在 2006—2010 年间的经费构成上，职业技术教育与培训系统的资金来源中，有 46.5% 来自公共基金，53.5% 来自私人基金。其中，公共职业技术教育与培训的计划除技术教育和技能发展局外，还包括当地政府部门、农业部、社会福利与发展部等，其负责为职业技术教育与培训短期课程提供资金。私人职业技术教育与培训计划的资金一部分是学员为自己接受的职业技术教育与培训所支付的学费，另一部分是公司为学徒培训提供的资金和补贴。菲律宾职业技术教育之所以社会参与度较高，从一定程度上说即得益于菲律宾职业技术教育、基础教育、高等教育三者间“三足鼎立”的组织治理模式。

（二）教师

菲律宾职业技术教育与培训的师资都需要符合技术教育和技能发展局的基本条件，且需要在该局注册。2006 年，该局还制定了国家职业教育培训师人员资格认证计划，该计划为职业技术教育与培训的培训师、学校管理人员和监督人员提供资格认证与职后培训，以应对快速发展的技术进步与变革，保障建立在其基础之上的职业教育与培训的质量。技术教育和技能发展局还将培训师资格分为以下四个级别：一级培训师、二级培训设计师 / 开发者、三级培训主管和导师、四级培训大师。2006—2010 年间，参加资格认证的培训师总数为 23476 人，其中公立机构教师 7561 人，私立学校教师 15912 人。

除注册和级别认证外，技术教育和技能发展局还组织实施职业技术教育与培训教师

① 鞠慧敏，王文槿 . 菲律宾职业技术教育与培训的特色及启示 [J]. 外国教育研究 ,2012(9).

和培训师的"培训师职后培训计划"。该计划由技术教育和技能发展局、淡马锡基金会、新加坡工艺教育学院和新加坡工教局教育合作实施，培训师职后培训计划重点是提升职业技术教育培训师的教学技能，根据菲律宾职业技术教育与培训培训师资格框架的要求执行，如在2010年共有60名职业技术教育的培训师接受了培训。①

五、职业技术教育与培训的诉求与发展趋势

当前，菲律宾经济平均增速放缓，由于缺乏较为发达和完整的制造业体系，菲律宾经济发展后续乏力，未来菲律宾经济能否实现可持续发展，有赖于制造业的发展及其所仰仗的高技能人才。为顺应国家宏观经济要求，菲律宾国家技术教育和技能发展规划第三阶段将努力为职业技术教育与培训开辟新路，其战略规划为职业技术教育与培训的利益相关者行动提供了宏观指导，以努力促使菲律宾劳动力技能的增长满足未来经济发展的要求。因此，菲律宾职业技术教育与培训系统的未来发展的趋势与诉求主要体现在如下几个方面：

（一）均衡社区培训中心分布

菲律宾职业技术教育与培训实施主体多元，尤其是社会力量参与程度较高，这为学生选择灵活多样的学习方式提供了条件。但是另一方面，由技术教育和技能发展局主导的培训中心数量明显不足，目前仅有45个省级中心，且针对贫困和弱势群体为主的社区培训也由于资源限制，不能满足受训者需要。所以，未来菲律宾的职业技术教育与培训亟需加强社区培训中心分布，以更好地促进教育公平发展。

（二）提升职业教育师资水平

技术教育与技能发展局已制定和实施了若干职业培训师计划，不仅针对培训师群体，还有针对评估人员与管理人员的继续培训。但面对急剧变化的产业技术更新换代，职业技术教育与培训的师资水平仍亟需加强。虽然菲律宾从培训企业认证、课程实施标准、能力认证程序及国家资格框架等多方面建立了职业技术人才的质量保障机制，但师资仍是其发展的根本。因此，菲律宾未来仍需更加注重职业教育师资的专业化发展，以保障职业教育发展的整体水平。

（三）加强职教与劳动力市场需求的关联

职业技术教育与培训的发展不仅是职业院校的责任，更需要社会相关利益者的联合行动，职教发展质量的关键起点就在于同劳动力市场的对接。目前，加强菲律宾职业教育与培训专业设置的市场针对性仍有待加强，加强职教与劳动力市场的关联主要体现在两方面，一是要确定制造业等产业的人才需求，根据岗位群的具体需求来设置专业、调整课程，紧紧围绕产业发展需求确定招生质量与专业规模；二是要提升劳动力市场本身

① World TVET Database Philippines. Compiled by: UNESCO–UNEVOC International Centre for Technical and Vocational Education and Training[EB/OL].http://www.unevoc.unesco.org/wtdb/worldtvetdatabase_phl_En.pdf.2017–10–10.

对职业技术与培训的认识，通过行业准入及经济补助等各种手段来激励目标群体积极参与技术技能的提升项目，以为自身职业生涯及菲律宾经济的发展提供强大人力资源保障。

（深圳职业技术学院　技术与职业教育研究所　李亚昕）

主要参考文献

[1] 中国一带一路网 . 菲律宾 [EB/OL].https://www.yidaiyilu.gov.cn/gbjg/gbgk/10008.htm.2017-10-09.

[2] 中华人民共和国外交部 . 菲律宾国家概况 [EB/OL]. http://www.fmprc.gov.cn/web/gjhdq_676201/gj_676203/yz_676205/1206_676452/1206x0_676454/.2010-10-09.

[3] 鞠慧敏 , 王文槿 . 菲律宾职业技术教育与培训的特色及启示 [J]. 外国教育研究 ,2012 (9).

[4] The Philippine Technical Vocational Education and Training (TVET) System[EB/OL].http://www.tesda.gov.ph/uploads/file/Phil%20TVET%20system%20-%20syjuco.pdf.

[5] 技术教育与技能发展局：2012 年技术教育与技能发展局 (TESDA) 政策简报 [EB/OL]. http://www.tesda.gov.ph/uploads/File/policybrief2013/PB%20Philippine%20Qualification%20Framework.pdf.2017-9-17.

[6] World TVET Database Philippines. Compiled by: UNESCO-UNEVOC International Centre for Technical and Vocational Education and Training[EB/OL].http://www.unevoc.unesco.org/wtdb/worldtvetdatabase_phl_En.pdf.2017-10-10.

[7] 世界银行 : 菲律宾技能情况报告——菲律宾劳动力市场的技能 [EB/OL].http:llsiteresources.worldbank.orq/EASTASIAPACIFICEXTIResources/226300-1279680449418/H iqhe rEd_PhilippinesSkiIlsReport.pdf.2010.

伊朗伊斯兰共和国

一、国家概况

（一）地理[①]

伊朗伊斯兰共和国（The Islamic Republic of Iran），简称伊朗，位于亚洲西南部，同土库曼斯坦、阿塞拜疆、亚美尼亚、土耳其、伊拉克、巴基斯坦和阿富汗相邻，南濒波斯湾和阿曼湾，北隔里海与俄罗斯和哈萨克斯坦相望，素有“欧亚陆桥”和“东西方空中走廊”之称。海岸线长 2700 千米。境内多高原，东部为盆地和沙漠，属大陆性气候，冬冷夏热，大部分地区干燥少雨。伊朗共有 31 个省，首都德黑兰，平均海拔 1220 米。年气温最高的月份为 7 月，平均最低和最高气温分别为 22℃和 37℃；年气温最低的月份为 1 月，平均最低和最高气温分别为 3℃和 7℃。

（二）人文[②]

伊朗是具有四五千年历史的文明古国，史称波斯。公元前 6 世纪，古波斯帝国盛极一时。公元 7 世纪以后，阿拉伯人、突厥人、蒙古人、阿富汗人先后入侵并统治伊朗。18 世纪后期，伊朗东北部的土库曼人恺伽部落统一伊朗，建立恺伽王朝。19 世纪以后，伊朗沦为英、俄的半殖民地。1925 年，巴列维王朝建立，推进西化行动。1978—1979 年，霍梅尼领导伊斯兰革命，推翻巴列维王朝。1979 年 2 月 11 日，霍梅尼正式掌权，并于 4 月 1 日建立伊斯兰共和国，实行政教合一的制度。1980 年爆发两伊战争，1988 年战争结束；1989 年 6 月 3 日霍梅尼病逝，原总统哈梅内伊继任领袖，原议长拉夫桑贾尼当选总统，并于 1993 年获连任，伊总统文化事务顾问、前文化和伊斯兰指导部长哈塔米当选总统，并于 2001 年 6 月大选中获选连任。2005 年 6 月，德黑兰市长艾哈迈迪内贾德当选，并于 2009 年获得连任。现任总统是哈桑·鲁哈尼（Hassan Rouhani），于 2013 年 6 月当选，8 月 4 日宣誓就职。

伊朗现有人口 8000 万（2017 年 8 月）。人口比较集中的省份有德黑兰、伊斯法罕、

① 中华人民共和国外交部 . 伊朗国家概况 [EB/OL].http://www.fmprc.gov.cn/web/gjhdq_676201/gj_676203/yz_676205/1206_677172/1206x0_677174/.2017-09-20.

② 同上。

法尔斯、呼罗珊拉扎维和东阿塞拜疆。全国人口中波斯人占 66%，阿塞拜疆人占 25%，库尔德人占 5%，其余为阿拉伯人、土库曼人等少数民族。官方语言为波斯语。伊斯兰教为国教，98.8% 的居民信奉伊斯兰教，其中 91% 为什叶派，7.8% 为逊尼派。主要节日有伊斯兰革命胜利日（2 月 11 日）、伊朗历新年（3 月 21 日）。

（三）经济[①]

伊朗石油、天然气和煤炭等矿物资源蕴藏丰富。截至 2013 年底，已探明石油储量 216 亿吨，居世界第四位，石油年产量 1.75 亿吨，居世界第五位，天然气储量 33.8 万亿立方米，居世界第一位。天然气年产量 1666 亿立方米，居世界第三位。目前，已探明矿山 3800 处，矿藏储量 270 亿吨；其中，铁矿储量 47 亿吨；铜矿储量 30 亿吨（矿石平均品位 0.8%），约占世界总储量的 5%，居世界第三位；锌矿储量 2.3 亿吨（平均品位 20%），居世界第一位；铬矿储量 2000 万吨；金矿储量 150 吨。此外，还有大量的锰、锑、铅、硼、重晶石、大理石等矿产资源。目前，已开采矿种 56 个，年矿产量 1.5 亿吨，占总储量的 0.55%，占全球矿产品总产量的 1.2%。

伊朗盛产石油，石油产业是其经济支柱和外汇收入的主要来源之一，石油收入占外汇总收入的一半以上。近年，伊朗经济总体保持低速增长。2016 年，伊朗国内生产总值 4123 亿美元，人均国内生产总值 5124 美元。

工业方面，伊朗除石油开采业外，另外还有炼油、钢铁、电力、纺织、汽车制造、机械制造、食品加工、建材、地毯、家用电器、化工、冶金、造纸、水泥和制糖等，但基础相对薄弱，大部分工业原材料和零配件依赖进口。伊朗农耕资源丰富，农业在国民经济中占有重要地位。全国可耕地面积超过 5200 万公顷，占其国土面积的 30% 以上，农业人口占总人口的 43%，农民人均耕地 5.1 公顷，粮食生产已实现 90% 自给自足。伊朗拥有数千年文明史，自然地理和古代文明遗产丰富，德黑兰、伊斯法罕、设拉子、亚兹德、克尔曼、马什哈德是主要旅游地区。伊朗主要出口商品为油气、金属矿石、皮革、地毯、水果、干果及鱼子酱等，主要进口产品有粮油食品、药品、运输工具、机械设备、牲畜、化工原料、饮料及烟草等。2016 年，伊朗进出口总额约 1496.4 亿美元，其中出口额 875.2 亿美元，进口额 621.2 亿美元。

（四）教育

伊朗拥有悠久的历史，在阿契美尼德王朝（前 550 年—前 330 年）时政府就开始大力推进国家的教育发展，在经历了外族入侵、宗教信仰的改变之后，伊朗由传统的波斯教育转化为伊斯兰宗教教育。现代以来，伊朗教育可以分为三个阶段：恺伽王朝时期为其起步发展阶段，该时期伊朗的教育有一些变化，但还是以伊斯兰式的传统教育为主；巴列维王朝时期是现代化教育体制正式建立时期，但是这一时期教育现代化之路充满了

① 中华人民共和国外交部 . 伊朗国家概况 [EB/OL].http://www.fmprc.gov.cn/web/gjhdq_676201/gj_676203/yz_676205/1206_677076/1206x0_677174/.2017-09-20.

西方化与民族化两种思想；伊朗伊斯兰共和国时期进行全面改革，推行伊斯兰化教育。① 伊朗在政治制度、经济制度、社会生活伊斯兰化的同时，对教育也进行了伊斯兰化，用伊斯兰价值观作为指导思想对学生进行教育。②

根据伊朗现行学制，小学 2012 年改革后为 6 年（之前为 5 年），入学年龄为 6 岁；中学分为初中 3 年和高中 3 年，小学和初中教育被称为通识教育。高中分为 3 类：普通高中（理论类）、职业技术类以及工作 + 学习类（兼顾学习和工作，灵活型课程）。高中主要根据学生初中阶段考试成绩录取，其中，普通高中最受欢迎。学生高中毕业，完成为期一学年的大学预科课程后（2 年制副学士学位课程不需参加大学预科课程学习），通过入学考试可以进入大学学习，伊朗高等教育体系由综合性和专业性大学以及科技大学构成，提供大专（副学士学位）至博士阶段教育。大专副学士学位课程一般需要两年时间完成，本科学士学位课程通常为 4 年（建筑 5 年、兽医和牙医 6 年、医学 7 年）。硕士学位需要 2 年，博士课程 4 至 5 年。伊朗高等教育。伊朗教育体系如下图所示。（图 1）

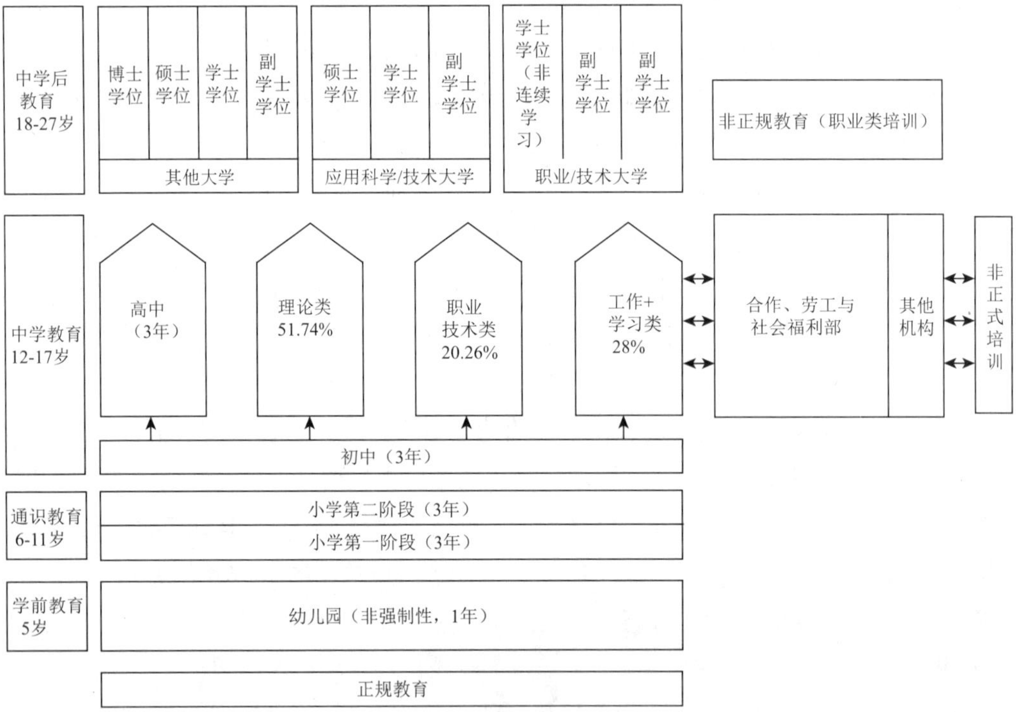

图 1　伊朗教育体系 ③

在经费支持上，根据 2014 年世界银行发布的联合国教科文组织统计数据，伊朗教育投入占 GDP 的 2.95%，占政府总支出的 19.7%（属国际上比较高的比例，全球 2012 年

① 付国凤 . 伊朗教育的现代化历程 [J]. 赤峰学院学报（汉文哲学社会科学版），2012 (11): 216–218.
② 白娴棠 . 神圣与世俗的融合：土耳其与伊朗中小学的宗教教育实施现状 [J]. 世界宗教文化，2016(5): 56–60.
③ 根据伊朗技术与职业教育组织官方网站编译 : http://english.irantvto.ir/. 2017–09–20.

在教育上的投资平均占总支出的 14.25%）。

根据地区标准，与其他发展程度类似的国家相比，伊朗是一个教育程度很高的国家，有较高的识字率，成年人识字率为 84.6%（2013 年联合国教科文组织数据，世界平均识字率为 85%），邻邦阿拉伯国家平均识字率为 78%；伊朗 15–24 岁的年轻人中识字率高达 98%。6 岁以上受教育人口占全国人口的 82.5%。目前全国共有高等院校 346 所，大学生近 340 万人。德黑兰大学是伊朗著名的高等学府。①

二、职业技术教育与培训的战略与法规

（一）战略

伊朗的职业技术教育与伊朗的近代化教育同时起步。19 世纪下半叶，随着伊朗殖民地半殖民地化的加深，工商业、手工业等得到发展，职业教育开始兴起，设立有工艺美术、地毯编织、农业、商业和银行等专业。60 年代，随着伊朗土地改革的进行和现代工业的发展，职业教育得以迅速发展，并与苏联、美国、德国、英国、法国、日本、意大利等国签订合同，准许其在伊朗国内开办职业技术学校或培训中心。设立了冶金、机器制造、化学、汽车装配、冰箱制造、建筑、贸易及其他专业的中等专业技术学校。

伊朗伊斯兰共和国成立后，政府对教育的重视以宪法形式肯定下来，成立了职业技术指导委员会②。第二个五年计划期间（1994—1999），伊朗把发展职业技术教育纳入全国教育发展的重要内容，同时要求到 1999 年，职教发展规模必须达到年培养 3.5 万名技术员，年职业培训人数达到 12 万人，政府还决定在中等教育阶段，职教与普教在校生之比在第二个五年计划结束时达到 5∶5；在发展规模的同时，伊朗政府还使职业教育成为终身教育体系中的有机组成部分，使职业教育与高等教育相沟通，让职业学校的毕业生经过努力可以升入高等学校。③

随着伊朗由传统经济向现代化经济和由能源经济向经济多元化的“双重转型”，2006 年伊朗开始实施职业技术教育“迁徙计划”。该计划通过政府政策和财政支持，吸引城市剩余科技人员到农村帮扶农民提高生产技术，缩小贫富和城乡差别，维护伊朗的伊斯兰教义系统，实现民族安全。④

---

① 中华人民共和国外交部 . 伊朗国家概况 [EB/OL].http://www.fmprc.gov.cn/web/gjhdq_676201/gj_676203/yz_676205/1206_677076/1206x0_677174/.2017-09-20.

② 吴成 . 职业技术教育在伊朗社会发展中的作用 [J]. 河南职业技术师范学院学报（职业教育版）, 2007(2): 75–77.

③ 曾子达 . 伊朗职业技术教育的改革与发展 [J]. 职教论坛 , 1995(2):49–49.

④ 吴成 . 简论伊朗职业技术教育的“迁徙计划”[J]. 河南职业技术师范学院学报（职业教育版）, 2007(4): 71–73.

（二）法规[1]

伊朗作为宗教国家，其实教育相关法规由伊斯兰教义和国家宪法、教育相关法规构成，并体现在国家五年发展规划中。

1.《古兰经》

伊斯兰教为伊朗国教，伊斯兰教十分重视教育。穆罕默德在圣训中谈及知识及教学时明确指出“知识是伊斯兰教的生命、信仰的支柱”。《古兰经》作为伊斯兰教的宗教经典，要求穆斯林们尊重知识、尊重教师，鼓励求知，鼓励终身学习，学习无大小，不分男女老少，并且将求知与信仰结合在一起，赋予了教与学行为的神圣宗教意义，推动了伊斯兰教育迅速发展。

2.《伊朗伊斯兰共和国宪法》（1979年颁布）

《宪法》明确规定：政府尽一切努力和能力为全民提供免费教育和体育设施，并进一步简单化和普及高等教育。《宪法》第30章规定，政府有义务为所有人提供免费教育。

3.《五年发展规划》

伊朗第二个五年发展计划第62条，提出需要提供必要的设施让学龄段小孩入学，并让40岁以下的不识字的人群参加相应的课程；根据第四个经济、社会发展计划，教育部规定义务教育包括小学和初中阶段；虽然高中阶段并非义务的或强制的，但在公立学校都免费。

伊朗现在正推行第六个五年发展计划（2016—2021），现任政府所面临的问题是，把五年计划中有关改革的事项列为优先事项并稳步实施。其中包括提高劳动力市场效率来推动改革，促进非石油行业发展。另外，该计划多次提到要使金融部门现代化。这些目标的实现，为职业教育进一步发展提供了机遇。

4.《教育部与其他部委、组织合作法》（1992年颁布）

为充分利用其他资源办教育，“合作法”规定将教育责任延伸至其他部委和组织，以此方式利用其他组织的能力。目前，伊朗教育部负责中小学；科学、研究与技术部，健康与医学教育部，文化部，石油部，农业部等分别负责参与相关类型教育的管理；劳动与社会事务部负责非正规职业教育与培训（由其下属技术与职业培训组织：Technical and Vocational Training Organization：TVTO负责实施）。

5.《成人学校和示范性公立学校法》（1993年）

该法律促进全民教育的发展，尤其是非正规教育培训，促进了伊朗职业教育的发展和教育程度的提高。伊朗全国有600个公立培训中心、边远地区的移动培训队伍、企业培训、教师培训中心以及14000个私立培训学校培训业界需求的技术人员，如工业、农业和服务业等。

① UNESCO International Bureau of Education. World Data on Education. VII Ed. 2010/11. [DB/OL].http://www.ibe.unesco.org/fileadmin/user_upload/Publications/WDE/2010/pdf-versions/Islamic_Republic_of_Iran.pdf. 2010-09-20.

三、职业技术教育与培训的体系与质量保障

（一）体系

伊朗职业教育与培训从纵向上由高中阶段和大学阶段教育组成，从横向上包括正规教育（Formal Education）和非正规教育（Non-formal Education）。

高中阶段职业技术教育主要包括有三个领域，即技术、农业和职业类，共30个专业。工作+学习类职业高中，提供400个工种的技术培训，以培训技术工人为目的，毕业生可以获取国家技术资格证书。据2006年数据，伊朗高中入学率约为60.9%，其中职业技术类和工作+学习类学生占22.9%；另外约有69.9万人参加非正规职业培训，180万人（其中70.5%为女性）参加非政府类职教学校，2440人参加特殊高中教育，11304人参加职业技术教育。①

伊朗高等职业技术教育包括技术大学和地区职业教育中心，由职教组织负责管理；还包括授权的私立培训中心，提供非正式短期职业培训课程。据2002—2003年的数据，伊朗共有143所职教类大学（Technical-Vocational Colleges，TVCs），约13万学生，一般为2年的课程，涵盖40个领域，毕业生可获得技术人员副学士学位（Associate Degree）。

（二）保障

1. 职业技能证书

在证书方面，伊朗有本科、硕士、博士学位，而比本科学位类低一级的是类似于专科类的毕业证书，该毕业证书由普通大学、高等学院和技术学校授予，可以为5年的综合课程（3年高中+2年大学）或2—3年的大学课程，毕业生可以继续通过2年的学习获得本科学位。进入5年的“专科”课程需顺利完成9年的基础教育，课程包括3年职教类高中（可以获得技术类高中毕业证书）和2年大学，学生在完成3年职教高中后也可以选择普通大学。

2. 质量保障②

伊朗职业教育质量由严格的课程开发标准和技术评价系统进行保障，并经技能竞赛进行评价和反馈。

（1）伊朗职业教育体系在新课程的开发方面有严格的步骤。课程开发涵盖知识、技术、态度、安全、环境、设备、工具以及资料等各个方面元素。

（2）课程开发遵循严格的步骤和流程。（图2、图3）

① UNESCO International Bureau of Education. World Data on Education. VII Ed. 2010/11. [DB/OL].http://www.ibe.unesco.org/fileadmin/user_upload/Publications/WDE/2010/pdf-versions/Islamic_Republic_of_Iran.pdf. 2010-09-20.

② 根据伊朗技术与职业教育组织官方网站编译：http://english.irantvto.ir/. 2017-09-20.

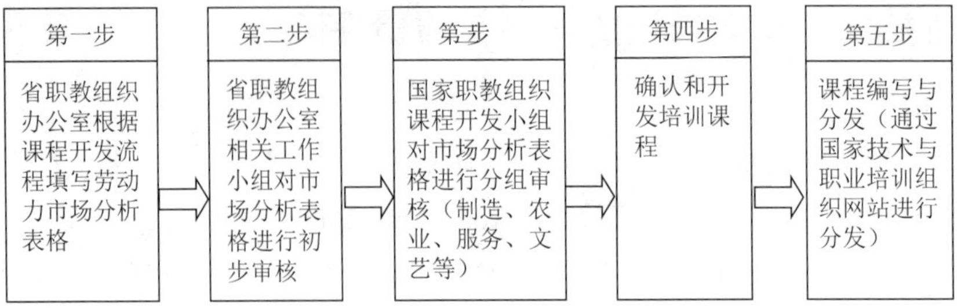

图 2　伊朗职业教育课程开发步骤图

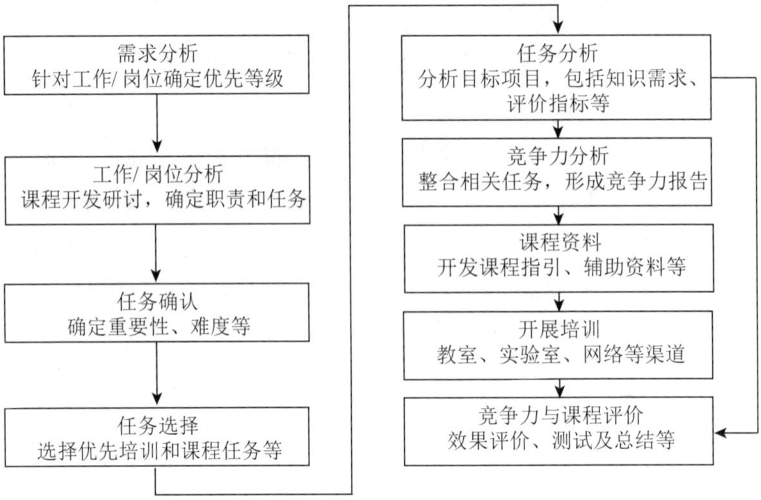

图 3　伊朗职业教育课程开发流程图

（3）在技术评测方面，检测技术知识、实践能力和专业表现等各个方面，并进行评价。（图 4）

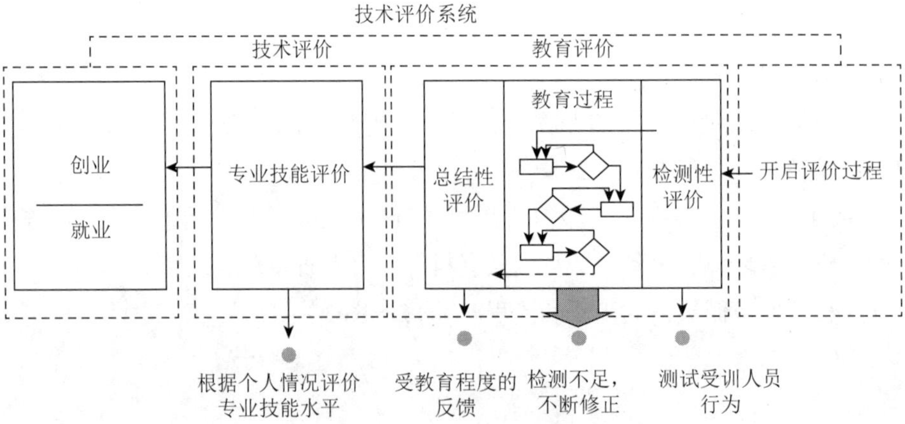

图 4　伊朗职业教育技术评价系统

鉴于高技术人力资源在生产、制造和产品价值创造方面的重要作用，为促进技术培训质量并与国际技术标准接轨，伊朗技术与职业培训组织每年会负责组织国家级技能竞赛，由商业、培训企业提供经济和技术支持。这样，不仅可以促进社会、经济、文化和教育方面的进步，还可以了解和学习各技术领域的顶级水平。通过技能竞赛，职教组织与各教育机构、生产厂商间的合作变得更加密切，使职业教育与培训更加符合劳动力市场需求，同时也促进了伊朗职业教育在世界技能竞赛中的知名度。通常情况下，伊朗国家技能竞赛由22岁以下的年轻人参加，分为市、省、国家三级选拔，胜出者将参加训练营，代表伊朗参加国际比赛。下表为历史上国家技能竞赛情况，以及参加国际竞赛情况。在2007年的国际竞赛中，伊朗获得一枚铜牌（信息技术／硬件领域）和3枚奖牌（信息技术、图像设计等），在46个参赛国中排名第21位。（表1、表2）

表1　伊朗技能竞赛参赛情况

年度	市级参赛人数	行业参赛数	国家赛参赛人数	男性参赛人数	女性参赛人数	各行业平均参赛数
2000	5162	35	369	111	258	10/54
2001	14599	52	598	184	414	11/5
2002	24154	54	816	234	585	15/11
2003	10700	20	345	36	309	17/25
2004	3800	20	411	58	353	20/55
2005	10500	20	413	53	360	20/65
2006	12131	23	481	68	413	20/91
2007	13443	25	551	102	449	22/04
2008	2228	26	495	95	400	19/04

资料来源：根据伊朗技术与职业教育官方网站：http://english.irantvto.ir.

表2　伊朗参加世界技能大赛成绩

年度	主办国家	参赛国家数	参赛人数	参赛行业数	伊朗参赛数	成　绩
2001	韩国	35	661	44	16	非常有益的经验，促进伊朗国家技能竞赛的开展
2003	瑞士	36	637	45	6	1个优胜奖（信息技术/硬件）
2005	芬兰	38	650	45	15	4个优胜奖（信息技术/软件、网页设计等）
2007	日本	46	812	47	15	1个铜奖（信息技术/软件）3个优胜奖（信息技术/硬件、数控加工等）
2009	加拿大	46	756	45	12	1个银奖（制冷）、5个优胜奖（信息技术/软件、网页设计等）

资料来源：根据伊朗技术与职业教育官方网站：http://english.irantvto.ir.

四、职业技术教育与培训的治理与教师[①]

（一）治理

伊朗教育体制源于法国旧式的教育体系，属中央集权类型。[②]伊朗教育实施分层、分类管理，其职业技术教育与培训的管理涉及多个部门，最高教育委员会是国家最高教育立法机构，负责非大学教育的法律和政策；教育部负责全国中小学管理和财政拨款；科学、研究和技术部（前文化和高等教育部）负责科技、艺术和科技高校；健康与医学部负责监管医学院校并组织医疗人员的培训；劳动和社会福利部负责职业教育非正式培训，具体由其下属技术与职业培训组织负责进行管理；此外，农业、石油、工业等部委也进行专业类高等教育的管理，经科学、研究和技术部许可授予学位。

伊朗要由教育部及劳动和社会福利部分别负责正规和非正规职业教育与培训的管理。

伊朗教育部实行垂直管理，主要通过省级教育部门和地区办事处履行其管理职责，省级教育部门负责人由教育部和各省长任命。省级教育部门的主要职责是：根据国家教育计划框架，监督教育项目的设计和实施；监督全省教师和行政人员培训；监管非公立学校，并提供必要的资助；制订可行方案，管理省及区县级以下地区教育委员；按照教育部批准的计划框架，根据各地区的特殊需要设计教育方案和课程。地区办事处负责人由省教育部门任命，在促进各级政府和非政府机构参与教育管理方面发挥重要作用。学校校长由地区办事处任命，负责学校所有教育、财务和行政活动，校理事会、教师委员会、学生会和家长-教师协会参与学校决策。

伊朗劳动和社会福利部的技术与职业培训组织（TVTO）由该部职业培训指导中心、学徒基金和学徒社会三个机构合并而成。根据伊朗有关法律和第3、第4个五年发展计划，职教组织主要负责短期的职教培训，也是非正规职教培训特殊委员会的领导机构，共16名委员，来自各个部门、组织以及雇主/雇员协会。职教组织中心办公室和各省分支机构包括：位于德黑兰的中央办公室、31个地方办公室、位于卡拉季（Karaj）的教师培训中心、702个（永久性的）培训中心、12304所私立学校。

技术与职业培训组织（TVTO）的职责和使命主要有8项，包括：编制职教发展计划；筹建和发展教育中心；依据国家和行业标准开发课程、教学资料；按照职业、技术模型保证体系内的所有教育机构遵照行业标准，如培训人员、空间、设备/设施等；为培训参与者提供教育、职业咨询；依照规则监管所负责的教育中心；组织、协调世界技能竞赛；在国家、职教组织的人力需求方面进行基本的、实质有效的探索和

---

① UNESCO International Bureau of Education. World Data on Education. VII Ed. 2010/11. [DB/OL].http://www.ibe.unesco.org/fileadmin/user_upload/Publications/WDE/2010/pdf-versions/Islamic_Republic_of_Iran.pdf. 2010-09-20.

② Aliakbar Behbahani. Technical and Vocational Education and the Structure of Education System in Iran. Procedia Social and Behavioral Sciences 5(2010). 1071-1075.

研究。

（二）教师

伊朗尊师重教，重视教师的培养和选拔，伊朗小学和初中教师需有副学士学位，由教师培训中心培养，学制2年；高中老师须有本科学位，并由大学或教师培训类大学负责培训；伊朗还有专门负责大学教师培训的大学：University of Tarbiat Modarres，该学校在伊朗教育部排名第二，开设有硕士、博士学位课程。教师培训只在公立高校进行。伊朗对教师要求高，除入职资格要求外，教师需通过面试和公开选拔。

伊朗5月2日为教师节，每年教师节，全国评选模范校长和教师，男女各136名，并在德黑兰举行特别仪式，政府领导向模范人物赠送礼物和感谢信。为了吸引最好的教学人员，使教师能够集中力量进行教育，教师薪酬与公职人员相同。教师薪酬根据1990年“国家雇员协调支付法”提供，并给予特别待遇，教师每四年晋升一档工资，另外，教师每年加薪一次，加薪标准根据教师绩效进行评估，为工资（不包括津贴）的3%至5%。此外，教师还享有一定工资比例的教育津贴：小学25%，初中和理论类高中25%，职业院校35%，教师培训中心45%。

教师的假期与公职人员相同，其中包括周末、法定假日、年初假，以及带薪年假。教师并不像学生那样享受长假，但在学生长假期间，教师没有教学任务，通常要参加校外的培训。教师一周的工作量是24—28小时。

五、职业技术教育与培训的诉求与发展趋势

1979年，伊朗爆发了伊斯兰革命，伊朗的世俗化受到了巨大冲击，伊朗建立起教法学家统治的政权，教权统治与民主政治相结合。伊朗教育实行“全面伊斯兰化”的宗教课程，伊斯兰教相关内容成为重要的教学内容，依据学生不同的年龄和性格来培养他们伊斯兰价值观以及相应的技能，以使学校教育为伊朗的民族发展奠定基础。据统计分析，小学2至5年级的教科书中，涉及伊斯兰信仰的占40%[①]。

现代民族国家在形成与发展过程中，大都经历了教育世俗化，即教育的控制权由教会转向国家，并将宗教内容排除在公共教育之外。[②]职业技术教育与培训，以培训第一线的技术应用人才为目标，相比其他教育类型，目标更加清晰和明确，可进行更深刻的世俗化改革。

伊朗现任总统鲁哈尼（2013年8月上任）推行温和务实的政策，并加大了对外开放的力度。伊朗的政治体制在稳定的前提下呈现出一定的活力和弹性。[③]伊朗职业教育应该以更加开放的姿态，加强国际交流与合作，引进国际相关通用标准，开发课程标准和培

① 白娴棠．神圣与世俗的融合：土耳其与伊朗中小学的宗教教育实施现状[J]. 世界宗教文化．2016(5): 56-60.

② 同上。

③ 冀开运等．伊朗蓝皮书：伊朗发展报告（2015—2016）[M]. 社会科学文献出版社．

训体系，提升职业教育的现代化水平。

（深圳职业技术学院　技术与职业教育研究所　罗　欢
深圳职业技术学院　联合国教科文组织职业技术教育与培训联系中心　王冰峰）

主要参考文献

[1] 中华人民共和国外交部 [EB/OL]. http://www.fmprc.gov.cn/web/gjhdq_676201/gj_676203/yz_676205/1206_677172/1206x0_677174/.2017-09-20.

[2] 付国凤 . 伊朗教育的现代化历程 [J]. 赤峰学院学报 (汉文哲学社会科学版). 2012 (11) : 216-218.

[3] 白娴棠 . 神圣与世俗的融合 : 土耳其与伊朗中小学的宗教教育实施现状 [J]. 世界宗教文化 . 2016 (5) : 56-60.

[4] 吴成 . 职业技术教育在伊朗社会发展中的作用 [J]. 河南职业技术师范学院学报 (职业教育版). 2007 (2) : 75-77.

[5] 曾子达 . 伊朗职业技术教育的改革与发展 [J]. 职教论坛 , 1995 (2) : 49-49.

[6] 吴成 . 简论伊朗职业技术教育的 "迁徙计划"[J]. 河南职业技术师范学院学报 (职业教育版), 2007 (4) : 71-73.

[7] UNESCO International Bureau of Education. World Data on Education. VII Ed. 2010/11.[DB/OL].http://www.ibe.unesco.org/fileadmin/user_upload/Publications/WDE/2010/pdf-versions/Islamic_Republic_of_Iran.pdf. 2010-09-20.

[8] 伊朗技术与职业教育组织官方网站 . http://english.irantvto.ir/. 2010-09-20.

[9] UNESCO International Bureau of Education. World Data on Education. VII Ed. 2010/11.

[10] Aliakbar Behbahani. Technical and Vocational Education and the Structure of Education System in Iran. Procedia Social and Behavioral Sciences 5 (2010). 1071-1075.

[11] 白娴棠 . 神圣与世俗的融合 : 土耳其与伊朗中小学的宗教教育实施现状 [J]. 世界宗教文化 . 2016 (5) : 56-60.

[12] 冀开运等 . 伊朗蓝皮书 : 伊朗发展报告 (2015—2016) [M]. 社会科学文献出版社 .

伊拉克共和国

一、国家概况

（一）地理

伊拉克共和国（The Republic of Iraq），简称伊拉克，位于亚洲西南部，阿拉伯半岛东北部。北接土耳其，东临伊朗，西毗叙利亚、约旦，南接沙特、科威特，东南濒波斯湾。幼发拉底河和底格里斯河自西北向东南流贯全境。国土面积共 43.83 万平方千米，海岸线长 60 千米。除东北部山区外，属热带沙漠气候。石油、天然气资源丰富。国内可耕地面积占国土总面积的 27.6%，农业用地严重依赖地表水，主要集中在底格里斯河和幼发拉底河之间的美索不达米亚平原。探明石油储量达 1530 亿桶，居世界第 5 位。天然气储量约 3.7 万亿立方米，居世界第 12 位。磷酸盐储量约 100 亿吨。①

全国行政区共分 18 个省，分别是巴格达、尼尼微、巴士拉、巴比伦、穆萨纳、纳杰夫、安巴尔、瓦西特、米桑、济加尔、卡迪西亚、卡尔巴拉、迪亚拉、萨拉赫丁、基尔库克、苏莱曼尼亚、埃尔比勒、杜胡克。首都设在巴格达。

（二）人文

伊拉克所处的底格里斯河、幼发拉底河两河流域具有悠久的文明。公元前 3000 年中叶，两河流域最早的居民苏美尔人创造楔形文字、60 进制计数法和圆周分割率。此后，伊拉克经历了古巴比伦王国、亚述帝国、波斯、安息等王朝统治。1534 年起，奥斯曼帝国开始统治两河流域，直到第一次世界大战期间。1920 年，伊拉克沦为英国的“委任统治地”。1958 年，以卡塞姆为首的自由军官集团发动军事政变，推翻费萨尔王朝，宣布成立伊拉克共和国。

此后，伊拉克共和国步入不稳定时期。1979 年，萨达姆全面掌权。次年，历时 8 年的两伊战争爆发。1990 年，伊拉克入侵并吞并科威特引发海湾战争。联合国对伊拉克实施了近 13 年制裁。2003 年，伊拉克战争爆发。同年，美军攻占巴格达，萨达姆政权被

---

① 中华人民共和国外交部 . 伊拉克共和国概况 [EB/OL].http://www.fmprc.gov.cn/web/gjhdq_676201/gj_676203/yz_676205/1206_677148/1206x0_677150/.2017-8-11.

推翻。2008年12月，美伊双方签署《美伊友好合作战略框架协议》和《驻伊美军地位协议》，并于2009年1月起生效。2009年至2011年，美国逐步从伊拉克撤出作战部队。

2003年，美驻伊拉克当局任命25名伊各派人士组成伊拉克临时管理委员会（简称"临管会"），并于次年成立伊拉克临时政府。2014年，联合国安理会一致通过决议全面恢复伊拉克主权，结束对伊拉克占领。2005年12月，伊拉克选举产生战后首届正式议会。目前，伊拉克已组建战后第三届政府。

伊拉克共和国人口数量为3600万，其中阿拉伯民族约占78%（什叶派约占60%，逊尼派约占18%），库尔德族约占15%，其余为土库曼族、亚美尼亚族等。官方语言为阿拉伯语和库尔德语。居民中95%以上信奉伊斯兰教，少数人信奉基督教等其他宗教。旅游资源丰富，主要旅游点有乌尔城（公元前2060年）遗址、亚述帝国（公元前910年）遗迹和哈特尔城遗址（俗名"太阳城"），位于巴格达西南90公里处的巴比伦是世界著名的古城遗址，"空中花园"被列为古代世界七大奇迹之一。

20世纪70年代石油收入增长，伊拉克在城乡建立了比较健全的医疗系统，人民生活也有较大幅度提高。海湾战争后，人民生活水平急剧下降。伊拉克战争后，由于经济重建进展较为缓慢、安全局势恶化，人民生活水平提升仍相当缓慢。目前有20%人口生活在贫困线（每天2美元）以下，供电能力只有需求的一半，还有20%的地方未通自来水。货币为新伊拉克第纳尔（NID）。①

（三）经济

伊拉克战争后，经济重建任务繁重。联合国安理会于2003年5月通过第1483号决议，取消对伊拉克除武器禁运以外的所有经济制裁。伊拉克重建重点是恢复和发展能源、教育、卫生、就业、供电、供水、食品等领域。但由于安全局势不稳，基础设施严重损毁，经济重建进展缓慢。2015年经济增长率为–2.4%。2016年国内生产总值（GDP）为1670亿美元，人均国内生产总值为4361美元，实现了11%的经济增长，外汇及黄金储备达到441.5亿美元。

能源产业占国民经济主导地位，石油出口收入约占国内生产总值的45%，是政府收入的90%。伊拉克战争结束后，石油生产逐渐恢复，迄今已举行4轮油气田开发招标。2017年4月，原油日产量442.6万桶，石油日均出口量约325.2万桶。农业方面，可耕地面积占国土面积四分之一，农业人口占全国总人口的1/3，主要农作物有小麦、大麦和椰枣等，但粮食不能自给。此外，伊拉克战后实行了开放的外贸政策，对大部分进口商品免征关税。近几年外贸进出口额呈现逐年下降的趋势，其中2016年出口额为447亿美元，进口额为433亿美元。②

① 中国一带一路网. 伊拉克 [EB/OL]. https://www.yidaiyilu.gov.cn/gbjg/gbgk/853.htm.2017-8-11.

② 中华人民共和国外交部. 伊拉克共和国概况 [EB/OL].http://www.fmprc.gov.cn/web/gjhdq_676201/gj_676203/yz_676205/1206_677148/1206x0_677150/.2017-8-12.

（四）教育

早在公元 8 世纪至 13 世纪，巴格达就成为西亚和阿拉伯世界的政治经济中心和文人学士荟萃之地，但海湾战争后，伊拉克教育经费不足，师资严重匮乏。同时，由于人民生活困难，伊拉克适龄儿童和青年（6—23 岁）入学率大幅下降，教育严重滑坡。15 岁以上拥有读写能力的人口占总人口的 78.5%。[①] 伊先实施 6 年制义务教育，适龄儿童小学入学率为 98%，但中等和高等院校入学率仅为 45% 和 15%。成人识字率为 74.1%。全国有 20 所大学和 44 所专科院校，大学有巴格达、巴士拉、摩苏尔等大学。[②]

目前，伊拉克政府在大力发展教育，资助除私立大学以外的所有教育机构。伊拉克的教育体系包括两个部门。一是教育部，工作重点为幼儿园、小学和中学的学生事务；二是高等教育和科学研究部，工作重点为本科生、研究生和博士生。

根据教育层次分类，教育部门在幼儿教育阶段为 4—5 岁的儿童提供服务，占该年龄段儿童总数的 7%。初等教育从 6 岁开始，学制 3 年。中等教育包括初中和高中，年限各 3 年。高等教育分 5 个专业，分别是科学、文学、工业、农业和贸易。通过教育部考试的学生可以进入大学或专科学院学习，也可以凭借考试总成绩通过竞争选择自己喜欢的学院或系。理科中的医学和工程专业及文科中的法律和文学专业竞争非常激烈。[③]

二、职业技术教育与培训的战略与法规

（一）战略

伊拉克曾经一度是阿拉伯国家地区职业教育的先驱，然而，其职业教育体系在 20 世纪 90 年代被毁，现在正在慢慢重建。2003 年战争以来，由于政治形势动荡，伊拉克政府一直没有发布官方的职业教育政策或战略。虽然如此，政府仍希望通过其职业教育体系解决社会失业率高居不下的问题。在联合国教科文组织、联合国人居署及德国政府等多方世界力量协助下，规划了最终实现“终身教育”目标的职业技术教育与培训战略体系。战略体系主要包括三个方面，分别是构建多方协作的职业技术教育与培训治理体系、提升职业技术教育与培训质量及增进职业技术教育与培训和劳动力市场的对接。具体措施包括：

· 多方共同协商制定职业技术教育与培训发展战略，构建职业技术教育与培训的“协作机制”，促进高等教育研究机构、教育部及社会各部门相互合作，促进私营企业和雇主团体积极参与；

· 建立职业技术教育与培训质量保证机构；

· 结合劳动力市场，制定合理的课程开发机制；

① 中国驻伊拉克大使馆经济商务参赞处．对外投资合作国别（地区）指南——伊拉克：商务出版社，2014.

② 中国一带一路网．伊拉克 [EB/OL]. https://www.yidaiyilu.gov.cn/gbjg/gbgk/853.htm.2017-8-17.

③ 中华人民共和国外交部 [EB/OL].http://www.fmprc.gov.cn/web/gjhdq_676201/gj_676203/yz_676205/1206_677148/1206x0_677150/.2017-8-12.

· 加强职业技术教育与培训在职教师培训，为杰出教师制定奖励机制；
· 完善职业技术教育与培训硬件设备设施，包括建筑、多媒体设备等；
· 鼓励社会多方对职业技术教育与培训的参与和投资；
· 加强职业技术教育与培训信息化建设，促进专业知识交流等。

（二）法规

伊拉克的职业教育立法框架通常包含在应对教育问题的法律法规之中。例如：2005年的《宪法》规定所有伊拉克公民具有免费接受所有阶段教育（包括职业教育）的权利。教育部《1998年法案34号（2005年修正法28号）》对该部的组织结构（包括其技术教育部）作出了规定。教育部包括部长办事处、三个副部长办事处（高管、技术和行政）、法律事务局、十二个中央总局（包括课程总局和评估考试总局）和一些部门、团体、机构以及办公室。[1]

三、职业技术教育与培训的体系与质量保障

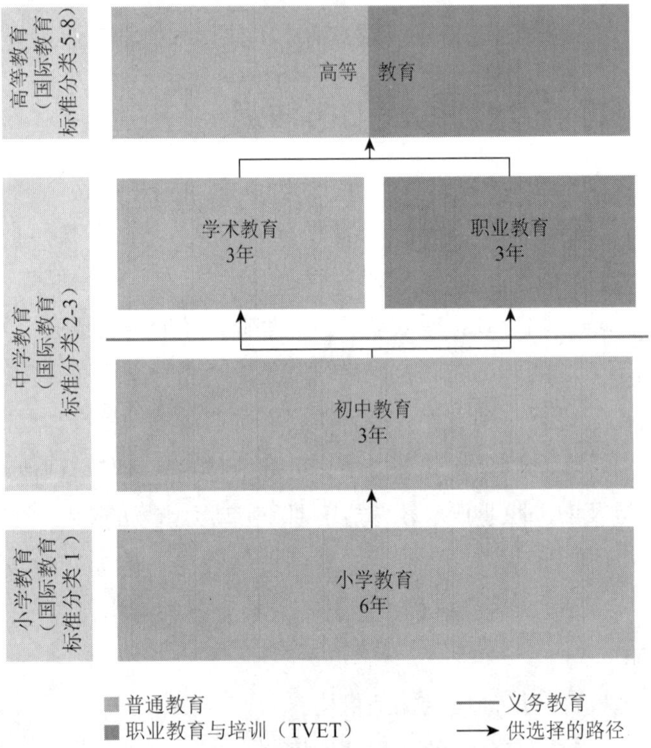

图1 伊拉克职业教育与培训体系结构[2]

① 联合国教科文组织国际职业教育与培训中心：伊拉克 . http://www.unevoc.unesco.org/wtdb/worldtvetdatabase_irq_en.pdf.2017-8-1.

② UNESCO-UNEVOC 国际职业技术教育及培训中心编制方案。选自伊拉克教育部的教育研究中心：《教育发展》伊拉克国家报告，巴格达，2011。

（一）体系

伊拉克从中学教育的预备阶段开设职业教育课程，供完成初中阶段的学生选择。职业学校提供工业研究、商业研究、农业研究和家庭科学领域的课程，涉及 21 个专业。职业课程为期 3 年（10—12 年级），通过国家考试后颁发职业高中文凭。国家考试前 10% 的学生可以继续攻读技术学院的学位课程。

中学后职业教育课程的特点是注重实践应用，占学习时间的 50%—70%，在各机构的车间、实验室或是企业、办公室或医疗机构的实习场所进行学习。教学领域覆盖 60 个区域，涉及工程、管理、医学、农业和应用艺术专业。完成中学教育（职业或正规学校），学生们可以选择不同的职业教育方向：技术学校，学制 2 年，颁发技术文凭；技术学院，学制 4 年，颁发技术学士学位。

传统大学和技术学院所授课程的主要区别是后者的理论课较少，应用课多，并接收中学教育阶段成绩相对较低的学生。技术学院还提供授予硕士学位的 2 年课程。从技术学院获得学士学位的学生可以攻读任何一所传统大学的硕士学位，而持有技术学院的硕士学位的学生则可以继续在任何一所大学攻读博士学位。此外，技术大学提供不同专业领域为期 4 年的课程，毕业后授予理科学士学位。①

（二）保障

2015 年，在联合国教科文及欧盟的协助下，伊拉克开始建构自己的国家资格框架，以此提供给学生多向教育选择的机会。国家资格框架认可所有职业技术教育与培训课程证书，并将其纳入普通教育制度之中。

此外，采用累积学分的方式，增强高等职业技术教育体系的灵活性，促进学生自由选择课程与院校，合法认可他们的绩效技能。同时，这也简化了职业技术院校与大学之间的学分转换。目前，伊拉克共和国中等职业教育及中等后职业教育对应资格如表 1 所示：

表 1

课程	时间	资格	课程	时间	资格
职业学校	3 年	职业高中文凭（职业教育学位）	技术学院	2 年	硕士学位
技术机构	2年	技术文凭	技术大学	4 年	理学学士
技术学院	4年	技术学士（文学学士、理学学士和工学学士）			

而质量保障对伊拉克职业教育部门来说是一个新概念。2005 年，新的质量研究单位作为技术学院管理机构的一部分在巴格达创建，其目标是②：发展管理、财会、经济和统

① 联合国教科文组织国际职业教育与培训中心：伊拉克 . http://www.unevoc.unesco.org/wtdb/worldtvetdatabase_irq_en.pdf.2017-8-1.

② 同上。

计领域的科学研究；经营培训机构，为产业公共服务组织提供质量保证。为达成质量保障的目标，课程设计、教师能力、学习资料、硬件设施、信息化建设等影响因素的发展被放入伊拉克职业技术教育与培训发展战略规划中逐步推进。

四、职业技术教育与培训的治理与教师

（一）治理

伊拉克《宪法》规定将更多的权力下放到多方多部门，教育和培训等服务机构履行行政权力，中央行政机构持有总体规划、监督和评估权力，以促进职业技术教育改革。目前，中央行政机构主要包括：高等教育和科学研究部，代表机构是其旗下的技术教育基金会；教育部，代表机构是其旗下的技术教育部。高等教育和科学研究部负责制定高等教育政策、监督负责高等教育系统运作的组织机构。技术教育基金会负责管理27个技术学校、16个技术学院和高等教育机构。

教育部负责建立和管理职业学校并具有以下职能：制定教育政策并规划和监督执行、课程开发、教师和其他教育人员管理、教育研究和创新、职业指导标准开发与咨询、评价和考试标准的制定，以及与地方、国家和国际合作伙伴和投资人的协调和合作。18个省的教育总局负责提供教育服务、教师培训和就业、学校的重建与维护、以及与省教育委员会协调工作，地区设有教育办事处。

其他一些部门如劳工和社会事务部、工信部、国防部、卫生部、交通运输部、农业和灌溉部以及石油部也面向不同的目标群体运营机构或开设职业课程。例如，劳工和社会事务部在全国各地专业中心开设很多培训班。交通部、石油部也开办颁发文凭的技术机构。[①]

（二）教师

职业教育教师应持有大学学历。大多数职业教育的专业教师会在获得技术机构的为期2年的文凭后，前往巴格达直属技术教育部的技术大学继续深造3年。Zafaraniya技术机构是国内唯一培训工业教师的机构。同样，农业教师在农学院接受培训，商业教师在商业管理或经济学院进修。通常专业授课培训需要5年（10—14年级）或2年（13—14年级）。通常教师培训机构招收初中毕业生。在他们完成9年级学业后，为其提供5年教师预备课程：包含3年普通教育和2年专业课程。

教育部的目标是提高教师教育的质量，它将教师机构纳入师范院校，并在教师职前培训机构中开设了教学实践课程。该部还关注在职培训课程，并为教师提供培训机会。这些职业教育教师培训课程主要包括：教学方法、教育心理学、学科教学论和学校管理。

① 联合国教科文组织国际职业教育与培训中心：伊拉克[EB/OL].http://www.unevoc.unesco.org/wtdb/worldtvetdatabase_irq_en.pdf.2017-8-1.

教育部为培养合格教师，主要采取了以下步骤[①]：（1）强化教育培训与发展机构以及政府部门的职前和在职培训，并提供所需的人力、财力和物资源；（2）培训类型和方法多样化并采用现代技术，并与科学和专业协会、工会、高校以及培训中心协调合作；（3）采纳创新项目，例如通过函授和视频方式进行培训；（4）发展省级手工和科学中心；（5）利用现代测评技术提高课程效率；（6）加强培训课程和校方之间的联系。

五、职业技术教育与培训的诉求与发展趋势

伊拉克的职业技术教育与培训制度多年来受限于乏力的政策制定和有限的预算分配。目前面临的主要问题包括教育基础设施和设备不足，课程设置与劳动力市场需求不相关，缺乏实质的技术培训，不同部门的责任分散，教师质量低下，没有知识和技能更新，学生数量减少，青年和成年人在终身职业教育培训中的机会不足，组织结构和伙伴关系薄弱，资源调动、分配和利用率低下等等。

近年，伊拉克政府和一些国际组织多方合作，包括联合国教科文组织、美国国际开发署、美国军方、英国文化协会、德国国际合作组织以及意大利和法国的一些组织，致力于重建基础设施和增强技术教育基础。其他组织为失业的青年和前民兵成员等特殊群体进行培训。国际组织现在正将关注重点转向资金筹集、培训岗位、政策对话和战略计划。例如，联合国教科文组织一直在帮助高等教育和科学研究部下属技术教育基金会和劳动和社会事务部下属职业技术中心提高伊拉克职业教育体系的质量，以帮助伊拉克解决青年失业问题、职业技术教育发展规划问题及相应的职业教育质量改善问题。

未来，伊拉克发展职业技术教育与培训的重点工作：一是在于加强职业教育系统和劳动力市场的联系，通过重新审议和建立职业教育机构和劳动力市场伙伴关系，重新梳理现行的职业教育体系；二是设计满足劳动力市场需求的职业教育课程，以确保职业技术教育与培训质量；三是提升职业教育师资的能力，为增强职教吸引力增加砝码；四是建立新的职业教育财政系统，为学校基础设施建设提供财政保障；五是加强网络信息化建设，运用现代教学手段促进专业交流，[②]以将职业教育转变为伊拉克经济增长，增加就业和改善社会凝聚力的关键推动因素。

（深圳职业技术学院　技术与职业教育研究所　李亚昕）

① 伊拉克劳动力市场需求报告 [EB/OL].http://www.unevoc.unesco.org/fileadmin/user_upload/pubs/Report_Iraq.pdf.July,2016.

② 同上。

主要参考文献

[1] 中华人民共和国外交部 .http://www.fmprc.gov.cn/web/gjhdq_676201/gj_676203/yz_676205/1206_677148/1206x0_677150/.

[2] 中国一带一路网 . https://www.yidaiyilu.gov.cn/gbjg/gbgk/853.htm.

[3] 联合国教科文组织国际职业教育与培训中心：伊拉克 [EB/OL].http://www.unevoc.unesco.org/wtdb/worldtvetdatabase_irq_en.pdf.2017-8-1.

[4] Arsalan A. (2006). Technical Colleges in Iraq. Stockholm: Swedish National Agency for Higher Education. Accessed: 04 November 2013.

[5] 伊拉克劳动力市场需求报告 [EB/OL].http://www.unevoc.unesco.org/fileadmin/user_upload/pubs/Report_Iraq.pdf.July, 2016.

[6] British Council (2013). Overview of Vocational Education Training System. London: British Council. Accessed: 04 November 2013.

[7] Ministry of Higher Education and Scientific Research and Foundation of Technical Education (2011). Development and Future Vocational Training Plans in Iraq, the Possibilities for Cooperation with German Institutions and Education Providers. Berlin: Arab-German Chamber of Commerce and Industry e.V. Accessed: 04 November 2013.

[8] Nuffic (2012). Country Module Iraq, Evaluation of Foreign degrees and Qualifications in the Netherlands. The Hague: Netherlands Organisation for International Cooperation in Higher Education. Accessed: 04 November 2013.

[9] UNESCO (2013). TVET Technical and Vocational Education and training, Projects. UNESCO Office for Iraq in Amman: UNESCO. Accessed: 04 November 2013.

土耳其共和国

一、国家概况

（一）地理

土耳其共和国（Republic of Turkey），简称土耳其，地跨亚、欧两大洲，东邻格鲁吉亚、亚美尼亚、阿塞拜疆、伊朗，东南与伊拉克、叙利亚接壤，西临爱琴海、地中海并与希腊和保加利亚接壤，西北部有马尔马拉海，北临黑海，是连接欧亚的十字路口，地理位置与地缘政治极为重要。

土耳其国土面积 78.36 万平方千米，居世界第 37 位，其中 97% 位于亚洲的小亚细亚半岛，3% 位于欧洲的巴尔干半岛。海岸线长 7200 千米，森林面积 22 万平方千米，陆地边境线长 2648 千米。土耳其行政区划等级为省、县、乡、村，全国共分为 81 个省、约 600 个县、3.6 万多个乡村，首都设在安卡拉，为全国政治中心与第二大城市，最大城市为伊斯坦布尔。南部沿海地区属亚热带地中海式气候，内陆为大陆型气候。横跨亚欧大陆的土耳其，是古丝绸之路通往欧洲的门户，是当今西亚、中东地区海、陆、空交通枢纽，也是“一带一路”建设的重要组成部分。①

（二）人文

土耳其人史称突厥，公元 8 世纪起由阿尔泰山一带迁入小亚细亚，13 世纪末建立奥斯曼帝国，16 世纪达到鼎盛期，20 世纪初沦为英、法、德等国的半殖民地。1919 年，凯末尔领导民族解放战争反抗侵略并取得胜利，1923 年 10 月 29 日建立土耳其共和国，凯末尔当选首任总统。土当前为总统共和制，其建国日即为每年的10月29日。当前，土耳其执政党为正义与发展党（以下简称“正发党”），总统为雷杰普·塔伊普·埃尔多安。②土耳其政府机构设有总理府、20 个部、7 个直属总局等，职业技术教育总局即为其中之一。

---

① 中国一带一路网．土耳其 [EB/OL]. https://www.yidaiyilu.gov.cn/gbjg/gbgk/836.htm.2017-9-15.

② 中华人民共和国外交部．土耳其共和国概况 [EB/OL]. http://www.fmprc.gov.cn/web/gjhdq_676201/gj_676203/yz_676205/1206_676956/1206x0_676958/.2017-9-16.

土耳其人口共7874万，其中土耳其族占80%以上，库尔德族约占15%。官方语言为土耳其语。土耳其99%的居民信奉伊斯兰教，其中85%属逊尼派，其余为什叶派（阿拉维派）；少数人信仰基督教和犹太教。[①] 土耳其名胜古迹众多，较为著名的有特洛伊、埃菲斯古城遗址等。

（三）经济

土耳其货币为里拉。20世纪80年代实行对外开放政策以来，土耳其经济实现跨越式发展，经济基础由较为落后的传统农业国向现代化的工业国快速转变。自2002年正发党上台以来，土耳其加大基础设施建设投入，不断改善投资环境以吸引外资，大力发展对外贸易，经济建设取得较大成就。2003年至2015年，土耳其经济总量从3049亿美元增长至7200亿美元；人均国民收入从4559美元增至9261美元。2016年一季度土耳其国内生产总值同比增长4.8%。[②]

土耳其矿产资源丰富，主要有天然石、大理石、硼矿、铬、钍和煤等，总值超过2万亿美元。其中，天然石和大理石储量占世界40%，品种数量均居世界第一。三氧化二硼储量7000万吨，价值3560亿美元；钍储量占全球总储量的22%；铬矿储量1亿吨，居世界前列。此外，黄金、白银、煤储量分别为516吨、1100吨和155亿吨。石油、天然气资源匮乏，需大量进口。水资源短缺，人均拥水量只有1430立方米。

土耳其近两年受欧洲经济危机、中东地区乱局影响，经济增速放缓，失业率及通胀率有所抬头。土耳其工业基础好，主要有食品加工、纺织、汽车、采矿、钢铁、石油、建筑、木材和造纸等产业。农业上的主要产品有烟草、棉花、稻谷、橄榄、甜菜、柑橘、牲畜等。粮棉果蔬肉等主要农副产品基本实现自给自足，粮食自给率98.8%。近年来，农业机械化程度提高，机耕面积不断扩大，木材加工业发达。土耳其旅游业发达，主要旅游城市有伊斯坦布尔、伊兹密尔、安塔利亚、布尔萨等，旅游胜地有卡帕多西亚、棉花堡等。

（四）教育

2012年3月，土耳其议会对义务教育制度进行改革，规定义务教育由原来的8年延长至12年，并改为小学4年，初中4年和职业专科学校4年的模式，其教育体系如下图1所示。

① 中国一带一路网. 土耳其 [EB/OL]. https://www.yidaiyilu.gov.cn/gbjg/gbgk/836.htm.2017-9-15.

② 同上。

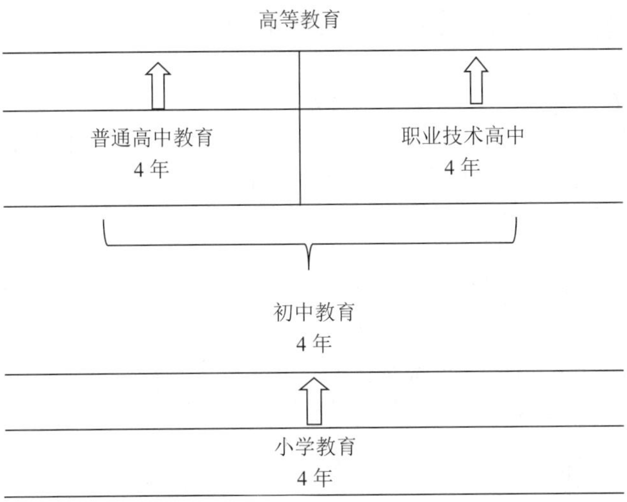

图 1　土耳其教育体系[①]

土耳其共有各类学校 5 万余所，在校学生约 1639 万人，教师约 89 万人。土耳其现有大学 193 所，著名高等学府有安卡拉大学、哈杰泰普大学、中东技术大学、比尔肯特大学、伊斯坦布尔大学、海峡大学、爱琴海大学等。[②]

土耳其各级正规教育服务基本上由公共教育机构提供。此外，也存在私立教育机构。个人、企业或其他类型的机构，例如协会、基金会等也可以开设和运营学前、小学和中学阶段的私立学校。私立教育机构应遵守和公立机构相同的教育安排和认证规定，诸如课程、教师资格、教学日 / 周 / 年的时间长度、教学评估、教学进度与文凭发放等方面。在高等教育阶段，只有基金会可以运营非营利性的私立教育机构。私立高等教育机构在满足特定条件的情况下，在一定限制内可以获得公共资金支持。虽然私立高等教育机构基本上都自主进行管理和运营，但是也必须遵守和公共教育机构相同的教育标准及相关规定。高等教育外的正规和非正规教育的相关行政法规和监管都由土耳其国家教育部负责。

土耳其国家教育部负责课程编制、教育机构之间的协调、学校建筑的施工建设等等。省级教育活动由教育部长委任的省教育厅长负责管理。中央和地方的地级或省级机关都要对教育机构进行监管。初等教育机构由省初等教育督察长执行监管，中等教育机构则由土耳其国家教育部委任的督察长执行监管。高等教育机构实行自主教育和研究。但是，他们每年必须向高等教育理事会提交报告，由高等教育理事会对高等教育进行规划和协调。每年，高等教育监事会将代表高等教育理事会对高等教育机构执行至少一次监察。

① 此图参考联合国教科文组织国际教育局（2011）下属国际职业技术教育与培训中心。《世界教育数据》（第 7 版），2010/2011 年。土耳其。日内瓦：联合国教科文组织国际教育局。

② 中国一带一路网 . 土耳其 [EB/OL]. https://www.yidaiyilu.gov.cn/gbjg/gbgk/836.htm.2017-9-15.

二、职业技术教育与培训的战略与法规

（一）战略

土耳其国家教育部负责职业技术教育与培训战略的制定，在职业教育作用越来越重要的前提下，土耳其职业教育发展的战略目标主要是：

（1）满足劳动力市场的需求；

（2）共同创建多元参与的模式；

（3）提升职教毕业生的国际就业能力；

（4）提升职教本身的可持续发展能力。

（二）法规

（1）1973 年第 1739 号法律《国民教育基本法》：规定了教育的宗旨、基本原则和一般结构。该法明确了对各级教育机构、教育工作者、学校基础设施、教材和设备的要求，以及相关机构的职责和责任。

（2）1982 年《宪法（第 10、24、42、62、130、131 条）》：规定了国家在教育和培训方面的基本责任。

（3）1986 年第 3308 号法律《学徒制和职业培训法》：（已通过第 4702 号法律《职业教育法》进行修订）获得实施，旨在改善职业技术教育与培训的质量。

（4）2006 年《第 5544 号法律》：依据此法建立了职业资格中心，目的是根据国内外职业标准确立职业技术教育与培训的国家资格框架。

（5）2006 年《非正规教育机构法令》：对公开课、普通科学文化课程、研讨会及展览等非正规教育活动做出了相关规定。

（6）2001 年《第 4702 号法律》：对现有法律进行了修订，且规定了应建立由职业技术教育与培训机构组成的职业技术教育区。该法规定职业技术教育与培训机构毕业生可以继续接受两年的高等教育。[①]

三、职业技术教育与培训的体系与质量保障

（一）体系

土耳其的职业技术教育与培训主要从高中阶段开始，其分为普通高中和职业技术高中，学制至少为四年，包括 9 年级至 12 年级，学生年龄段为 14 至 17 岁。有些教育机构采用 5 年制，其中包括 1 学年的外语预备学习。普通高中和职业技术高中都包括以外语教育为主的机构，例如安纳托利亚语高中、安纳托利亚语职业高中等等。这两类教育机构与其他教育机构的基本区别在于外语课程数量更多，而且有些自然科学课程也是用外语教授的。普通高中和职业技术高中包括多样化的教育机构，类别有 30 种以上。

① UNESCO-IBE (2011). World Data on Education VII Ed. 2010/11. Turkey. Geneva: UNESCO-IBE.

高中教育的目标是向学生传授全面的基本常用知识，使之熟悉个人和社会方面的问题并寻求解决方法，确保他们获得有利于土耳其社会经济和文化发展的认知，并且按照自身的兴趣爱好和能力资质为继续接受高等教育或获得谋生的工作和职业做好准备。

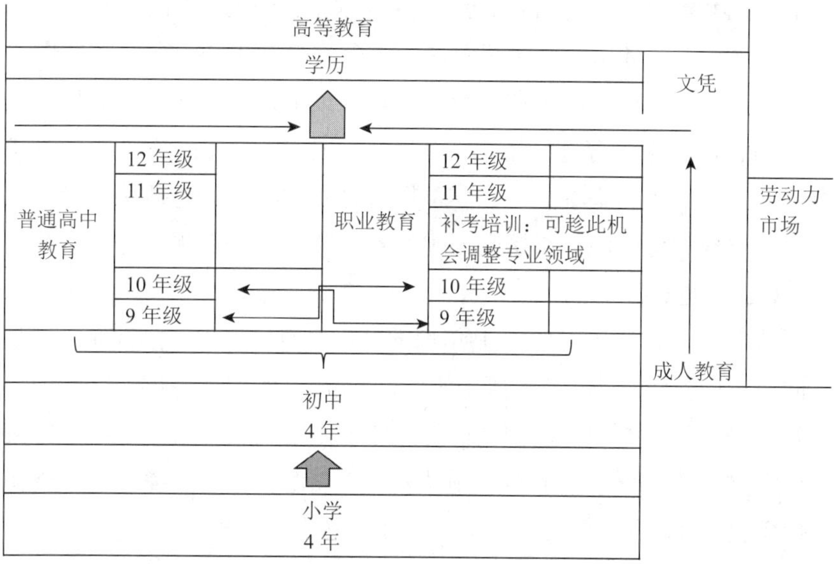

图 2　土耳其职业教育与培训体系①

土耳其职业技术教育与培训体系包括两个主要方向：理论方向（学校培训）和实践方向（公司内部培训）。职业技术教育的政策和活动主要由土耳其国家教育部按照 1986 年开始实施的《第 3308 号法律》的框架和 2001 年开始实施的《第 4702 号法律》负责执行，其中后一部法律对职业教育体系进行了改革，与工商业领域建立了新的更加紧密的合作关系。此职业教育体系包括：

· 228 种职业的培训：提供获得专业工人和技师资格的直接或间接方式。

· 学徒制培训：主要由企业内提供的实践培训与职业教育中心提供的理论培训相结合。

· 非正规教育：主要通过职业教育中心提供。非正规教育按照国民教育的一般目标和基本原则，向从未接受过或仅接受过有限程度的正规教育或已经停止接受正规教育的公民提供教育服务。

这种职业技术教育与培训是集中提供的，课程大纲全国统一，须经全国教育委员会审批。教育部委任的省教育厅长负责监管各个省的职业技术教育与培训并向教育部汇报。

土耳其高等教育体系由大学和高等技术学院组成。所有高等教育机构都附属于大学或高等技术学院。唯一的例外是一些由基金会运营的高等职业学院。目前，这种高等职业学院有 8 所。大学和高等技术学院包括提供 2 年制大专文凭的职业学院；提供 4 年制学士学

① 此图由联合国教科文组织国际教育局（2011）下属国际职业技术教育与培训中心编写。《世界教育数据》（第 7 版），2010/2011 年。土耳其。日内瓦：联合国教科文组织国际教育局。

位的职业高等学院；提供硕士学位的5到6年制专业学院（医疗和牙医专业）；以及提供硕士或博士学位的研究所（研究院）。大学和高等技术学院在管理和资金来源方面分为两类：公立类和私立（基金会运营）类。基金会运营类高等教育机构的学生仅占全部高等教育学生的8.3%。基金会运营类高等教育机构的研究生（硕士和博士）占比为5.7%。

土耳其非正规教育服务由终生学习总局通过公共教育中心、职业教育中心、旅游教育中心、成人研究所及开放式高中和职业技术学校提供，其形式包括短期课程、公共培训、学徒制培训和在国家教育部的协调下运营的公立和私立院校提供的远程学习课程。按照国家教育的一般宗旨和基本原则，非正规教育面向的对象包括从未接受正规教育或仅接受过有限的正规教育或已停止接受正规教育的公民。非正规教育可能与正规教育一起进行，也可以独立进行。①

随着义务教育延长至12年，学徒制培训的结构也有所变更。学徒制培训是一种双重培训制度，同时在职业培训中心提供理论培训并且在工作现场提供实践培训。学生必须是初中毕业且须进入开放式职业高中就读。这些学生继续在开放式职业高中接受高中教育期间，可以参加职业教育中心的学徒制计划。学徒制培训的对象是在正规初中教育之后无法继续接受教育或出于各种原因停止接受正规教育的公民。②

（二）保障

在国家层面，负责职业技术教育与培训的质量保证的机构为教育部。土耳其国家教育部负责为土耳其职业技术教育与培训提供法律、政策和制定计划。此外，它还负责审批提供上述任何类型的职业技术教育与培训的教育机构，但是高等教育职业学校除外。具体而言，由教育部的技术与职业教育总局管理、指导与监督。

<table>
<tr><td>女子职业教育总局</td><td rowspan="4">职业技术教育总局</td></tr>
<tr><td>男子职业教育总局</td></tr>
<tr><td>贸易与旅游教育总局</td></tr>
<tr><td>健康教育部门</td></tr>
<tr><td>学徒制和非正规教育总局</td><td>终身学习总局</td></tr>
</table>

图3　土耳其职业教育管理体系

在高等教育阶段，对高等教育机构的监管由高等教育监督委员会执行。该委员会是高等教育理事会的一个部门，负责对大学、附属单位、学术工作者及其活动进行外部评估。2005年，土耳其实施了《高等教育机构学术评估和质量改进条例》。该条例规定了

① Akkök, F (2011). 正规和非正规学习认证欧洲汇总报告——土耳其. 布鲁塞尔：欧洲委员会.[Akkök, F (2011). European Inventory on Validation of Informal and Non-formal Learning-Turkey. Brussels: European Commission.]

② 全国职业技术教育与培训数据库：土耳其. 编制：UNESCO–UNEVOC 联合国教科文组织国际职业技术教育与培训中心.www.unevoc.unesco.org.2015年11月.

对于学术和研究评估的要求，以及对于高等教育机构行政管理服务的监督要求。

此外，土耳其正在参照欧洲资格框架，制定一个全面的土耳其资格框架。此框架的各个级别已经通过讨论，目前正在细化技术标准。这个全面的资格框架将使成人学习、初级职业技术教育与培训、中学教育、教师培训和高等教育等同级别资格实现全面对接，用于建立一个终身学习的认证框架。

土耳其资格框架还囊括了正在开发当中的三个子系统：一个是国家职业资格系统，自2007年起由职业资格中心开始实施；另一个是根据受经济部门推动的依据国家职业标准制定的职业资格质量保证系统；还有一个是在土耳其全国建立的行业奖励机构系统（职业测试中心），该系统为继续职业教育提供资格认证。目前，土耳其也在按照欧洲高等教育资格框架，制定自己的高等教育资格框架。高等教育理事会正在协调此项工作。国家教育部负责初级职业技术教育与培训资格、中学教育和教师资格的认证。①

四、职业技术教育与培训的治理与教师

（一）治理

土耳其国家教育部是负责土耳其教育的主要机构。土耳其国家教育部监管除高等教育之外的所有正规和非正规教育，对中央和地方级别（省级 / 区级）的教育进行管理。除了中央单位之外，土耳其国家教育部还在81个省800多个区设置了组织单位。每个省都有一个省级国家教育厅，每个区都有一个区级国家教育局。这些教育厅局负责管理各自省 / 区的教育服务。

土耳其国家教育部已依据2011年9月14日施行的第652号法律进行了重组。根据这部法律，教育部内4个不同的职业教育总局合并成了一个唯一的总局。

以下是职业技术教育总局的职责：

（1）监督并实施对职业技术教育学校与机构的管理政策；

（2）制定和从外部引进面向职业技术学校的教育与培训计划、教材、教具和设备，并将其提交给教育委员会；

（3）制订和实施改进职业技术教育的政策与战略并对实施情况进行协调，加强教育与就业的关系；

（4）完成国家教育部长指定的其他任务。

（二）教师

在土耳其，技术教育学院、职业教育学院和贸易与旅游教育学院原本用于为职业技术中等教育机构培养教师，由于近年来其毕业生面临的就业问题，在土耳其高等教育理

① ETF (2011).土耳其终身学习(LLL)资格框架(TQF)实施管理研讨会. [ETF (2011). Workshop on Implementation arrangements for the Turkish Qualifications’ framework (TQF) for Lifelong Learning (LLL). Accessed: 01 May 2013.]访问：2013年5月1日。

事会的建议下，土耳其议会决定关闭这些学校，在2009年11月13日，这3所院校正式关闭，取而代之的是名为技术学院、艺术设计学院和旅游学院的新学院。这些新学院将为学生提供工程方面的培训。此外，这些学院的毕业生如果学习了教育类课程，即可以到职业技术高中担任教师。[①]

五、职业技术教育与培训的诉求与发展趋势

土耳其地理位置优越，横跨欧亚大陆，与周边国家形成了天然的路上桥梁，是通往欧亚各主要市场最为高效和经济的出口。此外，土耳其自然资源丰富，金属矿产与石油天然气也均有可观储量。因此，土耳其制定了宏大的基础设施发展计划，仅2013年土耳其政府就投资了260亿美元用于基础设施的现代化发展，而在教育领域的投资排名第二，是仅次于交通运输的第二大投资领域。土耳其政府之所以在教育领域投入如此大的力度，主要是因为土耳其有着大量的年轻劳动力，这也是吸引外商的主要因素。土耳其是欧洲第三大人口大国，拥有大量的年轻劳动力，大约有2800万劳动力，约占总人数的36%，且土耳其的劳动力增长趋势还在持续，这使得该国成为了一个劳动力富足的国家。至2050年，土耳其人口预计将超过9300万人。正因如此，职业技术教育对土耳其而言至关重要，提升职业教育与培训的质量始终是土耳其国家教育部工作的重点。因此，土耳其未来职业技术的发展诉求主要包括以下几个方面：

（一）增强职业技术教育的服务能力

增强服务能力的关键在于如何加强学校和企业之间的沟通与联系，促进职业技术教育与培训的质量，帮助学生向工作与就业的过渡，改善职业教育的现状和吸引力。为此，"就业专业职业技术教育与培训中心"项目已于2010年6月签署实施。其旨在通过提高年轻人的素质，增强他们的就业能力。此项目由土耳其国家教育部、劳动和社会保障部、土耳其商业暨商品交易协会以及经济技术大学联合运营。此项目将改善81省140所职业技术中学的技术基础设施，为这些学校的教师提供在职培训，确定这81个省对于合格工作者的需求，以及对近100万名学员提供在职培训。

（二）推进职业技术教育质量改进项目

比如土耳其联合欧盟正在实施的质量改进项目（2011—2015），该项目投入约3300万欧元，以"质量、教育和沟通"为主题，目的是实现多元化的活动目标，从而促使土耳其的职业技术教育达到最新、合格、可衡量且可持续的发展水平，满足企业界和学生们的需求。此项目还致力于将土耳其的职业教育纳入质量保证体系。

---

① EURYDICE (2010). 欧洲教育与培训体系结构——土耳其 . 布鲁塞尔：教育、视听教学和文化执行机构 . [EURYDICE (2010). Structures of Education and Training Systems in Europe-Turkey. Brussels:Education, Audiovisual and Culture Executive Agency.]

（三）建立终身职业指导机制，完善终身学习体系

终身学习需求也是土耳其职业技术教育发展的重要需求，建立终身职业指导机制，可以让学生获得更好的职业选择，且在终身学习战略框架内职业培训更容易得到推广。土耳其亦将按照欧盟的做法，在终身学习方面建立结构性的框架，支持个人获得相关教育以增加就业机会，形成一个重视各种学习的体制，为终身学习提供支持，加强教育与就业之间的联系，同时促进与欧洲资格框架保持一致。①

（深圳职业技术学院　技术与职业教育研究所　李亚昕）

主要参考文献

[1] 中国一带一路网 [EB/OL]. https://www.yidaiyilu.gov.cn/gbjg/gbgk/836.htm.

[2] 中华人民共和国外交部 [EB/OL]. http://www.fmprc.gov.cn/web/gjhdq_676201/gj_676203/yz_676205/1206_676956/1206x0_676958/.

[3] 中国一带一路网 [EB/OL]. https://www.yidaiyilu.gov.cn/gbjg/gbgk/836.htm.

[4] 联合国教科文组织国际教育局 (2011). 世界教育数据：土耳其 . 第 7 版 .2010/2011. 日内瓦：UNESCO–IBE: UNESCO–IBE (2011). World Data on Education VII Ed. 2010/11. Turkey. Geneva: UNESCO–IBE.

[5] Akkök, F (2011). 正规和非正规学习认证欧洲汇总报告——土耳其 . 布鲁塞尔：欧洲委员会 . [Akkök, F (2011). European Inventory on Validation of Informal and Non–formal Learning–Turkey. Brussels: European Commission.]

[6] 全国职业技术教育与培训数据库：土耳其 . 编制：UNESCO–UNEVOC 联合国教科文组织国际职业技术教育与培训中心 .www.unevoc.unesco.org.2015–11.

[7] ETF (2011). 土耳其终身学习 (LLL) 资格框架 (TQF) 实施管理研讨会：ETF (2011). [Workshop on Implementation arrangements for the Turkish Qualifications' framework (TQF) for Lifelong Learning (LLL). Accessed: 01 May 2013.2013–5–1.]

[8] EURYDICE (2010). 欧洲教育与培训体系结构——土耳其 . 布鲁塞尔：教育、视听教学和文化执行机构：[EURYDICE (2010). Structures of Education and Training Systems in Europe–Turkey. Brussels: Education, Audiovisual and Culture Executive Agency.]

[9] ETF (2008). 人力资源开发国家分析——土耳其 . 都灵：欧洲培训基金会 . [ETF (2008). Human Resource Development Country Analysis–Turkey. Turin: European Training Foundation.]

① EURYDICE (2010). 欧洲教育与培训体系结构——土耳其 . 布鲁塞尔：教育、视听教学和文化执行机构 . [EURYDICE (2010). Structures of Education and Training Systems in Europe-Turkey. Brussels:Education, Audiovisual and Culture Executive Agency.]

阿拉伯叙利亚共和国

一、国家概况

（一）地理

阿拉伯叙利亚共和国（The Syrian Arab Republic），简称“叙利亚”。位于亚洲西部，地中海东岸。北靠土耳其，东南邻伊拉克，南连约旦，西南与黎巴嫩、以色列接壤，西与塞浦路斯隔海相望。海岸线长 183 千米。全国划分为 14 个省市：大马士革农村省、霍姆斯省、哈马省、拉塔基亚省、伊德利布省、塔尔图斯省、腊卡省、德尔祖尔省、哈塞克省、德拉省、苏韦达省、库奈特拉省、阿勒颇省和大马士革市。北部地区属亚热带地中海气候，南部地区属热带沙漠气候。沙漠地区冬季雨量较少，夏季干燥炎热。最低气温 0°C 以下，最高气温达 40°C 左右。年平均降水量沿海地区 1000 毫米以上，南部地区仅 100 毫米。①

（二）人文

叙利亚公元前 3000 年时就有原始城邦国家存在。公元前 8 世纪起，先后被亚述、马其顿、罗马、阿拉伯、欧洲十字军、埃及马姆鲁克王朝和奥斯曼帝国等统治。1920 年 4 月，沦为法国委任统治地。1940 年 6 月，法向德投降，叙利亚被纳粹德国控制。1941 年 9 月 27 日，“自由法兰西军”总司令贾德鲁将军以盟国名义宣布叙利亚独立。

1943 年 8 月，叙利亚成立自己的政府，舒克里·库阿特利当选叙利亚共和国首任总统。1946 年 4 月 17 日，英、法被迫撤军，叙利亚获得完全独立。1958 年 2 月 1 日，叙利亚和埃及宣布合并，成立阿拉伯联合共和国。1961 年 9 月 28 日，叙利亚宣布脱离“阿联”，成立阿拉伯叙利亚共和国。1963 年 3 月 8 日，阿拉伯复兴社会党组成新政府。1970 年 11 月 13 日，国防部长兼空军司令阿萨德发动“纠正运动”，改组了党和政府，阿自任总理。1971 年 3 月，阿萨德当选总统，任至 2000 年 6 月 10 日去世。阿次子巴沙

① 中华人民共和国外交部 . 叙利亚国家概况 [EB/OL].http://www.fmprc.gov.cn/web/gjhdq_676201/gj_676203/yz_676205/1206_677100/1206x0_677102/.2017-8-11.

尔·阿萨德于同年7月10日继任总统。[①]

截止到2016年，叙利亚人口总计1843万。[②]其中，阿拉伯人占80%以上，还有库尔德人、亚美尼亚人、土库曼人和彻尔克斯人等。阿拉伯语为国语，通用英语和法语。居民中85%信奉伊斯兰教，14%信奉基督教。其中，伊斯兰教逊尼派占80%，什叶派占20%，在什叶派中阿拉维派占75%，这一比例约占全国总人口的11.5%。[③]

（三）经济

叙利亚自然条件较为优越，矿产资源丰富，主要有石油、磷酸盐、天然气、岩盐、沥青等。农业在国民经济中占据重要位置，是阿拉伯世界的五个粮食出口国之一。耕地大都凭借灌溉，出产小麦、大麦、棉花、葡萄、油橄榄、无花果以及梨、李等水果。出口棉花与小麦、大麦。叙利亚工业基础薄弱，国有经济占主导地位，现代工业只有几十年历史。现有工业分为采掘工业、加工工业和水电工业。开掘工业有石油、天然气、磷酸盐、大理石等。加工工业主要有纺织、食品、皮革、化工、水泥、烟草等。叙利亚又是伊拉克基尔库克油田出海油管的过境地。叙利亚拥有较好的旅游发展基础和潜力，政府对旅游业发展也十分重视，尤其是近年来，在叙利亚经济改革进程中优先发展旅游业得到了政府的认同和支持，使旅游获得迅速的发展。

但是，近来的国内战争给叙利亚经济带来了重创，叙利亚政策研究中心估计，战争给叙利亚造成的整体经济损失约为2550亿美元。2011年，叙利亚失业率为14%，如今已经上升到50%以上。接近七成叙利亚人生活极端贫困，入不敷出，无法满足最基本的生活保障，饿死人的现象并不是奇闻。农业生产原本是叙利亚经济结构主要组成部分，但如今叙利亚大部分地区遭遇食物危机，粮食沦为“战争的武器”，而人道主义组织提供的粮食，最后往往流入黑市。[④]

（四）教育

叙利亚非常重视教育，1973年颁布的共和国《宪法》中第37条即指出，受教育权是公民的基本权利，且小学教育实行义务教育。但是，连续的战争和冲突对叙利亚的教育体系产生了强大而深远的影响。由于危机已进入第六年，估计有1100万叙利亚人逃离家园，而留守的许多叙利亚人需要国际社会提供人道主义援助。迄今为止，年龄处于5—17岁之间的大约还有540万名儿童和青少年留在叙利亚，140万的难民儿童和青年在邻近的东道国接受人道主义教育援助。考虑到冲突的影响与学龄人口的增长速度，叙

---

① 中华人民共和国驻阿拉伯叙利亚共和国大使馆．叙利亚国家概况 [EB/OL].http://sy.chineseembassy.org/chn/gjgk/xlyjk/t579280.htm.2017–9–11.

② 阿拉伯叙利亚共和国人口．世界银行数据 [EB/OL].https://data.worldbank.org.cn/country/%E9%98%BF%E6%8B%89%E4%BC%AF%E5%8F%99%E5%88%A9%E4%BA%9A%E5%85%B1%E5%92%8C%E5%9B%BD.2017–7–1.

③ 环球网．叙利亚概况 [EB/OL].http://world.huanqiu.com/roll/2011–04/1648735.html.2017–8–11.

④ 新华网．叙利亚伤痛五年，经济至少倒退30年 [EB/OL].http://news.xinhuanet.com/world/2016–03/21/c_128816505.htm.2017–8–13.

利亚国内基础教育系统的缺口将超过百万。①

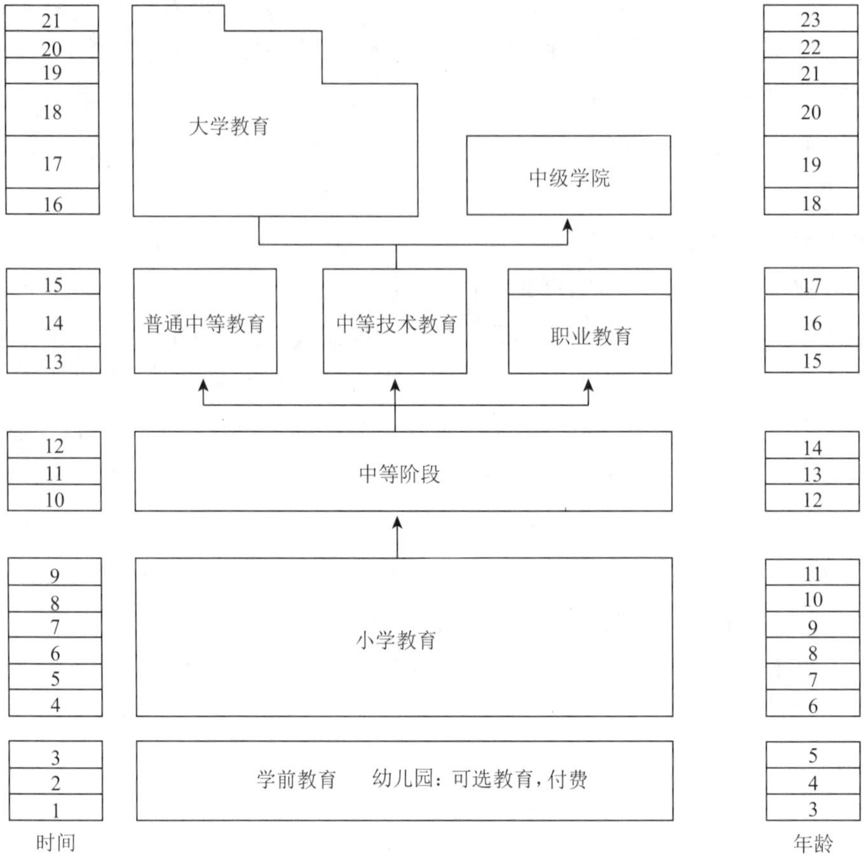

图 1　叙利亚共和国教育体系 ②

当前，叙利亚教育分为五个阶段：学前教育、小学教育、初级中学教育、高级中学教育与高等教育。学前教育（幼儿园）为 3—5 岁的儿童提供，持续 3 年。学前教育不是义务性的，是需要付费的。叙利亚小学为义务教育，1981 年起，叙利亚对 6—12 岁的儿童实行义务教育。所有 6 岁的儿童都可以上小学，小学共有 6 年，小学毕业后获得相应证书。

叙利亚初级中等教育为 7—9 年级，为期 3 年，根据 2002 年《第 32 号法》，从 2002—2003 学年开始 7—9 年级变为义务教育。至此，叙利亚免费义务基础教育就包括初级和中级两个阶段。基础教育结束后，通过普通考试的学生将获得基础教育证书。第

① Refugees Country Briefing—SYRIA[EB/OL].http://www.unesco.org/new/fileadmin/MULTIMEDIA/FIELD/Beirut/images/Lebanon_Country_Profile.pdf.2017-10-11.

② OVERVIEW VOCATIONAL EDUCATION AND TRAINING IN SYRIA AND ITS RELEVANCE TO THE LABOUR MARKET: produced by the European Training Foundation with the involvement of Ms Eva Jimeno Sicilia[EB/OL].http://www.etf.europa.eu/pubmgmt.nsf/(getAttachment)/F3B63809D554394EC125700D003FE0DB/$File/MEDA_VET_overview_Syria_03_EN.pdf.2017.10.10.

九年级的期末考试类似于我国的中考，在全国范围内同时进行，这次考试后学生将根据自己的成绩选择进入普通高级中学还是职业学校。

叙利亚的高等教育学位原本就比较紧张，加之战争与冲突带来的影响，大学的办学能力受到了很大限制。一方面是教学水平和学生人数都有所下降，另一面是部分学生宿舍被用来收容叙利亚难民，加之学生和学术人员还需应付有关义务兵役的问题，均使得大学的入学人数大大减少，许多学生和教师纷纷逃离该国。叙利亚高等教育系统的授课语言为阿拉伯语，第一外语为英语，第二外语为法语。目前，叙利亚的教育主要由公共财政负担，98% 的学校属公立性质，1.8% 属私立学校，教学目标、教材提供等也都由教育部负责。①

二、职业技术教育与培训的战略和法规

（一）战略

鉴于职业技术教育与培训在人力资源与劳动力市场中的关键地位，叙利亚教育部制定了若干综合性战略，以增强职业教育与劳动力市场之间的连接，主要是在重点领域实施学徒制计划，以激发行业企业参与的积极性，扭转学院式的课程安排；提升师资的教学水平，增强其与工作领域的互动；加强学校的实训设置建设，以更好的实施基于能力的培养方案。

为配合上述战略的实施，叙利亚政府出台了一系列新的政策，用以规范职业技术教育的发展。如帮助年轻人加强自学教育，以推进职业教育与终身教育发展进程；采取更广泛的途径，来落实职业教育政策的实施，如强调和利用最新科技成果；鼓励使用阿拉伯语教学，以加强同周边阿拉伯国家的连接；加强对残疾人等特殊人群的关照等等。②

上述战略和政策的制定对叙利亚职业教育的发展至关重要，但鉴于其特殊的政治环境，其职业教育战略的实施存在诸多困难，一个和平稳定的环境是叙利亚职业教育发展和经济恢复的基本前提。

（二）法规

叙利亚的职业技术教育与培训曾颁布了诸多的法律法规，最初的法案是 1955 年颁布的《第 47 号法案》与 1973 年的《共和国宪法》。1978 年颁布了《第 4 号法案》，明确了职业技术教育与培训的管理主体为教育部和高等教育部。此外，关于职业教育与培训具有代表性和政策法规和议案有如下两个：

① 中华人民共和国驻阿拉伯叙利亚共和国大使馆经济商务参赞处 . 叙利亚人口、教育与民族 [EB/OL].http://sy.mofcom.gov.cn/article/ddgk/200212/20021200055571.shtml.2017-8-17.

② OVERVIEW VOCATIONAL EDUCATION AND TRAINING IN SYRIA AND ITS RELEVANCE TO THE LABOUR MARKET: produced by the European Training Foundation with the involvement of Ms Eva Jimeno Sicilia[EB/OL].http://www.etf.europa.eu/pubmgmt.nsf/(getAttachment)/F3B63809D554394EC125700D003FE0DB/$File/MEDA_VET_overview_Syria_03_EN.pdf.2017.10.10.

1.《1988 年部长法令》

此法令在叙利亚职业教育发展史上是一个里程碑事件，该法令通过了成立高等教育委员会来负责职业教育发展的决议，高等教育委员会的职责是职业教育发展规划与政策制定，其委员会主席由教育部副部长兼任。

2.《第 13 号总统决议》(1994)

该决议奠定了叙利亚职业教育与培训法律的基本框架，包括改进职业院校的办学条件，颁发专业证书，在劳动力市场上赋予职校毕业生优先雇佣权等等。为了改善职业院校的办学条件，提升职业教育办学主体间的协调性，该决议特提出设立了由 115 位专家组成的职业技术教育专家委员会和考试委员会，以对职业教育发展的相关事宜提供参考和建议。①

三、职业技术教育与培训的体系

叙利亚职业技术教育与培训始于初级教育之后，职业教育自身及其与普通教育类型之间都较为松散。就职业教育自身而言，可分为两个阶段：中等职业教育阶段和中等后职业教育阶段。

1. 中等职业教育

此阶段为 10 到 12 年级，一般持续时间为 3 年。课程完成后学生会获得作为技术工人的职业证书，毕业生可选择直接进入劳动力市场，或选择进入下一阶段职业教育院校继续深造，也有少量毕业生进入大学，这部分所占比例较小。叙利亚的中等职业技术一般有中等技术学校提供，有大约 11 个部委参与其中，但其 90% 以上的工作还是由教育部负责。

2. 中等后职业教育与培训

中等后职业教育一般在中级学院进行，持续时间为 2 年，入学条件为具有普通初级中学或中等职业教育毕业证书。完成中级学院课程后会颁发高级技工证书，毕业生可凭此直接进入劳动力市场或进入高等教育阶段。中等后职业教育与培训领域的管理总共涉及 16 个部委，但其负责的主要部门是教育部和高等教育部，其参与事务占比分别为 35% 和 20%，特别是高等教育部下设的高等教育委员会是负责中级学院管理的主要部门。

---

① OVERVIEW VOCATIONAL EDUCATION AND TRAINING IN SYRIA AND ITS RELEVANCE TO THE LABOUR MARKET: produced by the European Training Foundation with the involvement of Ms Eva Jimeno Sicilia[EB/OL].http://www.etf.europa.eu/pubmgmt.nsf/(getAttachment)/F3B63809D554394EC125700D003FE0DB/$File/MEDA_VET_overview_Syria_03_EN.pdf.2017.10.10.

当前，叙利亚大约有 800 多个职业教育培训机构，大约总共有 30 万名学生。[①] 职业教育培训机构的平均规模大约在百人左右，如此规模限制了其专业设置，有的甚至只设置一个专业。而稍大的机构都严重缺乏基础设置和师资，管理运行与服务效率水平也有待提升，特别是和劳动力市场需求的关联亟需加强。在叙利亚，虽然开放大学等社会机构面对成人职后培训的学习机会已经有过很多尝试，但面对成人的职后培训体系目前并不存在。为了发展叙利亚经济，许多行业的劳动力技能亟待提升，建立终身学习体系在叙利亚已刻不容缓。

四、职业技术教育与培训的治理和教师

（一）治理

如前所述，叙利亚普通教育的管理涉及包括教育部在内的 11 个部委，但职业教育涉及的主体更多，共有 16 个部委参与职业技术教育与培训的管理。具体而言，是由高等教育部下辖的高等教育委员会协调中学后职业教育的规划与发展。此外，工业部也会通过其在多地设置的职业培训中心，参与相关领域职业教育的培训。

但是，参与职业技术教育与培训管理的主要机构是高等教育委员会。该委员会于 1988 年创立，负责职业教育整体发展规划的制定，由教育部副部长出任主席，委员有教育部、农业部、工业部、卫生部、交通部、石油部与移民局等部人员组成，主要任务为制定职业教育发展政策。叙利亚的职业教育管理体系是高度集中式的，中等和中等后职业教育自治权非常有限，主要的职业教育决策、课程内容、资金拨付、基础建设决策都集中在高等教育委员会。虽然地区性的职业教育管理机构也存在，但他们在政策的形成过程中很少参与，主要是负责政策的执行和落实。

正由于此，职业教育体系中行业企业的参与度较低，无论是在国家层面还是在地方层面都缺乏社会资源的介入，学校与社会、学校与学校之间都缺乏应有的联系，对工作世界的疏离使得叙利亚的职业教育与培训体系非常孤立。

（二）教师

一般而言，理论课的教师如数学、物理、阿拉伯语等都来源于大学，专业课程的教师一般为大学的工程专业大学毕业，实践课程教师部分来自大学，部分来自中级教育机构或大学毕业生，总体而言，上述三个领域教师都没有达到岗位应有的要求，职前培训目前不作要求，甚至实践课教师也不作要求。由于岗前培训的非义务性质，很多叙利亚老师的实操技术都靠自己获得。如果有需要，职业院校和培训机构的管理者可提请教育

---

① OVERVIEW VOCATIONAL EDUCATION AND TRAINING IN SYRIA AND ITS RELEVANCE TO THE LABOUR MARKET: produced by the European Training Foundation with the involvement of Ms Eva Jimeno Sicilia[EB/OL].http://www.etf.europa.eu/pubmgmt.nsf/(getAttachment)/F3B63809D554394EC125700D003FE0DB/$File/MEDA_VET_overview_Syria_03_EN.pdf.2017.10.10.

部对教师进行特殊培训，此类培训一般由大学的教育学院提供。

在叙利亚，教师的社会地位和经济地位都比较低，薪水都不足以负担一般家庭的开支，所以大部分教师都会寻求兼职工作来满足日常生活所需。但是，这毕竟会对其工作质量产生不利影响。

五、职业技术教育与培训的诉求与发展趋势

叙利亚政府已经采取若干措施来改进职业教育体系，但在叙利亚危机的大背景下，学校和老师都必须先解决基本的生活需求。同时，职业教育体系本身存在着天花板效应，也使得职业教育体系的吸引力非常低。从全球经济来看，三年的中职教育或中职后两年的毕业证书已经不能满足劳动力市场的需求，叙利亚未来经济的发展对劳动力技能有着更高的需求。事实上，叙利亚的职业教育和工作世界存在着巨大的隔阂，现有的政策机制不足以弥补二者之间的鸿沟，加之缺少职业指导和劳动力市场雇佣服务体系，更加剧了这个问题的后果。而且，学校基础设置较为落后，学校数量多而学生人数少，学生可选择余地较小，导致其在专业设置、质量提升和运行效率上都存在诸多问题，难以形成规模效应。在校教师工作条件也较差，岗前培训和雇佣程序都不能保证教师专业与岗位需求的匹配，专业化发展更无从谈起。在职业教育管理上，叙利亚又过于集中，而且涉及部门较多，有超过 16 个部委参与职业教育决策和院校经营，各部委之间的协调机制形同虚设。然而，职业教育发展所需要的社会合作方参与度却极为有限。上述种种情况使得职业教育的发展没有一个有效的指导和辅助系统，导致其同劳动力市场之间的连接非常松散，两个体系之间存在着巨大的错位。

叙利亚主要依靠低附加值经济，如果想在要经济全球化中生存下来，必须升级为高附加值型产业和服务。而且，无论是公有还是私营经济都需要同市场接轨，职业教育体系也需要如此。因此，叙利亚职业教育与培训的发展需要调整院校布局，减少学校数量同时增加单位学校的学生人数，以利于专业的增加和调整，满足劳动力市场对多样化、高技能人才的需求。其次，叙利亚需要建立针对职业教育与培训的多级别的质量监控体系，为高、中、低各级别课程的发展提供参考标准。再次，叙利亚需改变职业教育与培训管理过于集中的问题，激发社会合作伙伴参与的积极性，吸引行业企业的参与，以切实接轨劳动力市场需求，形成职业教育发展的规模效应。

（深圳职业技术学院　技术与职业教育研究所　李亚昕）

主要参考文献

[1] 中华人民共和国外交部 . 叙利亚国家概况 [EB/OL]. http://www.fmprc.gov.cn/web/gjhdq_676201/gj_676203/yz_676205/1206_677100/1206x0_677102/.2017-10-11.

[2] 中华人民共和国驻阿拉伯叙利亚共和国大使馆 . 叙利亚国家概况 [EB/OL]. http://sy.chineseembassy.org/chn/gjgk/xlyjk/t579280.htm.2017-10-11.

[3] OVERVIEW VOCATIONAL EDUCATION AND TRAINING IN SYRIA AND ITS RELEVANCE TO THE LABOUR MARKET: produced by the European Training Foundation with the involvement of Ms Eva Jimeno Sicilia[EB/OL].http://www.etf.europa.eu/pubmgmt.nsf/(getAttachment)/F3B63809D554394EC125700D003FE0DB/$File/MEDA_VET_overview_Syria_03_EN.pdf.2017-10-10.

[4] 中华人民共和国驻阿拉伯叙利亚共和国大使馆经济商务参赞处 . 叙利亚人口、教育与民族 [EB/OL]. http://sy.mofcom.gov.cn/article/ddgk/200212/20021200055571.shtml.

[5] 阿拉伯叙利亚共和国人口 . 世界银行数 [EB/OL].https://data.worldbank.org.cn/country/%E9%98%BF%E6%8B%89%E4%BC%AF%E5%8F%99%E5%88%A9%E4%BA%9A%E5%85%B1%E5%92%8C%E5%9B%BD.2017-7-1.

[6] Ministry of Education. National report on the educational development in the Syrian Arab Republic. Presented at the 46th session of the International Conference on Education, Geneva, 2001.

[7] Refugees Country Briefing—SYRIA[EB/OL].http://www.unesco.org/new/fileadmin/MULTIMEDIA/FIELD/Beirut/images/Lebanon_Country_Profile.pdf.2017-10-11.

约旦哈希姆王国

一、国家概况

（一）地理

约旦哈希姆王国（The Hashemite Kingdom of Jordan），简称约旦，位于亚洲西部，阿拉伯半岛西北部，西与巴勒斯坦、以色列为邻，北与叙利亚接壤，东北与伊拉克交界，东南和南部与沙特阿拉伯相连，西南一角濒临红海的亚喀巴湾是唯一出海口。约旦首都安曼（Amman），是全国最大的城市，位于阿杰隆山地东侧、安曼涸河流过的地区。约旦国土面积为 8.9 万平方千米，分 12 个省，包括首都省、伊尔比德省、马安省、扎尔卡省、拜勒加省、马夫拉克省、卡拉克省、塔菲拉省、马德巴省、杰拉什省、亚喀巴省、阿吉隆省。每一个省长都是由国王任命的，每一个省分成 52 个街道。约旦东部和东南部为沙漠，占全国面积 78%。西部高地属亚热带地中海型气候，气候温和，平均气温 1 月为 7℃ ~14℃，7 月为 26℃ ~33℃。[①]

（二）人文

约旦原是巴勒斯坦的一部分。公元 7 世纪初属阿拉伯帝国版图。1517 年归属奥斯曼帝国。第一次世界大战后沦为英国委任统治地。1921 年英国以约旦河为界，把巴勒斯坦一分为二，西部仍称巴勒斯坦，东部建立外约旦酋长国。1946 年 3 月 22 日英承认外约旦独立，5 月 25 日改国名为外约旦哈希姆王国。[②]

约旦是世袭君主立宪制国家，国王是国家元首、三军统帅，权力高度集中。最新一届政府于 2017 年 6 月 18 日成立，后经微调，现有阁员 29 名，主要包括首相兼国防大臣哈尼·穆勒吉（Hani Mulki）、首相府事务国务大臣马姆杜赫·阿巴迪（Mamdouh Abbadi）。约旦人口数约为 950 万（含巴勒斯坦、叙利亚、伊拉克难民），98% 的人口为阿拉伯人，还有少量切尔克斯人、土库曼人和亚美尼亚人。国教为伊斯兰教，92% 的居民属逊尼派，2% 的居民属于什叶派和德鲁兹派。信奉基督教的居民约占 6%，主要属希

---

① 中国一带一路网 [EB/OL]. https://www.yidaiyilu.gov.cn/gbjg/gbgk/10040.htm.2017-9-15.

② 中华人民共和国外交部 [EB/OL]. http://www.fmprc.gov.cn/web/gjhdq_676201/gj_676203/yz_676205/1206_677268/1206x0_677270/.2017-9-15.

腊东正教派。官方语言为阿拉伯语，通用英语。旅游业发达，主要旅游景区有安曼、死海、杰拉什、佩特拉、阿杰隆古堡、亚喀巴、月亮谷等。货币为约旦第纳尔。①

（三）经济

约旦系发展中国家，经济基础薄弱，资源较贫乏，矿产资源主要有磷酸盐、钾盐、铜、锰、铀、油页岩和少量天然气。磷酸盐储量约 20 亿吨。死海海水可提炼钾盐，储量达 40 亿吨。油页岩储量 700 亿吨，但商业开采价值低。可耕地少，依赖进口。国民经济主要支柱为侨汇、旅游和外援。阿卜杜拉二世国王执政后，大力推行经济改革，改善投资环境，积极寻求外援，扭转了约旦经济长期负增长或零增长的局面。1999 年约旦加入世界贸易组织。2004—2008 年间经济增长率超过 8%。

2009 年以来，受国际金融危机影响及西亚北非地区局势动荡冲击，约旦经济增长速度下滑，约旦政府加大对经济调控力度，并在金融、基建、招商引资、争取外援等方面采取相应措施，取得一定成效。工业系统中多属轻工业和小型加工工业，主要有采矿、炼油、食品加工、制药、玻璃、纺织、塑料制品、卷烟、皮革、制鞋、造纸等。有磷酸盐、钾盐、炼油、水泥、化肥 5 个规模较大的工业产业。农业不发达，农业人口 11.04 万，约占劳动力的 12%。可耕地面积仅占国土面积 7.8%，已耕地面积约 50 万公顷，多集中在约旦河谷，全部私人经营。水资源缺乏是约发展农业的主要障碍。目前建有 10 个主要水坝，总容量 3.27 亿立方米，其中 91% 位于干旱地区。主要农作物有小麦、大麦、玉米、蔬菜和橄榄等。农产品不能满足国内需求，粮食和肉类主要依靠进口。与世界 100 多个国家和地区有贸易往来。主要进口原油、机械设备、电子电器、钢材、化学制品、粮食、成衣等，主要进口国为沙特、中国、美国、德国和埃及。此外，旅游业为约旦三大经济支柱之一和主要外汇来源之一。②

（四）教育

约旦建国不过七十多年，自然资源极度贫乏。它既不像埃及、伊拉克等阿拉伯世界的文明古国有着深厚的文化教育基础，也没有阿拉伯产油国滚滚而来的石油财富。然而，约旦却在十分不利的自然条件下，从建国时起就把教育当作“最重要的工业”来发展，把人力资源作为“最宝贵的资源”加以开发。通过对教育的超常投资，约旦在较短时间内建立起完备的现代教育体系，在教育领域取得了令阿拉伯世界瞩目的成就。

当前，约旦基础教育为 10 年一贯制，高中教育是建立在一般文化基础上的非义务性专业学习，学制为两年。截至 2014 年，全国有各类学校 5348 所，教师近 5.9 万人，学生 153 万人。学龄儿童入学率为 95%。有 8 所公立大学：约旦大学、亚尔穆克大学、约旦科技大学、哈希姆大学、穆塔大学、贝塔大学、侯赛因大学、拜勒卡应用大学，另有 12 所私立大学，在校生 70546 名，其中包括 7914 名外国留学生。有 52 所社区学院，相

① 中国一带一路网 [EB/OL]. https://www.yidaiyilu.gov.cn/gbjg/gbgk/10040.htm.2017-9-15.
② 同上。

当于我国的中等专业学校，有学生 22471 名。全国文盲率约为 8.7%。①

二、职业技术教育与培训的战略与法规

（一）战略

约旦政府在建国之初就确定了教育立国的基本国策。阿卜杜拉二世国王陛下在《国家议程》（2006—2015）中提出，职业技术教育旨在解决重要的经济和社会发展问题。当前，其主要战略目标是通过大力加强职业培训来重塑劳动力技能，消除结构性失业。具体而言，针对就业规划及职业技术教育与培训发展，采用双支柱战略，一个支柱是劳动力市场的特点和需求，另一个支柱是学员的能力和需求。同时，增强各职业教育与培训机构在自身发展规划及资源拓展方面的能力，加强这些机构在就业跟进、监督、评价、建立相关体系等方面的能力。还要增加职业教育与培训服务单位数量，丰富职业教育与培训服务单位类型，确保各单位间的协同合作，进一步加强女性在职业技术教育和培训领域的比例，鼓励她们进行职业技术教育与培训及就业的规划和参与，通过加强职业技术教育与培训的媒体宣传，使人们对职业技术岗位持更加积极的态度。

在制度建设方面，约旦提倡建立相关机制体制，开拓渠道实现职业技术教育与培训的供需平衡，比如：建立信息和资源拓展系统、建立职业划分标准、提供职业咨询和就业服务等等。同时，通过与大学和其他利益相关方合作，促进职业技术教育与培训领域的研究。重点是充分利用各立法途径和工具，为职业技术教育与培训建立强有力的法律框架。建立和提升职业教育的组织架构，将普通教育与职业技能教育与培训联系起来，进一步增强职业技能教育与培训系统的灵活性。约旦还设立人力资源发展高级委员会，主要职责是制定国家人力资源发展方面的规划、政策及战略，协调就业与职业技术教育与培训领域发发展规划。

2012 年，阿卜杜拉国王陛下发起了"国家就业战略"及 2011—2020 年国家就业实施方案，其重点是帮助年轻人找到合适的工作。"国家就业战略"旨在支持那些为毕业生提供资金的计划，帮他们在全国开展试点项目，建立初创企业。此外，通过开展及增加校企间有偿培训的合作项目，"国家就业战略"提出了关于失业问题的解决办法和践行机制。

（二）法规

在约旦，教育方面的基本法律是 1994 年的第三号《教育法案》。该法案制定了国家教育目标和政策，规定了教育部和教育委员会的职责。此外，该法案还形成了一个框架，规定了课本、课程、考试以及私有和国外教育机构的运行要求。近年，《教育法案》的范围扩大到多元化的中等教育领域，包括多项职业教育条款。此外，约旦的劳动力市场还受到另外三种法律的约束：（1）1996 年第 8 号劳动法修正案；（2）2007 年的民事服务法

① 中华人民共和国外交部：约旦国家概况 [EB/OL]. http://www.fmprc.gov.cn.2017-9-15.

第 30 号法案；（3）2010 年的社会安全法第 7 号临时法案。[①] 虽然上述法案都对公司培训与雇佣劳动力做出了相应规定，但据世界银行的调查显示，约旦只有 14% 的公司会考虑职业与劳动法律对公司雇佣的影响。相对于拉丁美洲和亚洲地区，约旦的相关职业教育法律对于公司雇佣的冗余指数较低，表明其在通过法律法规提升职业教育与培训的质量方面有待进一步加强。

三、职业技术教育与培训的体系与质量保障

（一）体系

约旦义务教育年限为 10 年，涵盖基础（小学）教育。在此之前，孩子可以上公立、私立或者由非政府组织开办的幼儿园。中等教育学制 2 年，分两种类型：综合教育（学术教育和职业教育）和应用教育。教育部管理综合教育，而职业训练局管理应用教育。

就读综合教育的学生，在顺利完成中等教育后，可通过普通中等教育考试进入大学。不再继续深造的学生，将获得毕业资格证书，开始工作。应用教育学制 2 年，主要通过开设培训课程，教导学生实际应用能力；综合教育的学校则通过学校的讲习班培养学生实践能力。

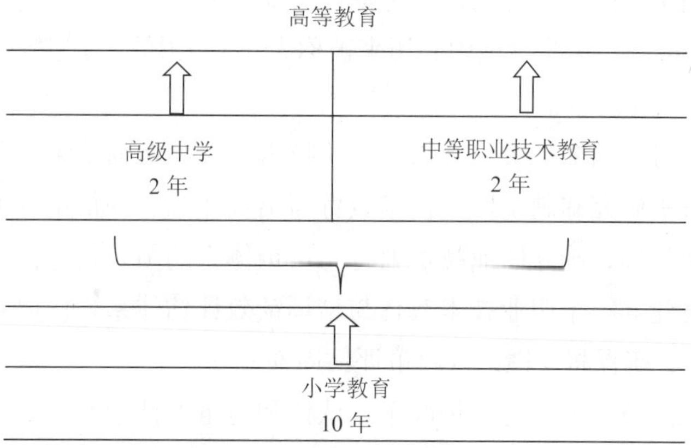

图 1　约旦教育与培训体系结构[②]

在约旦，有很多提供非正规职业技术教育与培训的公立和私立机构。它们提供各种教学计划，旨在帮助学生提升教育和职业水平，提高工作效率和表现，以及促进职业转变。虽然有许多的非正规职业技术教育与培训计划，然而，政策前后不一致以及战略框架不足却导致了教学计划重复、教学质量评估不足、正规和非正规职业技术教育与培训之间联系薄弱等问题。

---

① Department of Statistics, Employment Survey 2011 (enterprise-based survey), Ministry of Planning and International Cooperation, Amman, 2013c.

② 本表参考联合国教科文组织国际教育局 (2011)：《世界教育数据》（约旦），第 7 版，2010/2011。

对此,《就业与职业技术教育与培训战略》(2005)制定了一系列指导意见,旨在提高非正规职业技术教育与培训的作用:

(1)非正规职业技术教育与培训需要纳入国家社会经济发展计划,尤其是人力资源发展计划;

(2)制定和不断调整非正规职业技术教育与培训的相关立法;

(3)建立对非正规职业技术教育与培训机构的认证、许可及质量控制体系;

(4)加强非正规与正规职业技术教育与培训系统的联系,加强整个职业技术教育与培训的系统性;

(5)为非政府组织提供奖励,鼓励其开设非正规职业技术教育与培训计划,尤其是为那些有特殊需求的学生开设此类教学计划;

(6)建立非正规职业技术教育与培训的资金体系,既满足学员又满足雇主的需求;

(7)合理划分非正规职业技术教育与培训计划分布的地理区域;

(8)针对非正规技术教育与培训体系、服务和计划,就业与职业技术教育与培训委员会将负责相关规划及政策制定、发展和评估。

尽管非政府组织的技术培训规模尚无确切数字,但是私营的职业技术培训服务单位不会重复公立培训单位的教学计划,而是提供短期课程(一般少于一年)帮助学员获取市场上认可的资格证书。这些培训中心历来被称为"文化中心",主要由个人创办。

(二)保障

职业技术教育与培训委员会负责约旦职业技术教育和培训系统的整体质量保障和评估。理事会正在着手研究和制定职业技术教育与培训监测和评估系统框架,该框架的目标是根据全国绩效目标,确立职业技术教育与培训体系的绩效指标,设计数据收集工具和报告机制,最终建立一个职业技术教育与培训绩效评估体系,用以对职业技术教育与培训进行绩效分析,确保将反馈纳入政策评估周期。

根据就业与职业技术教育与培训改革,认证和质量保证中心将负责职业技术教育与培训的质量保证系统。该中心即将开始规定就业与职业技术教育与培训服务的质量标准,以满足劳动力市场需求。该中心将由劳工部监管,目标是建立职业技术教育与培训的标准,以保证教育和培训质量;审查职业技术教育与培训机构的许可和认证;对参与职业技术工作的人员进行职业测试,并颁发职业资格证书。

同时,约旦也根据国际标准职业分类,建立符合本国实际的国家资格框架体系,该体系预采用统一的职业定义和标准体系;制定并通过立法和组织框架,为个人和企业的特定职业提供许可,并成立一个负责测试和认证的自主机构,以建立全面的职业测评系统,确保政府和非政府机构采用国家职业分类和标准体系。按照"就业与职业技术教育与培训战略",2008 年通过的阿拉伯职业资格,通过规定工作类型和技术层次要求,确立了一个收集和管理职称的体系,并在一定范围内达成了劳动力职业资格的共识。

四、职业技术教育与培训的治理与教师

（一）治理

约旦分为41个教育区，每个区由当地的教育局管理。然而，约旦教育体系高度集中，教育部起主要作用，其设立体系，规定全国的课程、课本、教师招聘、法律法规、资金等。教育委员会由公立和私立机构的利益相关方组成，审核教学课程及课本内容，探讨教育政策，并为教育部建言献策。

负责管理职业技术教育与培训的政府部门有三个：教育部，高等教育科学研究部和职业训练局。不过，在职业技术教育与培训委员会的支持下，劳动部则是负责职业技术教育与培训系统的协调、政策制定和整体监管的部门。

《国家议程》规定，职业技术教育与培训委员会是负责政策和战略制定的主要单位，而且委员会向发展协调单位建言献策。发展协调单位的职权范围涵盖技术援助、联系顾问，联络职业技术教育与培训委员会、秘书处和其他利益相关方。此外，职业技术教育与培训委员会的职权还包括：加快委员会的政策执行，并为相关执行单位提供支持；协调年度预算、计划、报告和审计；准备季度报告；协调和参与捐助；确保财政管理体系运行良好。不过，职业技术教育与培训委员会职责仅限于协调不同的职业技术教育与培训相关方，并进行监督和报告，以确保与职业技术教育与培训改革目标保持一致。

职业训练局是劳动部下属的半自治机构。职业训练局成立于1976年，主要职责是通过技术提升教学计划、密集的短期课程和培训计划，以提供职业技术教育和培训。在约旦，职业技术教育和培训的其他服务单位还有：拜勒加应用大学、私立教育单位、企业、私营部门、非政府组织等。

《就业与职业技术教育与培训战略》（2005）指出，需要加强上述机构间的合作，提供不同类型和不同层次的职业教育和培训，并为职业技术教育和培训服务单位和劳动力市场建立联络渠道。

《国家议程》还指出应建立人力资源发展高级委员会、就业与职业技术教育与培训委员会、就业与职业技术教育与培训基金、独立的质量保证机构，并将职业训练局重组为一个自治机构等等。①

就业与职业技术教育与培训基金是本系统的主要资金来源。最初，资金主要是来源于征收私有企业净利润的1%。然而，该税收已被废除。取而代之的是向那些雇用非约旦人的雇主收取费用。基金的目的是为职业技术教育与培训计划提供支持并促进其发展，促进公有和私营行业培训发展，增加大众对职业技术教育与培训的意识。

欧洲培训基金（2006）对三个职业技术教育与培训机构进行了比较分析。分析结果

① 安曼劳动部：Ministry of Labour (2012). E-TVET Sector Reform. Amman: Ministry of Labour. Accessed: 16 March 2012.

表明，政府在这些机构中的预算份额正在减少，使得这些机构避免因政府预算的限制而受到打击。自筹资金、国外捐助以及贷款可让这些职业技术教育与培训机构拥有更多的自主权，可以自行配置资源，免去了之前获得和支出公共资金时的复杂程序。

（二）教师

无论哪一教学环节，所有教师都必须持有大学学位。基础教育的教师，需至少拥有学士学位，而中等教育的教师则必须拥有一年制的硕士及以上学位。此外，教师还需要接受现代教学方法、课程和教科书的全面在职培训。教育部下属的培训总局负责计划安排这些培训。通过与教育专家、地区和国际组织合作，培训总局旨在加强对教学和行政人员的培训、认证、监督和能力培养。职前培训的重点是形成有效的教学方法、培养工作相关技能、批判性思维、合作教学以及对学术思想的实际应用。虽然大约 80% 的教师都拥有大学学位，满足了基础教育的要求，但迄今为止大多数教师尚不符合实际教学的要求。只有经过多年的经验积累，具体的教学实践和职后锻炼，教师的水平才会不断提升。

五、职业技术教育与培训的诉求与发展趋势

如何满足劳动力市场是约旦职业教育发展的重要诉求与趋势，为此，约旦于 2008 年实施了以雇主需求为导向的技能提升计划，并获得了世界银行项目的资助，这也是就业与职业技术教育与改革的一部分。该计划的主要目标是通过相应的操作机制来实施职业技术教育与培训政策。在该计划内，雇主主要参与政策制定，制度发展和改革以及技能提升方案的设计和实施。

为实现其目标，以雇主需求为导向的技能提升计划重点为提升职业技术教育与培训理事会及其秘书处的政策制定、运作和机构管理能力。以雇主需求为导向的模式，提供了更高效的业务和培训服务。此外，该计划也为职业技术教育与培训基金提供了支持，帮助变革了基金组织的架构，完善了职业技术教育与培训系统的资金筹措机制。

未来，劳动部将约旦职业技术教育与培训领域的诉求分列如下：加强职业技术教育与培训行业的汇聚效应；激发私有部门的参与活力；加强职业技术教育与服务单位同劳动力市场的关联；建立更为高效的资金机制；调整职业教育法律法规，增进高素质教师和教员进入公立职业技术教育与培训系统；加强教育指导和咨询体系建设；改善职业技术教育与培训学校的设备设施；建立终身学习体系；增进职业技术教育与培训机构自主权，尤其是在发展继续培训方面，以提升国家职业教育治理能力。

约旦面临的另一个挑战是女性在劳动力和职业技术教育与培训方面的参与度不高。"事实证明，接受完基础教育后，继续进行职业教育深造的女性人数只有男性人数的一半左右，而且女性在职人员只占劳动力的 13% 左右。另一方面，女性的就业方向仅仅集中

于一些服务部门，特别是教育部门。”[①]尽管普遍认为造成职业技术教育与培训中女性数量较少的原因是文化因素，但缺少安全的、定期往返的、免费的公共交通工具也是重要原因。萨斯喀彻温省科学技术研究所进行的一项研究表明，无法进入公共交通系统、时间限制和运输成本等因素阻碍了她们进行职业技术教育与培训，因此增进性别平等也将是约旦职业教育发展中的一大诉求。

（深圳职业技术学院　技术与职业教育研究所　李亚昕）

主要参考文献

[1] 中华人民共和国外交部 [EB/OL]. http://www. fmprc. gov. cn/web/gjhdq_676201/gj_676203/yz_676205/1206_677268/1206x0_677270/.

[2] 中国一带一路网 [EB/OL]. https://www. yidaiyilu. gov. cn/gbjg/gbgk/10040. htm.

[3] European Training Foundation (2006). Technical and Vocational education and Training in Jordan—Areas for Development Cooperation. Turin:ETF. Accessed:19 March 2012.

[4] European Training Foundation (2011). Torino Process 2010 – Jordan. Turin:ETF. Accessed:16 March 2012.)

[5] Ministry of Labour (2012). E–TVET Sector Reform. Amman:Ministry of Labour. Accessed:16 March 2012.

[6] 国家人力资源发展中心：就业与职业技术教育与培训战略 . National Centre for Human Resource Development (2012). E–TVET Strategy. Amman:NCHRD. Accessed:16 March 2012.

[7] 就业与职业技术教育与培训中的性别：提高女性参与度并提出变革策略 . Perspective (2009). Gender in E–TVET:Extent of women`s participation and proposed strategies for change. Amman:Ministry of Labour.

[8] 联合国教科文组织 (2010): 阿拉伯国家的创业教育 . UNESCO (2010). Entrepreneurship Education in the Arab States. Bonn:UNESCO–UNEVOC. Accessed:19 March 2011.

[9] 联合国教科文组织国际教育局 (2011):UNESCO–IBE (2011). World Data on Education VII Ed. 2010/11. Jordan. Geneva:UNESCO–IBE. Accessed:16 March 2012.

[10] Department of Statistics, Employment Survey 2011 (enterprise–based survey), Ministry of Planning and International Cooperation, Amman, 2013c.

① National Centre for Human Resource Development (2012). E–TVET Strategy. Amman: NCHRD. Accessed: 16 March 2012.

黎巴嫩共和国

一、国家概况

（一）地理

黎巴嫩共和国（The Republic of Lebanon），简称黎巴嫩，位于亚洲西南部，地中海东岸。东北部邻叙利亚，南接巴勒斯坦、以色列，西濒地中海。海岸线长 220 千米。全国可耕地面积 24.8 万公顷，其中灌溉面积 10.4 万公顷。牧场 36 万公顷，林地面积 79 万公顷。贝卡谷地为黎巴嫩主要农业区，可耕地面积占黎巴嫩全国的 52%。农产品以水果和蔬菜为主。矿产资源少，且开采不多。黎巴嫩首都为贝鲁特，人口约 200 万，沿海夏季炎热潮湿，冬季温暖。7 月平均最高气温 32℃，1 月平均最低气温 11℃。①

（二）人文

公元前 2000 年，黎巴嫩为腓尼基的一部分。7—16 世纪初并入阿拉伯帝国。1517 年被奥斯曼帝国占领。第一次世界大战后沦为法国委任统治地。1940 年 6 月，法向纳粹德国投降后，黎巴嫩被德、意轴心国控制。1941 年 6 月英军在自由法国部队协助下占领黎巴嫩。同年 11 月自由法国部队宣布结束对黎巴嫩的委任统治。1943 年 11 月 22 日黎巴嫩宣布独立，成立黎巴嫩共和国。1946 年 12 月英、法军全部撤离黎巴嫩。1975 年 4 月，黎巴嫩基督教和伊斯兰教两派因国家权力分配产生的矛盾激化，内战爆发。1989 年 10 月，伊、基两派议员达成《塔伊夫协议》，重新分配政治权力。1990 年，黎内战结束。黎巴嫩最新一届政府于 2016 年 12 月，总理萨阿德·哈里里（Saad Hariri）。②

黎巴嫩境内绝大多数为阿拉伯人。阿拉伯语为官方语言，通用法语、英语。居民 54% 信奉伊斯兰教。其教徒主要是什叶派、逊尼派和德鲁兹派；46% 信奉基督教，主要有马龙派、希腊东正教、罗马天主教和亚美尼亚东正教等。全国分 8 个省，首都设在贝鲁特，旅游业发达，现有各类星级饭店 398 家。主要旅游点有腓尼基时代兴建的毕卜鲁

① 中国人民共和国外交部 [EB/OL].http://www.fmprc.gov.cn/web/gjhdq_676201/gj_676203/yz_676205/1206_676668/1206x0_676670/.2017-9-13.

② 中华人民共和国外交部 [EB/OL].http://www.fmprc.gov.cn/web/gjhdq_676201/gj_676203/yz_676205/1206_676668/1206x0_676670/.2017-9-14.

斯城、古罗马时代兴建的巴尔贝克城和十字军时代兴建的赛达城堡。此外，北部的雪山有很多滑雪场，也吸引了大量欧洲及世界各地游客。

（三）经济

黎实行自由、开放的市场经济，私营经济占主导地位。黎内战前曾享有中、近东金融、贸易、交通和旅游中心的盛名，但16年内战加之以色列入侵，造成直接和间接经济损失约1650亿美元。1991年中东和平进程启动后，黎预期经济利好，大兴土木，后由于地区形势持续动荡，其经济复苏计划受挫，背上了沉重的债务包袱。黎工业基础相对薄弱，以加工业为主。主要行业有非金属制造、金属制造、家具、服装、木材加工、纺织等。从业人数约20万，占黎劳动力的7%，是仅次于商业和非金融服务业的第三大产业。农业欠发达，黎粮食生产落后，主要靠进口，作物有大麦、小麦、玉米、马铃薯等。经济作物有烟草、甜菜、橄榄等。旅游业收入占国民收入的20%以上。首都贝鲁特曾是中东金融中心，外汇和黄金可自由买卖。此外，外贸在黎国民经济中占有重要地位，政府实行对外开放与保护民族经济相协调的外贸政策。出口商品主要有蔬菜、水果、金属制品、纺织品、化工产品、玻璃制品和水泥等。主要贸易对象是美国、中国、法国、意大利、德国等。①

（四）教育

黎巴嫩是一个人口不过千万的国家，由于战争等原因还有几百万人口定居国外。加之党派之争与管理不善，教育发展水平较低。虽然黎巴嫩的第一所职业学校在1863年就由西方宗教团体建立，但由于政局动荡，该国的教育体系也经过数次重组。面对21世纪教育在经济发展中的新角色，黎巴嫩也极力致力于教育和职业教育的发展。

目前，黎巴嫩全国有中小学2704所，在校学生76万余名，教师6万余名。各类高等院校共计41所，其中综合大学4所。黎巴嫩大学是唯一的国立综合大学，于1953年创建。贝鲁特阿拉伯大学创办于1960年。贝鲁特美国大学由美国教会创建于1866年，用英语授课。圣·约瑟大学1881年建立，用法语授课。②

二、职业技术教育与培训的战略

2012年，黎巴嫩政府制定了职业技术教育与培训战略，主要由以下四个方面组成：

（1）审查并更新现行职业教育的办学项目和专业设置。包括职业教育专业、等级和正式文凭的管理；采用学时制度，建立全面的评估系统；审查并更新现行职业教育项目和专业，包括院校分类和机构重置；审查和完善现有课程，以编制更为合理的教材。

（2）审查职业教育学术和行政结构。包括组织管理技术类教育机构，重新分类院校

① 中华人民共和国外交部 [EB/OL].http://www.fmprc.gov.cn/web/gjhdq_676201/gj_676203/yz_676205/1206_67668/1206x0_676670/.2017-9-14.

② 中国一带一路网 [EB/OL].https://www.yidaiyilu.gov.cn/gbjg/gbgk/10025.htm.2017-8-13.

和专业；更新职业教育规章制度，规范职业教育、技术和行政职能；设立职业教育学位管理委员会，创建职业教育质量保障国家机构；启动职业教育最高委员会，并由部委、工业部门、商业部门等等利益相关方组成；组织实施短期培训项目，启动联合项目并审查项目规则；审查职业教育机构许可和审核标准，更新职业教育官方考试规则，实现教育事务管理现代化。

（3）提供并开发人力、物力和财力资源。为职业教育提供强有力的师资与财力保障；振兴技术类院校和机构，为其提供必要设备；实施职业技术教育师资培训，加强对职业教育机构的资源投入，以更好地配置职业教育资源。

（4）加强职业教育的伙伴关系和行业合作。促进民间和地方政府支持和资助职业教育，加强与私营部门的伙伴关系和联合行动；启动地方、区域和国际各级双边或多边协定与合作方案，提升本国职业教育的形象和地位。[①]

三、职业技术教育与培训的体系与质量保障

（一）体系

黎巴嫩正规教育体系的学生在9年级结束时，参加正式考试获得初中毕业文凭。学生在中等教育阶段修满3年后，可以参加正式考试并获得普通教育证书。顺利达到7年级水平的学生可以进阶专业教育，2年后可取得专业证书。持有专业证书或初中毕业文凭的学生可继续技术教育，在参加正式考试后颁发高中会考证书（技术类）[②]。持有高中会考证书（技术类）或普通教育证书的学生可进阶高等技术教育，2年后可获取高级技师职称。技术学士证书则另需1年的学习，学习后需通过正式考试。

黎巴嫩技术和职业教育分为两个基本门类：职业教育和技术教育。职业领域又被称之为纯手工业，它培养的是学生的实践和动手能力。职业教育领域分为三个阶段。第一个阶段为补充阶段，完成该阶段的学习后学生可以达到中级职业水平并获得专业证书。入读第一个阶段的学生需至少7年级毕业，或者持有职业能力证书。本阶段学制2年。第二阶段为执业阶段，完成该阶段学习的学生会获得职业高中文凭（双元制），本阶段学制3年。入读本阶段的学生需满足至少以下条件之一：（1）持有专业证书；（2）持有初中毕业文凭；（3）持有准考证但是尚未通过初中毕业考试；（4）持有学校开具并加盖印章的9年级毕业证明，可以不参加根据黎巴嫩教学大纲设置的国家考试。

但需要强调的是，高中毕业会考之后学生进入高等教育阶段1年级进行学习，之后可以升入职业本科课程2年级并选择合适的专业。完成中等阶段的职业教育后可以获得

① 黎巴嫩教育和高等教育部：新的职业技术教育与培训行动计划 [EB/OL].http://www.higher-edu.gov.lb.2017-7-13.

② 联合国教科文组织国际职业教育与培训中心：黎巴嫩 [EB/OL].http://www.unevoc.unesco.org/wtdb/worldtvetdatabase_lbn_en.pdf.2017-9-12.

熟练技师文凭，本阶段学制 2 年。攻读熟练技师文凭必须满足以下条件:（1）拥有职业高中文凭（双元制）且至少 2 年的实践经验;（2）技术证书与至少 3 年实践经验;（3）一般中学证书与至少 5 年实践经验。

技术领域包括专业课程学习，至少 9 年普通教育基础，且须以数学和科学类科目为主。技术教育领域分为三个阶段：执业、中等、高等。完成执业阶段的学习后可获得技术证书，本阶段学制为 3 年。入读本阶段的学生需满足至少以下条件之一:（1）持有专业证书;（2）持有初中毕业文凭;（3）持有准考证但是尚未通过初中毕业考试;（4）学满 9 年级，持有学校证明，可以不参加课程要求的国家考试的学生。

中等阶段学生满两年后可获得高级技师证书，入读本阶段的学生需至少持有专业证书或普通中等教育证书。要获得高等技术水平的证书则分为两条路径：第一条为技术学士证书：持有高级技师证书的学生参加本阶段课程学习，以获取技术学士证书，学制 1 年；第二条路径为技术教育学士证书：持有普通中等教育证书或技术证书的学生参加本学段课程学习，以获取技术教育学士证书，学制 4 年。该课程方案目标是培养技术类教师。

除正规学校教育体系外，私立学校也吸纳了大量的技术类学生。私立办学机构既包括非营利、非政府组织，也包括营利性组织。私营部门开设的职业教育课程主要围绕服务行业，因其投资低于工科课程，主要形式是非正式学徒培训或手工作坊的实操训练，而且非正规企业提供的培训方案数量有限。大多数高效培训活动是由社区发展中心，在社会事务部领导下与非政府组织合作举办的。

社会发展中心致力于帮助那些文化程度较低的公民学习基本技能，特别是妇女。非政府组织也参与技能培训，例如一家名为“社会运动”的非政府组织拥有遍布全国各地的连锁培训机构，开设大量培训课程。这家组织同样开办职业预修学校，招收 11—14 岁学生，为他们将来参加技能培训做准备。与我国类似，创业教育业是黎巴嫩职业指导与规划的重要内容，其正在逐步将创业能力作为核心竞争力引入中等职业教育。基本出发点是通过推进创业教育和政策引导，将创业理念与技能作为终身学习的重要环节，这一举措是响应劳动力市场对职业教育培训系统的需求。①

（二）保障

根据欧洲培训基金会 2011 年发布的报告，黎巴嫩公立或私立职业教育办学机构或教学方案均无质量保证机制。对于私立职业教育机构的认证程序采用单纯行政方法，急需引进现代化手段。这一条对于公立职业教育系统的质量控制同样适用，管理考试的评估中心也亟需规范和认证。②

① 联合国教科文组织国际职业教育与培训中心：黎巴嫩 [EB/OL]. http://www.unevoc.unesco.org/wtdb/worldtvetdatabase_lbn_en.pdf.2017-9-12.

② 欧洲培训基金会 [EB/OL].http://www.efc.be.2017-8-16.

当前，黎巴嫩正在欧洲培训基金会支持下拟订国家资格框架，其职业技术教育的资格等级和种类如表 1 所示：

表 1　黎巴嫩国家资格框架

等级	证书	类别	前提条件
基础	专业证书（BP）	职业	完成 EB7（基础教育）
执业	中级职业证书（双元制） 第一年	职业	专业证书（通过） 初中毕业文凭（完成） 完成 EB9（基础教育） 官方证明信
执业	技术证书（BT）	技术	专业证书（通过） 完成 EB9（基础教育） 完成 EB9（基础教育）+ 技术证书（BT）一年级 官方证明信
中级	熟练技师	职业	普通教育证书 技术证书（BT） 中级职业证书（双元制）
中等	技师（TS）	技术	普通教育证书 技术证书（BT）
高等	技术学士证书（LT）	技术	技师（TS）
高等	技术教育学士证书（LET）	技术	普通教育证书 技术证书（BT） 技师（TS）① 工程师文凭②

四、职业技术教育与培训的治理与教师

（一）治理

教育和高等教育部通过职业技术教育司负责黎巴嫩职业技术教育。职业技术教育司负责管理全国公立和私立职业教育机构。教育和高等教育部与各种非政府组织密切合作，以提高合作项目的成功概率，因而该部正在寻求和借助外部力量来扩展其职教领域的服务项目。

高等职业教育理事会是由职业教育的政府机构代表、私营部门及行业代表共同参与组成的顾问机构，教育部长担任理事会负责人。因职业教育部分深受利益相关方和社会合作伙伴的影响。利益相关方可分为公共和私人两类，公共部门利益相关方包括：议会教育委员会、职业技术教育司、普通教育司、高等教育司、教育研究与发展中心、农业

① 获取技师证书后须继续学习两年后方可参加技术教育学士证书（LET）国家考试。

② 技术预科结业证书持有人在参加技术教育学士证书（LET）国家考试之前的学习期限是 6 个月。

部、社会事务司、劳动部国家就业办公室、黎巴嫩投资发展局、发展和重建理事会。私营部门利益相关方包括：非营利、非政府组织经营的私立职业教育院校，以营利为目标的私立职业教育院校、黎巴嫩工业家协会、特殊产业联合会、农工商联合会，代表各自利益的专业团体、工会，普通民办学校私营部门同样参与本行业有关的政府会议。黎巴嫩工业家协会设有职业技术教育委员会，密切关注技能开发领域的政策动态。

此外，在黎巴嫩还存在着部分国际利益相关方，如欧盟、欧洲培训基金会、法语国家国际组织、联合国教育、科学和文化组织、国际劳工组织、欧洲合作与发展署、法国开发署、德国国际合作组织，这些组织通过资助部分改革项目用以支持黎巴嫩职业教育与培训事业的发展。在经费方面，职业技术教育与培训主要资金来源为政府财政拨款。另外，一些项目资金也来自非政府组织、私营部门或国际援助，如德国国际合作组织、欧洲合作与发展署等等。①

（二）教师

黎巴嫩的职教师资存在较大缺口，公立职教部门全职教师人数占教师总数的13%。大多数合同教师和培训师拥有学术背景，但是专业背景不足。其中短期合同教师的入职门槛较低，拥有政治地位和良好家庭背景的申请人更容易入选。

随着信息化在公共部门的应用，其在确立教师关键性能力指标、改善教师培训计划等方面的应用会越来越广，在职业技术教育与培训教师聘任方面的作用也会越来越大。因此，发挥移动互联网在职业教育的全职教师入门培训以及后续培训过程中作用将对黎巴嫩未来的师资队伍建设至关重要。

五、职业技术教育与培训的诉求与发展趋势

黎巴嫩生产性行业发展滞后，服务业却十分发达。黎巴嫩经济在长期发展过程中，充分发挥其海外侨民众多、自然环境优美等有利因素，逐渐形成了侨汇、金融、旅游和贸易为主的经济发展模式。尽管由于区域局势动荡和难民危机，但得益于完善的银行制度，黎巴嫩的金融行业一直稳健且具有韧性。自然环境方面，黎巴嫩有雪山至大海的独特自然环境，拥有巴尔贝克神庙、提尔等几处世界遗产，是中东著名的旅游胜地，也成就了该国发达的旅游产业。因此，基于黎巴嫩服务型经济特点的高端服务行业将是其未来发展的特点和方向，而职业技术研究院与培训的发展趋势也将紧紧围绕这一经济发展特点展开。

随着欧洲一体化和经济全球化的延伸，重塑和升级黎巴嫩职业教育服务已迫在眉睫，大批借助外部资助的项目业已到位。如德国国际合作组织正在开展一个题为“促进职业培训和中小企业发展”的项目。事实上，黎巴嫩经济深受外国制造业影响，重建和发展困难重重。中小企业是黎巴嫩工业的最重要的组成部分，吸收了大部分的劳动力。年轻

① Gebran Karam (2006). Vocational and Technical Education in Lebanon. Strategic issues and Challanges. Murdoch: IEJ.

人和半熟练技术工人缺少就业机会，对训练有素的专业人士和中层管理人员的需求日渐增长。总体而言，虽然黎巴嫩职业教育系统改革得到社会各界的大力支持，新的行动计划已应运而生，但黎巴嫩职业教育系统必须克服诸多挑战，才能变成一个教育和培训合格劳动者，并为国家经济发展做贡献的有效系统。其发展趋势重点在以下方面：

（一）确定职业教育在经济发展中的角色

面对经济全球化和欧洲一体化的深入，黎巴嫩需要重新确定职业技术教育与培训在本国经济发展中的角色和定位，以为将来职业技术教育环境的改善创造条件。事实上，职业技术教育不仅可以帮助黎巴嫩培养出具有国际竞争力的工人，还可以作为贫困救助和经济增长引擎，为生活水平较低的人群提供经济机会。随着黎巴嫩国家资格框架的建立，职业技术教育一定可以吸引更多的参与者，在该国经济建设中发挥更大作用。

（二）打造运行有序的公共服务体系

长期的战争与派系分裂使得黎巴嫩在教育系统，特别是职业教育系统缺乏相应的战略与对策。对于职业技术教育与培训的公共支出也大都放在基础设置建设方面，而没有一个总体规划。政府部门也缺乏合格的管理人员，教育系统的运行更是捉襟见肘。上述情况不仅使得职业教育毕业生对自身的境遇不满，也未能满足雇主对劳动力的期待。因此，黎巴嫩亟需一个高效有序的公共管理体系，以提升公共资源的使用效率，制定更为有效的公共服务政策，协调和统一公私各部门之间的行动。

（三）提升私营部门对职业教育与培训的参与度

黎巴嫩实业家协会是职业教育群体最大的雇佣者，其由1200多名代表组成，同黎巴嫩职业教育司一起，直接参与到职业教育中。但即使如此，由慈善事业和社会工作性质为主的非政府组织却是最大的私营部门参与者。未来，黎巴嫩职业教育与培训的重点就在于采用合理的政策，激励私营部门的深度参与，推进私营机构和公共机构之间的合作，以解决劳动力市场信息匮乏、需求脱节、师资缺失、财政预算有限及教学场地设备不足的问题。

（深圳职业技术学院　技术与职业教育研究所　李亚昕）

主要参考文献

[1] 联合国教科文组织国际职业教育与培训中心：黎巴嫩 [EB/OL].http://www.unevoc.unesco.org/wtdb/worldtvetdatabase_lbn_en.pdf.

[2] 黎巴嫩教育和高等教育部：新的职业技术教育与培训行动计划 [EB/OL].http://www.higher–

edu.gov.lb.

[3] 中国人民共和国外交部 [EB/OL].http://www.fmprc.gov.cn/web/gjhdq_676201/gj_676203/yz_676205/1206_676668/1206x0_676670/.

[4] 欧洲培训基金会 [EB/OL].http://www.efc.be.

[5] Gebran Karam (2006). Vocational and Technical Education in Lebanon. Strategic issues and Challanges. Murdoch: IEJ.

[6] 包华林，龚小勇．黎巴嫩职业技术教育的战略性问题及其挑战 [J]. 职教论坛 ,2011 (18).

[7] Atchoarena, D., (2001). From research to reality: An international perspective. In Research to Reality: Putting VET Research to Work, Proceedings of the Australian Vocational Education and Training Research Association (AVETRA) 4th Conference in Adelaide, Australia March 28–30, 2001.

[8] In terlaken Declaration (2001). Initiating debates on liking work, skills, and knowledge: learning for survival and growth. International Conference, 10–12 September 2001, Interlaken, Switzerland[EB/OL].http://www.workandskills.ch/.

[9] Lynch, R.L. (2000).High school career and technical education for the first decade of the 21st Century. Journal of Vocational Education Research, 25 (2). [EB/OL].http://scholar.lib.vt.edu/ejournals/JVER/v25n2/lynch.html.

以色列国

一、国家概况

（一）地理①

以色列国（The State of Israel），简称以色列。根据 1947 年联合国关于巴勒斯坦分治决议的规定，以色列国的面积为 1.52 万平方千米，目前以色列实际控制面积约 2.5 万平方千米，北部与黎巴嫩、东北部与叙利亚、东部与约旦、西南部与埃及接壤，西濒地中海，形状狭长。以色列有温带气候，也有热带气候，日照充足。主要有两个差别明显的季节：从 11 月至次年 5 月的多雨冬季，以及接着延续 6 个月的干燥夏季。以色列位于沙漠地带的边缘，为了解决各区域可利用水分布不均的状况，于 1964 年建成国家输水工程，通过由巨型泵、输水道、运河、水库、隧道、蓄水坝和抽水站组成的大动脉，把水从北部和中部地区一直送往南部的半干旱地带。

（二）人文②

截至 2017 年 5 月，以色列人口为 868 万，其中犹太人约占 74.8%，其余为阿拉伯人、德鲁兹人等。大部分居民信奉犹太教，其余信奉伊斯兰教、基督教和其他宗教。以色列官方语言是希伯来语和阿拉伯语，通用英语。以色列犹太人远祖是古代闪族的支脉希伯来人，原居住于美索不达米亚平原，公元前 13 世纪末开始从埃及迁居巴勒斯坦地区。公元前 1000 年左右，建立以色列国。此后先后被亚述、巴比伦、波斯、古希腊和罗马帝国征服。公元 70 年被罗马人赶出巴勒斯坦地区，开始长达近 2000 年的流亡生活。19 世纪末，犹太复国主义运动兴起，犹太人开始大批移居巴勒斯坦。第一次世界大战结束后，英国对巴勒斯坦实行委任统治。1917 年，英国政府发表《贝尔福宣言》，表示赞成在巴勒斯坦为犹太人建立民族家园。1947 年 11 月 29 日，联合国大会通过决议，决定在巴勒斯坦地区分别建立阿拉伯国和犹太国。1948 年 5 月 14 日，以色列国正式成立。

---

①② 主要参考：中华人民共和国外交部. 国家和组织.以色列 [EB/OL].http://www.fmprc.gov.cn/web/gjhdq_676201/gj_676203/yz_676205/1206_677196/. 2017-09-28; 中国一带一路网.各国概况.以色列 [EB/OL] https://www.yidaiyilu.gov.cn/. [2017-09-28].

以色列90%的人口生活在城市地区。由于预期寿命高，婴儿死亡率低，预计人口将继续增长，人口老龄化现象严重。在行政方面，以色列和被占领土分为7个区，每个区（除耶路撒冷）由若干个分区组成。以色列国旗呈长方形，长与宽之比约为3∶2。旗地为白色，上下各有一条蓝色宽带。蓝白两色来自犹太教徒祈祷时用的披肩的颜色。白色旗面正中，是一个蓝色的六角星，这是古以色列国王大卫王之星，象征国家的权力。以色列国徽为长方形盾徽。蓝色盾面上有一个七杈烛台，据记载此烛台为耶路撒冷圣殿中点燃祭坛的物件。烛台两旁饰以橄榄枝，象征犹太人对和平的渴望。烛台下方用希伯来文写着“以色列国”。以色列国歌为《希望之歌》。

（三）经济①

以色列工业化程度较高，高附加值农业、生化、电子、军工等部门技术水平较高。以色列经济发展迅速，在许多方面位居发达经济体的行列，是中东地区经济发展活力最高的国家。以色列被认为拥有世界级的创新能力（世界第三），拥有高度创新的商业部门和世界上最好的应用研究机构。2016年，以色列国内生产总值3183亿美元，国内生产总值增长率4%，人均国内生产总值3.73万美元。截至2017年6月，以色列失业率为4.5%。以色列主要发展能耗少、资金和技术密集型产业，注重对科技研发的投入，在电子技术、计算机软件、医疗设备、生物技术、信息和通讯技术、钻石加工等领域，技术达到世界尖端水平。以色列农业发达，科技含量较高，其滴灌设备、新品种开发举世闻名。以色列国内市场相对狭小，经济对外依存度高，是世贸组织和经济合作与发展组织成员国，与美国、加拿大、土耳其、墨西哥及欧盟、欧洲自由贸易联盟、南方共同市场签有自由贸易协定。欧盟是以色列最大贸易伙伴，美国是最大单一贸易伙伴国。

以色列是亚投行57个创始成员之一。在“一带一路”倡议下，以色列的创新技术能够更好地输出到有需求的国家和地区，为发展中国家在很多项目上提供帮助。中国和以色列已建立了政府间的合作平台，如“中以经济特别小组”“创新合作联合委员会”等，这些平台连接了中以两国政府相关部门，包括医疗健康、农业、教育、科技等，为这些领域的创新提供了合作机会。目前，中国企业在以色列正在建设阿什杜德新港及特拉维夫第一条地铁线路——红线轻轨；上海国际港务集团获得了以色列北部海法港25年的运营权。以色列已经开始大量引进中国的机械设备，五六家中国公司正在向以色列提供大巴汽车。

① 主要参考：中华人民共和国外交部．国家和组织．以色列[EB/OL].http://www.fmprc.gov.cn/[2017-09-20]; 中国一带一路网．各国概况．以色列[EB/OL]. https://www.yidaiyilu.gov.cn/[2017-09-28]; 人民网．“一带一路”倡议惠及整个中东[EB/OL]. http://world.people.com/[l2017-09-28].

（四）教育[①]

教育是以色列的最宝贵遗产，教育投入长期保持在国内生产总值的 8.5% 左右。以色列最值得骄傲的大学有七所：耶路撒冷希伯来大学、特拉维夫大学、海法大学、以色列工程技术学院、魏茨曼科学研究院、巴伊兰大学和本·古里安大学。

以色列的科技研发主要是在七所大学、数十个政府和公共研究机构和数百个军用、民用企业里进行的。政府和公共机构是研究与开发经费的主要来源，为以色列半数以上的研发活动提供了财政资助。以色列书籍和期刊主要出自大学，涉及所有领域，其中科学出版物在世界出版物中约占 1%。以色列各大学把开展科学研究和推动技术创新结合在一起，并将成果及时付诸应用。大学教师中有很大比例以顾问身份为产业部门提供技术、行政、财务和经营管理方面的咨询服务。

以色列建国之前已经有一个能够完全运作的教育系统，由前犹太社区发展和维护，教学语言为希伯来语。建国之后，全国教育面临着整合大量移民儿童的巨大挑战，超过 70 个国家的儿童跟随父母返回家园。

按学制划分，以色列教育可分为四个主要阶段（或级别）：学前教育（3—6 岁），小学教育（6—12 岁），中等教育（初中 13—15 岁，高中 16—18 岁），大专及以上学历教育（18 岁以上）。大专教育涵盖非学历培训，注重实践，目的是使培训对象能够直接进入劳动力市场。大专院校颁发的资格证书有注册护士、公估人、工程师、技术员等等。高等教育包括高等教育委员会认可的本科生、研究生，其学术研究在大学、学术性学院和教育学院进行。重视劳动教育和职业教育也是以色列中小学教育制度的一大特点。学生从小学 1 年级就开始安排手工课，让孩子们从小学会动手，接受系统的劳动教育。到了小学高年级和初中，就要让学生们学习各种技术课程和家政课。[②]

以色列目前就业率最高的是商业服务业（14.6%），其次是制造业（14.2%）。有关按职业和教育年龄计算的就业人口数据显示，在商业服务部门雇用的雇员中，超过 73% 的人受过至少 13 年的教育，在建筑行业，大多数就业人员的教育年限最多为 11 至 12 年。30 岁以下的学生，只要他们获得预科证书即可以继续学习本科学位课程。那些在较高水平的技术教育（5 个学习单元）上学习的人，在大学入学时可以获得奖学金，这就增加了他们接受高等教育的机会。

以色列从小学到研究生的学校教育制度如表 1 所示。

---

① 主要参考：中国一带一路网 . 各国概况 . 以色列 [EB/OL].https://www.yidaiyilu.gov.cn/gbjg/gbgk/9975.htm, [2017-09-28]; 在线教育数据库（classbase）. 以色列国家教育体系（Education System in Israel）[EB/OL]. https://www.classbase.com/Countries/Israel/Education-System2017-09-28.

② 李玉芳 . 以色列中小学教育制度及启示 [J]. 教育理论与实践 . 2008(3)21-23.

表 1　以色列国家学制

教育	校级	年级	年龄	年限	备　注
初等	小学	1—6	6—12	6	入学年龄从5岁到16岁不等，18岁以后免费
中等	初中	1—9	12—15	3	
中等	高中	10—12	15—18	3	学术高中、职业高中、综合高中。职业高中设备精良，是国家工业实力的基础之一。要么为学生提供实用技能，要么提供技术上的高等教育基础，例如工程和科学。
高等	本科生教育			3	学士学位（最低学习年限3年）。需要获得全预科证书（以色列高考）并通过心理测量学的入学测试，多类似于美国的SAT。学生通常从第一学期开始就专注于他们的专业领域。
高等	硕士研究生教育			2	硕士学位。许多大学为获得硕士学位提供了两个方案：一是要求写硕士论文，并要求学生在本系攻读博士学位；二是无需论文，这是为那些不打算攻读博士学位的学生设计的。
高等	博士研究生教育			4	博士学位。通常要求硕士学位的平均成绩至少达到80分，毕业论文的分数为85或更高。完成博士学位课程通常需要4年或更长时间。

资料来源：https://www.classbase.com/Countries/Israel/Education-System

二、职业技术教育与培训的战略与法规

（一）战略[①]

以色列把职业技术教育作为一个人通往美好未来的关键之一。政府部门正在采取行动，使学校和成人培训课程适应工业需要，通过为各个层次（特别是弱势群体，重点是妇女、极端正统派和阿拉伯人）提供职业基本技能和知识的教育与培训，使人们学会更好地照顾自己、尊重世界，智慧地利用资源。

在以色列，职业技术教育与培训包括两个不同的路线，即两个负责职业技术教育与培训的官方机构，一个是教育部，另一个是工贸与劳动部。教育部的战略目标是：增加接受职业技术教育与培训的学生人数，提高科技领域所有学生的知识技能；做好基础设施的准备，提高职业技术教育与培训水平，满足学习者的学位要求；将职业技术教育与培训与国际标准相适应，加强环境保护和绿色能源的内容；通过职业技术教育与培训促进青年人和极端人群的危机应对能力。工贸与劳动部的战略目标是：改变因技能人才短缺而造成的工业经济障碍；消除因专业工人基本技能匮乏而造成的诸多问题；通过就业

① 主要参考：MASHAV International Educational Training Center (METC) [EB/OL]. http://www.mashav.mfa.gov.il/MFA/mashav/Courses/Documents/(2016-06-10)[2017-9-28].NALYTICAL FRAMEWORK FOR REVIEWS OF VOCATIONAL EDUCATION AND TRAINING SYSTEMS AND POLICIES IN ISRAEL. [EB/OL]. http://www.etf.europa.eu/webatt.nsf/0/(2012-09)[2017-9-28].

培训，改善弱势人群的不利状况；设置和调整专业培训标准；对培训课程、职业资格和职业晋升制度提供计划和组织监督以及教学支持；根据行业（如替代能源、水和环境、塑料、木材、金属等）的需求开展专题培训；与雇主合作开发新课程以及更新现有课程；建立一个获得实践经验的高级工作坊系统；改变职业教育形象；根据相关国际协议，与学徒咨询委员会、教育部、学术界和工业界代表一起，积极更新国家职业资格规模。

（二）法规

以色列没有成文的宪法。根据规定，以色列议会制定的若干个基本法，合起来构成国家的宪法。这些年来，以色列议会共制定了 13 部基本法，即《议会法》(1958)、《国家土地法》(1960)、《总统法》(1964)、《政府法》(1968)、《国家经济法》(1975)、《国防军法》(1976)、《首都耶路撒冷法》(1980)、《审判法》(1984)、《国家监察长法》(1988)、《职业自由法》(1992)、《人的尊严和自由法》(1992)、《直接选举总理法》(1992) 和《立法程序法》(1993)。这些基本法律，明确了以色列政体中立法机构、行政机构和司法机构的关系和权限，规范着各个国家机关的活动。①

1948 年以色列教育部起草了《义务教育法》，该法律于 1949 年颁布，用法律把教育的重要地位固定下来。《义务教育法》规定，以色列所有 5—14 岁（到 2001 年修正为 3—18 岁）的儿童都必须接受免费的义务教育，父母可以在世俗学校和宗教学校之间为其子女做出选择。② 1953 年，以色列又颁布了《国家教育法》，提出"以色列教育的目的，一方面是让学生学习知识和技能，以适应国家发展的需要；另一方面是促进来自世界不同地区的犹太人之间的融合，消除他们之间的文化差异，以形成一种新的犹太国民文化"。1958 年颁布《高等教育理事会法》，该法确定"高等教育包括教学、科学与研究"，"高等教育理事会成员由国家总统任命"。1968 年，以色列对全国教育体制进行过一次较大的改革，这次改革包括修改《义务教育法》，把义务教育从原来的小学和初中扩大到高中。1969 年，以色列颁布了《学校审查法》，规定了学校的开办和运营、学校工作者的录用以及各类指导等。1988 年通过的《特殊教育法》，为残疾、低能儿童接受教育提供了保障。一系列与教育相关的法律文件的制定，不仅确立了教育的特殊地位，同时也使得以色列有特色的教育制度稳固地确定了下来。此后，以色列又颁布了多部法律法规，逐渐建成为一个教育法治国家。③

以色列特别强调教育与社会生产相结合，学生在中学毕业时，已获得了基本的劳动知识，掌握了基本的劳动技能技巧，形成了一定的劳动素养，有的还有了一技之长。以色列针对职业技术教育与培训制定了《职业培训法》，该法对各类不同求职者规定了不

① 以色列议会的立法工作及其程序 [EB/OL]. http://www.jsrd.gov.cn/rmyql/(2005-09-10)[2017-09-19].

② 人民网 . 学术气氛宽松人才流动自由，给学者最高地位 [EB/OL].http://www.people.com.cn/(2004-01-12)[2017-09-19].

③ 杨春霞 . 以色列"教育立国"之路为何走得如此坚定 [J]. 外国教育研究 , 2002(8).

同的培训办法，如对义务教育中不能正常完成学业的、年满 11—14 岁的青少年实行每周三天上学，三天到工厂实习培训的制度。这部分人约占以色列初中生的 10% 左右。对他们的这种培训，教育部不再负责，而是直接由劳工部人力资源发展局进行管理，其学制为四年，所需经费大多由国家投入，少量由企业投资。对成年人，尤其是失业工人、新移民和退役军人和部分在职工人，则实行免费培训。以色列劳工部人力资源发展局是以色列专门从事职业培训的机构。该局下设教材开发编辑部、计划组织部、成人培训部、技术培训研究所等 4 个部门，并在地方设有 4 个分支机构和一个全国性的职业培训中心，由局长直接领导。在以色列，从普通劳动者至大学毕业生，甚至按国家法规退役的军人，就业完全是通过劳动力市场来实现的，政府只是利用法律、法规和建立相应的服务机构来促进充分就业。除了政府的作用外，社会各方面都十分重视职业培训工作。如以色列的工会组织、雇主组织以及各种大小企业都建有自己的各类职业培训中心。此外，在政府的鼓励下，以色列还建有许多专业性和私营职业培训中心。目前，在以色列已基本形成了一个不同层次、不同门类、专业和技能较为齐全的职业培训网络。①

三、职业技术教育与培训的体系与质量保障

（一）体系

以色列职业技术教育与培训体系的建立，起始于以色列建国之初的技术性职业培训，当时亟需技术性人才，全国青年人当中的十分之一都参加了相关培训。1951 年，这一数据上升到五分之一。1953 年，以色列职业教育与培训的管理体系形成了教育部和工贸与劳动部两条线，教育部负责职业学校教育部分，工贸与劳动部接管职业技术培训部分。1958 年，以色列议会通过法案正式确立了职业技术教育体系，该体系包含了小学的手艺课程、初中的技术工艺课程和高中的工艺和技术教育课程，当然也包含了大量的非学校系统的技术培训和继续教育课程。时任教育部长依盖尔·阿龙指出，要把职业技术教育与培训作为提高以色列生产力的重要推动力。20 世纪 70 年代后期，根据时代发展需要和市场发展需求，以色列职业技术教育与培训体系的结构和目标向大众化方向做了调整，即建立“使每个学生都进入学校完成 12 年级学习的职业体系”，以提供更广泛的大众教育，职业技术教育与培训体系自此得以完善。②

由于有完善的职业技术教育与培训体系，以色列 90% 以上的青年人至少有高中学历，其中有 60% 继续接受一般学术高中教育，大约 40% 的人接受技术和职业教育（其中有三分之一的人选择学习技术教育课程）。以色列从幼儿园到中学（义务教育），一直有科

① 国外职业技能培训的基本情况 [EB/OL]. http://www.wxphp.com/wxd_1vgwt0mzv24vbt01g9ph_12.html.[2017-09-15]

② 本段内容参考了百度学术的相关英文资料 (Nirit Raichel，Between the dream and the reality: vocational education in Israel.1948–92[EB/OL].http://xueshu.baidu.com/s?wd=paperuri) 和郭晓明的相关文章（理想与现实的冲突——以色列职业教育发展史 [J]. 高等职业教育探索 ,2005(12)）。

技教育的内容（见图 1）。学校提供课程，学生根据自己的愿望和态度做出选择。以色列拥有世界上最大的科技教育研发与培训中心之一，该中心的一个重要内容是专门为世界级教育项目提供方案，包括机器人、纳米技术、生物医学工程、脑科学、航空技术等创新课程。多年来，以色列在美国、俄罗斯、非洲和欧洲在内的世界各地建立了创新教育解决方案和领先项目。[①]

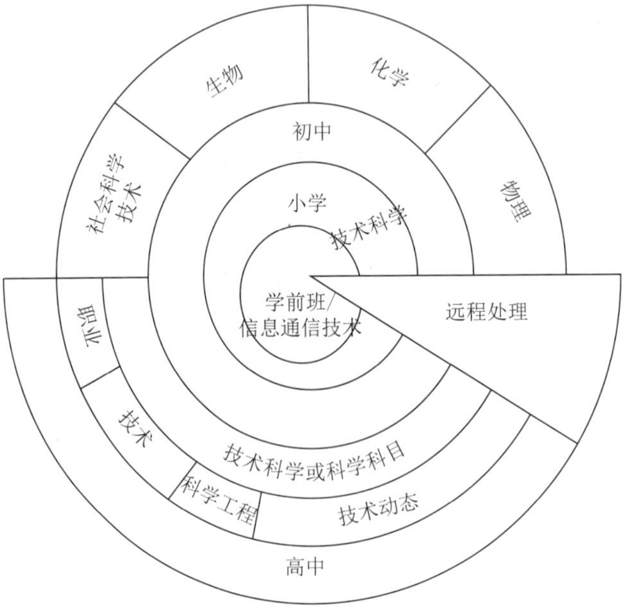

图 1　按年龄层次划分的科技教育体系

资料来源：Serbia – National Torino Process Report for 2012 ：ANALYTICAL FRAMEWORK FOR REVIEWS OF VOCATIONAL EDUCATION AND TRAINING SYSTEMS AND POLICIES IN ISRAEL.

（二）保障

1. 职业资格证书[②]

在以色列，由工贸与劳动部负责青少年及成人的专业认证培训并颁发证书。以色列职业技能证书涉及 20 个主要职业和大约 25 个培训类型，有 400 多个资格证书。20 个主要职业分支是：制图、建筑、计算机、运输、印刷、摄影、媒体制作、美容护理、救生、行政、保姆、水和能源、机械、汽车电子、酒店业、电子通信、时装设计与制作、木工技术与和家具、辅助医疗、编写程序。主要的培训类型有：基本培训或初步培训、升级培训、高级研修培训、学术进修和失业人员再培训、针对不同人口和区域的专门培训、培训课程和专门支持培训、自我认证培训。以色列针对以下人群实施专门的培训计划：

① NALYTICAL FRAMEWORK FOR REVIEWS OF VOCATIONAL EDUCATION AND TRAINING SYSTEMS AND POLICIES IN ISRAEL.[EB/OL]. http://www.etf.europa.eu/webatt.nsf/(2012–09).

② Emile Melloul. Vocational Training in Israel [EB/OL]. http://isfoloa.isfol.it/bitstream/handle/123456789/(2012–03).

失业人群、领取福利人群、犹太教极端正统派、少数民族、单亲家庭、新移民、囚犯、残疾人等。

以色列的职业资格培训分为基础培训和升等培训两类，前者类似于岗前培训，主要针对青年人和失业人群，培训合格后颁发国家统一的职业资格证书；后者主要针对有技术人员（含技术移民）和大学生等，结业后可直接升任工程师、经理或高级管理人员[①]。从认证程序上来看，基础培训的认证包括：学校或培训机构准备申请资料、开设培训课程、进行内部考试和外部考试（理论和实操）、其他条件审核；升等培训的认证包括：相关的专业经验、相关证书、课程考试、外部考试（理论和实操）、其他条件审核。认证条件符合，即颁发国家职业资格证书。从 2010 年以色列培训机构的培训数据（表 2）看出，以色列私营培训机构是培训的主要力量，参加人数最多；在经费预算方面，学徒培训花费最多。

表 2　以色列职业培训机构培训数据

培训类别和培训机构	经费（千·新谢克尔）	参加人数（人）
学徒培训	340000	
实用工程和技术人员培训	167445	22326
政府培训中心	24296	3037
对外培训中心	51320	6415
私营培训中心	0	63067

资料来源：Emile Melloul. Vocational Training in Israel [EB/OL] http://isfoloa.isfolit/bitstream/123456789/ (2012-03).

2. 质量保障

无论是政府教育机构还是私立培训机构，任何一个职业技术教育与培训机构都要对自己所提供的培训质量负责。所谓“质量”，即是在职业技术教育和培训机构接受教育的学生，有能力在市场中获得就业机会并可持续发展。以色列教育部在全国各地区均设有职业教育工作项目，由学校负责实施，教育部检查每一个项目的落实情况，并通过各个职业指导委员会与制造业协会建立就业方面的联系。工贸与劳动部的职业培训和人力资源开发高级事务局负责对全国培训机构的质量进行监督，确保培训能够按计划执行。[②]私营职业教育培训机构与地方政府相关部门进行合作，这些机构的培训质量当然也受地方政府的监督。例如，以色列的最早的私营职业训练组织 ORT（Organization for Professional

① 马永堂 . 以色列的职业培训 [J]. 中国培训 ,1996（8）.

② Pauline Musset, Małgorzata Kuczera and Simon Field. A Skills beyond School Review of Israel[M]. OECD Publishing.2004:60.

Work Training）是与世界商业化专业工作协会合作的，主要是帮助犹太人获得从业需要的基本技能。最早培训医疗技术、机械操作、电器维修、护理、理发、制衣等等。从1985年开始，ORT在以色列开展大学层次的职业教育，内容涉及高科技、工艺技术、各种工业设计，以及各种分类管理的岗位培训等。这些培训项目有的来自劳动部、国防部、教育部，有的来自地方经济局、保险局等等。政府对委托项目进行过程监督和结果验收。①

由于管理严格、质量有保障，所以在以色列取得国家职业资格证书并不容易，所有参加培训的申请人必须经过严格考核和审批。如果是雇主提出的职业资格证书申请，需要由工贸与劳动部职业培训和人力资源开发高级事务局审核后，再由政府、工会和雇主三方组成专门的委员会进行审核。如果是个人失业培训，获取职业资格证书需要首先向私营培训中心或地区就业服务局申请。在以色列，大约有60%左右的工作岗位需要凭职业证书才能上岗。②

四、职业技术教育与培训的治理与教师

（一）治理③

1. 体系的治理

在以色列，职业技术教育与培训体系的管理是分散的，教育部门和经济部门分别出资、管理和维护着两类不同的职业教育（技术教育和职业培训）。职业技术教育与培训的这两类管理体系属于没有层次关系的两个并行系统，没有一套正式机制来协调两个部门的工作。教育部和工贸与劳动部两个系统通过自己的地区办事处开展业务。教育部科技司管理的科技教育，着重发展学生的理论知识以及未来就业的专业能力、主动性和灵活性。隶属于工贸与劳动部的职业培训和人力资源开发高级事务局负责其他职业技术教育与培训内容，主要是随各专业技术发展而更新成人的知识和能力，满足就业需要的培训和"充电培训"。工贸与劳动部的职业培训通过日间课程（资格认证学习）、晚间课程（主要在商业相关学科）完成，一般是在工作场所进行培训，一个是为失业者安排的工厂学习，一个是为在职员工安排的培训，培训内容围绕就业市场需要，如焊接、各种类型的机械加工和木材行业等等。

以色列职业技术教育与培训管理的另外一个特色是网络化经营管理，全国40%的职业院校由最大的网络管理计划统一管理，该计划对职业教育进行改革，也对课程教学、教师培训、资金使用等进行安排。阿迈勒教育网是以色列一个领先的学校网络，也是一个创新创业的公司，专注于创新思维和创新技能训练。进入该网络运行的机构由教育部和工贸与劳动部监督。

---

① 陈腾华．为了一个民族的中兴：以色列教育概览 [M]. 华东师范大学出版社 ,2005:222-224.

② 马永堂．以色列的职业培训 [J]. 中国培训 ,1996（8）.

③ NALYTICAL FRAMEWORK FOR REVIEWS OF VOCATIONAL EDUCATION AND TRAINING SYSTEMS AND POLICIES IN ISRAEL. [EB/OL]. http://www.etf.europa.eu/webatt.nsf/0/8F8BA9A9645042F9C1257B5C00295AE0/$file/TRP%202012%20Israel_EN.pdf(2012-09)[2017-09-15].

地方政府也在职业教育组织中发挥着重要作用，他们收集有关劳动力市场的数据，管理隶属于教育部的学校，并承担一些资金责任。在以色列，中学后的非学术文凭学习（成人培训，18岁以上）受到政府的鼓励，直接融入劳动力市场，这些机构隶属于工贸与劳动部管理。成人培训包括五个路径：学术专业再培训，成人继续教育，工业项目培训，妇女支持计划和发展工作技能。这些培训的大部分经费纳入政府专门预算。

作为雇主，以色列制造业协会在职业技术教育与培训中也发挥着积极和创新的作用。制造业协会成立于1921年，是被政府认可的以色列经济中所有工业部门的唯一代表机构，其目的是促进决策者和协会成员之间的联系。它是职业技术教育与培训政策制定、实施和改革的重要参与者。近年来，制造业协会一直积极参与广泛的长、中、短期的项目和活动，更结合市场重大变化趋势，提供新职业的新课程以及有吸引力的项目给青年人，以扩大职业教育学生规模。

2. 经费的管理①

以色列职业技术教育始终存在经费预算不足、教育部门和企业行业合作不尽如人意，以及专任教师缺乏等诸多问题。虽然以色列教育经费投入很大，仅次于军费，但是在职业技术教育投入上相对较弱。职业技术教育经费有三个主要来源：国家层面，地方政府，职业教育网络供应商。根据经费预算方案，教育部或工贸与劳动部向不同地方和学校分配资金，对于那些必须为基础设施和设备提供经费的地方政府，可以申请增加国家拨款。教育部和工贸与劳动部都使用类似的公式分配经费给职业技术教育提供者，但是各部管理自己的预算。工贸与劳动部目前采用管理方式之一，是给就业服务机构提供培训券，培训券的价值是课程成本的80%，该款项分三次支付，一是在学生注册时，二是在学生完成课程时，三是学生完成了三个月的工作安排后（其目的是为了鼓励学生积极融入工作）。因此，有些经费支付给了希望雇用少量工人的小型公司。

总体来说，国家层面的职业技术教育经费是逐年增加的。比如科技部科技管理局的经费预算，2011年为2.5亿新谢克尔，现在已经增加到4亿新谢克尔；工贸与劳动部2010年经费预算为6亿新谢克尔，2011年是6.01亿新谢克尔，2012年为6.05亿新谢克尔。这些经费主要用于职业技术教育基础设施设备以及学校和公共培训机构的公共投资。一般来说，国家和地方政府经费通过人均预算方式分配给职业技术教育提供者，职业技术教育提供者通过人均预算法，根据提供项目的不同种类估计成本，每个学生的预算根据指定课程的课程费率计算。每个学校或每个培训班的经费预算是由学生人数乘以每名学生的预算来确定的。此外，对于符合条件的特殊项目，比如培训受福利保障人群、阿拉伯人（尤其是女性）和极端正统派，则额外分配资金。

职业教育网络供应商和大型雇主具有独立的经费来源，他们可以通过多种方式直接

① MAPPING VOCATIONAL EDUCATION AND TRAINING GOVERNANCE IN ISRAEL. [EB/OL]. http://www.etf.europa.eu/webatt.nsf/0/D8E3540B1A709147C1257DC80032DE24. (2015-10-15).

向学校提供资金，比如让学校在他们的场所培训他们所需要的人才。工贸与劳动部主要负责职业培训，包括学徒制培训，它的经费使用与培训规定以及劳动力市场就业紧密相关。另外，以色列整个教育系统的经费融资约有20%来自家庭，但是家庭付费主要在普通高等教育领域，对于职业技术教育的付费是比较少的。

（二）教师①

以色列教育部要求职业技术教育教师有学历证书、教师资格证和教学证书，并且积极参加进一步培训和知识更新。例如工程师从事职业技术教育教学工作，必须获得教育部颁发职业技术教育科目的许可证。但是，由于技术教育课程的教师不足，职业技术教育师资老龄化严重，所以持有工程文凭的实习生在实际工作中也是被接受的。

教育部正在为技术教育教师提供一系列专业发展课程，包括教师指导、创新促进计划、专业更新等等。教育部还为来自企业界的教师提供了个人发展计划，由教育部科技司具体领导和组织。工贸与劳动部也负责对职业技术教育师资的专业发展进行培训，工贸与劳动部分别在卡米尔、阿什凯隆、耶路撒冷和塔姆拉有四个培训中心。

职业技术教育的师资培训包括讲座和实践经验两部分，为教师提供理论知识和教学能力。培训鼓励广泛的对话和分析决策的过程，使参加者了解新的概念、方法和工具，分享和交流经验，适应基于新技术的教学环境，使学员最大限度地提高学习效果。课程包括职业教育技术教学策略、国家的社会经济现实、探讨不同地区不同课程模式、促进学校的专业课程、从简单材料到先进仪器的使用等等。

教育部开发了独特的综合考虑教育学和创造性方面的整体方法，使参与者能够实际地使用理论。这种方法包括首席专家讲座和讨论、车间实践、书面材料、专业访问、小组讨论、团体竞赛、在不同机构和教学资源中心进行游学等等。职业技术教育的师资培训必须接触以色列工业的工作流程和各学科领域最先进的技术，目的是使教师了解专业领域的先进技术，深化教育的创新能力，减少现在的课程教学和未来行业需求之间的差距。比如，很多教学活动都是在工业厂房进行的，讲师是行业专家、技术工程师，这类课程涵盖120小时再加上工厂专业人员40余小时的项目指导，共15次活动。

五、职业技术教育与培训的诉求与发展趋势

据以色列中央统计局的数据，按现在价格计算，2016年以色列国内生产总值（GDP）为12227.83亿新谢克尔，GDP同比增长4.0%，明显高于2014年、2015年的2.6%和2.5%的增长率。以色列的经济成绩单之所以表现不俗，其中一个重要原因是，高科技

① 主要参考：MAPPING VOCATIONAL EDUCATION AND TRAINING GOVERNANCE IN ISRAEL. [EB/OL]. http://www.etf.europa.eu/webatt.nsf/0/D8E3540B1A709147C1257DC80032DE24/.2015-10-15; NALYTICAL FRAMEWORK FOR REVIEWS OF VOCATIONAL EDUCATION AND TRAINING SYSTEMS AND POLICIES IN ISRAEL.[EB/OL]. http://www.etf.europa.eu/webatt.nsf/0f. 2012-09.

产业作为以色列经济增长的主要动力，其表现在2016年继续强劲。[①] 与此相应，以色列对于创新型高技能人才的需求持续上升。

2016年9月底，以色列教育部发布《2017—2022年高等教育发展规划》，提出要大幅度增加高等教育教学和科研投入，进一步提升人才培养和科研创新竞争实力，而且要加大高水平技术技能人才的培养力度。特别强调，高等教育要“服务经济发展和就业市场需求，扩大工程技术和计算机科学专业的师生规模。增加14亿新谢克尔，其中至少50%用于鼓励更多学生选择学习电子工程、软件工程、计算机科学与信息系统学科”[②]。由此可见，以色列职业技术教育与培训的层次和水平都必须提高，培养满足新经济需要的技术人才。

但是，以色列职业技术教育与培训目前仍然存在以下问题：职业技术教育与培训在以色列仍然被认为是理论课程弱的学生学习的，所以地位比较低；父母通常不鼓励子女学习职业教育；职业技术教育与培训课程的学习时间长（每周40—50小时）；高质量的教学力量严重短缺，学校有时不开设新课程，这一问题较为普遍；在技术和职业教育中没有教师培训框架体系；职业技术教育与培训的公众营销和宣传不足；没有预测职业教育未来需要的有效机制；有些培训场所不符合基本职业培训标准；职业教育和工业变化的互动性不够，行业参与职业教育不充分；职业技术教育与培训缺乏完善的立法支持。

这是科学技术决定未来的时代，也是职业更新极快的时代，更多的学生将选择接受职业技术教育，而就业机会和高工资也将因职业技术教育获得更多更好的机会。职业技术教育为特殊群体，特别是阿拉伯人和极端正统犹太人提供了流动和融入的机会。为了改变职业技术教育与培训的不利状况，以色列管理职业教育系统的各部委顺应当前和未来经济需要，积极采取多种措施，加大职业教育规模并提升质量。以色列职业技术教育与培训将在以下方面获得持续改进：建立改善各部（特别是教育部和工贸与劳动部两个系统）之间的联络和协调机制，以便于有效安排课程、考试和检查效果，提高职业教育经费使用效率；把职业技术教育与培训作为优先事项，通过设立一个协调理事会或委员会来改善主要利益相关者之间的协调关系，重点是消除影响青年人、妇女和少数群体的不平等和不利因素；职业教育与行业企业的对话及伙伴关系更加正式和系统化；制造商协会和工会联盟应该加强其能力，帮助满足当地劳动力市场技能需求，并支持弱势群体的就业能力；迫切采取行动，缓解教师短缺问题并改善师资管理制度，适应迅速变化的教育教学环境所需要的专业技能；建立劳动力市场需求分析和改进职业教育的信息系统，扩大预测范围和提高预测的准确性；在职业教育现象宣传、师资培训和建立严格的职业培训标准以及完善立法等方面，各利益相关方之间加强联系和沟通，积极建立相互合作的机制。比如，在军事和经济需求量大的职业上提供良好的就业前景，吸引更多能力较

① 莫莉．以色列经济持续增长“创新国度”活力依旧．金融时报－中国金融新闻网 [EB/OL]. http://www.financialnews.com.cn/. 2017-09-14, 09:4.

② 姜言东．以色列制定高等教育未来5年发展规划．以色列时报 [EB/OL]. http://mp.weixin.qq.com/. 2016-10-14.

强的学生入读。但是，提升职业技术教育与培训质量是一项长期工作，未来任重而道远。

（深圳职业技术学院　技术与职业教育研究所　徐平利）

主要参考文献

[1] 中华人民共和国外交部 . 国家和组织 [EB/OL].http://www.fmprc.gov.cn/ [2017–09–28].

[2] 中国一带一路网 . 各国概况 . 以色列 [EB/OL].https://www.yidaiyilu.gov.cn [2017–09–28].

[3] 人民网 . "一带一路"倡议惠及整个中东 [EB/OL].http://world.people.com.cn/ [2017–09–28].

[4] 人民网 . 学术气氛宽松人才流动自由，给学者最高地位 [EB/OL].http://www.people.com.cn (2004–01–12) [2017–09–28].

[5] 以色列议会的立法工作及其程序 [EB/OL]. http://www.jsrd.gov.cn/rmyql/ (2005–09–10) [2017–09–28].

[6] 在线教育数据库 (classbase). 以色列国家教育体系 (Education System in Israel) [EB/OL]. https://www.classbase.com/Countries/Israel/Education–System [2017–09–28].

[7] 杨春霞 . 以色列"教育立国"之路为何走得如此坚定 [J]. 外国教育研究 .2002 (8) .

[8] 国外职业技能培训的基本情况 [EB/OL]. http://www.wxphp.com/wxd_1vgwt (2011–12–1) [2017–09–28].

[9] 郭晓明 . 理想与现实的冲突——以色列职业教育发展史 [J]. 高等职业教育探索 .2005 (12).

[10] NALYTICAL FRAMEWORK FOR REVIEWS OF VOCATIONAL EDUCATION AND TRAINING SYSTEMS AND POLICIES IN ISRAEL [EB/OL]. http://www.etf.europa.eu/webatt.nsf/0/ (2012–09) [2017–09–28].

[11] Emile MELLOUL. Vocational Training in Israel [EB/OL]. http://isfoloa.isfol.it/2012–03 [2017–09–28].

[12] 陈腾华 . 为了一个民族的中兴 : 以色列教育概览 [M]. 华东师范大学出版社 ,2005: 222–224.

[13] Pauline Musset, Małgorzata Kuczera and Simon Field. A Skills beyond School Review of Israel [M]. OECD Publishing. (2004–06) [2017–09–28].

[14] 马永堂 . 以色列的职业培训 [J]. 中国培训 , 1996 (8).

[15] MAPPING VOCATIONAL EDUCATION AND TRAINING GOVERNANCE IN ISRAEL. 以色列职业教育与培训管理地图 [EB/OL]. http://www.etf.europa.eu/webatt.nsf/ (2015–10–15) [2017–09–28].

[16] 莫莉 . 以色列经济持续增长"创新国度"活力依旧 . 金融时报 – 中国金融新闻网 [EB/OL]. http://www.financialnews.com.cn/.(2017–09–14, 09:4) [2017–09–28].

[17] 姜言东 . 以色列制定高等教育未来 5 年发展规划 . 以色列时报 [EB/OL]. http://mp.weixin.qq.com/. (2016–10–14) [2017–09–28].

巴勒斯坦国

一、国家概况

（一）地理

巴勒斯坦国（the State of Palestine）简称巴勒斯坦，位于亚洲西部，地处亚、非、欧三洲交通要冲，战略地位重要。属于亚热带地中海型气候。夏季炎热干燥，最热月份为7—8月，气温最高达38℃左右。冬季微冷湿润多雨，平均气温为4℃~11℃，最冷月份为1月。雨季为12月至次年3月。①

巴勒斯坦由加沙和约旦河西岸两部分组成。加沙地区面积365平方千米，约旦河西岸地区面积5800平方千米。其中哈马斯占有加沙地带，而巴解则管治西岸，受巴民族权力机构监督。根据计划与国际合作部1997年10月绘制的地图，约旦河西岸分为8个省：杰宁、图勒凯尔姆、纳布卢斯、杰里科、拉马腊、耶路撒冷、伯利恒、希伯伦。加沙地带分为5个省：北方省、加沙、代尔拜莱赫、汉尤尼斯、拉法。

巴勒斯坦所有政府机构设在拉姆安拉市，但巴勒斯坦主张未来首都设在耶路撒冷，它是基督教、伊斯兰教和犹太教的三教圣城。巴勒斯坦总统府等政府主要部门均设在拉姆安拉。拉姆安拉是经济、文化和商业中心，是巴勒斯坦民族权力机构在约旦河西岸的行政管理中心，市内设有阿拉法特官邸、自治政府分支机构、巴委员会（立法机构）总部、官方电视台和电台等重要部门。②

（二）人文

巴勒斯坦古称迦南，包括现在的以色列、约旦、加沙和约旦河西岸。历史上，犹太人和阿拉伯人都曾在此居住。公元前1020年至前923年，犹太人在此建立希伯来王国。罗马帝国征服巴勒斯坦后，多次镇压犹太人并将大部分幸存者赶出巴勒斯坦，流落世界各地。16世纪起，巴勒斯坦成为奥斯曼帝国的一部分。第一次世界大战后沦为英国的委任统治地。英国占领巴勒斯坦后，将其分为两部分：约旦河以东称外约旦，即现今的约旦哈希姆王国；约旦河以西称巴勒斯坦，包括现今的以色列、加沙和约旦河西岸。

---

① 中国新闻网 . 巴勒斯坦国概况 [EB/OL]. http://www.chinanews.com/gj/zlk/2014/01-15/102.shtml. 2017-10-11.

② 人民网 . 巴勒斯坦概况 [EB/OL]. http://expo.people.com.cn/n/2015/0608/c396828-27118222.html. 2017-10-11.

根据 1947 年 11 月联合国关于巴勒斯坦分治的第 181 号决议，规定在巴勒斯坦建立阿拉伯国和犹太国。犹太人同意该决议，并于 1948 年 5 月 14 日宣布建立以色列国。由于当时阿拉伯国家反对该决议，阿拉伯国未能建立。[①]1967 年 6 月 5 日，第三次中东战争爆发，以色列在战争中占领了约旦河西岸和加沙地带，即整个巴勒斯坦。1988 年 11 月 15 日，在阿尔及尔举行的巴勒斯坦全国委员会第 19 次特别会议通过《独立宣言》，宣布接受联合国第 181 号决议，建立以耶路撒冷为首都的巴勒斯坦国。[②]

1994 年 5 月 12 日，巴勒斯坦民族权力机构成立，阿拉法特当选为主席。2004 年 11 月，阿拉法特病逝。2005 年 1 月 9 日，阿巴斯当选新一任民族权力机构主席。2006 年 1 月，巴举行第二届立法委员会选举，巴勒斯坦伊斯兰抵抗运动（哈马斯）获胜。阿巴斯任命哈马斯领导人哈尼亚为总理，组成以哈马斯为主的新政府。

2007 年 3 月 17 日，哈马斯和巴勒斯坦民族解放运动（法塔赫）等组成民族联合政府，哈尼亚继续担任总理。2013 年 1 月，法塔赫主席阿巴斯与哈马斯政治局主席马沙勒在开罗会晤，决定推动落实 2011 年 5 月达成的"开罗协议"。5 月，法塔赫与哈马斯同意在 8 月 14 日前组建联合政府，以筹备大选。2014 年 4 月，内部加快和解。6 月初，法塔赫和哈马斯经协商组建过渡性质的民族共识政府，并决定半年内举行总统和立法委员会选举。在 2014 年夏天以色列和哈马斯爆发加沙冲突后，哈马斯宣布退出民族共识政府。[③]

巴勒斯坦全国委员会是巴勒斯坦解放组织的最高权力机构，代表境内、外的全体巴勒斯坦人。有委员 669 人，分别为巴勒斯坦各抵抗组织及其他群众组织代表，现任主席萨利姆 · 扎农。巴勒斯坦解放组织中央委员会巴解中央委员会全委会与执委会之间的一个监督机构，负责监督执委会执行巴勒斯坦全委会的决议和方针政策。巴勒斯坦立法委员会是立法机关。本届立法会于 2006 年选举产生，共有 132 个议席，其中哈马斯获 74 席，为立法会内第一大党派。现任主席为阿齐兹 · 杜维克。[④]

阿拉法特墓是重要名胜，位于拉马拉市，紧邻巴勒斯坦总统府。阿克萨清真寺是伊斯兰第三大圣寺，地位仅次于沙特麦加圣寺和麦地那先知寺，位于东耶路撒冷老城区沙里夫内院。希沙姆宫位于杰里科以北 5 公里，始建于公元 8 世纪，曾是阿拉伯帝国倭马亚王朝哈里发希沙姆冬季避寒的行宫。因保有中东地区面积最大的马赛克地砖浮雕，希沙姆宫被视为巴最重要的伊斯兰考古遗址之一。[⑤]

据巴勒斯坦中央统计局统计，巴勒斯坦现有人口 1270 万，其中加沙地带和约旦河西

---

① 中国新闻网 . 巴勒斯坦国概况 [EB/OL]. http://www.chinanews.com/gj/zlk/2014/01-15/102.shtml.2017-10-11.

② 中华人民共和国驻巴勒斯坦国办事处 . 人文历史 [EB/OL]. http://ps.chinacommercialoffice.org/chn/zjblst/rwls/.2017-10-11.

③ 中华人民共和国外交部 . 巴勒斯坦国家概况 [EB/OL]. http://www.fmprc.gov.cn/web/gjhdq_676201/gj_676203/yz_676205/1206_676332/1206x0_676334/.2017-10-11.

④ 同上。

⑤ 中华人民共和国驻巴勒斯坦国办事处 . 人文历史 [EB/OL]. http://ps.chinacommercialoffice.org/chn/zjblst/rwls/.2017-10-11.

岸人口为482万（2016年12月），其余为在外的难民和侨民。官方语言为阿拉伯语，通用英语。[①]巴勒斯坦人绝大部分信奉伊斯兰教，是伊斯兰教国家。人们喜欢吃香辣的食品，他们用胡椒、姜黄等做的咖哩食品闻名世界。由于教律规定，喝酒是一种犯罪行为，信徒不许喝酒，但可饮茶。[②]

（三）经济

巴勒斯坦主要矿藏储备有：天然气4920亿立方米、石油1.84亿桶、煤1850亿吨、铁4.3亿吨、铝土7400万吨，还有大量的铬矿、大理石和宝石。[③]巴勒斯坦以农业为主，经济严重依赖以色列，巴以对峙对巴勒斯坦经济发展形成严重制约。2010年底世界银行报告认为，巴勒斯坦经济已经达到建立独立国家的水平。近两年以来，由于外部财政援助未能及时到位、以色列持续对巴封锁等原因，巴勒斯坦出现严重财政困难。

2016年国内生产总值80.37亿美元，国内生产总值增长率4.1%，人均国内生产总值约1765.9美元，通货膨胀率2.57%，失业率27.1%。[④]过去8年与以色列三度交战，导致失业率攀升，对当地工业造成极大破坏。根据巴勒斯坦中央统计局的报告，2015年该国失业率为41%。2014年的战争导致逾50万人离开加沙，迫使中产阶层逃离家园，触发经济衰退。直至目前为止，加沙的重建工程十分零散，进度较预期缓慢。2017年4月，国际货币基金组织预计巴勒斯坦的中期GDP增长约3.4%，其中加沙增长约5%，西岸则约2.7%。不过，加沙经济最快要到2018年底才能恢复至2013年度水平。[⑤]

巴勒斯坦工业水平很低，规模较小，主要是加工业，如塑料、橡胶、化工、食品、石材、制药、造纸、印刷、建筑、纺织、制衣、家具等。2012年，工业产值约为14亿美元，约占国内生产总值的19%。截至2013年底，巴共有各种工业企业5400余家，外资企业仅25家。巴勒斯坦农产品丰富，农业是经济支柱。水果、蔬菜和橄榄（油）是外贸出口的重要部分，占出口产品的25%。[⑥]

2010年世界银行发布的一份报告称，巴勒斯坦权力机构在西岸地区努力改善安全条件、提高服务效率等一系列举措和以色列放松相关安全限制，显著提高了投资者的信心，但目前仍缺乏大规模私人投资复苏的迹象。目前建筑业和房地产行业私人投资增长最快，

① 中华人民共和国驻巴勒斯坦国办事处．巴勒斯坦概况 [EB/OL]. http://ps.chinacommercialoffice.org/chn/zjblst/gk/.2017-10-11.

② 人民网．巴勒斯坦概况 [EB/OL]. http://expo.people.com.cn/n/2015/0608/c396828-27118222.html.2017-10-11.

③ 贵州省外事（侨务）办公室．一带一路国别市场指引——巴勒斯坦 [EB/OL]. http://www.faogz.gov.cn/dwhzxx/2180.shtml.2017-10-11.

④ 中华人民共和国外交部．巴勒斯坦国家概况 [EB/OL]. http://www.fmprc.gov.cn/web/gjhdq_676201/gj_676203/yz_676205/1206_676332/1206x0_676334/.2017-10-11.

⑤ 香港贸发局．巴勒斯坦市场概况 [EB/OL]. http://china-trade-research.hktdc.com/business-news/article/%E4%B8%80%E5%B8%B6%E4%B8%80%E8%B7%AF/%E5%B7%B4%E5%8B%92%E6%96%AF%E5%9D%A6%E5%B8%82%E5%A0%B4%E6%A6%82%E6%B3%81/obor/sc/1/1X3CGF6L/1X0A3O1Z.htm.2019-10-11.

⑥ 中国一带一路网．巴勒斯坦 [EB/OL]. https://www.yidaiyilu.gov.cn/gbjg/gbgk/10045.htm.2017-10-11.

与巴勒斯坦权力机构公务员和有关非政府组织一起，成为当地市场的"支柱"。①

国际援助是巴民族权力机构的主要收入来源之一。2008 年至 2010 年，巴民族权力机构每年获得的财政援助分别为 18 亿、14 亿和 12 亿美元，美国和欧盟是最大的援助方。②

（四）教育

巴勒斯坦国教育体制是：小学 6 年、中学 3 年、高中 3 年、大学 4—5 年。1999—2000 学年巴共有学校 1767 所，在校生 865540 人。教师共有 34088 人。1999—2000 年度大学入校学生共有 19548，各大学共有教员 1869 人。③ 主要大学有比尔宰特大学、成功大学、圣城大学、伯利恒大学等。④

巴勒斯坦的教育，文化和医疗卫生事业也比较发达，它从 1968 年起就一直实行 10 年的免费义务基础教育制度。在 2000 年，幼儿园入学率高于除以色列和叙利亚以外的周边国家，95% 的适龄青少年能读完 10 年级。平均每 10 万人有一所大学，总人口中具有学士学位以上者接近 8%。学校的师资水平很高，中学教师中有学士学位以上者占 96%（其中硕士以上者占 45%），大学教师中有博士学位者占 44%，有硕士学位者占 43%。巴勒斯坦人受教育的程度按世界人类发展署的标准在世界排名属中上水平。⑤

二、职业技术教育与培训的战略与法规

（一）战略

巴勒斯坦权力机构继承了先前的职业技术教育与培训体系。由于高度重视可持续发展，因此，新时期的政府又对 1999 年制定的职业技术教育与培训战略进行了修订。

巴勒斯坦专家负责制定了《2010 年国家职业技术教育与培训战略》。它反映了职业技术教育与培训工作近年来的重要模式转移，将提高质量和适用性作为当务之急。新战略致力于建立一个具有一致性的、可行的职业技术教育与培训体系，它在职业技术教育与培训体系的各个环节都综合考虑了劳动力市场的需要。

巴勒斯坦职业技术教育与培训的整体目标是：

· 致力于在巴勒斯坦建立一支知识渊博、能力强，而且富有积极性、企业家精神、适应性、创造力和创新精神的劳动力大军；

· 技术娴熟的劳动力大军将有助于减贫工作，通过向各行各业、各阶层民众提供需求驱动型高质量职业技术教育与培训，促进社会和经济的发展；

---

① 中华人民共和国驻以色列国大使馆经济商务参赞处 . 世界银行报告：巴勒斯坦经济需要更多私人投资 [EB/OL]. http://il.mofcom.gov.cn/article/jmxw/201004/20100406872829.shtml.2017-10-11.

② 中国一带一路网 . 巴勒斯坦 [EB/OL]. https://www.yidaiyilu.gov.cn/gbjg/gbgk/10045.htm.2017-10-11.

③ 中华人民共和国外交部 . 巴勒斯坦国家概况 [EB/OL]. http://www.fmprc.gov.cn/web/gjhdq_676201/gj_676203/yz_676205/1206_676332/1206x0_676334/.2017-10-1.

④ 中国新闻网 . 巴勒斯坦国家概况 [EB/OL]. http://www.chinanews.com/gj/zlk/2014/01-15/102.shtml.2017-10-11.

⑤ 腾讯新闻 . 巴勒斯坦人的生活 [EB/OL]. http://news.qq.com/a/20090108/000875.htm.2017-10-11.

· 国家资格框架将允许职业技术教育与培训学员根据可比较的教育水平和毕业证书认证在整个教育系统中流动。[①]

（二）法规

巴勒斯坦权力机构推迟普通教育法的制定，直到完成领土问题的一般地位谈判。同样，目前并无特定法律管理职业技术教育与培训体系，只有相关的发展战略。巴勒斯坦有大量规章制度管理教育工作的不同方面（有些可追溯到埃及和约旦的制度），这些规章制度需要现代化改造和更新，并根据明确的主题归类。[②]

1.《2010 年国家职业技术教育与培训战略》

巴勒斯坦《2010 年国家职业技术教育与培训战略》提出：着手“发展、加强、保持职业技术教育与培训人力资源并提高其质量。”[③]该战略还指出，职业技术教育与培训毕业生将受益于高收入，因此应该分担职业技术教育与培训体系的预算负担。不过，对于无力支付职业技术教育与培训学费的学生，也有其他经费来源（贷款、奖学金）。

该战略明确以下发展方向：提供职业技术教育与培训的教师培训，并实施标准化的认证、监测和评估；建立人力资源委员会，负责人力资源开发的规划、政策制定和协调工作；采取激励措施，鼓励职业技术教育与培训员工参与人力资源开发；为职业技术教育与培训的人力资源开发提供资金；职业技术教育与培训人力资源资格框架的运行遵循国家资格框架；完善国家资格框架和师范教育战略；根据资格框架要求，制定新的薪酬机制。

2.《师范教育战略》（2008）

《师范教育战略》（2008）针对各级教师培训提供建议，但并未针对职业技术教育与培训制定一个具体的框架。其提供的建议是对《国家职业技术教育与培训战略（2010）》中的人力资源开发部分的一个补充，该战略明确了以下工作方向：在职教育计划和持续专业发展计划；教学工作；建立国家人力资源开发部门，负责监控职业技术教育与培训体系的人力资源需求，并负责该系统现有人力资源的匹配；对职业技术教育与培训体系的工作人员进行持续培训。

3.《就业战略》

《就业战略》重点强调政府政策的协调，因此，《就业战略》设法确定政府与职业技术教育与培训战略的合作和协调领域。所有就业发展都要致力于建立一个需求驱动、业务导向的职业技术教育与培训体系。《就业战略》强调公私合作，并将其扩展到职业技术教育与培训工作中。它还指出，要建立以劳动力需求驱动的职业技术教育与培训体系，

① Ministry of Education and Higher Education (2010). TVET Strategy. Ramallah: Ministry of Education and Higher Education.

② UNESCO–IBE (2011). World Data on Education VII Ed. 2010/11. Palestine. Geneva: UNESCO–IBE.

③ Ministry of Education and Higher Education (2010). TVET Strategy. Ramallah: Ministry of Education and Higher Education.

就必须要建立充足的基础设施。

三、职业技术教育与培训的体系与质量保障

（一）体系

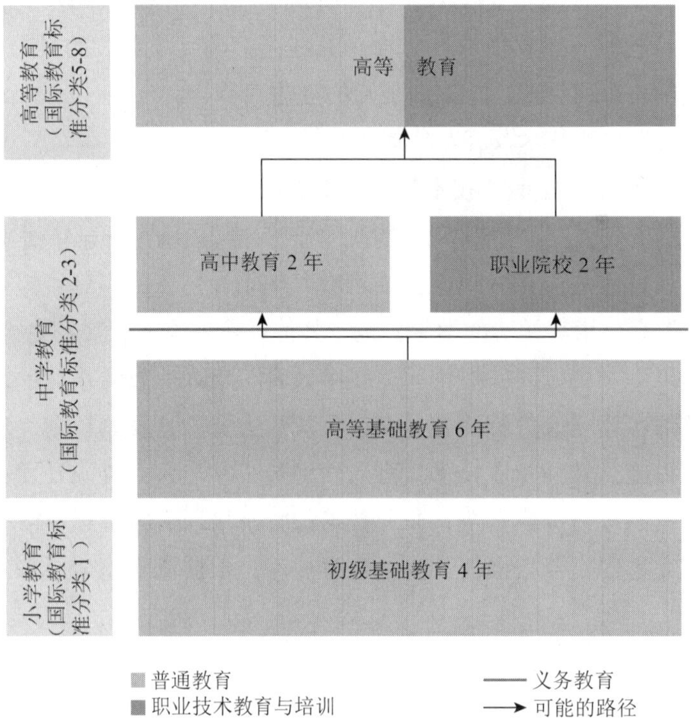

图 1　巴勒斯坦职业技术教育与培训体系构成

资料来源：ETF（2010）. Education and Business: Occupied Palestinian Territory. Turin: European Training Foundation.

在10年基础教育后，学生可继续接受中等职业教育。中等职业学校通过2年的教育，培养出熟练的技工。在高等教育阶段，职业学校毕业生可继续在综合大学的学院和大多数综合大学继续接受教育。学院提供2年制课程，培训有关技能，而综合大学和综合大学的学院则培养专门人才。正规的职业技术教育与培训体系能够让学生继续接受大学阶段的教育，而非正规职业技术教育与培训体系则几乎不会提供继续教育机会。[①]

《职业技术教育与培训战略》于2010年实施，提出以下职业技术教育与培训架构，重点是应采用整体的管理方法改造职业技术教育与培训体系。如图2。

---

① ETF (2010). Torino Process: Occupied Palestinian Territories. Turin: European Training Foundation.

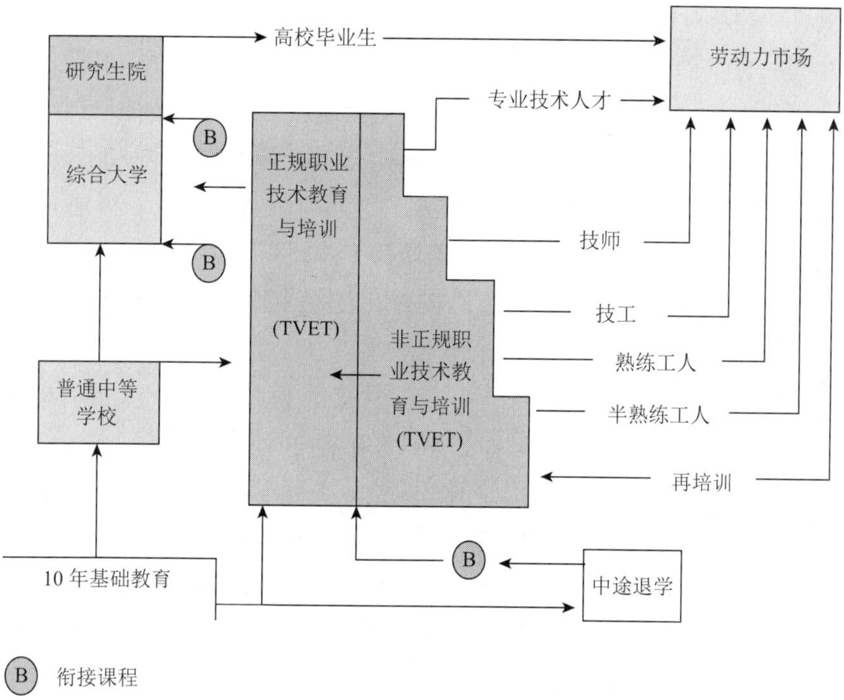

图 2　巴勒斯坦职业技术教育与培训架构

资料来源：ETF (2010). Education and Business: Occupied Palestinian Territory. Turin: European Training Foundation.

非正规和非正式的职业技术教育与培训体系也较为多样。非正规教育和成人教育计划由教育和高等教育部、劳动部与工会合作、社会事务部、妇女事务部、非政府组织和大学组织合作实施。

此外，联合国巴勒斯坦难民救济与工作机构还为在约旦河西岸、加沙、黎巴嫩、叙利亚和约旦登记的巴勒斯坦难民提供培训。该机构设有 10 个职业技术教育与培训中心，总共可为 6600 名学员提供培训。联合国巴勒斯坦难民救济与工作机构的培训中心提供以下类型的课程：贸易（2 年）、技术 / 半职业（2 年）和证书课程（1—2 年）。联合国巴勒斯坦难民救济与工作机构的职业技术教育与培训还举办短期课程培训（8—40 周），重点是提高难民的现有技能，或者为未曾接受培训的学员提供基本技能培训。除过职业技术教育与培训，联合国巴勒斯坦难民救济与工作机构还提供就业指导，对学员进行调查，监控毕业学员的职业发展情况。

商业和职业技术教育与培训学校在某些领域实行学徒制，如汽车维修和服务业。不过，教育和商业合作尚未形成制度，而是建立在个人努力基础之上。公私合作协同从事职业技术教育与培训面临重重挑战，这体现在：私营机构和教育部门的组织机构高度碎片化，主要为家族式的中小企业，各种职业技术教育与培训机构提供的职业技术教育与培训项目重叠，缺乏对寻求就业的毕业生进行跟踪研究。①

基于社区的自主创业和创业培训是一项在当地层面开展社会合作的计划，由德国国际合作协会提供支持。该项目旨在为个人提供必要的技术和创业技能培训与服务，引导他们在当地自主创业或从事创收活动。培训面向希望改善自身创业技能的员工。为了进行培训，建立了一个基于社区的系统，纳入了不同的利益相关方。当地人和组织机构参与识别潜在业务机会或自主创业机会。该项目于 2009 年 11 月启动，在 4 个地区实施（伯利恒、拉姆安拉、纳布卢斯和希伯仑）。目前，并无相关机制认可非正式职业培训。②

（二）保障

阿拉伯国家职业分类标准于 2008 年实施，它提供了一个职业分类的有机体系，规定了工作类别和所需技能水平，为劳动力建立了职业结构共识。

巴勒斯坦国家资格框架将与阿拉伯国家职业分类标准保持一致。该框架旨在为学习成果评价提供支持，改善对于就业资格、资格水平及其彼此间关系的认识。国家资格框架将建立一个综合认证体系以及一个评估和激励机制，鼓励终身学习。该框架还致力于改善教育的灵活性，使教育和培训能更灵活地应对劳动力市场的需求，使巴勒斯坦国家资格框架与国际标准保持一致，提高教育质量。

2010 年国家职业技术教育与培训战略预期：质量体系的制定将应用于职业技术教育与培训体系的各个环节，包括内外部评估，确保教育的质量。教育和高等教育部下属的认证和质量保证委员会负责确保职业技术教育与培训的质量。该战略指出，职业技术教育与培训认证和质量保证的职责必须在认证和质量保证委员会内能够履行。认证和质量保证委员会有望批准和维护质量准则，制定质量标准，认证职业技术教育与培训机构和计划，监控和评估职业技术教育与培训机构和计划，确保遵守质量标准。认证和质量保证委员会的职业技术教育与培训职责和任务将与最高委员会关联，由一个指导委员会实施管理，该委员会包括来自高等教育部、劳动部、工会的代表，以及来自职业技术教育与培训机构的专家，并将分为子部门，安排合格的员工负责履行相关职责和任务。

四、职业技术教育与培训的治理与教师

（一）治理

1. 教育和高等教育部

教育是巴勒斯坦权力机构所能提供的一项最大规模的服务。教育和高等教育部负责公立学校的经费和管理，并负责监督私立学校。2006 年 7 月，巴勒斯坦的学校中，有 76% 由教育和高等教育部负责运营，有 12.3% 由联合国巴勒斯坦难民救济与工作机构运

① ETF (2010). Education and Business: Occupied Palestinian Territory. Turin: European Training Foundation.

② World Bank (2006). West Bank and Gaza – Education Sector Analysis, Impressive Achievements under Harsh Conditions and the Way Forward to Consolidate a Quality Education System. Washington D.C.: World Bank.

营，有 11.7% 由私营机构运营，后者还负责所有幼儿园的运营。[①] 提供职业技术教育与培训的主体为：教育和高等教育部；劳动部；社会事务部；联合国巴勒斯坦难民救济与工作机构；非政府机构；私营部门。

2. 职业技术教育与培训最高委员会和执行委员会

作为国家职业技术教育与培训战略的一个组成部分，巴勒斯坦政府设立了职业技术教育与培训体系的管理机构。两个管理机构的建立标志着职业技术教育与培训的合作与协调迈出了重要的一步。2005 年成立了职业技术教育与培训最高委员会。该委员会由 16 人组成，他们都是来自私营及公立职业技术教育与培训机构的代表。该委员会由教育和高等教育部与劳动部任轮值主席。除最高委员会外，还成立了执行委员会，由最高委员会的职业技术教育与培训的决策成员组成，他们负责实施国家职业技术教育与培训战略，协调不同培训提供者和利益相关方的工作，针对规章、程序和标准提出建议。

但是，随着 2006 年议会选举和随后出现的政治障碍，职业技术教育与培训最高委员会遭到搁置，执行委员会自成立起仅召开了三次会议。因此，职业技术教育与培训系统仍缺少政策制定机制和必要的立法，主要提供者（即教育和高等教育部和劳动部）的相关承诺很适当，例如承诺遵循国家战略的主要目标和指导方针，然而实际中并未付诸实施。[②]

3. 本地就业和职业技术教育与培训委员会

为改善培训与劳动力市场需求之间的联系，2009 年建立了本地就业和职业技术教育与培训委员会。它们是非正式的本地机构，充当职业技术教育与培训的政策制定者与社会合作伙伴的一个讨论平台。它们还负责监督现代职业技术教育与培训体系的实施，连接本地劳动市场、本地就业服务和本地职业技术教育与培训，建立职业技术教育与培训各利益相关方在就业、失业和自主创业方面相互理解的环境。它们鼓励社会和经济合作伙伴承担社会发展和改善劳动市场的职责，支持政府和非政府机构制定劳动力市场战略和行动计划。

经费是制约教育发展的重要因素。国家职业技术教育与培训战略（2010 年）规定了职业技术教育与培训体系的五个经费来源：（1）学费。学生对于职业技术教育与培训体系的资助被视为职业技术教育与培训经费的重要部分。要求学生对其接受的职业技术教育与培训支付学费。（2）政府拨款。政府将从年度预算中为职业技术教育与培训体系提供经费。（3）国家培训基金。国家培训基金的主要职能是收集职业技术教育与培训体系的资金，并根据职业技术教育与培训理事会的决定进行分配。（4）国家和国际捐赠。公

① Fannoun, G (2008). The Development and State-of-Art of Adult Learning and Education (ALE). Ramallah: Ministry of Education and Higher Education. Accessed: 15 March 2012.

② Bekhradnia, Faramand and Kuhali (2008). The Governance of the Higher Education system in Palestine, Tertiary Education Project, Ramallah. Accessed: 13 March 2012.

共或私营职业技术教育与培训机构或国家培训基金可接受捐赠。不过，捐赠必须符合国家职业技术教育与培训战略规定的各项重点。（5）职业技术教育与培训机构的创收活动。职业技术教育与培训机构有望通过创收活动弥补其主要运营成本。根据一套指导方针，职业技术教育与培训提供者可出售产品或作为其他供应商的分包商，它还建议职业技术教育与培训机构分别设立生产中心和培训中心。

（二）教师

《师范教育战略》于2008年获得高等教育部批准。该战略由14名教育专家组成的教育参考小组制定。教育参考小组评估相关统计信息，进行学术访问，研究师范教育的国际发展趋势。由教育部长牵头成立了一个师范教育咨询小组，负责评估教育参考小组提交的报告。随后，由巴勒斯坦教育工作者和专家对最终报告草案做进一步评审。

《师范教育战略》针对各级教师培训提供建议，但并未针对职业技术教育与培训制定一个具体的框架。其提供的建议是对国家职业技术教育与培训战略中的人力资源开发部分的一个补充，其中要求着手"发展、加强、保持职业技术教育与培训人力资源并提高其质量"①。其中规定了一个框架，用于加强对校长、教师、管理人员、后勤人员、系统开发人员及参与职业技术教育与培训体系的各类人员的管理。

战略从以下方面解决了人力资源相关问题：建立国家人力资源开发部门，负责监控职业技术教育与培训体系的人力资源需求，并负责该系统的现有人力资源的匹配；对职业技术教育与培训体系的员工进行持续培训；提供职业技术教育与培训的教师培训，并实施标准化的认证、监测和评估；建立人力资源委员会，负责人力资源开发的规划、政策制定和协调工作；采取激励措施，鼓励职业技术教育与培训员工参与人力资源开发；为职业技术教育与培训的人力资源开发提供资金；根据资格框架要求，制定新的薪酬机制。

另外，国际劳工组织也组织了一个培训计划，它旨在培训巴勒斯坦职业技术教育与培训的教师和培训师。该培训共有120课时，课程中纳入创业精神、领导力、创新和能力等内容，学员年龄为15—18岁。②

五、职业技术教育与培训的诉求与发展趋势

（一）诉求

《经济监测报告》中明确指出了巴勒斯坦职业技术教育与培训体系需要解决的现实问题：职业技术教育与培训依然基于传统的教学方法；公私合作尚未形成制度化；只有少量巴勒斯坦青年选择职业技术教育与培训途径——职业技术教育与培训在巴勒斯坦青年中仍然缺乏吸引力；职业技术教育与培训的教师和培训师工作负荷大；大量待业青年具

① Ministry of Education and Higher Education (2010). TVET Strategy. Ramallah: Ministry of Education and Higher Education.

② 具体内容参考以下网页：http://kab.itcilo.org/en.2017-10-23.

备的技能和劳动力市场所需的技能不相匹配。① 此外，中等职业教育的入学率一直很低，1999—2000 年间，中等教育阶段的学生入学率仅为 4%，到了 2007—2008 年间，这一数字也只有 5.06%。尽管接受中等职业教育的学生中，女生比例有所增加，但比例仍然很低（33.5%）。② 职业技术教育与培训饱受困扰，在社会中不受尊重，因为它被视为普通中等教育不合格的一个替代选择。职业咨询和辅导几乎不存在，这也加剧了对非传统教育的轻视。更大的挑战还在于，怎样改善职业技术教育与培训和劳动力市场多样化需求的衔接。

（二）发展趋势

巴勒斯坦职业技术教育与培训的发展前景很不明朗。主要因为巴勒斯坦国内政治动荡，暴力冲突时有发生，经济风险较高，严重制约国内经济发展。尤其是缺乏可持续发展的经济环境，巴勒斯坦失业率、贫困率居高不下。世界银行评估认为，巴勒斯坦一半以上的人口生活在贫困线以下。约旦河西岸经济受出口增长影响有所恢复，但它所吸纳的外国投资并不多，总体经济实力依然很脆弱。因此，巴勒斯坦财政困难，债务压力巨大，常年依赖国际援助。在未来，一旦政治局势趋向稳定，巴勒斯坦的国内市场仍有很大的发展空间。例如信息通讯行业、饮料食品行业、旅游业以及制造业等都是适合投资的领域。

（深圳职业技术学院　技术与职业教育研究所　袁　礼）

主要参考文献

[1] 人民网 . 巴勒斯坦概况 [EB/OL]. http://expo.people.com.cn/n/2015/0608/c396828-27118222.html.2017-10.11.

[2] 中华人民共和国驻巴勒斯坦国办事处 . 人文历史 [EB/OL]. http://ps.chinacommercialoffice.org/chn/zjblst/rwls/.2017-10-11.

[3] 中华人民共和国外交部 . 巴勒斯坦国家概况 [EB/OL]. http://www.fmprc.gov.cn/web/gjhdq_676201/gj_676203/yz_676205/1206_676332/1206x0_676334/.2017-10-11.

[4] 贵州省外事（侨务）办公室 . 一带一路国别市场指引——巴勒斯坦 [EB/OL]. http://www.faogz.gov.cn/dwhzxx/2180.shtml.2017-10-11.

[5] 香港贸发局 . 巴勒斯坦市场概况 [EB/OL]. http://china-trade-research.hktdc.com/business-

① World Bank (2011). Building the Palestinian State: Sustaining Growth, Institutions and Service Delivery-Economic Monitoring Report to the Ad Hoc Liaison Committee. Washington D.C.: World Bank.

② Fannoun, G (2008). The Development and State-of-Art of Adult Learning and Education (ALE). Ramallah: Ministry of Education and Higher Education. Accessed: 15 March 2012.

news/article/%E4%B8%80%E5%B8%B6%E4%B8%80%E8%B7%AF/%E5%B7%B4%E5%8B%92%E6%96%AF%E5%9D%A6%E5%B8%82%E5%A0%B4%E6%A6%82%E6%B3%81/obor/sc/1/1X3CGF6L/1X0A3O1Z.htm.2019-10-11.

[6] 中国一带一路网 . 巴勒斯坦 [EB/OL]. https://www.yidaiyilu.gov.cn/gbjg/gbgk/10045.htm.2017-10-11.

[7] 中华人民共和国驻以色列国大使馆经济商务参赞处 . 世界银行报告 : 巴勒斯坦经济需要更多私人投资 [EB/OL]. http://il.mofcom.gov.cn/article/jmxw/201004/20100406872829.shtml.2017-10-11.

[8] Ministry of Education and Higher Education (2010). TVET Strategy. Ramallah: Ministry of Education and Higher Education.

[9] UNESCO-IBE (2011). World Data on Education VII Ed. 2010/11. Palestine. Geneva: UNESCO-IBE.

[10] Ministry of Education and Higher Education (2010). TVET Strategy. Ramallah: Ministry of Education and Higher Education.

[11] ETF (2010). Education and Business: Occupied Palestinian Territory. Turin: European Training Foundation.

[12] World Bank (2006). West Bank and Gaza – Education Sector Analysis, Impressive Achievements under Harsh Conditions and the Way Forward to Consolidate a Quality Education System. Washington D, C.: World Bank.

[13] Fannoun, G (2008). The Development and State-of-Art of Adult Learning and Education (ALE). Ramallah: Ministry of Education and Higher Education. Accessed: 15 March 2012.

[14] Bekhradnia, Faramand and Kuhali (2008). The Governance of the Higher Education system in Palestine, Tertiary Education Project, Ramallah. Accessed: 13 March 2012.

[15] Ministry of Education and Higher Education (2010). TVET Strategy. Ramallah: Ministry of Education and Higher Education.

[16] Alzaroo, S (2009). The Compatibility of the Palestinian Vocational Secondary Education with the Labour Market. In Journal of Research–Humanities, 23 (4), pp. 1195-1212.

[17] Bekhradnia, Faramand and Kuhali (2008). The Governance of the Higher Education system in Palestine, Tertiary Education Project, Ramallah. Accessed: 13 March 2012.

[18] Webpage of the United Nations Relief and Works Agency for Palestine Refugees in the Near East. Accessed: 15 March 2012.

[19] World Bank (2011). Building the Palestinian State: Sustaining Growth, Institutions and Service Delivery-Economic Monitoring Report to the Ad Hoc Liaison Committee. Washington D, C.: World Bank.

沙特阿拉伯王国

一、国家概况

（一）地理

沙特阿拉伯王国（Kingdom of Saudi Arabia），习惯称沙特阿拉伯，简称沙特，位于亚洲西南部的阿拉伯半岛，领土面积225万平方千米。东濒波斯湾，西临红海，同约旦、伊拉克、科威特、阿联酋、阿曼、也门等国接壤，并经法赫德国王大桥与巴林相接。海岸线长2448千米。地势西高东低。除西南高原和北方地区属亚热带地中海型气候外，其他地区均属热带沙漠气候。夏季炎热干燥，最高气温可达50℃以上；冬季气候温和。年平均降雨不超过200毫米。①

沙特设13个行政区，分别为：利雅得、麦加、麦地那、东部、卡西姆、哈伊勒、阿西尔、巴哈、塔布克、北部边疆、季赞、纳季兰、朱夫地区。地区下设一级县和二级县，县下设一级乡和二级乡。首都利雅得是沙特第一大城市和沙特政治、文化中心及政府机关所在地，位于沙特中部。②

（二）人文

公元7世纪，伊斯兰教创始人穆罕默德的一些继承者建立阿拉伯帝国，8世纪为鼎盛时期，版图横跨欧、亚、非三洲。11世纪开始衰落，16世纪为奥斯曼帝国所统治。19世纪英国侵入，当时分汉志和内志两部分。1924年内志酋长阿卜杜勒阿齐兹·阿勒沙特兼并汉志，次年自称为国王。经过多年征战，阿卜杜勒阿齐兹·阿勒沙特终于统一了阿拉伯半岛大部分地区，于1932年9月23日宣布沙特酋长国正式更名为沙特阿拉伯王国，这一天被定为沙特国庆日。③

沙特是政教合一的君主制王国，禁止政党活动。国王自称为“两圣寺（麦加大清真

① 中华人民共和国外交部.沙特阿拉伯国家概况[EB/OL]. http://www.fmprc.gov.cn/web/gjhdq_676201/gj_676203/yz_676205/1206_676860/1206x0_676862/.2017-08-12.

② 中华人民共和国驻沙特阿拉伯王国大使馆经济商务参赞处.沙特阿拉伯的地理环境[EB/OL]. http://sa.mofcom.gov.cn/article/ddgk/201007/20100707023720.shtml.2017-09-25.

③ 中华人民共和国驻沙特阿拉伯王国大使馆.沙特国家概况[EB/OL]. http://www.chinaembassy.org.sa/chn/stgk/t708997.htm.2017-10-02.

寺和麦地那先知清真寺）的仆人"。国王行使最高行政权和司法权，有权任命、解散或改组内阁，有权立、废王储，解散协商会议，有权批准和否决内阁会议决议及与外国签订的条约、协议。1992 年 3 月 1 日，法赫德国王修订《治国基本法》，规定沙特阿拉伯王国的国王由开国国王阿卜杜勒阿齐兹·阿勒沙特子孙中的优秀者出任。

沙特以《古兰经》和"圣训"为宪法。司法部和最高司法委员会负责司法事务的管理。2007 年，阿卜杜拉国王颁布《司法制度及执行办法》和《申诉制度及执行办法》，建立新的司法体系。设立最高法院、上诉法院、普通法院等三级法院，并建立刑事、民事、商业、劳工等法庭。最高法院院长由国王任命。申诉制度规定设立直属于国王的三级行政诉讼机构，即最高行政法庭、行政上诉法庭和行政法庭。

沙特人口约 3152 万（2015 年），其中沙特籍人口约 2113 万，外籍人口约 1039 万，沙特公民约占 67%。沙特华人华侨数量并无确切数据，约在 3 万至 5 万之间，主要居住在西部的塔伊夫、吉达、麦加等地。主要民族为阿拉伯族。逊尼派穆斯林占人口大多数，分布在全国各地。什叶派人数极少，主要居住在东部地区。此外，还有少量贝都因人。官方语言为阿拉伯语，商界通行英语。伊斯兰教为国教，逊尼派占 85%，什叶派占 15%。沙特禁止在公共场所从事除伊斯兰教之外的宗教活动。沙特一年有两个重大的宗教节日，即开斋节和宰牲节。每年伊斯兰教历的 9 月为斋月。宰牲节在伊斯兰教历 12 月 10 日。宰牲节也是朝觐日子，从 12 月 9—12 日，数百万世界各国的穆斯林涌向沙特，到圣城麦加和麦地那朝觐。

（三）经济

沙特矿产资源丰富，原油探明储量为 362 亿吨，占世界储量的 16%，居世界第二位。天然气储量为 291 万亿立方英尺，居世界第五位。沙特还是世界上最大的淡化海水生产国，其海水淡化量占世界总量的 20% 左右。石油和石化工业是沙特的经济命脉。石油收入占国家财政收入的 75%，占国内生产总值的 45%。①

沙特 70% 的面积为半干旱荒地或低级草场，可耕地面积只占土地面积的 1.6%，约 345 万公顷。永久性草地约 378.5 万公顷，占土地面积的 1.9%。森林覆盖率很低，林地面积只占全部土地的 1.4%。耕地集中分布在降雨量较充沛的西南部地区。由于大部分地区降水稀少，沙特农业的发展受到极大限制。尽管沙特在农业生产上不具有优势，但还是取得可喜成绩。目前沙特主要农产品有：小麦、玉米、椰枣、柑橘、葡萄、石榴等。沙特的谷物自给率比较低，只有 20% 多，依靠大量进口才能满足国内的需求。沙特是世界上最大的大麦进口国，年均进口约 600 万吨。水果自给率达到 60%。畜牧业主要有绵羊、山羊、骆驼等。②

① 中华人民共和国国防部 . 背景资料：沙特阿拉伯王国 [EB/OL]. http://www.mod.gov.cn/intl/2016-01/19/content_4636882.htm.2017-10-03.

② 中国一带一路网 . 沙特阿拉伯 [EB/OL]. https://www.yidaiyilu.gov.cn/gbjg/gbgk/854.htm.2017-10-05.

沙特实行自由贸易和低关税政策。出口以石油和石油产品为主，约占出口总额的90%，石化及部分工业产品的出口量也在逐渐增加。进口主要是机械设备、食品、纺织等消费品和化工产品。主要贸易伙伴是美国、中国、日本、英国、德国、意大利、法国、韩国等。由于大量出口石油，沙特对外贸易长期顺差。2016 年沙特进出口总额 3687 亿美元，出口额 2130 亿美元，进口额 1557 亿美元，顺差 573 亿美元。[①]

沙特政府充分利用本国丰富的石油、天然气资源，积极引进国外的先进技术设备，大力发展钢铁、炼铝、水泥、海水淡化、电力工业、农业和服务业等非石油产业，依赖石油的单一经济结构有所改观。近年来，受益于国际油价攀升，石油出口收入丰厚，经济保持较快增长。但近期国际油价低迷，导致沙经济下行压力增大。为摆脱对石油产业高度依赖，推进多元化发展战略，沙特于 2016 年提出“2030 愿景”和“2020 国家转型规划”。该计划核心内容包括：沙特将创立 2 万亿美元的世界最大主权财富基金。该基金将纳入沙特最有价值的资产，包括国家石油公司——沙特阿美公司；出售沙特阿美公司股票，并将这个“石油巨头”转型成为工业集团。此外，沙特还准备调整补贴，对能源、软饮料以及奢侈品征收增值税等，在 2020 年前增收 1000 亿美元以上。

（四）教育

沙特很政府重视教育和人才培养，实行免费教育，包括初等教育、职业培训、各类技术教育和成人教育等。沙特基础教育实行三阶段一贯制。6 岁儿童上 6 年制小学、3 年制中等学校（相当于初中）和 3 年制高中。负责教育发展的机构有 3 个：教育部、女子教育最高委员会和技术职业培训总机构。[②]

沙特共有 19 所大学及教育机构，包括：法赫德国王大学、阿卜杜拉国王科技大学、费萨尔国王大学、麦地那伊斯兰大学、伊玛目大学、阿卜杜 - 阿齐兹国王大学、沙特国王大学、哈立德国王大学、乌姆古拉大学、阿卜杜 - 阿齐兹国王电子大学、阿拉伯公开大学、公共行政学院、法赫德国王安全学院、苏尔坦亲王饭店旅游学院、苏尔坦亲王私立学院、通讯与信息学院、达曼技术学院、女子学院、巴哈科学私立学院。[③]

沙特教育事业曾经历了一段艰苦的发展过程。由于长期遭受外族殖民统治，沙特经济文化落后。1932 年立国时，它的现代教育事业还是一片空白，全国没有一所正规学校，不仅文盲大量存在，而且更为严重的是人们对新式学校还心存疑虑。建国初期，国家几乎找不到一位合格的小学教师。至于教学仪器、设备和教科书等，更无从谈起。建国后 10 年，沙特全国小学数量仅 27 所，直到 1943 年才有了第一所中学，并第一次有了 3 名沙特本国教师。沙特的现代教育事业在建国后多年一直在缓慢发展。

① 中华人民共和国外交部 . 沙特阿拉伯国家概况 [EB/OL]. http://www.fmprc.gov.cn/web/gjhdq_676201/gj_676203/yz_676205/1206_676860/1206x0_676862/.2017-10-03.

② 中国一带一路网 . 沙特阿拉伯 [EB/OL]. https://www.yidaiyilu.gov.cn/gbjg/gbgk/854.htm.2017-10-06.

③ 中华人民共和国驻沙特阿拉伯大使馆 . 沙特大学及教育机构名录 [EB/OL]. http://www.chinaembassy.org.sa/chn/stgk/t152932.htm.2017-10-08.

直到1965年，国家才摆脱贫困，沙特政府就大幅度地加大了对教育的投资，并采取积极措施改善教学条件。为解决本国师资问题，沙特政府在全国21个教育区成立了30所师范学校，首先解决了小学的师资问题。另外，为加强对成年人的教育和解决沙漠地区孩子的学习问题，沙特政府在全国先后建立了晚间的"文化补习学校"和各种类型的扫盲学习班，并在沙漠地区建立了流动小学。

经过多年的艰苦努力，沙特的教育事业得到了飞速发展。为鼓励年轻一代奋发学习，国家规定，大学教育不仅是免费的，住宿、交通、医疗等费用均由国家负担，而且国家每月还向学生发放数量可观的学习费，如有病需到国外治疗，国家也承担一切费用。沙特政府已确定了全面教育战略目标，以便国民接受良好的教育和全面的训练，由沙特人自己担负起国家经济和社会发展的重任。①

二、职业技术教育与培训的战略与法规②

（一）战略

根据技术与职业培训总署制订的《技术与职业培训战略》，沙特阿拉伯的目标是将本国的技术与职业培训建设成为国际一流水平。

《技术与职业培训战略》的主要目标是：

· 尽可能吸纳更多的学生进入职业教育机构进行学习，从而实现可持续发展；

· 培养符合市场质量和数量需求的职业教育人才；

· 与行业建立战略伙伴关系，以开展技术和职业项目；

· 促进各类面向男女生的学院和机构在全国所有省市内均匀分布，并提高其数量和能力；

· 提高社区对职业技术领域工作重要性的认识，以及创造提倡终身学习的大环境；

· 根据应用研究成果提高应对变化和挑战的能力；

· 在设计和开展培训项目时应以获得国家和国际认证为目的，确保质量；

· 促进国家教育和培训实体的联系。

（二）法规

1.《教育政策》

《教育政策》文件是确定沙特阿拉伯国家教育目标的基本文件。这项文件在1969年12月17日由部长会议第779号决议通过，它强调了伊斯兰原则在各种教学形式内的重要性。《教育政策》第233条规定：所有阶段的教育都应该是免费的。

---

① 中华人民共和国驻沙特阿拉伯王国大使馆．沙特重视发展教育[EB/OL]. http://www.chinaembassy.org.sa/chn/stgk/t152937.htm.2017-10-06.

② 本部分内容参考了联合国教科文组织的报告。原文出自：UNESCO-UNEVOC 联合国教科文组织国际职业技术教育与培训中心．全球职业技术教育与培训数据库：沙特阿拉伯[EB/OL]. www.unevoc.unesco.org.2017-10-2.

2.《技术与职业培训战略》

《技术与职业培训战略》是指导沙特阿拉伯职业技术教育与培训的重要文件。它提出：与行业建立战略伙伴关系，以开展技术和职业项目；促进各面向男女生的学院和机构在全国所有省市内均匀分布，并提高其数量和能力；提高社区对职业技术领域工作重要性的认识，以及创造提倡终身学习的大环境。

三、职业技术教育与培训的体系与质量保障

（一）体系

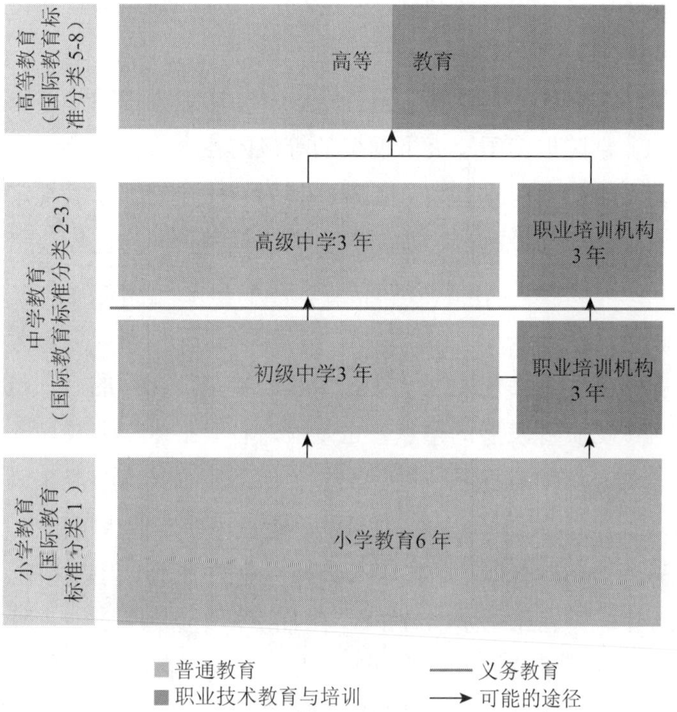

图1　沙特阿拉伯职业技术教育与培训体系结构图

资料来源：图表由联合国教科文组织国际职业技术教育与培训中心（UNESCO–UNEVOC）编制。

沙特正规教育系统由三大部分组成：初等教育、中等教育、高等教育。初等教育学制6年，中等教育学制6年，高等教育学制依据不同类型而定，职业学校是3年制。

初等教育完成后进入3年制的初级中学进行学习。从初级中学毕业后学生会获得初级中学毕业证书，继续进入高级中学学习的学生在毕业后会获得高级中学毕业证书。在所有阶段学生都可以选择就读职业培训机构，职业培训机构的学制为3年，开设工业、商业和农业领域的课程。初级中学毕业生可以去工业中等职业学院接受职业培训，而高级中学毕业生可以去技术学院、女子高等技术学院学习，或者学习国家联合培训课程或

军事职业培训课程。

各级职业学校情况如下：

（1）工业中等职业学院

技术与职业培训总署致力于为工业和职业学院制订各种程序、方案和培训计划。2010—2011年，技术与职业培训总署确定了工业中等职业中心和机构的发展方案。方案确定了发展的主要目的是满足劳动力市场的需要。发展方案确定了建立符合基本培训、地区需求和运营基础设施的职业框架，以满足社区对职业培训的需求。技术与职业培训总署还根据变化的劳动力市场需求制订了培训方案的改进计划。因此，技术与职业培训总署根据劳动力市场的新动向以及2004年2月8日通过的第15号部长内阁行政命令调整了所有的培训计划。

技术与职业培训总署认为其计划应该符合教育和培训机构的输出以及劳动力市场的需要。工业中等职业学院根据国家资格框架的等级向各个层次的培训项目颁发证书。技术与职业培训总署负责对专业进行划分，现在技术与职业培训总署规定，民用和建筑技术部门下属的技术学院应开设测量课程。原先的建筑测量学院已经改组为女子高等技术学院。同样地，很多类似的培训机构开始在全国遍地开花。

（2）技术学院

随着沙特阿拉伯的经济飞速发展，对技术和职业培训课程的需求也越来越大。发展职业教育已经成为人力资源发展的重点，也是应对各个技术专业领域人才亟需之必要举措。技术与职业培训总署的目标是，通过在各大城市建立技术学院来满足本国当前和未来的对人才的需求。建立技术学院的主要目的就是让高中毕业生可以学习各种职业技术。技术学院的学生毕业后可以获得某一技术或管理专业的助理工程师文凭。

一学年分为3个学期，每个学期有14个星期。学生必须学满5个学期外加1个最终学期（实习）才能毕业。学员可以就读以下专业：电气、机械、化学、管理学、计算机、电子、酒店和旅游技术、信息学、环境和食品加工技术。

（3）女子高等技术学院

自从在2005年从教育部那里接管女子职业和技术培训项目之后，技术与职业培训总署就一直致力于发展本项目。并且，已经在该领域取得了很多成绩。这些成绩包括：

· 继续开办位于利雅得、阿拉尔莎、布兰达、塔布克、马丁那、吉达等地的14所女子高等技术学院；另外，还针对23个职业引入了28个专业；

· 位于利雅得、吉达、塔布克、布兰达和马丁那的女子高等技术学院的第一批学生毕业；

· 在吉达、马丁那、布兰达、塔布克和阿拉尔莎的女子培训课程中引入平行学历；

· 对特殊需要女性学员进行培训并授予平行学历，比如向有听力障碍的女性学员提供有关办公应用和计算机维护的课程；

·与非营利性组织合作，比如肾脏病组织、孤儿关怀慈善委员会、阿尔纳达妇女慈善协会，并要求这些组织在本国范围内推荐女性学员接受培训并获得平行学历；

·2009 年 2 月在负责女子培训的副总督办公室成立 IT 部门。此外，还设计了女子技术培训网站，用于发布入学和招生信息等；及发展位于展利雅得的分支机构（有总部的工作人员）；

·对接受计算机专业合作办学的女性学员实施管理，不管是否在技术与职业培训总署学习；

·在美国俄亥俄州立大学进行职业技能标准的培训；

·出席各种会议和文化活动；

·促进技术与职业培训总署与地方和国际代表团的交流；

·在所有的女子学院采用统一的电子入学系统；

·制订办学质量提高指南；

·组织建立美容和纺织生产职业技能标准的讨论会；

·为所有女子专业制订学期培训计划和教学大纲；

·在所有采用电子培训的部门建立电子培训单位；

·管理 16 个女子技术培训师的培训项目；

·与政府和私营部门合作开办旅游专业培训项目，并对监狱、女子管教所进行实地考察，以求开发出其他项目；

·建立学员服务行政单位，行政单位负责制订培训计划、入学、注册、夏季活动、培训和合作 / 就业辅导等事宜，以及对这些活动进行监督。鼓励学生通过中小型企业中心的帮助建立自己的中小型企业。

（4）国家联合培训制度

国家联合培训制度的目的在于联合私营部门一起开展职业培训。公共和私营伙伴关系的建立有助于减少培训成本（但是需满足的条件是：现有公司设施可以利用，技术和职业培训项目能力有所增加）。学员有一个月的假期，并享受奖学金和保险。培训内容注重和实践相结合，这样就保证了国家联合培训制度毕业生的就业率。私营企业既可以帮助实施培训，让学员成为合格的工人，又同时可以享受到这些由国家联合培训制度经费（75% 的经费来源于人力资源发展基金）资助的额外的员工给公司带来的红利。

国家联合培训制度的利益相关方包括技术与职业培训总署、人力资源发展基金和工商协会。技术与职业培训总署负责培训项目的实施，人力资源发展基金负责提供经费和理论方面的指导，而工商协会则负责保证学员在公司实习的质量。

理论培训主要包括基本技能、教材、职业道德、计算机技能和英语方面的培训。实践培训根据专业和劳动力市场的需要进行安排。培训期从几个月到两年不等。普通高中毕业生、大学学生和各个阶段的退学学生都可以报名参加培训。

（5）军事职业培训项目

军事职业培训项目包括技术和军事教育，其目的是将职业教育与军事培训相结合，向社会输出训练有素的年轻毕业生。这一项目每年可录取一万名学生，而且学生还有生活和住宿补贴。培训分为军事培训和技术培训两个部分，前者主要负责提高学生的基本职业技能，后者主要负责提高学生的纪律性。绝大部分的学员毕业后都会进入私营公司工作，部分学生进入军方工作，还有一部分学生到技术学院继续学习。本项目的利益相关方包括国防和航空部、内政部、技术与职业培训总署，以及国民卫队。

（二）保障

1. 国家资格框架①

《沙特阿拉伯高等教育国家资格框架（2009）》指出，高等教育和技术与职业培训两者有共同点，应加强这两个教育阶段的联系。同时还强调授予学分的重要性。

要提高培训质量、职业认证和就业，就必须制订相应的国家职业技能标准，为此沙特成立了国家职业技能标准和培训委员会。该委员会最重要的贡献就是为所有培训项目制订了统一的培训计划。正是因为有了国家职业技能标准和培训委员会，技术与职业培训总署才成功地为技术学院、工业和职业学院、女子高等技术学院、军事职业培训项目、建筑职业学院和国家联合培训组织制订了统一的培训计划。

国家职业技能标准和培训委员会不断根据职业教育的变化审查和发展培训计划。在2009财政年度，该委员会对技术学院、工业和职业学院的所有计划和培训项目进行了统一的评估。根据评估结果，该委员会编写、修改和审核了培训计划以适应新学年的培训需要并在2009年实施。

非正规教育和职业教育都没有一个统一的框架。《沙特阿拉伯高等教育国家资格框架（2009）》指出，应保证学生不进行重复的学习。但是，沙特在非正式学习的认证方面缺乏统一的政策，而是鼓励各个教育机构制订自己的认证方案。教育机构应根据学生的先前学习情况提供相应的学术辅导，根据其表现调整学习要求。

国家资格框架在学习认证方面给出了一些基本的指导方针：

·"学生在其他声誉良好的高等教育机构完成的学分应该全部转为本校的相关课程学分；

·学生在技术学院或高等技术学院完成的60学分可合理地转为高等教育阶段的大学或学院的相关课程的30学分。根据课程的具体内容，学分可以适当增减。在这两种情况下，应根据需要对特殊过渡项目作出规定，以完成后续的学习。"

2. 质量保障

《技术与职业培训战略》最重要的目的之一就是建立一个职业教育质量保证机构。目

① National Commission for Academic Accreditation and Assessment (2009). National Qualifications Framework for Higher Education in the Kingdom of Saudi Arabia. Accessed: 26 March 2012.

前，国家认证和评估委员会是负责评估中学后教育机构及其项目质量的机构。国家认证和评估委员会已经制定了一套标准来保证学生的学习成果、机构管理和研究成果位于国际领先水平。评估涉及十一个方面，只有这些方面都符合国家认证和评估委员会标准，机构才会得到认证。

评估领域包括：

· 使命、目的和目标；

· 项目管理；

· 项目质量保证管理；

· 就业流程；

· 研究；

· 社区关系。

四、职业技术教育与培训的治理与教师

（一）治理

最初，职业教育由以下三个不同的政府机构负责：教育部、劳动和社会事务部以及城市和农村事务部。2007 年，国家成立了技术与职业培训总署，作为各类职业教育机构的综合管理组织。技术与职业培训总署还负责管理技术学院、女子高等技术学院和职业学院。

技术与职业培训总署的主要职能是：

· 设计和实施职业教育项目；

· 开展职业教育研究；

· 根据国家政策和框架制订和审查职业教育规划和战略；

· 对职业技术教育与培训的教师和培训师进行培训；

· 对建立私营职业教育机构设置标准、颁发许可和实施监管；

· 和培训组织建立战略伙伴关系以经营和管理职业教育机构；

· 向公共和私营部门提供职业教育建议；

· 设计和制订职业教育培训手段和技术；

· 参加国内和国际职业教育合作；

· 制订职业教育规范。

（二）教师

一般在大学内开展教师培训，目的是提高教师质量、增进职业技能和提高教育标准。完成四年本科学习并获得学士学位的人士才有资格申请教师资格。沙特大学和学院的教育部门开设众多有关教育理论和方法论的课程。所有仅学习某一特定课程的申请者还应申请攻读教育学的其他课程。

技术与职业培训总署是负责职业教师培训的机构。技术与职业培训总署与国际捐助方和其他组织一道，致力于提高所有机构的教师培训的能力和质量。

技术与职业培训总署还参与了一个德资项目（在利雅得建立技师培训学院）并起到了领导作用。该学院采用三年学制，学生毕业后可获得国际公认的本科学位。德国国际合作组织在 2008 年开始该学院建立的筹备工作，在 2009 年招收了第一批学生（150 名），并计划在 2012 年招收 1200 名学生。学院的基础设施由技术与职业培训总署负责提供，德国国际合作组织则负责制订学院战略、教学方法、人力资源、行政、教育和技术事宜以及学院的综合管理。①

五、职业技术教育与培训的诉求与发展趋势

（一）诉求

沙特对职业教育与培训的需求正在增多。"学生数量从 1970 年的 54.7 万名上升到 2002 年的 500 万余名。"② 到 2017 年，技术与职业培训总署完成对 50 所技术学院、50 所女子高等技术学院和 180 所工业中等职业学院的改革。改革的第一步就是为大约 50 万名学生，包括 25 万名女学生创造培训岗位。学生将接受以下职业培训，包括 IT、医疗设备处理、水暖工、电工、机械技术员、身体护理和美发等培训。培训的目的是减少沙特阿拉伯技术和职业领域内就业的外国工人的数量。③ 此外，高中毕业生数量的不断攀升向沙特的教育体制提出了严峻的挑战，因此，应该大力发展高等教育和职业教育来吸收这些毕业生。同时还应增加技术和职业培训机构的规模以输出更多的技术工人。经常会碰到这样的现象，毕业生（尤其是女性）往往会面临能力和需求的不匹配的问题，因此，沙特政府正努力采取进一步措施来审核教学大纲和制订培训项目。这些努力应考虑到因科技发展而不断变化的劳动力市场的需要。④

在《2030 年愿景》中，可以看到雄心勃勃的沙特阿拉伯试图打造出一个摆脱石油依赖的现代化经济体。沙特政府近年来已经开始着手调整经济结构，一方面降低对石油产业的依赖，一方面重视发展农业，鼓励自由经济和自由竞争，支持私人及合资企业经营发展项目，以实现经济多元化。⑤

（二）发展趋势

1. 国内经济对石油过于依赖，影响政府对职业教育与培训的投入。

沙特丰富的石油储备、优越的地理位置和特殊的宗教地位，使它能够向整个阿拉伯

① Webpage of Deutsche Gesellschaft für Internationale Zusammenarbeit (GIZ) on Technical Trainers College. Accessed: 27 March 2012.

② UNDP(2003).Human Development Reports–Saudi Arabia. Accessed: 27 March 2012.

③ Khan,G.A(2011).Technical training for half amillion youths. In: Arab News, 11 April 2011. Accessed: 27 March 2012.

④ UNDP(2003).Human Development Reports–Saudi Arabia. Accessed: 27 March 2012.

⑤ 沙特经济转型的寓意与现实 [EB/OL].http://business.sohu.com/20160513/n449123382.shtml.2010–08–13.

世界乃至穆斯林世界辐射自己的影响。不过近年来沙特外交局势变得复杂。一是近年来沙特对伊朗频繁介入以及坚持要求叙利亚阿萨德政府下台，支持叙利亚反对派；二是2015年3月以来，沙特对发生在也门的侯塞叛军提供支持，一度影响到海合会内部国家关系。

沙特依靠石油美元维持经济增长，但同时过度依赖石油令其经济波动明显。2014年6月后，国际油价大幅下跌，沙特坚持石油不减产政策，虽然短期内能够以强大外汇储备维持经济稳定，但长期将影响沙特财政政策，未来走势有待进一步观察。目前沙特已经宣布一项名为“愿景2030”的宏大计划，旨在促进经济多元化改革，摆脱对石油产业的依赖。

2. 经济增长方式的调整为职业技术教育培训带来机遇。

近年来，沙特国内通货膨胀压力加剧。自2009年以来，首次出现财政赤字，此后财政赤字逐年攀升。鉴于此，为了缓解财政压力，政府开始削减财政开支。受政府开支减少、居民可支配收入降低、流动性趋紧等因素影响，沙特企业继续面临巨大压力。即使面临货币贬值压力，沙特政府坚称沙特货币里亚尔汇率可以保持稳定并继续盯住美元。受国际油价持续走低影响，市场预测里亚尔将出现贬值，但是沙特政府表示，沙特不会出现经济危机，因为沙特有充足的外汇储备，而且非石油经济在增长。

2016年4月，副王储穆罕默德·本·萨勒曼提出雄心勃勃的《2030年愿景》经济改革方案，目标是通过将国有的沙特阿美石油公司5%股权上市，并把收益注入公共投资基金，借此在2020年前实现平衡财政预算，并结束该国对石油的依赖。这项首次公开招股活动预计会套现2万亿美元，以建立全球最大的主权财富基金，用以保障沙特免受全球石油市场动荡的冲击。此外，其他措施还有开征新税、提高女性劳动参与率，并发展非石油产业。《2030年愿景》的宏大改革计划，目标是通过经济转型以摆脱对石油的依赖，实现经济可持续增长。

（深圳职业技术学院　技术与职业教育研究所　袁　礼）

主要参考文献

[1] 中华人民共和国外交部 . 沙特阿拉伯国家概况 [EB/OL]. http://www.fmprc.gov.cn/web/gjhdq_676201/gj_676203/yz_676205/1206_676860/1206x0_676862/.2017-08-12.

[2] 中华人民共和国驻沙特阿拉伯王国大使馆经济商务参赞处 . 沙特阿拉伯的地理环境 [EB/OL]. http://sa.mofcom.gov.cn/article/ddgk/201007/20100707023720.shtml.2017-09-25.

[3] 北京市人民政府外事办公室 . 利雅得 . 世界著名城市 [EB/OL]. http://www.bjfao.gov.cn/yhjw/famous/asia/6629.htm.2017–08–25.

[4] 对外投资合作国（地区）指南——沙特阿拉伯 [EB/OL]. https://www.yidaiyilu.gov.cn/wcm.files/upload/CMSydylgw/201702/201702100235011.pdf.2017–09–26.

[5] 中华人民共和国国防部 . 背景资料：沙特阿拉伯王国 [EB/OL]. http://www.mod.gov.cn/intl/2016–01/19/content_4636882.htm.2017–10–03.

[6] 中国一带一路网 . 沙特阿拉伯 [EB/OL]. https://www.yidaiyilu.gov.cn/gbjg/gbgk/854.htm.2017–10–05.

[7] 新华网 . 沙特加快经济转型的启示 [EB/OL]. http://news.xinhuanet.com/world/2016–04/12/c_128885078.htm.2010–09–29.

[8] 中华人民共和国驻沙特阿拉伯王国大使馆 . 沙特大学及教育机构名录 [EB/OL]. http://www.chinaembassy.org.sa/chn/stgk/t152932.htm.2017–10–08.

[9] 中华人民共和国驻沙特阿拉伯王国大使馆 . 沙特重视发展教育 [EB/OL]. http://www.chinaembassy.org.sa/chn/stgk/t152937.htm.2017–10–06.

[10] 联合国教科文组织国际职业技术教育与培训中心 . 全球职业技术教育与培训数据库：沙特阿拉伯 [EB/OL]. www.unevoc.unesco.org.2017–08– 11 .

[11] National Commission for Academic Accreditation and Assessment (2009). National Qualifications Framework for Higher Education in the Kingdom of Saudi Arabia. Accessed: 26 March 2012.

[12] Webpage of Deutsche Gesellschaft für Internationale Zusammenarbeit (GIZ) on Technical Trainers College. Accessed: 27 March 2012.

[13] 沙特经济转型的寓意与现实 [EB/OL].http://business.sohu.com/20160513/n449123382.shtml.2010–08–13.

[14] UNDP . Human Development Reports–Saudi Arabia. Accessed: 27 March 2012.

[15] Khan, G. A . Technical training for half a million youths. In: Arab News, 11 April 2011. Accessed: 27 March 2012.

也门共和国

一、国家概况

（一）地理

也门共和国（The Republic of Yemen），简称也门。也门位于亚洲西南部，阿拉伯半岛南端，北与沙特阿拉伯王国接壤，南濒阿拉伯海和亚丁湾，东邻阿曼苏丹国，西临红海，扼曼德海峡，有重要的战略地理位置。也门共和国国土面积 55 万平方千米，海岸线 2200 千米。

也门的地势大致可分为以下部分：也门的西、南部是连绵的高山和高原，哈杜尔舒艾卜峰海拔 3666 米，是也门和阿拉伯半岛的最高点；在也门东北部是广大的高原地区。从也门—阿曼边境开始，沿阿拉伯海岸，在曼德海峡北折至也门—沙特边境，是长约 2000 千米，宽约 30—60 千米的平原地区。还有哈达拉毛省的广大沙漠地区，少有野生植物。

在阿拉伯海上的索克特拉岛是也门最大的岛屿，面积为 3650 平方千米，2008 年被列入世界自然遗产地。此外，在红海上还分布着 112 个岛屿。[①] 南部属热带干旱气候，一年分凉热两季，4—10 月为热季，平均气温 37℃，11—3 月为凉季，平均气温为 27℃。年降雨量为 50 毫米。亚丁气温较高，热季气温高达 41.8℃，凉季气温最低 17.5℃，年均降雨量 94.7 毫米。北部气候种类较多，东面缓坡伸向鲁卜哈利沙漠，是沙漠和半沙漠地区，气候干燥，炎热少雨；中央高原，海拔 1500—4000 米高，气候凉爽；丘陵地区，气候温和，雨量充沛，年降水量在 1000 毫米以上，多雨季集中在 3—5 月和 7—9 月；西部红海沿岸是帖哈麦地区，气候炎热而潮湿，夏季气温一般在 35℃ ~40℃，湿度一般为 80%~90%，年降水量在 400 毫米以下。也门一般无重大自然灾害。

首都萨那位于阿邦山和纳卡木山间萨那盆地，平均海拔 2200 米。气候温和，日照充足，夏季气温一般不超过 30℃，冬季气温有时可低至 0℃，年降雨量约 250 毫米，萨那

① 中华人民共和国驻也门共和国大使馆经济商务参赞处 . 也门地理概况 [EB/OL]. http://ye.mofcom.gov.cn/article/ddgk/200903/20090306117327.shtml.2017-10-14.

一年有两个雨季，每年的3月至4月为小雨季，7月至8月为大雨季，因萨那城市排水设施落后，雨季时常发生水灾。①

也门行政区划为21个省和1个直辖市：萨那、亚丁、塔兹、拉哈杰、荷台达、阿比洋、伊卜、夏卜瓦、扎马尔、哈达拉毛、哈贾、马哈拉、贝达、萨达、马哈维特、马里卜、焦夫、阿姆兰、达利阿、利马、索科特拉和萨那市。②

（二）人文

也门有3000多年文字记载的历史，是阿拉伯世界古代文明摇篮之一。公元前14世纪到公元525年，先后建立麦因、萨巴和赫米叶尔三个王朝。7世纪成为阿拉伯帝国的一部分。16世纪初葡萄牙人侵入，1789年英国占领了属也门的丕林岛，1839年又占领了亚丁。1918年，奥斯曼帝国崩溃，也门建立了独立的穆塔瓦基利亚王国，成为阿拉伯第一个摆脱殖民统治宣告独立的国家。1967年独立，成立也门民主人民共和国。1990年5月22日，阿拉伯也门和民主也门议会讨论了塔兹统一协定草案，并决定5月22日为统一后的也门共和国的诞生日。③

也门实行共和民主制。也门的政治体制建立在政治多元化和多党制基础之上，通过大选实现政权的和平交替。1994年也门内战结束以来，政局基本保持稳定，社会治安形势持续好转，经济日益恢复。近年来，也门政局基本稳定，经济保持低速增长势头，主要经济指标良好。也门政府继续加大打击恐怖和极端势力的力度，国内安全形势总体保持稳定。1991年5月，全国就统一宪法举行公民投票，98.3%的选民赞成宪法。修改后的宪法规定，伊斯兰法是也门共和国一切立法之本。2001年2月，也门举行全民公决，通过了宪法修正案，将总统的任期由5年延至7年，并赋予总统解散议会的权力。④

截至2015年，也门总人口为2683.2万，⑤ 大多数是阿拉伯人，官方语言为阿拉伯语。伊斯兰教为国教，什叶派的宰德教派和逊尼派的沙斐仪教派各占50%。⑥ 宗教在也门共和国的国家生活中占有极其重要的地位，国家的一切活动、社会组织以及风俗习惯都直接或间接地受宗教信仰的影响。也门共和国99%的居民信奉伊斯兰教。也门共和国作为正统的穆斯林国家，禁止销售和饮用各类酒，不吃猪肉，禁止对也门女人拍照。

（三）经济

也门是一个典型的资源型国家，石油和天然气是其最主要的自然资源。从20世纪80年代开始，也门石油的工业化生产和出口就是其国民经济的支柱产业；2009年，也门的天然气

---

① 山东省人民政府外事办公室 . 也门 [EB/OL]. http://www.sdfao.gov.cn/art/2015/4/13/art_667_4542.html.2017-10-14.

② 新华网宁夏频道 . 也门国家概况 [EB/OL]. http://www.nx.xinhuanet.com/2016-12/21/c_1120161640.htm.2017-10-14.

③ 人民网 . 也门概况 [EB/OL]. http://world.people.com.cn/GB/8212/72474/72475/5049856.html.2017-10-14.

④ 中国网 . 也门概况 [EB/OL]. http://www.china.com.cn/international/zhuanti/2008-06/17/content_15838294.htm.2017-10-14.

⑤ 世界卫生组织 . 也门 [EB/OL].http://www.who.int/countries/yem/zh/.2017-10-14.

⑥ 中华人民共和国驻也门共和国大使馆 . 也门国家概况 [EB/OL]. http://www.fmprc.gov.cn/ce/ceyem/chn/ymgk/.2017-10-14.

形成工业化生产并实现出口。也门的非石油资源也比较丰富，金属矿主要有金、银、铅、锌。

也门经济落后，是世界上最不发达的国家之一。2014 年国内生产总值（GDP）392 亿美元，人均国内生产总值 1661 美元，国内生产总值增长率：1.9%。[①] 也门全国可耕种土地仅占全国土地总数的 3%，粮食常不能自给，约 1/2 依靠进口。也门棉花品质良好，每年有大量出口。咖啡种植面积很大，占重要地位。政府重视农业生产，扩大农业贷款，兴修水利，以实现粮食、蔬菜、水果自给。也门经济发展主要依赖石油出口收入。目前已探明的石油可采储量约 40 亿桶，已探明天然气储量 18.5 亿立方英尺。也门未参加任何石油组织，因而不受国际石油组织配额限制，在生产上较具自主性。政府极为重视石油的勘探和开采，通过出口石油、天然气和开放矿产资源克服经济困难。

也门当前的政治及安全局势恶化已造成严重的经济衰退，失业率从 2011 年 2 月革命前的 25% 升至 2013 年的 36%，2014 年的 44%。[②] 据世界银行于 2007 年的报告，阿拉伯茶叶产业贡献了 6% 的国内生产总值以及 14% 的就业岗位。茶叶开支占到家庭预算的 10%，从而影响了基本的食物、教育和健康方面的开支。也门的交通运输不发达，全国没有铁路。公路建设也亟需加强，全国的公路网络以土路为主，柏油路比例较低。[③]

也门于 2014 年加入世界贸易组织，也是大阿拉伯自由贸易区的成员。[④] 石油产品是也门的主要出口，中国是主要出口市场，其次是阿联酋及韩国。也门主要从阿联酋、阿曼及中国进口小麦、机械及设备。2014 年年底，国际货币基金组织批准向也门贷款，以支持该国改善财政及国际收支状况的计划，并指出政局动荡对生产活动、出口和外商投资均造成破坏性影响。

（四）教育

也门全国中小学实行免费教育。小学实行义务教育制度，并致力于扩大基础教育、技术教育和职业教育。也门的大学数量不多。萨那大学建于 1970 年，下设 9 所学院，1 个语言中心，在 6 个地方设有分院。亚丁大学下设 9 所学院，是一所综合性大学。2005 年 3 月，作为也门“基础教育国家战略”的一部分，政府启动了“发展基础教育项目”，世界银行、荷兰、英国和也门政府共同出资。[⑤]

也门教育部长阿卜杜勒・扎拉克描述了也门教育严峻的现状：具有教师资格的人中

---

① 新华网宁夏频道 . 也门国家概况 [EB/OL]. http://www.nx.xinhuanet.com/2016-12/21/c_1120161640.htm, 2017-10-14.

② 中华人民共和国外交部驻也门共和国大使馆经济商务参赞处 . 经济报告预测 2015 年也门失业率将达到 60%[EB/OL].http://ye.mofcom.gov.cn/article/jmxw/201503/20150300913324.shtml, 2017-10-14.

③ 王晋.“一带一路”投资政治风险研究之也门.观点中国 [EB/OL]. http://opinion.china.com.cn/opinion_3_130603.html.2017-10-14.

④ 香港贸发局 . 也门市场概况 [EB/OL]. http://china-trade-research.hktdc.com/business-news/article/%E4%B8%80%E5%B8%B6%E4%B8%80%E8%B7%AF/%E4%B9%9F%E9%96%80%E5%B8%82%E5%A0%B4%E6%A6%82%E6%B3%81/obor/sc/1/1X3CGF6L/1X0A3NQD.htm.2017-10-14.

⑤ 中华人民共和国驻也门共和国大使馆 . 也门国家概况 [EB/OL].http://www.fmprc.gov.cn/ce/ceyem/chn/ymgk/.2017-10-14.

63% 没有上过大学，而学校管理人员中这一比例更是高达 67%。更不用提学生数量只有 300 人的学校校长能够阅读和写字，还有 200 万名学生无法入学。

扎拉克部长还对半岛电视台网站指出，在也门 1.7 万所学校中有 1.4 万所需要重建，98% 的学校没有电脑，90% 的学校没有科学及数学学科，30% 的学校没有围墙，管理人员和教室也没有专门的房间，60% 的学校没有图书馆。①

2013 年也门计划与国际合作部同联合国儿童基金会签署了一份援助协议。根据协议，联合国儿童基金会将向也门提供 7260 万美元，用于支持也门 2013—2016 年教育发展计划，并监督执行。联合国儿童基金会希望该资金能在提升也门教育水平上发挥重要作用。②

2014 年世界粮食署驻也门代表同也门教育部部长签署价值 8700 万美元援助协议，用于支持也门的教育项目。根据协议，第一年，世界粮食署将向也门提供 8700 万美元，用于为贫困地区 16 万在校生提供校园餐，并向 11.5 万适龄女孩提供餐饮援助，以支持女孩受教育计划。第二年，世界粮食署将扩大援助规模，将校园餐受益学生人数增至 30 万，适龄女孩受援人数增至 21.5 万。③

二、职业技术教育与培训的战略与法规

（一）战略

从 1999 年召开全国职业技术教育与培训大会起，也门已经通过以下战略计划发展职业技术教育与培训，使其逐步覆盖全国。即:《社会与经济发展第二个五年计划（2001—2006 年）》和《国家减贫战略（2003—2005 年）》。

《国家减贫战略》确定了职业技术教育与培训发展计划的三阶段。阶段 1：2005—2008 年，调整和加强职业技术教育与培训体系，建成 35 所新学院，实施需求驱动型职业技术教育与培训；阶段 2：2009—2012 年，在职业技术教育与培训和各行各业与交叉领域的劳动力市场之间建立联系；阶段 3：2013—2014 年，检查并审计职业技术教育与培训体系并巩固其优势。

（二）法规

1.《教育综合法》（1992）

1992 年出台了第 45 号法律《教育综合法》。该法规定教育是基本人权，由国家向每个人免费提供。国家应考虑阻碍家长送子女上学的社会和经济困难，采取措施实现社会平等、教育机会平等。

① 中国网 . 也门教育状况持续恶化，约 30 万名学生在树下学习 [EB/OL]. http://news.china.com.cn/world/ 2013-12/27/content_31021895.htm.2017-10-14.

② 中华人民共和国商务部 . 联合国儿童基金会支持也门教育 7260 万美元 [EB/OL].http://www.mofcom.gov.cn/article/i/jyjl/k/201311/20131100378911.shtml.2017-10-14.

③ 环球网 . 世界粮食署向也门提供 8700 万美元支持教育项目 [EB/OL]. http://china.huanqiu.com/News/mofcom/2015-01/5415085.html.2017-10-14.

2.《技术教育与职业培训发展计划(2005—2014)》

职业技术教育与培训部在欧盟与世界银行的支持下,制定了《技术教育与职业培训发展计划(2005—2014)》,其战略目标与减贫和社会经济的可持续发展相关,该计划对于推动也门职业技术教育与培训的发展起了重大作用。[①]

三、职业技术教育与培训的体系与质量保障

(一)体系

初等教育(基础教育)分为两个阶段:小学阶段(1—6年级)和预科(7—9年级)。初等教育持续9年,从6岁开始并且免费。

中等教育:紧随初等教育之后,学生可以在以下三种教育计划中进行选择:一是3年制普通中学教育计划;二是3年制职业教育计划;三是2年制职业教育计划。[②]

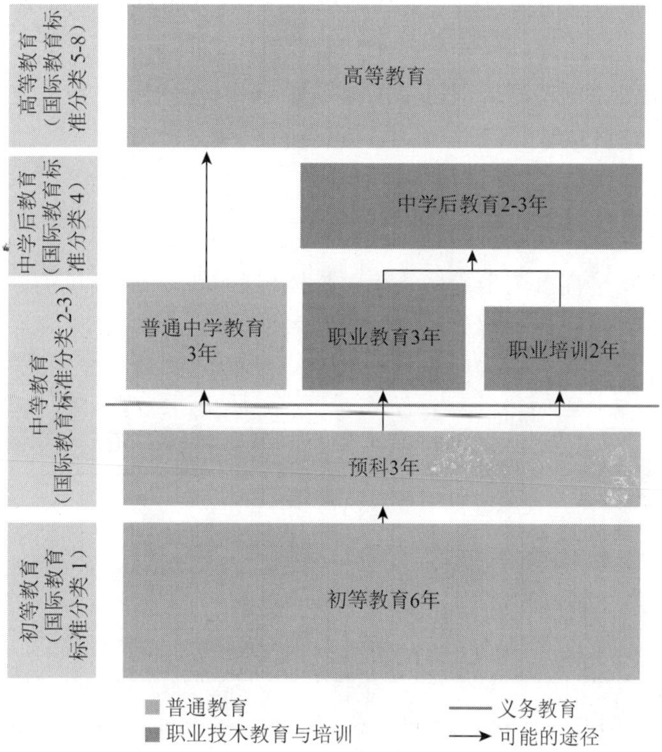

图1 也门职业技术教育与培训体系

资料来源:World Data on Education VII Ed. 2010/11. Yemen. Geneva: UNESCO-IBE.

① World Bank (2007). Project Information Document – TVET Yemen. Accessed: 11 September 2013.

② Technical Education and Vocational Training in Yemen and its Relevance to the Labour Market. Turin: European Training Foundation; Ministry of Technical Education and Vocational Training (2011). General Administration Information Systems Statistical Bulletin (2010–2011). Sana'a city: Ministry of Technical Education and Vocational Training.

正规职业技术教育与培训体系是主要部分。中等教育阶段的3年制和2年制职业技术教育与培训提供工业、工程、商业、商务、农业和工艺领域的培训。职业中学教育计划通过社区学院提供2年制或3年制的中学后技术教育。中学后技术教育培训涉及不同的领域：3年制技术教育培训所涉及领域有信息技术、工业、商业、商务、行政管理、健康、农业和设计；两年制技术教育培训所涉及领域有工业、工程、农业、商业、商务、海事以及酒店与旅游。

非正规与非正式职业教育与培训体系被视为"平行教育"，与正规职业教育相互补充。正规和非正规教育之间没有明确的界限。初级培训被视作正规教育，而终身/继续培训被视作"平行教育"。正规和非正规教育之间界限划分的另一个依据是提供培训的机构：由公立机构提供的培训被认定为正规教育，而以其他形式提供的职业技术教育与培训就归入"平行教育"类。

终身学习/在职培训师是为期6个月的短期课程，目的是提高工作者的现有技能并给其增加新的资格。双重培训是一种非正式职业技术教育与培训形式，其中包括职业技术教育与培训机构提供的理论培训以及工作场所内的实践培训。双重培训通常与国际职业技术教育与培训项目相关。

（二）保障

1. 国家资格框架

职业技术教育与培训有三个资格等级，具体根据学制和培训机构而定。通常，接受中等职业教育可以获得熟练工资格，接受中学后教育可以获得技术专业毕业文凭。职业技术教育与培训部制定了工作分类以及等级描述。资格等级如表1所示。

表1　也门国家职业资格框架职业资格等级表

资格等级	学制（年）	前提	提供机构
熟练工	2	预科证书	职业培训中心
中等技术资格	3		职业学院
技术员	2或3年制	中等教育文凭或熟练工或者中等技术资格	技术学院

资料来源：Technical Education and Vocational Training in Yemen and its Relevance to the Labour Market. Turin: European Training Foundation.

在职业技术教育与培训机构（中学以及中学后的）就读的学生大多数都是学习2年制的中学后课程。下表说明每个职业技术教育与培训资格等级中学生的百分比。

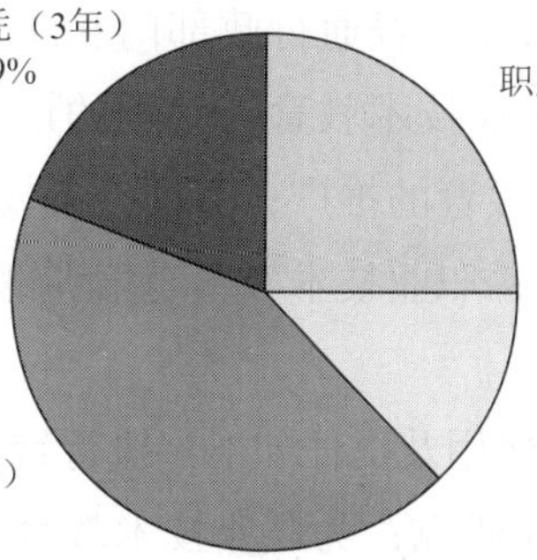

图 2　也门职业技术教育与培训资格等级中学生的百分比

资料来源：Ministry of Technical Education and Vocational Training (2011). General Administration Information Systems Statistical Bulletin (2010–2011). Sana'a city: Ministry of Technical Education and Vocational Training.

2. 质量保障

职业技术教育与培训部负责确保职业技术教育与培训体系的质量。职业技术教育与培训部根据整体质量体系进行管理，致力于提高各等级教育的成效。职业技术教育与培训部深知加强职业技术教育与培训的质量保障是一个漫长的过程，因此已经发起了下述几项活动：

· 为短期课程制定标准。成衣和剪裁职业技术在劳动力市场上需求量最高，有鉴于此，职业技术教育与培训部发起了为这个行业的短期课程制定相关标准的行动，具体包括人员培训、课程时间安排、仪器设备标准、课程和培训费用等方面的标准；

· 为私立职业技术教育与培训机构制定相关标准；

· 私立职业技术教育与培训机构必须遵守一套标准才能获得证书。具体标准包括建筑规范、人员管理标准、教课员工和设备；

· 制定工作岗位说明；

· 鼓励职业技术教育与培训机构一致按照职业技术教育与培训部举办的专门研讨会来制定工作岗位说明。[①]

四、职业技术教育与培训的治理与教师

（一）治理

职业技术教育与培训部负责基础教育后以及中学后的职业技术教育与培训。职业技术教育与培训部建立于 2011 年，整合了之前由职业技术培训总局、教育部以及其他公立教育与培训机构承担的培训活动。

① Ministry of Technical Education and Vocational Training (2012). Job Classifications and Level Descriptions. Accessed: 04 July 2013

职业技术教育与培训部由6个普通行政部门和4个主题部门组成。这4个部门直接由部长监管，主要履行跟职业技术教育与培训的设计及其他相关的职能：保证资格标准的推广质量；课程与继续教育的推广；劳动力市场和私营部门关系；计划与项目的推广；女子教育与培训的推广；职业技术教育与培训部区域办公室负责管理相关培训中心和机构承担的行政活动。

职业技术教育与培训部的作用及责任如下：执行旨在实现职业技术教育与培训政策现代化的职业技术教育与培训研究；为职业技术教育与培训设计体系并草拟法规；支持实施旨在消除贫困和增加就业机会的项目；应用建立在全面质量管理基础上的职业技术教育与培训标准体系，为综合评估建立先进的系统和机制；扩展并提升职业技术教育与培训的质量，开发为女性和具有特殊需求人群提供培训的项目；与公私部门合作为职业技术教育与培训制定教学计划及课程；为技术和行政人员制定和实施培训与继续学习计划；为职业技术教育与培训制定工作分类和标准；为职业技术教育与培训制定机构的建立设定标准；制定考试制度，并监督其执行情况；根据国家资格认证标准和等级颁发职业技术教育与培训证书；制定职业技术教育与培训政策和计划，并提高职业技术教育与培训意识；配合国家和当地理事会与课程委员会的工作；鼓励私营部门参与建立、管理、资助和评估职业技术教育与培训；鼓励对职业技术教育与培训的投资，加强职业技术教育与培训部与职业培训基金和私营部门的关系；与有关部门合作培养教育体系需要的人力资源；在职业技术教育与培训部及其机构中运行图书管理系统；贯彻执行现代化的职业技术教育与培训技术；促进全民及世界在职业技术教育与培训方面的合作。

高等教育质量保证理事会建立于2009年，是隶属于高等教育与科研部的一个半官方机构；负责确保私立和公立高等教育的质量。理事会旨在支持高等教育机构建立质量保证体系，并通过资格认证对这些机构进行管理。

职业与技术培训技能发展基金构成职业技术教育与培训资金系统的一部分。基金建立在雇主捐款的基础上，目的在于提升职业技术教育与培训机构的资金基础。技术教育及职业培训战略发展计划深知基金存在各种缺点，其中包括雇主不支付捐款费用以及未能订立培训项目合约。存在这些缺点的原因在于作为基金建立依据的法规框架薄弱。国家应计划建立为职业技术教育与培训提供可持续经费的制度。

（二）教师

一般来说，成为一名教师的最低资格要求是要在教师培训学院接受为期2年的中学后教育并获得相应学位证书。大学毕业生是7—12年级教师的优先候选者。

职业技术教育与培训教师和培训师的短缺对职业技术教育与培训机构的运行造成了负面影响。现有的职业技术教育与培训教师和培训师多数资质不充分——缺乏教学技能，也缺乏将现代技术融合进职业技术教育与培训中的技能。教师们通常工作的领域并非其自身专长，因为缺乏技能提升的课程，他们讲授的多是老旧的工作技能。

招募标准和能力要求通常不够明确，现有的职业技术教育与培训教师及其能力没有登记在册。没有针对职业技术教育与培训教师的培训和技能提升计划。相比职业技术教育与培训的基础设施建设投资，职业技术教育与培训的人力资源发展并没有获得足够关注。

五、职业技术教育与培训的诉求与发展趋势

（一）诉求

1. 急需扩大职业技术教育与培训经费来源，提高教育质量。

职业技术教育与培训的主要经费来源是从年度预算中划拨。技术教育职业培训战略发展计划指出："预算拨款只能满足职业技术教育与培训体系的迫切需要。"因此，职业教育与培训的资金来源并不可靠，这就导致职业技术教育与培训的输出不足，而且对现有职业技术教育与培训能力的利用有限。

2. 急需解决现存问题，积极响应劳动力市场需求。

2007 年一份世界银行与欧盟的联合报告指出了也门职业技术教育与培训存在的一些挑战：职业中心和技术学院的入学率低；重理论，轻实践；关于各个领域的职业技术教育与培训落后于相应领域的发展；教育输出不符合劳动力市场需求。也门政府深知普通教育和高等教育与职业技术教育与培训之间存在发展不平衡的问题。公立和私立高等教育的快速扩招造成了劳动力市场熟练工的短缺。为了响应劳动力市场的需求，政府已将注意力转向职业技术教育与培训。

（二）发展趋势

1. 经济改革正在进行，职业技术教育与培训的环境正在改变。

也门是联合国公布的全球最不发达的国家之一，近十年经济增长缓慢甚至出现负增长。2010 年以来，也门政府大力推进经济改革，实行适度"积极"的财政政策，增加预算，扩大基础设施建设，为经济发展营造了更好的环境。同时，国际社会也在不断加大对也门的经济援助力度。随着经济的逐步好转，也门在能源和矿产开发、渔业、基础设施、旅游等众多领域都有潜在的投资机会。在顺利完成权力过渡之后，也门利用国际货币基金组织及沙特等海合会国家的经济援助，努力推动经济结构改革，收效显著，经济增长止跌回升。

2. 国家对职业技术教育与培训越来越重视。

职业技术教育与培训部门是构成也门教育系统的重要组成部分，与国家的社会经济发展直接相关。鉴于对这种关系的认识，也门越来越重视将职业技术教育与培训作为减少贫困、促进劳动力市场发展、实现教育体系合理化等方面的国家政策策略。[①]

（深圳职业技术学院 技术与职业教育研究所　袁　礼）

① World Bank (2007). Project Information Document–TVET Yemen. Accessed: 11 September 2013.

主要参考文献

[1] 中华人民共和国驻也门共和国大使馆经济商务参赞处 . 也门地理概况 [EB/OL].http://ye.mofcom.gov.cn/article/ddgk/200903/20090306117327.shtml. 2017–10–14.

[2] 山东省人民政府外事办公室 . 也门 [EB/OL]. http://www.sdfao.gov.cn/art/2015/4/13/art_667_4542.html. 2017–10–14.

[3] 新华网宁夏频道 . 也门国家概况 [EB/OL]. http://www.nx.xinhuanet.com/2016–12/21/c_1120161640.htm. 2017–10–14.

[4] 中国网 . 也门概况 [EB/OL]. http://www.china.com.cn/international/zhuanti/2008–06/17/content_15838294.htm. 2017–10–14.

[5] 中华人民共和国驻也门共和国大使馆 . 也门国家概况 [EB/OL]. http://www.fmprc.gov.cn/ce/ceyem/chn/ymgk/.2017–10–14.

[6] 世界卫生组织 . 也门 [EB/OL]. http://www.who.int/countries/yem/zh/,2017–10–14.

[7] 中华人民共和国外交部驻也门共和国大使馆经济商务参赞处 . 经济报告预测 2015 年也门失业率将达到 60%[EB/OL]. http://ye.mofcom.gov.cn/article/jmxw/201503/20150300913324.shtml, 2017–10–14.

[8] 王晋 . "一带一路" 投资政治风险研究之也门 . 观点中国 [EB/OL]. http://opinion.china.com.cn/opinion_3_130603.html, 2017–10–14.

[9] 香港贸发局 . 也门市场概况 [EB/OL]. http://china–trade–research.hktdc.com/business–news/article/%E4%B8%80%E5%B8%B6%E4%B8%80%E8%B7%AF/%E4%B9%9F%E9%96%80%E5%B8%82%E5%A0%B4%E6%A6%82%E6%B3%81/obor/sc/1/1X3CGF6L/1X0A3NQD.htm.2017–10–14.

[10] Technical Education and Vocational Training in Yemen and its Relevance to the Labour Market. Turin: European Training Foundation.

[11] Ministry of Technical Education and Vocational Training (2011). General Administration Information Systems Statistical Bulletin (2010–2011). Sana'a city: Ministry of Technical Education and Vocational Training.

[12] Ministry of Technical Education and Vocational Training (2012). Job Classifications and Level Descriptions. Accessed: 04 July 2013.

[13] Ministry of Technical Education and Vocational Training (2014). Development Plan (2005–2014) Sana'a city: Ministry of Technical Education and Vocational Training.

[14] World Data on Education VII Ed. 2010/11. Yemen. Geneva: UNESCO–IBE.

[15] World Bank (2007). Project Information Document–TVET Yemen. Accessed: 11 September 2013.

阿曼苏丹国

一、国家概况

（一）地理

阿曼苏丹国（The Sultanate of Oman），简称阿曼，位于阿拉伯半岛东南部，面积30.95万平方千米。西北界阿拉伯联合酋长国，西连沙特阿拉伯，西南邻也门共和国。东北与东南濒临阿曼湾和阿拉伯海。海岸线长1700千米。境内大部分是海拔200—500米的高原。东北部为哈贾尔山脉，其主峰沙姆山海拔3352米，为全国最高峰。中部是平原，多沙漠。西南部为佐法尔高原。除东北部山地外，均属热带沙漠气候。全年分两季，5月至10月为热季，气温高达40℃以上；11月至翌年4月为凉季，气温约为24℃。年平均降水量130毫米。①

阿曼分为8省区，下辖59州。8个省区分别为：马斯喀特省、巴提纳区、达西里亚区、沙尔基亚区、乌斯塔区、穆桑达姆省、扎西拉区、佐法尔省。② 首都位于马斯喀特，马斯喀特东南濒阿拉伯海，东北临阿曼湾，据守印度洋通往波斯湾的门户，战略位置重要。③

（二）人文

阿曼是阿拉伯半岛最古老的国家之一。公元前2000年已广泛进行海上和陆路贸易活动，并成为阿拉伯半岛的造船中心。公元7世纪成为阿拉伯帝国的一部分，11世纪末独立。1429年，伊巴德教派确立在阿曼的统治。1507年，阿曼遭葡萄牙人侵并长期被其殖民统治。1649年，阿曼当地人推翻葡萄牙统治，建立亚里巴王朝。1742年，阿曼被波斯入侵。18世纪中叶，阿曼当地人赶走波斯人，建立赛义德王朝，取国名为“马斯喀特苏丹国”，成为当时印度洋沿岸实力较强的国家之一，势力一度扩张到东非沿海地区。

1913年，阿曼山区部落举行反英起义，建立“阿曼伊斯兰教长国”。1920年，英国

---

① 人民网 . 阿曼概况 [EB/OL]. http://world.people.com.cn/GB/8212/72474/72475/5042446.html.2017-10-15.

② 中华人民共和国驻阿曼苏丹国大使馆经济商务参赞处 . 地理与行政 [EB/OL]. http://om.mofcom.gov.cn/article/ddgk/200303/20030300078754.shtml.2017-10-15.

③ 人民网 . 阿曼概况 [EB/OL]. http://world.people.com.cn/GB/8212/72474/72475/5042446.html.2017-10-15.

殖民者同"教长国"签订《锡卜条约》，承认其独立，阿曼就此分为"马斯喀特苏丹国"和"阿曼伊斯兰教长国"两部分。1967 年，"马斯喀特苏丹国"苏丹赛义德·本·泰穆尔在英国支持下最终统一阿曼全境，改国名为"马斯喀特和阿曼苏丹国"。1970 年 7 月 23 日，泰穆尔苏丹被迫逊位，其独子卡布斯登基，改国名为"阿曼苏丹国"并沿用至今。1973 年，英国军队撤出阿曼。①

阿曼是世袭君主制国家，禁止一切政党活动。苏丹享有绝对权威，颁布法律、任命内阁、领导军队、批准和缔结国际条约。1996 年 11 月，卡布斯苏丹颁布《国家基本法》（相当于宪法）。2011 年初，受西亚北非地区局势动荡影响，阿曼局部出现小规模示威游行活动。卡布斯苏丹迅速采取因应措施，大幅改组内阁，修订《国家基本法》，加快民主化进程。近年来，阿曼政府大力推行经济多元化战略。议会称"阿曼委员会"，由国家委员会（相当于议会上院）和协商会议（相当于议会下院）组成，国家委员会和协商会议成员不得相互兼任。②

内阁是苏丹授权的国家最高行政机构，成员全部由苏丹任命。政府内设司法部、法务部、宗教基金和宗教事务部，分别主管司法、法律（含涉外协议、条约等）起草和修订、伊斯兰法有关事务。政府外设最高法院和国家公诉办公室，直接向苏丹负责。③

2015 年，该国总人口 449.1 万，其中青年人口 73 万，人口年龄中位数 29 岁，人口年增长率为 8.45%。④ 阿曼绝大多数是阿拉伯人，外来定居人口中，印度人、伊朗人、巴基斯 坦人等居多。伊斯兰教为国教，90% 本国穆斯林属伊巴德教派。⑤

（三）经济

阿曼 20 世纪 60 年代开始开采石油。截至 2014 年，阿曼已探明石油储量约 7.4 亿吨（55 亿桶），当年产量约 0.46 亿吨（3.44 亿桶），日均产量约 94.35 万桶。截至 2013 年，阿曼已探明天然气储量约 0.85 万亿立方米，当年产量 391 亿立方米。除石油和天然气外，阿曼境内发现的矿产资源还有铜、金、银、铬、铁、锰、镁、煤等。阿曼是典型的资源输出型国家，油气产业是国民经济的支柱。油气业产值占国内生产总值的 41%，其收入占政府财政收入的 75%。

工业方面，阿曼以油气工业为主，其他工业起步较晚。工业项目主要为石油化工、炼铁、化肥、塑料、铸管等。除少数较大型企业如炼油厂、水泥厂、面粉厂等由政府投

---

① 中华人民共和国外交部 . 阿曼苏丹国国家概况 [EB/OL]. http://www.fmprc.gov.cn/web/gjhdq_676201/gj_676203/yz_676205/1206_676259/1206x0_676261/.2017-10-15.

② 中华人民共和国驻阿曼苏丹国大使馆经济商务参赞处 . 阿曼政体与政府 [EB/OL]. http://om.mofcom.gov.cn/article/ddgk/201505/20150500989702.shtml.2017-10-15.

③ 中华人民共和国驻阿曼苏丹国大使馆 . 苏丹概况 [EB/OL]. http://om.chineseembassy.org/chn/zjam/amgk/.2017-10-15.

④ 统计数据来自联合国人口司 . 世界人口展望 [EB/OL]. http://esa.un.org/unpd/wpp/DVD/.2017-9-20.

⑤ 中华人民共和国驻阿曼苏丹国大使馆 . 苏丹概况 [EB/OL]. http://om.chineseembassy.org/chn/zjam/amgk/.2017-10-15.

资经营外，其他均属私营中小企业，主要从事非金属矿产、木材加工、食品、纺织等生产。因自然条件所限，阿曼全国农业用地面积较小，仅 13.6 万公顷，其中耕地面积 6.01 万公顷，占 44.2%。受干旱缺水等因素影响，阿曼农业总体欠发达。①

2016 年国内生产总值为 596 亿美元，国内生产总值增长率 1.8%，人均国内生产总值 1.5 万美元，进出口总额 487 亿美元，进口额 275 亿美元，出口额 212 亿美元，外汇储备 202 亿美元。②

阿曼对多数进口货物征收 5% 的进口关税，以符合海湾合作委员会关税同盟实施的共同对外关税（自 2015 年起全面生效）。根据大阿拉伯自由贸易区协议，阿曼允许该自贸区成员国的货物免关税进口。根据联合国贸易和发展会议，2016 年，阿曼吸收的累计外商直接投资达 185 亿美元。③

2016 年 1 月，阿曼政府颁布第九个五年发展规划（2016 至 2020 年，简称“九五规划”），明确提出要实现国民经济“真正的增长”和“真正的经济多元化”。“九五规划”提出将重点发展制造、交通物流、旅游、渔业、矿业五大潜力产业，推动经济多元化朝纵深发展，以尽快实现经济结构调整和产业转型升级。“九五规划”预计 2016 至 2020 年经济年均增长率为 2.8%，油气产业和非油气产业年均增长率分别为 0.2% 和 4.3%。④

阿曼政府正通过基础设施投资，积极推动经济多元化。近年来，苏哈尔港口及自由贸易区的发展，有助于促进阿曼的制造业。区内允许设立外商独资企业，豁免关税，并提供税务优惠。政府已通过计划，在未来 20 年进一步扩大阿曼的水利基础设施。旅游业正成为阿曼 GDP 增长的重要来源。2016 年，阿曼旅游部公布 2040 策略，预料投资额将达 200 亿阿曼里阿尔（折合约 520 亿美元），创造逾 50 万个职位。⑤

（四）教育

阿曼苏丹国，自卡布斯苏丹 1970 年执政以来，积极推行各项改革政策，根据本国国情制订了一系列计划，各方面取得飞跃发展。教育方面的成就更令人瞩目，因此阿曼被联合国教科文组织誉为“发展中国家的典范”。⑥

阿曼实行免费教育制。青少年教育分为 3 个阶段，即小学、初中和高中。小学教育

---

① 中国一带一路网 . 阿曼 [EB/OL]. https://www.yidaiyilu.gov.cn/gbjg/gbgk/10027.htm.2017-10-15.

② 中华人民共和国外交部.阿曼苏丹国国家概况[EB/OL]. http://www.fmprc.gov.cn/web/gjhdq_676201/gj_676203/yz_676205/1206_676259/1206x0_676261/.2017-10-15.

③ 香港贸发局 . 阿曼市场概况 [EB/OL]. http://china-trade-research.hktdc.com/business-news/article/%E4%B8%80%E5%B8%B6%E4%B8%80%E8%B7%AF/%E9%98%BF%E6%9B%BC%E5%B8%82%E5%A0%B4%E6%A6%82%E6%B3%81/obor/sc/1/1X3CGF6L/1X0A3O00.htm.2017-10-15.

④ 中华人民共和国驻阿曼苏丹国大使馆 . 苏丹概况 [EB/OL]. http://om.chineseembassy.org/chn/zjam/amgk/.2017-10-15.

⑤ 香港贸发局 . 阿曼市场概况 [EB/OL]. http://china-trade-research.hktdc.com/business-news/article/%E4%B8%80%E5%B8%B6%E4%B8%80%E8%B7%AF/%E9%98%BF%E6%9B%BC%E5%B8%82%E5%A0%B4%E6%A6%82%E6%B3%81/obor/sc/1/1X3CGF6L/1X0A3O00.htm.2017-10-15.

⑥ 阿曼的伊斯兰教育概况 . 中国穆斯林报 [J]. 1992, (01):30.

通常从6岁开始，在12—14岁转入初中，在15—17岁根据中考成绩，被录取到不同档次的高中。小学6年课程包括阿拉伯语、基础科学和社会。14岁后，孩子们可以选择普通教育（包括文科和理科）、宗教教育和不同地区的职业教育，例如商业、农业和师范培训等。每所学校都建有图书馆、实验室等。

阿曼在全国开展扫盲和成人教育，有各类学校1553所，在校生约66.1万，另有95个扫盲中心（2013年）。完成中学教育后，优秀学生可进专科学院接受高级培训，或到大学深造。卡布斯苏丹大学是阿曼最高学府，于1986年9月建成开学，目前在校生约1.5万人。2003年阿曼政府批准的第一所私立大学苏哈尔大学建立。[①]

二、职业技术教育与培训的战略与法规

（一）战略

为了使本国的职业教育体系可以培养出适应劳动力市场需求的人才，阿曼职业技术教育与培训的战略为：采用灵活开放的教育和培训体制，以促进阿曼劳动技能不断发展；采用能够紧跟市场需求和当代科技发展的职业技术教育与培训体制；努力提高妇女的参与度；定期对课程进行评估以确定其是否符合劳动力市场的需求，必要时要调整课程并吸取他国的相关经验。

阿曼计划打造高质量的职业教育及其相关教学、学习和研究项目，以此来促进国家经济的发展。阿曼职业技术教育与培训的使命是：致力于提供高质量的技术教育和职业培训，实现并保持优秀的教学水平，培养有专业技能和充足信心步入职场的毕业生，以有效促进本国经济持续发展。

阿曼职业技术教育与培训的目的是：秉承道德原则，实现卓越的治理；按照市场需求为所有学生提供高质量教学、学习和培训机会，从而为社会提供具有相应的技术知识和专业技能的毕业生；为学生提供优良的服务；为学生提供最先进的学习资源，并鼓励他们发展学术、职业和社交技能；确保设施管理良好、有效利用和创新发展；确保按照明确的规定、程序和标准去规划和管理财务；通过提供专业发展和个人成长的机会，奖励努力工作的员工，并培养员工的领导能力和创新思维；实现和维持本国在专业技术领域和应用研究领域的良好声誉；与公立和私营机构以及社区建立富有成效的开放关系。

（二）法规

1. 皇家法令108号

2001年，根据皇家法令108号，劳工部成立并开始分管职业技术教育与培训，并且同时还分担了劳动和职业培训部门的一些责任。这样一来，劳工部就成为专门负责技术学院和公立和私营职业机构教育的机关。2001年5月20日，高等教育委员会决定批准

---

① 中华人民共和国外交部.阿曼苏丹国国家概况[EB/OL]. http://www.fmprc.gov.cn/web/gjhdq_676201/gj_676203/yz_676205/1206_676259/1206x0_676261/.2017-10-15.

马斯喀特技术工业学院变成大学学院，更名为“高等技术学院”，允许其授予技术教育学士学位，并批准“技术工业学院”更名为“技术学院”，有权颁发国家技术文凭。

2.《技术学院和职业培训中心细则》(2004)

最新的《技术学院和职业培训中心细则》于2004年3月21日通过第72/2004号部长决定作出。部级法令对此法规未作出修订。①

三、职业技术教育与培训的体系与质量保障

(一)体系

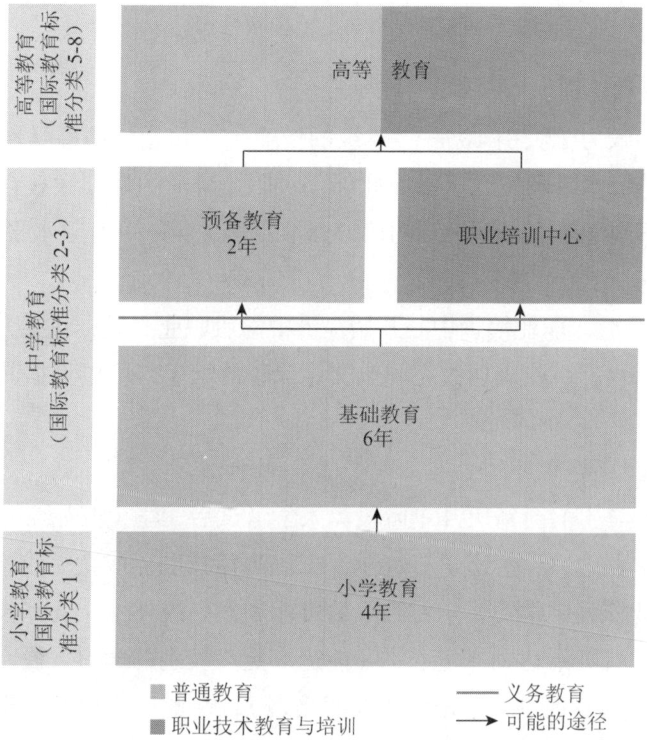

图1 阿曼职业技术教育与培训体系结构图

资料来源：UNESCO-IBE (2011). World Data on Education VII Ed. 2010/11. Oman. Geneva: UNESCO-IBE.

(1)基础教育与后基础教育

阿曼的学校系统由基础教育和后基础教育组成，两种教育的设计和发展确保学生不论是进入高等教育学习，还是成为雇员或自主创业，都能够灵活运用在学校习得的技能。

---

① Ministry of Manpower (2011). Bylaws and Regulations of Private Vocational Training Institutes and Centres. Muscat: Ministry of Manpower.

学生完成10年级学业后可以继续接受教育，即由教育部提供的后基础学校教育，或是由劳工部提供的职业培训。

后基础教育包括11年级和12年级。在这个级别，学生会为他们未来的学术生涯做准备，他们可以接受职业技术教育或大学教育，或是根据其能力和职业目标选择工作。这一阶段的教育旨在持续发展关键技能、工作技能和职业规划能力，并重点培养对工作、社会和环境的积极态度。后基础教育更加鼓励独立学习，为学生培养生活技能。

（2）高等教育

在学校读完12年级的学生可以根据他们的成绩参加以下教育或培训课程的学习：学术型大学和学院；技术学院（中学后技术文凭和学士学位）；职业教育（中学后职业文凭）。

（3）职业教育和培训

职业培训中心致力于吸引10—12年级的毕业生，并让他们接受不同职业水平的教育：有限水平、熟练水平和工匠水平。此外，对职业科学的培训和教育计划包括基本技能培训内容。在不同学年有不同级别的培训标准：第一年——有限水平；第二年——熟练水平；第三年——工匠水平。

从2012年9月起，职业培训中心开始提供中学后职业文凭，包括为期1年的基础课程和2年的文凭课程。一些成功读完职业文凭课程的学生，可以根据其表现继续在技术学院攻读学士学位。

（4）技术教育

在技术学院，学生们会经历几个阶段。入学考试后，学生开始学习基础课程，主要是英语。在基础课程中，学生还学习数学、IT和生活技能。成功完成基础课程后，学生进入技术文凭专业课程中学习，学习结束后可能颁发高级技术文凭和技术学士学位。学生要满足学术要求且英语达到一定水平才能进入更高级别的学习。没有达到进入更高级别要求的学生，则为其提供工业培训（在职培训），在此期间他们在学院教师和行业从业人员的指导下接受高强度培训。

（二）保障

1. 文凭与证书

表1　阿曼职业技术教育与培训文凭证书

机　构	学　制	文　凭
职业培训中心	6—9个月	职业证书
职业培训中心	2年	职业文凭
技术学院	2年	技术文凭

续表

机　构	学　制	文　凭
技术学院	3年	高级文凭
技术学院	4年	技术学士

资料来源：Webpage of the Oman Quality Network in Higher Education.

2. 质量保障

2001 年阿曼认证委员会成立，后改建为阿曼学术鉴定局，负责所有公立和私立的高等教育（中学后教育）机构的制度和课程认证。作为分管阿曼职业技术教育与培训的职能部门，劳工部按照本国的高等教育政策制定了几项政策，来保证教育培训的质量和毕业生质量。应阿曼学术鉴定局的要求，劳工部成立了质量保障部门。这个部门负责教育和培训的质量，对技术教育和职业培训副部长负责。

为了给学生提供所需的知识和技能以满足劳动力市场的需要并达到阿曼《2020 年愿景》中设定的目标，阿曼制定了课程内容和教学方式及方法，由部级专家和不同技术学院的教师组成的专业委员会来审核课程。[①] 技术学院和职业培训中心已对所有的课程进行审核。

此外，在各职业培训中心和技术学院建立质量保障单位。这些单位负责跟踪质量保障和程序的执行。下图是职业技术教育与培训的质量框架。

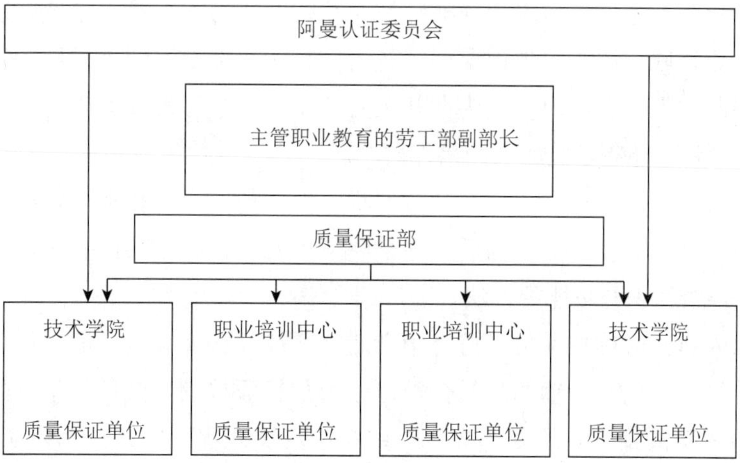

图 2　职业技术教育与培训质量框架

资料来源：Webpage of the Oman Academic Accreditation Authority.

① 阿曼高等教育质量网络 [EB/OL]. Webpage of the Oman Quality Network in Higher Education. 2010-10-2.

四、职业技术教育与培训的治理与教师

（一）治理

技术学院有一个部长主持的理事会，它包括总干事、两个学院的院长以及来自政府机构和行业的代表。理事会负责制定高校战略和政策并组织实施。

职业技术教育与培训的决策由技术教育和职业培训的副部长负责，它根据政府发展规划和就业市场的需求监督部级计划。总干事监督规章制度的实施，理事会发布决策，并将决策递交给技术学院的院长。院长和大学委员会一同负责管理学院事务。理事会和校务委员会为参与高等技术院校管理的内部和外部利益相关者提供了一个平台。理事会和校委会的决策和指令通过明确的渠道传达给教职员工。

职业技术教育与培训的财政系统由两个主要机构控制：财政部和劳工部。技术学院和职业培训中心可以在一定程度上管理其获得的资源。以后这些学院和职业中心会逐步获得更多的自主管理权。每个技术学院和职能培训中心都有发展预算和经营预算。发展预算用于支持基础设施项目，包括教室、办公室、实验室、车间、网络等。经营预算包括重复的活动或费用，如工资、耗材、维修和小型设备采购。

（二）教师

职业技术教育与培训教师的招聘集中在两个群体中进行：应届毕业生和有工作经验的非阿曼人。教师可以通过培训提高其知识储备、技能和态度。

每年都有大量的阿曼应届本科生来应聘职业技术教育与培训教师，应聘专业包括工程、信息技术和商务等，应聘成功的教师被送往行业实习 6 个月。之后，这些教师被派往国外在其专业领域攻读硕士学位课程。有时，行业培训推迟到完成硕士课程之后。这些教师开始授课前需在学院内参加为期几个月的培训，学习现代教学技术。同时，他们第一学期的教学将会让有经验的教师陪伴。

教师受聘后被派往国外攻读硕士学位课程。然后他们会在教师行业中工作几个月以获得职业经验，掌握创业技能，随后会在学院学习几个月的培训课程，以掌握现代教学技能和给学生传授知识与技能的方法。

教学技术人员（简称技术员）持有中学后文凭或高级文凭，一般根据其专业进行应聘。作为岗前培训，应聘成功的教员会被派去参加行业培训，然后在学院的实验室和车间，在有经验教员的指导下接受培训。一些在职培训课程要与新技术供应商协议进行。工作 2 年后，根据需要，也可能将教师送到国外继续攻读学士学位。①

① Ministry of Manpower (2011). Overview of Vocational Training. Muscat: Ministry of Manpower.

五、职业技术教育与培训的诉求与发展趋势

（一）诉求

1. 提高职业技术教育与培训的应用性水平。

阿曼的职业技术教育在近年取得了很大发展，同时，该国职业教育也产生了新的需求。为了让学生的知识、技能和品性能够更加符合市场需求，阿曼前些年进行了一系列改革。例如：2012 年，根据劳动市场需求，取消不能完成文凭学业学生的成绩资格证书；2012 年 9 月，职业培训中心开始开设中专后职业培训文凭课程，这一改革吸引了更多的学生并使职业培训更加适应产业需求。同时职业培训中心继续接受 10—12 年级毕业生学习专业的职业课程，使他们在进入劳动力市场前，能学到足够的知识、技能和经验。

2. 提高职业技术教育与培训的社会地位，适应社会发展需要。

阿曼的职业培训和技术教育取得了巨大成功。以前对很多年轻人都没有吸引力的职业培训，现在正在吸引大批的学生。此外，许多学校的毕业生现在被技术教育所吸引，技术教育成为他们择校的首选或次选。尽管如此，阿曼的职业技术教育与培训仍然面临着一些挑战，包括：缺乏统一的职业、技术的专业资格和证书框架，导致学生很难取得劳动力市场上的某些资格和证书；尽管阿曼职业教育的地位已经有所提高，职业培训仍然是学生们最不得已的选择；行业内难以找到足够的培训机会，对某些学科来说尤其如此。希望目前与行业的合作能帮助解决这个问题。① 将来，教育部计划在中学阶段就对学生进行分流教育，使他们更早获得专门的技术技能，以适应新形势下就业的要求。②

（二）发展趋势

1. 经济多元化战略使职业技术教育与培训的社会需求加大。

近年来，阿曼为改变过度依赖油气产业的单一经济结构，全面推进经济多元化战略，大力招商引资，努力发展基建、制造、物流、旅游、渔业等非油气产业。2014 年 6 月以来，国际油价持续下跌，阿曼政府充分运用财政、金融等手段加以应对，并坚持推进杜库姆经济特区、铁路等重大项目建设，努力维护阿曼经济的基本面，稳定境内外投资者对其经济的信心。

2. 职业技术教育与培训发展前景乐观。

2000 年 11 月，阿曼正式加入世界贸易组织。2014 年，阿曼在世界经济论坛公布的《2014 至 2015 年全球竞争力报告》、联合国开发计划署公布的《2014 年人类发展报告》和世界银行公布的《全球营商环境报告》中分列第 46、56、66 位，在阿拉伯国家中排名

---

① 参照 http://www.manpower.gov.om/en/omanisation_home.asp. 本部分观点依据该网站介绍整理而成。

② 黄培炤 . 蓬勃发展的阿曼教育事业 [J]. 阿拉伯世界 , 2000,(3):25.

靠前。国际货币基金组织预计阿曼2014年至2018年平均经济增长率约为3.6%，标准普尔、穆迪等国际主要评级机构则在最新报告中基本维持阿曼较高的本、外币主权信用评级及"稳定"的评级展望。①

（深圳职业技术学院　技术与教育研究所　袁　礼）

主要参考文献

[1] 中华人民共和国驻阿曼苏丹国大使馆经济商务参赞处 . 地理与行政 [EB/OL]. http://om.mofcom.gov.cn/article/ddgk/200303/20030300078754.shtml.2017-10-15.

[2] 人民网 . 阿曼概况 [EB/OL]. http://world.people.com.cn/GB/8212/72474/72475/5042446.html.2017-10-15.

[3] 中华人民共和国外交部 . 阿曼苏丹国国家概况 [EB/OL]. http://www.fmprc.gov.cn/web/gjhdq_676201/gj_676203/yz_676205/1206_676259/1206x0_676261/.2017-10-15.

[4] 北京出入境边防检查总站 . 人文地理・阿曼 [EB/OL]. http://images.china.cn/images1/ch/bianjian/yazhou/aman/index.html.2017-10-15.

[5] 中华人民共和国驻阿曼苏丹国大使馆 . 苏丹概况 [EB/OL]. http://om.chineseembassy.org/chn/zjam/amgk/.2017-10-15.

[6] 世界银行数据 . 阿曼人口总数 [EB/OL]. http://data.worldbank.org.cn/country/OM.2017-10-06.

[7] 阿曼的伊斯兰教育概况 . 中国穆斯林报 [J]. 1992, (01) : 30.

[8] Al Rawahi, M (2011). An assessment of the current Vocational Education and Training in the Government Vocational Training Centers in the Sultanate of Oman. Salford: University of Salford, Greater Manchester.

[9] Ministry of Manpower (2011). Bylaws and Regulations of Private Vocational Training Institutes and Centres. Muscat: Ministry of Manpower.

[10] Ministry of Manpower (2011). Overview of Vocational Training. Muscat: Ministry of Manpower.

[11] UNESCO-IBE (2011). World Data on Education VII Ed. 2010/11. Oman. Geneva: UNESCO-IBE.

① 中国一带一路网 . 阿曼 [EB/OL]. https://www.yidaiyilu.gov.cn/gbjg/gbgk/10027.htm.2017-10-15.

阿拉伯联合酋长国

一、国家概况

（一）地理

阿拉伯联合酋长国（The United Arab Emirates），简称阿联酋，位于阿拉伯半岛东部，北濒波斯湾，海岸线长 734 千米，国土面积 83600 平方千米。西北与卡塔尔为邻，西和南与沙特阿拉伯交界，东和东北与阿曼毗连。属热带沙漠气候，夏季（5 月 -10 月）炎热潮湿，气温 40℃ ~50℃，冬季（11 月至翌年 4 月）气温 7℃ ~20℃，偶有沙暴。平均降水量约 100 毫米，多集中于 1 至 2 月间。①

阿拉伯联合酋长国是由阿布扎比、迪拜、沙迦、哈伊马角、富查伊拉、乌姆盖万、阿治曼 7 个酋长国组成的联邦国家，是当今世界上唯一一个以酋长国名称参加联合国组织的国家。② 其中面积最大的是阿布扎比酋长国，为 6.7 万平方千米；其次是迪拜酋长国，面积为 3900 平方千米；再次是沙迦酋长国，2600 平方千米；阿治曼酋长国仅为 260 平方千米，其余三国：哈伊马角酋长国、富查伊拉酋长国和乌姆盖万酋长国的面积总和不足 2600 平方千米。阿境内除东北部有少量山地外，绝大部分是海拔 200 米以上的荒漠、洼地和盐滩。③

（二）人文

阿联酋于公元 7 世纪隶属阿拉伯帝国。自 16 世纪开始，葡萄牙、荷兰、法国等殖民主义者相继侵入。1820 年，英国入侵波斯湾地区，强迫海湾 7 个阿拉伯酋长国缔结“永久休战条约”，称为“特鲁西尔阿曼”（意为“休战的阿曼”）。此后该地区逐步沦为英国的“保护国”。“二战”后，民族解放运动高涨。1971 年 3 月 1 日，英国宣布同海湾诸酋长国之间签订的所有条约于同年年底终止。同年 12 月 2 日，阿布扎比、迪拜、沙迦、乌姆盖万、阿治曼、富查伊拉 6 个酋长国组成阿拉伯联合酋长国。1972 年 2 月 11 日，哈

① 中华人民共和国外交部 . 阿拉伯联合酋长国国家概况 [EB/OL]. http://www.fmprc.gov.cn/web/gjhdq_676201/gj_676203/yz_676205/1206_676234/1206x0_676236/.2017-10-10.

② 山东省国际投资促进中心 . 阿联酋 [EB/OL]. http://www.shandongbusiness.gov.cn/public/touzicujin/world.php?w=alianqiu#geography.2017-10-10.

③ 中国国际贸易促进委员会驻海湾代表处 . 阿联酋概况 . 地理概况 [EB/OL]. http://daibiaochu.ccpit.org/Contents/Channel_1414/2007/0514/37380/content_37380.htm.2017-10-10.

伊马角酋长国加入阿联酋。①

在7个酋长国基础上建立起来的阿拉伯联合酋长国，是一个拥有完全主权的独立国家。阿联酋国家机构包括联邦最高委员会；联邦总统与副总统；联邦部长会议（内阁）；联邦全国委员会（议会）；联邦司法部。②联邦最高委员会由7个酋长国的酋长组成，是最高权力机构。重大内外政策制定、联邦预算审核、法律和条约批准均由该委员会讨论决定。联邦最高委员会从委员会成员中选出联邦总统和副总统，任期5年。总统兼任武装部队总司令。除外交和国防相对统一外，各酋长国拥有相当的独立性和自主权。联邦经费基本上由阿布扎比和迪拜两个酋长国承担。

1971年7月18日，联邦最高委员会通过临时宪法，同年12月2日宣布临时宪法生效。1996年12月，联邦最高委员会通过决议，临时宪法确定为永久宪法。2006年8月，阿联酋颁布新的议会选举法，规定联邦国民议会成员为40名，其中20名由各酋长国酋长提名，总统任命，其余20名通过选举产生。议长和两名副议长均由议会选举产生。这被视为阿联酋在民主改革道路上迈出的重要一步。2015年9月举行第十六届国民议会选举，11月选举艾迈勒·古拜希担任议长。本届政府于2016年2月组成，目前共有内阁成员29人。总理穆罕默德·本·拉希德，兼任联邦副总统、迪拜酋长。③

截至2016年，阿联酋共有人口926.96万。④外籍人占88.5%，主要来自印度、巴基斯坦、埃及、叙利亚、巴勒斯坦等国。居民大多信奉伊斯兰教，多数属逊尼派。阿拉伯语为官方语言，通用英语。⑤阿联酋人以热情好客、举止文雅、谦恭有礼而著称。阿联酋人在社交场合与客人相见时，一般都惯以握手为礼。他们与亲朋好友相见时，一般还习惯施亲吻礼。阿联酋人绝大多数信奉伊斯兰教。他们禁食猪肉和使用猪制品，也不吃动物内脏。人们饮食以发酵面饼、玉米饼为主。⑥

（三）经济

阿联酋石油和天然气资源非常丰富。已探明的石油储量为130亿吨，占世界石油总储量的9.5%，居世界第5位。天然气储量为6.06万亿立方米，居世界第5位。阿联酋农业、畜牧业和林业的产值占国内生产总值的2.4%。全国可耕地面积32万公顷，已耕地面积27万公顷。主要农产品有椰枣、玉米、蔬菜、柠檬等。粮食依赖进口，渔产品和

① 人民网. 阿拉伯联合酋长国概况（阿联酋）[EB/OL]. http://world.people.com.cn/GB/8212/72474/72475/5031358.html.2010-10-10.

② 余崇健 . 阿联酋的国家政治制度及其特点 [J]. 西亚非洲 .1992,(4):36-37.

③ 中华人民共和国外交部 . 阿拉伯联合酋长国国家概况 [EB/OL]. http://www.fmprc.gov.cn/web/gjhdq_676201/gj_676203/yz_676205/1206_676234/1206x0_676236/.2017-10-10.

④ 全球宏观经济数据 . 新浪财经 . 阿拉伯联合酋长国人口 GDP[EB/OL]. http://finance.sina.com.cn/worldmac/nation_AE.shtml.2017-10-10.

⑤ 中华人民共和国驻阿拉伯联合酋长国大使馆 . 阿联酋简介 [EB/OL].http://www.fmprc.gov.cn/ce/ceae/chn/sbgx/t1272936.htm.2017-10-10.

⑥ 北京市人民政府外事办公室 . 亚洲国家的礼仪与禁忌——阿拉伯联合酋长国 [EB/OL]. http://www.bjfao.gov.cn/video/lbly/wgfs/8044.htm.2017-10-10.

椰枣可满足国内需求。畜牧业规模很小，主要肉类产品依赖进口。近年来，政府采取鼓励务农的政策，向农民免费提供种子、化肥和无息贷款，并对农产品全部实行包购包销，以确保农民的收入。①

阿联酋工业以石油化工工业为主。此外还有天然气液化、炼铝、塑料制品、建筑材料、服装和食品加工等工业。工业项目从业人数中，阿联酋人仅占 1%。因此，政府着手实施“就业本国化”计划，增加本国人就业比例。亚太地区是阿联酋第一大贸易伙伴，欧洲为第二大贸易伙伴，其次为中东北非地区。② 在进口方面，天然黄金和半成品黄金居首，进口额为 202 亿美元，占进口总额的 15%。2015 年，阿联酋实际国内生产总值 1.191 万亿迪拉姆（约 3254 亿美元），增长 3.4%。③ 根据联邦竞争力和统计中心初步核算，2016 年阿联酋 GDP 总值按现价计算为 1.2808 万亿迪拉姆（约合 3490 亿美元）。④

国际货币基金组织预测，随着政府削减津贴，重点开发大型项目，2017 年海湾地区实际 GDP 将增长 3.3%，超过 2016 年 3% 的增速。⑤2016 年阿联酋公民失业率为 2.9%，比 2015 年的 2.8% 上升 0.1%，其中男性公民 2016 年失业率 2.0%，比 2015 年的 2.4% 下降了 0.4%，女性公民 2016 年失业率 4.4%，比 2015 年的 3.5% 上升了 0.9%。

在经济参与度方面，2016 年为 82.2%，与 2015 年的 82.7% 同比下降了 0.5%。其中女性公民经济参与度下降 1.5%，从 2015 年的 50.8% 下降到 49.3%。职业结构方面，超过三分之一的阿联酋女性公民从事专业技术工作，对应职业要求从业者具有高等学历水平，同时具备相应的工作技能和工作效率。阿联酋从业公民文盲率不到 0.1%，具有学士学位及以上的从业公民超过 44.2%，其中女性公民达到 56.5%，男性公民达到 36.7%。具有二级及以上教育水平和从业资格证书的阿联酋从业者占全体阿联酋从业者的 35.3%。⑥

（四）教育

国家重视培养本国科技人才，实行免费教育制，倡导女性和男性享有平等的教育机会。共开设公立学校 1259 所，在校学生超过 80 万人，教师 2.5 万余人。⑦ 阿联酋非常重视本国的教育，据统计，2015 年其在教育方面的投入约占财政预算的 21.1%。整个阿联

① 山东省国际投资促进中心 . 阿联酋 [EB/OL]. http://www.shandongbusiness.gov.cn/public/touzicujin/world.php?w=alianqiu#geography.2017-10-10.

② 同上。

③ 中华人民共和国驻阿拉伯联合酋长国大使馆经济商务参赞处 . 阿联酋央行发布最新宏观经济数据 [EB/OL]. http://ae.mofcom.gov.cn/article/ddgk/jbqk/201604/20160401298475.shtml.2017-10-10.

④ 中华人民共和国驻阿拉伯联合酋长国大使馆经济商务参赞处 . 2016 年阿联酋国内生产总值增长 3%[EB/OL]. http://ae.mofcom.gov.cn/article/ddgk/jbqk/201706/20170602597812.shtml.2017-10-10.

⑤ 阿联酋华侨华人联合会 . 阿联酋企业预计明年平均工资将上涨 4.6%[EB/OL]. http://www.uae-chinese.org/newsitem/276830546.2017-10-10.

⑥ 中华人民共和国驻迪拜总领事馆经济商务室 . 阿联酋失业率 0.4%[EB/OL]. http://dubai.mofcom.gov.cn/article/jmxw/201707/20170702609322.shtml.2017-10-10.

⑦ 中国一带一路网 . 阿联酋 [EB/OL]. https://www.yidaiyilu.gov.cn/gbjg/gbgk/10020.htm.2017-10-10.

酋的国土面积虽不大，却拥有100多所大学，包含公立、私立和著名大学的分校。[①] 阿联酋教育部在阿联酋政府年度大会上推出了《2030国家高等教育战略》，旨在建立和完善科学和职业教育的最高标准，服务于阿联酋未来几代人。[②]

阿联酋共有三种类型的高校：第一类是由阿联酋联邦政府管理的联邦政府大学，共有3所，属于公立大学，学生接受免费教育。第二类是由各酋长国管理的酋长国政府大学，共有7所，由高等教育和科学研究部负责学位认证。第三类是私立大学，包括阿联酋本土的私立大学和国际私立大学，共有84所。其中阿联酋政府大学有阿布扎比大学、阿治曼理工大学、沙迦美国大学、迪拜大学、沙迦大学等。[③]

二、职业技术教育与培训的战略与法规

（一）战略

关于教育，2011—2013年阿联酋政府战略重点关注三个方面：发展学生的技能和知识并使其为高等教育做好准备；提高学生的在学率、受教育程度和价值；提升高等教育质量并保证录取率。阿联酋政府非常注重国家人口的技术发展，致力于提升高等教育入学率。

2010年，阿布达比执行委员会创立了阿布达比职业技术教育与培训中心。作为阿联酋内负责职业技术教育与培训的主要机构，该机构提出职业技术教育与培训的发展战略为：确保实行高质量的课程，使学生为知识经济做好充分的准备；确保所有学生都从各教育机构得到极佳的教育；在阿联酋境内发展初等和中等教育，将退学率降到最低；确保提供卓越的学习环境和教具，以保证学生的需求得到满足；设立联邦级的统一评估体系，确保有特殊需求的学生得到额外和个人化的支持，以将其纳入教育系统中；促进社会直接对学校环境做出贡献；确保区域内所有的支持服务都能及时有效地展开。

根据职业技术教育与培训的国家战略要求，阿联酋劳动力的培训与发展是整个阿拉伯联合酋长国战略发展计划《2020年远景规划》的一部分。此外，随着以工业为基础的培训快速发展，除了传统培训，国家还可以通过高等教育学院来培训技术熟练的劳动者。

（二）法规

1.《宪法》（1971）

1971年《宪法》（第17条）概述了教育在阿拉伯联合酋长国社会发展中的作用。该条款规定“初等教育属于义务教育，而且各等级教育都是免费的”。

2.《第11号联邦法律》（1972）

1972年第11号联邦法规定了各教育部门的具体职责，即：向所有公民提供教育且

---

① 光明网. 想走人生巅峰？就去阿联酋留学[EB/OL].http://liuxue.gmw.cn/2016-05/23/content_20223358.htm.2017-10-10.

② 中华人民共和国驻阿拉伯联合酋长国大使馆经济商务参赞处 . 阿联酋教育部推出2030国家高等教育战略[EB/OL]. http://ae.mofcom.gov.cn/article/ddgk/zwjingji/201710/20171002655264.shtml, 2017-10-10.

③ 〔阿联酋〕萨里姆，马斯佳 . 阿联酋高等教育发展的现状特殊与趋势研究 [J]. 比较教育研究，2015,(12):61.

初等教育须为义务制；制定课程、考试系统和扫盲计划；确保教育质量。

3.《第48072号法律》（1989）

1989年内阁决议颁布的第48072号法律规定了普通教育和技术教育的入学要求、入学程序和所需文件，以及学生和教师的转校要求。

4.《2030国家高等教育战略》

阿联酋教育部在阿联酋政府年度大会上推出了《2030国家高等教育战略》，旨在建立和完善科学和职业教育的最高标准，服务于阿联酋未来几代人。该战略致力于使新一代阿联酋人具备面对未来挑战的能力，确保阿联酋公民在多元、增长和发展的道路上享有可持续的幸福和更好的生活。该战略强调，应为未来几代人提供必要的技术和实践技能，推动公私部门的经济发展。要为阿联酋知识、经济、企业家精神等重要领域的增长，以及劳动力市场的全面发展，培育一代专业人才。

三、职业技术教育与培训的体系与质量保障

（一）体系

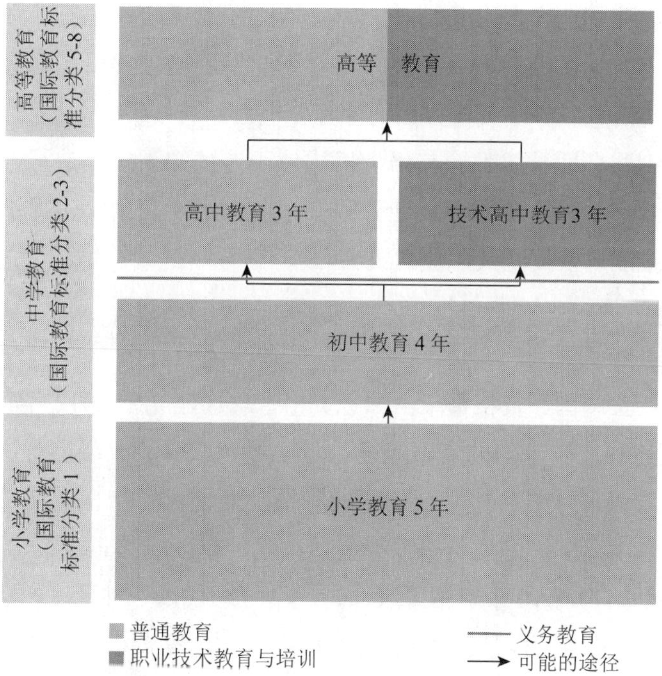

图1 阿联酋职业教育与培训体系结构图

资料来源：图表由联合国教科文组织国际职业技术教育及培训中心编制，资料来源于：联合国教科文组织国际教育局（UNESCO-IBE）. 世界教育数据（第7版），阿拉伯联合酋长国 . 日内瓦：联合国教科文组织国际教育局 .2010.

从2000年1月的改革开始，基础教育划分为两个阶段——小学教育（1—5年级）和初中教育（6—9年级），二者都是义务教育。普通中学和技术学校都提供中等教育。在普通中学，学生第一年都学习核心课程，随后的两年他们能选择理科或者文科方向。技术教育包含三个主要方向：科技、农业和商业。接受普通教育最终可以获得中学毕业证书，而接受技术教育最终可以获得技术中学文凭。

大学和高等技术学院等高等教育学院提供高等教育。通过国家招生与调配办公室申请的学生需要参加普通教育能力评估。同其他公立高等教育机构一样，高等技术学院的入学对国内学生也是免费的。高等技术学院由阿联酋联邦政府建立于1988年，致力于给学生们提供最高质量的技术和职业课程。高等技术学院在工程技术、健康科学、计算机信息科学、商业、应用通信和教育方向提供多种课程项目。学习这些项目能够获得应用文凭和应用学士学位。高等技术学院有一些不同的课程，涉及六个核心教育领域，针对各个领域开发的课程都是跟行业领导、雇主和商业部门代表咨询磋商过的。作为阿联酋内最大的高等教育学院，高等技术学院课程的设计旨在帮助毕业生追求其职业生涯以满足阿联酋经济的发展和多样化的需求。①

非正规职业技术教育与培训也在发展中。例如，阿布达比旅游局也提供旅游培训，旨在发展大量训练有素的旅游专业从业人员。行业发展培训项目包含客户服务、阿布达比文化遗产、旅游信息服务及其他方面的课程。

此外，还有一些职业技术教育与培训机构位于迪拜知识村和迪拜国际学术城，这里是教育的中心，提供语言、学术和职业课程。很多国际学院向学生提供的项目使学生可以获得发展自身技能以及提升其职业的机会。

（二）保障

1. 资格框架

阿拉伯联合酋长国国家资格框架由国家资格管理局建立于2012年。此国家资格框架旨在促进准确描述和比较不同的资格等级；对学习者取得的成绩进行认证；正确使用高等教育、普通教育及职业教育中公认的普通称谓。此国家资格框架向资格认证和授予机构提供指导和参考工具。此国家资格框架包括正规、非正规和非正式学习。

此国家资格框架内有10个资格等级，每一个等级代表一种程度的学习难度、复杂性和深度。学习成果是确定学习者能力的普通标准。此国家资格框架根据知识、技能和各方面能力（自主性和责任心；在具体环境中承担的职责；自我发展）来界定学习成果，使用学分来评估为获取资格所要求的学习量，并促进国际间的流动性。在阿拉伯联合酋

① 联合国教科文组织国际教育局.世界教育数据：阿拉伯联合酋长国.日内瓦：联合国教科文组织国际教育局.2010.

长国，1 学分等同于 15 小时的学习。转换学术机构时，学分可累计。[①]

国家职业教育学院制定了一个职业教育框架，其中包括 5 个能力等级，主要涉及 6 种技能领域（沟通、信息与通信技术、数字应用、团队合作、自我学习提升以及解决问题的能力）。这 5 个能力等级是：

①在一系列主要为例行性和可预见性工作活动中的能力；②不同情况下，在各种有一定复杂性且非例行性工作活动中的能力，包括履行一些个人职责或与他人协作的能力；③在多种情况下；在一系列主要为复杂非例行性活动的工作活动中的能力，通常涉及指导或者管理他人；④在多种情况下，在一系列复杂的技术或专业工作活动中的能力，通常需要对他人负责并进行资源分配；⑤在各种通常不可预测的工作情况下，应用基本原理和复杂技术的能力，有大量的自主权而且对其他人的工作承担管理责任；包括进行资源分配、分析诊断、计划与评估的能力。

2. 质量保障

在阿拉伯联合酋长国，高等教育与科研部负责保证教育质量。阿拉伯联合酋长国境内所有提供职业技术教育与培训的机构都要有许可证，且经过认证的项目要得到高等教育与科研部的认可。目前，高等技术学院正在争取获得成为职业技术教育与培训机构的资格。

在高等教育与科研部内，学术认证委员会通过机构许可和项目认证来确保质量。要得到许可，机构需要对中学后教育和培训有适当的使命感。同时还要满足监管结构、法律、法规、政策、程序、设备、财务、职员和内部质量保障的要求。机构许可有效期 5 年，到期后需要更新。获得许可的机构要年年向学术认证委员会汇报，并在所有文件和广告中显示他们已经获得高等教育与科研部的“许可”或者“认可”信息。

职业技术教育与培训机构只有在获得许可证后，才能申请认证其培训项目。职业技术教育与培训项目必须先通过认证，才能进行推广宣传。认证流程包括对项目进行项目审查，以确保培训课程满足相应的标准和国际认可的标准。

学术认证委员会公布了职业技术教育及培训的许可和认证标准（2009），其中规定了获得许可和认证的具体要求。该标准旨在提升教育与培训机构的质量，并为技术、职业类学生以及其他利益相关者确保那些获得许可的职业技术教育与培训机构符合最佳国际质量标准。

① 本部分引自：高等教育与科研部 (2009). 职业技术教育与培训许可及认证标准 . 阿布达比：高等教育与科研部 .2013.

四、职业技术教育与培训的治理与教师

（一）治理

阿拉伯联合酋长国是阿布达比、阿吉曼、富查伊拉、沙迦、迪拜、拉斯海玛和欧姆古温这7个酋长国组成的联邦。各国政府对包括教育在内所有无需报备阿联酋准予的事项负责。

教育部负责普通教育、扫盲计划和成人教育。高等教育与科研部负责管理高等教育，社会事务部负责管理特殊教育学校。

知识及人力发展局建立于2006年，负责在迪拜酋长国发展知识和人力资源。知识及人力发展局在迪拜政府中是一个监管机构，协助学校、大学、培训学院和其他所有人力资源中心提高自身水平。该机构同时还执行从幼儿教育到成人学习的研究。

国家职业教育学院是附属于知识及人力发展局的一个自主管理的机构，国家职业教育学院建立于2006年，致力于培养符合劳动力市场需求的熟练技工。国家职业教育学院旨在提供“世界一流、灵活优质的终身职业教育，以满足当前及未来阿联酋和海湾地区利益所有者、政府、社区、雇主以及个人需求的职业标准作为准则”。国家职业教育学院负责研发以学习者为中心的模块化职业技术教育与培训项目，尽可能充分发挥学员的潜能。这些课程将理论与实践结合，注重培养职业道德并考虑不同的入学级别问题。

国家资格管理局建立于2010年，它负责资格分类，对所有国家资格建立统一的系统和参考点。国家资格管理局与相关机构协调履行责任。

阿布达比职业技术教育与培训中心建立于2010年，管理阿布达比酋长国境内的职业技术教育与培训，制定职业技术教育与培训政策和标准，向职业技术教育与培训教师颁发许可证，向阿布达比政府和私立机构提供职业技术教育与培训指导和支持。此外，阿布达比职业技术教育与培训中心还与阿布达比教育委员会合作进行教育研究，与职业技术教育与培训利益相关者建立伙伴关系。①

国家资格管理局的工作遵循下述目的和目标：制定计划与政策，开发全面统一的国家资格战略；制定和维护高等教育、普通教育和技术、职业与专业教育及培训的资格标准和规定，使其与科学技术的进步保持同步，满足经济和社会发展的要求；制定高等教育、普通教育和技术、职业与专业教育及培训的资格管理政策及程序，以便获取国内和国际认可；制定并维护用于评估学习成果的体系、流程和程序，作为授予资格的依据；颁发高等教育、普通教育和职业技术、专业教育及培训的同等资格；评估和认证高等教育、普通教育和职业技术、专业教育及培训机构；制定关于个人在高等教育、普通教育和职业、技术、专业教育及国内外培训主流范围内的入学、转学和升学政策与程序；建议个人和团

---

① 联合国教科文组织国际教育局．世界教育数据：阿拉伯联合酋长国．日内瓦：联合国教科文组织国际教育局．2010.

体倡导终身学习的概念；建立并维持相应系统、流程及程序以确保将国家资格框架作为国内资格的参考国家级框架；分析并提供资格相关数据，向有关机构提交建议，以改善高等教育、普通教育和职业、技术与专业教育及培训系统的教学质量；建立特别委员会，为所有符合国家资格框架等级的工作制定国家职业（技术）标准；建立并维护一个向职业、技术与专业教育及培训资格的评审员发放许可的完整制度；为所有负责评估和调整劳动力质量的机构所做的工作提供支持；建立并维护关于国内所有教育和培训机构的国家数据库，将学习者、国家认证资格和国家职业（技能）标准纳入其中；开展研究和周期性评估，以便提高国家资格体系的整体质量；履行部长理事会交办的其他任务或责任。

学术认证委员会隶属高等教育与科研部，是负责确保教育质量的联邦机构。学术认证委员会给中学后教育机构颁发许可并对个人培训项目进行认证。委员会致力于实现下述四个目标，确保质量和学术标准，维护并执行阿联酋境内的高等教育机构与国际标准保持一致的质量框架；提供进一步提高质量的各种适当的服务和活动；实施一些高效而且切实可行的质量改进流程，促进高等教育部门实现强劲发展；在国际高等教育质量保证组织中发挥积极、合作的重要作用。

（二）教师

阿联酋对教师的要求是：所有教师都需要有相应的学位和教育经验；外籍教师需要参加笔试及面试来决定其工作的适合性以及他们能够教授的级别。

阿联酋高等教育学院是阿联酋境内第一个教师培训学院，建立于 2007 年，坐落在阿布达比市。学院目前提供 4 年制的教育学士学位，对未完成学士教育项目要求的酋长国学生，阿联酋高等教育学院提供为期 1 年的基础项目。阿联酋高等教育学院还对在职教师和校长提供英语，以及一系列专业发展课程。①

高等教育学院提供 4 年制的教育学士学位，其中第一年为普通教育，从第二年开始专业化。专业细分为早教、学校英语教育、初等教育以及技术教育。

五、职业技术教育与培训的诉求与发展趋势

（一）诉求

首先，需要资金支持。阿联酋职业技术教育缺乏足够资金支持，而缺乏职业技术教育的国家战略是其资金和机制不到位的原因之一。其次，所有职业技术教育与培训的利益相关者之间需要合作，建立一个能够培养多元竞争经济所需的职业技术教育与培训体系。再次，需要提高入学率。在阿联酋，职业技术教育与培训面临的一大挑战是低入学率，因为，公立大学对全国学生都是免费的，职业技术教育与培训只被视作一个备选项。根据《全国报》报道，"想要通过学习技术技能获利的年轻人最终会选择学位课程，因为

① 联合国教科文组织国际教育局 . 世界教育数据（第 7 版），阿拉伯联合酋长国 . 日内瓦：联合国教科文组织国际教育局 .2010.

雇主们给大学生们支付的薪水更高”。[①] 因此，社会观念以及工资标准的变革是影响未来阿联酋职业技术教育与培训的关键因素。

（二）发展趋势

1. 职业技术教育培训将与新兴产业结合得更加紧密。

2015 年 11 月，阿联酋总统哈利法宣布了《国家科学技术和创新最高政策》，称阿联酋将投入 3000 亿迪拉姆（约合 820 亿美元）支持知识经济和创新发展，为迎接“后石油时代”做好准备。据悉，该计划将包含 100 项动议，投资领域主要包括教育、健康、能源、交通、太空和水资源，除此之外，也包括机器人、太阳能、知识产权保护、干细胞研究及生物科技。阿联酋副总统兼总理、迪拜酋长穆罕默德表示，出台上述政策和资金支持计划是阿联酋国家经济形态转型的重要战略决策，新的经济形态下阿联酋将逐渐脱离对石油资源的依赖。因此，阿联酋职业技术教育与培训的内容将与这些新的经济产业更加紧密结合。

2. 第四次工业革命战略将深刻影响阿联酋职业教育的未来。

在阿布扎比举行的阿联酋政府年会期间，阿联酋政府推出阿联酋版第四次工业革命战略。通过实施该战略，阿联酋将巩固其作为全球第四次工业革命中心的地位，并通过推进创新和发展未来科技提升工业对国民经济的贡献度。阿联酋计划到 2021 年将研发投入占国民生产总值比例增至目前的 3 倍，知识工作者比例达到 40%。[②]

此外，阿联酋第四次工业革命战略一大特点是打破了原有物理、数字和生物领域之间固有界限，实现技术融合。物理技术由有形物体组成，包括无人驾驶汽车、3D 打印和机器人；数字技术为“物联网”，包括大数据中心和人工智能；生物技术为遗传学，包括探究糖尿病、心脏病和癌症等严重疾病的病因。[③] 这一趋势将深刻影响阿联酋职业教育。

（深圳职业技术学院　技术与职业教育研究所　袁　礼）

主要参考文献

[1] 中华人民共和国外交部 . 阿拉伯联合酋长国国家概况 [EB/OL]. http://www.fmprc.gov.cn/web/gjhdq_676201/gj_676203/yz_676205/1206_676234/1206x0_676236/.2017-10-10.

① Swan, M (2012).“不可忽视的”职业教育 . 阿布达比 : 全国报 , 2012-5-16.

② 山东省国际投资促进中心 . 阿联酋 [EB/OL]. http://www.shandongbusiness.gov.cn/public/touzicujin/world.php?w=alianqiu#geography,2017-10-10.

③ 中华人民共和国驻阿拉伯联合酋长国大使馆经济商务参赞处 . 阿联酋推出第四次工业革命战略 [EB/OL]. http://ae.mofcom.gov.cn/article/ddgk/zwjingji/201710/20171002655267.shtml.

[2] 山东省国际投资促进中心 . 阿联酋 [EB/OL]. http://www.shandongbusiness.gov.cn/public/touzicujin/world.php?w=alianqiu#geography. 2017–10–10.

[3] 中国国际贸易促进委员会驻海湾代表处 . 阿联酋概况・地理概况 [EB/OL]. http://daibiaochu.ccpit.org/Contents/Channel_1414/2007/0514/37380/content_37380.htm. 2017–10–10

[4] 人民网 . 阿拉伯联合酋长国概况（阿联酋）[EB/OL]. http://world.people.com.cn/GB/8212/72474/72475/5031358.html.2010–10–10.

[5] 余崇健 . 阿联酋的国家政治制度及其特点 [J]. 西亚非洲 .1992, (4)。

[6] 中华人民共和国驻阿拉伯联合酋长国大使馆 . 阿联酋简介 [EB/OL]. http://www.fmprc.gov.cn/ce/ceae/chn/sbgx/t1272936.htm.2017–10–10.

[7] 北京市人民政府外事办公室 . 亚洲国家的礼仪与禁忌——阿拉伯联合酋长国 [EB/OL]. http://www.bjfao.gov.cn/video/lbly/wgfs/8044.htm.2017–10–10.

[8] 阿联酋华侨华人联合会 . 阿联酋企业预计明年平均工资将上涨 4.6%[EB/OL]. http://www.uae-chinese.org/newsitem/276830546.2017–10–10.

[9] 中华人民共和国驻迪拜总领事馆经济商务室 . 阿联酋失业率 0.4%[EB/OL]. http://dubai.mofcom.gov.cn/article/jmxw/201707/20170702609322.shtml.2017–10–10.

[10] 中国一带一路网 . 阿联酋 [EB/OL]. https://www.yidaiyilu.gov.cn/gbjg/gbgk/10020.htm.2017–10–10.

[11] 光明网 . 想走人生巅峰？就去阿联酋留学 [EB/OL]. http://liuxue.gmw.cn/2016–05/23/content_20223358.htm.2017–10–10.

[12] 中华人民共和国驻阿拉伯联合酋长国大使馆经济商务参赞处 . 阿联酋教育部推出 2030 国家高等教育战略 [EB/OL]. http://ae.mofcom.gov.cn/article/ddgk/zwjingji/201710/20171002655264.shtml.2017–10–10.

[13]〔阿联酋〕萨里姆，马斯佳 . 阿联酋高等教育发展的现状特殊与趋势研究 [J]. 比较教育研究，2015, (12) : 61.

[14] Government of the United Arab Emirates (2011). United Arab Emirates Government Strategy 2011–2013 –Putting Citizens First. Abu Dhabi: Government of the United Arab Emirates.

[15] Ministry of Education (2010). Strategy 2010–2020. Aiming in accomplishing a score of 10/10 in all of its initiative. Accessed: 26 June 2013.

[16] Ministry of Higher Education and Scientific Research (2009). Standard for Licensure and Accreditation of Technical and Vocational Education and Training. Abu Dhabi: Ministry of Higher Education and Scientific Research.

[17] National Qualifications Authority (2011). National Qualifications Framework. Accessed: 26 June 2013.

[18] Swan, M (2012). Vocational education 'must not be neglected'. In *The National. Abu Dhabi*. Published on May 16, 2012. Accessed: 26 June 2013.

[19] UNESCO–IBE (2010). World Data on Education VII Ed. 2010/11. United Arab Emirates. Geneva: UNESCO–IBE.

[20] Webpage of the Abu Dhabi Centre for Technical and Vocational Education and Training.

卡塔尔国

一、国家概况

（一）地理

卡塔尔国（State of Qatar），简称卡塔尔，是一个半岛国家，位于阿拉伯湾（波斯湾）西海岸的中部。卡塔尔东、北、西三面环海，海岸线全 563 千米；南部陆地与沙特阿拉伯接壤，陆地边界约 60 千米；国土面积 11521 平方千米。卡塔尔全国地势低平，最高海拔仅 103 米，多为沙漠或岩石戈壁。卡塔尔属于东 3 时区，比格林威治时间早 3 个小时，比北京时间晚 5 个小时。[①] 卡塔尔为热带沙漠气候，夏季炎热漫长，最高气温可达 47℃；冬季凉爽干燥，最低气温 7℃。年平均降水量仅 125 毫米。[②] 全国共设 7 个市政区，首都多哈市是全国政治、经济和文化中心。北部的拉斯拉凡市和南部的梅赛义德市是卡塔尔以石油化工和天然气液化为主的工业城市。[③]

（二）人文

公元 7 世纪，卡塔尔是阿拉伯帝国的一部分。1517 年葡萄牙人入侵。1846 年萨尼・本・穆罕默德建立了卡塔尔酋长国。1872 年被并入奥斯曼帝国版图。1916 年成为英国的“保护地”。1971 年 9 月 3 日宣布独立，艾哈迈德任埃米尔[④]。1972 年 2 月 22 日艾哈迈德堂弟哈利法出任埃米尔，哈利法之子哈马德任王储兼国防大臣。1995 年 6 月 27 日，哈马德出任埃米尔。2013 年 6 月 25 日，哈马德埃米尔让位于王储塔米姆。卡塔尔系君主制国家。埃米尔为国家元首和武装部队总司令，掌握国家最高权力，由阿勒萨尼家族

---

① “一带一路”网 . 对外投资合作国别（地区）指南——卡塔尔 [EB/OL]. https://www.yidaiyilu.gov.cn/wcm.files/upload/CMSydylgw/201705/201705240134040.pdf.2017-09-14.

② “一带一路”网 . 卡塔尔国家概况 [EB/OL]. 中国网 .http://www.china.com.cn/international/txt/2012-01/13/content_24400498.htm.2017-08-15.

③ “一带一路”网 . 对外投资合作国别（地区）指南——卡塔尔 [EB/OL]. https://www.yidaiyilu.gov.cn/wcm.files/upload/CMSydylgw/201705/201705240134040.pdf.2017-09-14.

④ 埃米尔 (Emir、Amir)，阿拉伯语音译。其词来源于阿拉伯语，原意为“受命的人”、“掌权者”，伊斯兰教国家对上层统治者、王公、军事长官的称号。原为阿拉伯统帅的称谓，现为某些君主世袭制国家元首的称谓。其意义比较笼统和广泛：从其军事统帅意译为总督；从其功能意译为国王、酋长、头人、头目、首领、长官等；亦见有人以其作为贵族最高爵位之功能意译为亲王、大公等。

世袭。政府适度推进政治改革，保持社会稳定。禁止任何政党活动。

1970年颁布第一部宪法并规定：卡塔尔为独立的主权国家；伊斯兰教为国教；埃米尔在内阁和协商会议的协助下行使权力。宪法承认法官的独立性。1972年对临时宪法进行修宪。2003年4月，卡塔尔全民公投通过“永久宪法”，2005年6月7日正式生效。

卡塔尔的国土面积为11521平方公里。[①]2015年，该国总人口223.5万，其中青年人口32.6万，人口平均年龄30.7岁，人口年增长率为4.72%。[②]卡塔尔公民约占15%，其余都是外籍人。外籍人主要来自印度、巴基斯坦和东南亚国家。阿拉伯语为官方语言，通用语言为英语。居民大多信奉伊斯兰教，多数属逊尼派中的瓦哈比教派，什叶派占全国人口的16%。[③]

卡塔尔人非常热爱歌舞，每到周五，在首都多哈的人们都会聚在一起表演歌舞节目。舞蹈风格非常接近阿拉伯的风格特色。卡塔尔的歌舞主要都是源于最传统的阿拉伯人，也就是“贝都因人”的歌舞艺术。舞者身穿黑色大袍，披着中长发伴着节奏甩头而舞。[④]

（三）经济

卡塔尔油气资源丰富。目前已探明石油储量262亿桶，居世界第13位；天然气储量25.8万亿立方米，居世界第3位。近年来卡塔尔着力发展油气产业，液化天然气出口量已居世界第一位。油气产业带动卡塔尔经济迅速发展，2015年卡塔尔实际国内生产总值达2192亿美元，实现4.2%的增长。快速的经济增长和丰厚的油气出口收人使卡塔尔发展前景看好，为外国企业赴卡塔尔开展投资合作带来更大发展空间。[⑤]

卡塔尔是单一油气经济国家，其支柱产业是石油天然气及与之相关的石化产业，长期以来占卡塔尔GDP60%以上比重。但是，随着卡大力发展非油气经济，推行经济多元化战略，2014年底，卡非油气领域产值首次超过油气领域，占GDP的50.7%。[⑥]

总体而言，卡塔尔的投资环境宽松。为提高外资吸引力和增强对外的投资能力，2005年在卡塔尔首都多哈正式成立卡塔尔投资局，该投资局是中东最大的主权财富基金。该机构主要目标是投资、管理和增加卡塔尔的储备资产，以创造长期的价值，支持

---

① 世界银行数据．卡塔尔GDP、人口总数[EB/OL]. http://data.worldbank.org.cn/country/QA.2017-07-22.

② 统计数据均来自联合国人口司《世界人口展望》编译，2015年修订版(http://esa.un.org/unpd/wpp/DVD/)。

③ 中华人民共和国驻卡塔尔国大使馆经济商务参赞处．卡塔尔民族[EB/OL]. http://qa.mofcom.gov.cn/article/ddgk/201411/20141100784794.shtml.2017-09-13.

④ 孟舟．走进你，神秘的卡塔尔——领略“沙漠之都”的舞蹈魅力[J]. 文化月刊,2005:106-107.

⑤ “一带一路”网．对外投资合作国别（地区）指南——卡塔尔[EB/OL]. https://www.yidaiyilu.gov.cn/wcm.files/upload/CMSydylgw/201705/201705240134040.pdf.2017-08-25.

⑥ 中华人民共和国驻卡塔尔国大使馆经济商务参赞处．宏观经济．卡塔尔概况[EB/OL]. http://qa.mofcom.gov.cn/article/ddgk/201507/20150701039384.shtml.2017-09-20.

国内经济的竞争发展，推动经济的多元化和开发当地人才，成为世界一流的投资机构和良好的合作伙伴。同时，该机构建立和健全了对外投资的方式、框架和过程，从人力资源的角度，在人才培养、投资架构方面做了多方面的设定和支持，如其将投资支持分为法律、风险、策略和公司事务四个角度分别展开。

卡塔尔的投资潜力较大。伴随经济的稳定增长及人口的迅速增加，卡塔尔在能源、医疗卫生、教育、基础设施、交通领域等领域都有相当大的投资潜力。根据卡塔尔政府部门消息，卡塔尔今后政府支出和公共事业支出将占卡塔尔项目支出（含油气领域）的80%，支出总额达2120亿美元。卡塔尔财政部长阿里·沙里夫·阿迈蒂表示，卡塔尔政府将落实加强基础设施建设，新一年的财政预算主要着重为卫生、教育机构提供专项资金。另外，卡塔尔铁路公司启动"RAIL"项目以及为申办世界杯的项目提供必要保障也成为卡塔尔预算的又一侧重点。①

（四）教育

卡塔尔政府重视发展教育事业，实行免费教育，为成绩优异的学生提供留学深造机会，并发给奖学金。1977年建成的卡塔尔大学是一所配有现代化设备的综合性大学，也是卡塔尔仅有的一所本土大学，下设7个学院，在校学生近8000名。此外，卡塔尔还选派留学生到美国、欧洲及其他阿拉伯国家学习，并与美国合建大学教育城，多所世界名校已在城内设立分校。②

进入21世纪，随着知识经济的来临、经济全球化进程的加快，越来越多的国家意识到教育对综合国力的重要作用。面对新时代，力求发展和提升本国软实力的卡塔尔，开始计划深入的体制改革。卡塔尔请美国兰德公司为本国幼儿园到高中的整个12年教育体系量身定做了符合卡塔尔文化背景和社会状态的新教育模式，即由国家投资建立独立模式学校。这种模式基本原则有四个：自治权、问责制、多样性、选择性。

为保障新教育措施的顺利实施，2003年政府专门成立了"教育最高理事会"，理事会主要负责国家教育政策的宏观调整和实施。理事会下属机构有教育部、评估部、高教部，分别负责对独立学校的监管和教材更新、定期评估并将结果向社会公示、协助沟通和提供建议等工作。2004年，第一批独立学校模式的12座校园开始招生。随着独立学校模式的推广越来越受到社会的青睐，政府对有关决策产生的结果感到满意，并在2010年将所有小学、中学、高中基础教育的公立学校转为独立学校模式。③

① 中国网．黄日涵，罗凌．一带一路投资政治风险研究之卡特尔[EB/OL].http://www.china.com.cn/opinion/think/2015-06/10/content_35781798_2.htm.2017-09-01.

② 中国一带一路网．卡塔尔[EB/OL]. https://www.yidaiyilu.gov.cn/gbjg/gbgk/885.htm.2017-09-20.

③ 杨林．小国大梦——卡塔尔软实力研究[D].西北大学硕士学位论文,2016:21-22.

卡塔尔教育城建于2001年，集中了大学、科学研发中心以及人才培训等与教育相关的各种机构。核心是包括多家高校的大学校园区，除一所本地大学外，其余均是从国外直接引入的优秀大学。其中美国弗吉尼亚州立联邦大学、康奈尔大学、得克萨斯州A&M大学、卡内基梅隆大学、乔治敦大学和西北大学的部分专业都在这里设立了分支机构和分校区。①

二、职业技术教育与培训的战略与法规②

（一）战略③

"2030年卡塔尔国家展望"的目标是逐步完成卡塔尔的转型，并且指出教育和培训是实现此目标的关键。"2011–2016年国家发展战略"是一个多项目计划，旨在培养一支受过良好教育、具备较高能力而且积极进取的劳动力队伍。该国家发展战略指出，职业技术教育与培训的使命是让学生们直接为从事专业工作做好准备。

《国家发展战略》通过了一个名为"加强技术教育和职业培训"的方案，该方案概述了国家职业技术教育与培训政策，目的是实现以下三项成果：

· 为开发优质、适当和管理有序的职业技术教育与培训课程建立监管框架和计划，包括建立能够支持职业技术教育与培训体系发展的组织模式；

· 使职业技术教育与培训计划和输出满足卡塔尔社会和劳动力市场的需要；

· 改进职业技术教育与培训的观念，以提高入学率和使卡塔尔全民更好地做好进入劳动力市场的准备。

（二）法规

· 2001年通过并于2009修订的第25号法律义务教育法规定，免费的义务教育直至中学教育结束，其中包括职业技术教育与培训；

· 2009年第14号埃米尔法令规定建立最高教育委员会以取代教育部。该法令要求最高教育委员会编制教育领域的规章制度，为私立和公立学校办理许可证，制定专业标准和发放教师资格证。埃米尔法令还规定，所有公立学校现在都是独立的政府资助学校。

① "一带一路"网.对外投资合作国别（地区）指南——卡塔尔[EB/OL]. https://www.yidaiyilu.gov.cn/wcm.files/upload/CMSydylgw/201705/201705240134040.pdf.2017-09-10.

② 本部分内容参考了联合国教科文组织的报告。原文出自：UNESCO-UNEVOC联合国教科文组织国际职业技术教育与培训中心.全球职业技术教育与培训数据库：卡塔尔[EB/OL]. www.unevoc.unesco.org.2017- 10-10.

③ 本部分主要参照：联合国教科文组织国际教育局.世界教育数据（第7版）——卡塔尔.日内瓦：联合国教科文组织国际教育局.2010年11月.

三、职业技术教育与培训的体系与质量保障 ①

（一）体系

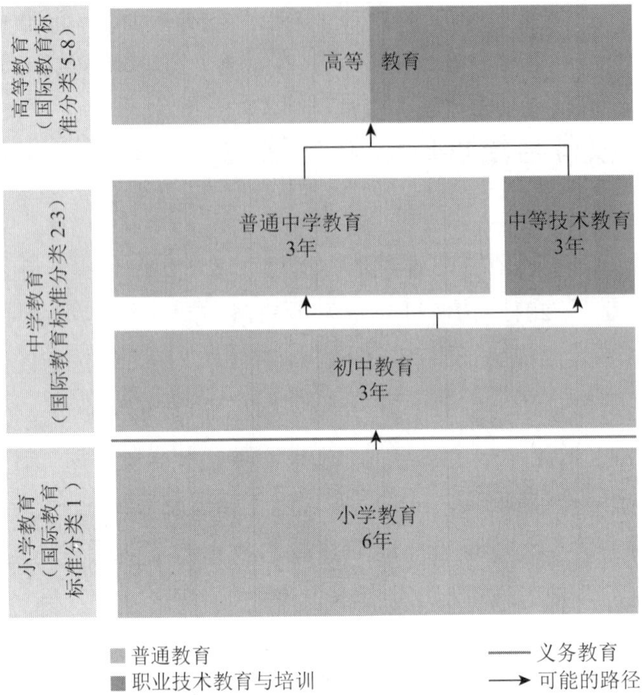

图 1　卡塔尔职业技术教育与培训体系

资料来源：图表由联合国教科文组织国际职业技术教育与培训中心（UNESCO–UNEVOC）根据卡塔尔发展规划总秘书处编译（2011）。

该教育体系包括 1—2 年的学前教育、6 年的小学教育和 3 年的预科学校，在卡塔尔称之为 K–12 普通教育。完成 K–12 教育后，学生们可以进入普通中学、商业或技术中等学校。

目前中等教育可供选择的职业技术教育与培训是有限的，而且只限于男生。有一所独立的中等技术学校和一所独立的金融研究与商务管理中等学校提供职业技术教育与培训课程。

目前，国家很注重建立资格体系和对培训进行认证，同时，通过与雇主（包括合资企业）磋商和合作，进一步开发满足劳动力市场需要的课程和设施。

① 卡塔尔发展规划总秘书处 .2011—2016 年卡塔尔国家发展战略 [R]. 多哈：卡塔尔发展规划总秘书处 .

（二）保障

1. 国家资格框架[①]

学生完成中学教育后，举行期末考试，根据所选且成功通过考试的科目，颁发中级技术或商业资格证书。

政府旨在通过下列步骤建立国家资格框架：

（1）指定监督机构，确定执行指定工作所需的组织和流程模式；

（2）确定国家资格框架范围；

（3）确定国家资格框架的参考模型和结构；

（4）依据现有的最高教育委员会职业教育和培训计划确定卡塔尔如何采用国际标准；

（5）专门制定各项职业标准。

目前已经取得一些进展，例如：

（1）确定了国家资格框架的标准；

（2）建立了相关专业职业标准体系并正在付诸实施；

（3）建立了国家资格管理局。

2. 质量保障

依据"加强技术教育和职业培训"计划，政府将致力于建立职业技术教育与培训管理机构和采用认证和许可的新模式。

关于建立职业技术教育与培训管理机构，政府制定了下列行动计划：

（1）明确关键职能，如规划、质量保证、国家资格框架和职业标准监督，同类国际机构执行的类似标准的基准并且确定适用于卡塔尔基准的模式；

（2）评估所定义的主要职能机构的能力；

（3）审查政府授权建立私营职业技术教育与培训的主管部门的法律和政策。

关于采用新的认证和许可模式，政府制定了下列行动计划：

（1）对最佳国际惯例进行基准评估；

（2）为现有的和新的机构制定许可标准。

四、职业技术教育与培训的治理与教师

（一）治理[②]

（1）最高教育委员会负责指导制定国家教育政策，在教育改革工作的制定和实施中发挥不可或缺的作用。最高教育委员会负责审批独立学校的合同。2009 年 4 月，卡塔尔颁布了一项法令重申最高教育委员会的权威，并将教育部人员和学校并入最高教育委员

---

① 卡塔尔发展规划总秘书处 . 卡塔尔国家发展战略 2011—2016[R]. 多哈：卡塔尔发展规划总秘书处 . 2011. 联合国教科文组织国际教育局 . 世界教育数据（第 7 版）——卡塔尔 [R]. 日内瓦：联合国教科文组织国际教育局 . 2010 年 .

② 最高教育委员会 . 教育和培训部门战略 [R]. 多哈：最高教育委员会 . 2011.

会。最高教育委员会管理三种机构：教育研究所、评估研究所和高等教育研究所。

（2）教育研究所监管独立和半独立的学校并为其提供支持。该研究所负责制定严格的课程标准并确保学校能够达标，同时为私立学校颁发许可证并对其进行监管。

（3）评估研究所制定和执行综合的国家学生学习评估标准。该机构领导卡塔尔参与进行最重要的国际教育评估。2008年，该研究所建立了卡塔尔注册、许可和认证办公室，由该办公室负责按照教师和学校领导的国家职业标准为教师和学校领导颁发临时和正式资格证书。

（4）高等教育研究所指导学生执行院校申请流程并获得学历资格证书。

（5）独立学校依据教育改革计划"新纪元教育"建立，该计划将所有政府学校转变成了自治的独立学校，在承担责任的同时履行其教育使命和达到教育目标。所有独立学校必须符合既定的课程标准，并执行定期财务审计。学校的组织结构包括校董事会，这是每一所独立学校所需的法定组织结构的组成部分，它的作用是指导和提供建议，代表家长和社区，并帮助学校进行质量控制。

在卡塔尔，公民的各级教育都是免费的。《宪法》第49条规定，教育是每个公民的权利；国家应根据卡塔尔适用的法律和法规，努力实现免费和义务普通教育。2001年通过并于2009年修订的第25号法律规定卡塔尔的教育是免费的。

独立政府职业中等学校由最高教育委员会与卡塔尔石油（技术学校）和中央银行（银行和工商管理）联合资助，中学后教育这一级别的职业技术教育与培训，包括卡塔尔社区学院和北大西洋学院也受卡塔尔政府资助。话虽如此，接受中学后教育的学生也常常由雇主赞助。

内政部（警察学院）、国防部和行政发展部等其他部门管理下的职业技术教育与培训机构由各自的部委资助。

学生就读私立职业技术教育与培训机构往往是由雇主资助。私立职业技术教育与培训机构由高等教育机构和最高教育委员会颁发许可证。

（二）教师[①]

卡塔尔将教师作为其教育改革的核心，使新的独立学校免费雇用那些对课程有深刻理解，并在当代教学中采用行之有效的技巧的员工。教师和学校领导的国家职业标准旨在说明教师和领导所必需具备的能力和知识及对这些知识的应用和理解，以及独立学院的教学质量和领导实践。

参照教师和学校领导的国家职业标准，国家建立了教师职业许可证制度。例如，最高教育委员会于2008年在评估局设立了教师和学校领导职业许可证办公室，负责为独立学校的领导和教师颁发职业许可证。

总的来说，教育改革框架始于2002年，规定了卡塔尔独立中学任教教师的任职资格：

① 联合国教科文组织国际教育局．世界教育数据（第7版）[M]．日内瓦：联合国教科文组织国际教育局．2010.

（1）具有数学、科学、英语或阿拉伯语专业学士学位；

（2）或具有非数学、科学、英语或阿拉伯语专业学士学位加 3 年在校任教经验；

（3）或具有中学教育学士学位和文凭。

最高教育委员会下属的教育研究所提供各种教师培训课程，以支持独立学校教师的专业发展和成长。该所研究的主题包括：最佳教学实践；新课程标准；为学生准备年度评估；新教师的特殊需要。还有一些培训课程，旨在提高经验丰富的教师的技能和知识，然后邀请他们开发课程、领导培训、指导新教师，并成为名师。

卡塔尔注册、许可和认证办事处成立于 2008 年，隶属评估研究所，负责支持和改进教师质量和学校领导实践并确保符合教师和学校领导的国家职业标准。

五、职业技术教育与培训的诉求与发展趋势

（一）诉求

1. 增加职业技术教育与培训投入

卡塔尔政府近年来对科技教育的投入大幅增加。2014—2015 财年，卡塔尔财政预算总支出为 2257 亿里亚尔，教育支出 263 亿里亚尔，比上一财年增加 7%。2016 财年教育支出预算为 204 亿里亚尔。与教育体系的其他部门相比，卡塔尔没有在职业技术教育与培训方面投入大量的时间和资源。因此，卡塔尔将进一步关注职业教育，解决职业技术教育与培训的基础设施和投入问题，包括增加能力建设以弥补女子中等职业技术学校的体制空白。

2. 加快职业技术教育与培训内容改革

2011—2016 年 国家发展战略和“加强技术教育和职业培训”计划相关的发展项目及目标有：评估职业技术教育与培训机构的信誉并促使其成为旨在增加卡塔尔入学率的职业中心；开发不同的职业技术教育与培训课程以满足劳动力市场的需要；建立发展公共和私营部门之间职业技术教育与培训伙伴关系的模式，并根据此模式建立伙伴关系。

（二）发展趋势

1. 稳定的国内环境将促进职业技术教育与培训快速发展

卡塔尔油气资源丰富，地理位置优越，基础设置完备，政局稳定，外贸政策自由开放，对投资十分有利。此外，卡塔尔国内有健全的法律制度，并出台了一系列行业鼓励政策，吸引了许多外资。

近年来，卡塔尔经济持续增长，人均 GDP 超过 10 万美元。但是国内经济依赖油气产业，2014 年之后，国际油价大幅下跌，卡塔尔国内经济发展受到一定影响。即便如此，卡塔尔的国际影响力也非同小可。根据瑞士洛桑管理学院公布的 2016 年世界竞争力年报，卡塔尔综合排名居全球第 13 位，成为中东地区最具竞争力的国家。《2015—2017 卡塔尔经济展望报告》中指出，2016 年至 2017 年卡塔尔 GDP 增长分别为 6.6%

和 6.0%。

2. 职业技术教育与培训内容将会更加多元

未来，除了继续发展油气和石化产业外，卡塔尔政府将扩大对制造加工业、金融业和房地产业的支助力度，还将积极推动与 2022 年世界杯足球赛相关的基础设施建设，与此同时，卡塔尔政府也在逐渐加强对教育、卫生事业的投入，最终要建成一个多产业协同发展的发达国家。① 卡塔尔是君主制国家，地区影响力大，但是它也存在一定的潜在风险。例如，国内社会形势有诸多不稳定因素，存在宗教派系冲突的风险，经济发展严重依赖油气产业等，因此，积极实施经济多元化策略，遏制通货膨胀，推进基础设施项目建设，提高教育、医疗事业发展水平，成为卡塔尔未来的发展方向。②

（深圳职业技术学院　技术与职业教育研究所　袁　礼）

主要参考文献

[1] 对外投资合作国别（地区）指南——卡塔尔 [EB/OL]. https://www.yidaiyilu.gov.cn/wcm.files/upload/CMSydylgw/201705/201705240134040.pdf.2017-09-14.

[2] 中国网 . 卡塔尔国家概况 [EB/OL].http://www.china.com.cn/international/txt/2012-01/13/content_24400498.htm.2017-08-15.

[3] 塔尔国家概况 . 中华人民共和国外交部 [EB/OL]. http://www.fmprc.gov.cn/web/gjhdq_676201/gj_676203/yz_676205/1206_676596/1206x0_676598/.2017-09-15.

[4] 世界银行数据 . 卡塔尔 GDP、人口总数 [EB/OL]. http://data.worldbank.org.cn/country/QA, 2017-07-22.

[5] 中华人民共和国驻卡塔尔国大使馆经济商务参赞处 . 卡塔尔民族 [EB/OL]. http://qa.mofcom.gov.cn/article/ddgk/201411/20141100784794.shtml.2017-09-13.

[6] 孟舟 . 走进你，神秘的卡塔尔——领略"沙漠之都"的舞蹈魅力 [J]. 文化月刊，2005, (5)：106-107.

[7] 中华人民共和国驻卡塔尔国大使馆经济商务参赞处 . 宏观经济 . 卡塔尔概况 [EB/OL]. http://qa.mofcom.gov.cn/article/ddgk/201507/20150701039384.shtml.2017-09-20.

[8] 中国网 . 黄日涵，罗凌 . 一带一路投资政治风险研究之卡特尔 [EB/OL]. http://www.china.com.cn/opinion/think/2015-06/10/content_35781798_2.htm.2017-09-01.

[9] 中国一带一路网 . 卡塔尔 [EB/OL]. https://www.yidaiyilu.gov.cn/gbjg/gbgk/885.htm.2017-09-20.

① 参见：深圳市政府政策研究室 . 西亚北非五国国情研究 .2016:12-18.

② 同上。

[10] 杨林 . 小国大梦——卡塔尔软实力研究 [D]. 西北大学硕士学位论文 , 2016: 21–22.

[11] 全球职业技术教育与培训数据库 : 卡塔尔 [EB/OL]. UNESCO–UNEVOC 联合国教科文组织国际职业技术教育与培训中心 .www.unevoc.unesco.org, 2017– 08–11.

[12] 联合国教科文组织国际教育局 . 世界教育数据 (第 7 版) [R]. 日内瓦 : 联合国教科文组织国际教育局 .2010.

[13] 深圳市政府政策研究室 . 西亚北非五国国情研究 .2016.

科威特国

一、国家概况

（一）地理

科威特国（The State of Kuwait），简称科威特。国土面积为17818平方千米。位于亚洲西部波斯湾西北岸。与沙特、伊拉克相邻，东濒波斯湾，同伊朗隔海相望。海岸线长290公里。有布比延、法拉卡等9个岛屿，水域面积5625平方千米。绝大部分土地为沙漠，地势较平坦，境内无山川、河流和湖泊，地下淡水贫乏。属热带沙漠气候，夏季炎热干燥，最高气温可达51℃，冬短湿润多雨，最低气温可达–6℃。年降水量为25—177毫米。

首都为科威特城（Kuwait City），是科威特的政治、经济、文化中心以及重要港口。科威特全国一共划有6个行政省：首都省、哈瓦里省、艾哈迈迪省、贾哈特省、法尔瓦尼亚省和大穆巴拉克省。所有的省级行政单位归内政部管辖，科威特最基本的行政单位是区，全国共有25个区，区长主要发挥民众和政府之间沟通的纽带作用，也要负责本区的议员选举。①

（二）人文

科威特的历史可以追溯到公元前3000年。公元7世纪开始，科威特成为阿拉伯帝国的一部分。公元7世纪中叶到8世纪中叶，科威特并入阿拉伯帝国倭马亚王朝版图，13世纪到17世纪，波斯人统治这一地区。1851年哈立德家族统治了科威特。1710年本来居住在阿拉伯半岛高地的阿奈扎部落中的萨巴赫家族迁移到科威特，17世纪40年代，从阿拉伯半岛中部迁来的哈立德部落的酋长在波斯湾西北端布比延岛对面的海滩上建立了一个小要塞，正式取名为“科威特”，后来它成为科威特国的首都科威特市。1756年，萨巴赫家族取得了科威特的统治权，建立科威特酋长国。19世纪末，英国殖民势力进入科威特，强迫科威特签订秘密协议，成为科威特的宗主国。科威特人民经过长期斗争后，于1961年宣告独立。② 同年也成为了阿拉伯国家联盟和联合国的成员国家。1990年8月

---

① 中华人民共和国外交部．科威特国家概况 [EB/OL].http://www.fmprc.gov.cn/web/gjhdq_676201/gj_676203/yz_676205/1206_676620/1206x0_676622/.2017-8-13.

② 董漫远．科威特的历史变迁 [J]. 中国民族 ,1991（03）.

2 日，科威特被伊拉克侵占，1991 年 2 月 26 日正式复国。

科威特是君主世袭制酋长国，国家元首是埃米尔，同时也是武装部队的最高统帅。1962 年科威特颁布了本国宪法，确定了科威特是阿拉伯国家，国教是伊斯兰教，伊斯兰教的教法也是国家立法的主要依据。1963 年成立了国民议会，国民议会是科威特的立法机构，实行的是一院制，议会通过的法案也必须经埃米尔的批准才能够生效，即埃米尔有权否决法案。但也有特殊情况，比如议会以超过三分之二的多数确定通过或者以后的议会又以简单多数通过，法案也可以自动生效。司法机构的最高法院院长以及总检察长都是由埃米尔担任。科威特本国是禁止所有政党活动的，但在海湾战争之后，科威特也出现了伊斯兰联盟、宪章联盟、民主论坛以及自由独立派等政治派别。

截至 2015 年，科威特有人口 423.90 万，其中科威特籍人 130.76 万，占总人口比重的 30.85%，其他为外籍侨民，主要来自印度、埃及、孟加拉国、斯里兰卡等，2015 年科威特的人口增长率大约为 1.62%。阿拉伯语为官方语言，英语是通用语言。伊斯兰教为国教，居民中 95% 信奉伊斯兰教，其中约 70% 属逊尼派，30% 属什叶派。① 因科威特是传统的穆斯林国家，所以很多传统的风俗习惯，诸如禁食猪肉、禁酒、妇女外出要身披黑袍等，都在科威特保留了下来。男士多穿白色长袍，冬季则为灰色长袍，每日要祷告五次，故男士多穿凉鞋以方便脱鞋进入清真寺。可以说，科威特的民俗习惯大多来自宗教。

（三）经济

石油、天然气工业为科威特国民经济的主要支柱，储量十分丰富，其产值占国内生产总值的一半以上，占出口收入的 94%，占政府收入的 90%。科威特现已探明的石油储量有 1049 亿桶，约占世界储量的 10%，排名第五，科威特计划在 2020 年石油日产量达到 400 万桶。近年来，政府在重点发展石油、石化工业的同时，强调发展多元化经济，着力发展金融、贸易、旅游、会展等行业，并提出 2035 年发展愿景，将科威特建设成为地区商业和金融中心，发挥私营企业在科威特经济发展中的重要作用，保障人民生活全面均衡发展，实现社会公正。② 2016 年科威特名义 GDP 为 333 亿第纳尔（约 1100 亿美元），实际 GDP 增长 3.6%。其中石油 GDP 将增长 3.6%，非油 GDP 将增长 3.5%。③

在 2014 年的科威特 GDP 中，第一产业的比重为 0.5%，可耕土地的面积大约为 14182 公顷，无土培植面积大约为 156 公顷，农牧产品主要依靠进口，农业生产总值最高的时候也只占 1.1%。第二产业比重为 61.8%，其中石化工业比重最高，约 55.1%，2015 年科威特石油收入达到 136.2 亿第纳尔，日产石油约 286 万桶。服务业比重为

① 科威特国家概况 . 中华人民共和国驻科威特国大使馆 [EB/OL].http://kw.chineseembassy.org/chn/kwtgk/.2017-8-13.

② 中华人民共和国外交部 . 科威特国家概况 [EB/OL].http://www.fmprc.gov.cn/web/gjhdq_676201/gj_676203/yz_676205/1206_676620/1206x0_676622/.2017-8-13.

③ 中华人民人民共和国驻科威特大使馆经济参赞处 [EB/OL].http://kw.mofcom.gov.cn/article/jmxw/201701/20170102494967.shtml.2017-8-12.

37.7%，收入约占非石油收入的一半，通讯水平的低下以及卫生收费都制约了服务业的收入增长。2015 年在科威特产生的 GDP 中，消费占比约为 61.5%，其中家庭消费大约占 36.1%，政府消费约占 25.4%，资本形成大约占了 20.2%，净出口占了 18.3%。2015 年的失业率大约为 1.4%，2016 年国际评级机构标普对科威特主权信用评级为 Aa2，展望是负面。①

（四）教育

科威特十分重视教育，受教育权作为科威特公民的基本权利早已被写入本国宪法。科威特十分认同教育在塑造公民人格、提升个体素质与积累本国人力资本过程中的积极作用，这在其教育发展的中长期规划中都得到了充分体现。

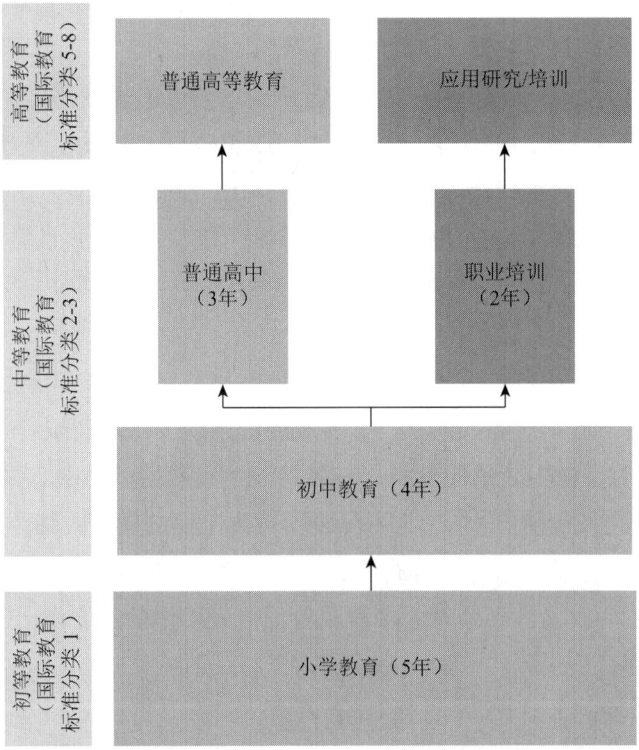

图 1　科威特教育体系②

科威特的教育体系从学前阶段开始，包括小学、初中、高中和大学。目前，科威特学前教育是非义务性的，入学年龄通常是 4 岁，学前持续时间是两年。自 1965 年开始，科威特实行的是 4–4–4 学制，即小学、初中、高中均为四年制。直到 2003 年，教育部长

① 中华人民人民共和国驻科威特大使馆经济参赞处 [EB/OL].http://kw.mofcom.gov.cn/article/jmxw/201701/20170102494967.shtml.2017–8–12.

② 联合国教科文组织国际职业教育与培训中心：科威特 [EB/OL].http://www.unevoc.unesco.org/go.php?q=World+TVET+Database&ct=SAU.2017–8–16.

《第 64 号法案》规定自从 2004—2005 学年起，调整学制为 5-4-3，即小学教育的时间改为五年（1-5 年级），初中 4 年，高中 3 年。[①] 科威特基础教育包括高中都是义务性的，儿童的入学年龄为 6 岁。

截止到 2014 年，科威特共有各类学校 1332 所，其中公立学校 843 所，私立学校 489 所，其中有部分成人教育学校和特殊教育学校等。在校学生约为 61.5 万人，教师为 7.6 万人。教育经费为政府财政预算的 10% 左右。政府重视扫盲，1982 年颁布义务扫盲法，建立了 85 个扫盲中心，15 岁以上的成人文盲率从 1957 年的 54.5% 降到了 2013 年的 5.7%。科威特的大学数量并不多，现有 1 所科威特公立大学和 3 所私立大学。[②]

二、职业技术教育与培训的战略和法规

（一）战略

科威特将教育视为所有公民的基本权利，战略的目标是使个体在私人和公共生活都变成积极而有思想的社会公民。国家发展战略强调教育机构在发展这些品质以及个体在训练中成为熟练人力资源中的作用。教育被视为是在社会制度、文化、经济和社会构建上的基本工具。职业教育的战略目标是在职业认同和个体需求之间找到一种平衡，并提供基本的技能，以为技术进步和个体生活做准备。

职业技术教育与培训的作用与教育的近期战略目标是发展职业学校教育系统，对接劳动力市场需求，为学生步入社会做准备。据科威特《2025 教育战略规划》，职业技术教育与培训需要紧密结合劳动力市场的需求，激励私营企业的参与，缩小企业需求与毕业生所获技能之间的差距。而且，要建立有效的就业支持机制，通过雇主驱动职业技术教育改革，并协调职业培训与劳动力市场需求计划，辅之以相应的法律制度保障，用以确保职业技术教育战略和目标的实现。[③]

（二）法规

1962 年的《宪法》明确了科威特有关国家法律的基本框架，指出教育作为基本手段，应该在精神和身体成长上引导年轻人。第 13 款指出教育应由国家提供和监管，第 40 款指出教育是公民的基本权利，且在基础教育阶段免费提供。科威特后续的法律法规均遵循 1962 年的《宪法》，与职业技术教育与培训相关的主要有：

1.《第 63 号法案》（1982）

该法案的通过是为了应对劳动力市场的需求和技术工人的短缺，将职业技术教育与

---

① World Data on Education-Kuwait:Compiled by UNESCO-IBE,Updated version, July 2012 [EB/OL]. http://www.ibe.unesco.org/.2017-8-16.

② 中华人民共和国外交部 . 科威特国家概况 [EB/OL].http://www.fmprc.gov.cn/web/gjhdq_676201/gj_676203/yz_676205/1206_676620/1206x0_676622/.2017-8-14.

③ World Data on Education-Kuwait:Compiled by UNESCO-IBE,Updated version, July 2012 [EB/OL]. http://www.ibe.unesco.org/.2017-8-16.

培训的监管从教育部转移到了人力资源部，并建立了一个新的管理部门专门负责职业技术教育与培训的资源协调工作。

2.《第 4 号法案》(1987)

该法案是第一部有关公共教育基本框架的法案，之前的法律都是关于教育体系的某一特定方面，而这部法案规定了科威特教育体系的基本框架，最重要的是明确了科威特公民的基本教育权，以及公立学校的免费政策。此外，在该法案的指导下还成立了全国教育委员会，隶属于科威特教育部，由大学教授和 17 位教育专家组成。

三、职业技术教育与培训的体系与质量保障

(一) 体系

1. 正规职业技术教育

科威特的职业技术教育与培训自初中阶段的预备教育开始。中等或预备教育融入初中课程之中，也是义务性的。学生成功从中学毕业可以拿到中级学校毕业证书，并授予进入高中教育的权利。公共应用教育和培训部门为中学毕业生提供的预备教育为持续 1—2 年的协助应用技术课程。自 2004—2005 年，教育系统结构发生变化，普通高中教育持续三年(之前是采用"4-4-4"系统)。在完成普通中等教育，学生通过最后的考试，即可获得普通中学毕业证书。

中学后的职业教育和培训在公共应用教育和培训部门的监督下，在技术机构和培训中心开展。培训中心更具职业导向，并为中学毕业证书持有者提供两年的技术课程培训。这类教育是通常在教师培训学院、商业学院、公共卫生学院和科威特技术学院进行的。

商业学院在该国向不同的商业和工业机构提供生源，其专家来自于银行业、保险业、计算机经营以及管理行业。该学院鼓励用人机构雇佣年轻的科威特毕业生，以成功防止科威特人才外流。

公共卫生学院的目标是提供训练有素的护士，毕业后将在学校或医院工作。进入该学院的学生通常是那些在中学教育证书考试中分数较低的学生。

科威特技术学院为国家提供经过训练的技师，学科专业包括机械制造学、电力学和电子学。为鼓励科威特青年入校学习，政府为学生提供每月 200 美元的津贴。优秀学生在毕业后，将被送往国外的学院进行进一步的培训，该学院大部分学生都可以获得全额奖学金。[①]

1972 年教育学院成立时，应用教育与训练总局的活动就已经开始了。教育学院专门培养初级教育阶段的师资力量，包括教师及与教育相关的技术和图书馆方面的专业人员等。1982 年成立了应用教育与训练总局，管理这类学院，并制定教育大纲和培训规划。

① World Data on Education-Kuwait:Compiled by UNESCO-IBE,Updated version, July 2012. [EB/OL]http://www.ibe.unesco.org/.2017-8-16.

随后又成立了一些新的学科与专门培训机构，把二年制大专学院改为四年制技术大学，为学生提供本科教育。目前，应用教育与训练总局管理着四所设有不同学科的教育学院，通过各种培训中心，提供各种服务和培训计划。目前，各应用教育学院的学生总数已达1.2万人，18%在技术学院学习机械工程、民用工程、电子、电力和化学工程技术等不同的专业技术，其他学生则在师范、商贸、卫生保健学校及技校学习。①

在大学层面，完成学士学位的所有课程通常需要8个常规学期或4年，但工程专业需要9到10个学期，而医学需要7年的研究或更长。在研究生层面，科威特提供科学、工程、哲学和医学方面的硕士学位课程，这些项目通常需要在学士学位通过后2年时间才能完成，博士学位课程的持续时间至少3年。

2. 继续教育与培训

继续教育受成人教育部和扫除文盲部的监管。它包括中间和中等两个阶段，中间阶段每星期提供20小时或21小时的教育，学科包括：伊斯兰教育、阿拉伯语言、英语、数学、科学、社会学科和国民（民族）教育。在中等阶段，每个星期有24、26或27门课程。中等教育的3年级分为艺术和科学两个学科。普通教育学校改进过的课程被用于成人教育、伊斯兰教育、国民教育和数学教育。成人教育部和扫除文盲部一直在努力为不能参加晚上课程的人开办早上课程，以鼓励他们继续学习。一般而言，早上课程受到男性学生和女性学生的欢迎，而且有助于他们保持正常的出勤率。在所有的成人教育中心和成人教育阶段，以及晚上的成人宗教教育中心，卫生知识课程的开设作为一种补充，其课程包括：卫生学；地方的和国际性的问题；艾滋病的预防等等，培训的目的是为了提升日常生活技能。除此之外，中间教育和中等教育阶段还开设了娱乐课程、运动课程、艺术课程和实践课程，其目的是为了促进学员兴趣的表达和对艺术的追求。

（二）保障

科威特教育部专门设立考试和评价部，负责颁布和认证学生所有从国内外获得的教育资格证书。同时，科威特特别重视职业技术教育与培训的生源质量，按照该国的教育等级框架，学生进入高等教育或职业教育阶段前，需要通过严格的中等教育结业考核。第12年级的考试全部由考试和评价部负责，考试由教育部的顾问与科威特大学的专家合作编写，每个12年级的学生每门学科至少应该取得50分，才能被授予中等考试证书。如果任何一个学生在任何一门学科中没有取得50分，他可以在2个月以后参加同样学科的补考。学生不允许参加三门以上的科目的连续补考。如果出现这样的情况，学生就被要求在明年重修该门课程，而且重修的课程只有一次考试，没有补考机会。如果重修课程未通过考试，该学员就没有资格接受下一阶段的教育。②

另外，科威特教育部和国家教育发展中心还通过与世界银行合作，致力于职业

① 王依．科威特教育与培训服务的发展状况 [J]. 世界教育信息，1999（6）.

② 〔德〕波斯尔斯韦特．各国（地区）教育制度（下）[M]. 西南师范大学出版社，2011.04：488.

技术教育与培训的现代化项目，项目致力于改进科威特的职业教育系统：包括课程改革、发展国家评估系统、提升改善学校领导力、建立专业标准等等。基于这些领域的关键架构来确定改革的关键点，项目的总体目标是提高科威特学校职业教育的质量。

科威特教育部还发布了整体改革框架，它包括职业教育核心课程开发和有效的学校领导，加强国家评估能力和发展国家教育标准等等。在过去的项目中，共有805人参与技术合作项目的培训。教育部和国家教育发展中心的团队动员能力在各方面得到了加强。每一位工作人员都被鼓励和视为职业技术教育与培训变革的推动者和质量保障的守卫者。

四、职业技术教育与培训的治理与教师

（一）治理

科威特职业技术教育系统由教育部、高等教育部和社会与劳动事务部负责，应用教育与培训局也负责职业教育的相关事宜，其具体的治理主体如下：

1. 教育部

教育部有部长办公室、基础教育部、中等教育部、高等教育部和其他十多个部门组成。教育部还设有教育、科学与文化委员会，普通教育委员会，特殊教育委员会。与职业技术教育与培训相关的部门包括考试与评价部，负责对中等和高等职业教育文凭实施认证和质量监控。

2. 应用教育与培训局

该局负责保障国家人力资源的供应，职责包括协调劳动力市场培训机构的行动，培训辍学学生以提升其劳动力技能，通过协调政府与非政府机构的合作，适应社会发展的实际需求。应用教育与培训局拥有独立预算，统筹规划国家应用教育与培训的治理，并负责各学院与培训机构证书的颁发。

为了克服国家技术人力资源的缺乏和满足国家的发展需求，科威特建立公共应用教育和培训部，其目的是提供和发展国家人力。公共应用教育和培训部的目标包括与劳动力市场的主要机构合作，通过与政府和非政府部门合作，使学术课程满足社会的需求。公共应用教育和培训部门管理自己的独立预算，它是负责国家所有应用教育和培训事务唯一的机构。

（二）教师

从科威特教育体系建立伊始，国家就十分重视师资力量的培养。囿于当时的条件所限，科威特只能从国外如巴勒斯坦和埃及聘请教师。随着学生和教师数量的增加，科威特开始建立本国的师资队伍。现在，科威特中等职业教育的师资基本出自科威特基础教育学院和科威特大学，基本条件是拥有学士学位。而在高等职业院校或大学的任职资格

则为至少拥有硕士或博士学位。

教育部则为广大教师安排每年的师资培训计划，教师可以自由选择本领域的提升课程，以保障教师紧跟教育和各行业的最新发展。另外，教育部还为职业教育师资建立了应用教育与培训中心，让其熟悉和获得最新的课程信息与行业技术，以提升教师在实际工作中的效率和效果。

五、职业技术教育与培训的诉求与发展趋势

科威特多年来面临的严重问题是本国高技能劳动力的短缺，尤其是在石油、水利、电力和医疗方面，据科威特国家规划部预测，其劳动力短缺已过十万人，但市场科提供的劳动力数量不过半数，如此科威特便不得不依靠国外劳动力市场的供给①。科威特由于人口少，人力资源短缺，其职业技术教育发展的关键在于如何与国家的人才需求呼应。为此，科威特的职业教育发展已经开始从基础教育着手，穿插相关职业教育的课程，未来需要其更好地落实此类政策，以为学生创造出更多接受职业教育的途径。此外，应用教育与培训局也应努力增强科威特职业技术教育与培训课程的吸引力，以此来调整劳动力市场供需之间的结构性矛盾。

另一方面，职业教育师资匮乏也是科威特职业教育发展的一大诉求。科伊战争后，科威特政府着力重建各级各类学校，使百分之八十的院校得以正常运营，但包括职业技术教育在内的整体师资数量依然面临着严重不足。20 世纪 90 年代，科威特与伊拉克的战争严重破坏了职业技术教育与培训的师资来源渠道，战争前高质量的师资主要来源于几乎所有的阿拉伯国家。在科伊战争期间，教育、经济、社会系统均遭到损毁，导致大量合格教师流失国外，并使战后相当长的一段时间内教师的引进低迷不前。此外，在国家解放之后，出于政治因素考虑，政府大量限制流失国外的教师返回国内，加剧了职业技术教育与培训的师资匮乏情况。因此，未来很长时间内科威特政府需要制定如何培养本国优质教师的战略计划，通过科威特大学的师范学院、基础教育学院与行业企业的合作，尽快解决职业教育师资的巨大缺口。

（深圳职业技术学院　技术与职业教育研究所　李亚昕）

① TVET and the Labor Market, VTC Piloting in Linking Training Programs and Curriculum Development with the Labor Market: 1st Conference of Technical Vocational Education & Training Kuwait 31st March–2nd April 2014[EB/OL]. http://www.thenewvtc.com/wp-content/uploads/2014/04/Linking-Training-Programs-and-Curriculum-Development-with-the-Labor-Market-english.pdf.2017-10-13.

主要参考文献

[1] 科威特国家概况：中华人民共和国外交部 [EB/OL].http://www.fmprc.gov.cn/web/gjhdq_676201/gj_676203/yz_676205/1206_676620/1206x0_676622/.2017–8–13.

[2] 董漫远 . 科威特的历史变迁 [J]. 中国民族 .1991 (03) .

[3] 科威特国家概况 . 中华人民共和国驻科威特国大使馆 [EB/OL].http://kw.chineseembassy.org/chn/kwtgk/.2017–8–13.

[4] 王依 . 科威特教育与培训服务的发展状况 [J]. 世界教育信息 ,1999 (6) .

[5] World Data on Education–Kuwait:Compiled by UNESCO–IBE,Updated version, July 2012. [EB/OL] http://www.ibe.unesco.org/.2017–8–16.

[6] General Secretariat of the Supreme Council for Planning and Development. UNDP Kuwait. Kuwait Country Report on the Millennium Development Goals:Achievements and challenges 2010.

[7] Kuwait National Commission for Education, Science and Culture. Department of Planning of the Ministry of Education. National report on the development of education. State of Kuwait, 1994–95/1995–96. Presented at the 45th session of the International Conference on Education, Geneva, 1996.

[8] Ministry of Education. National report about the development of education in the State of Kuwait 1996/97–1999/2000. Presented at the 46th session of the International Conference on Education, Geneva, 2001.

巴林王国

一、国家概况

（一）地理

巴林王国（The Kingdom of Bahrain），简称巴林，是位于波斯湾西南部的岛国，界于卡塔尔和沙特阿拉伯之间，与沙特通过世界上最大的跨海大桥之一“法哈德”相连接。阿拉伯语中“巴林”意为“两海”，源于当地居民相信早先巴林岛两侧海水深浅不一，故又名为“两海之国”。巴林国土面积767平方千米，由巴林岛等36个大小不等的岛屿组成。最大的就是巴林岛。诸岛地势低平，主岛地势由沿海向内地逐渐升高，最高点海拔135米。巴林全国分为5个省，分别是首都省、穆哈拉克省、北方省、中部省和南方省。麦纳麦市（Manama）面积达30平方千米，是巴林的首都，全国第一大城市，全国经济、交通、贸易和文化中心。同时也是海湾地区重要的金融中心、重要港口及贸易中转站，享有“波斯湾明珠”的美誉。位于波斯湾中段，巴林岛的东北角。气候温和，风光旖旎，每年11月至次年3月温和宜人，6月至9月雨水较少，是炎热的夏季。①

（二）人文

公元前1000年腓尼基人到此，公元7世纪成为阿拉伯帝国的一部分，隶属巴士拉省。1507年至1602年被葡萄牙人占领。1602年至1782年处于波斯帝国的统治之下，1783年宣告独立。1820年英国入侵巴林，强迫其签订波斯湾和平条约。1880年沦为英国保护国。1971年3月英国宣布其同波斯湾诸酋长国签订的所有条约在同年年底终止。1971年8月15日巴林宣告独立并建立巴林国。2002年更改国名为巴林王国。②巴林是二元制君主制酋长国，最新一届政府于2010年11月组成，2011年2月进行局部改组。现任首相是哈利法·本·萨勒曼·哈利法。

巴林人口131.4万，本国人口仅占一半左右，另一半为外籍人口，所以说巴林是典型的多国籍人口结构国家，因此形成了一个独特的多元文化的社会。巴林85%的居民信

---

① 中华人民共和国外交部 . 巴林国家概况 [EB/OL]. http://www.fmprc.gov.cn/web/gjhdq_676201/gj_676203/yz_676205/1206_676356/1206x0_676358/.2017-9-15.

② 同上。

奉伊斯兰教，其中什叶派占 70%，逊尼派占 30%。其他的宗教有：基督教、犹太教、佛教等。巴林官方语言为阿拉伯语及通用英语。巴林货币名称为第纳尔。全国实行免费医疗，居民卫生服务普及率达 100%，人均寿命 73 岁。有公立医院 8 所，医疗中心 41 所，医护人员 2000 余人。①

（三）经济

巴林的人口、面积和自然资源非常有限，但在相对短的时间内国家的经济、社会、教育得到了快速发展。巴林是海湾地区最早开采石油的国家。已探明石油储量 2055 万吨，天然气储量 1182 亿立方米。2012 年原油产量约 867 万吨，天然气产量约 167.6 亿立方米。可耕地面积 1.1 万公顷，约占全国总面积的 14%，目前实际种植面积 4766 公顷。农业人口约占劳动力总人口的 1.5%。农业对国内生产总值的贡献率约为 0.28%，粮食主要靠进口，本地农产品的供给量仅占巴林食品需求总量的 6%。主要农产品有水果、蔬菜、家禽、海产品等。

近年，巴林开始向多元化经济发展，建立了炼油、石化及铝制品工业，大力发展金融业，成为海湾地区银行和金融中心。工业主要有石油和天然气开采、炼油和炼铝业、船舶维修等。巴林境内无铁路。首都和主要城镇有公路相连，各级公路总长 4274 多公里。巴林和沙特之间由长达 25 公里的法赫德国王大桥相连。萨勒曼深水港有 14 个泊位、2 个集装箱轮泊位和 1 个滚装轮泊位，可停泊 6 万吨级轮船。

金融业是巴林第二大产业，享有中东地区金融服务中心的美誉。目前，有 400 多家地区和国际金融服务机构在巴林设立办事处，各国银行在巴林总资产达 855 亿美元。对外贸易中主要出口石油产品、天然气和铝锭。主要贸易伙伴是美国、日本、德国、英国、沙特、韩国、印度等。②

（四）教育

20 世纪以前，巴林教育的唯一形式是朗诵古兰经的学校——母阿里穆，英文为"Muallem"，该词来自阿拉伯语，意指老师所在的地方。所以，此类学校就是为培养儿童和青年人朗诵伊斯兰教的神圣书"古兰经"而建立的。

"二战"后，巴林一直隶属于英国的殖民地，受西方文艺复兴的影响很大，社会和政治发生了深刻的变化，该变化形成了新的文化审美意识，这种变化也对教育制度改革提出了新的诉求，主要为变革只朗诵古兰经的单一形式，调整原来的课程和教育目标。1919 年，巴林政府在穆哈拉格市建立了第一所正规学校"河达雅男生学校"，1928 年，在首都麦纳麦建立了第二所男生学校。随后，于 1928 年，建立了巴林的第一所女生学校，巴林王国成为阿拉伯海湾地区的第一个建立女生学校的国家。

---

① 中国一带一路网 . 巴林 [EB/OL].https://www.yidaiyilu.gov.cn/gbjg/gbgk/10036.htm.2017-9-15.

② 中华人民共和国外交部 . 巴林国家概况 [EB/OL].http://www.fmprc.gov.cn/web/gjhdq_676201/gj_676203/yz_676205/1206_676356/1206x0_676358/.2017-9-15.

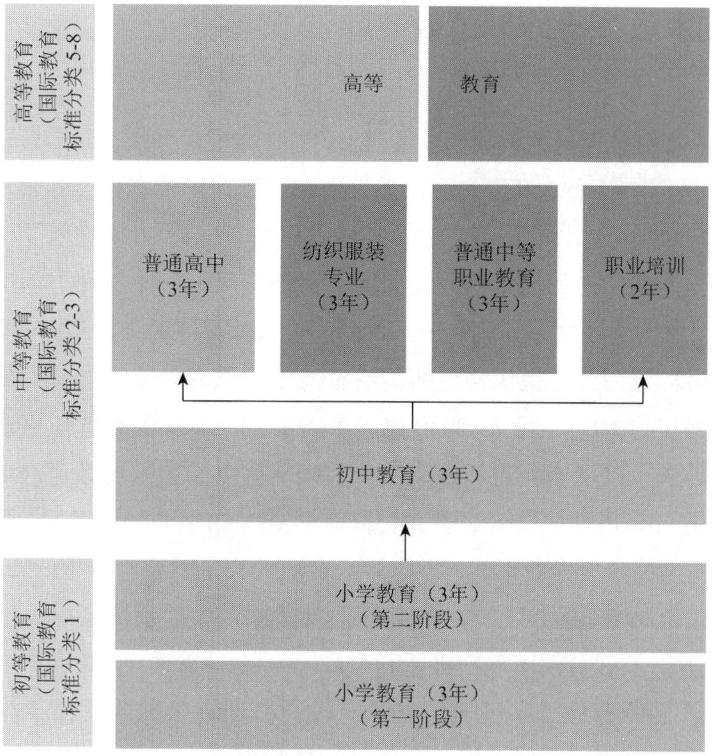

图 1　巴林教育体系①

目前，巴林王国采用 6–3–3 的教育制度，由 9 年基础教育和 3 年高级教育组成。其中，基础教育包括 6 年初级教育、3 年初中教育和 3 年高中教育组成，巴林宪法规定基础阶段的教育免费。残疾的孩子可以加入特殊学校。在巴林，每个学年是从 9 月的最后一个星期开始的，至下一年的 6 月底结束。每个学年由 36 个教学周组成，每学年分为两个学期，每个学期由 15 个教学周加上两个考试周组成，外加中间两周的学年假期。

巴林是海湾阿拉伯国家中最早拥有女子学校的国家，也是中东海湾地区受教育程度最高的国家。由海湾合作委员会资助的巴林大学和阿拉伯海湾大学分别于 1986 年和 1987 年建成开学。此外还有一所成人教育中心。巴林文盲率为 4.9%，15 至 25 岁青年受教育率达 99%，为中东海湾地区受教育程度较高的国家。②

---

① World TVET Database Bahrain[EB/OL].http://www.unevoc.unesco.org/wtdb/worldtvetdatabase_bhr_en.pdf.2017–10–10.

② 同上。

二、职业技术教育与培训的战略与法规

（一）战略

巴林的职业技术教育与培训战略主要围绕《巴林 2030 愿景》制定，该愿景是巴林王国 2008 年发布的一个综合性经济发展计划，由政府管理机构与社会各领域，学术界、民间团体及国际咨询机构等共同协商制定。随后，作为《巴林 2030 愿景》的组成部分，教育部联合各部委制定了巴林的教育发展战略，特别强调了职业教育与培训的重要性，并将教育确定为巴林的强国之路。[①] 其中，就职业技术教育与培训的战略规划，《巴林 2030 愿景》指出其目标应为公民提供岗位所需的技能、知识和价值观，并充分发挥每一个人的潜能。在战略实施方面，《巴林 2030 愿景》着重指出，相关教育与培训应紧密结合巴林的经济发展需求，以培养能力和价值观为基础，提供高质量的教育与培训，并提升职业教育与培训的可获得性。同时，《巴林 2030 愿景》的发布还希望针对职业教育机构、学校和大学的发展制定更为清晰的标准，以提升职业技术教育与培训的质量。

为了落实《巴林 2030 愿景》中关于职业教育与培训的发展战略，巴林实施了多项"教育改革"措施，其教育改革包括以下五个目标：在 31 所学校实施学校改善项目，并在下一步准备覆盖所有公立学校；建立国家教育培训资格和质量保证局，并着手制定巴林国家资格框架；建立巴林理工学院和巴林师范学院，以改善和加强师资培养等等。此次大刀阔斧的职业教育改革大大提高了巴林的职业教育水平，为巴林青年技术和能力提升创造了更好的条件。[②]

（二）法规

教育是巴林公民的基本权利，这在巴林国家宪法中予以了明确和规定。在职业技术教育与培训方面，相关的法规和法令主要如下：

1.《宪法》（2002）

《宪法》第七条保障了公民接受教育和其他文化服务的权利，并规定了基础阶段的教育属于免费义务的范畴，其宗旨是发展学生的个性，培养作为阿拉伯人的自豪感。基础教育阶段的义务性在巴林 2005 年《第 27 号教育法令》里又再次予以了明确和重申。

2.《高等教育法》（2005）

《高等教育法》第三条规定了建立高等教育理事会的要求和程序，指出高等教育理事会应制定和明确公立和私立高等教育机构的管理标准和实施细则，以及理事会会议召开的组织细则等等。

---

① Kingdom of Bahrain (2012). Education Reform. Bahrain Vision 2030.

② World TVET Database Bahrain[EB/OL].http://www.unevoc.unesco.org/wtdb/worldtvetdatabase_bhr_en.pdf.2017-10-10.

3.《第 6 号皇家法令》(2009)

2009 年《第 6 号皇家法令》决定建立和组织国家机构，以制定和实施国家培训资格制度，并建立国家职业教育与培训质量保障机制；并且，法令还规定了建立私立教育和培训机构的条件，明确了私立教育和培训的目标，并规定了其教育类型、分支及相应的管理结构。①

三、职业技术教育与培训的体系与质量保障

（一）体系

巴林的职业技术教育与培训体系从中等教育阶段开始，学生在完成初中阶段的教育之后，可以选择以下方向：

（1）统招的普通高中方向；

（2）普通中等职业教育，包括技术和商业两个方向；

（3）职业培训，本方向仅限男生；

（4）纺织服装，本方向仅限女生。

如果学生选择的课程是以上多个方向的交叉课程，那么学生可以根据自己的兴趣变更专业方向。根据生源数量的差异，巴林中等职业技术教育与培训共分为两种类型。

第一种类型为普通中等职业教育，对获得初中证书或同等资格的人开放，该类型也是职业教育的主体。普通中等职业教育有技术和商业两个分支，课程持续 3 年。学生毕业后，可以直接进入劳动力市场或继续接受高等教育的深造。普通中等职业教育的教学计划采用学分制，课堂类型涵盖以下四个领域：(1) 核心课程，确保所有学生获得相应的技术和商业知识。此类课程目标为帮助学生继续学习和完成个人学习目标所需的信息、技能以及态度。核心课程在统招普通高中课程中占比 45%，在普通中等职业教育中占比 25%；(2) 专业课程，是学生所选专业的必修课。在统招课程中占比 39%，在普通中等职业教育课程中占比 69%；(3) 选修专业课，也称辅修课，旨在提供某些专业领域的综合类知识。这类课程在普通教育和商业课程中占比 8%，在普通中等职业教育课程中占比 6%；(4) 自由选修课程，旨在丰富课程内容，激发学生的兴趣和才能，实现与其他核心课程和专业课程之间的平衡与融合。这类课程在统招课程中占比 8%，在普通中等职业教育中占比 1%，而且目前只在商业方向设置了自由选修课程。

第二种类型包括以男生为主的职业培训和以女生为主的纺织服装，由技校提供专业领域的培训。参加该类型培训的学生一般都是在基础教育阶段学业表现不太好的学生。职业培训课程只有两年，学生需要修够 156 学分方可毕业，相对而言，普通中等职业教育的课程需要修 204 学分。学生在完成中等教育后，可以在技术学院、大学或者其他高

① World TVET Database Bahrain[EB/OL].http://www.unevoc.unesco.org/wtdb/worldtvetdatabase_bhr_en.pdf.2017-10-10.

等院校中继续学习职业技术教育与培训课程。比如巴林职业技术学院就提供以下几个方向的本科课程：商业、工程技术、信息通信技术和视觉设计。

除正规的学校教育体系外，继续教育局与技术职业教育局也同许多机构合作，组织了多种多样的终身教育和成人教育课程，包括汽车技工、电器维修、图书分类、丝绸制作、图书馆管理与服务、计算机维护、互联网、电子商务、计算机普及教育、阿拉伯语和数学等专业的短期课程。此外，巴林培训学院还提供商业、工程和电气工作等短期和长期课程。同时，巴林培训学院还受理关于先前学习的评估和认证申请等。①

（二）保障

国家教育培训资格和质量保证局是巴林职业教育的质量保障机构，负责监测和评估巴林教育和培训机构的表现。具体来说，是由国家教育培训资格和质量保证局下辖的职业教育质量评审局负责评估职业技术教育与培训计划和机构的质量。职业教育质量评审局的主要职责如下：监督和发布巴林职业技术教育与培训机构的质量报告，分析职业技术教育与培训机构的优势和需要改进的方面，建立开放、自律和自我提升的文化。在教学方面，职业教育质量评审局鼓励采用实践教学，并提供关于如何解决问题的建议，同时该局还负责向劳动部和教育部等相关重要机构提供政策建议。

在具体的质量评估方面，职业教育质量评审局主要根据相应的审查框架和质量标准进行评估，其评估的指标主要包括：（1）学生成绩；（2）教学和培训质量；（3）课程质量；（4）为学习者提供的支持和指导；（5）领导和管理的有效性。其职业教育机构的质量评估等级分为：非常优秀、良好、合格或不合格。对于评估不合格的机构，必须依据评估结果提交相应的行动改进计划，以解决职业教育质量评审局报告中提出的问题。职业教育质量评审局还会对评估不合格的教育机构进行监督考察，并对其行动改进计划的实施进行三个级别的评估：进展良好、正在进行和进展缓慢，以此来保障国家教育培训的质量。②

四、职业技术教育与培训的治理与教师

（一）治理

1. 教育部

巴林教育部负责制定、实施和评估教育政策，指导和监督下属部门，是国家教育的主管部门。教育部管理的目标是，依法根据国际标准提高教育的质量和成效。具体由教育部课程事务部负责执行课程实施和监督教学，并管理职业技术教育和服务学生活动，

---

① World TVET Database Bahrain[EB/OL].http://www.unevoc.unesco.org/wtdb/worldtvetdatabase_bhr_en.pdf.2017-10-10.

② 国家教育培训资格和质量保证局：国家资格框架 [EB/OL].Quality Assurance Authority for Education and Training (2014). National Qualifications Framework. Accessed: 10 September 2014.

包括私立教育和继续教育。

2. 劳动部

劳动部负责制定职业技术教育与培训的资格，同时下辖多个培训学院。另外，职业培训最高委员会也隶属于劳动部，该委员会负责制定和监督工业部门的培训课程。职业培训最高委员会负责推出相关政策和项目以填补劳动力市场的空缺，并为劳动者提供与职业生涯发展相关的必要培训。

3. 教育与培训发展委员会

教育与培训发展委员会负责监督教育与培训计划的开展；建立独立的质量保证机构，培训教师和学校行政人员；制定吸引和鼓励优质职业技术教育与培训教师的战略；协调职业技术教育与培训的利益相关者，提供职业技术教育与培训的相关信息。

4. 国家教育培训资格和质量保证局

国家教育培训资格和质量保证局是巴林内阁下辖的一个独立国家机构，负责确定职业教育质量保障的政策和指导方针，并制定职业教育和培训质量的评估指标、流程、机制；还负责组织和开展国家考试，审查教育培训机构的资格，发布关于巴林王国教育和培训总体状况的报告，并协调不同地区间有关质量保证的合作事宜。

5. 职业教育质量评审局

职业教育质量评审局负责评估和汇报关于教育培训机构提供的职业教育和培训的质量报告，分析其优势与不足，并就需要改进的领域提出意见和建议。同时，职业教育质量评审局还向劳动部和教育部等相关部门提供政策咨询。在必要的时候，职业教育质量评审局也与国家教育培训资格和质量保证局在内的其他司局合作，比如在审查技术学校的时候。①

（二）教师

巴林师范学院是巴林专门培养职教师资的机构，其附属于巴林大学，于2008年由教育部批准成立。巴林师范学院提供的师资课程包括学士和硕士两个阶段，教育学学士学位课程是面向中等教育毕业生开设的四年制课程，使他们能够在初等教育阶段从事教学工作；教育硕士学位课程则面向已经获得学士学位的人员设置，是专门教授教学方法的一年制课程。学生毕业后能够在中级和中等教育机构任教，包括：英语、阿拉伯语、数学、科学、商业、物理、化学和生物等学科。

另外，巴林卓越技术职业教育中心负责部分职后师资培训项目。卓越技术职业教育中心是教育部职业技术教育与培训司下辖的一个部门，为普通中等职业教育学校的所有技术教师提供最新的培训课程，部分培训课程是所有技术教育教师都必须参加的，且均

① World TVET Database Bahrain[EB/OL].http://www.unevoc.unesco.org/wtdb/worldtvetdatabase_bhr_en.pdf.2017-10-10.

采取在职培训的形式进行。①

五、职业技术教育与培训的诉求与发展趋势

当前，巴林宏观经济形势基本稳定，经济逐渐突破油气行业的单一结构，呈现多元化发展趋势；金融业持续稳健经营，建筑、旅游等行业逐渐回暖。为刺激经济增长，巴林政府加大基础设施、住房和其他民生领域支出，实施能源、工业等领域大型项目。巴林金融业比较发达，金融市场开放，秩序规范，是海湾地区乃至中东地区的金融中心之一，同时会展中心及其酒店等非金融服务业也发展迅速。巴林经济的发展对区域劳动力特别是外籍劳务需求持续增长，特别是管理、会计、建筑、医护等行业领域需求旺盛。巴林的外籍劳务主要是来自印度、巴基斯坦、孟加拉、菲律宾和尼泊尔等国家，水平参差不齐，亟待提升国内外整体劳务水平，这就给巴林职业技术教育与培训的发展提出了新的要求，未来其诉求与发展趋势主要包括：

（一）建立更高效率的管理体系

巴林现行的职教培训与管理体系主要为集中式管理，这种集中式管理在资源相对有限的条件下尚可有效运行，但随着职教与培训体系的不断发展，其运行效率就会大大降低。如囿于信息的不对称等问题，集中式管理无法在职业学校管理和课程改革、资金运用等关键问题上做出准确判断，这就要求其管理模式向分散式变革，更多地吸纳企业等社会资源参与关键问题的决策，以改进教学与管理模式，建立更为高效的质量管理体系。②

（二）激发私人部门参与职业教育的活力

巴林职业教育的发展一直以来更多依赖政府预算分配，这给政府财政造成了很大负担。激发企业等私人部门参与，一方面可以缓解职业教育的公共财政预算压力，另一方面可以大大拓宽政府机构与其他社会合作伙伴关系的合作路径，特别是私有部门参与职业教育发展战略决策，可以提升职业教育的治理能力。例如巴林已开始计划在职业教育发展战略决策中引入社会参与机制，以提升职业教育公共资源分配的合理性，并为行业、企业提供实习实训机会，提供更加切实可行的计划，这样就可以增加社会资源在职教发展上的投入，创建多元化的资金筹措机制。

（三）建立国家职业资格框架

一个清晰而明确的职业资格框架对巴林来说显得愈发重要，此框架可以明确利益相关者的学习目的，使其可以对自身职业生涯的发展做出更为合理的规划。在资格框架建

---

① World TVET Database Bahrain[EB/OL].http://www.unevoc.unesco.org/wtdb/worldtvetdatabase_bhr_en.pdf.2017-10-10.

② Osama Al-Mahdi.Towards Improving the Quality of Technical and Vocational Education and Training in Bahrain[J].International Journal of Pedagogical Innovations,2014(7).

立过程中，不仅需要教育部、劳动部等政府主管部门协调各大企业、行业协会的需求等等，还要兼顾到巴林自身的经济、社会与文化的特征，同时也要对接欧洲资格框架标准，一个清晰而完整的资格框架对巴林提升整体劳动力市场水平与参与全球竞争意义非凡。

（深圳职业技术学院　技术与职业教育研究所　李亚昕）

主要参考文献

[1] 中国一带一路网 . 巴林 [EB/OL].https://www.yidaiyilu.gov.cn/gbjg/gbgk/10036.htm.

[2] 中华人民共和国外交部 . 巴林国家概况 [EB/OL].http://www.fmprc.gov.cn/web/gjhdq_676201/gj_676203/yz_676205/1206_676356/1206x0_676358/.

[3] 巴林教育部官网 [EB/OL].http://www.education.gov.bh/Home.aspx.

[4] 巴林王国大使馆 [EB/OL].Embassy of the Kingdom of Bahrain Bahrain's Education System. 2017-7-12.

[5] 教育改革：2030 年巴林愿景：Kingdom of Bahrain (2012). Education Reform. Bahrain Vision 2030. Accessed: 10 September.

[6] 国家教育培训资格和质量保证局 2013 年年度报告 .Quality Assurance Authority for Education and Training (2013). Annual Report 2013. Accessed: 10 September 2014.

[7] Quality Assurance Authority for Education and Training (2014). National Qualifications Framework. Accessed: 10 September 2014.

[8] World TVET Database Bahrain[EB/OL].http://www.unevoc.unesco.org/wtdb/worldtvetdatabase_bhr_en.pdf.2017-10-10.

[9] 巴林师范学院网页：Webpage of the Bahrain Teachers College. Accessed: 11 September 2014.

希腊共和国

一、国家概况

（一）地理

希腊共和国（The Hellenic Republic），简称“希腊”，国土面积131957平方千米，其中15%为岛屿，是地处欧洲东南角、巴尔干半岛的南端的共和制国家。全国由半岛南部的伯罗奔尼撒半岛和爱琴海中的3000余座岛屿共同构成。希腊为连接欧亚非的战略要地，本土从西北至正北部分别邻阿尔巴尼亚、马其顿、保加利亚三国，东北与土耳其国境接壤。周围则自东而西分别濒临爱琴海、地中海本域与伊奥尼亚海。海岸线长约15021千米，领海宽度为6海里。属亚热带地中海气候。希腊首都雅典（Athens），人口约为381.2万人。平均气温冬季0℃~13℃，夏季23℃~41℃。[①]

（二）人文

古希腊是西方文明的发源地，拥有悠久的历史，创造过灿烂的古代文化，并对欧、亚、非三大洲的历史发展有过重大影响。公元前3000年，爱琴文明繁荣。后因北方落后部落侵入，爱琴文明衰落。公元前2000年左右到前30年的古代希腊是以巴尔干半岛、爱琴海诸岛和小亚细亚沿岸为中心，在包括北非、西亚和意大利半岛南部及西西里岛的整个地中海地区建立的一系列奴隶占有制国家。公元前11世纪进入荷马时代。前8世纪起，希腊各地先后建立数以百计的奴隶制城邦。前5世纪希波战争后，希腊城邦进入繁荣阶段，经济贸易兴盛，文化成就卓越。伯罗奔尼撒战争后，走向衰落。前4世纪希腊半岛被马其顿王国征服，前2世纪归罗马统治。[②]15世纪中期被奥斯曼帝国统治，1821年爆发争取独立的战争，1832年成立王国，1974年通过全民公投改为共和制。此后由新民主党和泛希腊社会主义运动（简称“泛希社运”）轮流执政。[③]

希腊也是奥林匹克运动的发源地。奥林匹克运动正是一种祭神的庆典活动。奥林匹亚有世界上最古老的运动场。之后，奥林匹克运动会虽然改在各国轮流举行，但仍然沿

---

① 中华人民共和国外交部．希腊国家概况 [EB/OL]. http://www.fmprc.gov.cn/web/gjhdq_676201/gj_676203/oz_678770/1206_679834/1206x0_679836/.2017-8-13.

② 刘增泉．希腊史——欧洲文明的起源 [M]. 台北：三民书局 ,2003. 4.

③ 中华人民共和国驻希腊共和国大使馆．希腊概况 [EB/OL]. http://www.fmprc.gov.cn/ce/cegr/chn/xlgk/t1309807.htm.2017-8-12.

用这一名称，并且在这里点燃各届运动会的圣火。公元前464年，周边城邦也派代表参加，使这种活动发展为和平与友谊的象征。希腊有无数的神庙，静静地述说着它久远的历史。这些神庙都是为了祭奠天神而建，历经了岁月的沧桑，游客们现在只能看到断壁残垣。但是，那些精美的石雕、科学的布局、恢弘的气势仍然能够震撼人的心灵。①

截至2016年，希腊全国总人口为1075万人。② 其中98%以上为希腊人，其余为穆斯林及其他少数民族。官方语言为希腊语，东正教为国教。首都位于雅典（Athens），人口381.2万人。③ 旅居希腊的华侨华人总数将近2万，也主要集中在雅典和萨洛尼卡，华侨华人有三分之一来自浙江省青田县，三分之一来自福建省，还有三分之一来自浙江温州和中国其他省市。④

（三）经济

2008年以前，希腊经济保持增长，增速高于欧盟平均水平，但2008年国际金融危机所引发的欧洲债务危机使希腊经济遭受重创。2013年，希腊连续第六年经济衰退，名义GDP为1821亿欧元，实际GDP为1610亿欧元，同比减少3.9%。其中，消费、投资和净出口对GDP的贡献率分别为87.2%、17.8%和–4.8%。

希腊工业基础较薄弱，规模较小，技术较落后。2013年工业产值234亿欧元，占国内生产总值的12.9%，主要工业有采矿、冶金、食品加工、纺织、造船、建筑等。2013年农业产值为59.3亿欧元，占国内生产总值的3.3%。2013年服务业总产值为1367.5亿欧元，约占国内生产总值的80.2%。2013年，希腊财政赤字53亿欧元，占GDP的2.9%。

截至2013年12月31日，希腊政府债务累计达4170亿欧元，其中政府债务、央行、金融机构债务额分别为2679亿欧元、516亿欧元和707亿欧元。贷款来源主要为欧委会、欧洲央行和国际货币基金组织的救助贷款。2014年一季度希腊公共债务预计为3148亿欧元。尽管希腊在3月底实现了约5亿欧元的基本盈余，但公共债务规模依然居高不下，据欧盟统计局的数据，希腊公共债务规模约为GDP的174.1%。⑤

（四）教育⑥

希腊教育从学前阶段开始，学前教育和护理由儿童和婴儿中心，或称日托中心或托儿所提供，包括私立和公立部门，供年龄在2个月到5岁之间的儿童学习。小学教育是义务性的，持续6年，包括1—6年级。

---

① 希腊华人网．希腊概况 [EB/OL]. http://www.grpressbeijing.com/shxx/467.html.2017-7-13.

② 世界银行数据．希腊 GDP、人口 [EB/OL]. http://data.worldbank.org.cn/country/greece?view=chart.2017-8-12.

③ 中华人民共和国驻希腊共和国大使馆．希腊概况 [EB/OL]. http://www.fmprc.gov.cn/ce/cegr/chn/xlgk/t1309807.htm.2017-8-12.

④ 中华人民共和国驻希腊共和国大使馆经济商务参赞处．希腊概况 [EB/OL]. http://gr.mofcom.gov.cn/article/ddgk/201506/20150601021850.shtml.2017-8-12.

⑤ 中华人民共和国商务部．希腊经济简况 [EB/OL]. http://www.mofcom.gov.cn/article/i/dxfw/jlyd/201505/ 20150500979773.shtml.2017-7-11.

⑥ World Data on Education-Greece:Compiled by UNESCO-IBE,Updated version, July 2012 [EB/OL]. http://www.ibe.unesco.org/.2017-10-11.

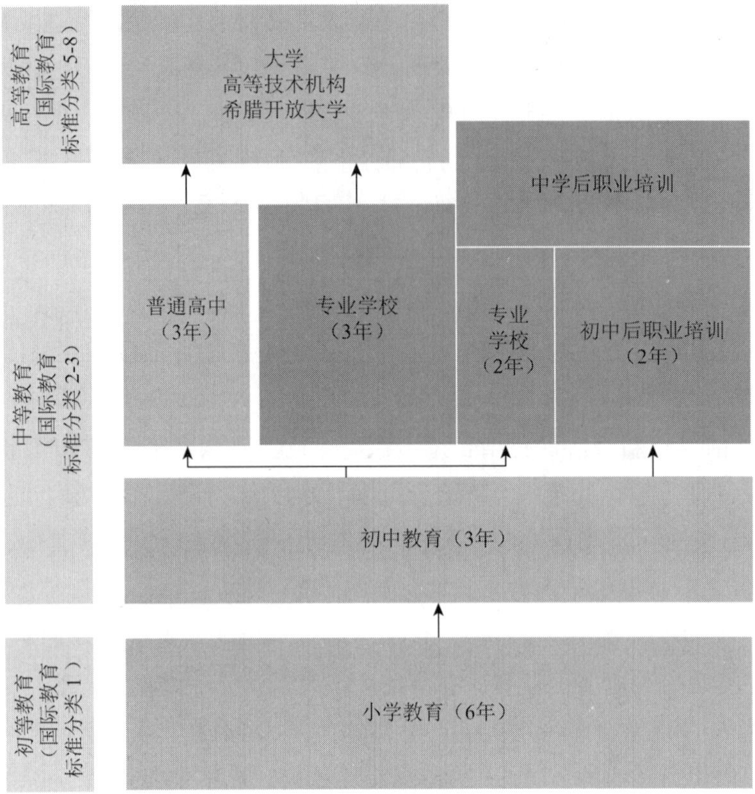

图 1　希腊教育体系①

初中教育和高中教育各持续 3 年，高中夜校为 14 岁以上的学生提供职前教育，学生成功地完成初中课程可获得初中毕业证书。在高中阶段，1997 年改革引入了统一的提供 3 年课程项目的学院，从第二年开始有人文、自然科学和技术三个主要科目。

目前，希腊实行 9 年制义务教育，公立中小学免费，大学实行奖学金制。全国共有高等教育机构 32 所，其中 18 所为综合性大学，14 所为技术教育学院，著名大学有雅典大学、萨洛尼卡大学、克里特大学、佩特雷大学、雅典工学院等。与综合大学相比，技术教育学院的专业设置和课程安排更强调实用性和技术性，所培养的专业技术人才更能适应社会多方面需要。希腊的高等教育水平比其他西欧国家低，许多学生选择到西欧国家接受高等教育。②

① CEDEFOP (European Centre for the Development of Vocational Training). Greece. Vocational Education and Training (VET) in Europe. Country Report 2009. Prepared by Refer Net Greece.

② 中华人民共和国驻希腊共和国大使馆经济商务参赞处 . 希腊概况 [EB/OL]. http://gr.mofcom.gov.cn/article/ddgk/201506/20150601021850.shtml.2017-7-12.

二、职业技术教育与培训的战略与法规

（一）战略

按照希腊的《国家战略参考框架》，职业技术教育与培训战略旨在配合经济与财政部项目，使希腊成为一个外向型的具有国际影响力的国家，一个富有经济竞争力和生产力的国家，一个重视教育和年轻人、重视质量、技术和创新环境的国家。因希腊的职业技术教育与培训面临诸多挑战，包括技术和社会的变化、人口统计的变化、瞬息万变的劳动力市场和持续存在的社会冲突，这就要求希腊的职业技术教育与培训战略必须关注上述社会和经济变化。具体而言，希腊职业技术教育与培训战略分为制度、国家和全球三个层面：制度层面通过持续的机构改革，加强职业技术教育与培训自身的发展；国家层面通过协调一致的政策，加强利益相关者之间的联系；全球层面为通过国际间跨区域、跨部门合作，促进资源整合。①

（二）法规

教育权作为公民的基本权利早已写入希腊《宪法》，希腊还颁布了多项法律与法令，规范和促进职业技术教育与培训的发展，主要如下：

1.《第 3475 号法令》（1997 年）

该法令确立了中等职业技术教育与培训的基本结构和组织管理模式，主要是统一了之前关于高中学校（学院）等其他一系列条款中的规定，包括与之相关的《第 2525 号法令》和《第 2640 法令》中关于职业技术教育学校的部分规定，法令也对希腊职业教育的组织和运行进行了相应的改革，建立了职业学院和职业培训学校的基本法制框架。

2.《第 2916 号法令》（2001 年）

该法令是针对中等后职业技术学院或技术培训机构所颁布的，囊括了之前的《第 1404 号法令》并辅以其他法规，将职业技术教育机构纳入高等教育水平，定性为技术类非大学机构，还提出了要建立国家职业教育培训体系，修订了中学后的职业培训框架。法令还建立了劳动力市场的需求记录制度，促进了职业资格框架的形成，明确了开发初级和继续培训课程的程序。②

3.《第 3685 号法令》（2008 年）

在 2005—2006 年期间，在博洛尼亚进程的实施框架内通过了几项立法措施，《第 3685 号法令》的颁布是对上述措施的综合，其规定了研究生学习的层级框架，根据这一法令，在某些条件下职业技术教育机构可以授予研究生文凭。法令还在确定了整个大学

---

① Greece TVET: Qualifications needs and implementation strategies.Published by UNESCO-UNEVOC International Centre for Technical and Vocational Education and Training UN Campus Platz der Vereinten Nationen 1 53113 Bonn Germany[EB/OL]http://unesdoc.unesco.org/images/0022/002294/229474e.pdf.2017-10.11.

② CEDEFOP (European Centre for the Development of Vocational Training). Greece.Vocational Education and Training (VET) in Europe. Country Report 2009. Preparedby Refer Net Greece.

和职业技术教育机构在组织运行和质量保证上的改革方向，以及在组织治理和高等教育机构资源分配上的调整，法令还规定在博士课程方面使用欧洲学分互认体系。

三、职业技术教育与培训的体系

希腊的职业技术教育与培训体系自高中阶段开始，中等职业教育主要由专业学校提供，而普通教育学院提供人文、自然科学等普通类课程。此外也有其他类型的文化团体，如教会、音乐、艺术、特殊教育与体育学院等提供初中后职业培训。①

部分专业学校还提供持续 2 年的课程，而在职培训通常需要 3 年，包括理论和车间实习两个部分。学生在成功完成了第一年的课程后才能进入第二年的车间实习阶段，在成功完成专业的学习后，学生将获得高中毕业证书，而后可直接进入劳动力市场就业。

高等职业教育与培训部分由社会机构提供，层级为非大学层次的中学后课程，通常持续两年，对于接受类似课程的职业教育的毕业生，后续培训通常持续两个学年，每个培训年包括两个单独学期，该机构对报名者没有年龄限制，但需达到初级中学毕业生条件。

高等职业教育的另一大部分则由理工学校和艺术高等学院、非大学技术教育机构和其他非大学高等学院提供，其大都以职业为导向，持续 2 到 3 年，学生只有通过国家考试系统的测试，才能进入高等职业教育序列。在该类职业技术教育机构要获得技术教育的文凭一般要学习 4 年，包括一个学期的实践培训，职业培训机构的课程均由各个领域的专业人士设计。②

为保障职业教育体系的质量，希腊政府于 2006 年成立质量保证和认证委员会，致力于提高系统效率、责任感和透明度，并通过法律形式完善关于教师评估和继续培训的实施，并着手建立职业技术教育与培训的质量保证框架。③

四、职业技术教育与培训的治理与教师

（一）治理

2009 年起，希腊教育部开始负责制定教育系统总体政策与规划，在此之前，是由教育、终身学习和宗教事务部负责，2009 年教育部开始全面负责希腊教育与职业教育的相关事宜，具体负责职业技术教育与培训治理的部门包括：

---

① EURYDICE. National system overview on education systems in Europe: Greece.European Commission, 2011 edition, September 2011.

② EURYDICE, CEDEFOP and ETF. Structures of education and training systems in Europe: Greece. European Commission, 2009/10 edition.

③ 刘承波，范文曜. 希腊高等教育治理体制与学校自治制度 [J]. 大学教育科学 ,2006(6).

1. 质量保证和认证委员会

质量保证和认证委员会负责职业教育和培训的组织和运行，并负责就相关议题提交提案到省负责职业教育和培训的部门。2010 年，该委员会下的国家资格认证组织成立。此外，教育部也监督国家职业教育和培训与就业制度的运作。

2. 国家教育委员会

国家教育委员会是教育部下辖的一个顾问组织，负责对政府在教育方面的政策和规划提出相关建议。其由大学教育理事会、高等技术教育理事会和初级教育理事会组成。2010 年，该理事会负责组织对于非正规学习结果的认证标准，以更好地提升高等技术教育在国内和欧洲范围内的认可度。

3. 国家教育研究院

国家教育研究院是教育部下属的一个有关课程发展与教材管理的咨询机构，也发布各个教育阶段包括职业教育领域的年度咨询报告。该研究院在 1996 年成立了教育评价部，特别针对教育活动和学生评价提出反馈与建议。此外，教育研究院还成立了职业教育师资培训部，并在 2011 年成立教育政策研究部，以为教育部的政策制定提供相关咨询与建议。

4. 区域职业教育理事会

该理事会是负责中等职业技术教育监督的非官方机构，其总部位于首都雅典。区域教育理事会不仅监督公立教育机构，也对私立教育机构的培训进行监督。其有专门的职业技术教育办公室，负责对各区域职业学校的运行进行监督指导。此外，理事会还负责对教师的教学活动和各机构的行政管理进行监督，其下辖的社区教育委员会由各个团体和家长代表组成，其会从资源分配与公平正义的角度来汇聚民众对职业教育系统的意见和建议，并呈报教育部相关部门。[①]

（二）教师

希腊中等职业技术教育的教师通常在大学完成 4 年课程，获得学士学位，并且在某一技术领域有至少 1 年的工作经历，有的专业还要求有至少 1 年的技术教育学校教学经验，且获得相应的证书。对有的艺术类专业教师，比如音乐教师则需要 5 年的培训时间或更长。

高等技术教育机构的师资任职资格：大学职前教师培训项目的时间为 4 年，而在专业领域项目即理工学校持续 4 到 5 年。1982 年的大学改革形成了两类的教职人员。第一类是辅助教师，包括学术助理、助理和研究生学者，其一般不是博士学位持有者。第二类是终身教学和研究教员，包括助理教授、副教授、教授。

教师的培训由区域教师进修中心提供。2002 年，希腊颁布的《第 2986 号法令》决

① 刘承波，范文曜．希腊高等教育治理体制与学校自治制度 [J]. 大学教育科学 ,2006(6).

定建立教师发展委员会，其由教育部负责监管，主要职责为规划包括职业教育师资在内的培训，协调教师进修的形式和实施方案，认证教师培训成果。

五、职业技术教育与培训的诉求与发展趋势

自2009年始，在希腊主权债务危机蔓延的情况下，连续的财政紧缩政策造成的经济衰退持续拖累劳动力市场，希腊就业人口不断下降，失业人口快速上升。截至2013年一季度，希腊全国就业人口359.6万人，失业人口135.5万人，失业率高达27.4%。其中，学历低、年龄小与女性劳动力的就业形势更加严峻。截至2013年一季度，从学历上看，无学历的人口失业率高达42.9%，小学学历的失业率为27.9%，大学学历失业率为17.6%，硕士及以上学历人口失业率最低，为15.3%；从年龄上看，失业率与年龄呈明显反比关系，随着就业人口年龄的增长，失业率逐步下降，15—24岁年轻人失业率高达60%，30—44岁为26.1%，45—64岁人口则为19.7%；从性别上看，女性平均失业率高达31%，远高于男性24.7%的水平。①

从产业分布来看，第三产业是希腊经济支柱产业，也是吸纳劳动力就业最多的部门。截至2013年一季度，希腊第三产业吸收了希腊70.4%的劳动力就业，其中商业批发零售及机动车修理行业就业人数最多，达65.1万人。第二产业吸收了16%的劳动力，其中制造业就业人数最多，为33.9万人。第一产业吸收了13.6%的就业人口。与2012年同期相比，第一产业就业人数同比略增0.4%，第三产业同比下降了2.5%，第二产业吸纳能力下降最快，同比下降了3.7%。② 因此，希腊职业教育与培训的工作重点将在年轻人的技能提高与更新上，尤其是第三产业与第二产业领域的人才培养，需要提升员工的适应性，以解决雇主与劳动力之间结构的不对称问题，其职业教育与培训发展的诉求与发展趋势应包括以下方面：

（一）重新定位职业技术教育与培训的角色

重振制造业是希腊提升就业率的关键，这就对技能型人才提出了新的要求，也为职业教育与培训创造了新的需求。根据泛希腊出口商协会和雅典工商会共同进行的一项调查显示，希腊的工业产出从2008年到2013年总共下降了30.3%，同期制造业失去五万多个就业岗位。1995年至2007年间，即危机爆发前，希腊工业总产值年平均增长率仅为0.6%，而2008年至2013年，年均下降幅度达到6.3%。从1995年到2010年，平均劳动力成本上涨了117%，生产率仅增长了9%，这意味着希腊工业产品的竞争力大幅度下降。这种收缩是由于在单位劳动力成本大幅度提高的情况下，劳动生产率并没有相应

① 吴婷婷，张夏欣．再议希腊债务危机：成因、影响与启示[J]. 金融理论与教学，2017(9).

② 驻希腊经商参处．希腊劳动力就业情况分析[EB/OL].http://gr.mofcom.gov.cn/article/ztdy/201308/20130800231165.shtml.2017-8-13.

增长。希腊制造业增长的机会被错过了，必须寻求摆脱危机的路径。[①]在这种情况下，要重振制造业，必须提高劳动生产率，而要提高劳动生产率，必须提高劳动力的劳动技能。因此，希腊职业技术教育与培训的需求与重要性不言而喻，这也为其发展提供了契机。

（二）重点发展特色产业所需的高技能人才

希腊旅游业是获得外汇来源和维持国际收支平衡的重要经济部门。自20世纪60年代以来，旅游业发展迅速，入境游客人数连年增长。近年来，希腊政府将旅游业发展重心从增加游客数量转向提高游客消费水平，取得了较好的经济和社会效益。2004年雅典奥运会为希腊旅游业打下了良好的基础，特别是基础设施建设明显提升，加之雅典卫城、德尔菲太阳神庙、奥林匹亚古运动场遗址、克里特岛迷宫、埃皮达夫罗斯露天剧场、维尔吉纳马其顿王墓、圣山、罗得岛、科孚岛等景点的持续吸引力，2013年全年希腊入境旅游人数1791万人次，同比上升6.0%。此外，希腊也是世界航运大国，海运业是国家经济的重要支柱产业，2012年，希腊海运业实现外汇收入133亿欧元，同比下降5.75%。截至2012年，希腊船东拥有千吨级以上船舶3428艘，总载重吨（DWT）2.45亿吨，占世界总载重吨15.56%，居世界第一位。[②]希腊类似特色产业的职业技能型人才有着巨大的需求缺口，所以职业技术教育与培训也需要对接产业发展需求，以为希腊经济恢复提供人力资源保障。

（三）加强职业技术教育与培训投入的保障

希腊债务危机以来，国家经济萎靡不振，制造业水平一直无法提升。究其原因，希腊劳动力结构严重不均衡，劳动生产率低下是其关键所在。全国总人口只有1100万的希腊，公共部门雇员居然达到了100万人。公共部门不仅庞大，公务员还获得高薪且工作属终身制，享受着“特权福利”。在这种官僚主义之下，不劳而获的文化和贿赂的文化盛行。[③]在这种环境中，职业教育和培训不被重视，在欧洲处于落后地位。希腊的教育投入由政府财政预算和个人投入两部分组成，政府投入占大部分，但近年其投入规模不仅缩小，比例也远低于欧盟其他成员国的平均水平，而用于职业教育与培训的投入更是少之又少。所以，加大职业技术教育与培训的财政投入将是希腊职教发展的基本保障，也是希腊经济振兴的重要途径。[④]

（深圳职业技术学院　技术与职业教育研究所　李亚昕）

---

① 驻希腊经商参处.出口促进希腊制造业增长[EB/OL].http://gr.mofcom.gov.cn/article/jmxw/201709/20170902648750.shtml.2017-8-16.

② 驻希腊经商参处.希腊经济简况[EB/OL].http://gr.mofcom.gov.cn/article/ztdy/201505/20150500979773.shtml.2017-8-12.

③ 许春华.希腊的“腐败怪异文化”[J].廉政瞭望,2013,(12).

④ 楼世洲，陈明昆.希腊职业教育改革和发展趋势[J].比较教育研究，2005（9）.

主要参考文献

[1] Greece TVET: Qualifications needs and implementation strategies.Published by UNESCO–UNEVOC International Centre for Technical and Vocational Education and Training UN Campus Platz der Vereinten Nationen 1 53113 Bonn Germany [EB/OL] http://unesdoc.unesco.org/images/0022/002294/229474e.pdf.2017–10.11.

[2] EURYDICE. Focus on the structure of higher education in Europe 2006/07. National trends in the Bologna Process. EURYDICE, European Unit, Brussels, March 2007.

[3] World Data on Education–Greece:Compiled by UNESCO–IBE,Updated version, July 2012. [EB/OL] http://www.ibe.unesco.org/.2017–10–11.

[4] EURYDICE, CEDEFOP and ETF. Structures of education and training systems in Europe: Greece. European Commission, 2009/10 edition.

[5] General Secretariat for Adult Education; Ministry of National Education and Religious Affairs. The development and state of the art of adult learning and education. Athens, May 2008.

[6] Hellenic Statistical Authority. Statistical yearbook of Greece 2009 and 2010. Athens, 2011.

[7] Ministry of National Education and Religious Affairs. National report: Greece. Presented at the 48th session of the International Conference on Education, Geneva, 2008.

[8] Ministry of National Education and Religious Affairs. National report of Greece. Presented at the 47th session of the International Conference on Education, Geneva, 2004.

塞浦路斯共和国

一、国家概况

（一）地理

塞浦路斯共和国（The Republic of Cyprus），简称塞浦路斯，为地中海最东面部的一个岛国，扼亚、非、欧三洲海上交通要冲，为地中海第三大岛，国土面积仅次于西西里岛和撒丁岛[①]。塞浦路斯东西长241千米，南北宽97千米，海岸线长537千米，面积9251平方千米。1974年希腊、土耳其两族分裂后，希族和土族分别占据领土的60%和37%，另有3%属于英国的两个主权基地。塞浦路斯北部为狭长山脉，多丘陵；南部为特鲁多斯山，西南部为山脉，地势较高；中部是肥沃的美索利亚平原。岛上无常流河，只有少数间歇河。最高点奥林匹斯峰海拔1951米。国土的36%~38%被森林覆盖。塞浦路斯北距土耳其80千米，东到叙利亚104千米，西至希腊克里特岛530千米，南到苏伊士运河439千米。塞浦路斯与希腊、土耳其、叙利亚、黎巴嫩、以色列、埃及隔海相望，自古以来就是连结中东、非洲和欧洲的交通要道。[②]首都是尼克亚拉，属亚热带地中海型气候，夏季炎热干燥、冬季温和多雨，全年有阳光辐射的天数达300天左右。高温时期少雨，低温时期多雨，雨季通常在11月份和次年的3月份之间。

（二）人文

大约在9000年以前塞浦路斯岛就已经有人类生活。公元前2000年，希腊人来到塞岛，后曾被埃及、波斯等国征服。公元前30年并入罗马帝国；公元330年至1191年归属拜占庭帝国；此后在十字军东征时代塞浦路斯先后被法国人及威尼斯人占领；1571—1878年被奥斯曼土耳其帝国统治；1878年土耳其将塞浦路斯租让给英国，1925年成为英国"直辖殖民地"。

20世纪50年代初期，塞浦路斯爆发反英独立运动，其主要原因为希族与希腊合并，遭到土族抵制，由此引发近代希土两族矛盾的激化。1959年2月，塞浦路斯与英、

---

① 塞浦路斯共和国驻华使馆 . 塞浦路斯简介 [EB/OL]. http://www.mfa.gov.cy/mfa/embassies/embassy_beijing.nsf/DMLcy_ol/DMLcy_ol?Opendocument.2017-8-12.

② 华欧旅游 . 塞浦路斯简介 [EB/OL]. http://www.ecconnect.co.uk/cyprusoverview.html#location.2017-8-13.

希、土三国签订苏黎世—伦敦协议，确定了独立后国家的基本结构和内部两族权力分配。1960 年塞浦路斯同上述三国签订“保证条约”，由它们担当其独立、领土完整和安全的“保证国”，并同希、土订立有“同盟条约”，规定它们在塞浦路斯有驻军权。1960 年 8 月 16 日塞浦路斯宣布独立，成立塞浦路斯共和国，确定每年的 10 月 1 日为国庆日。1961 年 3 月加入英联邦。1963 年底，马卡里奥斯总统提出修改宪法建议，遭土族拒绝，两族发生武装冲突。1964 年联合国维和部队进驻塞岛。

1974 年 7 月，希腊军人集团在塞浦路斯策动政变，企图推翻马卡里奥斯政权，土耳其以保护土族为由出兵塞岛，占领北部 37% 的领土，并将土族居民全部北移。战争中希族人约 20 万南迁。1975 年 2 月和 1983 年 11 月 15 日，土族先后宣布成立“塞浦路斯土族邦”和“北塞浦路斯土耳其共和国”，形成两族南北分治局面。“北塞浦路斯土耳其共和国”仅得到土耳其的承认。自 1975 年以来，两族领导人在联合国秘书长主持下展开了时断时续的谈判，但迄今未取得突破性进展。①

截至 2011 年，塞浦路斯共和国总人口有 85.4 万人，其中城镇人口占 67.4%，农村人口占 32.6%，本国公民占 79.4%，非本国公民占 20.3%，其他情况占 0.3%。全岛人口希腊族占 71.8%，土耳其族人口占 9.5%，外国居民占 18.7%。官方语言为希腊语和土耳其语，通用语言为英语。② 随着欧洲和亚太移民的不断涌入，在多元文化的交汇中，塞浦路斯的种族语言更为多样化。从地理方位来看，塞浦路斯属于亚洲，但由于它是个英联邦国家，政治、文化体系继承了英国传统，所以它通常被视为欧洲国家。

（三）经济

20 世纪 60 年代，农业一直是塞浦路斯国民经济的支柱。但自 70 年代中期塞浦路斯分裂以来，经济结构发生较大变化，从 70 年代至 80 年代中期，加工制造业迅速发展。之后，船运、旅游、金融业等服务业取代制造业，成为拉动经济增长的主力。20 世纪 90 年代，塞浦路斯加快经济发展步伐，第三产业成为拉动经济增长的主要产业，农业和加工制造业保持稳定增长，实现经济的全面发展③。90 年代后期，塞浦路斯成为欧盟成员候选国，开始按照入盟要求对经济政策、结构进行调整。2004 年 5 月 1 日，正式加入欧盟，2008 年 1 月 1 日顺利加入欧元区，进一步融入欧洲经济体。塞浦路斯得益于以市场为主导的经济体系，以及政府健全的宏观经济政策，轻工业和服务业得到快速发展。以度假旅游为特征的旅游业，2010 年以来成为国家外汇收入主要来源和拉动经济增长的支柱产业，包括旅游业的服务业占国内生产总值近八成，雇用超过七成劳动人口。2012 年 6 月，受希腊债务危机影响陷入财政危机，不得不向欧盟申请救助。2013 年 3 月，塞浦路斯与

① 中华人民共和国驻塞浦路斯共和国大使馆 . 塞浦路斯共和国概况 [EB/OL].http://cy.china-embassy.org/chn/splsgk/t310223.htm.2077-04-10.

② 中华人民共和国驻塞浦路斯共和国大使馆经济商务参赞处 . 塞浦路斯人口与民族 [EB/OL].http://cy.mofcom.gov.cn/article/ddgk/zwrenkou/201407/20140700647434.shtml.2017-8-12.

③ Republic of Cyprus From 1960 to the Present Day, The Press and Information Office, Republic of Cyprus, 2002.

欧洲联盟、国际货币基金组织和欧洲央行达成 100 亿欧元救助性协议，条件是对境内第一、第二大银行超过 10 万欧元以上的存款进行重组。[①]

（四）教育

塞浦路斯实行小学和初中的义务教育，15 岁以上人口受教育率为 97%。多年来，教育经费占政府预算的 13% 左右。塞浦路斯有各类学校 1270 所，在校学生 179650 人，其中约 70% 就读于公立学校，其余 30% 就读于私立学校。有一所综合性大学，其余为 30 所各种高等专科学校。近 50% 的高中毕业生升入本国高等专科学校，其余到国外留学，每年在国外的留学生约 1 万人。专科学校主要根据本国特色，开设旅游、酒店管理、以及 MBA 等课程，其文凭被欧洲国家认可。大学毕业生占人口比例的 23%，中小学和高等专科学校的师生比例为 1∶12.2。[②]

就教育体制而言，塞浦路斯有公立教育和私立教育两种教育形式。公立教育对学生免费，包括六年制小学教育和六年制中学教育。基础教育实施的是英式教育，学校主要以希腊语授课，教师需要持有英国的教师资格证才能上岗，学生毕业后也可进入英国的大学读书；私立学校主要以英语授课，教育费用一律由学生自己承担。

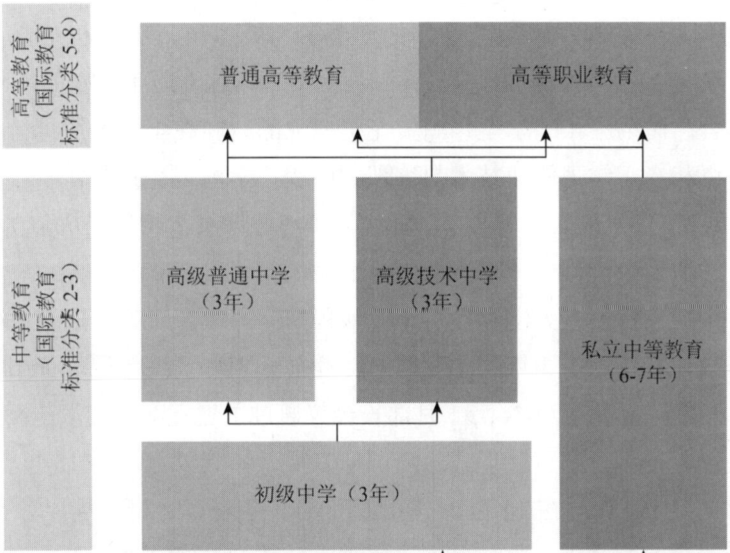

图 1　塞浦路斯教育体系[③]

① 中国驻塞浦路斯大使馆经济商务参赞处 . 对外投资合作国别（地区）指南——塞浦路斯：商务出版社 .2014:7

② 中华人民共和国外交部 . 塞浦路斯 [EB/OL].http://wcm.fmprc.gov.cn/pub/chn/gxh/cgb/gj/yz/1206_26/1206x0/. 2017-8-7.

③ 联合国教科文组织国际职业技术教育及培训中心编制 (UNESCO-IBE). 世界教育数据 (第 7 版).2010/2011.

二、职业技术教育与培训的战略

在《2011年塞浦路斯国家改革计划》的框架下正在进行的教育改革致力于提升教育体制各个层面的变革与创新，塞浦路斯职业教育与培训的战略目标就是满足劳动力市场的需求，其战略发展计划的重点主要包括：完善职业教育和培训体系，建立终身学习机制；紧密联系当代科技与信息技术，瞄准劳动力市场的需求；为参与者提供多重技能，以增强就业的灵活性与适应性。同时，通过公立和私立部门之间的合作，加强培训基础设施建设；建立国家资格框架，以承认各种非正规教育的形式，全面提升职业教育与培训的吸引力，满足学生的未来的需求以及社会的挑战。①

三、职业技术教育与培训的体系与质量保障

（一）体系

塞浦路斯的职业技术教育与培训始于初级中学之后，公立职业教育持续时间为3年。自2001年以来，职业技术教育提供理论和实践两个方向，第一年的学习在两个方向中都是类似的，学生在第二年和第三年就要专业化。理论方向是完全以学校为基础的，将普通教育科目和科学（约占计划的58%）与技术研讨课题相结合。实践方向的第一年和第二年也完全以学校为基础，将普通教育科目（约42.5%的课程）与技术和研讨课题相结合，而第三年的学生每周要花费三天的时间在工作场所进行监督培训。夜间技术学校提供相当于常规职业技术与培训的课程，学习是免费的，项目的持续时间是1至4年，这取决于学生的教育背景，毕业生获得毕业证书，相当于从公立技术学校获得证书。

高等教育机构包括公立大学和提供专业课程的高等教育机构，以及一些私立高等专业教育机构，学习持续1至3年的专业方向课程会分别颁发一年课程证书、两年制文凭或高级文凭（三年课程）。2007年11月部长会议通过了建立新现代学徒制的建议。它旨在为年轻人提供一种可行的替代形式的培训和发展，该建议已于2015年全面投入运行。新现代学徒制度将针对年龄在14至25岁之间的青少年进行，目标是针对年满14周岁却未完成初中阶段学习的学生，由其自主选择进入学徒制系统，通常是在8年级之后，学习的时间为两年。学徒证书可从事所学领域的工作，但不能作为升入高等教育体系的凭证，但已与国家职业资格认证体系挂钩。②

---

① VOCATIONAL EDUCATION AND TRAINING AND EMPLOYMENT SERVICES IN CYPRUS：Prepared by: Iacovos Aristidou–Intercollege, Cyprus[EB/OL].http://www.etf.europa.eu/webatt.nsf/0/C12578310056925BC125716C00446BB9/$file/ENL_MON_CY_03_EN.pdf.2017–10–11.

② CEDEFOP (European Centre for the Development of Vocational Training). Cyprus.Vocational Education and Training (VET) in Europe. Country Report 2011. Prepared by Refer Net Cyprus.

（二）保障

2016 年，塞浦路斯成立高等教育质量保证与认证委员会，负责包括职业技术教育与培训在内的教育质量保障事宜，塞浦路斯的质量保障体系包括以下三个方面：

1. 塞浦路斯高等教育学历认证委员会

学历认证委员会是对塞浦路斯职业教育及高等院校在国内外颁发的毕业文凭进行认证的国家主管机构。作为国家教育信息中心，它是由国家教育文化部资助和行政支持的一个独立机构。由于在塞浦路斯可选择的各种质量和种类的高等教育机构日益增多，此类机构的学生和毕业生数量又不断增长，该委员会的成立可以为高等教育和职业教育机构授予的学历进行认证，以避免劳动力在塞浦路斯国内和欧盟区域内流动所带来的学历和技能迁移问题，其机构由一名塞浦路斯大学教授担任主席，一名司法部高级法律专员，以及其余多位行业专家组成。

2. 职业技术教育评估 – 认证委员会

该委员会隶属塞浦路斯教育部，主要针对职业技术教育与培训机构的办学资质、课程体系与师资配置等进行评估，并对其课程实施的具体过程进行监管。教育评估 – 认证委员会是一个独立的机构，委员会主席经教育和文化部部长推荐，由内阁委任。

3. 私立大学评估委员会

私立大学评估委员会基于私立大学法案，是审议塞浦路斯私立大学的建立申请、运行和控制的主管部门。委员会办公室有 7 名成员，任期为 5 年。委员会经教育和文化部部长推荐，由部长会议通过而设立。私立大学评估委员会以召开会议的方式履职，包括审议和评估私立职业教育与培训机构的相关事宜。委员会可委任专家小组来审查某些申请程序，但最终决定由评估委员会做出。私立职业教育机构被授权后，每 5 年要接受一次办学资质评估。

四、职业技术教育与培训的治理与教师

塞浦路斯教育管理是集中式的，由教育文化部授权，教育决策的最高权力机构是部长理事会。该部负责教育管理、教育法律的执行，并与司法部长办公室合作以及编制教育法案，议案提交议会辩论，由众议院批准。此外，还有如下机构共同参与塞浦路斯的职业教育治理：

1. 中等技术职业教育咨询委员会

中等技术职业教育咨询委员会是一个处理中等技术和职业教育问题的专业机构，并负责向教育文化部提供咨询意见和建议。自 2005 年 5 月起，原属该委员会的学徒制管理被分配给劳动和社会保障部下辖的塞浦路斯生产力中心负责。

2. 人力资源开发局

该局的前身是于 1979 年成立的工业培训局，由政府、雇主和工会代表组成，其主要任

务是通过培训提升塞浦路斯的人力资源质量，以提高他们在整个欧盟区域的就业竞争能力。①

3. 教育委员会

教育委员会是教育文化部的一个咨询机构，由规划局的代表、人力资源与社会保障部的行政负责人，以及教会代表、教育的议会委员会、家长协会、教师工会和对教育事宜感兴趣的 7 名知名人士组成。

塞浦路斯高等教育认证委员会是一个负责高等教育机构资格认证的独立机构，下辖教育评估和认证委员会、质量保证和认证委员会，前者负责向教育文化部提供关于高等教育机构的建立，监督和运作的建议，而后者负责所有高等教育机构的外部评估。②

此外，在塞浦路斯教师是很有吸引力的职业，因为教师整体的薪金水平和附加福利，包括养老金和健康保险都比较健全，加之与私营部门相比，学校有更长的假期和相对短的工作时间，所以与企业员工相比，教师的工作是非常有吸引力的，但从事中等教育的最低条件是持有学士学位文凭。鉴于大多数新进教师没有经过任何训练，塞浦路斯教育与文化部又开设了相关的教师培训项目，方式是通过类似于顶岗实习的方式进行，将新教师置于教师团队之中，以解决其经验不足的问题。

五、职业技术教育与培训诉求与发展趋势

《2011 年塞浦路斯国家改革计划》为教育系统的发展指明了方向，职业技术教育与培训在改革中实践着不断完善系统的战略指向，在全球化和信息化的发展新阶段，职业技术教育系统致力于满足学生和社会的需求。职业技术教育领域的需求包括：引进新学校课程；引入新学科；引进最新的技术和升级的信息技术；发展新的职业分支和专业；引进终身学习项目；学徒学习计划的重组和现代化；加强中等技术和职业教育与其他教育部门的密切联系；对技术教育师资进行系统的在职培训等等。③具体来说，塞浦路斯的职业技术教育发展诉求主要体现在以下几点：

（一）优化教育环境，制定面向国际的职业技术教育与培训政策

教育政策关系到一个国家教育的整体环境，辐射于整个社会的生活和文化，关系着社会发展的前途和命运，影响着受教育群体的信念与未来，因此教育政策的制定要极其慎重。基于塞浦路斯多民族的民族结构和多元文化并存的现实考虑，优化教育的整体环境，制定职业技术教育与培训政策应注意以下几点：首先，政策的制定要具有一定的可操作性，应该充分尊重各民族的民族习惯和特色，避免引发民族矛盾和争议；其次，在经济全球化和欧盟一体化的背景下，教育政策规划需要以国内不同民族风俗习惯和文化

① EURYDICE, CEDEFOP and ETF. Structures of education and training systems in Europe: Cyprus. European Commission, 2009/10 edition.

② CEDEFOP (European Centre for the Development of Vocational Training). Cyprus.Vocational Education and Training (VET) in Europe. Country Report 2011. Prepared by Refer Net Cyprus.

③ 塞浦路斯教育和文化部 .Innovations in the field of STVE.http://www.moec.gov.cy/mtee/en/innovations.html.

构成为前提，注重教育的公平性，允许各民族在塞浦路斯都能享受到受教育的权利和自由；最后，从塞浦路斯的职业技术教育与培训的现实情况考察来看，本国的受教育者出国留学的比重较大，高等学校教育生源结构也非常国际化，由此基于对受教育者未来的发展考虑，教育与培训政策的制定和规划应该立足国际，着眼于未来，侧重于让受教育者毕业后有更好的未来方向和选择。这不仅是塞浦路斯保持民族与文化特色的要求，也是其面向未来面向国际的教育改革大势所趋。

（二）根植教育教学，推进职业技术教育与培训的信息化

伴随着信息化的浪潮，各国教育已经渐趋走向国际，全球范围内的教育革新声势浩大。信息化像是可以打开世界之门的窗户，能够大大提升教育与培训的效果和效率，但是对于职业技术教育而言仍然是一个任重而道远的新课题。目前，塞浦路斯的技术和职业教育系统需要的是教学方法和教学内容的革新，目的是使学校毕业生能够更开阔地面对新形势和新机会。今天的毕业生完成了他们的学习课程，他们被投到就业市场，没有足够的知识基础来与其他欧洲毕业生在平等机会的基础上竞争。考虑到必要的教育基础，他们应该在他们所选择的职业或他们所期望的研究领域中取得更大的发展空间①。得益于当前信息技术的飞速发展，在中等和高等职业技术教育与培训中引进信息技术已经不是难题，2001—2002 学年开始，塞浦路斯在 STVE 课程和教学方法上都有了重要的变化。增加的预算以建立现代化的教育基础设施，包括最新的图书馆和车间设备技术。因此，在今后的教育规划中，将信息技术贯穿于教育教学全过程，以及全面、有效地提升（职业技术）教育的信息化水平将是塞浦路斯实现教育革新的重要内容。

（三）立足市场，服务区域职业技术教育与培训市场需求

长期以来，旅游业都是塞浦路斯振兴社会经济的重要手段。20 世纪 90 年代，塞浦路斯对旅游开发进行规范，主要包括市场营销、旅游设施和住宿开发等内容。作为旅游强国，塞浦路斯大学的旅游系在世界排名前列，而且从高中开始开设的就有旅游和旅游业等课程，供学生们学习。很多专科学校专门设有酒店管理、旅游业以及和旅游相关的 MBA 等课程。随着近年来海盗旅游的兴盛，游客对多样化旅游产品需求不断攀升，以旅游业带动的经济市场范围不断扩大，区域或地区对旅游相关的专业（职业技术）教育与培训资源的需求也逐年增长，这就为塞浦路斯（职业技术）教育与培训发展提供了良好的发展契机。立足塞浦路斯得天独厚的旅游业发展优势，如何发挥职业技术教育的服务功能，如何以满足市场需求为前提，培养区域发展需要的职业技术教育人才，为经济发展提供人力资源是塞浦路斯经济进一步发展对教育的提问，也是职业教育面对市场的挑战需要解决的问题。

（深圳职业技术学院　技术与职业教育研究所　李亚昕）

① 塞浦路斯教育和文化部 .http://www.moec.gov.cy/mtee/en/index.html.

主要参考文献

[1] 中华人民共和国外交部 . 塞浦路斯 [EB/OL]. http://wcm.fmprc.gov.cn/pub/chn/gxh/cgb/gj/yz/1206_26/1206x0/

[2] 中华人民共和国驻塞浦路斯共和国大使馆 . 塞浦路斯共和国概况 [EB/OL]. http://cy.china-embassy.org/chn/splsgk/t310223.htm.

[3] 塞浦路斯教育和文化部 .http://www.moec.gov.cy/mtee/en/index.html.

[4] 联合国教科文组织国际职业技术教育及培训中心编制 (UNESCO-IBE)：世界教育数据 (第 7 版).2010/2011 年 .

[5] 中国驻塞浦路斯大使馆经济商务参赞处 . 对外投资合作国别 (地区) 指南——塞浦路斯：商务出版社 .2014:7.

[6] CEDEFOP (European Centre for the Development of Vocational Training). Cyprus. Vocational Education and Training (VET) in Europe. Country Report 2011. Prepared by Refer Net Cyprus.

[7] Cyprus Statistical Service. Statistics on education 2009/10. Nicosia, November 2011.

[8] EURYDICE. National system overview on education systems in Europe: Cyprus. European Commission, 2011 edition, October 2011.

阿拉伯埃及共和国

一、国家概况

（一）地理

阿拉伯埃及共和国（The Arab Republic of Egypt），简称“埃及”。国土面积 100.145 万平方千米，呈不规则的四方形。地形平缓，多为沙漠、低高原与丘陵山地，没有高山。尼罗河三角洲和北部沿海地区属地中海型气候，气候相对温和，平均气温 1 月 12℃，7 月 26℃。其余大部分地区属热带沙漠气候，夏季气温较高，昼夜温差较大，炎热干燥，沙漠地区气温可达 40℃。每年 4—5 月常有“五旬风”。埃及跨亚、非两大洲，大部分位于非洲东北部，只有苏伊士运河以东的西奈半岛位于亚洲西南部。西连利比亚，南接苏丹，东临红海并与巴勒斯坦、以色列接壤，东南与约旦、沙特阿拉伯相望，北濒地中海。海岸线长约 2900 千米。全境干燥少雨。埃及既是亚、非之间的陆地交通要冲，也是大西洋于印度洋之间海上航线的捷径，战略位置十分重要。①

（二）人文

埃及是世界四大文明古国之一。公元前 3200 年，美尼斯统一埃及建立了第一个奴隶制国家。当时国王称法老，主要经历了早王国、古王国、中王国、新王国和后王朝时期，30 个王朝。古王国开始大规模建金字塔；中王国经济发展、文艺复兴；新王国生产力显著提高，开始对外扩张，成为军事帝国；后王朝时期，内乱频繁，外患不断，国力日衰。

公元前 525 年，埃及成为波斯帝国的一个行省。在此后的一千多年间，埃及相继被希腊和罗马征服。公元 641 年阿拉伯人入侵，埃及逐渐阿拉伯化，成为伊斯兰教一个重要中心。1517 年被土耳其人征服，成为奥斯曼帝国的行省。1882 年英军占领后成为英国“保护国”。1922 年 2 月 28 日英国宣布埃及为独立国家，但保留对国防、外交、少数民族等问题的处置权。1952 年 7 月 23 日，以纳赛尔为首的自由军官组织推翻法鲁克王朝，成立革命指导委员会，掌握国家政权。

1953 年 6 月 18 日宣布成立埃及共和国。1958 年 2 月同叙利亚合并成立阿拉伯联合

① 中华人民共和国外交部 . 埃及国家概况 [EB/OL].http://www.fmprc.gov.cn/web/gjhdq_676201/gj_676203/fz_677316/1206_677342/1206x0_677344/.2017-8-7.

共和国。1961年叙利亚发生政变，退出"阿联"。1970年纳赛尔总统病逝，萨达特继任总统。1971年9月1日改名为阿拉伯埃及共和国。[①]1978年与以色列签订和平条约。1982年取回西奈半岛主权。2011年发生茉莉花革命。2012年民选总统穆罕默德·穆尔西上台。2016年10月28日，埃及当选联合国人权理事会成员，任期从2017年至2019年。

埃及是阿拉伯世界中人口最多的国家，人口达7950万，主要是阿拉伯人。人口增长很快，且居住高度集中，绝大多数生活在河谷和三角洲地区。埃及人口剧增带来严重的贫困问题，据埃及政府的数据显示，2010—2011财政年度里，埃及的贫困率为25.2%，比2008—2009财年的21.6%上升了3.6个百分点。农村的贫困率更高达51.4%。而按照联合国每天生活费低于2美元的标准计算，埃及的贫困人口比例则高达40%，大约有1500万人栖身于贫民窟或棚户区内。

伊斯兰教为国教，其信徒主要是逊尼派，占总人口的84%。科普特基督徒和其他信徒约占16%。官方语言为阿拉伯语，通用英语和法语。[②]

2008年4月，埃及有两个新省成立，分别是十月六日省及赫勒万省。2009年12月，卢克索省成立，省的数目增至29个。2011年4月，十月六日省及赫勒万省分别被并入吉萨省及开罗省，省的数目减至27个。

（三）经济

埃及经济的多元化程度在中东地区名列前茅，各项重要产业如工业、农业、服务业和旅游业有着几乎同等的发展比重。埃及被认为是一个中等强国，在地中海、中东和伊斯兰信仰地区尤其有广泛的影响力。

埃及经济属开放型市场经济，拥有相对完整的工业、农业和服务业体系。工业以纺织与食品加工等轻工业为主，重工业以石油化工业、机械制造业与汽车工业为主，工业约占国内生产总值的16%，工业产品出口约占商品出口总额的60%，工业从业人员274万人，占全国劳动力总数的14%。工业企业过去一直以国营为主体，自20世纪90年代初开始，埃及开始积极推行私有化改革，出售企业上百家。

埃及三分之一以上的职业人口从事农业。全国可耕地面积为310万公顷，约占国土总面积的3.7%，绝大部分为灌溉地。耕作集约，年可二熟或三熟，是非洲单位面积产量最高的国家。主产长绒棉和稻米，产量均居非洲首位，玉米、小麦居非洲前列，还产甘蔗、花生等。农业在埃及国民经济中占有重要的地位。农村人口占总人口的55%，农业占国内生产总值14%。政府极为重视农业发展和扩大耕地面积。主要农作物有棉花、小麦、水稻、高粱、玉米、甘蔗、亚麻、花生、水果、蔬菜等。

---

① 中国网.埃及国家概况[EB/OL].http://www.china.com.cn/international/txt/2011-02/23/content_21987274.htm.2011-02-23

② 中国人大网.埃及概况[EB/OL].http://www.npc.gov.cn/npc/zt/ws/wzgcf/2010-03/19/content_1564385.htm.2017-03-19

服务业以旅游业为主，约占国内生产总值的50%，主要旅游景点有金字塔、狮身人面像、卢克索神庙、阿斯旺高坝、沙姆沙伊赫等。2012年旅游收入约100亿美元。2012—2013财年第三季度，旅游收入增长18%。石油天然气、旅游、侨汇和苏伊士运河是四大外汇收入来源。埃及同120多个国家和地区有贸易关系，主要贸易伙伴是美国、法国、德国、意大利、英国、日本、沙特、阿联酋等。

2011年初以来的埃及动荡局势对国民经济造成严重冲击。埃及政府采取措施恢复生产，增收节支，吸引外资，改善民生，多方寻求国际支持与援助，以度过经济困难，但收效有限。2013年7月临时政府上台后，经济面临较大困难，在海湾阿拉伯国家的大量财政支持下，经济情况较前有所好转。2014年6月新政府成立后，大力发展经济，改善民生。[①] 2016年埃及国民生产总值达2.71万亿美元，人均国内生产总值为3640美元。[②]

（四）教育

纵观埃及近代以来的教育发展，从19世纪教育的世俗化改革到20世纪50年代以来的大众化改革，无不体现着教育与经济之间的因时互动。1952—1970年的纳赛尔时期，为了适应不同生产领域对训练有素劳动力的需要，大力发展科学教育、技术教育和职业教育，成为革命以来的最惊人的教育进步。为了推动技术与工程教育，埃及于1961年和1962年分别成立了开罗综合技术学院和高等工业学院。至1970—1981年的萨达特时期，更加注重发展职业技术教育，并且开始成立专门机构来规划职业教育发展，以使职业教育人才培养与社会经济结构相适应，如埃及于1970年成立中央技术教育委员会制定各类技术教育的长期发展计划，甚至包括在声誉卓著的普通中学内设置相关职教课程。计划中的一部分是要把技术教育与工业生产和服务相联系，以使得课程标准能够最大程度与专业标准对接。与此同时，埃及政府开始注重对人力资源的总体规划，并于1974年由劳动人事部对职业分类起草了第一份科学规划。1981年至今的穆巴拉克时期，为适应时代需求和劳动力市场的需要，埃及教育部在增加技术教育学校与提高技术教育质量方面取得显著进步。仅1999年就建立了53所新的技术学校，毕业生总数达到569901人，投资拨款2795.7万埃镑。此外，巴哈丁提出的面向未来的教育发展战略强调教育的目标不仅仅是培养适应本时代的人才，更要培养适应未来几个时代的人才，这样才能够保证埃及的持续发展。

---

① 中华人民共和国外交部．埃及国家概况 [EB/OL].http://www.fmprc.gov.cn/web/gjhdq_676201/gj_676203/fz_677316/1206_677342/1206x0_677344/.2017-7-11.

② 全球宏观经济数据．阿拉伯埃及共和国 [EB/OL].http://finance.sina.com.cn/worldmac/nation_EG.shtml. 2017-7-10.

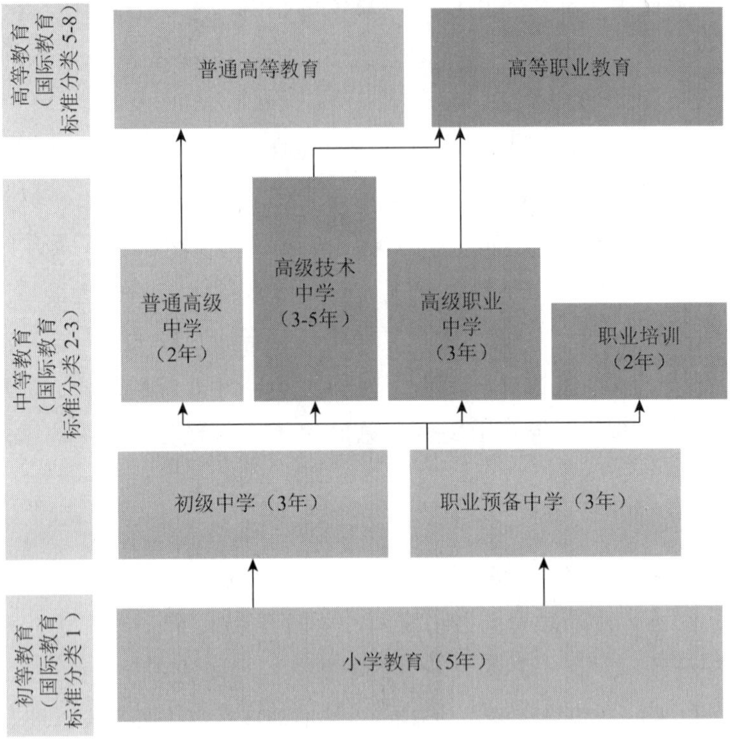

图 1　埃及的教育体系结构[①]

当前，埃及学前教育（幼儿园）是一个独立的教育阶段，教育对象为 4—5 岁的孩子，一般持续两年。义务基础教育从 6 岁开始，包括初级和预备教育。埃及实行普及小学义务教育制度。全国共有基础教育（含小学、初中、高中和中等技术教育）学校 42184 所，其中公立学校 37218 所，私立学校 4966 所。共有大学 34 所，其中公立大学 18 所，私立大学 16 所。著名的有开罗大学、亚历山大大学、艾因·夏姆斯大学、爱资哈尔大学等，高等教育中大学的平均入学率达 32%。[②]

二、职业技术教育与培训的战略与法规

（一）战略

埃及的民主进程目前正在推进，其中的社会不平等与青年失业问题非常突出，职业教育作为其中的一环至关重要，其重要性不言而喻。《2007—2011 埃及国家发展战略》对职业技术教育与培训的战略目标表述如下：完善职业教育考试和评估体系；整合中等

① World TVET Database Philippines. Compiled by: UNESCO-UNEVOC International Centre for Technical and Vocational Education and Training[EB/OL].http://www.unevoc.unesco.org/wtdb/worldtvetdatabase_phl_En.pdf.2017-10-10./worldtvetdatabase_phl_En.pdf.2017-10-10.

② 中国新闻网 . 埃及国家概况 [EB/OL].http://www.chinanews.com/gj/zlk/2014/01-15/4.shtml.2017-8-11.

职业教育院校和专业设置；为未来职业技术教育的发展提供创新模式。①

2011 年，由教育部制定的《技术教育战略（2011—2016）》为埃及职业技术教育的发展制定了一个具体的框架计划，具体措施包括改善学校基础设置，提升教学水平以保证职业教育质量；扩大招生规模，利用信息及时从劳动力市场获取信息；建立校企合作机制，实施分权和自我管理；吸引非传统和外部的职业教育经费来源，发展继续教育培训，增强职业教育吸引力。《技术教育战略（2011—2016）》的目的是建立一个在经济和社会中起关键作用的职业技术教育体系，通过提供高质量的职业教育促进社会经济创造性和批判性的发展。②

（二）法规

埃及《1971 年宪法》第 18 条规定，教育是社会发展的基本手段，教育是国家所保障的权利。初等教育周期是义务性的，国家应努力将义务教育延伸至其他教育周期。在职业技术教育与培训方面，相关的法规主要如下：

1.《第 209 号部长令》（1988）

1988 年颁布的《第 209 号部长令》规定，在预备阶段设立职业学校，并向小学毕业生开放，该类职业预备学校学制 3 年，作为普通教育与中等职业教育的过渡教育类型，起到一个承上启下的作用。

2.《2655 号部长级法令》（2006）

2006 年的《2655 号部长级法令》制定了有关技术学院的运行规范，重点是重新组织了 8 所技术学院的组织管理机构，并决定建立技术学院理事会管理制度。同年的《第 82 号法律》在总理的授权下，通过了设立国家教育质量保证和认证机构的决议。

三、职业技术教育与培训的体系与质量保障

（一）体系

埃及的职业教育体系始于基础教育阶段的初级学习，但初中只是作为预科阶段，正规的职业教育要从高中阶段开始。埃及的中职分为中等职业教育和中等技术教育两种类型，中等职业教育持续 3 年，主要集中在服务领域的课程。中等技术教育主要在工业、农业和商业领域，其分为 3 年和 5 年两个层次：3 年课程是为中级技术人员准备的；5 年课程是为高级技术人员准备的。在普通中等教育结束时通过考试的学生被授予普通中等教育证书。为期 3 年的技术课程结束时通过考试的学生在商业、工业、农业等领域获得中学技术文凭；在 5 年计划结束时通过中央考试的人，可获得高级技术研究的文凭。

---

① World TVET Database Philippines. Compiled by: UNESCO-UNEVOC International Centre for Technical and Vocational Education and Training[EB/OL].http://www.unevoc.unesco.org/wtdb/worldtvetdatabase_phl_En.pdf.2017-10-10.

② Louisa Loveluck. Education in Egypt: Key Challenges[EB/OL].https://www.chathamhouse.org/sites/files/chathamhouse/public/Research/Middle%20East/0312egyptedu_background.pdf.2010-10-8.

高等教育由大学和非大学高等教育机构提供，对所有持有普通中等教育证书的学生、拥有高等技术文凭的学生或有高级技术研究文凭的学生开放。高等院校提供4年制专业课程，获得与学士学位同等的学位；再过2年，获得硕士学位。一些高等院校也提供了3年的课程，以获得更高的技术文凭。大学提供学术和专业的课程。取得学士学位或"执照"课程的持续时间一般为4年，但在牙科、药剂学、兽医学、工程和美术方面需要5年的时间；药物治疗需要6年或更长的时间。取得高等学位证书的课程一般在取得学士学位后花1到2年的时间才能完成；硕士学位通常是在2年的学习之后授予的；博士学位课程的持续时间通常为3年，最多在5年内完成。

（二）保障

为了推动建设职业院校内部质量保障制度以及国家职业技术教育质量保障与认证制度，埃及成立了一系列质量保障机构，对职业技术教育的办学质量进行认证、监督与管理。2007年，国家教育质量保障与认证委员会成立，这是一个包括普通教育与职业教育在内的共同管理机构，根据2006年《第82号法令》的法律，作为全国所有类型和水平的教育认证机构，其主要作用是对教育与职业教育的治理能力和教育制度的有效性进行自我评价。

在此基础上，国家教育质量保障与认证委员会下设职业教育质量与认证理事会，承担职业教育质量的认证工作，对职业教育质量保障与认证计划进行监督与管理，是职业教育质量保障与认证计划的实施主体。职业教育质量与认证理事会秉承价值中立的立场与原则，主要负责编制认证指标体系、组织专家组对职业院校或专业设置的资料评审、鉴定评审结果与报告、组织资格认证等。其中，认证指标体系包括院校的教学目标达成度、课程、学生测评、学生成绩；还包括教与学的方法、学生满意度、学习资源等教学辅助资源的质量；科研学术活动规模、研究特色、与其他活动的适切性与相关性、院校社会服务、对社会的贡献、覆盖范围、典型案例等；院校的质量管理、质量提升的有效性、院校领导与管理、制度建设及现实影响等等。

2006年，在埃及贸易与工业部的组织下成立了工业培训委员会，其宗旨是促进协调所有与职业教育与培训相关的实体、项目和政策的制定与落实。另外旅游培训委员会和建筑培训委员会也已经相继成立，用以监督和治理埃及的职业技术教育与培训体系。①

四、职业技术教育与培训的治理

教育部为全国最高教育行政管理机构，负责职业技术教育与培训政策、计划、预算、实施和监督的所有事项。另外，它还负责统筹经费、确定课程、教材和教育资源，并批准教师的必要资格。

教学材料发展课程中心负责职业教育课程领域的教科书、工作手册和教师指南的开

① World TVET Database Philippines. Compiled by: UNESCO-UNEVOC International Centre for Technical and Vocational Education and Training[EB/OL].http://www.unevoc.unesco.org/wtdb/worldtvetdatabase_phl_En.pdf.2017-10-10.

发。中央检查部门、全国考试和教育评估中心、学科顾问和监督人员、财务和治理人员负责对教育体制内的监督与评价，以保障内部体系的有效运作。[①] 政府下辖的教育局负责所有与学校有关的实际事务，包括任命和安置员工、学校的卫生保健问题等等。[②]

另外，教师职业发展规划由教育部制定，以努力促进教师培训的发展，提高教师队伍的能力。在 2002 年和 2003 年期间，总共有 712133 名教师接受了基本技能培训，其中一些教师参加了更高层级的培训。共有 242000 名教师接受了计算机高级技术技能和各种应用程序使用的培训。2004 年至 2007 年期间通过视频会议网络接受培训的教师总数达到 93.2 万人，通过 63 个培训中心覆盖全国。[③]

2016 年 12 月 16 日来自埃及卢克索地区的 100 多名技术学校教师参加了由联合国工业发展组织与埃及教育部组织的为期两周的创业教育讲习班。创业教育培训是联合国资助的创业课程计划的一部分，旨在促进和培养中等技术学校学生的创业文化，为自己及所在地区创造价值与发展机会。创业教育讲习班仅是创业课程计划第一阶段的一部分，该计划的目标是推广至埃及南部地区。早在 2014—2015 学年，埃及的创业课程计划就已在凯纳市成功实施，超过 100 名教师与 2000 名学生接受了创业培训，课程实施效果显著。

五、职业技术教育与培训的诉求与发展趋势

虽然埃及的中学教育制度提供了学术路线和职业技术两种路线，但学术路径已然是埃及学生的首选。究其原因，是职业技术教育的路径不仅升学困难，而且由此进入劳动力市场还会有很大限制，所以职业教育就成了由于考试分数低的被迫选择。另一面，埃及每年会有大概 85 万人新进入劳动力市场，但由于职业教育系统与劳动力市场的要求不匹配，导致埃及的失业率持续升高，其劳动力竞争指数持续下滑。然而，随着全球化和技术的不断发展变化，职业教育不再是一种相对较低的教育，各国发展经验也说明，在动荡的和复杂的经济体中，职业教育往往处于终身学习体系的核心，职业技术教育与培训也有助于缩小收入差距，提升青年就业所需技能。

为了顺应职业技术教育与培训的发展趋势，埃及出台了一系列措施，包括：设置新兴专业满足劳动力市场需求，改革传统专业使职业技术教育与社会生产及经济发展计划密切联系；在学校建设与学生培训等方面加强与产业界的合作，并建立高质量的培训中心，提高实践教学的系统化、制度化与常规化；引进国外先进的职业技术改革与发展经验，在学生培训、教学设备与专业人员等方面开展广泛合作。这些措施使得埃及职业技术教育获得进一步发展，已培养的紧缺人才推动了社会进步与经济发展。然而，社会经济发展

① UNESCO Cairo Office. UNESCO National Education Support Strategy (UNESS). The Arab Republic of Egypt. Prepared in collaboration with the UNESCO Regional Bureau for Education in the Arab States. Cairo, October 2008.

② OECD and The World Bank. Review of national policies for education. Higher education in Egypt. Paris, April 2010.

③ World TVET Database Philippines. Compiled by: UNESCO-UNEVOC International Centre for Technical and Vocational Education and Training[EB/OL].http://www.unevoc.unesco.org/wtdb/worldtvetdatabase_phl_En.pdf.2017-10-10.

的快速性与连续性要求埃及职业技术教育在今后的发展过程之中不断加快自身改革，一方面需要提高自身发展质量，加强与社会发展需求之间的对接，在学科建设、专业设置、课程体系、培养目标与教学手段等方面改革传统，解决职业技术教育与劳动力市场脱节的严重问题，以实现职业教育发展与现代技术进步相协调；另一方面需要调整协调与普通教育之间的关系，在发挥学校主体的基础性作用的同时更应注重国家在政策扶持与资金保障等方面的统筹性地位与角色，努力提升职业技术教育的社会地位与认可度。

（深圳职业技术学院　技术与职业教育研究所　李亚昕）

主要参考文献

[1]. 中华人民共和国外交部 . 埃及国家概况 [EB/OL].http://www.fmprc.gov.cn/web/gjhdq_676201/gj_676203/fz_677316/1206_677342/1206x0_677344/.

[2] World TVET Database Philippines. Compiled by: UNESCO–UNEVOC International Centre for Technical and Vocational Education and Training[EB/OL].http://www.unevoc.unesco.org/wtdb/worldtvetdatabase_phl_En.pdf.2017–10–10.

[3] Institute of National Planning and UNDP. Egypt Human Development Report 2010. Cairo, 2010.

[4] OECD and The World Bank. Review of national policies for education. Higher education in Egypt. Paris, April 2010.

[5] Egyptian Universities Network: http://www.eun.eg/ In Arabic and English. Last checked: May 2012. Site under maintenance.

[6] Information Technology Institute: http://www.iti.gov.eg/ In English. Last checked: May 2012. Site under maintenance.

[7] Ministry of Education Portal: http://www.moe.gov.eg/ In Arabic. Last checked: May 2017.

[8] Ministry of Higher Education: http://www.egy–mhe.gov.eg/ [In Arabic and English; some information in French. Last checked: May 2017.]

[9] National Authority for Quality Assurance and Accreditation of Education: http://en.naqaae.org.eg/ In Arabic and English. Last checked: May 2017.

[10] Professional Academy for Teachers: http://academy.moe.gov.eg/ [In Arabic. Last checked: May 2017.]

[11] Supreme Council of Universities: http://www.scu.eun.eg/wps/portal In Arabic. Last checked: May 2017. Site partially under construction.

[12] For updated links, consult the Web page of the International Bureau of Education of UNESCO: http://www.ibe.unesco.org/links.htm

印度共和国

一、国家概况

（一）地理

印度共和国（Republic of India），简称印度，是南亚次大陆最大国家。印度东临孟加拉湾，东北部同中国、尼泊尔、不丹接壤，孟加拉国夹在印度东北国土之间，其东部领土与缅甸为邻，东南部与斯里兰卡隔海相望，西濒阿拉伯海，西北部与巴基斯坦交界。印度领土面积大约 298 万平方千米，不包括中印边境印占区和克什米尔印度实际控制区等，居世界第 7 位。印度行政区划包括 27 个邦（省）一级行政区域、6 个联邦属地和 1 个国家首都辖区。每一个邦都有各自的民选政府，而联邦属地及国家首都辖区则由联合政府指派政务官管理。[①] 印度海岸线长 5560 千米，森林 67.83 万平方千米，覆盖率为 20.64%。大体属热带季风气候，一年分为凉季（10 月至翌年 3 月）、暑季（4 月至 6 月）和雨季（7 月至 9 月）三季。[②]

（二）人文

印度是世界四大文明古国之一。公元前 2500 年至前 1500 年之间创造了印度河文明。公元前 4 世纪崛起的孔雀王朝统一印度，公元前 3 世纪阿育王统治时期达到鼎盛，把佛教定为国教。公元 4 世纪笈多王朝建立，形成中央集权大国，1526 年建立莫卧儿帝国，成为当时世界强国之一。1600 年英国开始入侵印度。1757 年印度沦为英殖民地，1849 年全境被英占领。1947 年 6 月，英国通过“蒙巴顿方案”，将印度分为印度和巴基斯坦两个自治领。同年 8 月 15 日，印度独立。1950 年 1 月 26 日，印度宪法正式生效，印度

① 中华人民共和国外交部 . 印度国家概况 [EB/OL].http://www.fmprc.gov.cn/web/gjhdq_676201/gj_676203/yz_676205/1206_677220/1206x0_677222/.2017-9-15.

② 中国一带一路网 . 印度 [EB/OL]. https://www.yidaiyilu.gov.cn/gbjg/gbgk/11111.htm.2017-9-15.

成立共和国，同时仍为英联邦成员。[①]

2014 年 4 月 7 日至 5 月 12 日，印度举行第 16 届人民院选举，印度人民党赢得人民院过半数席位，成为第一大党，在中央单独执政，纳伦德拉·莫迪出任总理。以总理为首的部长会议是最高行政机关。总理由总统任命人民院多数党的议会党团领袖担任，部长会议还包括内阁部长、国务部长。总理和内阁部长组成的内阁是最高决策机构。

印度全国人口 12.95 亿，居世界第 2 位。印度有 100 多个民族，其中印度斯坦族约占总人口的 30%，其他较大的民族包括马拉提族、孟加拉族、比哈尔族、泰固族、泰米尔族等。世界各大宗教在印度都有信徒，其中印度教教徒和穆斯林分别占总人口的 80.5% 和 13.4%。首都设在新德里，官方语言为印地语和英语，货币为卢比。[②]

（三）经济

印度拥有世界 1/10 的可耕地，面积约 1.6 亿公顷，人均 0.17 公顷，是世界上最大的粮食生产国之一。独立后经济有较大发展，农业由严重缺粮到基本自给。印度工业已形成较为完整的体系，自给能力较强。20 世纪 90 年代以来，服务业发展迅速，占 GDP 比重逐年上升，2016 年服务业对国民总增加值的贡献率为 66.1%，成为印度创造就业、创汇和吸引外资的主要部门。印度也是全球软件、金融等服务业重要出口国。2006 年，推出"十一五"计划（2007—2012），提出保持国民经济 10% 的高速增长，创造 7000 万个就业机会，将贫困人口减少 10%，大力发展教育、卫生等公共事业，继续加快基础设施建设，加大环保力度。世界银行预测印度有望超过中国成为增长最快的主要经济体。印度资源丰富，有矿藏近 100 种。云母产量世界第一，煤和重晶石产量居世界第三。主要工业包括纺织、食品加工、化工、制药、钢铁、水泥、采矿、石油和机械等。汽车、电子产品制造、航空和空间等新兴工业近年来发展迅速。农村人口占总人口 72%。由于投资乏力、化肥使用不合理等因素，近年来农业发展缓慢。

（四）教育

印度独立为其教育的发展创造了客观条件。为使教育适应印度国民经济发展需求，印度政府对整个教育体系进行了反思与改革，具体表现在两个方面：一是对学制进行了调整与变革，积极探索适应独立后新发展形势的学制，如当前实行的 12 年一贯制中小学教育，如下图 1 所示。

① 中华人民共和国外交部 . 印度国家概况 [EB/OL].http://www.fmprc.gov.cn/web/gjhdq_676201/gj_676203/yz_676205/1206_677220/1206x0_677222/.2017-9-15.

② 中国一带一路网 . 印度 [EB/OL].https://www.yidaiyilu.gov.cn/gbjg/gbgk/11111.htm.2017-9-15.

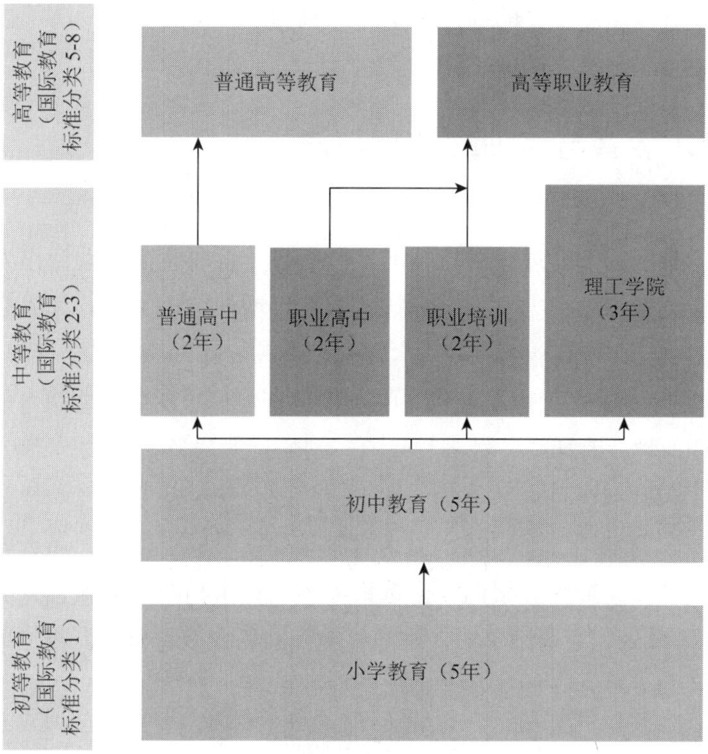

图 1 印度教育体系结构[①]

其中，高等教育调整为 8 年，包括 3 年学士课程、2 年硕士课程和 3 年博士课程。还包括各类职业技术教育、成人教育等非正规教育。二是致力于对个阶段的教育内容进行改革，这种教育领域中整体与部分相结合的改革为以后印度教育的发展奠定了制度上的基础。当前，印度共有高等院校 31868 所，其中综合性大学 544 所，著名的包括德里大学、尼赫鲁大学、加尔各答大学等。[②]在此过程中，社会经济发展对高素质技能型人才的需求不断加大，为印度高等技术教育提供了巨大的发展潜力。高等技术教育数量和规模增加的同时，打破了文法类普通高等学校“一统天下”的格局，使得高等技术教育的内部结构日趋合理。

自 20 世纪 80 年代，印度更是致力于对高等技术教育领域的改革，以优化高等教育结构，在现有印度理工学院和地区工程学院的基础上，分别增设这两类机构的数量，并于 2010 年增加了 10 所国立技术学院，以壮大工程技术院校的力量。随着印度改革开放政策的实施及公立院校财政压力的加剧，为私立高等教育的发展提供了空间，尤其是私立高等技术学院的设立，因其与市场经济的联系更加紧密，能迅速根据市场变化调整自

① World TVET Database India, Compiled by: UNESCO–UNEVOC International Centre for Technical and Vocational Education and Training[EB/OL].http://www.unevoc.unesco.org/wtdb/worldtvetdatabase_ind_en.pdf.2017–9–13.

② 中华人民共和国外交部 . 印度 [EB/OL].http://www.fmprc.gov.cn/web/gjhdq_676201/gj_676203/yz_676205/1206_677220/1206x0_677222/.2017–9–15.

身的教育内容，所以印度私立的高等技术教育机构蓬勃发展，成为高等技术教育领域的重要组成部分。

二、职业技术教育与培训的战略与法规

（一）战略

在科学技术与国家发展理念的指导下，印度政府将职业技术教育作为帮助国家经济和社会发展的重要途径，大力发展高等技术教育以增强综合国力，其战略目标即为将不断增加的劳动力培养成有技能的劳动力大军。印度政府在《第十二个五年计划》（Twelfth Five Year Plan 2012—2017，以下简称计划）中特别强调了发展职业教育的重要性，第三卷特别指出了职业教育对社会、经济和政治转型的重大意义。《计划》制定了相应的职业教育发展战略，包括加强教育部与劳动和工业部的合作，使职业技术教育与培训项目与劳动力市场更加紧密地结合。同时，提高职业教育项目的覆盖率，促进教育平等，扩大职业教育项目的数量，鼓励和帮助学生选修中等教育水平的职前课程，以增加学生对职业教育的认知。《计划》还明确了要促进私人结构和职业教育机构课程之间的衔接，提高职业教育教师的素质，以提升高等技术教育的质量。①

（二）法规

印度自独立以来在教育领域颁布了多项法律，如1968年的国家《教育法》涉及了农业职业教育的内容，规定每个邦至少要有一所农业大学；另外，以下法案都对职业教育进行了相关论述。

1.《学徒法案》（1961）

该法案规定了学徒培训的课程的标准，还规定了教育和培训机构要遵循中央学徒委员会的要求，按照规定的教学大纲进行教学并保证在培训截止时达到应有的培训效果；法案还指出此类公共机构应享有政府财政支持和帮助的权利。

2.《全印度技术教育委员会法案》（1987）

该法案是与印度职业技术教育发展最为相关的法案，制定了技术教育的系统标准。法案中的技术教育主要是指工程技术、建筑、城镇规划、管理、医药卫生、应用艺术与手工艺及其他政府与全印度委员会商定，并经政府公告公布的职业教育领域与培训。

法案规定了印度技术教育的组织结构，指出其由执行委员会、研究理事会、区域委员会组成。执行委员会履行委员会职能，负责监督委员会相关决议的实施与行动，保证相关决议的实施成效。研究理事会由全印度职业教育理事会、全印度技术教育理事会、全印度工程和技术专业大学研究理事会、全印度工程和技术专业研究生教育和研究理事会、全印度管理研究理事会等相关机构和部门组成，每个理事会都应该就其相关领域的

① Twelfth Five Year Plan(2012-2017).Planning Commission Government of India[EB/OL].http://planningcommission.gov.in/plans/planrel/12thplan/pdf/12fyp_vol1.pdf.2017.9-15.

规范与标准、课程模式与结构等事宜向执行委员会提出建议。区域委员会应当就本区域内部技术教育规划、质量提高、规范等问题，向委员会提出建议与协助，并根据委员会反馈，结合各地实际情况采取合适且有效的手段与措施。

除上述规定外，该委员会还执行与技术教育有关的审查功能，为确定技术结构和大学的资金需求、教学标准或研究是否按规定执行，委员会有权对技术机构进行审查；委员会应事先告知技术机构的审查时间，技术机构亦有权了解可能的审查方式；委员会应当就审查结果与技术机构进行沟通并告知其应当如何修正。所有沟通都是在委员会和技术机构的行政机关进行的，行政机关则应当就审查后被要求的行动执行情况向委员会报告。

三、职业技术教育与培训的体系与质量保障

（一）体系

印度的职业技术教育与培训始于为期10年的基础教育之后，提供高中和大学教育阶段的课程。

高中阶段的职业教育为期2年，职业课程通常是为准备就业或是准备就读理工学院的学生而设置，而学术类课程是为准备就读高等院校的学生而设置。该阶段的职业培训课程由国有工业培训机构和私营工业培训中心提供，为期1到2年。根据技工培训方案，培训课程面向对象为八年级以上水平的学生。课程包括：打字、秘书实务、计算机操作和编程、建筑制图、电工、电子、制冷和空调、水暖、图书馆助理、剪裁和制衣等等。

此阶段还有相应的学徒项目，其根据国家学徒培训方案而设置，项目面向人群为已经毕业的工程师、技工和职业高中院校的学生。学徒培训涉及工程技术类122个学科和职业类122个学科。不同时期的学徒课程也不尽相同，学徒获得津贴来支付全部课程费用。

高等职业教育阶段的课程由理工学院和大学开办，专业课程包括工程、医学、农业、牙科学和建筑等大类，理工学院提供的职业教育课程通常为期2—3年，也有的为5年。只有高中毕业生才可以就读由理工学院和大学开设的课程。

除却上述公立职业教育院校外，社会经济压力对劳动力与专业技术人才的需求的不断增长，推动了印度私立高校的发展，尤其是那些专门进行专业教育的私立工程技术院校进入大发展阶段。但囿于印度独特的国情，印度私立工程技术院校也呈现出相对复杂的结构，从资金来源上可分为受助私立工程技术学院、自筹经费工程技术学院、自筹经费准大学和私立工程技术大学四类。就地理分布而言，私立大学在印度南北分布并不平均，北方邦囿于政府本身的鼓励，使得私有大学更容易出现和发展，而南方各邦由于格雷尔高校同业协会的出现，限制了新类型私立高校的发展，因此也可以说未来制度上的因素将对私立高等技术教育的发展产生直接的影响。

（二）保障

国家技能发展局是负责印度职业技术教育与培训发展质量的主要部门，其他与质量相关的政府机构还包括劳动和就业部下属的就业培训总局、国家职业培训委员会、教育和培训国家认证委员会、全印度技术教育委员会以及全印度职业教育委员会、国家技术教师培训委员会，该委员会隶属人力资源开发部。上述部门在实践中通力协作，共同制定职业教育的标准，为印度职业教育与培训发展质量提供保障。

同时，由各行业主导的技能委员会也会通过参与制定国家职业标准来为印度职业教育与培训提供质量保障，同时《全印度技术教育委员会法案》中明确指出各协会也是印度质量保证责任主体之一。除了上述法案中那些具有正规质量保证授权的机构外，一些负责执行重要技能培训方案的部委也会参与到印度职业教育与培训的质量上来。例如，负责远程教育的质量的远程教育委员会；隶属于农业部负责农业教育质量（包括园艺、渔业和动物科学）的农业研究委员会；隶属于人力资源开发部与邦教育部一起负责其各自所在邦的教育质量的评定和监督的技术教育局。①

四、职业技术教育与培训的治理与教师

（一）治理

印度的教育由联邦政府和州政府分层管辖。在联邦一级，人力资源开发部负责国家教育政策和管理，包括推进和普及各级各类教育。具体来说，人力资源开发部下属的高教部负责中学和中学后教育。高教部又分为若干个局，其中的技术教育局负责其各自所在邦的正规和非正规职业教育机构。该局还负责修订课程大纲、保证职业教育教师的质量和招生。此外，其他联邦级别的职业教育管理机构还包括：劳动和就业部及其下辖的就业和培训总局，与人力资源开发部合作提供学徒课程；农业部、矿业部以及卫生部也提供相应的职业教育培训。在邦一级，邦教育局负责管理中等教育课程，具体由中等和高中教育委员会监管其各自所在区域的中等职业教育与培训的运行。除上述治理机构外，其他参与职业教育治理的机构还包括：

• 中等教育中央委员会：隶属于人力资源开发部，负责学术事宜和考试，中等教育中央委员会还负责制定初中和高中阶段的创新和改革方案。

• 印度学校证书考试委员会：于 1958 年建立，负责管理职业教育考试资格证书、印度中等教育证书和印度学校证书。

• 国家教育研究培训委员会：负责提出学校改善计划、教师培训计划和教育质量提升方案。与该委员会合作的机构包括中央教育技术机构、区域教育机构和中央职业教育机构。

---

① World TVET Database India, Compiled by: UNESCO-UNEVOC International Centre for Technical and Vocational Education and Training[EB/OL].http://www.unevoc.unesco.org/wtdb/worldtvetdatabase_ind_en.pdf.2017-9-13.

• 全印度技术教育委员会：负责职业教育课程的管理，负责审批新的技术学校和认证新的技术课程，并报备国家认证委员会。

• 国家职业培训委员会：负责向从事工程和建筑行业领域的技工颁发水平证书。该委员会是以劳动部长为领导的三方机构，其成员有联邦和邦政府部门的代表、雇主和工人组织、专业和学术团体、全印度技术教育委员会以及其他组织。邦职业培训委员会协助国家职业培训委员会就职业教育政策和课程、新行业的批准及质量标准等问题提出建议。

• 国家教师教育委员会：负责制订教师培养规范和程序，以确保教师的教育质量，该委员会通过四个区域委员会行使职能。

• 国家教师教育委员会：负责制订教师培养规范和程序，以确保教师的教育质量，该委员会通过四个区域委员会行使职能。

除上述政府机构外，部分非政府、非营利性的行业组织也发挥了重要作用。比如印度工业委员会也在印度职业教育体系内发挥了重要作用，该委员会在职业教育相关的政策问题上与联邦政府紧密合作，在提高和保障职业教育的效率和竞争力上扮演着不可或缺的角色。此外，印度工商联合会也和印度政府密切合作，在制订国家经济政策包括教育和职业教育政策方面紧密合作。

（二）教师

印度职业教育与培训教师的入职标准由国家教师教育委员会负责制定，中等职业教育阶段的教师的入职资格是完成师范院校的四年课程，获得学士学位；高等技术教育阶段的教师需在师范院校和大学获得相应专业的硕士学位，还要有一定年限的工作经验。

教师的工资由各邦根据学术资格、培训和经验分别进行规定，有些邦还提供很多福利，包括固定的医疗补贴或报销医疗费，教师子女享受免费教育以及本人退休福利等等。在职教师培训由联邦政府和各邦政府提供，并由人力资源开发部下辖的国家教育研究和培训委员会和国家教育规划管理办公室执行。此外，国家教师教育委员会也负责部分职后教师的培训工作，具体由地区教育培训机构、师范学院、高级教育研究机构负责执行。[①]

五、职业技术教育与培训的诉求与发展趋势

印度人口基数大，市场规模不容小觑。鉴于印度的人口增长趋势，适龄劳动力数量将持续增加，平均年龄也将进一步降低，甚至其人口数量将有望超越中国，成为世界第一人口大国。基于其庞大的劳动力市场，印度政府正在大力促进就业及实施“印度制造”“技术印度”“新兴印度”等相关项目，所以职业技术教育与培训在印度经济发展中

① World TVET Database India, Compiled by: UNESCO-UNEVOC International Centre for Technical and Vocational EducationandTraining[EB/OL].http://www.unevoc.unesco.org/wtdb/worldtvetdatabase_ind_en.pdf.2017-9-13.

的作用也必将越来越重要。当前，印度职业技术教育经历半个多世纪的发展，一方面严格遵循为国家服务的宗旨与目标，致力于培养高端科学技术人才，另一方面也紧密与当地经济与社会发展相连接，准确定位其在国家和地方经济发展中的作用。因此，印度未来的职业技术教育将继续坚持产学融合、重视解决实际问题的发展路径，并进一步提升其高等技术教育的发展质量。

与此同时，印度在职业技术教育发展的过程存在一系列问题，如两级分化的教育质量，即国家层面的精英模式与邦立和私立学院的普通教育，这会进一步加剧私立学院毕业生的失业率问题；还有教育机构地区性分布的失衡，高等技术教育系统师资的紧缺等问题，都会影响印度职业技术教育的发展。印度在《第十二个五年计划》（2012—2017）的框架下，也指出应通过建立公共—私有伙伴关系，支持民营职业教育机构和非政府组织在非正规职业教育方面的发展。因此，在印度职业技术教育后续的发展中，如何建立多元的高等技术教育质量监控体系，营造合理有序的职业教育生态环境，倡导公立与私立教育并行的制度体系是印度职业技术教育下一步发展的关键。具体而言，印度高等技术教育的诉求与发展趋势主要表现在如下几方面：

（一）建立多元的高等教育质量监控体系

随着印度高等教育规模的不断膨胀，如何提升其质量已引起各界的广泛关注。印度学者已对此问题进行了深入探索，提出各种建议与路径。事实上，印度高校为保障学术质量与标准，一直在探索合适的评估认证机制，在多个团体同时展开高校评估认证工作，并努力使这些团体相互协调，从更广泛的社会视角来看待和解决高等教育的相关问题。尽管目前有多元化的中介结构进行质量监管，印度仍在努力构建完备的质量监控体系。但总体而言，如何避免政府主导质量监控体系的弊端，调动中介组织与社会机构的积极性，确保高等技术教育质量监控中的公正性，并在此基础上实现对普通高等教育与专业高等教育的分类监管是印度高等技术教育发展中的一大诉求。

（二）寻求全面的教育财政政策支持

印度职业教育的经费来源中，除公共拨款外，学费是最大来源。但印度长期以来学费非常低，使得高等技术教育带有了明显的福利性质。特别是20世纪90年代后期，印度将教育资助重心转向基础教育，缩减了对高等技术教育的经费预算，相关委员会开始建议增收学费。由于高等技术教育相关专业的学费历来高于普通教育，所以高等技术教育领域学费的比例提升很快。在印度高校的收费政策上，一二级高校的收费由中央政府及各高校法案规定。邦立和私立院校的收费政策由邦教育主管部门、附属大学等协同规定，以对其收费原则、构成、程序、费用管理等做出相关规定。未来，印度高等技术教育的财政政策需要做出相应调整，增加公共财政的支持力度，以更好地满足经济发展对高技能人才的需求。

（三）促进教育公平，平衡教育机构的地区性分布

教育机构的非均衡分布是印度高等技术教育发展中始终存在的问题，所以促进教育公平始终是印度高等技术教育发展中的重大课题。就整体情况而言，精英技术教育主要由印度政府统筹，在全国范围内分布较为合理，体现着国家促进教育公平及总体宏观调控的理念，但对于占主体部分的邦立及私立工程技术而言，其建立和发展更多受市场因素影响，普遍较多接受市场机制调节。因而其布局与某一地区的经济发展水平及类型密切相关，且主要集中在安德拉邦、卡拉塔卡邦、马哈拉斯特邦和泰米尔纳德邦。更为突出的问题是，在经济发达的南部地区，教育机构数量远多于其余各地区。由于印度高等技术教育管理体制的特性，院校管理权多集中于各邦政府相关部门，各邦政府为本邦经济发展及相关利益诉求，会激励推动本邦教育发展，而不会从国家整体层面出发实行相关的改革举措。因而，在今后相当长的时期内，如何促进教育公平并平衡教育和培训机构的地区性分布将是印度高等技术教育发展亟需的重大课题。

（深圳职业技术学院　技术与职业教育研究所　李亚昕）

主要参考文献

[1] 中华人民共和国外交部 . 印度国家概况 [EB/OL].http://www.fmprc.gov.cn/web/gjhdq_676201/gj_676203/yz_676205/1206_677220/1206x0_677222/.2017-9-15.

[2] 中国一带一路网 . 印度 [EB/OL]. https://www.yidaiyilu.gov.cn/gbjg/gbgk/11111.htm.2017-9-15.

[3] World TVET Database India, Compiled by: UNESCO-UNEVOC International Centre for Technical and Vocational Education and Training[EB/OL].http://www.unevoc.unesco.org/wtdb/worldtvetdatabase_ind_en.pdf.2017-9-13.

[4] Twelfth Five Year Plan (2012-2017)：Planning Commission Government of India[EB/OL].http://planning commission.gov.in/plans/planrel/12thplan/pdf/12fyp_vol1.pdf.2017.9-15.

[5] 国家青年政策草案 .Government of India (2012). Draft National Youth Policy 2012. Accessed: 12 September 2014.

[6] 劳动和就业部 . 国家技能发展政策 [EB/OL].Ministry of Labour and Employment . National Policy on Skill Development. Accessed: 12 September 2014.

[7] 国家教师教育委员会 [EB/OL].Webpage of the National Council for Teacher Education. Accessed: 12 September 2014.

巴基斯坦伊斯兰共和国

一、国家概况

（一）地理

巴基斯坦伊斯兰共和国（Islamic Republic of Pakistan），简称巴基斯坦，意为“圣洁的土地”、“清真之国”。位于南亚次大陆西北部，南濒阿拉伯海，东接印度，西邻伊朗，东北与中国毗邻，西北与阿富汗交界。全境五分之三为山区和丘陵地，南部沿海一带为不毛荒漠，向北伸展则是连绵的高原牧场和肥田沃土。喜玛拉雅山、喀喇昆仑山和兴都库什山这三条世界上有名的大山脉在巴基斯坦西北部汇聚，形成了奇特的景观。源自中国的印度河进入巴基斯坦境内后，自北向南，长 2300 千米，最后注入阿拉伯海。巴基斯坦国土面积为 79.6 万平方千米。海岸线长 980 千米。全国共有旁遮普、开伯尔－普什图赫瓦、俾路支和信德 4 个省，7 个联邦直辖部落地区和联邦首都伊斯兰堡。各省下设专区、县、乡、村联会。巴基斯坦除南部属热带气候外，其余属亚热带气候。[①]

（二）人文

巴基斯坦是古印度河文明的发源地之一。公元前 3000 年到前 2000 年，创造了印度河文明。公元前 3 世纪，中亚的雅利安人征服巴基斯坦印度河流域的达罗毗荼人，印度河文明逐渐衰亡，后来雅利安人逐渐东迁。公元前 600 年起，西亚的波斯帝国统治巴基斯坦西南部的印度河流域地区。公元 8 世纪初，西南部阿拉伯帝国军队征服巴基斯坦和印度次大陆以西的地区，建立伊斯兰政权，并将伊斯兰教传入，使大批当地居民成为穆斯林。1757 年后，巴基斯坦沦为英国殖民地，英国“分治之”的政策使穆斯林与印度教徒之间冲突加剧。1947 年 6 月，英国通过“蒙巴顿方案”，对巴基斯坦与印度实行分治。同年 8 月 14 日，巴基斯坦宣告独立，成为英联邦一个自治省，包括巴基斯坦东、西两部分。1956 年 3 月 23 日，巴基斯坦伊斯兰共和国正式成立，仍为英联邦成员国。1971 年 3 月，东巴基斯坦宣布成立孟加拉人民共和国，同年 12 月孟加拉国正式

① 中国人民共和国外交部 . 巴基斯坦伊斯兰共和国概况 [EB/OL].http://www.fmprc.gov.cn/web/gjhdq_676201/gj_676203/yz_676205/1206_676668/1206x0_676670/.2017-9-13.

独立。[①]

巴基斯坦实行多党制，现有政党200个左右，其中最主要的政党有：巴基斯坦人民党、巴基斯坦穆斯林联盟（领袖派）、巴基斯坦穆斯林联盟（谢里夫派）正义运动党。2013年5月11日，巴基斯坦举行国民议会选举，巴基斯坦穆斯林联盟（谢里夫派）获胜。6月5日，穆盟主席纳瓦兹·谢里夫当选为总理。6月7日，巴新内阁就职，包括16位联邦部长和9位国务部长。7月30日，巴基斯坦举行总统选举，穆盟候选人马姆努恩·侯赛因当选新一届巴基斯坦总统。9月9日新总统正式就职。[②]

巴基斯坦是联邦制国家，全国共分为两个联邦直辖区、4个省以及巴控克什米尔部分的2个自治区。全国现有人口1.97亿。[③]巴基斯坦有多个民族，其中旁遮普族占63%，信德族占18%，普什图族占11%，俾路支族占4%。97%以上的居民信奉伊斯兰教（国教），少数信奉基督教、印度教和锡克教等。[④]首都设在伊斯兰堡（又译伊斯兰巴德），是世界上最年轻的现代化都市之一，也是具有传统的伊斯兰教色彩的首都。乌尔都语为国语，英语为官方语言，主要民族语言有旁遮普语、信德语、普什图语和俾路支语等。货币为巴基斯坦卢比。[⑤]

（三）经济

巴基斯坦是典型的农业国家，农村人口占总人口数的66%左右，农业吸收了全国43.7%的劳动力，占整个GDP的比重约为21.04%，国家外贸外汇收入的42%通过农产品出口实现。巴基斯坦的农业以种植业为主，粮食作物主要有小麦、水稻、小米、高粱、玉米、大麦等，其中以小麦、水稻为主；经济作物主要有棉花、甘蔗、烟草等，其中以棉花、甘蔗为主。[⑥]总体来看，巴基斯坦的经济结构由主要是农业为基础转变为服务业为基础。农业只贡献国内生产总值的20%；而服务业占53%，批发和零售贸易占这个产业的30%。

2015—2016年，巴基斯坦政治形势总体稳定，国家整体实力和对外影响力增强，但仍面临反恐和周边环境的严峻挑战。得益于中巴经济走廊建设逐渐进入高潮以及部分重要宏观经济指标改善，巴基斯坦经济形势延续了变好的趋势。GDP同比增长4.7%，创

① 中华人民共和国外交部．巴基斯坦国家概况 [EB/OL].http://www.fmprc.gov.cn/web/gjhdq_676201/gj_676203/yz_676205/1206_676308/1206x0_676310/.2017-8-13.

② 中华人民共和国外交部．巴基斯坦国家概况 [EB/OL].http://www.fmprc.gov.cn/web/gjhdq_676201/gj_676203/yz_676205/1206_676308/1206x0_676310/.2017-8-14.

③ 人民网．巴基斯坦国家概况 [EB/OL].http://politics.people.com.cn/n/2015/0417/c395517-26863532.html.2015-04-17

④ 中华人民共和国驻巴基斯坦伊斯兰共和国大使馆经济商务参赞处．巴基斯坦概况 [EB/OL].http://pk.mofcom.gov.cn/article/ddgk/200905/20090506216091.shtml.2017-06-13.

⑤ 中华人民共和国外交部．巴基斯坦概况 [EB/OL].http://www.fmprc.gov.cn/web/gjhdq_676201/gj_676203/yz_676205/1206_676308/1206x0_676310/.2017-8-13.

⑥ 中商情报网．一带一路沿线国家：巴基斯坦2015基本情况介绍 [EB/OL].http://www.askci.com/news/finance/2015/11/13/111829ajv1.shtml.2017-8-14.

8 年来最高增速，但较 5.5% 的增长目标仍有差距。[①] 2016 年 GDP 达 3836.6 亿美元，较上年增长 5.74%。[②] 近年来，巴基斯坦政府一直努力加速工业化，扩大出口，缩小外贸逆差。与 90 多个国家和地区有贸易关系。

（四）教育

巴基斯坦独立为其教育事业的发展创造了客观环境。为满足国内经济社会发展与国际竞争的需要，1973 年巴基斯坦宪法视教育为社会改革的最有效和最有力的工具，规定了联邦教育部的职责范围。联邦教育部设总务、学校、计划、课程和研究 5 个司，与各省教育厅密切合作，执行国家教育政策。省教育厅设总务、计划和课程（包括师范教育）3 个处。各级学校的行政和管理，全由省教育厅负责。联邦教育部在制订政策、与政府其他各部特别是财政部计划司保持密切联系方面，保证使教育计划符合国家发展的需要。巴基斯坦的教育经费主要由各省负担，联邦政府重视教育，也不断增加教育拨款。联邦政府还成立了由著名的学者和教育家组成的国家教育委员会。这是一个自治、独立、非政府性质的咨询机构。这一机构起智囊团的作用，它有权评价政府的教育政策、计划和成就，并对教育计划和课程的改革提出建议。

巴基斯坦现行学制分初等教育、中等教育和高等教育 3 个阶段。初等教育 5 年，中等教育 7 年。高等教育阶段大学本科 4 年，然后是硕士、博士和博士后研究生院教育。[③]

巴基斯坦在伊斯兰堡还建立了一所国立技师培训学院，在胡兹达尔、奎塔等地建立了多所工程技术学院。大学拨款委员会加强和改善了大学的学术活动，全民教育委员会负责组织和检查全国的扫盲工作，一些政府和非官方组织在全国开办了若干扫盲中心。[④]

当前，巴基斯坦虽然实行中小学免费教育，但受经济发展水平所限，教育仍需大力发展。学校数量相对于其庞大的人口明显不足，小学入学率和初级教育普及率均较低，能接受高等教育者凤毛麟角。由于正规教育资源的匮乏，越来越多的贫困家庭将孩子送进宗教学校。2006—2007 年，人口识字率为 54%。教育经费约为 27.8 亿美元，占国民生产总值的 2.42%。全国共有小学 15.5 万所，初中 28728 所，高中 16100 万所，大学 51 所。著名高等学府有旁遮普大学、卡拉奇大学、伊斯兰堡真纳大学和白沙瓦大学等。[⑤]

---

① 巴基斯坦 2015—2016 财年经济运行情况及 2016—2017 财年经济展望 . 新浪财经 [EB/OL].http://finance.sina.com.cn/roll/2016-09-12/doc-ifxvukuq4279352.shtml.

② 巴基斯坦 GDP. 全球宏观经济数据 . 新浪财经 [EB/OL]. http://finance.sina.com.cn/worldmac/nation_PK.shtml.

③ 中华人民共和国外交部 . 巴基斯坦国家概况 [EB/OL].http://www.fmprc.gov.cn/web/gjhdq_676201/gj_676203/yz_676205/1206_676308/1206x0_676310/.2017-8-13.

④ 联合国教科文组织国际职业教育与培训中心 : 巴基斯坦 [EB/OL].http://www.unevoc.unesco.org/wtdb/worldtvetdatabase_pak_en.pdf.2017-8-15.

⑤ 中华人民共和国驻巴基斯坦伊斯兰共和国大使馆经济参赞处 . 巴基斯坦科教和医疗 [EB/OL].http://pk.mofcom.gov.cn/article/ddgk/200905/20090506216325.shtml.2017-06-12.

二、职业技术教育与培训的战略与法规

（一）战略

根据《国家教育政策 1998—2010》，巴基斯坦教育的总体目标之一是使《古兰经》的原则和伊斯兰教实践成为课程的一个组成部分，以便神圣的《古兰经》信息可以在教育和培训的过程中传播，教育和培养未来一代的巴基斯坦人作为一个真正的穆斯林，就是能够用勇气、信心、智慧和宽容来迎接下一个千禧年的穆斯林人。

2009 年《国家教育政策》承认伊斯兰教价值观的重要性，并在这方面坚持统一原则。考虑到《计划委员会 2030 年的愿景》，教育部已经拟定了以下的战略与愿景：我们的教育体系必须给我们的青年提供高质量的教育，使他们认识到他们的个人潜力，并为社会和国家的发展做出贡献，培养巴基斯坦国家意识、宽容、社会公正、民主的概念、区域和当地的文化历史，这个文化历史是基于《巴基斯坦共和国伊斯兰宪法》所阐释的基本意识形态之上的。①

（二）法规

巴基斯坦 1973 年《宪法》就规定了所有公民平等接受教育的权利，没有性别、种姓、信仰或种族的歧视。在 1975 年《FBISE 法案》的基础上建立了联邦中间和中等教育委员会。根据《2002 年条例》成立高等教育委员会，取代大学拨款委员会。

根据《1979 年教育政策》措施，鼓励私营部门参与职业教育发展。1984 年，巴基斯坦的旁遮普省的私有机构参与职业技术教育与培训的规范条例被采用。西北边境省份和信德省也采用类似的法令以规范职业技术教育与培训的发展。这些法令为所有私立学校机构提供注册，宪法对每个机构管理的主体均规定了相应的注册条件。

三、职业技术教育与培训的体系与质量保障

（一）体系

巴基斯坦职业教育始于中学教育。中学教育分为三个阶段：中学的中级教育（6—8 年级）；中学的中等教育（9—10 年级），提供人文、科学和技术流教育；高中或中级学位学院的高中教育（11—12 年级）。高中教育也被称为“中间阶段”，被认为是大学教育的一部分。在 12 年级结束时，学生参加高中毕业证书考试，这是入读高等教育的前提条件。

① Academy of Educational Planning and Management: http://www.aepam.edu.pk/InEnglish. Last checked: July 2011.

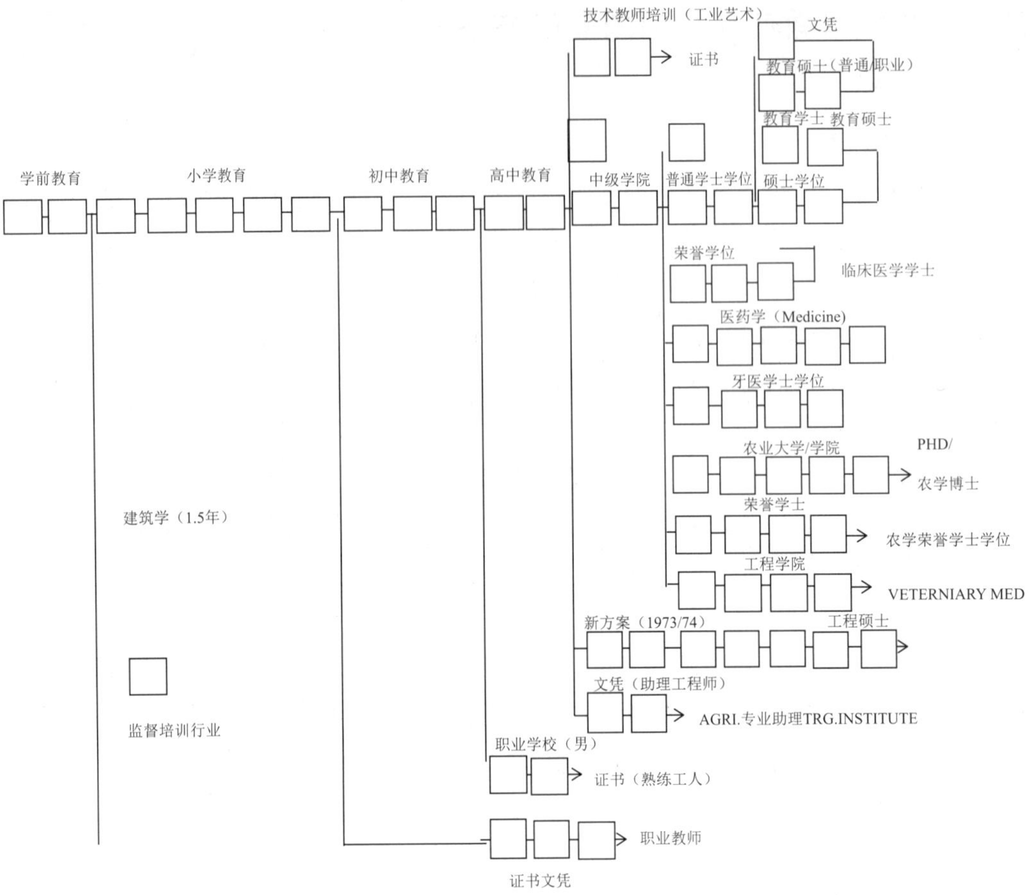

图 1　巴基斯坦教育系统的结构 ①

职业技术学院提供 1 年制证书和 2 年制文凭课程。商业培训机构负责提供商业教育，为商业培养人才，它也提供 1 年制商业证书和 2 年制商务课程文凭。技术教育是在 20 世纪 50 年代中期才开始独立，在卡拉奇和拉瓦尔品第设立了 2 所理工学院。专业 / 理工学院和技术学院包括私营机构，在 20 多个专业化领域提供 3 年制文凭课程。②

目前，巴基斯坦有 3746 所技术和职业机构，其中有 1123 所属于公办机构，约占总数的 30%，而剩下的 2623 所属于私人部门，约占总数的 70%。2015—2016 年的所有注册生的报名费为 0.315 万元，其中 0.137 万来自公办机构，占总数的 44%；而 0.177 万来自私人部门，占总数的 56%。即 30% 的公办机构承担了 44% 的职业教育与培训，而 70% 的私人部门承担了 56% 的职业教育与培训。另外，在所有注册生中，男生占 64%

① 联合国教科文组织国际职业教育与培训中心:巴基斯坦[EB/OL].http://www.unevoc.unesco.org/wtdb/worldtvetdatabase_pak_en.pdf.2017-8-15.

② NORRIC (Nordic Recognition Information Centres). Report on the system of education in Pakistan. 2006.

的比例，而女生只占 36% 的比例。[①]

（二）保障

为保障国家教育质量，维护国家综合数据库、促进教育政策制定，巴基斯坦于 1982 年成立教育规划与管理研究院，承担包括教育质量规划者和管理者在内的能力建设责任。1990 年，成立国家教育管理信息系统，负责整理和分析国家教育数据并产生有用的信息，以满足决策者、规划者、教育管理者的需要。

巴基斯坦与世界其他国家签署了《可持续发展目标议程》，确定了各级及各类教育的监测框架，以更好地监控发展目标在国家和全球层面的实施情况。[②] 为了改革巴基斯坦的职业技术教育与培训部门，教育规划与管理研究院制定了题为《技术巴基斯坦：2009—2013 年国家技能战略》的文件，为巴基斯坦的世界级技能发展制定国家发展方向，以紧跟全球形势。此外，政府还制定了“全民技能策略”的蓝图。在巴基斯坦职业技术与培训框架的保护伞下，提出了实现范式转换的两大主要目标：（1）以有限的时间和课程为基础的培训到以灵活和能力为基础的培训；（2）以供应驱动的技能培训到以职业技术与培训领域的需求为导向的技能开发。

政府提出的范式转变已被采纳，用来为经济发展提供相关技能、提高科技性和平等性目标、确保技能开发的质量等目标，以此保证职教发展质量。[③] 另外，考虑到千年发展目标，巴基斯坦政府设计了一项国家行动计划，以“扩大教育的获得感”和“提升职业教育质量”为行动策略，旨在加快职业教育的发展进程。巴基斯坦政府提出要确定职业教育投入、过程和产出的国家标准，以建立一个职业教育的权威标准。[④]

四、职业技术教育与培训的治理与教师

（一）治理

联邦政府通过联邦教育部成为整体政策制定、协调和教育领域的咨询权威。教育秘书协助联邦教育部长。联邦教育部在组织结构上分为 6 个行政司，分别是课程、政策和规划司，项目司，培训司，政府司，监测和评价司。联合教育顾问负责每个行政司，除了行政司，教育部还有许多下属和附加的机构。

省级教育部门是由各个省份的教育部长领导，由教育秘书处授予行政权。省级教育

① National Education Management Information System, AEPAM, Islamabad.Pakistan Education Statistics 2015-16.[EB/OL]. http://www.aepam.edu.pk/Index.asp?PageId=27.

② 同上。

③ Bushra, A; Xueping, W. DEVELOPMENT OF PAKISTAN’S TECHNICAL AND VOCATIONAL EDUCATION AND TRAINING (TVET): AN ANALYSIS OF SKILLING PAKISTAN REFORMS. Journal of Technical Education and Training, Vol 5, Iss 2 (2013). 2, 2013. ISSN: 2229-8932.

④ Education Depts of Provinces and Area Government UNESCO, Islamabad UNICEF, Islamabad. National Plan of Action to Accelerate Education-Related MDGs. 2013-16[EB/OL].http://library.aepam.edu.pk/Books/National%20Plan%20of%20Action%20to%20Accelerate%20Education-Related%20MDGs.pdf.

部门负责管理省里的基础教育、中等教育、技术教育和高等教育。

中间和中等联邦教育委员会，是于1975年在《FBISE法案》基础上建立的，为教育部自治组织。教育规划和管理学院是在1979年国家教育政策的框架内建立的，目的为培训教育计划者、管理者和监督者。成立于2002年6月的国家人类发展委员会是巴基斯坦总统指示的下一个公私合作的成果，这个指令的目标是促进健康、教育和小额信贷领域的发展。

（二）教师

教师教育传统上被认为是一个省级范围内的事务，每个省有独立的集中组织结构，为小学、初中和具备初中水平的老师做职业准备。在省级教育部门的管理和控制下，国家现有270所教师教育机构。小学教师由政府小学教育学院培训，它隶属于设在俾路支和信德省的省级课程局监管。在西北边境省的课程和教师教育理事会负责管理20个地区的教师教育学院，提供职前小学预备教师。创建省级教师教育研究院的所有省提供在职教师和持续专业发展行动的研究项目。

自2004年以来在旁遮普，职员发展部建立了一个教师发展项目设计和实施的机构，在地方教育部门的积极支持下，教师的职前培训和继续职业教育进展顺利。职员发展部为该省的35所政府教师教育学院给予行政、财务和课程所有的自主权。但是，职员发展部尚未完全参与开发标准的4年制教师教育项目。本科课程和研究生课程水平教师教育交由大学的教育学院或学院的教育系、教育研究机构以及最近成立的教育大学提供。根据巴基斯坦2005年的国家教育人口普查数据，只有约25万名教师拥有教育学学士学位，6万名教师拥有硕士学位。①

截止到2016年，巴基斯坦共有209所教师培训机构，其中75%的培训机构属于公办机构，而剩下的25%属于私人部门。在2015—2016年所有报名参加的教师培训中，有99%的教师选择了公办机构，只有1%的教师选择了私人部门。②可见，提升私人部门参与职教师资培训和充实职教师资大军任重道远。

五、职业技术教育与培训的诉求与发展趋势

由于政府的连续变化，政策缺乏连续性，加之低预算规模和教育拨款，巴基斯坦在实现千年发展目标上仍存在一定的困境。所幸的是，巴基斯坦联邦政府、省政府、地区政府已经意识到：推动职业技术教育与培训计划是旨在改善社会经济福利、创造就业机

① Ministry of Education, Policy and Planning Wing. National professional standards for teachers in Pakistan. Islamabad, February 2009.

② 联合国教科文组织国际职业教育与培训中心：巴基斯坦[EB/OL].http://www.unevoc.unesco.org/wtdb/worldtvetdatabase_pak_en.pdf..2017-8-15.

会和消除贫困的发展举措的关键方面。[①] 但在巴基斯坦，劳动力技能的发展一直是被忽视的行业，正规的政府机构只培养了一小部分熟练的劳动力。[②] 只有 3% 的学生参加了职业技术教育与培训，这在南亚国家是最低的。巴基斯坦早期的职业技术教育与培训系统更侧重于学习，而不是可以实现理想目标的实际技能。[③] 为应对挑战，巴基斯坦联邦政府未来在职业技术教育与培训中所需要做的重点工作有[④]：

（一）加快出台相关政策，积极拓展职业教育与培训的服务维度

巴基斯坦政府于 2009 年起草的《国家教育政策》认识到了技能开发的重要性，试图通过创新来强化职业技术与培训系统，使其成为面向需求的行业。为了实现职业技术与培训提出的 20 项提议改革，政府在 2011 年开始实施了 5 年度的职业技术教育与培训改革支持计划，其中包括国际机构的财政援助。政府鼓励公共和私营部门的利益相关者在联邦级和省级协调下实施。在这里值得一提的是，省和其他行政区制定了相应的 8 项技能发展计划，以此支持巴基斯坦联邦。[⑤] 此外，巴基斯坦政府尝试着利用教育制度塑造社会和政治议程，包括身份形成和国家建设。通过改变传统教育中注重知识教学的教育标准，凸显课程在新教育体系形成中的重要性，在教学内容上加强技术技能的联系，在教学法上包括促进批判性分析和提问的互动策略。

（二）完善管理制度，提高职业教育与培训的适应性

为应对国内与国外的劳动力市场需求，巴基斯坦政府仍需在形成实施不同的职业教育与培训项目的实施制度、提高职业教育质量上做出努力。具体而言，一方面，需要扩大职业培训系统容量，满足熟练和半熟练的人力需求的工业、农业和农村部门。可以通过增加现有的培训系统容量、建立新的职业培训中心，设计并开发连接技术学院教育、技术省级董事以及与国家科学和技术教育学院在内的联邦级机构，改善职业教育质量。另一方面，需通过加强教学培训和改进管理制度，跟进重点课程研究、制定农村学徒培训方案、调整国家职业教育与培训项目的结构，以及对全国 4 个省的企业、职业培训机构和企业进行详细的调查等方式进行。

（三）增加经费拨付，支持重点职业教育与培训领域发展

根据联邦教育规划与管理学院的统计数据，巴基斯坦 2015—2016 年的教育经费支出为 989.8 亿卢比，相较于 2012—2013 年的 652.5 亿卢比，已增加了 52%，所有省份的

---

① Grierson, J and Young, C. (2002). Technical and vocational education and training in twenty-first century: New Roles and Challenges for Guidance and Counselling. Division of Secondary, Technical and Vocational Education, UNESO, Paris.

② Kemal, A.R. (2005). Skill development in Pakistan. The Pakistan Development Review, 44(4), 349-357.

③ Agrawal, T. (2013). Vocational education and training programme (VET): An Asian perspective. Asia-Pacific Journal of Cooperative Education, 14(1), 15-26.

④ AEPAM, Islamabad.Findings and Recommendations of AEPAM's Research Studies[EB/OL].http://library.aepam.edu.pk/Books/Final%20Recommendations%20of%20Research%20Studies%20March%2014%202016.pdf.

⑤ TVETR, (2011). Supporting TVET reform in Pakistan. Pakistan technical and vocational education and training Reform http://www.tvetreform.org.pk/index.php?option=com_content&view=article&id=7&Itemid=101.

教育预算都随之增加。但联邦政府的大部分教育经费用于高等教育，职业教育和培训教育经费预算所占份额非常有限。教育预算拨款也仍保持在国内生产总值的 2% 左右。从长期目标出发，应逐步提升教育经费预算份额占全国生产总值的比重，同时增加职业教育和培训的教育经费预算份额，确保将重点放在弱势群体和地区。

（深圳职业技术学院　技术与职业教育研究所　李亚昕）

主要参考文献

[1] Academy of Educational Planning and Management: http://www.aepam.edu.pk/ InEnglish. Last checked: July 2011.

[2] Federal Board of Intermediate and Secondary Education: http://www.fbise.edu.pk/ InEnglish. Last checked: July 2011.

[3] Federal Ministry of Education: http://www.moe.gov.pk/ In English. Last checked: July 2011.

[4] Higher Education Commission: http://www.hec.gov.pk/ In English. Last checked: July 2011.

[5] Inter-Board Committee of Chairmen: http://www.ibcc.edu.pk/ In English. Last checked: July 2011.

[6] National Education Assessment System: http://www.neas.gov.pk/ In English. Last checked: July 2011.

[7] Punjab Education Assessment System: http://www.peas.gop.pk/ In English. Last checked: July 2011.

[8] For updated links, consult the Web page of the International Bureau of Education of UNESCO: http://www.ibe.unesco.org/links.htm.

[9] 联合国教科文组织国际职业教育与培训中心：巴基斯坦 .http://www.unevoc.unesco.org/wtdb/worldtvetdatabase_pak_en.pdf.

孟加拉人民共和国

一、国家概况

（一）地理

孟加拉人民共和国（The People's Republic of Bangladesh），简称孟加拉国，位于南亚次大陆东北部的恒河和布拉马普特拉河冲积而成的三角洲上。东、西、北三面与印度毗邻，东南与缅甸接壤，南濒临孟加拉湾。国土面积为 147570 平方千米，海岸线长 550 千米。全境 85% 的地区为平原，东南部和东北部为丘陵地带。①

孟加拉国大部分地区属亚热带季风气候，湿热多雨。全年分为冬季（12 月—2 月）、夏季（3 月—5 月）、雨季（6 月—9 月）和秋季（10 月—11 月）。年平均气温为 26.5℃。冬季是一年中最宜人的季节，最低温度为 5℃左右，夏季最高温度可达 45℃，雨季平均温度约为 30℃。该国年降雨量为 1194—3454 毫米，全年降雨量的 85% 集中在雨季。孟加拉国是频受自然灾害侵袭的国家，孟加拉湾飓风经常肆虐沿海地区，内地常遭龙卷风袭击。②

全国划分为达卡、吉大港、库尔纳、拉吉沙希、巴里萨尔、锡莱特和郎故尔（由拉吉沙希的 8 个县组成，正待批准）7 个行政区，下设 64 个县，472 个分县，4490 个乡，59990 个村。③ 其中首都位于达卡，下辖 13 个县，总面积为 20509 平方公里。④

（二）人文

孟加拉地区曾数次建立过独立国家，版图一度包括现印度西孟加拉、比哈尔等邦。⑤ 孟加拉族是南亚次大陆古老民族之一。孟加拉到 16 世纪时，发展成次大陆上人口最稠密、经济最发达、文化昌盛的地区。17 世纪被莫卧儿帝国征服，18 世纪后半叶沦为英国殖民地，为英属印度的一个省。

1947 年印巴分治，孟加拉被分割：西孟加拉归印度，东孟加拉（亦即东巴基斯坦）则根据最后一任印度总督蒙巴顿提出的蒙巴顿方案归巴基斯坦。但是，地理上的相互隔

---

① 中华人民共和国外交部 . 孟加拉国家概况 [EB/OL]. http://www.fmprc.gov.cn/web/gjhdq_676201/gj_676203/yz_676205/1206_676764/1206x0_676766/.2017-08-26.

② 中国领事服务网 . 孟加拉国 [EB/OL]. http://cs.mfa.gov.cn/zggmcg/ljmdd/yz_645708/mjlg_647136/.2017-09-12.

③ 中华人民共和国驻孟加拉人民共和国大使馆 . 孟加拉国概况 [EB/OL].http://bd.china-embassy.org/chn/mgxx/gk/t811818.htm.2017-09-26.

④ 行政区划网 . 孟加拉国 [EB/OL]. http://www.xzqh.org/old/waiguo/asia/1021.htm.2017-09-28.

⑤ 人民网 . 孟加拉国概况 [EB/OL]. http://politics.people.com.cn/n1/2016/1008/c1001-28760356.html.2017-09-20.

绝，民族、文化和语言的巨大差异终于使相距约2000公里的东、西巴基斯坦内部矛盾走向不可调和。1971年3月26日东巴宣布独立，西巴展开武力镇压，随后发生大规模动乱和难民潮。1972年1月成立孟加拉人民共和国。①

20世纪90年代以来，孟加拉国主要由民族主义党和人民联盟轮流执政。2008年12月举行第九届议会选举，人民联盟领导的大联盟获胜。2009年1月6日，人盟主席谢赫·哈西娜就任新政府总理，并顺利组阁。2014年1月5日，举行第十届议会选举。孟加拉实行一院议会制，即国民议会。宪法规定议会行使立法权。议会由公民直接选出的300名议员和遴选的50名女议员组成，任期五年。议会设正副议长，由议员选举产生。最高法院分为上诉法庭和高等法庭。首席大法官及法官若干人均由总统任命。首席大法官和一部分指定的法官审理上诉法庭的案件，其他法官审理高等法庭的案件。此外还有巡回法院，县法院，民事、刑事法院。

孟加拉国现有人口约1.6亿，孟加拉族占98%，另有20多个少数民族。伊斯兰教为国教，穆斯林占总人口的88%。② 孟加拉国人在社交场合与客人见面时，一般都以握手为礼，在男人与女人间相见时，一般都习惯用点头示礼或用说句客气话来代替礼节。因为他们男人一般不与女人握手。孟加拉国的佛教徒与客人相见时，习惯施合十礼。客人也应双手合十还礼，以示相互间的尊重。孟加拉国的伊斯兰教徒恪守禁酒的教规，教徒是不饮酒的，也禁食猪肉和使用猪制品；还忌讳谈论有关猪的话题。③

（三）经济

孟加拉国矿产资源有限。主要能源是天然气，已公布的储量为3113.9亿立方米，主要分布在东北几小块地区，煤储量7.5亿吨。森林面积约200万公顷，覆盖率约13.4%。工业以原材料和初级产品生产为主，包括水泥、化肥、黄麻及其制品、白糖、棉纱、豆油、纸张等。④ 总体而言，孟加拉土地较为匮乏，能源相对短缺。

孟加拉国家税收委员会数据显示，2016—2017财政年度，财政总收入为1.86万亿塔卡，同比增长19%，历史首次连续三年超额完成财政收入目标。⑤ 孟加拉2016—2017财年税收收入为18507.1亿塔卡，较上一财年增加2955.3亿塔卡，同比增长19%，实现该财年修正后税收收入18500亿塔卡的目标值，此系连续第三年实现税收收入目标。⑥ 孟加拉

---

① 孟加拉国历史 . 历史之家 [EB/OL]. https://www.lszj.com/shijiefengyun/21423.html.2017-10-01.

② 中华人民共和国外交部 . 孟加拉国家概况 [EB/OL]. http://www.fmprc.gov.cn/web/gjhdq_676201/gj_676203/yz_676205/1206_676764/1206x0_676766/.2017-10-02.

③ 北京市人民政府外事办公室 . 亚洲国家的礼仪与禁忌——孟加拉人民共和国 [EB/OL]. http://www.bjfao.gov.cn/video/lbly/wgfs/8054.htm.2017-08-25.

④ 一带一路网 . 孟加拉国 [EB/OL]. https://www.yidaiyilu.gov.cn/gbjg/gbgk/1845.htm.2017-08-23.

⑤ 中华人民共和国驻孟加拉人民共和国大使馆经济商务参赞处 . 孟加拉政府超额完成上一年财政收入目标 [EB/OL]. http://bd.mofcom.gov.cn/article/zzjg/201708/20170802622295.shtml.2017-09-01.

⑥ 中华人民共和国驻孟加拉人民共和国大使馆经济商务参赞处 . 2016-2017 财年孟加拉国税收收入同比增长 19%[EB/OL].http://bd.mofcom.gov.cn/article/jmxw/201707/20170702603138.shtml.2017-09-26.

以外向型经济为主导，2013 年成衣出口额为 163.84 亿美元，约占孟加拉总出口额的 81%；皮革业是孟加拉传统优势行业，年均皮革产量约为 1.5 亿平方英尺，约占世界总产量的 2%—3%，2013 年皮革及皮革制品出口额为 6.91 亿美元，占孟加拉总出口额的 3.4%。

孟加拉实行投资自由化政策，鼓励投资。近年来为鼓励外国投资，孟加拉国政府制定了一系列优惠政策："投资者享受国民待遇、投资受法律保护不允许被国有化和被征用、保证资本和股息外派、公司享受 5—7 年免税期、进口机械设备享受关税优惠、享受最不发达国家出口优惠、允许 100% 外资股权和无退出限制。"孟加拉国几乎所有经济领域都对外国投资者开放，投资自由度较高。另外还积极建设出口加工区、特殊经济区。①

2010 年，孟政府提出经济区发展战略，拟通过设立经济区的方式，推动潜在区域经济发展，增加就业、产能及出口，实现国家的社会经济承诺。2015 年，政府出台"七五计划"（2016—2020 财年），设定了 8% 的 GDP 增长率目标，并提出在未来 15 年内建设 100 个经济区，以此创造 1000 万个就业岗位，实现 400 亿美元的出口目标。②

（四）教育

孟加拉国建立了教育普及框架，这一普及框架关照了不同性别和不同民族的学生。孟加拉国在促进教育公平、提高公民受教育机会、实现初等和中等教育中的性别公平、减少重复率和辍学率等教育方面成绩斐然。孟加拉国已经提高了各级教育的入学和毕业状况，尤其是初等教育。由于大规模地扩大供给，对学校贫困学生及女孩的针对性津贴和在教育方面持续不断的投资，孟加拉国几乎普及了初等教育。最近报告显示，小学净入学率达到 96.7%。在过去几年中，孟加拉国的学前教育有了很大发展，3—5 岁幼儿等形式的学前教育入学率由 2009 年的 23% 上升至 2012 年的 83.90%。就入学率来说，远远超过了到 2015 年学前教育入学率到达 55% 的目标。③

孟加拉学制为小学 5 年、中学 7 年、大学 4 年。政府重视教育，规定 8 年级以下女生享受免费义务教育。全国国立大学 21 所，私立大学 53 所，国立医学院 13 所，普通学院 1225 所，工艺学校 77 所，伊斯兰学校 8410 所，专业培训学院 64 所，中学 17386 所，小学 78000 所。主要高校有达卡大学、孟加拉工程技术大学、拉吉沙希大学等。④达卡大学是现代孟加拉国最古老的大学，由英属印度政府于 1921 年创立。达卡大学以牛津剑桥的教育模式为模板，并一度被称为"东方牛津"，其对孟加拉国的发展有着重要影响。⑤

① 中国网．任琳，牛恒．"一带一路"投资政治风险研究之孟加拉 [EB/OL].http://opinion.china.com.cn/opinion_22_125722.html.2017-09-28.

② 中华人民共和国驻孟加拉人民共和国大使馆经济商务参赞处．孟加拉经济区调研报告 [EB/OL]. http://bd.mofcom.gov.cn/article/ztdy/201605/20160501320040.shtml. 2017-08-06.

③ Mizanur Rahman（孟加拉国）．孟加拉城乡教育公平发展存在的问题及对策——基于达卡市的个案研究 [D]. 西南大学硕士论文 .2015:29

④ 中华人民共和国驻孟加拉人民共和国大使馆．孟加拉国概况 [EB/OL]. http://bd.china-embassy.org/chn/mgxx/gk/

⑤ 孟加拉：孟加拉教育概况 [EB/OL].globserver. http://globserver.cn/%E5%AD%9F%E5%8A%A0%E6%8B%89/%E6%95%99%E8%82%B2,2017-08-23.

二、职业技术教育与培训的战略与法规

（一）战略

孟加拉国1972年宪法第8条（2004年最后修订）规定：要对万能的真主、民族主义、民主和社会主义的信仰绝对信任，要相信经济和社会正义，以及相信从社会正义中得到的准则，这几条构成国家政策的基本原则。共和国是一个民主的民主国家，它必须保证人民的基本人权和自由，尊重人的尊严和价值，确保人民通过各级政府选举的代表有效参与政治。

职业技术教育与培训的发展战略为：教育与社会需求相联系，培养受教育的、有积极性的公民，以满足社会的需要；国家努力确保所有公民平等的机会和采取有效措施，消除社会和经济不平等，并确保民众财富和机会的公平分配，以通过共和国达到一个统一的经济发展水平。

（二）法规

1.《孟加拉共和国宪法》（1972）

孟加拉共和国的宪法规定，建立统一的、面向大众的、普遍的教育体系，并向所有儿童提供免费义务教育。它还提供了与社会需求有关的教育，培养受过训练的、有积极性的公民，以满足社会的需要，并消除文盲。

2. 学校法案

在《小学（接管）法案》的推动下，政府于1973年10月开始对小学进行国有化，并让教师成为政府的雇员。1992年《私立大学法》出台，本法规定了私立大学的建立条件及管理细则。开放大学是根据1992年第38号法案创建的。2010年7月颁布的《新私立大学法案》设想成立一个独立的国家认证委员会。

3.《国家技术开发政策》（2011）

2011年，《国家技术开发政策》（以下简称《开发政策》）正式颁布。《开发政策》提出了改革的关键领域和目标，明确了各机构的主要职能，是指导和推进孟加拉国职业教育和培训改革的纲领性文件。政府希望通过此次改革，打破以往各部门各行业各自为政的乱局，最终建立一个更贴近市场需求的职业教育和培训体系。

三、职业技术教育与培训的体系与质量保障

（一）体系

学前教育主要集中在城市和一些地区总部。学前教育接收3—5岁的孩子，而且它不是正式教育系统的一部分。小学教育延续5年（1年级到5年级），入学年龄为6岁。1992年以来，初等教育都是免费的、义务性的。2010年的教育政策提出合并初中教育，将初等教育阶段定为1年级到8年级。

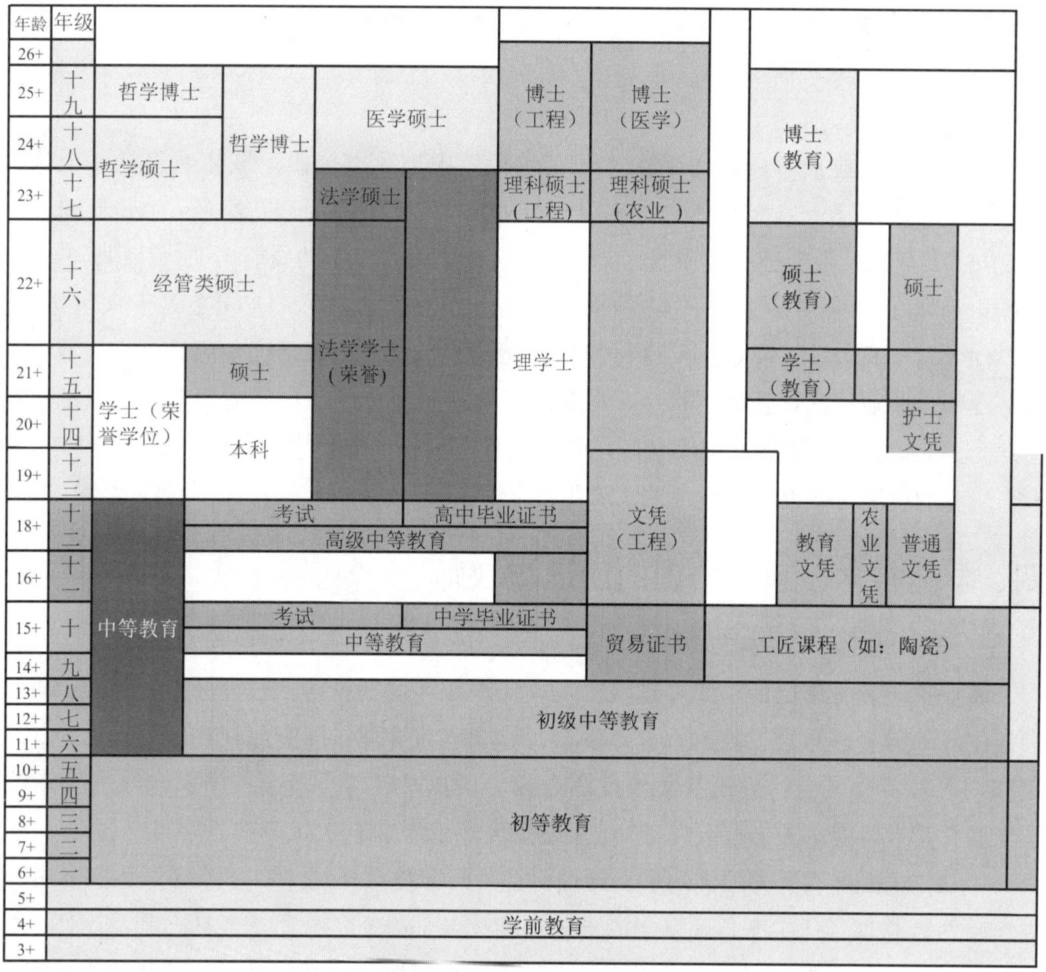

图 1　孟加拉教育结构图

资料来源：孟加拉国教育信息与统计局。

中等教育包括三个阶段：初级中等（6 年级到 8 年级），中等（9 年级和 10 年级）和高级中等（11 年级和 12 年级）。中等教育（6 年级到 10 年级）在初中提供；高级中等教育（11 年级和 12 年级）在中级学院和学位学院的中级部分提供。一般来说，从 9 年级开始，中等教育有三个方面：人文、科学和商业教育。

高等教育由"大学"、"高等专科学校"以及"以专业、技术和其他特殊教育类型见长"的各类院校提供。HSC（高中毕业证书）持有人有资格参加为期 3 年的学位课程而获得荣誉学位，他们将在学位级的学院或大学攻读 4 年学士学位（荣誉）课程，建筑学、牙科、医学和传统医学领域的学士学位课程一般持续 5 年。

对于 SSC（中学毕业证书）的持有者来说，获得专业文凭的课程（在农业、土木工程、计算机科学、食品科学等领域）通常需要 4 年的时间；专业文凭持有者可参加 1 年制的技术教师教育课程并取得文凭。在成功获得学士或荣誉学士学位后，学生可以攻读硕士学位。

（二）保障

孟加拉国职业技术认证体系在《开发政策》中被重点提出。该体系包括 8 个认证级别（pre-voc1、pre-voc2、NTVQF1 至 NTVQF6）。其中前两级（pre-voc1 和 pre-voc2）主要面向社会弱势群体和低学历人群，为他们提供基本的技能培训，获得 pre-voc2 认证以后他们便可学习正式的培训课程。其余 6 个级别中，NTVQF1 属于入门级别，NTVQF5 属于高级技工级别，而达到 NTVQF6 级别的工人可以升任中层管理人员或者助理工程师。职业技术认证体系将逐步取代现有职业教育中的认证，成为全国公认的认证标准。孟加拉国内所有公立或私营的培训机构都需根据职业技术认证体系设置培训项目。未来所有的出国劳务也都必须经过该职业技术认证。①

四、职业技术教育与培训的治理与教师

（一）治理

孟加拉国教育部门的主要管理机构是：初级和大众教育部；教育部；初等教育理事会；中高等教育理事会；技术教育理事会；检查和审计局；国家课程和教材委员会；中级和中等教育委员会；伊斯兰学校教育委员会；技术教育委员会；国家初级教育学院；国家教育管理学院；孟加拉国教育信息和统计局；设施部门；大学拨款委员会。

孟加拉国职业教育和培训的最高管理机构是国家技术开发理事会，该会于 2008 年成立，哈西娜总理亲任主席。理事会成员包括相关各部委、各行业及各社会利益团体的代表。主要职责包括制订国家人力资源开发政策，统筹协调跨部门合作，监督和指导职业教育和培训的政策落实等。

国家技术开发理事会重点指导以下几个机构推进孟加拉国职业教育和培训工作：

1. 孟加拉国技术教育委员会。该会隶属教育部，主要负责对各职业教育和培训项目进行日常监管，保障培训的质量。职责包括认证培训机构、设置培训内容、开发培训教材、考核培训成果以及授予文凭和证书等。

2. 技术教育总局。该局隶属孟教育部，下辖 117 个公立培训机构，在国家技术开发理事会的指导下开展培训课程，是职业技术培训的主要提供者。

3. 人力资源雇佣和培训局。该局隶属侨民福利和海外就业部，下辖 38 个技术培训中心，是孟加拉政府执行海外就业政策和对海外就业人员进行管理和培训的最高机构，也是法定劳务输出的最高执行和管辖机构。

4. 行业技能委员会。为了使培训内容更符合行业实际需求，孟加拉国吸收劳动力的

① 驻孟加拉国经商参处. 孟加拉国职业教育和培训体系[EB/OL]. http://bd.mofcom.gov.cn/article/ztdy/201602/20160201251783.shtml.2016-02-04 .

几大主要行业（如运输业、农产品加工业、成衣制造业等）均成立了行业技能委员会。委员会成员由各行业主要公司代表组成，主要职责包括监督和评估本行业培训情况、就培训内容和方式提出建议、提供行业培训、加强行业与培训机构之间的联系等。

（二）教师

政府对全国教师的政策要求是：60% 的新教师都要是女性（对那些教育资格证已经放宽的人来说）。新招收教师的入教资格是：女老师必须持有中学毕业证书，男老师必须持有高中毕业证书。男性和女性教师的工资、地位和晋升机会是一样的。教师在社会中享有很高的地位，女教师在家庭和社会中受到广泛的尊敬，这有助于确保女童入学率和升学率的提高。1990 年，只有 20% 的教师是女性，但这个数字在 1995 年上升到 27%。助理教师在资历基础上有晋升的机会，目前政府已设立了 20% 的名额以及教育官员助理的岗位，招聘有资历的助理教师。①

五、职业技术教育与培训的诉求与发展趋势

（一）诉求

1. 急需改善职业动手术教育与培训的社会环境

孟加拉国存在诸如资金、技术短缺，基础设施薄弱，能源供应困难等问题。孟加拉国经济发展水平较低，接受国际组织和发达国家的援助是其筹集建设资金的重要方式。国内工业器械设备非常落后，缺少大型机具，且配置较低。缺乏高技术专业人才，基础设施薄弱，运输能力差。②

2. 需要发挥劳动力资源优势

孟加拉国劳动力利用率较低。根据《调查报告》，孟加拉国劳动年龄人口共 9560 万，其中劳动力人口 5670 万，劳动力参工率仅为 59.3%，同期的世界平均值约为 64%。其中虽然女性参工率近年呈持续上升态势，但依然仅为 36.1%。就业人群中，87.5% 为非正式就业，47.6% 从事农业劳动，大量的劳动力未得到充分利用。③

3. 启动职业技术教育与培训改革

孟加拉国已经意识到人力资源是其最具发展潜力的宝贵资源。一方面，孟加拉国政府积极地与阿联酋、沙特、马来西亚等传统劳务输出目的地商谈政府间劳务合作协议，极力扩大孟加拉国劳务输出的规模。另一方面，为了提升孟加拉国劳动力的竞争力，在国际劳工组织等机构的帮助和指导下，孟加拉国启动了职业教育和培训的改革。

① 驻孟加拉国经商参处. 孟加拉国职业教育和培训体系[EB/OL]. http://bd.mofcom.gov.cn/article/ztdy/201602/20160201251783.shtml.2017-02-04 .

② 中国网. 任琳,牛恒. “一带一路”投资政治风险研究之孟加拉[EB/OL]. http://opinion.china.com.cn/opinion_22_125722.html.2017-08-26.

③ 驻孟加拉国经商参处 . 孟加拉国职业教育和培训体系 [EB/OL]. http://bd.mofcom.gov.cn/article/ztdy/201602/20160201251783.shtml.2016-02-04 .

（二）发展趋势

1. 职业技术教育与培训的发展环境将会改变

尽管目前处于最不发达国家行列，但孟加拉经济持续获得稳定增长，GDP 年均增速近几年维持在 6% 以上。未来，孟加拉国政府将继续以外向型经济为主导，加快基础设施建设，大力吸引外资，鼓励出口贸易，结合其劳动力资源充足且价格低廉等优势，有望于 2021 年脱离最不发达国家行列，进入发展中国家队伍。①

2. 国内市场的扩大将会增加社会对职业技术教育与培训的需求

政府对扩大国内市场高度重视。在促进经济发展的同时，注重减贫工作，避免未来陷入"中等收入陷阱"。但与此同时，孟加拉国政府也面临着创造就业机会与能源紧缺的巨大压力。每年约有 200 万新增劳动力，而新增就业机会仅有 40 万。央行正着力推动中小企业融资机制建设，帮助年轻人获取创业资金，缓解就业压力。②孟加拉国近两届政府主张实行市场经济，推行私有化政策，改善投资环境，大力吸引外国投资，积极创建出口加工区，优先发展农业。③ 世界经济论坛《2014—2015 年全球竞争力报告》显示，孟加拉国在全球最具竞争力的 144 个国家和地区中排名第 109 位。

（深圳职业技术学院　技术与职业教育研究所　袁　礼）

主要参考文献

[1] 中华人民共和国外交部 . 孟加拉国家概况 [EB/OL]. http://www.fmprc.gov.cn/web/gjhdq_676201/gj_676203/yz_676205/1206_676764/1206x0_676766/.2017-08-26.

[2] 中国领事服务网 . 孟加拉国 [EB/OL]. http://cs.mfa.gov.cn/zggmcg/ljmdd/yz_645708/mjlg_647136/.2017-09-12.

[3] 中华人民共和国驻孟加拉人民共和国大使馆 . 孟加拉国概况 [EB/OL].http://bd.china-embassy.org/chn/mgxx/gk/t811818.htm. 2017-09-26.

[4] 北京市人民政府外事办公室 . 亚洲国家的礼仪与禁忌——孟加拉人民共和国 [EB/OL]. http://www.bjfao.gov.cn/video/lbly/wgfs/8054.htm. 2017-08-25.

[5] 一带一路网 . 孟加拉国 [EB/OL]. https://www.yidaiyilu.gov.cn/gbjg/gbgk/1845.htm. 2017-08-23.

[6] 中国网 . 任琳，牛恒 ."一带一路"投资政治风险研究之孟加拉 [EB/OL]. http://opinion.

① 中商情报网 . 一带一路沿线国家：孟加拉国 2015 基本情况介绍 [EB/OL]. http://www.askci.com/news/finance/2015/ 11/13/112017hutk.shtml

② 中华人民共和国驻孟加拉人民共和国大使馆经济商务参赞处 . 孟加拉政府将在未来两年提高投资比重 [EB/OL]. http://bd.mofcom.gov.cn/article/jmxw/201701/20170102503941.shtml. 2017-08-23.

③ 中国经济网 . 孟加拉国概况 [EB/OL]. http://www.ce.cn/xwzx/gnsz/gdxw/201610/12/t20161012_16684355.shtml. 2017-08-20.

china.com.cn/opinion_22_125722.html,2017-09-28.

[7] 中华人民共和国驻孟加拉人民共和国大使馆经济商务参赞处．孟加拉经济区调研报告 [EB/OL]. http://bd.mofcom.gov.cn/article/ztdy/201605/20160501320040.shtml. 2017-08-06.

[8] Mizanur Rahman (孟加拉国). 孟加拉城乡教育公平发展存在的问题及对策——基于达卡市的个案研究 [D]. 西南大学硕士论文 .2015:29

[9] 驻孟加拉国经商参处．孟加拉国职业教育和培训体系 [EB/OL]. http://bd.mofcom.gov.cn/article/ztdy/201602/20160201251783.shtml.2017-02-04 .

[10] Bangladesh National Commission for UNESCO. *National report on the development of education*. Presented at the 45th session of the International Conference on Education,Geneva,1996.

[11] Creative Associates International,Inc. *Bangladesh educational assessment. Time to learn:Teachers' and students' use of time in government primary schools in Bangladesh*. Prepared for the Basic Education and Policy Support (BEPS)Activity. Commissioned by the United States Agency for International Development (USAID). Washington DC,June 2004.

[12] Directorate of Primary Education. Ministry of Primary and Mass Education. *Bangladesh primary education annual sector performance report 2009. Based on the 2005-2008 school census data*. Dhaka,May 2009.

[13] Directorate of Secondary and Higher Education. *The development of education (secondary and higher education sub-sector). National report of Bangladesh*. Presented at the 45th session of the International Conference on Education,Geneva,1996.

[14] Government of Bangladesh. Planning Commission. *Outline Perspective Plan of Bangladesh 2010-2021. Making Vision 2021 a Reality*. Dhaka,June 2010.

[15] Government of Bangladesh. Primary and Mass Education Division. *National report on education. Development of primary and mass education*. Presented at the 45th session of the International Conference on Education,Geneva,1996.

[16] Government of Bangladesh. Primary and Mass Education Division. *Education for All 2000 Assessment:country report of Bangladesh*. (Under the co-ordination of B.R. Khan). Dhaka,1999.

[17] Japan Bank for International Cooperation (JBIC). *Bangladesh education sector overview. Final report*. Tokyo,JBIC,March 2002.

[18] Ministry of Education. *Brief report on the development of education in Bangladesh during 1990-1992*. Presented at the 43rd session of the International Conference on Education,Geneva,1992.

[19] Ministry of Education. *Development of education. National report of Bangladesh*. Presented at the 47th session of the International Conference on Education,Geneva,2004.

[20] Ministry of Primary and Mass Education. *Education for All:National Plan of Action II,2003-2015*. Fourth draft. Dhaka,May 2003.

[21] Ministry of Primary and Mass Education. *Operational framework for pre-primary education*. Dhaka,March 2008.

[22] UNESCO Bangkok. *Secondary education regional information base:Country profile,Bangladesh*. Bangkok,2007.

[23] UNESCO Dhaka Office. *Expanding early childhood care and education (ECCE)in Bangladesh:It can be done.* (Prepared by Jan van Ravens,December 2008). Published in Dhaka,February 2010.

[24] UNESCO Dhaka Office & UNICEF Bangladesh. *Bangladesh. Education for All Mid-decade Assessment 2001-2005*. Dhaka,January 2008.

阿富汗伊斯兰共和国

一、国家概况

（一）地理

阿富汗伊斯兰共和国（The Islamic Republic of Afghanistan），简称阿富汗，是亚洲中西部内陆国家，位于中亚、西亚和南亚交汇处，历史上被称为通向南亚大陆的“锁钥”。阿富汗南部和东部与巴基斯坦接壤，西靠伊朗，北部与土库曼斯坦、乌兹别克斯坦以及塔吉克斯坦为邻，东北部凸出的狭长地带瓦罕走廊与中国交界，国土总面积为 64.75 万平方千米。阿富汗分为 34 个省，省下设县，首都为喀布尔。阿富汗境内大部分地区在高原上，高原和山地占全国面积的五分之四，兴都库什山脉斜贯阿富汗中部，最高峰诺夏克峰海拔 7485 米。河流主要有阿姆河、赫尔曼德河、哈里河和喀布尔河。阿富汗属大陆性气候，四季分明，昼夜温差较大。全年干燥少雨，年温差和日温差均较大，冬季严寒，北部和东北部地区最低气温为 -30℃以下。夏季酷热，东部城市最高气温可达 49℃。全国年平均降雨量只有 240 毫米。首都喀布尔气候宜人，四季分明，全年平均气温 13℃左右。①

（二）人文

阿富汗历史可上溯到波斯帝国时期，在公元前 6 世纪居鲁士大帝远征时并入波斯，其后几经王朝更迭，包括塞琉古王朝、贵霜王国、阿拉伯帝国阿拔斯王朝等。18 世纪，逐渐形成独立国家，并于 1747 年建立阿富汗王国。阿富汗曾一度强盛，后成为英国和沙俄的角逐场，1919 年摆脱英国殖民统治获得独立。20 世纪以来，这个帕米尔高原上的山国战乱不止，国体变化频繁。1973 年国王查希尔被推翻，成立阿富汗共和国；1978 年一批青年军官发动军事政变，改国名为民主共和国。苏联出兵入侵阿富汗，内战爆发，1989 年苏军撤出，阿富汗又改为共和国。1994 年塔利班兴起，1996 年 9 月攻占喀布尔，建立政权。1997 年 10 月改国名为“阿富汗伊斯兰酋长国”，在阿实行伊斯兰统治。2001 年，塔利班政权被美国推翻。2002 年 6 月，阿富汗成立过渡政府。2004 年，阿富汗颁布临时宪法，确定国名为“阿富汗伊斯兰共和国”。

阿富汗实行总统共和制。总统为国家元首，是国家最高行政执行者。总统在行政、立法和司法领域具有特权。总统由全民选举产生，任期 5 年。各部部长由总统提名，议

① “走出去”公共服务平台对外投资合作阿富汗指南（2016 年版）。

会任命。现任总统是阿什拉夫·加尼，副总统穆罕默德·卡西姆·法希姆，副总统穆罕默德·卡里姆·哈利利，内阁资政海达亚特·阿明·阿尔萨拉。

阿富汗人口约为3252.7万（2015年数据），中位数人口年龄是17.5，每年人口增长为3.02%（2010—2015）。由于常年战争，青少年占比非常高，其中15岁以下人口为1250万，占46.1%，为全世界最高，63岁以上人口仅占3.7%[①]。阿富汗是一个多民族国家，其中，普什图人占40%，塔吉克人占25%，还有哈扎拉人、乌兹别克人、土库曼人等20多个少数民族。普什图语和波斯语是官方语言。国民普遍信仰伊斯兰教，穆斯林约占99%，其中逊尼派占80%，什叶派占19%。所有伊斯兰教禁忌适用于阿富汗，如禁酒、禁食猪肉等。

（三）经济

农牧业是阿富汗国民经济的主要支柱。阿富汗农牧业人口占全国总人口的80%，是世界上最贫穷、最不发达国家之一。耕地不到全国土地总面积的10%。主要农作物包括小麦、棉花、甜菜、干果及各种水果。主要畜牧产品是肥尾羊、牛、山羊等。多年战乱使阿富汗工业基础几陷崩溃。阿富汗以轻工业和手工业为主，主要有纺织、化肥、水泥、皮革、地毯、电力、制糖、金属制造和农产品以及水果加工等。阿富汗同60多个国家和地区有贸易往来。主要出口商品有天然气、地毯、干鲜果品、羊毛、棉花等。主要进口商品有各种食品、机动车辆、石油产品和纺织品等。主要出口对象为巴基斯坦、美国、英国、德国、印度等，主要进口国为中国、巴基斯坦、美国、日本、韩国、土库曼斯坦、印度等。阿富汗领土中的五分之三交通不便，历经30多年战乱，经济破坏殆尽，交通、通讯、工业、教育和农业基础设施遭到的破坏最为严重，生产生活物资短缺，曾有600多万人沦为难民。2002年以来，阿国民经济呈现"低水平的快速增长"，经济逐步恢复发展。2015—2016财年经济同比增长-2.4%，国内生产总值（GDP）194亿美元，人均GDP 677美元，2015/2016财年对外贸易总额约82.8亿美元。[②]

（四）教育

阿富汗的教育实行两个并行系统：宗教教育由清真寺神职人员实行，而政府则在正规的学校实行教育。

小学教育：阿富汗的小学教育划分为两个阶段，1—3年级和4—6年级，完成1—3年级学业后，部分学生会选择毕业离校。小学招收7岁到13岁的学生，教育内容包括基本的阅读、写作、算术和阿富汗民族文化。

中等教育：包括初中和高中两个阶段。在初中阶段，学生通常有两种选择：可以选择进入宗教初中教育（伊斯兰中学教育第一阶段）或者普通初中（即普通和特殊中学教育的第一阶段），两者学制都是3年。在高中阶段，包括三种类型的学校：宗教高中（伊

① 联合国人口司——世界人口前景 [EB/OE] (2017-10-01) http://esa.un.org/ unpd/wpp/DVD.

② 中华人民共和国外交部阿富汗国家概况 .[EB/OL](2017-10-01) http://www.fmprc.gov.cn/web/gjhdq_676201/gj_676203/yz_676205/1206_676207/1206x0_676209/

斯兰中学教育第二阶段）、普通高中（即普通和特殊中学教育的第一阶段）或者中等职业教育，三者学制都是3年。学习农业、航空、艺术、商业等专业。①

大学教育：阿富汗的大学分两种——3年制的专科文凭和4年制的本科。学生高中毕业后，可直接升入就读本科或专科，专科包括伊斯兰大学和职业技术学院（本科的预科），专科毕业后学生也可以继续接受本科教育。

截至2003年底，阿富汗全国共有7029所初等教育学校，其中只有48%的学校有供水和卫生设施。在国际社会的大力援助下，阿富汗教育事业逐步取得进步。适龄儿童中有600万人入学，其中38%是女生。截至2015年底，阿富汗国内共有各类中小学15645所，学生918.45万人，其中女生362.9万人。高等教育方面，共有各类高校和研究机构145所，公立36所，私立109所，学生30万人，其中女生6.4万人。喀布尔大学是全国最高学府，1946年创建；赫拉特大学是阿富汗西部教育中心，2002年8月复校，有学生3100多人，包括700余名女生。喀布尔医科大学于1931年成立，是最古老的大学。② 目前阿富汗正在努力恢复大学局势并修复因内战而造成的损失。女性的录取率也有一些提高。

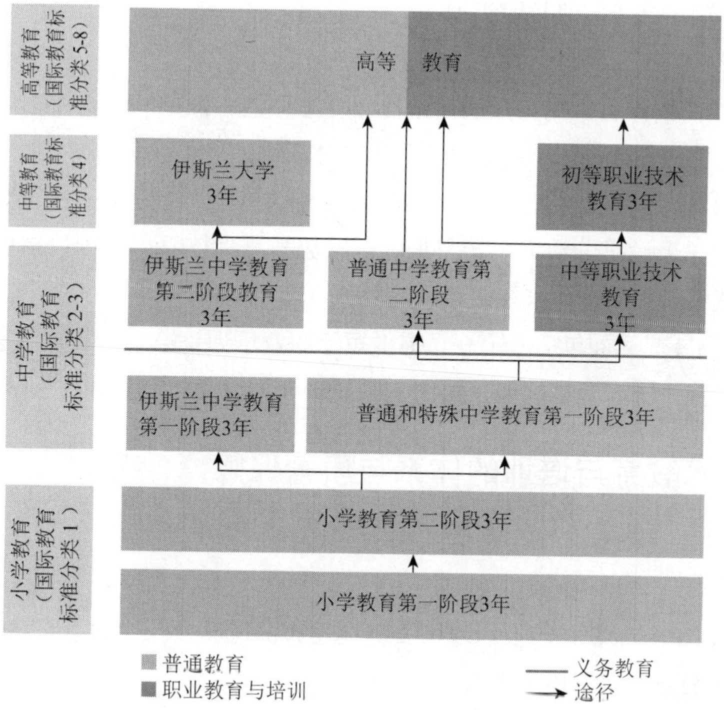

图1 阿富汗教育体系结构图

资料来源：联合国教科文组织国际职业技术教育与培训中心。

① 联合国教科文组织国际教育局(2011)，世界教育数据（第7版），2010—2011，阿富汗伊斯兰共和国。

② Afghanistan Education System–Classbase. https:BGZyA3lmcC10BGdwcmlkAwRuX3JzbHQDMARuX3N1Z2cDMARvcmlnaW4Dc2VhcmNoLnlhaG9vLm.

二、职业技术教育与培训的战略与法规

（一）战略

阿富汗职业技术教育与培训的使命是：为国家经济社会发展培养专业人才，减少贫困，为弱势群体提供教育机会。

阿富汗教育部为解决职教培训所面临的严峻挑战，制定了以下战略目标：

（1）建立新机构，包括区域性机构、省级学校和地区学校，增加国民获得职教培训的机会；增加各种培训机构的数量；

（2）扩大职教培训的注册人数与参加培训人数，特别是提高女性和残疾人参与度；

（3）为学生提供符合市场需求的优质课程与培训资料，为学校配备优良实训设备；

（4）开发国家经济社会发展急需的专业技术领域、职业和艺术领域的人力资源开发相应的职业标准，关注女性的从业需求；

（5）通过理论学习和实践培训，发展和扩大国家重要发展领域的知识和技能培训；

（6）为盲人和残疾人提供特殊教育，帮助他们就业；

（7）为学生进入高等职业教育机构和大学做准备。①

（二）法规

（1）2008 年《教育法》提出发展阿富汗教育事业的一般原则。其中，第 5 条明确规定，国家提供免费的专业技术、技能教育以及艺术教育。

（2）《国家技能发展规约》是 2004 年阿富汗总统在柏林签署的国家优先发展项目，目标是通过开发一个满足劳动力市场需求的国家职教培训体系，为国民提供能够体面就业的知识和技能，从而促进国家社会经济的复苏。

《国家技能发展规约》包括：第一，提供短期职业培训；第二，开发国家职能技能标准；第三，协助开发国家资格框架；第四，增强培训人员及职教教师的教学能力。②

三、职业技术教育与培训的体系与质量保障

（一）体系

1. 职业技术教育与培训的部门构成：

根据阿富汗 2010 年教育与技能政策委员会发布的《职业技术教育与培训报告》，阿富汗的职业技术教育与培训体系由以下部门构成：

· 公共部门提供的职业技术教育与培训；

· 非政府组织的职业技术教育与培训（包含 3 万名学生，确保提供基本职业技能）；

· 私营部门的职业技术教育与培训（包含 15 万名学生，主要提供计算机普及教育、

① 联合国教科文组织国际教育局 (2011)，世界教育数据（第 7 版），2010—2011，阿富汗伊斯兰共和国。

② World TVET Database Afghanistan–UNESCO–UNEVOC

英语、管理和会计等职业技能）。

2. 职业技术教育与培训的专业结构：

· 农业、畜牧业、兽医；

· 商业教育；

· 建筑和工程；

· 美术和艺术；

· 特殊教育和全纳教育部分。

3. 职业技术教育与培训的层次结构：

专科层次的职业技术教育与培训（13—14 年级）主要由职业教育学院、教师培训学院和伊斯兰学院（达尔－乌尔斯）提供。

中专层次的职业教育与培训主要面向 9 年级毕业生，提供职业技术与培训教育。基于专业和受训者入门水平的不同，课程通常为 3 年。一旦顺利毕业，将会获得毕业证书。

职教培训中表现优秀的学生能够转学到大学，并认可其已完成课程的学分。反向转学也是可以的，那些在普通高校获得学位的学生依然可以在职教培训学院接受技能培训。[①]

4. 非正式的职业技术教育与培训

劳动、社会、烈士和残疾人事务部提供短期职业技能培训课程，时间通常少于 1 年，内容涉及木工、管道、汽车机械、电视维修、电工、摄影、计算机研究、音乐、语言等。

（二）保障

1. 资格框架

目前阿富汗的国家资格框架正在开发当中。阿富汗国家资格认证机构是对国家资格框架进行治理与管理的独立权威机构。国家资格框架开发的主要目标是：

· 国家资格框架是以学习者所需的知识、技能和能力需求为基础建立的，其建立和维护是为了开发、认可与授予资格证书；

· 在高等教育、职教培训、普通教育、伊斯兰教育和基础教育领域中建立职业教育与培训的奖励标准和资格等级；

· 通过认证架构起各级各类学校的互通机制，促进并使得国家教育体系内的入学、转学以及升学更加容易。

此外，世界银行资助的“阿富汗技能开发项目”正在开展。荷兰公司 CINOP 参与了国家资格框架的开发，为国家资格框架的建立制定了 8 个等级的资格标准：

· 1 级：基本水平；

· 2 级：读写能力和基本的职业培训证书；

· 3 级：中级教育证书（9 年级）；

① Afghanistan TVET–Image Results.

· 4级：高级证书，高中（12年级）；
· 5级：高等教育14年级文凭；
· 6级：高等教育学士学位；
· 7级：高等教育硕士学位；
· 8级：高等教育博士学位。①

2. 质量保障

为了保证质量和控制问题，阿富汗国家职业技术教育与培训部副部长直接管理职业技术教育与培训监测、评价、质量控制与保障部门，该部门专门负责职教培训质量保障问题。

2012年6月26—27日的第一次教育联合部门审查会议联合所有合作伙伴及资助者，共同审查职业技术教育与培训所取得的成就与存在的质量问题。

职业技术教育与培训的提供由以下部门予以保障：

1）劳动、社会、烈士与残疾人事务部负责监管20个为公共部门雇员提供短期课程的培训中心；

2）教育部负责协调和管理140个职教培训公立高中和70个学院及40个被授权的私人职教机构。

此外，还有120所正在获得授权的其他机构。

上述机构会提供2年、3年及5年项目。②

这些机构负责监控各自的内部质量问题。

四、职业技术教育与培训的治理与教师

（一）治理

阿富汗的教育部是教育管理的权威实施机构，其职能主要包括：教育政策制定，监管正规学校、教师教育学院、职业技术教育培训学校、社区教育，人员培训和能力标准建设以及监测和评价等等。

教育部根据具体工作分工下设了5个副部长：学术事务副部长、职业技术教育与培训副部长、伊斯兰教育副部长、扫盲副部长、课程与教师培训事务副部长。

阿富汗教育发展委员会由妇女事务部、劳动和社会事务部以及高等教育部的代表组成。该委员会因其在人力资源开发中发挥的直接作用，后来更名为人力资源开发委员会。它确保了教育部和捐赠机构之间的有效协调，并向教育部提供建议。③

---

① 教育与技能政策委员会(2010)，阿富汗技术和职业教育与培训概述。喀布尔：教育与技能政策委员会。

② 教育与技能政策委员会(2010)，阿富汗职业技术教育与培训概述。喀布尔：教育与技能政策委员会－联合国教科文组织国际教育局(2011)。

③ CESP(2010): 阿富汗的技术和职业教育和培训——概述。喀布尔：教育技能政策委员会。

非政府组织在阿富汗职业技术教育与培训体系中发挥着重要作用。劳动、社会、烈士与残疾人事务部及其下设的17个培训中心提供职业技能培训，设计并实施课程，明确培训、评估与证书颁发的学术指导方针。

为了提高教育课程开发质量，阿富汗于2011年成立了一个自治的国家课程开发研究所——阿富汗国家课程开发研究所，该所负责职业技术教育的各类型教育项目开发和课程政策制定。

目前，职业技术教育与培训资金的很大一部分来自外国政府提供的阿富汗重建信托基金、世界银行和其他双边捐助机构。大部分资助是短期的，因为捐助者不准备进行长期投资。阿富汗政府尚未建立一套公共职教培训资助系统。①

（二）教师

阿富汗《教育法》规定，成为一名职业技术教育与培训人员需要具备学士学位并取得较为优秀的毕业成绩。然而，阿富汗半数以上的职教培训教师的教育水平偏低，拥有学士学位的人并无多少成为职教教师的兴趣。

国外教育机构正在实施一些帮助阿富汗职业技术教育与培训讲员的项目，例如，2014年8月24日至28日在喀布尔的三个学院：阿富汗技术学院、喀布尔汽车机械学院、建筑和大地测量研究所里，来自阿富汗35所TVET学校的64名教师接受了德国－阿富汗的合作教师培训项目，培训内容包括：医药卫生、木工、汽车机械、电气工程和机械工程。②

五、职业技术教育与培训的诉求与发展趋势

（一）诉求

阿富汗经过连年战争，教育系统遭受了极大的损害。尽管政府致力于恢复经济，投入了大量精力去改善职业技术教育与培训系统，但仍然存在许多亟需解决的问题：

第一，大部分毕业生无法找到工作、毕业即失业。

第二，现有职业技术教育与培训的质量低，职教培训课程不符合劳动力市场需求。

第三，合格教师短缺，因为低薪资难以招聘到具有必要资历和专业经验的培训教师。

第四，女孩受社会制约，基本上无法参加职业技术教育与培训。

第五，教育管理部门之间沟通不畅。教育部、高等教育部以及劳动、社会、烈士和残疾人事务部之间沟通不畅，阻碍了职教培训体系采取协商一致的发展策略。

（二）发展趋势

阿富汗教育部、高等教育部以及劳工部、社会、烈士与残疾人事务部正在进行一项名为“阿富汗技能开发项目”的五年计划，资金由阿富汗重建信托基金和世界银行资助，主

① 教育与技能政策委员会(2010)，阿富汗技术和职业教育与培训概述。喀布尔：教育与技能政策委员会。

② 64 TVET teachers complete Afghan-German cooperation training workshops in Kabul Deutsche Zusammenarbeit mit Afghanistan.

要目的是通过建立一个公平的、满足市场需求和具有成本效益的高质量的职教培训系统，以增加立即就业的毕业生数量。该项目体现了阿富汗职业技术教育与培训的改革趋势：

第一，构建多种职业技术教育与培训，使大多数学生能够接受培训并找到工作。阿富汗现有的大学无法接受所有的中等教育毕业生，构建丰富的职业技术教育与培训是非常必要的，这将有助于防止毕业生失业，受到极端分子、犯罪团伙和毒品贩子的招募。

第二，增加儿童入学率。使学生不分种族、社会经济地位以及宗教信仰，所有适龄儿童和青年都享有平等接受教育的权利。能够学习知识、技能、价值观和生活态度，为他们自己和阿富汗的美好未来打下基础。

第三，改善教师环境和教师教育条件。建立合格的教师队伍，修复和发展教育基础设施，为所有学生和教师、教育管理者提供一个良好的学习环境。

第四，开发一个质量保障规范框架。开发职业资格框架的同时要开发一个质量保障规范框架，对职业技术教育与培训系统进行研究、监测和评价，监控职教培训与岗位需求的相关性、质量与培训效率。

（深圳职业技术学院　技术与职业教育研究所　宋　晶）

主要参考文献

[1]"走出去"公共服务平台对外投资合作阿富汗指南(2016年版)。

[2]联合国人口司——世界人口前景[EB/OL](2017-10-03) http://esa.un.org/ unpd/wpp/DVD.

[3]中华人民共和国外交部阿富汗国家概况.[引用日期2017-07-23].

[4]联合国教科文组织国际教育局(2011),世界教育数据(第7版)。

[5]World TVET Database Afghanistan-UNESCO-UNEVOC.

[6]教育与技能政策委员会(2010),阿富汗职业技术教育与培训概述。喀布尔：教育与技能政策委员会-联合国教科文组织国际教育局(2011)。

[7]Afghanistan TVET-Image Results.

[8]64 TVET teachers complete Afghan-German cooperation training workshops in Kabul Deutsche Zusammenarbeit mit Afghanistan

[9]《世界教育数据》(第7版)，2010—2011。阿富汗伊斯兰共和国。日内瓦：国际教育局。教育政策技能委员会网页。访问时间：2012年6月26日。

[10]国家技能开发项目。访问时间：2012年6月26日。

斯里兰卡民主社会主义共和国

一、国家概况

（一）地理

斯里兰卡民主社会主义共和国（The Democratic Socialist Republic of Sri Lanka），简称斯里兰卡，是印度洋上的岛国，位于南亚次大陆南端，西北隔保克海峡与印度半岛相望。斯里兰卡南北长 432 千米，东西宽 224 千米，国土面积为 65610 平方千米。全国分为 9 个省和 25 个县。①9 个省分别为西方省、中央省、南方省、西北省、北方省、北中央省、东方省、乌瓦省和萨巴拉加穆瓦省。首都科伦坡，面积 37.31 平方千米，素有“东方十字路口”之称，从中世纪起，就是世界上重要的商港。② 斯里兰卡属热带季风气候，终年如夏，年均气温 28℃，无四季之分，只有雨季和旱季的差别，雨季为每年 5 月至 8 月和 11 月至次年 2 月，即西南季风和东北季风经过斯里兰卡时。全年降雨量西南部为 2540 毫米至 5080 毫米，西北部和东南部则少于 1250 毫米。土地肥沃，气候条件优越，盛产热带经济作物，具有发展农业经济的良好条件。③

（二）人文

斯里兰卡，古称僧伽罗。公元前 5 世纪，来自印度的僧伽罗人移民至锡兰建立了僧伽罗王朝。公元前 247 年，印度孔雀王朝的阿育王派其子来岛弘扬佛教，受到当地国王的欢迎，从此僧伽罗人摒弃婆罗门教而改信佛教。公元前 2 世纪前后，南印度的泰米尔人也开始迁徙并定居锡兰岛。从公元 5 世纪直至 16 世纪，僧伽罗王国和泰米尔王国之间征战不断。16 世纪起先后被葡萄牙和荷兰人统治。18 世纪末成为英国殖民地。1948 年 2 月获得独立，定国名锡兰。1972 年 5 月 22 日改称斯里兰卡共和国，首都为科伦坡。

---

① 中华人民共和国外交部 . 斯里兰卡国家概况 [EB/OL].(2016-12-01)[2017-09-10].http://www.fmprc.gov.cn/web/gjhdq_676201/gj_676203/yz_676205/1206_676572/1206x0.

② 商务部国际贸易经济合作研究院等 . 对外投资合作国别 (地区) 指南——斯里兰卡 [R]. 商务部国际贸易经济合作研究院等 .2016.04:04.

③ 斯里兰卡：“走出去”公共服务平台对外投资合作斯里兰卡指南（2016 年版）.

1978年8月16日改国名为斯里兰卡民主社会主义共和国。[①]

1978年9月7日，斯里兰卡宪法废除沿袭多年的议会制，改行总统制。宪法也于当日生效，规定所有官员，包括议员在内，必须宣誓反对分裂主义，维护国家统一。2010年斯里兰卡议会通过了宪法第18条修正案，取消对总统任期的限制。斯里兰卡的主要政党有自由党、统一国民党、泰米尔全国联盟、人民解放阵线等。现任总统马欣达·拉贾帕克萨僧伽罗族，佛教徒，自由党主席。斯里兰卡议会为一院制，由225名议员组成，任期6年。

2015年，斯里兰卡总人口2017万，其中青年人口312万，人口年龄中位数为32.3，年人口增长率为0.50%。人口的地理分布很不平衡，大部分人口居住在西部。斯里兰卡西部省人口数量占全国人口的28.8%，北部地区人口仅占全国人口的5.2%。在各大行政区中，科伦坡大区人口最多达2323824人，北部穆莱蒂武大区人口最少仅有92527人。斯里兰卡官方语言和全国语言是僧伽罗语和泰米尔语，商务活动中通用英语。[②]

斯里兰卡为多民族国家，有僧伽罗族、泰米尔族、摩尔（穆斯林）等民族。其中，僧伽罗族占74.9%，泰米尔族占15.4%，摩尔族占9.2%，其他民族占0.5%。斯里兰卡居民70.2%信奉佛教，12.6%信奉印度教，9.7%信奉伊斯兰教，此外还有天主教和基督教。

（三）经济

斯里兰卡以种植园经济为主，主要作物有茶叶、橡胶、椰子和稻米。锡兰红茶是重要出口产品，斯里兰卡是世界四大产茶国之一，因此国内经济深受产茶情况的影响。在自由化进程中，增长速度持续加快。斯里兰卡最大优势在于矿业和地理位置，它是一个宝石富集的岛屿，世界前五名的宝石生产大国，被誉为"宝石岛"。所以在经济初期阶段，矿业让它有不少初期发展优势，每年宝石出口可以达5亿美元的出口值，红宝石、蓝宝石及猫眼最出名。斯里兰卡主要矿藏还有石墨、宝石、钛铁、锆石、云母等。石墨、宝石、云母等已开采。渔业、林业和水力资源也很丰富。[③]

斯里兰卡的工业基础较为薄弱，以农产品加工和服装加工业为主。在南亚国家中率先实行经济自由化政策。1978实行经济开放政策以后，大力吸引外资，推进私有化，逐步形成市场经济格局。斯里兰卡经济保持中速增长，2005—2008年，国民经济增长率连续四年达到或超过6%，为独立以来的首次。2008年以来，受国际金融危机影响，斯里兰卡外汇储备大量减少，茶叶、橡胶等主要出口商品收入和外国短期投资下降。斯里兰卡国内军事冲突结束后，政府采取了一系列积极应对措施。国际货币基金组织向斯里兰卡提供26亿美元临时信贷安排。当前斯里兰卡宏观经济逐步回暖，呈现出良好

---

① 中华人民共和国外交部 . 斯里兰卡国家概况 [EB/OL].(2016-12-01)[2017-09-10].http://www.fmprc.gov.cn/web/gjhdq_676201/gj_676203/yz_676205/1206_676572/1206x0

② 商务部国际贸易经济合作研究院等 . 对外投资合作国别 (地区) 指南——斯里兰卡 [R]. 商务部国际贸易经济合作研究院等 .2016.04:04

③ 同上。

发展势头。①

（四）教育

斯里兰卡一直有重视教育的传统，其教育事业较为发达。斯里兰卡政府自 1945 年起推行从幼儿园一直到大学的免费教育，自 1980 年起向 10 年级以下学生免费分发教科书和校服。斯里兰卡的民众文化水平在南亚国家中名列前茅，2014 年居民识字率达 93.3%，是南亚识字率最高的国家。截至 2015 年底，斯里兰卡有大学 15 所，中小学 1.09 万所，在校学生 441.8 万人，教师 26 万人。②

斯里兰卡的教育分为五个层次，即小学（1—5 年级）、初中（6—9 年级）、高中（10—11 年级）、大学预科（12—13 年级）和大学。

小学教育从 5 岁开始，持续 5 年。中等教育包括初中和高中两个层次。初中阶段 4 年，高中 2 年。小学、初中是斯里兰卡立法规定的强制义务教育阶段。斯里兰卡法律规定，所有儿童必须读完初中，但教育部正将强制义务教育阶段推行到高中毕业。

斯里兰卡义务教育施行免费教育，其费用主要由国家提供。但是，学校因经费紧张，常常让家长承担一部分教育费用。当学生进入学校时，家长通常会被要求提供某种方式的捐赠，依据学校的类别和家长的经济能力不等，捐赠从木椅、一袋水泥、一桶油漆到电子设备，甚至一栋建筑的修建。③小学毕业时如通过了国家奖学金考试，可升入更好的初中就读。初中毕业后，学生可以选择升入高中学习，也可以选择不再继续学习转而当学徒或务农。高中毕业后，学生可以参加普通教育证书（GCE）的普通水平（O/ L）考试，考试通过可升入大学预科。从预科进入大学则需要通过普通教育证书（GCE）的高级水平（A/ L）考试。学生通常经过 3 到 4 年学习取得学士学位。在硕士研究生阶段，学生通常需要 2 年的学习取得硕士学位。在博士研究生阶段，学生通常需要 3 到 5 年的学习取得博士学位。

斯里兰卡的高等教育法源于帝国时代几个优秀的专科学校，包括古佛教徒培训中心。其现代大学系统的雏形可追溯到 1921 年成立的锡兰大学学院（其前身是伦敦大学附属科伦坡皇家学院）。目前，斯里兰卡的大学有科伦坡大学、佩拉德尼亚大学等 15 所国立大学和 17 所提供研究生教育的研究生院。另外，该国还有 Buddhist and Pali 大学，Buddasasravaka Bikkhu 大学等 3 所高等佛学院，专门培养佛学学者和寺院长老，学生毕业后经考试合格也可获得学者称号。④

---

① 中华人民共和国外交部．斯里兰卡国家概况 [EB/OL].(2016-12-01)[2017-09-10].http://www.fmprc.gov.cn/web/gjhdq_676201/gj_676203/yz_676205/1206_676572/1206x0.

② Education First, Sri Lanka–Ministry of Education http://www.moe.gov.lk/sinhala/images/publications/Education_First_SL/Education_First_SL.pdf.

③ Sharmila Gamlath, “Freeing” Free Education in Sri Lanka. Asian Education and Development Studies, 2013, Vol. 2 Iss 1.

④ Ministry of Education, Sri Lanka. Education First Sri Lanka［R］. Sisara Printway Private Limited, 2013.

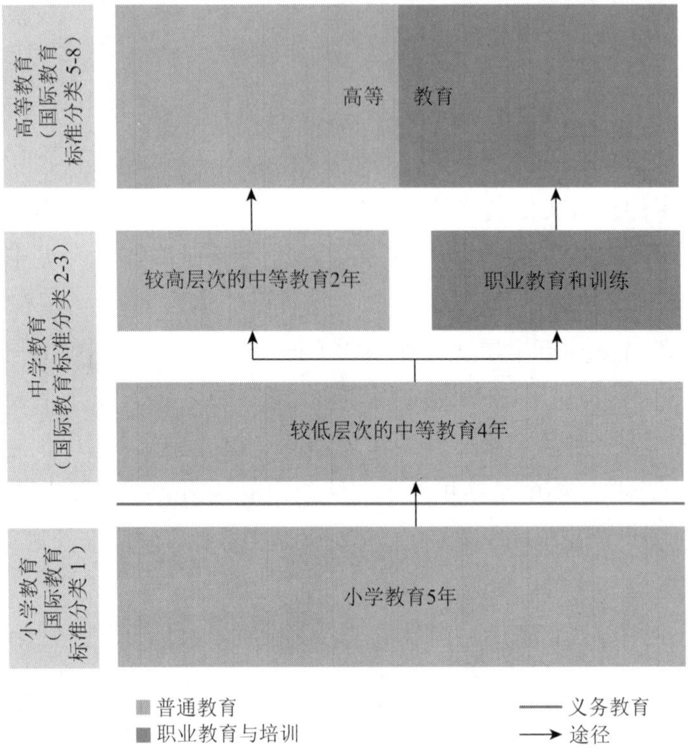

图 1 斯里兰卡教育体系结构图

资料来源：由联合国教科文组织国际教育局（2011），《世界教育数据》（第 7 版）。

二、职业技术教育与培训的战略与法规

（一）战略

斯里兰卡职业技术教育与培训的发展战略，充分体现在《国家战略 2010》以及斯里兰卡国家教育委员会和高等职业教育委员会共同编制的《高等教育、职业技术教育国家政策框架》（2009）中，该文件分为三个部分——高等教育、职业技术教育与培训，质量保证、评估与认证，职业指导与咨询，具体内容包括斯里兰卡职教培训的发展背景、财务和资金来源、有效性和就业能力、人力资源管理以及不同教育类型和职业资格的联系。

1.《高等教育、职业技术教育国家政策框架》为职业技术教育与培训（以下简称职教培训）设置了如下具体目标：

第一，创设一个促进职教培训发展和有效实施的法律环境；

第二，确保所有的国立职教培训机构为高等教育和职业教育委员会提供相关年度的统计数据；

第三，要求所有的私立职教培训提供者给高等教育和职业教育委员会提交年度财务

和统计报表；

第四，鼓励国立和私营部门的供应商使用基本的成本信息并上传到高等教育和职业教育委员会，生成财务会计报告；

第五，高等教育和职业教育委员会应该建立信息管理系统，以方便各机构财务管理报告的生成；

第六，国家职教培训机构提供的课程内容和课程设置应严格适应经济社会需求并保持其在国家和国际上的竞争力；

第七，促进工业部门的雇主积极参与国立职教培训机构的教育教学，并参加课程开发；

第八，国家职教法律规定应确保培训机构更多的财政自主权；

第九，充分使用国家职教培训机构资源，优化课程设置；

第十，国家向非国有部门的职教培训机构提供援助；

十一，鼓励正式、长期的公私合作，建立混合所有制的职业教育与培训机构；

十二，捐助者 / 贷方资金的使用与国家发展计划中对职教培训部门的规定一致；

十三，多渠道提供充足的职教培训机构资金；

十四，国家职业资格认证应在职业教育与培训机构、内容传授方法和教育与培训的综合评价过程中设置能力标准；

十五，为认证的工艺人员建立起与国家职业资格证书相匹配的工资表；

十六，国有部门岗位招聘应遵循国家职业资格能力标准；

十七，鼓励职教培训机构之间建立伙伴关系，合作开展培训课程，培养工业发展所需的人才；

十八，以国际标准培训职教人才，创造更好的国外就业机会；

十九，培养学生创业技能，提高自身创业能力；

二十，为弱势群体设计个性化的职教 / 培训；

二十一，发展员工职前培训和在职培训；

二十二，制定和实施绩效评估体系；

二十三，针对每个培训组织，制定并实施有效、公平、系统的内部提升方案；

二十四，通过短期技术项目将职教培训领域的资源拓展到普通教育系统；

二十五，为没有直接进入高等教育的离校生提供无缝衔接的职教培训，使他们在职教培训体系内继续接受教育；

二十六，在职教研究、课程开发和政策领域内与高等教育机构建立联系；

二十七，建立一个标准化体系，鉴定国家职业资格证书框架下的课程项目。①

① 全球职业技术教育与培训数据库：斯里兰卡 . 编制： UNESCO-UNEVOC 联合国教科文组织国际职业技术教育与培训中心 .www.unevoc.unesco.org.2012 年 11 月 .

2. 国家战略（2010）为斯里兰卡弱势群体提供职教培训。建立包容性的职业培训体系将有助于缓解造成冲突和社会紧张局势的根源，建立社会凝聚力，促进社会的稳定。该战略，有针对性地确定了6个弱势群体。这6个群体享有的技能培训机会较少且容易在就业中遇到困难，具体范围包括：

· 处境不利的妇女，特别是那些支柱型的家庭成员；
· 残疾人（精神和身体）；
· 处境不利的青年（包括辍学和以前的童工）；
· 穷人（包括来自种植园、农村地区的和城市失业人员）；
· 受冲突影响的人（包括国内流离失所者和战斗员）；
· 流动工人的家庭成员。

国家战略（2010）规定的9个战略目标构成了提高弱势群体职教培训的框架，内容包括：

· 认识到弱势群体的培训是实现国家经济社会发展的优先事项；
· 建立信息系统协调行动和绩效评估；
· 确保充足资金；
· 建立职业指导与咨询机构；
· 扩大培训供应商网络，扩大外联；
· 采用灵活和创新的培训方法；
· 合并生计和生活技能培训；
· 培训与就业支持相结合；
· 发展培训提供者的包容性文化。①

（二）法规

《高等教育与职业教育法案》（1990年第20号）是指导斯里兰卡职教培训的主要法律文件。该法案提出成立高等教育与职业教育委员会。该法案1999年第50号修正案提出使国家教育委员会和高等职业教育委员会成为一个法定机构。2012年，再次提出该法案的修正案。②

① Vocational Training in the North and East of Sri Lanka. https:// A0LEVzx3mOVZAKMALTdXNyoA;_ylc=X1MDMjc2NjY3OQRfcgMyBGZyA3lmcC10BGdwcmlkA0ZUazgwQ05aU1VxWUVsd.

② 全球职业技术教育与培训数据库：斯里兰卡．编制：UNESCO-UNEVOC 联合国教科文组织国际职业技术教育与培训中心 .www.unevoc.unesco.org.2012年11月．

三、职业技术教育与培训的体系与质量保障

（一）体系

斯里兰卡的正规职教培训部门包括348个公共部门培训中心和大约670个活跃的私人和非政府组织培训中心。

此外，斯里兰卡有大量非正规职业技术教育与培训集中于IT行业，职业在征收费用的基础上提供。然而，这里有一个由国家和国际慈善机构资助的分布很广的无费用征收机构的网络。①

斯里兰卡国家职业资格框架认识到通过非正式学习获得的能力有：

· 工作经验；
· 生活经验；
· 自我导向学习；
· 非正式无认证的学习；
· 正式认证的学习；
· 非正式无认证的学习；
· 在职培训；
· 远程教育或开放学习；
· 社区学习；
· 海外教育、培训或经验。

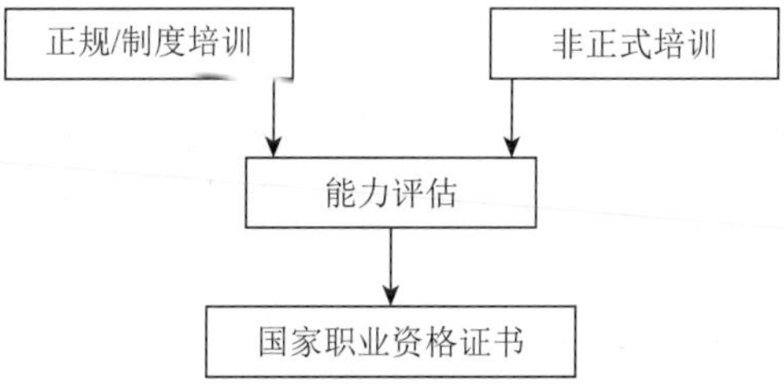

图2　斯里兰卡职业技术教育与培训结构图②

（二）保障

1. 国家资格框架

国家能力标准是教育与工业界协商制定的，职业技术与培训课程、培训指导、实习指南和资源评估都基于国家能力标准编写。能力标准是界定获取相关知识、能力和态度有关技能、标准和活动能力单位的文件。能力单位根据特定行业的行业要求确定。

---

① Vocational Training in the North and East of Sri Lanka. https:// A0LEVzx3mOVZAKMALTdXNyoA;_ylc=X1MDMjc2NjY3OQRfcgMyBGZyA3lmcC10BGdwcmlkA0ZUazgwQ05aU1VxWUVsd.

② 图表摘自斯里兰卡国家教委（2012）. 国家职业资格证书 .

职业技术教育与培训的评估基于能力导向，系统针对发达国家的资格认证体系标准。框架中包括能力本位的培训课程和相关的培训、学习和评估材料，以及培训提供者及其课程的注册和认证要求。

斯里兰卡国家职业资格框架操作手册是由高职高专教育委员会在国家学徒和工业培训机构、职业训练局、技术教育部、国家青年服务局和国家工艺教育学院的援助下编制的。斯里兰卡国家职业资格框架手册的提纲概述了所有能力等级的商定政策和流程实施。

斯里兰卡国家职业资格框架包括 7 个资格等级。每一级都描述学习过程与要求以及涉及的职业责任。

表 1　斯里兰卡资格等级概况

水平等级	资　格	一 般 描 述
水平1	国家合格证书	第1级承认获得入门级能力
水平2、3、4	国家合格证书	第2、3、4级承认能力的提高，第4级资格要求提供充分的技艺/工艺
水平5、6	国家毕业文凭	第5级和第6级承认技术人员的能力日益增强，包括监督和过程管理
水平7	学士学位	第7级承认学士学位水平的职业/技术能力

表 2　各级各类国家职业资格

水　平	授　予	描　　述
1	结业证书	对于具备基本技能和入门级能力的工匠
2	结业证书	对于需要直接和定期监督的工匠
3	结业证书	对于偶尔需要指导的工匠
4	结业证书	对于可以独立工作的工匠
5	毕业文凭	监事
6	高级文凭	经理
7	学位相当	决策者

表格摘自国家教育委员会方案（2012）。国家职业资格证书。

2. 质量保障

斯里兰卡技术和职业教育委员会负责认证职业技术教育与培训的机构和课程。课程认证评估是基于国家能力标准中列出的斯里兰卡国家职业资格框架。授予课程认证前，技术和职业教育委员会评估以下课程构成要素：

· 包括每个模块持续时间的课程 / 年度计划；

· 包括每项任务或任务集群持续时间的每个模块的培训计划 / 方案；

· 所有模块的每节课教案；
· 每周的时间表；
· 培训师日常记录 / 教师日志；
· 实习生日记 / 理论笔记和实用练习册；
· 涵盖所有任务持续性评估的评估标准；
· 学员评估记录书。

除了以上要求，以下资源同样被进行评价：

· 组织课程所需训练措施的有效性；
· 培训人员的足量和资格；
· 教室和讲习班有足够的空间和训练环境；
· 管理和记录。

注册的主要目的是确保公共和私营 TVET 机构的培训质量。培训机构的注册给学生、家长、雇主、政府和所有利益相关者以信心，其培训内容、学生评价和认证符合规定标准。

授予 TVET 机构注册证书，基于对 TVET 机构充分性和关联性基础设施、培训设备、教师资格、课程与培训传递的评估。根据设定标准高等教育与职业教育委员会定制了一个四级排序系统。

· C 级：勉强可接受临时注册。注册有效期为 2 年。
· B 级：完全可接受临时注册。注册有效期为 3 年。
· A 级：获得 B 级或 C 级且有 50% 以上的课程都是被认可的。注册有效期为 3 年。
· A+ 级：获得 A 级并且建立起质量管理体系。①

四、职业技术教育与培训的治理与教师

（一）治理

斯里兰卡的教育实行中央和省级水平的共同治理。教育部负责制定国家政策和计划，管理公立学校、教师教育和提供质量保证。省议会负责执行教育政策。9 个省各有省教育部，由省部长领导，由主任书记和省教育厅长协助。各省又分为教育区，由区域教育办公室管理。每个区大约有 100 至 130 所学校。这些区进一步划分为由分区主任领导的分区，协助分区主任的工作。

《高等教育和职业教育法》（1990）第 20 条规定设立高职高专教育委员会（TVEC）。该委员会负责政策制定、规划、协调和发展各级高等职业教育。它致力于建立一个国家认可的颁发高等教育和职业教育奖励的制度；维护学院、专门机构和其他提供高等教育

① Technical and Vocational Education and Training https://search.yahoo.com/search;_ylt=A0LEVzx3mOVZAKMALTdXNyoA;_ylc=X1MDMjc2NjY3OQRfcgMyBGZ.

与职业教育机构的教学与培训标准。

全国学徒和工业训练局在1971年第49号《国家学徒条例》的规定下确立为国家学徒制典范。根据1990年第20号《高等和职业教育法》更名为国家学徒和工业训练局。全国学徒和工业训练局针对小、中、大型企业进行全岛范围内的培训项目。

国家商业管理研究所成立于1968年，后纳入国会1976年第23号法案。该研究所为公共和私人机构关于计算机使用、咨询服务和生产力的提高提供培训课程。

技能发展基金有限公司是一家政府和私营部门共同管理下的集体企业。该基金有限公司于1999年成立，以满足雇主的人力资源发展需要。这是一个由董事会管理的自筹资金的组织。

国家人力资源开发理事会负责人力资源政策开发，实施人力资源发展计划，学习、研究和调查，以及组织与人力资源发展有关的研讨会和讲习班。

国家青年奖管理局致力于激励年轻人的态度。它负责为青年授予国际认可的证书和奖章，并创造机会改善其国际经验。管理局在学校举办培训课程。

国家青年团于2003年通过2002年第21号议会法案发起。它包括43个区域培训中心，开设个人发展、职业指导、民族遗产、美容技能和就业导向的职业技能培训课程。

青年服务有限公司是在国家青年服务委员会的指导和财政援助下设立的，目的是筹集资金执行青年项目和设计培训方案，以提高青年的就业能力。

农村干部培训国际中心协助开展由政府和非政府组织提供的培训服务，快速有效。

国家渔业和航海工程研究所根据第36号议会法于1999年成立，是一个渔业及相关领域的教育和培训机构。该机构目前提供一系列远程的证书和文凭课程；以及三个学位课程。

全国青年服务合作社有限公司通过提供创业培训、贷款方案和自雇就业指导鼓励青年创业者；并建议从传统银行借贷。

职业培训局在1995年斯里兰卡第12号《职业培训局法》的规定下建立，通过6个国家职业培训机构，22个区域职业培训中心和218个农村职业培训中心网络为农村青年提供技能培训。

锡兰德国技术培训学院的主要目标是发展汽车技术和其他技术交易。该学院提供汽车培训，旨在将其视为汽车行业培训的卓越中心。

全国青年服务委员会是由1979年第69号议会法案规定建立。该委员会实施年度青年项目和相关开发人的创造力、艺术、技术和领导能力的项目；致力于鼓励志愿者的参与。

斯里兰卡印刷学会是以提高印刷业的质量为目标建立的。它提供印刷技术与管理方面的培训，并通过国际合作促进有关新技术的知识。①

---

① 全球职业技术教育与培训数据库：斯里兰卡 . 编制：UNESCO-UNEVOC 联合国教科文组织国际职业技术教育与培训中心 .www.unevoc.unesco.org.2012 年 11 月 .

（二）财政投入

在斯里兰卡，私营部门已经负担过重的税收，这使征收培训费困难重重。然而，市场技能是社会中不能承担职教培训技能获取成本的最贫困的人最需要的。因此，很大一部分教育和培训是免费提供的，并且还会有每日津贴。一些公共培训机构对诸如计算机、美容、面包烘焙等高需求课程收取费用，并从事与培训相关的生产以产生收入。为提高职业教育的管理和融资，高等教育和职业技术国家政策框架设置了如下目标：

· 确保国有部门所有 TVET 机构为 TVEC 提供相关年度统计数据；

· 要求所有注册的私营部门的 TVET 提供者对 TVEC 提交年度财务和统计报表；

· 鼓励国有和私营部门的供应商使用基本的成本信息并上传到 TVEC 生成财务会计报告；

· 建立管理信息系统，促进机构财务管理报告的生成；

· 国家 TVET 机构的课程和课程设置应严格适应经济社会需求并保持在国家和国际竞争的水平；

· 加强工业部门雇主在设计由国有 TVET 机构提供课程的积极参与；

· 国家 TVET 机构的法律规定应确保更多的财政自主权；

· 合理的课程设置优化国家 TVET 机构资源的利用；

· 国家在必要时向非国有部门的 TVET 机构提供援助；

· 鼓励正式、长期的公私合作机构和培训中心的建立。①

（三）教师

截至 2012 年 1 月，斯里兰卡有 382 个培训中心为教师提供培训，这些中心由青年事务与技能发展部管理。中心将培训师分为 3 类，即 permanent（1191 人），contract（721 人）和 visiting（1339 人），共计 3251 员工，他们为各类教师提供培训。斯里兰卡国家工艺教育学院（后来升格为职业技术大学）是一所特殊的教师培训机构，设有专门的教育技术学科，目的是促进职业教育与培训部门员工的发展。该大学为教师提供本科技术教育并且为职业培训师和技术顾问提供短期培训课程。②

五、职业技术教育与培训的诉求与发展趋势

（一）诉求

斯里兰卡经济目前仍处于 27 年战乱困扰后的恢复时期。由于战后巨大的军事设施维护耗费了大量防务开支，斯里兰卡政府致力于尽快恢复本土经济，加大基础设施的投入，

---

① Vocational Training in the North and East of Sri Lanka https:// A0LEVzx3mOVZAKMALTdXNyoA;_ylc=X1MDMjc2NjY3OQRfcgMyBGZyA3lmcC10BGdwcmlkA0ZUazgwQ05aU1VxWUVsd

② 全球职业技术教育与培训数据库：斯里兰卡 . 编制： UNESCO-UNEVOC 联合国教科文组织国际职业技术教育与培训中心 .www.unevoc.unesco.org.2012 年 11 月 .

积极推动经济从农业向工业及服务业转型。据统计，2013 年农业在斯里兰卡国内生产总值中的比重已从 2000 年的 20% 下降到 11%，工业从 27% 上升到 33%，服务业从 53% 增加到 57%。经济的转型增加了对熟练和技术性劳动力的需求。对此，斯里兰卡马欣达愿景提出的目标是：实现斯里兰卡经济以年均 8% 的速度增长，努力使斯里兰卡成为商业、能源和知识中心。然而，要实现之一目标必须要有一个熟练而充满活力的劳动力市场。世界银行 2017 年 7 月 11 日发布的最新报告称，斯里兰卡劳动力缺乏高技术技能将威胁其经济的持续增长及全球竞争力。报告指出，斯里兰卡劳动力缺乏技术和软技能消弱了私营部门经济增长并对国家长远发展规划——马欣达愿景的实现产生不良影响。① 世界银行 2017 年 6 月向斯里兰卡提供 1.015 亿美元信贷用于劳动力职业培训及相关发展计划。

（二）发展趋势

为了应对恢复经济所需高技能劳动力严重不足的问题，斯里兰卡政府开展了一系列技能发展项目，主要目标是通过提高国家的技能竞争力来支持政府的经济增长和减贫战略，以建立高素质的劳动力队伍，解决斯里兰卡市场中劳动力技能的不匹配问题。

第一，提高技能培训计划的质量和相关性；

第二，制度建设与人力资源开发；

第三，提高教学和培训员工的学历；

第四，提高技术教师的技术和工业技能。

（深圳职业技术学院　技术与职业教育研究所　宋　晶）

主要参考文献

[1]《高等教育、职业技术教育国家政策框架》(2009)

[2]《高等教育与职业教育法案》[1990 第 20 号]

[3] 中华人民共和国外交部 . 斯里兰卡国家概况 [EB/OL]. (2016-12-01) [2017-09-10].http://www.fmprc.gov.cn/web/gjhdq_676201/gj_676203/yz_676205/1206_676572/1206x0

[4] 商务部国际贸易经济合作研究院等 . 对外投资合作国别 (地区) 指南——斯里兰卡 [R]. 商务部国际贸易经济合作研究院等 .2016.04: 04.

[5] 斯里兰卡 :"走出去" 公共服务平台对外投资合作斯里兰卡指南 (2016 年版)。

[6] Education First, Sri Lanka-Ministry of Education.

① 劳动力技能不足威胁斯里兰卡经济持续增长及全球竞争力，新华网 [EB/OL] (2017-07)http://news.xinhuanet.com/world/2014-07/12/c_126743744.htm

[7] 全球职业技术教育与培训数据库：斯里兰卡 . 编制：UNESCO-UNEVOC 联合国教科文组织国际职业技术教育与培训中心 .www.unevoc.unesco.org.2012 年 11 月 .

[8] Vocational Training in the North and East of Sri Lanka https://A0LEVzx3mOVZAKMA-LTdXNyoA; _ylc=X1MDMjc2NjY3OQRfcgMyBGZyA3lmcC10BGdwcmlkA0ZUazgwQ05aU1VxWUVsd.

[9] Technical and Vocational Education and Training https://search.yahoo.com/search;_ylt=A0LEVzx3mOVZAKMALTdXNyoA; _ylc=X1MDMjc2NjY3OQRfcgMyBGZ.

[10] 新华网 . 劳动力技能不足威胁斯里兰卡经济持续增长及全球竞争力 [EB/OL]. (2017-07) http://news.xinhuanet.com/world/2014-07/12/c_126743744.htm.

[11] National Education Commission (2012). Accreditation of training courses. Accessed: 20 July 2012.

[12] Webpage of the State Ministry of Youth Affairs. Accessed: 20 July 2012.

马尔代夫共和国

一、国家概况

（一）地理

马尔代夫共和国（The Republic of Maldives）简称马尔代夫，位于南亚，是地处亚洲印度洋上的一个群岛国家。它由26组自然环礁（包括珊瑚岛、珊瑚礁及其周围浅水海域）、1192个珊瑚岛组成，其中198个岛屿有人居住，其余为无人岛。地形狭长低平，平均海拔1.2米。全国总面积为9万平方千米（含领海面积），陆地面积仅占0.331%，约298平方千米。陆地面积在1平方千米以上的岛有9个，最大的岛富阿莫拉库在马累南267千米处，面积13平方千米。① 马尔代夫距离印度南部约600千米，距离斯里兰卡西南部约750千米。位于赤道附近，具有明显的热带气候特征，无四季之分。年降水量2143毫米，年平均气温28℃。②

全国分21个行政区，包括19个行政环礁及马累和阿杜两个市。行政区按环礁划分，小的环礁单独或几个组成一个行政区。每个环礁和大的居民岛都有当地民众选出的管理委员会。目前，全国共有20个环礁委员会，66个岛屿委员会和2个城市委员会。首都马累，位于同名的马累岛上，面积约2平方千米，人口15.3万（2014年）。马累的日最高温度31℃，最低温度26℃，是全国政治、经济中心，同时也是港口。③

（二）人文

公元前5世纪，南亚次大陆的居民来到马尔代夫群岛定居。公元7世纪以后，阿拉伯商人来到马尔代夫群岛，马尔代夫成为印度洋商业活动的要冲，从而与伊斯兰世界的接触日益频繁。1030年伊斯兰教贤者比鲁尼来到马尔代夫，此后，伊斯兰教逐渐在马尔代夫群岛上盛行。1116年，国王达鲁马范塔·拉斯盖法努·布拉戈切斯蒂沃戈皈依伊斯

---

① 中华人民共和国驻马尔代夫共和国大使馆经济商务参赞处 . 马尔代夫概况 [EB/OL]. http://mdv.mofcom.gov.cn/article/ddgk/201611/20161101957571.shtml. 2017-10-02.

② 中华人民共和国外交部 . 马尔代夫国家概况 [EB/OL]. http://www.fmprc.gov.cn/web/gjhdq_676201/gj_676203/yz_676205/1206_676692/1206x0_676694/.2017-10-02

③ 商务部国际贸易经济合作研究院 . 对外投资合作国别（地区）——马尔代夫 [EB/OL]. https://www.yidaiyilu.gov.cn/wcm.files/upload/CMSydylgw/201702/201702090457016.pdf.2017-10-03.

兰教，从此，伊斯兰教取代佛教成为马尔代夫的国教，建立苏丹国，历经6个苏丹王朝。苏丹利用伊斯兰教的教义，集全部权力于一身，在马尔代夫先后建成华丽的苏丹宫殿、庄严的清真寺和其他伊斯兰教建筑。

14世纪中叶，阿拉伯旅行家伊本·巴图塔到达马尔代夫，详细地描述了当地的风土人情。15世纪中叶以后，印度的坎瑙努拉王公控制马尔代夫。15世纪末，葡萄牙殖民者开始入侵。1513年，马尔代夫王室内部因王位继承问题发生矛盾，葡萄牙人乘机进行干涉，支持卡卢·穆罕默德取得王位，迫使他同意葡萄牙殖民者在马累驻军筑垒。1518年马尔代夫人民一举消灭葡萄牙驻军，1552年再次击退殖民者的进攻。

1558年葡萄牙殖民者第三次进攻马尔代夫，占领马累城，马尔代夫成为葡萄牙的殖民地，由葡萄牙驻印度果阿的总督兼管，实行残酷的殖民统治。1573年穆罕默德·博杜·塔库鲁法努领导人民起义，光复祖国，成立马尔代夫苏丹国。1645年，在锡兰岛的荷兰殖民者宣布马尔代夫属于其势力范围。1752年，印度坎瑙努拉·阿里王公的军队侵占马累岛，马尔代夫苏丹向法国在印度本地治里的驻军司令求援，法国乘机入侵马尔代夫。1753年，法国殖民者与马尔代夫苏丹签订条约，规定法国可以在马尔代夫驻军。条约签订数月后，马累岛居民迫使法国驻军撤离马尔代夫。

18世纪末19世纪初，英国商船和兵舰多次到达马尔代夫。19世纪30年代，英国殖民者利用马尔代夫上层贵族的内讧，在苏丹穆罕默德·伊马特·阿德·丁四世的支持下，进一步控制了马尔代夫。1887年英国锡兰殖民地的省长与马尔代夫苏丹签订条约，马尔代夫沦为英国的保护国。同时，马尔代夫也成为英国在印度洋的军事基地。

第一次世界大战以后，马尔代夫人民要求摆脱殖民统治的斗争高涨。1932年，穆罕默德·沙姆斯·阿德·丁三世被迫批准第一部宪法，改行君主立宪政体。1934年英国正式承认马尔代夫的独立。第二次世界大战期间，马尔代夫群岛上曾经发生饥荒，造成大量死亡。1942年以后，战火逼近马尔代夫地区。英国在阿杜环礁的甘岛建立了巨大的海军基地，强迫人民迁居他岛。

1948年斯里兰卡独立后，英国同马尔代夫签订一项条约，规定马尔代夫继续受英国保护。1952年，马尔代夫人民推翻苏丹阿卜杜尔·马吉德·戴狄的统治，宣布成立共和国，阿明·戴狄出任总统。1953年1月，英国承认马尔代夫为英联邦内的共和国。1954年马尔代夫重新宣布成为苏丹国。1960年马尔代夫政府被迫与英国签订协议，将阿杜环礁租借给英国，为期30年（从1956年算起）。1965年7月26日，英国与马尔代夫在科伦坡签订协议，承认马尔代夫的完全独立。该日定为马尔代夫的国庆。独立以后，1968年11月11日，通过全民投票，宣布成立马尔代夫共和国，废除苏丹国，定伊斯兰教为国教。①

① 中国百科网．马尔代夫历史 [EB/OL]. http://www.chinabaike.com/article/316/religion/2008/200801061125634_2.html.2017-10-03.

马尔代夫为总统制国家，立法机构为人民议会，实行比例代表制。全国划分为 85 个选区，每个选区选举产生 1 名议名，总共 85 名议员，任期 5 年，各行政区议员人数由当地人口数决定。2005 年 6 月马启动宪政改革后，人民议会通过实行多党民主制度的议案，马内政部陆续接受多个政党的注册，包括进步党、民主党、共和党、人民党、正义党、人民联盟、伊斯兰民主党等。①

马尔代夫国家统计局发布的 2014 年年报显示，马尔代夫人口约为 35 万人。据官方估计首都马累占全部人口三分之一以上。迪维希语是马尔代夫的官方语言，政府文件和法律均用迪维希语写成，少数有英文版本。至 20 世纪 60 年代，迪维希语一直是马尔代夫学校唯一的教学语言，后来为发展教育的需要，学校普遍使用了英语。现在官方和上层社会通用英语。马尔代夫全民信奉伊斯兰教，属逊尼派。伊斯兰教是国教，国民每天祈祷 5 次。② 伊斯兰教对马尔代夫社会生活产生了全方位的影响。当地居民以鱼、椰子和木薯为主食，但随着经济发展，大米、面粉等进口食品已成为主食。

（三）经济

马尔代夫拥有丰富的海洋资源，有各种热带鱼类及海龟、玳瑁和珊瑚、贝壳之类的海产品。马尔代夫及周围水域拥有 700 多种鱼类，盛产鲣鱼、金枪鱼、龙虾、海参，还有少量的石斑鱼、鲨鱼、海龟和玳瑁等。但最多的是珊瑚鱼，它们的颜色、形状、大小各不相同，千姿百态。③ 渔业是国民经济重要组成部分，也是吸收就业主要渠道。鱼类主要出口中国、日本、斯里兰卡、新加坡等地。④

2015 年末，马尔代夫外债总规模为 6.5 亿美元，占 GDP 比重 19.4%。马尔代夫目前仍为国际货币基金组织受控国。2015 年财政收入 166.18 亿卢菲亚，较上年增长 10.8%。截至 2015 年末，马尔代夫内、外债总规模折合 16.8 亿美元，占当年 GDP 比例的 50%。2015 年最新数据显示，马尔代夫失业率为 5.2%。⑤ 2016 年马尔代夫国内生产总值（GDP）33.79 亿美元，经济增长 3.9%，人均 GDP 9544 美元。通货膨胀率为 0.9%，货物进出口分别是 21 亿和 2.1 亿美元，出口总额减少 12.4%，进口总额增加 10.7%。⑥

马尔代夫坚持在保护环境的基础上，发挥自身资源优势，积极吸收国外资金与援助，

---

① 中华人民共和国外交部 . 马尔代夫国家概况 [EB/OL]. http://www.fmprc.gov.cn/web/gjhdq_676201/gj_676203/yz_676205/1206_676692/1206x0_676694/,2017-10-06

② 中华人民共和国驻马尔代夫共和国大使馆经济商务参赞处 . 马尔代夫概况 [EB/OL]. http://mdv.mofcom.gov.cn/article/ddgk/201611/20161101957571.shtml, 2017-10-02.

③ 商务部国际贸易经济合作研究院 . 对外投资合作国别（地区）——马尔代夫 [EB/OL]. https://www.yidaiyilu.gov.cn/wcm.files/upload/CMSydylgw/201702/201702090457016.pdf,2017-10-08.

④ 中国一带一路网 . 马尔代夫 [EB/OL]. https://www.yidaiyilu.gov.cn/gbjg/gbgk/894.htm, 2017-09-26.

⑤ 商务部国际贸易经济合作研究院 . 对外投资合作国别（地区）——马尔代夫 [EB/OL]. https://www.yidaiyilu.gov.cn/wcm.files/upload/CMSydylgw/201702/201702090457016.pdf,2017-10-02.

⑥ 香港贸发局经贸研究 . 马尔代夫市场概况 [EB/OL]. http://china-trade-research.hktdc.com/business-news/article/%E4%B8%80%E5%B8%B6%E4%B8%80%E8%B7%AF/%E9%A6%AC%E7%88%BE%E4%BB%A3%E5%A4%AB%E5%B8%82%E5%A0%B4%E6%A6%82%E6%B3%81/obor/sc/1/1X3CGF6L/1X0A3P1W.htm, 2017-09-28.

加快经济发展。2004 年 12 月，联合国大会批准马尔代夫从最不发达国家名单毕业，并给予3年过渡期，保留最不发达国家地位。后经马尔代夫要求，推迟至2011年。①旅游业、渔业和船运业是三大支柱。强调发展多元化、可持续的国民经济，实行小规模开放型经济政策。坚持在保护环境的基础上，发挥自身资源优势，积极吸收国外资金与援助，加快经济发展。2015 年出台《经济特区法案》，为大力吸引外资提供法律和政策支持。旅游业已成为第一大经济支柱，旅游收入对 GDP 的贡献率多年保持在 30% 左右。现有 112 个旅游岛，2.77 万张床位，入住率达 69%，人均在马停留时间 5.7 天。2014 年旅游收入 66 亿拉菲亚，占 GDP 的 29%。2015 年外国赴马游客 123.4 万人次，同比增长 2.4%。

在世界银行发布的《2015 营商环境报告》中，马尔代夫排名下降至 116 位，但总分提高，总体投资环境得以改善。法律规定保护外国投资的安全，严禁将外资企业国有化。与外资相关的法律法规也逐步完善，没有外汇限制，外资可享有 100% 独有权，外商投资收益和利润可自由汇出。②

马尔代夫市场开放度较高，除了渔业捕捞禁止外资进入、零售业须与当地人合资经营外，鼓励外国资金进入其他几乎所有领域，鼓励利用当地劳动力或者当地无法生产或利用外国先进技术和资源的投资项目。③

（四）教育

近几十年来，马尔代夫十分重视发展教育事业，投入大量资金，为各环礁行政区增加教学设备，并实行免费教育。现全国已消除文盲，是发展中国家中识字率最高的国家之一。

1998 年以前，马尔代夫没有大学，只有卫生、师范、航海、管理等专业的教育或培训机构。1998 年 10 月，马尔代夫在上述机构的基础上，组建第一所高等院校——马尔代夫高等教育学院。2011 年，在高等教育学院基础上，马尔代夫成立了第一所大学——马尔代夫国立大学，这是唯一一所高等院校，下设 9 个学院和 3 个教育中心，在校学生约 7000 人。各环礁设有一个教育中心，主要向成年人提供非正规文化教育。

1984 年，马尔代夫政府制定了中小学课程体系，这个课程体系主要包括环境研究、科学、迪维希语语言、数学、英语、美术、体育教育和书法。截至 2015 年，马尔代夫全国高中以下学校共 459 所，其中公立学校 213 所，私立学校 122 所，各种社区、团体学校 124 所，全部在校学生约 8.8 万人。首都马累有 38 所学校，在校学生约 3 万人。④

① 中华人民共和国驻马尔代夫共和国大使馆 . 国家概况 [EB/OL]. http://mv.china-embassy.org/chn/mlmd/gjjk/. 2017-10-05.

② 中国网.张华. “一带一路” 投资风险研究之马尔代夫[EB/OL]. http://opinion.china.com.cn/opinion_33_127533.html. 2017-10-06.

③ 贵州省外事（侨务）办公室 . 一带一路国别市场指引——马尔代夫 [EB/OL]. http://www.faogz.gov.cn/dwhzxx/2276.shtml. 2017-10-02.

④ 中华人民共和国驻马尔代夫共和国大使馆经济商务参赞处 . 马尔代夫概况 [EB/OL]. http://mdv.mofcom.gov.cn/article/ddgk/201611/20161101957571.shtml. 2014-10-03.

二、职业技术教育与培训的战略与法规

（一）战略

一个国家教育的目标需要服从国家发展的需要，马尔代夫的职业技术教育战略和目标具体来说主要包括以下几个方面：

· 培养有专业的职业技能、知识的人才，尊重劳动以期实现可持续发展；

· 通过普及初等教育促进社会公平与正义，为所有的公民提供平等的教育机会；

· 在基于伊斯兰教的教育体系里，培养公民意识，所有的公民都是本民族的成员，都是穆斯林的一部分；

· 培养公民独立自主和自力更生的精神以提高他们的生活质量；

· 加强民族意识，通过宣传合理的文化价值观念、文明传统和民族语言来保护国家的文化遗产；

· 培养多样的、相互独立于国家和国际社会的、有潜力的公民。

（二）法规

在马尔代夫，没有特别规定的教育法律和法规，只有一些相关的法律框架和草案。

1.《宪法》（2008）

马尔代夫人民议会已经修改了宪法，新的版本已经在 2008 年 8 月 7 日被批准。2008 年的宪法第 36 条规定，每个人都有受教育的权利，每个人都有免费享受中学教育的权利，国家必须对每个小孩提供初等教育和中等教育，需向全体国民提供高等教育的机会。教育应当努力灌输服从伊斯兰教、爱伊斯兰教的思想，促进对人权的尊重，促进理解、宽容和所有人之间的友谊。①

2.《教育法案》（2009）

2009 年，政府提出了教育法案。该法案建立了一个从学前教育到高等教育的教育框架。这个法案阐释了义务教育的相关规定，建立学校董事会以支持教育分权管理，为高等教育提供者设置办学标准，规定教师的义务、职责以及职业使命。2010 年 12 月，马尔代夫总统签署了国立大学预算法案。

3.《国家课程框架草案》（2011）

2011 年，马尔代夫《国家课程框架草案》被提出。这一草案旨在发展主动学习和追求知识、渴望获取知识、创造知识的成功人士；发展十分信仰伊斯兰教且有自信的人；发展有较强的自我意识和文化认同的人；发展负责任且对自己的家庭、社区以及人类社会有贡献的人。②

---

① Government of Maldives. *Strategic Action Plan. National Framework for Development 2009 – 2013*. Male', November 2009.

② Educational Development Centre, Ministry of Education. The National Curriculum Framework. Fifth working draft, Male', April 2011.

三、职业技术教育与培训的体系与质量保障

（一）体系

马尔代夫的职业教育是学员通过向国家技术和职业教育与培训（技职）部门的职业技术教育与培训中心申请课程培训来实现的，此中心主要提供医药师培训、护士培训、职业技能培训、摄影培训、导游培训、客服人员培训等。职业技能培训只能是15岁以上的学生参加，是低级中等教育之后的职业教育。

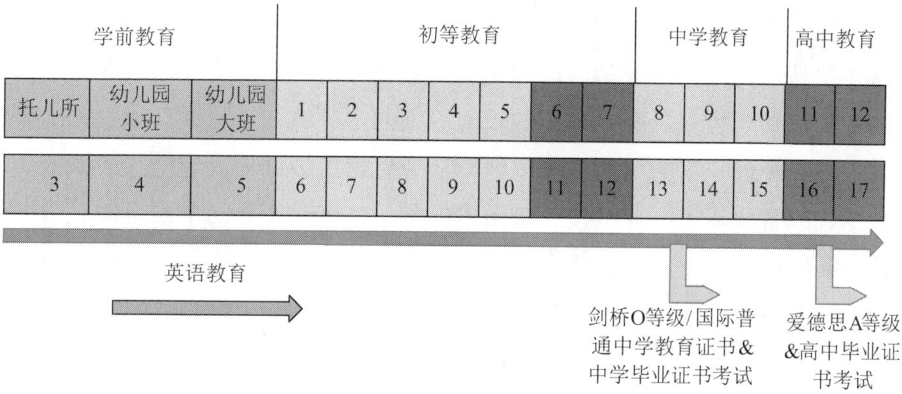

图1　马尔代夫教育系统的组织结构图

资料来源：Educational Development Centre, Ministry of Education. *The National Curriculum Framework*. Fifth working draft, Male', April 2011.

马尔代夫的教育系统由学前教育、初等教育、中等教育和高等教育组成①。3到5岁的小孩享受学前教育，6到12岁的小孩享受初等教育，13到17岁的小孩享受中等教育，18岁及其以上的小孩享受高等教育。

1. 初级职业教育

初等教育（小学教育）从6岁开始。过去，5年的小学教育后，接着是2年的中学教育，现在这两个阶段被整合成基础教育，持续7年（1—7级）。学生在完成基础教育后可以进行职业教育，获得2级职业证书（15周全职训练，相当于40学分，在马尔代夫国家资格框架中级别为2）和一个3级证书（15周全职训练，相当于40学分，在马尔代夫国家资格框架中级别为3）。根据2011年制定的国家教学大纲（草案），初等教育涵盖了6年，分为关键阶段1（1—3年级）和关键阶段2（4—6年级）。

2. 中级职业教育

中等教育包括两个层次：低层次的中学教育（初中）持续三年（8—10年级）和更高层次的中学教育（高中）持续2年（11和12年级）。完成12年教育后，学生可参加

① 马尔代夫教育部．教育系统[EB/OL].https://www.moe.gov.mv/en/page. 2017-08-05.

国际中等教育通用证书、一般普通级别教育证书和剑桥国际以及爱德思国际高水平考试（A级）。还有两个国家考试：第一阶段中学教育毕业证书考试和第二阶段的高中教育毕业证书考试。

低层次的中等教育的毕业生可以参加职业培训获取4级证书（30周或者1年全职训练，相当于120学分，在马尔代夫国家资格框架中级别为4）。基于2011年的国家课程框架（草案），较低级别的中等教育涵盖4年，可以分为关键阶段3（7—8年级）和关键阶段4（9—10年级）以及关键阶段5（11—12年级），它是更高级别的中等教育。

3. 高级职业教育

新成立的马尔代夫国立大学（以前为高等教育学院），以及一些私立的培训机构提供高等教育。在高等教育层面，经历过较高级别的中等教育学生或获取过职业资格4级证书的学生，在经过一年的学习后可以获取职业资格5级证书。经历过较低级别的初等教育的学生，或者获取过职业资格3级证书的学生，经过2年的学习可以获取职业资格5级证书。获取职业资格5级证书的学生在相关领域经过一年的学习可以获取职业资格6级证书。获取职业资格6级证书的学生经过2年的项目训练可以获取高级文凭或一个预科学位。

学士学位（职业资格7级）需要经过3年全职学习或者修满360学分和1年制的项目训练后才可以获得。优秀学士（职业资格8级）另需要1年时间学习学士学位之外的课程，为其1年的研究生课程也包含在职业资格8级的学习中。获得硕士学位需要2年全日制的学习，共修满240个学分，以达到职业资格9级水平。获得博士学位需要2到5年的全日制学习，要修满120个学分，最终才可达到职业资格10级水平。

（二）保障

自1984年以来，通过推进国家课程改革，学生学完每门课程后需要达到某些指定的标准。虽然没有设定量化考核目标，但教师必须确保学生能达到国家课程体系所规定的目标。环礁学校会对所有7年级的学生进行一个标准化的测试和管理，以便进一步选拔优秀学生。教育部要求1年级的教师需要教所有的儿童学会迪维希语，让他们具有一定的读写迪维希语的能力。[①]

教育部支持教学质量的改进，并监测每个环岛礁的教学质量，还为4—5年级的学生制定国家标准。[②]环礁的学校已经开始有计划地实施教学质量的监控和管理。根据亚洲开发银行（2004）的测试反馈，参加水平考试的学生需要更进一步地提升自己的能力，只有约50%的学生通过大多数科目的考试，这说明了环礁的教学质量比较差，这可能跟低质量的学习材料有关系。国家评估结果表明，首都马累与各环礁之间的教育教学质量

① Ministry of Education. *Education for All 2000 Assessment: country report of Maldives*. (Under the o-ordination of A.A. Didi). Male', October 1999.

② 同上。

在任何一层次的教育上都存在差别。①

教育部的教育监督和质量改进部门负责所有学校教学质量的提高。部门内部和外部人员合作实施学校的教学质量监测和评估项目。评估集中在五个主要领域：招生标准，教学质量、学校的领导能力和学术管理、财务管理、基础设施建设和学校的学习环境。教育监督和质量改进部门提供必要的培训，以指导学校管理者加强学校的内部监督。此外，该部门在国家学业评估中心开展了一个项目，用来评估学生的学习水平，旨在了解和改善学生的学习。

由世界银行资助的第三批教育和培训项目于 2003 年对国家的学生成绩水平进行了一个试点评估。该项目对 4 年级和 7 年级的学生进行了测试，测试他们的英语读写能力和计算能力。测试结果和问卷调查的数据是相关的，主要是为了全面了解决定学生成绩水平的关键性因素。自从 2006 年以来，所有 7 年级的学生需要参加国家水平测试。②

四、职业技术教育与培训的治理与教师

（一）治理

1968 年 11 月 11 日，马尔代夫政府发布了《3/68 法案》，成立了教育部。根据这一法令，教育管理是教育部的主要功能。教育部直接受马尔代夫共和国总统的管理。部长接受高等教育委员会和其他委员会（包括教材评估）的政策建议。高等教育委员会由马尔代夫共和国副总统主持工作，是为高等教育的发展提供方案以及监督的最高权力机构。2008 年，教育部创建了高等教育中心、继续教育中心、考试中心以及教育发展中心。2009 年教育部管辖了 7 个部门（企业服务；人力资源；金融和发展；规划和对外关系；学校；教学质量监督管理；项目和物理设施建设），2 个单位（内部审计和采购单位）。③

马尔代夫国内参与教育管理的部门和团体包括：民政部；旅游、艺术和文化部；人力资源部；青年和体育部；交通运输部和通信部；渔业和农业部；伊斯兰事务部。在许多情况下，他们提供一些特定的职业培训以及各种贸易的短期培训，以响应特定部门的需求。④

有政策规定，学校每一个专业的员工在每个学术年至少参与 15 个小时的职业发展活动。为了学校的发展，教育部为每个学校分配了 3 天的学术交流时间，这 3 天为学校的年度职业发展学术计划日。每个教师参与职业发展活动的持续时间将要综合考虑注册教

① Maldives Accreditation Board. *The Maldives National Qualifications Framework*. Male', September 2009.

② Ministry of Education. *Education for All Mid-decade Assessment 2007. National report of the Republic of Maldives*. Male', July 2008.

③ Government of Maldives. *Strategic Action Plan. National Framework for Development 2009 – 2013*. Male', November 2009.

④ Ministry of Education. *Education for All Mid-decade Assessment 2007. National report of the Republic of Maldives*. Male', July 2008; Ministry of Education. Policy Planning and Research Section. *School statistic 2008*. Male', 2009.

师、教学执照有效期、提高待遇和晋升工作等情况。教育部的继续教育中心负责规划和执行职业发展计划，地区层次的职业发展项目应听取省级教育部门的建议和意见。

2009年，选举产生了岛和环礁议会，形成了地方政府管理系统，这统称为区域化权力下放。为了实现更有效的服务，提高当地的服务水平，政府将所有的环礁分为7个省份。将两个或者两个以上的环礁形成一个地区或省份能实现有效的规划、协调和管理，这将作为一种措施促进行政权力下放。①

（二）教师

19世纪80年代，教育部成立了一些专门的机构，教师培训从教育发展中心分离出去，形成了教师教育研究所（现在合并到马尔代夫国立大学内）。在马尔代夫，那些基于职业教育的发展政策、专业发展和职业发展统称为在专业领域进行个人学习和教学发展的活动。这类活动的形式包括研讨会、讲习班、在线课程、为提高教师专业水平而开办的培训班。此外，政府引入新的策略来提高有关教学和专业技能。

2010年，马尔代夫高等教育学院（现在为马尔代夫国立大学）提供以下文凭课程：为期1年的能参与迪维希语课程教学的文凭；为期1年的能参与行政管理的文凭；为期2年的能参与小学教育的高级文凭；为期2年的能参与教初级中学（6年级，7年级）的高级文凭；为期2年能参与应用统计的高级文凭；为期2年的能参与英语（外语）教学的高级文凭；为期2年的幼师文凭；为期3年的能参与初等或中等教育的本科文凭；为期4年的能参与高级中等教育的本科文凭；为期3年的能参与英语（外语）教学的艺术型学士学位。

2008年，马尔代夫总共有7534名教师（包括833名临时教师），其中5745名教师获得了马尔代夫认证委员会认证的高级证书或更高级别的教学资格，1789名教师未获得相应证书。首都马累共有1576名教师，有122名教师未经训练。在环岛礁有5958名教师，其中1667名未经训练。7534名教师中，有2560名外籍教师，2名学前教育老师，365名小学教育，2015名中学教师，178名高中教师。②

五、职业技术教育与培训的诉求与发展趋势

（一）诉求

马尔代夫国土狭小，人口不多，市场不大，因此对职业教育的需求十分有限。2013年，马尔代夫劳动力人口13.69万人，失业率28.1%。虽然失业率较高，但本国劳动力不足，需要通过输入劳动力补充。由此可见，本国劳动力劳动素质不足，职业技术教育与培训仍有很大的发展空间。在短暂的职业技能培训过程中，仍然存在一些需要解决的问题。例如学校组织自创的职业发展规划项目，但这些项目往往与外界沟通不多，难以达

① 本节引用和参照了该国教育报告，具体资料主要来自：Word Data on Education.7th edition,2010/11.

② Ministry of Education. Policy Planning and Research Section. *School statistic 2008*. Male', 2009.

到预期效果，因此有专家认为，学校应该把执行的细节发送给环礁的教师资源中心，加强资源共享。

（二）发展趋势

1. 经费投入问题会持续改善

马尔代夫历届政府均强调发展国民经济，实行小规模开放型经济政策，坚持在保护环境的基础上，发挥自身优势。近年，货币政策的主要目标是控制物价水平，经济发展势头良好，因而通货膨胀率较低。马尔代夫政府计划开源节流，减少财政开支，推行新的经济政策，以增加财政收入，缓解财政赤字问题。

2. 国内对职业技术教育与培训的需求会扩大

2013 年，马尔代夫政府经济发展部发布《马尔代夫经济多元化发展战略》，提出了到2025年时，本国在旅游、交通、卫生、教育和基础设施建设等各个领域的发展目标。① 为进一步改善投资环境，保障投资者利益，马尔代夫政府还在研究重新修订或制定公司法、外国投资法、经济特区法等法案。马尔代夫对外国投资项目的税收优惠没有明确规定，而由投资审批部门视项目投资金额、投资领域等具体情况给予具体优惠。政府欢迎的重点投资领域包括旅游、基础设施、房地产开发、渔业加工、金融、清洁能源、医疗卫生等。

（深圳职业技术学院　技术与职业教育研究所　袁　礼）

主要参考文献

[1] 中华人民共和国驻马尔代夫共和国大使馆经济商务参赞处 . 马尔代夫概况 EB/OL]. http://mdv.mofcom.gov.cn/article/ddgk/201611/20161101957571.shtml.2017-10-02.

[2] 中华人民共和国外交部 . 马尔代夫国家概况 [EB/OL]. http://www.fmprc.gov.cn/web/gjhdq_676201/gj_676203/yz_676205/1206_676692/1206x0_676694/.2017-10-02

[3] 商务部国际贸易经济合作研究院 . 对外投资合作国别（地区）——马尔代夫 [EB/OL]. https://www.yidaiyilu.gov.cn/wcm.files/upload/CMSydylgw/201702/201702090457016.pdf.2017-10-03.

[4] 中国百科网. 马尔代夫历史[EB/OL]. http://www.chinabaike.com/article/316/religion/2008/200801061125634_2.html.2017-10-03.

[5] 商务部国际贸易经济合作研究院 . 对外投资合作国别（地区）——马尔代夫 [EB/OL]. https://www.yidaiyilu.gov.cn/wcm.files/upload/CMSydylgw/201702/201702090457016.pdf, 2017-10-02.

① 深圳市政府政策研究室 . 南亚国家国情研究 .2016,80-86.

[6] 香港贸发局经贸研究．马尔代夫市场概况 [EB/OL]. http://china-trade-research.hktdc.com/business-news/article/%E4%B8%80%E5%B8%B6%E4%B8%80%E8%B7%AF/%E9%A6%AC%E7%88%BE%E4%BB%A3%E5%A4%AB%E5%B8%82%E5%A0%B4%E6%A6%82%E6%B3%81/obor/sc/1/1X3CGF6L/1X0A3P1W.htm.2017-09-28.

[7] 中华人民共和国驻马尔代夫共和国大使馆．国家概况 [EB/OL]. http://mv.china-embassy.org/chn/mlmd/gjjk/.2017-10-05.

[8] 中国网．张华．"一带一路"投资风险研究之马尔代夫 [EB/OL]. http://opinion.china.com.cn/opinion_33_127533.html. 2017-10-06.

[9] 贵州省外事（侨务）办公室．一带一路国别市场指引——马尔代夫 [EB/OL]. http://www.faogz.gov.cn/dwhzxx/2276.shtml. 2017-10-02.

[10] Abdul Muhsin Mohamed; Maryam Azra Ahmed. Country paper. Maldives. Document presented at the "Pilot Intensive Training Course on Curriculum Development", New Delhi, 9-17 March 1999.

[11] Asian Development Bank. Technical assistance to the Republic of Maldives for strengthening the framework of education towards Vision 2020. May 2004.

[12] Educational Development Centre, Ministry of Education. The National Curriculum Framework. Fifth working draft, Male', April 2011.

[13] Government of Maldives. Strategic Action Plan. National Framework for Development 2009 – 2013. Male', November 2009.

[14] Maldives Accreditation Board. The Maldives National Qualifications Framework. Male', September 2009.

[15] Ministry of Education. Developments in education 1992-1994. Maldives country report. Presented at the 44th session of the International Conference on Education, Geneva, 1994.

[16] Ministry of Education. Developments in education 1994-1996. Maldives country report. Presented at the 45th session of the International Conference on Education, Geneva, 1996.

[17] Ministry of Education. Education for All 2000 Assessment: country report of Maldives. (Under the co-ordination of A.A. Didi). Male', October 1999.

[18] Ministry of Education. Education for All Mid-decade Assessment 2007. National report of the Republic of Maldives. Male', July 2008.

[19] Ministry of Education. Policy Planning and Research Section. School statistic 2008. Male', 2009.

[20] Centre for Continuing Education: http://www.cce.edu.mv/ [In English. Last checked: July 2011.]

[21] Department of Higher Education: http://dhe.gov.mv/ [In English. Last checked: July 2011.]

[22] Educational Development Centre: http://www.edc.edu.mv/ [In English and Dhivehi. Last checked: July 2011.]

An Overview of TVE in "Belt and Road" Countries

“一带一路”沿线国家职业教育概览

（下册）

李建求　主编

创于1897 商务印书馆 The Commercial Press
2018年·北京

目 录

尼泊尔联邦民主共和国

一、国家概况

（一）地理

尼泊尔联邦民主共和国（Federal Democratic Republic of Nepal），简称尼泊尔，位于喜马拉雅山中段南麓，北与中国西藏接壤，东、西、南三面被印度包围。尼泊尔是一个近长方形的内陆山国，地势北高南低，国境线长 2400 千米。尼泊尔从东到西 885 千米，从南到北在 145—241 千米之间。世界上有 14 座海拔超过 8000 米的山峰，其中 8 座都在中国与尼泊尔的边境。尼泊尔国土总面积147181平方千米[①]，首都是加德满都，境内的兰毗尼是佛教创始人释迦牟尼的诞生地。尼泊尔全国共划分 5 个经济发展区，分别为东部、西部、中西部、中部和远西部发展区。5 个发展区又设了 14 个专区，14 个专区下共有 75 个县，36 个镇，3995 个村。尼泊尔的气候基本上只有两季，每年的 10 月至次年 3 月是干季（冬季），早晚温差较大；每年的 4—9 月是雨季（夏季），雨量丰沛，常泛滥成灾。尼泊尔南北地理变化巨大，地区气候 差异明显。分北部高山、中部温带和南部亚热带三个气候区[②]。

（二）人文

尼泊尔境内从公元前 6 世纪起出现了一些国家，历经基拉特王朝（公元前 6 世纪到公元 4 世纪）、李查维王朝（公元 4 世纪到 13 世纪）、玛拉（13 世纪到 1768 年）后，廓尔喀王普里特维·纳拉扬·沙阿在 1768 年统一了尼泊尔，建立沙阿王朝，1814 年，尼泊尔遭到英国入侵，被迫割让大片领土给英属印度，外交受英监督。经 1846 年，亲英的忠格·巴哈杜尔·拉纳家族世袭首相，1950 年，拉纳家族统治结束。1951 年 2 月，特里布万国王颁布临时宪法，实行君主立宪制。1962 年，印度教立国被正式写入宪法，尼泊尔成为印度教王国，树立了“君权神授”观念。2006 年 5 月 18 日，尼泊尔议会决定废除印度教为国教条款，宣布尼泊尔为世俗国家，将“尼泊尔国王陛下政府”更名为“尼泊尔政府”。2008 年 4 月，尼泊尔举行制宪会议选举。5 月 28 日，尼泊尔制宪会议

① 中华人民共和国外交部 . 尼泊尔国家概况 [EB/OL]. [2017-07-06]. http://www.fmprc.gov.cn/web/gjhdq_676201/gj_676203/yz_676205/1206_676812/1206x0_676814/.

② 尼泊尔 [EB/OL]. [2017-09-06]. https:/item/121885?fr=aladdin#3.

第一次会议通过议案，宣布废除君主制，将国体改为联邦民主共和国。2008 年 5 月，正式成立尼泊尔联邦民主共和国。① 制宪会议为尼泊尔最高立法机构，主要职责是制定宪法和代行议会职责。尼泊尔有 70 多个党派，大多数为地方性小党。现任总统是比迪娅・德维・班达里，总理是谢尔・巴哈杜尔・德乌帕。

尼泊尔人口总数在 2015 年底已达 2851.4 万人，其中青年人口 ②596.5 万，平均人口年龄为23.1 岁人口增长率达到1.18%③。尼泊尔是多民族国家，境内有卡斯、拉伊、林布、苏努瓦尔、达芒、马嘉尔、古隆、谢尔巴、尼瓦尔、塔鲁等 30 多个民族。卡斯族是尼泊尔最主要的民族，占人口总数的 1/3，属地中海人类型，骁勇善战，语言是卡斯库拉语。国民人口 80.6% 是印度教徒，极少数为佛教徒、穆斯林。④

（三）经济

尼泊尔属于农业国，80% 的国民从事农业生产，农业总产值约占 GDP 的 40%，经济上比较贫困。20 世纪 90 年代起，尼泊尔开始实行以市场为导向的自由经济政策，但因政局多变和基础设施薄弱，收效不明显。尼泊尔经济严重依赖外援，预算支出的三分之一来自外国捐赠和贷款。货币名称尼泊尔卢比，汇率：1 元 =16 卢比。旅游业是尼泊尔的支柱产业。尼泊尔地处喜马拉雅山南麓，徒步旅游和登山业发达，产值约占国民生产总值的 29%。由于尼泊尔山多地少，耕地分布不均衡，40% 的耕地没有灌溉设施。主要农作物有稻谷、玉米、小麦，经济作物主要有甘蔗、油料、烟草等。尼泊尔工业基础弱，规模小，机械化水平低，发展慢。主要有制糖、纺织、皮革制鞋、食品加工、香烟和火柴、黄麻加工、砖瓦生产和塑料制品等。工业产值占国民生产总值的 20% 左右。主要贸易伙伴有印度、美国、中国、欧盟等。其主要进口商品是煤、石油制品、羊毛、药品、机械、电器、化肥等，主要出口商品是蔬菜油、铜线、羊绒制品、地毯、成衣、皮革、农产品、手工艺品等。⑤

（四）教育

尼泊尔的教育体系由小学、初中、高中和大学构成。

学前教育：针对 6 岁以下儿童。

小学教育：学制 5 年（1—5 年级），尼泊政府制定的小学教育目标是确保每个尼泊尔儿童都有平等的受教育机会，至少都能够接受小学教育。

初中教育：学制 3 年（6—8 年级），分为普通初中和职业初中。

---

① 中华人民共和国外交部 . 尼泊尔概况 [EB/OL]. [2017-07-06]. http://www.fmprc.gov.cn/web/gjhdq_676201/gj_676203/yz_676205/1206_676812/1206x0_676814/.

② 14-25 岁人口。

③ 所有统计数据均来自联合国人口司《世界人口展望》编译，2015 年修订版 (http://esa.un.org/unpd/wpp/DVD/)。

④ 商务部国际贸易经济合作研究院等 . 对外投资合作国别 (地区) 指南——尼泊尔 [R]. 商务部国际贸易经济合作研究院等，2016.

⑤ 中华人民共和国外交部 . 尼泊尔 [EB/OL]. [2017-07-06]. http://www.fmprc.gov.cn/web/gjhdq_676201/gj_676203/yz_676205/1206_676812/1206x0_676814/.

高中教育：学制 2 年（9—10 年级），分为普通高中和职业高中。

大学预科教：学制 2 年（11—12 年级，也称“10+2 教育”）。

高等教育：包括本科 3 年、硕士 2 年、博士 3 年。[①]

此外，尼泊尔的教育体系还包括：校外教育（为 6—14 岁未入学儿童提供的教育）、女童教育、特殊教育、远程教育和开放教育等多种教育形式。

尼泊尔著名大学主要有：特里布文大学、加德满都大学、东部大学（普尔版查尔大学）、博克拉大学和马亨德拉梵文大学等。

截至 2012 年，尼泊尔共有 3.3 万所公立小学，1.3 万所公立初中，8000 多所公立高中，在校学生 740 多万。[②]

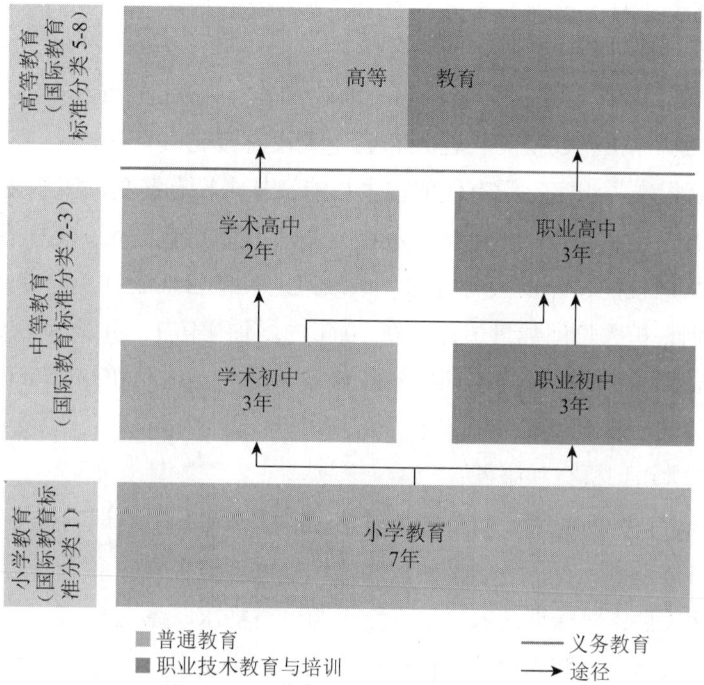

图 1　尼泊尔教育体系结构图

二、职业技术教育与培训的政策与法规

（一）政策

尼泊尔职业技术教育与培训的基本战略是：扩大就业、减少贫困，缩小尼泊尔与世界教育水平的差距。为此，尼泊尔政府制定了一系列国家政策：

---

① Education System in Nepal[EB/OL]. [2017-09-06]. https://www.classbase.com/Countries/Nepal/Education-System.

② 尼泊尔大使馆 [EB/OL].（2017-10-05）. http://np.china-embassy.org/chn/jy/t363761.htm.

1.《尼泊尔学校教育改革计划（SSRP）2009—2015》：该政策旨在促进尼泊尔青年人学习技术技能，帮助他们提高能力，顺利就业。该计划指出，学校提供给学生的应是企业所需的技术技能，而非单纯的知识。教育要缩小毕业生从学校到工作的过渡阶段，使学生有能力在尼泊尔、邻国甚至全球市场都能获得就业机会。该计划的具体目标有：

· 多种渠道筹措资金，向弱势群体学生提供奖学金，增加其接受职业技术教育与培训的机会；

· 确保职业技术教育与培训项目与工作领域具有相关性；

· 促进职业教育机构和高等教育机构之间的合作与交流；

· 增加对职业教育和高等教育的投资，特别是加大对贫困地区职业技能培训的投资；

· 使职业技术教育与培训的受众更为广泛，充分利用社区学习中心（CLCs），为那些被边缘化的女孩提供非正式职业技能培训。①

2.《尼泊尔 2012 年职业技术教育与培训政策》：该政策的重点在于“扫除文盲，减少贫困”。尼泊尔有相当数量的年轻人和成年人没有接受教育的机会，他们辍学或不被学校录取、或者根本不识字、没有任何技术技能，从来没有接受过职业技术培训。《2012 年职业技术教育与培训政策》的目的就是扩大职业技术教育与培训的范围，在全国范围内减除文盲，培训技能，开发人力资源。该政策的具体目标是：面向劳动力市场，提供技能教育和培训，扩大培训数量（计划在 10 年内增加 4 倍），并确保妇女、达利特、少数民族、Madhesi 和贫困社区的培训数量。该政策还为无法负担培训费用的团体提供财政资助。该政策的侧重点包括以下五个方面：

· 扩张：扩大培训机会和服务；

· 包容和获取：为所有需要的公民提供培训，并确保接受培训的机会；

· 整合：搭建平台，将各种培训模式和培训提供者整合到一个平台上；

· 质量和相关性：将培训内容、培训结果与经济需求联系起来；

· 资助：为技术教育和职业培训提供可持续的资金支持。②

（二）法规

《教育法案》（1971）及 2004 年的第 8 修正案：该法律为尼泊尔的教育建立了一个框架。它定义了教育、教学的概念，设定了教材和教学内容的标准；制定了建立学校和教学质量控制的规则；划定了普通中学、特殊教育、非正规教育和远程教育的类型。此外，该法案内容还涉及了教育财政方面。

1989 年高等中等教育法案（1993 年第二修正案）：该法案界定了高等和中等教育委员会的权利和义务。

---

① 联合国教科文组织 (2010) 汇编的计划 . 世界教育数据 (第 7 版). 2010/2011. 尼泊尔 . 日内瓦 :UNESCO-IBE.

② Nepal TVET - Image Results. [EB/OL]. [2017-10-06] https://images.search.yahoo.com/search/images;_ylt=A0LEVySF8OVZs.AAzJRXNyoA.

《教育法》(2072 修正案):该法律旨在解决尼泊尔教育部门内部的许多弊病。为应对尼泊尔教育系统的腐败,整治尼泊尔教师终身在一个岗位产生的怠职现象,修正后的《教育法》规定,教师每五年将被调到一所新学校。该法案还强调,职业技术教育与培训的在职教师需要接受教师服务委员会(TSC)的定期考试。①

三、职业技术教育与培训的体系与质量保障

(一)体系

1. 正规职业教育与培训体系

小学毕业生可以选择就读 3 年制的职业初中,学业结束获得毕业证书;

职业初中和普通初中的毕业生可以选择继续升学读职业高中,学制 3 年,学业结束可获得职业高中的文凭。

高中毕业生可以升学高等职业学院,接受高等职业教育,专业领域包括技术、商业、人文和教育,学制通常为 2—2.5 年。也有一些短期技能发展培训,课程通常在 1 年左右。高等职业教育的课程领域通常划分为三大部分——专业、技术和梵语。

职业院校毕业后,学生可以继续攻读学士学位、研究生学位和博士学位。

2. 非正规职业技术与培训

非正规的职业技术教育与培训形式灵活、资金渠道多元化,可以成为正规教育体系非常有益的补充,因而受到尼泊尔政府的高度重视。针对尼泊尔非正规教育缺乏管理的问题,尼泊尔政府在 2006 年制定了非正规教育政策。该政策设定了以下目标:

扩大非正规教育的受众范围,为不同年龄和基础的学习者提供理论和实用的知识、技能;

给辍学者和 / 或被剥夺受教育的人提供学历教育;

开发更多高质量的课程和学习材料,公平分发到各地区;

发展社区学习中心(CLCs),确保非正规教育的质量;

加强对非正规职业教育与培训项目的监督、监督和评估;

帮助非正规职教机构之间建立相互协调的伙伴关系;

采取包容性教育政策,促进多种职业教育形态共存;

开发一个共享的公共数据库;

加强培训、研究、自我监测和创新多功能的整合,提高职业技术教育与培训项目中的人力资源开发质量;

发动政府、非政府组织和私人机构来共同实现“人人受教育”的目标;

设立管理非正规职业技术教育与培训项目的地方机构;

① The Rising Nepal: The New Education Act.

促进非正规教育中心、政府、非政府组织和国际组织之间的协调与合作，保障这些相关机构的合作环境；

出台政策指导扫盲运动，将非正规职业技术教育与培训作为消除文盲的主要方式。[①]

尼泊尔非正规职业技术教育与培训项目的主要提供者包括：

技术教育和职业培训委员会（CTEVT）；

私人机构；

其他政府机构；

大学的技术机构；

社区中学（附属学校）；

非政府组织；

国际非政府组织。[②]

（二）保障

1. 资格框架

尼泊尔目前没有形成国家资格框架。政府计划由国家技能考试委员会以尼泊尔职业资格认证体系为基础开发出国家资格框架。所有的学习模式和学习层次，正式或非正式的、在校的或在职的，都将在这样的系统中找到定位。

2. 质量保障

尼泊尔政府实施了职业技术教育与培训机构的总质量管理项目。该项目旨在通过员工职业发展、设计以学习者为中心的项目以及改进职业技术教育与培训机构的教学来提高教育教学质量。

政府还建立了质量保证和认证委员会（QAAC），负责监管高等职业教育的教学水平。

四、职业技术教育与培训的治理与教师

（一）治理

教育部是尼泊尔教育的主管机构。教育部负责所有类型教育的规划和管理工作。教育部下设的主要机构有：行政司、教育司、计划司。教育司下设联合国教科文组织尼泊尔委员会、课程开发中心、考试办公室、开放教育办公室、远程教育办公室、教育研究中心等部门。

技术教育和职业培训委员会（CTEVT）成立于 1989 年，其职责是政策制定、质量控制、制定课程评估和技能发展标准、研究和评估培训需求等方面，具体包括：

制定管理职业技术教育与培训政策，确保项目实施过程中的可获得性、可持续性、完整性和相关性；

---

① RING NEPAL. http://therisingnepal.org.np/.

② Innovative Strategies in Technical and Vocational Education .

协调职业技术教育与培训部门和利益相关方的关系；

保持职业技术教育与培训项目服务的质量；

为职业技术教育与培训部门预备合格的师资；

培养职业技术教育与培训学习者的创业技能和就业基础；

鼓励企业和行业参与职业技术教育与培训活动；

成立非正规教育管理中心，协助政府制定国家政策和战略，为开展全国范围内的非正规教育工作提供政策指导。该中心开发并推广课程、培训包、教材和其他相关教学资料，制定了国民素质提升的长期和短期规划，创建交流中心为培训机构服务。未来，该中心还拟将继续教育、开放学习和远程教育的相关项目纳入其服务范围。①

（二）教师

加德满都的技术指导培训机构（TITI）正在建设职业教育教师的在职培训中心。

TITI 的目标是开发符合区域特点的职业技术教育与培训教师课程，通过模块化课程系统提供基础学习和专业训练，为教师颁发教学文凭。培训教师的方式有业余学习和全职脱产学习两种。②

五、职业技术教育与培训的诉求与发展趋势

尼泊尔的经济以农业为主，基础工业是地毯工业。尽管尼泊尔是一个经济上贫困、教育不发达的国家，但亚洲和整个世界的飞速发展正在带动尼泊尔发生变化。

国家对职业教育的需求与职业教育现状构成鲜明的矛盾。尼泊尔政府已经认识到职业技术教育与培训会给国家发展带来重大影响。然而，尼泊尔现有的教育体系却无法满足人年轻人需要的教育。一方面，贫困与辍学、企业缺乏合格劳动力的现象普遍存在；另一方面，有经济能力的家庭不断地送孩子前往亚洲教育发达国家和西方发达国家接受教育。这促使尼泊尔政府反思当前的职业教育问题。因此，尼泊尔政府希望通过务实的、以结果为导向的职业技术教育与培训项目来应对新兴的劳动力市场需求。政府出台的《教育部门改革计划（SSRP）2009—2015》申明了提供满足市场需求的职业技术教育与培训规划。世界银行正在资助尼泊尔政府实行“加强职业教育和培训”项目，旨在扩大熟练劳动力的供应：

（1）增加对优质职业技术教育与培训项目的访问；

（2）加强尼泊尔的职业技术教育与培训系统。

该项目有四个组成部分：

第一，加强职业技术教育与培训项目的监管能力建设；

第二，加强操作技术的训练，加强技术学校学生动手能力的培养，提高文凭的质量，

① Innovative Strategies in Technical and Vocational Education.

② Technical and Vocational Education and Training (TVET) Reform.

提高学校教育与劳动力市场的相关性；

第三，支持短期职业培训。支持短期职业培训和民间机构、私营机构通过非正式方式进行职业技术教育与培训，提供技术与职业技能的认证；

第四，监督和评价本项目。实施项目监督和评估，致力于建立总体项目报告机制，对项目的投入、产出和成果进行及时、充分和准确的信息反馈。

（深圳职业技术学院　技术与职业教育研究所　宋　晶）

主要参考文献

[1]“走出去”公共服务平台对外投资合作尼泊尔指南 (2016 年版).

[2] 联合国人口司 . 世界人口前景 .http://esa.un.org/ unpd/wpp/DVD.

[3] 中华人民共和国外交部 . 尼泊尔国家概况 [引用日期 2017–07–23].

[4] 联合国教科文组织国际教育局 (2011). 世界教育数据 (第 7 版).2011/2011. 尼泊尔 . 日内瓦：联合国教科文组织国际教育局 . 国家技能发展计划网页 .

[5] World TVET Database. Nepal – UNESCO–UNEVOC.

[6] 教育与技能政策委员会 (2010), 尼泊尔职业技术教育与培训概述。喀布尔：教育与技能政策委员会 .

[7] Afghanistan TVET – Image Results.

[8] 64 TVET teachers complete Afghan–German cooperation training workshops in Kabul Deutsche Zusammenarbeit mit Nepal.

[9] 国家技能开发项目。访问时间：2012 年 6 月 26 日。

[10] Technical and Vocational Education and Training (TVET) Reform.

[11] Call for Candidates– Nepal TVET in Nepal, South Asia.

[12] Introducing Technical & Vocational Education and Training.

[13] 英国文化委员会 (2013). 南亚的技能发展 . 阿富汗、孟加拉国、印度、尼泊尔、巴基斯坦和斯里兰卡的趋势 .2012 年 8 月访问。

[14] Nepal TVET – Image Results https://images.search.yahoo.com/search/images;_ylt=A0LEVySF8OVZs.AAzJRXNyoA.

[15] The Rising Nepal: The New Education Act.

[16] https://www.classbase.com/Countries/Nepal/Education–System.

不丹王国

一、国家概况

（一）地理

不丹王国（Kingdom of Bhutan），简称“不丹”，位于亚洲南部，是喜马拉雅山东段南坡的内陆国家，西北部、北部与中国西藏接壤，西部、南部和东部分别与印度锡金邦、西孟加拉邦、中国山南交界，总面积 38394 平方千米。不丹是一个多山的国家，在其境内除了喜马拉雅山主脉外，还有很多支脉。地势高低悬殊，北高南低，全国海拔最低的位于东南地区的马纳斯河，它的海拔高度只有 97 米。北部喜马拉雅山脉，那里的高峰海拔高度都在 6000 到 7000 米以上。冰川占不丹总面积的 10%，是河流重要的可再生水资源的源头，每年都给不丹的人民带去大量的清新的水资源。[①] 境内河流均由北向南，主要有阿穆曲河、旺曲河及莫曲河等。不丹首都为廷布市，也是全国的最大城市，位于旺河河谷，海拔 2500 米。不丹行政区包括 4 个地区，20 个宗（县），202 个格窝，5000 多个自然村。[②] 不丹全国森林覆盖率约占国土面积的 72%，蓝绵羊、兰花、野罂粟和罕见的雪豹就在这个与世隔绝，高出海拔三四千米的雪线之上的环境中生长。[③]

（二）人文

不丹，当地语言叫“竺域”，含义为“雷龙之地”，公元 8 世纪时为吐蕃一个部落。1491 年起，竺域政权内乱，竺巴派领袖阿旺·纳姆伽尔征服了内乱后建立了现代不丹政权，奠定了不丹的领土、民族和宗教的基础。1669 年，不丹与当时西藏地方的甘丹颇章政权格鲁派爆发了长达 62 年的战争。1772 年，不丹遭英国入侵。1865 年签订《辛楚拉条约》，1910 年签订《普那卡条约》，规定不丹对外关系受英国“指导”。[④]1949 年 8

① 不丹：不丹地理概况 [EB/OL].[2017-09-10]. http://globserver.cn/%E6%9F%AC%E5%9F%94%E5%AF%A8/%E5%9C%B0%E7%90%86.

② 新华网 . 不丹概况 [EB/OL]. [2017-10-01]. http://www.news.cn/.

③ 全球职业技术教育与培训数据库：不丹：UNESCO-UNEVOC 联合国教科文组织国际职业技术教育与培训中心 .www.unevoc.unesco.org.2013 年 6 月 .

④ 中华人民共和国外交部.不丹国家概况[EB/OL].[2017-09-10].http://www.fmprc.gov.cn/web/gjhdq_676201/gj_676203/yz_676205/1206_676572/1206x0_676574/.

月，印度独立，与不丹签订《永久和平与友好条约》。规定不丹对外关系受印度"指导"。1952年，不丹第三代国王吉格梅·多尔吉·旺楚克发展经济，对内政外交进行改革。1971年，不丹加入联合国。1985年，成为南亚区域合作联盟成员。2001年9月，不丹政府筹备起草宪法。2005年3月，辛格国王建议在不丹建立两党制度，根据宪法草案组建两院制议会。2008年3月24日，不丹迎来其历史上的首次民主选举，直接选举国民议会议员，并在此基础上产生首个民选政府。[①]

不丹政体为君主立宪制制度。议会实行两院制，由国王、国家委员会（上院）、国民议会（下院）组成，拥有立法权。上院由25名议员组成，均为非党派人士，其中20名由各宗选举产生，其余5名由国王任命知名人士担任。下院由47名议员组成，由选民直接选举产生。现任国王是吉格梅·凯萨尔·纳姆耶尔·旺楚克，2006年12月继位，2008年11月加冕为第五世国王。政府首脑是吉格梅·廷里部长会议主席（首相），2008年3月26日宣誓就职。根据不丹宪法，经三分之二议员同意，议会有权对国王提出退位动议。如动议获议会四分之三投票通过，则应举行全民公投以决定国王是否退位。国王在位年限不得超过65岁。[②]

不丹总人口为736453人，人口增长率约为1.8%（2012年）。不丹的民族可分为三大类：沙尔乔普人，居住在不丹东部的土著人；噶隆人，大部分都居住在不丹西部，是9世纪藏族移民的后裔；洛沙姆帕人，19世纪末期移居不丹，是说尼泊尔语的民族。不丹语"宗卡"和英语为官方用语。

不丹的国教是藏传喇嘛教。不丹全民信仰宗教，户户供有神龛，每个村或寨至少有一座寺庙，全国有2000多座古代佛教寺庙和1000多座佛塔。全国约有5000名僧人，享受政府提供的财政资助。坎布为最高宗教领袖，寺院团是不丹宗教事务的唯一仲裁机构，由中央寺院团和地方寺院团组成。不丹的生活中有很多宗教礼仪，在吃饭、喝酒、喝茶之前，需将少许食物、茶酒向空中抛洒，以此供养上师三宝。每到喜庆生辰、逢年过节甚至乔迁新居时，人们要做的第一件事就是挂经幡，以祈求神灵的庇佑。不丹人还经常把经文塞进木桶里，让其顺水飘流，木桶因水流而动，被看作是自己向神诵经的一种方式。不丹是世界上最后一个开放电视与网络的国家。[③]

（三）经济

不丹采用GNH（国民幸福指数）作为衡量经济的指标，主要考察四个方面：可持续发展、环境保护、文化保护以及政府的有效管理。政府制定了度量幸福指数的9个方面内容和72项指标，把社会经济发展的目标定位为实现人民幸福，国内生产总值是国

---

① 商务部国际贸易经济合作研究院等．对外投资合作国别（地区）指南——不丹[R]．商务部国际贸易经济合作研究院等，2016.04:2-3.

② 中华人民共和国外交部．不丹国家概况[EB/OL].(2016-12-01)[2017-09-10].http://www.fmprc.gov.cn/web/gjhdq_676201/gj_676203/yz_676205/1206_676572/1206x0.

③ 同上。

民幸福总值的基础。2011 年不丹国内生产总值达到 10.5548 亿美元。农业是不丹的支柱产业。20 世纪 50 年代实行土地改革后，98% 以上的农民拥有自己的土地、住房，平均每户拥有土地 1 公顷多，粮食基本自给。不丹可耕地面积占国土总面积的 16%，主要农作物有玉米、稻子等，畜牧养殖较普遍。盛产水果，大量向印度和孟加拉国出口。① 农业人口占总就业人口的 60%（2010 年）。不丹工业包括电力、建筑业和制造业，2010 年的工业总产值 293.95 亿努。不丹对印度电力出口，带动本国水电站建设，电力行业逐渐成为国家经济支柱之一。旅游业是不丹外汇的重要来源。1974 年不丹开始对外开放旅游业，寺院、宗教圣地不对外开放，游客主要来自日本、美国和中国等地。② 尽管国家经济比较落后，但 2006 年发布的“全球快乐国度排行榜”中，不丹却名列第 8 位，位列亚洲第一位。

（四）教育

不丹的教育是与宗教紧密结合的。20 世纪 50 年代之前，不丹的教育机构主要是修道院。20 世纪 60 年代，第二任不丹国王开设了第一个世俗学校，课程和教学媒介（印地语）借用印度。第三任国王开始认真地建立不丹自己的教育体系。为了使不丹这个孤立的小国家与世界其他地区交流，政府把英语定为教学通用语言。那时，不丹的学校很少，很简陋，只能提供小学教育。因为常常招聘不到教师，需要到邻近的印度去招聘。③

不丹当前的教育系统包括学校教育和寺庙教育两种类型学校的入学年龄从 6 岁开始。学校教育体系包括小学教育、中学和大学。其中，基础教育共 13 年，包括小学、初中和高中教育。2009 年，不丹全国有各类学校 1651 所，教员 8418 名，在校学生 197832 名。适龄儿童入学率为 92%。国民识字率约为 53%。2008 年，不丹有 552 个正式的学校和机构，391 个修道院学校和 747 个社会培训中心。女生占入学人数的 49.5%，在大城市可达 52%。大约 23% 的小学生、33% 的中学生和 60% 的高中生享受免费寄宿。

1. 学校教育体系

小学教育:《教育法》规定，儿童必须接受 7 年的小学教育。但是不丹境内多山峰树林，多数人生活在偏远地区，基础教育无法普及，那些生活在山区的孩子中只有一部分上了小学。

中学教育：不丹初中实行“2+2”模式。初中生可以选译读满两年后毕业离校或读满四年后为升学做准备。学生在初中学习的是一般的通识课程，不进行技能训练。初中毕业后分流：学生可以选择继续在普通高中学习 2 年或者到技术高中学习 2 年。因为不丹

---

① 中华人民共和国驻不丹王国大使馆经济商务参赞处 . 不丹宏观经济形势及预测 [EB/OL].(2016-05-04)[2017-09-12]. http://cb.mofcom.gov.cn/article/zwrenkou/201605/.

② 商务部国际贸易经济合作研究院等 . 对外投资合作国别（地区）指南——不丹 [R]. 商务部国际贸易经济合作研究院等，2016.04:2-3.

③ Teaching in Bthan [EB/OL]. https:// A0LEVxTU4.FZW_UASPBXNyoA;_ylc=X1MDMjc2NjY3OQRfcgMyBGZyA3lmcC10BGdwcmlkA3gwZWpva.

国内的师资水平有限，富有的父母通常把孩子送到国外的私立学校去接受中学教育。

高等教育：不丹的高等教育体系包括两所高级专科学校、两所师范学院和一所大学。不丹大学成立于 2003 年 6 月，实行双语制教学，把不丹语"宗卡"作为学校必修课。不丹大学有科学技术、商业研究、传统医学、语言和文化、教育、卫生科学、自然资源和管理等专业，学生大学毕业后有机会到国外留学。

2. 学校课程改革

不丹在联合国及其他各国团体的协助下制定出以儿童为中心的一系列的综合课程。科目除国语、算数、英语外，还设置了综合理科、社会、保健、道德内容的系列"环境课"。这类"环境课"鼓励孩子们从教室、学校走出来，用自己的眼睛和身体体验自然和社会。课程围绕花、水、动物等特定的话题来学习理科、社会、道德等各个方面的知识。此外，射箭和摔跤是不丹传统民族体育教育项目。而不丹国教——佛教中的伦理、道德观等内容并不特别设立独立的科目，而是渗入到英语、算数等科目中。[①] 在教学方法上，不丹课堂利用西方的概念和方式，在吸收外来教育内容的同时，力图使教育内容更加本国化、佛教化。另外，用本国语言以外的语言来教授大部分课程，这一点也和其他国家的经验有所不同。

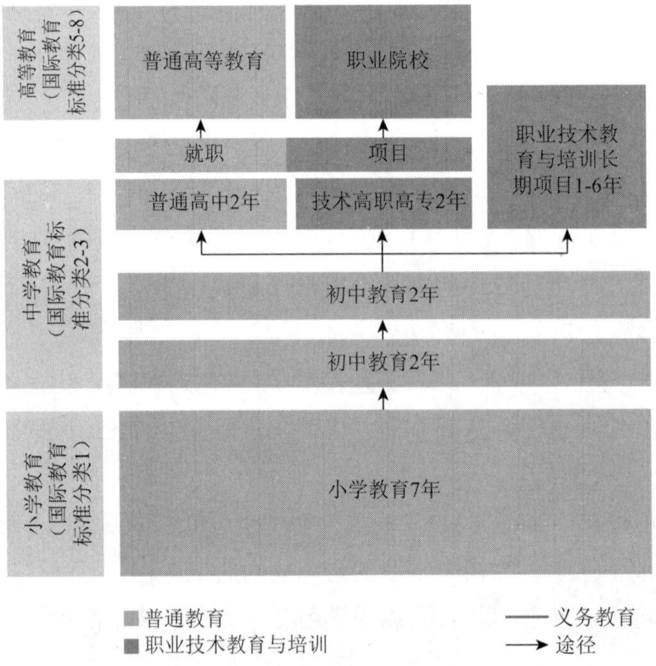

图 1　不丹学校教育体系图[②]

① Globserver- 亚洲 - 不丹教育概况 [EB/OL]. (2017-10-5). http://globserver.cn/%E4%B8%8D%E4%B8%B9.

② 联合国教科文组织国际职业技术教育及培训中心编制。

3. 寺庙教育

在引入现代教育之前，寺庙是不丹国民的学习中心，寺庙教育是不丹国民学习知识和探究学问的唯一途径[①]。寺庙学校的教育阶段相当于学校教育体系的中学阶段。寺庙学校的课程从字母、拼写和阅读等基础内容的学习开始，然后学习默记祈祷文和其他经典文本，学习并遵守寺庙的日常规则和条例。不丹的寺庙教育课程内容包括宗教仪式、语法、诗歌、识数、形象艺术、绘画、吟诵韵文、哲学、逻辑、冥想等。寺庙教育的层次和类别不同，其课程的具体安排也有所不同，学生在寺庙里学习各种知识和技能都是为了提升灵性。在寺庙学校完成学业后，学生中的一部分人进入佛学院深造，还有一部分人选择进入中央寺庙机构从事神职工作。佛学院的主要目的是培养人类生存发展的内在态度和外在品格，培养人类重要的素质，如爱、怜悯、同乐、平静、仁慈、遵守诚信、忠诚、奉献和合作、理解和积极的态度。这些素质的养成都是基于福祉、进步、自由和幸福众生的信念，这些信念构成了佛教教育坚实的价值体系。[②]不丹的佛教教育强调，努力实践这些价值观首先来自个人和个人成就，然后扩展到家庭成员、社区、国家及世界。佛学院规定的主修科目包括 13 大经典文本、智慧、戒律、论藏及有关佛教传统的圣徒传记。

二、职业技术教育与培训的政策与法规[③]

不丹职业技术教育与培训的使命是增强劳动力职业技能，提高劳动生产率并促进本国经济发展。[④]

（一）政策

为支持职业技术教育与培训战略实施，不丹政府出台了一系列政策。

1.《不丹王国第 11 个五年计划（2013—2018）》：该计划指出要实现经济社会发展目标，提高不丹社会、经济、文化、环境和政治能力，必须大力发展教育。该计划制定了以下职业技术教育与培训发展目标：

· 提高职业技术教育与培训系统的质量和实用性。实施途径包括：第一，在职业技术教育与培训系统内增加“以能力为培养导向”的课程；第二，提高教职员工的素质和专业水平；第三，将环保教育及实践体验纳入职业教育与培训的课程体系；第四，提升职业技术教育与培训领域内的公共服务效率，比如，提高绩效评估部门的效率、反对职

① Bhutan brings children’s rights to monastic schools. https://A0LEV18KpuVZUvYAh5FXNyoA;_ylc=X1MDMjc2NjY3OQRfcgMyBGZyA3lmcC10BGdwcmlkA0.

② Bhutan – Culture in the Himalaya Kingdom. https://A0LEV18KpuVZUvYAh5FXNyoA;_ylc=X1MDMjc2NjY3OQRfcgMyBGZyA3lmc.

③ 联合国教科文组织国际教育局 (2011). 世界教育数据：不丹 . 第 7 版 .2010/2011. 日内瓦：联合国教科文组织国际教育局 .

④ 劳动与人力资源部 (2013)《不丹国家就业政策》。

业技术教育管理的腐败等。

·重视技能和知识培养，注重培养紧缺的应用型人才，比如医生、教师、工程师、建筑师、信息通信技术专家等。

·通过学徒制和在职培训来培养建筑行业的技术人才。鼓励毕业生创建自己的建筑公司，政府将会对此提供相应的资金支持。

2.《不丹国家就业政策》(2013)：应对不丹面临的就业挑战，为提升不丹未就业人员的技能和素质，制定了以下职业技术教育与培训目标：

·鼓励企业创立职工教育与培训基金，为职工提供职业技术教育与培训，建立继续教育体系；

·促进职业技术教育与培训机构与行业企业间的协作，使职业技术教育与培训项目更好地满足劳动力市场的需求；

·提升技能培训，使得残疾人士也可以获得一项技能，能够创办和经营企业或者就业，实现自身价值。

3.《不丹国家青年政策》(2011)：该政策旨在解决影响青年人就业的因素，包括教育系统与劳动力市场不匹配、学徒制培训的无证办学等等。该政策的目标为：

·促进青年人积极就业；根据每个人的特点实施职业技能培训；

·提高学生的创业能力，帮助他们毕业后自主创业，特别是通过政策鼓励学生从事农业或其他自主创业形式；

·在青年人能够带薪工作前，为他们提供一段时间的资金支持和帮助。

4.《不丹国家人力资源发展政策》(2010)：该政策旨在促进不丹的人力资源发展以应对全球经济带来的挑战，将不丹社会建设成为一个知识型社会。该政策的目标有：

·将职业技术教育与培训项目和劳动力市场需求紧密联系起来；

·改善现有技术培训机构的基础设施和设备条件，提高教职工素质；

·建立公私合作的职业技术教育与培训体制；

·提供职前培训和在职培训，并将终身学习理念与生活技能培训相结合，贯穿到职业技术教育与培训过程中；

·促进旅游、工艺、农业和健康领域的职业技术教育与培训项目发展；

·建构在职培训体系和创业机制。①

（二）法规

不丹《新宪法》(2008)规定，保障公民有接受职业技术教育与培训的权利。国家应努力为提高教育和增长知识、价值和技能的目标努力。

·《经济发展政策》(2010)指出，技能和知识是经济和社会发展的驱动力。

① 国家幸福指数委员会(2013)，《第11个五年计划》(2013—2018)。

·《不丹劳动和就业法》(2007)规定了劳动与人力资源部的职责，并规定政府劳动部门须制定职业技术教育政策和项目。①

·《不丹王国高等教育政策》(2010)指出，在高等教育阶段重视环境教育，开发学生的创造潜能，融合知识教育与技能培养。②

·《不丹教育城市法案》(2012)规定，设立教育城市委员会，专门管理城市内的教育机构、知识中心和其他教育服务机构。

三、职业技术教育与培训的体系与质量保障

(一)体系

在不丹，职业教育被视为综合性的全面教育，注重培养青年人广泛的知识、技能和态度，这些将是青年人未来生活和工作中必不可少的部分。政府希望弥补企业需要的技能和员工实际技能之间的差距，为年轻人提供就职所需的技能，为他们进入劳动力市场做准备。③

职业学校属于中等教育。学生在初中毕业后，便可以选择就读技术教育预科，预科结束后，学生必须通过特定考试才能接受高中教育或者职业技术教育。职业技术教育与培训项目的时间从6个月到2年不等，其学科设定主要以不丹劳动力市场和经济需求为导向。学生通常根据当地的技术技能需求、教育设备情况、当地传统、土著知识和技能等进行选择。④专业设置需要，以满足以下重点产业的发展：

· 基础设施：水力发电、输配电、建筑；

· 服务：旅游、健康保健、教育、信息技术、金融服务；

· 制造：水泥、中草药制品；

· 皇家公务员委员会(政府)。

除了在高中阶段提供职业技术教育与培训外，位于廷步的不丹国家绘画艺术学院和扎西央遮艺术学院也提供职业技术教育与培训项目，学制6年，专业包括木雕、绘画和缝纫。⑤

高等职业技术教育与培训院校需要得到不丹皇家大学认证，而提供高等职业技术教育与培训的服务单位也需要在职业标准局登记注册。学习职业技术教育与培训项目可以脱产也可以不脱产，有许多大学和职业教育机构提供该类课程。大部分职业技术教育与培训项目学制4年，主要专业有工程、技术、工商管理和教育。医学职业技术教育与培

① 教育部(2011)《国家青年政策》。查阅于：2014年9月16日。

② Tertiary Education Policy of the Kingdom of Bhutan,2010.

③ Bhutan Education City Act 2012. https://X1MDMjc2NjY3OQRfZyA3lmcC10BGdwcmlkA3gwZWpvazhQUzJ5VWFzT1.

④ 皇家教育委员会(2012)。国家教育框架：塑造不丹的未来。

⑤ 国家幸福指数委员会(2013)：《第十一个五年计划》(2013—2018)。查阅于：2015年8月4日。

训项目学制则为5年。

除了正规职业技术教育与培训，不丹的非正规的职业技术教育与培训模式包括：

· 学徒与雇主签署合同，进而参与的学徒培训项目。该项目时长从6月、9月到一年不等，旨在培养学生合适的工作技能和能力。学徒培训项目几乎涵盖所有行业，但主要是服务和酒店业；

· 特别技能培养项目，主要是针对军队训练和一些需要特殊职业技能的群体。提供此类项目的机构有不丹中央寺院委员会，不丹皇家警察，Draktsho特殊儿童和青年职业培训中心，RENEW（不丹的一个非政府组织）和不丹皇家军队；

· 乡村技能培养项目，主要是为村民提供技能培训，旨在进一步改善农村的生活质量，提高村民参与度，推广终身学习以及促进农村可持续发展。讲师会前往农村地区进行培训，而教学工具和材料也将送往农村，培训主要是在乡村和村民聚居地进行；

· 技能培训项目旨在通过技能培训，来满足劳动力市场的迫切需求，其中包括青年就业技能培训项目，毕业生技能培训项目，就业和创业技能培训项目等。①

（二）保障

表1　不丹中等职业教育学制与资格对照表

项目	学制	资　格
初中教育	2年	不丹中等教育证书 (国家一级证书)
高中教育	2年	不丹高中教育证书 (国家二级、三级证书)

表2　不丹高等职业教育学制与资格对照表

项目	学制	资　格
职业机构	不等	国家一级、二级文凭
大学教育	4年	学士学位

不丹资格框架为所有认证提供标准，而且各种不丹国内和国际的利益相关方可以从中获取所需信息。不丹职业资格框架共有5个等级，每个等级的标准是根据国家能力标准和职业技能标准划分的 。不丹职业资格框架的等级如下：

① 劳动与人力资源部 (2014)。职业标准局。查阅于：2014年9月15日。

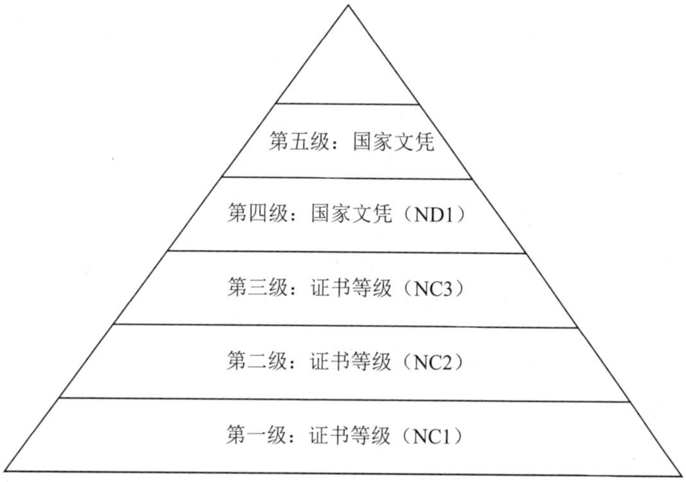

图 2　国家资格框架图（NQF）[①]

资料来源：劳动与人力资源部（2013）。不丹职业资格框架。

不丹职业资格框架第一到第三阶段的项目旨在提高学生的能力，将其从半专业状态提升到高级技工水准。项目主要是实践性的，只有 20% 的项目课程教授贸易理论。第四到第五阶段则旨在将学生培养到主管或经理级别资格。

教育部和劳动与人力资源部拨款支持中学阶段的职业技术教育与培训。

非正规职业技术教育与培训项目的资金则主要来自于校企合作中的企业、职工教育与培训基金及国家政府的其他部门。

四、职业技术教育与培训的治理与教师

（一）治理

劳动与人力资源部负责不丹的职业教育管理，下设许多具体管理部门，其中，就业局开展促进就业的项目，而人力资源局则提供职业技术教育与培训项目。

人力资源局由以下科处组成：

· 职业教育与培训处。其职责为：（1）管理职业教育院校和技术培训院校；（2）协调和实施学徒制培训项目；（3）制定职业技术教育与培训政策；（4）在职业技术教育与培训项目中鼓励采用公私合作制。

· 培训和职业服务处。主要管理公立和私立教育单位的教师和培训师质量。

· 人力资源发展处。负责劳动力市场需求的研究，促进和协调劳动与人力资源部的政策执行。[②]

① 不丹认证理事会 (2012) 不丹资格框架，查阅于：2014 年 9 月 15 日。

② 国家人力资源发展咨询部 (2015)。关注职业技术教育与培训和劳动力市场动态。查阅于：2015 年 8 月 4 日。

在不丹，目前登记在册的提供职业技术教育与培训的单位共有90家，包括公立、私立和非政府组织。

职业标准局隶属于劳动与人力资源部，主要负责制定和实施：（1）国家技能标准和资格，以满足国家需要；（2）维护不丹职业资格框架；（3）建立质量保证体系以保证职业技术教育与培训机构提供的培训项目质量。

其他管理职业技术教育与培训的部门或机构还有：

· 教育部负责基本的教育体系，尤其是初中阶段的职业教育预科项目。

· 私立企业和非政府组织也会提供职业技术教育与培训项目和培训，尤其是农业、建筑、艺术和工艺方面。[①]

（二）教师

职业技术教育与培训的教师承担着多项任务，他们负责课程规划、教授、监管和评估，并应担任就业顾问、劳动力市场专家、导师、项目管理和技能专家。职业技术教育与培训的教师通常需要比普通高等教育领域的教师获得更高一个阶段的教育资格。[②]不同性质职业教育机构教师的学历分布如下：

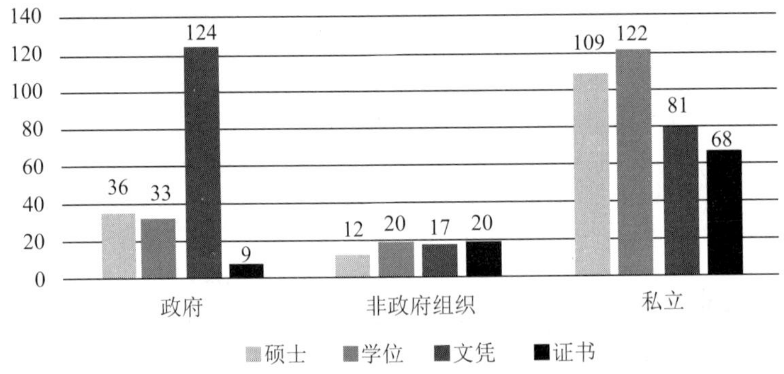

资料来源：不丹国家人力资源发展咨询部（2015）。关注职业技术教育与培训和劳动力市场动态。

五、职业技术教育与培训的诉求与发展趋势

（一）诉求

1. 发展绿色经济，提高国民幸福指数，需要培养幸福的职业人

不丹国王吉格梅·凯萨尔·纳姆耶尔·旺楚克正在带领不丹人民追求"国民幸福总值"的发展模式，也就是说，制定任何政策都不能以经济而是以"幸福"作为根本出发点。因此，"国民生产总值"只是"国民幸福总值"的一个方面，要再加上保护和弘扬文化传统、保护和持续利用环境，以及良好的行政管理，才能算得上生活幸福。不丹的教

① 不丹皇家政府(2010)职业教育。查阅于：2014年9月15日。

② 不丹教育部(2014)信息项目。查阅于：2014年9月15日。

育也始终把环保意识、幸福的理念贯穿于育人过程之中。不丹经济社会的健康发展需要大量的高素质、高技能人才做支撑，这需要加大职业技术教育与培训发投入力度，培养具有良好职业素养和职业技能的全面发展的人才。

2. 政治独立与经济发展需要技术技能人才做支撑

在20世纪50年代，不丹还处于与世界其他地方相孤立的地位，主要是农村人口，靠农业为生。20世纪60年代后，不丹逐步走向开放并试图脱离印度的控制。不丹的开放化进程加快，政府连续制定了多个五年发展计划，使不丹走上了可持续的发展战略。近年来不丹经济发展迅速，成就显著，2011年国内生产总值85580. 60百万努，人均120831. 3努（2590. 03美元）。不丹的产业结构趋于合理，特别是第三产业发展迅速。不丹的第一产业包括农业和采矿业两个主要部门。第一产业2011年产值15401百万努；第二产业包括制造、水电和建筑等部门，2011年产值为32873百万努。第三产业包括酒店、运输、贸易、金融界和个人服务业等，2011年比前一年增长27. 30%，达到37306.50百万努，占国内生产总值的份额也上升到43. 59%。相对于产业发展的速度，不丹的产业人才培养显得落后，特别是第三产业人才培养的数量和质量都明显滞后于第三产业的发展速度。

3. 高端技术技能人才的匮乏需要大力发展职业技术教育与培训

不丹政府宣布要建设信息社会，在2008年曾得到世界银行800万美元的财政援助，内容囊括信息科技园、能力建设以及金融部门的信息技术应用等。其中，信息科技园位于廷布郊区，占地超过两公顷，将由不丹与国际投资企业组成的一家合资公司来设计、建造和运营，为不丹带来了大约1000个就业机会。除了发展信息服务业，不丹还致力于开发电脑产品。可见，不丹正在朝着建设一个社会经济可持续发展的信息社会大步迈进。不过，信息技术人才缺少是不丹目前亟待解决的问题。

（二）发展趋势

根据《不丹王国第11个五年计划（2013—2018）》，通过分析其数年的职业技术教育与培训发展目标，可以看出不丹职业技术教育与培训的发展趋势：

1. 将解决青年人的未就业问题放在重中之重。不丹青年失业问题昭示了工作要求和年轻人技能之间不匹配的潜在问题。今天的职业教育将培养学生的不仅是技术和职业技能，而是通用就业技能和可持续发展的能力，这在他们的就业准备中越来越重要。一些影响青年人就业的因素，需要充分考虑并认真解决，包括教育系统与劳动力市场不匹配、学徒制培训的无证办学等。需进一步加快职业技术教育和培训制度改革，构建以知识为基础的良性经济社会发展。

2. 充分引入国际化课程。主要通过移动宽带和现代媒体技术，将国际上通用的TVET课程引入不丹的课堂。将这些资料刻录在光盘或放置于存储设备上，或采用无线接入技术、资源共享技术，为校内外的学生访问教学资源提供快速便捷的途径，提供给学生学习所需要的最新文献，提升学生的学习能力和效率。

3. 通过立法来保障职业技术与培训的有效性。为鼓励公私合作制，劳动与人力资源部颁布了私立培训机构成立法规和培训服务单位登记法规。劳动与人力资源部还通过其他法律法规和项目来构建职业标准和质量保证系统，以规定和监管教学和职业技术教育与培训项目质量。

（深圳职业技术学院　技术与职业教育研究所　宋　晶）

主要参考文献

[1] 新华网 . 不丹概况 [EB/OL]. [2015-11-28] http://www.news.cn/ 全球职业技术教育与培训数据库 : 不丹 : UNESCO-UNEVOC 联合国教科文组织国际职业技术教育与培训中心 .www.unevoc.unesco.org.2013 年 6 月。

[2] 不丹: 不丹地理概况[EB/OL]. (2015-02-19) [2017-09-10]. http://globserver.cn/%E6%9F%AC%E5%9F%94%E5%AF%A8.

[3] 商务部国际贸易经济合作研究院等 . 对外投资合作国别 (地区) 指南——不丹 [R]. 商务部国际贸易经济合作研究院等 , 2016.04: 2-3

[4] 中华人民共和国外交部 . 不丹国家概况 [EB/OL]. (2016-12-01) [2017-09-10].http://www.fmprc.gov.cn/web/gjhdq_676201/gj

[5] 中华人民共和国驻不丹王国大使馆经济商务参赞处 . 不丹宏观经济形势及预测 [EB/OL]. (2016-05-04)] 2017-09-12]. http://cb.mofcom.gov.cn/article/zwrenkou/201605/

[6] Teaching in Bthan [EB/OL]. https:// A0LEVxTU4.FZW_UASPBXNyoA; _ylc=X1MDMjc2NjY3OQRfcgMy.

[7] Globserver-亚洲-不丹教育概况[EB/OL]. (2017-10-5). http://globserver.cn/%E4%B8%8D%E4%B8%B9.

[8] Bhutan brings children's rights to monastic schools. https://A0LEV18KpuVZUvYAh5FXNyoA; _ylc=X1MDMjc2NjY3OQRfcgMyBGZyA3lmcC10BGdwcmlk.

[9] Bhutan - Culture in the Himalaya Kingdom. https://A0LEV18KpuVZUvYAh5FXNyoA; _ylc=X1MDMjc2NjY3OQRfcgMyBGZyA3lmc.

[10] 联合国教科文组织国际教育局 (2011). 世界教育数据 : 不丹 . 第 7 版 .2010/2011. 日内瓦 : 联合国教科文组织国际教育局 .

[11] 劳动与人力资源部 (2013),《不丹国家就业政策》。

[12] Bhutan Education City Act 2012 https://X1MDMjc2NjY3OQRfZyA3lmcC10BGdwcmlkA3gwZWpvaz.

[13] 教育部 (2011)《国家青年政策》
[14]《不丹国家就业政策》
[15] 国家幸福指数委员会《第十一个五年计划》(2013—2018)。
[16] Tertiary Education Policy of the Kingdom of Bhutan, 2010.
[17]《学徒培训合同协议》。查阅于 : 2014 年 9 月 16 日。
[18] 不丹认证理事会 (2012)
[19]《新宪法》(2008)
[20]《经济发展政策》(2010)
[21]《不丹劳动和就业法》(2007)
[22]《不丹王国高等教育政策》(2010)
[23]《不丹教育城市法案》(2012)

哈萨克斯坦共和国

一、国家概况

（一）地理

哈萨克斯坦共和国（The Republic of Kazakhstan），简称哈萨克斯坦，位于亚洲中部，西濒里海（海岸线长 1730 公里），北邻俄罗斯，东接中国，南与乌兹别克斯坦、土库曼斯坦、吉尔吉斯斯坦接壤。[①] 哈萨克斯坦面积 272.49 万平方千米，居世界第 9 位，为世界最大内陆国。全国共分为 2 个直辖市和 14 个州，首都阿斯塔纳是哈萨克斯坦工农业的主要生产基地、全国铁路交通枢纽。[②] 哈萨克斯坦东西宽约 3000 千米，南北长约 1700 千米，地形复杂，自然资源尤其是固体矿产资源非常丰富。全境处于平原向山地过渡地段，东南高、西北低，以平原和低地为主，60% 的土地为沙漠和半沙漠。最北部为平原，中部为东西长 1200 公里的哈萨克丘陵，西南部多低地，东部多山地。[③] 欧亚次大陆地理中心位于哈萨克斯坦境内。哈萨克斯坦约有 15% 的土地为欧洲部分。[④]

（二）人文

哈萨克斯坦共和国国名来自其主体民族哈萨克族。16 世纪之前，哈萨克斯坦境内生活的是游牧的突厥民族。当今哈萨克斯坦的民族和文化属于突厥文化、伊斯兰文化和斯拉夫文化的结合体。“哈萨克”意指“自由之民生活的地方”或“哈萨克的国家”。哈萨克人民历史上长期过着游牧生活，因此被称为“马背上的民族”。

公元 6 世纪中叶至 8 世纪突厥汗国曾建立于此；9 至 12 世纪奥古兹族国、哈拉汗

---

① 中华人民共和国外交部 . 哈萨克斯坦国家概况 [EB/OL].（2016-12-01）[2017-09-05]. http://www.fmprc.gov.cn/web/gjhdq_676201/gj_676203/yz_676205/1206_676500/1206x0_676502/.

② 哈萨克斯坦：哈萨克斯坦地理概况 [EB/OL].(2015-02-19)[2017-09-10]. http://globserver.cn/%E6%9F%AC%E5%9F%94%E5%AF%A8/%E5%9C%B0%E7%90%86.

③ 中华人民共和国外交部 . 哈萨克斯坦国家概况 [EB/OL].（2016-12-01）[2017-09-05]. http://www.fmprc.gov.cn/web/gjhdq_676201/gj_676203/yz_676205/1206_676500/1206x0_676502/.

④ 同上。

国建国于此；11 至 13 世纪契丹人和蒙古鞑靼人侵入；15 世纪末成立哈萨克汗国，分为大帐、中帐、小帐；16 世纪初基本形成哈萨克部族；18 世纪 30 至 40 年代，小账和中帐并入俄罗斯帝国；19 世纪中叶以后，哈萨克斯坦全境处于俄罗斯统治之下；1918 年 3 月苏维埃政权建立后，于 1920 年 8 月 26 日建立归属于俄罗斯联邦的吉尔吉斯苏维埃社会主义自治共和国；1925 年 4 月 19 日，根据中亚各国按民族划界，改称哈萨克苏维埃社会主义自治共和国，同时加入苏联，成为苏联的一个加盟共和国；1990 年 10 月 25 日，哈萨克最高苏维埃通过了国家主权宣言；1991 年 12 月 10 日更名为哈萨克斯坦共和国，同年 12 月 16 日通过《哈萨克国家独立法》，正式宣布独立，并于 21 日加入独联体。①

哈萨克斯坦实行总统－议会制，总统为国家元首，每届任期 7 年；总统任命总理、各部部长和国家安全委员会主席，最后经最高苏维埃同意确认。现任总统是纳扎尔巴耶夫。政府活动对总统负责。现任总理为卡里姆·马西莫夫。1997 年哈萨克斯坦通过宪法修正案，授权现任总统纳扎尔巴耶夫可不受次数限制地连任总统职务。2015 年 4 月总统大选中纳扎尔巴耶夫总统以绝对优势胜选连任。②

哈萨克斯坦总人口 1760.8 万（2015 年 10 月），其中，青年人口（14–25 岁）264 万，人口年龄中位数为 29.3，年人口增长率为 1.55%，首都阿斯塔纳人口 100 万。哈萨克斯坦是一个由 125 个民族组成的多民族国家，主要包括：哈萨克族、俄罗斯族、乌兹别克族、乌克兰族、维吾尔族等，其中，哈萨克族占 64.6%。国家语言是突厥语族的哈萨克语，它与俄语同为官方语言。哈萨克斯坦民众普遍信仰宗教，信奉的主要教派有伊斯兰教（信徒约占总人口数的 69%）和东正教（信徒约占总人口数的 30%），同时奉行“政教分离”政策。③

（三）经济

哈萨克斯坦的产业以石油、采矿、煤炭和农牧业为主，是资源大国，但大部分日用消费品依靠进口；资源包含丰富的石油、天然气、煤炭和有色金属等；农业基础良好，广阔的牧场适于畜牧业发展，生态状况优良。哈萨克斯坦是中亚地区经济发展最快、政治局势比较稳定、社会秩序相对良好的国家。2014 年哈萨克斯坦国内生产总值 1784 亿美元，同比增长 4.3%，2015 年哈萨克斯坦经济增速 1.2%。人均 GDP 达 1 万多美元。GDP 总量居独联体第二，仅次于俄罗斯。哈萨克斯坦自独立以来，坚持奉行积极吸引外

① 商务部国际贸易经济合作研究院等 . 对外投资合作国别（地区）指南——哈萨克斯坦 [R]. 商务部国际贸易经济合作研究院等，2016.04:2–3.

② 中华人民共和国外交部 . 哈萨克斯坦国家概况 [EB/OL].（2016–12–01）[2017–09–05]. http://www.fmprc.gov.cn/web/gjhdq_676201/gj_676203/yz_676205/1206_676500/1206x0_676502/.

③ 自联合国人口司《世界人口展望》（2015 年修订版）[EB/OL]. http://esa.un.org/unpd/wpp/DVD/.

国投资的政策。[①]在良好的投资环境下，大量外国投资者不断扩大对哈萨克斯坦投资的规模，为哈萨克斯坦的经济和非能源领域发展提供了必要的资金。世界经济论坛《2015—2016年全球竞争力报告》显示，哈萨克斯坦在140个国家和地区全球竞争力排行中排列第42位。[②]1997年哈萨克斯坦总统纳扎尔巴耶夫发表了《哈萨克斯坦—2030》国情咨文，为哈萨克斯坦社会、经济发展设计了"到2030年进入世界50强国行列"的宏伟蓝图。[③]

（四）教育

哈萨克斯坦历来有重视教育的传统。从19世纪中叶开始，在哈萨克斯坦北方的一些城市就有了教授世俗文化的俄文学校，但学生范围局限于少数富家子弟。在苏联时期，各类教育皆由国家创办和管理，学生享受全国统一的免费政策，培养高、中级专业人才的高等院校和中等学校持续增加，到"二战"前已经有了19所高校和120所中等职业学校。[④]独立后，哈萨克斯坦在改革政治体制和经济体制的同时对教育体制、教育政策进行了改革。到20世纪90年代，根据国际经济发展指标，哈萨克斯坦被列入发展中国家行列。事实上，其居民教育知识水平、教学过程的有效性和科学研究潜力的评价远远高于很多发展中国家。[⑤]目前，哈萨克斯坦政府制定的未来10年的国家教育战略是：到2020年，至少2所高校成为世界名牌大学；高等教育体系达到世界先进水平；在校硕士生人数达到1.25万人，博士生人数是现在的10倍。

根据哈萨克斯坦2007年的新《教育法》第三章第12条，哈萨克斯坦教育体系包括以下几个教育层次：

· 学前教育；

· 初等教育；

· 基础中等教育；

· 中等教育（包括普通中等教育和职业技术教育）；

· 高等教育。

层级间的关系和发展路径如图1所示。

① 中华人民共和国外交部．哈萨克斯坦国家概况 [EB/OL].（2016-12-01）[2017-09-05]. http://www.fmprc.gov.cn/web/gjhdq_676201/gj_676203/yz_676205/1206_676500/1206x0_676502/.

② 2016—2017年全球竞争力报告．中华人民共和国知识产权局 [EB/OL].（2017-06-01）. http://www.sipo.gov.cn/zlssbgs/zlyj/201704/t20170406_1309284.html.

③ 哈萨克斯坦总统纳扎尔巴耶夫发表国情咨文．国际在线 [EB/OL].（2011-01-28）. http://gb.cri.cn/27824/2011/ 01/28/541s3140076.htm.

④ 赵常庆．哈萨克斯坦列国志 [M]. 北京：社会科学文献出版社 ,2004.

⑤ Kazakhstan Education News. https://news.search.yahoo.com/search;ylt=Awr Sbgfp E.d Z3QsAljIXNyoA.

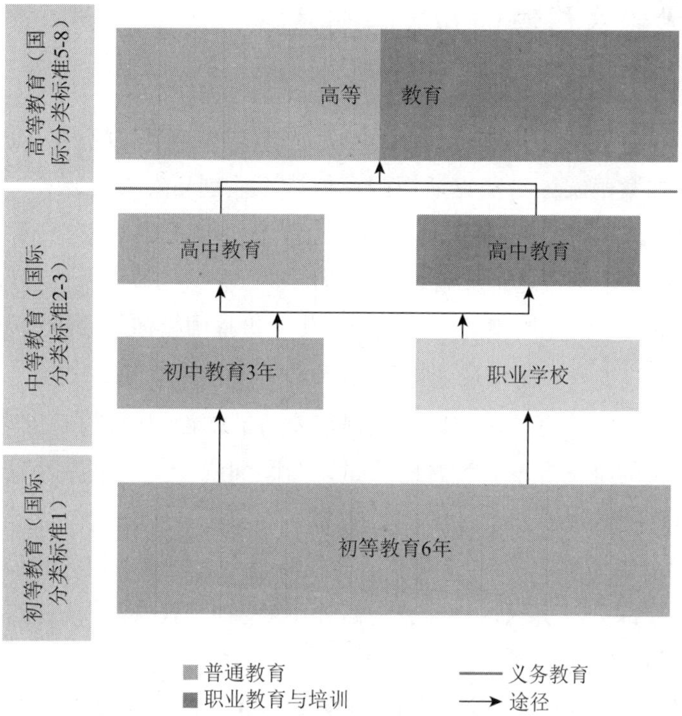

图 1　哈萨克斯坦国教育体系构成图

哈萨克斯坦教育基础较好，实行 11 年制义务教育（104 所中学正在开展 12 年制教育试点），高中教育覆盖率达到 98.5%，成年人识字率 99.7%，全国基本无文盲。国立高校采取奖学金制和收费制两种方式。①

截至 2015 年 12 月，哈萨克斯坦全国共有学前教育机构 8834 所，其中幼儿园 3128 所，在校学龄前儿童 75.88 万人，幼儿教师中 56.4% 拥有高等学历；哈萨克斯坦部分中小学实行多民族语言教育，共有全日制中小学 7511 所，在校学生 279.96 万人，教职员工 30.52 万人，其中 86.9% 具有高等学历，中学高级教师占 16.3%；中等专业技术和职业教育学校 772 所，教职员工 3.7489 万人，技师 5623 人，全日制学生 279.9 万人，函授生 12.04 万人。各类高校 127 所，其中国立 9 所，国际 1 所，公立 33 所，股份制 16 所，私立 63 所，其他类别 14 所。②

哈萨克斯坦著名的大学有：国立阿里－法拉比大学，国立古米廖夫欧亚大学，萨特帕耶夫国立技术大学，南哈萨克斯坦奥埃佐夫国立大学，卡拉干达布克托夫国立大学，哈萨克斯坦经理人、经济及预测学院，哈萨克斯坦人文、法律大学，国立阿斯芬季亚罗夫大学，国立阿拜师范大学，卡拉干达国立医学院等。

① 哈萨克斯坦：哈萨克斯坦教育发展情况 [EB/OL].（2013-03-28）. http://globserver.cn/en/node/31022.

② 联合国教科文组织的报告。原文出自：全球职业技术教育与培训数据库：哈萨克斯坦 . 编制：UNESCO-UNEVOC.

二、职业技术教育与培训的战略与法规

（一）战略

近年来，哈萨克斯坦经济稳定，增长势头强进。2014 年人均 GDP 达 11670 美元。① 哈萨克斯坦政府加紧落实《哈萨克斯坦国家加快工业创新发展规划》，与工业发展相适应的人才需求问题凸显。② 当前哈萨克斯坦的经济增长仍主要得益于资源的出口。要在激烈的国际竞争之中立于不败之地，就必须进行国家产业结构调整，促进经济发展多元化。职业技术教育改革在哈萨克斯坦的工业化和现代化进程中扮演越来越重要的角色。

哈萨克斯坦正式加入"博洛尼亚进程"（欧洲教育空间）后，成为首个拥有该进程成员资格的中亚国家。哈萨克斯坦政府明确提出要将"博洛尼亚进程"作为教育改革的战略目标，其最终目的是提升本国教育的质量，与欧洲同步，向世界教育强国迈进。基于此，哈萨克斯坦政府出台了一系列教育发展战略。③

1997 年《哈萨克斯坦 2030 年战略》。该战略指出"健康、教育和公民福利"是人类发展最重要的组成部分。实现这一任务，需要不断增加居民接受教育的机会，让每个人都获得不同层次和阶段的教育。

2008 年《哈萨克斯坦教育与科学部 2009—2011 年战略规划》纲要。该文件提出了哈萨克斯坦教育科学部在 2009—2011 年间的战略目标，主要内容包括：确保高质量教育机会，向经济和社会基础领域提供科学技术援助，为儿童和青年的发展提供条件，吸引他们参与到服务国家的社会经济发展的活动中来；提高教育和科学系统的管理和财政效率，在现有基础上将职业技术教育学校在校生总数增加 24%；通过引进外国教师和让本国教师经常性地参加培训和进修等方式，确保职业技术学校的高技能工程师资队伍；通过听取用人单位的意见制定符合市场需求的教育标准和教学大纲，以此提高职业技术教育的质量和效益；签订有关技术和服务专业干部培训领域的合作备忘录、协议，建立用人单位委培学生学习机制，发展学校与企业的紧密合作关系等。④

2010 年《2011—2014 年劳动力市场管理和保障劳动力资源规划》。该规划旨在改善职业教育体系，有科学依据地预测行业需求，从而更好地为哈萨克斯坦经济发展开发劳动力资源。依据经济活动人口的自然增长来预测所需劳动力资源值，改善职业教育体系，提高人力资源质量。⑤

---

① 中华人民共和国外交部 . 哈萨克斯坦国家概况 [EB/OL].（2016-12-01）[2017-09-05]. http://www.fmprc.gov.cn/web/gjhdq_676201/gj_676203/yz_676205/1206_676500/1206x0_676502/.

② 〔哈〕艾贝克 . 哈萨克斯坦：以职业教育发展促经济发展 [J]. 职业技术教育 , 2008: (8).

③ 哈萨克斯坦共和国教育与科学部（2010）。《哈萨克斯坦共和国教育发展国家计划 2011—2020》。阿斯塔纳：教育与科学部。

④ СтратегическийпланМинистерстваобразованияи науки Республики Казахстан на[EB/OL].（2016-12-01）[2017-09-05]. годы http:// ru.government.kz/structure/org/03.

⑤ 联合国教科文组织国际职业技术教育与培训中心 . [EB/OL]. [2017-09-05]. www.unevoc.unesco.org. 2013 年 6 月 .

2011年《哈萨克斯坦共和国国家教育发展规划（2011—2020）》。该规划是目前哈萨克斯坦教育发展目的、目标与实施方式的主要文件，规定了哈萨克斯坦职业技术教育与培训领域的战略目标及定量指标，是哈萨克斯坦职业技术教育的现行纲领性文件。

1. 职业技术教育与培训领域的战略目标：

第一，实现职教培训体系现代化，以满足社会经济和工业发展的需求；根据国家工业发展要求，更新职业技术教育结构与内容，使用国际通用教育标准，融入全球教育领域。

第二，实现高水平的教育质量，以满足劳动力市场需求以及国家工业创新发展目标；满足个人需要，提升职教培训形象，提升主要经济部门人员培训的基础设施，为终身教育与全民教育创造条件；培养具有本科与研究生学位的应用技术人员，以满足国家工业发展的需求。

第三，为教育部门培养高素质的员工队伍；加大国家扶持力度，改善教师就业条件，增加其就业机会。

2. 职业技术教育与培训的评价指标体系：

第一，在雇主协会的独立资格评估中，职教培训毕业生的初次通过率为80%（占参与者的总数）。

第二，政府资助计划下的职教培训毕业生的第一年就业率为80%。

第三，依据教师认证委员会提出的具体要求（包括教师的学术与专业经验、组织课外活动、教师职业发展的渴望、改善教师与家长关系做出的贡献等）将职教教师按素质级别分为三类。

2012年12月14日，总统国情咨文《哈萨克斯坦—2050》再次提出职业教育和高等教育要面向当前和未来的需求，建立和发展应用科学和其他科研机构。[①]

（二）法规

“发展教育、立法先行”是苏联发展国民教育几十年来形成的一个显著特点。哈萨克斯坦独立后也继承了这一优良传统。哈萨克斯坦没有进行专门的职业教育立法，监管职业技术教育与培训的主要法案也是《教育法》和《高等教育法》。

1993年哈萨克斯坦《高等教育法》。该法对高等职业教育的体系做了如下规定：高等职业教育是一个包括专科、本科、硕士和博士在内的完整体系。

2007年哈萨克斯坦《教育法》。该法律是加入博洛尼亚进程而颁布的基础法，目的是使教育更好地为本国的经济发展培养高科技、高技能、高素质的复合型人才，保障教育的国际竞争力。法律主体内容涉及统一学制、加强师生国际流动、改革课程等等。哈萨克斯坦政府于同年在该法律基础上颁布了《哈萨克斯坦共和国2008—2012年国家技

① 联合国教科文组织国际教育局（2011）. 世界教育数据（第7版）.2010/2011. 哈萨克斯坦 . 日内瓦：联合国教科文组织国际教育局 .

术和专业教育发展规划》。

2011年《创建国家职业技术教育人员培训委员会规范》。该条例列举了创建国家职业技术教育人员培训委员会的历史要求和现实社会期盼，规定了该委员会的职责和组织架构。

2012年12月总统国情咨文《哈萨克斯坦—2050》提出职业教育和高等教育要面向当前和未来的需求，建立并发展应用科学和其他科研机构。①

2013年哈萨克斯坦修订的《教育法》。2010年3月哈萨克斯坦正式加入"博洛尼亚进程"之后，2013年7月4日，哈萨克斯坦修订了《哈萨克斯坦教育法》。其中，第十章第65款第2条规定：教育机构根据自身的特点有权与国外的教育、科技、文化机构及国际组织和基金会建立直接联系，可共同签订双方和多方合作协议，参加国际项目交换学生、教育和科学工作者，加入专业教育领域的国际非政府组织和联合会。

目前，哈萨克斯坦有关职教培训发展的规范法律正在不断调整，调整过程充分考虑了国际标准，以使哈萨克斯坦的职业技术教育符合"博洛尼亚进程"。②

三、职业技术教育与培训的体系与质量保障③

（一）使命

哈萨克斯坦职业技术教育与培训的使命是：培养大批懂技术、会操作的技术专家，满足国家工业现代化发展的需求，促进经济转型由主要依托自然资源的经济向多元经济转变。职业技术教育与培训的具体目标如下：

· 实现职教培训体系现代化，以满足社会经济和工业发展的需求；融入全球教育体系；

· 实现高水平的教育质量，以满足劳动力市场需求以及国家工业创新发展的目标，满足个人需要并开展符合世界最佳教育的实践；

· 为终身教育与全民教育创造条件；

· 培养更多具有本科与研究生学位的人员，以满足国家工业发展的需求；

· 根据国家工业发展要求，更新职业技术教育结构与内容；

· 发展主要经济部门的人员培训基础设施；

· 加大国家扶持力度，为教育部门培养高素质的员工队伍；

· 改善教师就业条件，创造更多的就业机会；

· 提升职教培训形象。

哈萨克斯坦还为职教培训设定了一下发展定量指标，包括：

① 联合国教科文组织国际职业技术教育与培训中心 .www.unevoc.unesco.org. 2013年6月 .

② Globserver 亚洲：2012年哈萨克斯坦教育发展情况 [EB/OL].[2017-09-30]. http://globserver.cn/en/node/31022.

③ Ministry of education and science of Kazakhstan. [EB/OL].[2010-09-15]. http://edu.gov.kz/ru/index.php.

·高素质教师比例要达到52%及以上（占教师总数）；

·在雇主协会的独立资格评估中，职教培训毕业生的初次通过率要突破80%（占参与者的总数）；

·政府资助计划下的职教培训毕业生的第一年就业率达到80%及以上。

（二）体系

哈萨克斯坦的职业教育划分为初等职业教育、中等职业教育和高等职业教育三个阶段。高等职业教育包括专科、本科、硕士和博士在内的完整学历链。

哈萨克斯坦的职业教育发展可以说基本上与其经济发展同步，前后经历了苏联时期的快速发展期、独立初期的低迷期和经济复苏后的蓬勃发展期。20世纪80年代初，哈萨克斯坦有职业技术学校416所，385个专业，在校生人数23万人。1991年至2010年初，哈萨克斯坦的高等院校体制有了重大变化，部分院校改由私立办学。2004—2005年，哈萨克斯坦全国有职业技术学校296所，学生约10万人。2005—2006学年开始试验基地建设，划拨资金10亿坦戈，在全国的7所职业学校和17所职业专科学校开展建立职业技术学校技术资料基地的试点；同时，在阿特劳、奇姆肯特、乌斯卡门诺、甫洛达尔州等四地建立了石油天然气、纺织和加工、机械工程和能源等四个职业培训中心，以专门培养国家急需的专业型人才。[①] 此外，哈萨克斯坦非正式职业技术教育与培训的机构网遍布全国，包括营利性院校、行业培训机构、职业教育培训中心等。这些机构开设短期专业发展课程，对青年与成人进行职业技术培训。

在哈萨克斯坦的教育体系中，学生可以在完成中等教育（初中或者高中）后分流进入职业技术教育学习。学生完成第9级中等基础教育（初中）之后选择进入职业技术学校，需要完成3至4年的职业技术学习；12年级毕业生（高中毕业）进入职业技术学校则只需进行2到3年的学习。拥有完全中等教育文凭（高中文凭）的毕业生可以选择高等教育继续学习或进入大学接受普通高等教育。每年，约三分之一的小学毕业生选择进入职业技术学校；接受完全中等教育的毕业生（高中毕业）约有60%的学生考取大学，接受普通高等教育或高等职业教育，而没考入的40%的学生，不能直接进入劳动力市场，必须接受初等或中等职业教育培训方可进入劳动力市场。

高等职业教育拥有完整的教育体系。依据《高等教育法》的规定，修业4年制授以学士学位；在完成学士学位基础上，再学习2年的科学教育，可授予硕士学位；各专业学习年限最低不少于4年。

（三）保障

1. 资格与资格框架

哈萨克斯坦目前尚没有完善的国家资格框架体系。职教培训机构为参与者提供多种

① 杨建梅.哈萨克斯坦重视发展职业教育——译自《今日哈萨克斯坦报》[J].中亚信息，2008:(1).

形式的职业资格证书。初中毕业生和高中毕业生进入职业技术学校学习，获得专业文凭（professional diploma）。拿到高中毕业证书的学生有资格申请职业技术学院和高等院校。大学毕业后，学生可以继续在授予学士与硕士学位的高等教育机构如理工院校、专科院校与协会学习，从而获得专科文凭（Diploma of Specialist）。从职业技术学院顺利毕业的学生则可获得资格证书（qualification diploma）。无论是在职业技术教育体系，还是普通教育体系内，各学习阶段可以考取相应的职业资格证书。

初等教育　　　　　中等教育　　　　　　　高等教育
1–2–3–4——5–6–7–8–9○——10–11–12 — ●— 1–2–3–4◆→　　学士
10–11　　1–2–3–4◆–5–6◆→ 硕士
10–11–12▲ →　　1–2–3–4–5◆→ 工程师等
10–11▲→　　1–2–3–4–5◆–6◆→ 硕士
1–2–3–4–5–6◆→　医师

图 2　哈萨克斯坦各学习阶段获取学历证书与资格证书示意图

符号含义：○不完全中等教育证书　●完全中等教育证书　▲职业教育证书
◆学位或证书（职称，如工程师、医师、农艺师等）　→完成教育

2010 年世界银行给哈萨克斯坦共和国提供了 2920 万美元的贷款，支持其"技术与职业教育现代化项目"，重点支持行业主导的职业标准开发与国家资格框架以及相关质量保障认证机构的建设。[①]

2. 质量保障

哈萨克斯坦的高等教育质量评价体系经历了五个阶段的发展，目前已经形成较完整的体系，各阶段具体的发展目标和监督方法如表 1 所示：

表 1　哈萨克斯坦高等教育评价体系发展阶段划分及特征

发展阶段及年代	发展重点	发展目标	监督方法
第一，体系建设阶段 1991—1994	确立教育标准法案	建立高等教育国家标准；建立多层次高等教育体系	学校认证制度
第二，现代化阶段 1995—1998	教育现代化；发展非国立高等教育	完善教育政策；制定高等教育标准；制订全面的专业分类	许可证制度；学校认证制度；结果监督
第三，更新高教管理体系 1999—2000	高等教育权力下放；扩大学术自由	确立高等教育拨款和贷款制度；高等教育的分散管理	学校认证制度；结果监督

① 摘自：世界银行网站．世界银行支持哈萨克斯坦的职业技术教育改革 [EB/OL]. [2017–09–05]. http://www.worldbank.org/en/news/press-release/2010/07/08/world-bank-supports-reforms-kazakhstan-technical-vocational-education.

续表

发展阶段及年代	发展重点	发展目标	监督方法
第四，高等教育质量评估体系的建立 2001—2004	高等教育的战略性发展	实施2005—2010年哈萨克斯坦共和国国家教育发展纲要；建立国家教育质量评估系统	许可证制度；学科、专业鉴定；内部监督和结果监督
第五，高等教育评估体系的完善 2005年至今	全面、系统的质量评价体系	规范教育评价；保障教学质量	许可证制度；大学专业鉴定；内部监督和结果监督

为了完善评价体系的发展，哈萨克斯坦科教部于2007年颁布了《关于批准督学委员会活动的示范规则和选举程序》，随后又对其进行了修订和补充。其具体措施包括：把国家教育质量评价中心更名为“国家教育统计和评价中心”，参考国际组织和其他高校的相关标准制定哈萨克斯坦的教育标准，保证高等教育机构的制度和专业认证标准须符合《欧洲地区高等教育质量保障标准和准则》，之后由哈萨克斯坦科教部、国家教育统计和评价中心每年发布教育发展的监测报告。

四、职业技术教育与培训的治理与教师

（一）治理

哈萨克斯坦教育与科学部是负责全国教育系统（初、中、高三个层次的教育）发展及运行的主要中央管理机构。它通过在全国行政划分地设立的地区和直辖市教育管理部门推行各项政策和法规的落实。《教育法》明确规定，教育行政管理部门的职能包括：制定和推行国家教育政策；起草并通过关于教育经费的国家和地方法规，制定并通过国家教育标准、课程及教学大纲；发布关于专家培训的国家命令等；教育与科学部下设职业技术教育署，履行管理职业技术教育的职责；职业技术学校或学院的管理机构是负责组织教育实施的专门机构。各院校所开设的课程可以由大学、学院和学校基于国家教育标准框架自主设置。地方教育行政管理部门负责地区一级预算中的教育配套资金。哈萨克斯坦计划在所有教育机构推行“人均经费”。①

除国家科学教育部之外，哈萨克斯坦还拥有其他一些国家级教育管理部门，其名称和职责如表2所示。

① 该部分引自：联合国教科文组织国际教育局（2011）. 世界教育数据（第7版）. 2010/2011. 哈萨克斯坦 . 日内瓦：联合国教科文组织国际教育局 .

表 2 哈萨克斯坦国家教育管理部门及职责 ①

国家机构	主要职责
哈萨克斯坦教育与科学部	主要行使教育规划管理权力；形成共同的政策和战略
哈萨克斯坦科学教育部附属监督委员会	负责全国所有高校的监督以及认证（包括许可证的发放和吊销等）
教育质量评估中心	对整个教育体系实施质量监测
国家认证中心	负责院校评审
质量管理和咨询认证中心	促进并协助高校的管理
国家教育标准和监测中心	负责教育标准和要求的拟订及其落实情况

（二）教师

哈萨克斯坦目前没有专门培养职教师的教育机构。在苏维埃时期，教师在高等教育的工程与师范学院中各系部加以培养。现在这类院校和系部已经大幅缩减，只有少量院校延续着上述做法。目前，教师的在职培训通常由地区的公共在职培训机构承担。这些机构的主要目的是提高教师队伍的专业水平。根据国家的相关规定，教学人员必须每五年接受一次正规在职培训。但是囿于培训机构的数量和规模不足，无法满足培训需求，导致规定无法落实。职教师资培训师主要是不同领域的实践专家，由于工资水平偏低，他们通常一边工作，一边兼职教授职教培训课程。② 哈萨克斯坦教师的主要不足之处主要在于：

（1）高校教师进行国际交流、学习的机会很少，大部分名额仅集中在有限的学科领域；

（2）还没有建立起完善的选拔机制；

（3）教师总体外语水平不高也影响了国际交流。

五、职业技术教育与培训的诉求与发展趋势

（一）诉求

哈萨克斯坦拥有着令人羡慕的自然禀赋，人口数量相对较少，在独立后的 15 年间取得了巨大的经济成就。2000 年至 2010 年期间，哈萨克斯坦的经济年均增速为 8%，已成为世界上发展最快的三大经济体（中国、印度、哈萨克斯坦）之一，是中亚五国中经济最发达的国家。2010 年至 2012 年，随着世界经济的复苏，能源和金属国际市场需求稳定，哈萨克斯坦经济开始强劲反弹。2015 年哈萨克斯坦人均 GDP 达 1 万多美元，GDP 总量居独联体第二，仅次于俄罗斯。③ 哈萨克斯坦总统纳扎尔巴耶夫发表的《哈萨克斯坦—

① 纳列诺娃等编 . 哈萨克斯坦高等教育国民报告 [M]. 2006: 15.

② 该部分引自：联合国教科文组织国际教育局（2011）. 世界教育数据（第 7 版）.2010/2011. 哈萨克斯坦 . 日内瓦：联合国教科文组织国际教育局 .

③ 中华人民共和国外交部 . 哈萨克斯坦概况国家概况 [EB/OL].（2016-12-01）[2017-09-05]. http://www.fmprc.gov.cn/web/gjhdq_676201/gj_676203/yz_676205/1206_676500/1206x0_676502/.

2030》国情咨文中，为哈萨克斯坦社会、经济发展设计了“到2030年进入世界50强国行列”的宏伟蓝图。但是，哈萨克斯坦还存在成为世界强国必须解决的诸多问题。图3、图4显示，哈萨克斯坦的商品贸易结构依然以出口资源为主，进口商品以制造业产品为主。哈萨克斯坦想要跻身世界发达国家则需要扭转这个局面，大力发展本土工业。

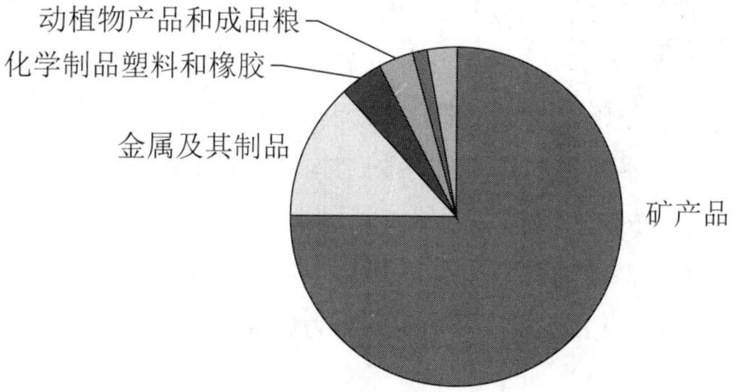

图3　哈萨克斯坦主要出口商品构成示意图

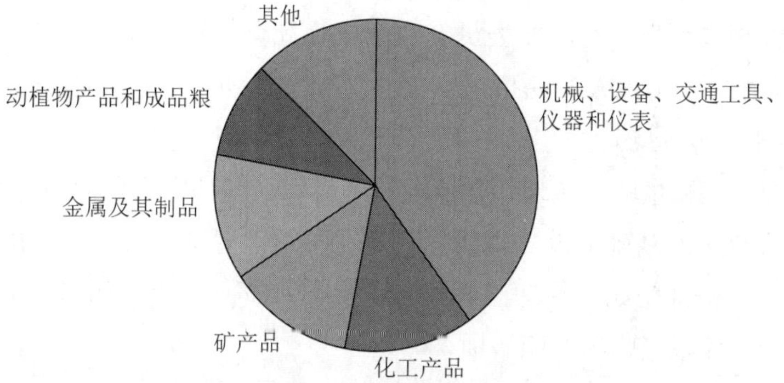

图4　哈萨克斯坦主要进口商品构成示意

哈萨克斯坦当局注意到这一问题的存在，已经将此写入《哈萨克斯坦—2050》国情咨文，正在努力加以解决。要配合宏伟发展战略，适应产业转型和强劲的经济发展势头，哈萨克斯坦就需要大批懂技术、会操作的专业人才；要跻身世界前列，就需要创造条件，努力开发现代化教育和培训、再培训，发展工程教育和现代技术专业体系；使职业教育面向当前和未来的需求，建立和发展出应用研究机构等。这也是哈萨克斯坦中等、高等职业教育的发展方向。[①]

哈萨克斯坦职业技术教育与培训在国际化进程中产生了强烈的自身发展诉求。自从哈萨克斯坦在2010年3月11日正式加入“博洛尼亚进程”，成为首个拥有该进程成员资格的中亚国家后，政府明确提出以该进程作为教育改革的目标，向世界教育强国迈进，

① 哈萨克斯坦共和国教育与科学部网页。访问时间：2011年11月22日。

最终要使本国教育的质量与欧洲同步。哈萨克斯坦职业技术教育与培训在"博洛尼亚进程"中的任务是：培养大批懂技术、会操作的技术专家，满足国家工业现代化发展的需求，促进主要依托自然资源的经济向多元经济转变。

（二）发展趋势

为满足职业技术教育与培训的诉求，哈萨克斯坦政府制定了《哈萨克斯坦共和国教育发展规划（2011—2020）》。分析其未来数年职业技术教育与培训发展目标，可以发现哈萨克斯坦职业技术教育与培训的未来发展趋势：

第一，进行职业技术教育与培训体系的结构性改革。哈萨克斯坦的职业技术教育与培训体系正在经历重大的结构调整，目的是适应国民经济结构的变化和现代工业发展的要求，更新职业技术教育结构与内容，满足其所需高技术技能人才的需求。因此，国家正在努力分配更多的资源给职教培训体系，努力解决其面临的资金不足、师资短缺、设备陈旧等问题。

第二，深化与国际组织和机构的合作。目前，哈萨克斯坦政府已经在推进职业技术教育与培训国际化方面取得了明显的效果，例如哈萨克斯坦与德国国籍合作机构（GIZ）合作开发课程及相关模块、与欧盟委员会联合成为社会合作伙伴、与挪威教育培训中心（RKK）合作进行油气领域人员的再培训。与英国文化协会、世界银行、欧洲培训基金会以及 FONTYS 应用科技大学（荷兰）合作开发培训项目等。

第三，构建足够数量的区域现代化职业技术教育与培训中心。由教育与科学部牵头，在现有社区教育机构的基础上设立现代化教育与再培训区域中心。中心的重点任务有两个，一是为重要经济部门如石油加工、医药卫生、科技、农业等部门的员工进行在职培训；一是进行职教体系老师的在职培训。

第四，开发国家资格框架。哈萨克斯坦目前已经有了丰富的职业技术教育专业资格证书体系，这构成了国家资格框架的基础。哈萨克斯坦政府指出，在开发国家资格过程中，应认真考虑雇主、劳工组织以及国家政府的建议和意见，做好世界银行自助的"技术与职业教育现代化项目"，尽快开发出适合哈萨克斯坦社会经济发展需求的国家资格框架。

第五，加大对建设职业技术大学的力度，提升其教育质量和人才培养数量，培养更多具有本科与研究生学位的应用技术人员，以满足国家工业发展的需求，为终身教育与全面教育创造条件。

（深圳职业技术学院　技术与职业教育研究所　宋　晶）

主要参考文献

[1] 1993 年　哈萨克斯坦《高等教育法》

[2] 1997 年《哈萨克斯坦 2030 年战略》

[3] 2007 年　哈萨克斯坦《教育法》

[4] 2008 年《哈萨克斯坦教育与科学部 2009—2011 年战略规划》纲要

[5] 2010 年《2011—2014 年劳动力市场管理和保障劳动力资源规划》

[6] 2011 年《哈萨克斯坦共和国国家教育发展规划 (2011—2020) 》

[7] 2011 年《创建国家职业技术教育人员培训委员会规范》

[8] 2012 年 12 月总统国情咨文《哈萨克斯坦—2050》

[9] 2013 年哈萨克斯坦修订的《教育法》

[10] 哈萨克斯坦共和国教育与科学部网页 [EB/OL]. [2017-09-05] Webpage of the Ministry of Education and Science of the Republic of Kazakhstan. Accessed: 22 November 2011.

[11] 中华人民共和国外交部 . 哈萨克斯坦国家概况 [EB/OL]. (2016-12-01) [2017-09-05]. http://www.fmprc.gov.cn/web/gjhdq_676201/gj_676203/yz_676205/1206_676500/1206x0_676502/.

[12] 哈萨克斯坦 : 哈萨克斯坦地理概况 [EB/OL]. (2015-02-19) [2017-09-10]. http://globserver.cn/%E6%9F%AC%E5%9F%94%E5%AF%A8/%E5%9C%B0%E7%90%86.

[13] 商务部国际贸易经济合作研究院等 . 对外投资合作国别 (地区) 指南——哈萨克斯坦 [R]. 商务部国际贸易经济合作研究院等 , 2016.04: 5-7.

[14] 联合国人口司 . 世界人口展望 (2015 年修订版) [EB/OL]. http://esa.un.org/unpd/wpp/DVD/

[15]《2016—2017 年全球竞争力报告》中华人民共和国知识产权局 [EB/OL]. (2017-06-01) http://www.sipo.gov.cn/zlssbgs/zlyj/201704/t20170406_1309284.html.

[16] 哈萨克斯坦总统纳扎尔巴耶夫发表国情咨文 . 国际在线 [EB/OL]. (2011-01-28)http://gb.cri.cn/27824/2011/01/28/541s3140076.htm.

[17] 赵常庆 . 哈萨克斯坦列国志 [M]. 北京 : 社会科学文献出版社 , 2004.

[18] БырганымАйтимоваМинистробразованияинаукиРеспубликиКазахстан."СистемаобразованиявРеспубликеКазахстан". [EB/OL] ttp: //www.eed.ru/opinions/o_27.10.06_29.html.

[19] Globserver 亚洲 : 哈萨克斯坦 : 哈萨克斯坦教育发展情况 [EB/OL]. (2013-03-28) http://globserver.cn/en/node/31022.

[20] 联合国教科文组织的报告。原文出自 : 全球职业技术教育与培训数据库 : 哈萨克斯坦 . 编制 : UNESCO-UNEVOC。

[21]〔哈〕艾贝克 . 哈萨克斯坦 : 以职业教育发展促经济发展 [J]. 职业技术教育 , 2008: (8).

[22] Ministry of education and science of Kazakhstan[EB/OL].[2010-09-15] http://edu.gov.kz/ru/index.php.

[23] СтратегическийпланМинистерстваобразованияи науки Республики Казахстан на[EB/OL]. (2016–12–01) [2017–09–05]. годы http:// ru.government.kz/structure/org/03.

[24] 联合国教科文组织国际职业技术教育与培训中心 [EB/OL]. [2017–09–05] www.unevoc.unesco.org. 2013 年 6 月 .

[25] 联合国教科文组织国际职业技术教育与培训中心 .www.unevoc.unesco.org. 2013 年 6 月 .

[26] 杨建梅 . 哈萨克斯坦重视发展职业教育——译自《今日哈萨克斯坦报》[J]. 中亚信息 , 2008: (1).

[27] 世界银行网站 . 世界银行支持哈萨克斯坦的职业技术教育改革 [EB/OL]. [2017–09–05] http://www.worldbank.org/en/news/press–release/2010/07/08/world–bank–supports–reforms–kazakhstan–technical–vocational–educatio.

[28] 纳列诺娃等编 . 哈萨克斯坦高等教育国民报告 [M], 2006: 15.

乌兹别克斯坦共和国

一、国家概况

（一）地理

乌兹别克斯坦共和国（The Republic of Uzbekistan），简称乌兹别克斯坦，位于中亚地区的中部，面积为44.78万平方千米。国土东西长1425千米，南北宽930千米。乌兹别克斯坦同阿富汗、土库曼斯坦、吉尔吉斯斯坦、塔吉克斯坦、哈萨克斯坦五国接壤：东北与哈萨克斯坦相邻，东面和东南与吉尔吉斯斯坦和塔吉克斯坦接壤，西连土库曼斯坦，南邻阿富汗。国境总长度为6221千米，其中同哈萨克斯坦的边界长2203千米，同吉尔吉斯斯坦的边界长1099千米，同塔吉克斯坦的边界长1161千米，同土库曼斯坦的边界长1621千米，同阿富汗的边界长137千米。①

全境地势东高西低。平原低地占全部面积的80%，大部分位于西北部的克孜勒库姆沙漠。东部和南部属天山山系和吉萨尔－阿赖山系的西缘，内有著名的费尔干纳盆地和泽拉夫尚盆地。境内有自然资源极其丰富的肥沃谷地。主要河流有阿姆河、锡尔河和泽拉夫尚河。属严重干旱的大陆性气候。7月平均气温为26℃~32℃，南部白天气温经常高达40℃；1月平均气温为-6℃~-3℃，北部绝对最低气温为-38℃。年均降水量平原低地为80~200毫米，山区为1000毫米，大部分集中在冬春两季。地理位置优越，处于连结东西方和南北方的中欧中亚交通要冲的十字路口，古代曾是重要的商队之路的汇合点，是对外联系和各种文化相互交流的活跃之地。乌兹别克斯坦是著名的“丝绸之路”古国，历史上与中国通过“丝绸之路”有着悠久的联系。②

全国分为1个自治共和国（卡拉卡尔帕克斯坦自治共和国）、1个直辖市（塔什干）和12个州：安集延州、布哈拉州、吉扎克州、卡什卡达里亚州、纳沃伊州、纳曼干州、撒马尔罕州、苏尔汉河州、锡尔河州、塔什干州、费尔干纳州、花剌子模州。塔什干是

---

① 中华人民共和国驻乌兹别克斯坦共和国大使馆 . 地理情况 [EB/OL]. http://uz.chineseembassy.org/chn/wzgk/t141205.htm.2017-10-16.

② 人民网 . 乌兹别克斯坦概况 [EB/OL]. http://world.people.com.cn/GB/8212/72474/72475/5050522.html.2017-10-16.

中亚地区最大的城市。[①]

（二）人文

乌兹别克斯坦是人类文明发祥地之一，有近3000年的历史。公元前6—2世纪，曾被伊朗、马其顿、希腊的一些王国侵占。公元8世纪并入阿拉伯帝国版图。9—13世纪，乌兹别克族形成。13世纪被蒙古人征服。14—15世纪，受帖木儿帝国统治。16—18世纪，建立布哈拉、希瓦、浩罕等汗国。19世纪下半叶，部分领土并入俄罗斯。1917-1918年建立苏维埃政权。1924年10月成立乌兹别克苏维埃社会主义共和国并加入苏联。1991年8月31日宣布独立，9月1日被定为独立日。[②]

1992年通过的宪法规定：全体公民享有同样的权利和自由，在法律面前人人平等；国家政权体制建立在立法、行政、司法三权分立的原则基础上。共和国总统既是国家元首，同时也是内阁主席和武装部队最高统帅，终身为宪法法院成员。每届任期7年。议会是行使国家立法权的国家最高权力机关，由立法院（下院）和参议院（上院）组成。[③]

著名的历史遗迹是希瓦古城，它位于乌兹别克斯坦阿姆河下游的希瓦绿洲上，位于乌兹别克斯坦西南边界。它建立于公元4世纪，历史上是旅行商队的必经驿站。希瓦的伊钦内城是独特的伊斯兰城区和文化博览城，所有的历史古迹都得以完好地在内。这里由宫殿、清真寺、礼拜殿、宣礼尖塔、经学院、浴室等组成。

截至2017年7月，乌兹别克斯坦总人口为3234.5万。[④]有129个民族，乌兹别克族约占77.6%，俄罗斯族占5%，塔吉克族占4.8%，哈萨克族占4%。主要宗教为伊斯兰教，属逊尼派，其次为东正教，多数居民信奉伊斯兰教（逊尼派），其余多信奉东正教。乌兹别克语为官方语言，俄语为通用语。[⑤]

（三）经济

乌兹别克斯坦政府宣布迄今已发现100种左右的矿种，其中有60多种已被开发利用。矿物资源总潜在资产估计为3.3万亿美元以上。已探明矿产地，其储藏估价约合9700亿美元。已勘探了约1000个矿床，其中包括：168个石油、天然气、凝析气田，51个贵金属矿床，41个有色金属、稀有和放射性金属矿床，4个黑色金属矿床，3个煤田，22个冶金原料矿床，14个化工原料矿床，24个宝玉石矿床，582个建材矿床，151个淡水和矿化地下水源地。已开采的矿床占已勘探矿床总数的45%。

---

① 人民网.乌兹别克斯坦概况[EB/OL]. http://world.people.com.cn/GB/8212/72474/72475/5050522.html.2017-10-16.

② 中华人民共和国驻乌兹别克斯坦共和国大使馆.地理历史[EB/OL]. http://uz.chineseembassy.org/chn/wzgk/t143176.htm.2017-10-16.

③ 人民网.乌兹别克斯坦概况[EB/OL]. http://world.people.com.cn/GB/8212/72474/72475/5050522.html.2017-10-16.

④ 中华人民共和国外交部.乌兹别克斯坦国家概况[EB/OL]. http://www.fmprc.gov.cn/web/gjhdq_676201/gj_676203/yz_676205/1206_677052/1206x0_677054/.2017-10-16.

⑤ 中华人民共和国驻乌兹别克斯坦共和国大使馆.人口语言[EB/OL]. http://uz.chineseembassy.org/chn/wzgk/t143177.htm.2017-10-16.

乌兹别克斯坦天然气储量为2.06万亿立方米，预测天然气储量达5.43万亿立方米。油气田主要分布在东部的费尔干纳州和南部地区。共发现28个有远景的含煤区，煤储量约20亿吨，其中烟煤储量5300万吨，褐煤储量19.267亿吨。金银储量分别为3000吨、980吨。银主要产于金矿和综合矿床中。①

乌兹别克斯坦是独联体中经济实力较强的国家，经济实力次于俄罗斯、乌克兰、哈萨克斯坦。国民经济支柱产业是"四金"：黄金、"白金"（棉花）、"黑金"（石油）、"蓝金"（天然气）。但经济结构单一，加工工业较为落后。农业、畜牧业和采矿业发达，棉花产量占苏联的2/3，生丝产量占苏联生丝产量的49%，洋麻产量占苏联的90%以上，羊羔皮、蚕茧和黄金产量分别占前苏联的2/3、1/2和1/3。轻工业不发达，62%的日用品依靠其他共和国提供。乌兹别克斯坦工业在中亚地区举足轻重，天然气、机械制造、有色金属、黑色金属、轻纺和丝绸等工业都比较发达。

2015年乌兹别克斯坦国内生产总值（GDP）171.369万亿苏姆，同比增长8%。②乌兹别克斯坦盛产棉花，素有"白金之国"的美誉，目前其棉花种植保持在300万亩左右，是世界第五大棉花生产国、第二大棉花出口国。③

（四）教育

1991年9月乌兹别克斯坦共和国独立后，选择独立自主的发展道路，使其教育体系发生了根本性的变革，完善了教育结构和内容。乌兹别克斯坦中小学实行免费教育，高校基本实行收费教育，有10%—20%的大学生可获国家预算支持，免缴学费。乌兹别克斯坦自15年前开始推行"9+3"免费义务教育，即9年制毕业的中学生须参加3年的中等职业学校学习，以掌握专业知识和职业技能。它利用国家预算和近10亿美元的外部贷款，建设和装备了1.5万所职业学校。学生毕业后可掌握3—4门专业知识和至少2门外语。最近5年的毕业生共达250万人，其中2011年为60万人，满足了企业现代化的用人需求。教育体系的改革，特别是利用原有的教育基础建立的一批职业技术学校，培养了一批专业技术人才，为中小企业发展注入了新的活力。④

目前，乌兹别克斯坦有1050多所中等专业学校，在校生近108万人；高等学校62所，在校生28.6万人，教师2.3万左右。著名高校有国立塔什干大学、国立塔什干东方

① 乌兹别克斯坦.乌兹别克斯坦地质和矿产资源概况[EB/OL].globserver. http://globserver.cn/en/node/7708.2017-10-16.

② 中华人民共和国驻乌兹别克斯坦共和国大使馆经济商务参赞处.乌兹别克斯坦2015年国内生产总值171.369万亿苏姆[EB/OL]. http://uz.mofcom.gov.cn/article/ddgk/201609/20160901399415.shtml.2017-10-16.

③ 中国网.储殷，柴平一."一带一路"投资政治风险研究之乌兹别克斯坦[EB/OL]. http://opinion.china.com.cn/opinion_57_126957.html.2017-10-16.

④ 中华人民共和国驻乌兹别克斯坦共和国大使馆经济商务参赞处.乌兹别克斯坦政府采取多种措施促进中小企业发展[EB/OL]. http://uz.mofcom.gov.cn/article/ddgk/201212/20121208497731.shtml.2017-10-16.

学院、世界经济与政治大学、国立塔什干经济大学、塔什干医科大学等。①

二、职业技术教育与培训的战略与法规

（一）战略

国家教育政策的主要目标是要教育出在生理和精神上健康的一代人。职业技术教育与培训的战略是：提供义务的一般（基础）教育、技术和职业中等教育；职业和专业教育要随着经济社会需求的变化而不断发展；实现专业中等教育类型（学术和职业学院）的自由选择；在国家教育标准框架内普遍提供义务教育；培训计划要注重统一和分化相结合。②

（二）法规

1.《教育法》（1992）

1992 年 7 月，在乌兹别克斯坦独立后，政府立即通过了《教育法》，这为相应部门提供了法律依据，并进行了最迫切的改革，使教育系统适应转型经济的需要。1992 年的《教育法》规定了几项原则，比如：儿童受教育和保护的权利；工人有个人休假进行培训的权利；机构的财务自主权，包括与公司缔结合同的可能性；建立私立学校的权利。还更加重视乌兹别克语、历史和文学以及外语、商业、经济和职业技术教育。此外，该法还规定了新课程和教科书的制定，教育机构的认证和认可，以及建立符合市场需要的教育机构。

2.《新教育法》（1997）

1997 年议会通过了《新教育法》。之后，新的幼儿园和教育机构建立，并执行了为幼儿教授外语、艺术和计算机科学的实验方案；普通基础教育学校推出了新课程，并开发了新的教科书；基于市场需求的新型教育机构也建立起来了，其中包括商学院、银行学院和学术学院；制定了预算外的教育机构融资手段，为有才华的学生和高级科学家建立了专门的基金会，使其能在国外知名大学学习。

3.《国家人事培训方案》（1997）

1997 年 8 月，政府通过了《国家人事培训方案》，为正在进行的改革提供了一个连贯一致的框架，进一步将国家的教育发展引向 21 世纪。国家人事培训方案的核心是统一发展持续的教育培训制度，以及国家按照"4 + 5 + 3"模式提供 12 年义务教育。其中，教育的最后三年将由两类中等专业教育机构提供，即学术学院对排名前 10% 的 9 年级毕业生提供教育，其他的由专业院校提供。

---

① 中华人民共和国外交部 . 乌兹别克斯坦国家概况 [EB/OL]. http://www.fmprc.gov.cn/web/gjhdq_676201/gj_676203/yz_676205/1206_677052/1206x0_677054/.2017-10-16.

② Government of Uzbekistan; United Nations Country Team. *Millennium Development Goals Report.* 2006.

三、职业技术教育与培训的体系与质量保障

（一）体系

表 1　乌兹别克斯坦职业教育结构图表

<table>
<tr><td>30
29
28</td><td>博士学位</td><td colspan="2" rowspan="2">24
23
22
21
20
19</td><td rowspan="5">劳
动
力
市
场</td></tr>
<tr><td>27
26
25</td><td>研究生学习（博士生）</td></tr>
<tr><td>24
23</td><td>高等职业教育（硕士，认证专家）</td><td colspan="2">18
17</td></tr>
<tr><td rowspan="2">22
21
20
19</td><td rowspan="2">高等职业教育（学士学位）</td><td colspan="2">16
15</td></tr>
<tr><td>专业中等教育（文凭）</td><td>14
13</td></tr>
<tr><td>18
17
16</td><td colspan="2">专业中等教育
（完成后获得中等教育证书）
学术研究/职业教育</td><td rowspan="3">12
11
10
9
8
7
6
5
4
3
2
1</td><td rowspan="3">义
务
教
育</td></tr>
<tr><td>15
14
13
12
11</td><td colspan="2">普通中等教育</td></tr>
<tr><td>10
9
8
7</td><td colspan="2">小学教育</td></tr>
<tr><td>6
5
4
3</td><td colspan="2">学前教育</td><td colspan="2"></td></tr>
<tr><td>年龄</td><td colspan="2">教育等级</td><td>年级</td><td></td></tr>
</table>

资料来源：Word Data on Education.7th edition，2010/11.

目前，正规教育制度遵循“4 + 5 + 2”模式，即 4 年小学教育和 5 年普通教育，2 年免费高中教育或职业教育。这个为期 11 年的计划正在被一个为期 12 年的义务教育计划所取代，在学术学院或技术职业学校提供的 3 年高中教育也属于 12 年义务教育的一部分。[①]

① 资料来源：Word Data on Education.7th edition,2010/11.

初等教育在几类基础教育学校提供：只有初级教育的学校（1—4年级）；提供部分（1—9年级）和完整（1—11年级）中等教育的学校；成人教育中心、残疾学生的专门学校和寄宿学校。新型机构（体育馆和学院）也提供普通教育，其中有些新型机构隶属于高等教育机构。普通基础教育（1年级至9年级）是强制性的，入学年龄为6—7岁。

普通基础教育之后是2到3年的高级中等教育或职业技术教育。这是在两个层面提供的：第一级别提供6个月至3年的基础职业培训；第二级别通常提供2年的职业培训，超过300个专业领域可以获得中等专业教育文凭。① 专业中等教育完成之后获得中等教育证书，之后可进入高等职业教育阶段继续学习。

高等教育由大学和高等教育机构提供。要获得4年制本科学位课程需经过国家选拔考试，获得硕士学位还另需2年时间，获得博士学位则另需6年。②

（二）保障

为了保障和提高教育质量，国家采取了一系列措施：引入了新的测试体系作为监督教育质量的手段；把几个区域的高等教育机构升格为大学；为农村制定了特别方案；与国际上的联系正在扩大，以支持教育现代化。

在2006—2007学年期间，有268个新的典型学习计划被批准并推出，这些计划的特点是流动性、灵活性和对劳动力市场需求的快速适应性。现代化的学习计划考虑所有形式和类型的学习，组织学生独立工作。③

在国家学校教育计划的框架内，有关机构制定了新的、完善的国家教育标准和课程。自2004—2005学年以来，这些新改进的国家教育标准和现代化课程最初在29个试验中心进行了试点。另外，对于所有科目，当局在不同地区组织了实验班。著名的科学家和教学思想领先专家，以及专门从事创新教学方法的教师，从共和国的不同地区被吸引到开展这些工作的中心。在国家教育标准的第一阶段和课程测试中，根据这一经验和新的教学语言，培养了31名受试者。2005—2006学年继续进行旨在改善国家教育标准和课程的第二阶段的实验工作，有81个受试者是由45个实验班的主题和教学语言组织的。应指出的是，受试者中有26名受俄语和其他少数民族语言教学。

实验中心的成果经公共教育部理事会批准，向全国普通学校推荐。与2004—2005学年相比，2005—2006学年这些新的国家教育标准和课程的试点又增加了50个受试者。在2006—2007学年期间，该试点的第三阶段启动。在2007—2008年度，54个试验中

① International Institute for Educational Planning. *Educational finance in Central Asia and Mongolia*. Educational Forum Series no. 7. Paris, IIEP-UNESCO, 1996.

② Ministry of Higher and Specialized Secondary Education. *Annual report on higher education*. Tashkent, 1996.

③ United Nations Development Programme. *Human Development Report. Education in Uzbekistan: Matching supply and demand*. Tashkent, 2008.

心的 53 个受试者正在测试中。这些实验都表明，将国家教育标准引入教育进程取得了积极成果。[①]

四、职业技术教育与培训的治理与教师

（一）治理

学术院校和职业院校是集中管理的。教育系统由公共教育部其他相关部门共同管理。国家计划规定，公共教育部负责学前教育、普通教育、特殊教育、课外机构和教师培训，高等和中等职业教育部管理专业中等和高等教育，包括职业教育。普通基础教育（小学和中学教育）中有几种类型的基础教育学校：只提供初级教育的学校（1 至 4 年级）；提供部分（1 至 9 年级）和完整（1 至 11 年级）中等教育的学校；成人教育中心；以及残疾学生的专门学校和寄宿学校。新型机构（体育馆和学院）也提供普通教育，其中有些新型机构隶属于高等教育机构，这些被认为是质量更好的学校。

该国在行政上分为 12 个省，塔什干市和卡拉卡尔帕克斯坦共和国。各省和卡拉卡尔帕克斯坦共和国划分为 163 个区和 18 个市。每个省有一个由总统任命的市长。这些区内共有 1421 个农村，共 12391 个定居点。地方政府的基本单位是社区组织，这是国家向低收入家庭提供特别援助的渠道。卡拉卡尔帕克斯坦共和国拥有自己的总统和议会。内阁部长的社会部门主要负责制定教育政策和质量标准。

其他部门（如农业、交通、铁路、旅游、水利等）经营的专业培训机构均受公共教育部和高等与中等职业教育部管理。劳动和社会保障部监督一些旨在专业培训和提高雇员专业技能水平的计划。[②]

（二）教师

2005 年至 2006 年间，教师薪金增长了近 1.9 个百分点。这创造了一种更有效的方式来鼓励有才华的教师——那些对自己的职业表现出热诚、主动、有高水平的专业技能的教师。一个为学校各学科教师训练和升级资格的制度已经建立了，相关的培训主要在全国 22 个高等教育机构内提供。[③]

在乌兹别克斯坦，学校缺乏教师，特别是农村学校。2006—2007 学年初，学校共缺少外教 1455 人，数学教师 551 人。2007—2008 学年，约 141900 名教师没有一个高等教育学位（31.4%），其中 15800 名教师（3.5%）教以下重要学科之一，如本

---

① United Nations Development Programme. *Human Development Report. Education in Uzbekistan: Matching supply and demand*. Tashkent, 2008.

② Ministry of Higher and Specialized Secondary Education. *Education for All 2000 Assessment: country report of the Republic of Uzbekistan*. (Under the coordination of S. Seitkhalilov). Tashkent, 1999.

③ United Nations Development Programme. *Human Development Report. Education in Uzbekistan: Matching supply and demand*. Tashkent, 2008.

土语言、文学、数学、物理、化学、历史、国家与法律基础、基础外语、地理和生物。农村学校仍然是教育进程中的薄弱环节，教育程度较高的教师只占总数的66%，而城市则有76%。应该指出的是，小学教师主要是在学院而不是高等教育机构进行培训。①农村和城市的地域差别对职业教育影响不大。据亚洲开发银行统计，2005年全国共有基础教育学校9748所，教师451567人。约82%的学校在农村；22%的在偏远农村地区。有600万的学生参加基础教育：1—4年级有230万人；5—9年级320万人；10和11年级50万人。1至9年级别的净入学率估计为98%，没有明显的性别差异。②

五、职业技术教育与培训的诉求与发展趋势

（一）诉求

在较完善的职业技术教育与培训体系下，乌兹别克斯坦仍需继续扩大师资力量，提高教学水平，加快其课程教学方式和教学内容的现代化改革，以满足日益现代化的市场需要。

截至2007年1月，新建专业职业教育机构共有1055个，其中学术学院99个，职业院校953个。在这些职业院校中，有296所学院的建筑是新建的，628所被安置在经过重大改造、装备了现代教材和实验室的前职业学校的建筑物中。中专职业教育机构招收了107.5万名学生，其中102万名学生入读了953所职业学院，53100名学生入读了99个学术学院。中专职业教育网覆盖62.8%的普通学校毕业生。这些职业学院和学术学院是根据职业分类、专业和中专职业教育指导以及初级专业人员的资格要求组织的。目前有效的分类包括348个专业和840个职业。目前有268个专业机构提供培训，涵盖712个专业。③

（二）发展趋势

近年来，乌兹别克斯坦职业技术教育与培训的发展环境不断得到改善。

乌兹别克斯坦独立以来经济发展较为稳定，近年来GDP增速维持在8%左右。④截至2016年底，乌兹别克斯坦与世界上150个国家和地区建立了贸易关系，产品出口到138个国家，给予45个国家最惠国待遇。现有外资企业4200余家。2016年乌兹别克斯

① United Nations Development Programme. *Human Development Report. Education in Uzbekistan: Matching supply and demand*. Tashkent, 2008.

② Asian Development Bank–Technical Assistance Report. *Republic of Uzbekistan: Preparing the Rural Basic Education Project*. October 2006.

③ United Nations Development Programme. *Human Development Report. Education in Uzbekistan: Matching supply and demand*. Tashkent, 2008.

④ 中国网．储殷，柴平一．"一带一路"投资政治风险研究之乌兹别克斯坦 [EB/OL]. http://opinion.china.com.cn/opinion_57_126957.html,2017–10–16.

坦对外贸易呈现顺差，顺差额为 1.8 亿美元。①

乌兹别克斯坦国内局势稳定，随着改革的深入，经济发展前景越来越好。2017 年 3 月 31 日，总统米尔季约耶夫签署总统令，成立国家投资委员会，监督实施国家投资政策和吸引外国投资规划。委员会还负责监督和考核驻外外交机构招商引资工作，每季度各驻外使领馆均需提交吸引驻在国直接投资工作报告及相关投资分析材料。②政府承诺在自由经济特区实行特殊的海关、税收和外汇优惠政策，确保 30 年不变，到期后还可视情况考虑延长。③这些政策为经济发展营造了良好的条件，也为职业技术教育与培训的发展创造了机会。

（深圳职业技术学院　技术与职业教育研究所　袁　礼）

主要参考文献

[1] 中华人民共和国驻乌兹别克斯坦共和国大使馆 . 地理情况 [EB/OL]. http://uz.chineseembassy.org/chn/wzgk/t141205.htm.2017-10-16.

[2] 中华人民共和国外交部 . 乌兹别克斯坦国家概况 [EB/OL]. http://www.fmprc.gov.cn/web/gjhdq_676201/gj_676203/yz_676205/1206_677052/1206x0_677054/.2017-10-16.

[3] 中华人民共和国驻乌兹别克斯坦共和国大使馆经济商务参赞处 . 乌兹别克斯坦概况 [EB/OL]. http://uz.mofcom.gov.cn/article/ddgk/200612/20061203925243.shtml.2017-10-16.

[4] 中国网 . 储殷，柴平一 . "一带一路"投资政治风险研究之乌兹别克斯坦 [EB/OL]. http://opinion.china.com.cn/opinion_57_126957.html.2017-10-16.

[5] 乌兹别克斯坦人口总数 . 世界银行数据 . http://data.worldbank.org.cn/country/UZ.

[6] Asian Development Bank-Technical Assistance Report. Republic of Uzbekistan: Preparing the Rural Basic Education Project. October 2006.

[7] Presented at the 47th session of the International Conference on Education, Geneva, 2004.

[8] Government of Uzbekistan; United Nations Country Team. Millennium Development Goals Report. 2006.

[9] International Institute for Educational Planning. Educational finance in Central Asia and Mongolia. Educational Forum Series no. 7. Paris, IIEP-UNESCO, 1996.

① 深圳市人民政府政策研究室 . 一带一路国家之乌兹别克斯坦 [EB/OL]. http://www.sz.gov.cn/szsfzyjzx/ylyd/201708/t20170802_8026490.htm.2017-10-16.

② 中华人民共和国驻乌兹别克斯坦共和国大使馆经济商务参赞处 . 乌成立国家投资委员会 [EB/OL]. http://uz.mofcom.gov.cn/article/jmxw/201704/20170402551373.shtml.2017-10-16.

③ 中华人民共和国驻乌兹别克斯坦共和国大使馆经济商务参赞处 . 米尔济约耶夫总统下令新建七个自由经济特区 [EB/OL]. http://uz.mofcom.gov.cn/article/jmxw/201705/20170502573296.shtml.2017-10-14.

[10] Ministry of Higher and Specialized Secondary Education. Annual report on higher education. Tashkent, 1996.

[11] Ministry of Public Education. Report on adult education in Uzbekistan. Tashkent, 1997.

[12] Ministry of Public Education. Education for All Mid-decade Assessment Report. Tashkent, 2007.

土库曼斯坦

一、国家概况

（一）地理

土库曼斯坦（Turkmenistan）位于中亚西南部，科佩特山以北，为内陆国家。东接阿姆河，北和东北部与哈萨克斯坦、乌兹别克斯坦接壤，西濒里海与阿塞拜疆和俄罗斯隔海相望，南邻伊朗，东南与阿富汗交界①。国土面积49.12万平方千米，全境大部是低地，平原多在海拔200米以下，约80%的国土被卡拉库姆大沙漠覆盖，南部和西部为科佩特山脉和帕罗特米兹山脉。首都阿什哈巴德始建于1881年，意为“爱之城”，是位于卡拉库姆沙漠中的一个绿洲城市，距伊朗边境30余公里，气候干旱，面积约300平方千米，人口将近100万，是国家政治、经济、文化和科研中心。除首都阿什哈巴德为直辖市外，全国划分为5个州（省），16个市，46个区。②土库曼斯坦虽然是世界上最干旱的地区之一，但它石油天然气资源丰富，天然气储备列世界第五。石油天然气工业为该国的支柱产业。而农业方面则以种植棉花和小麦为主，亦有畜牧业，出产阿哈尔捷金马等。土库曼斯坦除里海沿岸地区和山地以外，属典型的大陆性气候，冬冷夏热，春秋短促，干燥少雨。土库曼斯坦矿产资源丰富，主要有石油、天然气、芒硝、碘、有色及稀有金属等。③

（二）人文

15世纪左右，土库曼族形成。16到17世纪隶属于希瓦汗国和布哈拉汗国。近代至独立前部分领土并入俄国。土库曼人民参加了1917年的二月革命和十月社会主义革命，领土并入土耳其斯坦苏维埃社会主义自治共和国、花剌子模和布哈拉苏维埃人民共和国。在划定民族管理区后，于1924年10月27日建立土库曼苏维埃社会主义共和国。1991

---

① 中华人民共和国外交部土库曼斯坦国家概况 [EB/OL].(2016-12-01)[2017-09-10].http://www.fmprc.gov.cn/web/gjhdq_676201/gj_676203/yz_676205/1206_676572/1206x0.

② 商务部国际贸易经济合作研究院等 . 商务部国际贸易经济合作研究院等 . 对外投资合作国别——土库曼斯坦 [R]. 2016.

③ 土库曼斯坦地理概况 [EB/OL].(2015-02-19)[2017-09-10]. http://globserver.cn/%E6%9F%AC%E5%9F%94%E5%AF%A8/%E5%9C%B0%E7%90%86.

年正式宣布独立，于同年12月21日加入独联体。1992年3月2日加入联合国。同年12月12日，第50届联大通过决议，承认土库曼斯坦为永久中立国。1992年5月18日，通过第一部宪法，将捍卫独立、主权和领土完整、发展经济、保持社会稳定作为基本国策；积极探寻适合本国国情的发展道路；提倡复兴民族精神，重视民族团结与和睦；奉行积极中立、和平友好的外交政策，致力于同其他国家发展建设性合作关系；主张宗教信仰自由，禁止宗教干预国家政治生活。2005年8月，土库曼宣布退出独联体，只保持联系国地位。土库曼斯坦历史上最著名的人物是18世纪的诗人马赫图姆库里，其足迹遍及中亚各国，为后人留下了不少宝贵的精神财富，成为土库曼斯坦人民永远的骄傲。①

土库曼斯坦实行三权分立的总统共和制，立法、行政、司法相互独立又相互平衡和制约。总统为国家元首和最高行政首脑。人民委员会为国家最高权力代表机关，立法权和司法权分属国民议会和法院。现任总统为库尔班古力·别尔德穆哈梅多夫，土库曼族，2007年2月14日宣誓就任总统，8月4日当选土民主党主席和"复兴运动"主席。2012年2月12日再次连任总统，任期5年。

土库曼人口683.6万（截至2011年底）。主要民族有土库曼族（94.7%）、乌兹别克族（2%）、俄罗斯族（1.8%）等。其中，绝大多数居民信仰伊斯兰教，俄罗斯族和亚美尼亚族信仰东正教。土库曼人很重视宗教传统节日，每年的古尔邦节占有很重要的地位。土库曼语为官方语言，俄语为通用语言。英语普及程度不高。

（三）经济

土库曼斯坦经济转轨的原则是：建立国家强有力宏观调控下的以社会为优先取向的混合性市场经济。为此，土库曼斯坦独立后制订发展经济的"十年稳定"纲领和1997—2001年社会经济发展构想及加速向市场经济过渡的"一千天计划"，分阶段进行以承包责任制为主的农村改革和企业私有化进程，逐步向市场经济过渡；1999年出台了"土库曼斯坦至2010年社会经济改革战略"，指出战略目标是在市场经济和进行有效的国际合作基础上，建立保障居民有较高生活水平的经济发达国家；2003年，土库曼政府制定了《2020年前土库曼政治、经济和文化发展战略》国家纲要，②提出要确保国家实现下列目标：把土库曼斯坦建成一个社会经济发展指标达到世界高水平、居民生活保障程度达到高水准的快速发展的强国。其中三大首要任务是：第一，以经济高速发展、新生产工艺的应用、劳动生产率的提高为依托，保持经济的独立与安全，使土库曼斯坦达到发达国家水平；第二，保持人均生产总值持续增长；第三，保持高度的投资积极性，增加生产型项目建设；土库曼斯坦2010年出台的《2011—2030年土库曼斯坦银行系统发展国家

① 中华人民共和国外交部．土库曼斯坦国家概况 [EB/OL].(2016-12-01)[2017-09-10].http://www.fmprc.gov.cn/web/gjhdq_676201/gj_676203/yz_676205/1206_676572/1206x0_676574/.

② 同上。

纲要》[①]规定，完善银行法规，对国有银行实行股份制改造。[②]

土库曼斯坦的产业可以简略地划分为三大类：农业、工业和纺织业。油气行业是土库曼斯坦经济的支柱，占 GDP 的八成以上。2009—2014 年以来，土库曼斯坦经济保持持续快速增长。2016 年 1—8 月份，土库曼斯坦 GDP 增速与去年同期相比增长 6.2%，其中，工业增长 1.9%，建筑 4.4%，交通运输 10%，贸易 15.6%，农业 9.3%，服务业 9.8%。主要工业产品产量增长 3.4%，零售贸易增长 16.6%。[③]

（四）教育

土库曼斯坦教育体系仍保留苏联教育结构的特点。宪法规定，土库曼斯坦的免费义务教育阶段共计 12 年，包括小学、初中和高中阶段。

土库曼斯坦的教育体系由学前教育、小学教育、中学教育、大学教育组成。中学阶段分为普通中学和中等职业技校。大学教育包括专科、本科和硕士研究生阶段的教育。

土库曼斯坦全国共有中小学 1900 多所，在校学生 101.86 万人；专科院校 18 所，在校学生约 4000 人；高等院校 17 所，在校学生近 14000 人。此外还有数十所职业技校。各级各类学校在校生近 120 万人。土库曼斯坦的著名大学有国立马赫图姆库里大学、阿扎季世界语言学院、工学院等、国家油气学院、国家通讯建设学院、俄罗斯古铂金油气学院分院等。[④]

二、职业技术教育与培训的战略与法规

（一）战略

土库曼斯坦政府很重视职业技术教育与培训对国家发展的重要作用。土库曼斯坦总统别尔德穆哈梅多夫在其主持召开的 2016 年 1—5 月政府工作总结会议上特别提出：“土库曼斯坦必须拟定新的教育改革纲要，创造教育条件，帮助未能获得继续深造机会的中学毕业生可以无障碍地到私营机构就业。”

土库曼斯坦职业技术教育与培训的根本任务是减少贫困，增加就业。2015 年，ETF 协助欧洲联盟委员会执行欧盟资助项目，向土库曼斯坦教育部提供 600 万欧元的资助，从 2015 年开始用英语和俄语提供在线的国际化职教课程。[⑤]该项目的具体目标包括：

• 整合中等职业技术教育与培训的学校董事和行业企业，共同参与第一个欧盟职业技

① 中华人民共和国驻土库曼斯坦大使馆经济参赞处 [EB/OL].（2017-10-05）. http://tm.mofcom.gov.cn/article/ztdy/201305/20130500144334.shtml.

② 商务部国际贸易经济合作研究院等 . 对外投资合作国别（地区）指南——土库曼斯坦 [R]. 商务部国际贸易经济合作研究院等 .2016.04:04.

③ 中华人民共和国商务部 [EB/OL]. [2017-10-05]（2016-09-17）. http://www.mofcom.gov.cn/article/i/dxfw/ae/201609/20160901394820.shtml.

④ TVET in Turkmenistan[EB/OL]. (2017-09-28). http://www.etf.europa.eu/webatt.nsf/0/9896C88E7CF4DEB7C1257A71002A8666/$file/Turkmenistan%20VET%20&%20labour%20market.pdf[dead lin.

⑤ Turkmenistan: overview of vocational education and training[EB/OL]. (2017-09-25). https:// TurkmenistanTVET.

术教育与培训项目。

• 提供一个课程建设的平台，建设新课程并推进其实施。

• 进行职业技术教育与培训政策分析。决策者和企业之间搭建平台，建立监测系统。

• 给予 1500 万欧元的支持开发职业技术教育与培训的实训课程。

• 做出资格框架的分析报告并进行深入研究，为构建国家职业资格框架提供支持。

（二）法规

1993 年 10 月 15 日，土库曼斯坦国家《教育法》颁布，该法确立了国家的教育基本准则，确定了国家教育体系的组织与管理办法，其主要准则包括：

（1）由国家提供各种形式和类型的免费教育服务；

（2）让每个人享有平等的受教育权利，促进每个人能力的实现与天赋的全面发展；

（3）充分体现人类共有的价值观；

（4）教育应紧密联系国家历史、文化与传统；

（5）国家教育机构独立于政党和其他公共与宗教组织；

（6）教育部门要与科学研究部门和工业部门相结合，与其他国家的教育体系相融通；

（7）国家教育体系要保持灵活、可持续与多样化的发展。[①]

土库曼斯坦 2009 年 8 月《新教育法》：该法令确定了六种教育层次，包括学前教育、小学教育、中学教育、职业教育、大学以及硕士教育。该法案规定：注重加强和完善教育体系，进一步建立教育评价体制，提高教学质量。由国家教育投资和拨款体制，加强学科建设，增加高校招生规模。该法案还规，学习者不仅可以通过正规的教育机构获得学历，也可以通过自学、走读学校和远程教育方式完成系统的教育。同时在教育机构还开办了各种非正规和非正式的教育方式，比如夜校和函授等。

土库曼斯坦《劳动法》：该法案阐释了专业教师被解雇的方法与程序，包括教师因资格不足或者健康状况不佳无法实现教学；教师存在不道德行为，影响了教学活动的开展；被法院判决严令禁止在教育相关机构进行教学活动的人员不允许进行教学。

2013 年 3 月《关于改进土库曼斯坦教育制度的法令》：该法令设立了 12 年免费的义务教育，规定初中毕业生可以继续在职业技术学校和职业技术学院中接受继续教育或进入劳动力市场。

2011 年 8 月 10012 号总统令《关于土库曼总统国立科学院》：该法令规定，给高级技术人员和国家公务人员进行继续教育，经考核后颁发毕业证书。

① 联合国教科文组织国际教育局（2011）. 世界教育数据——土库曼斯坦 .

三、职业技术教育与培训的体系与质量保障

学生初中毕业之后，可以参加国家考试进入职业学校学习，学习结束，通过毕业考试后获得职业学校的毕业证书。职业学校和普通高中的毕业生均有机会进入职业学院学习，学院通常提供 2 年的课程，学生完成学业后可以选择就业或者升入大学继续学习。

大学阶段的职业教育由本科学校和（医学、教师、音乐和艺术学院）与职业技术学院提供。课程持续时间 2 到 4 年不等。完成这些课程之后，学生通过国家考试取得相应的毕业文凭。

此外，非正规和非正式的职业培训由以下机构提供：职业培训中心（学习 1 到 6 个月，根据考试取得专业资格）；职业大学（学习 6 到 10 个月，取得毕业文凭）；职业学院（学习 1 年半，取得毕业文凭）。

2003 年，土库曼斯坦全国共有 1705 所普通中学校，116 所专业学校以及 15 所中等职业培训学校。普通中学校约有 101.8 万人，职业学校在注册学生约为 28.3 万人。教师总数约为 65100（其中 62.7% 为女性），1—3 级教师有 14300 人，4—9 级教师有 39600 人，音乐、美术、体育教育和职业教育与培训的教师为 11200 人。①

四、职业技术教育与培训的治理与教师

（一）治理

土库曼斯坦总统是行政权力的领导者，也是内阁部长。在内阁结构中，内阁副部长承担教育科学活动部门的所有责任。

土库曼斯坦教育部及其下设的职业教育与培训国家协会负责职业技术教育与培训机构的管理。教育部下设的国家教育协会负责处理教学法研究和在职教师培训等事务的管理。②

（二）教师

在教师聘用方面，获得有相关专业资格并经过专门教学法培训的教师才有资格在职业教育机构进行教学。教师与职业教育机构协商一致后达成劳动关系并签订劳动合同。③

土库曼斯坦提供教师教育与培训的机构包括 5 个教师学院和 4 个高等教育机构，教师在这些地方接受在职训练。目前土库曼斯坦的教师教育体系有能力给学校提供足够数量的具有合格资质的教师。

土库曼斯坦的教师工资是根据其职业资格等级来确定的，包括：教师、二级教师、一级教师、高级教师、特级教师、荣誉教师和人民教师。教师职业资格依据高等教育国

① 联合国教科文组织国际教育局（2011）. 世界教育数据（第 7 版）——土库曼斯坦 .2010.
② 联合国教科文组织国际教育局（2011）. 土库曼斯坦——联合国教科文组织国际教育局 .
③ Turkmenistan: overview of vocational education and training. https:// Turkmenistan+TVET.

家委员会决定来授予。特级教师需要通过教育部的命令授予。荣誉教师和人民教师则要由土库曼斯坦的主席下令授予[①]。

为了保证职业技术教育与培训的质量，土库曼斯坦政府减少了教师的工作量。自2007年起，土库曼斯坦各种类型的中等专业学校教师的每周工作量已经从30小时减少到24小时；高等教育机构教师的年度工作量已经从1250小时减少到850小时。[②]

五、职业技术教育与培训的发展现状及趋势与诉求

土库曼斯坦石油和天然气储量丰富，构成国家主要的出口收入来源，近年来国内生产总值增长强劲。土库曼斯坦政府认识到职业技术教育与培训对国家经济社会发展的重要作用，在其国家《社会经济发展计划（2011—2030）》中指出了改革目标——实现经济多元化、发展交通能源和通信基础设施、吸引外资、支持中小企业和创业发展、实施社会改革和教育改革。在财政支出方面，大约73%的政府开支用于社会和公共服务，其中的40%用于教育。但是，土库曼斯坦当前的职业技术教育与培训的效果却不理想，辍学率很高，很多人在义务教育之后未经培训就直接进入劳动力市场，现有的技术技能仍不能够满足国家经济社会发展的需要。[③]因此，土库曼斯坦政府正在积极推进职业技术教育与培训系统的改革，具体包括：

第一，加强教育体制改革，根据世界标准增补和修改原有专业和教学内容。以创新发展为出发点，在教育领域制订心理情感课程，在全国各地推行先进的教学方法，培养高技能专家，增加高科技领域内的研究成果。[④]

第二，进一步扩大受教育人群范围。建立多种资金来源、多种教育形式的学校，引入国外的网络教育和先进媒体技术等教育教学手段，增加国民受教育的机会。

第三，教学和科研并举。加强教学和科研活动的一体化，以科研带动教学，组建科研团队以加强科技工作者、教师和学生的关系。建立研究所和高等学校相结合的有效机制。早在2007年6月，土库曼斯坦总统库尔班古力·别尔德穆哈梅多夫签署的《关于土库曼斯坦科学院工作的决定》奠定了专家型人才的培养模式。当前，在土库曼斯坦高校正在优先开展科研工作，其中包括：利用再生能源开展科研工作并深入研究利用太阳能、风能和生物能的新技术、深入研究降低大气排放物的技术；在科学、教育和医学领域推行信息和通讯技术等。

（深圳职业技术学院　技术与职业教育研究所　宋　晶）

① 联合国教科文组织国际教育局世界教育数据（第7版）——土库曼斯坦.2010.

② UNICEF，2017。

③ 肖桂纯.土库曼斯坦高等教育的特色及启示[J].西北民族大学学报（哲学社会科学版），2012（5）.

④ IIporpaMMa qerICTSHrI o6palr eHHasICTpaHe H MHpy[N] .HeI ITpalIbHbII TypKM2HHCTdH，2012-01-10.

主要参考文献

[1] 中华人民共和国外交部 . 土库曼斯坦国家概况 [EB/OL]. (2016-12-01)[2017-09-10].http://www.fmprc.gov.cn/web/gjhdq_676201/gj_676203/yz_676205/1206_676572/1206x0_676574/.

[2] 土库曼斯坦地理概况 [EB/OL]. (2015-02-19)[2017-09-10]. http://globserver.cn/%E6%9F%AC%E5%9F%94%E5%AF%A8/%E5%9C%B0%E7%90%86.

[3] 商务部国际贸易经济合作研究院等 . 对外投资合作国别 (地区) 指南——土库曼斯坦 [R]. 商务部国际贸易经济合作研究院等 .2016.04:04.

[4] TVET in Turkmenistan http://www.etf.europa.eu/webatt.nsf/0/9896C88E7CF4DEB7C1257A71002A8666/$file/Turkmenistan%20VET%20&%20labour%20market.

[5] 中华人民共和国商务部 [EB/OL]. [2017-10-05] (2016-09-17). http://www.mofcom.gov.cn/article/i/dxfw/ae/201609/20160901394820.shtml.

[6] 联合国教科文组织国际教育局 (2011) . 世界教育数据 (第 7 版) . 2010/2011. 土库曼斯坦 . 日内瓦：联合国教科文组织国际教育局 .

[7] Turkmenistan: overview of vocational education and training. https:// Turkmenistan+TVET.

[8] 肖桂纯 . 土库曼斯坦高等教育的特色及启示 [J]. 西北民族大学学报 (哲学社会科学版), 2012 (5) .

塔吉克斯坦共和国

一、国家概况

（一）地理

塔吉克斯坦共和国（The Republic of Tajikistan），简称塔吉克斯坦，是位于中亚东南部的内陆国家。北邻吉尔吉斯斯坦，西邻乌兹别克斯坦，南与阿富汗接壤，东接中国。东西长 700 千米，南北宽 350 千米。境内多山，约占国土面积的 93%，有“高山国”之称。塔吉克斯坦境内的帕米尔号称“世界屋脊”，无疑是中亚的制高点。塔吉克斯坦境内水力资源可观，大部分河流属咸海水系，湖泊多分布在帕米尔高原，其中喀拉湖最大，海拔在 3965 米。帕米尔山西部终年积雪，形成巨大的冰河。雪山景色美丽。塔吉克斯坦全国分为三州、一区、一直辖市：索格特州（原列宁纳巴德州）、哈特隆州、戈尔诺－巴达赫尚自治州、中央直属区和首都杜尚别市。塔吉克斯坦全境属典型的大陆性气候，春、冬两季雨雪较多，夏、秋季节干燥少雨，高山区随海拔高度增加大陆性气候加剧，南北温差较大。①

（二）人文

塔吉克民族是中亚的一个古老民族。公元 9—10 世纪，塔吉克人建立马尼德王朝，塔吉克斯坦民族文化、风俗习惯基本形成于这一历史时期。13 世纪被蒙古鞑靼人征服。14—15 世纪属帖木尔后裔统治的国家；16 世纪起加入布哈拉汗国。1868 年，北部一部分并入俄国；1917 年 11 月至 1918 年 2 月，北部建立苏维埃政权；1924 年 10 月 14 日成立塔吉克苏维埃社会主义自治共和国，属乌兹别克苏维埃社会主义共和国；1991 年 8 月底定国名为塔吉克斯坦共和国，同年 9 月 9 日宣布独立，苏联解体后加入独联体，内战爆发。1997 年 6 月，在莫斯科签署《关于在塔实现和平和民族和解总协定》，开始了民族和解进程。2006 年 11 月 6 日，塔吉克斯坦在国际社会监督下举行总统选举。②

塔吉克斯坦人口 839.82 万人（截至 2015 年 4 月），男女比例 1∶7。官方语言为塔吉克语，属波斯语系，是中亚五国中唯一主体民族非突厥族系的国家。国土总面积 143100

① 中国一带一路网 . 塔吉克斯坦概况 . https://www.yidaiyilu.gov.cn/gbjg/gbgk/807.htm.

② 深圳市政府政策研究室：《中亚五国国情研究》，2016 年 9 月。

平方公里。塔吉克斯坦共和国是个多民族国家，目前已有 86 个民族。主体民族为塔吉克人，占 80%，乌兹别克人占 8%，俄罗斯人占 1%。此外，还有帕米尔、塔塔尔、吉尔吉斯、土库曼、哈萨克、乌克兰、白俄罗斯、亚美尼亚等民族。居民多信奉伊斯兰教，多数属逊尼派，帕米尔人属什叶派伊斯玛仪支派①。塔吉克人对马术情有独钟，对射箭和射击项目非常有兴趣。

（三）经济

塔吉克斯坦自然资源丰富，以有色金属（铅、锌、钨、锑、汞等）、稀有金属、煤、岩盐为主，此外还有石油、天然气、丰富的铀矿和多种建筑材料。水力资源丰富，位居世界第八位，人均拥有量居世界第一位，占整个中亚的一半左右。塔吉克斯坦经济基础相对薄弱，结构较为单一。1991 年苏联解体后的政治经济危机以及多年内战使塔国民经济遭受严重破坏。塔吉克斯坦经济从 1997 年开始逐步回暖。1995 年塔吉克斯坦确立了以市场经济为导向的国家经济政策、推行私有化改制，并开始实施《深化经济改革和加快向市场关系过渡的紧急措施》和《1995—2000 年经济改革纲要》。2000 年 10 月成功发行国家新币索尼，初步建立国家财政和金融系统，开始逐步完善税收、海关政策。2003 年，塔政府制订国家工业发展政策，有效利用国家资源优势，加大生产技术革新力度，逐步提高产品加工水平和产品竞争力。2005 年新一届议会选举之后，经济继续保持着平稳的发展态势，连续多年的通货紧缩局面得到改善，人均收入开始有所增加，各项经济指标均得到提高。2015 年，塔国内生产总值约 484 亿索莫尼，同比增长 6%，通货膨胀率 5%。

（四）教育

塔吉克斯坦政府认识到教育在推动经济社会发展中的作用，目前正着力推进教育兴国战略，对教育部门进行改革，加大了资金投入。近年来塔吉克斯坦教育事业得到快速发展，学校数量和在校生人数均大幅增加，女性受教育的权利也基本得到了保障。塔吉克斯坦与亚洲多个国家和地区展开了教育国际合作，使公民有机会在中国等国家接受高等教育。目前塔吉克斯坦的教育体系包括学前教育、小学教育、初中教育、高中教育和大学教育。②

小学教育：塔吉克斯坦目前对 7—11 岁的儿童实行为期 4 年的小学教育。

初中教育：塔吉克斯坦初中实行 5 年制教育，大多数学生接受初中教育后就不再读书，离开教育体系的学生进入劳动力市场，成为不熟练的工人。塔吉克斯坦是一个贫穷的国家，那里的教师工资较低，教学标准和设施水平都比较薄弱。

高中教育：高中阶段的教育包括普通高中、职业技术教育和综合中学（整合了不同

---

① 中华人民共和国商务部官网 . 塔吉克斯坦人口及民族构成 [EB/OL]. [2015-11-20]. http://tj.mofcom.gov.cn/article/ddgk/201412/20141200817200.shtml.

② Tajikistan Education System–Classbase.

类型课程的高中）。在完成初中教育后，学生可以选择接受高等教育或者职业教育。高中学制 2 年。

职业教育：政府缺乏足够的资金来支持职业教育发展，近年来，欧洲成人教育协会一直在与政府合作，以帮助解决这一问题。①

表 1　塔吉克斯坦教育结构

教育阶段	年　龄	教育年限（年）
小学	7—11	4
初中	11—16	5
高中	16—18	2
职业学校		3

塔吉克斯坦全国目前有各类高等学校 33 所，教师共计 8231 人，全国在校大学生 15.6291 万人，其中，女生比例为 29%。在 2008—2009 学年招收新生 3.0324 万人，毕业生 2.1293 万人，研究生 1161 人。各类科学研究机构 56 所，其中杜尚别 42 所，2014 年，科研人员共 3735 人，在读研究生 1161 人，女性 436 人。中等职业技术学校（包括分校）52 所，在校学生 3.4134 万人。②

塔吉克斯坦主要的大学包括：塔吉克斯坦国立大学、塔吉克斯坦技术大学、塔吉克斯坦师范大学、斯拉夫大学、胡占德大学、塔吉克斯坦经济学院、塔吉克斯坦农业大学、塔吉克斯坦医科大学、胡乔州立大学、库尔干秋别国立大学、库利亚布国立大学、霍罗格国立大学等。其中，规模较大、历史最悠久的是 1932 年成立的胡乔州立大学，该学校有 76 个院系，包括数学、物理与工程、艺术与图形学、控制学、外语、管理与计算机技术学院、俄罗斯语言学、乌兹别克语言学、教育与教学、塔吉克语言学、东方语言、自然科学、历史、金融、市场经济与艺术等。

二、职业技术教育与培训的战略与法规

（一）战略

塔吉克斯坦职业技术教育与培训的目标有两个：一是致力于建立一个完善的国家职业资格框架体系，通过高质量的职业资格来培养合格工人，以满足塔吉克斯坦当前和未来劳动力市场的需要；二是减少贫困，给年轻人和成年学生提供工作机会使他们过上体

① Consider CTU Advantages Career-focused degree programs & dedicated faculty with industry-relevant experience. online.coloradotech.edu.

② 塔吉克斯坦 [2011-08-18]. http://www.mod.gov.cn/bcd/2011-08/18/content_4291521.htm.

面的生活。[①] 塔吉克斯坦实施的具体国家发展战略包括：

（1）《减贫战略》（2010—2012），确定主要目标是通过发展经济，来持续提高民众的生活质量，特别是保障弱势群体的生活质量。该战略特别强调：职业技术教育是实现减贫战略中起到关键作用。

（2）塔吉克斯坦国家教育发展计划（National Education Development Programme 2010—2015），主要目标是在教育领域建立新的制度监管机制、革新当前教育结构和内容、改进教育课程的发展方向、建立终身教育体系、明确教育公共政策的优先发展领域。该计划构成了塔吉克斯坦当前职业技术教育与培训战略的开发依据。

（3）2015 年教育制度改革战略，旨在大力推行教育制度全面改革，积极尝试高等职业教育体制改革，培养具有创造性思维、渊博知识且全面发展的高素质公民。[②]

（二）法规

塔吉克斯坦在独立后陆续出台了一系列教育法律法规以及保障中等和高等教育有序进行的法规和决议。其中，《教育法》、《语言法》和下列一系列法规构成了职业技术教育与培训应遵循的法律法规体系。[③]

1. 塔吉克斯坦共和国《宪法》，1994 年通过，2003 年最新修版。宪法制定了所有级别教育的国家标准，包括基础教育和高等教育。

2. 塔吉克斯担共和国《语言法》，1989 年。

3. 塔吉克斯坦共和国《教育法》，1993 年首次通过，2004 年最新改版。

4. 国家中等和高等职业教育标准，1998 年。

5. 塔吉克斯担共和国《语言法》，1999 年。

6. 塔吉克斯坦共和国《高等职业教育及大学毕业后职业教育法》，2003 年。

7. 塔吉克斯坦共和国政府《关于考核、认证和授权设立教育机构的决议》，2003 年。

8.《民族教育方案》，2003 年。

9.《2004—2009 年教育改革实行纲要》，2004 年。

10.《培养 2005—2010 年教育行业专家国家计划》，2004 年。

11. 塔吉克斯坦共和国《教育领域 2005—2015 年财政拨款方案（草案）》，2004 年。

三、职业技术教育与培训的体系与质量保障

塔吉克斯坦职业教育系统包括：

---

① "State Concept of Vocational Education and Training System Reform in the Republic of Tajikistan". Decree no. 387 of the Government of the Republic of Tajikistan, 1 October 2004.

② THE REFORM OF VOCATIONAL EDUCATION AND TRAINING IN THE REPUBLIC OF TAJIKISTAN, Luxembourg: Office for Official Publications of the European Communities, 2006.

③ Education Development Strategies for Asian Countries in the New Century—・Tajikistan, Symposium of Education Forum for Asia

1. 职业学校（基础职业教育）

· 学生在 9 年级毕业之后，进入职业学校进行 10—11 年级的学习，毕业后发给职业资格证书。

· 学生在 9 年级毕业之后，进入职业学校接受完整中等教育 10—12 年级，毕业后颁发“完整中等教育”证书和职业资格证书。

· 学生在 11 年级毕业后，进入职业学校进行 12—13 年级的学习（中等教育后的基础职业教育），毕业后颁发职业资格证书。

2. 专业中学（中等职业教育）

· 中等技术教育结合完整中等教育等级 10—13 级，在此基础上颁发中等专业教育证书；

· 中等职业教育后的中级技术教育等级为 12—13 级，初级职业教育后为 13—14 年级，之后颁发中等专业教育证书。

3. 高等职业教育机构

进行两年的专科教育，之后可攻读本科。获得学士学位后的两年可攻读硕士学位、博士学位。

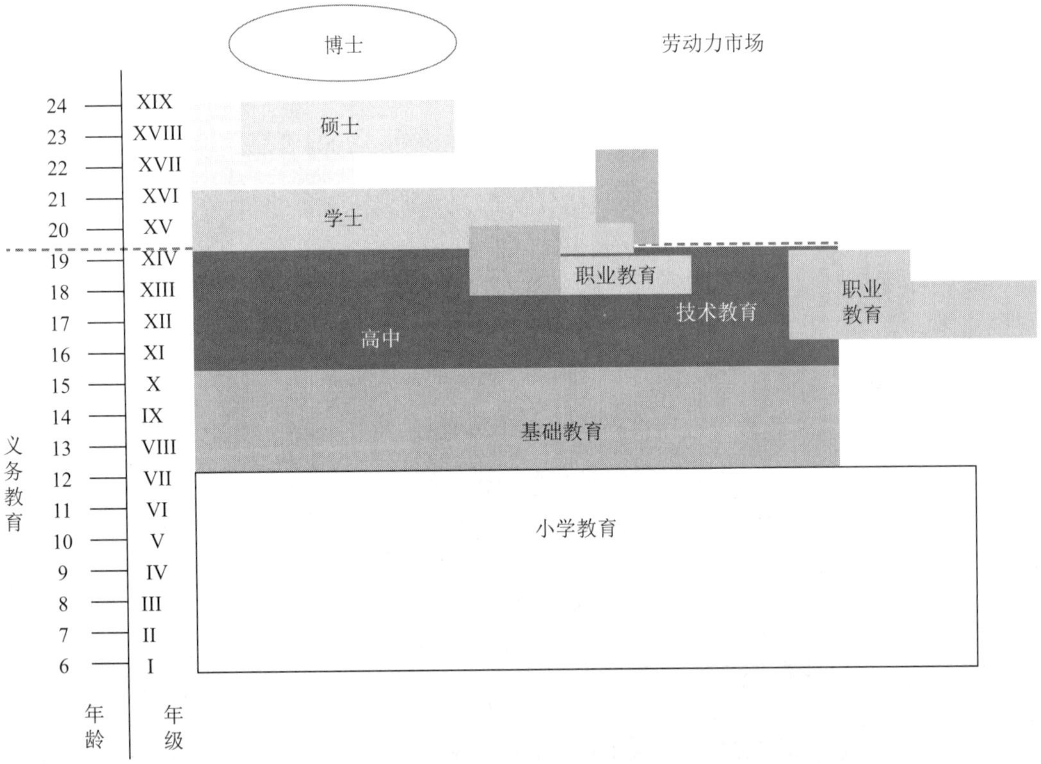

图 1 塔吉克斯坦的职业技术教育与培训体系图①

① Information provided by MoLSP, March 2004. Decree 96 of the Government of the Republic of Tajikistan, State Education Standard of Higher Professional Education, February 23, 1996.

当前，塔吉克斯坦的职业和技术教育，几乎完全由公立学校提供，没有私立的职业技术教育机构。塔吉克斯坦的基础职业学校曾经隶属于大型工业、服务和农业企业，自1996年起由教育部管理。这些学校历来是非常注重技能的，训练学生在指定的企业中从事半熟练和熟练的工作。学校中也设有工作坊供学生实践使用。

2003—2004学年间，塔吉克斯坦有71所职业学校、3个就业服务中心和9个商业中心面向社会提供基本的职业培训。在所有的职业学校中，大约有54所是农村地区的，以农业技术为主的职业学校。职业学校的规模也相对较小，平均有40名员工，约350名注册学生。有58所专业中学，其中8所已进入与高等教育机构合作。

四、职业技术教育与培训的治理与教师

（一）治理

塔吉克斯坦教育部负责对职业技术教育实施总体管理，管理的内容包括但不限于对职业课程的教育内容进行全面管理、制定职业技术教育的标准、开发相关的课程和教材、决定职业岗位的资格证书。就具体的职责而言，教育部下属的职业技术教育办公室负责政策与立法的编制、国家职业教育标准的制定，并对全国职业技术教育与培训进行全面的管理和监督。下属的职业技术教育科学方法中心负责制定课程和教学计划、编写教科书和手册、并在技术层面组织落实，引进介绍国外的先进经验和方法。劳动和生活保障部管辖的职业学校主要为在职人员提供职业技术培训。

塔吉克斯坦的职业技术教育资金来源主要通过教育部提供支持。同时，劳动与社会保障部也会为部分学校提供资金支持，供其支付学生技能训练所需的社会成本支出。[①]近年来，塔吉克斯坦劳动、移民及就业部向亚洲银行申请了3200万美元的资金贷款，组织开展了一项塔吉克斯坦职业技术教育发展计划，以解决塔吉克斯坦志愿军教育课程陈旧所导致的毕业生劳动技能满足不了劳动力市场需求的问题。该项目的核心是促进该国职业技术教育与培训系统的升级换代，计划更新29所职业技术教育机构的硬件设施。该计划将在2021年完成。[②]

（二）教师

由于所获得信息的局限，我们仅了解到在2004年，塔吉克斯坦职业院校正式聘用的专业教师（含全职、兼职教师和培训师）有3120名，其中约25%的工作人员是女性；超过一半的职业理论教师和实际培训师曾经接受过技术教育，其余的绝大多数都接受过高等教育[③]。详情如下表所示：

---

① THE REFORM OF VOCATIONAL EDUCATION AND TRAINING IN THE REPUBLIC OF TAJIKISTAN.

② 据塔吉克斯坦“AVESTA”网站2015年11月10日报道，http://finance.sina.com.cn/roll/20151110/202423730900.shtml.

③ THE REFORM OF VOCATIONAL EDUCATION AND TRAINING IN THE REPUBLIC OF TAJIKISTAN, Luxembourg: Office for Official Publications of the European Communities, 2006.

表 2　职业学校专业人员的教育水平（2004 年 1 月 1 日）

	人数	高等教育（%）	职业教育（%）	其他教育（%）
管理人员	322	88*	12	0
实际培训师	1509	40	56	4
社会科目教师	152	100	0	0
通识教育教师	620	71	29	0
职业理论教师	305	47	53	0
其他人员	212	67	31	2

* 董事和副董事几乎都受过高等教育，而高级硕士只有 50%。

资料来源：2004 年 3 月，劳动和社会保护部兽医部。

位于首都杜尚别的技术师范学院和其在苦盏（塔吉克斯坦第二大城市）的附属机构提供 6 个专业领域技能训练师的教育。2005 年，这两所学校共有在校生 1158 名，毕业生 202 名。

表 3　专业技术师范学院的毕业人数（2003—2005 年度）

	2003	2004	2005
技术服务和汽车维修	50	77	53
农业机械	8	30	27
缝纫	15	36	25
工业与民用工程	10	15	26
汽车和汽车运输服务	–	5	32
电力	–	6	39
总计	83	169	202

五、职业技术教育与培训的诉求与发展趋势

（一）诉求

塔吉克斯坦经济基础相对薄弱，结构较为单一，政治经济危机以及多年内战使该国国民经济遭受严重破坏，经济损失总计超过 70 亿美元。[①] 因塔吉克斯坦本土经济规模相对较小，其经济发展对国际社会依赖比重很高。与经济发展密切关联的职业技术教育与

① 中国驻塔吉克斯坦大使馆经济商务参赞处．对外投资合作国别（地区）指南 [R].——塔吉克斯坦．商务部出版社，2014:18.

培训同样面临着生存与发展困境。

第一，塔吉克斯坦虽然推出有利政策来促进私有化，但却并没有导致私营部门的快速增长。除农业之外，还没有明确的技能发展需求的迹象。

第二，高学历，低就业。受过高等教育的人从事的工作是由教育水平较低的人填补的。职业学校毕业生劳动力市场状况的相对恶化是这些过程的结果。

第三，私人农场主数量的增加和农产品的多样化，意味着农业领域的职业技术教育不能再继续专注于旧式国营农场的工作，而必须适应新类型农业发展的需求，需要更广泛的技能和知识。

第四，资金大部分来自国际金融组织的贷款，而非塔吉克斯坦教育部。1990—2000年之间，政府的教育预算急剧下降。劳动力技能不断恶化，主要原因是缺乏预算资金。

第五，越来越多的合格教师因为薪水低和工作条件差而离开。

第六，课程和教学辅助工具急需现代化。①

（二）发展趋势

塔吉克斯坦政府认识到职业技术教育在恢复、发展经济以及减少国民的贫困中的重要作用，提出了大力发展职业技术教育的国家战略。塔吉克斯坦当前正在推进的职业技术教育与培训的主要举措代表着该国职业技术教育与培训的发展趋势。

1. 努力构建高质量的职业资格框架体系。塔吉克斯坦现行职业教育体系是以制度为基础建立的，学生在义务教育阶段顺利毕业才能够进入职业教育体系学习。相对普通教育，职业技术教育在塔吉克斯坦的地位低下。建构一个以职业资格支撑的职业教育体系，对提高学习者的就业能力和发展空间意义更重大。塔吉克斯坦政府寄希望以此帮助职业教育摆脱低下的地位，增加其对民主的吸引力。

2. 突破原有以学科主导的教育标准对职业技术教育进行评估。开发国家职业资格框架，以专业资格为核心开发专业课程，保证学生在学校里学到的东西能使他们在未来的职业或工作中有所作为。学生凭取得的职业资格可以进入更高级别的职业技术院校学习。教育评估依据职业资格框架展开，对应不同等级证书的学习结果相应地提供一个国家质量保证体系。

3. 顺应全球化发展趋势开展改革，包括：消除性别歧视和社会歧视，消除种族歧视，以及教育中存在的其他不平等现象；开发出一个让所有的人都能够享有受教育权利的职业清单，并据此重新确定和划定教育领域中所设的专业；积极开展国际合作，采用新的教学技术和教学方法以适应世界的发展趋势。②

4. 整合网络资源供职业学校共享。目前塔吉克斯坦的学校网络成本相对较高，几乎

① THE REFORM OF VOCATIONAL EDUCATION AND TRAINING IN THE REPUBLIC OF TAJIKISTAN, Luxembourg: Office for Official Publications of the European Communities, 2006.

② 2006 年到 2015 年塔吉克斯坦教育的总体计划 (2006-10-21 14:39:39) 教育部长圆桌会议。

所有的学校都需要在教育手段的现代化方面进行大量投资。每个学校规模相对较小，每个学校都有自己独立的教学管理结构。搭建网络共享平台，整合现有职业学校网络势在必行。

（深圳职业技术学院　职业与技术教育培训所　宋　晶）

主要参考文献

[1] 塔吉克斯坦共和国《教育法》1993 年首次通过，2004 年最新改版

[2] 国家中等和高等职业教育标准 1998 年

[3] 塔吉克斯担共和国《语言法》1999 年

[4] 塔吉克斯坦共和国《高等职业教育及大学毕业后职业教育法》2003 年

[5] 塔吉克斯坦共和国政府《关于考核、认证和授权设立教育机构的决议》2003 年

[6]《民族教育方案》2003 年

[7]《2004—2009 年教育改革实行纲要》2004 年

[8]《培养 2005—2010 年教育行业专家国家计划》2004 年

[9] 塔吉克斯坦共和国《教育领域 2005—2015 年财政拨款方案（草案）》2004 年

[10] 中国一带一路网 . 塔吉克斯坦概况 [EB/OL]. https://www.yidaiyilu.gov.cn/gbjg/gbgk/807.htm.

[11] 深圳市政府政策研究室：《中亚五国国情研究》，2016 年 9 月。

[12] 中华人民共和国商务部官网 . 塔吉克斯坦人口及民族构成 [EB/OL]. [2015-11-20]. http://tj.mofcom.gov.cn/article/ddgk/201412/20141200817200.shtml.

[13] 塔吉克斯坦 [2011-08-18]. http://www.mod.gov.cn/bcd/2011-08/18/content_4291521.htm.

[14] ‘State Concept of Vocational Education and Training System Reform in the Republic of Tajikistan’. Decree no 387 of the Government of the Republic of Tajikistan, 1 October 2004.

[15] THE REFORM OF VOCATIONAL EDUCATION AND TRAINING IN THE REPUBLIC OF TAJIKISTAN, Luxembourg: Office for Official Publications of the European Communities, 2006. Education Development Strategies for Asian Countries in the New.

[16] Century— · Tajikistan, Symposium of Education Forum for Asia Information provided by MoLSP, March 2004.

[17] Decree 96 of the Government of the Republic of Tajikistan, State Education Standard of Higher Professional Education, February 23, 1996.

[18] THE REFORM OF VOCATIONAL EDUCATION AND TRAINING IN THE REPUBLIC OF TAJIKISTAN http://finance.sina.com.cn/roll/20151110/202423730900.shtml

[19] 中国驻塔吉克斯坦大使馆经济商务参赞处 . 对外投资合作国别（地区）指南 [R].——塔吉

克斯坦 . 商务部出版社 , 2014:18.

[20] THE REFORM OF VOCATIONAL EDUCATION AND TRAINING IN THE REPUBLIC OF TAJIKISTAN, Luxembourg: Office for Official Publications of the European Communities, 2006.

[21] Tajikistan Education System–Classbase.

[22] Consider CTU Advantages Career–focused degree programs & dedicated faculty with industry–relevant experience. online.coloradotech.edu.

吉尔吉斯共和国

一、国家概况

（一）地理

吉尔吉斯共和国（The Kyrgyz Republic），简称吉尔吉斯斯坦，是位于中亚东北部的内陆国家。北部与哈萨克斯坦毗邻，西南部与乌兹别克斯坦交界，南部与塔吉克斯坦相连，东部和东南部与中国接壤。边界线全长 4170 千米，其中与中国的共同边界长 1096 千米。吉尔吉斯斯坦国土面积为 19.99 万平方千米，境内多山，全境海拔 500 米以上。① 天山山脉和帕米尔 - 阿赖山脉绵亘于中吉边境，高山常年积雪，多冰川，牧场占总面积的 43%。属温带大陆性气候，年降水量 200–800 毫米，主要拥有纳伦河、恰特卡尔河、萨雷查斯河、楚河、塔拉斯河、卡拉达里亚河、克孜勒苏河等，水资源和矿产资源较丰富。全国划分为 7 州 2 市：楚河州、塔拉斯州、奥什州、贾拉拉巴德州、纳伦州、伊塞克湖州、巴特肯州、首都比什凯克市和奥什市。②

（二）人文

吉尔吉斯斯坦，意为“草原上的游牧民”，早期民族史与匈奴、丁零、乌孙、塞种人等有联系，后因蒙古人进入哈萨克斯坦和中亚地区，部分突厥部落逐渐向西迁徙，往南直到帕米尔山脉后形成民族，元朝时为蒙古族察合台汗国地，15 世纪后半叶吉尔吉斯民族基本形成。1924 年成为俄罗斯联邦的一个自治州“卡拉 - 吉尔吉斯自治州”，1936 年成立吉尔吉斯苏维埃社会主义共和国，加入苏联。1991 年宣布独立，改国名为吉尔吉斯共和国，加入独联体。2015 年，正式加入欧亚经济联盟。③

吉尔吉斯斯坦属政教分离的世俗国家，政治上推行民主改革并实行多党制。1993 年 5 月 5 日，吉尔吉斯斯坦议会通过独立后第一部宪法，规定吉尔吉斯斯坦是建立在法制、

① 中华人民共和国外交部 . 吉尔吉斯斯坦国家概况 [EB/OL].(2016-12-01)[2017-09-10].http://www.fmprc.gov.cn/web/gjhdq_676201/gj_676203/yz_676205/1206_676572/1206x0_6765.

② 全球职业技术教育与培训数据库——吉尔吉斯斯坦，UNESCO-UNEVOC 联合国教科文组织国际职业技术教育与培训中心 . [EB/OL]（2017-09-10）.

③ 吉尔吉斯斯坦 [EB/OL].（2017-09-10）. https://baidu.com/item/%E5%90%89%E5%B0%94%E5%90%89%E6%96%AF%E6%96%AF%E5%9D%A6/129860?fr=aladdin#4.

世俗国家基础上的主权、单一制民主共和国，实行立法、司法、行政三权分立，总统为国家元首。如果没有任何党派拥有半数以上议席，则由总统决定由哪个党派组阁，议会在四分之三议员的支持下可弹劾总统。2010 年 6 月，吉尔吉斯斯坦新宪法草案获得通过。新宪法草案的核心内容是吉尔吉斯斯坦政体由总统制过渡到议会制。现任总统是阿尔马兹别克·沙尔舍诺维奇·阿塔姆巴耶夫[①]。

吉尔吉斯斯坦总人口数 566.3 万（截至 2014 年 1 月），30 岁以下的人口占总人口的 60%。[②]是 80 多个民族组成的多民族国家，以吉尔吉斯族为主，约占 72.8%，乌兹别克族占 14.5%，俄罗斯族占 6.2%，其他民族还有乌克兰族、塔塔尔族、东干族、维吾尔族、哈萨克族、土耳其族、阿塞拜疆族、朝鲜族、德意志族等。吉尔吉斯语为国语，在一个世纪的俄罗斯化政策影响下俄语仍使用较广，为官方语言。该国总人口 594.0 万（2015 年），主要分布在楚河州、奥什州和贾拉拉巴德州。其中，青年人口（14–25 岁）为 109.0 万，人口年龄中位数为 25.1，人口增长率达到 1.67%[③]，男女比例相对平衡。70% 以上人口信仰伊斯兰派，多属逊尼派。除突厥文化外，吉尔吉斯文化还容纳和受到了蒙古、波斯和俄罗斯文化的影响[④]。

（三）经济

吉尔吉斯斯坦水力资源丰富，矿产资源丰富，发现煤、汞、锑等各类矿储藏 2000 多处，拥有化学元素周期表大多数元素，许多资源的储量和分布情况有待进一步勘探研究，以确定开发前景。水资源丰富，蕴藏量在独联体国家中居第三位，仅次于俄罗斯、塔吉克斯坦。吉尔吉斯斯坦国民经济以多种所有制为基础，农牧业为主，工业基础相对薄弱，主要生产原材料。[⑤]独立初期，由于同加盟共和国传统经济联系中断，加之实行激进改革，经济一度出现大滑坡。21 世纪初，吉尔吉斯斯坦调整经济改革方针，稳步向市场经济转轨，推行以私有化和非国有化改造为中心的经济体制改革，经济保持了低增长态势，工业生产恢复性增长，物价相对稳定，通膨水平也降至独立以来最低水平。制订 2000—2010 年发展战略时，吉尔吉斯斯坦将发展旅游业和扶持中小企业列为今后经济工作的重点方向。吉尔吉斯斯坦主张对外贸易自由化，出口产品主要为贵金属、化学物品和农产品等，主要进口石油产品、二手汽车、服装、化工产品、天然气等。2015 年，吉尔吉斯

---

① 中华人民共和国外交部 . 吉尔吉斯斯坦国家概况 [EB/OL].(2016-12-01)[2017-09-10].http://www.fmprc.gov.cn/web/gjhdq_676201/gj_676203/yz_676205/1206_676572/1206x0_676574/.

② 商务部国际贸易经济合作研究院等 . 对外投资合作国别（地区）指南——吉尔吉斯斯坦 [R]. 商务部国际贸易经济合作研究院等，2016.04.

③ 联合国人口司《世界人口展望》编译，2015 年修订版 [EB/OL].（2017-09-10）. http://esa.un.org/unpd/wpp/DVD.

④ 吉尔吉斯斯坦 [EB/OL].（2017-09-15）. https://baidu.com/item/%E5%90%89%E5%B0%94%E5%90%89%E6%96%AF%E6%96%AF%E5%9D%A6/129860?fr=aladdin#4.

⑤ 中华人民共和国外交部 . 吉尔吉斯斯坦国家概况 [EB/OL].(2016-12-01)[2017-09-10].http://www.fmprc.gov.cn/web/gjhdq_676201/gj_676203/yz_676205/1206_676572/1206x.

斯坦国内生产总值为 4240 亿索姆，同比增长 3.5%。①

（四）教育

吉尔吉斯斯坦基本保留了苏联时期的教育体系和教育方式。小学至高中阶段实行义务教育。高等教育根据考试择优录取 20% 左右实行义务教育，其余则实行商业化教育。中等教育结束后，学生可根据意愿选择继续学习或就业。②

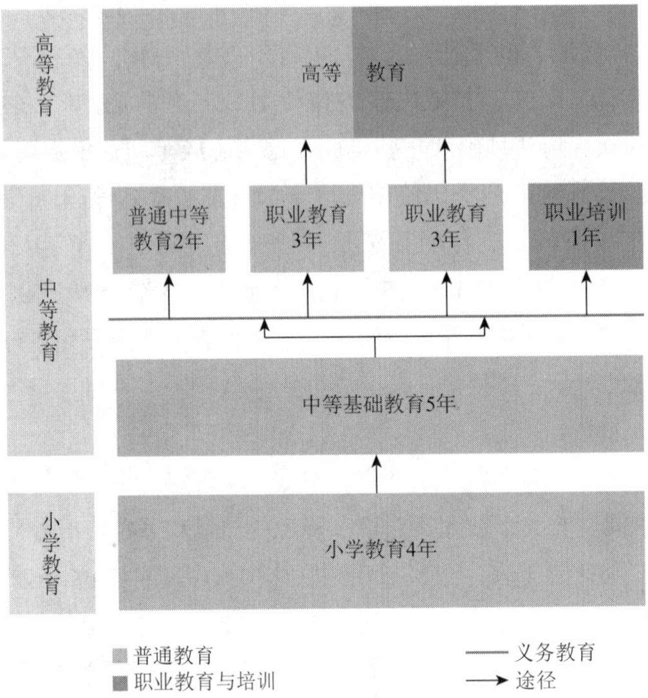

图 1 吉尔吉斯斯坦教育体系图③

小学教育：吉尔吉斯斯坦的学校教育从 7 岁到 15 岁，实行 4 年制教育。

中等教育：包括初中（中等基础教育）和高中（普通中等教育）两个教育阶段。初中阶段学制 3 年。学生初中毕业后可以选择：就读普通高中（2 年）、职业学校（3 年）、就读普职结合的高中（3 年），或者接受 1 年的职业培训。

高等教育：吉尔吉斯斯坦的大学提供本科生和研究生课程。④

截至 2015 年，吉尔吉斯斯坦全国共有各类学校 2258 所，在校生共计 125.8 万，教师约 8.6 万人。其中，中等专业学校 129 所，在校生约 9.2 万人。高等院校 53 所，在校

① 商务部国际贸易经济合作研究院等. 对外投资合作国别（地区）指南——吉尔吉斯斯坦 [R]. 商务部国际贸易经济合作研究院等，2016.04:8–12.

② Education Development Strategy of the Kyrgyz Republic [EB/OL]. [2017-09-10]. https://search.yahoo.com/search;_ylt=A0LEV1C4j.VZ33sAfRtXNyoA;_ylc=X1MDMjc2NjY3OQRfcgMyBGZyA3lmc.

③ 数据来源：图表根据联合国教科文组织 (2011) 汇编计划 – 吉尔吉斯共和国数据编制.

④ World TVET Database–Country Profiles[EB/OL]. (2010-10-05). http://www.unevoc.unesco.org/go.php?q=World+TVET+Database&ct=KGZKyrgyzstan.

生约 21.44 万人。

吉尔吉斯斯坦著名的高校有吉尔吉斯斯坦国立大学、吉美中亚大学、比什凯克人文大学、吉俄斯拉夫大学、奥什国立民族大学等[①]。其中最古老的是吉尔吉斯斯坦国立技术大学，成立于 1954 年，它的主要专业领域包括信息技术、电力、运输和机械制造、技术、管理和商业以及采矿和山地技术。

二、职业技术教育与培训的战略与法规

（一）战略

吉尔吉斯斯坦的社会状况依然处于独立后的过渡时期。尽管经济和社会生活发生许多变化，但其教育体系仍然建立在苏联教育框架的基础上，缺乏现代化的、弹性的职业技术教育与培训（简称职教培训）项目，无法提供合格技术工人以支持其新兴经济。因此，当前教育体系的总体使命是将培养满足市场经济需求的知识技能型人才作为首要任务。[②] 2007 年吉尔吉斯斯坦的职教培训获得独立地位，目前的发展战略包括：

第一，关注劳动力培训和教育质量，为良好的教育创造适当环境；

第二，深入调查劳动力市场需求，培养满足雇主需求的劳动力队伍；

第三，更新教育内容，提供更好的劳动力培训和教育水平，满足经济社会发展需求。

（二）法规

吉尔吉斯斯坦自独立以来已经陆续出台《教育法》、《初等职业教育法》、《教师地位法》等，这些法律法规对职教培训做出了原则性的规定。

1.《教育法》（1992）和最新修订的《教育法》（2009）：规定了吉尔吉斯斯坦的国家教育政策、教育基本原则以及教育体系运行条件。《教育法》（2009）将职业教育分为三个层次：初等职业教育（Initial professional education）、中等职业教育（Secondary professional education）与高等职业教育（Higher professional education）。

2.《初等职业教育法》：于 1999 年通过，2008 年进行修订。该法律指出何谓初等职业教育以及国家如何确保公民享有职教培训的权利。该法律还描述了初等职教培训学校的类型与资助计划，并对初等职教培训机构与教师的许可、认证做出规定。

3.《吉尔吉斯共和国国家机构提供经费的法令》：该法令规定了职业技术教育与培训的资金来源与用途。

4.《教师地位法》（2001）及最新修订版（2009）：该法律对有关教师活动的国家政策、法律、经济和社会关系做出原则性规定。

---

① 吉尔吉斯斯坦 [EB/OL].（2017-09-18）. https:// E5%90%89%E5%B0%94%E5%90%89%E6%96%AF%E6%96%AF%E5%9D%A6/129860?fr=aladdin#4.

② 全球职业技术教育与培训数据库 - 吉尔吉斯斯坦 .UNESCO-UNEVOC. 联合国教科文组织国际职业技术教育与培训中心 [EB/OL].（2017-09-10）.

职教培训的其他相关法律、法令、法规还包括：

· 职业技术教育与培训发展战略及行动计划（2011）；

· 职业技术教育与培训集团化与现代化战略及行动计划（2009–2011）；

· 国家专业与技术教育机构的结构与建立的政府法令与规范；

· 职业技术教育与培训质量保障的国家规定、资格框架和就业框架；

· 国家教育组织 – 职业学校宪章（国家职业教育机构法令［4/14 号］，2008 年 1 月 16 日批准）；

· 吉尔吉斯共和国司法部刑罚执行部门惩教设施对职业学校的规定（2007）；

· 刑事执行机构对职业学校的规定的政府决议；

· 关于监管初等职业教育系统规范运作的法律文件的政府决议（2003）；

· 关于批准初等职业教育与培训职业与专业目录的政府决议（2003）。①

三、职业技术教育与培训的体系与质量保障

（一）体系

1. 中等职业教育：吉尔吉斯斯坦职业技术教育与培训从初中后开始，类型包括：

三年制课程：整合了职业教育与普通教育，学习内容里包括了申请高等教育入学的必要内容；

两年制课程：面向普通中等教育证书持有者，即九年级毕业生，该课程也整合了职业教育与普通教育，但不包括申请高等教育机构入学的必要内容；

一年制课程：面向青少年和成人的专门职业训练。②

2. 高等职业教育包括学士教育以及硕士教育。高等职业教育的目的是加深学生在中等职业教育阶段所接受职业技术教育与培训的知识性。各类高等学校是提供高等职业教育的机构。在符合国家教育标准的前提下，高等学校有开设职业培训课程的自由。

此外，私立教育机构也可以提供专业技术培训课程。这些机构包括：非政府组织、专业培训领域内的私营企业、特定组织以及私人（包括国际专家）。大多数非正规教育项目都致力于训练服务业、工业及其他部门工作所必须的专业技能，比如贸易与营销技能、加工类的技术训练等。③

（二）保障

1. 资格与资格框架

吉尔吉斯斯坦的国家资格框架正在建构过程中，建构的基础包括以下几个方面：

---

① 联合国教科文组织国际教育局 – 教育的世界数据（第七版）– 吉尔吉斯共和国。

② Kyrgyz Republic: Second Vocational Education and Skills [EB/OL].（2017-09-10）. https://lt=AwrBT9PFj.VZqa8AEupXNyoA;_ylc=X1MDMjc2NjY3OQRfcgMyBGZyA3lmcC10BGdwcmlkA01NbGIxRVZTUXJHU.

③ 联合国教科文组织国际教育局 – 教育的世界数据（第七版）– 吉尔吉斯共和国。

· 1998 年的专业分类；

· 2003 年批准的职教培训专业目录，并于 2006 年出版；

· 2003 年的中等职教培训学习领域标准；

· 2008 年开始的国际职教培训领域中的 17 个专业标准、模块及培训标准。

欧洲培训基金会（ETF）主导了吉尔吉斯斯坦开发、实施国家资格框架的项目，该框架是根据欧洲资格框架发展而来。这一举措有助于架起吉尔吉斯斯坦教育和劳动力市场之间的桥梁，增加企业对职业技术教育与培训系统的参与度。到目前为止，只有专业被列入框架的开发项目（例如旅游业），而资格标准仍在开发中。①

四、职业技术教育与培训的治理与教师

（一）治理

吉尔吉斯斯坦的劳动与社会保障部及其下属的职业培训与教育署负责职业院校的相关政策制定。

教育与科学部及其下属的高等专业教育署负责高等职业教育相关政策的制定。

中央政府各经济部门分别在各自专业领域内提供专业教育，如卫生部、劳动与社会保障部、国家文化委员会、经济与对外贸易部、国家旅游和体育委员会、交通部等都提供相应的专业教育。

国家职业教育委员会于 2008 年成立，其职能是全面执行政府职业教育与培训政策，为劳动力市场提供熟练劳动力，以满足职业教育的社会需求和公民兴趣与能力提升的需求。

地方职业学校的主要活动由区际部门负责。但是，首都比什凯克市职业教育部门却有着特殊地位，其管理市行政部门与国家机构共同施行。

国家移民和就业委员会的比什凯克信息和咨询中心是唯一一个提供职业和就业指导的组织。

参与职业技术教育与培训管理的还有各个专业组织和行业协会，包括：吉尔吉斯共和国联盟；吉尔吉斯共和国工业和商业商会；消费品工业协会；消费品工业、造纸工业和服务业的雇员工会；生产和建筑公司 JSC；吉尔吉斯坦库鲁什工业雇主联合会；吉尔吉斯斯坦 RNAUF 销售公司；企业家联合会；吉尔吉斯斯坦邮政服务、JSC Kyrgyztelecom 城市无轨电车部门等。②

参与了吉尔吉斯斯坦共和国职教培训系统的国际组织包括：吉尔吉斯共和国地区劳工组织办公室计划、GTZ 职业教育改革与劳动力市场组织、赫尔维塔农村和农业职业教育联合会、亚洲开发银行职业发展实施单位（PIU）、教育与技能发展项目、联合国开发计划署扶贫开发联合会、欧洲培训基金会（通过培训活动论坛）、土耳其教育部、联合

① ETF(2010)– 吉尔吉斯共和国的职业教育和培训 . 都灵 : 欧洲培训的基础 .

② ETF(2010)– 吉尔吉斯共和国的职业教育和培训 – 日内瓦 :UNESCO–IBE.

国教科文组织、美国国际开发署、MERCICO 行业和市场组织等。

（二）经费

吉尔吉斯斯坦颁布了《吉尔吉斯共和国国家机构提供经费的法令》，确保了职业技术教育与培训的资金来源，为职业学校的发展创造了机会。

吉尔吉斯斯坦职业技术教育与培训的主要资金来源是共和党的预算经费。职业院校享有国家预算拨款，同时，国家还鼓励职业院校多渠道地吸引外来资金，外来资金通常在学校账户中单独列支，专门用于特定用途。①

（三）教师

根据吉尔吉斯斯坦现行法律，只有具备指定教学资格的人才能在教育机构任教。如果高中毕业生（拥有完全中等教育证书）有志于成为教师，至少要在大学或者学院再接受 4 至 5 年的教育，才有资格成为职业学校的教师；硕士毕业生有资格成为高等职业技术教育的教师。

但是，目前吉尔吉斯斯坦的师资并不充足，很多职教教师和培训人员并没有较高学历。根据有关“吉尔吉斯共和国职业教育和培训”的 ETF 报告，取得高等教育学位的教师和教育工作者只占教师总人数的一半②。

吉尔吉斯斯坦法律规定，所有在职教师都应该每 5 年必须参加一次在职培训。同时，为了增加职业技术教育与培训领域合格教师的数量，吉尔吉斯斯坦政府采取了激励措施，以吸引更多的优秀的年轻人加入教师队伍中。这些措施包括：大学的教育学科实行免费教育，提高职教教师的工资水平等。政府对各种在职教师培训项目给予资金支持，特别是对建筑、农业和信息通信技术等国家亟需领域，加大专业教师的培养力度。③

五、职业技术教育与培训的诉求与发展趋势

（一）诉求

吉尔吉斯斯坦的国民经济以多种所有制并存为基础。产业以农牧业为主，工业基础薄弱，主要生产原材料。在独立初期，由于同苏联各加盟共和国传统经济联系中断，加之实行激进改革，国家经济一度出现大滑坡。④ 21 世纪初调整经济改革方针，稳步渐进地向市场经济转轨，推行以私有化和非国有化改造为中心的经济体制改革，经济逐渐恢复，保持了稳定的低增长态势。目前吉尔吉斯斯坦农业人口占 64.8%。吉尔吉斯斯坦政府在制订 2000—2010 年发展战略时将发展旅游业和扶持中小企业列为今后经济工作的

① Education Development Strategy of the Kyrgyz Republic for 2012–2020.

② ETF(2010)– 吉尔吉斯共和国的职业教育和培训 . 都灵 : 欧洲培训的基础 .

③ Kyrgyz Republic: Second Vocational Education and Skills [EB/OL].（2017–09–10）. https:// ylt=AwrBT9PFj.VZqa8AEupXNyoA;_ylc=X1MDMjc2NjY3OQRfcgMyBGZyA3lmcC10BGdwcmlkA01NbGIxRVZTUXJHU.

④ Current Education in Kyrgyzstan[EB/OL]. (2017–10–05). https://borgenproject.org/current–education–in–kyrgyzstan/.

重点方向。2008 年，吉尔吉斯斯坦服务业产值增长了 10.6%。[①] 吉尔吉斯斯坦的人口结构年轻，30 岁以下的人口占总人口的 60%，这给教育和劳动力市场带来压力。产业发展的迫切需要与劳动力质量不适岗之间的矛盾驱动吉尔吉斯斯坦政府重视职业技术教育与培训。

（二）发展趋势

吉尔吉斯斯坦国家移民和就业委员会获得了 ETF 的支持，在全国范围内支持青年人和失业人员培训的技术培训。

第一，青年人教育的问题是吉尔吉斯斯坦教育领域的一项重点。长期以来，职业技术教育与培训机构提供的课程主要是由供给驱动的。在未来的发展中，政府将重点关注工人适应劳动力市场的需求需要具有什么样的能力，以此作为职业技术教育与培训的依据。为此，政府已经签署了有关成人教育和培训的相关国际文件。

第二，国家职业技术教育委员会与国家移民和就业委员会建立了紧密合作关系，以提高教育和劳动力市场紧密程度，迎接终身学习的挑战。国家职业技术教育委员会正在努力增加非政府拨款的资金来源，如国家移民和就业委员会的援助、个人的投资和与企业的投入。

第三，建立一个技能预报系统，由国家移民和就业委员会领导，根据地区和地方当局的数据发布人力资源需求预测。

第四，国家职业与技术教育委员会和国际劳工组织（ILO）建立合作，该组织专注于研究国际劳工组织的劳工技能的模块化教学。迄今为止，吉尔吉斯斯坦已经有部分学校在采用此模块化技能培训方式。

（深圳职业技术学院　技术与职业教育研究所　宋　晶）

主要参考文献

[1]《教育法》(1992)
[2]《教育法》(2009)
[3]《初等职业教育法》(2008)
[4]《吉尔吉斯共和国国家机构提供经费的法令》
[5]《教师地位法》(2009)

① Kyrgyz Republic: Second Vocational Education and Skills[EB/OL].（2017-09-10）. https:// ylt=AwrBT9PFj.VZqa8AEupXNyoA;_ylc=X1MDMjc2NjY3OQRfcgMyBGZyA3lmcC10BGdwcmlkA01NbGIxRVZTUXJHU.

[6]《职业技术教育与培训发展战略及行动计划》(2011)

[7]《职业技术教育与培训集团化与现代化战略及行动计划》(2009-2011)

[8]《国家专业与技术教育机构的结构与建立的政府法令与规范》

[9]《职业技术教育与培训质量保障的国家规定、资格框架和就业框架》

[10]《国家教育组织 - 职业学校宪章 (国家职业教育机构法令 [4/14 号]) 》

[11]《吉尔吉斯共和国司法部刑罚执行部门惩教设施对职业学校的规定 (2007) 》

[12]《刑事执行机构对职业学校的规定的政府决议》

[13]《关于监管初等职业教育系统规范运作的法律文件的政府决议 (2003) 》

[14]《关于批准初等职业教育与培训职业与专业目录的政府决议 (2003) 》

[15] 联合国教科文组织报告。原文出自：全球职业技术教育与培训数据库：吉尔吉斯斯坦 . 编制：UNESCO-UNEVOC 联合国教科文组织国际职业技术教育与培训中心 .

[26] 中华人民共和国外交部 . 吉尔吉斯斯坦国家概况 [EB/OL]. (2016-12-01)[2017-09-10]. http://www.fmprc.gov.cn/web/gjhdq_676201/gj_676203/yz_676205/1206_676572/1206x0_6765.

[17] 全球职业技术教育与培训数据库：吉尔吉斯斯坦 . 编制：UNESCO-UNEVOC 联合国教科文组织国际职业技术教育与培训中心 .

[18] 商务部国际贸易经济合作研究院等 . 对外投资合作国别 (地区) 指南——吉尔吉斯斯坦 [R]. 商务部国际贸易经济合作研究院等 , 2016.04:8-12.

[19] 联合国人口司《世界人口展望》编译 , 2015 年修订版 (http://esa.un.org/unpd/wpp/DVD/).

[20] Kyrgyz Republic: Second Vocational Education and Skills https:// ylt=AwrBT9PFj.VZqa8AEupXNyoA;_ylc=X1MDMjc2NjY3OQRfcgMyBGZyA3lmcC10BGdwcmlkA01NbGIxRVZTUXJHU.

[22] Education Development Strategy of the Kyrgyz Republic [EB/OL]. [2017-09-10]. https://search.yahoo.com/search;_ylt=A0LEV1C4j.VZ33sAfRtXNyoA;_ylc=X1MDMjc2NjY3OQRfcgMyBGZyA3lmc.

[23] World TVET Database-Country Profiles [EB/OL]. (2010-10-05). http://www.unevoc.unesco.org/go.php?q=World+TVET+Database&ct=KGZKyrgyzstan.

[24] Kyrgyz Republic: Second Vocational Education and Skills. https:// ylt=AwrBT9PFj.VZqa8AEupXNyoA;_ylc=X1MDMjc2NjY3OQRfcgMyBGZyA3lmcC10BGdwcmlkA01NbGIxRVZTUXJHU.

[25] Education Development Strategy of the Kyrgyz Republic for 2012-2020.

[26] Current Education in Kyrgyzstan[EB/OL]. (2017-10-05). https://borgenproject.org/current-education-in-kyrgyzstan/.

俄罗斯联邦

一、国家概况

（一）地理

俄罗斯联邦（The Russian Federation），简称俄罗斯，位于欧亚大陆北部，横跨欧亚大陆，东西最长 9000 千米，南北最宽 4000 千米，国土面积为 1709.82 万平方千米，是世界上面积最大的国家。[①] 邻国西北面有挪威、芬兰，西面有爱沙尼亚、拉脱维亚、立陶宛、波兰、白俄罗斯，西南面是乌克兰，南面有格鲁吉亚、阿塞拜疆、哈萨克斯坦，东南面有中国、蒙古和朝鲜。东面与日本和美国隔海相望。海岸线长 33807 千米。[②] 俄罗斯领土的 36% 位于北极圈内，主体部分处于北温带，地形以平原和高山为主，地势南高北低，西低东高。俄罗斯以大陆性气候为主，温差普遍较大，1 月气温平均为 –40℃ ~ –5℃，7 月气温平均为 11℃ ~27℃。[③] 俄罗斯由 83 个联邦主体组成，包括 21 个共和国、9 个边疆区、46 个州、2 个联邦直辖市、1 个自治州和 4 个民族自治区。[④]

（二）人文

俄罗斯最初是东斯拉夫人的罗斯部族。历经莫斯科大公国、俄罗斯帝国、俄罗斯苏维埃联邦社会主义共和国等时代更迭，现称为俄罗斯联邦。16 世纪初莫斯科大公国建立，多民族封建国家形成。1547 年，伊凡四世改大公称号为沙皇；1721 年，彼得大帝将国号改为俄罗斯帝国。1917 年 11 月 7 日（俄历 10 月 25 日）爆发十月社会主义革命，建立了世界上第一个社会主义国家政权——俄罗斯苏维埃联邦社会主义共和国。1922 年 12 月 30 日，俄罗斯联邦、外高加索联邦、乌克兰、白俄罗斯成立苏维埃社会主义共和国联盟（后扩至 15 个加盟共和国）。1990 年 6 月 12 日，俄罗斯苏维埃联邦社会主义共和国

---

① 中华人民共和国外交部 . 俄罗斯国家概况 [EB/OL].(2016-12-01)[2017-09-10].http://www.fmprc.gov.cn/web/gjhdq_676201/gj_676203/yz_676205/1206_676572.

② 中国一带一路网 . 俄罗斯概况 [EB/OL]. [2017-09-10]. https://www.yidaiyilu.gov.cn/gbjg/gbgk/807.htm.

③ 俄罗斯 : 俄罗斯地理概况 [EB/OL].(2015-02-19)[2017-09-10]. http://globserver.cn/%E6%9F%AC%E5%9F%94%E5%AF%A8/%E5%9C%B0%E7%90%86.

④ 俄罗斯：俄罗斯地理概况 [EB/OL].(2015-02-19)[2017-09-10]. http://globserver.cn/%E6%9F%AC%E5%9F%94%E5%AF%A8/%E5%9C%B0%E7%90.

最高苏维埃发表《国家主权宣言》，宣布俄罗斯联邦在其境内拥有“绝对主权”。1991年8月，苏联发生“8·19”事件。9月6日，苏联国务委员会通过决议，承认爱沙尼亚、拉脱维亚、立陶宛三个加盟共和国独立。12月8日，俄罗斯联邦、白俄罗斯、乌克兰三个加盟共和国领导人在别洛韦日签署《独立国家联合体协议》，宣布组成“独立国家联合体”。同年12月21日，除波罗的海三国和格鲁吉亚外的苏联11个加盟共和国签署《阿拉木图宣言》和《独立国家联合体协议议定书》。12月26日，苏联最高苏维埃共和国院举行最后一次会议，宣布苏联停止存在。至此，苏联解体，俄罗斯联邦成为完全独立的国家，并成为苏联的唯一继承国。俄罗斯成为联合国安全理事会五大常任理事国之一。1993年12月12日，经过全民投票通过了俄罗斯独立后的第一部宪法，规定国家名称为“俄罗斯联邦”。目前，俄罗斯也是金砖国家之一。①

俄罗斯实行联邦民主制，以宪法和法律为基础，根据立法、司法、行政三权分立又相互制约、相互平衡的原则行使职能。俄罗斯联邦政府是最高国家执行权力机关。俄罗斯联邦会议是俄罗斯联邦的代表与立法机关。联邦会议采用两院制，上议院称联邦委员会（Federal Council），下议院称国家杜马（State Duma）。俄罗斯实行多党制，主要有以下政党：统一俄罗斯党、俄罗斯共产党、俄罗斯自由民主党、公正俄罗斯党、亚博卢联盟、右翼力量联盟等。总统是国家元首，有权任命包括总理在内的高级官员，但必须经议会批准。总统同时也是武装部队的首领以及国家安全会议的主席。总统不可以连任超过两届。现任总统弗拉基米尔·弗拉基米罗维奇·普京2012年5月7日就职，第三次当选总统。现任总理德米特里·阿纳托利耶维奇·梅德韦杰夫2012年5月8日获得任命②。

俄罗斯人口总数约为1.46亿，人口年龄中位数为38.7（2015年数据）。③ 建国以来，俄罗斯遭遇人口下滑问题，在政府提供的一系列生育政策，如“母亲基金”的激励下，2013年实现了人口的自然正增长。俄罗斯是一个由194个民族组成的多民族国家，其中，俄罗斯族是主要民族，其人口占总人口的77.7%，主要少数民族有鞑靼、乌克兰、巴什基尔、楚瓦什、车臣、亚美尼亚、阿瓦尔、摩尔多瓦、哈萨克、阿塞拜疆、白俄罗斯等族。俄语是俄罗斯联邦全境内的官方语言，各共和国有权规定自己的国语，并在该共和国境内与俄语一起使用。俄罗斯主要宗教为东正教，其次为伊斯兰教。④

① 商务部国际贸易经济合作研究院等 . 对外投资合作国别(地区)指南——俄罗斯 [R]. 商务部国际贸易经济合作研究院等 .2016.04:04.

② 中国外交部——俄罗斯国家概况 [EB/OL]. [2017-10-01]. http://www.fmprc.gov.cn/web/gjhdq_676201/gj_676203/oz_678770/1206_679110/1206x0_679112/.

③ 联合国人口司《世界人口展望》编译，2015年修订版 [EB/OL]. [2017-10-01]. http://esa.un.org/unpd/wpp/DVD/.

④ 商务部国际贸易经济合作研究院等 . 对外投资合作国别(地区)指南——俄罗斯 [R]. 商务部国际贸易经济合作研究院 .

（三）经济

俄罗斯自然资源十分丰富，种类多，储量大，自给程度高。森林覆盖面积 880 万平方公里，占国土面积 51%，居世界第一位。木材蓄积量 821 亿立方米。天然气已探明蕴藏量为 48 万亿立方米，占世界探明储量的 35%，居世界第一位。石油探明储量 109 亿吨，占世界探明储量的 13%。煤蕴藏量 2016 亿吨，居世界第二位。铁蕴藏量 556 亿吨，居世界第一位，约占 30%。铝蕴藏量 4 亿吨，居世界第二位。铀蕴藏量占世界探明储量的 14%。黄金储量 1.42 万吨，居世界第四至第五位。此外，俄还拥有占世界探明储量 65% 的磷灰石和 30% 的镍、锡 ①。

俄罗斯的工业、科技基础雄厚，部门齐全，以机械、钢铁、冶金、石油、天然气、煤炭、森林工业及化工等为主，木材和木材加工业也较发达。航空航天、核工业具有世界先进水平。当前，俄罗斯政府确定财政拨款优先发展的经济领域包括：农业（包括农业服务）、加工业（包括食品生产）、化工、机械制造（航空、船舶、汽车生产等）和住房建设等。主要工业区包括：俄罗斯工业区、圣彼得堡工业区、乌拉尔工业区、新西伯利亚工业区。IT 业发展迅速，尤其是在软件开发方面已经走在世界前列，涌现出了 Yandex、卡巴斯基等世界著名的软件制造商。财政金融总体趋好。2006 年，黄金外汇储备居世界第三位，储蓄突破 2800 亿美元大关，成为世界上拥有最多外汇储蓄的国家之一。2016 年，俄罗斯完成国内生产总值 1.33 万亿美元，居欧洲第 5 位，世界第 13 位；完成人均国民生产总值 8447.42 美元，居世界第 71 位。2016 年，俄罗斯国内生产总值同比下降 0.2%，截至 2017 年 1 月 1 日，外汇储备约 3777 亿美元。②

（四）教育

俄罗斯有着悠久的高质量教育传统，是世界上最好的大规模教育系统之一，其公民的识字率达 98%，超过了大多数西欧国家。俄罗斯自然科学和基础研究方面的高等教育水平居世界领先地位，航空航天、军事工业等工程技术领域亦属世界一流，人文和社会学科拥有优秀传统和鲜明的风格。俄罗斯的教育体系分成学前教育、义务教育和高等教育。

1. 学前教育。俄罗斯学前教育机构设有托儿所、幼儿园。托儿所一般招收 2 个月到 3 岁的儿童，幼儿园招收 3 岁到 7 岁的儿童接受学前教育。学前教育的主要任务是帮助家庭教育儿童，为孩子的母亲成为职业女性创造便利的条件。

2. 义务教育。俄罗斯 2001 年通过了教育改革方案之后，确立了 12 年一贯制的中小学义务教育。义务教育共分为三个阶段：第一阶段为小学，学制 4 年；第二阶段为初中，学制 5 年；第三阶段为高中（包括普通高级中学和职业高级中学），学制为 3 年。俄罗

① 中国外交部 . 俄罗斯国家概况 [EB/OL]. [2017-10-01]. http://www.fmprc.gov.cn/web/gjhdq_676201/gj_676203/oz_678770/1206_679110/1206x0_679112/.

② 中国一带一路网 . 俄罗斯概况 [EB/OL]. [2017-10-01]. https://www.yidaiyilu.gov.cn/gbjg/gbgk/807.htm.

斯联邦《教育法》规定，义务教育为免费教育，而且学校免费为学生提供教科书和课间加餐。学生从接受完初中教育后开始分流，一部分升入高级中学接受完全普通教育，另一部分进入职业中学继续学习；其余学生直接就业或参加夜校和函授学校的学习。义务教育阶段的主要任务是：为学生个体的智力、道德、情感和身体的发展创造良好的条件，培养学生科学的世界观，使学生掌握自然、社会、从事劳动的系统知识以及独立活动的能力。①

3. 高等教育。俄罗斯的高等教育由综合性大学、专科院校和研究院实施，教育层次包括学士、硕士和博士。高等教育阶段的主要任务是培养具有高深专业理论知识和实际技能的专家。在俄罗斯申请博士学位难度比较大，博士学位由国家最高学位评定委员会决定授予，取得博士学位者除了要对专业知识有深入的研究并通过博士论文答辩，还必须在工作领域取得卓越成绩。

截至 2015 年，俄罗斯全国共有公立义务教育机构 41906 所，在校生 1449.18 万人，其中，高校 896 所（国立高校 530 所，非国立高校 366 所），在校大学生总计 476.65 万人。高校在编教师 31.9 万人，其中，具有博士学位的 4.1 万人，具有副博士学位的 16.9 万人。

俄罗斯拥有许多世界名校。莫斯科大学师资力量雄厚，教师及科研人员共计 9108 人，其中 2065 人获博士学位，5228 人获副博士学位，教授约 1000 名，副教授和讲师约 2000 名，约 300 名俄罗斯科学院及分类科学院院士和通讯院士。俄罗斯的 18 位诺贝尔奖学金获得者中，有 11 人在莫斯科大学工作和学习过。此外，俄罗斯的优秀大学还有：圣彼得堡国立大学、莫斯科罗蒙诺索夫大学、俄罗斯人民友谊大学、莫斯科鲍曼国立技术大学、圣彼得堡国立技术大学、莫斯科动力学院、莫斯科门捷列夫化工学院、莫斯科航空学院、圣彼得堡海洋技术大学、圣彼得堡航空宇航制造学院、圣彼得堡精密技术信息大学、萨马拉航空技术大学、圣彼得堡矿业大学、莫斯科矿业大学、莫斯科国际关系学院、莫斯科普希金语言学院、莫斯科音乐学院、圣彼得堡列宾美术学院等等。②

① 俄罗斯 [EB/OL]. [2017-10-01]. http://www..com/a/995786.html.

② 中国外交部 . 俄罗斯国家概况 [EB/OL]. [2017-10-01]. http://www.fmprc.gov.cn/web/gjhdq_676201/gj_676203/oz_678770/1206_679110/1206x0_679112/.

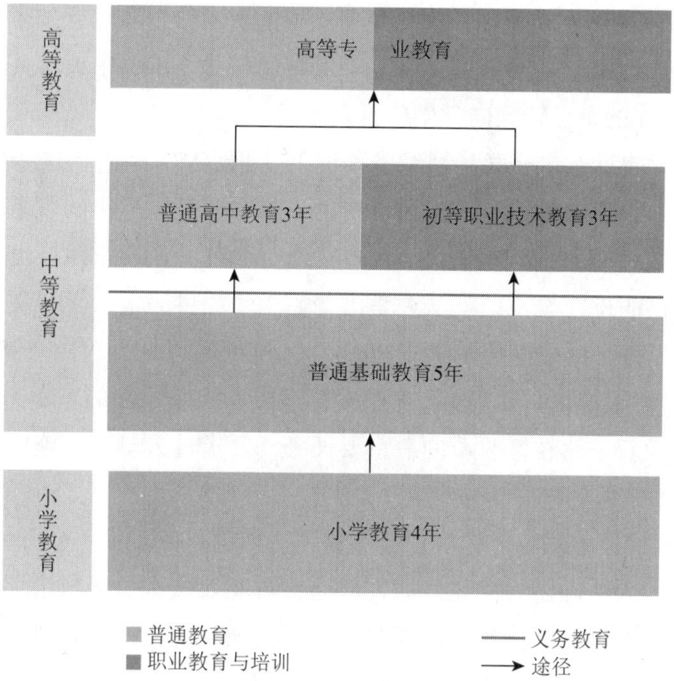

图 1　俄罗斯教育体系图①

图表来源：联合国教科文组织国际职业技术教育与培训（UNESCO-UNEVOC）中心数据。

二、职业技术教育与培训的战略与法规

（一）战略

俄罗斯的职业技术教育有着悠久历史，其战略方针随时代的更迭和政治、经济、社会环境的变化而不断进行调整。

早在 17 世纪，为富国强兵，俄罗斯兴起了“彼得一世改革”，建立了早期的职业教育形态。莫斯科数学和航海学校、炮兵学校、军医学校、工程学校、外语学校、航海学校和一些矿业学校相继成立并建立学制。

1861 年俄罗斯废除农奴制时，教育领域也展开了一场巨大的变革运动。1864 年颁布的《初等国民学校章程》重新规定了初等学校不分等级、信仰，向所有儿童开放，男女儿童可以同校，省县都设立了教育委员会。

“十月革命”胜利后，苏维埃政权对旧的学校教育制度进行世俗化和民主化改造，废除了沙俄时期的等级学校制度，建立起社会主义的学校制度。1918 年全俄中央执行委员会批准并公布了《统一劳动学校规程》和《统一劳动学校规则》，把劳动作为教学的基础。列宁在《俄共（布）纲领草案》中明确宣布，共产党在国民教育方面的迫切任务之

① 国家学术认证与流动信息中心——俄罗斯教育系统。莫斯科：教育与科学部。

一，是对未满16岁的男女儿童一律实行免费义务的普通教育和综合技术教育，把教育与儿童的社会生产劳动紧密结合起来。1931年发布的联共（布）中央《关于小学和中学的决定》，把学校工作的重点转到向学生传授系统的科学知识上。①

第二次世界大战后，在苏联计划经济条件下，职业技术教育由国家实行垂直统一管理。1958年苏联最高苏维埃主席团通过了《关于加强学校同生活的联系和进一步发展苏联国民教育制度的法律》，实施三种类型的完全中等教育。第一种是由青年工人学校和农村青年学校提供的夜校教育；第二种是由普通中学提供，学生学习文化理论知识又兼职生产劳动；第三种是由中等技术学校和中等专业学校提供的教育。1984年，苏共中央全会和苏联最高苏维埃通过了《改革普通教育学校和职业学校的基本方针》，把改革职业教育的结构作为新一轮教育改革的最重要任务，要求过去单纯实施职业教育和专业教育的学校都要同时兼施完全中等教育。②

20世纪90年代，苏联解体，俄罗斯签署了《博洛尼亚宣言》并开始了一系列改革，将培养合格的专业人才确立为优先发展的战略，对职业技术教育与培训进修重组。这种对职教培训与国家发展具有重要性的新战略催生了大量旨在重塑职教培新体系的联邦项目。俄罗斯当前职业技术教育与培训改革的主要目标为：

第一，创建一个能够适应变化的灵活的能力本位职教培训体系，实施合格的、有积极性的培训者讲授的现代化教育方案；

第二，促进继续职业教育、培训和终身学习；

第三，加强职教培训与劳动力市场的联系；

第四，开发国家资格框架与国家资格框架体系，并使之制度化；

第五，提高职教培训质量，建立一个独立的职教培训质量保障体系。③

（二）法规

俄罗斯联邦与地方立法以及教育与科学部所颁布的法令、规则构成了规范国家职业教育与培训的法律体系。

1992年《联邦教育法》、1996年《联邦高等及大学后职业教育法》、1997年《联邦初等职业教育法》：三部法律构成了职业教育体系的基本框架，为职业技术教育提供了基本法律保障。

1992年《俄联邦教育部职业技术学校经费拨款问题的决定》：该决定确立了地方财政拨款制度。

---

① UNESCO International Bureau of Education.World Data on Education. VII Ed.2011.[DB/OL].http://www.ibe.unesco.org/fileadmin/user_upload/publications/WDE/2010/pdf-versions.

② 朱小蔓，H.E. 鲍列夫斯卡娅 .B. 鲍利辛柯夫 .20-21 世纪之交中俄教育改革比较 [M]. 教育科学出版社，2006.

③ RUSSIA，COUNTRY STRATEGY PAPER. [2017-10-01]. http://www.etf.europa.eu/wpubdocs.nsf/0/928810B88B1B5459C12580BC0057B580/$File/CSP%20Russia%202017-2020_External%20Distribution%20Jan%.

1992 年《联邦初等职业教育法》：该法律确立了初等职业教育三个优先的原则。经费拨款优先；保护联邦、联邦各主体和地方政府三级财政预算对初等职业教育的所有支出项目；对投资发展初等职业教育的学校、自然人和法人提供税收优惠。

1996 年《高等及大学后续职业教育法》：对高等职业教育的层次进行了规范，明确了俄罗斯大学收费教育的合法性。

2000 年俄罗斯联邦政府批准《俄罗斯联邦国民教育要义》：要义中规定了国家在师资方面的职责。

2009 年修订的《联邦教育法》规定了俄罗斯教育体系的结构、原则与实施。

《俄罗斯联邦教育发展目标规划（2011—2015）》：规定了教育现代化的关键方面，调整职教培训以适应劳动力市场需求，该规划促进了 2011 年的职教培训能力新标准的出台。

2009 年俄罗斯联邦政府颁布《关于在中等和高等职业学校开展应用型学士试验》的命令，决定于 2009—2014 年在中等职业学校和高等职业学校开展应用型本科教育实验，构建应用型本科教育体系。

《2010 年教育优先发展构想》则规划了教育和职业教育的发展远景。

《托里诺进程（ETF，2011）框架》中的《俄罗斯国家报》指出，面向职教培训毕业生的职业与就业咨询系统的开发与实施构想文件已经形成，它为高等和中等职教培训毕业生的职业与就业咨询中心的运转提供了框架。①

三、职业技术教育与培训的体系与质量保障

（一）体系

学生初中毕业后开始分流，学生可以选择进入继续就读普通高中或就读中等职业学校。中等职业学校毕业后，经过国家职业资格鉴定，可以进入企业工作，也可以到高等职业教育机构继续深造并取得应用型学士学位。高等职业教育的毕业生经过国家高职的职业资格鉴定，可以进入企业工作。就读普通高中的毕业生，也可以通过考试到高等职业教育机构深造，毕业时取得应用型学士学位。

① UNESCO International Bureau of Education.World Data on Education. VII Ed.2011.[DB/OL].http://www.ibe.unesco.org/fileadmin/user_upload/publications/WDE/2010/pdf–versions.

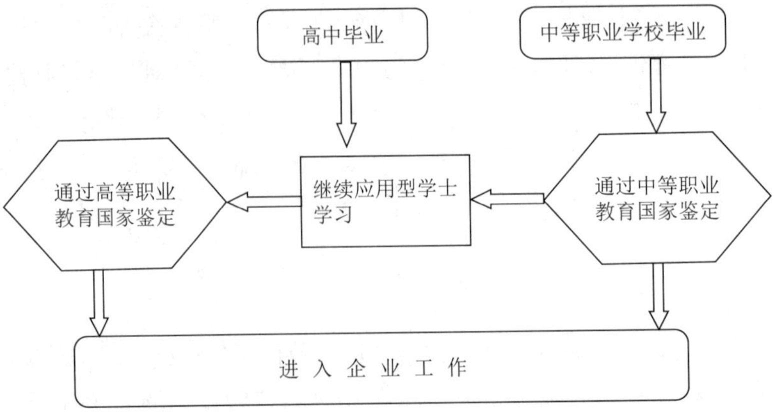

图 2

除了中职和高职院校，俄罗斯的职业教育还包括职业技术培训。培训分为初等职业技术培训和中等职业技术培训，初等职业技术培训由职业学会或职业学校提供，中等职业技术培训由大学和专科学院提供。①

俄罗斯正在创办新型中职院校——跨区域职业技能培训中心。俄罗斯为落实联邦教育发展规划（2016—2020），促进职业教育的现代化，联邦政府向地方政府拨付专项津贴推动跨区域职业技能培训中心建设，力图将其打造成"技术精英培养领航者"。培训中心是具有自主办学权，与企业合作办学的中等职业教育机构，其任务是：研究优秀的专业技术人才培养方案和实践活动；针对社会紧缺专业和热门职业组织人才培养方案的试验性开发工作；研究制定大规模推广应用先进人才培养方案的机制和方法；选派大量具有创新潜质的技术精英参加相关国际竞赛尤其是世界技能大赛等。②

（二）保障

1. 资格框架

俄罗斯加入了博洛尼亚进程后开始制订国家资格框架并不断地对其进行修正。2012年，俄罗斯正式建立了与欧洲资格框架兼容的《俄罗斯联邦国家资格框架》。该框架从"权利和责任的范围"、"从事活动的复杂性"和"活动的科研程度"三个维度方面对学习结果做出等级评定，并从"培训与大纲要求"、"实践经验"、"受教育程度"三个维度界定了获得相应水平资格的途径。资格框架从低到高，分为 9 个等级，等级越高，对学习者在工作中的独立性、创造性和战略眼光的需求越高。③

俄罗斯联邦国家资格框架是联结教育领域与劳动力市场的桥梁，构架梳理了行业标准，确立了对劳动者的统一技能要求，也规定了学校职业教育标准和大纲，并对教育结果进行评价。国家资格框架的制定为各种类型的教育之间学分互认创造条件，对构建现

① 国家学术认证和流动信息中心 – 俄罗斯教育系统 – 教育与科学部（2010）[EB/OL]. [2017-10-01]. http://www.ibe.unesco.org/fileadmin/user_upload/publications/WDE.

② World tvetd–atabase http://www.unevoc.unesco.org/wtdb/worldtvetdatabase_rus_en.pdf.

③ 刘金花，吴雪萍 . 俄罗斯联邦国家资格框架解析 [J]. 教育科学，2014（4）.

代俄罗斯的职业教育体系具有重要的现实意义。①

表 1　俄罗斯国家资格框架表 ②

资格等级	资格水平描述	获得路径
1级水平	学习者能在他人的指导下工作，并能自负责任；完成对智力要求不高的普通任务（通常指体力劳动）；能运用日常知识和（或）一定范围的专业知识。	通过短期培训或辅导；在体力活动中获得实践经验；受教育程度应不低于小学。
2级水平	要求学习者能在他人指导下，完成熟悉的工作时能够表现出独立性，并能自负其责；能完成对智力要求不高的普通任务；能根据工作规程选择行动的方法；能根据完成任务的条件调整自己的行为；能运用重要的专业知识。	两周到1个月的职业培训；在体力活动过程中获得实践经验；受教育程度不低于初中。
3级水平	要求学习者在他人领导下，在完成典型任务时表现出独立性；能根据领导布置的任务，规划自己的活动并自负责任；能完成多种工作任务；在知识和实践经验的基础上，从熟知的工作方法中做出选择；能根据任务完成条件调整自己的行动并自负其责；在完成典型任务时能运用技术性或方法性原理；能够运用重要的专业知识。	为期1年的职业培训；没有受过完全中等教育的技能型工人（在职者）须按规定课程培训；在活动过程中获得实践经验；受教育程度不低于初中的水平。
4级水平	要求学习者在他人领导下，在完成需要分析工作情形及预见未来变化的工作时表现出独立性；能根据领导布置的工作任务，规划个人活动或工作小组的活动，并对完成领导布置工作的结果或小组工作的结果负责；完成各种典型实践任务；能够基于知识和实践经验，从熟知的方法中选择行动方法；能理解完成实践任务的技术性或方法性原理；能运用大量专业知识；独立搜集所必需的信息。	职业培训（为期1年的培训班和补充职业教育课程培训）或实践经验（在完全中等教育基地）；受教育程度要求达到中等职业教育水平。
5级水平	要求学习者能独立分析工作情形和预见工作未来的变化，完成典型的实践任务；参与管理并决定部门内的领导布置的工作任务；对领导布置工作任务的完成结果以及工作组或部门的活动结果负责；完成不同类型带有设计要素的实践任务；在变化的工作条件下选择解决工作问题的方法；监控、评估和调整工作的过程和结果；能运用技术性或方法性专业知识；能独立地搜集为完成职业工作所必需的信息。	中级专家课程的培训；在工作活动过程中获得实践经验（在完全中等教育基地）；受教育程度要求达到中等职业教育水平。
6级水平	要求学习者能按照工作目标，独立地确定个人的和（或）下属的工作任务；保障同事之间及相邻部门之间的协作；能对部门或组织的工作结果负责；能运用新的技术或方法，制定、引进、检查、评估、调整职业活动的各个组成部分；能运用技术性和方法性的、包括创新性的职业知识，包括创新知识；能独立搜集、分析、评估职业性信息。	学士学位获得者；学习培养中级专家规定的课程；具有实践经验，并得到行业水平的、公认的职业认可；受教育程度要求达到高等教育水平。
7级水平	要求学习者能确定战略，管理本部门或基础部门的工作过程和活动（包括创新活动）；对本部门以及基础部门活动的结果负责；能解决职业活动发展问题和（或）不同新技术的使用问题（其中包括创新的方法和技术），并创建新方法和新技术；能了解活动的方法论原理，在一定领域和（或）交叉领域创造具有实用性质的新知识。	硕士学位获得者或者经过专家级培训和（或）接受过补充的职业教育学士学位获得者；实践经验和得到行业水平的、公认的职业认可；受教育程度要求为高等教育。

① 杨大伟，陈婉蕾 . 俄罗斯国家资格框架的制订及内容解析 [J]. 中国职业技术教育 ,2017(3).

② 联合国教科文组织国际教育局（2011）. 世界教育数据（第 7 版）2010/2011. 俄罗斯 . 日内瓦：联合国教科文组织国际教育局。

续表

资格等级	资格水平描述	获得路径
8级水平	要求学习者能确定战略，管理本部门和基础部门工作的过程和活动（包括创新活动）；对基础部门活动的结果负责；能解决具有科学研究性质和设计性质的问题以提高管理效率；能创造具有跨学科和跨行业性质的新知识；能评估和选择发展工作所必需的信息。	教学专家、教授水平的课程培训；高级实习训练师水平的课程培训；硕士或者专家水平的培训和补充职业教育；具有实践经验和行业水平或国际行业水平的公认的职业认可；受教育程度要求达到高等教育水平。
9级水平	要求学习者能确定管理复杂的、专业的、生产和科学探索过程的战略；能在一定领域有显著的、原创性的贡献；对照国际水平，能对行业、国家行为结果负责；能解决方法性、研究性和设计性质的问题，以提高复杂的、社会科学生产过程效率。	教学专家、教授水平的课程培训；高级实习训练师水平课程培训；具有实践经验和俄罗斯国家水平和国际水平公认的职业认可。

2. 质量保障

俄罗斯在职业教育质量保障领域不仅创建了关注合格的政府评估体系，而且创建了关注排名的社会评估体系，政府评估与社会评估机构通力合作保障职业教育的水平和质量。

第一，政府评估体系。根据《俄罗斯联邦教育法》，负责教育质量控制和质量保证的主要机构是教育与科学部的联邦监管服务部门。教育领域的质量保证与控制机制包括国家标准、许可、国家认证三个组成部分。

· 国家教育标准是一套国家批准并认可的要求，它规定了教育课程内容的法定最低限度、学生的最大课业负担、通识课业负担以及毕业生必须满足的要求。

· 许可是对教育设施、实验室设备、教学人员的专业知识、教学材料是否符合国家要求进行的过程评估。

· 国家认证是对不同层次（中等职业或高等教育机构）与种类（大学、学院、研究院）的教育机构，依据国家教育标准评价教育机构的教学水平和毕业生质量，从而确认教育机构的地位。国家对教育质量的控制采取计划和非计划的修正形式，旨在评估教育计划内容以及学生准备的质量是否达到联邦国家的教育标准要求。如有不当行为，会对教育机构发出警告，说明需要纠正的地方。所有违规行为应在6个月内加以更正。初等和中等职教培训认证是由教育部门的地方当局负责。认证程序包含来访专家组实施正式评估，以确保该机构符合国家和地方规定。职教培训机构每引入一个新计划，都应该进行评估与授权。

第二，社会评估体系。目前，在俄罗斯职业教育领域，初步成型的社会评估模式主要有两种：教育大纲质量的社会评估、教育机构工作质量的社会评估。俄罗斯于2005年创建了教育质量社会检查及事业发展署，它是俄罗斯第一所对高等教育质量进行专业社会评估的机构，它提供的服务包括：对教育大纲质量进行专业的社会评估；教育质量管理体系的审计与认证；管理咨询等等。①

表 2　教育质量社会检查及事业发展署的社会评估指标②

指　　标	检 测 内 容
教育目标	教育目标的清晰度；教育目标是否与教育大纲消费者的需求相一致；是否具备可以检测不断变化的需求的机制；教育机构是否定期重新评估和调整教育目标。
教育大纲的结构与内容	大纲的内容与结构是否与声明的教育目标一致；达成预定教育结果的可能性。
教学方法材料	教学方法材料在多大程度上可以帮助学生取得预定的教育目标；为了促进教育大纲的顺利实施，是否有丰富的教学方法材料。
专职教师构成	教师的能力与资格水平；教育机构是否具备招聘或评价教师素质的程序和标准；教育机构编制内教师的能力与资格是否可以保障教学的顺利实施。
科学研究活动	科学研究活动是否有利于改进教学结果；科学研究活动在教学过程中的实施效果；科学研究作品的哪部分已经进入设计开发阶段。
教学和物质–技术资源	教育机构具备的教学和物质–技术资源是否可以支撑教育大纲的实施；在教学、自学和科研工作中，学生是对教育和物质–技术资源的准入；教学和物质–技术资源的改进。
教育大纲实施过程的组织与管理	是否创建了教育质量管理体系，包括对教学质量、学生取得的成就、教师素质的评估；在教学中，是否考虑到学生和毕业生、教师和雇主的意见。
雇主对教育大纲的参与	教育机构是否创建了吸引雇主参与实施教育大纲的机制；雇主是否有机会参与检查和制定教学科目、讲座、研讨会，是否指导学生准备毕业论文；雇主是否参与教育质量评估；雇主是否对教育大纲的实施给予物质—技术和财政支持。
学生参与制定教育内容和组织教育过程的机制	学生是否在院系一级参与管理；是否统计学生对教学资源质量的意见；是否考虑到学生对教学内容的建议；在院系一级是否建立了与学生的反馈机制。
学生服务	在学习期间对学生的支持；帮助学生发展自己的能力并成功；在多大程度上，教育机构依靠选拔有素质的中学生来保障教育质量。

资料来源：根据俄罗斯教育质量社会检查及事业发展署组织实施的职业院校教育大纲质量评估分析报告整理。

四、职业技术教育与培训的治理与教师

（一）治理

教育与科学部及其顾问委员会是负责包括职教培训在内的不同教育层次及机构实施国家政策和法律法规的唯一的联邦机构。教育与科学部的治理职能包括：制定国家政策框架、立法框架包括联邦教育标准、动员财政资源、评估和审查职教培训政策、研究和开发以及数据和统计方面的规定。教育与科学部顾问委员会负责制定国家政策框架，并

① 欧洲培训基金会 – 俄罗斯联邦 [EB/OL].[2017–10–01]. http://www.efc.be.

② UNESCO International Bureau of Education.World Data on Education. VII Ed.2011.[DB/OL].http://www.ibe.unesco.org/fileadmin/user_upload/publications/WDE/2010/pdf–versions.

提议改变监管和法律框架。隶属于教育与科学部的联邦教育与科学监督服务机构负责教育机构的质量控制、法律执行监督、学位的许可以及鉴定与认证等问题。俄罗斯教育系统的管理是联邦和各联邦国家以及地方市政机构的共同责任。联邦地区教育立法机构、市政机构与教育部共同监管区域内的教育机构。因为各联邦区域社会、文化、经济和自治权利方面有所差异，教育项目由地方政府在考虑到区域特异性基础上设定和实施的。①

在财政投入方面，大多数教育机构由联邦教育与科学部或领土教育部资助，一些具有行业特色的教育机构则由行业部门资助。例如，农业教育机构的财政支持由农业和渔业部负责，而医疗保健和社会发展部负责医学教育机构的财政投入。②除了从中央财政获得的支持之外，俄罗斯的国家高等教育机构和职教培训机构也正在从地方和市政预算中获得资助。资助计划基于"人均"财政投入，按照学生数额提供。联邦政府推出的"国家教育优先项目"旨在依靠由国家预算与企业或地区预算共同支持的创新项目拨款来促进职教培训学校和大学的现代化。目前该项目已由国家级转为地区级别，拨款也相应地来自于地区或国家预算以及地方企业。③

科研也是俄罗斯职教管理的途径之一。俄罗斯教科院下设两个职业教育研究所，即彼得堡的职业技术教育研究所和喀山的职业教育心理学与教育学研究所。彼得堡研究所构建了连续职业教育理论，强调技术人才职业观的培养，其研究和实践促进俄罗斯的职业教育体系的纵向连续和沟通。喀山研究所构建了职业教育发展一体化理论，该理论在教育实践中主要体现为横向的联合，即教学机构之间，以及教学、科研、生产机构的联合，从而实现资源共享，以提高职业教育的质量，形成了职业技术教育深厚的理论研究。④

（二）教师

俄罗斯在2011年出台了《师范教育标准》，该《标准》明确了俄罗斯教师培养的总教育目标——加深并巩固准教育工作者在职业和专业课程领域的理论素养、专业技能和方法的培养。具体包括七个方面的要求：

（1）加强未来教师在高等师范院校理论知识的学习，并且有能力在参与教育教学工作后有效地运用这些知识。

（2）培养未来教师领导学生进行认知活动的能力，并且有效地掌握教育教学法。

（3）培养未来教师胜任独立自主进行统筹、开展、协调课内外教育教学工作的能力。

① RUSSIA，COUNTRY STRATEGY PAPER 2017–20 ETF [EB/OL] http://www.etf.europa.eu/wpubdocs.nsf/0/928810B88B1B5459C12580BC0057B580/$File/CSP%20Russia%202017–2020_External%20Distribution%20Jan%202017.pdf.

② RUSSIA，VET GOVERNANCE ETF PARTNER RUSSIA COUNTRY PROFILE [EB/OL] http://www.etf.europa.eu/web.nsf/pages/Russia.

③ RUSSIA，COUNTRY STRATEGY PAPER 2017–20 ETF [EB/OL] http://www.etf.europa.eu/wpubdocs.nsf/0/928810B88B1B5459C12580BC0057B580/$File/CSP%20Russia%202017–2020_External%20Distribution%20Jan%.

④ RUSSIA，VET GOVERNANCE ETF PARTNER RUSSIA COUNTRY PROFILE [EB/OL] http://www.etf.europa.eu/web.nsf/pages/Russia

（5）必须以现代化教学技术武装未来教师，使其有能力掌控课堂秩序，激发学生的学习热情。

（6）未来教师应当学会良好的人际沟通方式，以便在遇到教学问题时，能及时有效地与学生进行沟通。当教育过程中出现特殊情况时，未来教师应当及时发现，并且能够及时处理特殊教育情况。

（7）未来教师除了传授知识外，还应具备教育科研能力，通过对日常教学的研究不断积累现代化的教育经验。①

俄罗斯《教育法》规定，职教教师应当具有高等教育的学历。职教教师入职后必须每五年参加至少一次的在职培训课程，内容包括专业深造、其他专业的拓展和现代化教学手段等方面的培训。②

职教系统资金投入不足和教师工资偏低一直是限制俄罗斯职业技术教育与培训发展的一个障碍。俄罗斯中等职业教育领域机构的教师平均工资只有 1.5 万多卢布。在个别经济欠发达地区，职业教育机构教师工资甚至达不到全国最低工资水平，难以维持家庭生活。对此，普京总统指出，“应提高职业教育系统教师工资，各联邦主体应当切实重视职业教育，致力于解决这一问题。”③ 目前，俄罗斯联邦政府正在对教师教育进行改革，计划加大资金投入并实施一定的财政激励计划来激发教师接受继续教育的积极性。

五、职业技术教育与培训的诉求与发展趋势

（一）诉求

俄罗斯作为市场化经济转型大国，在发展过程中面临着严峻的增长可持续性问题。根据 WEF 的《全球竞争力报告》显示，随着俄罗斯经济转轨的深化，资源经济的潜力已经发展到了极致。与此同时，俄罗斯仍然存在苏联在科技和军事领域遗留的缺陷：科技与经济严重脱节，军事科技极强而民用科技落后；人才培养与社会需求脱节，高技能人才缺乏等，这些问题制约着俄罗斯经济社会的持续健康发展。俄罗斯不可能仅依靠丰裕的自然资源和发达的军事科技来维持世界强国地位，因此，需要把技术创新问题提到国家战略的高度。尤其在遭遇了金融危机之后，俄罗斯进一步认识到只有依靠科技创新才是拉动经济增长的根本出路。当前的俄罗斯正处于从效率驱动型国家向创新驱动型国家过渡的时期，发展创新经济成为俄罗斯经济转轨理论与实践内在的、逻辑的和历史的必然选择。2008 年，普京提出了发展创新型经济的思想纲领。随后，梅德韦杰夫把发展创新型经济与实现俄罗斯的全面现代化联系在一起，指出调整优化产业结构，转变经济

---

① Общественное участие в управлении школой.Школьные советы[Z].М.:АльянсПресс,2004.14.

② TVET Teacher–Training Requirements in the Russian Federation. https://link.springer.com/chapter/10.1007/978-1-4020-5281-1_80.

③ 中国驻俄罗斯大使馆教育处冯相如供稿《俄罗斯总理普京：应提高职业教育系统教师工资》[J]，《世界教育信息》，2012 年第 2 期。

发展方式，由能源主导型经济向创新经济发展是俄罗斯2020年前国家发展战略的基本原则。《俄罗斯联邦经济发展中期纲要（2006—2008）》强调，为保障创新型经济的增长，必须提高技术人员的地位，使创新型人力资源成为创新型经济增长的重要源泉。[①] 2011年12月俄罗斯政府批准《2020年前俄罗斯创新发展战略》。俄罗斯《国家战略文件2017—2020》指出，俄罗斯政府将在2017—2020年间重点支持和创新发展的国家工业项目包括：航空、交通、通信、制造业、国防、开采、电子、造船、制药和医疗行业。政府将通过全面现代化的职业技术教育治理、资源支持和质量保证来解决这些行业合格技术人员短缺的问题。[②] 在此背景下，为解决高技能人才的缺乏问题，一些大型企业开始尝试建立自己的技能培训体系。2000—2010年，企业大学数量明显增多。然而大量的中小企业由于缺少高技能人才制约了生产技术更新。培养大批创新型高素质技术技能人才是实施技术创新型增长战略的首要突破口。[③]

此外，俄罗斯职业技术教育与培训体系本身也存在强烈的发展诉求。俄罗斯当前的绝大多数职业教育机构培养的仍然是传统生产企业的技术人才，而且培养数量不足，这与俄罗斯新兴技术、新兴行业对职业教育的新要求之间存在着矛盾。特别是在核工业和航空航天业领域，尽管俄罗斯在这些领域拥有先进技术，在世界上占有重要地位，但是，随着社会劳动分工日益专业化，高新技术领域出现了熟练技术工人短缺的情况。对此，俄罗斯政府强调依托原有的职业教育体系，加强高新技术教育，注重创新能力，培养高端熟练技工。

（二）发展趋势

职业教育改革是俄罗斯教育体系改革的一项重要内容，其职业教育的发展与社会生产进步和居民就业紧密相关。自前苏联解体后，俄罗斯进入社会转型初期，由于工业受到重创，工人和技术人员的需求减少，曾经为苏联经济发展做出重大贡献的职业教育发展极不平衡，初等和中等职业教育曾一度被忽视。到20世纪90年代末期，职业教育暴露出了许多问题，2001年制定的《2010年前俄罗斯教育现代化构想》确定了初等和中等职业教育优先发展的方针，但由于多种原因，这一方针事实上并没有得到落实。直到2004年初，普京总统在国情咨文中强调：应当使职业教育的人才培养与社会生产相联系。职业教育才开始真正受到社会普遍关注。

俄罗斯在《教育的创新发展——提高俄罗斯竞争力的基础》这一重要报告中，将教育的开放看作是国家竞争力的前提——要提高在世界经济全球化条件下的国家竞争力，

① 美俄大国人才发展概况及政策评析(国家智库报告.2016-06) [EB/OL]. [2010-10-01]. https://wenku.baidu.com/view/f1743b31ad51f01dc281f1fe?pn=51.

② RUSSIA，COUNTRY STRATEGY PAPER 2017-20 ETF [EB/OL]. [2010-10-01]. http://www.etf.europa.eu/wpubdocs.nsf/0/928810B88B1B5459C12580BC0057B580/$File/CSP%20Russia%202017-2020_External%20Distribution%20Jan%202017.pdf

③ 俄罗斯技能人才需求 [EB/OL]. [2010-10-01]. http://dpd.xupx.edu.cn/info/.

关键问题是人才竞争，也就是说俄罗斯教育系统与世界教育发展的对接。教育竞争力已经成为国际竞争力的重要指标，恢复俄罗斯教育国际地位确定为俄罗斯教育的目标之一。2008 年 3 月，《2020 年前的俄罗斯教育——服务于知识经济的教育模式》这一重要的纲领性文件指出，在今天，俄罗斯仍存在实际的风险——今天的教育不能满足社会和经济发展要求，因此，必须在维护国家教育传统中有生命力的部分的同时，吸取世界教育实践中的所有有益经验，发展面向 21 世纪后工业经济和社会所需的全新教育制度和教育模式。俄罗斯当前改革和主要项目的许多职教项目已经在进行当中：

第一，国家教育优先项目在俄罗斯联邦共设 300 个创新资源中心，使初、中等职教培训项目得到有效实施；拟开发一个有效的职教培训机构网发展，作为地区社会经济发展的工作中心；①

第二，《俄罗斯联邦教育法》的新草案已经完成，目前正在修订之中，其中有涉及职教培训现代化进程的条款。主要关注目标是：调整职教培训体系以满足劳动力市场需求；加快职教培训体系治理与管理的“去中心化”（decentralization）；职业定位与指导体系现代化；为职教培训开发人力资源；建立一个独立的职教培训质量外部评估体系；

第三，建立一个主要的现代高等教育机构网络以及区域职教培训机构网络；引入企业协会参与的独立的职教培训质量评估体系；进一步实施、推广应用本科课程。这些课程以企业需求为导向，由高等和中等职业技术教育机构共同实施；

第四，构建私人企业与职教培训领域的教育机构之间的战略合作伙伴关系，发起和支持继续教育计划的实施，增加财务独立和教育机构的透明度；建立捐赠基金（例如：莫斯科管理学校—斯科尔科沃），实施计划改善移民和残疾人参与职教培训。

（深圳职业技术学院　技术与职业教育研究所　宋　晶）

主要参考文献

[1] 1992 年《俄联邦教育部职业技术学校经费拨款问题的决定》
[2] 1992 年《联邦初等职业教育法》
[3] 1992 年《联邦教育法》
[4] 1996 年《联邦高等及大学后职业教育法》
[5] 1996 年《高等及大学后续职业教育法》
[6] 1997 年《联邦初等职业教育法》

① 俄罗斯拨款支持区域职业教育发展计划 [J]. 世界教育信息，2017(17).

[7] 2000 年俄罗斯联邦政府批准《俄罗斯联邦国民教育要义》

[8] 2009 年修订的《联邦教育法》

[9]《俄罗斯联邦教育发展目标规划 (2011 —2015)》

[10]《关于在中等和高等职业学校开展应用型学士试验》

[11]《2010 年教育优先发展构想》

[12]《托里诺进程 (ETF, 2011) 框架》

[13] 中华人民共和国外交部 . 俄罗斯国家概况 [EB/OL] . (2016-12-01)[2017-09-10] .http://www.fmprc.gov.cn/web/gjhdq_676201/gj_676203/yz_676205/1206_676572.

[14] 中国一带一路网 . 俄罗斯概况 [EB/OL]. [2017-09-10]. https://www.yidaiyilu.gov.cn/gbjg/gbgk/807.htm.

[15] 俄罗斯 : 俄罗斯地理概况 [EB/OL] . (2015-02-19)[2017-09-10]. http://globserver.cn/%E6%9F%AC%E5%9F%94%E5%AF%A8/%E5%9C%B0%E7%90%86.

[16] 商务部国际贸易经济合作研究院等 . 对外投资合作国别 (地区) 指南——俄罗斯 [R] . 商务部国际贸易经济合作研究院等 .2016.04: 04.

[17] 中国外交部 . 俄罗斯国家概况 [EB/OL]. [2017-10-01]. http://www.fmprc.gov.cn/web/gjhdq_676201/gj_676203/oz_678770/1206_679110/1206x0_679112/.

[18] 联合国人口司《世界人口展望》编译 , 2015 年修订版 [EB/OL]. [2017-10-01]. http://esa.un.org/unpd/wpp/ DVD/.

[19] 联合国教科文组织国际教育局 (2011). 世界教育数据（第 7 版）. 俄罗斯 . 日内瓦 : 联合国教科文组织国际教育局 .

[20] 朱小蔓 , H.E. 鲍列夫斯卡娅 .B. 鲍利辛柯夫 .20-21 世纪之交中俄教育改革比较 [M] . 教育科学出版社 , 2006.

[21] 教育与科学部 (2010). 国家学术认证和流动信息中心——俄罗斯教育系统 . 莫斯科 : 教育与科学部 .

[22] World tvetd-atabase http://www.unevoc.unesco.org/wtdb/worldtvetdatabase_rus_en.pdf

[23] 刘金花 , 吴雪萍 . 俄罗斯联邦国家资格框架解析 [J] . 教育科学 , 2014（4）.

[24] 欧洲培训基金会 - 俄罗斯联邦 [EB/OL].[2017-10-01]. http://www.efc.be. 国家学术认证和流动信息中心 - 俄罗斯教育系统 - 教育与科学部（2010）.

[25] RUSSIA, COUNTRY STRATEGY PAPER 2017-20 ETF [EB/OL] http://www.etf.europa.eu/wpubdocs.nsf/0/928810B88B1B5459C12580BC0057B580/$File/CSP%20Russia%202017-2020_External%20Distribution%20Jan%202017.pdf

[26] RUSSIA, VET GOVERNANCE ETF PARTNER RUSSIA COUNTRY PROFILE [EB/OL]. http://www.etf.europa.eu/web.nsf/pages/Russia.

[27] RUSSIA, COUNTRY STRATEGY PAPER 2017-20 ETF [EB/OL]. http://www.etf.europa.eu/wpubdocs.nsf/0/928810B88B1B5459C12580BC0057B580/$File/CSP%20Russia%202017-2020_External%20Distribution%20Jan%.

[28] RUSSIA, VET GOVERNANCE ETF PARTNER RUSSIA COUNTRY PROFILE [EB/OL]. http://www.etf.europa.eu/web.nsf/pages/Russia.

[29] Общественное участие в управлении школой.Школьные советы[Z] .М: АльянсПресс, 2004.14.

[30] TVET Teacher–Training Requirements in the Russian Federation. https://link.springer.com/chapter/10.1007/978-1-4020-5281-1_80.

[31] 美俄大国人才发展概况及政策评析 (国家智库报告 .2016–06)[EB/OL]. https://wenku.baidu.com/view/f1743b31ad51f01dc281f1fe?pn=51.

[32] RUSSIA, COUNTRY STRATEGY PAPER 2017–20 ETF [EB/OL]. http://www.etf.europa.eu/wpubdocs.nsf/0/928810B88B1B5459C12580BC0057B580/$File/CSP%20Russia%202017-2020_External%20Distribution%20Jan%202017.pdf

[33] 俄罗斯技能人才需求 [EB/OL]. http://dpd.xupx.edu.cn/info/.

[34] 俄罗斯拨款支持区域职业教育发展计划 . 世界教育信息 .2017（17）.

乌克兰

一、国家概况

（一）地理

乌克兰（Ukraine）位于欧洲东部，黑海、亚速海北岸。北邻白俄罗斯，东北接俄罗斯，西连波兰、斯洛伐克、匈牙利，南同罗马尼亚、摩尔多瓦毗邻。大部分地区属东欧平原。西部喀尔巴阡山脉的戈维尔拉山海拔 2061 米，为最高峰；南部有克里米亚山脉罗曼 – 科什山。东北为中俄罗斯高地的一部分，东南有亚速海近岸丘陵和顿涅茨岭。

乌克兰境内有 3000 多个自然湖泊，主要有亚尔普格湖、萨赛克湖、卡古尔湖和阿利别伊湖等。受大西洋暖湿气流影响，大部分地区为温带大陆性气候，克里米亚半岛南部为亚热带气候。1 月平均气温 –7.4℃，7 月平均气温 19.6℃。年降水量东南部为 300 毫米，西北部为 600—700 毫米，多集中在 6、7 月份。①

国土面积为 60.37 万平方千米，东西长 1300 千米，南北长 900 千米，是欧洲除去俄罗斯之外领土面积最大的国家，但是它一直到 1991 年才独立。乌克兰地理位置重要，是欧洲联盟与独联体特别是与俄罗斯地缘政治的交叉点。乌克兰人属于东斯拉夫人，与俄罗斯人、白俄罗斯人血缘密切。全国有 24 个州，1 个自治共和国，2 个直辖市，共 27 个行政区划。②

（二）人文

乌克兰历史上是基辅罗斯的核心地域，也是近代俄国资本主义发展最早的地区之一。10 世纪前后，东斯拉夫各部落在今乌克兰地区结合形成古罗斯部族，并建立了基辅罗斯国家。12—14 世纪，由于封建割据，古罗斯部族逐渐分裂成俄罗斯人、乌克兰人和白俄罗斯人 3 个支系。约从 14 世纪起，乌克兰人开始脱离古罗斯而形成为具有独特语言、文化和生活习俗的单一民族。13—15 世纪，乌克兰曾先后抗击蒙古人、日耳曼人及土耳其

① 中国国际劳务信息网．乌克兰地理位置概况介绍 [EB/OL]. http://www.ciwork.net/news/a200811755390.htm.2017–10–02.

② 中华人民共和国驻乌克兰大使馆.乌克兰概况[EB/OL]. http://www.fmprc.gov.cn/ce/ceukr/chn/zwgx/wklgg/.2017–10–13.

人的入侵，从14世纪起历受立陶宛大公国和波兰等国的统治。18世纪，俄罗斯又相继把乌克兰和黑海北岸大片地区并入自己的版图。到1795年，除加利西亚（1772—1918年属于奥地利）以外，乌克兰其余地区均在沙皇俄国统治之下。

1917年底东乌克兰地区建立苏维埃政权，成立乌克兰苏维埃社会主义共和国。1922年苏联成立，东乌克兰加入联盟，成为苏联的创始国之一。1985年，戈尔巴乔夫在苏联上台后，历史和现实积累的各种矛盾开始表面化，民族主义和民族独立倾向迅速抬头，全国政局开始急剧动荡，同时，乌克兰开始了其独立步伐。1989年9月，乌克兰人民争取改革运动成立，成员迅速扩大到百万人。1990年7月16日，乌议会通过《乌克兰国家主权宣言》。1991年8月24日，乌克兰政府发表国家独立宣言，正式宣布独立，改国名为乌克兰。1996年乌克兰通过新宪法，确定乌克兰为主权、独立、民主的法制国家，实行共和制。①

2013年11月底，当局宣布暂停同欧盟签署联系国协议，引发大规模抗议示威活动并升级为流血冲突，反对派通过“颜色革命”暴力夺权，亚努科维奇被解除总统职务，导致危机爆发。2014年3月16日，根据克里米亚地区（含塞瓦斯托波尔市）全民公投结果，俄罗斯迅速接收该地区为新联邦主体。②

乌克兰政府机构由总理、第一副总理、副总理、16名部长组成。本届政府产生于2014年12月，亚采纽克出任总理。③1996年6月28日，乌克兰议会通过独立后的第一部宪法，确定乌为主权、独立、民主的法制国家，实行共和制。总统为代表国家的最高元首；最高拉达（议会）为立法机关；内阁为行政机关，向总统负责。2014年2月，乌克兰议会通过恢复2004年宪法效力的决议，乌克兰又重回议会总统制。宪法规定，乌克兰语为官方语言，总统是代表国家的最高元首，由直选产生，任期5年，可以连任，但连任不能超过两届。根据乌克兰政府法，政府是国家最高权力执行机构，向总统负责。④

乌克兰国内总共有人口4555万，首都基辅人口281万。⑤共有130个民族，其中，乌克兰族占总人口的77.8%，俄罗斯族占17.3%，其他少数民族总共只占4.9%。⑥乌克兰宪法规定，国家实行宗教信仰自由，不干涉宗教活动。乌克兰宗教主要有东正教、天主教、浸礼教、犹太教和马蒙教。其中，东正教是乌克兰第一大宗教，其教徒约占全国信

① 中国国际劳务信息网. 乌克兰介绍 [EB/OL].http://www.ciwork.net/news/a200811755390.htm.2017-10-13.

② 中国一带一路网. 乌克兰 [EB/OL].https://www.yidaiyilu.gov.cn/gbjg/gbgk/905.htm. 2017-10-13.

③ 中华人民共和国驻乌克兰大使馆经济商务参赞处. 乌克兰政府 [EB/OL]. http://ua.mofcom.gov.cn/article/d/201201/20120107920429.shtml. 2017-10-13.

④ 商务部国际贸易经济合作研究院. 对外投资合作国别（地区）指南——乌克兰 [EB/OL]. https://www.yidaiyilu.gov.cn/wcm.files/upload/CMSydylgw/201702/201702100303004.pdf.2017-10-13.

⑤ 中华人民共和国外交部. 乌克兰国家概况 [EB/OL]. http://www.fmprc.gov.cn/web/gjhdq_676201/gj_676203/oz_678770/1206_679786/1206x0_679788/.2017-10-13.

⑥ 中华人民共和国驻乌克兰大使馆经济商务参赞处. 民族和语言 [EB/OL]. http://ua.mofcom.gov.cn/article/d/201201/20120107920416.shtml. 2017-10-13.

教人数的85%。天主教是乌克兰第二大宗教教派，在乌克兰独立之后发展较快。

（三）经济

乌克兰已探明有80多种可供开采的富矿，主要有煤、铁、锰、镍、钛、汞、石墨、耐火土、石材等，分布在全国7000多个地区，其中4000多个地区已经开发。锰矿石超过21亿吨，位居世界前列；铁矿石藏量约275亿吨；煤、燃料矿石、陶土地蜡和石墨储量也较丰富。燃料资源中煤占80%，最大煤田是顿涅茨煤田，储量488亿吨。石油和天然气资源相对匮乏，其中80%蕴藏在第聂伯罗彼得罗夫斯克州和黑海沿岸。国内天然气消费的70%和石油消费的90%依赖进口。

农业资源非常丰富，黑土面积占世界黑土总量的25%。境内有大小河流2.3万条，湖泊2万多个，水利资源充足。森林资源较为丰富，森林覆盖率达14%。乌克兰有自然保护区和天然国家公园23个（面积为77.19万公顷）。乌克兰约有3万种低级和高级植物，植物资源丰富。动物资源也极其丰富，包括黑海和亚速海的领海水域在内，大约有44800种动物。①

乌克兰严重的政治危机显现在经济和金融领域中，实际上，国家已处于违约边缘。2014年GDP下降7.5%，通胀率为21%。2015年1—11月通胀率高达43.3%。2015年11月份消费者价格指数为102%，而自年初至今的消费者价格指数为142.3%。②2015年国内生产总值654.89亿美元，同比下降9.9%，通胀率12%，外汇储备130亿美元。经济运转基本靠美欧和国际货币基金组织借款和援助维系。③2016年，乌克兰经济得到好转，国内生产总值927亿美元，同比增长2.3%，外汇储备155亿美元。④

乌克兰耕地资源丰富，适宜开展农业生产。乌克兰主要农作物包括谷类粮食、油料作物、糖类作物和土豆等。目前乌克兰已是全球第一大葵花籽油出口国、第三大谷物出口国。2015年乌克兰粮食产量为6012.58万吨，较2014年下降5.7%，收获甜菜1033.08万吨，下降34.3%；葵花籽1118.11万吨，增加10.3%；油菜籽921.4万吨，减少4.4%。乌克兰是世界上第十大产钢国，占世界钢铁生产总量的2%。

乌克兰军事工业非常发达，是苏联军事工业的重要基地。据估计，乌克兰军事工业占苏联国防工业的30%。乌克兰许多企业和科研机构与国防工业有关，主要集中在机器制造业、燃料动力业及高技术部门，主要生产火箭装置、宇航装置、军用舰船、飞机和导弹等军工产品。乌克兰是世界第五大IT服务出口国，也是中东欧最大的软件开发编

---

① 中华人民共和国驻乌克兰大使馆经济商务参赞处．国情概况[EB/OL]. http://ua.mofcom.gov.cn/article/d/201201/20120107922391.shtml. 2017-10-13.

② 中华人民共和国商务部欧亚司.2015年1-11月乌克兰通胀率高达43.3%[EB/OL]. http://oys.mofcom.gov.cn/article/oyjjss/201512/20151201213152.shtml. 2017-10-13.

③ 中国机构编制网．乌克兰国家概况[EB/OL]. http://www.scopsr.gov.cn/hdfw/sjjj/oz/201203/t20120326_56261.html.2017-10-13.

④ 中华人民共和国外交部．乌克兰国家概况[EB/OL]. http://www.fmprc.gov.cn/web/gjhdq_676201/gj_676203/oz_678770/1206_679786/1206x0_679788/.2017-10-13.

程和 IT 外包服务市场。2008 年，乌克兰成为世界贸易组织第 152 名成员。自此，外国企业在乌克兰市场遇到较少障碍。[①]2014 年，乌克兰遭遇独立以来最严重的政治、经济、社会动荡。[②]

（四）教育

乌克兰实行国家管理和社会自治相结合的教育管理体制。作为国家教育主管部门，教育科学部负责制定国家教育、科学和干部职业培训法规，制定教育发展纲要、国家教育标准和教育工作的具体政策，统筹全国教育工作。地方教育由地方权力执行机构及地方自治机构负责管理并建有专门的管理机构，学前教育、基础教育、校外教育机构及中等师范学校均隶属上述机构。地方教育管理机构负责向其所属学校拨款，为教育工作者及青少年提供社会保障，为学生就近入学并接受教育创造必要条件。高等教育的主要投资方式是国家预算拨款，国家每年按照不低于国民收入 10% 的比例提供教育拨款。

乌克兰基础教育为全日制 11 年制义务教育。教育体制主要由学前教育、普通中等教育、职业技术教育、高等教育（包括副博士研究生教育、博士研究生教育）组成，此外还有校外教育、继续教育、自学教育。现行高等教育机构和学位制度包括专家资格教育和学位教育两种。2015 年，乌克兰高等教育机构中，一级、二级教育机构 371 所，在校学生 23 万人；三级、四级教育机构 288 所，在校学生 137.5 万人。当年，一级、二级教育机构毕业人数 7.3 万人，三级、四级教育机构毕业人数 37.4 万人，其中硕士生 28487 人，博士生 1821 人。[③]2011 年，高校有 1047 所，其中多所大学具有百年以上的历史，国立基辅大学更是“欧洲十大名校”之一，普通学校 21500 所，职业技术学校 737 所[④]。

乌克兰的教育举世闻名，世界著名大学多达 100 多所。如位列欧洲十大名校、世界高校 20 强的基辅大学；有昔日拥有闻名于世的门捷列夫教授，如今仍然在化学工程、新型材料等学科方面独步世界的基辅工学院（现为乌克兰国立科技大学）；建于 1805 年的哈尔科夫大学，不仅是苏联建校最早的第二所大学（第一所大学为莫斯科大学），而且直到今天，俄罗斯莫斯科大学物理系的教授们也几乎全部出自该校；还有基辅美院和利沃夫美术学院；蜚声世界的柴科夫斯基音乐学院、基辅音乐学院等等。[⑤]

---

① 香港贸发局．乌克兰市场概况 [EB/OL]. http://china-trade-research.hktdc.com/business-news/article/%E4%B8%80%E5%B8%B6%E4%B8%80%E8%B7%AF/%E7%83%8F%E5%85%8B%E8%98%AD%E5%B8%82%E5%A0%B4%E6%A6%82%E6%B3%81/obor/sc/1/1X3CGF6L/1X0A3JD2.htm.2017-10-13.

② 商务部国际贸易经济合作研究院．对外投资合作国别（地区）指南——乌克兰 [EB/OL]. https://www.yidaiyilu.gov.cn/wcm.files/upload/CMSydylgw/201702/201702100303004.pdf.2017-10-13.

③ 同上。

④ http://www.chinabaike.com/z/dili/2011/0115/150910.html.

⑤ 搜狐教育．乌克兰留学：国家概况介绍 [EB/OL]. http://www.sohu.com/a/120405044_243003.2017-10-13.

二、职业技术教育与培训的战略与法规

（一）战略

《1999年普通中等教育法》第三条规定：普通中等教育的目的是为了人类、家庭、社会和国家利益，确保以人类的普遍价值观、科学方法原则、多元文化导向、教育的社会本质、人文主义、民主、公民意识、民族间的相互尊重为基础的个人素质的全面发展。

乌克兰职业技术教育与培训的战略是：将乌克兰的教育纳入世界水平；重振乌克兰的原始民族性格；完全更新教育内容、形式方法和组织结构；丰富乌克兰的智力潜力和公民的福祉；把经济和科学提高到更高的水平。

（二）法规

1.《宪法》（1996）

按照“宪法”第五十三条的规定，人人有权利享受国家和市级教育机构的免费教育。综合中等教育（1至9年级）是免费的和强制性的。公民也有权在竞争的基础上，在国家和市级教育机构接受免费高等教育。本条也保证，少数民族公民有权在国家和市级教育机构接受母语教学。

2.《教育法》（1996）

乌克兰职业教育制度受联邦立法行为的制约。教育机构在活动中遵循1996年通过的《宪法》和1996年颁布的《教育法》规定的指导原则。依照法律规定，教育应优先于国家社会、经济、精神文化的发展。此外，职业教育也受到一些议会决议、总统法令和条例、部长内阁决议和条例以及教育部的规定。

3.《职业教育培训法》（1998）

1998年2月10日，政府通过了《职业教育培训法》，这部法律专门对国家职业教育与培训体系做了详细的阐述，同时也提出了全面的改革方案。

4.《普通中等教育法》（1999）

1999年《普通中等教育法》（在2000年正式通过）规定了从2001年开始，10年以上的基础和高中教育在结构、时间和内容方面的重大变化。法律规定：小学教育学制为4年，入学年龄为6岁；基础（中学）教育学制5年，完成普通中等教育课程；高中教育课程为期3年，将主要提供专业培训。所有学生12年的课程都将是强制性的。[①]《1999年普通中等教育法》第6条规定，所有乌克兰公民应在国家和市级教育机构得到保障，免费完成普通中等教育。

5.《二十一世纪教育发展的国家教义》（2002）

《二十一世纪教育发展的国家教义》已于2002年4月17日由“乌克兰总统令第

① Ministry of Education. *Education for All 2000 Assessment: National report of Ukraine*. (Under the co-ordination of Y. Polischuk). Kiev, 1999.

347/2002 号”通过。这一文件的颁布为乌克兰新世纪的教育发展指明了方向。

三、职业技术教育与培训的体系与质量保障

（一）体系

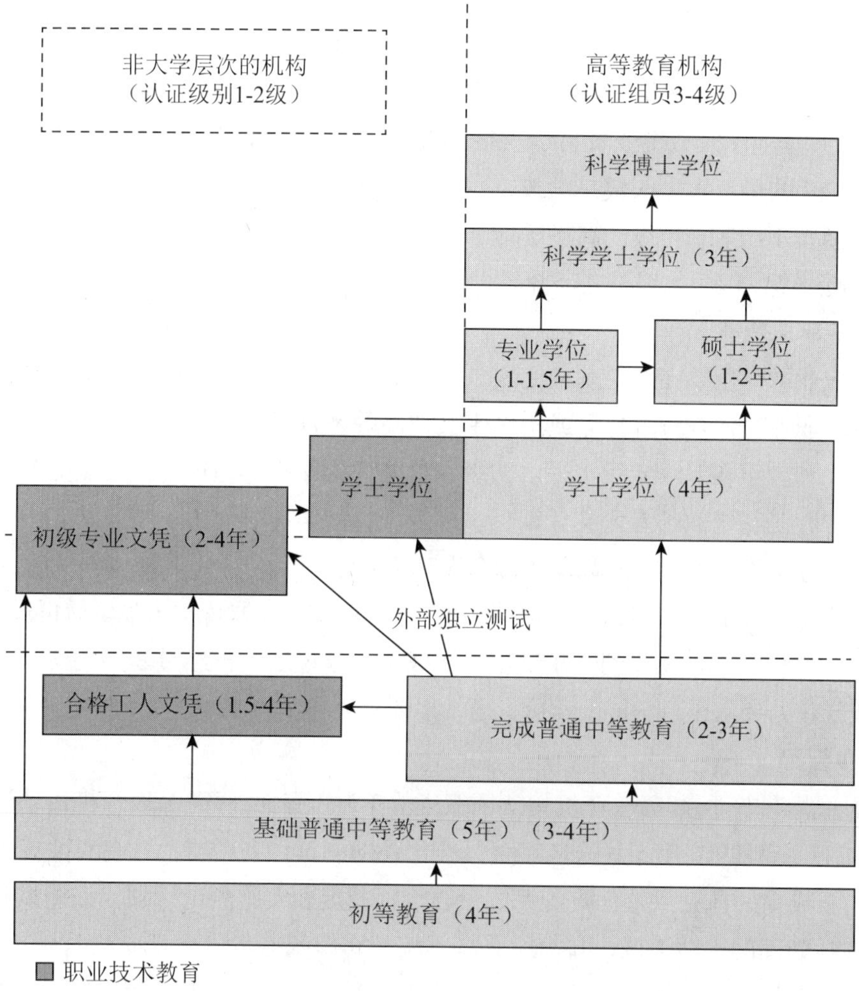

图 1　乌克兰职业技术教育制度的结构

资料来源：Nordic Recognition Network（NORRIC）. *The educational system of Ukraine.* April 2009.

1. 初等职业教育

1999 年颁布的《普通中等教育法》在基础教育和高中教育的结构、持续时间和内容方面做了改革。改革始于 2001 年。法律规定：小学教育应持续 4 年，入学年龄为 6 岁；基础教育（以下简称中等教育）为期 5 年；高中教育为 3 年制，主要提供专业培训。所

有学生强制接受12年制课程。9年级毕业的学生参加期终考试，如果通过就获得普通中学基础证书。基础学校毕业生有可能继续在高级普通中学、专业贸易学校、技术学校或职业学校接受教育。完成普通中等教育后，学生将进行期终考试，如果通过，则会获得全面普通中学证书。

2. 中等职业教育

乌克兰有许多职业和专业机构正在运作。学生在职业技术学校学习期间，还可以接受普通中等教育和职业培训。基础学校毕业生可以继续在高中（包括尖子生的体育馆和学院）、技术职业学校或专业贸易学校接受教育。大约55%的基础学校毕业生继续在高中就读，22%的毕业生进入贸易学校，14%的毕业生进入技术职业学校。[①] 普通高中教育传统上涵盖10到11年级。高中毕业（11年级或12年级）的学生参加国家考试的五个科目，通过考试的学生获得完全普通中等教育证书。

3. 高等职业教育

高等职业教育主要在大专院校完成。在乌克兰，高等教育机构是根据不同认证水平来划分的。职业技术院校（独立或附属于其他高等教育机构）在I–II级水平；高等教育机构、学院和大学在III–IV级水平。初级专科文凭的课程不超过3年便能完成。师范学院提供的课程是初级教师专业文凭课程。中等教育的学习时间为3年，基础中等教育为4年，本科为3至4年，学位课程通常在I–II级水平。其中4年制的本科为III–IV级水平（药学5年；医学为6年）。专科学位的课程一般需要在取得学士学位后再进行1至1年半的学习。硕士学位是1到2年制。硕士或专科学位后，再经过3年的研究，可获得科学学士学位。要取得科学博士学位，通常需要另外再学习3年。[②]

（二）保障

全国总共有58所高等教育机构认证级别为I–II，有59所高等教育机构认证级别为III–IV。[③] 成立于2010年5月的乌克兰标准化外部测试计划联盟，在乌克兰实施外部独立测试。新成立的乌克兰教育质量评估中心负责制定和实施测试计划，该测试将取代目前由各大学管理的入学考试，并为所有高等院校实施统一考试奠定立法基础。2007年，乌克兰首次参加了“国际数学与科学研究趋势”项目。根据结果，特别是4年级和8年级学生的国际考试成绩，乌克兰排在俄罗斯联邦、哈萨克斯坦、亚美尼亚和波罗的海国家以下。[④]

---

① Ministry of Education. *Development of education in Ukraine 1990-1991*. Presented at the 43rd session of the International Conference on Education, Geneva, 1992.

② State Statistics Committee of Ukraine. Statistical Yearbook of Ukraine for 2009. Kiev, 2010.

③ Ministry of Education and Science. *National report on the development of education*. Presented at the 48th session of the International Conference on Education, Geneva, 2008.

④ Ministry of Economy. *Millennium Development Goals, Ukraine 2010. National report*. Kiev, 2010.

四、职业技术教育与培训的治理与教师

（一）治理

教育和科学部是监督和管理教育部门的中央机构，但也有某些教育机构属于其他部委和部门，例如卫生部、文化部、农业部等，这些部门的教育机构由它们自主管理，但他们遵循教育部的命令、指示和决定。教育和科学部分析和预测未来发展，规范国家教育机构网络，阐述其活动的规范和立法基础。该部还在其职权范围内制定、通过和出版了 50 多条规则、指令和其他规范性文件。该部还详细阐述了国家对教育内容和水平、典型教育计划和方案的要求和标准。它还组织编写和出版教科书与教具，确定学生入读教育机构的条件。1993 年，该部引入了衡量毕业生成就的测试方法。

各地区教育体系的管理由地方政府进行。人民代表大会负责从地方预算中向教育机构（幼儿园、普通教育学校和其他机构）提供资金，发展网络及其物质技术基础，确保教育过程参与者的社会保障。

中等和高等教育机构及其他国家教育机构由国家预算资助。国家教育机构可能会有额外的融资来源，如教育服务收入、科研成果、商业活动收入或各种形式的补贴和贷款。对一个教育机构活动的直接管理由董事会与校长（校长、董事、教区长）按照机构的法令来实行。这些法规是根据政府批准的规定制定的。

（二）教师

据估计，88% 以上的教师具有专业学位或硕士学位。①

学前和小学教师在师资培训机构接受了认证级别 I–II（初级教育专家、教育工作者和教师）的培训。中学教师接受了认证级别 III–IV 的高等教育机构培训。高等教育教师是在高等学校和高等教育机构中按领域或学科进行培训的。

师范院校为幼儿小学教师、体能训练和职业教育教师提供教师培训项目。师范学院还提供 4 年制教育学士学位课程（兼职和函授学生 5 年制课程）。师范大学培养初中和高中教师。学士学位课程通常是 4 年（初级专业文凭持有者是 3 年）。专业和硕士学位的课程通常需要 1 年时间完成。在师范学院或大学完成本科学位课程后，学生是根据其第一专业授予资格证书（如英语教师）；在师范学院或大学在完成专业或硕士学位后，根据学生研究的两项专业授予学生资格证书。②

中学教师必须持有初级专业文凭，大学教师至少必须具有硕士学位。除了在高等教育机构工作外，大学教师也有权在各级职业学校、学院工作。

学士学位、专科和硕士学位的教师培训方案的课程是由所有大学级师范机构制定的

---

① Ministry of Education and Science. *High-level education for all youth*. Presented at the 47th session of the International Conference on Education, Geneva, 2004. Ministry of Education and Science. *National report on the development of education*. Presented at the 48th session of the International Conference on Education, Geneva, 2008.

② Nordic Recognition Network (NORRIC). *The educational system of Ukraine*. April 2009.

标准确定的，这些标准包括对主题和课程结构的指导。国家允许机构自行确定部分课程。教师培训课程由以下部分组成:（1）学科专业化，提供专业领域的理论培训，例如语言、历史、生物学、数学、化学、体育、信息学、音乐等;（2）教育和心理学研究，包括教育教学、教学理论、教育学史、心理学和教育学;（3）教学方法的研究，包括学习专业课程的教学方法以及进行课外活动的方法（这些研究通常在整个学习期间传授）;（4）信息技术培训，包括基于信息技术的教学方法;（5）在职教师培训，包括课程教学和课外工作的实践培训（实习培训从第三学期开始，涵盖 60%—65% 的课程；例如，4 年制学士学位课程有 14—16 周的学校教师实习）;（6）人文社会科学和自然科学的基础研究。①

五、职业技术教育与培训的诉求与发展趋势

（一）诉求

1. 及时改革职业技术教育与培训内容

当前，教育制度管理的权力下放和民主化为引进新型的职业专业培训创造了机会，新型的职业培训机构有：学校 – 国家 – 农场、专业学校结构中的教育生产综合体、由学生管理的小型生产单位等。在未来，如何及时改革职业技术教育与培训质量及其教学方式，使之更好地符合社会发展需求，则成为主要任务。

2. 对职业技术教育与培训的需求需要扩大

1996 年至 2000 年间，乌克兰许多行业的需求下降，导致职业机构数量从 1177 所减少到 989 所，学生人数从 55.2 万人下降到 52.7 万人。1999 年，职业培训机构的专业化和更新工作进展顺利。2003 年 1 月，教育和科学部统计，全国共有职业教育和培训机构 957 个，其中高等职业院校 135 所，职业技术教育中心 11 个，农业商学院 2 所，职业艺术学校 6 所，职业技术学院 94 所。还有 70 个职业培训制造综合体，其中包括职业技术教育计划。入学总人数约 47.8 万人。② 据国家统计委员会统计，2009—2010 年度有 975 所职业教育机构（其中 971 所教育科学部门，有 4 个在其他部门），约有 42.43 万名学生入学。③

2015 年 1 月乌克兰总统波罗申科签署了《乌克兰——2020 年稳定发展战略》总统令。该战略确定了国家的发展目标、成就指标、发展方向和优先领域。设立改革目标为达到欧洲生活标准，乌克兰在世界上获得尊重的国家地位。

---

① Nordic Recognition Network (NORRIC). *The educational system of Ukraine.* April 2009.

② Ministry of Education and Science (with the support of UNDP). *Reform strategy for education in Ukraine. Educational policy recommendations*. Kiev, 2003.

③ State Statistics Committee of Ukraine. *Statistical Yearbook of Ukraine for 2009. Kiev, 2010.*

（二）发展趋势

1. 职业技术教育与培训的宏观环境不太乐观

“颜色革命”之后，亲西方的尤先科政府并没有实现彻底改革，导致乌克兰经济存在诸多隐患。2004 年乌克兰国内动乱，引发了政治动荡和经济衰退，通货膨胀严重，财政赤字时有发生。之后，政府采取紧缩的财政与货币政策，以平抑汇率、稳定经济，同时寻求外部援助。短期来看，受战争和经济影响带来的经济困难、执政更迭频繁、政局动荡、与邻国关系紧张、基础设施建设较差等问题制约乌克兰发展，导致乌克兰宏观经济不稳定，商业环境恶化，金融系统破产频发。

2. 职业技术教育与培训的基础将继续发挥作用

政府已经采取措施削减开支，并对能源、金融领域进行改革。① 由于乌克兰工农业基础雄厚，也有东欧最大的消费市场，劳动力素质高，交通便利，地理位置优越，土地资源丰富，因此，乌克兰的投资市场仍有很大吸引力。世界经济论坛《2016—2017 年全球竞争力报告》显示，乌克兰在全球最具竞争力的 144 个国家和地区中，排名第 85 位。

（深圳职业技术学院　技术与职业教育研究所　袁　礼）

主要参考文献

[1] 中华人民共和国驻乌克兰大使馆 . 乌克兰概况 [EB/OL]. http://www.fmprc.gov.cn/ce/ceukr/chn/zwgx/wklgg/.2017-10-13.

[2] 中国国际劳务信息网 . 乌克兰介绍 [EB/OL]. http://www.ciwork.net/news/a200811755390.htm.2017-10-13.

[3] 中国一带一路网 . 乌克兰 [EB/OL].https://www.yidaiyilu.gov.cn/gbjg/gbgk/905.htm.2017-10-13.

[4] 中华人民共和国驻乌克兰大使馆经济商务参赞处 . 乌克兰政府 [EB/OL]. http://ua.mofcom.gov.cn/article/d/201201/20120107920429.shtml. 2017-10-13.

[5] 商务部国际贸易经济合作研究院 . 对外投资合作国别（地区）指南——乌克兰 [EB/OL]. https://www.yidaiyilu.gov.cn/wcm.files/upload/CMSydylgw/201702/201702100303004.pdf. 2017-10-13.

[6] 中华人民共和国外交部 . 乌克兰国家概况 [EB/OL]. http://www.fmprc.gov.cn/web/gjhdq_676201/gj_676203/oz_678770/1206_679786/1206x0_679788/.2017-10-13.

[7] 中华人民共和国商务部欧亚司 .2015 年 1-11 月乌克兰通胀率高达 43.3%[EB/OL]. http://oys.mofcom.gov.cn/article/oyjjss/201512/20151201213152.shtml. 2017-10-13.

① 本部分参考：深圳市政府政策研究室 . 中东欧五国国情研究 .2016:165-169.

[8] 中国机构编制网 . 乌克兰国家概况 [EB/OL]. http://www.scopsr.gov.cn/hdfw/sjjj/oz/201203/t20120326_56261.html. 2017-10-13.

[9] 商务部国际贸易经济合作研究院 . 对外投资合作国别（地区）指南——乌克兰 [EB/OL]. https://www.yidaiyilu.gov.cn/wcm.files/upload/CMSydylgw/201702/201702100303004.pdf. 2017-10-13.

[10] Ministry of Economy. *Millennium Development Goals, Ukraine 2010. National report*. Kiev, 2010.

[11] Ministry of Economy and European Integration of Ukraine. Millennium Development Goals, Ukraine. Kiev, 2003.

[12] Ministry of Education. Development of education in Ukraine 1990–1991. Presented at the 43rd session of the International Conference on Education, Geneva, 1992.

[13] Ministry of Education. The development of education in Ukraine 1992–1993. Presented at the 44th session of the International Conference on Education, Geneva, 1994.

[14] Ministry of Education. Ukraine's national higher education system. Kiev, 1998.

[15] Ministry of Education. Education for All 2000 Assessment: National report of Ukraine. (Under the co-ordination of Y. Polischuk). Kiev, 1999.

[16] Ministry of Education. National report on the development of education. Presented at the 46th session of the International Conference on Education, Geneva, 2001.

[17] Ministry of Education and Science. National Observatory report on vocational education and training in Ukraine. Kiev, MES and European Training Foundation, 2001.

[18] Ministry of Education and Science (with the support of UNDP). Reform strategy for education in Ukraine. Educational policy recommendations. Kiev, 2003.

[19] Ministry of Education and Science. High-level education for all youth. Presented at the 47th session of the International Conference on Education, Geneva, 2004.

[20] Ministry of Education and Science. National report on the development of education. Presented at the 48th session of the International Conference on Education, Geneva, 2008.

[21] Nordic Recognition Network (NORRIC). The educational system of Ukraine. April 2009. State Statistics Committee of Ukraine. Statistical Yearbook of Ukraine for 2009. Kiev, 2010.

[22] J. Stetar and O. Panych. "Ukraine." In: P.J. Wells, J. Sadlak and L. Vlasceanu (eds.), The rising role and relevance of private higher education in Europe, pp. 519–584. Bucharest, UNESCO-European Centre for Higher Education (CEPES). 2007.

[23] Ministry of Education and Science: http://www.mon.gov.ua/ [In Ukrainian. Last checked: August 2011.]

白俄罗斯共和国

一、国家概况

（一）地理

白俄罗斯共和国（The Republic of Belarus），简称白俄罗斯，是位于东欧平原的内陆国家，地处东、西欧国家及黑海、波罗的海沿岸国家交通运输的十字路口，是连接欧亚大陆至欧盟及大西洋港口的重要公路、铁路运输走廊。东北部与俄罗斯联邦为邻，南与乌克兰接壤，北、西北部与立陶宛和拉脱维亚毗邻[①]，国土面积 20.76 万平方千米，东西长 650 千米，南北宽 560 千米，边境线全长 2969 千米。首都明斯克，主要城市有布列斯特、维捷布斯克、戈梅利等。属温带大陆性气候，温和湿润。境内地势低平，平均海拔 160 米，森林覆盖率达 39%，河流、湖泊众多，享有“万湖之国”、“万河之国”的美誉。白俄罗斯属温带大陆性气候，境内温和湿润，1 月份平均气温为 –6.7℃，7 月平均气温 18℃。[②]

（二）人文

历史上白俄罗斯人是东斯拉夫族的一支。公元 9 世纪末与现在的俄罗斯人和乌克兰人一起并入基辅罗斯，建立了波洛茨克、图罗夫 – 平斯克等封建王国。白俄罗斯一词始见于 1135 年编年史。13 世纪上半叶形成白俄罗斯语言文字。13—14 世纪，其领土属于立陶宛大公国。1569 年起隶属波兰立陶宛王国。18 世纪末并入沙皇俄国。1917 年建立苏维埃政权，1919 年 1 月 1 日，成立白俄罗斯苏维埃社会主义共和国。1945 年，白俄罗斯成为苏联加入联合国组织的三个成员国之一。1991 年 8 月 25 日宣布独立，同年 12 月 19 日改国名为“白俄罗斯共和国”。2002 年 3 月，卢卡申科总统提出“白俄罗斯发展模式”，强调以民为本、渐进改革、稳中求进，摒弃全盘私有化和休克疗法，建立强有力

---

① 中华人民共和国外交部 . 白俄罗斯国家概况 [EB/OL].(2017–08–01)[2017–09–10]. http://www.fmprc.gov.cn/web/gjhdq_676201/gj_676203/oz_678770/1206_678892/1206x0_678894/.

② 商务部国际贸易经济合作研究院等 . 对外投资合作国别 (地区) 指南——白俄罗斯 [R]. 商务部国际贸易经济合作研究院等 , 2016,4:3–4.

的国家政权和可调控的面向社会的市场经济体系。①

白俄罗斯现有人口950.50万（2016年10月）。1995年后，白俄罗斯语和俄语被设为国语，白俄罗斯的宪法并未明确规定国教，但大多数人信仰俄罗斯东正教，其次则是罗马天主教。基督教的不少节日如复活节等被设为国定假日，国庆日是7月3日。②

（三）经济

白俄罗斯工业基础较好，机械制造业、冶金加工业、机床等比较发达和先进，拥有玛斯载重汽车、别拉斯矿山自卸车、轮式牵引车等机械制造类企业；在电子、光学和激光技术等领域也具有世界领先水平。此外，白俄罗斯的农业和畜牧业、种植业亦很发达。2005—2012年，种植业占农业总产值达51.7%。近年来，白俄罗斯加快引进高技术产业，重点发展电子信息、精细化工、生物医药、新材料等新兴领域，并加强与中国合作共建经济、科技平台，中白工业园是两国目前合作规模最大、层次最高的项目，是推进"丝绸之路经济带"建设的标志性工程。2016年白俄罗斯国内生产总值为489亿美元，同比下降2.6%。③

白俄罗斯全面发展与独联体和周边国家关系，继续发展同俄罗斯的战略联盟关系，与俄罗斯和哈萨克斯坦共同建立了关税同盟，与俄罗斯和哈萨克斯坦的经济、军事等一体化趋势正逐渐加强。铁路和公路交通网较发达，是欧洲交通走廊的组成部分。白俄罗斯是新欧亚大陆桥的组成部分，中欧班列使得白俄罗斯鲜奶能够直达中国武汉。④

（四）教育

1991年10月29日，白俄罗斯颁布了《白俄罗斯共和国教育法》，2002年3月19日通过了《白俄罗斯共和国教育法修正案》。教育法规定实施免费义务教育，高等院校学制4—5年，分为免费和缴费两种形式。白俄罗斯共有各级各类教育机构1万所，学生200多万，教育经费不低于GDP的5%。⑤白俄罗斯大多数儿童在6岁开始上学，接受免费的基础教育至15岁，之后绝大多数学生还将留在学校，直到18岁完成高中教育，或升入职业技术教育机构学习，获取职业资格证书。完成高中教育或取得职业资格证书的学生则可以申请进入大学继续接受教育。⑥

---

① 中华人民共和国驻白俄罗斯共和国大使馆．白俄罗斯概况 [EB/OL].[2017-07-18]. http://www.fmprc.gov.cn/ce/ceby/chn/xnyfgk/t650846.htm.

② 中华人民共和国外交部．白俄罗斯国家概况 [EB/OL]. (2017-08-01)[2017-09-10]. http://www.fmprc.gov.cn/web/gjhdq_676201/gj_676203/oz_678770/1206_678892/1206x0_678894/.

③ 同上。

④ 白俄罗斯鲜奶首次通过中欧班列运抵武汉 [EB/OL]. (2016-10-13)[2017-07-13].http://wulumuqi.house.qq.com/a/20161013/033837.htm.

⑤ 商务部国际贸易经济合作研究院等．对外投资合作国别（地区）指南——白俄罗斯 [R]. 商务部国际贸易经济合作研究院等,2016,4:10.

⑥ BELARUS.BY. Education in Belarus[EB/OL]. http://www.belarus.by/en/about-belarus/education,2017-09-28.

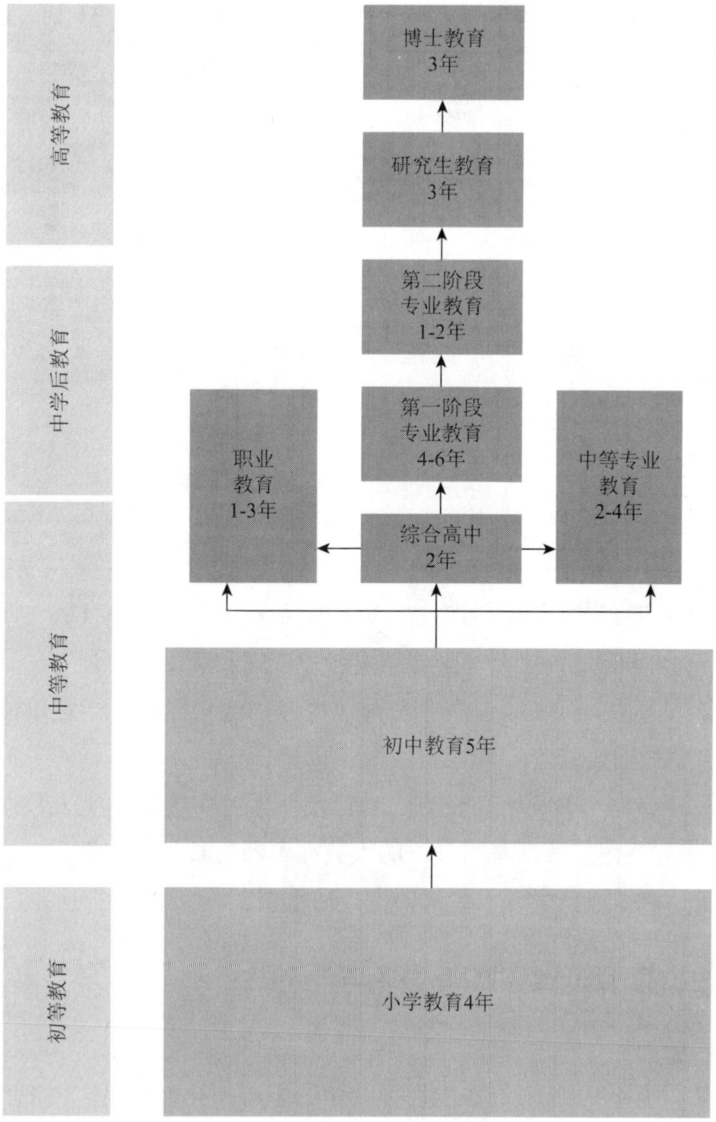

图 1　白俄罗斯教育体系图①

2016—2017 学年度，白俄罗斯有学前教育机构 3879 所，在校生数 418100 人；普通中等教育机构 3155 所，在校生数 982300 人；职业技术教育机构 196 所，在校生数 70300 人；中等专业教育机构 230 所，在校生数 117800 人；高等教育机构 51 所，在校生数 313200 人。著名大学有：白俄罗斯国立大学、白俄罗斯国立技术大学、白俄罗斯国立师范大学、白俄罗斯国立经济大学、白俄罗斯国立农业大学、明斯克国立语言大学等。

① UNESCO International Bureau of Education. World Data on Education. VII Ed. 2010/11. [DB/OL]. http://www.ibe.unesco.org/fileadmin/user_upload/publications/WDE/2010/pdf-versions/Belarus.pdf. 2017-07-18.

表 1　2011—2017 学年度白俄罗斯教育发展主要指标①（学年开始的数据）

	2011/2012	2012/2013	2013/2014	2014/2015	2015/2016	2016/2017
学前教育机构数	4081	4064	4027	3972	3951	3879
注册在学人数（千人）	387.4	398.0	407.0	410.6	409.8	418.1
普通中等教育机构数	3707	3579	3395	3293	3230	3155
注册在学人数（千人）	938.1	928.2	931.3	946.1	969.1	982.3
职业技术教育机构数	229	226	219	213	206	196
注册在学人数（千人）	98.6	79.9	74.6	72.8	72.2	70.3
中等专业教育机构数	220	225	231	231	231	230
注册在学人数（千人）	162.9	152.2	138.4	129.0	121.3	117.8
高等教育机构数	55	54	54	54	52	51
注册在学人数（千人）	445.6	428.4	395.3	362.9	336.4	313.2

依据 2008 年新通过的《高等教育法》，白俄罗斯的高等教育实行"专业"（4 年）+"硕士"（1—2 年）两阶段模式，大学将颁发专业证书和硕士学位证书，均不颁发学士学位。新的《高等教育法》保留了公费生分配制度：毕业生需要到指定单位工作两年，不服从分配的学生要退返培养费。②

中白两国教育合作与交流形势良好，在白俄罗斯的中国留学生人数逐年增加，2007 年初已达 1700 多人。白俄罗斯学习汉语的人数亦不断增长，仅首都明斯克就有 350 多名学生在学习汉语。有 6 所大学开设了汉语课，白俄罗斯国立大学还建立了孔子学院。③

二、职业技术教育与培训的战略与法规

（一）战略

白俄罗斯共和国 1991 年宣布独立后便开始了经济和社会重组。白俄罗斯大部分对国家发展关系重大的机构都是国有的，劳动力市场主要是为满足这些机构的需求。白俄罗斯在制定和完善国家职业技术教育与培训体系时，优先考虑的是为国家培养专业技术人才。近年来，白俄罗斯越来越多地活跃在国际舞台，使得越来越多的外国资本和企业进入国民经济中来，越来越多的先进技术和方法在本国组织中得到应用，这也加剧了技术工人与劳动力市场的实际供需关系不匹配的问题。调整国家职业技术教育与培训系统以满足劳动力市场的需求，听取雇主和社会合作伙伴关于职工资质和技能培训的观点和建议，都是白俄罗斯国家教育改革发展的主要目标。

① 白俄罗斯共和国国家统计局 .http://www.belstat.gov.by/en/ofitsialnaya-statistika/social-sector/obrazovanie/godovye-dannye_5/the-republic-of-belarus-in-figures-1995-2012_3/,2017-09-28.

② 贝文力 . 白俄罗斯通过新的《高等教育法》[J]. 世界教育信息，2008(7).

③ 鲁桂成大使会晤白俄罗斯教育部长 .[EB/OL].http://www.fmprc.gov.cn/ce/ceby/chn/jylx/t542323.htm, 2009-03-14.

为此，在促进职业技术教育与培训发展方面，实施的战略主要有：(1）为职业技术教育与培训教师提供更多资金支持、社会福利和培训机会，从而使得这些教师更有动力留在职业技术教育与培训行业，为学生提供最新的、高质量的培训和信息。(2）为刚毕业的职业技术教育与培训院校学生提供更多的就业机会，提升职业技术教育与培训的吸引力，使其不再被视为是家庭不富裕或者学习成绩欠佳学生的选择。(3）引进更高效的资源配置系统，寻求其他（非公立）资金支持；加强国际资源对职业技术教育与培训发展项目的投入。(4）建立国家资格框架，开发职业标准，优化青年技术工人和专业人员的资格结构，消除劳动力培训与市场需求不均衡的状况，以满足劳动力市场的实际需求；提供创新科技设备和研究材料，以满足亟待发展行业当前的发展需求；进一步促进再培训体系的建立和发展，使那些技术资格落伍的职工可以重新接受培训，获得与劳动力市场需求相符的技能等方面。(5）扩大基于网络的教育培训和远程教育的范围和规模，建立科学、教育与产业协同发展的集群机制，保障教育事业的发展跟进国际先进水平。

（二）法规

《白俄罗斯共和国宪法》赋予了公民享有免费接受普通中等教育和职业技术教育的权利。1991 年颁布的《教育法》第 14—23 条规定了国家教育体系的构成及职业技术教育与培训在其中的地位，第 36—37 条法规规定了教育系统的资金来源机制。有关的一系列法律法规构成了白俄罗斯共和国职业技术教育与培训的法律框架，主要有：《职业技术教育法》(2003 年颁布实施，2009 年修订，规定了职业技术教育与培训的标准、组织架构、经济和社会基础）；《初等职业技术培训法》(2004 年颁布实施）；2008 年实施的《劳动力需求预测法令》旨在改进由国家或地方基金支持的职工和技工培训计划；2010 年实施的《教育典章》，旨在制定一个统一的发展战略，使各教育阶段建立更密切的联系，内容包括职业技术教育、中专教育、高等教育、成人再教育；以及 2010 年通过的《2011—2015 年国家职业技术教育发展计划》等。

近年来，政府有关推动职业技术教育与培训发展的政策措施主要有：

2014—2015 年，为提高就业人员的劳动能力和工作效率，采取了若干立法措施。2014 年 7 月 31 日部长理事会第 744 号决议关于“劳动报酬”的有关规定，以及 2014 年 12 月 15 日“关于加强企业管理人员和行政雇员工作的要求”的第 5 号总统令的发布，旨在提高企业的经济管理效率，确保劳动生产率与工资增长同步协调。新修订的《白俄罗斯共和国人口就业法》旨在提高全国就业数据库中有关空缺岗位的信息，并提高公共就业局和其他提供招聘服务机构的服务绩效。

2015 年 4 月 2 日“关于防止社会依赖”的第 3 号总统令，有助于查明和减少隐瞒失业和非正规就业等现象，激励个人寻找工作。但由此也增加了向公共就业服务机构申请协助就业的人数，其中大部分人员被宣布为失业人员，从而也导致失业人员登记率上升至经济活动人口的 1.0%。

此外，白俄罗斯积极参与欧盟培训基金和欧盟委员会支持建设的东部伙伴关系成员国组织活动。2015 年，在伙伴关系组织活动的背景下，白俄罗斯国家工作组起草了“国家法案和行动路线图”，确定了为建设一个更加综合和有效的劳动力市场信息系统的主要优先事项和理由，并已获得欧盟委员会和欧洲培训基金会的同意和支持。

三、职业技术教育与培训的体系与质量保障

（一）体系

1. 正规职业技术教育与培训

完成初中教育后，白俄罗斯的学生可选择两种教育方式：（1）在职业教育学校或专业教育学校接受教育培训；（2）在普通教育机构接受普通高中教育。

白俄罗斯共和国形成了广泛的职业教育机构网络，包括职业技术培训学校、专业教育学校和专业学院。这些职业技术教育机构所提供的项目旨在培养学生在各自相关领域的能力，学生能够获得必要的普通技工专业资格并颁发职业技术教育毕业证书。职业教育的学制取决于职业教育学校的类型。职业技术学校提供 1 年制、2 年制或 3 年制项目，专业教育学校提供 2—4 年制的项目。专业学院根据学生入学前的受教育水平，为学生提供 4—6 年的教育。此外，白俄罗斯还建有专门的职业技术教育培训基地，为相关行业培训合格的产业工人。

在就业保障方面，目前白俄罗斯政府面向在高等教育、中等专业教育和职业技术教育学校中的全日制学生提供毕业安置服务，这对于职业学校毕业生来说，就业安置被视为他们获得第一份工作的保障。而且，通过就业安置获得工作的毕业生还可以获得政府提供的保证金和生活补贴，其费用根据其获得的专业和认定的资格从国家或地方预算中拨付。

2. 继续教育与培训

目前，高等职业技术学校主要提供商学、银行学、环境保护学、生物化学生产、设计和社会工作等领域的培训。而一些提供中等专业教育的中等技术学校和技术学院作为继续教育系统的一部分，正在开展中专教育改革，以开展新的学科专业教育和资格认证工作。此类教育学校的未来发展方向是建立既可以开展职业技术教育，又可以开展普通教育的综合化机构。

在劳动力组织培训方面，白俄罗斯开发了一个专门的劳动力市场数据收集和应用系统。由劳动和社会保障部和教育部等部门联合设立了三个大型数据库，用于预测劳动力市场和员工培训，其特点及有关内容在欧洲培训基金会的报告《白俄罗斯的劳动力市场信息系统和技能预期》中有详细阐述。

国家公共就业局支持失业人员建立自己的公司，为此，公共就业局向失业人员提供企业家培训项目，培训完成后，受训人员将他们的商业计划书交给相关的产业部门以供讨论修改。此培训项目向所有人开放，但只有被公共就业局认定的失业人员才可以接受

免费的培训，成功接受培训并提交了商业计划书的人员还将有资格获得一批贷款用于公司的创建工作。

在成人教育培训方面，为了更有效地扩大经济活动人口的覆盖范围，确保人员培训与经济实体等用人单位的需求相一致，主要采取了以下措施：（1）协调职业和教育标准（与教育机构和企业代表合作制定国家资格框架和职业标准）；（2）鼓励雇主增加劳动力培训支出（例如通过报销雇主费用来培训在结构改革框架内雇用的新员工）；（3）加强成人继续教育领域内的公私伙伴关系。

（二）保障

1. 资格认证

完成基础教育课程，并获得相关证书，学生便可以申请就读职业教育项目。在职业技术学校完成 1 到 2 年的课程后，学生便会拿到初级职业资格证书，而如果在同样的教育机构完成学制 3 年的学习，学生便可获得职业培训文凭，完成普通中等教育。而在职业技术学院完成 3 到 4 年学制的培训项目后，学生便可获得中等专业资格认证。

白俄罗斯共和国国家分类标准“专业和资格认证”内含一个职业技术教育专业和资格认证系统目录，职业技术教育与培训机构所有合格劳动力的培训都按照该系统目录进行。

国民经济结构的发展促使职业技术教育与培训系统的内容做出了相应调整，新的资格认证引入了雇主和社会合作伙伴，让他们更多地参与其中。

2. 质量保障

《白俄罗斯共和国教育法》规定，各类教育机构是国家资格认证的主体，其提供的教育内容和质量需要接受国家监管，而且毕业生拿到的教育资格认证需要与教育标准一致。

教育部教育质量控制局是管理和控制教育质量的主要部门。质量控制的标准和方法需要遵循教育标准，而教育标准包括不同教育阶段的通用标准，以及根据不同教育阶段的学制、教育机构类型、专业的不同设定相应的证书格式和教育文凭等。有认证资质的机构有权颁发教育文凭和证书。在确定教育机构遵循相关法律法规的程序后，白俄罗斯共和国总统将指派有资质的当局做出决定，决定是颁发、拒绝颁发还是撤销认证。

在职业教育评价方面，评价职业教育与培训质量的主要因素包括课程和设备的现代化、教师和培训师的教学技巧是否不断更新和提升等。除了外部质量控制程序外，《教育法》还将自我评价作为确保教育质量的另外一个途径。自我评价是教育机构根据教育部法规对自身进行的评价。评价是以教育机构对自身问题的评估为基础，以综合分析的形式评价教育活动。各教育机构的负责人制定自我评估的规则和频率。

四、职业技术教育与培训的治理与教师

（一）治理

白俄罗斯职业技术教育与培训的管理由白俄罗斯共和国总统及政府、教育部、其他

中央机构、在政府管理下的国家组织、地方行政和管理部门负责。

教育部下属机构以及部长理事会主要负责职业技术教育与培训政策的制定与实施。此外，有关教育项目发展和教育优先发展领域的问题，教育部还会咨询政府及非政府机构、国企、银行和私人基金会等组织。

促进职业技术教育与培训社会合作关系发展的教育部下属主要机构有：职工继续教育和再培训理事会、职业技术培训协调委员会和中等专业培训机构委员会。其中，职业技术培训协调委员会和职工继续教育和再培训理事一直在推动国家经济和社会部门的代表参与到制定职业技术教育与培训机构资格框架的相关工作中来。

职业技术教育与培训机构也受到地方政府部门的监管，地区机构主要负责制定地方职业教育政策，选择优先发展领域和需要进行改革的领域。同时，它们还参与制定和诠释国家有关职业教育的标准及配套工具。

在推进就业与继续教育培训工作的组织管理方面，教育部和劳动与社会保障部共同合作为职工提供职业技术继续教育与培训，向未就业人员提供基本的技能培训和就业指导。资金支持方面，白俄罗斯成立了国家失业改善基金，成为此类职业技术教育与培训的主要资金来源。

经费方面，白俄罗斯公立职业技术教育与培训机构的资金主要来自于地区预算，还有一部分来自于国家预算。近年来，由政府监管的职业技术教育与培训机构举办的预算外活动得到越来越多的关注，这些活动旨在弥补国家预算资金的不足。为此，教育部制定实施了新的法规，为所有阶段的职业教育提供付费教育服务。比如，职业技术教育与培训机构可以根据其所提供的商品、操作和服务收取额外的费用，以作为机构资金；职业技术教育与培训机构会通过向高级培训和深层次专业研究、职业技术学院开展的中专教育培训、职工培训、再培训和进修收取费用，以筹措资金。

（二）教师

中等职业技术教育学校的教师一般毕业于工业教育学院和大学。想要被这些学院和大学录取，还需要通过竞争入学考试，并事先完成职业技术教育或中等学校教育。大学毕业后，学校会授予教师认证资格或者工业培训硕士学位。

白俄罗斯共和国职业教育学院主要承担教师培训工作，旨在为职业院校教师提供更多更好的教学方法和技术支持，为教师和教育工作者提供基础培训和高级培训。在教师培训授课中，会特别注重教师心理学方面的知识培训。此外，有关高级职工接受研究生文凭教育方面的法规已经得到修订，未来越来越多的注意力开始转向以市场为导向专业的职业技术教师再培训。

国家人力资源部门也出台了一些支持教师继续教育培训的政策，包括为公立学校教师进行资格升级和再培训项目提供财政预算资金，以及在各级政府部门建立教育机构辅助委员会，在国家和区域政府成立教育培训工作的方法指导协会等，用以提高教师技能和培训绩效。尽管为支持教学人员采取了一系列措施，但白俄罗斯在教育和职业教育系统方面还存在教学声望不高、教学人员老龄化、教师工资待遇低下（根据 2016 年 5 月的数据，教师工资收入只有工业部门平均工资的 68.3%）以及有关专业技术教师流失造成教学人员短缺等现象。①

白俄罗斯教师培训发展战略由教育部根据最近通过的一些反映国际发展趋势的文件制定，包括该国进入博洛尼亚进程。《2015—2020 年教师教育发展规划》及其实施行动计划经过广泛讨论，已经制定和并获得通过。根据规划要求，国家继续教师培训制度向集群发展模式转变，集群发展模式是以集群组织建设为主导，以开展职业培训、再培训和资格认证升级为主要工作任务，促进教师继续教育与培训的研究和创新集群的建立。集群的主要目标是汇集成员在培训、研究和创新能力等方面的专业知识，提高向现代教育者提供培训的质量。为此，教育部批准通过了关于“教师继续教育工作的培训、研究和创新集群条例”。

五、职业技术教育与培训的诉求与发展趋势

（一）诉求

1. 白俄罗斯经济发展规划对高技术人才和绿色技能人才的需求

随着欧亚经济联盟的启动运行，成员国之间的贸易壁垒将逐步消除，形成更大的统一市场，市场空间和市场需求潜力巨大，白俄罗斯经济发展以及中白经贸合作面临新的机遇。2014 年以来，受乌克兰危机与俄罗斯经济下滑的影响，白俄罗斯外债增加，与俄罗斯、乌克兰贸易受损严重，经济增长缓慢。2015 年 2 月，白俄罗斯部长会议通过决议，批准了《2030 年前白俄罗斯社会经济稳定发展国家战略》，战略规划主要分为两个阶段：第一阶段（2016—2020 年）提出要在优先发展高新技术产业的基础上，向经济的稳定和均衡增长过渡；第二阶段（2020—2030 年）加快发展知识密集型产业和服务业，进一步形成绿色经济发展态势。

2. 白俄罗斯的劳动力市场状况对培训专业领域的需求

据白俄罗斯国家统计委员会的数据，截至 2015 年 12 月 1 日，白俄罗斯劳动力人口 447 万人，约占总人口的 47%，失业率为 1%。首先，近年来，随着白俄罗斯建筑业的发展，对建筑类相关专业的技术工人需求缺口巨大。其次，目前白俄罗斯的劳动力成本较低，与其他欧盟国家相比，白俄罗斯的最低工资标准排名相对较低②，至2015年4月，白俄罗斯的平均工资为 653.6 万白卢布（折合 452.1 美元）③，这也间接地说明通过接受培训从而提升劳动力价值的前景广阔。

① ETF. TORION PROCESS 2016-17: BELARUS-Executive Summary [DB/OL]. http://www.etf.europa.eu/webatt.nsf/0/43A6BOFB63F891FAC12581330040EAE4/$file/TRP%202016-17%20Belarus.pdf, 2017-09-28.

② 中华人民共和国驻白俄罗斯共和国大使馆经济商务参赞处 . 最低工资水平映衬出白俄罗斯劳动力成本比较优势 [DB/OL]. (2009-08-12)[2017-07-18].http://by.mofcom.gov.cn/aarticle/jmxw/200908/20090806454680.html.

③ 商务部国际贸易经济合作研究院等 . 对外投资合作国别 (地区) 指南——白俄罗斯 [R]. 商务部国际贸易经济合作研究院等，2016.04:40.

3. 白俄罗斯的经济活动人口分布状况对培训行业的需求

从白俄罗斯的GDP构成来看，2015年，白俄罗斯第一产业（农业、打猎和林业）占6.7%；第二产业占34.7%（其中工业占26.4%，建筑业占8.3%）；第三产业（服务业）占44.9%（其中贸易、机动车维修、家庭和个人物品占12.5%，交通和通信占7.7%，其他经济活动占24.7%）。[①] 这些数据可以看出白俄罗斯的经济活动人口主要集中的行业，也能反映出这些行业可能存在较多的劳动力从业和培训需求。而且，白俄罗斯的工农业基础较好，机械制造和加工业发达，拥有600多家企业，机械制造业是其工业的支柱和主导部门。未来产业的发展对该领域的劳动力需求，尤其是较高素质和掌握高技术的人才需求将会持续，这些都为职业技术教育与培训的发展提供了市场空间。

（二）发展趋势

综合分析和当前的经济、劳动力市场发展状况，结合白俄罗斯国家职业技术教育发展计划的有关内容要求，需要进一步同步社会、经济和职业教育发展的进程，制定和实施符合国家经济特点和现代国际趋势的职业教育与培训发展策略。主要包括：

1. 将教育培养计划与国家发展相联系，保障技术型劳动力的持续供给

自苏联时期开始，且政府目前仍在实行的一个政策是分配和就业安置。学生与公立职业技术教育与培训机构签署培训协议，毕业后便被分配到特定企业。同时，职业技术教育与培训系统应将长期教育培养计划与国家经济发展的优先次序配合，确保技术型劳动力供应。为此，白俄罗斯教育领域的一项计划是将专业人员的培训与国民经济需求联系起来。在该计划的框架下，白俄罗斯教育部引入了一个应用体系，使企业可以提前与职业学校签署协议，从而雇佣到合格的职工。该体系旨在帮助更多职业学校学生实现就业，保证技能人才供给与市场需求一致。

2. 加强与企业的培训合作，提高人员培训的针对性和灵活性

职业技术教育与培训机构正在越来越注重加强与企业的合作，主要是采取措施满足企业对技术人才的需求，措施包括组织在职培训和实践、在教育机构内开展再培训和进修、制定和调整教育标准、吸引更多企业资金等。《职业技术教育法》增加了雇主为应对职业变化而制定计划的可能性。在该法框架内，许多教育标准、培训项目、专业计划和课程，在雇主、培训机构和社会合作伙伴的帮助下被制定出来。

3. 建立多方参与机制，提高资源利用和运行效率

职业技术教育与培训领域的创新也是重中之重，导致职业技术教育与培训系统未能很好地灵活适应劳动力市场需求的主要原因之一是财政预算资金不足。企业很少愿意向职业技术教育与培训机构投资，尽管这些机构是为企业培训职工。此外，在与职业技术教育与培训机构签署职工培训协议后，很多企业并不履行协议。基于此，白俄罗斯共和

① 商务部国际贸易经济合作研究院等.对外投资合作国别（地区）指南——白俄罗斯[R].商务部国际贸易经济合作研究院等，2016,4:16.

国职业教育局正在研究调查雇主对雇员能力的要求。职业教育局正在邀请更多感兴趣的组织、教育和政府机构参与其中。另一方面，提高现有可利用财务资源的使用效率，进一步优化职业教育培训机构的组成；而且，加强国家对教育机构提供物质和技术基础设施的支持力度，并通过立法、法规和体制机制，提供短期的职业技术继续教育与培训课程。

（深圳职业技术学院　技术与职业教育研究所　魏　明）

主要参考文献

[1] 中华人民共和国外交部 . 白俄罗斯国家概况 [EB/OL]. (2017-08-01) [2017-09-10]. http://www.fmprc.gov.cn/web/gjhdq_676201/gj_676203/oz_678770/1206_678892/1206x0_678894/.

[2] 商务部国际贸易经济合作研究院等 . 对外投资合作国别 (地区) 指南——白俄罗斯 [R]. 商务部国际贸易经济合作研究院等 , 2016.4.

[3] 中华人民共和国驻白俄罗斯共和国大使馆 . 白俄罗斯概况 [EB/OL].[2017-07-18].http://www.fmprc.gov.cn/ce/ceby/chn/xnyfgk/t650846.htm.

[4] 白俄罗斯鲜奶首次通过中欧班列运抵武汉 [EB/OL]. (2016-10-13) [2017-07-13].http://wulumuqi.house.qq.com/a/20161013/033837.htm.

[5] BELARUS.BY. Education in Belarus[EB/OL]. http://www.belarus.by/en/about-belarus/education, 2017-09-28.

[6] UNESCO International Burean of Education. World Data on Education. VII Ed. 2010/11. [DB/OL]. http://www.ibe.unesco.org/fileadmin/user_upload/publications/WDE/2010/pdf-versions/Belarus.pdf. 2017-07-18.

[7] 白俄罗斯共和国国家统计局 .http://www.belstat.gov.by/en/ofitsialnaya-statistika/social-sector/obrazovanie/godovye-dannye_5/the-republic-of-belarus-in-figures-1995-2012_3/,2017-09-28.

[8] 贝文力 . 白俄罗斯通过新的《高等教育法》[J]. 世界教育信息 , 2008 (7).

[9] 鲁桂成大使会晤白俄罗斯教育部长 .[EB/OL].http://www.fmprc.gov.cn/ce/ceby/chn/jylx/t542323.htm, 2009-03-14.

[10] 中华人民共和国驻白俄罗斯共和国大使馆经济商务参赞处 . 最低工资水平映衬出白俄罗斯劳动力成本比较优势 [DB/OL]. (2009-08-12) [2017-07-18].http://by.mofcom.gov.cn/aarticle/jmxw/200908/20090806454680.html.

[11] ETF. TORION PROCESS 2016-17: BELARUS-Executive Summary [DB/OL]. http://www.etf.europa.eu/webatt.nsf/0/43A6BOFB63F891FAC12581330040EAE4/$file/TRP%202016-17%20Belarus.pdf, 2017-09-28.

格鲁吉亚

一、国家概况

（一）地理

格鲁吉亚（Gerogia），其国名源于民族名，在希腊语中，其意为“田园”或“农业”。位于外高加索中西部，地处欧亚交界，北接俄罗斯，东南和南部分别与阿塞拜疆和亚美尼亚相邻，西南部与土耳其接壤。格鲁吉亚西濒黑海，沿黑海海岸线长 310 千米，它陆地国际边界总长 1461 千米。北部是大高加索山脉，南部是小高加索山脉，中间为山间低地、平原和高原。国土面积 6.97 万平方千米，80% 为山地、山麓或山前丘陵地带，50% 国土在海拔 1000 米以上。①

境内主要河流有库拉河和里奥尼河，主要湖泊有帕腊瓦纳湖和里察湖等。西部为湿润的亚热带海洋性气候，东部为干燥的亚热带气候。各地气候垂直变化显著，海拔 490~610 米地带为亚热带气候，较高处气候偏寒；海拔 2000 米以上地带为高山气候，无夏季；3500 米以上终年积雪。②

格鲁吉亚共设 9 个大区（相当于省）、7 个单列市、2 个自治共和国和 1 个自治州。目前，格鲁吉亚实际管辖的有一个自治共和国（阿扎尔自治共和国，位于格鲁吉亚西部）、两个直辖市（第比利斯、波季）、九个大区。首都第比利斯位于格鲁吉亚中东部，是全国最大的城市，也是全国政治、经济、文化和教育中心。③

（二）人文

公元前 6 世纪，在现格鲁吉亚境内建立了奴隶制的科尔希达王国。公元 4—6 世纪建立封建国家。公元 6—10 世纪基本形成格鲁吉亚族，公元 8—9 世纪初建立卡赫齐亚、爱列京、陶 – 克拉尔哲季封建公国和阿布哈兹王国。19 世纪初，格鲁吉亚被沙皇俄国兼并。1918 年 5 月 26 日成立格鲁吉亚民主共和国。1921 年 2 月 25 日成立格鲁吉亚苏维埃

---

① 中华人民共和国驻格鲁吉亚大使馆经济商务参赞处 . 格鲁吉亚地理情况简介 [EB/OL]. http://ge.mofcom.gov.cn/article/ddgk/zwdili/201507/20150701058341.shtml.2017-09-28.

② 人民网 . 格鲁吉亚概况 [EB/OL]. http://world.people.com.cn/GB/8212/72474/72475/5048785.html.2017-10-02.

③ 商务部国际贸易经济合作研究院 . 对外投资合作国别（地区）指南——格鲁吉亚 [EB/OL]. 一带一路网 . https://www.yidaiyilu.gov.cn/wcm.files/upload/CMSydylgw/201702/201702090239044.pdf.2017-09-20.

社会主义共和国。1922 年 3 月 12 日加入外高加索苏维埃社会主义联邦共和国，同年 12 月作为该联邦成员加入苏联。1936 年 12 月 5 日，格鲁吉亚苏维埃社会主义共和国正式成为苏联加盟共和国。1990 年 11 月 4 日发表独立宣言，定国名为“格鲁吉亚共和国”。1991 年 4 月 9 日正式宣布独立。1995 年 8 月 24 日通过新宪法，定国名为“格鲁吉亚”。①

自 1991 年独立后，格鲁吉亚经历了 10 年动荡和经济衰退。2003 年“玫瑰革命”后政局趋于稳定，经济取得较快增长。2008 年“格俄战争”使经济严重下滑。2012 年格鲁吉亚举行议会选举，“格鲁吉亚梦想”联盟取代统一民族运动党上台执政，实现首次政权和平更迭。格鲁吉亚总统、议会、政府同属同一政治阵营，政局基本实现稳定。②现任总统乔治·马尔格韦拉什维利（任期 2013 年 11 月 17 日 至今），总理乔治·克维利卡什维利（任期 2015 年 9 月 1 日至今），议长大卫·乌苏帕什维利（任期 2012 年 10 月 21 日至今）。③

格鲁吉亚历史悠久，地理位置优越，拥有丰富的自然景观和人文资源。它位于大小高加索山之间，亚热带沼泽、半沙漠、高耸的高山植物群、雪峰等极其多样性的景观，都在不到几百公里的范围内，在世界上也是少见的。目前拥有 12000 多处历史文化遗址，其中 4 处是联合国教科文组织认定的世界遗产。在休闲旅游方面，还拥有 130 处度假胜地，约 2400 处温泉，8 个国家公园，31 个自然保护区，还拥有 300 多公里的黑海海岸线。④

格鲁吉亚是多民族国家。截至 2016 年底，格鲁吉亚人口总计 371.82 万。⑤格鲁吉亚族占 83.8%、阿塞拜疆族占 6.5%、亚美尼亚族占 5.7%、俄罗斯族占 1.5%，其他如奥塞梯族、库尔德族、希腊族等占 2.5%。官方语言为格鲁吉亚语。官方文字为格鲁吉亚文。英语逐渐开始流行，特别是在政府官员和年轻人中。日常生活中俄语使用仍较广泛。格鲁吉亚人富有语言天赋，许多高级官员懂多种外语。⑥格鲁吉亚居民大多信奉东正教，少数信基督教。

（三）经济

格鲁吉亚自然资源较为丰富，主要有森林、矿产和水力资源等。森林面积占国土面积的 38.5%，木材总储量 4.2 亿立方米，主要有榉木、松木、樱桃木和胡桃木等。矿产主要有锰、铜、铁、铅锌等，其中有世界闻名的“齐阿土拉”锰矿区，该矿探明锰矿储量

① 中华人民共和国外交部．格鲁吉亚国家概况 [EB/OL]. http://www.fmprc.gov.cn/web/gjhdq_676201/gj_676203/yz_676205/1206_676476/1206x0_676478/.2017-09-25.

② 商务部国际贸易经济合作研究院．对外投资合作国别（地区）指南——格鲁吉亚 [EB/OL]. 一带一路网．https://www.yidaiyilu.gov.cn/wcm.files/upload/CMSydylgw/201702/201702090239044.pdf.2017-09-25.

③ 中华人民共和国驻格鲁吉亚大使馆．格鲁吉亚概况 [EB/OL]. http://www.fmprc.gov.cn/ce/cege/chn/gljygk/t1377759.htm.2017-09-23.

④ 中华人民共和国商务部欧亚司．格鲁吉亚经济社会基本情况及特色产业介绍 [EB/OL]. http://oys.mofcom.gov.cn/article/oyyscy/201410/20141000780182.shtml.2017-09-23.

⑤ 中华人民共和国商务部．格鲁吉亚 [EB/OL]. http://www.mofcom.gov.cn/article/i/jyjl/e/201705/20170502571156.shtml.2017-09-23.

⑥ 中华人民共和国驻格鲁吉亚大使馆经济商务参赞处．格鲁吉亚民族与语言文字简介 [EB/OL]. http://ge.mofcom.gov.cn/article/ddgk/zwminzu/201507/20150701058324.shtml.2017-09-26.

2.34 亿吨，可开采量 1.6 亿吨，部分锰矿品位较高。格鲁吉亚水力资源丰富，矿泉水闻名独联体及中东欧国家，拥有大小河流 319 条，水电资源理论蕴藏量 1560 万千瓦，是世界上单位面积水能资源最丰富的国家之一。[①]

格鲁吉亚致力于建立自由市场经济，接受国际货币基金组织、世界银行和欧美国家指导和援助，大力推进经济改革，进一步降低各种税率及关税，加快结构调整和私有化步伐，改善基础设施和投资环境，吸引外资。近年，格鲁吉亚政府继续以发展经济为首任，紧缩公共财政预算，通过提高部分税种税率及加快私有化等方式增加财政收入，增加退休金补贴，调低基准利率鼓励中小企业发展；大力吸引外资，推进与欧盟 FTA 和美国超普惠制待遇的谈判，利用国际援款和贷款加快基础设施建设，以拉动经济发展、打造欧亚运输走廊。2011 年 7 月通过《自由经济法》规定，政府如需增加税种必须通过全民投票方式决定，在特殊情况下政府可临时增加税种，但有效期不得超过三年；国债不得超过 GDP 的 60%，中央和地方政府总财政预算赤字不得超过 GDP 的 30%。

受 2008 年格俄战争和国际金融危机影响，2009 年经济环境恶化，外贸额明显下降，外国直接投资大幅减少。2010 年以来经济形势好转。近年来致力于建立自由市场经济，大力推进经济改革，进一步降低各种税率及关税，加快结构调整和私有化步伐，积极吸引外资。2013 年国内生产总值为 161.3 亿美元，同比增长 3.1%。2014 年国内生产总值为 169 亿美元，同比增长 4.7%。[②] 据格鲁吉亚国家统计局资料显示，2015 年格鲁吉亚主要经济数据为：国内生产总值 139.59 亿美元，人均国内生产总值 3743 美元，外国直接投资 13.51 亿美元，外汇储备 23.2 亿美元，年度通货膨胀率 4% 左右，失业率 12%。[③]

格鲁吉亚的重点产业有水电业、旅游业、制造业、农业、交通物流业和服务业，受教育人口特别是高等教育普及率较高，人力成本低廉，在与欧盟签署联系成员国协定后，有望借助服务与商品的自由流动，成为欧盟的服务外包承接地之一，如业务流程外包中的金融与会计服务外包、人力资源管理外包等，信息技术外包中的程序编写、计算机辅助设计等。2016 年格鲁吉亚对外贸易额 119.66 亿美元，同比增长 20%。其中出口 21.14 亿美元，同比下降 4%，进口 98.52 亿美元，同比增长 27%。贸易逆差 77.38 亿美元，占外贸总额的 65%。

（四）教育

格鲁吉亚中小学（公立学校）实行免费教育制度，高等教育实行全国统考，考取规定分数的学生入学就读享受免费教育。同时，国家承认经教育部门注册的私立学校学历。

① 中华人民共和国驻格鲁吉亚大使馆经济商务参赞处 . 格鲁吉亚资源情况简介 [EB/OL]. http://ge.mofcom.gov.cn/article/ddgk/zwdili/201507/20150701058342.shtml.2017-09-24.

② 深圳市人民政府政策研究室 . 一带一路沿线国家之格鲁吉亚 [EB/OL]. http://www.sz.gov.cn/szsfzyjzx/ylyd/201708/t20170830_8298944.htm.2017-09-24.

③ 中华人民共和国驻格鲁吉亚大使馆 . 格鲁吉亚概况 [EB/OL]. http://www.fmprc.gov.cn/ce/cege/chn/gljygk/t1377759.htm.2017-09-26.

截至2015年末，格鲁吉亚全国中小学有教师67394名，其中公立学校教师159779名，私立学校教师7615名；中小学校2331所（其中公立2085所，私立246所），在校中小学生55.4万人，其中公立学校学生50.03万人，私立学校学生5.36万人。截至2016年3月格鲁吉亚拥有高等院校73所（其中公立21所，私立52所），其中公立院校拥有教师4731人，私立院校拥有教师3352人，公立院校中教授1254人，副教授2138人，讲师886人；在校学生132944人，其中公立院校90452人，私立院校42492人。截至2015年底，3765人在校攻读博士学位。

格鲁吉亚有科研机构约86所，其中高等院校21所，其他研发机构67所。在格鲁吉亚开展职业技能教育的机构有89所，其中公立院校20所，其他私立机构69所。比较有名的综合性大学有第比利斯大学、第比利斯自由大学、第比利斯国立工业大学、第比利斯国立医科大学和国立美术学院等。格鲁吉亚政府决定，自2011年起，格鲁吉亚所有大学不再隶属于教育与科技部，教育与科技部只通过派驻代表对大学财政进行管理和监督。①

二、职业技术教育与培训的战略与法规②

（一）战略③

《2013—2020年职业教育改革战略》旨在加强格鲁吉亚全国职业技术教育与培训网络建设，促进目前及未来人口的技能发展，使之掌握在格鲁吉亚当今国内国际经济环境中参与竞争所需的必要工具。职业技术教育与培训战略突出强调为不同层面人口的技能发展促进职业技术教育与培训，包括促进个人技能、适当就业技能和自谋职业技能发展。

格鲁吉亚职业技术教育与培训的使命是为国家社会经济发展和减贫重点提供支持。职业技术教育与培训的具体意义在于，通过促进高质量职业技能发展，为发掘格鲁吉亚人力资源潜力做出贡献，满足当前经济发展需要和中长期劳动力需求。此外，职业技术教育与培训还要满足社会各界人士发展自身才能、最大限度发挥自身潜力、实现个人和经济成就的需求，特别是，职业技术教育与培训涵盖了格鲁吉亚社会和经济发展中处于不利地位的弱势群体，加强了他们的参与感，将他们纳入国家迈向蓬勃繁荣的社会和经济发展之中。

---

① 商务部国际贸易经济合作研究院．对外投资合作国别（地区）指南——格鲁吉亚[EB/OL]一带一路网．https://www.yidaiyilu.gov.cn/wcm.files/upload/CMSydylgw/201702/201702090239044.pdf.2017-09-21.

② 本节内容参考了联合国教科文组织的报告。原文出自：UNESCO-UNEVOC联合国教科文组织国际职业技术教育与培训中心．全球职业技术教育与培训数据库：格鲁吉亚[EB/OL]. www.unevoc.unesco.org. 2017-10- 11.

③ 本部分引自：欧洲培训基金会(2014). 支持格鲁吉亚职业教育与培训的社会合作概念性文件．http://www.unevoc.unesco.org/fileadmin/up/georgia_socialpartnershipinvet.pdf. 2017-09- 11；教育与科学部．格鲁吉亚职业教育与培训法[EB/OL].https://matsne.gov.ge/en/document/download/23608/12/en/pdf,2017-09-20; 教育与科学部.2013-2020年职业教育改革战略[EB/OL]. http://www.mes.gov.ge/uploads/12.%20VET%20Strategy%202013-20_EN.pdf.2017-08-23; 国家教育质量中心．国家任职资格框架[EB/OL]. http://eqe.ge/eng/static/125/education-system/national-qualifications-framework.2017-10-01. 联合国教科文组织国际教育局．世界教育数据（第7版）：格鲁吉亚[EB/OL]. http://www.ibe.unesco.org/fileadmin/user_upload/Publications/WDE/2010/pdf- versions/Georgia.pdf.2017-10-01.

（二）法规

格鲁吉亚当前有如下职业技术教育与培训的法律法规：

· 法案 279（2015）建立了格鲁吉亚全国职业教育委员会；

· 职业技术教育与培训（2014）法案为促进格鲁吉亚社会合作提供指南，涉及政府、企业和员工三方合作，旨在促进关于职业技术教育与培训的社会对话；

· 法案 N120/N（2010）制定了格鲁吉亚全国任职资格框架；

·《格鲁吉亚职业教育与培训法》（2007）定义了格鲁吉亚职业教育与培训的任务，确定了技术和职业教育类别、不同水平和融资机制。

三、职业技术教育与培训的体系与质量保障①

（一）体系

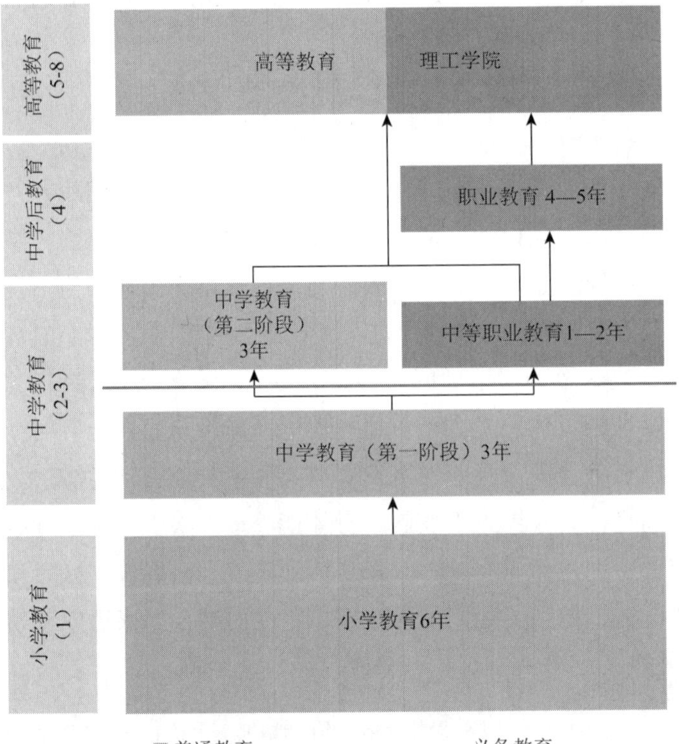

图 1　格鲁吉亚职业技术教育与培训体系结构图

资料来源：图表由联合国教科文组织国际职业技术教育与培训中心编制。

① 该部分引自：教育与科学部 . 格鲁吉亚职业教育与培训法 [EB/OL]. https://matsne.gov.ge/en/document/download/23608/12/en/pdf,2017–09–21；联合国教科文组织国际教育局 . 世界教育数据（第 7 版）: 格鲁吉亚 [EB/OL]. http://www.ibe.unesco.org/fileadmin/user_upload/Publications/WDE/2010/pdf– versions/Georgia.pdf,2017–09–26.

格鲁吉亚小学教育6年，完成6年小学教育后，学生将继续接受中学教育。中学教育阶段又分为两个阶段，第一阶段是义务教育部分，学制3年，学生在第二阶段的中学教育开始分流，侧重文化学习的学生进入3年制中学，而侧重职业技术学习的学生则进入1—2年的职业学校学习。完成第二阶段的中学教育后，学生可升入高等院校接受高等教育。

根据《2013—2020年职业教育改革战略》，职业教育课程将纳入普通教育体系。正规的职业教育与培训在中学、中学后和高等教育阶段进行，但现行法律并未做出明确规定。职业教育与培训在中学教育第二阶段作为独立于普通教育的教育阶段，一般为期两年。

职业教育涵盖传统科目，但重点为职业技能的发展，而不是沟通和决策技能的发展。并无通用标准对职业教育系统的学生进行评估，只由教育机构自行负责进行学生评估。经授权的职业教育与培训机构负责提供非正规和非正式职业教育与培训，其满足特定条件要求，学历受国家任职资格框架认可。

（二）保障①

为确保职业教育与培训质量，该国建立了内外部质量保障体系，包括授权和认证标准。内部质量保证措施由国家教育质量中心和部长办公室下属的授权和认证委员会负责。

国家任职资格框架于2010年批准，契合欧洲任职资格标准框架和高等教育框架要求。目前的格鲁吉亚国家任职资格框架包括五级职业任职资格（1—5级）和三级高等教育资格（6—8级）。

格鲁吉亚职业教育分为不同级别，对不同级别的职业教育师资有不同的任职资格要求。中等职业教育任职要求如下：

表1　中等职业教育任职要求

教　育	学　制	任职资格
基础教育（1级）	由相关职业标准定义	职业教育与培训一级
2级	由相关职业标准定义	职业教育与培训二级
3级	由相关职业标准定义	职业教育与培训三级
“模块化”VET 3级	根据不同级别而定	职业教育与培训三级

资料来源：http://eqe.ge/eng/static/125/education-system/national-qualifications- framework.2017-08-23.

表2　中学后职业教育任职

教　育	学　制	任职资格
4级	由相关职业标准定义	职业教育与培训四级
4级	根据不同级别而定	职业教育与培训四级

① 摘自：国家教育质量中心．国家任职资格框架 [EB/OL]. http://eqe.ge/eng/static/125/education-system/national-qualifications- framework.2017-08-23.

续表

教　育	学　制	任职资格
5级	由相关职业标准定义	职业教育与培训五级
"模块化"职业教育与培训5级	根据不同级别而定	职业教育与培训五级

资料来源：http://eqe.ge/eng/static/125/education-system/national-qualifications- framework.2017-08-23.

格鲁吉亚中学后职业教育与培训共分两个等级，即4级和5级。这个阶段的职业教育与培训根据不同情况有不同的学制标准，但对这一阶段的教师任职资格则在"职业教育与培训"四级及以上。

四、职业技术教育与培训的治理与教师

（一）治理[①]

涉及职业教育与培训改革的政府部门包括教育与科学部，财政部，卫生、劳动和社会事务部，基础设施和地区发展部。涉及的其他社会合作伙伴包括国际捐助机构，包括欧盟、联合国开发计划署、挪威教育部、德国国际合作协会。

教育与科学部负责格鲁吉亚职业技术教育与培训系统的管理。其中，教育与科学部一系列下属机构分管职业技术教育与培训系统的不同方面。这些机构包括：

· 教育机构中的资源办公室

· 国家评估和考试中心

· 教育基础设施开发机构

· 教师专业发展中心

· 国家教育质量中心

· 教育管理信息系统

除政府机构外，各类社会合作伙伴也为职业技术教育与培训系统的正常运行做出贡献。社会合作伙伴的例子包括：格鲁吉亚企业协会、工会会议和各类民间团体代表，如职业教育基金、女企业家协会、格鲁吉亚酒店餐饮业联合会及各类商会等。

参与职业技术教育与培训促进工作的其他政府部门包括：（1）财政部；（2）卫生、劳动和社会事务部；（3）基础设施和地区发展部；（4）国家统计局。

职业教育与培训系统由格鲁吉亚政府、教育与科学部预算以及其他部门预算提供资金。职业教育与培训融资机制目前正在调整，重点是涵盖职业教育与培训系统的教育成本，同时鼓励职业教育与培训机构自行承担管理成本。这种措施旨在鼓励职业教育与培

① 本部分引自：教育与科学部.2013–2020年职业教育改革战略.http://www.mes.gov.ge/uploads/12.%20VET%20Strategy%202013-20_EN.pdf,2017-09-12；联合国教科文组织国际教育局.世界教育数据(第7版)：格鲁吉亚.http://www.ibe.unesco.org/fileadmin/user_upload/Publications/WDE/2010/pdf- versions/Georgia.pdf,2017-09-26.

训机构之间通过竞争提高教育质量，降低成本。同时，管理部门重点加强私营部门发展机制，鼓励私营部门投资格鲁吉亚职业教育与培训。鉴于此，公私合作关系 在许多领域都有所发展。

（二）教师①

要在格鲁吉亚从事职业教育与培训，教师们必须具备两个条件：一是必须拥有高等教育学历，可以是四级或五级职业教育资格；二是还必须在相关领域拥有至少三年工作经验。

教育与科学部下属的教师专业发展中心负责职业教育与培训教师和培训人员的培训工作。通过重点发展教师技能的课程及在职培训，让教师们能够在教学中轻松利用信息通信技术等科技成果。

五、职业技术教育与培训的诉求与发展趋势②

（一）诉求

当前，格鲁吉亚职业教育与培训发展面临一系列挑战，包括：发展建立在工作实践基础上的学习系统；鼓励私营部门参与发展机制；鼓励教师参加行业内部培训；建立外部质量保证机制；在职业教育与培训系统中纳入普通教育科目；在高等教育机构建立认可职业教育与培训学分的先前学习认证系统。国内经济发展趋势与职业技术教育的发展紧密相关，在这一形势下，格鲁吉亚出台了职业教育改革战略。《2013—2020 年职业教育改革战略》旨在加强格鲁吉亚职业教育与培训体系，制定到 2020 年的有关职业教育与培训发展目标。

（二）发展趋势

职业技术教育与培训的市场需求及发展环境将会变化。

近年来，格鲁吉亚市场经济体系面临诸多困难：国内动荡、武力冲突、能源交通封锁、高犯罪率、旧市场丧失、新市场未充分发展，一系列问题严重阻碍格鲁吉亚经济发展，经济改革势在必行，“格鲁吉亚 2020”经济社会发展规划应运而生。

近几年，格鲁吉亚经济发展平稳，宏观经济、金融、财政、外贸和债务状况总体好转。从短期看，2016 年初虽然受俄罗斯经济下滑影响较大，但国内进行积极的财政改革，使得格鲁吉亚当年国内经济继续保持良好态势。长期看来，格鲁吉亚经济发展中存在一些难以解决的问题，这些问题制约经济增长。例如与俄罗斯的关系影响外贸收入，通货膨胀率持续波动，失业率居高不下，经济发展对外部依赖较高。地缘政治风险和脆弱的银行体系将持续制约格鲁吉亚财富创造能力，市场融资能力薄弱使政府偿债来源继续依赖外部支持。中长期内，低廉的劳动力成本和不断优化的投资环境有望使经济保持

① 摘自：联合国教科文组织国际教育局 . 世界教育数据 (第 7 版): 格鲁吉亚 [EB/OL]. http://www.ibe.unesco.org/fileadmin/user_upload/Publications/WDE/2010/pdf- versions/Georgia.pdf,2017- 10 -02.

② 摘自：教育与科学部 .2013-2020 年职业教育改革战略 [EB/OL]. http://www.mes.gov.ge/uploads/12.%20VET%20Strategy%202013-20_EN.pdf,2017-09-08.

4.5% 左右的增速，但受制于高消费和低储蓄率，格鲁吉亚常规项目将继续维持高额逆差，经济发展高度依赖外资，财富创造能力的脆弱性依然突出。①

未来几年，格鲁吉亚坚持加入欧洲一体化进程，将大力贯彻联系会员国协定及全面深入的自由贸易协定，力求达到惠及全体公民的包容性全面性经济增长。具体来说，2020 年格鲁吉亚社会应充分尊重经济自由和财产权、保障司法独立，政府更加高效、透明，不再过多地干涉经济，大力提高市场竞争力尤其是民营领域市场竞争力，扩张外部市场，吸引外国投资，建设稳定的社会安全和保障体系，增加教育、医疗卫生等领域支出和投资，以创造更多就业机会为主，社会救济起辅助作用。② 格鲁吉亚国家财政实力有限，在科技投入方面不足。格鲁吉亚主要的科研主管部门是教育与科学部，直接对有关研究项目进行资助和监管的是鲁斯塔维利国家科学基金。

（深圳职业技术学院　技术与职业教育研究所　袁　礼）

主要参考文献

[1] 中华人民共和国驻格鲁吉亚大使馆经济商务参赞处 . 格鲁吉亚地理情况简介 [EB/OL]. http://ge.mofcom.gov.cn/article/ddgk/zwdili/201507/20150701058341.shtml. 2017–09–28.

[2] 人民网 . 格鲁吉亚概况 [EB/OL]. http://world.people.com.cn/GB/8212/72474/72475/5048785.html. 2017–10–02.

[3] 中华人民共和国外交部 . 格鲁吉亚国家概况 [EB/OL]. http://www.fmprc.gov.cn/web/gjhdq_676201/gj_676203/yz_676205/1206_676476/1206x0_676478/.2017–09–25.

[4] 商务部国际贸易经济合作研究院 . 对外投资合作国别 (地区) 指南——格鲁吉亚 [EB/OL]. 一带一路网 . https://www.yidaiyilu.gov.cn/wcm.files/upload/CMSydylgw/201702/201702090239044.pdf. 2017–09–25.

[5] 中华人民共和国驻格鲁吉亚大使馆 . 格鲁吉亚概况 [EB/OL]. http://www.fmprc.gov.cn/ce/cege/chn/gljygk/t1377759.htm. 2017–09–23.

[6] 中华人民共和国商务部欧亚司 . 格鲁吉亚经济社会基本情况及特色产业介绍 [EB/OL]. http://oys.mofcom.gov.cn/article/oyyscy/201410/20141000780182.shtml. 2017–09–23.

[7] 中华人民共和国驻格鲁吉亚大使馆经济商务参赞处 . 风俗与习惯 [EB/OL]. http://ge.mofcom.gov.cn/article/ddgk/zwfengsu/200203/20020300006772.shtml.2017–09–26.

[8] 中华人民共和国驻格鲁吉亚大使馆经济商务参赞处 . 格鲁吉亚资源情况简介 [EB/OL].

① 参见：深圳市政府政策研究室 . 西亚北非五国国情研究 .2016:12–18.

② 中华人民共和国商务部 . 格鲁吉亚政府发布"格鲁吉亚 2020"经济社会发展规划 [EB/OL]. http://www.mofcom.gov.cn/article/i/dxfw/jlyd/201403/20140300530233.shtml.2017–09–26.

http://ge.mofcom.gov.cn/article/ddgk/zwdili/201507/20150701058342.shtml.2017-09-24.

[9] 深圳市人民政府政策研究室 . 一带一路沿线国家之格鲁吉亚 [EB/OL]. http://www.sz.gov.cn/szsfzyjzx/ylyd/201708/t20170830_8298944.htm.2017-09-24.

[10] 中国有色网 . 杨金祥，王林峰 . "一带一路" 战略下格鲁吉亚能源投资正当时 [EB/OL]. http://www.cnmn.com.cn/ShowNews1.aspx?id=324999. 2017-09-16.

[11] UNESCO-UNEVOC 联合国教科文组织国际职业技术教育与培训中心 . 全球职业技术教育与培训数据库 : 格鲁吉亚 [EB/OL]. www.unevoc.unesco.org. 2017-10- 11.

[12] 欧洲培训基金会 (2014). 支持格鲁吉亚职业教育与培训的社会合作概念性文件 . http://www.unevoc.unesco.org/fileadmin/up/georgia_socialpartnershipinvet.pdf. 2017-09- 11.

[13] 教育与科学部 . 格鲁吉亚职业教育与培训法 [EB/OL].https://matsne.gov.ge/en/document/download/23608/12/en/pdf. 2017-09-20.

[14] 国家教育质量中心 . 国家任职资格框架 [EB/OL]. http://eqe.ge/eng/static/125/education-system/national-qualifications- framework. 2017-10-01.

[15] 联合国教科文组织国际教育局 . 世界教育数据 (第 7 版) : 格鲁吉亚 [EB/OL]. http://www.ibe.unesco.org/fileadmin/user_upload/Publications/WDE/2010/pdf- versions/Georgia.pdf. 2017- 10 -02.

[16] 教育与科学部 .2013-2020 年职业教育改革战略 [EB/OL]. http://www.mes.gov.ge/uploads/12.%20VET%20Strategy%202013-20_EN.pdf. 2017-09-08.

[17] 中华人民共和国驻格鲁吉亚大使馆经济商务参赞处 . 格鲁吉亚 [EB/OL]. http://ge.mofcom.gov.cn/article/jmxw/201708/20170802630130.shtml.2017-08-21.

阿塞拜疆共和国

一、国家概况

（一）地理

阿塞拜疆共和国（The Republic of Azerbaijan），简称阿塞拜疆。阿塞拜疆国名来自于古波斯语，意为“火的国家”，是东欧和西亚的“十字路口”，至今还保留着古丝绸之路上的城堡、驿站和市场的遗迹。

阿塞拜疆位于欧亚大陆交界处的南高加索地区东部。南邻伊朗，北靠俄罗斯，西接格鲁吉亚和亚美尼亚，东临里海，与哈萨克斯坦、土库曼斯坦隔海相望。其飞地——纳希切万自治共和国被亚美尼亚、伊朗和土耳其三国所环绕。阿塞拜疆面积 8.66 万平方千米，全国划分为 1 个自治共和国（纳希切万自治共和国），66 个区，78 个城市。①

阿塞拜疆气候呈多样化特征，中部和东部为干燥型气候，东南部降雨较为充沛。北部与西部山区气温较低，夏季平均气温为 12℃，冬季为 –9℃。大部分地区夏天干燥少雨；秋末至次年春季为雨季，部分地区有降雪。首都巴库紧邻里海，冬季温暖。传说首都的名称——巴库意为“风城”②，素有石油城的美誉，是里海沿岸最大的港口。

（二）人文

阿塞拜疆部族形成于 11—13 世纪。16—18 世纪受伊朗萨法维王朝统治。18 世纪中期分裂为十几个封建小国。19 世纪 30 年代，北阿塞拜疆（现阿塞拜疆共和国）并入沙俄。1918 年 5 月 28 日，阿塞拜疆资产阶级成立阿塞拜疆民主共和国，1920 年 4 月 28 日被阿塞拜疆苏维埃社会主义共和国取代。1922 年 3 月 12 日加入外高加索苏维埃社会主义联邦共和国（同年 12 月该联邦加入苏联）。1936 年 12 月 5 日改为直属苏联的加盟共和国。1991 年 2 月 6 日改国名为“阿塞拜疆共和国”，10 月 18 日正式独立。③

---

① 中华人民共和国外交部 . 阿塞拜疆国家概况 [EB/OL].(2017-08-01) [2017-09-18].http://www.fmprc.gov.cn/web/gjhdq_676201/gj_676203/yz_676205/1206_676284/1206x0_676286/.

② 商务部国际贸易经济合作研究院等 . 对外投资合作国别（地区）指南——阿塞拜疆 [R]. 商务部国际贸易经济合作研究院等 ,2016,4:3.

③ 中华人民共和国外交部 . 阿塞拜疆国家概况 [EB/OL]. (2017-08-01) [2017-09-18].http://www.fmprc.gov.cn/web/gjhdq_676201/gj_676203/yz_676205/1206_676284/1206x0_676286/.

阿塞拜疆议会是国家的最高立法机关，实行一院制，由125名议员组成，任期5年。主要职能是制定、批准、废除法律条约，决定行政区划，批准国家预算并监督其执行，根据宪法法院提请依照弹劾程序罢免总统，确定全民公决等。本届政府于2013年10月组成，总统伊利哈姆·阿利耶夫，总理阿尔图尔·拉西扎德。2016年9月，阿塞拜疆以全民公投形式修改宪法，将总统任期由5年延长至7年，并设立两名副总统职位，赋予总统解散议会权力等。2017年2月，总统任命第一夫人梅赫丽班·阿利耶娃担任第一副总统。①

截至2016年1月1日，阿塞拜疆全国总人口961.4万，其中男性约占49.5%，女性50.5%；城市人口约53.1%。首都巴库市常住人口约300万。②阿塞拜疆是一个多民族的国家，主要为阿塞拜疆族（占90.6%），还有俄罗斯族、亚美尼亚族等。官方语言为阿塞拜疆语，居民多通晓俄语。

（三）经济

石油工业是阿塞拜疆的经济支柱，石油开采已超过150年的历史，成为重要的产业部门。阿塞拜疆有着极为丰富的石油和天然气资源，石油探明储量约20亿吨，地质储量约40亿吨，且具有埋藏浅和杂质少等特征；天然气探明储量2.55万亿立方米，远景储量6万亿立方米；此外，还有大量的金属、非金属和矿泉水资源。目前，石油年产量约5千万吨，天然气年产量约300亿立方米。主要工业部门有石油加工、石油化工、机械制造、有色冶金、轻工、食品等。主要出口产品有：石油和石油产品、天然气、水果蔬菜、黑色金属及制品、化工产品、烟酒等。主要进口产品有：机械和电子电气设备、交通工具及配件、黑色金属及制品等。

近年来，由于国际油价低迷，外加俄罗斯经济危机等影响，阿塞拜疆经济受到多方面打击。2016年，阿塞拜疆国内生产总值375.7亿美元，同比下降3.8%，人均国内生产总值3897美元，人均月工资310美元。2017年上半年，国内生产总值同比下降1.3%。对此，为重振经济，阿塞拜疆政府推出经济多元化发展战略，改变单一型和过渡依赖能源出口的经济结构，大力发展农业、旅游业等非石油经济。③

（四）教育

阿塞拜疆的教育发展经历了三个历史时期：一是阿塞拜疆人民共和国时期，当时的教育部主要由普通中等教育、高等专业教育和职业学校三个分支机构组成；二是阿塞拜疆苏维埃教育时期，该时期主要由人民教育部、高等和中等专业教育部和国家职业技术

---

① 中华人民共和国外交部．阿塞拜疆国家概况 [EB/OL]. (2017-08-01) [2017-09-18].http://www.fmprc.gov.cn/web/gjhdq_676201/gj_676203/yz_676205/1206_676284/1206x0_676286/.

② 商务部国际贸易经济合作研究院等．对外投资合作国别（地区）指南——阿塞拜疆 [R]. 商务部国际贸易经济合作研究院等,2016,4:3.

③ 中华人民共和国外交部．阿塞拜疆国家概况 [EB/OL]. (2017-08-01) [2017-09-18].http://www.fmprc.gov.cn/web/gjhdq_676201/gj_676203/yz_676205/1206_676284/1206x0_676286/.

教育委员会负责国家教育的运行；三是独立后的阿塞拜疆教育，1993 年 9 月 3 日，阿塞拜疆共和国总统决议将人民教育部改为教育部。2005 年 3 月 1 日阿塞拜疆共和国总统令批准通过了教育部的有关管理运行条例。①

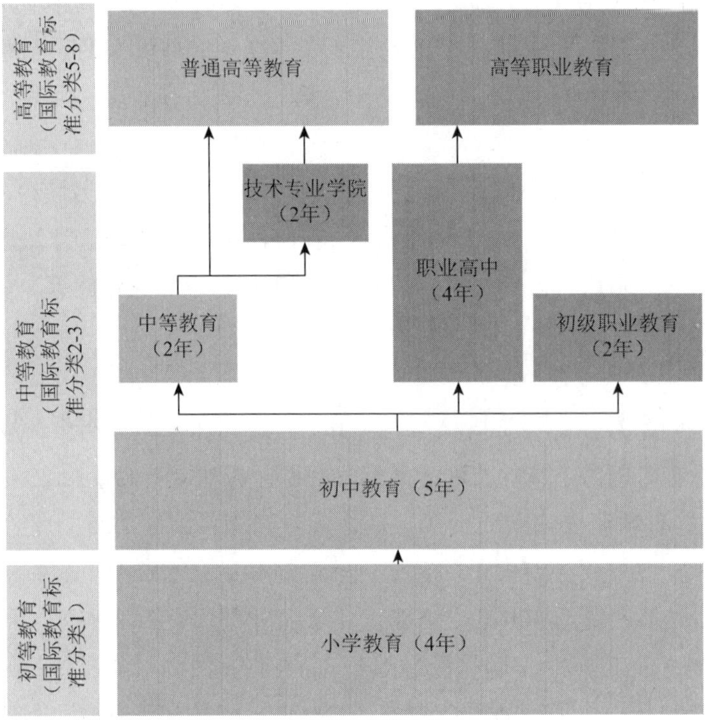

图 1　阿塞拜疆教育体系图②

阿塞拜疆教育体系分为学前教育、普通中小学教育、职业技术教育、中等专业教育和高等教育。现有全日制普通学校 4475 所，学生 132.2 万人；中等专业学校 108 所，学生 30.53 万人；国立高等院校 37 所，学生 13.66 万人；私立高等院校 15 所，学生 2.15 万人③。著名高校有巴库国立大学，创建于 1919 年，现有 17 个系、2 个研究所、4 个博物馆和 3 个图书馆。在校学生约 13000 人，教师 2300 人。阿塞拜疆国家石油学院，创建于 1920 年，现有 24 个专业、7 个系、63 个教研室和 18 个科学实验室。在校学生约 7000 人，教师 1000 人。

根据 1989 年的人口普查数据，该国的全民识字率曾经达到 99.6%，几乎所有的儿童，不分性别、贫困水平或地理位置，全部可以完成 9 年的基础教育。可是从 1991 年独立以

① Azerbaijan ministry of education.The history of education[EB/OL].http://www.azerbaijans.com/content_874_en.html.2017-09-19.

② UNESCO-UNEVOC. World TVET Database-Country Profiles. Azerbaijan [DB/OL]. http://www.unevoc.unesco.org/go.php?g=world + TVE + Database & lang=en&ct=AZE#parO_z. 2017-09-20.

③ 商务部国际贸易经济合作研究院等 . 对外投资合作国别 (地区) 指南——阿塞拜疆 [R]. 商务部国际贸易经济合作研究院等 ,2016,4:10.

来，许多绩效指标，如入学率、质量等教育的相关指标急剧下降，导致教育发展水平低下，难以适应经济发展对技术水平的要求，劳动力短缺现象明显，大量劳动力失业或主要集中在低生产率部门就业。目前，阿塞拜疆现行教育体系中大部分公办中小学的入学率都不足 100%，职业教育与培训学校入学率低于 18%，而在高等教育阶段，由于有严格的条件限制，这一比例相对更低。于是，大部分的中等教育毕业生在几乎没有任何市场技能的情况下进入劳动力市场。阿塞拜疆教育不发达的现状也导致许多公共教育机构和国外公司建立自己的大学和培训机构，如英国石油公司就在阿塞拜疆建立了自己的培训中心，而国内的一些其他公共部门，如紧急事务部、旅游局、国家安全局和海关等都开设了自己的院校，为毕业生提供具体的技能培训，这样就可以相对容易地在各自的部门获得工作机会。①

二、职业技术教育与培训的战略与法规

（一）战略

阿塞拜疆的职业技术教育与培训体系的许多特点继承自苏联。最近，随着阿塞拜疆的发展，新兴经济对合格劳动力的需求增加，而现有劳动力难以满足经济发展的需要。根据教育部职业技术教育与培训部门的信息，职业技术教育与培训体系的建设要求根据不断变化的劳动力市场需求，对发展和建立专门机构的计划提供支持（包括支持现有的职业技术教育与培训机构），以重新培训劳动力并提高其职业技术教育水平；建立和支持一些可以代表劳动力资格需求的组织，这类组织的成员应包括来自劳动领域（特别是经济部门）的代表；以及创建国家资格框架，以支持资格认证。

2013 年 10 月 24 日，由总统令签署通过《国家教育发展战略》，确立了包括职业教育与培训的教育发展长远愿景。提出未来教育的发展应重点关注并服务于以下领域：发展以能力为本的教育；建立基于政治合作伙伴关系和公私伙伴关系的新型管理机制；倡导终身学习理念；加强现代基础设施建设和适应经济可持续发展，建立符合标准的新型财政机制。

2016 年 12 月，最新的职业教育与培训战略路线图和 2016 年 3 月 16 日的总统令第 1897 号阐述了职业教育与培训发展的短期、中期和长期愿景，主要内容包括：（1）基于公私合作的伙伴关系为职业教育的提供者建立新型的管理架构，创建一个合理和优化的职业教育供应商网络；（2）对职业教育与培训机构的基础设施进行改造，及时更新教学内容，提高教学人员和毕业生的水平，增加职业教育的社会吸引力；（3）在新经济模式的基础上，加大对职业教育与培训系统的资金支持等。

① Allahveranov, Azer; Huseynov, Emin.Costs and Benefits of Labour Mobility Between the EU and the Eastern Partnership Partner Countries. Country Report: Azerbaijan[J]. CASE Network Studies & Analyses. 2013, Issue 460, pp.1–77.

（二）法规

2009年9月，阿塞拜疆通过了新的《教育法》，为阿塞拜疆的教育政策提供了一个全面的框架，规定了教育制度的一般原则、教育标准、结构和质量保证原则，以及普通教育、初级职业教育、中等专业职业教育、高等教育和继续教育与培训等分支的目标和原则。《教育法》计划为初级职业教育、中等专业教育和成人学习制定单独的法律。其他重要的法律法规或文件如下：

1. 2005年通过的阿塞拜疆共和国就业战略（2006—2015）。该战略规定了按照劳动力市场需求发展职业培训的优先事项，2007年5月第2167号总统令批准通过《阿塞拜疆共和国就业战略执行计划》。

2. 阿塞拜疆共和国职业教育体系开发的国家计划（2007—2012）。其旨在通过更新基础设施并使其实现现代化来优化职业技术教育与培训机构体系；并制定了有关履行阿塞拜疆共和国职业技术教育与培训发展中所规定的义务的行动计划。

3. 阿塞拜疆共和国关于求职者就业与职业教育组织管理的法律。这项法律规定为失业人员和求职者提供免费的职业培训和再培训，并由国家提供保证。

4. 阿塞拜疆共和国总统关于保障学前教育机构和初始职业培训教育机构运行的补充条款的行政命令。[①]2010年9月15日，阿塞拜疆共和国总统阿利耶夫签署行政命令，要求从阿塞拜疆共和国总统储备基金（2010）的国家预算向教育部分配200万马纳特，以促进阿塞拜疆初始特殊职业培训教育事业的恢复与发展。

5.《国家教育发展战略》和《阿塞拜疆共和国国家教育发展国家战略实施行动计划》，提出逐步推广实施12年教育。12年教育体系的设计目的是在最后两年的学校教育中促进软技能的专业化，这将有助于学生更有效地进行职业教育。行动计划还规定建立一个立法框架，以认可通过非正规和非正式教育经历获得的能力。

6. 2016年3月，阿塞拜疆总统发布了8个部门优先发展的战略路线图，包括4个制造业部门（石油天然气、农业、消费品生产、重工业和工程部门），3个服务行业（旅游、物流和贸易）和1个社会部门（经济适用房），指出职业教育与培训和这些部门的发展息息相关，需要为其发展的各个阶段提供合格的人力资源支撑。

三、职业技术教育与培训的体系

（一）体系

1. 正规职业技术教育

阿塞拜疆学生在接受4年制初等教育和5年制普通教育之后进入中等教育阶段。初

① Ministry of education republic of Azerbaijan.Executive order of the President of the Azerbaijan Republic on extra measures on maintenance of repair of the preschool educational institutions and educational institutions of initial vocational training [EB/OL]. Baku city, September 15, 2010. http://edu.gov.az/en/page/354/2543,2017-09-20.

级中等职业教育是阿塞拜疆中等教育体系中不可或缺的一部分，初级中等职业教育按照社会和劳动力市场的要求，在初中教育的基础上面向各类工艺和大众专业技术工人提供培训，毕业生除了可以获得专业资格证书外，学校还提供相关的国家正式教育文凭[①]。

完成初级中等职业教育后，学生可以选择专门的中等教育，并进入职业高中或职业学校。这些机构提供的课程持续 3 至 4 年。学生还可以选择中等专业机构（技术专业学院），完成课程需要 1 到 2 年的时间。职业高中或职业学校毕业后也可以进入技术学院或专科学院。接受职业教育的学生在中等教育阶段的比例从 2011 年的 17.38% 上升到了 2014 年的 19.7%，虽然职业教育与培训学生的比例仍然较低，但也表明吸引力有所提高。另有一半以上的高中毕业生在 2014 年接受了职业课程的学习，也比 2011 年上升了 4%。[②]

职业高中和技术专业学院同时提供专业教育和普通教育，而职业学校只提供专业课程。商业和非政府组织也可以建立中等职业教育机构，但大多数中等职业教育机构都由教育部、青年事务及体育部、文化旅游部、卫生部、劳动和社会保障部监管。

根据阿塞拜疆共和国法律和《阿塞拜疆共和国教育发展战略》的有关规定，初级职业教育和中等专业教育的主要功能如下：根据社会的要求，编写初级职业和中等教育的能力标准和课程；按照劳动力市场的要求，对已经获得初级职业教育和中等专业教育的人员进行各种培训；建立现代化的职业培训中心和综合体。[③]

2. 继续教育与培训

阿塞拜疆的职业继续教育与培训可分为两类：一是政府组织的失业人员职业培训体系；二是组织、公司和机构实施的员工培训和再培训体系。失业人员的职业培训由中央就业局等国家就业机构以及地区和市政就业中心组织，满足以下条件还可以由政府资助免费参加：（1）因为缺乏必要的职业教育而找不到工作；（2）由于自己的职业没有市场需求，需要进入新的职业；（3）没有机会找到自己专长的工作。公司内的在职学习通常以非正式学徒制的形式进行，这也是个人发展技能的主要途径。例如对于那些选择通过学习职业技术教育与培训课程而专门从事某一职业的学生，通常会发现自己在毕业时很难找到专业对口的工作，而是往往需要从公司内最低的职位开始，边工作边学习。用人单位整体上都是依靠这种非正规的培训体系培养员工。

（二）职业资格

在中等职业教育阶段的资格认证方面，已经顺利完成职业学校或职业高中所提供课程的学生可以获得专业文凭。成功通过国家考试的中等专业院校（技术专业学院）毕业生获得初级专业资格。

---

① Baku education information center. Education System in Azerbaijan[EB/OL]. http://www.beic.az/education_azerbaijan.html.2017-09-20.

② ETF.Torino Process 2016-17: Azerbaijan - Executive summary[EB/OL]. http://www.etf.europa.eu/webatt.nsf/0/680962811B4B71B7C1258130003A54BE/$file/TRP%202016-17%20Azerbaijan.pdf.2017-09-18.

③ Ministry of education republic of Azerbaijan. http://edu.gov.az/en/page/31.2017-09-20.

在国家资格框架的建设方面，原有的资格体系源于根据《共和国工人职业分类和共同关税资格参考书》制定的现行国家教育标准，确定了职业教育专业化分类的结构，以前用于确定人员工作分配和薪资的职业技术教育与培训资格体系已经过时。根据2009年新《教育法》，教育部和劳动和社会保障部在欧洲培训基金会和世界银行的支持下，在2011—2012年度制定开发了阿塞拜疆国家资格框架的整体构想，阿塞拜疆资格框架草案旨在建立符合欧洲高等教育区域资格框架和欧洲终身学习资格框架的资格体系。

目前，阿塞拜疆的职业教育与培训部门一直在没有专门的战略发展框架的情况下以非系统的方式运作：劳动和社会保障部承担部分职业教育的管理工作，主要涉及成年人口，通常是求职者和失业人员；教育部下属的分支机构各自管理着相应的职教工作；经济部和其他部委也有自己的做法。非政府组织者的随机参与也显著影响着职业教育与培训的形象。这种缺乏协调机制或利益相关方的平台（理事会）不仅影响了系统的工作效率，而且多部门共同管理职业教育与培训事业的状况也不利于职业教育发展质量的统一监管。

在该体制下，主要由教育部对大部分职业教育与培训机构进行质量监管。教育部计划以与普通学校相同的方式对职业教育培训机构教师的知识和技能进行诊断性评估。基于这一评估结果，教师的工作量（教学时数）和工资将会作出相应的调整。

四、职业技术教育与培训的治理与教师

（一）治理

教育部和地方教育行政机关共同对阿塞拜疆的职业技术教育与培训体系进行管理。教育部是阿塞拜疆教育制度的主要管理机构，主要职责如下：建立、重组和关闭职业技术教育与培训机构；审批资格体系和教育规章制度；为教育发展制定预算和获取经费提出建议；确定教育经费的国家标准；规定奖学金和工资支付等。对职业教育机构具有管辖权的其他部门还包括卫生部、农业部、文化部、青年事务及体育部、劳动和社会保障部、经济发展部。

职业教育发展中心成立于2009年，隶属于国家教育研究所。随着职业技术教育与培训在国家社会经济发展中的重要性日益凸显，职业教育发展中心也在采取相应措施，支持进行国家层面上的职业技术教育与培训改革，但由于权限以及员工能力有限，成效并不明显。

国家失业人员服务机构在培训失业人员方面具有重要作用。提供培训和再培训课程是他们的主要职责之一。失业人员服务机构还组织了补充培训课程，持续时间为两至三个月，目前主要针对车床工、铣床操作员、焊工和机械师等紧缺人员实施培训。

劳动和社会保障部在巴库、盖奥克恰伊和纳希切万等地都设立了职业教育培训中心。在国际劳工组织独立国家联合体青年就业伙伴关系框架下，国际劳工组织将向盖奥克恰

伊和巴库职业教育培训中心提供技术援助，以开展职业技术教育与培训计划。

2016 年 4 月总统令签署通过了在教育部下设国家职业教育局的决定，该机构正在接管有关制定和实施职业教育培训政策的职能，并在公私合作伙伴框架内通过与雇主联合制定和实施方案，以提高职业教育培训工作的运行效率。

阿塞拜疆的职业技术教育与培训机构由国家提供经费。初级职业技术教育与培训完全依靠国家财政，而职业技术教育与培训学院则可以从其他来源（主要为自费学生和外部捐助者）获取资金。2004 年至 2009 年间，国家预算中拨给职业教育机构的经费逐步增加，已从国家预算的 1.3% 增加到 1.6%。而且，从 2008 年开始，为改善职业技术教育与培训机构的设施进行专项拨款。然而在此之前并没有此项拨款，因此大多数机构的基础设施落后且运转不良。

（二）教师

阿塞拜疆的在职教师教育由大学和师范学院提供。尽管教育部努力改革教师培训和认证方法，但是大量教师仍然是不合格或不够资格的。更多的工作都集中于教育体系建设以及其他方面的发展上，教师的教育和培训质量问题虽然迫在眉睫，但却没有重大改变。

目前的大多数职业技术教育与培训的教师和培训师缺乏必要的知识与资格，不能够根据他们所教授领域的最新发展变化提供最与时俱进的教育。而且教师的薪水很低，这使得年轻人不愿意进入这个职业，导致教学人员老化。这个问题在农村地区表现得尤为明显，学校和培训中心的设备落后，再加上缺乏合格的职业技术教育与培训教学人员，导致教师培训问题重重。为了培养学员在劳动力市场进行有效竞争的能力，阿塞拜疆早年间就要求采取措施更新职业学校教师的培训课程，广泛采用法国、德国和美国的先进经验并不断改进方法，帮助教师提高教育教学水平。①

五、职业技术教育与培训的诉求与发展趋势

（一）诉求

1. 经济发展的诉求

近年来，阿塞拜疆正在进行一系列的经济转型策略，积极推动经济发展多元化，经济渐趋稳定发展。世界银行预测阿塞拜疆经济增速虽有所放缓，但仍将保持增长势头。国际货币基金组织则认为未来几年阿塞拜疆的经济增长率将稳步上升至 4.2% 左右。2014 年，阿塞拜疆政府制定了《2020 战略》，其基本内容就是促进经济可持续发展，争取不依赖石油工业的计划，大力扶持非石油领域经济发展，努力发展通讯、交通、高新技术、旅游、农业等产业，实施以大规模基础设施建设拉动经济的政策，促进经济多元化和各领域均衡发展。

---

① 子达 . 阿塞拜疆共和国的职业培训 [J]. 中国职业技术教育 ,2003(6).

新兴经济的发展对合格劳动力的需求不断增加，如农业、服务业和非石油领域相关的制造业，而实际上现有的合格劳动力并不能满足劳动力市场的需求，当前学校教育的专业设置和人才培养与经济发展的人才需求错位，尤其是一些新兴产业劳动力短缺严重。截至 2016 年 1 月 1 日，阿塞拜疆全国有劳动力能力的居民总计 492 万人，就业人口 467 万人，全国正式登记的失业人数为 2.89 万人，官方公布的失业率为 4.9%。[①] 尤其是阿塞拜疆国内高级蓝领工人极其缺乏，人才外流严重，急需引进高技术人才，随着基础设施建设规模的不断扩大，市场对技术人才的潜在需求将不断显现。

2. 职业教育自身发展的诉求

阿塞拜疆独立以后，其职业教育和培训按照市场经济要求的原则来实施，并积极学习大多数发达国家在培训方面的经验，比如联邦德国“双元制”的经验，并更新职业学校教师培训课程，帮助教师提高教学水平。但阿塞拜疆社会经济形势不断变化，其职业技术教育与培训仍面临诸多挑战。一是职业教育的社会地位不高。职业技术教育与培训被视为社会弱势群体迫不得已才选择的教育方式，希望接受职业技术教育与培训的学生人数一直在不断减少。二是政府对职业教育的支持不够。国家预算为职业技术教育与培训的拨款较低，职业技术教育与培训机构缺乏必要的现代化技术设备、学习材料以及合格的专业教学人员，也造成职业教育的吸引力不足；另外，根据欧洲培训基金会的报告指出，阿塞拜疆在“都灵进程”[②] 中遇到的其他挑战可归纳如下：(1) 政策制定与实施之间存在鸿沟，而且政策实施能力有限，难以将国际专家推荐的改革建议转化为国家职业技术教育与培训体系中采用的具体措施；(2) 教育培养供给和市场的人员需求不相匹配，职业技术教育与培训计划与国家劳动力市场需求之间连接不紧密，缺乏一种可预测未来培训需求的结构化和现代化的体系；(3) 终身学习概念的发展不够普及和深入，员工在职培训主要是在公司内以非正式方式进行，用人单位和工作者在职业技术教育与培训资格方面缺乏信任，使员工的技能在用人单位看来对公司成长无关紧要。

（二）发展趋势

为应对上述主要问题，阿塞拜疆应不断增强职业教育专业设置的灵活性、社会的适应性，满足劳动力市场对职业培训的需求，使培训更加适应生产的实际情况。阿塞拜疆目前正在实施的主要改革项目包括：

1. 寻求国际组织的帮助和合作机会。例如，一是欧盟独立国家联合体技术援助计划职业教育与培训项目，旨在提供相关建议，加强政策制定和实施能力，改善国家资格框架，建立更加以学习者为中心的教学方法，促进员工发展、对信息和通信技术的使用，

① 商务部国际贸易经济合作研究院等 . 对外投资合作国别 (地区) 指南——阿塞拜疆 [R]. 商务部国际贸易经济合作研究院等 ,2016,4:35.

② 2010 年发起的“都灵进程”是针对欧洲培训基金会国家职业教育与培训的现状与进展情况实施的两年一次的参与性分析审查 , 是欧洲培训基金会分析、完善职业教育培训系统的方法与工具。

以及提供职业技术教育与培训融资建议；二是世界银行与国家劳动和社会保障部一起开展了针对旅游、食品加工、建筑和替代能源等一些重点行业的职业和培训标准工作；三是英国文化协会推出的“工作中的技能”项目，主要旨在促进决策者和行业用人单位之间的对话，开发课程和保证质量，为年轻人提供相关的就业技能；四是与世界银行签署信贷协议，所得信贷资金用于编制初级职业课程。

2. 争取国内相关部门的协同配合。国家劳动和社会保障部公共就业服务局已经开展了针对青年人的指导和咨询活动，并鼓励他们选择具有较好的就业机会的专业；而且，在国家劳动和社会保障部公共就业服务局的指导下，开设了两个失业人员培训中心，计划还将再开设两个。在国际劳工组织“模块式就业技能培训”方法的帮助下，培训中心与教育部合作制定了模块化的短期课程；此外，各地区正在当地的政府、利益相关者和私营企业的支持下建立可同时作为学校和成人学习中心的职业技术教育与培训中心。

3. 充分利用各方有利资源尽可能开展最广泛领域内的教育合作。教育部职业技术教育与培训部门支持学校、企业和非政府组织开展创新项目，引进国外技术先进的公司企业合作建立高科技职业技术教育中心，为电气、自动化、信息技术、汽车维修、电子和工程等专业领域的人员提供培训，提高职业技术教育与培训专业毕业生的就业能力；也通过展示行业的最新生产实践，对职业技术教育与培训学校的职业技术教育与培训教师进行再培训。

（深圳职业技术学院　技术与职业教育研究所　魏　明）

主要参考文献

[1] 中华人民共和国外交部 . 阿塞拜疆国家概况 [EB/OL]. (2017-08-01) [2017-09-18].http://www.fmprc.gov.cn/web/gjhdq_676201/gj_676203/yz_676205/1206_676284/1206x0_676286/.

[2] 商务部国际贸易经济合作研究院等 . 对外投资合作国别 (地区) 指南——阿塞拜疆 [R]. 商务部国际贸易经济合作研究院等 , 2016.4.

[3] Allahveranov, Azer; Huseynov, Emin.Costs and Benefits of Labour Mobility Between the EU and the Eastern Partnership Partner Countries. Country Report: Azerbaijan[J]. CASE Network Studies & Analyses. 2013, Issue 460, p1-77.

[4] Ministry of education republic of Azerbaijan.Executive order of the President of the Azerbaijan Republic on extra measures on maintenance of repair of the preschool educational institutions and educational institutions of initial vocational training[EB/OL]. Baku city, September 15, 2010. http://edu.gov.az/en/page/354/2543.2017-09-20.

[5] ETF.Torino Process 2016–17: Azerbaijan – Executive summary[EB/OL]. http://www.etf.europa.eu/webatt.nsf/0/680962811B4B71B7C1258130003A54BE/$file/TRP%202016–17%20Azerbaijan.pdf. 2017–09–18.

[6] 子达 . 阿塞拜疆共和国的职业培训 [J]. 中国职业技术教育 , 2003 (6).

[7] Azerbaijan ministry of education.The history of education[EB/OL].http://www.azerbaijans.com/content_874_en.html. 2017–09–19.

[8] Baku education information center. Education System in Azerbaijan[EB/OL]. http://www.beic.az/education_azerbaijan.html. 2017–09–20.

亚美尼亚共和国

一、国家概况

（一）地理

亚美尼亚共和国（The Republic of Armenia），简称亚美尼亚，是一个位于亚洲与欧洲交界处的外高加索地区的共和制国家。行政疆界上，亚美尼亚位于黑海与里海之间，西邻土耳其，北邻格鲁吉亚，东接阿塞拜疆，南临伊朗和阿塞拜疆的飞地纳希切万自治共和国，面积为2.97万平方千米。①

亚美尼亚境内多山，全境90%的地区在海拔1000米以上，平均海拔为1800米。北部是小高加索山脉，境内最高点是西北高地上的阿拉加茨山，海拔4090米。东部有塞凡洼地，洼地中的塞凡湖面积1360平方公里，为亚美尼亚境内最大的高山湖泊。主要河流为阿拉克斯河。西南部的亚拉腊大平原被阿拉克斯河分成两半，北部属亚美尼亚，南部则归土耳其和伊朗。亚美尼亚属亚热带高山气候，其气候随地势高低而变化，可由干燥的亚热带气候逐渐变为寒带气候。1月份平均气温 -2℃ ~12℃，7月份平均气温24℃ ~26℃，年均降水量为200~800毫米。②

（二）人文

公元前9世纪—前6世纪，在亚美尼亚境内建立了奴隶制的乌拉杜国。公元前6世纪—公元3世纪，阿凯米尼德王朝和塞琉古王朝统治亚美尼亚，建立大亚美尼亚国。此后，亚美尼亚两次被土耳其和伊朗瓜分。1804—1828年，两次俄伊战争以伊朗失败告终，原伊朗占领的东亚美尼亚并入沙俄。1918年5月28日，达什纳克楚琼党领导建立了亚美尼亚第一共和国。1920年1月29日，成立亚美尼亚苏维埃社会主义共和国。1922年3月，亚美尼亚加入外高加索苏维埃社会主义联邦共和国，同年12月30日以该联邦成员国身份加入苏联。1936年12月5日，亚美尼亚苏维埃社会主义共和国改为直属苏联，成为

① 中华人民共和国外交部 . 亚美尼亚国家概况 [EB/OL].(2017-08-01)[2017-09-30]. http://www.fmprc.gov.cn/web/gjhdq_676201/gj_676203/yz_676205/1206_677028/1206x0_677030/.

② 商务部国际贸易经济合作研究院等 . 对外投资合作国别 (地区) 指南——亚美尼亚 [R]. 商务部国际贸易经济合作研究院等 .2016,4:2-3.

其加盟共和国之一。1990 年 8 月 23 日，亚美尼亚最高苏维埃通过独立宣言，改国名为"亚美尼亚共和国"。1991 年 9 月 21 日，亚美尼亚举行全民公决，正式宣布独立。① 1992 年亚美尼亚共和国与中国建立大使级外交关系。2002 年 12 月亚美尼亚加入世界贸易组织。

2015 年 12 月，亚美尼亚以全民公决形式通过新宪法草案，国家政体将逐步由总统制过渡到议会制。亚美尼亚议会称国民会议，是国家最高立法机关，任期 5 年。新一届政府于 2017 年 5 月组成，由亚美尼亚共和党和亚美尼亚革命联合会联合执政。总统谢尔日·萨尔基相，2008 年 2 月当选总统，2013 年连任。总理卡伦·卡拉佩强，现任议长阿拉·巴布洛扬。亚美尼亚全国人口 298.7 万（2017 年 7 月），亚美尼亚族占 96%，其他民族有俄罗斯族、白俄罗斯族、乌克兰族、格鲁吉亚族、希腊族、犹太人、亚速族、库尔德族等。官方语言为亚美尼亚语，居民多通晓俄语，主要信奉基督教。②

习俗方面，亚美尼亚人喜欢黑色服饰，喜欢喝咖啡而不喜欢饮茶，喜食烤猪肉、羊肉等。亚美尼亚人在社交场合与客人见面时一般多施握手礼，亲朋好友相见则是相互拥抱。③

（三）经济

亚美尼亚缺乏能源矿藏，水力资源丰富，有中大型水力发电站 9 个；金属和非金属矿藏较为丰富，已探明储量并注册的共有 670 多个矿，其中 30 个为金属矿，非金属矿藏有火山岩、珍珠岩、玄武岩和花岗岩等。亚美尼亚重点产业为工业、建筑业、电力生产，优先支持发展旅游业。2015 年工业产值占 GDP 比重为 26.4%，工业部门产值较高的行业有食品加工、基本金属加工业和饮料加工生产。20 世纪 90 年代，亚美尼亚服务业一直比较萧条。21 世纪初来，在整体经济恢复的带动下，服务业有所发展。2015 年，亚美尼亚服务贸易额约为 24.88 亿美元，同比增长 2.7%，其中餐饮、文化休闲、不动产、航空运输、旅游及银行业务等行业增长较快。④

亚美尼亚主要出口产品为宝石及其半加工制品、食品、非贵重金属及其制品、矿产品、纺织品、机械设备等。主要进口产品为矿产品、食品、化工产品等。主要贸易伙伴为俄罗斯、中国、德国、保加利亚、乌克兰、荷兰、比利时、美国、英国、伊朗、阿联酋等。

---

① 中华人民共和国外交部 . 亚美尼亚国家概况 [EB/OL].(2017-08-01)[2017-09-30]. http://www.fmprc.gov.cn/web/gjhdq_676201/gj_676203/yz_676205/1206_677028/1206x0_677030/.

② 同上。

③ 商务部国际贸易经济合作研究院等 . 对外投资合作国别 (地区) 指南——亚美尼亚 [R]. 商务部国际贸易经济合作研究院等 ,2016,4:9-10.

④ 同上书 ,2016,4:16-18.

2014年5月29日，俄罗斯、白俄罗斯和哈萨克斯坦三国签署《欧亚经济联盟条约》。2014年10月，亚美尼亚签署加入《欧亚经济联盟条约》的相关文件，2015年1月正式加入俄罗斯主导的欧亚经济联盟。2015年，亚美尼亚工业、农业、服务业和建筑业的占比分别为26.3%、19.9%、23.6%、9.1%。① 2016年国内生产总值为105亿美元，同比增长约0.2%。2017年1至5月，亚美尼亚国内生产总值同比增长6.5%，外贸额22.86亿美元，同比增长20.9%。未来五年，亚美尼亚经济政策的主要目标是确保宏观经济稳定，保持经济年均增长率5%，外贸出口额占GDP的40%。中长期产业发展方向为：基建、能源、旅游、高新技术产业。其他急需发展行业包括改造与新建城市农村供水系统、广播电视数字通讯技术等。②

（四）教育

根据1999年颁布的亚美尼亚教育法规定，亚美尼亚共和国的教育体系是由国家教育标准、各级教育计划方针、教育机构和教育管理单位构成的连续统一体。具体包括：（1）国家教育标准和不同层次和方向的教育方案组成的教育连续综合体；（2）实施教育计划方案的不同类型的教育组成的关系网；（3）教育管理实体及其附属机构组成的运行系统。主要涵盖以下教育类型：学前教育；普通教育（包括初等、中等教育或基础教育和高中）；职业教育（包括初级职业教育、中级职业教育和高级专业教育）；研究生教育、专业人员培训和资格进修机构；教育评估和教育服务机构。此外，在各级各类教育中还有大量的私营教育机构，如学前教育机构和高等教育机构等，除了保障教育服务市场的有效供给，对教育体系的发展也做出了重要贡献。③

普通中小学实施免费教育，大学对国家计划内的学生实行免费教育。全国共有普通中小学1468所，国立中等专业学校77所及其分校10所，高等院校16所及其分校10所，私营学校82所。主要高等院校有：埃里温国立大学、埃里温布留索夫国立语言大学、埃里温工学院、埃里温医学院和埃里温师范学院等。④

① 商务部国际贸易经济合作研究院等．对外投资合作国别（地区）指南——亚美尼亚[R]. 商务部国际贸易经济合作研究院等,2016,4:14.

② 中华人民共和国外交部．亚美尼亚国家概况[EB/OL].(2017-08-01)[2017-09-30]. http://www.fmprc.gov.cn/web/gjhdq_676201/gj_676203/yz_676205/1206_677028/1206x0_677030/.

③ ARMENIC.education system. http://www.armenic.am/en/education-system/.2017-10-10.

④ 商务部国际贸易经济合作研究院等．对外投资合作国别（地区）指南——亚美尼亚[R]. 商务部国际贸易经济合作研究院等.2016,4:10-11.

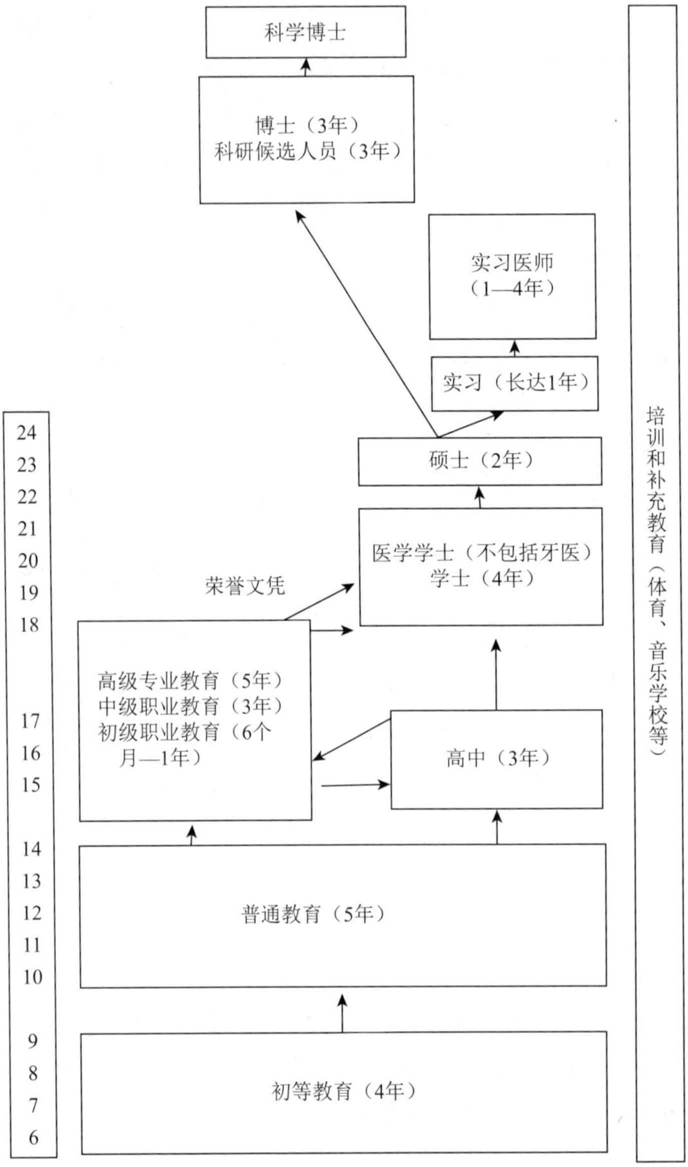

图 1 亚美尼亚教育体系图①

二、职业技术教育与培训的战略与法规

（一）战略

亚美尼亚在教育领域进行的改革重点是普通教育和高等教育，而对职业技术教育与培训关注不多。直到近些年，亚美尼亚陆续才出台了一系列关于发展职业技术教育与培训的文件，涉及初级职业技术教育与培训、终身学习和社会伙伴关系等方面。2008 年通

① ARMENIC.education system. http://www.armenic.am/en/education-system/.2017-10-10.

过的《关于发展初级职业（技能）和中级职业教育之设想》中给出了亚美尼亚职业技术教育与培训工作的侧重点：充分利用职业技术教育与培训的经费，加强职业技术教育与培训管理；引入能力本位的标准；提高职业技术教育与培训体系的有效性和改善教育成果；实现教育监督机制的现代化；加强和规范社会伙伴关系等。《关于亚美尼亚共和国初级（技能）和中级职业技术教育领域中的社会伙伴关系之设想》于2009年由亚美尼亚政府提出并记录于《职业技术教育与培训领域之谅解和合作备忘录》中，并在当年由教育部和社会合作伙伴共同签署。根据该《设想》，未来的职业技术教育与培训应该成为一个能够向社会输出合格劳动力的现代化体系。

亚美尼亚职业技术教育与培训的另外一个重点就是融入欧洲职业教育领域，2011年，由议会通过的《2011—2015年亚美尼亚共和国的国家教育发展规划》以及《2012—2016年职业教育与培训改革和行动计划之概念文件》中都对此做了详细论述。阐明了职业技术教育与培训的主要发展方向包括将初级和中级职业教育体系纳入普通欧洲教育领域。推动职业教育与培训机构融入全球教育体系，使本国职业教育与培训资格体系与欧洲资格框架保持一致；引入普通学分累积和转换制度，增进各个职业教育与培训机构之间的联系。

其中，《2011—2015年亚美尼亚共和国的国家教育发展规划》在保障职业教育与培训体系的作用和效率方面的主要规划措施有：其一，根据亚美尼亚共和国的经济侧重点决定初级和中级职业教育的专业侧重点，并引入有效的专业人才需求识别体制；其二，建立有效的职业教育与培训机构网络，改进职业教育与培训机构的培训资料库；其三，加强问责力度，提高机构透明度，建立有效的职业指导和咨询制度，以及鼓励建立社会伙伴关系和对话等。

（二）法规

1.《教育法》

《教育法》规定，国家公立学校应被视为教育领域国家政策的基础，其主要目标是培养具有高效的专业（职业）人才，促进个体的全面发展，形成爱国主义、国家主义及人文主义精神。其中，《教育法》第6款“国家对受教育权的保障”第2条要求“国家与社会伙伴合作，确保按照劳动力市场需要发展专业（职业）教育和教学制度，保障正规、非正规和非正式教育体系的发展和对其结果的认可”；第3条明确对初等职业教育、中级职业教育和高级专业教育实施竞争性入学基础上的免费教育。第10款第3条规定“专业（职业）教育课程的目标应是为培养合格的专业人才，促进能力和技能的形成，增进知识，并逐步提高其资格水平”。①

① MINISTER OF JUSTICE OF THE REPUBLIC OF ARMENIA . Law of the Republic of Armenia on education, 2015-05-29.

2.《初级职业（手工业）教育和中级职业教育法》

法案确定了国家在职业技术教育与培训领域的政策，并引入了社会伙伴这一概念。主要在以下方面作了规定：职业教育政策制定的原则；国家在职业教育领域的政策任务；职业教育的体系构成；职业教育的国家教育标准；资格等级、学习周期和学习形式；职业教育机构的任务和类型；职业学校的准入条件和毕业要求；职业教育管理机构的能力建设、权责分配、质量监控，职业教育有关活动和课程计划实施的行政许可等。①

其他有关职业技术教育与培训的政策、法规及其内容主要有：《亚美尼亚共和国宪法（1995）》赋予了公民平等的受教育权，《成人教育及其战略之概念文件（2005）》、《亚美尼亚非正规教育之概念文件（2006）》、《有关发展和引入职业教育和培训专业的以能力为导向的国家教育标准之设想（2010）》、《关于通过国家资格框架的政府法令（2011）》。其中2007年发布的《国家安全策略（2007）》指出职业教育的匮乏或不完善已经成为国家安全的威胁，并宣布重点发展教育系统。

三、职业技术教育与培训的体系与质量保障

（一）体系

1. 正规职业技术教育与培训的体系

亚美尼亚学生在完成（1年级至9年级）的义务教育以后可以进入职业技能学校或学院进行学习，职业技术教育与培训体系可以分为两个不同的阶段：第一阶段是初级（技能）职业教育，学制为6个月到3年，毕业后取得技工资格；第二阶段是中级职业教育，学制为2到5年，毕业后取得中级职业资格。初级和中级职业技术教育与培训教育机构为其学生颁发职业资格和普通中等教育文凭（高中毕业考试），学生毕业后可以进入高等学府继续学习。

亚美尼亚共有80所中级职业教育机构，在校学生28000人；初级职业教育机构27所，在校学生6500人。其中，中级职业教育机构数量相比1991年的68所增长了17.6%，但学生人数却下降了31%，1991年有40600名学生。专业学习领域包括人文、教育、医疗保健、经济、艺术、技术等，毕业生分别可获得技术工人和专业技术人员资格。②有关资料显示，在职业技术教育与培训的阶段，服务行业、贸易和食品行业有关的专业最受欢迎。

2. 非正规职业技术教育与培训体系

2015年，政府批准了对继续职业培训和非正规学习进行验证的有关程序，国家培训基金将按照有关规定实施非正式和非正式学习的验证制度。非正规的教学活动没有经过

① MINISTER OF JUSTICE OF THE REPUBLIC OF ARMENIA .Law of the Republic of Armenia on primary vocational (handicraft) and secondary vocational education,2015-05-29.

② ARMENIC. Professional Education.http://www.armenic.am/en/professional-education/,2017-10-10.

正式注册（主要是因为不需要获得许可），因此无法搜集相关的官方统计数据。根据估计，非正规教学活动的参加者大概有数万名。

目前，由于联合国开发计划署职业教育和培训制度计划以及德国成人教育协会的财务支持，亚美尼亚教育和科学部开始建立程序/秩序来规范终身学习项目的组织、实施和批准以及公立和私立教育机构在培训课程结束后颁发的证书样本。欧洲培训基金会也是亚美尼亚终身学习计划的捐助者。尽管继续职业技术教育与培训的有关项目获得多方捐赠，并且也是国家扶植项目，实际上却成效甚微。因此，总体而言，亚美尼亚的非正规职业技术教育与培训发展相对缓慢。

（二）保障

1. 资格认证和国家资格框架

学生在完成初级阶段的职业教育后会获得技工资格，完成中级阶段的职业教育和培训后会取得中级职业资格。完成中级阶段职业教育后可以继续从高等教育的第二年开始学习。从 2009 年至今，已经推出 100 项以能力为导向的教育标准和模块课程，并已经通过部门委员会审查与教育与科学部批准。

2011 年，亚美尼亚政府通过“亚美尼亚资格框架”，从而保证了本国教育资格与欧洲各国的可比性。在体制上，这可以提供不同形式和不同层次的教育之间的一致性。中央政府还通过了《教育机构国家认证条例》，对职业教育项目及其专业进行规范。

2. 质量保证

全国职业教育质量保证基金会中心是监督职业教育质量保障的外部机构，其认证委员会成员来自教育、科学、文化、经济、公共行政等各个领域的专家。该机构根据欧洲标准和指南编制了《战略规划》（2011—2015 年过渡阶段），其目标是建立教育质量评估制度。教育机构质量保障包括以下三个阶段：第一阶段，在教育机构内部开展自我评估；第二阶段，由独立的外部专家小组进行现场考察；第三阶段，在评估前两个阶段的结果的基础上，全国职业教育质量保证基金会中心的认证委员作出决定，然后汇总成报告对外发布①。目前，以下 3 所州立职业技术教育学院已经着手推进质量保证进程工作：埃里温州立学院一分院、埃里温州立学院二分院和埃里温亚－美“艾瑞布尼”医学院。

2017—2020 年间，亚美尼亚政府计划优先发展农业部门职业教育，加强职业教育培训系统和就业机构之间的联系，以及计划推出部分特别的项目，例如在国家就业政策的实施过程中辅以职业指导和创建学徒制度等。上述活动的实施进展以及欧盟对亚美尼亚预算支持项目的建设都将通过有关指标一起进行监测。

① National center for professional education quality assurance foundation.Accreditation process and documents[EB/OL]. http://www.anqa.am/en/accreditation/#Papers,2017-10-10.

四、职业技术教育与培训的治理与教师

（一）治理

亚美尼亚教育和科学部负责制定国家教育的发展愿景和战略规划，监督国家教育政策的实施，并与财政部协作编制职业学校的经费预算。2008 年，教育和科学部对其下属的职业技术教育与培训部门进行改组，成立职业技术教育与培训政策制定的战略部门。随后，全国职业教育发展理事会以及国家职业教育质量保障中心相继成立，作为监管职业教育改革的第三方机构。

在中央一级，教育科学部、劳动和社会事务部及其他部委、工会和雇主之间的机构合作建立国家职业教育委员，在地方一级则通过大学管理委员会沟通。国家职业教育委员会的成员有来自政府机构、雇主组织和工会等部门的代表，便于有效地对公私合营的机构进行管理。在地方层面，大学管理委员会包括地方机构、学生团体、社会伙伴组织、就业机构和其他利益相关方的代表。大学管理委员会通常每年举行四次会议，有权批准预算、制定战略计划和学费标准等。

此外，国家职业教育与培训发展中心旨在向教育和科学部提供建议，帮助其制定发展计划，为教育和科学部监督的职业教育体系提供方法支持，以推动改革深入实施，深化社会伙伴关系。比如，开发建立有关标准、改进教学大纲和教材、模块化课程教学以及对教师进行培训等工作，并向教育部和国家委员会报告。①

在终身学习和就业服务方面，亚美尼亚劳动和社会事务部下属的国家就业服务局在全国范围内通过其就业服务网络向失业人员提供培训。劳动和社会事务部负责制定就业政策，由国家就业机构执行。此外，劳动和社会事务部通过与雇主面谈劳动力市场需要的资格，开展年度研究。

在社会合作伙伴关系的组织参与管理方面，亚美尼亚在官方文件中规定了对话的机制，对社会伙伴参与有关项目工作组和咨询理事会进行了说明。根据规定，社会合作伙伴可以参加全国职业教育委员会的会议，在职业教育培训学院治理委员会中任职。此外，亚美尼亚还成立了雇主联合会组织，参加中央和地方一级的所有活动，并选派代表组成行业技能委员会，参与具体管理事宜。尽管有众多的利益相关者参与管理，但亚美尼亚职业教育的治理体系总体上来说还是高度集中式的。

亚美尼亚职业教育的经费来源主要是国家预算，亚美尼亚教育方面的公共支出非常有限，而且呈递减趋势。虽然教育和科学部、经济部都把发展职业教育列为其工作重点，但是财政部却一直不肯增加职业教育的预算。初级阶段的职业教育基本是免费的，中级阶段的职业教育的经费部分来源于教育和科学部的资助，其余主要由私人资助和学费收

① European Training Foundation.(2016). Armenia VET Governance Country[EB/OL]. http://www.etf.europa.eu/webatt.nsf/0/1D171C9A18C1E232C125813100370AA6/$file/Armenia.pdf,2017-10-10.

入，而改善办学环境的经费则主要来源于各种组织的捐赠，包括欧盟、联合国等世界组织和国家机构。从 2007 年到 2013 年，欧盟捐赠达 4000 万欧元。欧盟的支持侧重于创新发展和学校整修，还包括对初级职业教育学校的技术帮助，以及资助非正规和非正式的学习和职业指导等。

（二）教师

在亚美尼亚宣布独立以后，原先由政府统一规划实施的教师培训课程由于经费问题而停止。于是，责任便落到了教育机构和教师自己身上。这样一来，就导致了在职职业教师教育的发展落后，无法给教师进行必要的培训，教师质量堪忧，而且无法给予学生相关领域的正确指导。

在 2011 年，81% 的职业教育机构的教师拥有本科学历，0.9% 的教师拥有博士和更高学历。学生和教师的平均比例（包括所有阶段的教育）是 9.24。与此同时，教师待遇低于国家平均水准，这样一来就造成了教师行业的不景气。①

在初级和中级阶段的职业教育改革方面，国家施以专项资金以推动进修课程、编写各项标准和手册等。这项改革得到了众多国际组织的支持。大约 4000 名教师和培训师受到了培训，辅导材料、培训材料以及职业教育的课程等也获得了优化。

五、职业技术教育与培训的诉求与发展趋势

（一）诉求

1. 国家产业结构的调整改革对职业教育专业人才培养的需求

亚美尼亚的主要经济来源是农牧业，主要工业部门有机器制造、化学生物工程、有机合成、有色金属冶炼等。近年来，亚美尼亚服务业和旅游业开始有所发展。2014 年 3 月 27 日，亚美尼亚政府 442 号令颁布了《亚美尼亚 2014—2025 发展战略》，该战略根据全球金融危机爆发后出现的经济低迷趋势和最新变化，对亚美尼亚 2008 年制定的《可持续发展战略》进行了修订，确定了政府活动的四个优先领域，即促进就业、发展人力资本、改进社会保障制度以及公共管理和治理体制的现代化。为此，需要根据产业结构的调整的方向和趋势，不断调整职业教育的专业设置，增加相关行业领域的专业人才培养。

2. 劳动力就业市场的变化突出对职业教育人才培养质量的要求

亚美尼亚属于中低收入国家，人均国内生产总值 3898 美元。由于俄罗斯经济进入衰退严重降低了国内需求，来自俄罗斯的大批农民工返乡，尽管国内农业增长较快，但由于其他行业创造就业机会有限，国内劳动力市场持续恶化，就业率较低，从 2011 年的 51.4% 到 2015 年下降达到 50.9%。失业率也从 2014 年第三季度的 17.5% 上升到 2015 年

① UNESCO International Bureau of Education. World Data on Education. VII Ed. 2010/11. [DB/OL]. http://www.ibe.unesco.org/fileadmin/user_upload/publications/WDE/2010/pdf-versiens/Atmenia.pdf. 2017-08-01.

第三季度的 18.2%，其中青年失业率为 24%。近 50% 的妇女没有从事任何经济活动。而对于青年人群来说，首次进入劳动力市场而又缺少高等教育经历是尤需特别关注的。从经济发展所在的主要领域分布来看，正逐步从农业和工业转向服务业，其各自的国内生产总值份额分别从 2011 年的 22.8%、33.8% 和 43% 变化至 2015 年的 19.4%、28.7% 和 51.9%。相应地，反映在这些行业的就业比例分别从 2011 年的 38.9%、16.7% 和 44.4%，变化为 2015 年的 35.3%、15.9% 和 48.8%。在已就业人口中，非正规就业仍然很高，非正规就业人数最多的是建筑业和商贸服务业，分别为 55% 和 29%。① 因此，必须继续进行旨在提高职业教育质量，使之符合劳动力市场需求和国家教育战略发展目标的体制改革。

3. 技能需求错位要求加强教育培训部门与劳动力市场的联系

2016 年国际劳工组织调查结果发现，近 30% 的受访雇主认为，毕业生通常不具备私营部门企业所需的识字和计算能力，41% 的公司认为申请工作的平均毕业生"基本"满足私营企业的需求。有关毕业生主要欠缺的能力依次为：分析理解能力（33.7%），沟通能力（19%），人际关系技能能力（10.3%）。超过 70% 的受访公司认为，技能短缺对私营部门的业务产生不利影响。而公司对人才的技能需求依次为：较强的沟通技能（26.3%）；强大的分析能力（23.7%）；高超的人际关系处理能力（17.7%）。在员工的个性特征和属性方面的需求为：灵活的做事态度（28.7%）；自我激励（18.3%）；团队合作者（17.3%）；富有精力和热情（15.7%）。② 这反映了亚美尼亚教育和培训系统与劳动力市场之间的联系薄弱，劳动力市场所需技能的类型和水平与教育和培训所提供的技能之间存在明显的不匹配。为了保持与当前市场条件有关的培训方案，培训机构需要可靠的信息，了解当前和不断出现的新的技能需求，提高技能人才培养的针对性。

（二）发展趋势

像世界各地的许多国家一样，加强教育和培训系统的能力以应对全球化的压力和知识经济挑战，亚美尼亚已经付出了相当大的努力。对于像亚美尼亚这样没有自然资源的国家来说，经济发展最重要的资源是受过良好教育、有创造力的劳动力的人力资本。为此，实现经济增长的唯一途径是创建一个具有全球竞争力的教育体系，实现这一目标需要在各级劳动力发展系统实施强有力的领导，规范并形成有序的劳动力市场结构，并与国家长期发展目标保持一致性，制定旨在减少技能需求和供给之间差距的连贯性政策。

1. 发展劳动力市场预测机制

目前，亚美尼亚正在与欧洲培训基金合作，提高技能需求识别能力，以及亚美尼亚

---

① ETF.ARMENIA:COUNTRY STRATEGY PAPER 2017–2020[R]. http://www.etf.europa.eu/web.nsf/pages/Armenia,2017–10–10.

② International labour organization.The enabling environment for sustainable enterprises in Armenia– 2016[EB/OL]. http://www.ilo.org/global/topics/employment–promotion/small–enterprises/WCMS_465083/lang––en/index.htm, 2017–10–09.

的劳动力市场分析和预测能力。2013 年以来，在劳动和社会事务部的专业导向方法研究中心的指导下，已有 12 个地区的高等学院开发建立了职业指导服务网络，并得到了欧洲培训基金的支持。在 2015—2016 年度，该中心开始分析在各种门户网站上发布的职位空缺，并且正在提高其在对职业和就业趋势分析的基础上，提供更加可靠的劳动力市场情报的能力。2016 年，该中心正在更新 2016—2020 年度的战略实施计划，主要业务领域包括课堂材料、职业信息、对有关专业技术人员网站的专业支持以及联络和营销，以加强劳动部门和教育部门之间的联系。

2. 改进劳动力开发资源的配置方式和使用效率

在亚美尼亚，劳动力开发方面的投入资源主要来自政府，因此有关资金的安排，比如如何调动资金、分配资金和拨付渠道，对形成激励机制以及个人、培训机构和雇主的决策至关重要。但由于政府投入的资源通常非常有限，而且资金分配并没有与培训机构的绩效建立联系，也没有明确的标准来鼓励有效率的支出。目前的制度往往会导致培训提供者之间在资源配置上的低效率和不平等现象，以致服务投入不足，缺乏创新。为此，一方面需要改进政府在劳动力开发资金投入方面的激励与分配机制，另一方面则可以通过吸引社会资金进入教育培训领域，从而提高资源的使用效率。

3. 加强资格框架和质量保障体系的实施应用

为服务提供和技能获取创造可靠的质量标准是高效系统监督的一个组成部分。亚美尼亚资格框架的建立有助于将国家资格与其他欧洲框架进行比较，国家资格框架中对资格等级的分级描述也是制定国家教育培训标准的基础。现有的教 / 培训计划项目会根据国家资格框架的有关规定进行重新审查。但亚美尼亚国家资格框架的实施进度比预期的要慢，还需要更有力的部长级协调和利益相关方的参与推进。

（深圳职业技术学院　技术与职业教育研究所　魏　明）

主要参考文献

[1] 中华人民共和国外交部 . 亚美尼亚国家概况 [EB/OL]. (2017-08-01) [2017-09-30]. http://www.fmprc.gov.cn/web/gjhdq_676201/gj_676203/yz_676205/1206_677028/1206x0_677030/.

[2] 商务部国际贸易经济合作研究院等 . 对外投资合作国别（地区）指南——亚美尼亚 [R]. 商务部国际贸易经济合作研究院等 .2016, 4.

[3] ARMENIC.education system. http://www.armenic.am/en/education-system/.2017-10-10.

[4] MINISTER OF JUSTICE OF THE REPUBLIC OF ARMENIA . Law of the Republic of Armenia on education. 2015–05–29.

[5] MINISTER OF JUSTICE OF THE REPUBLIC OF ARMENIA .Law of the Republic of Armenia on primary vocational (handicraft) and secondary vocational education. 2015–05–29.

[6] National center for professional education quality assurance foundation.Accreditation process and documents[EB/OL]. http://www.anqa.am/en/accreditation/#Papers. 2017–10–10.

[7] European Training Foundation. (2016). Armenia VET Governance Country[EB/OL]. http://www.etf.europa.eu/webatt.nsf/0/1D171C9A18C1E232C125813100370AA6/$file/Armenia.pdf. 2017–10–10.

[8] ETF. ARMENIA: COUNTRY STRATEGY PAPER 2017–2020[R]. http://www.etf.europa.eu/web.nsf/pages/Armenia. 2017–10–10.

[9] International labour organization.The enabling environment for sustainable enterprises in Armenia– 2016[EB/OL]. http://www.ilo.org/global/topics/employment–promotion/small–enterprises/WCMS_465083/lang-–en/index.htm. 2017–10–09.

摩尔多瓦共和国

一、国家概况

（一）地理

摩尔多瓦共和国（Republic of Moldova），简称摩尔多瓦，位于东南欧北部的内陆国家，与罗马尼亚和乌克兰接壤，东、南、北三面被乌克兰环绕，西与罗马尼亚为邻，国土面积为3.38万平方千米（包括德涅斯特河沿岸共和国，4163平方千米），2003年6月，摩尔多瓦实行新行政区划，全国共分32个区、3个直辖市（基希讷乌、伯尔兹、本德尔）及2个地方行政区（加告兹自治行政区、德涅斯特河左岸行政区）。[①] 摩尔多瓦大部分国土介于普鲁特河和德涅斯特河之间，位于欧洲两大政治、经济体的结合部，首都城市基希讷乌东距乌克兰敖德萨港口140千米，西离罗马尼亚边界100千米，地理位置得天独厚。境内丘陵起伏，平均海拔147米，北部和中部属森林草原带，中部是科德腊高地，南部为辽阔的草原。摩尔多瓦属于温带大陆性气候，四季分明，年平均气温8℃~10℃，年平均降水量北部地区为560毫米，西南部地区为300毫米[②]。

（二）人文

摩尔多瓦人的祖先为达契亚人，古代的摩尔多瓦的国名为达契亚－图拉真国。13–14世纪，蒙古鞑靼人和匈牙利人入侵，达契亚人逐渐分为三支：摩尔多瓦人、瓦拉几亚人、特兰西瓦尼亚人，分别形成了罗马尼亚、摩尔多瓦和特兰西瓦尼亚三国。1359年，摩尔多瓦人在喀尔巴阡山以东至德涅斯特河之间的大部分领土上建立摩尔多瓦公国。1487年，摩尔多瓦公国沦为奥斯曼帝国附庸。16–18世纪，它一直处于奥斯曼帝国统治之下。1812年，沙俄通过对土耳其战争的胜利，将摩公国部分领土，即比萨拉比亚划入俄国版图。1918年1月比萨拉比亚宣布独立，3月与罗马尼亚合并。1940年6月，苏联进驻比萨拉比亚，将其大部分领土与德涅斯特河左岸的摩尔达维亚自治共和国合并，成立了摩尔达维亚苏维埃社会主义共和国，使其成为苏联15个加盟共和国之一。1941年，比萨拉比亚被划归罗马尼亚。1944年9月，苏罗停战协定规定恢复1940年的苏罗边界，比

① 中华人民共和国外交部 . 摩尔多瓦国家概况 [EB/OL].(2017-08-01) [2017-09-15].http://www.fmprc.gov.cn/web/gjhdq_676201/gj_676203/oz_678770/1206_679498/1206x0_679500/.

② 商务部国际贸易经济合作研究院等 . 对外投资合作国别 (地区) 指南——摩尔多瓦 [R]. 商务部国际贸易经济合作研究院等 ,2016,4:4.

萨拉比亚被重新划归苏联，再次成为摩尔达维亚苏维埃社会主义共和国的一部分。1990年6月，摩尔达维亚苏维埃社会主义共和国更名为"摩尔多瓦苏维埃社会主义共和国"，1991年5月23日再次更名为"摩尔多瓦共和国"，1991年8月27日宣布独立。

摩尔多瓦自2000年实行议会制，2014年11月30日举行独立以来第八次议会选举，社会主义者党、自由民主党、共产党人党、民主党和自由党进入议会。2016年1月新政府成立。根据摩尔多瓦宪法规定，经过全民投票选举，2016年12月23日，现任总统伊戈尔·多东就任。2017年7月，摩尔多瓦总统批准了新政府法，规定政府设总理和3名副总理，总理为帕维尔·菲利普。

截至2017年1月1日，摩尔多瓦共有人口355.09万（不包括德涅斯特河沿岸共和国），首都基希讷乌人口82万。摩尔多瓦是一个多民族国家，其中主要人口为摩尔多瓦族，占全国人口总数的75.8%，其他民族有乌克兰族、俄罗斯族、加告兹族、罗马尼亚族、保加利亚族等。独立后的摩尔多瓦摆脱苏联时期的框架，宣布官方语言为摩尔多瓦语，通用俄语，大多数公民懂两种以上语言，劳动力资源相对较丰富。摩尔多瓦当地人多信仰东正教，生活习惯与俄罗斯、罗马尼亚、乌克兰比较接近。①

（三）经济

摩尔多瓦独立后，经济形势一直不景气。摩尔多瓦缺乏能源资源是一个关键弱点，使其高度依赖进口物资。在矿产方面，摩尔多瓦得益于褐煤、磷矿石和石膏的主要矿藏。国内也有大量的用于建筑材料的自然资源，包括石灰石、花岗岩、石头、黏土和沙子。此外，全国面积的四分之三是黑土地，土壤肥沃，结构优良，保水能力强。因此，特别适合发展农业生产和种植。②

从经济结构上看，摩尔多瓦是一个以农业为主的国家，农业产值占其国内生产总值的50%左右，全国有46%以上的劳动力从事农业生产。种植业占农业总产值的70%，葡萄种植和葡萄酒业等食品加工业是其特色，全国葡萄酒年产量达60多万吨，是法国波尔多产区的2.5倍，位列世界第七，被称作"苏联的酒窖"。2016年，摩尔多瓦国内生产总值为68.6亿美元，同比增长4.1%，外汇储备为22亿美元。2017年第一季度摩国内生产总值约合15.62亿美元，同比增长3.1%。③

尽管农业资源丰富，但工业基础薄弱，工业产值中，食品加工工业、重工业、轻工业分别占据前三位。工业技术落后，产业结构单一，基础设施不完善，依赖于外部提供原料、能源和技术联系。国内就业压力大，急需投资以发展本国经济、扩大就业、改善民生。

---

① 中华人民共和国外交部．摩尔多瓦国家概况 [EB/OL]. (2017-08-01) [2017-09-15]. http://www.fmprc.gov.cn/web/gjhdq_676201/gj_676203/oz_678770/1206_679498/1206x0_679500/.

② Country Reports – Moldova, Republic of Moldova Country Monitor. Mar2017, pp.1–33. 33p. http://web.b.ebscohost.com/ehost/pdfviewer/pdfviewer?vid=2&sid=2db37159-6381-4085-ad57-c8070b133aeb%40sessionmgr104,2017-09-15.

③ 中华人民共和国外交部．摩尔多瓦国家概况 [EB/OL]. (2017-08-01) [2017-09-15]. http://www.fmprc.gov.cn/web/gjhdq_676201/gj_676203/oz_678770/1206_679498/1206x0_679500/.

由于苏联解体后工农业产量的减少，服务业已成为摩尔多瓦经济的主导，目前占国内生产总值的 60% 以上。从新兴产业来看，摩尔多瓦的电信市场发展较快，政府把发展信息产业作为国民经济发展的重点。从交通运输业来看，摩尔多瓦基础设施继承苏联时期的状况，大量设施亟需新建和修复，是欧洲少数没有实现铁路电气化、入盟亟需修建宽轨与标准轨兼用的国家之一。摩尔多瓦重视发展同欧美关系，2014 年 4 月，获欧盟免签待遇，同年 6 月，与欧盟正式签署联系国协议和自由贸易协定；积极发展同乌克兰、罗马尼亚的睦邻友好关系；注意巩固同俄罗斯及其他独联体国家传统联系[①]。

（四）教育

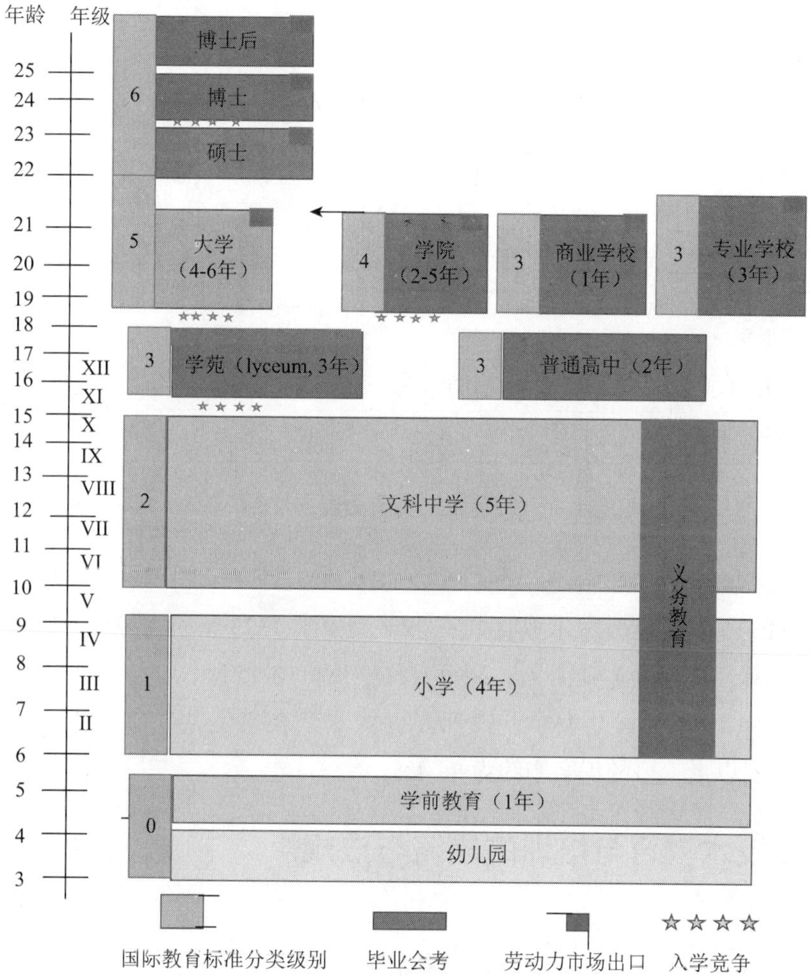

图 1　摩尔多瓦教育体系图[②]

摩尔多瓦的教育结构体系包括以下层级和阶段：学前教育、初等教育、中等教育、

① 中华人民共和国外交部 . 摩尔多瓦国家概况 [EB/OL]. (2017-08-01) [2017-09-15]. http://www.fmprc.gov.cn/web/gjhdq_676201/gj_676203/oz_678770/1206_679498/1206x0_679500/.

② Ministry of education of Moldova.www.edu.md/?lng=en&Menultem=3&SubMenu0=1.2017-07-23.

高等教育和研究生教育。此外，特殊教育、辅助教育和成人教育也是教育体系的组成部分[①]。目前，主要高等院校有国立大学、国立理工大学、国立医科大学、自由国际大学、农业大学、基希讷乌国立师范学院、经济学院、艺术学院、音乐学院等。

2000—2011年间，摩尔多瓦国内人口的教育水平随着新老交替和教育普及化程度的提高而显著增加，成人接受高等教育的比率从2000年的9.0%升至2011年的15.8%。2011年，完成中等教育或职业教育的人口达31%，在就业人口中完成中等职业教育人员占23.1%（详见下表）。[②]

表1　按受教育程度划分的15岁以上成人人口分布（2011年）

（单位：%）

教育类型	人口总数	就业人口	失业人口	非经济人口	移民	
					在国外*	退休**
高等教育	15.8	23.7	21.3	10.0	10.6	11.3
中等特殊教育	12.9	16.5	12.6	9.8	12.7	13.4
中等职业教育	18.2	23.1	25.0	11.8	24.7	24.8
普通中等教育	22.3	19.9	23.1	23.5	25.9	25.4
中等教育	24.2	16.1	17.5	31.3	25.5	24.4
初等教育或未接受教育	6.6	0.8	0.6	13.7	0.5	0.8

数据来源：摩尔多瓦国家统计局，* 表示进行劳动力调查时在国外的人口，** 表示进行劳动力调查时在家的人口。

2015—2016学年度，摩尔多瓦共有小学及中学1323所，在校生33.34万人；中等职业学校47所，在校生1.61万人；高等专科学校机构45所，在校生3.04万人；高等院校31所，其中19所为国立大学，12所私立大学，在校生共8.17万人。截至2015年，摩尔多瓦15岁以上人口的识字率约为99.4%。[③]

二、职业技术教育与培训的战略与法规

（一）战略

摩尔多瓦的《教育法（2010修订）》规定了教育发展的优先地位，旨在打造一个立

① Eugen C, Anatol G A A. Educational system in the Republic of Moldova – national report[J]. 2006.

② Cantarji, Vasile, Mincu, Georgeta. Costs and Benefits of Labour Mobility Between the EU and the Eastern Partnership Partner Countries. Country Report: Moldova. CASE Network Studies & Analyses. 2013, Issue 459, pp.1–89. 89p. 2 Diagrams, 15 Charts, 37 Graphs.

③ “The World Factbook”. Cia.gov. 2 September 2015. Retrieved 2 September 2015.

足于国家本土文化和普世价值基础上的灵活开放的教育体系，其教育目标包括了促进个人技术的发展，培养适应社会化发展与专业成就所需要的技术技能。教育部参照欧洲标准制定了国家教育标准，《教育法典草案》"The（draft）Education Code"规定了各级各类教育中学生所需满足的最低限度的知识、技能和态度。

近年来，摩尔多瓦政府重视并着力推动国内教育事业的改革与发展，积极争取与有关国际组织和国家的开展教育合作计划。2012年，世界银行推行了一系列行动资助教育的发展，比如，世界银行支持"儿童早期发展虚拟大学"的建设，在摩尔多瓦、蒙古等国开展儿童早期教育[①]。2013年，摩尔多瓦政府出台《摩尔多瓦2020年国家发展战略：经济增长和减少贫困的7个解决办法》，提出未来10年经济增长率年均4.5%—5%，重点解决包括教育在内等7大领域的突出问题。2014年4月14日，教育部部长袁贵仁与摩尔多瓦共和国教育部长迈娅·桑杜共同签署了《中华人民共和国教育部和摩尔多瓦共和国教育部教育合作协议》，会谈中还具体探讨了中摩关系发展、学生学者交流、语言教学合作、教育改革发展等主题内容。2014—2017年间，世界银行向摩尔多瓦提供超过5.7亿美元的贷款，用以提高摩尔多瓦国家的人力资本水平，建设绿色摩尔多瓦，以增强国家的竞争力。

但对摩尔多瓦职业教育发展来说，最重要的就是《2013—2020职业技术教育发展战略》。其发展重点包括重组教育机构网络；将职业教育与劳动力市场需求相结合；建立国家评估和认证中心；将培训课程与国家质量方针进行对照；提高职业培训质量，使其更具吸引力和便利性等。并阐述了发展职业教育的中长期目标和任务，重点关注国家背景和欧洲与全球职业教育发展趋势，实现欧洲一体化愿景。

（二）法规

摩尔多瓦独立后教育改革的首要任务就是建立健全教育法律法规体系。1994年7月29日通过的《宪法》第35条赋予了公民接受义务教育、职业教育、高等教育以及其他形式的教学与训练的权利，在免费义务教育完成后，可根据个人特长选择职业教育或者专业学院等。1995年，摩尔多瓦颁布了《摩尔多瓦教育法》和相关的若干法律修正案、规章条例等，1996年出台了《国家教育发展纲要1996—2005》。1997年7月第1275号法律和1999年6月第423号法律规定了摩尔多瓦共和国关于教育机构的评估与认证。2005年2月，共和国总统签署建立现代化教育体系的战略规划，顺应博洛尼亚进程倡议的改革计划，发展建立新型的教育体系结构。

2013年批准的《教育法典》是职业教育制度化改革的法律依据。随着《教育法典》的生效，文科中学之后的职业技术教育路线有两个选择：中等职业技术职业教育（职业学校）

---

① World Bank Education Overview[EB/OL].(2012-12-11).[2017-09-25]. http:web.worldbank.orgWBSITEEXTERNALTOPICSEXTE DUCATION0, contentMDK 20575742~menuPK282393~pagePK210058~piPK210062~theSitePK282386,00.html.

和中学后职业技术职业教育（大学）。而且，从 2018 年开始，义务教育年限将延长至 18 岁。

另外，教育法典规定，教育机构应更多地参与到培训和再培训工作中去，建立教育与市场的合作机制，为中等教育与劳动力市场之间的联系建立互动框架，为继续职业培训和再教育的创建等工作扩展合作伙伴关系，为保障高质量的员工培训提供实习机会、吸引更多优秀的人力资源。

三、职业技术教育与培训的体系

摩尔多瓦的中等教育有两部分组成：初级中学教育（gymnasium，文科中学）和高级中学教育（lyceum，"学苑"）。文科中学教育（5—9 年级）的目的是培养基本的技能和智力水平，为学生升入"学苑"、明确职业定位或者接受职业技术教育而准备的。其中，"学苑"教育侧重于基本理论传授和宽广的文化背景知识，以便将来继续接受更高水平的教育或者进入技术职业教育机构学习。① 高级中学教育（10—12 年级）学制 3 年，对于在普通中学学习 2 年的学生授予成人证书，而对于在 12 年级学年末参加国家统一考试成绩通过的学生颁发中学毕业文凭。

职业教育主要由中等商业职业学校提供，面向不希望再继续学习的学生（包括预科班毕业生、学苑教育毕业生和普通高中生）而设的。课程学习期限从 6 个月至 1 年半，并颁发证书。此类职业教育学校提供的培训项目分为三个层次：一是培训 2 年取得技工证书，证书持有者可以继续升入第二阶段的学习或者注册为 11 年级的"学苑"学生；第二级教育提供更专门的培训，同样也是为期 2 年，证书获得者将可以选择接受第三层级的教育或者进入"学苑"的最后一年级学习（12 年级学生）；第三层级的教育为期 1 年，毕业期满可以获得技师资格证书。

据摩尔多瓦国家统计局数据，2009 年，75 所中等职业学校，共注册在学人数 22161 名，其中包括 23 所中等商业职业学校学生 2536 名。10—12 年级高级中学教育和文科中学教育学生总数为 62757 名。中职教师总数 2234 人，大学本科以上文凭人员占 60%，专科文凭教师占 33%，只有中职学历的教师占 7%。②

在摩尔多瓦共和国，并没有独立的专门负责教育质量监测和保障的机构，教育的监管只是由各级政府部门的分支机构执行。③

在欧洲培训基金会的资助下，欧盟组织在欧洲中东部地区建立了国家观测网，旨在加强与伙伴关系国家之间的密切联系合作，对有关职业教育发展情况的基础统计数据、

---

① Ministry of Education and Youth. *National education system in the Republic of Moldova*. Presented at the 48th session of the International Conference on Education, Geneva, 2008.

② National Bureau of Statistics. *Statistical Yearbook 2010.* Chisinau, 2010.

③ National Project Team: Coroi Eugen, Gremalschi Anatol,Vicol Nelu,Cara Angela. NATIONAL REPORT REPUBLIC OF MOLDOVA. Chisinau, October 2005. http://pdc.ceu.hu/archive/00002969/01/educational_system_Moldova.pdf,P4.

职业教育体系建设和政府当下实施的主要改革项目等提供精准和新近的进展信息。

四、职业技术教育与培训的治理与教师

（一）治理

职业教育治理和政策制定的主要部门是教育部及其当局和机构，包括技术、职业和中等专业教育总局；职业教育发展中心和国家职业教育质量保证局。其他行为者包括劳动社会保障和家庭部，与教育部和财政部合作，保障职业教育资金的来源。在社会合作伙伴中，工商会主要负责咨询工作。

教育部（原教育与青年部）掌管全国的教育事务，制定教育战略、发布教育政策、组织监督各级教育发展进程。

职业教育发展中心在制定新的职业教育与培训战略的发展中发挥了重要作用。国家职业教育质量保证局负责评估职业教育的质量，并制定和审查国家参考标准，绩效指标评估和认证培训提供者的方法。国家就业局协调年度劳动力市场预测，组织为失业人员提供资格和技能培训的课程。使用劳动力市场预测来进行有关财务的规划，最终学生的劳动力需求信息，成人培训课程的要求等。在欧盟的支持下，国家就业局制定了一项年度劳动力市场预测和一项反映劳动力市场趋势的行业“晴雨表”，并探讨了如何将技能供求联系起来。

部门委员会负责审查现有的职业标准和开发新的职业标准。引导公－私制度化伙伴关系的建设，参与制定职业标准的方法和资格，并确定培训需求。摩尔多瓦中小企业发展组织在政策执行方面非常积极，围绕创业技能和培训开展项目和方案。国际利益攸关者支持和资助若干改革倡议和与职业教育有关的项目。

此外，全国课程和评价委员会成立于 1997 年，负责设计、实施和评估课程政策，并从课程改革、师资培训、评价方法、财政机制等方面协调推动教育改革。劳动和社会保障部则负责掌管失业成人的培训组织和再培训项目。

（二）教师

摩尔多瓦的职前教师培养是由高等专科学院（面向学前和小学教师）和大学承担。中等职业教育和中学后专业教育的教师和教育工作者都由大学负责职前培养。[①] 高等专科学院教育可授予专业文凭，并获得相应专业的中级资格证书，毕业生可以在幼儿园和小学任教，也可以继续选择接受更高层级的高等教育学习。对接受不同程度教育的毕业生，所需教师培训的周期不同，从中专或高中毕业后为期 2 年，文科中学毕业生则需要 4 年。据 2006—2007 年度的数据表明，在大学前教育阶段任教的教职人员中，约有 81% 的人

---

① National Project Team: Coroi Eugen, Gremalschi Anatol,Vicol Nelu,Cara Angela. NATIONAL REPORT REPUBLIC OF MOLDOVA. Chisinau, October 2005. http://pdc.ceu.hu/archive/00002969/01/educational_system_Moldova.pdf,P8.

拥有大学学位，初始学历为师范专业教育及其以上的教师比例低至6.6%。大约40%的教师是在20—30年前从大学毕业，这一比例在农村地区更高。在师范院校的毕业生中，只有大约50%的学生进入教师行业。① 2009年，教育系统的平均工资只有全国劳动力平均工资的77.7%，这部分解释了教师队伍不充足的原因，特别是在缺少足够的生活和工作基础设施的农村地区。此外，摩尔多瓦经济稳健与恢复计划原定于在2009—2011年间，实施增加教师工资并逐步增长机制计划的延迟，则降低了更多短期潜在的教学人员加入教育体系的吸引力。②培训课程方面，职前教师教育方案是在高等教育课程框架下设计的，该框架主要由核心课程、学术课程和专业课程组成，课程还包括一定周期的教学实践。通过与地方教育部门或大学预科教育机构签订合约，围绕开展课堂实践、未来教师的权利和职责、导师的角色和学校管理责任等方面综合设计而成。

根据教科文组织（1997）的建议，摩尔多瓦教师的地位有待进一步提升；为了提高师资队伍的绩效，明确教师的权利和义务，加强在职教师的培训工作，应在高等教育机构中建立教师培训基地，制定完善相应的机制并投入实施。根据规定，摩尔多瓦在职教师每5年必须至少培训一次，以提高教师的资格水平，跟进学校教育在课程和教学方法等方面的创新。2004年11月，政府批准通过在职培训条例，明确摩尔多瓦在职培训系统的组成，制定培训战略和实施方案，并按照国家发展政策提供在职培训课程。其中，中央政府负责制定相关的法律制度、规程、组织框架以及方案、课程、认证和评价标准等，促进教育部、经济部、劳动和社会保障部以及其他有关的责任部委之间的协调沟通，教师培训的具体工作主要是由教学和领导人员在职培训中心负责。教育科学研究所也承担部分教师在职培训的任务，同时是一个兼有研究生教育培养功能的研究机构，隶属于教育部，并享有部分自主权。在教师培训方面，其主要是与国内其他教师培训机构一起，面向教师提供在职培训和专业发展服务。在职培训活动的课程类型主要包括：由雇主或职业培训机构组织提供的培训课程、专业发展和资格再认证课程、专业研讨会或者讨论组、远程教育课程等。③

---

① Ministry of Education and Youth. National education system in the Republic of Moldova. Presented at the 48th session of the International Conference on Education, Geneva, 2008.

② Government of the Republic of Moldova; United Nations Agencies in Moldova. *The Second Millennium Development Goals Report. Republic of Moldova*. Chisinau, September 2010.

③ C. Eugen et al. "National Report: Moldova." In: P. Zgaga (ed.), *The prospects of teacher education in South East Europe*. South East European Educational Cooperation Network (SEE-ECN), Center for Educational Policy Studies, University of Ljubljana (Slovenia). 2006.

五、职业技术教育与培训的诉求与发展趋势

（一）诉求

首先，由于摩尔多瓦目前正处于经济转轨时期，一方面现有企业本身可提供和创造的就业岗位较少，而岗位消失的速度很快，导致劳动力就业水平不高。摩国家统计局的劳动力构成统计数据，2008 年第二季度，摩全国劳动力数量为 139.9 万人（包括就业的和失业的人口），比 2008 年第一季度多出 17.8 万人。按劳动力的分布情况看，农村劳动力占 56.6%，城市劳动力占 43.3%。2008 年第二季度正式就业人口为 135.7 万人，比第一季度多出 20.3 万人。从就业行业来看，34.2% 在农业领域，12.6% 在工业领域，建筑业 6.6%，服务业及第三产业 46.6%。截至 2008 年第二季度，正式登记的失业人口为 4.3 万人，比 2007 年同期减少 1.5 万人，其中男性占 56.2%，城市失业人口占 64.7%。[①]

其次，新兴的私有企业和小型企业由于行政管理障碍等因素的影响，产生了较高的经营成本，从而也影响了企业的组建和成长，更加造成了就业机会持续减少。2015 年，摩尔多瓦劳动人口 134.92 万，其中男性占 50.5%，女性占 49.5%。就业人口为 130.52 万，失业人口 4.4 万，失业率为 3.3%。于是大量劳动力外出打工，由于有效劳动力人口流失严重，摩尔多瓦目前缺乏高级蓝领和熟练技术人员[②]，也由此形成了巨大的培训需求市场。由于劳动力外流，摩尔多瓦失业率一直保持在合理的水平。根据国际劳工组织的统计方法，自 2000 年以来失业率维持在 10% 以下，虽然在经济困难的时候偶尔上升。2015 年，平均失业率为 4.9%。但另一方面，外流的人员往往都是接受过良好培训和较高教育水平的人，由此人才流失可能危及国家的中长期增长前景[③]。

（二）发展趋势

在此背景下，摩尔多瓦政府已经将教育事业的发展列为国家的优先事项，增加国家政府对教育投入的支出水平。但由于摩尔多瓦各级教育招生率的偏低，进而导致教育支出水平偏低，影响经济潜力的恢复提升[④]。研究认为，尽管摩尔多瓦共和国教育系统已经在过去若干年里经历过各项改革和重组，但教育还没有成为在全球竞争环境下促进国家现代化发展的一个有效的、起决定性作用的因素。

根据“都灵进程”确定的未来几年摩尔多瓦职业教育改革发展的优先事项是:（1）

---

① 摩尔多瓦公布最新劳动力状况统计数据[EB/OL].http://www.mofcom.gov.cn/aarticle/i/jyjl/m/200811/20081105905144.html,2017-09-15.

② 商务部国际贸易经济合作研究院等 . 对外投资合作国别（地区）指南——摩尔多瓦 [R]. 商务部国际贸易经济合作研究院等 ,2016,4:33.

③ Country Reports - Moldova, Republic of. Moldova Country Monitor. Mar2017, pp.1-33. 33p. http://web.b.ebscohost.com/ehost/pdfviewer/pdfviewer?vid=2&sid=2db37159-6381-4085-ad57-c8070b133aeb%40sessionmgr104,2017-09-15.

④ Bucos T. QUANTITATIVE AND QUALITATIVE DIMENSIONS OF MOLDOVAN EDUCATION SYSTEM OPERATION IN THE FRAMEWORK OF ECONOMIC POTENTIAL[J]. Economy & Sociology Theoretical & Scientifical Journal, 2013:113-118.

根据摩尔多瓦的社会经济要求，继续改革和重组职业教育机构网络；(2) 建立和加强职业技术教育系统的质量保证体系；(3) 加强与企业的合作与伙伴关系，提高职业技术教育与社会需求相关性。

为此，摩尔多瓦未来的教育改革侧重于关注质量和绩效、竞争力和相关性、自治和问责制、透明度和参与式管理等关键词汇。在要求形象转变和呼吁增强吸引力的背景下，落后的职业教育体系或者单方面的结构调整已经不能满足劳动力市场的需要。当前的职业教育改革必须考虑应用国际相关领域最先进的经验做法培训高质量的工人；尤其是应加强教育机构网络重组，以适应区域发展的最新趋势要求；重新评估职业培训内容，使得教育环境更加接近于企业的实际等方面。① 另外，改革学校教育的评价机制，建立资格认证制度。重新审视目前有关学生能力和学校教育结果的评价机制，通过在终身学习中引进职业能力证书制度，以便于融入国际教育认证体系和劳动力市场。

（深圳职业技术学院　技术与职业教育研究所　魏　明）

主要参考文献

[1] 中华人民共和国外交部 . 摩尔多瓦国家概况 [EB/OL]. (2017-08-01) [2017-09-15]. http://www.fmprc.gov.cn/web/gjhdq_676201/gj_676203/oz_678770/1206_679498/1206x0_679500/.

[2] Country Reports - Moldova, Republic of Moldova Country Monitor. Mar 2017, pp.1-33. 33p. http://web.b.ebscohost.com/ehost/pdfviewer/pdfviewer?vid=2&sid=2db37159-6381-4085-ad57-c8070b133aeb%40sessionmgr104. 2017-09-15.

[3] Eugen C, Anatol G A A. Educational system in the Republic of Moldova - national report[J]. 2006.

[4] Cantarji, Vasile, Mincu, Georgeta. Costs and Benifits of Labour Mobility Between the EU and the Eastern Partnership Partner Countries. Country Report: Moldova. CASE Network Studies & Analyses. 2013, Issue 459, pp.1-89. 89p. 2 Diagrams, 15 Charts, 37 Graphs.

[5] Ministry of Education and Youth. National education system in the Republic of Moldova. Presented at the 48th session of the International Conference on Education, Geneva, 2008.

[6] National Project Team: Coroi Eugen, Gremalschi Anatol, Vicol Nelu, Cara Angela. NATIONAL REPORT REPUBLIC OF MOLDOVA. Chisinau, October 2005. http://pdc.ceu.hu/archive/00002969/01/

① Bulat G, Moldovan-Batrinac V, Savga L. New Dimensions of Education Reform in the Republic of Moldova: Equity, Relevance, Efficiency and Sustainability[J]. Revista De Management Comparat International/review of International Comparative Management, 2010, 11(3):445-453.

educational_system_Moldova.pdf, P4.

[7] Government of the Republic of Moldova; United Nations Agencies in Moldova. The Second Millennium Development Goals Report. Republic of Moldova. Chisinau, September 2010.

[8] C. Eugen et al. "National Report: Moldova." In: P. Zgaga (ed.), The prospects of teacher education in South East Europe. South East European Educational Cooperation Network (SEE-ECN), Center for Educational Policy Studies, University of Ljubljana (Slovenia). 2006.

[9] 商务部国际贸易经济合作研究院等 . 对外投资合作国别 (地区) 指南——摩尔多瓦 [R]. 商务部国际贸易经济合作研究院等 , 2016, 4.

[10] Bucos T. QUANTITATIVE AND QUALITATIVE DIMENSIONS OF MOLDOVAN EDUCATION SYSTEM OPERATION IN THE FRAMEWORK OF ECONOMIC POTENTIAL[J]. Economy & Sociology Theoretical & Scientifical Journal, 2013: 113–118.

[11] Bulat G, Moldovan–Batrinac V, Savga L. New Dimensions of Education Reform in the Republic of Moldova: Equity, Relevance, Efficiency and Sustainability[J]. Revista De Management Comparat International/review of International Comparative Management, 2010, 11 (3) : 445–453.

波兰共和国

一、国家概况

（一）地理

波兰共和国（The Republic of Poland），简称波兰，位于欧洲中部，西与德国为邻，南与捷克、斯洛伐克接壤，东邻俄罗斯、立陶宛、白俄罗斯、乌克兰，北濒波罗的海。波兰总面积约 312679 平方千米。海岸线长 528 千米。波兰属海洋性向大陆性气候过渡的温带阔叶林气候。1 月份平均气温 –5℃ ~–1℃，7 月份 17℃ ~19℃。①

全国从北向南延伸 876 千米，东西延伸 689 千米。从北部波罗的海到南部喀尔巴阡山脉几乎都是完整的平原，地形变化呈东西走向。波兰领土中的 47% 为耕地，林地和森林占地面积为 29%。②

（二）人文

波兰国家起源于西斯拉夫人中的波兰、维斯瓦、西里西亚、东波美拉尼亚、马佐维亚等部落的联盟。公元 9、10 世纪建立封建王朝，在早期阶段，该联邦发展迅速，并不断繁荣。14、15 世纪进入鼎盛时期，18 世纪下半叶开始衰落，主要是由于战争和政治体制的恶化所造成的。1772 年、1793 年和 1795 年三次被沙俄、普鲁士和奥匈帝国瓜分。第二次波兰共和国建立于 1918 年，但 1939 年被纳粹德国和苏联的入侵所摧毁。直到 80 年代后期，波兰开启改革运动，实现了从共产主义国家到资本主义经济体系和自由议会民主的和平过渡，并于 1989 年第三次成立波兰共和国，这确保了现代波兰国家的建立。1989 年 12 月 29 日，议会通过宪法修正案，改国名为波兰共和国，将 5 月 3 日定为国庆日。③

波兰是民主制国家，总统是国家元首，总理是多党制的政府首脑。行政权由总统和

① 中华人民共和国外交部 . 波兰国家概况 [EB/OL].(2017–01–01) [2017–07–27]. http://www.fmprc.gov.cn/web/gjhdq_676201/gj_676203/oz_678770/1206_679012/1206x0_679014/.

② "Concise Statistical Yearbook of Poland, 2008" (PDF). Central Statistical Office (Poland). 28 July 2008. Archived from the original (PDF).

③ 中华人民共和国外交部 . 波兰国家概况 [EB/OL].(2017–01–01) [2017–07–27]. http://www.fmprc.gov.cn/web/gjhdq_676201/gj_676203/oz_678770/1206_679012/1206x0_679014/.

政府行使，由总理领导的部长理事会组成。立法权属于议会和参议院，议员按比例代表选举，非少数民族各方必须获得至少 5% 的全国投票才能进入下议院。总统作为国家元首，是武装力量的最高司令，有权否决议会通过的立法，可以在某些条件下解散议会。总统每 5 年选举一次，如果没有一名候选人在第一轮获得最多的选票，就会在两名候选人中进行选举。2015 年 5 月，波兰举行总统选举，最大反对党法律与公正党总统候选人杜达胜选。

波兰人口 3843 万（2016 年 11 月）。其中波兰族约占 98%，此外还有德意志、白俄罗斯、乌克兰、俄罗斯、立陶宛、犹太等少数民族。官方语言为波兰语。全国约 90% 的居民信奉罗马天主教。[①] 近年来，由于移民的增加和出生率的下降，波兰的人口减少。波兰居民主要是向英国、德国和爱尔兰移民，寻求海外更好的工作机会。

（三）经济

1989 年剧变后，“休克疗法”导致经济一度下滑。1992 年起经济止跌回升，并逐步成为中东欧地区发展最快的国家之一。加入欧盟后，经济更是突飞猛进，2007 年，增幅达 6.5%。2009 年，受国际金融危机影响，经济明显下滑。2010 年，经济继续增长，增幅为 3.8%。2015 年，经济增长 3.6%，国内生产总值 5480 亿美元，经济总量居欧盟成员国第 8 位。[②]

自然资源方面，主要矿产有煤、页岩气、硫磺、铜、锌、铅、铝、银等。波兰是居俄罗斯之后欧洲第二大、世界第九大产铜国。2014 年铜矿储量 17.37 亿吨，其中已开采量占 81.8%。铜矿主要分布在下西里西亚地区，深度为地下 1200 米。铜矿含银量较大，开采收益率高。波兰白银生产占世界第六位，欧洲第一位。

波兰拥有大量的私营农场，几乎成为欧盟领先的食品生产国。工业较为发达，制造的产品和货物包括电子、公共汽车和电车、直升飞机、火车、船舶、药品等；其中化学工业企业数量多，产品范围广，但产业基础薄弱，产能有限，但产品需求旺盛，多数产品需要进口。汽车零部件产业蓬勃发展，已成为欧洲汽车零部件的主要生产国之一。近年来，电子工业兴起，波兰已成为电视机显示器和液晶显示器以及多数品牌家用电器的重要生产地。轻工业方面，纺织、服装和皮革等企业较多，约占工业总产值的 2.1%。[③] 波兰主要出口机械、家具、食品、服装、鞋类和化妆品等，最大的贸易伙伴是欧盟各国，其中与德国的贸易量最大。

---

① 中华人民共和国外交部 . 波兰国家概况 [EB/OL].(2017-01-01) [2017-07-27]. http://www.fmprc.gov.cn/web/gjhdq_676201/gj_676203/oz_678770/1206_679012/1206x0_679014/.

② 同上。

③ 商务部国际贸易经济合作研究院等 . 对外投资合作国别 (地区) 指南——波兰 [R]. 商务部国际贸易经济合作研究院等 2016,4:20-21.

（四）教育

波兰从 1999 年 9 月 1 日起，实行新的教育体制，小学 6 年，初中 3 年，高中 3 年，前 9 年为义务教育。高等教育一般为 4—5 年。[①] 小学阶段通常从 7 岁开始，分为两个周期。第一个周期是"整合"，教师一个人负责所有科目；第二个周期开始提供基于科目的教学。小学生结束后，学生们需要参加强制性的国际能力考试，但这个考试证书不作为进入初中阶段的标准。初中阶段历时 3 年，教学内容主要包括波兰语、历史、公民教育、外语、数学、物理与天文学、化学、生物、地理、音乐美术、信息技术、体育和宗教等。从 2017—2018 年起，波兰将计划解散中学阶段，将小学阶段延伸至 8 年。高中教育阶段有多种形式。学生可以在普通的高中接受教育，毕业后进入高等教育阶段；或者是进入技术学校或基础职业学校，接受职业技术教育。技术学校需要 4 年，基础职业学校需要 2 年，并为他们颁发能力证书。在高等教育阶段，3 年获得学士学位，2 年获得硕士学位。博士阶段一般也在 3 年内完成。[②]

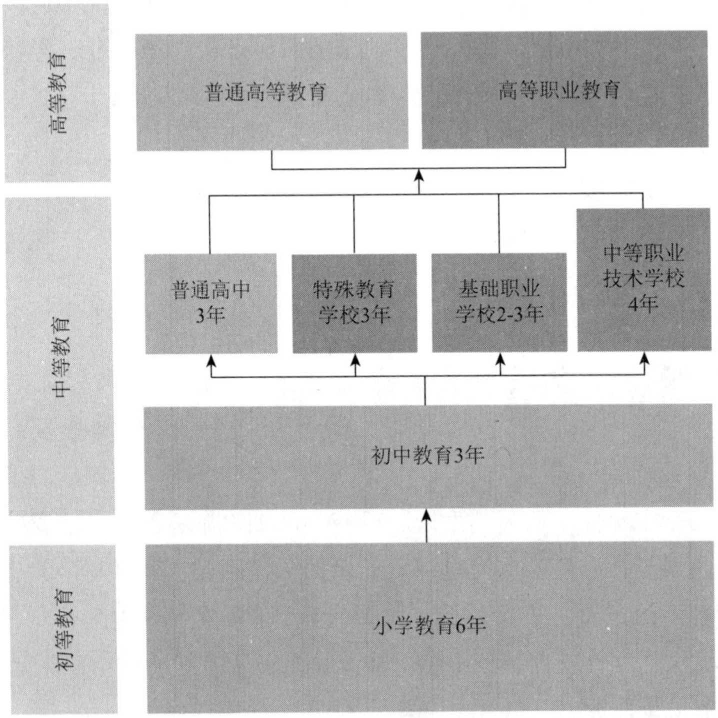

图 1 波兰教育体系图[③]

① 商务部国际贸易经济合作研究院等．对外投资合作国别（地区）指南——波兰 [R]. 商务部国际贸易经济合作研究院等 ,2016,4:12.

② 波兰教育 [EB/OL].https://en.wikipedia.org/wiki/Education_in_Poland. 2017-8-10.

③ CEDEFOP ReferNet (2011). Poland VET in Europe–Country Report. Thessaloniki: European Centre for the Development of Vocational Training.

2014年，波兰共有高等院校439所，学术教师数量98735人，高校学生约155万。波兰著名的高等学府有克拉科夫雅盖隆大学（1364年）、华沙大学（1816年）、波兹南密茨凯维奇大学（1919年）、华沙工业大学等。2014年高等教育入学率约为37.8%。①

二、职业技术教育与培训的战略与法规

（一）战略

2012年9月1日，波兰以最新修订的《教育法》为依据，对职业技术教育与培训进行了改革。这一改革旨在全面提高接受职业技术教育与培训的人数，为波兰人提供灵活的职业技术教育与培训体系，保障波兰人民掌握特定职业的技能，在国内外激烈的职业竞争环境中不被淘汰。突出强调了组织机构、课程和考试评价等方面的改革。在组织机构改革方面，主要将已有的职业学校进行重组或转型发展；在课程改革方面，与普通高中课程衔接，保障学生在接受职业教育培训的同时，能够接受普通教育的核心课程，提升文化知识水平；在考试评价方面，学生在接受职业技术教育与培训之后需要通过不同的资格考试，从而获得资格证书。资格考试是根据不同教育水平而设立的，学生更容易依据自身水平获得资格证书，并从事适合自己的职业。

（二）法规

目前，波兰仍未单独为职业技术教育与培训颁布法律，但已有的法律文件中涉及了相关内容，成为未来职业技术教育与培训的法律基础。

1.《教育体系法》（1991）对保障青年和成人的职业和继续教育做出了基本规定；《教育体系法》（2009年修订版）对职业技术教育与培训相关人员的上岗就业及其他问题做出了规定；

2.《关于促进就业和发展劳动力市场机构的法案》（2004）要求为失业者和其他求职者提供培训和职业指导与咨询服务；

其他有关规定主要包括：2005年4月7日，社会政策部发布关于社会服务工作者大学教育水平的规定；2010年12月，教育部长发布关于职业学校学习的规定；2012年1月，教育部长发布关于校外考察的规定；2012年1月，教育部长发布关于继续教育失学形式的规定；2012年9月，教育部长发布对工匠审查进行的熟练程度考试、硕士考试和认证考试的规定；2013年9月，发布关于教师获得高级职业水平的条例；2014年4月，发布关于成人职业准备的劳动条例；2014年6月，发布关于劳动基金退还给年轻雇员的薪金的规定；2015年4月，发布关于确定职业资格的具体条件和方式的规定。

---

① 商务部国际贸易经济合作研究院等.对外投资合作国别(地区)指南——波兰[R].商务部国际贸易经济合作研究院等 2016,4:12.

三、职业技术教育与培训的体系与质量保障

（一）体系

1. 职业技术教育与培训的使命与愿景

波兰职业技术教育与培训的使命是为国家社会经济发展提供支持，具体在于通过职业技术教育与培训，提升波兰人的职业能力水平，满足当前国内外竞争激烈的劳动力市场需求。波兰的职业技术教育与培训针对不同的人群有不同的培训类型，为不同层次的人提供了接受职业技术教育与培训的机会，特别是加强对职业中弱势群体的照顾，保证了波兰人民的个人发展，在实现个人价值的基础上，为国家的经济和社会发展做出贡献。①

2. 波兰职业技术教育与培训的构成

（1）正规的职业技术教育与培训体系

波兰的职业教育与培训是在学生完成 3 年初中教育之后开始的。在波兰，学生在接受 6 年小学教育和 3 年初中教育之后，有四种教育类型可以选择，分别是普通高中教育、特殊教育、基础职业教育和中等职业技术学校。

· 中等职业技术学校：4 年制，主要接收初中毕业的学生和从基础职业学校毕业的学生，该学校中最受欢迎的职业是会计、机械师、电子工程师和和销售人员。

· 基础职业学校：2 年或 3 年制。最受欢迎的职业是：营业员、厨师、园丁、汽车修理工、理发师和面包师。

· 特殊教育学校：3 年制，主要接收精神或身体有残疾的学生，帮助他们为未来的工作做好准备。

· 普通高中教育：3 年制，包含了职业技术教育与培训，学生专注于知识的学习，为继续接收高等教育而做准备。

除此之外，初中阶段的学校也会为学习有困难的学生提供初级的职业技术教育与培训，为进入下一阶段做准备。提供正规继续职业技术教育与培训的机构还包括继续教育中心、实践培训中心、职业技能提升和继续教育中心、成人学校、高等教育研究机构、手工艺机构等。

2014 年，波兰各类职业教育学校的在校学生数约 74.1 万人，其中职业高中注册学生占 68.7%，基础职业学校学生占 23.9%。成人学生人数接近 24200 人，主要分布于在教育系统中致力于成人教育的中学后教育学校，此类学校约占成人教育机构总量的 95.7%。②

（2）非正规和非正式职业技术教育与培训体系

非正规和非正式的职业技术教育与培训主要是满足当前劳动力市场的需求，顺应继续

① CEDEFOP ReferNet (2011). Poland VET in Europe–Country Report. Thessaloniki: European Centre for the Development of Vocational Training.

② Chłoń-Domińczak, A. et al.(2016). Vocational education and training in Europe–Poland. Cedefop ReferNet VET in Europe reports. http://libserver.cedefop.europa.eu/vetelib/2016/2016_CR_PL.pdf

职业技术教育和培训的政策要求。非正规和非正式的职业技术教育主要在以下机构中进行：公共教育机构、私营培训公司、企业以及协会、基金会等其他团体和个人。

波兰的中小企业中实行学徒制，学徒与雇主签订协议。学徒制包含两种形式：职业培训学徒制（ISCED 3）和特定工作培训学徒制（ISCED 2）。波兰还建立了义务学工（OHP）培训组织，主要面向弱势青年群体开展培训，接受教育的场所主要是劳动队、培训指导中心和教育指导中心。

（二）保障

1. 资格认证和国家资格框架

波兰要求学生必须完成初中学业之后，才能进入提供职业技术教育与培训的高中。在高中阶段，不同类型的职业技术教育与培训机构为学生提供的资格证书也有不同。

表 1　波兰职业资格认证情况

培训机构	学制	任职资格	备　注
中等技术学校	4年	技师职业资格	有权继续接受高等教育
基础职业学校	2—3年	熟练工人职业资格	不授予中学毕业证书
特殊教育学校	3年	从事某一特殊类型工作的职业资格	没有全面职业资格的证书
普通高中	3年	中学毕业证书	继续接受高等教育（包括高等职业机构）

在波兰的学徒制资格体系中，特定工作培训学徒制（ISCED 2）是证明学生已经获得从事某一职业的特殊技能，并保证学生可以继续接受职业教育，从而获得资格证书；职业培训学徒制资格（ISCED 3）是学生已经成为熟练工人，具有从事某一职业的资格。

除此之外，不同机构可以为继续职业技术教育与培训提供不同的文凭和证书。例如，成人学校为学生颁发毕业证书，手工艺机构颁发学徒证书和能工巧匠文凭。

2006 年，波兰开启了国家资格框架的开发工作，该工作主要分为了两个阶段，第一阶段为 2008—2010 年，统计波兰劳动力市场职业能力和资格及监理国家资格框架的模式。第二阶段为 2013 年至今，国家资格框架和国家终身学习注册资格拟定实施的参考范围。该项目的主要工作内容是：

· 监理对非正规教育所获能力的认证系统；

· 由社会伙伴和非政府组织代表监督考试和资格认证的一致性；

· 与欧洲资格框架规定的资格质量原则和博洛尼亚进程协定保持一致；

· 实行欧洲职业教育与培训学分制度；

· 确保教育培训学分制度和欧洲学分转换制度之间的兼容性。

波兰资格框架与欧洲资格框架一样都有 8 个等级。每个级别通过一般特征描述，称为描述符，表征知识、技能和社会能力的要求，必须由具有某一级别资格的人员履行。

根据国家资格框架，还可以制定部门资格框架，进一步详细说明特定经济部门职业资格的典型描述。开发部门资格框架的主要原因之一是将国家资格框架有关等级的描述转化为特定行业的语言。[①]

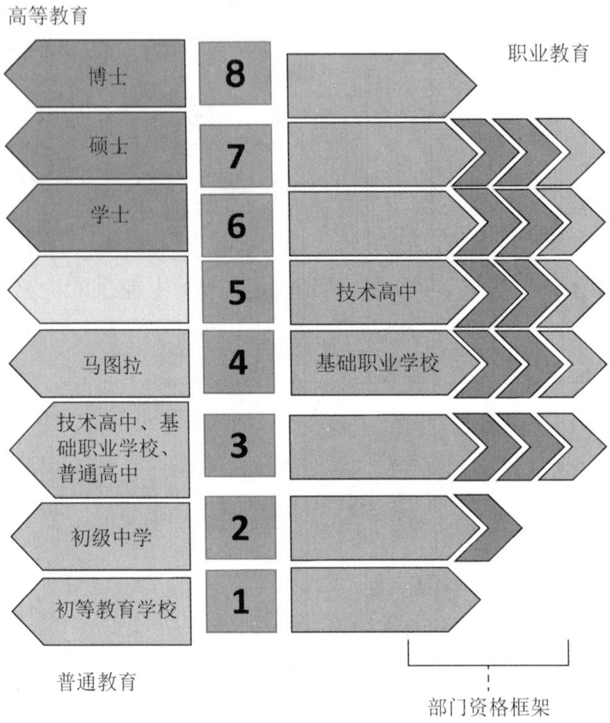

图 2　波兰国家资格框架

2. 质量保障

波兰学校教育的质量保障主要在三个层面实施：（1）教学督导制度。目前的教育督导制度是在 2009—2010 学年根据关于教学督导的条例引入的，教学管理上主要是根据 2015 年 8 月 27 日《国民教育部长条例》的有关要求进行教学监督。其目的是支持学校的发展，从而提高教育质量和平等的教育机会，使学生和教师得到全面发展，并支持国家当局发展和根据整个教育系统的可比数据推行教育政策。（2）教师评价。教师评价工作部分纳入教学督导制度，部分是教师专业晋升制度。它包括两类评价：教师绩效评估和教师专业成就评估。作为内部教学督导的一部分，学校校长进行强制性绩效考核；因此，它直接服务于质量改进的目的，是内部质量保障的机制之一。（3）外部评估。外部评估系统的目的是提高教育质量，支持评估学生成绩的过程，并确保全国范围内的结果可比性。外部和内部质量保障作为教学督导的一部分，对职业教育阶段学生职业考试的

① Polish Qualifications Framework. http://www.kwalifikacje.edu.pl/en/polish-framework/1218-polish-qualifications-framework,2017-10-16.

结果进行客观的衡量和评估。

四、职业技术教育与培训的治理与教师

（一）治理

自进入21世纪以来，波兰推动教育管理体制改革，管理权限逐步下移，实行中央政府与地方部门相结合的方式。在中央一级，由教育部统筹教育管理工作，其他部委协同参与；地方部门主要负责基础教育阶段和特殊教育学校的管理工作。此外，所有类型的学校也可以由宗教社会团体等非公共机构建立和管理。

国家教育部负责制定职业技术教育与培训的政策。参与监管职业技术教育与培训工作的其他政府部门包括：（1）农业部；（2）文化部；（3）国家遗产和环境部。继续职业技术教育与培训由国家教育部及劳动和社会政策部承担。①

国家教育部下设的国家职业和继续教育支持中心专门为教师专业发展提供服务，是国家级的中央公共机构，具体职责内容包括：（1）与职业学校和成人学校合作举办教师专业发展相关的活动；（2）参与教育投资，促进波兰教育转型发展。

除政府机构外，各类社会合作伙伴也保障了波兰职业技术教育与培训的正常运转。例如，社会经济事务三方委员会由公共行政部门、雇主、工会和某些部门的工会代表组成，专门为职业技术教育与培训提供咨询，并协助制定法律措施。中央就业委员会是劳动部下属的一个咨询机构，由公共行政部门、雇主组织、工会和领土自治政府的代表组成，主要负责开展社会对话工作。除此之外，还有区域和地方级别的主管机构、义务劳工培训组织等也参与职业技术教育和培训的工作。

（二）教师

波兰的法律规定，职业教育培训的专业教师必须具备相应培训类型的职业资格，其他具体要求由各个职业技术教育与培训机构自行决定。教师可以通过在职培训获得晋升，教师工作机构和各种外部机构（如在职教师培训机构、高等教育机构、继续职业教育与培训机构、教师培训学院等）负责组织在职教师的培训工作。

对于从事初级职业技术教育与培训和继续职业技术教育与培训的培训师（包括教师、学术教师、实践职业培训教师和培训专家）来说，国家要求具备特定学科或职业的教育资格，但对于这些培训师的其他入职条件和未来职业发展方面未做明确要求。②

如果培训师想成为培训方面的教学方法学顾问或教师顾问，还必须满足以下条件：一是持有硕士学位和教学资格；二是已晋升为专任教师或特许教师的职业等级；三是具有至少5年的教学经验。

---

① CEDEFOP ReferNet (2011). Poland VET in Europe–Country Report. Thessaloniki: European Centre for the Development of Vocational Training.

② 同上。

五、职业技术教育与培训的诉求与发展趋势

（一）诉求

自2004年加入欧盟以来，波兰经济以较快速度增长，政府通过灵活的财政政策、有争议的福利和税收改革制度帮助波兰保持了财政健康。波兰的经济在2015年的增长速度达到2010年以后的最高水平，失业率也创下新低。根据波兰中央统计局的经济发展数据，2015年波兰全年经济增速为3.6%，主要受益于欧元区经济复苏带动了波兰工业的增长。进入2016年，波兰的经济增速有所放缓，但是仍然维持较好的势头。根据波兰经济发展部在2016年8月发布的报告，2016年上半年波兰经济增长仍然在3.5%以上。2017年，随着外需改善和基础设施投入的增加，波兰经济继续保持稳定发展的态势。中长期来看，波兰劳动力优势明显、工业基础和技术实力较好，东部基础设施建设和教育投入有助于促进区域协调发展。此外，波兰政府还通过吸引外国直接投资，从国家层面及欧盟层面为投资者提供现金补助，以支持新的投资和创造就业岗位，并通过不断的市场自由化、资产私有化、改进基础设施建设等提高对外资的吸引力。

尽管如此，目前波兰的人均GDP仍然低于欧盟的平均水平，失业率仍然高于欧盟的平均水平。2016年后半年，波兰的失业率为5.5%，创历史新低，这主要受英国脱欧的影响，多达20万人的波兰人选择回到波兰就业，这从一方面弥补了波兰的劳动力紧缺的现状。但是，波兰的劳动力短缺也受职业技术教育与培训不足的影响，与英国等发达国家相比，波兰的职业技术教育与培训无法满足当前竞争激烈的国际劳动力市场，造成劳动力流失到国外。因此，从英国回来的工人有利于提供波兰的劳动力质量，熟练的和有经验的工人的加入，将大大带动波兰的职业技术教育与培训的发展。

波兰国家的发展还面临很多挑战，包括道路和基础设施建设、僵化的劳动法规、发展创新性产业和防止人才流失等方面，而且，随着持续的低生育率、移民潮以及婴儿潮出生一代的人步入老年，波兰正面临老龄化的挑战。

（二）发展趋势

当前，受当前全球化背景下职业流动、经济合作加强、新信息技术的涌现等方面的影响，对受雇员工的能力水平要求发生变化。除此之外，当前欧洲职业技术环境也在不断发生变化，国家教育部逐渐认识到职业技术教育与培训的重要性。因此，波兰需要适应当前竞争激烈的就业环境，为本国人民提供更多的职业技术教育与培训的服务。波兰推行了职业技术教育与培训的改革：（1）提高用于波兰国内和欧洲劳动力市场上的资格和能力认证的透明度；（2）进行中学教育改革，实行新的教育体制；（3）将职业学校的教育加入综合知识的教育，为继续教育奠定基础；（4）增加成人资格课程体系，按照雇主要求确定再培训课程；（5）与雇主合作，加强职业教育的实践培训；（6）开展实践职业教育，雇主可以参与教育过程并评估学生等。

波兰政府还制定了终身学习战略，旨在将终身学习作为职业教育和培训中不可或缺的一部分。该战略是由 2010 年 2 月国家教育部部长委员会主席设立的终身学习和国家资格框架的跨部门团队制定的，通过对当前形势进行全面分析，制定战略和目标，提出实施和监测的方法。

以终身学习的发展战略为依据，国家职业和继续教育支持中心也有针对性地对职业技术教育与培训进行了一些改革：（1）加强作为职业技术教育现代化关键的核心课程建设；（2）为实施职业技术教育与培训模块化课程的学校和机构提供制度支持；（3）为终身学习中传播和实施远程教育建立模式体系。

（深圳职业技术学院　技术与职业教育研究所　魏　明）

主要参考文献

[1] 中华人民共和国外交部 . 波兰国家概况 [EB/OL]. (2017–01–01) [2017–07–27]. http://www.fmprc.gov.cn/web/gjhdq_676201/gj_676203/oz_678770/1206_679012/1206x0_679014/.

[2] 商务部国际贸易经济合作研究院等 . 对外投资合作国别 (地区) 指南——波兰 [R]. 商务部国际贸易经济合作研究院等 , 2016, 4.

[3] CEDEFOP ReferNet (2011). Poland VET in Europe–Country Report. Thessaloniki：European Centre for the Development of Vocational Training.

[4] Chłoń-Domińczak, A. et al. (2016). Vocational education and training in Europe–Poland. Cedefop ReferNet VET in Europe reports. http://libserver.cedefop.europa.eu/vetelib/2016/2016_CR_PL.pdf. 2017–10–12.

[5] Polish Qualifications Framework. http://www.kwalifikacje.edu.pl/en/polish-framework/1218-polish-qualifications-framework. 2017–10–16.

立陶宛共和国

一、国家概况

（一）地理

立陶宛共和国（The Republic of Lithuania），简称立陶宛，位于波罗的海东岸，北接拉脱维亚，东连白俄罗斯，南邻波兰，西濒波罗的海和俄罗斯加里宁格勒州。立陶宛的总面积约为6.53万平方千米，国境线总长1644千米，海岸线长90千米。属海洋性向大陆性过渡气候。最高点海拔293.6米。1月平均气温-1℃，7月平均气温19℃。[①]

立陶宛的森林和水资源较为丰富。森林面积217.7万公顷，森林覆盖率为33.3%，人均森林面积0.7公顷；木材蓄积量为4.9亿立方米，多为针叶林，主要为松木。立陶宛湖泊较多，水域面积超过880平方千米，内陆地区有许多小型湖泊和沼泽地，面积超过0.5公顷的湖泊有2834个，其中最大的德鲁克夏伊湖面积4479公顷（42.26平方千米）。此外，立陶宛有722条河流，其中长于100千米的河流有21条，最长的河流是涅姆纳斯河，全长937千米，其中立陶宛境内长度为475千米。[②]

（二）人文

关于立陶宛的第一次书面记录可以追溯到公元1009年，当时立陶宛人征服了临近的土地，1240年成立统一的立陶宛大公国。维陶塔斯大公执政期间（1392—1430）是立陶宛鼎盛时期，成为当时欧洲面积最大的国家之一。1795年后逐步被沙俄吞并。第一次世界大战期间，立陶宛曾一度被德国占领。1939年8月，苏联和德国签订秘密条约，立陶宛被划入苏联势力范围，次年初苏军进驻立陶宛境内。1941年苏德战争爆发后，立陶宛被德国占领。1944年苏联军队进入立陶宛，立陶宛苏维埃社会主义共和国成立并加入苏联。1990年3月11日，立陶宛通过恢复独立宣言，宣布脱离苏联独立。1991年9月6日，苏联国务委员会承认立陶宛独立，9月17日立陶宛加入联合国。2001年5月，立陶

---

① 中华人民共和国外交部. 立陶宛国家概况 [EB/OL].(2017-06-01) [2017-10-15]. http://www.fmprc.gov.cn/web/gjhdq_676201/gj_676203/oz_678770/1206_679354/1206x0_679356/.

② 商务部国际贸易经济合作研究院等. 对外投资合作国别（地区）指南——立陶宛 [R]. 商务部国际贸易经济合作研究院等 ,2016,4:5.

宛成为世界贸易组织的第141位成员，在2004年加入了北约联盟和欧洲联盟。立陶宛政局总体稳定。格里包斯凯特总统保持较高民意支持率，于2014年5月连选连任，在国家政治和社会生活中继续发挥着较为重要的作用。2016年新一届议会选举中，农民与绿色联盟党赢得大选，与原执政联盟中的社会民主党联合组成新一届执政联盟。新政府上台后，致力于推动经济社会各领域改革。①

立陶宛人口在20世纪末开始骤减，从1990年的约380万人降到2014年的约290万人，人口持续呈现负增长。截至2016年1月1日，立陶宛总人口为288.86万人，人口密度为44.2人/平方公里，城镇居民占三分之二。立陶宛主要信奉罗马天主教，少部分居民信仰东正教和路德教等。主要民族有：立陶宛族占85.4%，波兰族占6.6%，俄罗斯族占5.4%，白俄罗斯族占1.3%。立陶宛语是官方语言，也被公认为欧盟的官方语言之一。立陶宛语是与拉脱维亚语相关的波罗的海语言，它是用拉丁字母写的，通常被认为是最保守的印欧语言，保留了欧洲其他印欧语言的许多特征。②

（三）经济

立陶宛是欧盟成员国之一，也是波罗的海三国最大的经济体。立陶宛是1990年第一个宣布独立于苏联的国家，从中央计划到市场经济迅速转变，实行了许多自由主义改革，加入欧盟后，经济增长迅速，有“波罗的海老虎”之称。受经济危机影响，2009年，国内生产总值下降了15%，2010年国家失业率达17.8%，2015年恢复为9.1%。2015年，立陶宛第一产业产值10.85亿欧元，占当年GDP的2.9%左右；第二产业（采矿业、制造业、电力、燃气及水的生产和供应、建筑业）产值140.8亿欧元，约占当年GDP的37.8%；第三产业产值为220.11亿欧元，占当年GDP的59.3%。③

产业发展方面，食品加工业、交通物流业、生物技术产业、激光产业是立陶宛的重点产业。其中木材加工业是立陶宛发展最快、前景最好的制造业产业之一，主要包括木材及制品业、家具业和造纸业。2015年，加工制造业和水电气供应两大行业产值占比较大，分别占工业产值的90.0%和8.8%。④ 立陶宛的服务业占国内生产总值的最大份额，主要行业是信息和通信技术，来自波罗的海国家的20家最大的IT公司中有11家位于立陶宛。立陶宛拥有世界上高能量皮秒激光器市场的50%以上，是生产超快参数光发生器的全球领先企业。⑤

据立陶宛国家统计局数据显示，2016年进出口总额为473.35亿欧元，其中出口

① 中华人民共和国外交部．立陶宛国家概况 [EB/OL].(2017-06-01) [2017-10-15]. http://www.fmprc.gov.cn/web/gjhdq_676201/gj_676203/oz_678770/1206_679354/1206x0_679356/.

② 商务部国际贸易经济合作研究院等．对外投资合作国别（地区）指南——立陶宛 [R]. 商务部国际贸易经济合作研究院等，2016,4:6.

③ 同上。

④ 同上。

⑤ 立陶宛经济 [EB/OL]. https://en.wikipedia.org/wiki/Economy_of_Lithuania. 2017-08-20.

总额 226.08 亿欧元，同比下降 1.3%；进口总额 248.35 亿欧元，同比下降 2.2%。主要出口商品为矿产品、机电设备、电气设备、木材等，主要进口商品为矿产品、机电设备、电气设备、化工产品、蔬菜及水果等。主要贸易伙伴为俄罗斯、拉脱维亚、波兰、德国。①

（四）教育

立陶宛实行 10 年基础教育，初等小学（1—4 年级）、基础中学（5—10 年级）。基础中学毕业后，学生可以选择进入高级中学（2 年）、职业学校（3—4 年）、音乐学院（6 年）或职业教育中心。高中毕业后可进入高校进行为期 4-5 年的本科学习。此外，还有为残障儿童设立的特殊学校和以及青年学校等。② 立陶宛国家教育法规定，6 岁至 16 岁为免费义务教育阶段。立陶宛的职业技术教育是从基础教育的第 5 年开始的（14—15 岁之间），随后进行 2 到 3 年的职业高中教育，也可以继续参加"马库拉"考试，进入高等教育阶段。但是，为了达到大学教育的水平，职业教育的学生必须接受 2 年的"中学后"阶段的教育。

高等教育阶段分为大学和专业学院，大学主要提供本科、硕士和博士学位，专业学院主要提供职业教育。2006 年，立陶宛开始实施博洛尼亚进程。职业教育也可以提供专业学士学位。主要高等院校有：维尔纽斯大学、维尔纽斯科技大学、维尔纽斯师范大学、立陶宛农业大学和立陶宛军事学院等。维尔纽斯大学是北欧最古老的大学之一，也是立陶宛最大的大学之一。考纳斯理工大学是波罗的海国家最大的技术大学和立陶宛第二大大学。立陶宛高等教育人口为 54 万，占就业人数的 35% 以上，这一比例表明，立陶宛的劳动力是中欧和东欧受教育程度最好的国家之一，是欧盟 15 国平均水平的两倍。立陶宛人约 90% 可以至少使用一门外语，一半人可以说两种外语，三分之一人可以说英语。③

2015—2016 学年，立陶宛共有各类学校 1314 所，注册学生总数为 515041 人。全国共有公立大学 14 所，私立大学 8 所，在校大学生 93524 名，教师 8931 名。立陶宛高等教育实行国家免费和个人收费相结合，学费因学校、专业不同而有所差异。学士学位学费约为每年 1000—5300 欧元，研究生学费为每年 7100—8500 欧元。④

① 中华人民共和国外交部 . 立陶宛国家概况 [EB/OL].(2017-06-01) [2017-10-15]. http://www.fmprc.gov.cn/web/gjhdq_676201/gj_676203/oz_678770/1206_679354/1206x0_679356/.

② 商务部国际贸易经济合作研究院等 . 对外投资合作国别 (地区) 指南——立陶宛 [R]. 商务部国际贸易经济合作研究院等 ,2016,4:11.

③ 立陶宛教育 [EB/OL]. https://en.wikipedia.org/wiki/Education_in_Lithuania. 2017-08-20.

④ 商务部国际贸易经济合作研究院等 . 对外投资合作国别 (地区) 指南——立陶宛 [R]. 商务部国际贸易经济合作研究院等 ,2016,4:11.

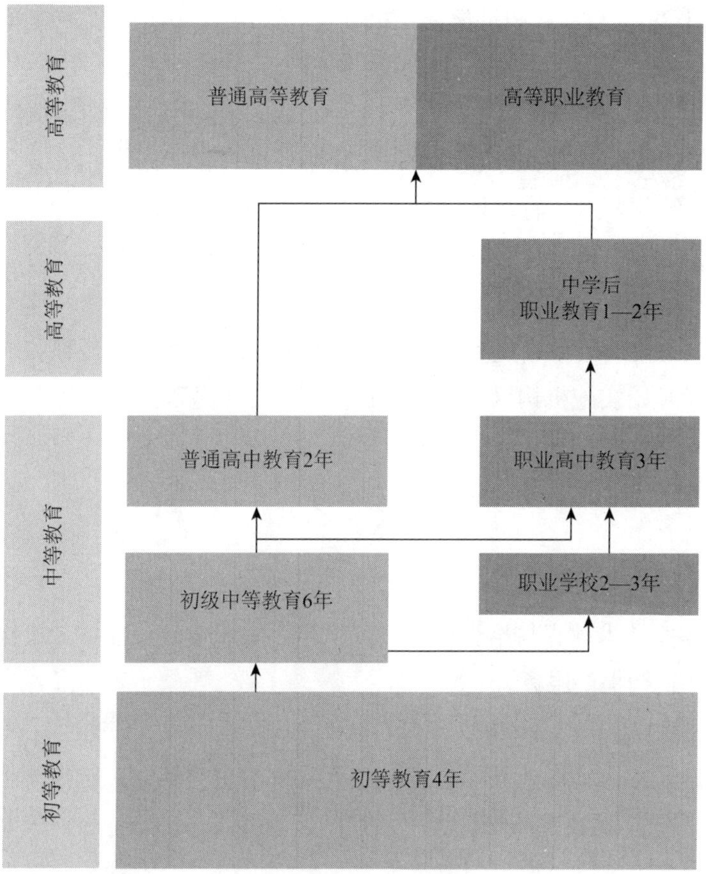

图 1　立陶宛教育体系图[①]

二、职业技术教育与培训的战略与法规

（一）战略

立陶宛《2003—2012 年国家教育战略》中指出，职业教育培训方案应符合国际标准和劳动力市场需要。促进个人文化发展的人文社会科学课程成为学习计划的一部分。在立陶宛颁布的各项关于职业技术教育与培训的国家政策中，核心内容主要是：开发人力资源从而提升职业教育与培训的质量；满足对劳动力市场的需求；增强职业教育与培训的吸引力。具体来说：1. 增强流动性，主要是指职业技术教育与普通教育的流动以及职业技术教育与高等教育的流动性；2. 增强社会参与性，确保社会伙伴可以在职业技术教育与培训的课程设计和评价中充分参与进来；3. 增强自治性，为实施职业技术教育与培训的机构和个人保证充分的自由，创造机会，实行管理的自治。

① UNESCO-UNEVOC from CEDEFOP (2013). Vocational Education and Training in Lithuania, Short Description. Luxemburg: Publication Office of the European Union.

2014 年 9 月 29 日，教育和科学部长批准了《2014—2016 年度职业教育与培训发展行动计划》。这个行动计划的主要目标是开发一个能反映学习者、社会和国家需要的现代化的职业教育体系，并确保职业教育机构毕业生的专业活动。本行动计划有 6 个目标，为实施这些目标制定了具体目标和活动：优化职业教育机构网络，根据区域需要有效利用基础设施；系统化职业教育培训计划的供应，提高品质；改进学生获得的能力评估制度；建立职业技术教育培训体系和持续专业发展水平；改进职业教育与培训机构的管理和教学质量；增加职业教育的吸引力。

为了更有效地使用培训资金和资源，2015 年以来，初级职业教育和继续职业教育与培训机构提供者开始实施机构网络改革，优先开发更大范围的区域性职业教育机构，加强建立部门使用培训中心的机构，合并分散和规模较小的机构，将职业教育培训机构纳入自治系统。①

（二）法规

1.《职业指导法案》(2012）对提供职业技术教育与培训的机构进行了规定，认为普通教育学校和职业技术教育与培训机构应该承担主要职业教育任务。机构所属地区的政府部门应为这些机构提供服务。

2.《职业教育与培训法》(2007 年修订版）对职业技术教育与培训一般性内容做出了规定。(1）规定了立陶宛职业技术教育与培训系统的主要构成，包括初级职业技术教育与培训、继续职业技术教育与培训、一般性的职业指导等；(2）调整职业技术教育与培训体系的组织和结构；(3）设定职业技术教育与培训体系的管理和质量保障原则，界定国家资格框架，引进学徒训练计划，创造法律条件为初级和继续职业技术教育与培训搭建桥梁。

3.《非正规成人教育法》(1998 年）对非正规教育进行了规定，非正规教育包括基于个人或社会兴趣的自我教育。2014 年 7 月，最新修订的《非正规成人教育和继续教育法》获得通过，并于 2015 年 1 月 1 日起开始生效。新版法律的目的是为一个人实施他 / 她的终身学习的自然权利提供法律保障，确保获得知识和能力的机会，发现生命的新意义，成为民主社会的积极成员。新版法律主要有以下变化：(1）强调了规划、信息提供、质量保障以及能力认证等问题；(2）在制定和实施非正规成人教育和终身学习政策的过程中，加强了非正规成人教育委员会的作用；(3）非正规成人教育融资机制是由政府通过的新规定引入的；(4）为个人非正规教育活动提供最多 5 天假期，假期必须与雇主达成一致（"劳动法典"第 181 和 210 条已经修改为此）。

① Kvalifikaciju ir profesinio mokymo pletros centras. (2016). Vocational education and training in Europe–Lithuania. Cedefop ReferNet VET in Europe reports. http://libserver.cedefop.europa.eu/vetelib/2016/2016_CR_LT.pdf

三、职业技术教育与培训的体系与质量保障

（一）体系

1. 职业技术教育与培训的使命与愿景

根据立陶宛《2003—2012年国家教育战略》①，职业技术教育与培训（TVET）的使命是帮助个人获得与现代技术、文化和个人技能水平相对应的职业资格，创造条件，使终身学习成为可持续满足认知需求的条件，寻求获得必要的新能力和资格，为职业生涯和有意义的生活做准备。

2. 立陶宛职业教育的构成

（1）正规的职业教育与培训系统

立陶宛正规的职业技术教育与培训是从初中教育的第5年开始的。主要分为初级的职业技术教育与培训和继续职业技术教育与培训。

初级的职业培训由国家预算资助，培训计划由两部分组成。第一部分是全国所有学校统一的，限定了专业活动的领域、能力、教学目标和评价规则。第二部分是可选择性的，涉及教学方法、科学课程、教具等，该部分必须包括创业、民事保护、生态学、信息技术和特定用途外语等科目或模块。职业学科的60%—70%的时间应用于实践培训，通常在学校或在公司中进行实践培训。按照学习者的水平，也可以将初级职业技术教育与培训分为三种，详见表1。

表1　立陶宛国家初级职业教育与培训计划

教育项目	教育年限	证书获取/教育出口	备　注
初级教育项目	2—3年	获得职业资格证书或基础学校证书，继续接受教育或准入劳动力市场	专为14岁以上学生设计
中级教育项目	2—3年	获得会考毕业证书，继续进入高等教育或劳动力市场	
高级教育项目	1—2年	获得高等教育/学院、大学学习计划或劳动力市场的准入资格	

继续职业教育和培训针对18岁以上的学员，通常开设短期（1年以下）的课程内容，60%—80%的课程是实践培训课程，主要通过公司、机构、就业基金或其他基金资助来进行。接受继续职业技术教育与培训的人们可以获得职业资格，或者获得执行法律规定的工作或职业的能力。

（2）非正规和非正式职业技术教育与培训体系

在立陶宛，非正规和非正式的职业技术教育与培训主要存在于继续职业技术教育与

① PARLIAMENT OF THE REPUBLIC OF LITHUANIA. RE. PROVISIONS OF THE NATIONAL EDUCATION STRATEGY 2003-2012[EB/OL]. http://www.smm.lt/uploads/documents/Lithuanian%20Education%20Strategy%202003-2012.pdf,2017-10-13.

培训机构中，旨在为成人提供职业资格和从事某项职业的能力。非正规和非正式的职业技术教育与培训的形式主要包括在工作场所学习、非正式培训课程和远程学习等。参加非正规和非正式职业技术教育与培训的群体包括公司或机构所雇佣的员工、国家预算资助的员工（如公务员）、失业人员等。

（二）保障

1. 资格证书和国家资格框架

立陶宛要求学生在进入中学阶段的第 5 年才进入职业技术教育与培训，因此，可以分为中等教育阶段的职业教育和中学后阶段的职业教育。[①]

（1）中等教育阶段

表 2　立陶宛中等职业教育资格认证情况

职业技术教育与培训计划	ISCED 级别	平均持续时间	获得证书	EQF 级别	进修和职业机会
初中教育水平计划	2C	2—3 年	职业资格证书	2	准入劳动力市场
初中教育水平计划	2A	3 年	职业资格证书；基础学校证书	2	职业资格证书；基础学校证书
高中教育水平计划	3C	2—3 年	职业资格证书	3	准入劳动力市场
高中教育水平计划	3A	3 年	职业资格证书；马库拉会考证书	4	准入高等教育/学院、大学学习计划或劳动力市场

（2）中学后阶段[②]

表 3　立陶宛中学后教育阶段的资格认证情况

职业技术教育与培训计划	ISCED 级别	平均持续时间	获得证书	EQF 级别	进修和职业计划
高等教育水平计划	4	1—2 年	职业资格证书	4	准入高等教育/学院、大学学习计划或劳动力市场
CVET计划	2、3、4	1 年	职业资格证书	1、2、3	准入劳动力市场

2010 年，立陶宛政府开始实施国家资格框架，该框架分 8 级，涉及所有教育部门。其中职业技术教育与培训资格属于立陶宛资格体系中的前 5 级，后 3 级主要是接受大学阶段的教育资格认证。通过完成职业技术教育和 / 或普通教育计划，获得 1—4 级的资格证书。劳动力市场上最受欢迎的职业技术教育与培训的资格框架级别是 3 级和 4 级。

① CEDEFOP (2013). Vocational Education and Training in Lithuania, Short Description. Luxemburg: Publication Office of the European Union.

② 自 2016–2017 年以来，正在试点实施 EQF5 级的 2 年计划。

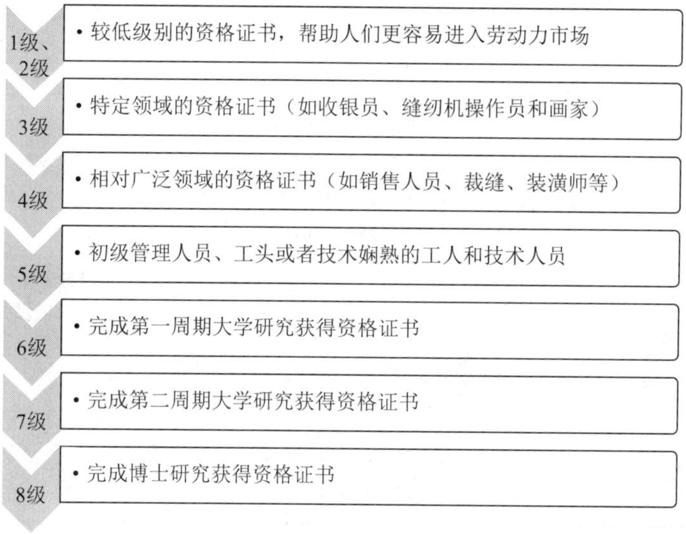

图 2　立陶宛国家资格框架

2. 质量保障

2008 年，立陶宛确立职业技术教育与培训质量保障体系，质量保障的内容中包括自我评估和外部评估。为了提升国家的职业技术教育与培训质量，应做到：设计和批准职业技术教育与培训标准；设计和开发培训计划，并颁发许可证；监督计划的实施；评价获得资格证书所需要的知识、技能和能力；保证所有利益相关者和社会合作伙伴的参与机会；保证资格证书的各阶段工作保持透明；实施立陶宛资格框架并与欧洲资格框架协调一致。

四、职业技术教育与培训的治理与教师

（一）治理

立陶宛国家中，参与职业技术教育与培训的机构和管理工作的部门主要包括教育和科学部、资格和职业技术教育培训发展中心、经济部、其他部委、咨询机构等，这些部门和机构的职责有所不同，共同保障职业技术教育与培训的健康运行。①

表 4　立陶宛职业技术教育与培训的管理部门和职责

管理部门或机构	职　责	备　注
教育和科学部	开发、审批和授权初级职业技术教育与培训的年度计划和正规的培训程序	
资格和职业技术教育培训发展中心	组织开发职业技术教育与培训的培训标准和资格标准，评估培训质量，欧洲终身学习资格框架（EQF）的国家协调点	前身为职业技术教育与培训方法学中心，成立于1996年，2010年更名。

① CEDEFOP (2013). Vocational Education and Training in Lithuania, Short Description. Luxemburg: Publication Office of the European Union.

续表

管理部门或机构		职　　责	备　　注
经济部		制定和实施人力资源开发政策和职业技术教育与培训政策	
其他部委		提出教育培训法律行为提案，参与起草法律行为的工作组，也参与部分职业培训的课程开发	
咨询机构	职业技术教育与培训委员会	负责职业技术教育与培训的战略问题	学院机构，主要向国家教育部门提供咨询
	中央专业委员会	负责协调有关资格体系开发的战略问题	
	社会合作伙伴	制定职业技术教育与培训课程内容，评估培训是否满足劳动力市场需求	通过职业技术教育与培训理事会和中央专业委员会参与政策制定

（二）教师

立陶宛的法律规定，职业技术教育与培训的教师必须具有相关的职业资格，或者有相关的课程经历，学习过教育学和心理学等课程。如果没有获得职业资格的教师，则需要接受共约 120 个小时的教育学和心理学课程培训，这些课程主要是由具有国家认证资格的机构和公司来组织，其中大学也参与提供职业技术教育与培训的教师培养计划。[1] 在 2012—2015 年度，立陶宛实施了职业教育教师专业发展的相关项目，与雇主及其所在机构合作，约 700 名职业技术教育教师和大学讲师参与其中，主要培训内容是最先进的技术设备培训。[2]

五、职业技术教育与培训的诉求与发展趋势

（一）诉求

立陶宛国家经济的发展对外依赖程度较高，受外部环境的影响较大。2014 年由于立陶宛重要的贸易与投资伙伴——欧盟与俄罗斯的经济均陷入困境，导致立陶宛的经济收到了较大的影响。2015 年立陶宛的经济状况有所好转，工业、批发零售、汽车修理、运输仓储和住宿餐饮等行业发展较快。国际货币基金组织 2016 年 11 月关于中、东、南欧的经济发展报告指出，立陶宛的 GDP 实际增长与增长潜力之间仍然存在 1.5%—3% 的差距，也就意味着 GDP 的增长仍有空间，报告分析指出，立陶宛 GDP 增长空间主要来自目前相对较高的失业率，随着失业率的降低，立陶宛经济将进一步发展。

根据立陶宛政府经济发展的最新战略规划，实现能源独立和发展交通物流业作为政

① CEDEFOP ReferNet (2012). Lithuania VET in Europe–Country report.Thessaloniki: Centre for the Development of Vocational Training.

② Kvalifikaciju ir profesinio mokymo pletros centras. (2016). *Vocational education and training in Europe–Lithuania*. Cedefop ReferNet VET in Europe reports. http://libserver.cedefop.europa.eu/vetelib/2016/2016_CR_LT.pdf

府的优先发展方向，战略的主要内容为：提升本国能源产能，实现能源进口渠道的多样化，以及发展可再生能源和有效降低能耗，以期在2020年前形成合理的能源结构。在交通物流的发展上，为突出地理位置优势，围绕与欧盟和波罗的海区域展开互联互通。以项目建设的关键节点为核心，或为打通障碍而铺设新的铁路，或是升级现有的设施进而实现现代化，建设成为欧盟和波罗的海区域交通的重要组成部分。上述国家优先发展领域的产业建设必然会带来大量的劳动力需求，需要职业技术教育的强力支撑。

立陶宛的经济发展主要面临以下结构性的问题：首先，贸易与投资受外部环境的变化影响较大，比如对俄罗斯的出口占到了立陶宛出口总额的20%，俄罗斯的经济不景气及俄罗斯对欧制裁就会导致立陶宛对俄罗斯的出口萎缩，严重影响了立陶宛的经济发展。其次，劳动力短缺问题日益明显，立陶宛的人口大量外迁，导致适龄劳动力人口数量大大减少。其三，劳动生产效率有待提高。根据欧盟统计局2016年的数据显示，立陶宛2016年第二季度每小时的劳动力成本同比上升6.6%，比上季度增长6.1%。[①] 未来，立陶宛的工资增幅可能会超过生产率，因此立陶宛可能会因此逐渐失去竞争力。

（二）发展趋势

1. 实施系统的人力资源开发计划

目前，立陶宛在职业技术教育与培训上仍面临一些挑战。例如，立陶宛需要迫切提高成人参与继续职业技术教育与培训；开发职业指导；提高基于工作的学习效果；提高职业技术教育与培训教师的能力。将职业技术教育与培训与普通教育相融合，提升劳动力的技术技能水平，增强竞争力，提高生产效率。为此，系统的人力资源开发计划的主要目的在于提升职业技术教育与培训的灵活性和质量，为学习者进入职场创造条件，为职业技术教育与培训的不断完善创造条件。

2. 加快学校教育向劳动力市场的过渡

为落实“2014—2016”职业教育与培训发展行动计划，教育科学部部长签发了《模块化职业教育计划实施方案》，形成模块化的职业技术教育与培训。模块化职业教育的原则将允许学生在短时间内获得特定的能力。它确定了学生不必依次系统地进行知识学习的条件，可以根据单独的模块的部分进行学习来实现，新的学习模式将能够更快融入劳动力市场和学习新的能力。2015—2016学年和2016—2017学年期间，9个职业教育和培训机构将对模块化培训计划进行测试，承担分析和提供模块化职业教育计划的内容和实施工作。

（深圳职业技术学院　技术与职业教育研究所　魏　明）

---

① 中华人民共和国商务部．立陶宛第二季度劳动力成本上升6.6%[EB/OL].(2016-10-11) [2017-10-13]. http://www.mofcom.gov.cn/article/i/jyjl/m/201610/20161001407400.shtml.

主要参考文献

[1] 中华人民共和国外交部 . 立陶宛国家概况 [EB/OL]. (2017–06–01) [2017–10–15]. http://www.fmprc.gov.cn/web/gjhdq_676201/gj_676203/oz_678770/1206_679354/1206x0_679356/.

[2] 商务部国际贸易经济合作研究院等 . 对外投资合作国别 (地区) 指南——立陶宛 [R]. 商务部国际贸易经济合作研究院等 , 2016, 4.

[3] Kvalifikaciju ir profesinio mokymo pletros centras. (2016). *Vocational education and training in Europe – Lithuania*. Cedefop ReferNet VET in Europe reports. http://libserver.cedefop.europa.eu/vetelib/2016/2016_CR_LT.pdf

[4] PARLIAMENT OF THE REPUBLIC OF LITHUANIA. RE. PROVISIONS OF THE NATIONAL EDUCATION STRATEGY 2003–2012[EB/OL]. http://www.smm.lt/uploads/documents/Lithuanian%20Education%20Strategy%202003–2012.pdf. 2017–10–13.

[5] CEDEFOP (2013). Vocational Education and Training in Lithuania, Short Description. Luxemburg：Publication Office of the European Union.

[6] CEDEFOP ReferNet (2012). Lithuania VET in Europe–Country report.Thessaloniki：Centre for the Development of Vocational Training.

[7] Kvalifikaciju ir profesinio mokymo pletros centras. (2016). *Vocational education and training in Europe–Lithuania*. Cedefop ReferNet VET in Europe reports. http://libserver.cedefop.europa.eu/vetelib/2016/2016_CR_LT.pdf

爱沙尼亚共和国

一、国家概况

（一）地理

爱沙尼亚共和国（the Republic of Estonia），简称爱沙尼亚，位于波罗的海东岸，东与俄罗斯接壤，西南濒里加湾，南与拉脱维亚相邻，北邻芬兰湾，与芬兰隔海相望，边界线长1445千米，海岸线长3794千米，国土总面积为45339平方千米。爱沙尼亚属海洋性气候，冬季平均气温–5.2℃，夏季平均气温17.7℃，年平均降水量500~700毫米。爱沙尼亚的森林覆盖率达国土面积的55%。爱沙尼亚是千湖之国，共有1521个岛屿，最大的岛屿包括撒拉玛岛、希乌玛岛、穆呼岛。

首都塔林，始建于1248年丹麦王国统治时期，1991年恢复独立后成为爱沙尼亚共和国首都。塔林市位于爱沙尼亚西北部，濒临波罗的海，历史上曾一度是连接中东欧和南北欧的交通要冲，被誉为“欧洲的十字路口”。共分8个区，总面积为158.3平方千米。春季凉爽少雨，夏秋季温暖湿润，冬季寒冷多雪，年均气温6.8℃。塔林港是爱沙尼亚最大的港口。①

（二）人文

爱沙尼亚族形成于12—13世纪。曾先后被普鲁士、丹麦、瑞典、波兰、德国、沙俄和苏联占领统治。1918年2月24日爱沙尼亚宣布摆脱沙俄统治独立，成立了爱沙尼亚共和国。同年2月德国乘虚而入占领爱沙尼亚。同年11月，苏维埃俄国宣布对爱沙尼亚拥有主权。在此期间，爱沙尼亚为争取民族独立进行了坚持不懈的武装斗争。1920年2月，苏维埃俄国承认爱沙尼亚独立。1940年6月，苏联出兵爱沙尼亚，同年7月成立爱沙尼亚苏维埃社会主义加盟共和国。1991年8月20日，爱沙尼亚脱离苏联，宣布恢复独立。同年9月17日，联合国宣布接纳爱沙尼亚为成员国。爱沙尼亚于2004年3月29日加入北约，5月1日加入欧盟，2007年12月21日加入申根区，2011年1月1日加入欧元区。

---

① 中华人民共和国外交部官网 . 爱沙尼亚国家概况 [EB/OL].(2017–02–01) [2017–09–22].http://www.fmprc.gov.cn/web/gjhdq_676201/gj_676203/oz_678770/1206_678820/1206x0_678822/.

爱沙尼亚官方语言为爱沙尼亚语，但是芬兰语、英语、俄语、德语在爱沙尼亚同样被广泛使用。共有人口 131.3 万（2015 年 1 月）。主要民族有爱沙尼亚族、俄罗斯族、乌克兰族和白俄罗斯族。主要信奉基督教路德宗、东正教和天主教。

爱沙尼亚是议会民主制国家，国家元首为总统。自 1991 年恢复独立以来，政治局势总体稳定，但党派斗争激烈。2015 年 3 月 1 日，爱沙尼亚举行新一届议会选举，共有 6 个政党进入，组成现有议会组织。2016 年 11 月，由中间党、社会民主党和祖国联盟－共和国党组成的三党联合政府成立。中间党主席于里・拉塔斯（Juri Ratas）任总理。总统柯斯迪・卡留莱德（Mrs. Kersti Kaljulaid）于 2016 年 10 月当选，任期 5 年。①

（三）经济

爱沙尼亚自然资源匮乏，但是森林覆盖率高达 48%，旅游业较为发达。农林牧渔业中以畜牧业和种植业为主，而主要的工业部门则包括机械制造、木材加工、建材、电子、纺织和食品加工业。世界银行将爱沙尼亚列入高收入国家。② 自恢复独立以来，爱沙尼亚一直奉行自由经济政策，大力推行私有化，实行自由贸易政策，经济发展迅速，年均经济增速在欧盟成员国内位列前茅。爱沙尼亚是一个高度电子化的国家，更是当今全球数字信息技术发展较为成功的国家之一。③ 2015 年，爱沙尼亚经济持续保持较快增长。但据《波罗的海通讯社》2017 年 1 月 18 日报道，欧元区 12 月份通货膨胀率为 1.1%，其中通胀最高的地区也是爱沙尼亚，达到 2.4%。④

爱沙尼亚以欧盟和北约为经济、安全依托，重视与波罗的海及北欧国家的传统友谊，着力推动和加强区域合作，进一步加大参与国际事务的力度，主要贸易伙伴有瑞典、德国、芬兰、拉脱维亚等国。1991 年 9 月 11 日，中国与爱沙尼亚建立外交关系。1992 年初中国在爱沙尼亚设立使馆并于 1993 年 2 月向爱沙尼亚派驻大使。爱沙尼亚于 1997 年在中国设立使馆并派驻临时代办。2002 年 4 月，爱沙尼亚向中国派驻首任大使。爱沙尼亚不断巩固密切与美国关系，对俄罗斯关系受乌克兰危机影响有所恶化，同时积极发展与周边国家关系，以加强波罗的海－北欧（NB8）合作为优先方向。爱沙尼亚支持欧盟应对欧债危机相关举措，支持欧盟完善单一市场建设，加快发展数字市场。主张欧盟继续实施自由贸易政策，与美国、加拿大、日本及欧盟东部伙伴国签订全面自贸协议。⑤

---

① 中华人民共和国外交部官网 . 爱沙尼亚国家概况 [EB/OL]. (2017-02-01) [2017-09-22].http://www.fmprc.gov.cn/web/gjhdq_676201/gj_676203/oz_678770/1206_678820/1206x0_678822/.

② 世界银行 . 爱沙尼亚 .http://data.worldbank.org.cn/country/estonia.2017-09-25.

③ Estonia is a digital society.https://www.visitestonia.com/en/why-estonia/estonia-is-a-digital-society,2017-09-25.

④ 中华人民共和国驻爱沙尼亚共和国大使馆经济商务参赞处 . 爱沙尼亚 12 月份通胀率高居欧元区之首 [EB/OL].(2017-01-20) [2017-09-25].http://ee.mofcom.gov.cn/article/jmxw/201701/20170102505476.shtml.

⑤ 中华人民共和国外交部官网 . 爱沙尼亚国家概况 [EB/OL]. (2017-02-01) [2017-09-22].http://www.fmprc.gov.cn/web/gjhdq_676201/gj_676203/oz_678770/1206_678820/1206x0_678822/.

（四）教育

爱沙尼亚的教育体系包括学前教育、基础教育、普通中等教育、职业教育和高等教育。基础教育实行义务教育（1 至 9 年级），儿童年满 7 岁必须入学。完成基础教育之后，可以继续进行中等教育（10 至 12 年级）或者职业教育。职业教育由中等职业学校和中学后职业学校提供。中学后职业学校提供高等职业教育。而高等教育分为两个平行部分——文凭课程和高等学术教育，其中高等学术教育包括本科、硕士和博士教育。[①]

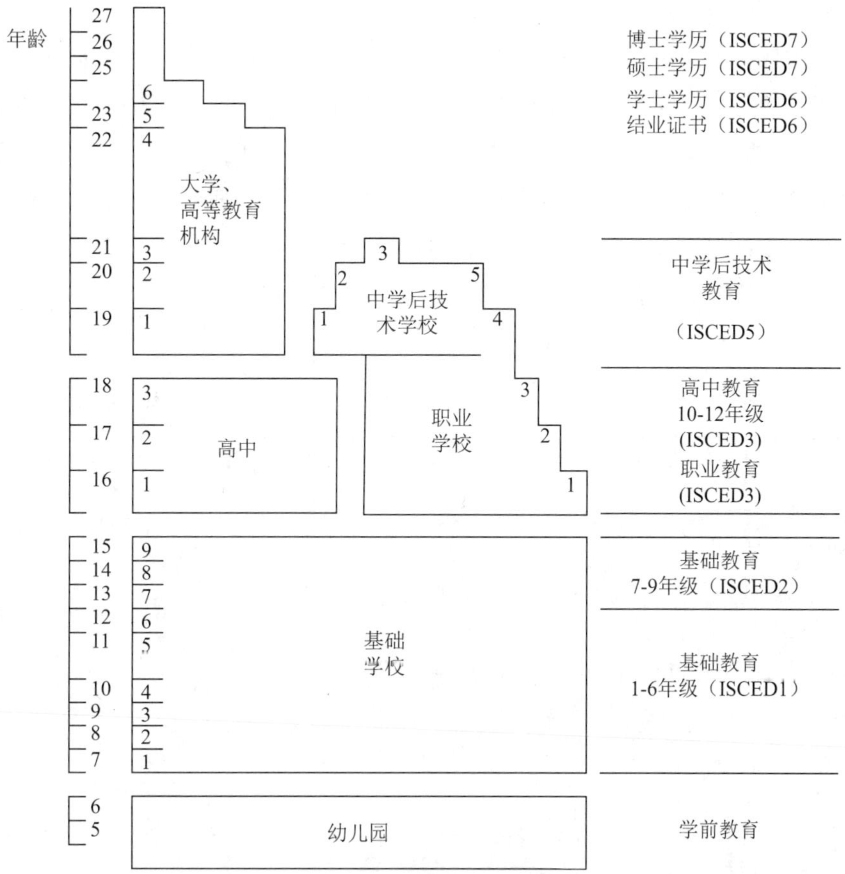

图 1　爱沙尼亚教育体系图[②]

爱沙尼亚实行 9 年制义务教育。2014 年，共有学前教育机构 653 所，各类中小学校 528 所，各类技术职业学校 48 所，高等教育机构 33 所，其中大学 9 所（6 所国立、3 所私立），各类职业高等教育机构 20 所。学前教育学生 6.88 万人，中小学学生 14.25 万人，各类技校及职业学校学生 2.52 万人，大学学生 5.52 万人，留学生 2800 人。著名高等学

---

① Tallinn University. Estonian Educational System.http://www.tlu.ee/en/studies/Practical-Information/Estonian-Educational-System.2017-09-26.

② UNESCO Internatoinal Bureau of Education.World Data on Educatio VII Ed 2010/11. [DB/OL]. http://www.ibe.unesco.org/fileadmin/user_upload/publications/WDE/2010/pdf-versions/Estonia.pdf. 2017-09-22.

校有塔尔图大学和塔林大学。①

二、职业技术教育与培训的战略与法规

（一）战略

爱沙尼亚的职业教育旨在促进人们知识、技能和态度的形成，专业化地了解如何工作，为步入职场、参与社会生活以及终身学习做好准备。爱沙尼亚的职业教育由中等职业教育机构和高等职业教育机构组织实施。

爱沙尼亚教育和研究部与民间社会组织、爱沙尼亚合作大会和爱沙尼亚教育论坛合作，于2009—2011年期间，发起了"爱沙尼亚教育五大挑战——2012—2020年教育战略"项目，汇集来自教育和劳动力市场等领域的专家，共同规划未来教育的发展方向。2014年2月13日，政府正式批准通过《爱沙尼亚终身学习战略2020》。该战略起草的总体目标是为爱沙尼亚全体人民提供适合自己需求的学习机会，以便最大限度地赋予个体在社会、工作以及他们的家庭生活中，拥有有尊严的自我实现的机会，并具体提出以下关键指标②：

表1

		2020目标	初始水平（2012）
1.成年人终身学习的参与率（在调查前四周内声称接受过教育或培训的25—64岁人口百分比）		20%	12.9%
2.只接受普通教育的成年人（25—64岁）的百分比（没有接受专业或职业教育）		不超过25%	30.3%
3.早期毕业生（18—24岁的人口中，至少有中等教育水平，而不是进修）		低于9%	10.5%
4.基础技能最佳成就者（表现最好的人数百分比）	阅读	10%	8.4%
	数学	16%	14.6%
	科学	14.4%	12.8%
5.毕业生就业率（20—34岁毕业生离职后一至三年）		至少82%	73.9%
6.数字能力（16—74岁的计算机技能人数百分比）		80%	65%
7.普通教育教师的薪酬比较（全日制、全职职工薪酬与25—64岁高等教育人群薪酬的比值）		≥1.0	0.64（2011）
8.利益相关者对终身学习的满意度（中央，定期调查）		增长	

① 中华人民共和国外交部官网．爱沙尼亚国家概况[EB/OL]. (2017-02-01) [2017-09-22].http://www.fmprc.gov.cn/web/gjhdq_676201/gj_676203/oz_678770/1206_678820/1206x0_678822/.

② Republic of Estonia ministry of education and research. Lifelong learning strategy 2020[R]. https://www.hm.ee/en.2017-10-14.

（二）法规

1.《爱沙尼亚教育法》

1992 年，《爱沙尼亚教育法》获得通过，教育法赋予了爱沙尼亚公民享有平等的受教育权，即无论年龄、健康与否、社会地位如何，均有权接受不同阶段和类型的教育。

2.《爱沙尼亚职业教育组织法》

2013 年，爱沙尼亚国会通过并颁布《爱沙尼亚职业教育组织法》。该法案为职业技术教育机构的建立、运行、转型、重组、终止提供了法律保障，为实施机构所提供的教学、管理、组织权提供法律依据，对于学校的责任和权力，以及国家对学校的监督权、财政资助等给予明确规定。该法案从根本上改变了爱沙尼亚职业教育体系的管理，主要包括以下方面：（1）依据爱沙尼亚国家任职资格框架重新确定职业培训的种类；（2）基于结果导向的原则来建立和评估教育教学、职业培训和课程方面资格标准；（3）确立提供指导权；（4）为衡量学习量，确立和实施新的学分制度。①

3.《成人就业培训和发展活动规划》

近年来，在欧洲社会基金的资助下，爱沙尼亚推动终身教育的发展，面向成人提供免费的就业培训课程。该规划通过对某地区的人力资源状况和市场需求进行调查分析，确立培训项目的目标、内容和目标人员，由职业教育和专业高等教育机构根据各阶段人员的不同教育培训需求，向全体公民提供不同形式的教育培训机会，以提升受教育人员的就业能力。

三、职业技术教育与培训的体系与质量保障

（一）体系

1. 中等职业教育

基础教育（小学和初中教育）包括三个阶段：1 至 3 年级、4 至 6 年级、7 至 9 年级。其中，7 至 9 年级的学生有机会在基础学校获得职前培训。对于没有完成基础教育和那些年龄至少 17 岁（没有完成义务教育但是比义务教育阶段的孩子年龄大）的学生可以接受职业教育。职业教育课程学习时长从 20 个学习周到 2 年半不等。完成初中教育之后进行职业教育的学生，则需要接受 6 个月至 2 年半不等的培训。证书的获得依赖于是否能够达到职业教育第 4 等级。在所有这些学习中，实践培训和工作场所培训至少占课时总量的一半。职业教育机构的结业考试可以由国家任职资格机构举行的职业资格考试所替代。考试合格者获得职业资格证书。而职业培训也是基础教育或者普通中等教育中的一部分，一半是与职业教育机构合作进行，培训周期一般为 15 至 40 个学习周不等。②

---

① Republic of Estonia ministry of education and research. https://www.hm.ee/en/activities/vocational-education,2017-09-25.

② UNESCO Internatoinal Bureau of Education.World Data on Educatio VII Ed 2010/11. [DB/OL]. http://www.ibe.unesco.org/fileadmin/user_upload/publications/WDE/2010/pdf-versions/Estonia.pdf. 2017-09-22.

完成基础教育之后，学生可以选择进行普通高中教育或者职业教育。高中教育包括普通高中教育和职业高中教育，各持续3年（10年级到12年级），完成12年级的学业，需要参加五门课的结业考试，其中，三门课是国家统一考试科目（其中母语是必考科目之一），另外两门学生可以自由选择基于学校的考试科目。考试合格的学生获得中学毕业证书和国家考试合格证书。成功完成职业教育项目的学生也会获得一张证书。中学后职业技术学校是职业教育的更高阶段，为高中毕业生提供2年半的学习训练，或者为完成基础教育的学生提供5年的学习训练。

2. 课程设置

正规职业培训课程包括两类——国家课程和学校课程。国家课程为高中职业培训提供计划蓝图。国家课程由国家教育研究部牵头执行，与社会机构合作设置。学校课程则是由职业教育机构执行设置，学校的正规学习课程（除了职业中等教育课程）都是基于职业教育标准和相关职业标准设置。中等职业教育课程则基于国家课程设置。

职业培训课程决定：职业和专业学习的目标；可获得性学习成果；与爱沙尼亚任职资格框架相关联；开始学习和结束学习的要求；学习期间具备某种任职资格；学习模块的可选择性和条件；课程模块和学习量都与学习结果和评估标准有关。

自2013年，职业培训的工作量采用爱沙尼亚职业教育学分制来衡量。学生需要花26个小时来学习技能和知识，才能获得1学分，工作场所培训的一学年等同于60学分。①

3. 基于学习的工作场所培训

基于学习的工作场所培训构成了职业教育的专业化形式，在公司进行实习的比例至少占整个课程的三分之二。学生主要通过完成公司任务作为课程学习成果，其他学习则在学校进行。基于工作场所的学习需要学校、学生和雇员之间签订实习合同，保障各方的权利和义务，以及学习过程中的详细环节。雇员也要按照实习合同给予完成任务的学生一定的报酬。协议报酬不能少于国家法定最低工资。雇员和学生之间已经签订了有效合同，不需要支付额外的费用。2017年1月，爱沙尼亚在职业教育机构下的工作场所学习的学生人数已经增加到了1500人。

4. 多功能职业教育培训中心

在爱沙尼亚，多功能职业教育中心的一个很重要的功能是为有特殊教育需要的人员提供特定形式或内容的培训服务。对于那些在某些方面有障碍的学生，如言语障碍、行为障碍或者情绪问题的学生（SEN儿童），多功能职业教育培训中心会根据不同的教育需求开发个人课程，并提供协助做好生活安排。

① Republic of Estonia ministry of education and research..https://www.hm.ee/en/activities/vocational-education, 2017-09-25.

（二）保障

1. 国家资格框架

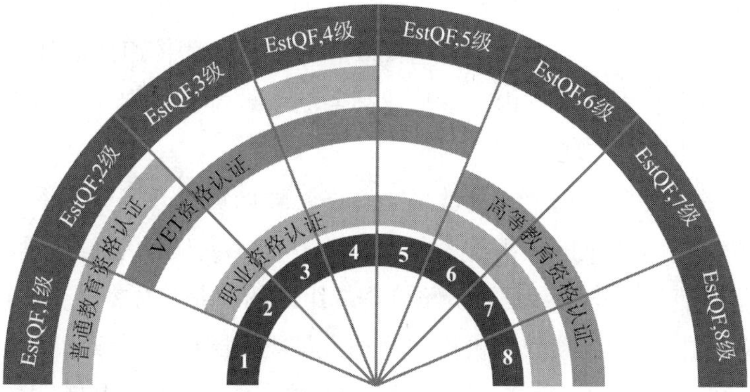

爱沙尼亚国家资格框架[①]

爱沙尼亚资格框架的建立，开始于2005年，契合欧洲终身学习框架的要求，遵循《爱沙尼亚职业资格法》，最终于2008年形成。依据《职业资格法》，爱沙尼亚任职资格框架涵盖8个层次，其中第1层次的水平最低，第8层次的水平最高。这是一个综合性的框架体系，包括普通教育资格、职业教育和培训资格、高等教育资格、职业资格。下表，将正规教育资格与获得的职业资格进行了比对联系。

表2　爱沙尼亚正规教育资格与职业资格比对联系表

正规教育资格	等级	职业群体和职业资格
基于简单课程的基础教育证书	1	
基础教育证书；VET等级2证书（没有完成基础教育的要求）	2	初级劳动者（比如保洁人员）
VET等级3证书	3	手艺人、机械操作员、服务和销售人员、文书（比如伐木工人、面包师等）
普通高中证书；VET等级4证书（职业高中）	4	
VET等级5证书	5	技术员、工艺大师、基层管理人员（比如会计等）
本科学历、职业高等教育证书	6	专家、主管（比如能源审计、职业顾问等）
硕士学历	7	专家、经理（执证工程师）
博士学历	8	高级专家、高级经理人（比如首席建筑师、特许工程师等）

2. 质量保障

根据爱沙尼亚《职业教育机构法》，教育和研究部长应授予在职业教育机构的特定

① Estonian Qualifications Framework. http://www.kutsekoda.ee/en/kvalifikatsiooniraamistik/ekr_tutvustus.2017-09-25.

课程组基础上进行研究的权利，并确保课程组应受到正规认证，其中一部分是学校内部评估。在认可职业教育机构课程小组后，有关教与学、领导和管理、人力资源管理、利益集团合作和资源管理等方面的绩效与可持续性都由课程小组实施评估。最终由教育和研究部的代表、有关专业研究人员、雇主代表和其他利益团体组成的评估委员会作出认证决定。职业教育课程群的认证由爱沙尼亚高等职业教育质量中介机构协调，该机构是阿基米德基金会的组成单位之一。

在专业资格的认证和管理上，爱沙尼亚资格管理局负责开发资格系统，组织制定专业资格标准，协调专业考试的组织等。以方便学习与劳动力市场之间的联系，并确保系统的正常运行。教育质量由爱沙尼亚资格管理局组织的职业教育委员会进行监督检查。

在成人教育机构中，继续教育机构的管理人员规定了确保继续教育课程质量的条件和程序、参与继续教育的成人教育工作者和在保证学习组织质量和继续教育机构活动的基础上，建立良好的教学环境。

四、职业技术教育与培训的治理与教师

（一）治理

爱沙尼亚从1996年开始进行职业教育改革。1996年伊始，爱沙尼亚重建职业教育与培训部。职业教育与培训分为两部分：教育管理服务和成人教育服务。课程服务一开始是第三部分，后来于1997年被并入国家考试和资格中心。最终，2001年6月创建爱沙尼亚任职资格部门，以便与国家任职资格体系相协调。[①]为了加速由《职业教育组织法》和最新的职业教育标准所推动的改革，2013—2014年，爱沙尼亚对于职业教育课程和行政管理也进行了改革。

爱沙尼亚的职业教育机构分为中央直属、地方直属和私立部门三大类。职业教育机构由国家教育研究部统筹管理。国家教育研究部每年都会征求正规职业教育机构的需求，确保学生能够在职业教育机构中获得针对工作机会的专业培训。这些职业教育的需求都是依据劳动力市场的需求、国家政策以及课程中心发展规划、附属特定领域研究、学校能力和学生个人发展等方面来确定的。[②]

1997年1月成立的国家雇员资格认证中心成为爱沙尼亚职业教育改革中的重要举措之一。该中心负责项目申请、资格认定、考试、定级和评估。通过职业委员会，商业团体和雇主代表也将参与到职业教育与培训中。[③]

① UNESCO Internatoinal Bureau of Education.World Data on Education. VIE 2006/07. [DB/OL]. http://www.ibe.unesco.org/site/default/files/Estonia.pdf. 2017–07–26.

② Republic of Estonia ministry of education and research https://www.hm.ee/en/activities/vocational-education.2017–09–25.

③ UNESCO Internatoinal Bureau of Education.World Data on Education. VIE 2006/07. [DB/OL]. http://www.ibe.unesco.org/site/default/files/Estonia.pdf. 2017–07–26.

爱沙尼亚保证至少每个县有一所职业教育机构。2016—2017年度，爱沙尼亚有33所职业技术教育机构，5所职业高等教育机构，提供了约160个专业。职业教育的发展所需经费，由中央和地方财政部多方面筹资。从2008年至2015年，爱沙尼亚利用欧洲区域发展基金，开始“推进职业教育机构学习环境的现代化”。所以，现在爱沙尼亚所有县的职业教育机构几乎都能提供现代化的学习和教学环境。①

（二）教师

职业学校的大部分教师都是来自实践部门的专业人员，很多教师缺乏正规的教育培训，他们很多人不熟悉现代技术和教学方法，需要加强理论演讲形式的培训，以增加实践经验和课程教学的融合。

2004年，爱沙尼亚组织开发了教师专业标准。根据标准要求，大学必须按照标准重新安排培训课程。为此，有关大学开发了教师能力模型。自2004年，完成初始培训的教师必须完成为期一学年的在职资格培训。在这期间，这些未来教师要接受来自大学专家和企业师傅的共同培训。在一学年期满结束后，这些新教师被称为认证教师。再工作至少3年，才能申请更高的职业等级。

初始教师培训一般由高等教育机构、中学后技术教育机构或者通过一些课程进行。其中高等教育机构在教师培训过程中发挥重要作用。依据成人教育法，教师培训费用由国家财政资助，约占教师年工资金额的3%。教育部会将其中一部分资金分配到国家层面进行培训，而另一部分则分配到地方和区域培训机构。②

五、职业技术教育与培训的诉求与发展趋势

（一）诉求

根据爱沙尼亚统计局的数据，截至2015年底，爱沙尼亚共有劳动力人口67.6万人，占全国总人口的50%，从业人口64.1万人。其中，第一产业人口2.5万人，占劳动人口总数的3.9%；第二产业从业人口29.4万人，占劳动人口总数的30.6%；第三产业从业人口42万人，占劳动人口总数的65.5%。从细分的劳动力就业人口来看，制造业劳动力占比约为18.8%，主要为木材加工和食品加工；零售批发、修理业占比13.1%，建筑业占比9.6%，教育业占比9.5%，运输仓储业占比7.3%，医疗保健业占比6.1%，信息产业占比4.1%。③

近年来，由于爱沙尼亚与欧盟大市场相互融合导致了劳动力开始大量外流，受工资水平差异的影响，爱沙尼亚本国的劳动力纷纷以投亲靠友的方式出国谋求发展，不但造

① Republic of Estonia ministry of education and research. https://www.hm.ee/en/activities/vocational-education.2017-09-25.

② UNESCO Internatoinal Bureau of Education.World Data on Education. VIE 2006/07. [DB/OL]. http://www.ibe.unesco.org/site/default/files/Estonia.pdf. 2017-07-26.

③ Statistics Estonia. http://www.stat.ee/en.2017-09-25.

成国内有技能的专业人才匮乏，就连普通的工作岗位也难以找到合适人选。在建筑行业，约一半的人员没有受过专业培训，即使如此，现有的建筑技术人员还在不断流失。综合爱沙尼亚劳动力市场的变化趋势是：人口老龄化，生育率下降，在新增的劳动人口中，社会类专业的毕业生比例大大高于自然科学类的毕业生，而且高素质、高技能人才外流严重。

据统计，自 1989 年至 2017 年，爱沙尼亚的平均失业率为 8.43%，受金融危机的影响，2010 年失业率 19.5%，达到历史最高点。最新数据显示，2017 年第一季度爱沙尼亚的失业率下降到 5.6%，去年同期为 6.5%。① 在爱沙尼亚，25 岁至 64 岁的成人中三分之一的人缺乏专业教育或职业教育。爱沙尼亚政府希望到 2020 年，能将这一比例降低到 25%，新政府将着重保证所有年轻人至少接受中等教育或者获得专业任职资格。因此将 2017 年定为爱沙尼亚的技能年（The Year of Skills），旨在发展工匠精神，以及劳动力市场所需的技能。②

（二）发展趋势

为了降低失业率，爱沙尼亚政府主要从两个方面着手：第一是实施技能评估；第二是由相关部门进行劳动力供给与需求预测。其中，由欧洲社会基金资助的"劳动力市场监督和未来技能预测体系"（简称 OSKA）于 2015 年启动。③ 将调动劳动力市场的相关机构参与，更好地预测劳动力市场所需的技能，从而将教育与培训目标与未来技能培养相匹配，让劳动者获得与劳动力市场相匹配的正确技能，从而降低失业率。

此外，雇主与职业教育机构之间无法充分合作成为职业教育发展过程中的另一个重要问题。在这方面，爱沙尼亚一直在不断努力，但是由于并不是所有的教育机构都与雇主开展了实际合作关系。而推行雇主在职业教育机构委员会内的任职，以及对这些学校的管理和规划方面的参与，将确保学生能够在课程中学到最新的劳动力市场所需要的知识和技能。因此，对于爱沙尼亚来讲，如何增加基于学习的工作场所训练也成为未来职业教育培训系统的重要改革议题。

（深圳职业技术学院　技术与职业教育研究所　魏　明）

① Estonia unemployment rate[EB/OL]. https://tradingeconomics.com/estonia/unemployment-rate.2017-07-25.

② European Centre for the Development of Vocational Training, Estonia-2017 is the Year of Skill[EB/OL]. http://www.cedefop.europa.eu/en/news-and-press/news/estonia-2017-year-skills.2017-07-25.

③ Skills anticipation in Estonia[EB/OL].http://skillspanorama.cedefop.europa.eu/en/analytical_highligths/skills-anticipation-estonia.2017-07-25.

主要参考文献

[1] 中华人民共和国外交部官网 . 爱沙尼亚国家概况 [EB/OL]. (2017–02–01) [2017–09–22]. http://www.fmprc.gov.cn/web/gjhdq_676201/gj_676203/oz_678770/1206_678820/1206x0_678822/.

[2] 世界银行 . 爱沙尼亚 .http://data.worldbank.org.cn/country/estonia. 2017–09–25.

[3] Estonia is a digital society.https://www.visitestonia.com/en/why–estonia/estonia–is–a–digital–society. 2017–09–25.

[4] 中华人民共和国驻爱沙尼亚共和国大使馆经济商务参赞处. 爱沙尼亚12月份通胀率高居欧元区之首[EB/OL]. (2017–01–20)[2017–09–25].http://ee.mofcom.gov.cn/article/jmxw/201701/20170102505476.shtml.

[5] Tallinn University. Estonian Educational System.http://www.tlu.ee/en/studies/Practical–Information/Estonian–Educational–System. 2017–09–26.

[6] UNESCO Internatoinal Bureau of Education.World Data on Educatio VII Ed 2010/11[DB/OL]. http://www.ibe.unesco.org/fileadmin/user_upload/publications/WDE/2010/pdf–versions/Estonia.pdf. 2017–09–22.

[7] Republic of Estonia ministry of education and research. Lifelong learning strategy 2020[R]. https://www.hm.ee/en. 2017–10–14.

[8] Estonian Qualifications Framework. http://www.kutsekoda.ee/en/kvalifikatsiooniraamistik/ekr_tutvustus. 2017–09–25.

[9] UNESCO Internatoinal Bureau of Education.World Data on Education. VIE 2006/07[DB/OL]. http://www.ibe.unesco.org/site/default/files/Estonia.pdf. 2017–07–26.

[10] Statistics Estonia. http://www.stat.ee/en. 2017–09–25.

[11] Estonia unemployment rate[EB/OL]. https://tradingeconomics.com/estonia/unemployment–rate. 2017–07–25.

[12] European Centre for the Development of Vocational Training, Estonia–2017 is the Year of Skill[EB/OL]. http://www.cedefop.europa.eu/en/news–and–press/news/estonia–2017–year–skills. 2017–07–25.

[13] Skills anticipation in Estonia[EB/OL].http://skillspanorama.cedefop.europa.eu/en/analytical_highligths/skills–anticipation–estonia. 2017–07–25.

拉脱维亚共和国

一、国家概况

（一）地理

拉脱维亚共和国（The Republic of Latvia），简称拉脱维亚，位于波罗的海东岸，东与俄罗斯接壤，东南毗邻白俄罗斯，南接立陶宛，西邻波罗的海，北与爱沙尼亚相邻，国土面积64589平方千米，其中陆地面积62046平方千米，内水面积2543平方千米，国界线总长1862千米。平均海拔87米，地貌为丘陵和平原。拉脱维亚的行政区划由110个自治市和9个直辖市组成。拉脱维亚属温带阔叶林气候。年降水量550—800毫米，较湿润。夏季白天平均气温23℃，夜晚平均气温11℃，冬季沿海地区平均气温–3℃～–2℃，非沿海地区零下–7℃～–6℃。平均年降水量633毫米。湿度大，全年约有一半时间为雨雪天气。[①]

（二）人文

公元10世纪，拉脱维亚建立了早期的封建公国。1583—1710年，先后被瑞典、波兰—立陶宛公国瓜分。1710—1795年，被沙皇俄国占领。1795—1918年，拉脱维亚东部和西部分别被俄罗斯和德国割据。1918年11月18日，拉脱维亚成为独立的共和国。1940年7月21日成立拉脱维亚苏维埃社会主义共和国，8月5日并入苏联。1990年5月4日，拉脱维亚最高苏维埃通过关于恢复拉脱维亚独立的宣言，并改国名为拉脱维亚共和国。1991年8月22日，拉脱维亚最高苏维埃宣布拉脱维亚共和国恢复独立，同年9月6日，苏联国务委员会承认拉脱维亚独立并加入联合国。

当前，拉脱维亚政体为议会共和制国家，议会是国家最高立法机构，实行一院制，由100多名议员组成，任期4年。现政府于2014年11月成立，是拉脱维亚恢复独立以来的第18届政府，莱姆多塔·斯特劳尤马担任总理，下设国防部、外交部、经济部、财政部、教育和科学部等。截止到2016年，拉脱维亚人口数量为196.6万，其中，拉脱维亚族占62%，俄罗斯族占26%，白俄罗斯族占3%，乌克兰族占2%，波兰族占2%。此

① 中华人民共和国外交部．拉脱维亚概况 [EB/OL].http://www.fmprc.gov.cn/web/gjhdq_676201/gj_676203/oz_678770/1206_679330/1206x0_679332/.2107-9-17.

外还有犹太、爱沙尼亚等民族。拉脱维亚官方语言为拉脱维亚语，通用语言为俄语。主要信奉基督教路德教派和东正教。[①] 首都为里加，为拉脱维亚全国的政治、经济、文化中心，也是波罗的海地区重要的工业、商业、金融和交通中心。

（三）经济

1991 年恢复独立后，拉脱维亚按照西方模式进行经济体制改革，推行私有化和自由市场经济。1998 年被正式接纳为世界贸易组织成员。2014 年，拉脱维亚加入欧盟之后，开始执行欧盟共同政策。因私人资本有限，外国直接投资成为其经济发展的主要动力。为吸引外国直接投资，拉脱维亚政府和各地区政府通过与各种商业组织的合作，以多种方式为在拉脱维亚投资的企业改善投资法律环境和管理水平。同时，辅之以各种税收优惠政策、经济特区优惠政策、进口增值税和关税优惠等来吸引外国直接投资移民者。

2015 年，拉脱维亚国内生产总值达到 279 亿美元，国内生产总值增长率 2.7%，失业率 9.9%，工业支柱产业有采矿、加工制造及水电气供应等。2014 年工业产值同比下降 0.9%，其中制造业同比下降 0.1%，工业占 GDP 比重 16.37%，包括种植业、畜牧业、渔业等行业。2014 年农业占国内生产总值的比重为 3.45%。服务业是拉脱维亚的支柱产业，2014 年服务业占国内生产总值的比重为 80.19%。拉脱维亚与世界 120 多个国家和地区有贸易关系，主要贸易伙伴为周边欧盟成员国和独联体国家，主要出口国为立陶宛、爱沙尼亚、俄罗斯；主要进口国家为立陶宛、德国、俄罗斯，对周边国家依赖程度依然较高。主要出口商品是木材、木制品及木炭、钢铁、矿物燃料；主要进口商品为矿物燃料、机械用具及车辆零配件。[②]

（四）教育

自 1991 年拉脱维亚脱离苏联以来共进行过三次教育改革，1990 —1995 年为第一阶段改革，主要改革理念是脱离原有的苏联时期的意识形态的影响，加强教育行政管理上的民主化，为进一步的教育改革铺平道路；第二阶段是 1996—2001 年，主要是在民主化与去集权化的思想指导下，进一步深化体制改革，并在法律制度上建立保障机制；第三阶段是 2002 年至今，这一阶段的特点是在原有体制及措施基础上，深化改革，目标为“努力建设一个以知识为基础的民主的和具有社会包容力的拉脱维亚社会”。[③] 通过上述改革措施，拉脱维亚基本完成了本国教育的民主化改革，加快了拉脱维亚教育同欧洲和世界的接轨。现在，教育水平决定拉脱维亚的生活水平和未来发展已然成为了人民的共识。

当前，拉脱维亚实行九年义务教育，允许私人办学校。大学实行公费和自费两种制

① 中国一带一路网 . 拉脱维亚概况 [EB/OL]. https://www.yidaiyilu.gov.cn/gbjg/gbgk/10059.htm.2017-9-14.

② 拉脱维亚中央统计局 [EB/OL].http://www.csb.gov.lv/.2017-9-19.

③ Kangro A，James D. Rapid reform and unfinished busi-ness: the development of education in independent Latvi-a，1991—2007［EB/OL］. European Journal of Education:43. http://eprints.uwe.ac.uk /10438 /2 / Rapid _ reform _ and_unfinished_business.pdf.

度。2012—2013学年度在校学生43.2万人。其中学前班人数为9.3万，普通学校21.2万，职业学校为3.2万，高等院校9.4万人。主要高等院校有拉脱维亚大学、里加工业大学、拉脱维亚农业大学、波罗的海俄罗斯学院、拉脱维亚医学院、拉脱维亚海洋学院、拉脱维亚音乐学院、拉脱维亚艺术学院等。创办于1919年的拉脱维亚大学是建校最早的大学，现有13个院系。①

二、职业技术教育与培训的战略与法规

（一）战略

1991年恢复独立后，拉脱维亚按西方模式进行经济体制改革，教育领域也依此进行改革。经过三个阶段的教育体制改革，拉脱维亚已然从集权式向民主转变，教育秩序的良好运行使得拉脱维亚的教育尤其是职业技术教育与培训的战略可以最大化地服务本国民众与经济发展。拉脱维亚共和国部长内阁指出，职业技术教育与培训重要的是与劳动力市场的需求保持一致，所以职教机构与用人单位之间要实现深入合作。2009年，政府通过了一份关于提高职业技术教育与培训社会合作伙伴关注度与参与度的指导政策，其将职业技术教育与培训的战略目标确定为：完善职业教育与培训项目，执行部门资格框架，提高合作伙伴在制订和实施职业技术教育与培训政策，特别是质量保障政策方面的参与度。

（二）法规

1999年《职业教育法》确立了职业教育的法律基础，定义了职业教育的三大等级：（1）基础职业教育；（2）中等职业教育；（3）高等职业教育，包括高等职业教育初级（大专教育）和高等职业教育二级。该法还规定了两种正规类型的职业继续教育：职后教育和专业进修。2012年8月部长内阁要求教育与科学部于2014年1月重新制订并提交《职业教育法》。

此外，《高等教育机构法》（1995年）规范了高教机构与其他国家机构的合作关系，以协调高教机构与国家和社会利益关系。其中，特别规定了高教机构的法律主体地位，设立并保护高教机构自主权。2007年发布的《终身学习政策指导》对教育与科学部编制的主要政策规划及相关执行项目进行了规范。②

① 中华人民共和国外交部．拉脱维亚概况 [EB/OL].http://www.fmprc.gov.cn/web/gjhdq_676201/gj_676203/oz_678770/1206_679330/1206x0_679332/.2017-9-15.

② Ministry of Education and Science (2013). Education Law. Riga: Ministry of Education and Science. Accessed: 07 October 2013.

三、职业技术教育与培训的体系与质量保障

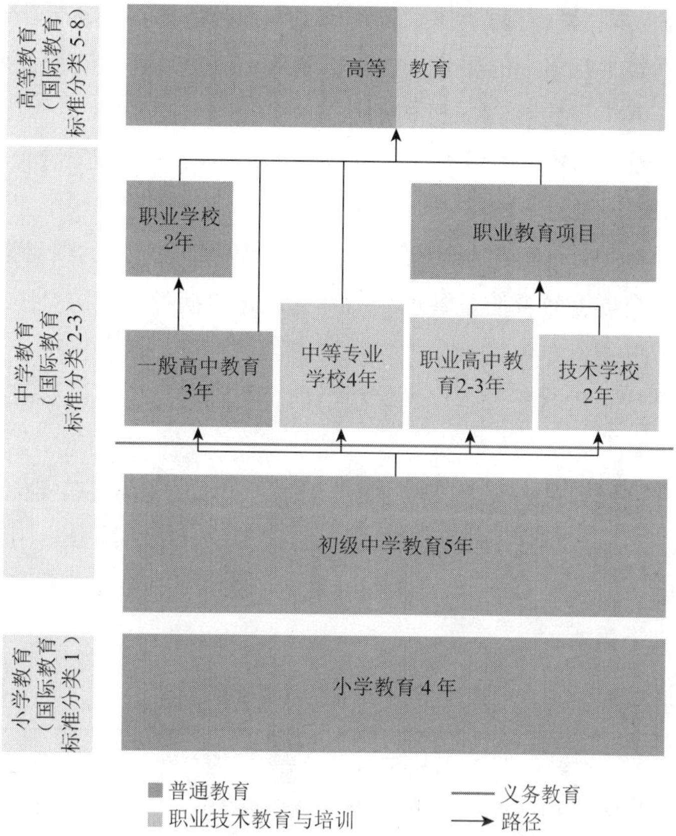

图 1 拉脱维亚职业教育与培训体系

（一）体系

由上图 1 可知，拉脱维亚实行小学 4 年制、初中 5 年制教学。初中阶段的职业技术教育与培训项目目标群体为因故辍学、文化水平低、缺少基本技能的年轻人，目的是促使其回归教育系统。学生入学条件是年满 15 周岁，之前的教育状况不在考察范围。未能完成基本教育项目或者学习通识科目有困难的学生可以选择适配教学项目。

高中阶段的职业技术教育主要有两大类：职业教育项目与职业高中教育项目。初中毕业生可选择这些途径深造。这些职业教育项目学制较短，不可直接进阶高等教育。有深造意向的学生可选择一般性高中一年过渡期项目。中等专业教育项目学制较长，包括通识科目的集中考试，毕业生可以直接升入高等教育。

在学校正规教育体系之外，拉脱维亚政府也设立了非正规或非正式教育，用以帮助青年获取技术和能力的学习和认证，个人只需提交职业能力评估申请，通过职业资格考试，即可颁发相应的职业资格证书。此外，地方政府还负责对其辖区内的非正规教育机构提

供资金支持和协助。由于市场需求，面向成人的非正规学习机构也越来越多。①

（二）保障

国家教育质量管理局负责职业技术教育与培训项目的许可和认证工作，以此来保障拉脱维亚职业技术教育与培训的质量。国家教育质量管理局还负责所有职教机构及考试中心的认证工作，其中既包括国家机构和地方政府机构，也对社会私营机构实施资助，但只有经认可的职教机构才可申请国家资金。自 2010 年以来，国家教育质量管理局加入欧洲职业教育与培训质量保障机构工作组，并于 2013 年被列为拉脱维亚常驻机构。

国家教育质量管理局召集各方专家开展职业技术教育与培训的项目批准和认证工作。专家组成员既有来自国家教育质量管理局的专家，也包括各领域协会组织代表和经拉脱维亚工艺协会授权的用人单位代表。他们从国家教育标准、职业标准、职业分类、法律要求等角度对教学项目进行评价，以确保项目内容可以为学生提供必要的知识、技术和能力。

此外，为对接欧洲资格框架，拉脱维亚资格框架于 2010 年发布实施。拉脱维亚资格框架共分 8 个级别，从知识（包括理解能力）、技术（分析、综合运用和评估）和能力（分析、综合运用和评估）三方面描述学习成果，与欧洲资格框架相一致，拉脱维亚资格框架的 8 个级别如下表所示：②

表 1　拉脱维亚资格框架等级

LQF/EQF 级别	对应教育资格类型
1	基础教育证书（特殊教育项目，针对严重智力发育障碍学生群体）
2	基础教育证书（特殊教育项目，针对智力发育障碍学生群体）
3	基础教育与初级职业教育证书
4	一般性中学教育证书/职业教育证书（不可直接进入高等教育）/中等职业教育文凭（可以升入高等教育）
5	高等专业教育一级文凭（全日制学习，学制 2—3 年）
6	大学本科文凭/专业本科文凭/高等专业教育文凭/高等专业资格文凭（高等专业教育二级，全日制学习，学制至少 4 年）
7	硕士文凭/硕士专业文凭/高等专业教育文凭/高等教育文凭/高等专业资格文凭（高等专业教育二级，全日制学习，学制至少 5 年）
8	博士文凭

① Academic Information Centre (2012). Referencing of the Latvian Education System to the European Qualifications Framework for Lifelong Learning and the Qualifications Framework for the European Higher Education Area. Self-Assessment Report Second Version. Riga: Academic Information Centre.

② State Education Development Agency (2007). Latvia System of Education. Riga: Euro Guidance.Accessed: 07 October 2013.

四、职业技术教育与培训的治理与教师

（一）治理

经过三次重要的教育改革，拉脱维亚的教育治理体系已颇具雏形。部长内阁负责制定该国职业技术教育与培训领域的政策与战略，确定颁发国家承认学历的框架以及进行国外学历认证。教育与科学部负责制定职业技术教育与培训框架规范，认证办学机构，建立健全职业标准注册登记，建议并提交国家预算分配。国家教育中心隶属于教育与科学部，其负责制定教学大纲，安排国家统一考试，完善职业技术教育与培训的标准和实施教师进修计划等。国家教育质量管理局同样隶属于教育与科学部，如前述该局负责审批职业技术教育与培训项目并对项目进行质量评估。国家就业保障局接受福利部监督。该局负责落实面向失业人员的劳动力市场政策和项目。福利部及其劳工处负责管理、协调劳动力市场政策。国家职业教育和就业三方合作委员会成立于2000年，该合作委员会负责审查国家发展计划草案、评估提案，并向政府和非政府组织提出建议和意见，其成员包括福利、经济、财政、司法、农业、教育与科学、区域发展和地方政府事务等部委，以及拉脱维亚自由工会联合会和雇主联合会。

2011年，拉脱维亚成立了由12个不同部门组成的专家工作委员会，该委员会负责拟订部门资格框架和职业标准要求，招纳质量保证专家，负责资格考试、职业技术教育与培训学校和项目的认证，审查学生录取计划，并向办学机构的学生提供企业实习机会。专家工作委员会成员分别来自教育与科学部、经济部、拉脱维亚雇主联合会、自由工会联合会、福利部、国家就业保障局等等。

在经费方面，因大多数职业技术教育与培训机构为国家所有，因此国家预算是其主要经费来源。另外，根据职业技术教育与培训机构所有权的不同归属，其经费也可来自地方政府补贴或私人渠道。职业技术教育与培训机构可以接受捐赠，也可以通过提供有偿服务创收，但这部分收入必须用于机构发展。资金的主要来源包括欧盟、瑞士和挪威的财政援助机制，另一来源是学生学费。[①]当前，政府正致力于变革该种资金模式，计划将资金模式变为“钱跟学生走”，类似于我国的生均拨款制度，目的是促使地方政府实施一种基于办学机构绩效的财政规划。与此同时，新模式鼓励相关企业加入职教机构筹资渠道，以优化教育网点在拉脱维亚的布局。

（二）教师

职业教育基础阶段教师任职资格为受过师范教育的技师。中等职业教育教师任职资格需要具备高等职业教育学历、相关专业高等教育学历或高等职业教育（师范类）学历。此外，受过职业高中教育、技能教育和职业师范教育的专业人士也可申请中等职业教师

---

① Ministry of Education and Science (2010). The guidelines for optimisation of vocational education establishments network for 2010–2015. Riga: Ministry of Education and Science.

任职资格。2010年9月，政府修订职业教育教师条例，要求没有教师资格的教师需参加高等教育机构组织的72小时培训项目。

2011年6月，拉脱维亚政府又制订了教师进修程序，要求教师完成至少数小时的在职培训项目方可上岗。此外，政府还从2007—2014年度结构资金中拨款，对其所在专业和其他专业，包括信息技术、教学法、外国语言、创业、职业安全和健康领域的教师进行特别培训。同时，拉脱维亚本国企业和国外企业也会向这些教师提供实践机会[①]。

五、职业技术教育与培训的诉求与发展趋势

经过三次重要的教育改革，拉脱维亚的职业技术教育与培训体系已步入正轨。进入21世纪以来，拉脱维亚在文茨皮尔斯等市设立了多个经济特区，通过税收和关税优惠等来刺激本国经济发展。其可投资领域包括电子、机械制造、木材加工等多个产业，特别是旅游服务、卫生健康等行业，都需要大量的职业技能人才。因此，职业技术教育与培训对拉脱维亚的经济发展至关重要，其职业教育体系也需要持续改革，以进一步提升广大青年的就业前景。据据经合组织网站2015年8月发布《投资青年》（Investing in Youth）系列国别报告显示，拉脱维亚不仅青年比例下降，且失业率高达16.4%，大约有三分之一的青年既没有在公共就业服务机构注册，也没有积极寻找就业机会，70%既不上学也不就业的状态均超过了6个月。[②]尽管拉脱维亚政府积极提升现代职业教育体系的吸引力，但是教育体系与劳动力市场之间的脱节使得政府的努力并未实现预期成效。所以，未来拉脱维亚职业技术教育与培训发展的诉求主要在以下几点。

（一）开发能够适应劳动力市场需求的培训项目

职业技术教育与培训是拉脱维亚教育系统的重要组成部分，在过去几十年来虽然得到快速发展，但其资源投入相对于经济贡献而言仍略显不足，究其原因就在于职业技术教育体系未能完全基于劳动力市场的需求，这不仅会降低职业教育体系本身的运行效率，也会对整体的社会经济运行产生影响。因此，拉脱维亚应继续改革职业教育体系，强化基于工作的培训，开发能够适应劳动力市场的培训项目，在增强职业技术教育资源汇聚能力的同时，更好的发挥其在社会经济发展中的作用。

（二）落实职业技术教育财政支持政策

受到欧洲危机等的影响，拉脱维亚的教育财政一度陷入僵局，导致教学设备老化，教师工资待遇较差，优质师资流失严重。虽然近几年财政好转，但职业技术教育与培训的财政问题一直未能得到很好解决。这一方面是由于职业教育财政负担本身就很大，另一方面也是因为其受苏联影响，一直属于国家财政直接拨款，社会资本参与度较低。因

① Ministry of Economics (2011). National reform programme of Latvia for implementing strategy “EU 2020”. Riga: Ministry of Economics.

② 王俊．经合组织：拉脱维亚须加强职业培训以促进青年就业 [J]. 世界教育信息，2015（19）.

此，拉脱维亚落实职业技术教育财政政策一是要改革拨款机制，加大社会资本在职业技术教育上的投入；二是要通过各种经济和财政手段刺激企业等私有资本加入，以落实职业技术教育的财政支持政策。

（三）完善拉脱维亚资格框架，建立资格标准等级制度

随着欧洲一体化的到来，拉脱维亚国家资格框架已同欧洲资格框架对接，但仍需进一步完善，这不仅可以为职业技术教育与培训的项目模块实施和学分制的引入提供条件，以囊括非正规体系所获取的知识和技能，也可以对接国际劳动力市场，为职业教育的参与者提供更为完整的职业生涯发展和规划。另一方面，各级资格标准需要制度化的约束，以指导职业技术教育与培训项目制定，且各级资格标准还需要不断更新，以使职业技术教育与培训项目也做出相应的调整。上述措施对提升职业技术教育质量，增强职业教育吸引力以及社会合作伙伴的参与度都将产生积极作用。

（深圳职业技术学院　技术与职业教育研究所　李亚昕）

主要参考文献

[1] Academic Information Centre (2012). Referencing of the Latvian Education System to the European Qualifications Framework for Lifelong Learning and the Qualifications Framework for the European Higher Education Area. Self-Assessment Report Second Version. Riga: Academic Information Centre.

[2] CEDEFOP ReferNet (2012). Latvia VET in Europe–Country report. Thessaloniki: European Centre for the Development of Vocational Training.

[3] EQAVET (2013). Description of The VET System in Latvia. Dublin: European Quality Assurance in Vocational Education and Training. Accessed: 07 October 2013.

[4] Ministry of Education and Science (2013). Education Law. Riga: Ministry of Education and Science. Accessed: 07 October 2013.

[5] Ministry of Education and Science (2013). The Education System in Latvia. Riga: Ministry of Education and Science. Accessed: 07 October 2013.

[6] Ministry of Education and Science (2013). Vocational Education. Riga: Ministry of Education and Science. Accessed: 07 October 2013.

[7] State Education Development Agency (2007). Latvia System of Education. Riga: Euro Guidance. Accessed: 07 October 2013.

[8] Ministry of Economics (2011). National reform programme of Latvia for implementing

strategy "EU 2020". Riga: Ministry of Economics.

[9] Ministry of Education and Science (2009). Raising attractiveness of vocational education and involvement of social partners within vocational education quality assurance Concept.Riga: Ministry of Education and Science.

[10] Ministry of Education and Science (2010). The guidelines for optimisation of vocational education establishments network for 2010–2015. Riga: Ministry of Education and Science.

[11] Ministry of Welfare (2010). Strategy for the Shift from Short–Term Active Labour Market Policy Measures for Combating Consequences of Crisis to the Traditional Active Labour Market Policy Measures. Riga: Ministry of Welfare.

[12] The Cabinet of Ministers (1998). The Education Law (Izglītības likums). Riga: The Cabinet of Ministers.

[13] The Cabinet of Ministers (2000). Regulations on demands for necessary teacher education and professional qualifications. Riga: The Cabinet of Ministers.

[14] The Cabinet of Ministers (2007). Procedure of developing occupational standards. Riga: The Cabinet of Ministers.

[15] 中华人民共和国外交部 [EB/OL].http://www.fmprc.gov.cn/web/gjhdq_676201/gj_676203/oz_678770/1206_679330/1206x0_679332/.

[16] 中国一带一路网 [EB/OL]. https://www.yidaiyilu.gov.cn/gbjg/gbgk/10059.htm.

[17] 王俊 . 经合组织 : 拉脱维亚须加强职业培训以促进青年就业 [J]. 世界教育信息 , 2015 (19).

捷克共和国

一、国家概况

（一）地理

捷克共和国（The Czech Republic），简称捷克，东面毗邻斯洛伐克，南面接壤奥地利，西面与德国相邻，北面邻接波兰，面积 78866 平方千米，其中陆地面积 77276 平方千米，水域面积 1590 平方千米。全国由波希米亚、摩拉维亚和西里西亚 3 个部分组成，行政上共划分为 14 个州级单位，其中包括 13 个州和首都布拉格市。各州下设市、镇。捷克森林资源丰富，覆盖面积达 265.5 万公顷，森林覆盖率为 34%，占全国总面积约三分之一，在欧盟居第 12 位。主要树种有云松、冷杉、橡木和榉木等。捷克属海洋性向大陆性气候过渡的温带气候。夏季炎热，冬季寒冷多雪。其中 7 月最热，1 月最冷。布拉格平均气温 7 月份约为 25℃，1 月份平均气温约为零下 5℃。①

（二）人文

公元 5—6 世纪，斯拉夫人西迁到今天的捷克和斯洛伐克地区，9 世纪末、10 世纪上半叶在今捷克地区成立了捷克公国。第一次世界大战后奥匈帝国瓦解，捷克与斯洛伐克联合。1939 年 3 月捷被纳粹德国占领。1945 年 5 月 9 日，捷在苏军帮助下获得解放。1948 年 2 月，捷克斯洛伐克共产党开始执政。1960 年 7 月改国名为捷克斯洛伐克社会主义共和国。1989 年 11 月，捷克政权更迭，实行多党议会民主制。1990 年改国名为捷克和斯洛伐克联邦共和国，同年 6 月举行首次自由选举并组成联邦政府。1992 年 12 月 31 日，捷斯联邦解体。1993 年 1 月 1 日起，捷克和斯洛伐克分别成为独立主权国家。现政府于 2014 年组阁，总理为博胡斯拉夫·索博特卡。

截至 2016 年，捷克人口约为 1057 万。其中约 90% 以上为捷克族，斯洛伐克族占 2.9%，德意志族占 1%，此外还有少量波兰族和罗姆族（吉普赛人）。官方语言为捷克语。主要宗教为罗马天主教。首都为布拉格，面积约为 496 平方公里，人口 126 万，年平均气温 9.0℃。捷克系北约、欧盟成员国，奉行经济靠欧盟、安全靠美国的对外政策，

---

① 中国人民共和国外交部 . 捷克共和国概况 [EB/OL].http://www.fmprc.gov.cn/web/gjhdq_676201/gj_676203/oz_678770/1206_679282/1206x0_679284/.2017-9-15.

积极参与欧盟共同外交和安全政策及北约行动，并将"经济外交"和"人权外交"作为重点。[①]

（三）经济

捷克工业基础雄厚，2009 年受国际金融危机影响经济下滑，2010 年和 2011 年实现恢复性增长，2014 年起实现缓慢复苏。捷克经济结构主要以机械制造、各种机床、动力设备、船舶、汽车、电力机车、轧钢设备、军工、轻纺为主，化学、玻璃工业也较发达。纺织、制鞋、啤酒酿造均闻名于世。捷克褐煤、硬煤和铀矿蕴藏丰富，其中褐煤和硬煤储量约为 134 亿吨，分别居世界第三位和欧洲第五位。石油、天然气和铁砂储量甚小，依赖进口。其他矿物资源有锰、铝、锌、萤石、石墨和高岭土等。森林面积 265.1 万公顷，约占全国总面积的 34%。

捷克 2013 年粮食产值 75855 百万克朗，畜牧业产值 46895 百万克朗。农业用地面积 247.7 万公顷，其中耕地面积 142.8 万公顷。森林覆盖率 33%。农业人口 14.2 万，占全国劳动人口的 5.6%。2013 年粮食总产 751.3 万吨。捷克的出口对象主要是德国，其次还有斯洛伐克、波兰、奥地利和美国。1999 年捷克人均啤酒消费量达到 161.1 升，比啤酒消费大国德国多 30 升。以人均啤酒消费量计，捷克连续 7 年位居世界榜首。目前该国经济大多已经私有化，包括银行和电信业。目前捷克拥有一个高度工业化的经济体，可以说是东欧和中欧的新兴民主国家中最为发达的地区之一。[②]

（四）教育

捷克实行九年制义务教育，基础教育学制大致可分为两种类型：第一种是 5–2–3 分段，即小学 5 年，初中 2 年，之后可升入高中、职业学校等不同专业教育；第二种是 5–4–3 分段，即 5 年小学，4 年初中，3 年高中，之后进入普通高等教育序列。区别于国内的一考定终身，捷克实施的是将高等教育的竞争下移到中学阶段的政策。因为进入 5–4–3 序列都是学习较好的学生，所以扩大 5–4–3 序列规模和提升 5–2–3 分段的质量就成为捷克社会各界的迫切需求。

当前，捷克高中、大学实行自费和奖学金制，但国家对学生住宿费给予补贴。根据 1990 年颁布的有关法律，允许成立私立和教会学校。著名大学有查理大学、捷克技术大学、马萨里克大学、布拉格经济大学和帕拉茨基大学。2013 年，捷克共有 71 所大学，其中 26 所公立大学，45 所私立大学。大学在校生 36.8 万，其中外国留学生 4 万。位于首都的查理大学是中欧最古老的学府，创办于 1348 年，现有 16 个院系（其中 4 个在外地）。创办于 1707 年的捷克技术大学，在中欧同类大学中也拥有最悠久的历史。[③]

---

① 中国一带一路网 . 捷克 [EB/OL].https://www.yidaiyilu.gov.cn/gbjg/gbgk/852.htm.2017–8–14.

② 中国人民共和国外交部 . 捷克共和国概况 [EB/OL].http://www.fmprc.gov.cn/web/gjhdq_676201/gj_676203/oz_678770/1206_679282/1206x0_679284/.2017–8–19.

③ 中国人民共和国外交部 . 捷克共和国概况 [EB/OL].http://www.fmprc.gov.cn/web/gjhdq_676201/gj_676203/oz_678770/1206_679282/1206x0_679284/.2017–9–13.

二、职业技术教育与培训的战略与法规

（一）战略

2008年，捷克教育、青年和体育部颁布了国家行动计划，旨在支持职业教育与培训的发展，该计划的实施促进了职业技术教育与培训参与机制的发展。国家行动计划的具体战略实施内容和目标如下：（1）提升职业技术教育与培训的知识可转移性；（2）提升职业咨询，并为公众提供信息；（3）加强校企间在职业技术教育与培训内容、资金和实施上的合作，包括为校企合作提供激励措施。

2013年，根据国家行动计划，捷克政府发布了一个政府文件——《促进职业教育与培训的新举措》，该文件规定了未来几年，政府在职业技术教育与培训的组织、管理和立法上采取的主要措施，以加强各方在职业技术教育与培训方面的参与度，提升职业教育发展的整体质量。

（二）法规

捷克较早涉及职业教育的法案是1997年《第347号教育法案修订案》，虽然该法案主要涉及的是关于（地方）高级行政单位的设立，但法案也规定了职业技术教育与培训管理框架，并规定了地方机构在职业技术教育与培训领域的核心职责。

2004年《第561号教育法案修订案》对学前教育、基础教育、中等教育、高等职业教育和其他教育都进行了重新修订，包括各类学校的基础建设、教学设施、教育和培训条件、教育领域自然法人的权利和义务、教育系统内国家机构和自治机构的职责范围等等。同时，《法案》也制定了职业技术教育与培训的基本原则和目标，在职业技术教育与培训课程中引入了新的教学方法并规定了地方政府的职权和责任。

同年颁布的《第563号教育法案修订案》主要是关于教职员工的修订案。其规定了教职员工的定义，包括职业技术教育与培训教师、教职员工履行职责的先决条件、继续教育和职业发展规划等等。法案还规定了教职员工有义务进行继续教育，以不断更新、提升和补充其教学资格并改进其教学策略。

2006年《第179号教育法案修订案》主要是确认和认证继续教育、包括非正规和非正式学习成果的修订案。法案规定了评估能力的方法、管理认证机构授权的规则以及相关部门的职责。在此法案下，建立了国家职业资格注册标准，包括部分行业领域完整的认证以及评价标准。①

① 联合国教科文组织世界教育数据：捷克 [EB/OL].http://www.unevoc.unesco.org/wtdb/worldtvetdatabase_cze_en.pdf.2017-9-15.

三、职业技术教育与培训的体系与质量保障

（一）体系

捷克的职业技术教育与培训体系分为初等和中等两个阶段（参见图 1）。初中阶段职业技术教育与培训项目主要是为那些有特殊需求的学生以及学业上面临诸多困难的弱势学生而开设的。项目学制 1—2 年，由中等职业学校或应用学校提供。这些应用学校会针对弱势学生提供特殊的教学方法，学校不提供职业资格认证，而是帮助学生获得手工技艺、培养工作习惯，并教他们完成生产或服务中所需的简单辅助工作。

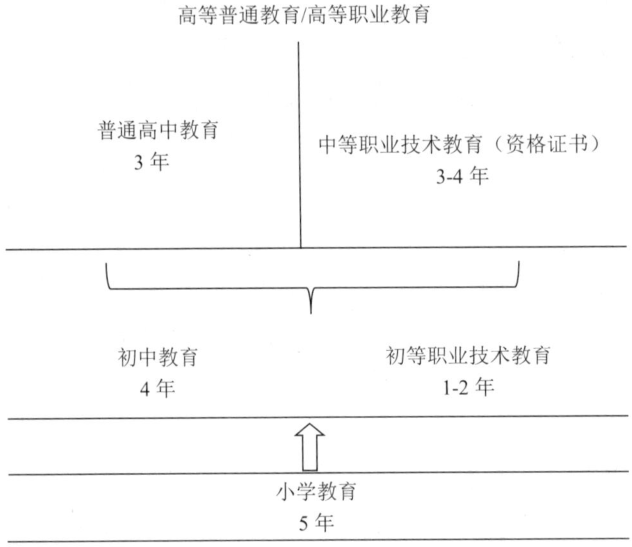

图 1　捷克职业教育与培训体系结构①

中等阶段职业教育院校的学生数量占中等教育阶段学生数量的 3/4，各种不同类型的中等教育学校会提供高中阶段的职业技术教育与培训项目。一般而言，这些不同类型的学校会合并为一个法人实体，以综合学校的形式提供不同的学习项目。通常而言，中等职业学校提供 3—4 年学制的学习项目，顺利完成学业便可直接就业。这些项目的职业培训一般是在第二年或第三年开始，而学生可在培训机构、学校工作坊或实验室或者实际的工作环境中接受培训。完成项目便可获得学徒证书资格认证。

相对于普通教育，中等职业教育阶段的证书更加注重实践性。项目所提供的普通教育所占比例也较少。学生通过毕业考试，就表明他们具备了就业的资格。不过，学生也可以在毕业后继续学习，参加为期 2 年的进修课程，通过大学入学考试，接受高等教育。

此外，中等技术学校提供 4 年学制的职业技术项目，学生通过高等教育考试便可毕

① 联合国教科文组织世界教育数据：捷克 [EB/OL].http://www.unevoc.unesco.org/wtdb/worldtvetdatabase_cze_en.pdf.2017-9-15.

业。这些项目提供的普通教育比例可占所有课程的50%。毕业后，学生可以继续接受高等教育，或选择就业。该项目主要是帮助学生去企业和其他机构就业。中等技术学校还提供学院项目，该项目提供的课程中，70%是普通教育，旨在满足日益增长的对普通教育的需求。

直到1995年，捷克才出现高等职业学校，以提供与普通高等教育不同内容的高等教育。高等职业学校提供三年或三年半学制的项目。这些项目起初是职业技术学校设立的，现在许多项目已具备颁发高等职业教育学位的资格。学生须完成高中阶段教育，并通过高等教育考试才能入学。高等职业学校项目中，某一领域的实践培训是重要组成部分。该培训可持续一年，学校会安排学生在特定岗位进行实习，期间学生需要完成一篇论文或者一个项目。高等职业学校和相关企业或机构对论文或项目进行评估。

在正规学校教育系统内，也会提供非正规课程，只是不会颁发资格认证而只是颁发结业证书。学校系统外提供的职业技术继续教育与培训并没有正规的结构，它们主要是根据市场需求或者特别部门需求设立特别的课程，比如公共就业服务行业再培训或行业法定培训，结课时获得结业证书，而非资格认证。如果这些机构也想获得全国范围内通用的职业技术继续教育与培训证书资格，可以通过如前所述的2006年《第179条教育法案修订案》的程序进行相应的认证。①

（二）保障

捷克学校督察署是负责外部评估的国家机构。在欧盟举办的相关论坛中，捷克学校督察署代表捷克共和国参加论坛。督察署还向教育机构发布评估标准，并每年审核一次。此外，还有针对不同学校类型或特定专题的系统调查。捷克学校督察署在每年的报告中还发布国家教育系统的总结性评价。②

此外，教育、青年和体育部每年会准备一个国家教育系统报告，每4年会准备一个教育系统长期发展计划。此外，教育、青年和体育部还发布战略报告，以制定和明确质量保证的基本原则和程序，其中就包括制定战略目标，界定教育过程中各参与者的职责，学校应根据国家课程制定和实现自身发展目标等等。

目前，捷克共和国尚未决定是否建立一个全面的国家资格框架。不过已经建立了职业资格和高等教育资格部分或行业框架，且已投入使用。当前对基础和中等教育的定义提议也属于框架内容，目前讨论的热点是一个总体框架是否有助于协调和连接这些不同的资格框架。但总体而言，建立一个全面的国家资格框架既可以促进各利益相关方的沟通与合作，提升其职业技术教育质量，也符合如前所述的捷克共和国的教育战略

① 联合国教科文组织世界教育数据：捷克 [EB/OL].http://www.unevoc.unesco.org/wtdb/worldtvetdatabase_cze_en.pdf.2017-9-15.

② EQAVET (2013). Description of the Vet System in Czech Republic. Dublin: European Quality Assurance in Vocational Education and Training.

目标。

四、职业技术教育与培训的治理与教师

（一）治理

负责全国职业技术教育与培训的主要国家机构是教育、青年和体育部。教育、青年和体育部的职责为：制定全国教育战略和优先发展领域；制定课程政策；根据教育目标和内容，确保职业技术教育与培训的质量；协调公共行政与资金关系。

国家教育研究所是教育、青年和体育部的职能单位，接受国家预算拨款。其负责包括高等职业教育在内的职业技术教育与培训的协调、咨询与研究，制定和修改所有中等职业技术教育与培训项目框架；通过职业指导中心提供咨询服务并提供职业咨询的研究和信息分享；支持与市场需求紧密相关的专业发展；促进国际资格框架和国家职业资格注册标准的制定。

捷克区域管理局是国家行政机关的区域管理机构，其负责国家政策在地区的执行，包括建立一个长期的区域教育系统发展规划；发布本区域内教育现状的报告。区域管理局将国家预算拨款至学校并发放教师工资，管理教育支出方向并监管学校支出。捷克公立学校的职业技术教育与培训是免费的，而私立学校和公立高等职业学校则是收费的。公立高等职业学校收取的最高学费是由法律规定的，而且不同的专业也不同。

中等职业学校和高等职业学校的资金由教育、青年和体育部和创始人一起承担。教育、青年和体育部的预算主要是用来负责学校的非投资支出，并通过区域预算拨给学校，部分预算也会支持私立学校。根据学校类型和研究专业类型，公共预算的资金只是用来直接支持学校运营，设定人均标准。教育、青年和体育部也会向职业院校的发展项目进行预算拨款。在公立中等职业技术教育与培训学校的资金来源中，私有资金占很少的一部分。①

（二）教师

通常，师范项目学制 5 年，并授予硕士学位，其中 3 年学士，2 年硕士。基础教育教师在师范学院学习课程，而普通教育教师则在哲学、数学和物理学、自然科学、体育和运动等学院参加专业硕士学位项目。中等技术学校的专业教师则在其他的高等教育机构接受教育和培训。学习某一专业或者完成 4 学期的大学辅助教学，便可获得该专业的教师资格证书。

教师法案规定，按照继续教育计划，校长负责组织教师的继续教育。教职员工有义务参加继续教育，以更新、提升和补充自身的教学资质。教育、青年和体育部旨在采取各种措施来提高教师的教学能力。如 1996 年，教育、青年和体育部建立了一个新的体

① 欧洲职业教育培训发展中心欧盟职业教育培训参考与专业评价网 (2012)；欧洲国家捷克共和国职业技术教育与培训报告。

系，为基础教育、高中和高等职业学校的老师提供继续教育服务。2004年，教育、青年和体育部设立了一个委员会，负责初级教师培训改革，主要解决教师培训标准；培训项目的各项内容比例；确定强制培训项目及毕业生应具备的资格等等。2004年，捷克专门成立了国家继续教育署，其前身为教育中心。国家继续教育署由13个地区机构组成，以协调和组织在职教师培训和学校管理。其提供包括获取所需资格的课程，获取更高级别资格的课程及完善专业资格的课程。①

五、职业教育与培训的诉求与发展趋势

近年，捷克政府确立了优先发展的产业，第一类诸如传统汽车、电子、机械等传统行业；第二类如微电子、半导体、生物医药等高科技行业；第三类如信息通讯、软件开发、共享服务等高科技服务行业，上述行业的发展最为根本的就在于有相应的人才支撑，加之欧洲一体化进程的加快与经济全球化的竞争，职业技术教育在捷克经济发展与产业升级中的作用将会越来越重要。但另一方面，捷克的职业教育体系还不够完整，在职业教育系统和劳动力市场对接上仍存在诸多问题，其发展诉求大致表现在如下几个方面：

（一）完善职业技术教育与培训体系

职业技术教育与培训一直是捷克教育系统的重要组成部分，在过去几十年来虽然得到快速发展，但其资源投入相对于经济贡献而言仍略显不足。事实上，职业教育在任何一国的运行都是公共资源和社会资源共同整合的结果，所以捷克职业技术教育与培训体系的完善需要社会资本的积极参与，以弥补公共资源不足的问题。

（二）开发新的就业工具以提升指导能力

当前，捷克劳动与社会事务部已同教育、青年和体育部密切合作，制定了国家职业系统，该系统制定了一个捷克共和国的职业表，包含所有职业类型。国家职业系统记录了劳动力市场对每一个职业的要求，旨在向公众提供一个可以查询的职业数据库。国家职业系统正在成为人力资源和各阶段职业技术教育与培训的重要信息来源，将来需要开发新的信息工具用以更好地吸引职工在职业技术教育与培训中的参与度，最终为其灵活就业奠定更加坚实的基础。

（三）建立国家资格框架，对接欧洲劳动力市场

随着欧洲一体化的到来，捷克共和国需要尽快建立自身的国家资格框架系统，并将其与欧洲资格框架联系起来。一个完整的国家资格框架不仅有助于本国劳动力质量的提升，而且也有助于捷克对接国际劳动力市场。虽然现有的资格框架尚不完善，但已有的教育框架类型分类和国家职业框架注册都为其链接欧洲资格框架提供了参考。因此，建

① 联合国教科文组织世界教育数据捷克[EB/OL].http://www.unevoc.unesco.org/wtdb/worldtvetdatabase_cze_en.pdf.2017-9-15.

立一个全面的国家资格框架，以囊括所有的资格认证标准就成为捷克职业技术教育未来发展的重要诉求。

（深圳职业技术学院　技术与职业教育研究所　李亚昕）

主要参考文献

[1] 中国人民共和国外交部 [EB/OL].http://www.fmprc.gov.cn/web/gjhdq_676201/gj_676203/oz_678770/1206_679282/1206x0_679284/.

[2] 中国一带一路网 [EB/OL].https://www.yidaiyilu.gov.cn/gbjg/gbgk/852.htm.

[3] 联合国教科文组织世界教育数据：捷克 [EB/OL].http://www.unevoc.unesco.org/wtdb/worldtvetdatabase_cze_en.pdf.2013.

[4] CEDEFOP (2010). Spotlight on VET Czech Republic. Thessaloniki: European Centre for the Development of Vocational Training.

[5] CEDEFOP Refernet (2012). Czech Republic VET in Europe-Country report. Thessaloniki: European Centre for the Development of Vocational Training.

[6] Education and Culture DG Lifelong Learning Programme and The Ministry of Education, Youth and Sports (2011). National Referencing Report of the Czech Republic. Prague: the National Institute for Education, Education Counselling Centre and Centre for Continuing Education of Teachers.

[7] EQAVET (2013). Description of the Vet System in Czech Republic. Dublin: European Quality Assurance in Vocational Education and Training.

[8] Nuffic (2012). Country Module-Czech Republic. The Hague: Netherlands Organisation for International Cooperation in Higher Education.

[9] OECD (2010). Vocational Education and Training in the Czech Republic Strengths, Challenges and Recommendations. Paris: Organisation for Economic Co-operation and Development.

斯洛伐克共和国

一、国家概况

（一）地理

斯洛伐克共和国（the Slovak Republic），简称斯洛伐克，位于欧洲中部，面积为49037平方千米，首都为政治文化中心、石油工业中心布拉迪斯拉发。斯洛伐克东临乌克兰，南接匈牙利，西连捷克、奥德利，北毗波兰，是一个典型的内陆国家。该国地势较高，西喀尔巴阡山横贯北部和中部，平均海拔为1000—1500米，南部为多瑙河平原。多元和流经斯国南部边境，是其与匈牙利和奥地利的界河。[①]该国属于海洋性向大陆性气候过渡的温带气候，四季交替明显。年平均气温9.8℃，1月最冷时为-16℃～-10℃，7月最热时为36℃，年平均降水量800—1300毫米。[②]

（二）人文

公元5—6世纪，西斯拉夫人开始大批迁至今捷克、斯洛伐克地区定居，并于此处建立西斯拉夫人的第一个国家——萨莫公国。公元830年，大摩拉维亚帝国建立，位于捷克东部的摩拉维亚与斯洛伐克，并于906年灭亡，为奥匈帝国吞并。在第一次世界大战期间，捷克和斯洛伐克积极谋取建立独立统一的国家。1918年，随着奥匈帝国的解体，捷克斯洛伐克于10月28日独立，建立捷克斯洛伐克共和国。1939年3月，被纳粹德国占领，后建立傀儡的斯洛伐克共和国。1945年5月9日，捷克斯洛伐克在苏联红军的帮助下复国。1948年2月，捷克斯洛伐克共产党开始执政，并于1960年改国名为捷克斯洛伐克社会主义共和国，后又于1969年改为由捷克与斯洛伐克两个民族共和国组成的联邦共和国。1989年11月，捷克斯洛伐克政权更迭，改行多党议会民主和多元化政治体制。1990年4月，改国名为捷克和斯洛伐克联邦共和国。1992年12月31日，捷克和斯洛伐

---

① 商务部国际贸易经济合作研究院等．对外投资合作国别（地区）指南——斯洛伐克[R]. 商务部国际贸易经济合作研究院等，2016,4: 03.

② 中华人民共和国驻斯洛伐克共和国大使馆经济商务参赞处. http://sk.mofcom.gov.cn/article/ddgk/201507/20150701037507.shtml. 2015-07-08.

克联邦解体。自 1993 年 1 月 1 日起，斯洛伐克共和国成为独立主权国家。①

斯洛伐克实行三权分立，多党议会民主的政治制度。总统是国家元首，是斯洛伐克武装力量的最高统帅。国民议会是最高立法机关，实行一院制，本届议会于 2016 年 3 月 5 日大选产生，中左派方向党为议会第一大党。政府由总理、副总理和各部部长组成，现任总理为罗伯尔特·菲佐。宪法法院、最高法院是国家最高司法机关，总检察院是国家最高检察机关，其院长、副院长、总检察长、副总检察长均由议会选举产生，总统任命。②

斯洛伐克全国划分为 8 州 79 个县，截至 2015 年底，总人口为 542.6 万。其中，斯洛伐克族占 80.7%，匈牙利族占 8.5%，罗姆（吉卜赛）人占 2%，其余为捷克族、乌克兰族、日耳曼族、波兰族和俄罗斯族。斯洛伐克现有华人华侨 3000 多人，其中华人 800 余人，大多分布在大中城市，特别是首都布拉迪斯拉发。③

在语言方面，斯洛伐克的官方语言为斯洛伐克语，主要外语为英语、德语和俄语，主要少数民族语言为匈牙利语。在宗教方面，根据最近的调查显示，斯洛伐克 62% 的居民信奉罗马天主教，居民还信奉新教、希腊天主教与东正教等。④ 在习俗方面，斯洛伐克人喜食肉制品和奶制品，不喜海鲜；石竹花和玫瑰花被视为国花，喜欢用数字 8、12、14 等，忌讳 13。

（三）经济

斯洛伐克早年为农业区，基本没有工业。捷克斯洛伐克共产党执政期间在斯洛伐克逐步建立了钢铁、石化、机械、食品加工及军事工业，缩小了同捷克在经济上的差距。1989 年剧变后，斯洛伐克开始“休克疗法”经济改革，导致经济大衰退。斯洛伐克独立后开始推行市场经济，加强宏观调控，调整产业结构，经济复苏。新世纪初，斯洛伐克不断完善法制建设与企业经营环境，大力吸引外资，逐渐形成了以汽车、电子产业、制造业为支柱，以出口为导向的外向型市场经济。⑤总体而言，近年来，斯洛伐克经济稳定。2016 年，斯洛伐克经济呈现积极发展态势。第一，经济总体保持稳定增长。全年 GDP 增速为 3.3%，在欧元区和欧盟国家中均排名前五位。第二，贸易规模不断扩大。全年进出口总额 1365 亿欧元，同比增长 3.1%，贸易逆差 37 亿欧元。第三，吸引外资大幅增加。累计金额 9.3 亿欧元，为五年来最高水平。第四，失业率有所降低。2016 年斯洛伐克失

① 商务部国际贸易经济合作研究院等 . 对外投资合作国别（地区）指南——斯洛伐克 [R]. 商务部国际贸易经济合作研究院等 , 2016,4: 02.

② 中华人民共和国外交部 . 斯洛伐克国家概况 [EB/OL]. (2017-02-01) [2017-10-13].http://www.fmprc.gov.cn/web/gjhdq_676201/gj_676203/oz_678770/1206_679714/1206x0_679716/.

③ 商务部国际贸易经济合作研究院等 . 对外投资合作国别（地区）指南——斯洛伐克 [R]. 商务部国际贸易经济合作研究院等 , 2016,4: 05-06.

④ 同上。

⑤ 中华人民共和国外交部 . 斯洛伐克国家概况 [EB/OL]. (2017-02-01) [2017-10-13]http://www.fmprc.gov.cn/web/gjhdq_676201/gj_676203/oz_678770/1206_679714/1206x0_679716/.

业率为 9.5%，近年来首次降至 10% 以下。第五，财政赤字大幅下降。2016 年，财政赤字同比降幅达 49.3%，为近 8 年来最低水平。但是斯洛伐克的经济发展仍存在风险与不确定因素，如通货紧缩压力不减、政府债务维持高位等。[①]

斯洛伐克三大产业布局合理，稳步发展。农业用地 192.75 万公顷，可耕地面积为 136 万公顷，森林覆盖率约 41%，农业资源丰富。2014 年，斯洛伐克农业生产总值为 21.9 亿欧元，占国内生产总值的 2.8%。农业人口约 8.27 万，占总劳动力的 3.5%。粮食总产量 931.6 万吨。2015 年，工业生产总值为 178 亿欧元，占国内生产总值的 22.8%，从业人员 61.4 万，约占总劳动力 26%。[②] 汽车工业、电子工业与冶金和机械制造业是斯洛伐克重要的特色产业，其中汽车工业是斯洛伐克的主要支柱产业。旅游业是斯洛伐克第三产业的重要组成。斯洛伐克旅游资源丰富，自然风光静谧质朴，拥有多个国家公园；历史文物景点众多，为世界上城堡数量最多的国家。自斯洛伐克加入欧盟和申根协定后，游客倍增。旅游业已经成为斯洛伐克发展迅猛、前景广阔的重要产业。

（四）教育

斯洛伐克的教育体系主要可以分为五个组成部分：（1）学龄前教育，这是教育体系的第一阶段，开设有面向 3—6 岁幼儿的幼儿园；（2）初等和初中级别的教育，初等教育学制为 4 年，初中级别教育学制为 5 年；（3）高中级别教育，学生开始在此阶段明确分流；（4）高等教育，被划分为学士、硕士与博士三个层次的修业项目；（5）成人教育，旨在为成人继续教育、提升专业能力等提供重要途径。[③]

斯洛伐克的教育系统有两点非常显著的特色。一是国家实行 10 年制义务教育。义务教育面向 6—16 岁的学龄儿童，也就是说，学生会受到免费的初等教育、初中级别教育和一年的高中级别教育。二是中等教育阶段开始分流。斯洛伐克中学教育有三种主要学校类型，即：一般中等学校（文法学校，Grammar Schools），中等职业学校（Secondary Vocational Schools）和艺术学校（Conservatories）。文法中学提供普通的教育，包括 4 年制、5 年制、8 年制。中等职业学校不仅可以为就业做准备，同时也可以继续深造接受高等教育。

---

① 中华人民共和国驻斯洛伐克经济商务参赞处 . 2016 年斯洛伐克经济发展简况 [EB/OL]. (2017-06-08) [2017-10-13].http://sk.mofcom.gov.cn/article/ddgk/201706/20170602588711.shtml.

② 商务部国际贸易经济合作研究院等 . 对外投资合作国别（地区）指南——斯洛伐克 [R]. 商务部国际贸易经济合作研究院等 , 2016,4: 17.

③ Eurydice. National system overview on education systems in Europe-Slovakia [EB/OL]. https://webgate.ec.europa.eu/fpfis/mwikis/eurydice/index.php/Slovakia:Overview.2016-11-9.

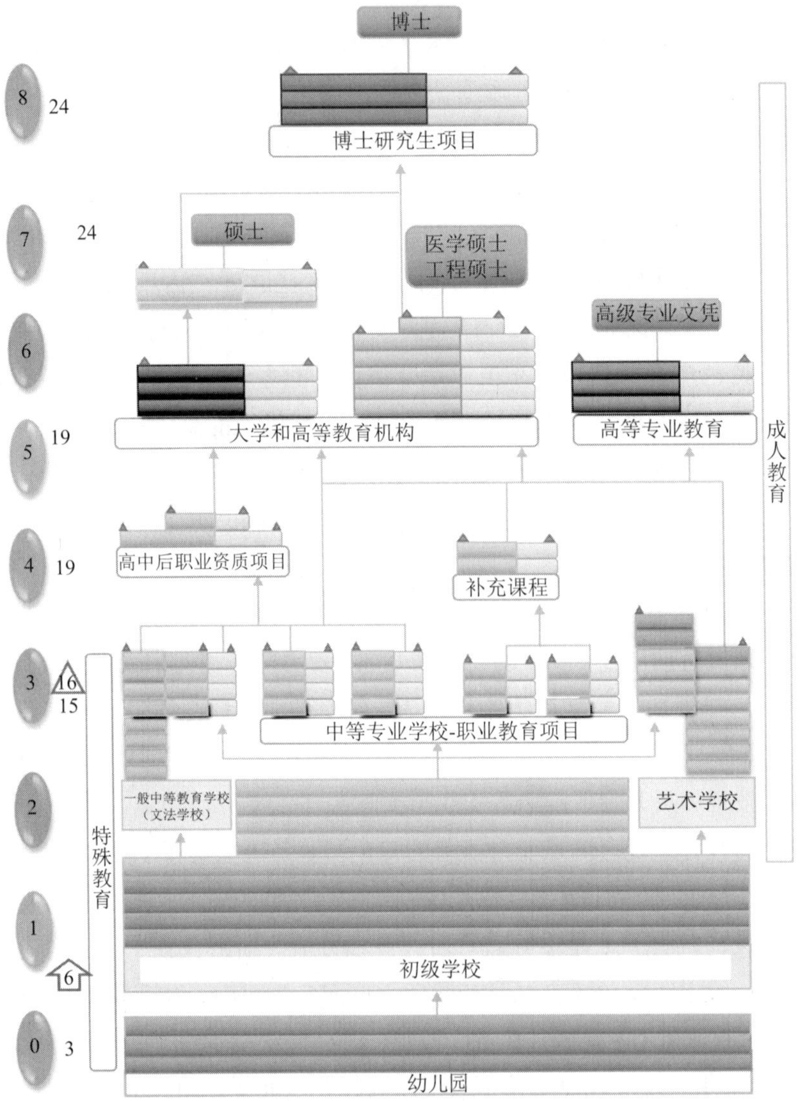

图 1　斯洛伐克教育体系

根据 2013 年的统计，斯洛伐克共有学龄前学校 2870 所，初等学校 2159 所，一般中等学校（4 年制与 8 年制的文法学校）246 所，中等职业学校 460 所，艺术学校 15 所。这些学校主要为公立学校，还有少量的私立学校和教会学校，这两类学校主要集中于中等教育阶段。[①]

① Eurydice . Statistics on Organisation and Governance–Slovakia [EB/OL]. (2016–12–19) [2017–10–13].https://webgate.ec.europa.eu/fpfis/mwikis/eurydice/index.php/Slovakia:Statistics_on_Organisation_and_Governance#Number_of_schools_according_to_the_type_and_their_number_of_children.2C_pupils_and_students_in_2000.2C_2005.2C_2010_and_2015.

在教育管理方面，斯洛伐克采取的是相对分权式的管理。在中央层面，教育、科学、研究和运动部主管教育事务的行政机构。总体而言，教育部通过制定国家层面的教育政策对教育促进并监管教育事业的发展，如建立有关学生学习目标的框架、明确政府经费投入的水平与条款、制定有关教育从业人员的专业能力要求的政策等。在中央层面，内政部与国家学校督学在学校经费支持与监管方面扮演着重要角色。州主要负责提供高中及同等级别的教育以及学徒制培训中心。市镇则负责提供绝大部分的学龄前教育、初等教育与初中级别教育。在经费投入方面，国家根据教职员工数量、经济需求等因素确定经费标准，并为公立学校提供经费支持。但是国家也会同样地给予私立学校和教会学校经费支持。①

经合组织通过国家比较认为，斯洛伐克成人的中等教育程度高、教育经费投入体系完善、学校享有较高程度的自治、建立起了非常突出的职业教育与培训的传统，但是斯洛伐克教育中的教育公平与融合问题也非常突出。②

二、职业技术教育与培训的战略与法规

（一）战略

斯洛伐克具有重视职业教育与培训的重要传统，其在多项战略法规和改革之中涉及职业教育与培训，并出台了专门性的法案。

2002 年 11 月政府计划宣言，把从传统教育向现代教育体系转变作为一个主要的和长期的目标。现代教育体系和终身教育体系，将使人在新的条件下为生活和工作做好准备。优先考虑的是实现教育事业自由选择的权利，从而为每个人创造条件，让他们过上有价值的生活，并在欧洲劳动力市场找到工作。

（二）法规

2008 年，教育和培训法案第 245 号要求把中等职业学校和中等专业学校合并。同时，国家教育研究所和国家职业教育研究所联合出台国家教育计划。同时，该法案也启动了课程改革，课程改革最初给予职业教育与培训学校在教学计划的制定方面更大的空间。但是从 2015 年开始，基于“教育计划框架”的一系列严格的规定出台，加强了对职业教育与培训的科目设置的控制。③

2009 年，职业教育与培训法案第 184 号补充了 2008 年教育法案，要求加强雇主代

① Santiago, P., *et al*. OECD Reviews of School Resources: Slovak Republic 2015[R]. Paris, OECD Publishing, 2016: 41–42.

② Angel Gurría . Launch of two OECD education reviews of the Slovak Republic [EB/OL]. (2016–02–19) [2017–10–13].http://www.oecd.org/slovakia/launch–of–two–oecd–education–reviews–of–the–slovak–republic.htm.

③ Parliament of the Slovak Republic . Zákon č. 245/2008 Z. z. z 22. mája 2008 ovýchove a vzdelávaní (školský zákon) a o zmene a doplnení niektorých zákonov [Law No 245/2008 Coll. of 22 May 2008 on education and training (Education Law) and on the amendment to some other acts]EB/OL]. https://www.minedu.sk/data/att/9287.pdf.2008.

表和公司在职业教育与培训中的参与。国家职业教育与培训委员会、州委员会和技能委员会逐步建立，依托这些组织，雇主们可以在职业教育与培训项目的开发与学生的毕业考试方面的发挥影响力。①

2015 年，斯洛伐克颁布了修订的职业教育与培训法案 61 号。该法案支持深化校企合作，并鼓励向市场需求导向的职业教育与培训。斯洛伐克在制定双元制的职业教育与培训的政策和措施时充分考虑了本国实际，主要表现在：企业负责提供培训，还要负责吸引年轻人，并与学习者个体及其所在职业院校签订合同。合同明确规定各方职责。企业没有义务为学习者提供就业岗位。与传统学徒不同，斯洛伐克双元制职业教育与培训中的学习者是学生，而非提供培训企业的雇员。企业甚至可能会将部分（最高 40%）培训委托给职业学校。②

三、职业技术教育与培训的体系与质量保障

（一）体系

斯洛伐克的职业教育与培训主要集中于高中级别教育阶段，在初中级别教育以及高中后的参加职业教育与培训项目相对较少。国家通过政策法规与课程对于职业学校进行有力的宏观调控。

1. 初级职业教育与培训

未完成初中教育的学生可以进入由中等职业教育与培训的学校提供的 2—3 年的职业教育与培训项目，获得一些较为简单工作的职业资质。只有 0.5% 的学生进入该级别的职业教育与培训。③

2. 高级职业教育与培训

该阶段的职业教育与培训主要由学校提供，面向基础教育毕业生，主要可以分为：（1）基于学校的 4 年制项目，项目关注职业教育与培训的理论，较少关注基于工作的学习。学生毕业后将获得离校证书，可以以此申请高等教育学校。同时，学校还会颁发职业教育与培训资格证书，这些证书往往都是对理论知识要求比较高的行业，如机械与电气行业。（2）基于工作的学习高达 50% 的 4—5 年制项目。学生毕业后会获得离校证书，此外其在完成 1400 小时培训课程后还会获得学徒训练证书。（3）基于工作的学习高达 60% 的 3—4 年制项目，学生在项目学习结束后获得学徒训练证书。起初，这些项目是针对手工艺人与公司蓝领工人，满足其考取资格证书的需要，现在项目涉及的领域十分

---

① Parliament of the Slovak Republic. Zákon 184/2009 Z. z. z 23. apríla 2009 oodbornom vzdelávaní a príprave a o zmene a doplnení niektorých zákonov [Law No 184/2009 Coll. of 23 April 2009 on vocational education and training and on the amendment to some other acts][EB/OL]. (2009-04-23).[2017-10-13].https://www.minedu.sk/data/att/6583.rtf

② 佚名 . 欧盟发布《斯洛伐克职业教育和培训》报告 [J]. 职业技术教育 , 2016(28): 6-6.

③ Cedefop. Vocational education and training in Slovakia: short description[R]. Luxembourg: Publications Office, 2016: 22.

广泛，学生还有可能进入高等教育。[1]

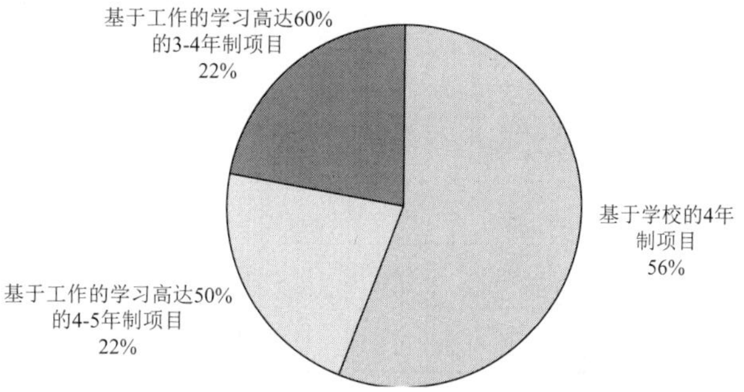

图 2　2015—2016 学年毕业于不同高中阶段职业教育与培训项目的学生的比例

3. 高中后职业教育与培训

高中后职业教育与培训常常由中等职业学校提供，可以分为 5 种基本类型：（1）补充项目。该项目针对 3—4 年制职业教育与培训项目的毕业生，通过 2 年的学习，他们可以获得成熟离校证书，从而有可能升入大学。（2）可获得（第二个）职业资格证书的项目。该项目往往为时 2 年，学习者可以获得职业资质，从而在劳动力市场中更有竞争力。（3）复习进修项目。该项目至少需要 6 个月，学习者需要通过最终的考试。（4）专门项目。该项目为时 2 年，完成者会获得非大学证书，获得 DiS（diplomovaný specialista）的头衔；（5）"高等"专业项目。该项目与专门项目类似，但是该项目为时 3 年，且学生可以并非在之前修习该专业。[2]

4. 高等专业教育

高等专业教育由高等专业教育机构提供，这类机构有别于大学与高等教育机构，往往只提供学士课程项目与应有研究项目。在 2016 年 5 月，教育部宣布支持一种新的高等专业教育形式，即建立应用科学大学。

5. 职业教育与培训的规模

斯洛伐克职业教育与培训在整个教育体系中所占比重较大。据斯洛伐克国家统计局的数据库，2014 年，斯洛伐克普通中学在校学生人数为 74891 人，中等专业学校在校学生人数为 142799 人。中等专业学校数量、在校学生人数、教师人数都将近是普通中学的两倍。[3]

① Cedefop. Vocational education and training in Slovakia: short description[R]. Luxembourg: Publications Office, 2016: 23–25.

② 同上书，2016: 26.

③ 中国一带一路官网 . 各国概况 . 斯洛伐克 [EB/OL]. https://www.yidaiyilu.gov.cn/gbjg/gbgk/870.htm. 2016–09–27.

表 1　2014 年斯洛伐克各类学校数量及学生人数

学　段	学校（所）	学生（人）	教师（人）
幼儿园	2896	156402	15175
9年制小学	2133	425731	29646
一般中等学校	242	74891	5598
中等职业学校	448	142799	11183
大学	36	127077	9071

另有相关研究比较发现，2012 年，斯洛伐克中等教育中普通高中学生入学率 29.7%，中等职业教育学生入学率高达 70.3%，职业教育入学率明显高于 OECD 平均值（45.7%）和欧盟平均值（52.7%）①。

表 2　2012 年经合组织国家高中阶段学生入学率比较

国　　家	普通高中比例(%)	中等职业教育比例(%)
澳大利亚	49.5	50.5
奥地利	24.7	75.3
比利时	27.2	72.8
智利	68.2	31.8
捷克	27.3	72.7
丹麦	53.9	46.1
爱沙尼亚	65.9	34.1
芬兰	29.9	70.1
法国	55.8	44.2
德国	51.7	48.3
希腊	66.9	33.1
匈牙利	72.7	27.3
冰岛	66.4	33.6
爱尔兰	67.8	32.2
以色列	60.9	39.1
意大利	40.8	59.2
日本	76.9	23.1

① 赵长兴 . 国际职业教育的若干新趋势、新做法与新经验 [J]. 中国职业技术教育，2016(3): 82–87.

续表

国　　家	普通高中比例(%)	中等职业教育比例(%)
韩国	80.6	19.4
卢森堡	39.3	60.7
墨西哥	91.2	8.8
荷兰	30.5	69.5
新西兰	72.6	27.4
挪威	48.0	52.0
波兰	51.8	48.2
葡萄牙	56.4	43.6
斯洛伐克	29.7	70.3
斯洛文尼亚	33.8	66.2
西班牙	54.5	45.5
瑞典	50.6	49.4
瑞士	34.8	65.2
土耳其	56.1	43.9
英国	61.4	38.6
OECD平均	54.3	45.7
欧盟21国平均	47.3	52.7

（二）保障

斯洛伐克在国家和州层面对于教育质量保障方面的方式方法仍然较为传统，欧洲职业教育与培训质量保障的原则还未真正落实。但是，相应的政策部署已经启动，教育部正在形成。①

职业教育与学校的质量保障体系是整个教育体系的质量保障体系的一部分，在此主要介绍州层面的学校质量保障体系。

州学校督学主要负责监管职业教育与培训的质量。州督学系统由总督学领导，总督学由教育部长任命，一般任期为 5 年。根据法律规定，督学独立开展工作，不受同级行政力量的干扰。学校主管对学校的教育质量负责，总督学有权要求州政府更换学校主管，

① Ministry of Education, Science, Research and Sport. Správa o zavádzaníkvality v odbornom vzdelávaní a príprave v nadväznosti na odporúčanie Európskeho referenčného rámca pre zabezpečovanie kvality v oblastiodborného vzdelávania a prípravy EQAVET [Report on implementation of quality in vocational education and training in response to recommendation on EQAVET][EB/OL]. http://www.minedu.sk/data/att/9671.pdf.[2016].

以此督学可以对学校教育教学产生重要的影响。根据教育与培训法案之规定，国家认证教育测量所也负责监控和评价教育质量。但是该所监控与评估的首要重点是一般教育，而非职业教育与培训。无论是州督学还是国家认证教育测量所都不同程度地存在人员短缺的问题，使得对职业教育与培训的质量作出及时、准确的评价显得较为乏力。[①]也正因如此，公司的部门（技能）代理人在检查实践性培训的质量方面扮演着重要角色。

新近的一些政策法规对于保障职业教育的质量具有重要的意义，包括：（1）加强企业代表在设计形成职业培训与教育项目与毕业考试方面的影响；（2）对职业教育与培训项目设定设施设备与人力资源方面的基本要求；（3）与州政府和部门代理人合作，创立职业教育与培训中心，从学习环境、设备和教职员工方面对教育质量作出评价，在各部门和各州遴选出"灯塔学校"。[②]

四、职业技术教育与培训的治理与教师

（一）治理

自治州负责高中阶段职业教育与培训的日常运行和调控本州内就读于职业教育与培训项目的学生人数。教育部则负责出台职业教育与培训的内容、教学法和教职员工资质的规章来进行宏观调控。一些职业教育与培训学校由内政与教育部负责。

职业教育与培训治理体系于2009年建立，于2015年调整，主要包括以下协调与咨询机构：[③]

（1）国家职业教育与培训委员会。该委员会隶属于中央政府，根据研究领域共分为17个工作小组，旨在为职业教育与培训项目的调整提供支持，使其可以更好地适应劳动力市场的需求。

（2）州职业教育与培训委员会。该委员会由来自州证书、雇工、雇主等群体的代表组成，主要负责准备州层面有关职业教育与培训的政策。

（3）部门（技能）委员会。该委员会旨在为政策制定者提供专业方面的支持，并为国家职业教育体系的建设提供支持。

（4）职业领域组织。该组织于2015年成立，由议员和雇主协会选拔人员组成。雇主协会的代表在该机构中扮演着重要角色，促进职业教育与培训更为符合劳动力市场的需求。

（5）双元制雇主委员会。该组织于2016年2月逐步制度化，旨在协调雇员协会的具体事务。

---

① Cedefop. Vocational education and training in Slovakia: short description[R]. Luxembourg: Publications Office, 2016: 50–51.

② 同上。

③ Cedefop. Vocational education and training in Slovakia: short description[R]. Luxembourg: Publications Office, 2016: 31

自2009年，雇工在职业教育与培训政策的执行方面影响力逐渐增长，可以参与到职业教育培训与开发、学校课程、最终测试的开发之中。

（二）教师

在最初的职业教育与培训项目中，教师或培训者包括：一般学科的教师、职业学科的教师、学校中的培训者（实践训练导师）和公司中的培训者（指导者，他们为公司雇员）。

表3　职业教育与培训学校中的教师与培训者数量

	2010—2011学年	2015—2016学年	变动的比例（%）
教师（人）	13247	10874	−17.9
在学校的培训者（人）	3470	2840	−18.2

1. 职业教育与培训教师的职前教育与继续教育

教师的职前教育由大学负责。大学毕业生如果未选修过教师教育类项目课程，需要先行修习此类课程才能获得职业教育与培训教师的资质。博洛尼亚进程启动后，逐渐形成了针对职业与培训的培训者的本科教育项目。虽然职业教育与培训学校并未严格要求教师拥有学士学位，但是很多学生仍然在获得该学位后方去从教，以期获得更高的薪酬。通过业余修习教师教育项目从而获得从教资质的方式，正逐步失去其原有的吸引力。①

依据专业标准的要求，教师需要完成继续教育项目并获得相应的学分后才能在专业水平上有所进阶（教师与培训者被分为新手教师、独立教师、一级认证教师与二级认证教师）。但是这样的改革问题也十分突出：教师纷纷选修那些可以获得学分的继续教育项目，一方面对于不能获得学分的专业提升学习缺乏积极性，另一方面选修并非自己专业发展所需的继续教育项目。②

2. 公司培训者的培训

公司里的培训者虽然属于公司员工，但是他们也为职业教育与培训的学习者提供培训，也需要接受相应的培训。自2015年开始，公司培训者需要拥有在相应领域的学徒制证书。与学校培训者不同，对他们的学历要求与教师教育课程研究状况并没有要求。但是公司培训者需要在提供培训的领域拥有至少3年的全职工作经验，并在他们得到任命的1年内完成指导者培训。③

① Cedefop. Vocational education and training in Slovakia: short description[R]. Luxembourg: Publications Office, 2016: 33.

② Galáš, P., Rehúš, M . Bez kreditov neodídem [I'm not leaving without credits][EB/OL].. http://www.minedu.sk/data/att/9665.pdf.2016-03.

③ Vantuch, J., Jelínková, D. Supporting teachers and trainers for successful reforms and quality of vocational education and training: mapping their professional development in the EU[EB/OL]. http://libserver.cedefop.europa.eu/vetelib/2016/ReferNet_SK_TT.pdf.2016-06-14.

五、职业技术教育与培训的诉求与发展趋势

斯洛伐克已经建立起了较为完善的职业教育与培训体系，但是职业教育与培训也需要因应经济社会发展的需要，直面其存在的问题，进行深度变革。

（一）诉求

一是为学习者提供激励与指导，使职业教育与培训的劳动力输出更为合理。一方面，激励与指导更多失业者参与职业教育与培训项目。2016 年第三季度，虽然长期失业人数占总失业人数的比例从 67% 下降到 59%，但仍然是欧盟国家中最高值之一。长期失业也与失业者的专业技能水平密切相关。超过一半的低技能的求职者找到工作需要 1 年左右的时间，而超过三分之一需要 2 年以上。多达 77% 的失业人员是不具有相关资格证书的劳动力。[①] 政府需要提供激励与指导，让更多的失业人员或低端行业从业者参与职业教育与培训，增加就业机会，提高职业水平。另一方面，虽然技术领域的专业人才缺口较大且薪酬富有竞争力，但是学生仍然偏好人文社会科学。工业，特别是汽车工业、机械制造业等，是斯洛伐克的支柱产业，需要大量的技术领域专业人才。这导致当前劳动力市场存在严重的结构性失调。CEDEFOP 指出，虽然人们已经就解决该问题的政策干预已经进行了深入的探讨，如通过经济手段激励学习者和加大职业指导，但是至今仍然缺乏真正的政策行动。[②]

二是增强职业教育培训的师资力量。（1）提高职业教育与培训教师职业的吸引力。自 2010—2011 学年到 2015—2016 学年，职业教育与培训教师的数量均出现负增长，这说明从教人数正在逐步减少。其中的原因是多方面的，但是很重要的一个原因便是由于工资缺乏比较优势，不愿意从事教师职业。当然，这不是仅职业教育与培训领域存在的问题，而是斯洛伐克教育系统各级各类教育均需面对的共同问题。TALIS 2013 年的数据显示，只有 4% 的教师相信教师职业是得到社会尊重的，而参与 TALIS 的国家的平均水平为 30.9%。[③]（2）改革职业教育与培训教师的专业要求与继续教育。对当前职业教育与培训教师的专业要求较低，特别是对于在公司的培训者，并未出台非常明确的从业标准。而且当前教师在职后教育方面也存在问题，教师的职后教育向"分"看齐，并未真正从自己的专业发展需求出发。

---

① Ministry of Finance of the Slovak Republic. National Reform Programme of the Slovak Republic 2017.[EB/OL]. (2017-04-01) [2017-10-13].http://www.finance.gov.sk/en/Default.aspx?CatID=450..

② ReferNet Slovakia. Slovakia: serious skills mismatch ahead if policy is not turned into action[ED/OL]. (2017-05-25) [2017-10-13].http://www.cedefop.europa.eu/en/news-and-press/news/slovakia-serious-skills-mismatch-ahead-if-policy-not-turned-action.

③ OECD. Teachers love their job but feel undervalued, unsupported and unrecognised [EB/OL]. (2014-06-25) [2017-10-13].http://www.oecd.org/newsroom/teachers-love-their-job-but-feel-undervalued-unsupported-and-unrecognised.htm.

（二）发展趋势

在 2016 年，政府确定了教育系统改革的具体目标，职业教育与培训方面的改革目标主要有：（1）进一步推进双元制的职业教育与培训与中等职业教育的专门化；（2）调动中小规模企业的积极性，让其更大程度地参与到双元制的职业教育与培训之中；（3）在初等学校和中等学校提供有效的职业生涯教育；（4）通过开发职业取向的高中后职业教育与培训项目，增加就业机会，包括职业高等教育；（5）扩大雇主在教师与培训者培训中的参与，包括增加在公司中的实习比重。一些目标已经转化为具体的措施行动，并在 2016 年组织开展。

综合而言，斯洛伐克的未来职业技术教育与培训工作的发展还需要在以下方面加强：

1. 继续推动国家职业教育与培训的改革

经合组织便盛赞斯洛伐克具有非常深厚职业教育传统。① 从体系来看，斯洛伐克的教育体系属于低重心、以中等职业教育为主的教育体系，职业教育在整个教育体系中所占比重较大。从规模来看，学生经过第一、第二阶段 9 年的基础教育之后开始分流，大部分的学生选择了职业教育，中等职业教育就读的学生约占整个中等教育学生的 66%（2014 年统计数据）。从教育改革的重视程度来看，在斯洛伐克诸多的教育政策与法规中，职业教育与培训往往都是非常重要的组成部分，在 2009 年出台、并于 2015 年修订的《职业教育与培训法案》更是深刻地影响着斯洛伐克教育的整体改革与发展。

2. 加强职业教育与普通教育相互融通

虽然学生在义务教育后期开始进行分流，但是就读职业学校的学生可以通过修习课程并通过考试，获得成熟离校证书。学生可以借此获得升入高等教育的可能。随着改革的推进，职业教育与普通教育之间的融通进一步加深，一些年制的职业教育项目也提供了升入高一级普通教育学校的可能。

3. 扩大职业教育与培训的双元制教学

随着 2015 年《职业教育与培训法案》的修订，斯洛伐克职业教育的双元制改革正在大力推进。一方面，重视学校与行业、企业的合作，学生越来越多地需要进行基于工作的学习，越来越多的公司雇员参与到学校的实践教学之中，越来越多的教学活动转移至公司之中。另一方面，雇主与公司越来越多地参与到职业教育与培训的项目开展、最终考试等方面，这样有利于让职业教育与培训项目更为符合劳动力市场的需求，让职业教育毕业生更好地就业、更快地适应工作。

4. 进一步融入欧盟一体化职业教育体系

欧盟具有完善的职业教育与培训体系，并为欧盟成员国的职业教育与培训的改革与发展提供智力、经费等多个方面的支持。欧盟还专门制定了“教育与培训 2020”计划，

① Angel Gurría . Launch of two OECD education reviews of the Slovak Republic [EB/OL].(2016-02-19) [2017-10-13].http://www.oecd.org/slovakia/launch-of-two-oecd-education-reviews-of-the-slovak-republic.htm.

在其综合性教育项目"新伊拉斯谟计划"中大大增加了职教投入，并于 2014 年成立欧洲职教联盟，倡导加强职业教育，对于整个欧盟及其成员国职业教育的发展做出了整体规划和指导，以上这些都为斯洛伐克未来职业教育的持续发展提供了良好的条件支撑。

（深圳职业技术学院　技术与职业教育学院　魏　明）

主要参考文献

[1] 商务部国际贸易经济合作研究院等 . 对外投资合作国别 (地区) 指南——斯洛伐克 [R]. 商务部国际贸易经济合作研究院等 , 2016, 4.

[2] 中华人民共和国外交部 . 斯洛伐克国家概况 [EB/OL]. (2017-02-01) [2017-10-13].http://www.fmprc.gov.cn/web/gjhdq_676201/gj_676203/oz_678770/1206_679714/1206x0_679716/.

[3] Cedefop. Vocational education and training in Slovakia: short description[R]. Luxembourg: Publications Office, 2016.

[4] Eurydice. National system overview on education systems in Europe-Slovakia [EB/OL]. (2016-11-09) [2017-10-13].https://webgate.ec.europa.eu/fpfis/mwikis/eurydice/index.php/Slovakia: Overview.

[5] Ministry of Education, Science, Research and Sport. Legislatiya. http://www.minedu.sk/12269-sk/regionalne-skolstvo/.2017-10-13.

[6] Santiago, P., *et al.* OECD Reviews of School Resources: Slovak Republic 2015[R]. Paris, OECD Publishing, 2016.

[7] Vantuch, J., Jelínková, D. Supporting teachers and trainers for successful reforms and quality of vocational education and training: mapping their professional development in the EU[EB/OL]. (2016-06-14) [2017-10-13]. http://libserver.cedefop.europa.eu/vetelib/2016/ReferNet_SK_TT.pdf.

匈牙利

一、国家概况

（一）地理

匈牙利（Hungary）是中欧的内陆国家，东邻罗马尼亚、乌克兰，南接斯洛文尼亚、克罗地亚、塞尔维亚，西靠奥地利，北连斯洛伐克，边界线全长2246千米。匈牙利国土面积93030平方千米。全国划分为首都和19个州，设立24个州级市、274个市、2854个乡。首都布达佩斯是全国的政治、经济、文化和科技中心。匈牙利属大陆性气候，凉爽湿润，2013年降雨量约为588毫米。[①]

匈牙利的大部分地区海拔不超过200米，该国的最高点是凯泽斯，达1014米，最低点是77.6米，位于匈牙利南部。匈牙利的主要河流是多瑙河和蒂萨河。匈牙利有三个主要湖泊，其中巴拉顿湖为最大，长78千米，宽3—14千米，面积为592平方千米，被匈牙利人称为匈牙利海，也是中欧最大的淡水湖泊和重要的休闲区。[②]

（二）人文

公元896年，马扎尔游牧部落从乌拉尔山西麓和伏尔加河湾一带移居多瑙河盆地。1000年，圣·伊什特万建立封建国家，成为匈第一位国王。1526年土耳其入侵，匈封建国家解体。1541年匈牙利一分为三，分别由土耳其苏丹、哈布斯堡王朝和埃尔代伊大公统治。1699年起全境由哈布斯堡王朝统治。1848年爆发革命自由斗争。1849年4月建立匈牙利共和国。1867年成立奥匈二元帝国。1919年3月建立匈牙利苏维埃共和国。1949年8月20日宣布成立匈牙利人民共和国并颁布宪法。1956年10月爆发匈牙利事件。1989年10月23日国名改为匈牙利共和国。2012年1月，新宪法更国名为匈牙利。[③]

2014年4月，匈牙利举行国会换届选举，执政党青年民主主义者联盟（简称青民

---

① 中华人民共和国外交部 . 匈牙利国家概况 [EB/OL].(2017-02-01) [2017-10-15]. http://www.fmprc.gov.cn/web/gjhdq_676201/gj_676203/oz_678770/1206_679858/1206x0_679860/.

② 匈牙利地理 [EB/OL].https://en.wikipedia.org/wiki/Geography_of_Hungary.2017-08-15.

③ 中华人民共和国外交部 . 匈牙利国家概况 [EB/OL].(2017-02-01) [2017-10-15]. http://www.fmprc.gov.cn/web/gjhdq_676201/gj_676203/oz_678770/1206_679858/1206x0_679860/.

盟）和基督教民主人民党（简称基民党）组成的竞选联盟获胜，并赢得超过三分之二议席；社会党、尤比克党和绿党进入国会。新一届国会5月6日成立。6月6日，政府完成组阁，宣誓就职。青民盟主席欧尔班连任总理。匈牙利人口为987.7万（2014年1月）。主要民族为匈牙利（马扎尔）族，约占90%。少数民族有斯洛伐克、罗马尼亚、克罗地亚、塞尔维亚、斯洛文尼亚、德意志等族。官方语言为匈牙利语。居民主要信奉天主教（66.2%）和基督教（17.9%）。①

匈牙利语是匈牙利的官方语言，是欧洲第13个最广泛使用的第一语言，是欧盟的24种官方语言和工作语言之一。在匈牙利，英语和德语是使用广泛的第二语言。匈牙利语是乌拉尔语族的成员，与任何邻国语言无关，与芬兰和爱沙尼亚语密切相关。

（三）经济

匈牙利自然资源比较贫乏。主要矿产资源是铝矾土，蕴藏量居欧洲第三位，此外有少量褐煤、石油、天然气、铀、铁、锰等。森林覆盖率为20.6%。经济属中等发达国家，经合组织（OECD）成员国。经济目标是建立以私有制为基础的福利市场经济。目前匈牙利经济转轨顺利，私有化基本完成，市场经济体制已经确立。私营经济的产值约占GDP的86%。2016年国内生产总值（GDP）为978亿欧元，同比增长2%，失业率降至5.1%。②

匈牙利的制造业在国民经济中占有重要的地位，2015年制造业产值为930亿美元，在工业中占比高达91%。汽车工业是匈牙利的支柱产业，2015年产值达280亿美元，在制造业中占比高达31%。近年来，在政府的大力扶持下，匈牙利的生物技术产业迅速发展，跃居欧盟新成员国前列。另外，匈牙利是中东欧地区最大的电子产品生产国和世界电子工业的主要生产基地，近年年产值保持在100亿欧元左右，占中东欧和欧盟电子工业总产值的30%和4.5%。2015年，电子工业产值达140亿美元，创造了11万个就业岗位。2016年，匈牙利经济部发布伊里尼计划，目标为到2020年成为欧盟工业化程度最高的国家之一，并创造更多的就业岗位，完成工业结构转型升级，加强工业技术、高等教育和专业技能培训的支持力度。③

（四）教育

匈牙利的教育主要由教育部负责管理。学前幼儿园教育主要为3—6岁的儿童提供。随后自6岁起至18岁，实行义务教育，义务教育包括小学8年和中学4年。大学一般4—

① 中华人民共和国外交部．匈牙利国家概况 [EB/OL].(2017-02-01) [2017-10-15]. http://www.fmprc.gov.cn/web/gjhdq_676201/gj_676203/oz_678770/1206_679858/1206x0_679860/.

② 同上。

③ 商务部国际贸易经济合作研究院等．对外投资合作国别（地区）指南——立陶宛 [R]. 商务部国际贸易经济合作研究院等 ,2016,4:15-17.

6 年，医科大学 7 年。国家义务提供第一个学位的学习费用。①

匈牙利的公立高等教育体系包括大学和其他高等教育机构，既提供博士学位课程和相关学位，也有助于研究活动的开展。学生在校期间可以获得免费的健康保险。英语和德语是高等教育阶段的常用语言，很多课程都是以这两种语言来开设的。匈牙利比较著名的大学有佩奇大学、奥步达大学、伊斯坦布尔大学等。

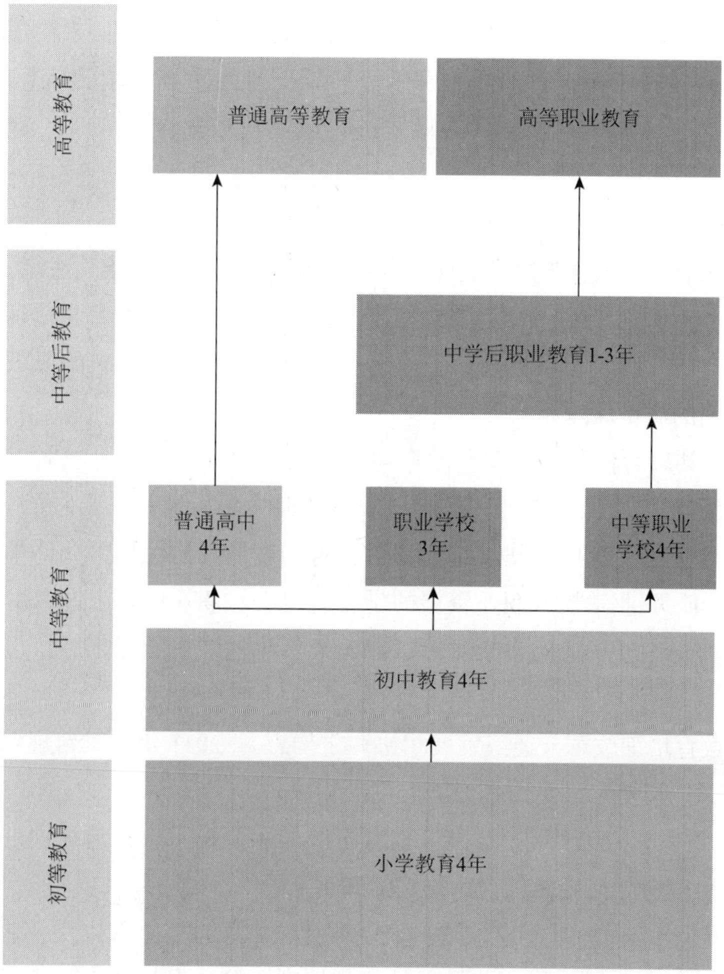

图 1　匈牙利教育体系图②

① 商务部国际贸易经济合作研究院等 . 对外投资合作国别 (地区) 指南——立陶宛 [R]. 商务部国际贸易经济合作研究院等 ,2016,4:10.

② Cedefop (2011). Vocational education and training in Hungary: short description. Luxembourg: Publications Office. http://www.cedefop.europa.eu/EN/Files/4103_en.pdf.

二、职业技术教育与培训的战略与法规

（一）战略

匈牙利职业技术教育与培训致力于培养出满足市场需求的人才，确保人们具备各项职业所需要的知识和能力，一方面为匈牙利提供更多的选择机会，另一方面提升国家的就业率，促进经济发展。为了促进国家就业和经济的增长、帮助匈牙利人应对更广泛的社会挑战并寻求更多的职业发展机会，匈牙利不断改变职业技术教育与培训的结构和财务制度，提高职业教育的质量和效率；以劳动力市场需求为依据提供职业技术教育与培训的课程；采用不同的学习形式进行职业技术教育与培训，为人们提供便利条件。[①]

（二）法规

匈牙利的职业技术教育与培训受法律保护，为此颁发了很多相关法律。

1.《成人教育和培训的新法案》（2013 年）对成人职业技术教育与培训的评价认证进行了详细规定。为了保证培训的质量，对培训机构的管理提出了新的要求，要求每个机构都应具备适当的质量保障体系等。

2.《国家公共教育法》和《职业教育与培训法》（2011 年 12 月）对以学校为基础的职业教育进行了规定。《公共教育法》和《职业培训法》共同规定了非传统教育路径对学生的认可和入学要求。这些法律规定提高了教育制度的灵活性，并允许学生在各个方面改变自己。例如，职业学校有职业资格的学生有机会在职业中学上课，准备通过中学考试。同时，从普通中学毕业的中学生可以在延长一年的课程学习之后获得国家正式的职业资格证书。

3.《职业教育培训改革与经济发展相协调之构想》（2011 年）重新规划了职业技术教育与培训的体系，以更加满足市场经济的发展需求。

4.《CCIV 法案》（2011 年）对高等教育阶段的职业技术教育与培训进行了规定，界定了高等教育阶段应如何传授具有竞争性的知识。

5.《职业经费法》（2003 年）主要规定了职业技术教育与培训以及企业培训的征税条件，通过税收政策来鼓励发展职业技术教育与培训。该法案与《职业经费与支持发展培训法案》（2011 年）相互配套，共同监管职业技术教育与培训的发展。

6.《职业教育与培训法案》（1993 年）颁布较早，对匈牙利的职业技术教育体系进行了界定，主要对机构、资格认证、管理结构、评价内容、财政经费等方面进行了说明。

---

① Farkas, P (2013). Vocational Education and Training in Hungary. Budapest: National Labour Office.

三、职业技术教育与培训的体系与质量保障

（一）体系

1. 正规的职业教育与培训系统

在匈牙利，学生在完成小学 4 年和初中 4 年的教育阶段之后，有三种选择接下来的发展阶段，一是进入高级中学阶段（4 年），为进入大学做准备，二是进入中等职业学校（4 年），三是进入职业学校（3 年），后两者为进入劳动力市场做准备。① 详细内容见表 1。

表 1　匈牙利职业教育阶段年限、要求和特点

编号	职业教育选择类别	年限	要　　求	特　　点
1	中等职业学校	4年	9—12年级达到某一特定领域的职业理论和实践培训资格，参加中等职业学校毕业考试，获得资格证书	毕业后可以从事相关领域工作。 与普通教育平行，学生也可以选择继续进入大学学习
2	职业学校	3年	课程内容包含普通教育和最基础的职业教育与培训	提供“桥接课程”： 桥接I课程：为没有获得进入职业学校资格的学生提供课程，帮助他们掌握继续学业必备的基本技能； 桥接II课程：为无法完成学业并需要考取职业学校的学生提供课程，帮助他们提升职业必需的技能。
3	特殊职业项目	3年	学生读完小学8年级之后就可以学习职业培训课程	已在2013年废止
4	中学后职业技术教育与培训	1—3年		不同的学制获得的资格也不同
5	高等职业技术教育与培训课程		针对中学的毕业生，通过学分转移的方式，完成从职业技术教育与培训到高等教育的转型。	从2013—2014年起，由高等教育机构提供

2. 非正规和非正式职业技术教育与培训体系

在匈牙利，存在以成人培训为主要形式的非正规职业技术教育与培训，一般不颁发国家认可的职业资格证书（很少数例外情况可以颁发国家资格证书），培训机构可以自行确定录取标准、学制和课程内容。

（二）保障

在匈牙利，国家注册资格是包含所有国家认可的职业资格证书的清单，2006 年颁布，并于 2012 年更新。在职业教育学校，学生通过职业考试后就可以获得国家注册资格证书。国家认可的职业资格证书主要包含以下四种：（1）通过正规职业技术教育与培训学校学习获得的职业资格证书；（2）在（或没有在）正规职业技术教育与培训学校校内

① 匈牙利职业教育与培训在欧洲 [EB/OL].http://www.cedefop.europa.eu/en/publications-and-resources/country-reports/vet-in-europe- country-reports.2017-8-15.

学习获得的职业资格证书；（3）在学校教育系统外的职业技术教育与培训机构学习获得的职业资格证书；（4）附加职业资格和部分职业资格证书。

2010—2015年间，在欧洲社会基金的资助下，开发了匈牙利国家资格框架，将国家认可的职业资格正式列入国家资格框架之中。匈牙利国家资格框架一共包含8个等级。国家资格框架在很大程度上是用于各种资格证书之间的互通认证，框架的运行过程中并不涉及资格管理部门的权力转移。该框架也可以对非正式培训部门的资格进行分类。

表2 匈牙利国家资格框架

学校教育类型	国家资格框架等级
没有完成普通教育	1
完成初等教育（8年级）	2
桥梁计划①	3
特殊职业学校毕业技能证书	2
特殊职业学校毕业证和职业资格证	3
中等教育资格证明	4
中学离校考试②	4
国家注册资格中的641级资格	3、4、5、6
"部分资格"③	2、3、4
附加资格	3、4、5
高等职业教育资格	5
学士	6
硕士	7
博士	8

匈牙利的质量保障框架是与欧盟委员会相互合作，并未形成独立的质量保障框架。匈牙利商会和行业协会也在职业教育质量保障方面发挥一定的职能。

四、职业技术教育与培训的治理与教师

（一）治理

自2013年1月以来，匈牙利中央部门取代地方来治理学校，职业技术教育培训和成

① 在匈牙利，公共教育和职业教育的桥梁方案帮助学生加入高中教育、职业教育或进入工作世界，以及获得开始独立生活所需的知识。

② 职业培训学校曾经提供4年或5年的课程，但自2013年以来，已经减少到3年制课程（9—11年级），相当于国际教育标准分类三级资格。完成职业学校后，学生可以选择再学习2年，最终通过中学离校考试，因此，职业培训学校又称为"3+2"年制学校。

③ 在职业学校可获得ISCED 3级资格证书，或所谓"部分资格"。自2013年以来，职业学校和职业中学都推出所谓的"桥梁"计划。职业桥梁计划在两年内提供"部分资格"。

人培训由国民经济部长率领，全国有关部门负责职业资格的认证和管理工作，并与人力资源部长共同教育关于学习成果和框架课程的分担责任。自 20 世纪 90 年代以来，工商界一直参与国家咨询机构，越来越多地参与职业教育与培训相关问题的决策。目前，匈牙利的商会在塑造职业教育和成人培训方面发挥主导作用。详细内容见表 3。

表 3　匈牙利职业技术教育与培训的管理部门及主要职责

管理部门或机构		主要职责
政府		颁发《国家注册资格》和国家认可的职业资格要求、职业考试规范。
国家经济部		监督匈牙利的职业技术教育与培训。负责规范职业技术教育与培训的课程、定义职业技术教育与培训的学习成果和课程框架。
匈牙利商会和行业协会		负责制定职业技术教育与培训政策，例如制定核心课程和考试程序、保障职业培训的质量。
社会伙伴	国家经济和社会委员会	为职业技术教育与培训提供战略支持。
	全国职业和成人教育委员会	由部长负责的咨询顾问机构，参与《国家注册资格》的发展和国家就业基金的分配。
	国家资格认证委员会	对《国家注册资格》的发展提出建议。
	县级发展和培训委员会	行使县级职业技术教育与培训的职能，提供咨询、评论和制定方案的服务。

（二）教师

匈牙利对不同类别的培训教师和培训人员的资格和职责制定了具体的要求，具体见表 4。

表 4　匈牙利职业技术教育与培训教师的资格标准和在职培训①

资格	资格标准（岗前培训）	在职培训	职位和职责
职业教师	硕士学位和教学资格（国际教育标准分类5A）	最少每7年至少一次120小时的强制性培训（80%国家支持）	专业理论课教学
职业培训人员	本科/学士学位和教学资格（国际教育标准分类5A）	最少每7年至少一次120小时的强制性培训（80%国家支持）	监督学校工厂职业实践教学
实践教师	特定领域的职业资格至少五年的专业经验		监督企业实践培训教学

2012—2013 学年，匈牙利又对职业技术教育与培训的教师进行了新的规定：（1）职业教育学校的教师培训工作以两种结构进行，一是学士 / 硕士的双层模式，也可以是单一的接受长期教育；（2）教学实践扩展到在外部训练站点接受 1 年的培训；（3）由外部督学监督评价教师的教学质量。

① Cedefop ReferNet Hungary (2012). VET in Europe: country report Hungary. http://libserver.cedefop.europa.eu/vetelib/2012/2012_CR_HU.pdf.2017-10-13.

五、职业技术教育与培训的诉求与发展趋势

（一）诉求

受全球金融危机影响，2008 年匈牙利 GDP 衰退 6%，成为首个接受国际国币基金组织援助的国家。为摆脱危机影响，匈牙利政府采取了一系列扭转经济的措施，如加大政府投资、提高外援资金的使用效率、促进消费与出口等。2013 年，匈牙利经济开始恢复，主要产业均有所好转。2014 年 GDP 增速达 3%。根据匈牙利政府的最新产业发展规划，匈牙利经济部正在制定专门的行业发展战略，加强对信息产业的支持，该行业在 2015 年为匈牙利提供了 40 万个工作岗位。为此，战略规划在今后 3 年内，要在现有发展规模的基础上再增加 2 万人的新增就业，如此再加上溢出效应，预计可以创造出 5—6 万个工作岗位的需求。如此庞大的劳动力市场需求必将为职业技术教育与培训带来更大的发展机遇。

据匈牙利中央统计局的数据显示，2015 年匈牙利的平均失业率为 6.8%，同比下降 0.9%，失业人数约 30.8 万人。私营部门仍然是创造就业的主要来源，而公共招工计划的高水平吸收就业正在慢慢下降。加上劳动力人口的增长放缓，使得失业率在过去一年降低了近 2 个百分点。2016 年失业率下降到 4.9%。尽管如此，据 2016 年美国人力资源公司公布的调查数据显示，匈牙利有近 57% 的公司无法招募到工人①，有 11.67 万匈牙利居民选择在国外工作②。因此，匈牙利的公司一方面需要与邻国的公司进行竞争，另一方面还要通过更好的待遇条件来吸引工人。有些公司已经开始自己给员工进行培训来吸引劳动力。可见，匈牙利的职业技术教育与培训仍无法满足当前劳动力市场的需求。巨大的劳动力短缺需要匈牙利政府加强对职业技术教育与培训的重视，扩大覆盖面，形成系统的框架，为匈牙利人提供更多的培训机会。

匈牙利的劳动力供需不匹配也影响了劳动力的生产效率。从 20 世纪 90 年代起，匈牙利就有大量的低技术劳工找不到工作，无法适应技术的进入，而年轻的高技术劳工选择移民。因此，为了提升劳动力市场的效率，加强职业技术教育与培训迫在眉睫，并且是一项艰巨的任务，必须放在教育改革的首位。

（二）发展趋势

1. 推动非正规教育与培训的发展

匈牙利在职业技术教育与培训方面仍面临很大挑战，匈牙利非正规的职业技术教育与培训系统不完善，单纯依靠正规的职业技术教育与培训机构，无法满足市场发展的需求，也无法为所有需要的人提供职业技术教育与培训。另外，匈牙利较高的青年失业率

---

① 匈牙利遭遇史上最严重劳动力短缺危机 [EB/OL].(2016-11-03) [2017-10-15].http://www.ccpit.org/Contents/Channel_4114/2016/1103/713717/content_713717.htm

② 匈牙利劳动力短缺问题亟待破解 [EB/OL].(2016-08-25) [2017-10-13].http://finance.china.com.cn/roll/20160825/3875618.shtml.

与技能短缺两大问题并存，工商界批评职业技术教育与培训的质量和职业的相关性问题。

2. 增强职业教育的吸引力

为应对国家经济发展和劳动力市场出现的问题，匈牙利政府和教育管理部门积极推动职业技术教育发展改革，2010 年，匈牙利发起了职业学校的学生奖学金项目。该项目的推出，吸引了更多学生来选择参与职业技术教育与培训，增加了职业教育和技术工人这一职业对学生的吸引力，也缓解了特定职业的熟练技工的短缺现象。

3. 开展有针对性的职业教育培训项目

另外，通过推进桥接培训项目、促进弱势群体融入教育、对特定群体的培训以及降低职业技术教育与培训的辍学率，目的在于提升国家职业技术教育与培训的效率、缩小青年和成人职业技术教育与培训课程之间的质量差距。具体包括：了解技能需求预期，并提供奖励以更好地匹配技能和工作需要；加强培训机构与企业、行业的合作；减少职业学校的辍学率等。①

（深圳职业技术学院　技术与职业教育研究所　魏　明）

主要参考文献

[1] 中华人民共和国外交部 . 匈牙利国家概况 [EB/OL]. (2017-02-01) [2017-10-15]. http://www.fmprc.gov.cn/web/gjhdq_676201/gj_676203/oz 678770/1206_679858/1206x0_679860/.

[2] 商务部国际贸易经济合作研究院等 . 对外投资合作国别 (地区) 指南——立陶宛 [R]. 商务部国际贸易经济合作研究院等 , 2016, 4.

[3] Cedefop (2011). Vocational education and training in Hungary: short description. Luxembourg: Publications Office. http://www.cedefop.europa.eu/EN/Files/4103_en.pdf.

[4] Farkas, P (2013). Vocational Education and Training in Hungary. Budapest: National Labour Office.

[5] 匈牙利职业教育与培训在欧洲 [EB/OL].http://www.cedefop.europa.eu/en/publications-and-resources/country-reports/vet-in-europe- country-reports.2017-8-15.

[6] Cedefop ReferNet Hungary (2012). VET in Europe: country report Hungary. http://libserver.cedefop.europa.eu/vetelib/2012/2012_CR_HU.pdf.2017-10-13.

[7] Spotlight on VET Hungary[EB/OL]. http://www.cedefop.europa.eu/en/publications-and-resources/publications/8081.2017-8-15.

① Spotlight on VET Hungary[EB/OL]. http://www.cedefop.europa.eu/en/publications-and-resources/publications/8081.2017-8-15.

斯洛文尼亚共和国

一、国家概况

（一）地理

斯洛文尼亚共和国（The Republic of Slovenia），简称斯洛文尼亚，位于中欧南部，巴尔干半岛西北端。斯洛文尼亚西邻意大利，西南濒亚得里亚海，东部和南部与克罗地亚接壤，北邻奥地利和匈牙利。地处欧洲四大地理地区的交界处：阿尔卑斯山脉、迪纳拉山脉、多瑙河中游平原以及地中海沿岸，海岸线长 46.6 千米，面积 20273 平方千米。特里格拉夫峰为境内最高的山峰，海拔 2864 米。最著名的湖泊是布莱德湖。气候分山地气候、大陆性气候和地中海式气候。夏季平均气温 21.3℃，冬季平均气温 –0.6℃，年平均气温 10.7℃。[①]

（二）人文

公元 6 世纪末，斯拉夫人迁移到现斯洛文尼亚一带。9 世纪至 20 世纪初，斯洛文尼亚一直受德意志国家和奥匈帝国统治。1918 年底，斯洛文尼亚与其他一些南部斯拉夫民族联合成立塞尔维亚人—克罗地亚人—斯洛文尼亚人王国，1929 年改称南斯拉夫王国。1941 年，德国、意大利法西斯入侵南斯拉夫。1945 年，南斯拉夫各族人民赢得反法西斯战争的胜利，并于同年 11 月 29 日宣告成立南斯拉夫联邦人民共和国（1963 年改称南斯拉夫社会主义联邦共和国），斯洛文尼亚为其中的一个共和国。1991 年 6 月 25 日，斯洛文尼亚议会通过决议，宣布脱离南斯拉夫社会主义联邦共和国成为独立的主权国家。1992 年 5 月，斯洛文尼亚加入联合国。2004 年 3 月和 5 月，斯洛文尼亚先后成为北约和欧盟正式成员。[②] 同年 6 月 28 日加入汇率兑换机制，2007 年 1 月 1 日正式加入欧元区。

斯洛文尼亚人口 206.4 万（2015 年），全国分为 12 个地区，共有 212 个市级行政单位。主要民族为斯洛文尼亚族，约占 83%。少数民族有匈牙利族、意大利族和其他民族。

---

① 中华人民共和国外交部 . 斯洛文尼亚国家概况 [EB/OL].(2017-02-01)[2017-09-30]. http://www.fmprc.gov.cn/web/gjhdq_676201/gj_676203/oz_678770/1206_679738/1206x0_679740/.

② 同上。

官方语言为斯洛文尼亚语。① 居民主要信奉天主教，东部地区有少量信奉东正教和伊斯兰教。

（三）经济②

斯洛文尼亚矿产资源贫乏，主要有汞、煤、铅、锌等。森林和水力资源丰富，森林覆盖率为 49. 7%。工业方面，化工、汽车、纺织、建筑、制革、橡胶等工业较发达，电子、木材加工、食品、非金属矿产加工、有色金属、印刷等工艺水平较高。农产品以马铃薯、谷物、水果为主，林、畜牧业亦重要，主要饲养牛、猪、马、羊、家禽等牲畜。斯洛文尼亚旅游业比较发达，主要旅游区是亚得里亚海海滨和阿尔卑斯山区，拥有特里格拉夫山区国家公园、布莱德湖、波斯托依那溶洞等旅游景点。

斯洛文尼亚在东欧经济转型国家中人均 GDP 名列第一，2015 年斯洛文尼亚国内生产总值 385.43 亿欧元，较上年增长 2.9%，人均 GDP 高达 18680 欧元，同时该国也是世界贸易组织的创始国之一。出口在国民经济中占有重要地位，出口产值占国民生产总值的一半以上。主要贸易对象是欧盟国家，其次为原南地区和中欧自由贸易协定国。主要出口运输车辆、电力设备、机械设备、服装、家具、药品和制药设施、有色金属制品等。主要进口石油制品、生活用品、食品、钢铁、纺织品等。主要贸易伙伴是德国、意大利、法国、克罗地亚等。

斯洛文尼亚的产业构成中，服务业所占比重最大，其次是制造业，占比最小的是农业，2014 年分别占 GDP 的 65%、32.8% 和 2.2%。在服务业构成中，知识型服务业比重较大。电信业、商业、金融和房地产服务业是增长最快的部门。制造业中，汽车产品制造业、金属加工业、化学与医药制造业、电气电子等是该国的优势产业，其中，化学、电子设备、机械制造和交通运输业贡献了制造业 45% 的附加值。

（四）教育

斯洛文尼亚的教育主要分为四个阶段：学前教育、基础教育、高中教育和高等教育，其教育体系详见图 1。根据《斯洛文尼亚共和国宪法》的规定，基础教育（包括小学和初中教育）属于义务教育阶段，由国家资助，面向 6 至 15 岁年龄的学生提供。学校一般在当地社区建立，以方便孩子入学。大部分学生在公立学校就读，只有不到 1% 的学生参加私立的基础教育学校，另有部分为特殊儿童提供教育的机构。

---

① 中华人民共和国外交部 . 斯洛文尼亚国家概况 [EB/OL].(2017-02-01)[2017-09-30]. http://www.fmprc.gov.cn/web/gjhdq_676201/gj_676203/oz_678770/1206_679738/1206x0_679740/.

② 商务部国际贸易经济合作研究院等 . 对外投资合作国别（地区）指南——斯洛文尼亚 [R]. 商务部国际贸易经济合作研究院等 , 2016,4:12-17.

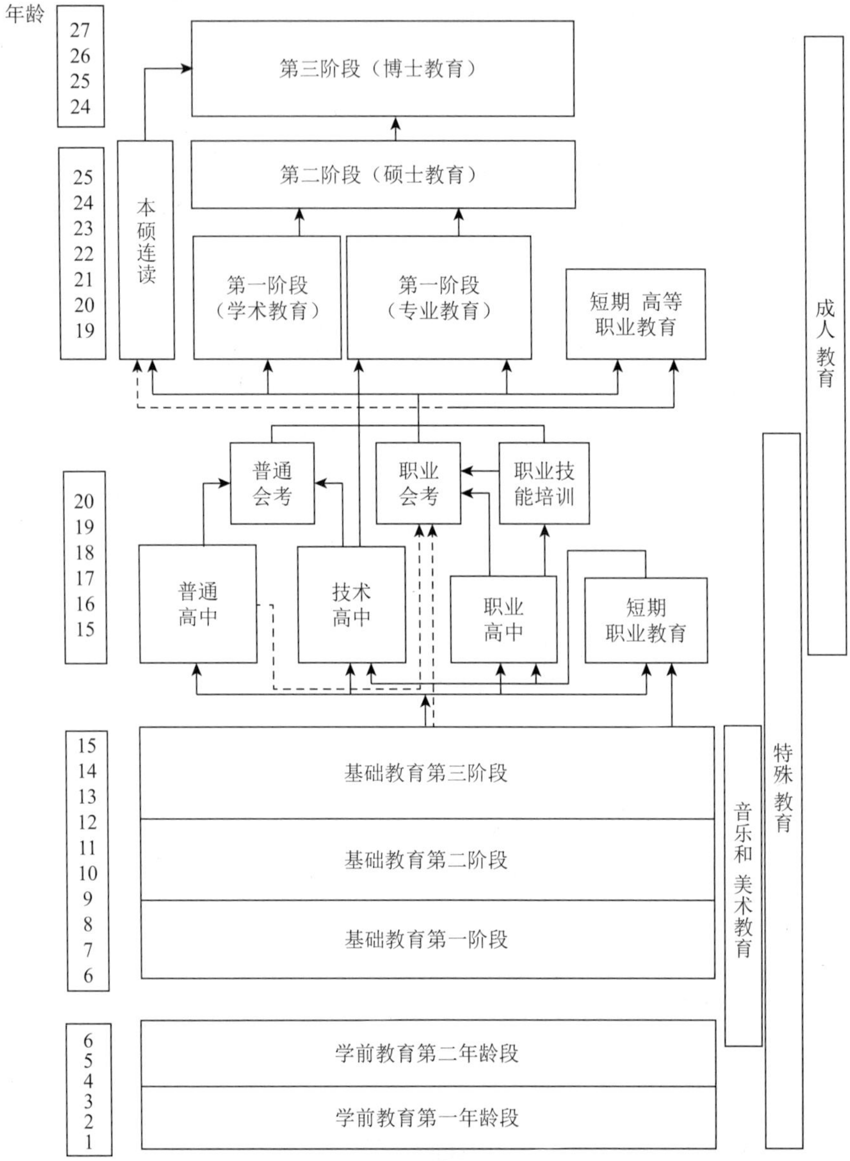

图 1　斯洛文尼亚教育体系图[①]

在 2016—2017 学年度，共有 175176 名儿童就读于 772 所基础教育学校及其分支机构，其中公立学校 765 所，学生数 173840 人；私立学校 7 所，学生数 1336 人。另有特殊教育学校共 10 所，全部为公立学校，学生数 720 人（详见表 1）。

① STRUCTURE OF THE EDUCATION SYSTEM IN THE REPUBLIC OF SLOVENIA[EB/OL].http://www.mizs.gov.si/fileadmin/mizs.gov.si/pageuploads/ministrstvo/Zgradba_sistema_izobrazevanja_2014_15_an.pdf. 2017-09-28.

表 1　2016—2017 学年初斯洛文尼亚基础教育学校有关数据统计表 ①

	学校性质	学生数（人）	学校数（所）	班级数（个）
基础教育学校及其分支机构	公立	173840	765	8627
	私立	1336	7	64
	合计	175176	772	8691
特殊教育学校	公立	720	10	120
	私立	0	0	0
	合计	720	10	120
总　　计		175896	782	8811

高中教育学制 2—5 年，包括普通教育和职业技术教育。2015—2016 学年末，共有 17055 名学生获得高中教育资格。2016—2017 学年，在完成基础教育的学生中，约有 36% 的学生入读普通高中阶段，其中女生占 60%；技术高中与职业高中入学人数约占 46%，短期职业教育学校约占 18%。②

高等教育包括短期高等职业教育和高等教育。根据欧盟统计局的统计，2015 年，斯洛文尼亚 30 至 34 岁人口中，接受高等教育的人群比例达 43.43%，超过了“欧洲 2020”战略设定的 40% 的目标。在 2016—2017 年间，共有超过 68500 名学生在各类高等教育机构学习，另有约 10670 名学生在各种学习课程中接受短期高等职业教育。③ 完成高等教育阶段的全部课程学习通常需要 2 至 6 年，学习过程采用学分制管理。

二、职业技术教育与培训的战略与法规

（一）战略

实施优质的技能教育和技术人才培养是促进就业和经济增长的关键，应把技能开发置于国家和国际发展议程的重要位置。作为欧盟成员国，斯洛文尼亚职业教育发展一方面坚持欧盟倡导的职业教育发展战略，包括响应欧洲职业培训发展中心《实现职业教育与培训的现代化》的研究建议，重视《欧盟 2020 教育和培训工作计划》中对于弱势群体教育机会的关注等；同时也根据国家的实际情况制定自己各类教育的发展战略和人才培养目标。

2017 年初，在推动职业教育现代化发展方面，斯洛文尼亚政府出台一系列发展举

① Eurydice Slovenia.THE EDUCATION SYSTEM in the Republic of Slovenia 2016/2017[R]. Tiskarna Radovljica: Ljubljana, February 2017:25.

② 同上书，2017:28.

③ 同上书，February 2017:37–38.

措，主要有：(1)通过举办职业学校间比赛活动，加强广告宣传和其他宣传，提高职业技术教育的声誉和认可度。重点加强学校和企业之间的合作，促进职业教育和社会部门合作伙伴关系的发展。(2)实施职业教育现代化发展计划，包括试点实施学徒制项目。提高劳动力市场参与者的实践技能，逐步缩减其所获得的职业能力与雇主需求之间的差距，并为教育参与者更快实现就业提供帮助。(3)持续推动现代职业教育发展方案的实施，使具有职业高中或技术高中教育资格的学生，能够获得或提高他们应对未来在工作场所出现新技术变化时所需要的能力，进而提高个人和组织的竞争力。

成人教育与培训方面，《2013—2020年成人教育总体规划》是斯洛文尼亚公民利益表达和确立成人教育与培训方面政策的战略发展文件，也为国家成人教育年度计划的制定提供了参考依据。该规划要求对成人教育事业的发展进行系统的设计与规约，确定成人教育与培训领域的优先发展事项和相关活动内容，支持由参与联合规划的部委实施公共资金的使用和分配。

（二）法规

1.《教育组织与财政法》

斯洛文尼亚《教育组织与财政法》设定了国家教育发展的目标，内容包括：让所有公民获得受教育资格，不论性别、社会背景或文化特征、宗教、种族、族裔或民族血统，教育旨在促进个人身心健康的最佳发展，以实现就业，并推动终身学习的发展等。提供符合个人发展水平和年龄的教育，允许各级教育选择的可能性。法案还规定了各级教育的主办者，其中职业教育应由短期职业教育学校和职业高中提供，也可以由为特殊教育儿童举办的教育机构提供；高中技术教育则由技术高中提供。[①]

2.《关于青年部门公共利益的法案》

法案主要规定了有关青年利益的保护与实施要求，涉及的有关主题包括：青年自治；非正式学习、培训和提高青年能力；青年就业机会和青年企业的发展；青年流动和国际一体化发展；形成健康的生活方式，预防青少年的社会依赖；让青年接触文化产品，促进青年人的创造力和创新能力的培养；以及让青年人参与社会公共事务的管理等方面。[②]

3.《职业教育法案》

《职业教育法案》中规定了职业和专业教育在人才培养方面应承担的任务：具有国际可比性的前沿知识、技能和专业能力，这是职业和进修的必要条件；促进终身学习和可持续发展；发展独立的评判和负责任的行为；促进对个人完整性的认识；提高对国家归属和民族特性的认识，了解斯洛文尼亚共和国的历史及其文化，发展和保持自己的文化传统；

① Republic of Slovenia,ministry of education,science and sport.Organisation and Financing of Education Act[EB/OL]. http://www.mizs.gov.si/fileadmin/mizs.gov.si/pageuploads/ANG/Organisation_and_Financing_of_Education_Act_Oct_2016.pdf.2017-09-30.

② Republic of Slovenia,ministry of education,science and sport.Act on the Public Interest in Youth Sector[EB/OL]. http://www.ursm.gov.si/fileadmin/ursm.gov.si/pageuploads/pdf/ZJIMS/ZJIMS_ENG.pdf.2017-09-30.

尊重他国的文化，促进国际理解力和交流能力的培养；允许与欧洲劳工司合并；发展建立一个自由民主和社会公平国家的意愿；提高人们对权利和责任的认识；提高对自然环境和自身健康的责任感；以及为艺术作品和艺术表现的经验培养培训人才。①

4.《马图拉会考法案》

《马图拉会考法案》（2007年修订）规定了普通会考和职业教育会考的考试内容、能力要求以及完成程序等，学生的权利和义务，考试主办方的职责以及考试的操作流程等。②

5.《国家职业资格法案》

《国家职业资格法案》（2009年修订）介绍了新的职业资格认证系统，规定个人获得专业资格是专业教育项目的一部分，作为就业或再学习的依据，根据教育或学习计划范围内的专业标准，为所有专业提供职业或专业资格，并且可以评估和验证在校外获得的与职业相关的知识、技能和经验，对于未完成教育义务的个人，应当由学校出具相关证明。在职业学校学习的不同课程可能最终会获得一个或者多个职业资格认证。③

三、职业技术教育与培训的体系与质量保障

（一）体系

1. 学校类型

学生在接受完九年义务教育之后，到高中阶段开始实行分轨。斯洛文尼亚高中教育分为普通教育和职业教育两类。普通高中教育为四年制，而职业教育学校又分为以下几种类型：

（1）技术高中。如科技、医药等，学制为4—5年，主要是学习专业课程和进行实践技能培训，学生毕业后可进入劳动力市场就业也可以选择接受高等教育。

（2）职业高中。学制为3—4年。主要是面向工业、工艺和服务业等领域提供职业技能培训和职业认证。学生从3年制的职业学校毕业之后还可以继续接受2年的职业技能培训，相当于在技术高中学校毕业。

（3）短期职业教育学校。主要面向已经完成基础教育的学生，一般作为学生就业前的职业训练，提供2—3年的学习课程，学生毕业后也可以选择继续就读于职业高中或技术高中。技术高中以及职业学校学生毕业都需要参加会考，进而可以升入高等教育院校。

2. 课程设置

斯洛文尼亚国家课程委员会于1996年成立，由其负责对课程和科目做出规定。职业教育课程以职业标准作为课程设置的基准，职业标准由劳动部根据职业技术教育专家委

---

① Zakon o poklicnem in strokovnem izobraževanju (ZPSI–1) [EB/OL]. http://pisrs.si/Pis.web/pregledPredpisa?id=ZAKO4325.2017–09–26.

② Zakon o maturi (ZMat) [EB/OL]. http://pisrs.si/Pis.web/pregledPredpisa?id=ZAKO2064.2017–09–27.

③ Zakon o nacionalnih poklicnih kvalifikacijah (ZNPK) [EB/OL]. http://pisrs.si/Pis.web/pregledPredpisa?id=ZAKO1626.2017–09–27.

员会的提议再进行确认通过。如果某个课程是基于多个职业标准设置的，那么该课程就会被分为几个模块，获得多个职业认证。课程结构包括普通课程、技能教育课程、实践训练和课外活动。其中实践训练以校内的实践课为主，在学校工作坊或者特殊的教室、实验室，或校内的工作场所进行，部分实践训练课程还包括工作实践。

斯洛文尼亚职业学校和普通中学前两年都施以共同的核心课程，因此大多数专业第一年的课程内容几乎相同。但在接下来的几年里，根据不同专业的职业导向和特定领域的专业而有所不同，会有一些选修课程。最后一年则以实践训练课程为主。前期共同的课程设置可以便于学生在普通教育和职业教育之间的转换，搭建了沟通普通教育和职业教育之间的桥梁。

3. 成人教育培训

根据斯洛文尼亚有关法律规定，获得基本的学校教育资格是任何年龄的人在任何时间的权利。不仅职业学校提供技能培训，与学校合作的一些企业或者雇主也会提供持续的学徒训练和培训项目。在这方面，斯洛文尼亚政府通过增加资金鼓励雇主开展更多的面向年轻人的培训，以帮助他们继续学习。

希望获得学校教育资格的成年人可参加成人基础学校课程的学习或者参加专门为成人开设的高中教育课程。斯洛文尼亚每年出版有成人教育培训项目的目录，该目录包含有关成人学习者可参加的教育项目的具体信息，以及有关成人教育项目提供者的信息。2016—2017学年的目录包含194个提供者和3455个教育计划项目，其中大多数是私人提供者项目，其次是公立高中和公立专业成人教育中心提供的项目。学习课程多为非正式的语言课程和管理培训、计算机基础课程以及个人成长和沟通类课程。在2014—2015学年，有13327名成年人入读成人高中教育课程。在已完成高中教育的成年人中，技术高中毕业比例约为76%，职业高中毕业约为24%。①

（二）保障

1. 资格认证与国家资格框架

斯洛文尼亚国家资格框架是与斯洛文尼亚共和国的普通教育、职业教育或补充资格教育达成统一的资格制度，由学习成果定义的由低到高的10个级别组成。国家职业资格是根据职业标准应雇主要求制定的，该制度由劳动、家庭和社会事务部管理。斯洛文尼亚国家资格框架符合欧洲资格框架和欧洲高等教育资格框架，斯洛文尼亚职业教育和培训研究所是负责国家资格框架和欧洲资格框架的协调中心。斯洛文尼亚已经建立了承认非正式学习的制度，并建立了国家职业资格认证体系，以确认劳动力市场的能力，通过非正式方式获得具体知识和技能的人可以申请认证。在这个程序中，他们必须证明具有职业资格相关目录规定的知识，并进行测试。成功完成后，即可以获得相应的国家职

① Eurydice Slovenia.THE EDUCATION SYSTEM in the Republic of Slovenia 2016/2017[R]. Tiskarna Radovljica: Ljubljana, February 2017: 54.

业资格证书。如技能大师职业资格考试的对象要求为：(1)职业高中教育证书以及至少3年相关的工作经验；(2)技术高中教育证书和至少2年相关的工作经验；(3)短期高等职业教育证书和至少有1年相关的工作经验。

表2 斯洛文尼亚国家资格框架[①]

斯洛文尼亚资格框架	资格证书/文凭	欧洲资格框架
1级	基础教育学校离校证书（完成基础教育第二阶段）	1级
	完成7年级或基础教育学校8年级证书	
2级	基础教育学校离校证书（完成基础教育第三阶段）	2级
3级	毕业考试证书，短期职业学校教育	3级
4级	毕业考试证书，职业高中教育	4级
5级	职业会考证书，技术高中教育	
	普通会考证书，普通高中教育	
	工匠师傅考试证书，技术高中教育	
	管理考试证书，技术高中教育	
	工头考试证书	
6级	短期高等职业教育文凭	5级
7级	专业学士，第一阶段专业教育	6级
	学术学士，第一阶段学术教育	
	博洛尼亚进程前的高等专业教育	
	高等职业教育后的专业教育文凭	
8级	硕士	7级
	博洛尼亚进程前的高等学术教育（4-6年）	
	博洛尼亚进程前的高等专业教育文凭（学士以上）	
9级	高等学术教育后的专业教育文凭（1-2年）	8级
	博洛尼亚进程前的硕士学位（2-3年，120学分）	
	高等专业教育后的专业教育文凭	
10级	博士（3年，180学分）	
	博洛尼亚进程前的博士（4年，240学分）	

注：斯洛文尼亚于1999年加入了博洛尼亚进程改革，2004年开始高等教育学习分为三个阶段，实施学分制管理。

① Slovenian Qualifications Framework[EB/OL]. http://www.nok.si/en/,2017-09-30.

2. 质量保障

按照斯洛文尼亚法律规定，国家成立教育质量评估委员会，负责协调学前教育、基础学校教育和高中教育的发展和评估，评估结果向部长报告。质量评估委员会确定评估活动的过程，明确评估的基本困境，建议评估研究委员会组成，并提出招标和评估研究机构的选择。通常来说，在基础教育阶段6年级和9年级结束时，有关部门会进行有组织的国家评估。各级各类教育机构、学生和教职员工等信息由斯洛文尼亚共和国统计局负责收集和管理。而在高中阶段末期，职业高中和技术高中学生则会接受马图拉职业教育会考。每年考试结束后，国家考试中心根据科目、地区和学校进行最终考试结果的全面分析。分析结果上报教育部并通知各学校，有关学校学生成绩的信息并不公开。学校可以将自己学校学生的成绩与国家同类学生的平均成绩以及最高成绩进行比较，根据考试结果的信息来评估其工作的质量水平。

在学校层面，各技术高中和职业学校建立质量保障委员会，其成员广泛吸收来自社会合作伙伴和利益相关者参与，学校质量保障委员会定期发布网络年度质量报告。

斯洛文尼亚共和国职业教育和培训研究所负责监督职业技术教育质量评估和保障的整个过程。此外，教育暨体育部还成立理事会监督国家教育评估研究的过程，并向职业技术教育专家委员会、部长和其他专业人员报告。

斯洛文尼亚职业教育发展综合水平较高。2009年，有研究选取36个经合组织成员国家和中国共37个国家进行比较发现，斯洛文尼亚职业教育国际竞争力综合排名为第15位，选取各维度的评价指标及其具体排名如下：

表3 斯洛文尼亚职业教育国际竞争力各指标排名情况[①]

指 标	排名（位）
结构（多样化指标、分级类型）	26
规模（职业教育注册学生比例、毛入学率）	3
质量（职业教育学生毕业率、职普学生学习成绩比）	27
效益（接受职业教育人口就业率、收入水平）	28
机会（职业教育转换、性别均等指数）	19
投入（职业教育年度生均经费投入占人均GDP比率）	7
综合排名	15

① 陈衍，李玉静，房巍，程宇，张祺午．中国职业教育国际竞争力比较分析[J].教育研究，2009,(6).

四、职业技术教育与培训的治理与教师

（一）治理

在国家教育治理方面，斯洛文尼亚教育、科学和体育部统筹各级学校的教育管理工作，地方教育行政管理部门负责监督学校发展。此外，劳动部、家庭部和社会事务部也参与部分管理工作，比如国家职业资格认证，以及与社会合作办学方面的有关管理规定等。各级各类学校则根据举办者（国家、私人）和组织（独立学院、公司企业机构）的不同设立了各自的治理机制和管理组织。学校董事会（或战略委员会）是治理的主体，管理工作一般由董事长或学校校长担任。董事会成员除了创始人和雇员代表外，还包括学生和雇主的代表。

斯洛文尼亚共和国政府还设立了职业技术教育专家委员会，在国家教育决策和制定规章方面提供专家支持。委员会由 1 名主席和 14 名委员组成，在职业技术教育专家委员会的委员组成人员中，要求至少有三分之一的成员是职业高中和高等职业院校的教育工作人员。

根据斯洛文尼亚《教育组织与财政法》的规定，职业技术教育专家委员会的主要职责为：指定职业技术教育的教学科目和考试知识目录、内容；明确职业教育中的教育范围和内容；在理事会授权的地区制定成人教育计划的等效教育资格标准；建立私立学校职业技术教育计划；批准职业技术教育课程教材；推荐职业技术教育课程；为特殊教育青少年推荐适应性教育计划；为学校教育设备的规范和标准制定提供建议；履行法律规定的其他职责。

（二）教师

根据斯洛文尼亚《教育组织与财政法》规定，要求教师从业者必须大学毕业，精通斯洛文尼亚语言，并且通过国家教师资格考试。而且在大学毕业之后，在参加教师资格考试之前，还需要在学校参加实践培训，实践培训需要有专门导师提供指导和监督管理，期间要经过一些必须的培训和教学技能的正式评估。

公立职业技术学校教育人员包括普通科目教师、专业课教师、实践教学和技能教师、大师（mojster）、咨询员、学校图书管理员、实验室助理、兴趣活动组织者等。各类教育人员的任职资格要求如下：

表 4　斯洛文尼亚公立职业技术学校教育人员类型及其任职资格要求①

教育人员类型	任职资格水平要求
普通科目教师	完成高等教育第二阶段的学习计划（a second cycle study programme）并取得资格，或依据法律在相关领域中类似的教育水平，以及教育教学资格证书

① Republic of Slovenia,ministry of education,science and sport.Organisation and Financing of Education Act[EB/OL]. http://www.mizs.gov.si/fileadmin/mizs.gov.si/pageuploads/ANG/Organisation_and_Financing_of_Education_Act_Oct_2016.pdf.2017-09-30.

续表

教育人员类型	任职资格水平要求
专业科目教师	至少完成高等教育第一阶段的学习计划（at least a first cycle study programme）并取得资格，或依据法律在相关领域中类似的教育水平，以及教育教学资格证书
实践课程和技能教学教师	至少具有相关领域的技术高中教育资格（an upper secondary technical educational qualification），且至少有三年相关工作经验以及教育教学资格证书，或通过大师资格考试
大师	根据法律规定通过大师资格考试
成人教育的组织者	完成高等教育第二阶段的学习计划（a second cycle study programme）并取得资格，或依据法律在相关领域中类似的教育水平，以及教育教学资格证书
课外兴趣活动的组织者	具有公立职业技术学校普通科目或专业科目教师的教育资格要求
工作实习的组织者	至少具有在相关领域中短期高等职业教育资格（a short higher vocational educational qualification），以及教育教学资格证书
实验室助理和实践课程的组织者	至少具有技术高中教育资格（an upper secondary technical educational qualification），以及教育教学资格证书

在教师培训方面，经合组织提出，要确保职业教育教师和培训人员具有充足的行业部门的工作经验，并提出应鼓励职业教育与培训机构教师到行业企业进行实地工作实践。欧盟也提出各国应加大投资，为职业教育教师、培训者和咨询者提供灵活的培训机会，鼓励职教教师和培训者进入企业实践。根据斯洛文尼亚的有关政策和文件要求，未来职业教育人员和培训工作者的发展需要着重于以下方面：转向学习者为中心的教学理念和组织模式，注重对学习结果的反馈和评价，加强信息通信技术在教学中使用的培训，以及随着未来技术的快速发展和多样化的劳动力需求，对教师培训工作带来的挑战等。①

五、职业技术教育与培训的诉求与发展趋势

（一）诉求

2009年以来，受世界经济危机的影响，斯洛文尼亚2005年6月通过的经济和社会发展战略的实施中断，而且，经济危机抵消了原本向好的经济发展趋势下较高的国内生产总值和高就业所带来的经济和社会发展进程。在此期间，斯洛文尼亚未能抓住机遇进行实质性变革，实现重要的技术性突破，推动经济社会的可持续发展。回顾斯洛文尼亚的经济发展历程发现，其经济增长是基于技术上不够强大的工业活动和传统服务活动。这两者都被认为是限制了斯洛文尼亚经济竞争力提升的重要因素。当前，斯洛文尼亚职业技术教育的进一步发展主要存在以下诉求：

① 苟顺明.欧盟职业教育政策研究[D].西南大学,2013.

1. 外部市场的诉求：劳动力市场供求失衡要求加强制度与结构调整

斯洛文尼亚教育发展水平较高，劳动力素质普遍较好，但由此也造成斯洛文尼亚的劳动力成本较高。而且，据有关媒体报道，斯洛文尼亚是世界上就业和再就业体系较不灵活的国家之一，一旦雇佣关系形成，解聘将异常困难。2015 年，斯洛文尼亚全年劳动力调查失业率为 9%。[①] 随着经济结构的调整变化，2016 年，制造业、贸易交通、餐饮住宿服务业发展较快，人员需求增多。但由于劳动力成本高，就业体系转换缺乏灵活性等因素导致人力资源短缺，部分岗位出现供求失衡的状况。

2. 教育自身的诉求：巩固职业教育现有规模，扩大优质人才供给

斯洛文尼亚有着非常好的工业、科技基础，随着经济水平的不断提高和产业结构的调整，斯洛文尼亚对劳动力的质量、数量、结构将会有更高的要求，高新技术型产业和服务业的人才需求会不断增加。目前，斯洛文尼亚中等职业教育比重达 60% 以上，在经合组织以及欧盟中都属于较高水平，高于法国、德国、日本等发达国家。[②] 因此，斯洛文尼亚职业教育在数量上已初具规模。今后，职业教育的发展应以提高质量和调整结构为重点，持续发挥其固有优势并进一步扩大优质供给。

（二）发展趋势

1. 持续推动职业教育现代化改革

根据政府职业教育改革的相关政策要求，职业教育培训现代化改革的重点在于加强与企业界的联系，发展更加贴合实际的培训模式，以适应斯洛文尼亚的情况和需要。同时，加大对学校的投入建设，实施新一轮的职业教育学校建设改造，包括短期职业高中、职业高中、技术高中教育以及短期高等职业教育建设计划。另外，教育部授权专家组对学徒制法案的修订工作提出建议，以切实提高个体的实践工作能力以及提高职业教育和培训的吸引力。

2. 加强教育与劳动力市场的衔接与过渡

斯洛文尼亚教育、科学和体育部于 2017 年 2 月面向社会公开征集教育项目，项目开展的目的是为在校学生提供尽可能多的社会实践机会，将学校与周边其他生活领域的不同利益相关者联系起来，教导年轻人如何积极、自主地在学校的环境中迁移和运用个人的专业知识，以促进学生创业能力和从学校到周边地区灵活过渡能力的提升。在项目运行中，年轻人将获得更多成功进入劳动力市场的能力，并开拓属于自己的发展路径，从而使得教育制度和外部环境之间的过渡变得更加灵活。

3. 注重发展对职业人才的需求预测

加强对劳动力市场发展状况的监控和人才需求的预测一直是欧盟职业教育发展的核

---

① 商务部国际贸易经济合作研究院等 . 对外投资合作国别 (地区) 指南——斯洛文尼亚 [R]. 商务部国际贸易经济合作研究院等 , 2016,4:32.

② 赵长兴 . 国际职业教育的若干新趋势、新做法与新经验 [J]. 中国职业技术教育 ,2016,(03):87–92.

心领域之一，欧盟提出要运用国家监督制度，对职业教育毕业生向劳动力市场及继续教育与培训的过渡进行监测。为此，加强对职业教育发展数据的收集整理，对有关职业教育政策的实施情况进行及时监测评估，增强职业教育与培训对劳动力市场的适应性，重视对技术性人才需求的预测是斯洛文尼亚未来重要的战略选择，由不同层面开展长短期的技能人才需求预报，以匹配劳动力市场的发展，对于缓和并稳固当前市场状况，推动经济社会可持续发展具有重要作用。

（深圳职业技术学院　技术与职业教育研究所　魏　明）

主要参考文献

[1] 中华人民共和国外交部 . 斯洛文尼亚国家概况 [EB/OL]. (2017-02-01)[2017-09-30]. http://www.fmprc.gov.cn/web/gjhdq_676201/gj_676203/oz_678770/1206_679738/1206x0_679740/.

[2] 商务部国际贸易经济合作研究院等 . 对外投资合作国别 (地区) 指南——斯洛文尼亚 [R]. 商务部国际贸易经济合作研究院等 ,2016,4.

[3] Eurydice Slovenia.THE EDUCATION SYSTEM in the Republic of Slovenia 2016/2017[R]. Tiskarna Radovljica: Ljubljana, February 2017.

[4] Republic of Slovenia,ministry of education,science and sport.Organisation and Financing of Education Act[EB/OL]. http://www.mizs.gov.si/fileadmin/mizs.gov.si/pageuploads/ANG/Organisation_and_Financing_of_Education_Act_Oct_2016.pdf,2017-09-30.

[5] Republic of Slovenia,ministry of education,science and sport.Act on the Public Interest in Youth Sector[EB/OL]. http://www.ursm.gov.si/fileadmin/ursm.gov.si/pageuploads/pdf/ZJIMS/ZJIMS_ENG.pdf,2017-09-30.

[6] 苟顺明 . 欧盟职业教育政策研究 [D]. 西南大学 ,2013.

[7] 陈衍 , 李玉静 , 房巍 , 程宇 , 张祺午 . 中国职业教育国际竞争力比较分析 [J]. 教育研究 ,2009,(6).

[8] Slovenian Qualifications Framework[EB/OL]. http://www.nok.si/en/,2017-09-30.

[9] 赵长兴 . 国际职业教育的若干新趋势、新做法与新经验 [J]. 中国职业技术教育 ,2016, (3).

克罗地亚共和国

一、国家概况

（一）地理

克罗地亚共和国（The Republic of Croatia），简称克罗地亚，位于欧洲中南部，中欧东南边缘，巴尔干半岛的西北部。处于地中海及巴尔干半岛潘诺尼亚平原的交界处，隔亚得里亚海与意大利相望，岛屿众多，有“千岛之国”之称，海岸线长 1880 千米。克罗地亚北部的邻国是斯洛文尼亚和匈牙利，东面和东南部与塞尔维亚、波斯尼亚和黑塞哥维那、黑山为邻。国土面积 56594 平方千米。[①]

克罗地亚北部为丘陵和平原地区，中部和中南部为高原和山地。特殊的地理位置使克罗地亚境内呈现两种不同的气候类型，沿海地区为地中海式气候，夏季炎热干燥，冬季温和多雨；内陆逐渐向温带大陆性气候过渡，四季分明。中部和中南部为高原山地气候，夏季凉爽，气温不超过 18℃，冬季严寒，降雪频繁，平均气温低于 -2℃。首都萨格勒布，位于克罗地亚的北部，坐落在萨瓦河西岸，梅德韦德尼察山脚下，面积 1291 平方千米。萨格勒布属温带大陆性气候，年均气温 9.3℃，年均降水量 871 毫米。[②]

（二）人文

克罗地亚属南部斯拉夫民族。公元 6 世纪末和 7 世纪初，斯拉夫人移居到巴尔干半岛定居。8 世纪末和 9 世纪初，克罗地亚人曾建立早期封建国家。10 世纪，克罗地亚王国建立。1102—1527 年，克罗地亚处于匈牙利王国的统治之下。1527—1918 年，克罗地亚受哈布斯堡王朝统治。第一次世界大战中，奥匈帝国战败崩溃，克罗地亚与其他南部斯拉夫民族联合成立“塞尔维亚人 - 克罗地亚人 - 斯洛文尼亚人王国”，王国于 1929 年更名为南斯拉夫。第二次世界大战期间，1941 年德国、意大利法西斯入侵，扶持建立了“克罗地亚独立国”，克罗地亚成为了轴心国的傀儡国。反法西斯战争胜利后，1945

---

① 中华人民共和国外交部 . 克罗地亚国家概况 [EB/OL].(2017-02-01) [2017-08-06]. http://www.fmprc.gov.cn/web/gjhdq_676201/gj_676203/oz_678770/1206_679306/1206x0_679308/.

② 商务部国际贸易经济合作研究院等 . 对外投资合作国别 (地区) 指南——克罗地亚 [R]. 商务部国际贸易经济合作研究院等 ,2016,4:3-4.

年11月29日成立南斯拉夫联邦人民共和国，1963年改称南斯拉夫社会主义联邦共和国。1991年6月25日，克罗地亚脱离南斯拉夫社会主义联邦共和国宣布独立。本届政府于2016年10月19日组成，总统科琳达·格拉巴尔－基塔罗维奇，总理安德烈·普连科维奇。①

克罗地亚这个国家的名字源自民族名，斯拉夫语意为“山冈之人”。主要民族是克罗地亚族（90.42%），其他为塞尔维亚族、波斯尼亚族、意大利族、匈牙利族、阿尔巴尼亚族、捷克族等。克罗地亚共和国的国庆日为6月25日，官方语言是克罗地亚语（与塞尔维亚语、波斯尼亚语、黑山语相通），英语较普及，会讲德语和意大利语的人也较多。至2014年底，克罗地亚人口总共有423.8万，其中城市人口占近70%。由于受战争、政治、经济等因素影响，自15世纪开始，克罗地亚移民浪潮不断，目前克罗地亚海外侨民高达250万。全国86.28%的居民信奉罗马天主教，少部分居民信奉东正教、伊斯兰教、基督教新教、希腊天主教或犹太教。

（三）经济

克罗地亚森林和水力资源丰富，全国森林面积268.9万公顷，森林覆盖率为47%，主要矿产资源有石油、天然气、煤、铝矾土。同时克罗地亚还出产优质的泥灰石，其他矿产还有铁、锰、石墨等。亚得里亚海里有丰富的石油储藏，并通过石油管道，通往克罗地亚、波黑、斯洛文尼亚、塞尔维亚、匈牙利、捷克和斯洛伐克等国的炼油厂。

克罗地亚是一个发达的资本主义国家，也是前南斯拉夫地区经济较为发达的国家。2003年至2007年，克罗地亚经济保持稳定增长，年均增长率超过4.8%。2008年全球金融危机后，克罗地亚经济增速放缓，2009年至2014年陷入衰退，2015年走出衰退期，第二、三产业复苏态势明显，全年经济增长1.6%。克罗地亚经济以第三产业为主，第二产业为副，旅游业是国家经济的重要组成部分，2015年，农业、工业和服务业占GDP的比重分别为：4.3%、26.3%和69.4%。②

克罗地亚经济基础良好，克罗地亚工业以造船、食品加工、制药、资讯科技、生化、木材加工为主，旅游、建筑、造船和制药等产业发展水平较高。最大贸易伙伴为欧洲联盟。此外，克罗地亚旅游业也很发达，是国家支柱产业，成为经济的重要组成部分和外汇收入的主要来源。重要的旅游资源有亚得里亚海沿岸及1000多个岛屿，8个国家公园和10个自然公园、历史文化遗产，主要风景区有秀丽迷人的亚得里亚海海滨、普利特维采湖群和布里俄尼岛等国家公园。旅游业一直是克罗地亚政府着力发展的重点行业，其在克罗地亚经济发展中占据重要的地位。

① 中华人民共和国外交部．克罗地亚国家概况 [EB/OL].(2017-02-01) [2017-08-06]. http://www.fmprc.gov.cn/web/gjhdq_676201/gj_676203/oz_678770/1206_679306/1206x0_679308/.

② 商务部国际贸易经济合作研究院等．对外投资合作国别（地区）指南——克罗地亚 [R]. 商务部国际贸易经济合作研究院等 ,2016,4:13-16.

（四）教育

克罗地亚具备较为完整的教育体系，包括学前教育、初等教育、中等教育、职业教育、高等教育、成人教育和特殊教育等。全国面向 6~15 岁儿童普及实施八年制免费初等义务教育，州立学校的小学和中学教育是免费的。克罗地亚国民识字率达 99.2%，国民文化教育程度较高。克罗地亚的小学教育自六七岁开始，分成八个学级，2007 年时又通过一项法律，增加免费的、非义务性的教育到 18 岁为止。

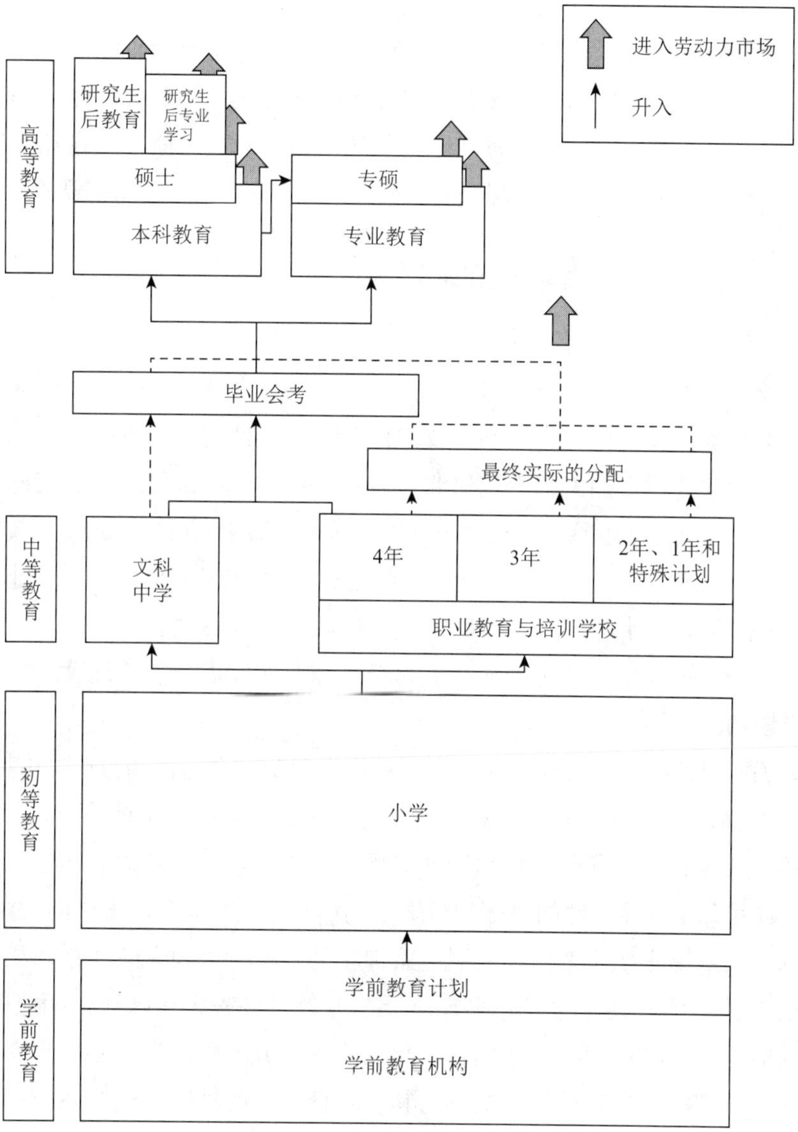

图 1　克罗地亚教育体系[①]

① 转引自：UNESCO International Bureau of Education. World Data on Education. VII Ed. 2010/11. [DB/OL]. http://www.ibe.unesco.org/fileadmin/user_upload/publications/WDE/2010/pdf-Versions/Croatia.pdf. 2017-07-26.

克罗地亚的中学教育提供"文理中学"和"高级职业学校"两种。在初等和中等教育上，克罗地亚允许使用多种少数民族语言，包括捷克语、匈牙利语、意大利语、塞尔维亚语和德语。2009 年至 2010 年间还引入了适用全国中等教育学生的毕业会考制度，包括三门必修科目（克罗地亚语、数学和外语）和选修科目，作为接受高等教育的先决条件。

2013—2014 学年，克罗地亚学前教育学校 1562 所，学生 131037 人，教师 10785 人；初等教育（小学和初中）学校 2132 所，学生 327204 人，教师 32306 人；中等教育（高中）739 所，学生 182878 人，教师 25584 人。①

目前，克罗地亚共有 7 所高等学府：萨格勒布大学、里耶卡大学、奥西耶克大学、斯普利特大学、扎达尔大学，以及杜布罗夫尼克大学和普拉大学。优质的高等教育是成功社会的先决条件。因此，科学、教育和体育部的主要任务之一就是要在克罗地亚现有的大学和高等教育学院的基础上，把克罗地亚的高等教育建立成为人才培养的知识核心。②

二、职业技术教育与培训的战略与法规

（一）战略

克罗地亚职业教育体系的建设与发展旨在为学生提供高质量的学习机会和进入劳动力市场所需的技能。克罗地亚认为职业技术教育与培训计划对所有居民来说都是必不可少的，通过为青少年设定相关的现代化职业教育课程，提供必要的就业支持和继续教育与培训的机会，以及让学生参与终身学习过程，从而获得必要的职业知识、技能和能力。

2016 年 9 月 28 日，克罗地亚共和国政府通过了"2016—2020 年度职业教育体系发展计划"（以下简称计划）。计划提出将职业教育和培训体系发展成为一个优质、高效、有吸引力和创新型的系统，并为个人在能力增进和专业发展、参与继续教育和终身学习等方面提供便利。

该计划确定了系统开发的几个优先事项：加强职业教育培训和劳动力市场上的联系，实施新职业课程，促进和改进工作型学习模式；发展职业教育培训质量保障体系，提高职业教育培训质量；促进职业教育和培训国际化，支持学生和教师的国际流动，完善教师专业发展体系和增加流动性的目标和措施以及提升学生在职业教育中的就业能力等。

该计划基于对国家职业教育和培训体系现状的分析，以现有的战略和法律框架为依据，提出的具体措施包括：通过并实施国家职业教育课程，保障获得相应的职业资格；使得现有的职业学校和培训机构布局合理化，建立区域能力培训中心；建立独特的质量保障体系，优化现存的自我评估模式，将其与教育机构的外部评估体系相结合；基于可衡量的指标，实施监测并提高教育系统运行的质量和效率；加强职业教育机构落实独特

① 中华人民共和国外交部 . 克罗地亚国家概况 [EB/OL].(2017-02-01) [2017-08-06]. http://www.fmprc.gov.cn/web/gjhdq_676201/gj_676203/oz_678770/1206_679306/1206x0_679308/.

② Ministry of science and education of the republic of Croatia. https://mzo.hr/en/rubrike/education.2017-09-29.

的质量保障体系的能力；加强职业教育专业教师和实践指导教师能力的发展；促进学生技能的提升；提高学生和教师流动的能力；支持职业教育与培训的国际化发展等。①

（二）法规

1.《职业教育法》

克罗地亚议会在 2009 年 2 月通过了《职业教育法》。本法案规定了职业教育活动由职业教育机构进行；职业教育机构有义务设立质量委员会；欧盟成员国国民与克罗地亚人享有同等的职业教育权；职业教育部门可以制定有关学校课程性质的规定。其他相关主题还涉及：学校资助的水平；教师的培训和认证；评估方法和学生考试标准；学校管理结构改革与校董会的设立以及课程材料的设计等。

2.《克罗地亚资格框架法》

2007 年 2 月，《克罗地亚资格框架法》（官方公报，22/13）获得通过，该法是教育和经济部门所有主要利益相关者进行密集对话和沟通合作的积极成果。法律通过将部分普通资格置于特定的资格等级之中，赋予其正式的法律地位，从而成为克罗地亚资格框架的组成部分。法律还规定，克罗地亚资格框架应参照欧洲资格框架和欧洲高等教育区的资格框架制定，并规定了克罗地亚资格框架最终实施的有关制度条款。

3.《职业教育与培训法修正案》

2016 年 6 月 29 日，科技、教育和体育部就职业教育与培训法修正案面向社会公开征询意见。此次法案的修订旨在：消除“职业教育法”和现行“克罗地亚资格框架法”之间的不相容和重叠部分；保障新兴职业教育课程的设置符合劳动力市场需求；促进关键利益攸关方监测职业教育发展现状，参与进一步的规划；建立更好的质量保证体系，以及建立一个有助于终身学习和流通的体系。

三、职业技术教育与培训的体系与质量保障

（一）体系

1. 正规职业技术教育与培训

完成初等教育后，儿童可以根据课程划分选择进入文科中学，职业学校（技术、工业和工艺）或艺术学校（音乐、舞蹈、艺术），继续进行中等教育。中等教育的课程计划主要包括：中学文凭课程；中等职业学位课程；基础专业学位课程以及资格和培训类课程。② 文科中学提供持续 4 年的课程。职业学校的教育时间取决于课程类型，可持续 1 至 5 年。职业学校毕业后，学生可以进入劳动力市场就业，也可以在完成某些条件要求的

① CROATIA’S GOVERNMENT ADOPTS VET SYSTEM DEVELOPMENT PROGRAMME.(2016-10-06) .[2017-07-30].http://www.asoo.hr/default.aspx?id=3861.

② Ministry of science and education of the republic of Croatia.https://mzo.hr/en/rubrike/secondary-education.2017-10-06.

基础上进入高等教育阶段学习。职业中学的提供的教育主要包括以下类型:(1)4年制或5年制教育,准备进入劳动力市场或继续接受更高级别的教育;(2)为学生提供进入工业、经济和工艺领域工作的3年制课程;(3)根据组织和个人特点,提供类似于3年制的职业教育;(4)为残疾学生提供低等或中等教育的特殊教育计划。

2015—2016学年度,克罗地亚共和国职业教育体系职业技术学校类型和学生人数分布具体如下:7所可以获得较低资格的中等教育学校(203名);109所提供为期3年课程教学计划的学校,为学生进入工业领域工作准备(19683名);46所提供为期3年课程教学计划的学校,为学生进入工艺领域工作准备(14450名);122所4年制教育计划学校(74189名)以及1所为期5年的护理专业人才培养学校(5816名)。①

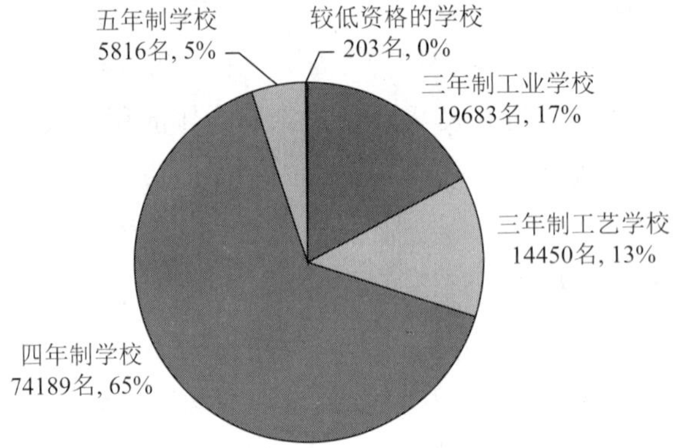

图2 2015—2016学年各职业学校学生人数与占比分布情况

2. 继续教育与培训

对于在学校系统之外提供的继续职业技术教育与培训,一般没有明确规定的教育途径。非正式的学习培训通过某些有组织的学习活动使得个人获得社会和专业方面的知识、技能,不会获得职业教育证书。克罗地亚的成人教育做法与许多发展中国家的特点相一致。克罗地亚建有统一的全国成人教育机构网络,以及大量开展成人教育培训计划的各种私立机构和非政府组织。这些培训机构除了部门常规活动以外,还向成人推出各种培训项目,特别是非正规教育的范围非常广泛,一般而言是在法律规定的范围内,根据公民个人或实体机构的教育需要而创建的。② 克罗地亚的非正规职业技术与培训一般是以个别部门指导的自由市场计划或特别方案,例如在公共就业服务部门的法定培训中进行再培训。

① Ministry of science and education of the republic of Croatia.https://mzo.hr/en/rubrike/vocational-schools.2017-10-06.

② Eurydice.Croatia:Organisation of the Education System and of its Structure[EB/OL].(2014-12-29) [2017-10-07]. Https://webgate.ec.europa.eu/fpfis/mwikis/eurydice/index.php/Croatia:Organisation_of_the_Education_System_and_of_its_Structure.

（二）保障

1. 资格框架

职业标准和职业资格由职业培训和教育局（以下简称：机构）制定。职业标准和职业资格由部长根据职业教育机构的建议提出，经相应的理事会部门批准。而且要定期更新职业标准和职业资格，通常为每5年一次。

克罗地亚国家资格框架的制定是基于以下要素考虑通过，主要包括克罗地亚的教育传统、目前的状况和经济社会发展水平、个人和整个社会的需要和欧洲资格框架以及国际规则等方面，克罗地亚国家资格框架的建立和发展完善是实现制度管理的重要前提条件。国家资格框架从满足市场、个人和社会的需求出发，旨在通过基于学习成果制定的资格标准，规范各级资格体系的统一发展。学习成果是克罗地亚国家资格框架的核心要素，对学习成果的认定和评估着重于考察个体通过学习过程而获得的能力，而并不关注学习过程本身和获取成果的方式。因此，国家资格框架的建立为先前学习的认定提供了依据和标准。除了建立资格标准，国家资格框架还引入了职业标准，即对从事某种职业所需要的能力要求进行了明确地阐述①。

克罗地亚国家资格框架包含 8 个参考级别，另外还有 4 个子级别，更高层次的学习成果应该包括较低级别的学习成果，每个参考水平根据学生的工作量、水平、可衡量的学习成果、能力来描述。克罗地亚的国家资格框架旨在为每个学位课程提供一个广泛的框架，以便在其范围内提供学位证书。在克罗地亚职业教育法案中规定，如果学生通过所需数量的强制性和可选课程，则会颁发相应的文凭或资格证书。高等教育机构根据机构的性质和方案的长短提供学位、文凭、证书和证明。大学学院专注于学位课程，但也提供文凭和证书，职业技术教育与培训机构等通过有关协议提供大学文凭、证书。其他证书，如副学士学位、特殊类别的应用学位，以及与本科和研究生学习有关的证书和文凭，都需要在各省 / 地区层面进行阐述。②

表 1　克罗地亚资格框架③

克罗地亚资格框架等级	获得资格需要完成的工作量	获得资格的其他要求	欧洲资格框架等级
8.2	—	在第8级完成至少3年的研究，并在国际同行评议期刊发表论文（准入条件：7.1参考等级）	8
8.1	—	在第8级完成至少1年的研究（准入条件：7.1参考等级）（注：部分类别）	

① The CROQF concept[EB/OL].http://www.kvalifikacije.hr/about-croqf. 2017-10-07.

② METHODOLOGY FOR DEVELOPMENT OF VET OCCUPATIONAL STANDARDS, QUALIFICATIONS AND CURRICULA. http://www.asoo.hr/default.aspx?id=1250.2017-07-28.

③ Prof. Mile Dzelalija, PhD etc.CROATIAN QUALIFICATIONS FRAMEWORK Introduction to Qualifications[R]. Government of the Republic of Croatia Ministry of Science, Education and Sports,2016-03-17.

续表

克罗地亚资格框架等级	获得资格需要完成的工作量	获得资格的其他要求	欧洲资格框架等级
7.2	至少60 学分（ECTS）	在第7级或更高级别上至少获得60 学分（ECTS）（准入条件：7.1参考等级）	8
7.1	至少60 学分（ECTS）	在第7级或更高级别上至少获得60 学分（ECTS），共至少获得300学分（准入条件：第6级或者4.2参考等级）	7
6	至少180学分（ECTS）	在第6级或更高级别上获得至少120学分（ECTS）（准入条件：4.1或者4.2参考等级，取决于个人的资格证明材料）	6
5.2	至少120学分（ECTS）	在第6级或更高级别上获得至少60学分（ECTS）（准入条件：4.1参考等级）	
5.1	至少60学分（ECVET）	在第6级或更高级别上获得至少30学分（ECVET）（准入条件：4.1参考等级）	5
4.2	至少240学分（ECVET/G）	在第4参考级或更高级别上获得至少180学分（ECVET/G）（准入条件：第1参考等级）	
4.1	至少180学分（ECVET）	在第4参考级或更高级别上获得至少120学分（ECVET）（准入条件：第1参考等级）	4
3	至少60学分（ECVET）	在第3参考级或更高级别上获得至少60学分（ECVET）（准入条件：第1参考等级）	3
2	至少30学分（ECVET）	在第2参考级或更高级别上获得至少30学分（ECVET）（准入条件：第1参考等级）	2
1	至少120学分（ES）	—	1

注：1 ECTS/ECVET/1(ES/G) 相当于 25–30 小时。

2. 质量保障

克罗地亚职业教育质量保障框架包括三个要素：学校外部评估、学校自我评估、教育成果评估。具体包括基于学校自我评估的学校内部质量保障，以及由独立机构实施的基于客观标准的学校外部评估。评估的对象主要包括两个方面，一是对教育机构的运行程序、物质构成和人力资源组成，二是教育计划制定与实施的相关性和对学生学业成果的评价。①

克罗地亚职业教育质量的保障主要通过以下的方式，即建立合理的职业教育机构网络，用于实施信息技术监控和系统管理的数据库建设，确立评估体系并进行评估结果的收集整理和分析。职业教育机构有义务进行自我评估和外部评估，职业教育质量指标和使用方法由有关部门组织确定。每年职业教育机构应当出具年度分析报告，并提交给质量委员会。

① Ministry of science and education of the republic of Croatia. https://mzo.hr/en/rubrike/quality-assurance,2017-10-07.

四、职业技术教育与培训的治理与教师

（一）治理

克罗地亚的教育体系是由科学、教育和体育部进行统一管理。该部的任务是为确保个体在整个一生中平等接受各级教育制定教育方案和项目，开发有助于提高个体社会适应能力的教育计划、内容和战略，并建立基于信息技术和现代研究成果上的透明的教育体系。并与社会和劳动力市场的需求相协调，建立有效的教育机构和资格体系、计划、课程，并制定各级教育质量保障体系，改进职业教育和成人教育工作，促进全纳教育的发展。①

教育和培训机构（原为教育研究所），为教育发展提供专业的咨询服务、实施教育监督、参与课程的制定与实施等工作。机构的主体由管理委员会、专家委员会和理事会组成。管理委员会包括主席和 6 名成员，由克罗地亚共和国政府任命，为期 4 年。其中职业教育培训机构开展下述工作：职业教育领域的工作分析、教育发展和研究活动；为克罗地亚共和国、克罗地亚国会提供职业教育的相关信息，为职业教育发展起草文件报告；监督、合作和参与职业教育领域的方案制定；提供职业教育咨询服务；对职业教育教师进行专业培训和高级培训教育；对职业教育的教学进行监督；建立和维护职业教育信息化系统，参与评估、自我评估和外部评估等。②

除政府机构外，各类社会合作伙伴也为职业技术教育与培训系统的正常运行做出贡献。参与职业技术教育与培训促进工作的其他政府部门还包括：财政部；卫生、劳动和社会事务部；基础设施和地区发展部等部门。

经费来源方面，职业教育与培训系统由克罗地亚政府、教育与科学部以及其他部门进行预算和提供资金，非政府组织也为克罗地亚的职业教育提供资金支持。

（二）教师

中等职业学校教师必须持有高等教育学位（通常为学士学位）。已经完成学业的教师还必须要花一年时间在学校做执业教师；在一年结束时，如果得到肯定评价，就可以成为有资格的教师。教师的在职培训工作由科学、教育和体育部统一组织，经常与学院和各种专业组织一起参与各种活动。

职业教育的教师具体包括执教理论科目的文化课教师、实习指导教师、职业教育培训师和助教。理论科目教师要求已经完成大学学习或者已经获得 18 学分以上，并且完成了所需的教育学、心理学课程，获得 60 学分（以下简称教学能力）；实习训练和练习的指导教师也要求已经完成大学本科或至少获得 180 个学分；职业教育培训师要求至少完

① Eurydice.Croatia:Organisation of the Education System and of its Structure[EB/OL].(2014-12-29) [2017-10-07]. Https://webgate.ec.europa.eu/fpfis/mwikis/eurydice/index.php/Croatia:Organisation_of_the_Education_System_and_of_its_Structure.

② UNESCO International Bureau of Education. World Data on Education. VII Ed. 2010/11. [DB/OL]. http://www.ibe.unesco.org/fileadmin/user_upload/publications/WDE/2010/pdf-Versions/Croatia.pdf. 2017-07-26.

成中等职业教育的有关课程，具备相应的教学能力和至少五年相应专业的工作经验；教学助理则要求已经完成中等教育的课程学习，并具有至少五年相关的工作经验。另外，根据"教育职工法"规定，校长按照继续教育计划一方面要求教师接受继续教育，同时作为教学人员也有义务进一步接受教育培训，以更新、改进和补充教育管理人员的资格。①

职后培训方面，教师到指定的高等教育机构接受培训。学习与培训期间，不仅需要研究各自承担的学科课程，还要接受教育学、心理学和教学方法方面的培训。

五、职业技术教育与培训的诉求与发展趋势

（一）诉求

目前，克罗地亚的经济发展正面临诸多困境，首先，从集权式的计划经济向自由市场经济转型的过程中，在克服计划经济后，国家面临上市公司员工盈余过剩、工业化程度下降、市场失灵等系列问题。其次是国家财政支出与国内生产总值之间形成巨大的反差，克罗地亚的财政赤字达到国内生产总值的45%，对国家信用评级形成严重威胁。第三，在农业生产部门，农业劳动人口占到了国家劳动力的15%，但却面临生产效率低下的严重问题。此外，在地方社区的管理上也是问题重重。②然而，作为欧盟成员国，克罗地亚于2011年6月30日完成欧盟谈判，2013年7月1日成为欧盟全体成员国（第28届欧盟国家）。随着欧盟经济一体化的实现，克罗地亚必将需要更多技术技能人才以促进经济社会发展。克罗地亚职业教育技能人才培养的诉求主要有：③

其一，近年来，克罗地亚的职业教育知识和技能不足问题比较突出。大部分年轻人不具备就业市场所需要的适当技能，特别是实用的、技术操作技能。但与此同时，伴随着全球经济危机和工业化发展，廉价进口商品和劳动力的增长，社会上对于手工制品的需求减少，造成国家工艺品的价格缺乏竞争力，最终导致工艺店关门。这使得克罗地亚的一些工艺职业完全消失，因为多年没有人注册或参加这些职业课程。

其二，随着克罗地亚经济改革的推进，特别是制造业、旅游餐饮业、建筑业和农业发展，克罗地亚的职业教育必须适应经济发展的需要，办学机构的设立应该适应产业发展的要求，需要建立起相关的课程教学和培养更加实用的技能。

其三，根据相关调研结果，工作态度、沟通能力、团队协作和解决问题能力的不足是克罗地亚当今劳动力市场人力资源中普遍存在的主要问题。为了弥补技能不足和纠正技能错位的现象，克罗地亚的职业技术教育与培训机构不仅需要开展与国家发展紧密相

---

① Education and Teacher Training Agency.http://www.azoo.hr/.2017-07-28.

② Eurydice.Croatia:Political and Economic Situation[EB/OL].(2012-12-21) [2017-10-07].https://webgate.ec.europa.eu/fpfis/mwikis/eurydice/index.php/Croatia:Political_and_Economic_Situation.

③ Agency for vocational education and training and adult education.http://www.asoo.hr/default.aspx?id=93.2017-07-30.

关行业所需要的专业教学，还要培养国家支柱产业发展所需要的职业技能与通用的、可迁移的软技能。

（二）发展趋势

1. 多举措推动综合改革，多元化教育选择途径

职业技术教育与培训是克罗地亚职业教育体系的基本组成部分，在过去几十年中政府一直在不断采取多种措施致力于促进和推动其发展。主要采取的措施包括：多元化职业技术教育与培训的实施途径，包括发展高等职业教育等多种选择。在学徒计划中引入新的资格制度和国家标准化考试；发起一项重大的新成人教育计划，认识到非正规和非正式职业技术教育与培训的学习成果；开发新的工具来改善职业指导等。2016 年 1 月，科学、教育和体育部通过了“关于接受较高级别继续教育的条件和方法”，使得业已完成较低资格水平（国际教育标准分类第 3 级）的学生（主要与职业教育有关）可以继续接受更高级别的免费教育，以达到更高的资格水平，甚至获得入读高等教育所需的资格。

2. 明确重点领域工作，制定课程改革方案

根据克罗地亚职业教育法以及相关教育改革计划的内容，针对职业技术教育与培训的学生掌握 21 世纪所需要的知识、技能和态度，克罗地亚的职业教育体系正在进行广泛的课程改革，制定新的教育方案体系。按照已批准的国家课程，学校需要在 2 年内制定自己的学校课程。课程开发的目标是：允许进一步灵活地根据区域需求制定毕业生计划，制定劳动力市场所需领域的培养方案，满足学生的兴趣和能力。在 2015 年推出的课程改革方案中，明确指出课程学习所培养的学生能力不能仅限于认知能力，即知识的学习；还包括技能、态度和创新思维等未来职业岗位工作所需要的多项关键能力。

3. 顺应社会发展趋势，促进整体质量的提升

未来随着科学技术的发展，知识更新换代加速，加之劳动力流动更加频繁，以及人口老龄化社会的到来，在这个不断变化的环境中，克罗地亚应该更加注重学生的职业教育专业能力培养，加强职业教育的质量保障工程建设，在国际化和不断变化的环境中充分把握职业教育面临的机遇和挑战。

（深圳职业技术学院　技术与职业教育研究所　魏　明）

主要参考文献

[1] 中华人民共和国外交部 . 克罗地亚国家概况 [EB/OL].(2017-02-01) [2017-08-06]. http://www.fmprc.gov.cn/web/gjhdq_676201/gj_676203/oz_678770/1206_679306/1206x0_679308/.

[2] 商务部国际贸易经济合作研究院等 . 对外投资合作国别 (地区) 指南——克罗地亚 [R]. 商务部国际贸易经济合作研究院等 , 2016,4.

[3] Ministry of science and education of the republic of Croatia. https://mzo.hr/en/rubrike/education.2017–09–29.

[4] UNESCO International Bureau of Education. World Data on Education. VII Ed. 2010/11. [DB/OL]. http://www.ibe.unesco.org/fileadmin/user_upload/publications/WDE/2010/pdf-Versions/Croatia.pdf. 2017-07-26.

[5] CROATIA'S GOVERNMENT ADOPTS VET SYSTEM DEVELOPMENT PROGRAMME. (2016–10–06).[2017–07–30].http://www.asoo.hr/default.aspx?id=3861.

[6] Eurydice.Croatia:Organisation of the Education System and of its Structure[EB/OL].(2014–12–29).[2017–10–07]. Https://webgate.ec.europa.eu/fpfis/mwikis/eurydice/index.php/Croatia:Organisation_of_the_Education_System_and_of_its_Structure.

[7] The CROQF concept[EB/OL].http://www.kvalifikacije.hr/about–croqf. 2017–10–07.

[8] Prof. Mile Dzelalija, PhD etc.CROATIAN QUALIFICATIONS FRAMEWORK Introduction to Qualifications[R]. Government of the Republic of Croatia Ministry of Science, Education and Sports, 2016–03–17.

[9] METHODOLOGY FOR DEVELOPMENT OF VET OCCUPATIONAL STANDARDS, QUALIFICATIONS AND CURRICULA. http://www.asoo.hr/default.aspx?id=1250.2017–07–28.

[10] Education and Teacher Training Agency.http://www.azoo.hr/.2017–07–28.

[11] Agency for vocational education and training and adult education. http://www.asoo.hr/.2017–07–30.

波斯尼亚和黑塞哥维那

一、国家概况

（一）地理

波斯尼亚和黑塞哥维那（Bosnia and Herzegovina），简称波黑，位于巴尔干半岛中西部，介于克罗地亚和塞尔维亚两共和国之间，东邻塞尔维亚，东南部与黑山共和国接壤，西部及北部紧邻克罗地亚，南部极少部分濒临亚得里亚海，海岸线长约 21.2 千米。国土面积 5.12 万平方千米。北部为温和的大陆性气候，南部为地中海型气候。南部 1 月平均气温为 6.3℃，7 月 27.4℃，北部 1 月平均气温 -0.2℃，7 月 22.7℃。年平均气温 11.2℃。①

波黑大部分地区位于迪纳拉高原和萨瓦河流域，萨瓦河（多瑙河支流）为波黑北部与克罗地亚的边界。地形以山地为主，平均海拔 500 米，迪纳拉山脉（也叫狄那里克阿尔卑斯山脉）的大部分自西北向东南纵贯全境，最高山峰为马格里奇山，海拔 2387 米。境内多河流，主要有奈雷特瓦河、博斯纳河、德里纳河、乌纳河和伐尔巴斯河。最长的内河德里纳河 346 千米，最大的湖泊布什科湖 55.8 平方千米。②

（二）人文

波黑自新石器时代就有人类居住，早期居民为伊利里亚人。公元 6 世纪末 7 世纪初，部分斯拉夫人南迁到巴尔干半岛，在波斯尼亚和黑塞哥维那等地定居。12 世纪末，斯拉夫人建立独立的波斯尼亚公国。1918 年第一次世界大战结束后，南部斯拉夫民族成立了塞尔维亚人 – 克罗地亚人 – 斯洛文尼亚人王国，1929 年改称南斯拉夫王国，波黑是其中的一部分。1963 年南斯拉夫社会主义联邦共和国成立，波黑是其中的一个共和国。从 20 世纪 90 年代开始，波黑因种族矛盾而爆发战争。1995 年 11 月 21 日，在美国主持下，

---

① 中华人民共和国外交部．波斯尼亚和黑塞哥维那国家概况 [EB/OL].(2017-02-01) [2017-10-12]. http://www.fmprc.gov.cn/web/gjhdq_676201/gj_676203/oz_678770/1206_678988/1206x0_678990/.

② 商务部国际贸易经济合作研究院等．对外投资合作国别（地区）指南——波黑 [R]. 商务部国际贸易经济合作研究院等，2016,4:3.

南斯拉夫联盟各共和国总统共同签署代顿波黑和平协议，波黑战争结束。[①]

世界银行2016年3月发布的报告显示，战前波黑的人口为450万[②]。目前波黑人口382万（2014年），其中波黑联邦占62.5%，塞尔维亚族共和国占37.5%。主要民族为：波什尼亚克族，约占总人口43.5%；塞尔维亚族，约占总人口31.2%；克罗地亚族，约占总人口17.4%。三族分别信奉伊斯兰教、东正教和天主教。官方语言为波什尼亚语、塞尔维亚语和克罗地亚语。波黑的首都为萨拉热窝，人口29万人（2014年）。其他主要城市有巴尼亚卢卡、图兹拉与莫斯塔尔等。[③]

波黑宪法规定：波黑正式名称为"波斯尼亚和黑塞哥维那"，由波黑联邦和塞族共和国两个实体组成。波黑主席团行使国家元首职责，由波什尼亚克、塞尔维亚和克罗地亚三族各一名代表组成，任期4年。主席团主席为轮值制，由三族代表每8个月轮换一次。波黑政府称部长会议，由部长会议主席和部长组成，任期4年。部长会议主席由主席团任命，经议会代表院批准。部长由部长会议主席任命。[④]

（三）经济

波黑在南斯拉夫时期便是联邦内较贫穷的地区之一，独立后又发生了内战，经济受到严重损害。战争结束后至今，波黑经济正在渐渐复苏，同时还要进行从计划经济到市场经济的转型。波黑货币为可兑换马克，或称波黑马克，曾经和德国马克保持一比一的汇率。德国马克由欧元所取代后，可兑换马克继续和欧元保持固定的汇率。2014年，国内生产总值272.59亿可兑换马克（约合139.37亿欧元），人均国内生产总值7123可兑换马克（约合3642欧元），国内生产总值实际增长率为0.7%。进出口贸易总额248.8亿可兑换马克（约合127.2亿欧元），其中，出口86.8亿可兑换马克（约合44.4亿欧元），进口162亿可兑换马克（约合82.8亿欧元）。主要出口商品有铝锭、矿产品、木材、机械产品等。主要进口商品有机械、食品、石油、化工、交通工具等。重要贸易伙伴为：克罗地亚、德国、塞尔维亚、意大利、斯洛文尼亚、奥地利、黑山、俄罗斯。[⑤]

波黑主要工业产品为电力和煤，矿产资源丰富，主要有铁矿、褐煤、铝矾土、铅锌矿、石棉、岩盐、重晶石等，其中煤炭蕴藏量达38亿吨。图兹拉地区食用盐储量为欧洲之最。波黑拥有丰富的水资源，潜在的水力发电量达170亿千瓦。森林覆盖面积占波黑

---

① 中华人民共和国外交部．波斯尼亚和黑塞哥维那国家概况 [EB/OL].(2017-02-01) [2017-10-12]. http://www.fmprc.gov.cn/web/gjhdq_676201/gj_676203/oz_678770/1206_678988/1206x0_678990/.

② 商务部国际贸易经济合作研究院等．对外投资合作国别（地区）指南——波黑 [R]. 商务部国际贸易经济合作研究院等，2016,4:6.

③ 中华人民共和国外交部．波斯尼亚和黑塞哥维那国家概况 [EB/OL].(2017-02-01) [2017-10-12]. http://www.fmprc.gov.cn/web/gjhdq_676201/gj_676203/oz_678770/1206_678988/1206x0_678990/.

④ 同上。

⑤ 同上。

全境面积的46.6%，其中65%为落叶植物，35%为针叶植物。[①]

金属加工业、木材加工业以及农业和食品加工业是波黑的重要经济产业，其中金属加工业占波黑制造业比重的20%，是波黑制造业的支柱产业，主要产品为钢铁、电解铝、氧化铝、铅、锌及铜加工产品。根据2010年制定的《波黑发展战略》，2010—2020年，波黑在保持经济稳定的基础上，要加强基础设施建设，增加生产性投资，并扩大出口，积极发展旅游业，解决就业困境。近年来，波黑将旅游业列为经济发展的重要产业之一，并大力吸引外资。波黑允许申根多次签证持有者免签入境7天。2015年入境旅游人数102.9万人次，同比增长21.5%；其中中国游客9948人次到访波黑，同比增长51.9%。旅游项目主要有温泉、滑雪、漂流、打猎、疗养及文化、宗教（被列为世界文化遗产的莫斯塔尔老桥及寺院等）。[②]

（四）教育

波黑的教育体系主要分为：前高等教育（Pre-higher education），包括初等教育和中等教育；高等教育（Higher education）。

（1）初等教育。波黑的初等教育为义务教育阶段，是面向6—15岁儿童实施的教育，一般从5—6岁的小学生开始入学，共持续9年。（2）中等教育。中等教育由普通教育学校、职业学校、艺术学校和技术中学等提供。该阶段的学生年龄始于15岁，职业中学开设为期3年的课程，其中包括一定时长的实习期。技术学校开设为期4年的课程。其中，普通教育学校、艺术学校、神学学校以及技术中学的毕业生只要通过相应的资格考试获得文凭，便可以进入任何高等教育专业学院学习。（3）高等教育。波黑的高等教育体系包括：萨拉热窝大学、图兹拉大学、莫斯塔尔大学、巴尼亚卢卡大学等共8所大学。大学教育分为三个阶段，本科教育通常为3至6年制，完成课程学习可获得高等教育文凭；研究生教育课程持续两年，并通过论文答辩可获得硕士学位；博士是最高的科学学位，是独立研究的学习结果，需要经过公开的博士论文答辩获得博士学位。[③]

2015年，波黑教育经费投入占GDP总额的4.77%。2015—2016学年度，波黑共有22901名儿童就读于317所学前教育机构。其中，小学1850所，学生291364人，教师23719人；中学311所，学生133268人，教师12859人；高等教育学校160所，大学生105304人，全日制学生94524人，应届毕业生10780人。[④]

---

① 中华人民共和国外交部．波斯尼亚和黑塞哥维那国家概况 [EB/OL].(2017-02-01) [2017-10-12]. http://www.fmprc.gov.cn/web/gjhdq_676201/gj_676203/oz_678770/1206_678988/1206x0_678990/.

② 商务部国际贸易经济合作研究院等．对外投资合作国别（地区）指南——波黑 [R]. 商务部国际贸易经济合作研究院等 , 2016,4:14-17.

③ The European Education Directory. Bosnia & Herzegovina[EB/OL]. http://www.euroeducation.net/prof/boherco.htm. 2017-10-14.

④ 商务部国际贸易经济合作研究院等．对外投资合作国别（地区）指南——波黑 [R]. 商务部国际贸易经济合作研究院等 , 2016,4:11.

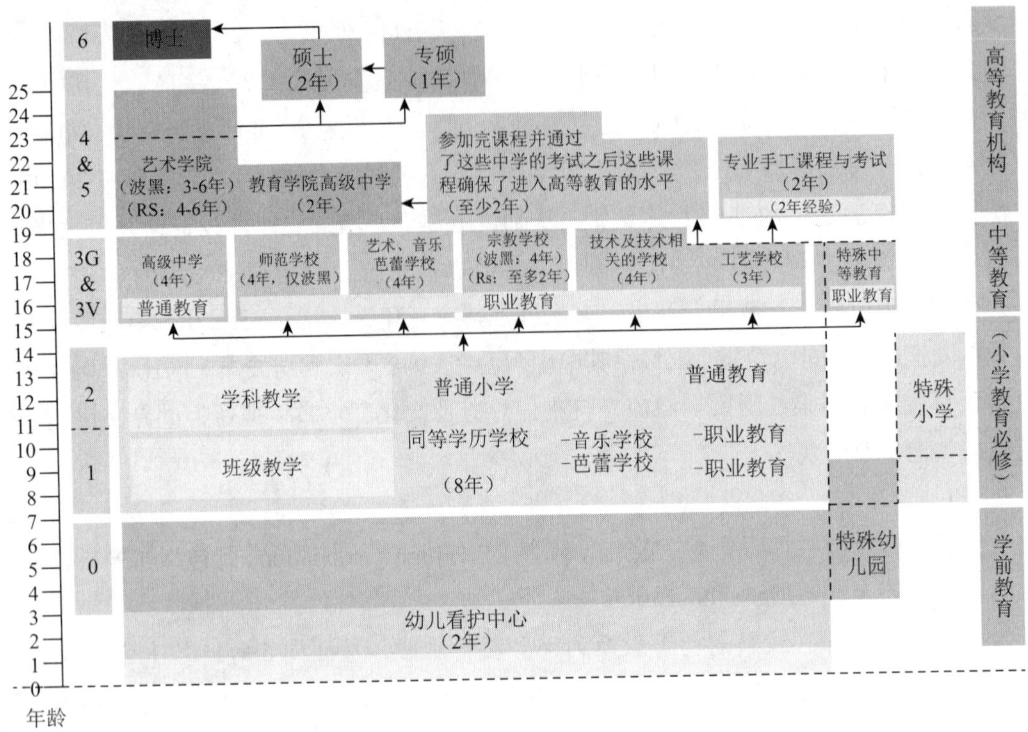

图 1　波黑教育体系图[①]

二、职业技术教育与培训的战略与法规

（一）战略

波黑职业技术教育与培训的发展，通过与决策者和成人教育机构合作提供更多的教育和培训机会，特别是为弱势群体提供改善生活的条件，帮助农村地区的孩子进入职业学校，解决社会问题，提升社会凝聚力，形成良好的社会结构。

《波黑职业教育与培训战略》共有十个主要专题章节。根据欧盟各国的积极趋势和经验，结合国内职业教育与培训发展的背景、职业教育培训现状分析，并遵从"里斯本公约"、"哥本哈根宣言"、"欧洲资格框架"和"绿皮书"等历届国际会议和国际组织制定的文件精神，在尊重更广泛的环境特点以及现实要求的基础上，确定了波黑职业教育和培训发展的总体方向以及国家各部门、有关教育机构和个人在发展战略中的主体责任和作用。

《波黑创业学习战略》的主要目标是在考虑到实现全球经济共同进步，并保持与现存战略承诺一致的前提下，培育并促进对波黑社会和经济发展有积极影响的创业观念。为了回应教育部门和商业界针对共同和个别的议程提出的疑问，《波黑创业学习战略》分别

① Badescu M, Kennedy A. Key Indicators on Vocational Education and Training. Central and Eastern Europe. Report.[J]. SourceOECD Education & Skills, 2002:I–201.

提出在教育和企业层面的具体目标，并设定了其在不同层级和类型的教育中的目标[①]：

表 1　《波黑创业学习战略》的具体目标

各级教育层面的具体目标	中小企业层面的具体目标
·鼓励在整个教育系统中获得创业技能 ·提高各级教育过程中对创业精神的认知水平和意识 ·将"主动意识和创业精神"作为教育系统的关键能力 ·促进教育与社区（地方当局、非政府组织、包括企业在内的社会伙伴）之间的有效联系 ·加强波黑教育部门和企业界之间的合作	·创造条件支持学校和企业部门之间的联系 ·促进处于起步阶段的中小企业创业在数量和质量上显著增长 ·促使波黑现有中小企业结构在创业思维方面的态度转变 ·培养企业家的兴趣和才能，创造企业家和家族企业兴旺发达的环境 ·促进地方经济增长和降低失业率

表 2　《波黑创业学习战略》在不同层级类型教育中的目标

初等、中等教育和培训的目标
·增强初等和中等教育对创业意识的培养 ·在初等和中等教育课程中引入"主动和创业意识"作为关键能力 ·承认教师在促进创业学习中的核心作用，逐步引入创业教育，作为职前和在职教师继续教育与培训的组成部分 ·促进创业学习的校本合作伙伴关系
非正规/成人教育的目标
·鼓励成年人自谋职业和创业 ·鼓励在中小企业内部实施技能培训和开发 ·确保成年学生能够获得合适质量的创业学习培训

（二）法规

在立法方面，绿皮书和白皮书提出了在波黑一级的框架法。2001 年，白皮书将职业教育法定义为：规范职业教育改革的"共同框架、原则、价值观和指导方针"。尽管绿皮书和白皮书已经得到了选区的共识，但却无法取代法律。不过基于此，可以很容易地起草法律，因为白皮书几乎包括了法律应该包含的所有问题：原则、职业学校的自主权、劳动力市场、融资和机构建设等。

目前，几部有关的主要法律有：2003 年 6 月通过的《初等和中等教育框架法》，规定了课程设置、教育标准、学业成就评估等内容，是保障波黑基础教育发展的基本法律。2007 年，《学前、初等和中等教育机构法》成为教育新设机构的基础依据；2008 年 8 月，《中等职业教育与培训框架法》（修订版）重获生效。

1.《中等职业教育与培训框架法》确定的教育目标为：（1）在相同的条件下，确保学生有权根据自己的兴趣和能力选择进行中等职业教育和培训；（2）为学生提供选择正确的职业和融入社会生活的支持；（3）培养学生对进一步接受教育和培训需要的意识；（4）

① Ministry of Civil Affairs. etc.Strategy of Entrepreneurial Learning in Education Systems in Bosnia and Herzegovina for the period 2012–2015.Sarajevo,2011,2.

为传统工艺的开发和推广提供条件；（5）协调与劳动力市场的发展要求和趋势；（6）参照欧盟成员国的教育水平提供职业教育和培训。[①]

2.《成人教育法》指出成年人的教育和终身学习作为教育系统的一部分，为成年人提供了个人和职业发展、工作和就业以及社会责任行为所需的能力和资格。成人教育包括正规教育、非正规教育和非正式学习。其中正规成人教育包括小学和中学教育，是基于小学和中学教育的课程实现有组织的学习过程，以及其他形式的定制需求和劳动力市场的需求，制定的专业培训计划。法律主要规定了成人教育的原则和目标、能力、资历和资格标准，成人教育活动中成年的概念、教学语言的使用，以及保障和改善成人教育机构的质量等内容。

三、职业技术教育与培训的体系与质量保障

（一）体系

1. 正规职业技术教育和培训体系

初等教育完成后，无论其小学教育在哪里完成，每个学生都可以在平等条件下，按照他们在工作和升学方面所具备的知识和技能的能力，参加中等教育阶段一年级的公立或私立学校教育。

正规中等教育包括技术和职业教育，是完全免费的，由有关教育当局的预算提供经费，可供所有人平等地接受。根据《中等职业教育与培训框架法》要求，应促进并确保在相同条件下运用较高的教育标准，根据学生的年龄、能力、社会和身体素质，实施适合其个性发展特征的教育。中等教育可能持续 3 至 4 年。

根据课程学习内容的特点，学校包括以下几种类型：职业技术学校；职业学校；特殊教育学校；成人教育学校；或者是由几个学校组成的教育中心，以提供更多的方向、职业和专业。

在学制上，主要有三年制和四年制两种形式提供：三年制的职业教育，包括手工艺和技术学校，一般从事特定行业的职业教育；四年制的技术学校，覆盖更加广泛的技术领域；入读职业教育或高等教育。学生在这些学校可以接受到数百个职业的培训。课程学习完成后，学生需要通过马图拉考试后，才能继续进行下一个教育水平的学习。[②]

2. 非正规和非正式职业技术教育和培训体系

通过正式、非正式或非正规形式的教育和学习获得的知识、技能和能力，由主管当

① Framework Law on Secondary Vocational Education and Training in Bosnia and Herzegovina. http://www.erisee.org/downloads/2013/2/bh/Framework%20Law%20on%20VET%202008%20BH.pdf,2017-10-12.

② Stoica, Adrian. “Vocational Education and Training Reform in Romania and Bosnia-Herzegovina: strategy, legislation, and implementation.” European Journal of Education 38.2(2003):213–222.

局按照既定标准和标准证实了学习成果，发放相应的教育文凭或证书。成人教育学习者可能是15岁以上未完成小学的人或18岁以上未完成中学的人。入学要求是一般的和具体的，并规定了以前的教育经验、心理和身体健康标准。非正规培训和发展的学生须在注册项目学习结束后参加相应的考试，考试与评估的内容标准等则要根据教育领域的有关规定执行。在正式成人教育计划完成后——小学和中学教育或其各自的部分，以及培训和再培训、教育和培训，参加者将获得与正规教育或公共部门获得的证书具有相同效力的证书和文凭。

（二）保障

1. 国家资格框架

波斯尼亚和黑塞哥维那部长会议于2011年3月24日通过了《关于通过波黑资格基准框架的决定》，正式推出了建立和实施符合欧洲资格框架的各级教育资格框架的进程。该决定讨论通过了将波黑资格框架分为8个级别，并明确了相应级别所在的位置以及各个级别包括的知识、技能和能力的要求。基于此次会议决议，波黑2013年成立了一个由教育部门、劳动和就业、统计、雇主和工会代表组成的跨部门委员会，以期起草和提出在波黑执行资格框架的重大活动的议程，包括方法、标准、期限、执法机构和必要的资金等。波黑《2014—2020年度发展与执行资格框架的行动计划》于2014年2月11日获得部长理事会通过。[①]波黑资格框架的实施将使每个公民有机会获得与欧洲资格框架相当的受信任和认可的资格，增加个人竞争力和社会融合度。这也将有助于发展与劳动力市场有关的教育制度，以及促进波黑经济和社会发展。

2. 质量保障

负责质量保证的机构是有关的教育部门和教学机构，以及中小学的教学机构。根据有关规定，为提高中小学教育的质量，可以设立教育发展委员会，作为教育部长的协商机构。

学校对教育工作质量进行内部和外部评估。内部评估由学校成立治理工作组实施，外部评估由通常在教学机构工作的专家顾问实施。为了保障教育质量，根据法律规定，专业教育监督的行使内容包括：专家顾问审查学校教学运行和工作组织以及教师、专业人员、教育工作者和董事的工作，可以直接进入课堂观察课堂教学，对教学有直接的了解，为教师、专业人士、教育工作者和董事提供辅导教学支持，并建议部长和主管当局采取措施改善教育工作，消除其中的不规范或缺陷。

在成人教育与培训方面，建立质量保证体系的要素包括：制定明确且可衡量的成人教育质量标准；建立连接内部和外部评估一致的评估方法；建立质量改进机制和程序；确保评估结果的广泛可用性。其中，主管教育当局和专业机构在以下领域中制定关于成

① Eurydice. Bosnia and Herzegovina:National Qualifications Framework.(2015-12-28) [2017-10-13].https://webgate.ec.europa.eu/fpfis/mwikis/eurydice/index.php/Bosnia_and_Herzegovina:Overview.

人教育质量的内外部评价标准：成人教育计划和方案；管理和行政；教育方案；教学过程；学生的教育成就；学生的信息、咨询和职业指导；人力和其他资源；公共通信和信息。成人教育与培训内部评价是根据所有确定的评价领域的既定标准和质量标准，以及教育当局规定的方式和程序进行的。外部评价是对所有具有明确标准的领域进行质量评估，包括对已建立的标准和标准的遵守情况的验证以及主管认证机构的认证建议。内部和外部质量评估每5年进行一次。

四、职业技术教育与培训的治理与教师

（一）治理

波黑职业教育的治理结构分为三个层面：（1）国家层面：民政部、教育部是职业教育和教育机构成立的，且处于初期、中期的教育机构部门。根据波黑部委和其他行政机构管理法，民政部负责在波黑联邦政府的管辖范围内开展教育活动的组织、协调和战略制定等。（2）地区层面：波黑联邦教育部；塞族共和国教育部；布尔奇科区教育部。（3）波黑联邦教育部层面：十个州的教育部。①

在国家一级，波黑民政部协调教育领域的活动。根据关于波黑各部和其他行政机构的法律，民政部负责在波黑管辖范围内开展活动和任务，以确定活动协调的基本原则，统一实体机构的计划，并在国际一级以及在教育领域中确定战略。同时，教育部门的协调机构也已形成：即波黑教育部长会议和普通教育委员会会议。在塞族共和国，塞族共和国教育和文化部负责教育政策、立法、行政和经费筹措，并作为和波黑协调教育发展过程中的实体代表，执行国家和国际一级和其他方面通过的文件。

波黑联邦教育和科学部负责行政、专业和其他活动，包括与各州的合作和协调活动，主要涉及：学前教育、小学和中学教育；教育标准和规范；教材；职业教育和师资培训；高等教育标准和规范；改进教育工作的研究工作；学生的标准等。

在地方和机构层面，布尔奇科区的教育部负责布尔奇科区教育系统的组织和运作。各州教育部门负责各州的教育工作（其中很多负责教育、科学、文化和体育）。其他由各部组成的教学机构，也参加了实体机构和州的管理系统。各部委和教学机构监督各级机构实施教育方案的情况。有关规章对教育部门地方层级的管辖权进行了不同的规定，包括教育过程的组织、学校设施的维护、参与创建对当地社区重要的课程和教育融资等方面。此外，区域政府和教育机构具有参与任命中等教育各机构的校长和其他雇员的法律权力和责任。

---

① European Training Foundation.BOSNIA AND HERZEGOVINA:VET GOVERNANCE[R].(2016).http://www.etf.europa.eu/webatt.nsf/0/1826A30413AF0A20C125813100393859/$file/Bosnia&herzegovina.pdf.

（二）教师

波黑学校教育的教师（包括学前教育至中等教育）必须完成高等教育的第一个周期，获得 180 个或 240 个学分。另外，在学校教育中第一次受雇的教育者被聘为见习生，实习工作是与导师合作进行的，为期一年。实习完成后，实习生进行专业考试。专业考试是根据主管部所通过的方案采取的，其目的是要确定受训学员能够开展独立教育教学的专业能力，专业考试需要主考委员会的审查。考试委员会的人数、组成和成员以及将进行专业考试的学校名单由教育部确定。而且有专业的国家考试记录，由考官委员签字。在通过专业国家考试的学校工作的实习人员，获得专业考试证书。[①]

而对于那些在其初始教育中没有获得教学能力，并打算在教育机构从事工作的人，根据法律规定，首先必须要完成教育学、心理学和教学方法的教育培训。

此外，正规成人教育教师必须完成较高学历和教育教学能力的教育。根据《成人教育法》，有关职业工作者还有接受专业培训的权利和义务。

五、职业技术教育与培训的诉求与发展趋势

（一）诉求

1. 国家经济恢复稳定发展要求增加行业技术人才供给

在国际社会的援助下，波黑内战结束以后经济恢复取得了一定进展。2003—2008 年波黑经济取得了较快发展，GDP 年平均增长率超过 5%。然而 2008 年金融危机的爆发对波黑的外贸打击巨大，导致 2009 年波黑 GDP 负增长。2010 年波黑政府发表了《波黑发展战略》（2010—2020），将解决就业困境设立为经济社会发展的主要目标，并将积极支持发展旅游业等重点产业，同时增加生产性投资和基础设施建设。[②]

2013 年以后，随着产品出口和工业生产的增长，受外部需求强劲带动，波黑经济逐步恢复稳定。2015 年，波黑国内生产总值名义增长率为 4.52%，实际增幅为 3.03%。服务业和工业快速发展，国家服务型经济服务业占国内生产总值的近三分之二（2015 年为 65.8%）。其中增幅较快的行业依次为：艺术、娱乐和休闲服务业（11.49%）；专业、科学及技术活动（11.30%）；制造业（11.17%）；农业、林业和捕鱼业（9.36%）。[③] 由于服务业在国内生产总值占有很高的比例而且发展相对稳定，创造了大量的工作岗位和机会。大约有一半以上的劳动力在服务行业中就业，这一比例从 2012 年的 49% 上升

---

① Eurydice. Bosnia and Herzegovina:Initial Education for Teachers Working in Early Childhood and School Education.(2016-09-06) [2017-10-13].https://webgate.ec.europa.eu/fpfis/mwikis/eurydice/index.php/Bosnia_and_Herzegovina:Overview.

② 商务部国际贸易经济合作研究院等 . 对外投资合作国别（地区）指南——波黑 [R]. 商务部国际贸易经济合作研究院等 ,2016,4:17.

③ Eurydice.Bosnia and Herzegovina:Political and Economic Situation[EB/OL].(2016-09-05) [2017-10-13].https://webgate.ec.europa.eu/fpfis/mwikis/eurydice/index.php/Bosnia_and_Herzegovina:Overview.

为 2015 年的 53%，另有约 20% 的工人从事工业，农业从业人数约占 17%。[①] 以上行业部门的快速发展必然会带来相应劳动力的就业岗位的增加和就业人员的教育培训方面的需求。

2. 劳动力市场不成熟和严峻的就业问题凸显教育培训的紧迫性

波黑的劳动力市场发展状况正面临诸多问题，劳工立法的滞后、劳工税率高、技能不匹配、就业服务和措施不佳等因素导致了青年失业率高和长期失业率上升。

首先，失业已成为该地区国家的主要问题。最新统计数据显示，2015 年 12 月，波黑就业总人口（15—64 岁）共 70.7 万人，全国就业率 31.6%，调查失业率 27.5%，而登记失业率高达 43% 左右。

其次，现有劳动力的技术水平较低，接受较高程度教育的人数较少。由于战后现有的基础设施、法律依据和持续培训融资制度尚未更新，公共就业服务中心运营的培训中心和公司的在职培训设施不足以满足需求，仍然存在有就业后不培训的现象，或者不能及时提供更新的职业技能培训。[②] 在失业人口中，只有少量的注册失业人员受益于培训和就业服务。国家和职业教育与培训机构没有对劳动力需求进行协调，亟待劳动力资源的配置。[③]

为此，提高现有劳动人口的素质，增加其就业竞争力，面向更多的机构人群开展职业技术教育与培训工作，成为当下波黑面临的紧迫而又重要的任务。

（二）发展趋势

独裁政权倒闭之后，中欧和东欧国家开始重新融入民主国家社会。此后，各国政府努力寻求适当的过渡战略和机制，以便从集中、低效的经济演变为分散化、面向市场的经济。经济改革主要采取宏观调控、结构调整和私有化，以及实现经济社会目标的人力资源开发。而实现这一进程目标的关键要素之一就是改革教育，包括推动职业教育的发展。战争之后，波黑职业教育的开展主要依赖国外项目实施的资助，国际捐助者在波黑实施改革项目，从而帮助波黑教育制度改革。目前，波黑在职业教育培训方面仍然面临重大挑战，需要推动全面改革。总体上来看，波黑职业教育系统还具有分散化和多样化等特点，如何促进职业教育培训系统的合理化和专业化的发展是未来的战略重点。主要包括：

（1）根据个人和社会的需要，建立灵活的职业教育与培训制度，确保职业教育的发

---

① European Training Foundation.Bosnia and Herzegovina:country strategy paper 2017–20[R]. http://www.etf.europa.eu/wpubdocs.nsf/0/CFE23E177A246F01C12580BC00568179/$File/CSP%20Bosnia%20and%20Herzegovina%202017–2020_External%20Distribution%20Jan%202017.pdf.2017–10–13.

② Badescu, Mircea, and A. Kennedy. "Key Indicators on Vocational Education and Training. Central and Eastern Europe. Report." SourceOECD Education & Skills (2002):I-201.

③ Gashi, A., & Serhati, J. (2013). Mapping of VET Educational Policies and Practices for Social Inclusion and Social Cohesion in the Western Balkans. Turkey and Israel: country report for Kosovo (Torino, European Training Foundation).

展质量;（2）调整招生政策，以适应当地社区和劳动力市场的需要;（3）进一步发展国家资格框架，特别强调在终身学习和保障所有学习者受教育均等机会的背景下对非正式和非正规学习进行验证;（4）通过基于工作的学习或其他形式的实践培训加强创业教育，确保职业教育与劳动力市场之间的必要联系;（5）促进成人教育计划的建立，以获取基本知识和技能，增加就业机会。

其中，针对波黑劳动力市场发展中存在的问题，欧洲培训基金计划在2017—2020年间对波黑劳动力市场的系统发展提供援助，例如开展技能鉴定和匹配，以更好地实现从教育到工作的过渡。主要包括：建立广泛的绩效指标体系，用于监测劳动力市场计划的绩效；建立基于当代欧盟实践的技能需求鉴定方法；运用就业服务网络和劳工部门的力量，分享和报告整个波黑的经验和发展情况；支持发展青年从教育转向工作的系统方法；开发技能匹配的培训方案等。

（深圳职业技术学院　技术与职业教育研究所　魏　明）

主要参考文献

[1] 中华人民共和国外交部 . 波斯尼亚和黑塞哥维那国家概况 [EB/OL]. (2017-02-01) [2017-10-12]. http://www.fmprc.gov.cn/web/gjhdq_676201/gj_676203/oz_678770/1206_678988/1206x0_678990/.

[2] 商务部国际贸易经济合作研究院等 . 对外投资合作国别（地区）指南——波黑 [R]. 商务部国际贸易经济合作研究院等 , 2016, 4.

[3] The European Education Directory .Bosnia & Herzegovina[EB/OL]. http://www.euroeducation.net/prof/boherco.htm. 2017-10-14.

[4] Badescu M, Kennedy A. Key Indicators on Vocational Education and Training. Central and Eastern Europe. Report.[J]. SourceOECD Education & Skills, 2002: I-201.

[5] Ministry of Civil Affairs. etc.Strategy of Entrepreneurial Learning in Education Systems in Bosnia and Herzegovina for the period 2012-2015.Sarajevo, 2011, 2.

[6] Stoica, Adrian. "Vocational Education and Training Reform in Romania and Bosnia-Herzegovina: strategy, legislation, and implementation." European Journal of Education 38.2 (2003) : 213-222.

[7] European Training Foundation.BOSNIA AND HERZEGOVINA: VET GOVERNANCE[R]. (2016).http://www.etf.europa.eu/webatt.nsf/0/1826A30413AF0A20C125813100393859/$file/Bosnia&herzegovina.pdf.

[8] Eurydice. Bosnia and Herzegovina: Initial Education for Teachers Working in Early Childhood and School Education. (2016-09-06) [2017-10-13].https://webgate.ec.europa.eu/fpfis/mwikis/eurydice/

index.php/Bosnia_and_Herzegovina: Overview.

[9] European Training Foundation.Bosnia and Herzegovina: country strategy paper 2017–20[R]. http://www.etf.europa.eu/wpubdocs.nsf/0/CFE23E177A246F01C12580BC00568179/$File/CSP%20Bosnia%20and%20Herzegovina%202017–2020_External%20Distribution%20Jan%202017.pdf. 2017–10–13.

[10] Gashi, A., & Serhati, J. (2013). Mapping of VET Educational Policies and Practices for Social Inclusion and Social Cohesion in the Western Balkans. Turkey and Israel: country report for Kosovo (Torino, European Training Foundation).

黑山共和国

一、国家概况

（一）地理

黑山共和国（The Republic of Montenegro），简称黑山，是位于巴尔干半岛中西部、亚得里亚海东岸的欧洲南部的一个多山国家。黑山东北部与塞尔维亚毗连，东南部与阿尔巴尼亚接壤，西北部与波黑及克罗地亚交界，西南部濒临亚得里亚海，海岸线总长度为 293 千米。国土面积约 1.38 万平方千米，中西部为丘陵平原，北部和东北部为高原和山地，南部为狭长的海岸。气候依地形自南向北分为地中海式气候、温带大陆性气候和山地气候。冬季寒冷多雨，夏季炎热干燥。森林覆盖率近 40%，年均降水量 1798 毫米。①

（二）人文

黑山人起源于伊利里亚人。公元前 3 世纪以来先后被古罗马、哥特人、拜占庭帝国统治。公元 6 世纪末和 7 世纪初，部分斯拉夫人移居到巴尔干半岛。9 世纪，斯拉夫人首次在黑山建立“杜克利亚”国家。11 世纪，“杜克利亚”改称“泽塔”，并在 12 世纪末并入塞尔维亚，成为塞尔维亚的行政省。15 世纪，奥斯曼土耳其帝国占领现波德戈里察及其以北地区，泽塔王朝陷落。1878 年柏林会议承认黑山为独立国家。第一次世界大战后，黑山并入塞尔维亚并加入“塞尔维亚人－克罗地亚人－斯洛文尼亚人王国”，1929 年改称南斯拉夫王国。“二战”胜利后，1945 年 11 月 29 日，南斯拉夫联邦人民共和国宣告成立，1963 年改称南斯拉夫社会主义联邦共和国。20 世纪 90 年代初，南斯拉夫联邦解体，黑山和塞尔维亚共和国联合组成南斯拉夫联盟共和国。2003 年 2 月 4 日，南斯拉夫联盟共和国议会通过《塞尔维亚和黑山宪法宪章》，改国名为塞尔维亚和黑山。2006 年 5 月，黑山就国家独立举行公民投票并获通过。同年 6 月 3 日，黑山正式宣布独立。6 月 22 日，塞尔维亚和黑山正式建立外交关系。6 月 28 日，第 60 届联合国大会一

① 中华人民共和国外交部．黑山国家概况 [EB/OL].(2017-02-01) [2017-09-24].http://www.fmprc.gov.cn/web/gjhdq_676201/gj_676203/oz_678770/1206_679258/1206x0_679260/.

致通过决议，接纳黑山为联合国第 192 个成员国。①

2007 年 10 月 19 日，黑山共和国议会以多数票通过独立后的第一部宪法，规定国家正式名称为"黑山"。新一届政府于 2016 年 11 月组成，由社会主义者民主党、社会民主者党、波什尼亚克党、阿尔巴尼亚族党联盟和克罗地亚公民倡议党组成，总统菲利普·武亚诺维奇，2003 年 5 月当选，连任至今，总理杜什科·马尔科维奇。黑山议会实行一院制，本届议会于 2016 年 10 月 16 日组成，共有 81 个议席。议员通过直选产生，任期 4 年。②

黑山官方语言为黑山语，主要宗教信仰是东正教，全国大多数人信奉东正教，首都为波德戈里察。黑山的国庆日为每年的 7 月 13 日，即黑山反法西斯起义日。黑山是一个多民族国家，其中，黑山族占 43.16%，塞尔维亚族占 31.99%，波什尼亚克族占 7.77%，阿尔巴尼亚族占 5.03%。国内通行的货币为欧元。国家总人口约 622781 人（2016 年），人口年平均增长率为 0.1%（2016 年），人口抚养比 47.71%（2015 年），城市人口占总人口的 64.223%。0—14 岁人口占比 18.42%，15-64 岁人口占比 67.7%，65 岁以上人口占比 13.65%。③

（三）经济

黑山是前南斯拉夫较为落后的共和国，经济基础薄弱。旅游业和制铝工业是黑山的经济支柱，前南斯拉夫解体后，黑山因受战乱、国际制裁影响，经济一路下滑。制造业薄弱，大量的工业产品、农产品、能源及日用消费品依赖进口。独立后，黑山进行大规模的私有化，促进房地产与旅游业发展，服务业、旅游业也成为黑山目前的重点产业。著名旅游景点有被联合国教科文组织列入世界自然文化遗产的扎布利亚克国家公园和科托尔老城、奥斯特罗格教堂、圣斯泰凡岛、布德瓦老城等。2006—2007 年间，房地产市场蓬勃。2008 年全球金融危机爆发，黑山经济迅速衰退，2009 年下降 5.7%，随后开始恢复性增长。

2016 年，黑山处于经济转型期，人均国民总收入为中高等收入水平，国内生产总值为 104.96 亿美元，GDP 的年均增长率 2.5%，人均国内生产总值为 16854 美元。④黑山主要贸易伙伴为：塞尔维亚、意大利、希腊、克罗地亚、中国等。2016 年黑山对外贸易总额为 23.8 欧元，同比增长 11.8%；其中出口 3.258 亿欧元，进口 20.6 亿欧元。中黑贸易总额为 2.035 亿欧元，黑山对中国出口 0.1893 亿欧元，黑山从中国进口 1.8459 亿欧元。⑤

---

① 中华人民共和国外交部 . 黑山国家概况 [EB/OL].(2017-02-01) [2017-09-24].http://www.fmprc.gov.cn/web/gjhdq_676201/gj_676203/oz_678770/1206_679258/1206x0_679260/.

② 中华人民共和国驻黑山大使馆 . 黑山概况 [EB/OL].(2017-02-21) [2017-09-24].http://me.chineseembassy.org/chn/hsgk/.

③ Global EDGE.Montenegro:Statistics.https://globaledge.msu.edu/countries/montenegro/statistics.2017-09-12.

④ 同上。

⑤ 中华人民共和国驻黑山大使馆 . 黑山概况 [EB/OL]. (2017-02-21) [2017-09-24].http://me.chineseembassy.org/chn/hsgk/.

近年来随着外部环境改善及各项经济改革推进，黑山经济逐步恢复，总体呈增长态势。政府继续推动经济转型发展，吸引外国投资者参与旅游新建投资和大型基础设施项目，目标建设成为优质旅游地并加入欧盟。

（四）教育

黑山形成了完整的教育体系，包括学前教育、初等教育、中等教育、高等教育、成人教育和特殊教育。全国普及 8 年制义务教育。黑山大学为国立综合性高等学府，另有下戈里察大学和地中海大学两所民办大学。[①] 学生人数由 2005—2006 年的 12903 人上升到 2012—2013 年的 22279 人。

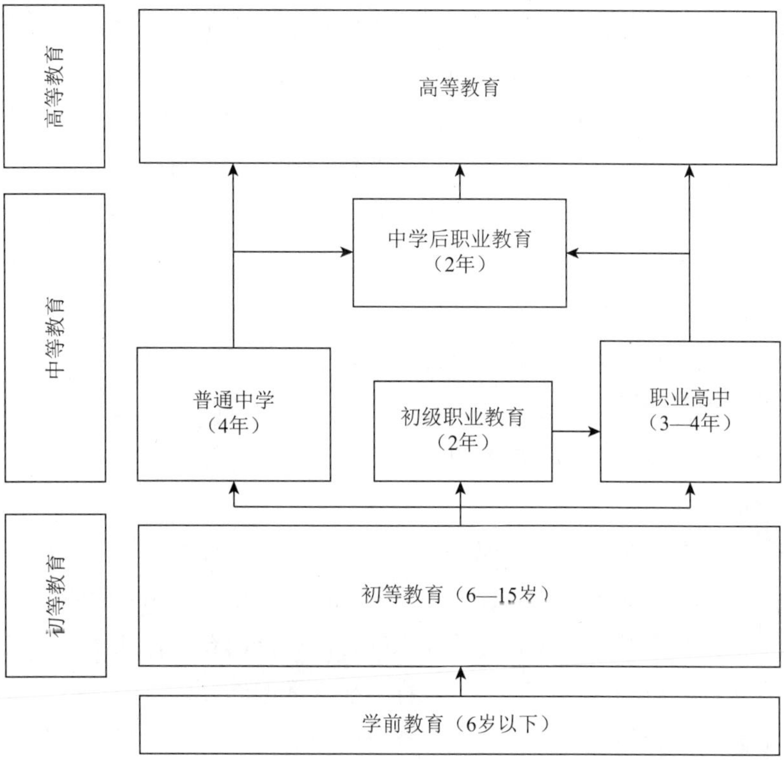

图 1　黑山教育体系图

黑山大学是参照现代欧洲大学的形式成立的，成立于 1974 年 4 月 29 日，是黑山唯一的也是最大的国立大学，有 19 个学院（其中实力较强的学院为法学、经济学、语言学、电子等），2 个科学研究所。自 2004 年起，黑山大学的课程和考试都依照《博洛尼亚宣言》的原则进行设置。大学总部位于首都波德戈里察，学院分布在全国的 8 个城市。黑山大学也是欧洲大学联盟的一个成员。另外，黑山有 15 所外语学校，不仅英语广泛使用，法语、俄语、意大利语和德语也在教育机构中流行。

① 中华人民共和国驻黑山大使馆 . 黑山概况 [EB/OL]. (2017-02-21) [2017-09-24].http://me.chineseembassy.org/chn/hsgk/.

二、职业技术教育与培训的战略与法规

（一）战略

根据《黑山职业教育发展战略（2010—2014）》，黑山职业技术教育与培训是为促进经济与社会的高质量、高速度以及灵活发展提供关键性的支持，为培养专业的、具有竞争性知识、技能和能力的人力资源做贡献，使这些人能够满足劳动力市场的需求，为每一个个体提供平等的个人发展与职业发展机会。同时，推动职业教育体系的建设完善，发展与社会合作组织的合作关系，并根据当代教育的发展水平，培养出能够胜任高效工作的人才，促进个人和社会的发展。

《黑山职业教育发展战略（2010—2014）》主要提出以下战略发展目标：第一，加快职业教育对劳动力市场需求的反应；根据各个部门和各个层级（一直到大学教育阶段）的学生学习成果的复杂程度制定资格证书；确保所有人（年轻人和成年人、早期辍学者、易受伤害群体、无任何资格证书的人）都能获得教育、培训和进步；第二，在界定好教育质量指标的基础上，确保高质量的职业教育贯穿始终；第三，帮助所有学生在他们的受教育过程中形成生活与工作所必需的职业能力与关键能力；第四，确保终身学习的机会和学生个体流动性能够实现，确保正规教育与非正规教育之间的互认以及正规教育和非正式学习之间的衔接；第五，确保通过职业教育，实现每个个体个人的、社会的和职业的发展，促进教育公平、社会融合和积极的公民参与机制；确保黑山共和国的职业资格证书与其他国家的职业资格证书之间的可比性。①

（二）法规

黑山共和国教育体系是由教育和科学部统一管理，教育和科学部负责制定全国性的教育政策，准备教育和科学领域的立法，并负责推动各级各类教育机构有关的法律实施。新世纪以来，黑山加强教育制度与法律体系的建设，推动教育管理体制分权制改革，为此，黑山建立了新的机构和部门，并将教育和科学部的部分权力转移给了新机构。新成立的机构有职业教育与培训中心、教育服务管理局、考试中心和职业教育委员会等。黑山教育法制建设的目标是：在改进职业教育体系目标的前提下，及时根据职业教育体系当前的需要来更新法律；在国家职业教育发展战略的基础上，发展区域性的职业教育战略；为了实现国家职业教育发展战略的总目标，建立起不同部门之间密切和实时的合作关系。② 黑山职业教育有关的法律法规主要包括：

1.《职业教育法》

《职业教育法》（2002）先后分别于2007年和2010年进行了两次修订。在最初的

① MoES.Montenegrin Vocational Education Development Strategy（2010–2014）[EB/OL].(2010–02–15). [2017–09–24].http://www.mpin.gov.me/files/1266232198.pdf,p5.

② MoES.Montenegrin Vocational Education Development Strategy（2010–2014）[EB/OL]. (2010–02–15). [2017–09–24]. http://www.mpin.gov.me/files/1266232198.pdf,p10.

2002 年版的职业教育法中规定职业教育既可以由学校教育提供，也可以是基于企业的职业教育。2010 年 7 月新修订的《职业教育法》则规定，职业教育只能是由学校提供，或者由学校和雇主合作提供，在后一种形式中学校方面要起到主要的作用。而且当雇主参与时，法律规定双方要签订一份明确的合同（协议），规定所有参与各方（学校、公司和学生）的权利和义务。①

2.《国家职业资格法》

2008 年，《国家职业资格法》获得通过并于 2009 年再次修订。《国家职业资格法》为非正式职业教育在正规教育中获得承认开辟了道路。在劳动市场中不具备相应学历资格证书的成年人，可以通过认证程序得到在劳动市场上获得更好地位的资格。这使得没有受过正规教育但是有适当知识的成年人得以证明他们拥有这些知识，并获得国家职业资格证书的公开有效证书。

另外，《普通教育法》在加强社会组织的参与职业教育合作方面规定，雇主委员会和国家就业办公室不仅要参与职业教育与培训中心的管理工作，还要参与对中心进行资助。②

三、职业技术教育与培训的体系与质量保障

（一）体系

在黑山的教育体系中，学生完成小学义务教育后，可以选择去普通学校或职业学校继续学习。黑山的中等教育主要由文科中学、综合中学（提供普通教育和职业教育）、职业学校和艺术学校组成。文科中学和艺术学校（音乐、艺术和舞蹈）提供 4 年制教育，职业学校分别有 2 年（初级水平）、3 年和 4 年制（中级水平）。2 年制职业学校的学生完成课程学习并通过资格考试就可以升入 3 年制学校的合适水平，3 年制和 4 年制职业学校学生教育完成后分别需要参加相应的实操能力测试和职业水平考试。所有中等教育毕业生都需要参加马图拉毕业会考（学术型或者技术型），技术高中也可以向中级水平的职业教育毕业生提供为期 2 年的中学后水平的教育。据有关统计资料，2008 年，中等教育学校共有 49 所，其中包括 12 所文理中学、26 所职业学校和 11 所综合学校。中等职业教育学生总数 31133 名，其中职业学校学生 21495 名③，约占所有中学学生总数的 69%。

如果分析不同学制的职业教育学校，还可以发现不同层级的学生对某些特定领域感兴趣：在 3 年制的职业学校中，学生对服务行业的兴趣最大，特别是电气工程、交通和

① International Bureau of Education.World Data on Education: Seventh edition 2010–11. Montenegro[R].http://www.ibe.unesco.org/.2017–09–12.

② MoES.Montenegrin Vocational Education Development Strategy（2010–2014）[EB/OL]. (2010–02–15) [2017–09–24]. http://www.mpin.gov.me/files/1266232198.pdf,P11.

③ International Bureau of Education.World Data on Education: Seventh edition 2010–11. Montenegro[R].http://www.ibe.unesco.org/.2017–09–12.

管理等领域；而对林业、机械工程和金属加工业、纺织业、皮革行业和建筑行业的兴趣要低得多，这些行业的学生人数呈现下降趋势。在为期 4 年的职业学校中，学生对医学、经济和旅游领域的兴趣最高，每年都有大量的学生申请这些专业。电气工程和交通运输领域也是如此。在其他领域，职业学校需要招收的学生数量要远远大于申请人数。

此外，根据在国家层面建立起来的指导性政策文件，正规职业教育与培训的课程是根据一个或几个职业标准制定的。课程是由适当的教师会议和课程委员会讨论，由职业教育委员会采纳，并由教育和科学部颁布。

（二）保障

1. 国家资格框架

黑山国家资格框架于 2014 年批准，契合欧洲资格框架和高等教育框架要求。国家任职资格的战略目标如下：根据学生的学习结果，通过清晰界定知识、技能和能力水平并促进资格的分类，来增强任职资格的一致性；增强对非正规教育和非正式学习的认可度，并能够鼓励终身学习；使得任职资格的获得更为透明；发展职业教育质量保障机制。目前黑山国家资格框架包括 8 级任职资格，在 1 级、4 级和 7 级任职资格上又分了几个次级。第 1—4 级包括初等、中等普通教育和职业教育；第 5 级是介于中等职业教育和高等职业教育之间的中间层级；第 6—8 级属于高等教育层级，由高等教育机构颁发相应资格证书。[①]

表 1　黑山国家资格框架

黑山国家资格框架层级	正规教育/教育资格	职业资格证书	欧洲资格框架层级
8	博士学位文凭	国家职业资格证书	8
7.2	硕士学位文凭（**）	国家职业资格证书	7
	硕士学位文凭		
	研究生专业学术和应用研究文凭		
	高等教育文凭（**）		
7.1	学术与应用研究文凭的第一阶段（**）	国家职业资格证书	
6	学术与应用研究的第一阶段	国家职业资格证书	6
5	中学后职业教育文凭	国家职业资格证书	5
4.2	“工匠大师”考试文凭	国家职业资格证书	4
	高中毕业文凭（普通高中，高级中学）		
4.1	高中毕业文凭（职业高中，4年）	国家职业资格证书	

① CEDEFOP(2017).Montenegro–European inventory on NQF 2016[EB/OL].http://www.cedefop.europa.eu/en/publications-and-resources/country-reports/montenegro-european-inventory-nqf-2016,2017-09-12.

续表

黑山国家资格框架层级	正规教育/教育资格	职业资格证书	欧洲资格框架层级
3	中等职业教育文凭（3年）	国家职业资格证书	3
2	低等职业教育文凭（2年）	国家职业资格证书	2
1.2	完成初等教育证书（9年）	国家职业资格证书	1
1.1	完成初等教育第一阶段或完成扫盲教育证书	国家职业资格证书	

（**）前博洛尼亚文凭，直到通过《高等教育法》（2002）。

资料来源：改编自黑山共和国教育部，2014 年。

2. 质量保障

首先，有外部的法律和规章制度来进行质量保障，如《普通教育法》、《职业教育法》、教育机构成立的质量手册、各级职业学校教师手册等。其次，由职业教育培训中心和教育服务局成立的联合小组在职业学校中建立起了教育工作质量标准。在职业学校接受评价和自我评价的过程中，质量保障主要体现在以下领域：根据教育标准达成学生的知识和技能，学校规划课程和课外活动的质量，教学质量、社区教育的理念和人力资源管理等。此外，为了有效组织和实施自我评估，每一所学校都建立了一个质量小组。最后，建立了审批职业教育提供者的程序。根据职业教育审批机构的规则手册规定，职业教育的提供者必须达到设定的条件才能获得营业执照。

四、职业技术教育与培训的治理与教师

（一）治理

黑山的《普通教育法》规定了教育机构、学校和团体组织在教育发展中的应承担的职责。教育与科学部负责黑山职业教育与技术培训的统筹管理，包括制定全国性的教育政策，设置教育体系框架，建立教育管理分支机构，与其他部门机构协调实施教育政策，提供包括教职员工的工资、学校运营成本、能源支出、投资维护和资本支出等教育资金，以及在教育和科学领域制定并执行立法，开展国际教育合作，支持和协调有关教育机构开展研究、开发和咨询等活动。

有关职业教育的监管机构主要包括：1. 职业教育与培训中心主要承担咨询、研究职业与成人教育领域内的有关专业活动，这些活动具体包括监督、研究分析并推动教育体系的发展，组织专家编写课程标准和知识目录，制定职业标准、规范和教学辅助设备标准，为职业教育专业学科的教育教学提供方法指导，制定教师专业标准，组织校长和教师培训等。2. 考试中心主要负责对所要求达到的知识与技能标准进行测试，包括依法组织、实施专业测试工作、对考试机构进行培训、提供与测试有关的服务、研发与测试有

关的知识评价以及开展教育体系质量的国际比较和法律章程规定的其他任务。3. 职业教育委员会作为职业教育的专业机构主要负责：审核通过各类考试的考试大纲、各种职业教育课程的开设及面向有特殊需要的青年和孩童的课程审核；对职业教育课程中的通用内容部分的设计、国家职业标准、知识和能力标准目录的制定提供建议，其中职业标准由劳动和社会福利部负责制定颁布。

除了以上政府部门外，各教育机构由自己的教育董事会负责管理，审核年度工作计划和实施方案，建立教育章程和内部组织管理文件，规范财务和人事管理工作；社会公共教育机构通常由专业的教学管理人员（校长）承担管理工作，他们设计、组织并管理着公共机构的正常运行；每一个教育机构都设立了教师理事会、教师大会等机构来负责相应的管理事宜；学生家长也建立了家长委员会，所有班级的学生也联合成立了学生共同体，其承担的相应职责在学校章程中均有说明。①

（二）教师

黑山政府将发展教育体系，开发人力资源作为政府工作的重点目标之一，迄今为止，《教育改革的战略规划》、《成人教育战略（2005—2015）》等所有的战略文件都为整体的教育改革奠定了基础。根据有关法律规定的职责，职业教育与培训中心负责实施教师培训，并负责所有职业学校的校长培训。校长培训和专业化是通过 7 个必修模块和 1 份期末论文来完成的，而职业教育教师的培训和专业化主要是在以下两个方向进行的：1. 培训教师以提高他们的教学知识，并运用现代方法来传授知识；2. 在理论课程中培训教师，以改进他们的教学方法论方面的知识。②

在黑山，成人教育与培训领域中只有极少数的人员在大学获得了初步的理论知识。这意味着，前期学习的知识和经验，不是开始成人教育工作和获得第一批教学执照的先决条件。但是，根据成人教育法，成人教育工作者必须经过培训，因为与成年人的工作需要特殊的、具有教学意义和有条理的知识和技能。因此，有关人员在这一领域开展工作后，将按照成人教育工作的老师的培训计划进行教育和专业培训。该计划由职业教育中心编写，并于 2006 年由成人教育委员会通过。到 2014 年，根据成人教育法，在黑山成人教育机构 / 组织工作的约 250 名教师和专业人员按照现有计划进行了培训。③

① MoES.Montenegrin Vocational Education Development Strategy（2010–2014）[EB/OL]. (2010–02–15) [2017–09–24]. http://www.mpin.gov.me/files/1266232198.pdf,pp29–30.

② MoES.Montenegrin Vocational Education Development Strategy（2010–2014）[EB/OL]. (2010–02–15) [2017–09–24]. http://www.mpin.gov.me/files/1266232198.pdf,pp25–26.

③ Eurydice.Initial Education for Teachers and Trainers Working in Adult Education and Training[EB/OL].(2014–10–25).[2017–09–23]. https://webgate.ec.europa.eu/fpfis/mwikis/eurydice/index.php/Montenegro:Initial_Education_for_Teachers_and_Trainers_Working_in_Adult_Education_and_Training.

五、职业技术教育与培训的诉求与发展趋势

（一）诉求

随着欧盟有关标准和规范的建立，黑山经济逐渐趋于稳定向好发展，主要领域的投资增加和服务业的发展带动了就业人数的增长。在黑山的一些欠发达地区和劳动密集型产业的集中区域，国内生产总值中工业份额的减少和服务业所占份额的增加，导致对某些行业的需求不足，等待就业的时间更长，结构性失业现象长期存在。如此也造成地区间的差异越来越明显，从而引起地区间人口的大量转移。然而，黑山劳动力人口的总体就业状况仍然比较严峻，截至 2008 年底，全国失业人口约为 28000 人，不同地区的失业率约 6%—16%，平均失业率为 10.7%。在已就业人群中，约 20%—25% 的人口在灰色经济行业中工作，在沿海地区和波德戈里察，由于劳动力需求旺盛，这种非正式就业的现象普遍存在。而且，无论是雇主还是就业人员自身，对工作后接受再教育和专业培训的投资明显不足。①

黑山的劳动力相对较低，只有大约四分之一的人口持有高等教育资格。由于就业需求不足，更多的高等教育毕业生有可能在低于正式资格的职位上就业。据统计，低技术资格（文凭）和高技术资格（文凭）的工人之间的失业率差距会很大，2015 年这一差距值为 20%，表明由于经济和就业结构造成的技术失衡严重。

表 2　黑山和欧盟教育和就业目标的比较（%）②

欧盟2020年教育和就业的目标			黑山		欧盟		欧盟2020目标
			2010	2014	2010	2015	
总体目标	早期辍学者（18–24岁）		6.6	5.1	13.9	11	<10
	接受高等教育人口比例（30–34岁）		18.7	28.3	33.8	38.7	≥40
	就业率（20–64岁）		m	55.6	68.6	70.1	≥75
其他目标	培训参与率（25–64岁）		3.2	2.6	9.1	10.7	≥15
	低学业成就（15岁）	阅读	49.5	43.3	19.7	17.8	<15
		数学	58.4	56.6	22.3	22.1	<15
		科学	53.6	50.7	17.8	16.6	<15
	最近毕业生的就业率（20–34岁）		47.9	48	77.4	76.9	≥82

① MoES.Montenegrin Vocational Education Development Strategy（2010–2014）[EB/OL].2010–02–15. http://www.mpin.gov.me/files/1266232198.pdf,pp7–9.

② Eurostat – online database; PISA results – OECD, Programme for International Students Assessment. 转引自：ETF.Montenegro:country strategy paper 2017–2020[R]. http://www.etf.europa.eu/web.nsf/pages/Montenegro_EN,2017–09–12.

（二）发展趋势

根据《黑山职业教育发展战略（2010—2014）》规划要求，着力加强黑山职业教育与培训体系建设，促进黑山职业教育与培训体系的现代化，主要着重从以下几个方面入手：

一是推动地方分权制改革。地方分权的目标是改进职业教育的决策制定程序，这对于职业教育的整体发展而言有着战略意义（包括职业教育的经费分担、管理、职业资格的发展、质量保障、招生政策、教科书发行等方面）。主要涉及教育与科学部、劳动与社会福利部、黑山就业办公室、黑山共和国商会和黑山工会联合会等政府部门以及其他社会合作伙伴关系团体和组织，包括德意志联邦共和国的联邦经济合作部、欧盟（EU）、欧洲职业培训发展中心等。职业教育的地方分权主要在以下几个领域实施。第一，为了教育决策制定的改进和教育体系的发展，黑山建立了如职业教育与培训中心、考试中心等新的机构。第二，虽然在教育经费分担方面，教育部门也在努力进行分权，但是黑山的整体教育体系仍然是由中央政府资助的。第三，学校可以自主制定年度计划和工作方案，包括教育工作的组织、内部质量保障、招生计划等。

二是完善对职业教育全面发展具有战略性意义的决策程序，包括经费筹措、资格框架发展、质量保证、招生政策、教材出版等方面。

三是促进职业教育与劳动力市场之间的联系，主要采取的措施包括：（1）提高劳动力培养与市场需求情况的匹配度；（2）改善困难就业群体的就业情况；（3）增强劳动力的区域性流动能力；（4）增强对职业教育与员工培训的投资力度；（5）根据劳动力市场需求相对应地改进课程体系；（6）建立正规教育与非正式学习之间的衔接机制；（7）建立起职业指导与咨询机制。

四是提高教育经费的使用效率。为了成功资助每一个学生，实现学校的更高的自治权，促进学校的发展，使各级机构承担相应责任并激发学校内在动机，国家在教育经费方面需要采取以下措施：（1）消除教育体系中的低效率，并将资金直接用于教育改革；（2）引进计算各个教育层级所需经费的新方法；（3）确保非预算资金能够较高程度地参与到教育中，并为每个学生提供预算资助的条件。

五是加强与社会合作组织的关系。加强与社会合作组织关系的目标是让其参与制定职业教育政策和规划，实施、监督并评估职业教育。主要任务如下：让雇主参与到劳动力市场需求分析的活动以及教育机构负责实施的教育计划中来；鼓励社会合作组织积极参与职业资格的开发，确保通过实验室和工厂等开展课程的物质条件；鼓励雇主组织与工作有关的实践教育——允许学生在实际工作场所接受部分实践教育等。

（深圳职业技术学院　技术与职业教育研究所　魏　明）

主要参考文献

[1] 中华人民共和国外交部 . 黑山国家概况 [EB/OL]. (2017-02-01) [2017-09-24].http://www.fmprc.gov.cn/web/gjhdq_676201/gj_676203/oz_678770/1206_679258/1206x0_679260/.

[2] 中华人民共和国驻黑山大使馆 . 黑山概况 [EB/OL]. (2017-02-21) [2017-09-12].http://me.chineseembassy.org/chn/hsgk/.

[3] Global EDGE.Montenegro: Statistics[EB/OL].https://globaledge.msu.edu/countries/montenegro/statistics.2017-09-12.

[4] MoES.Montenegrin Vocational Education Development Strategy (2010-2014) [EB/OL]. (2010-02-15) [2017-09-12].http://www.mpin.gov.me/files/1266232198.pdf.

[5] International Bureau of Education. Montenegro[EB/OL].World Data on Education: Seventh edition 2010-11. http://www.ibe.unesco.org/fileadmin/user_upload/Publications/WDE/2010/pdf-versions/Montenegro.pdf. 2017-09-12.

[6] CEDEFOP (2017).Montenegro – European inventory on NQF 2016[EB/OL].http://www.cedefop.europa.eu/en/publications-and-resources/country-reports/montenegro-european-inventory-nqf-2016, 2017-09-12.

塞尔维亚共和国

一、国家概况

（一）地理

塞尔维亚共和国（The Republic of Serbia），简称塞尔维亚，是位于欧洲东南部，巴尔干半岛中北部的内陆国，国土总面积为 8.83 万平方千米（科索沃地区 1.09 万平方千米）。塞尔维亚与 8 个国家为邻，东北与罗马尼亚，东部与保加利亚，东南与马其顿，南部与阿尔巴尼亚，西南与黑山，西部与波黑，西北与克罗地亚，北部与匈牙利相连。[①] 塞尔维亚在巴尔干半岛上的地理位置形成了西欧、中欧、东欧，以及近东和中东之间的天然桥梁和交叉路口。

塞尔维亚大部分地区山丘起伏，中部和南部多丘陵和山区。而北部则是平原。东、西部分别为斯塔拉山脉和迪纳拉山脉的延续；北部的伏伊伏丁那平原为多瑙河中游平原的组成部分，河网稠密，土壤肥沃；南部多山脉、丘陵，由科索沃盆地和梅托西亚盆地组成。塞尔维亚最高点位于阿尔巴尼亚和科索沃边界的贾拉维察山，海拔 2656 米。欧洲第二大河多瑙河的五分之一流经其境内，多瑙河在此与支流萨瓦河、蒂萨河汇合后，折向东南流，构成与罗马尼亚的界河；另一支流大摩拉瓦河南流纵贯。

塞尔维亚北部属温带大陆性气候，南部受地中海气候影响，四季分明，夏季 7—8 月气温最高 35℃，平均气温为 25℃ ~28℃，春秋平均气温 15℃，冬季平均气温约 0℃ ~5℃，最低 -10℃左右，雨量充沛，平均降雨量平原地区为 660—880 毫米，山区为 880—1200 毫米。[②]

（二）人文

公元 9 世纪起，移居巴尔干半岛的部分斯拉夫人开始建立塞尔维亚等国家。第一次世界大战后，塞尔维亚加入南斯拉夫王国。第二次世界大战后，塞尔维亚成为南斯拉夫社会主义联邦共和国的 6 个共和国之一。1992 年，塞尔维亚与黑山组成南斯拉夫联盟共和国。2006 年 6 月 5 日，塞尔维亚共和国宣布继承塞黑的国际法主体地位。

---

① 中华人民共和国外交部．塞尔维亚国家概况 [EB/OL].(2017-07-01) [2017-10-05].http://www.fmprc.gov.cn/web/gjhdq_676201/gj_676203/oz_678770/1206_679642/1206x0_679644/.

② 商务部国际贸易经济合作研究院等．对外投资合作国别（地区）指南——塞尔维亚 [R]. 商务部国际贸易经济合作研究院等，2016,4:4.

2017年4月，塞尔维亚举行总统选举，前进党主席、总理阿莱克桑达尔·武契奇当选总统，并于5月31日宣誓就职。6月30日，塞尔维亚新一届政府成立，阿娜·布尔纳比奇（女）出任总理。塞尔维亚全国总人口713万（不含科索沃地区，2014年）。官方语言塞尔维亚语。主要宗教为东正教。① 塞尔维亚是一个多民族的国家，大部分人口是塞尔维亚族，其余有匈牙利族、波斯尼亚克族、罗姆族及斯洛伐克族等。按行政区划，塞尔维亚设有2个自治省（伏伊伏丁那自治省和科索沃自治省）、29个大行政区、首都贝尔格莱德直辖区。其中辖有24个市、197个县（区），193个镇，6158个村。自治省和大行政区是塞尔维亚最高一级的地方行政单位。首都贝尔格莱德市是全国的政治、经济、文化及科研中心。②

（三）经济

塞尔维亚矿藏有煤（储量134.1亿吨）、天然气（储量43.5亿吨）、铜和铅锌（储量27.1亿吨）、锂（储量7.3亿吨）、辉钼矿（储量28.5亿吨）。森林覆盖率29.1%，水力资源丰富。主要产业方面，农业是塞尔维亚传统优势产业之一，共有农业土地509万公顷，其中耕地330万公顷。农业土地主要集中在北部的伏伊伏丁那平原和塞尔维亚中部地区。土地肥沃，雨水充足，农业生产条件良好。在农业生产中，种植业占63.2%，畜牧业占36.8%。其次，信息通信技术产业是塞尔维亚具有比较优势的产业之一，政府计划将其打造成塞尔维亚经济的支柱产业，微软也在塞尔维亚设立了研发中心。目前共有1600余家ICT企业，约14000名从业人员。另外，汽车工业曾是塞尔维亚的辉煌产业，2000年以来，共有27家外资企业在塞尔维亚投资汽车组装、零配件生产等。2012年7月，意大利菲亚特集团在塞尔维亚正式投资生产500L型汽车。③

新政府积极推行经济改革，建立良好的市场环境，并鼓励创业，促进中小企业的发展，加强基础设施建设。近年来，塞尔维亚对外经贸活动日渐活跃，外贸额保持连年上升势头。2014年出口额148.49亿美元，进口额206.09亿美元。主要出口产品为车辆、电器及电子产品、谷物、蔬菜和水果，主要进口产品为汽车、石油及其制成品、天然气、电器及电子产品等。主要外贸关系国家有中国、意大利、德国、波黑、俄罗斯、罗马尼亚和匈牙利等。④

（四）教育

塞尔维亚的教育体系包括早期儿童看护教育、小学教育、中等教育和高等教育。截至2010—2011学年，塞尔维亚全国实行全纳教育。早期儿童看护教育适用于6个月直至初等教育开始的婴幼儿教育，包括托儿所（6个月—3岁）、幼儿园（3岁—5岁半）、

① 中华人民共和国外交部．塞尔维亚国家概况 [EB/OL].(2017-07-01) [2017-10-05].http://www.fmprc.gov.cn/web/gjhdq_676201/gj_676203/oz_678770/1206_679642/1206x0_679644/.

② 商务部国际贸易经济合作研究院等．对外投资合作国别（地区）指南——塞尔维亚 [R]. 商务部国际贸易经济合作研究院等 ,2016,4:3-4.

③ 同上书 ,2016,4:16-17.

④ 中华人民共和国外交部．塞尔维亚国家概况 [EB/OL].(2017-07-01) [2017-10-05].http://www.fmprc.gov.cn/web/gjhdq_676201/gj_676203/oz_678770/1206_679642/1206x0_679644/.

学前准备教育（5 岁半—6 岁半）。①

初等教育为 8 年制免费义务教育，入学要求是年龄在 6 岁半至 7 岁半的适龄儿童，需要有学前准备教育证书。初等教育阶段包括两个学习周期：1—4 年级和 5—8 年级。

中等教育则一般从 15 岁开始，分为 4 年制普通教育和 2—4 年的职业教育。中等教育中，文法中学的毕业生可以申请进入任意一家高等教育学院接受教育，职业中学毕业生可以根据专业选择进入高等专科学院继续学习，3 年制的职业教育与培训计划的学生则要通过额外的考试才能获得大学入学考试的资格。

高等教育为所有公民提供平等接受教育的机会，分别提供学术型教育和应用型教育两种形式。全国主要大学有贝尔格莱德大学、诺维萨德大学、尼什大学、克拉古耶瓦茨大学和普里什蒂纳大学。2014—2015 年度各级教育学生人数分别为：小学生 55.89 万人，中学生 26.12 万人，大学生 19.04 万人，硕士研究生 4.14 万人，博士研究生 8555 人；各类教师共计约 10 万人。②

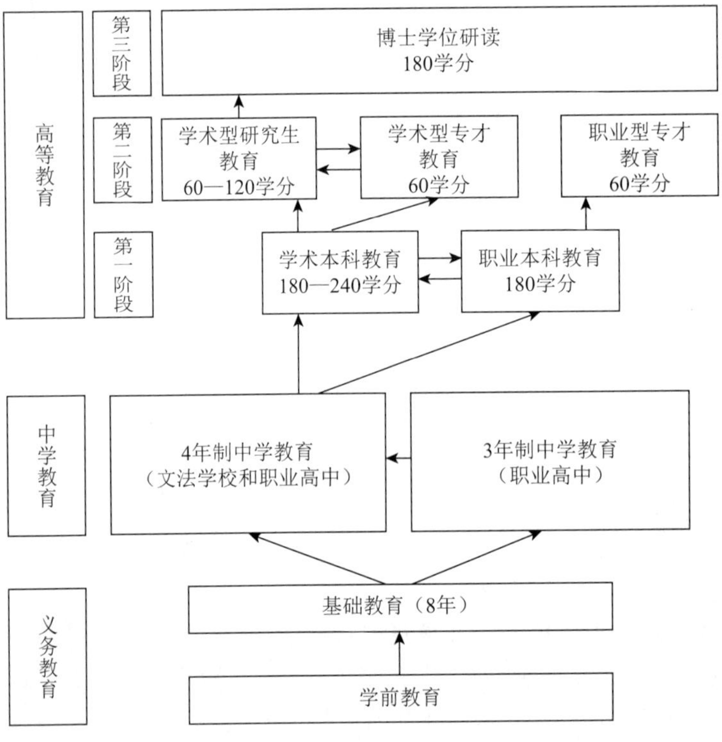

图 1 塞尔维亚教育体系③

① Eurydice. Serbia: Key features of the education system[EB/OL].(2017-02-20) [2017-10-03].https://webgate.ec.europa.eu/fpfis/mwikis/eurydice/index.php/Serbia:Overview.

② 商务部国际贸易经济合作研究院等 . 对外投资合作国别 (地区) 指南——塞尔维亚 [R]. 商务部国际贸易经济合作研究院等 ,2016,4:10.

③ UNESCO International Bureau of Education. World Data on Education. VII Ed. 2010/11. [DB/OL]. http://www.ibe.unesco.org/fileadmin/user_upload/publications/WDE/2010/pdf-Versions/Croatia.pdf. 2017-10-05.

二、职业技术教育与培训的战略与法规

（一）战略

塞尔维亚职业教育培训的总体目标列在“2020年技能愿景”之中，与“欧盟2020战略”和塞尔维亚自己的需求相一致，优先考虑劳动力市场需求。职业技术教育与培训事业发展的优先事项在于：一是参考欧洲资格框架，制定和实施统一的国家资格框架；二是根据劳动力市场需求，加强职业教育多方利益相关方的治理；三是为行业技能委员会制定有利于可持续的管理结构。

塞尔维亚政府在2012年10月25日的会议上通过了《2020年塞尔维亚教育发展战略》（以下简称“战略”）。该战略发表在“第127/12号”塞尔维亚共和国政府公报上，战略涉及塞尔维亚共和国教育制度发展的宗旨、目标、方向、手段和机制。“战略”的目标是在职业教育与劳动力市场与经济之间建立更紧密的联系，推动有利于就业的资格认证工作和终身学习体系的发展，促进创新创业能力的培养。“2020年塞尔维亚发展教育战略”行动实施计划规定了“战略”目标和优先事项确定的主要活动，制定了活动的实施方式、最后期限、主要利益攸关方和执行人员、监测工具、进展指标、以及实施程序和评估措施等。

2016年，塞尔维亚政府基于现行的经济改革计划，在今后四年的工作方案中设定了未来教育领域实施的优先事项，主要包括：（1）建立国家资格框架，提供劳动力市场需要的教育情况记录，使得教育方案符合劳动力市场需求，确保在正规教育以外获得的技能和知识得到承认；（2）在开展职业教育新型综合教学计划的背景下，注重创业技能以及实践型、应用型的知识的开发；（3）改革单一体制的教育模式，将教育体系的发展与劳动力市场的需求相结合。

（二）法规

1.《教育制度基础法》

《教育制度基础法（2009年）》重点强调应防止教育中的种族歧视和隔离，实施个人教育计划，采用引进新的评价体系和评估政策，引进教学助理，向学校提供支持和新的财务政策，将特殊需要的儿童教育纳入正规学校。

2.《中等教育法》

中等教育作为塞尔维亚共和国统一教育体系的组成部分，法律规定了中等教育的培养目标、中等教育活动的执行，语言的使用，教育方案和考试的内容形式，学生的权利、义务和责任，个体教育成长记录以及与中等教育过程中相关的其他问题。

3.《中等职业教育和培训的原则》

经过广泛邀请利益相关者和社会伙伴参与多次修改，《中等职业教育和培训的原则》于2007年开始实施。内容包括中等职业教育与培训改革目标方案、职业教育与培训发展的基本方法、中等职业教育与培训体系的结构、中等职业教育与培训课程、职业教育与

培训的有关标准等。

4.《成人教育法》

成人教育和终身学习作为塞尔维亚共和国统一教育体系的一部分，法律规定了：成人教育原则和目标、能力和资格标准、成年的概念、语言的使用、保障和改善成人教育机构的质量、有关人员参与成人教育计划、成人教育年度计划的监督以及法律规定的成人教育的其他重要议题。

三、职业技术教育与培训的体系与质量保障

（一）体系

1. 学校类型

塞尔维亚实行 8 年义务教育，学生接受完 8 年的基础教育之后进入中学，从中学阶段开始分流。中学教育提供继续深造和就业所需要的普通知识和职业知识与技能，分为普通高中（包括大学预科）、职业学校和艺术学校。普通高中教育和职业高中（科学、数学、语言）提供 3 至 4 年的课程，艺术学校提供 4 年的课程，包括音乐、视觉艺术和芭蕾舞等。职业教育体系详见下图：

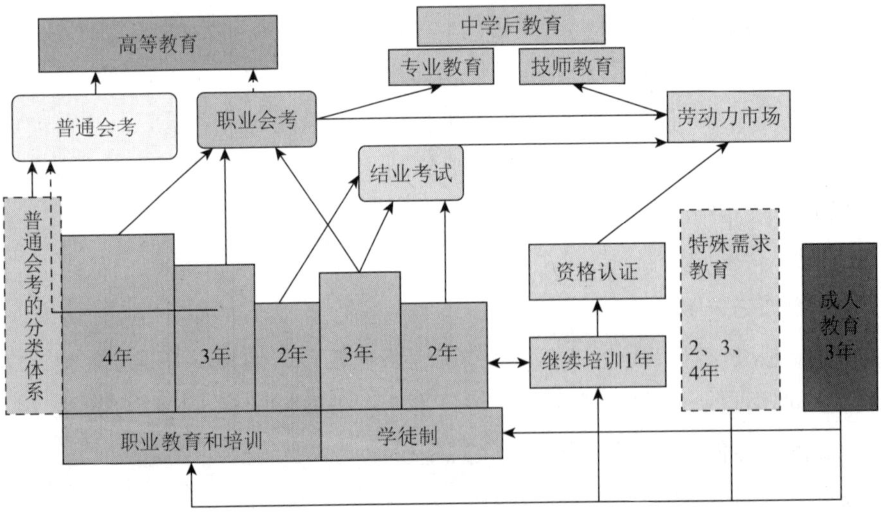

注：

直线箭头：直接流动。

虚线箭头：需要满足特定的条件才能流动。

双线箭头：根据不同的可能性，职业教育和培训、学徒制和培训认证都有不同的处理。

图 2 塞尔维亚职业技术教育和培训体系[①]

① Concept of vocational education and training in Serbia. Republic of Serbia ministry of education and sport, Belgrade, January 2004.

职业教育体系包括职业教育和培训、学徒制和职业培训和资格认证三大类。具体来说:(1)中等职业学校提供普通课程和职业课程(理论和实践),有2年制、3年制(2年制和3年制原则上说,不能直接进入高等教育继续深造)和4年制,主要是为学生就业或将来继续深造做准备。(2)学徒制是要经过教育和体育部以及职业教育和培训中心通过,根据劳动力市场和个体的需要而设置的。学徒制教育的课程主要是基于实践技术和各种活动,一般需要2年或3年。(3)成人的中等职业教育一般需要3年。对于某些学生特定需求的职业教育则需要2—4年不等,主要取决于学校的课程。

2. 教育目标

塞尔维亚中等职业教育和培训的一般目标是为年轻人和成年人提供获得工作就业、继续深造所需要的技能、知识、态度(或工作能力)的机会。更具体来说,中等职业教育需要提供:(1)获得技能和职业认证,特定领域所需要的知识和技能,相关的能力和态度;如中等教育法规定,中等教育应进一步发挥公民在当代社会中的积极作用,培养社会发展所需要的关键能力;培养学生成功就业所需要的专业能力;问题解决和团队合作沟通的能力;以及个体发展所需的主动学习、自我评价和自主表达的能力等①。(2)获得初始的和持续的职业教育和培训。(3)获得就业和经济独立所必要的先决条件。(4)培养并发展受教育者个体的能力、天赋、潜能和自我满足。学生进入哪种中学学习取决于入学考试的成绩,2008年全球金融危机后,塞尔维亚经济经历了严重的衰退,呈负增长。但职业教育和培训入学人数不断增加,占中等教育总注册人数的40%左右②。

3. 课程设置

课程的设置是为了实现在教育过程中的个体发展,提高个体的知识、技能,满足工作过程中有关职业态度和工作能力的需要。职业教育提供正式教育和非正式教育的不同课程,包括中等职业教育的课程、培训认证的短期课程、中学后教育和专业化教育的课程。

3年或4年制的职业学校平均每周30—32学时的课程。从课程内容上分,包括普通课程和职业课程(理论和实践),让学生为就业和继续深造做准备。普通课程一般占30%—40%的比例,职业课程占60%—70%的比例。从课程设置上分还可以分为国家课程和学校特殊课程。国家课程是基于国家课程框架,包括一般的标准知识、中等职业教育必修的核心课程(比如塞尔维亚语、数学、外语等);学校特殊课程是学校的自主选择,主要是基于学生和家长的需要,学校和当地政府的需要,又可以分为必修科目、选修科目、模块课程等。

① Law on Secondary Education[EB/OL].http://www.mpn.gov.rs/wp-content/uploads/2015/08/%D0%97%D0%B0%D0%BA%D0%BE%D0%BD-%D0%BE-%D1%81%D1%80%D0%B5%D0%B4%D1%9A%D0%B5%D0%BC-%D0%BE%D0%B1%D1%80%D0%B0%D0%B7%D0%BE%D0%B2%D0%B0%D1%9A%D1%83-%D0%B8-%D0%B2%D0%B0%D1%81%D0%BF%D0%B8%D1%82%D0%B0%D1%9A%D1%83.pdf,2017-10-05.

② ETF.Serbia[EB/OL]. http://www.etf.europa.eu/web.nsf/pages/Serbia,2017-10-03.

职业教育课程主要涵盖建设、机械工程、农业、林业、健康、经济、餐饮和贸易等。课程类型有模块课程、VET 课程、必修课程、专业实践、不同形式的学习培训还有各个 VET 学校特殊的课程。

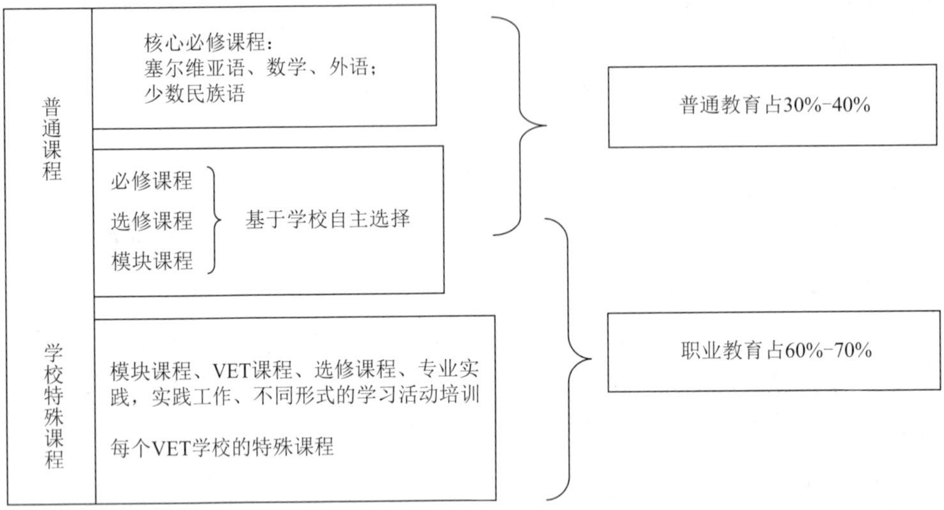

图 3　中等职业教育学校课程 ①

多样化的课程设置可以在普通教育和职业教育，理论学习和专业实践之间取得平衡；在一个或多个工作领域的框架内实现横向和纵向的流动；并且便于实现中等教育与高等教育的联系，为接受高等教育提供机会。

4. 考试

职业教育与培训考试包括职业会考和结业考试。具体来说：（1）职业会考。根据入学条件的规定，学生在结束 3 年或 4 年的中等职业教育之后，可以参加职业会考，以获得升入高等教育的资格。职业会考包括理论部分和实践部分，主要是检查学生的通识知识、职业理论知识、职业技能、获得特定工作的专业能力，是否熟练掌握实用的职业技能。考试根据职业和成人教育培训中心和教育部相关规定进行，职业和成人教育培训中心开发了一套知识目录和考试目录，为准备职业会考提供了参考。职业会考考试委员会的成员由那些不直接教授学生的教师以及一些利益相关者、社会伙伴的代表。（2）结业考试。结业考试是 2 年制职业学校以及 2 年或 3 年学徒制教育的学生所参加的考试。结业考试主要是检查学生的知识和实践态度，考试的实践部分可以在学校以外的机构中进行。考试的组织、内容、条件和评估、考试委员会组成等由职业和成人教育培训中心制定提出，并经教育、科学和技术发展部批准。

① Concept of vocational education and training in Serbia. Republic of Serbia ministry of education and sport, Belgrade, January 2004.

（二）保障

1. 资格认证和国家资格框架

教育认证制度是将非正规教育和职业资格证书有效结合起来，通过证书认证系统获得资格是基于认可的职业标准和教育标准，以这种方式确保他们在不同的工作环境和全国劳动力市场得到认可。塞尔维亚的国家资格框架是在满足相应程度的学习要求基础上制定的，用于资格认定、创建和分类的工具，目的在于规范通过教育和培训取得的资格制度，更好地满足社会经济发展的要求，支持落实终身学习理念，提高劳动力受教育水平的透明度和流动质量，促进劳动力流动。实现了整个教育系统横向和纵向的流动，使得人们能够灵活地就业，将教育和工作联系起来，可以更容易适应工作环境的变化，满足劳动力市场的需求。

塞尔维亚国家资格框架对现有资格和资格制度进行了整合和协调（高等教育资格制度、职业教育资格制度、成人教育资格制度、私营部门资格制度等），从而形成了全面的国家资格体系，总体有 8 个层次。目前对于每个资格级别（I–V），已经建立了对执行工作或进一步学习所必需的知识、技能、能力和态度的描述。

国家资格框架包括了对各级教育的正规教育、非正规教育以及对先前学习（个体之前学习经历和水平）的认证，其中先前学习的认证是根据个体的学习经历来评估先前学习的相关价值，并提高具有工作经验但没有证书的人的自尊心和自信心。例如，在第 4 级中，对于一个从文科中学毕业并有 2 年企业管理经验的人可以通过先前学习认证获得企业管理员的职业资格证书；或者在第 5 级中，具备文科中学毕业且拥有 2 年的导游经验即可获得导游资格证书。

2. 质量保障

按照《教育制度基础法》的规定，在学前和中小学教育层面，教育、科学和技术发展部监督规定的教育目标和标准的实现，并建立国家教育督查和教育顾问专家组，评估教育机构和质量计划的不同方面。管理事务上主要由地方当局负责学校教育的专业教学监督，支持发展规划，课程开发和质量保证。学校教育机构通过与当地政府和教育管理部门合作，负责改进和评估工作质量，制定教育计划、方案和实现条件。

由于正规中小学和学校也提供成人教育项目，成人教育质量保障的负责机构与学校教育部分所述相同，值得关注的是作为教育改进机构分支的职业和成人教育培训中心有关方面的工作和要求。在具体业务的管理上，职业和成人教育培训中心负责确定成人教育的标准、编制课程和期末考试计划、确定教科书和教材的标准，并通过质量保证程序评估所有标准的实现。另外，该中心对应于教育部的职业和成人教育委员会，其主要负责确定与成人教育和培训有关的标准。其他相关部门还有，教育质量评估研究所负责制定成人教育的一般和特别成就标准。教育和护理局负责根据国际文书和标准，承认学习者以往的学习经历，对成人教育进程的评估和外国文凭的验证。

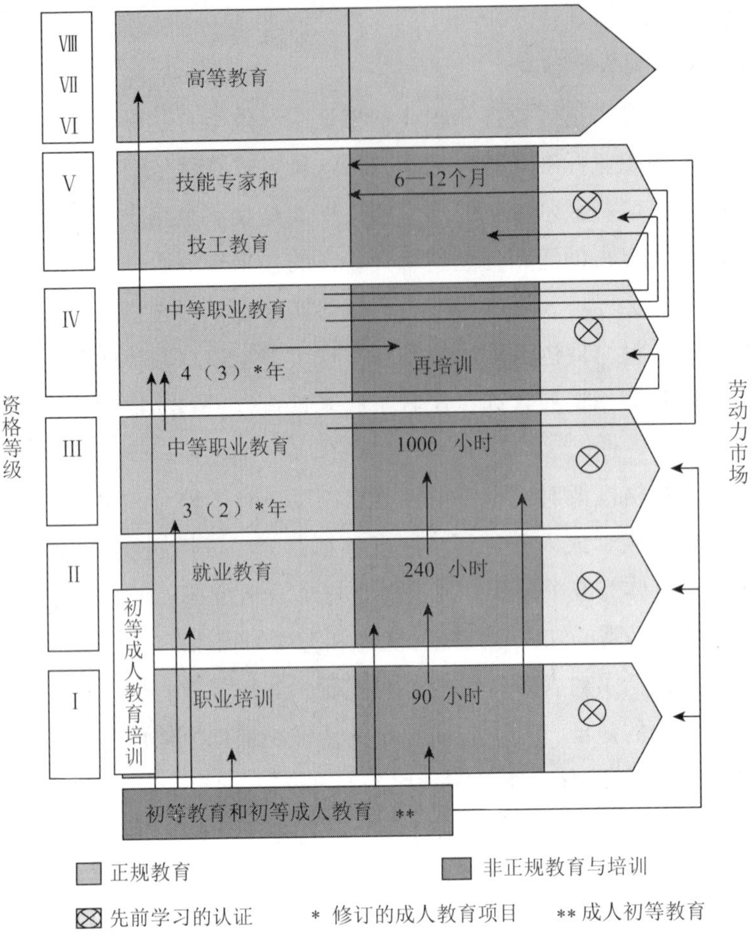

图4 塞尔维亚国家资格框架——国家资格体系Ⅰ－Ⅴ级①

四、职业技术教育与培训的治理与教师

（一）治理

塞尔维亚教育、科学和技术发展部全面负责教育系统的运行和管理，包括确立国家层面的教育目标任务、规划和监测各级教育的发展、组织实施教育教学人员的专业发展和培训、制定国家资格框架等；此外，国家教育委员会是教育发展和质量保障的最高权力机构，其中，职业教育培训和成人教育委员会于2010年正式成立。

在国家层面，各机构在参与职业教育培训的管理方面的职能主要包括：国家教育委员会参与制定国家政策框架，提供立法和规章制定建议，评估和审查职业教育与培训政策；教育改进机构在为职业教育培训工作起草技术文件发挥了关键作用，其下

① Institute for Improvement of Education, Centre for Vocational Education and Training.National Qualifications Framework in Serbia–National Qualifications System Levels I to V. Belgrade, October 2013.

设的职业与成人教育中心主要负责各类职业教育与培训工作的质量监管；教育质量和评估研究所有助于确定教育标准，并参与教育领域内有关工作的评估和审查、研究与开发活动；职业教育与成人教育委员会承担除了申请财政经费之外的其他一切工作；职业教育与成人教育委员会在政策制定和执行中扮演协调员的角色，所有的主要社会伙伴和利益相关者均为会员；职业教育的举办者（包括职业教育与培训学校、成人教育机构、非政府机构、终身学习中心和雇主）则在设计课程时具有一定的自由度。

在地方层面，在权力下放的政策框架下，市级及地方政府的作用仅限于调拨财政资源，其他具体事务则由地方政府设立的区域学校管理办公室负责，承担满足学校发展和当地雇主需求的责任，监督和评估学校的发展，并参与职业教育公私合作计划、研发项目的管理。而在学校层面由学校董事会和校长共同实施管理。

其他职业教育参与者及其所扮演的角色详见下表：

表 1　塞尔维亚职业教育的利益参与者①

关键问题	标　准	关键人物
职业中所需要的知识、技能和态度（工作能力）	职业（专业）标准	社会伙伴和利益相关者
如何获得成功?	学习（专业）标准	教师和其他教育专业
教育和学习在什么样的环境下进行?	学校和其他教育机构的规范和标准	政府在这一教育领域的代表
用什么样的方式来检验学到了什么，以及学习的程度	学习获得的（专业）标准	教育领域的专家、雇主

塞尔维亚职业教育培训事业的发展主要通过费用分摊计划获得资助，包括国家 / 部门培训基金，对公司和工人进行税收激励措施以及贷款。其中，职业技术教育与培训计划主要由政府公共资金资助，资金由国家（整体教育）根据学校类型、学生人数和教职员工的薪金等分配。另有部分来自国际利益相关方组织和公司的非正式资助。塞尔维亚欧洲一体化办公室在 2014—2017 年期间负责起草接受国际援助的优先发展项目。资金预算通过与有关部委、工会组织等利益攸关方的协商制定的，最终达成行动计划。由于缺乏客观导向和过度强调投入和基于活动的预算和监测，预算拨款被描述为不够，往往导致学校和员工发展部分落后于地方政府。

（二）教师

根据塞尔维亚教师职业的有关规定，担任初等教育（5—8 年级）和完全中学阶段的各学科教师需要在高等教育的教师教育学院完成相应科目的专业学习（如数

① Concept of vocational education and training in Serbia. Republic of Serbia ministry of education and sport, Belgrade, January 2004.

学、生物、化学等），小学和中学教师必须持有硕士学位；而且，进入学校教育工作的老师在首次就业从教一年后，必须通过教师资格考试，才能继续从事教师职业工作。[①]

根据《教育制度基础法》的要求，必须保障教师持续的专业发展。教师必须将其工作时间的一部分时间用于专业发展培训，以维持其从教职位和教师资格。塞尔维亚要求职业教育教师的专业发展需要经历以下过程：教师准入系统；在学科或专业领域的初步准备和培训；教育、教学、心理训练与提升；继续教育培训和专业晋升。最初的教师教育、心理训练和提升是中等职业教育和成人教育教师进入教师职业的前提。这是教师获得基本的知识和关键技能，从而实现中等职业教育的目标。

为促进教师专业的持续发展，来自教育部、科学和技术开发部和教育质量评估机构的巡视评估员，根据相关的报告和文件内容，直接对教师教学进行检查评估，评估人员至少需要参加教师课堂教学40%的时间，每次听课不少于20分钟，再会同学校校长和有关教师讨论，才能给出最终的评估结果。其实，对教师持续专业发展的效果很难进行监测，而且问题的关键更在于如何才能做到这一点。例如，是否应基于教师行为的变化，或学生成绩或沟通技巧或专业能力，目前在国家层面还没有认可的测量工具。

五、职业技术教育与培训的诉求与发展趋势

（一）诉求

1. 塞尔维亚经济发展对职业教育与培训专业结构调整的需求

近年来，塞尔维亚经济状况稍有好转，国民经济呈现出稳中有升的态势。主要工业部门有冶金、汽车制造、纺织、仪器加工等。塞尔维亚劳动力资源充足，适龄工作人口（15—64岁）约447.6万，占总人口的75%，包括了大批高级技工、工程师等。在塞尔维亚每年各类教育培养的毕业生中，约有30%的学生毕业于技术专业[②]。早年的有关教育统计数据显示，2004年，约有84%的中学适龄学生升入中学，剩下的16%中，还有1.5%继续接受基础教育，其余的几乎都辍学了。另据调查，在接受职业学校教育的学生中，例如机械工程和农业专业的学生，70%—80%的职业教育与培训学校毕业生一般可以在三个月内找到工作，最终的就业率通常只能维持在88%左右[③]。从以上分析可以看出，一

① Eurydice. Serbia: Key features of the education system[EB/OL]. https://webgate.ec.europa.eu/fpfis/mwikis/eurydice/index.php/Serbia:Overview.2017-10-03.

② 商务部国际贸易经济合作研究院等．对外投资合作国别（地区）指南——塞尔维亚[R]. 商务部国际贸易经济合作研究院等, 2016(04):34.

③ Concept of vocational education and training in Serbia. Republic of Serbia ministry of education and sport, Belgrade, January 2004.

方面，塞尔维亚的中学辍学率仍然较高，有将近 15% 的学生辍学。另一方面，虽然接受职业教育的学生占有一定数量的比例，但在专业领域、就业工作还需要加强，为此，职业教育应增强吸引力，并进一步扩大规模，增加教育供给，以减少学生辍学率；同时调整专业设置，根据经济社会发展状况，及时增减专业和课程，并提高人才培养的质量，适应雇主的需求，使毕业生更好地就业。

2. 塞尔维亚劳动力市场发展对于技能人才培训规模和质量的需求

在 2008 年至 2014 年失去 40 万个工作岗位后，塞尔维亚的就业最终在 2015 年出现了反弹。“劳动力调查”数据显示，2015 年第二季度至 2016 年第二季度就业人数增加了 174000 人（6.7%）。虽然大部分为非正规就业，但总体而言，失业率持续下降。2016 年第二季度下降至 15.2%，明显低于 2012 年的 23.9%。目前对于雇主来说，一个日益增长的问题是缺乏经过充分培训的人力资源，这也部分解释了青年失业率居高不下的原因，也表明在经济产业部门和职业教育培训系统之间缺乏系统和持续的合作。2016 年 6 月，国际劳工组织进行的劳动力市场调研发现，只有初级资格的青年失业率最高（40.7%），而受过中等教育的年轻人则为 29.9%，大学毕业生为 32.9%。相较而言，具有中等教育和中学后教育职业资格的年轻人中，失业率最低，分别为 6.0% 和 18.4%，表明技术技能与劳动力市场需求更为密切相关。[①] 但未来随着国有企业私有化程度的加深及新政府计划削减公共部门冗余人员，失业率还有进一步攀升的可能。

（二）发展趋势

为适应国家经济发展和劳动力市场不断变化的需求，提高教育人才培养质量，从教育管理系统和财政系统向所有的利益相关者和社会合作伙伴转移，在教育过程中充分尊重民族、文化和语言差异，使参与者的知识和技能得到有效转移，塞尔维亚教育和体育部开始对职业教育与培训系统进行改革重组。早在 2000 年初，塞尔维亚政府和教育部门即推出了一系列改革措施。主要内容有：（1）职业教育和培训要紧跟未来经济发展的需求，进一步明确职业教育和培训发展的概念，从普通教育系统指向社会和个体的需求和发展的可能性；（2）将教育管理权下放到地方政府，建立分权和民主式的学校管理模式；（3）重视课程改革传递的新理念的理解和实施，如批判思维、团队合作、知识的创造性应用，加强问题解决能力和创业精神的培养。

近年来，塞尔维亚继续推动职业技术教育与培训的改革，综合国家有关职业教育与培训的改革计划和塞尔维亚当前面临的形势，需要在以下方面加强职业教育与培训的发展：

---

① European Training Foundation.(2017).Torino Process 2016–17: Serbia – Executive Summary[R]. http://www.etf.europa.eu/webatt.nsf/0/A55C44A221EC34F2C1258125005DE420/$file/TRP%202016–17%20Serbia.pdf.2017–10–03.

1. 加强学校与企业雇主间的合作，制定关键环节的积极政策

根据《2011—2020年国家就业战略》，职业技术教育应提高劳动者就业能力，缓解劳动力市场的供需矛盾，帮助教育培训体系和劳动力市场需求之间的更好匹配，建立终身学习的通道，改善弱势群体的不利处境。为此，塞尔维亚政府发布了一系列相关文件，要求职业教育培训学校和雇主代表之间建立持续和系统的合作关系，围绕入学条件、组织实习培训和毕业考试等环节制定积极的政策。具体内容包括：（1）建立有效的机制，提高中等教育在入学政策、实践技能培养和毕业考试间的相关性；（2）成立行业技能委员会，以确保企业参与职业教育与培训项目的计划、制定和供给；（3）明确实施程序并制定方法，以便有系统地对已就业人员和职业学校辍学人员进一步地继续教育与培训。

2. 促进就业和社会融合，保障弱势群体的社会地位

为进一步提高就业和促进社会融合，塞尔维亚国家就业服务部门推出了有关就业扶助的一揽子计划，针对部分在劳动力市场上处于不利地位的就业困难人员提供特别的服务和帮助，目的在于激发此部分人员的活力。帮扶对象包括：青年群体、被解雇员工、残疾人士、无职业资格者、低技能和长期失业人员。这对于那些教育水平不足或较低效能的人员来说，起到了较好的效果。

其他需要进一步推动的改革计划项目还包括：社会合作伙伴参与课程设计和资格标准制定；行业委员会和实践社区参与制定政策建议；更多地强调由行业部门实施技能开发计划，参与职业教育委员会工作，制定满足经济和劳动力市场需求的职业教育培训项目；开发职业教育培训的学分制体系；提高利益相关者参与职业教育政策制定的积极性；为国家、区域和部门层面的职业教育政策制定者提供培训；由地方政府和行业部门联合建立国家职业教育与培训数据库；畅通各级管理部门和利益相关者之间信息联系和沟通的渠道等。

（深圳职业技术学院　技术与职业教育研究所　魏　明）

主要参考文献

[1] 中华人民共和国外交部 . 塞尔维亚国家概况 [EB/OL]. (2017-07-01) [2017-10-05].http://www.fmprc.gov.cn/web/gjhdq_676201/gj_676203/oz_678770/1206_679642/1206x0_679644/.

[2] 商务部国际贸易经济合作研究院等 . 对外投资合作国别（地区）指南——塞尔维亚 [R]. 商务部国际贸易经济合作研究院等 , 2016, 4.

[3] UNESCO-IBE.World Data on Education, 7th edition, 2010/2011.Serbia.Revised Version, November 2011.

[4] Concept of vocational education and training in Serbia. Republic of Serbia ministry of education and sport, Belgrade, January 2004.

[5] Institute for Improvement of Education, Centre for Vocational Education and Training.National Qualifications Framework in Serbia–National Qualifications System Levels I to V. Belgrade, October 2013.

[6] European Training Foundation. (2017).Torino Process 2016–17: Serbia – Executive Summary[R]. http://www.etf.europa.eu/webatt.nsf/0/A55C44A221EC34F2C1258125005DE420/$file/TRP%202016–17%20Serbia.pdf. 2017–10–03.

阿尔巴尼亚共和国

一、国家概况

（一）地理

阿尔巴尼亚共和国（The Republic of Albania），简称阿尔巴尼亚，由于鹰被认为是民族英雄的象征，故号称“山鹰之国”。阿尔巴尼亚位于东南欧巴尔干半岛西部，北部和东部分别与塞尔维亚和黑山及马其顿接壤，南部与希腊为邻，西临亚得里亚海，隔奥特朗托海峡与意大利相望。境内山地、丘陵占总面积的 77%，平原为 23%。森林覆盖率为 36%，可耕地面积占 24%，牧场占 15%。该国海岸线全长 472 千米，国土总面积为 28748 平方千米。[①]全国共分为 12 个大区，下属 61 个市，首都是地拉那市，人口约 80 万，是阿尔巴尼亚的政治、经济、文化中心。属东 1 时区，比北京时间晚 7 小时，每年 3 月到 10 月夏令时比北京时间晚 6 小时。阿尔巴尼亚属亚热带地中海式气候。降雨量充沛，年均为 1300 毫米。平均气温最冷季 1 月 1℃ ~8℃，最热季 7 月 24℃ ~27℃。[②]

（二）人文

阿尔巴尼亚在公元前 5 世纪就建立起了奴隶制王朝，但在公元 9 世纪以后，分别受到拜占庭帝国、保加利亚王国、塞尔维亚王国和威尼斯共和国的统治。1190 年建立独立的封建制公国，1415 年遭土耳其入侵，被土耳其统治近五百年。19 世纪下半叶，阿尔巴尼亚的民族解放运动日渐高涨。1912 年 11 月 28 日宣告独立。第一次世界大战期间，被奥匈、意、法等国军队占领，1920 年阿尔巴尼亚再次宣告独立。1924 年成立资产阶级政府，1925 年成立共和国，1928 年改行君主制，索古为国王直至 1939 年 4 月意大利入侵。第二次世界大战期间，先后被意、德法西斯占领（1943 年德国法西斯侵入）。1944 年 11 月 29 日，阿全国人民在共产党的领导下进行的反法西斯民族解放战争夺取政权，并解放全国。1946 年 1 月 11 日，阿尔巴尼亚人民共和国宣告成立。1976 年修改宪法，改称为阿尔巴尼亚社会主义人民共和国。1991 年 4 月通过宪法修正案，改国名为阿尔巴尼亚共

---

① 中国人民共和国外交部 . 阿尔巴尼亚概况 [EB/OL].http://www.fmprc.gov.cn/web/gjhdq_676201/gj_676203/yz_676205/1206_676668/1206x0_676670/.2017-9-13.

② 人民网 . 阿尔巴尼亚简介 [EB/OL].http://nb.people.com.cn/n/2015/0513/c371020-24846147.html.2017-05-13.

和国。[①]

阿尔巴尼亚实行三权分立的政治制度，目前登记在册的党派约有80个，执政党为社会党，执政联盟党为争取一体化社会运动党和社会民主党，主要的在野党有民主党、共和党、民主联盟党和红黑联盟党。

阿尔巴尼亚人是巴尔干半岛上的古老居民伊利亚人的后裔。截至2017年1月共有人口288万，其中阿尔巴尼亚族占82.58%。少数民族主要有希腊族、马其顿族等。官方语言为阿尔巴尼亚语。56.7%的居民信奉伊斯兰教，6.75%信奉东正教，10.1%信奉天主教。国家首都位于地拉那（Tirana）。11月28日为国庆节暨独立日，11月29日为反法西斯解放日。[②]阿尔巴尼亚人以点头表示不同意，以摇头表示同意，熟人相见一般要行贴脸礼，也分不同程度，普通的只是左右脸贴脸，稍微亲热一些要相互左右贴脸，十分亲热的可以相互拥抱并亲吻脸颊。在交谈过程中，阿尔巴尼亚人十分善于使用表情和手势，诸如耸肩、摆手、嘘声等。

（三）经济

据世界经济论坛《2015—2016年全球竞争力报告》显示，阿尔巴尼亚排名93/140，在世界银行的《2016年营商环境报告》中，阿尔巴尼亚排名97/189，在中东欧国家中，阿尔巴尼亚的经济排名相对比较靠后。总体而言，阿尔巴尼亚经济总量较小，欧债危机前一直保持低速稳定增长。2015年阿农业、工业和服务业在国民经济中的比重分别为22.3%、15.0%和62.6%。农业是阿尔巴尼亚重要的经济部门，有将近一半的人口以农业为生，主要农产品有土豆、蔬菜、水产品、瓜果等。工业以轻工业为主，主要工业品有服装、鞋、矿石等。服务业一直在阿尔巴尼亚国民经济中占比较大，商贸、旅游、餐饮等是其特色产业，具有很大发展潜力。[③]

受欧债危机冲击，自2010年以来，阿尔巴尼亚实际GDP增长率连续下降。2013年，阿尔巴尼亚实现GDP约128亿美元，实际GDP增长率1.4%，创下自1997年以来的最低值。近年阿尔巴尼亚通胀率不断下降，2013年，受世界原油和其他大宗商品价格下降等因素影响，阿尔巴尼亚通胀率继续降至1.9%。2014年阿尔巴尼亚GDP约为133.7亿美元，人均国内生产总值为4619美元。[④]近两年阿尔巴尼亚商品贸易总额较为稳定，逆差逐年缩小。阿尔巴尼亚是中国在中东欧地区的传统合作伙伴。自1983年两国恢复贸易关系以来，两国经贸合作持续发展。2012年中阿尔巴尼亚贸易总额为4.87亿美元，同比增长11.6%。其中中方出口3.44亿美元，同比增长22.2%；进口1.43亿美元，同比下降

① 凤凰网.阿尔巴尼亚概况[EB/OL].http://news.ifeng.com/gundong/detail_2013_05/09/25115121_0.shtml.2017-05-09

② 中华人民共和国外交部.阿尔巴尼亚国家概况[EB/OL].http://www.fmprc.gov.cn/web/gjhdq_676201/gj_676203/oz_678770/1206_678772/1206x0_678774/.2017-9-15.

③ 阿尔巴尼亚国家统计局[EB/OL].http://www.instat.gov.al/en/figures.aspx.2017-9-13.

④ 同上。

7.6%。目前，我国在阿尔巴尼亚注册成立并开展经营活动的中资公司有三十多家，其中大型企业主要有华为公司、中兴公司、中建材有限公司等。[①]

（四）教育

从2008年开始，阿尔巴尼亚实行9年制义务教育，包括小学5年，中学4年。中等教育持续4年，分为普通高中与职业高中。阿尔巴尼亚基础教育的净入学率为85%，2014年，教育支出占国家年度预算的10.4%，占国内生产总值的3.3%。全国共有公立高校16所，私立高校45所。其中，地拉那大学是阿尔巴尼亚唯一一所综合性大学。注册学龄前儿童81448名，教师4462名；注册小学生377074名，教师25051名；注册中学生151937名，教师8516名；注册大学生176173名，教师4904名。[②]公立中小学实行免费教育，公立高校年收费约1000美元，私立学校年收费在1—4万美元不等。

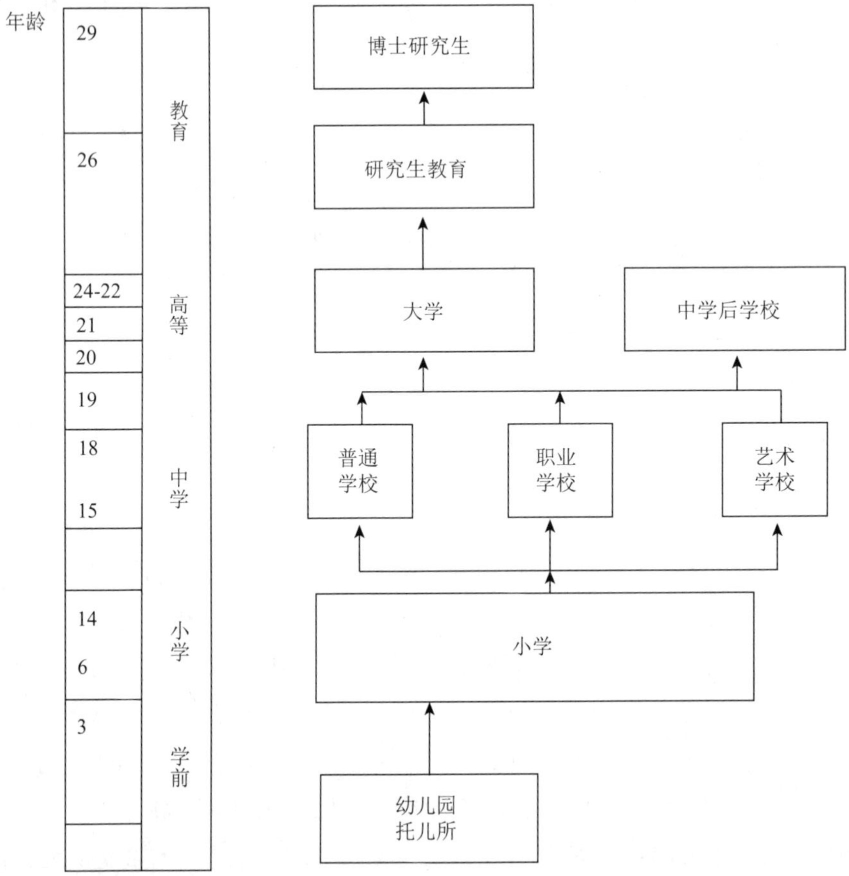

图1　阿尔巴尼教育体系[③]

① 一带一路沿线国家.阿尔巴尼亚[EB/OL].http://www.askci.com/news/finance/2015/11/09/133713qbo5.shtml.2015-11-09

② 中华人民共和国外交部.阿尔巴尼亚国家概况[EB/OL].http://www.fmprc.gov.cn/web/gjhdq_676201/gj_676203/oz_678770/1206_678772/1206x0_678774/.2017-9-13.

③ Nordic Recognition Network (NORRIC). The educational system of Ukraine. April 2009.

二、职业技术教育与培训的战略和法规

（一）战略

职业技术教育与培训对阿尔巴尼亚劳动力市场的贡献有目共睹，这不仅是阿尔巴尼亚人民的共识，也反应在广泛的中小学教育改革中，比如历次的教育改革与师资培训中。阿尔巴尼亚的职业教育发展战略集中体现在《就业和技能发展战略 2014—2020 愿景》框架中，其总体目标为通过建立一个优质的、有包容性的并且能对市场经济需求作出反应的、灵活的职业教育与培训制度，创造和提供更多高质量、高技能的工作机会，通过协调一致的政策行动，满足市场对劳动力的需求，缩小劳动供给和社会需求之间的差距，最终通过有效的劳动力市场政策，为青年和成人提供优质的职业教育与培训，促进社会的包容和凝聚力。①

（二）法规

阿尔巴尼亚在 1992 年举行的多党选举后，陆续推出了包括《宪法》在内的多项法律法规。通过这些新的法案，教育部门的行动在各方联合与协调的基础上得到了规范，与职业技术教育与培训相关的法律主要包括：

1.《教育法》（1995）

该法规定了公民受教育的权利，即在同等条件下，每个人都可以上学接受教育。作为该法的补充，后续又颁布了《教育法》及之后的第 7952 条修正案、《公立学校规范性规章》、《阿尔巴尼亚共和国劳动法》、《私立教育法》和 1998 年 2 月 25 日颁布的《高等教育法》及其第 8461 条修正案，上述法律对阿尔巴尼亚学生的小学入学、评估和奖励，中学入学标准、课程标准和在职教师培训等各重大问题都做出了相应的规定。

2.《职业教育与培训法》（2002）

2002 年 3 月颁布的《职业教育与培训法》定义了职业教育与培训领域中政府机构、社会伙伴和其他职业教育与培训领域的利益相关者的基本权利、行动原则、组织结构、管理方式和发展方向。2006 年 2 月，《职业教育与培训法》第 8872 条修正案规定了通过外部评估在中等教育结束时建立的国家结业考试的规定，并指出职业技术教育的招生考试由统一考试和自主考试组成，只有通过国家统一学业考试的学生才有权接受更高一级的职业教育。

① Employment and Skills Strategy(2014–2020). compiled by: Republic of Albania Ministry of Social Welfare and Youth[EB/OL].http://www.seecel.hr/UserDocsImages/Documents/EMP–SKILLS–STRATEGY_Albania.pdf.2017–10–1.

三、职业技术教育与培训体系与质量保障

（一）体系

阿尔巴尼亚的职业教育属于中等教育体系，始于9年的小学和初中教育之后。阿尔巴尼亚学生完成初中阶段的教育后，有三类学校提供中等教育：第一类是普通中学；第二类是职业类学校，包括体育、技术；第三类是艺术、体育、外语和师范类学校。继9年制基础教育之后，普通中等教育持续3年。中等艺术学校在音乐、艺术和芭蕾舞等领域培养学生。

从2009—2010年度开始，职业类学校职业教育有三种层级，目的是更好地为基础教育毕业生提供职业理论及实践教育，为他们的工作和进修做好准备。第一层级提供2年制课程，这是为半熟练工人和助理人员提供培训，培养合格的学员，使之获得基本职业培训证书，凭此可直接进入劳动力市场或继续从事下一阶段的培训。在第二层级，技术人员要接受为期1年的项目培训，并可获得专业培训证书。在第三层级，技术人员需完成1年的职业培训方案，该培训一般由劳动与社会事务部下属的公共职业培训中心或私人培训中心持续提供。课程结束时，学员们将参加国家结业考试和专业实践考试，凭此学员可选择直接就业或接受更高等级教育的机会。

阿尔巴尼亚的高等职业教育由职业培训学院提供，且专业文凭的课程期限不得少于2年。高等职业教育一般由理工学院、艺术学院和高等培训机构提供。随着欧洲资格框架的实施，阿尔巴尼亚需要建立本国劳动力市场同整个欧洲劳动力市场的连接，需要承认各种正式与非正式学习成果的获取方式，以更好地服务本国经济发展，迎接欧洲经济一体化的挑战。

（二）保障

2002年5月，阿尔巴尼亚国家议会提出制定《职业教育培训法律框架》以支持和保障国家职业教育与培训的发展。[①] 同年5月29日该法案出台，之后有不断补充修改。其中，《职业教育培训法律框架》第8872号法令确定职业教育与培训体制的组织结构和管理框架，以明确政府机构、社会参与者和行业企业等利益相关者的权责，促进各方的联合行动，保障职业教育与培训的发展质量。

2003年5月，阿尔巴尼亚教育部通过了建立全国职业教育培训局的议案，并明确全国职业教育培训局将成为一个在战略规划、政策制定和资源分配方面为政府提供建议的官方机构。职业教育培训局将充分考虑行业企业及社会合作者的需求，通过对接经济和服务社会使职业教育与培训水平得到提升，职业教育培训局还将审查和检测当前国家职

---

① Duda, Aleksandra; Xhaferri, Elona; Skikos, Helene.Teacher education and training in the Western Balkans: report on Albania[EB/OL].https://publications.europa.eu/en/publication-detail/-/publication/7be56db6-2cfd-49f3-a567-b70784544b71,March,2017.

业教育培训机构、捐助者和公共部门之间出现的职能重叠问题，以促使职业教育体系更好的运行。①

四、职业技术教育与培训的治理

根据阿尔巴尼亚《宪法》，政府和议会决定教育政策，它们制定并通过法律法规，依法进行职业教育领域管理。教育科学部、市政当局或相关公共机构具体执行并确保教育领域工作的开展。教育科学部负责国家教育制度的管理工作。教育科学部的职能包括：执行议会和政府批准的法律和其他条例；法律事项决策、管理和专业监督；批准法规、课程和其他文件，执行专业工作，并负责工作改进规划的制定。教育部根据中小学的规模结构、决定是否建立大专院校和大学、制定高等教育领域的财政政策，培养标准以应对经济和社会的发展需求。

职业和技术教育由教育科学部负责，职业培训则是在劳动与社会事务部的监督下进行的。职业教育与培训委员会是一个部级咨询机构，负责就职业教育与培训政策和发展提出建议。

2006 年，阿尔巴尼亚部长理事会正式通过成立全国职业教育培训局的决定，根据决议，该机构的主要任务是：（1）修订国家职业资格、水平和标准；（2）制定课程；（3）确定职业资格评估和认证的原则和标准，并管理证书的发放；（4）认证职业技术教育与培训机构；（5）确保能力标准完全符合国际的最佳做法，特别是欧洲资格框架和欧洲职业教育的学分系统；（6）协调职业教育利益相关者的行动。

高等职业教育理事会是教育科学部的咨询机构，就高等职业教育政策问题、发展和推广优质高等职业教育提供咨询意见。理事会下属的高等职业教育公共认证机构于 2000 年 1 月成立，该机构是一个由国家资助的公共机构，负责对教育部的工作，以及对私立和公立高等职业教育学校与培训机构进行外部评估。②

此外，阿尔巴尼亚教育科学部规定中等职业学校的实际教学，应当由具有高等教育的教师提供。而且，他们必须在高等教育毕业后完成相关的专业教育实践方可有资格任教。为应对经济全球化与欧洲一体化的发展，阿尔巴尼亚所有大学都提供职前教师教育课程，政府已承诺进一步规范职业教育师资培训，并承诺增加资金和制定相关政策，以实现职教师资的培训和管理的专业化发展。

---

① Anonymous. Reviews of National Policies for Education South Eastern Europe Volume 1, Albania, Bosnia-Herzegovina, Bulgaria, Croatia, Kosova I Albania. Source OECD Transition Economies, March 2003.

② EURYDICE. Focus on the structure of higher education in Europe 2006/07. National trends in the Bologna Process. EURYDICE, European Unit, Brussels, March 2007.

五、职业技术教育与培训的诉求与发展趋势

为应对经济和社会发展需要，阿尔巴尼亚在过去数年已实施了一系列的教育改革，包括修订课程，增加师资，以及在一些特定的专业领域实施新的改革等等。在新的社会经济形势下，职业技术教育与培训担负着赋予学生知识和技能的重任，以让其在自由市场经济和民主社会中发挥重要的作用。为此，阿尔巴尼亚还制定了相关措施以指导学生选修职业教育相关课程，并增加学科集群的培养模式以使其学习更具灵活性。虽然课程框架和国家标准由教育部集中设置，但校董会和地方政府也拥有较多的灵活性，例如教育部会优先批准学校课程政策，并考虑学校申请的资助项目。①

经过持续的改革和发展，阿尔巴尼亚的职业教育已有了明显进展，但改革中的缺失和不足也与之并存。在阿尔巴尼亚教育部看来，其职业教育仍没有完全发挥出预期的作用；不同的职业院校之间在财政、人力资源和学校设施方面仍存在明显差异，大部分职业学校的物质基础仍然比较匮乏；政府虽然一直提倡实现职业教育的权力下放，但职业教育课程仍保留着传统教学方式，不切合职业教育的现实状况；对学生的评估也缺乏有效性和客观性，尤其是在职业教育实践方面，而这种有效性和客观性评估的缺乏反过来又会导致大部分职业学校颁发的资格证书难以拥有高认可度与高信誉度。②

在 2011—2012 学年，阿尔巴尼亚普通高中阶段有 40927 名学生毕业，但职业学校毕业生人数只有 2844 名学生，其中 877 人为女性。③ 可见相比较于普通教育，职业教育的生源数量不仅比例较低，且呈现下降趋势。部分原因是小学和中学的学生人数减少，但主要原因是职业技术教育与培训系统的吸引力降低，学生与家庭的流动也是原因之一。还有参与职业教育的主要是男生，这表明职业教育还受到性别因素的影响，对女性的刻板印象会成为阻碍其参与职业教育的重要因素，加之交通与安全问题的存在，都会降低职业教育对女性的吸引力。因此，未来阿尔巴尼亚政府在提高职业教育与培训吸引力上重点要做好如下工作：

（一）提升职业教育资源在教育体系中的分配比例

阿尔巴尼亚的整个教育是一种非均衡化的发展模式，职业教育与普通高等教育的资源分配严重失调，在职业教育体系内部这个问题也十分凸显，其中有部分原因是教育资源本身的限制。但是，在职业教育内涵化发展的过程中，在职业教育与普通教育之间的资源均衡是政府的重要责任，只有相对公平地分配资源，才能避免部分职业教育与普通教育之间的身份固化，才能有一个适合职业教育发展的良好环境。但公平并不是绝对的公平，只是一种相对的均衡状态，在一些基本条件上给予职业院校相对平等的资源，同

① Ministry of Education and Science. National Education Strategy 2004–2015. Tirana, December 2005.

② 马燕超 . 阿尔巴尼亚职业教育改革措施与发展趋势 [J]. 世界职业技术教育，2015（2）.

③ Employment and Skills Strategy(2014–2020). compiled by: Republic of Albania Ministry of Social Welfare and Youth[EB/OL].http://www.seecel.hr/UserDocsImages/Documents/EMP–SKILLS–STRATEGY_Albania.pdf.2017–10–1.

时还要赋予它们一定的自主发展权利，这样才能在均衡发展的同时实现职业教育与培训的特色发展。

（二）推进职业教育现代化进程，服务社会经济发展

阿尔巴尼亚的职业教育教学过程还在采用传统的教学模式，理论与实践的不统一，所学与所用的不协调是现阶段职业教育无法发挥预期作用的关键原因。虽然阿尔巴尼亚在20世纪末就已经修订法案，支持学校针对社会经济形势的变革开发新的课程，但事实上，阿尔巴尼亚现有的职业教育课程与经济市场的需求之间还没有实现完全对接。所以，现阶段改革推进的方式应该是将所学与所用对接起来，首先要改革理论教学内容，不能使用陈旧的知识体系，要让学生能够建立起适应现代技术的理论框架；其次要强化实践教学模块，注重对学生进行操作技能的训练，尤其是能够对接现代经济社会发展的高新技术技能训练；再次要注重引入信息技术，利用高新科技推动职业教育的现代化。

（三）对接劳动力市场需求，增强职业教育质量

职业技术教育与培训同劳动力市场绩效紧密相关，但前提是两者间的需求相匹配。阿尔巴尼亚的技能与劳动力市场存在严重的错位，其主要表现为两种：一种是大材小用，使高端的劳动力做与之研究领域无关的工作；另一种是业务与技能需求之间不匹配。此外，课程主要是以理论为主，缺乏实用技能。另一方面，毕业生人数过多。由此，产生的结果是劳动力市场供需严重扭曲。因此，阿尔巴尼亚职业教育发展的重要诉求就是制定符合市场需求的职业标准和教学方案，改进教学质量的评估方法，建立职业教育与劳动力市场之间的有效连接，吸引雇主参与，提高基础设施质量和教师培训质量。在阿尔巴尼亚的企业中，超过96%是中小企业，所以职业教育的课程中还应加强创新创业教育，认真对待创业方面的培训。同时，尽快建立国家资格框架，将各种非正规学习结果纳入其中，以建立终身学习的职业教育体系。

（深圳职业技术学院　技术与职业教育研究所　李亚昕）

主要参考文献

[1] 中国人民共和国外交部 . 阿尔巴尼亚概况 [EB/OL].http://www.fmprc.gov.cn/web/gjhdq_676201/gj_676203/yz_676205/1206_676668/1206x0_676670/.2017-9-13.

[2] 阿尔巴尼亚国家统计局 [EB/OL].http://www.instat.gov.al/en/figures.aspx.2017-9-13.

[3] 一带一路沿线国家 . 阿尔巴尼亚 [EB/OL].http://www.askci.com/news/finance/2015/11/09/133713qbo5.shtml.2015-11-09.

[4] Nordic Recognition Network (NORRIC). The educational system of Ukraine. April 2009. Employment and Skills Strategy (2014–2020). compiled by: Republic of Albania Ministry of Social Welfare and Youth[EB/OL].http://www.seecel.hr/UserDocsImages/Documents/EMP–SKILLS–STRATEGY_Albania.pdf.2017–10–1.

[5] Duda, Aleksandra; Xhaferri, Elona; Skikos, Helene.Teacher education and training in the Western Balkans: report on Albania[EB/OL].https://publications.europa.eu/en/publication–detail/–/publication/7be56db6–2cfd–49f3–a567–b70784544b71,March,2017.

[6] Anonymous. Reviews of National Policies for Education South Eastern Europe Volume 1, Albania, Bosnia–Herzegovina, Bulgaria, Croatia, Kosova I Albania. Source OECD Transition Economies, March 2003.

[7] EURYDICE. Focus on the structure of higher education in Europe 2006/07. National trends in the Bologna Process. EURYDICE, European Unit, Brussels, March 2007.

[8] Ministry of Education and Science. National Education Strategy 2004–2015. Tirana, December 2005.

[9] 马燕超 . 阿尔巴尼亚职业教育改革措施与发展趋势 [J]. 世界职业技术教育 , 2015 (2) .

罗马尼亚

一、国家概况

（一）地理①

罗马尼亚（Romania），位于东南欧巴尔干半岛东北部，首都为布加勒斯特。北和东北分别与乌克兰和摩尔多瓦为邻，南接保加利亚，西南和西北分别与塞尔维亚和匈牙利接壤，东南临黑海。罗马尼亚地形奇特多样，境内平原、山地、丘陵各占国土面积的三分之一，面积 238391 平方千米。罗马尼亚山河秀丽，蓝色多瑙河、雄奇的喀尔巴阡山和绚丽多姿的黑海是罗马尼亚的三大国宝。多瑙河流经境内 1075 千米，其国土上蜿蜒流淌的大小数百条河川，多与多瑙河汇流，形成“百川汇多瑙”的水系。罗马尼亚有 1 个直辖市（首都布加勒斯特）和 41 个省，下设市和乡。罗马尼亚属温带大陆性气候，平均气温 1 月为 –3℃ ~5℃，7 月为 22℃ ~24℃，年平均温度在 10℃左右。

（二）人文②

罗马尼亚人的祖先为达契亚人。约公元前 1 世纪，布雷比斯塔建立了第一个中央集权和独立的达契亚奴隶制国家。公元 106 年，达契亚被罗马帝国征服后，达契亚人与罗马人共居融合，形成罗马尼亚民族。14 世纪先后组成瓦拉几亚、摩尔多瓦和特兰西瓦尼亚 3 个公国。16 世纪后成为奥斯曼帝国的附属国。1859 年，瓦拉几亚公国和摩尔多瓦公国合并，称罗马尼亚，仍隶属奥斯曼帝国。1877 年 5 月 9 日，罗马尼亚宣布独立。1881 年，改称罗马尼亚王国。1918 年 12 月 1 日，特兰西瓦尼亚公国与罗马尼亚王国合并。至此，罗马尼亚形成统一的民族国家。

“二战”期间，安东尼斯库政权参加德、意、日法西斯同盟。1944 年 8 月 23 日，罗马尼亚举行反法西斯武装起义。1945 年 3 月 6 日，罗马尼亚成立联合政府。1947 年 12 月 30 日，成立罗马尼亚人民共和国。1965 年，改国名为罗马尼亚社会主义共和国。1989 年 12 月 22 日，齐奥塞斯库政权被推翻，罗马尼亚救国阵线委员会接管国家一切权

① 中华人民共和国外交部 . 罗马尼亚国家概况 [EB/OL]. http://www.fmprc.gov.cn/web/gjhdq_676201/gj_676203/oz_678770/1206_679426/1206x0_679428/. 2017-09-11.

② 同上。

力，改国名为罗马尼亚，定国庆日为12月1日。罗马尼亚2007年1月1日加入欧盟，现任总统为克劳斯·约翰尼斯，总理为格林代亚努（蒂米什省长，2017年1月任总理，任期4年）。

2016年7月，罗马尼亚全国人口共2222万人。罗马尼亚族占88.6%，匈牙利族占6.5%，罗姆族（即吉卜赛人）占3.2%，日耳曼族和乌克兰族各占0.2%，其余民族为俄罗斯、土耳其、鞑靼等。城市人口所占比例为56.4%，农村人口所占比例为43.6%。官方语言为罗马尼亚语，主要少数民族语言为匈牙利语。主要宗教有东正教（信仰人数占总人口数的86.5%）、罗马天主教（4.6%）、新教（3.2%）。

（三）经济①

1989年后罗马尼亚开始由计划经济向市场经济过渡。2000—2008年经济连年增长。受国际金融危机影响，2009年、2010年经济连续负增长。2011年经济止滑回升，同比增长2.5%。罗马尼亚2017年上半年GDP增长5.8%，其中第二季度，罗马尼亚的年均经济增速为欧盟国家中最高，4月到6月达到最大增长，为5.9%。罗马尼亚政府估计2017年经济增长为5.2%。2017年6月失业率为5.3%，比5月低0.1%。②

罗马尼亚主要工业部门有冶金、汽车制造、石油化工和仪器加工等。2016年工业产值比上年增长1.7%，其中加工业增长2.6%。农业在罗马尼亚经济中占有重要地位。土地肥沃，雨水充足，农业生产条件良好，全国农业面积1480万公顷，其中耕地面积1000万公顷，主要种植小麦、玉米、向日葵、土豆、苹果、葡萄等。矿藏有石油、天然气、煤、铝土矿、金、银、铁、锰、锑、盐、铀、铅等，森林面积为656万公顷，约占全国面积的29%，水力资源蕴藏量为565万千瓦，内河和沿海产多种鱼类。

罗马尼亚目前同全球约180个国家和地区有经贸往来。截至2016年底，外汇储备345亿欧元，另有黄金储备价值37亿欧元。外债925亿欧元，较2015年底增长2%。2016年，进出口总额1247亿欧元，同比增长6.1%。其中进口673亿欧元，同比增长7%；出口574亿欧元，同比增长5.1%。主要出口产品有：鞋类、服装、纺织品。主要进口产品有：机电、家电、矿产品、石油产品。主要贸易国：德国、意大利、法国。

（四）教育

罗马尼亚教育有着较为悠久的历史，民间教育的起源可以追溯到公元前1世纪。公元2—3世纪在罗马人统治时期，罗马尼亚人开始有组织地讲习拉丁语、读写和算法。12—14世纪陆续出现一批教会学堂、城市和乡村学堂。中世纪罗马尼亚各公国经济、社会和文化的发展，特别是宗教的传播对教育起到了推动作用。16—17世纪，开始出现

---

① 中华人民共和国外交部.罗马尼亚国家概况[EB/OL].http://www.fmprc.gov.cn/web/gjhdq_676201/gj_676203/oz_678770/1206_679426/1206x0_679428/. 2017-09-11.

② 中华人民共和国商务部.罗马尼亚2017年上半年GDP增长5.8%[EB/OL].http://www.mofcom.gov.cn/article/i/jyjl/m/201708/20170802628759.shtml. 2017-09-11.

高等书院，学习欧洲先进的文化和科学，并开始使用本民族语言授课。1864年，第一部《公共教育法》颁布，此后，民族语言教育不断得到发展，高等教育学科领域逐步拓宽。在社会主义年代（1948—1989），罗马尼亚的教育得到长足发展，建立了完整的国家各级各类教育体系[①]。

罗马尼亚现行教育体制分学龄前、小学、初中、高中、职业教育、高等教育和大学后教育（图1），全国已普及10年义务教育，包括小学和中学教育。全国共有小学5630所，在校学生226.5万人，教师15万人；中学1566所，在校学生67.4万人，教师5.5万人；大学99所，在校学生53.5万人，教师2.7万人。[②]

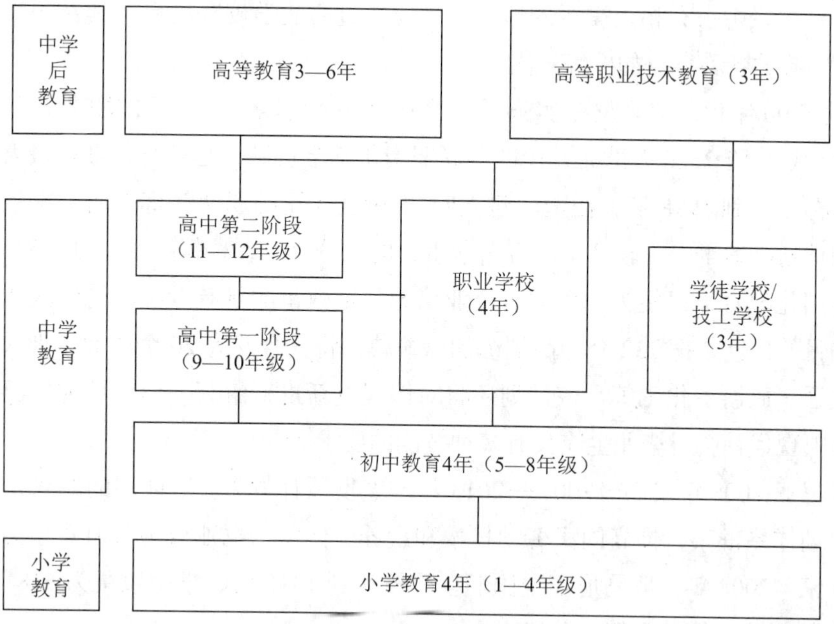

图1　罗马尼亚教育体系[③]

罗马尼亚全国著名高等学府有：布加勒斯特大学、布加勒斯特理工大学、布加勒斯特经济学院、克卢日巴贝什·博尧伊大学、雅西大学等。2017年教育预算为56亿欧元，占国内生产总值的3.1%。[④]从专业人才培养角度来看，罗马尼亚培养了不少人才，比如，布加勒斯特医药大学的脑外科、泌尿外科，布加勒斯特大学的数学，克鲁日医药大学的胸外科，克鲁日农业和畜牧兽医大学的葡萄酒专业，布加勒斯特音乐大学钢琴、小提琴专业等均达到欧洲水平，在国内外享有良好声誉。

---

① 2016年罗马尼亚大学世界排名 [EB/OL]. http://www.liuxue86.com/a/2675909.html. 2017-10-11.

② 中国驻罗马尼亚使馆教育组. 罗马尼亚教育亟需“深刻的改革”. 中国教育报 [N]. 2007年12月10日第008版.

③ UNESCO International Bureau of Education. World Data on Education. VII Ed. 2010/11. [DB/OL].http://www.ibe.unesco.org/fileadmin/user_upload/Publications/WDE/2010/pdf-versions/Romania.pdf. 2017-09-11.

④ 中华人民共和国外交部. 罗马尼亚国家概况 [EB/OL].http://www.fmprc.gov.cn/web/gjhdq_676201/gj_676203/oz_678770/1206_679426/1206x0_679428/. 2017-09-11.

面对21世纪的挑战，针对社会政治、经济、文化和科技发展的需要与教育中存在的问题，罗马尼亚的教育改革方兴未艾，其改革与发展趋势包括：改革教育投资体制，大力发展私立教育、大力发展高等教育、加强国际教育交流与合作、推进教育信息化和加强创新人才的培养。①

二、职业技术教育与培训的战略与法规

（一）战略

罗马尼亚的职业技术教育与培训（VET，包括TVET和继续职业教育与培训CET）在整个教育体系中占有相当重要的地位，主要通过职业学校来进行，其目的是培养适应国民经济需要的各种行业的熟练工人。②

20世纪90年代，罗马尼亚实施了一项宏伟的计划以改革该国的职业教育与培训事业。这项计划耗资2500万欧元，由欧洲联盟费尔基金资助，是教育领域内最大的一个项目。其目标是，到1998年，在全国建立起75所现代化的职业教育与培训学校。职业教育与培训计划接纳了中等教育105万名学生中的三分之二，根据这项计划，对14岁的学生实施专门化教育，以便为大型国有企业培养一定数量的具有专门技能的人才。实施这项计划的目的，就是把132个专门训练加以缩减，将其合并为20个职业培训大类，包括电子、交通、旅游、化工等。该计划还将对课程重新进行编写，提供更为广泛的教育内容，以反映现代社会对毕业生应具有多种技能的要求。③

罗马尼亚2005年发布《2007—2013年国家发展计划》。该计划的愿景是通过建立教育和培训体系框架，提高国民劳动技术和素养，使罗马尼亚成为具有竞争力、活力和兴旺的国家。2008年，罗马尼亚全国职业院校达到1316所，学生数量为618116人，录取65%的中学生（第二和第三阶段）。④

2016年11月，在企业的推动下，罗马尼亚通过政令建立"职业与技术教育"双职业教育学制，企业以预期的雇主和实习的伙伴身份，与教育单位和区域行政单位签署伙伴合同，并在此基础上与教育单位和学生签署实习合同。企业还需为双职教育提供与国家水平相等的奖学金。这种学制已经在全国各地的数所学校得到落实。"双职业教育"教学大纲规定，在上学的第1年，理论课程占40%，实践课程占60%；第3年，实践课程

① 刘宝存，肖甦．罗马尼亚教育的转型改革与发展趋势[J]．当代教育科学，2004(5)：28–31.

② Madlen Serban. Spotline on TVET in Romania institutions and networking– roles and responsibilities [EB/OL]. http://www.erisee.org/downloads/tirana_08_presentations/11.Madlen%20Serban%20Spotline%20on%20TVET%20in%20Romania%20institutions%20and%20networking–%20roles%20and%20responsibilities.pdf. 2017–09–11.

③ 章鹏远．罗马尼亚技术职业教育培训质量保证的新举措[J]．海外职业教育，2009(10)：152–154.

④ Madlen Serban. Spotline on TVET in Romania institutions and networking– roles and responsibilities [EB/OL]. http://www.erisee.org/downloads/tirana_08_presentations/11.Madlen%20Serban%20Spotline%20on%20TVET%20in%20Romania%20institutions%20and%20networking–%20roles%20and%20responsibilities.pdf. 2017–09–11.

增加到75%。罗马尼亚教育部将2017年宣布为促进职业和技术教育年。[①]

（二）法规[②]

罗马尼亚重视运用法律手段保障教育改革，先后制定了一系列法律、法规等巩固、促进职教培训事业的发展与成果。

1.《罗马尼亚国家教育法》

2011年1月颁布通过修订的新《教育法》。其第二条规定教育是国家重点工作，国家确保人民平等地进入各级和各种形式的教育，而不受任何歧视。第四条规定，儿童、青少年和成年人教育的最终目标是发展能力，包括多种技能以及知识迁移的能力。此外，新法界定了终身学习教育和职业教育培训的概念，以及通过正规、非正规教育获得的技能认证。此外，该法规定地方当局设立终身学习社区中心，旨在实施社区一级的终身学习政策和战略。

2.《第84号教育法》

1995年7月颁布，并将第268/2003号法和第354/2004号法律予以修改，规定了国家教育制度的各级组织及其运作。

3.《第228号教育法》

2004年6月颁布，补充了2005年11月的第346号法律以及2004—2006年颁布的若干部级命令、政府决定和条例，建立了符合博洛尼亚进程的新的高等教育。（博洛尼亚进程，是29个欧洲国家于1999年在意大利博洛尼亚提出的欧洲高等教育改革计划，该计划的目标是整合欧盟的高教资源，打通教育体制。）

4.《成人培训法》

2002年颁布，规定了职业培训机构的认证，以提高培训项目的质量。该法还规定了对通过非正规学习获得的能力的评估和认可，并以此替代培训形式的学分。

5.《教学人员章程》（第128号法）

1997年6月颁布，规定了教师职业、所需资格以及在职教师培训、教师评估等。

6.《教育质量保证法》

2006年颁布，通过了2005年7月关于教育质量保证的第75号政府紧急条例，规定设立罗马尼亚高等教育质量保证机构作为公共自治机构，同时规定罗马尼亚大学前教育质量保证机构设立在教育部之下。

---

① Radio Romania International - 2017年7月12日：罗马尼亚的双职业教育 [EB/OL].http://www.rri.ro/zh_cn/2017%E5%B9%B47%E6%9C%8812%E6%97%A5_%E7%BD%97%E9%A9%AC%E5%B0%BC%E4%BA%9A%E7%9A%84%E5%8F%8C%E8%81%8C%E4%B8%9A%E6%95%99%E8%82%B2-2560009. 2017-09-11.

② UNESCO International Bureau of Education. World Data on Education. VII Ed. 2010/11. [DB/OL].http://www.ibe.unesco.org/fileadmin/user_upload/Publications/WDE/2010/pdf-versions/Romania.pdf. 2017-09-11.

三、职业技术教育与培训的体系与质量保障

（一）体系[①]

1. 实施机构

根据罗马尼亚教育法，罗马尼亚职业教育与培训的体系包括全日制或夜校两种形式，通过职业学校、技工学校以及技术大学实施，这些学校可以独立办学或附属一些学校集团。从层次上来，职业教育与培训体系包括中等职业技术教育和高等职业技术教育。

2. 招生与入学

罗马尼亚学生在初中毕业后，通过参加国家考试，进入高中阶段学习。学生面临升入高中阶段学习或进入艺术、贸易相关学校学习职业技能并就业两个选择。高中阶段教育分为两个阶段，在第一阶段（9—10 年级，分为三类：通识、学术、职业技术），在第二阶段（11—12/13 年级），公办学校可参加实习，不要求在校学习，而且免费。高中毕业后，学生通过参加各高校自主招生考试进入大学、学院和技术大学学习。

3. 继续教育与培训

《罗马尼亚教育法》第一百三十三条为保证终身教育的实施，教育部等有关部委以及大众传媒、宗教界、业余大学、文化基金会、其他协会通过合作，为各年龄段的全体公民学习技术和文化提供便利，以使他们适应社会生活中的重大转变。第一百三十五条规定，国家部委、企业法人或自然人等可单独或同教育单位共同举办成人职业培训班和进修班，除与劳动和社会保障部联合为失业者提供社会保障和重新就业而组织的培训外，不需要教育部的认可，如这些培训系根据教育部审批的计划开办，在结束时则颁发教育部承认的职业培训证书。第一百三十六条还规定，经教育部批准，可利用现代信息技术，组织开放教育或远程教育学校及网络。

（二）保障

1. 资格框架[②]

在罗马尼亚国家资格框架下，职业技术教育等级分为 1—3 及 3+。完成艺术、商业学校或职业中学低段，达到职业资格 1 级；完成艺术、商业学校或职业中学高段学业达到 2 级；通过高中第二阶段分流进入并完成职业中学（高段）学业达到 3 级，完成职业中学高段学业，通过考试并完成高中后教育达到职业资格 3+ 级。此外，自博洛尼亚进程以来，罗马尼亚对本国教育进行了调整，上述资格等级分别对应欧盟 2—5 级。（图 2）。

---

① 章鹏远．罗马尼亚技术职业教育培训质量保证的新举措 [J]. 海外职业教育，2009(10)：152–154.

② Madlen Serban. Spotline on TVET in Romania institutions and networking– roles and responsibilities. [EB/OL]. http://www.erisee.org/downloads/tirana_08_presentations/11.Madlen%20Serban%20Spotline%20on%20TVET%20in%20Romania%20institutions%20and%20networking–%20roles%20and%20responsibilities.pdf. 2017–09–11.

<table>
<tr><th>年龄</th><th>年级</th><th colspan="4">教育层次</th><th>资格等级</th><th>欧盟参考等级</th></tr>
<tr><td rowspan="4">>19</td><td rowspan="4"></td><td colspan="2" rowspan="2">高等教育–终身教育</td><td colspan="2">博士阶段教育</td><td rowspan="2">5</td><td>7</td></tr>
<tr><td colspan="2">硕士阶段教育</td><td>7</td></tr>
<tr><td colspan="2">高等教育</td><td colspan="2">学士阶段教育</td><td>4</td><td>6</td></tr>
<tr><td colspan="4">高中后教育
（高等教育/第三阶段教育–非大学教育）</td><td>3+TVET</td><td>5 TVET</td></tr>
<tr><td>18</td><td>13</td><td colspan="3"></td><td rowspan="2">职业中学（高段）</td><td rowspan="2">3 TVET</td><td rowspan="2">4 TVET</td></tr>
<tr><td>17</td><td>12</td><td rowspan="2">高中
第二阶段</td><td rowspan="2">艺术、商业学校（高段）</td><td rowspan="2">职业中学（高段）</td></tr>
<tr><td>16</td><td>11</td><td>完成学业</td><td>2 TVET</td><td>3 TVET</td></tr>
<tr><td>15</td><td>10</td><td rowspan="2">高中
第一阶段</td><td rowspan="2">艺术、商业学校（低段）</td><td rowspan="2">职业中学（低段）</td><td rowspan="2">艺术和商业学校</td><td rowspan="2">1 TVET</td><td rowspan="2">2 TVET</td></tr>
<tr><td>14</td><td>9</td></tr>
<tr><td>10–13</td><td>5–8</td><td>初中教育</td><td></td><td></td><td></td><td rowspan="2">–</td><td>1</td></tr>
<tr><td>6–9</td><td>1–4</td><td>小学教育</td><td></td><td></td><td></td><td></td></tr>
</table>

图 2　罗马尼亚职业教育资格等级

2. 质量保障框架[①]

自 1994 年以来，罗马尼亚就已经在欧盟“灯塔计划”的支持下，广泛开展了职业教育培训系统的改革，并希望以国家资格框架（NQF）和国家质量保证框架（NQAF）为主体，建立起一个逐渐接近欧洲发展水平的国家级 TVET 质量保证体系，并构建了两个框架的措施及机构配置。

为了应对 TVET 质量保证系统所面临的巨大挑战，自 1998 年以来，罗马尼亚政府陆续建立了一些职能机构，以便配合政府教育与劳动部门，促进职业技术教育与培训健康发展。例如，责成国家资格局（NAQ）与欧洲资格框架（EQF）密切合作，以各专业部门委员会的工作为基础，积极促进国家资格框架（NQF）发展；责成罗马尼亚大学前教育质量保证机构（ARACIP）和罗马尼亚大学教育质量保证机构（ARACIS）以欧洲 TVET 共同质量保证框架（CQAF）为基础，共同承担构建国家质量保证框架（NQAF）责任。

罗马尼亚教育部还成立了国家技术和职业教育与培训发展中心（NCTVET），制定职业技术教育与培训政策和战略，它在质量保证方面发挥重要作用。其主要功能包括：VET（IVET）课程的设计、制定、实施和修订；IVET 评估和认证体系设计；阐述 IVET

① 章鹏远 . 罗马尼亚技术职业教育培训质量保证的新举措 [J]. 海外职业教育，2009(10)：152–154.

教师培训的方法；在国家、区域和地方层面发展社会伙伴关系，以及培训标准、课程和评估的设计和制定。

四、职业技术教育与培训的治理与教师

（一）治理

国民教育体系是教育、研究、青年和体育部（原教育、研究和创新部，以下简称教育部）的整体责任。教育部通过与其他机构和部委协商，制定和执行整体教育战略；协商设置教育目标；协调和监测国民教育体系和组织公众教育学校网络；批准成立中等和中等以上的学校、学院和大学；协调教育研究活动等。此外，罗马尼亚教育部在履行其职责时，可以建立专门的机构，如国家评估和考试中心、高等教育质量保障中心等。相关机构、部委承担以下职能（图3）。

功能	教育部	交流协会	社会劳动部	部门委员会	地区发展委员会	地区联盟	省教育监察局	地区职教育合作委员会	市教育局	企业	院校领导班子
资格核准	建议	咨询	建议	决策				建议		建议	建议
课程大纲	决策	咨询		咨询			咨询	咨询		决策	决策
评估认证	决策	咨询	决策	咨询						咨询/代表	咨询/代表
校外实习							咨询	咨询		决策	决策
教师培训	决策			决策			决策	咨询		决策	决策
院校管理									管理成员	管理成员	管理
财务管理	决策	咨询							决策	奖学金	计划外资助
方案规划	决策	咨询			决策	咨询	决策	咨询		建议	建议

图3 罗马尼亚职业技术教育相关机构、部委职责[①]

此外，罗马尼亚教育部成立职业教育与培训发展国家中心（NCTVET），全面负责职业教育和培训（VET / TVET / CVT）和发展战略、政策和法规，批准课程和国家评估

① Madlen Serban. Spotline on TVET in Romania institutions and networking– roles and responsibilities. [EB/OL]. http://www.erisee.org/downloads/tirana_08_presentations/11.Madlen%20Serban%20Spotline%20on%20TVET%20in%20Romania%20institutions%20and%20networking–%20roles%20and%20responsibilities.pdf. 2017–09–11

标准，以及学校网络。

（二）教师[①]

罗马尼亚中学阶段职业教育和培训系统教师需通过大学短期（3年，专科）或长期计划（4—6年本科及研究生）培训，在其任教的科目（最多两科）接受培训。职业高中第二阶段（高阶）的教师必须完成长期计划（4—6年）培训；技术教育由理工大学毕业的工程师授课。技工学校和学徒学校教师必须毕业于短周期计划（3年）高校。根据其所研究和学习专业领域，罗马尼亚中等职业教育与培训教师有资格教授一至两门课程。

在高等教育层面，职业技术大学教师职称包括初级助理讲师、助理讲师、讲师、副教授、教授和咨询教授。教师通过竞聘获得任职资格和等级。

在工作量方面，中学及中学后教师周学时均为18学时。此外，教师承担其他工作，包括每周4—5学时批改作业、每周1小时的课外辅导、每周1—2次学校坐班等等。

罗马尼亚依据教师法和相关具体法案建立了全国教师工资标准，从国家和地方预算支付。中学阶段教师工资由教学岗位、学历、职称和工龄等确定。此外，根据法律和教育部规定，省教育监察局、学校管理层可根据教学质量等对教师进行奖励。目前大学普通教师的月平均工资为450欧元，全职教授为1000欧元，中小学教师的平均工资为300欧元。

五、职业技术教育与培训的诉求与发展趋势

罗马尼亚职业技术教育与培训经历了社会主义时期和迈向欧洲标准两个阶段，进行了多次改革，对职业教育与培训产生了重大影响。1999年在加入博洛尼亚进程之后，罗马尼亚采取了一系列高等教育改革措施，包括完善高等教育质量保障体系、推进高等教育立法改革、加大财政支持鼓励区域间学生流动等[②]。面对社会政治、经济、文化和科技发展的需要与教育中存在的问题，罗马尼亚的教育改革方兴未艾，其改革与发展趋势包括：大力发展私立教育，特别是在高等教育领域；加快融入西方的进程，大力开展国际教育合作与交流；推进教育信息化，大力发展信息技术教育；加强创新人才的培养，重视学生批判思维能力和个性的发展。[③]

自从1989年剧变以来，罗马尼亚的教育制度一直处于改革与转型之中，加上政局的动荡和经济发展的起伏不定，使得罗马尼亚教育面临许多问题，罗马尼亚需从以下几个方面解决职业教育面临的问题。

① UNESCO International Bureau of Education. World Data on Education. VII Ed. 2010/11 [DB/OL].http://www.ibe.unesco.org/fileadmin/user_upload/Publications/WDE/2010/pdf-versions/Romania.pdf. 2017-09-11.

② 张广山、熊健民. 博洛尼亚进程中罗马尼亚高等教育改革及启示 [J]. 教育探索, 2016(07).

③ 刘宝存，肖甦. 罗马尼亚教育的转型改革与发展趋势 [J]. 当代教育科学, 2004(5)：28-31.

1. 加大教育经费投入与保障

自1989年以来，伴随经济衰退，罗马尼亚教育经受了空前的危机，办学经费一减再减，欧盟多次呼吁罗马尼亚政府注意"改善教育环境"[①]。虽然近年来，罗马尼亚经济持续向好，但教育长期没有足够的经费投入，欠账太多，需要政府长期加大投入。

2. 提高职业教育与培训的质量

21世纪之初，为解决教育经费不足的问题，罗马尼亚大力发展私立教育，1999—2000学年，私立高等学校数且多于公立学校数量，私立高等学校学生注册人数也占总人数的四分之一。罗马尼亚前教育部部长米尔奇亚·米克勒阿牵头起草的《罗马尼亚的教育和研究活动》的报告痛斥罗马尼亚教育的问题，报告认为，罗马尼亚教育的问题集中体现为四点：无效果、无针对性、公平缺失、质量差。

3. 加大职业教育培训力度

近年来，罗马尼亚经济状况持续好转，对技术人才的需求加大，另一方面，长期经济低迷和教育停滞不前，使罗马尼亚技术人才储备严重不足。此外，罗马尼亚还面临农村教育落后，2007年，仅有24%的学生可以上高中，其中能上大学的学生只有2%至3%，80%的吉普赛儿童处于失学状态，全国的辍学率逐年上升。对罗马尼亚而言，加大职业教育培训力度对解决经济发展人才需求显得十分迫切。

（深圳职业技术学院　技术与职业教育研究所　罗　欢
深圳职业技术学院　联合国教科文组织职业技术教育与培训联系中心　王冰峰）

主要参考文献

[1] 中华人民共和国外交部 . 罗马尼亚国家概况 [EB/OL].http://www.fmprc.gov.cn/web/gjhdq_676201/gj_676203/oz_678770/1206_679426/1206x0_679428/. 2017-09-11.

[2] 中华人民共和国商务部.罗马尼亚2017年上半年GDP增长5.8% [EB/OL].http://www.mofcom.gov.cn/article/i/jyjl/m/201708/ 20170802628759.shtml. 2017-09-11.

[3] 2016年罗马尼亚大学世界排名 [EB/OL]. http://www.liuxue86.com/a/2675909.html. 2017-10-11.

[4] UNESCO International Bureau of Education. World Data on Education. VII Ed. 2010/11. [DB/OL].http://www.ibe.unesco.org/fileadmin/user_upload/Publications/WDE/2010/pdf-versions/Romania.pdf. 2017-09-11.

① 中国驻罗马尼亚使馆教育组 . 罗马尼亚教育亟需"深刻的改革". 中国教育报[N]. 2007年12月10日第008版.

[5] Madlen Serban. Spotline on TVET in Romania institutions and networking- roles and responsibilities. [EB/OL].http://www.erisee.org/downloads/tirana_08_presentations/11.Madlen%20Serban%20Spotline%20on%20TVET%20in%20Romania%20institutions%20and%20networking-%20roles%20and%20responsibilities.pdf. 2017-09-11.

[6] Radio Romania International - 2017 年 7 月 12 日：罗马尼亚的双职业教育 [EB/OL].http://www.rri.ro/zh_cn/2017%E5%B9%B47%E6%9C%8812%E6%97%A5_%E7%BD%97%E9%A9%AC%E5%B0%BC%E4%BA%9A%E7%9A%84%E5%8F%8C%E8%81%8C%E4%B8%9A%E6%95%99%E8%82%B2-2560009. 2017-09-11.

[7] 中国驻罗马尼亚使馆教育组 . 罗马尼亚教育亟需“深刻的改革”. 中国教育报 [N]. 2007 年 12 月 10 日第 008 版 .

[8] 刘宝存 , 肖甦 . 罗马尼亚教育的转型改革与发展趋势 [J]. 当代教育科学 , 2004 (5) : 28-31.

[9] 章鹏远 . 罗马尼亚技术职业教育培训质量保证的新举措 [J]. 海外职业教育 , 2009 (10) : 152-154.

[10] 张广山、熊健民 . 博洛尼亚进程中罗马尼亚高等教育改革及启示 [J]. 教育探索 , 2016 (07).

保加利亚共和国

一、国家概况

（一）地理[①]

保加利亚共和国（The Republic of Bulgaria），简称保加利亚，首都为索非亚，位于欧洲巴尔干半岛东南部，北与罗马尼亚隔多瑙河相望，西与塞尔维亚、马其顿相邻，南与希腊、土耳其接壤，东临黑海，面积111001.9平方千米，海岸线长378千米。北部属大陆性气候，南部属地中海式气候。平均气温1月–2℃~2℃，7月23℃~25℃。共有28个大区和265个市。

（二）人文[②]

色雷斯人是保加利亚最古老的居民。公元395年并入拜占庭帝国。681年斯拉夫人和古保加利亚人在多瑙河流域建立斯拉夫保加利亚王国（史称第一保加利亚王国）。1018年被拜占庭侵占。1185年建立第二保加利亚王国。1396年被奥斯曼土耳其帝国侵占。1877年俄国对奥斯曼土耳其宣战，土耳其战败，保加利亚于次年摆脱其统治宣布独立。1944年9月9日成立了以共产党和农民联盟为主体的祖国阵线政府并宣布保加利亚为人民共和国。此后保加利亚共长期处于执政地位。1989年保加利亚政权更迭，改行多党议会民主制。1990年11月15日，改国名为保加利亚共和国。

根据保加利亚宪法（1991年），保加利亚为议会制国家，总统象征国家的团结并在国际上代表国家，议会称国民议会，行使立法权和监督权，并有对内政外交等重大问题做出决定的权力，议会实行一院制，共240个议席，按比例通过民选产生，任期4年。议长称国民议会主席。现任总统为鲁门·拉德夫，于2016年11月13日当选，2017年1月22日就职，任期5年。

保加利亚现有人口715万（2017年），其中保加利亚族占84%，土耳其族占9%，罗姆族（吉卜赛）占5%，其他（马其顿族、亚美尼亚族等）占2%。保加利亚语为官方和

① 中华人民共和国外交部．保加利亚国家概况 [EB/OL].http://www.fmprc.gov.cn/web/gjhdq_676201/gj_676203/oz_678770/1206_678916/1206x0_678918/. 2017-09-29.

② 同上。

通用语言，土耳其语为主要少数民族语言。居民主要信奉东正教，少数人信奉伊斯兰教。

保加利亚首都为索非亚，是全国第一大城市，有“欧洲花园都市”之称，市区内有大量温泉，并保存有建于公元5世纪的罗马浴室，还是中欧通往西亚的交通要冲。全国主要城市还有：普罗夫迪夫、瓦尔纳、布尔加斯等。[①]保加利亚著名景点有亚历山大·涅夫斯基大教堂，该教堂位于首都索菲亚，为新拜占庭式建筑，是保加利亚主教的主座教堂，也是东正教在世界上最大的教堂之一，还是索菲亚的主要象征。重要的节日有国庆节（3月3日）、保加利亚教育文化和斯拉夫文字节（5月24日）。保加利亚还是一个玫瑰的王国，每年6月的第一个星期举办玫瑰节会。

（三）经济

1989年剧变前，保加利亚国民收入的90%靠进出口贸易来实现，进出口主要依赖于前经互会国家。1989年后开始向市场经济过渡，发展包括私有制在内的多种所有制经济，优先发展农业、轻工业、旅游和服务业。2004年底，保加利亚大部分国有资产已完成私有化。2001年至2008年经济增长平均保持在5%以上，2009年以来，受金融危机影响，保加利亚经济有所衰退，2010年经济逐步企稳回升。2013年国内生产总值399.4亿欧元，同比增长0.9%，人均国内生产总值5493欧元。2014年国内生产总值417.3亿欧元，同比增长1.7%，人均国内生产总值5739欧元。2015年国内生产总值434亿欧元，同比增长3.0%，人均国内生产总值5930欧元[②]。2016年，保加利亚的GDP总额为524亿美元，人均收入为7368美元。据欧盟统计局数据显示，2017年第二季度保加利亚GDP环比增长1%，同比增长3.6%。[③]据保加利亚每日新闻2017年9月27日报道：据世界经济论坛“全球竞争力报告”显示，在全球137个经济体国家评价中包括对全球竞争力指数（GCI）评比，保加利亚的排位由上一年的50名前移至第49名。2011年，保加利亚全球竞争力排名是74位。[④]

保加利亚主要矿物有煤、铅、锌、铜、铁、钡、锰和铬，还有矿盐、石膏、陶土、重晶石、萤石矿等非金属矿产。森林面积408万公顷，约占全国总面积的37%。保加利亚重点和特色产业包括纺织服装业、化工业、玫瑰油产业、葡萄酒酿造业、乳制品加工业、旅游业等。保加利亚属外向型经济，总体规模小，对外依赖度高。希腊不仅是保加利亚邻国，也是其重要贸易伙伴和外资来源地之一，2009年底爆发的希腊债务危机对保

① 刘毅．世界分国地图集[M]．北京：中国地图出版社，2017.

② 中华人民共和国外交部[EB/OL].http://www.fmprc.gov.cn/web/gjhdq_676201/gj_676203/oz_678770/1206_678916/1206x0_678918/. 2017-09-29.

③ 中华人民共和国驻保加利亚共和国大使馆经济商务参赞处．欧盟统计局—保加利亚今年二季度GDP增长环比增加1% [EB/OL].http://bg.mofcom.gov.cn/article/ddgk/zwjingji/201709/20170902641618.shtml.2010-10-02.

④ 中华人民共和国驻保加利亚大使馆．保在全球竞争力排名列第49位[EB/OL]. http://bg.mofcom.gov.cn/article/jmxw/201709/20170902652347.shtml. 2017-10-05.

加利亚经济产生一定影响。[①]

（四）教育

保加利亚是一个教育相对比较发达的国家，在东欧剧变之前，居世界前列[②]。东欧巨变后，保加利亚迅速演变成为所谓政治民主化、经济市场化、文化多元化和教育分权化的国家，整个社会包括教育都发生了深刻的变化。随着经济的复苏和好转，尤其是在2006年加入欧盟前后数年间，保加利亚抓住机遇，进行了一系列教育改革，从加强国家政策、增加教育投入，实施"终生学习战略"，加强国际合作等各个层面着手促进了教育事业发展。

保加利亚普及12年制义务教育，包括小学（1—4年级）、初中（5—8年级）和高中（9—12年级）各4年，其中小学（5—6岁入学）和初中被称为基础教育，学生完成第6、7、8年级后可以参加职教课程。职业中学（高中）分为3类：4年制技术学校（9—12年级）、5年制技术学校（外语）（8—12年级）和3年制职业学校（9—11年级）。保加利亚高中也有3类，即4年制专业高中（自然科学、数学、人文、体育等，9—12年级）、5年制专业高中（外语）（8—12年级）和3—4年制普通高中（9—11/12年级）。除普通基础教育外，还有为残疾儿童设立的特殊学校和宗教机构经批准开办的学校。

保加利亚1995年底建立了新高等教育体系，包括：技术学院（3年）、大学本科（4—5年，学士学位）、硕士学位（1—2年）、长周期计划的大学高等教育（5—6年）、博士学位（全日制3年，在职4年）。欧洲学分转换系统（ECTS：European Credits Transfer System）于2004年引入。（图1）

保加利亚2015—2016学年有各类学校4964所，在校生1249109人，教师101294人。其中，中小学校2078所、中等专业技术学校及职业技术培训中心830所，高等院校54所。著名高等学府有索非亚大学、普洛夫迪夫大学、大特尔诺沃大学、新保加利亚大学、国民和世界经济大学等。

保加利亚谋求扩大教育国际合作，尤其注重与西方发达国家的教育合作，积极加入欧洲教育一体化。在办学方针上，大多数重点大学力求与西方名牌大学的教育大纲和教学计划接轨，有些专业的教学已逐步采用西方权威大学的教学方法和教材，多方借鉴发达国家的办学经验，不断取消过去形成的苏联高等教育体制。[③]

---

① 深圳市人民政府政策研究室、深圳市人民政府发展研究中心 [EB/OL]. http://www.sz.gov.cn/szsfzyjzx/ylyd/201708/t20170822_8218428.htm. 2017-10-05.

② 葛志强 . 保加利亚开展教育改革 [N]. 光明日报 . 2008-7-15(008).

③ 中华人民共和国驻保加利亚大使馆 . 保加利亚概况 [EB/OL]. http://www.chinaembassy.bg/chn/kjwh/jyjl/bjlyjygk/t130974.htm. 2017-10-01.

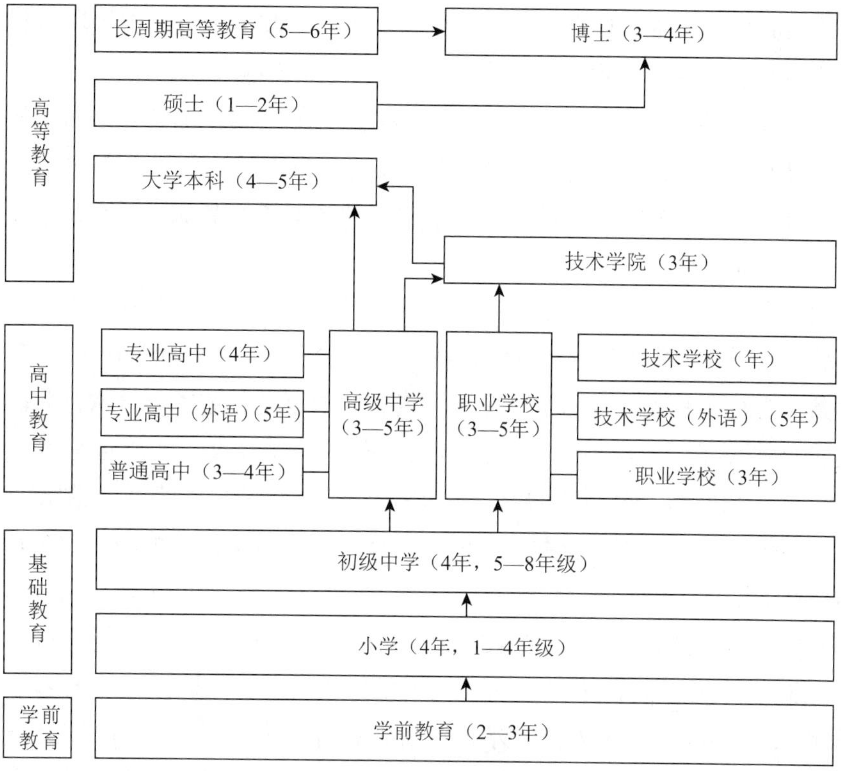

图 1　保加利亚学制图[①]

二、职业技术教育与培训的战略与法规

（一）战略

保加利亚有着重视职业教育的传统。第二次世界大战结束后，保加利亚职业教育发展加快，20 世纪 70 年代以来，保加利亚产业结构向专业化方向发展，需要采用先进的科学技术，这就要求工人和技术人员具有掌握现代科学技术的能力。为此，从 1973 年起保加利亚开始试行把普通教育和职业教育结合起来的新体制。保加利亚党和政府于 1979 年、1981 年和 1984 年曾先后举行有关教育工作的会议，对中等教育体制进行改革。经过几次教育体制的改革，保加利亚确立了新的统一的中等综合技术学校。这种统一的中等综合技术学校，既是普通教育学校，又是综合技术学校，它是保加利亚历史上形成的普通教育和职业教育这两种教育形式的统一和结合[②]。到 1980—1981 学年，全国的职业学校已增至 500 多所，另有专门培养和提高工人技能的 560 所职业教育中心和 90 个培训中心。90 年代中期，新改组的保加利亚教育科技部再次进行了教育改革，强调发挥学生

① UNESCO International Bureau of Education. World Data on Education. VII Ed. 2010/11 [DB/OL].http://www.ibe.unesco.org/fileadmin/user_upload/Publications/WDE/2010/pdf-versions/Bulgaria.pdf. 2017-10-05.

② 白月桥 . 保加利亚的教育体制及历史教学的改革 [J]. 课程・教材・教法 , 1986(07):54-56.

个人潜能，培养学生民主、自由、竞争和公民意识。该改革统一了中等职业技术学校课程安排，还明确了在初中4年学习期间后3年开设职业技术班。①

21世纪以来，尤其是在加入欧盟以来，发展教育始终是保加利亚政府工作计划中的重要部分。根据欧盟"加大人力资本投入"的要求，并从本国教育体系的实际情况出发，保加利亚政府将改善职教学培训的条件，根据劳动力市场的要求，不断提高劳动力素质和就业能力作为教育改革的重点。

2004年，保加利亚通过了《国家持续职业教育发展战略》，建立了职业资格认证体系，并根据全欧标准为非学历教育的认证提供了依据。同年，保加利亚把《高等教育法》中的有关条文进行了修改，增加了技能教育内容，国家还制定了符合欧盟和联合国教科文组织要求的《关于颁发学历证书的具体规定》、《关于在高校实施远程教学的要求规定》、《关于在高校实施学分制度的规定》等一系列文件。目前，还正在制定把职业教育学分制度和高等教育学分制度合并为一的规定条文。这些文件为加强职业教育和提高高等教育质量打下了坚实的基础。②

2010—2011年，保加利亚共有484所职业院校，其中包括422所职业学校、21所艺术学校、5所职业培训学校和36所技术学院。职业教育共有161536名学生（其中61%为男生），教师共13818人。另外，60所私立培训学校（包括26所艺术学校和职业学校以及34所技术学院），共有学生4044人（主要在技术学院，占职业教育学生总数的2.5%）。③

根据《职业教育法》，1999年保加利亚成立了国家职业教育训练局，负责职业培训中心、信息和职业指导中心授权和监管。授权的培训中心包括国家和地方培训中心，还包括私立和外国参与或完全为外国资助的各类培训机构。2016年，有授权许可的培训中心达到1013个。

（二）法规

保加利亚职业教育有着较长的历史，国家也重视通过立法的形式来保障职业教育的发展。保加利亚现行职业教育相关法规主要有：

1.《国家教育法》（2010年）④

保加利亚《国家教育法》于1991年颁布，后经多次修订。根据该法第4条规定，公民有受教育的权利，有权通过教育不断提高自身技能；第7条规定，从6/7岁到16岁的教育为义务教育；第26条对包括职业教育的各类教育的招生进行了规定。

---

① 祝仰修. 东欧国家职业教育概况 [J]. 外国教育动态, 1983(02):34-360.

② 葛志强. 保加利亚开展教育改革 [N]. 光明日报, 2008-7-15(008).

③ UNESCO International Bureau of Education. World Data on Education. VII Ed. 2010/11. [DB/OL].http://www.ibe.unesco.org/fileadmin/user_upload/Publications/WDE/2010/pdf-versions/Bulgaria.pdf. 2017-10-05.

④ United Nations. Republic of Bulgaria. National Education Act. [DB/OL]. http://unpan1.un.org/intradoc/groups/public/documents/UNTC/UNPAN016454.pdf. 2017-10-01.

2.《全民教育法》(1998年)①

保加利亚全民教育法于1991年颁布，后经多次修订。该法规定，国家教育系统应为公民接受终身教育打基础，使公民掌握人类基础知识及其规律，学习本民族及全人类的优秀品质和文化，激发公民的个性和潜力，培养尊重法律、人权、有文化、有道德和积极进取的人。

3.《职业教育与培训法》(1999年)

《职业教育与培训法》规定了职教学校和培训机构及其职责，为职业教育与培训相关机构及其发展奠定了基础。此外，新修订的职业教育与培训法还制定了初级职业教育、继续职业教育培训的规则。其中，初级职业教育主要从6年级或13/14岁开始，继续培训主要针对16岁以上的辍学青少年和成年无业人员。

4.《就业促进法》(2003年)

该法于2002年1月开始实施，2003年又出台了修正案，在帮助和促进成人就业和再就业，改善就业状况，提高职业培训和就业能力，缩短失业期限、加强失业预警以及振兴企业等方面具有积极作用。

5.《国家持续职业教育发展战略》(2004年)②

保加利亚《国家持续职业教育发展战略》建立了职业资格认证体系，并根据欧盟标准为非学历教育的认证提供了依据。

6.《高等教育法》(2004年)

《高等教育法》于1995年12月颁布，2004年，保加利亚把《高等教育法》中的有关条文进行了修改，增加了技能教育内容。根据该法，国家将制定新的高等教育学分制度，统一职业教育学分和高等教育学分，促进高等职业教育发展，提高高等教育质量。

7.《职业资格认定法》(2008年)

《职业资格认定法》规范了对在欧盟其他成员国家或第三方国家获得的职业资格的认定。

8.《国家终身学习战略(2008—2013)》(2008年)③

2000年，欧盟在里斯本召开了首脑会议，把“终身学习”理念作为欧盟国家教育计划的关键因素纳入经济和社会改革。据此，保加利亚制订了《全国终身学习战略》，倡导基础职业教育、补充教育和16岁以上辍学青少年、失业人员及就业人员的再教育，保证职业培训适应劳动力市场和国家经济社会的需求，改变教育与劳动力市场要求之间的脱节现象，提高就业率，以达到欧盟关于人力资源开发的要求，顺应人口、经济和全球

① 中华人民共和国驻保加利亚大使馆 [EB/OL]. http://www.chinaembassy.bg/chn/kjwh/jyjl/bjlyjygk/t130974.htm. 2017-10-01.

② UNESCO International Bureau of Education. World Data on Education. VII Ed. 2010/11 [DB/OL].http://www.ibe.unesco.org/fileadmin/user_upload/Publications/WDE/2010/pdf-versions/Bulgaria.pdf. 2017-10-05.

③ Republic of Bulgaria: National Strategy for Lifelong Learning for the Period 2008-2013 [DB/OL]. http://www.erisee.org/downloads/2013/2/b/LLL_Strategy_2008-2013%20ENG.pdf. 2017-10-05.

化的挑战。

9. 国家改革计划框架（2011—2015 年）

保加利亚国家改革计划框架（2011—2015）提出将保加利亚转变成一个基于知识和创新的经济社会。明确教育的主要优先事项包括：提升质量，将课程与经济实际需求联系起来；促进教育机会平等；教育灵活应对劳动力市场变化；创造终身学习条件。

三、职业技术教育与培训的体系与质量保障

（一）体系

保加利亚职业教育与培训体系由基础教育、高中教育和高等教育及继续教育组成。

1. 基础教育阶段的职业教育

保加利亚基础教育包括小学和初中教育，全民教育法规定，公民在接受基础教育之后或在基础教育同时接受职业教育，其中包括在初等教育（小学）毕业后进行最初的职业训练。职业教育的实施方案由教育和科学部与有关部委共同制定。每种职业和专业培训要保证其更高级别培训的连续性。①

2. 高中阶段的职业技术教育与培训

保加利亚的高中阶段各类职业学校学制一般为 3—5 年，职业教育与培训按层次和类别可分为以下几类：

（1）5 年技术（专业）学校。7—12 年级，除开展文化和专业领域的学习外，还包括强化的外语课程；

（2）4 年技术学校。8—11 年级，为学生提供专业教育；

（3）3 年职业学校。8—10 年级，为学生提供职业高中教育；

（4）职业培训学校。为没有完成 8 年教育的学生，提供学习专业知识的机会以完成基础教育。依据学生的入学年级，学业年限为 1—3 年。

（5）另外，在人口稀少、缺少职教体系的地区，开办综合性学校提供职业技能训练课程。

3. 高等教育阶段的职业技术教育与培训

学生在完成高中阶段课程后，将获得毕业证书，通过国家入学考试的学生有机会获得高等教育的机会。高级中学和职业学校的学生都可进入技术学院接受职业教育，学生毕业后可进入大学教育体系。

保加利亚高等职业教育与专业教育相通。例如，保加利亚外交学院，是直属于保加利亚外交部的一所高等职业院校，由保加利亚总统办公室、外交部及相关部门创建，旨在为保加利亚在外交、国际问题研究和涉外经济、法律等领域培养高级复合型人才。普

---

① 中华人民共和国驻保加利亚大使馆 . 保加利亚概况 [EB/OL]. http://www.chinaembassy.bg/chn/kjwh/jyjl/bjlyjygk/t130974.htm. 2017-10-01.

罗夫迪夫医科大学是保加利亚一所国立性质的高等职业教育院校，是保加利亚医学领域最有威信的教育机构，也是保加利亚医学教育的中心。

4. 成人教育与培训[①]

成人教育为 16 岁及以上各年龄阶段的人开设，其中主要教育对象包括：在职人员、失业人员、16 岁以上未完成中等教育（包括职业教育）的青少年和退休人员。

根据保加利亚国家统计院 2000—2007 年 25—64 岁居民受教育情况的统计数据，居民受教育层次主要集中在高中及以下。（表 1）

表 1 保加利亚 2000—2007 年 25—64 岁居民受教育情况百分比一览表

年份	初中及以下（%）	高中（%）	大学及以上（%）
2000	32.9	48.7	18.4
2001	28.9	49.8	21.3
2002	28.5	50.3	21.1
2003	28.8	49.9	21.3
2004	28.4	50.0	21.7
2005	27.6	50.8	21.6
2006	25.6	52.5	21.9
2007	22.5	55.1	22.4

资料来源：Bulgaria National Strategy for Lifelong Learning for the period 2008—2013.

保加利亚目前正通过增加成人教育机会使更多的人获得学位和职业资格，针对性地开展职业技能培训，鼓励企业开设相关培训项目等措施发展成人教育与培训。

（二）保障

1. 职业技能证书[②]

保加利亚加入了博洛尼亚进程，为此，保加利亚统一并制订了涵盖各教育阶段和培训体系的综合性国家资格框架，并将其作为实施欧盟资格框架的先决条件。

保加利亚国家资格框架包括 9 个等级（0 至 8 级）：0 级（准备级），指小学前的教育体系，也是国家资格框架的组成部分（未与欧盟资格框架建立对应关系）；其余 8 个等级，涵盖中学及中学后教育（包括技术学院、大学学士、硕士和博士教育）。另外，自 2002 年起，保加利亚国家职业教育与训练局为 16 岁以上接受继续职业教育与培训的人员设立了

① Republic of Bulgaria: National Strategy for Lifelong Learning for the Period 2008–2013. [DB/OL]. http://www.erisee.org/downloads/2013/2/b/LLL_Strategy_2008–2013%20ENG.pdf. 2017–10–05.

② National Qualification framework of the Republic of Bulgaria and the European Qualifications Framework for Lifelong Learning. [DB/OL]http://www.swfm–qf.eu/main/wp–content/uploads/BUL–2_national–report–VET–system–and–training–program.pdf. 2017–10–05.

A–F 级框架课程，对应相应的国家职业资格等级。由上述教育与培训类型形成的国家资格框架（1—8 级）对应欧盟资格框架，共同形成了保加利亚终身教育体系。（表 2、表 3、表 4）

保加利亚国家资格框架建立在结果导向学习法之上，包括三个方面内容：

· 知识：理论和 / 或实践；

· 技能：认知（包括运用逻辑、直观和创造思维）实践（包含技术和使用方法、材料、工具等）；

· 能力：职业素养和职业能力，主要表现在自我管理和责任、学习能力、沟通和社交能力、专业能力四个方面。

表 2　保加利亚国家基本职业技术资格框架

机构	级别	说　明	对应欧盟资格框架等级
职业学校、艺术学校、技术学院、职业训练中心	1级	获得专业技能，在指定、不变的条件下可以实施常规操作。完成6年级课程学生可参加此等级训练。	1级
	2级	在变化的条件下可以实施复杂的操作。	2级
	3级	在变化的条件下可以实施复杂的操作，并可承担岗位相关的工作。	3级

资料来源：National Qualification Framework of the Republic of Bulgaria and the European Qualifications Framework for Lifelong Learning.

表 3　保加利亚国家职业技术资格框架（4—8 级）

机构	级别	说　明	对应欧盟资格框架等级
职业学校、技术学院	4级	在某一工作领域或专业内，具有较宽泛的实用技能和理论知识。具备自主设立目标、规划和执行的能力，能自我进行职业规划和评估，且具备监管他人工作、独立处理公共事务的能力。	4级
	5级	仅进行职业训练。在某一工作领域或专业内，具有较宽泛且深入的实操技能和理论知识。具备计划、组织及生产控制能力，能独立进行的复杂的操作，监督并指导员工，进行团队管理和质量测评。	5级
大学	6级	学士和专业学士教育。学士学位需掌握某一领域高级和综合性理论和实操技能，进行团队管理，并为复杂情境下的决策提供建议；专业学士能掌握并能运用具体的理论和实践经验进行批判性分析，能胜任团队管理、资源协调。	6级
	7级	硕士学位教育。在相关领域具备高度的专业知识，并能融合多领域知识，通过研究和创新解决复杂问题，同时具备知识转移等能力。	7级
	8级	博士学位教育。博洛尼亚进程第三段高等教育，学制3—4年。	8级

资料来源：National Qualification Framework of the Republic of Bulgaria and the European Qualifications Framework for Lifelong Learning.

表 4　保加利亚继续职业教育与培训资格框架

机构	课程	说　明	对应国家资格框架等级
国家职业教育与训练局	A	初级职业训练	1级
	B	职业训练	2级
	C	职业训练，获得2级或3级职业资格	2/3级
	D	职业训练	4级
	E	初级职业训练和岗位资格	/
	F	继续职业教育与培训以提升业已获得的相关资格等级（包括1、2、3级）	/

2. 质量保障[①]

保加利亚职业教育质量保障体系由相关法律和评估机制共同组成。

2001 年，保加利亚通过《就业促进法》规定有关就业和促进就业方面的政策，以促进就业并提高劳动力的技能水平和职业资格层次，在劳动力市场方面实现了从社会协助到积极参与的转变，促进了职业教育发展和质量提高。2008 年《职业教育资格认定法》规范了职业教育与培训相关资格认证的条件和规则。此外，根据《职业教育法》，教育部还制定了《国家教育条例》，规定获取专业资格证书需达到的基本条件、课程等，以保证职业教育与培训的质量。

保加利亚 2005 年成立教育质量控制和评估中心，隶属于教育部，为学校评估开发模型和机制、制定质量监控体系，审核考试资料、标准考试以及入学考试，负责高中学校的内、外部评估及质量控制系统。在学校外部评估方面，由教育部下属的地区巡查员负责，并在全国建立了 28 个地方监管中心。在职教资格证书考试方面，教育部还针对每个专业设立了一个国家考试项目，制订学习效果评测规则。在继续职业教育方面，为保障质量，劳动部建立了一套机制，包括:（1）开发继续教育与培训项目，并规范了组织、实施、控制、认证系列流程;（2）制定了系列规则评测培训学校的质量;（3）基于信息搜集和分析，进行评价，包含培训组织、实施、认证方面的优、劣势;（4）总结并采取措施在学校层面和整个系统提升成人培训的质量和成效。

四、职业技术教育与培训的治理与教师[②]

（一）治理

在保加利亚职业技术教育与培训的治理方面，教育部负责教育政策的制定，而对于课程开发，则有多个部门和相关人员参与，包括议会、教育部、青年与科学部、巡查员、

① EQAVET National Reference Point of Bulgaria [DB/OL].http://www.eqavet.eu/Libraries/Website_Update_2016_Reports/2_BG_final_Template_for_updating_info_on_the_EQAVET.sflb.ashx. 2017-10-05.

② UNESCO International Bureau of Education. World Data on Education. VII Ed. 2010/11. [DB/OL].http://www.ibe.unesco.org/fileadmin/user_upload/Publications/WDE/2010/pdf-versions/Bulgaria.pdf. 2017-10-05.

各大学、保加利亚科学院以及学校教师、管理人员等。青年与科学部负责依据国家标准审批小学、初中和职教类学校的课程计划，包括特殊需求课程。对于职教体系，由两个部门负责，包括教育部和劳动部，其中教育部不仅是职教政策制定者，也是预算和监控机构。

保加利亚学校教育的治理分为4级：国家、地区、城市和学校。近年来，保加利亚教育管理的主要特性是逐步采取分散、非集中的方式。财政支持计划方面的分散式管理始于2003年，建立了财政支持标准，如员工数量、工资和社会保障分配、生均经费等。

在继续职业教育与培训方面，由教育部和劳动部依据《职业教育法》和《就业促进法》共同分管，保证其质量符合劳动力市场需求。在这两个法律的基础上，授权正式学校、公立/私立培训中心、社会组织和企业开展继续职业教育与培训。

（二）教师

1996年底，保加利亚颁布了第5号条例，提高公共教育体系中教学人员的资格条件，并颁发了新的教师资格制度，要求从教人员获得专业学位。根据保加利亚现行要求，教师需接受专门高等教育（3至4年制）或大学（4至5年制）。初中和高中教师需接受4至5年的大学教育。1—12年级（小学、初中和高中）通识课教师和学前教育教师必须至少具有学士学位。

2003—2004年，保加利亚公共教育体系共有教职人员60338人，其中女教师50215人，本科和硕士学位教师共有50326人，专科学位教师9367人，高中毕业教师645人。约21%的教师年龄在50—59岁。

教师的专业培训主要由索非亚大学、扎格拉大学和瓦尔纳大学以及其他专业性大学和教学机构负责，培训形式包括：短期和长期培训班、年度专业培训班、研讨会、讲座等。通过培训，教师可获得更高级别资格，并获得更高的报酬。

保加利亚《劳动法》规定了教师义务教学负担的标准，年平均在648和720学时之间。随着2007年、2008年教育权利的下放，教师工资不再集中定薪，公立学校教师薪酬新条例只规定了总体薪酬规则、结构和最低工资。教师实际工资由学校决定，通过劳动合同或内部薪资标准确定。

五、职业技术教育与培训的诉求与发展趋势

保加利亚是连接欧亚大陆的桥梁，同时也是进入欧洲大市场的门户，地理优势明显，贸易活跃，近年来经济企稳回升，主要经济指标有所改善。[①]根据保加利亚国家经济现状和教育情况尤其是职业教育与培训发展的历史与现状，可从以下几个方面促进保加利亚

① 深圳市人民政府政策研究室、深圳市人民政府发展研究中心．一带一路沿线国家之保加利亚 [EB/OL]. http://www.sz.gov.cn/szsfzyjzx/ylyd/201708/t20170822_8218428.htm. 2017-10-05.

职业教育与培训的发展。

1. 大力发展私立职业教育与培训

根据世界银行发布的改善教育的系统方法（Systems Approach for Better Education Results），2013年保加利亚国家教师报告（SABER Teachers: Bulgaria Country Report 2013）显示仅有少于1%的学生入读私立学校。[①]职业教育注重学校和企业合作，重视教学与实践的结合。而私立职业教育与培训，尤其是由企业开办的职业教育与培训机构，在开展校企结合更有优势，能提高教育公平和效率，同时丰富终身教育体系。

2. 提高教育质量

近年来，尽管保加利亚在教育效率以及入学率取得了很大成绩，但教育质量问题已经引起人们的警觉。根据国际教育成就评价协会开展的国际阅读素养进步研究，保加利亚4年级学生阅读评估成绩从2001年的第4名下降到2011年的第22名；15岁学生阅读、数学和科学素养方面，保加利亚从2001年第32位下降至2009年第46名（综合得分），国际学生评估项目2012年对保加利亚职业学校15岁学生的测评中，53.2%的学生数学不能达到最低要求[②]。教育质量亟待提高。

3. 改革职业教育分流

保加利亚学生在7—8年级进行分流，部分学生选择接受职业教育，过早的教育分流，对选择职业教育的学生接受通识教育以及掌握一般及可迁移性技能都有影响[③]。在OBED（经济合作与发展组织）成员国中，有14个国家选择在学生16岁时进行初次的教育分流；分流时点不早于14岁的成员国共有24个，占比超过了七成。总体上说，延迟初次教育分流的年龄时点是世界各地教育改革中的普遍潮流。[④]

（深圳职业技术学院　联合国教科文组织职业技术教育与培训联系中心　王冰峰

深圳职业技术学院　技术与职业教育研究所　罗　欢）

① SABER teacher country report: Bulgaria 2013. [DB/OL].http://wbgfiles.worldbank.org/documents/hdn/ed/saber/supporting_doc/CountryReports/TCH/SABER_Teachers_Bulgaria_CR_Final_2013.pdf. 2017-10-05.

② SABER Workforce Development Bulgaria Country Report 2014. [DB/OL].http://wbgfiles.worldbank.org/documents/hdn/ed/saber/supporting_doc/CountryReports/WFD/SABER_WFD_Bulgaria_CR_Final_2014.pdf. 2017-10-05.

③ 同上。

④ 陆伟、孟大虎 . 教育分流制度的国际比较 [J]. 清华大学教育研究，2014(06)：48-58.

主要参考文献

[1] 中华人民共和国外交部 . 保加利亚国家概况 [EB/OL].http://www.fmprc.gov.cn/web/gjhdq_676201/gj_676203/oz_678770/1206_678916/1206x0_678918/. 2017-09-29.

[2] 刘毅 . 世界分国地图集 [M]. 北京 : 中国地图出版社 , 2017.

[3] 中华人民共和国驻保加利亚共和国大使馆经济商务参赞处 . 欧盟统计局—保加利亚今年二季度 GDP 增长环比增加 1% [EB/OL].http://bg.mofcom.gov.cn/article/ddgk/zwjingji/201709/20170902641618.shtml.2010-10-02.

[4] 中华人民共和国驻保加利亚大使馆 . 保加利亚概况 [EB/OL].http://bg.mofcom.gov.cn/article/jmxw/201709/ 20170902652347.shtml. 2017-10-05.

[5] 深圳市人民政府政策研究室、深圳市人民政府发展研究中心 [EB/OL].http://www.sz.gov.cn/szsfzyjzx/ylyd/201708/t20170822_8218428.htm. 2017-10-05.

[6] 葛志强 . 保加利亚开展教育改革 [N]. 光明日报 . 2008-7-15 (008).

[7] 白月桥 . 保加利亚的教育体制及历史教学的改革 [J]. 课程・教材・教法 , 1986 (07) : 54-56.

[8] 祝仰修 . 东欧国家职业教育概况 [J]. 外国教育动态 , 1983 (02) : 34-36.

[9] 葛志强 . 保加利亚开展教育改革 [N]. 光明日报 , 2008-7-15 (008).

[10] UNESCO International Bureau of Education. World Data on Education. VII Ed. 2010/11 [DB/OL].http://www.ibe.unesco.org/fileadmin/user_upload/Publications/WDE/2010/pdf-versions/Bulgaria.pdf. 2017-10-05.

[11] United Nations. [DB/OL].http://unpan1.un.org/intradoc/groups/public/documents/UNTC/UNPAN016454.pdf. 2017-10-01.

[12] Republic of Bulgaria: National Strategy for Lifelong Learning for the Period 2008-2013 [DB/OL].http://www.erisee.org/downloads/2013/2/b/LLL_Strategy_2008-2013%20ENG.pdf. 2017-10-05.

[13] National Qualification framework of the Republic of Bulgaria and the European Qualifications Framework for Lifelong Learning [DB/OL] http://www.swfm-qf.eu/main/wp-content/uploads/BUL-2_national-report-VET-system-and-training-program.pdf. 2017-10-05.

[14] EQAVET National Reference Point of Bulgaria [DB/OL].http://www.eqavet.eu/Libraries/Website_Update_2016_Reports/2_BG_final_Template_for_updating_info_on_the_EQAVET.sflb.ashx. 2017-10-05.

[15] SABER teacher country report: Bulgaria 2013 [DB/OL].http://wbgfiles.worldbank.org/documents/hdn/ed/saber/supporting_doc/CountryReports/TCH/SABER_Teachers_Bulgaria_CR_Final_2013.pdf. 2017-10-05.

[16] SABER Workforce Development Bulgaria Country Report 2014 [DB/OL].http://wbgfiles.worldbank.org/documents/hdn/ed/saber/supporting_doc/CountryReports/WFD/SABER_WFD_Bulgaria_CR_Final_2014.pdf. 2017-10-05.

[17] 陆伟、孟大虎 . 教育分流制度的国际比较 [J]. 清华大学教育研究 , 2014 (06) : 48-58.

马其顿共和国

一、国家概况

（一）地理[①]

马其顿共和国（The Republic of Macedonia），简称马其顿，位于欧洲巴尔干半岛中部，面积为25713平方千米。西邻阿尔巴尼亚，南接希腊，东接保加利亚，北部与塞尔维亚接壤，首都为斯科普里。气候以温带大陆性气候为主，大部分农业地区夏季最高气温达40℃，冬季最低气温达–30℃，西部受地中海气候影响，夏季平均气温为27℃，全年平均气温为10℃。2004年8月，马其顿议会通过《新行政区划法》，共设85个地方行政单位。

（二）人文[②]

斯拉夫人于公元7世纪迁居马其顿地区，10世纪下半叶至1018年，萨莫伊洛建立了第一个斯拉夫人的马其顿国。14世纪开始，马其顿地区长期处于拜占庭和土耳其统治之下。1912年第一次巴尔干战争结束后，塞尔维亚、保加利亚、希腊军队占领马其顿地区。经过1913年第二次巴尔干战争，塞尔维亚、保加利亚和希腊重新瓜分马其顿地区。地理上属于塞尔维亚的部分称瓦尔达尔马其顿，属于保加利亚的部分称皮林马其顿，属于希腊的部分称爱琴马其顿。第一次世界大战后瓦尔达尔马其顿作为塞尔维亚的一部分并入塞尔维亚人–克罗地亚人–斯洛文尼亚人王国，1929年改称南斯拉夫王国。第二次世界大战后，南斯拉夫联邦人民共和国成立，1963年改称南斯拉夫社会主义联邦共和国，原属塞尔维亚的瓦尔达尔马其顿成为南斯拉夫联邦的组成单位之一，称马其顿共和国。1991年11月20日，马其顿从原南联邦宣布独立。1993年4月7日，马其顿以“前南斯拉夫马其顿共和国”的暂用名加入联合国。

马其顿共和国是实行议会制的民主国家，行政权由马其顿议会（一院制）的政党所

① 中华人民共和国外交部．马其顿国家概况 [EB/OL]. http://www.fmprc.gov.cn/web/gjhdq_676201/gj_676203/oz_678770/1206_679474/1206x0_679476/.2017-10-06.

② 同上。

组成的联合政府掌握，国家元首为象征性的总统，政府首脑为总理。[①] 马其顿有注册政党 80 多个，主要有马其顿内部革命组织民族统一民主党、阿族融合民主联盟、马其顿社会民主联盟。现任总统格奥尔盖·伊万诺夫于 2014 年 4 月当选，任期 5 年。

马其顿有人口 209.6 万（2015 年），主要民族为马其顿族（64.18%）、阿尔巴尼亚族（25.17%）、土耳其族（3.85%）、吉普赛族（2.66%）和塞尔维亚族（1.78%）。官方语言为马其顿语。居民多信奉东正教，少数信奉伊斯兰教。国庆节为 9 月 8 日。

（三）经济[②]

独立后，马其顿经济深受前南斯拉夫危机影响，后又因国内安全形势恶化再遭重创。近年来，随着国内外环境的改善和各项改革措施的推进，马其顿经济有所恢复和发展。为促进经济发展，加快融入欧盟一体化，马其顿政府大力推进基础设施建设，带动了相关行业的发展，成为欧洲发展速度较快的国家之一。2015 年国内生产总值 130.2 亿美元，国内生产总值增长率 3.8%，人均国内生产总值 5350 美元。根据国际货币基金组织 2016 年春季《全球经济展望》预测，马其顿未来几年经济发展表现向好，预计 2017 年及 2021 年马其顿 GDP 增长率分别达到 3.6% 和 3.8%。[③] 马其顿货币名称为代纳尔。汇率为 1 美元等于 55.09 代纳尔。

马其顿矿产资源比较丰富，有煤、铁、铅、锌、铜、镍等，其中煤的蕴藏量约 9 亿吨。还有非金属矿产炭、斑脱土、耐火黏土、石膏、石英、蛋白石、长石等。森林覆盖率约为 35.5% 至 38.8%。

马其顿主要产业有工业和农业。2014 年工业产值约为 28.07 亿美元，占国内生产总值的 24.8%，同比增长 5%。主要工业部门有矿石开采、冶金、化工、电力、木材加工、食品加工等。2014 年农业产值约 11.5 亿美元，占国内生产总值的 10.2%，同比增长 2%。农业用地面积为 126.3 万公顷，其中耕种面积为 51.2 万公顷，畜牧面积 75.1 万公顷。

2014 年，马其顿 63.5% 家庭拥有汽车，97.7% 家庭拥有电视机，68.4% 家庭拥有上网电脑。每百人中拥有 18 部电话机，106 部手机。2014 年月平均工资 461 美元。

（四）教育[④]

马其顿的文化部分继承了希腊罗马的文化传统，文化教育比较发达[⑤]。经过多次改革，马其顿义务教育由 8 年增加到现在的 13 年（包括小学、初中和高中），全国教育分为三

---

① 中国社会科学院欧洲研究所.马其顿 [EB/OL].http://ies.cssn.cn/wz/yjzl/ozgggl/201207/t20120731_2460469.shtml. 2017-10-06.

② 中华人民共和国外交部 [EB/OL]. http://www.fmprc.gov.cn/web/gjhdq_676201/gj_676203/oz_678770/1206_679474/1206x0_679476/.2017-10-06.

③ 中华人民共和国驻马其顿共和国大使馆经济商务参赞处 . 对外投资合作国别 [EB/OL]. http://images.mofcom.gov.cn/mk/201708/ 20170825230749213.pdf. 2017-10-06.

④ 中华人民共和国外交部 . 马其顿国家概况 [EB/OL].http://www.fmprc.gov.cn/web/gjhdq_676201/gj_676203/oz_678770/1206_679474/1206x0_679476/.2017-10-06.

⑤ 中国社会科学院欧洲研究所 . 马其顿 [EB/OL].http://ies.cssn.cn/wz/yjzl/ozgggl/201207/t20120731_2460469.shtml. 2017-10-06.

个层次。第一层次为初等教育，为期9年，其中小学5年（6—11岁），初中4年（11—15岁）。第二层次为中等教育，主要包括普通高中、艺术高中、职业高中，为期4年（15—19岁），学生在学业结束后，通过国家组织的大学入学考试可以选择进入大学或高等职业学院接受高等教育。此外，为初等教育毕业生还开设有2—3年的职业教育（另开办有1年制的职业培训，属于成人教育），3年制职业教育的学生在毕业后可以参加为期1—2年的职业培训。第三阶段为高等教育，分为三个阶段，第一阶段为大学本科4—6年，包括医药类学科6年，理工类学科5年，文科4年，完成学业可获学士学位；大学内部还开设有高职课程，与职业学院学制相同，为期3年；第二阶段为硕士教育为期2年，第三阶段为博士教育，学生需通过论文答辩方可获得学位。[①②]（图1）

2013年，马其顿教育经费占GDP的3.6%。2014—2015学年度共有初级学校（小学和初中）988所，在校学生18.6万人，教师1.76万人。中等学校（高中、职业学校）117所，在校学生8.03万人，教师7341人。高等学校21所，在校学生5.94万人，教师3616人。[③]主要高校有斯科普里大学、比托拉大学、泰托沃大学等。

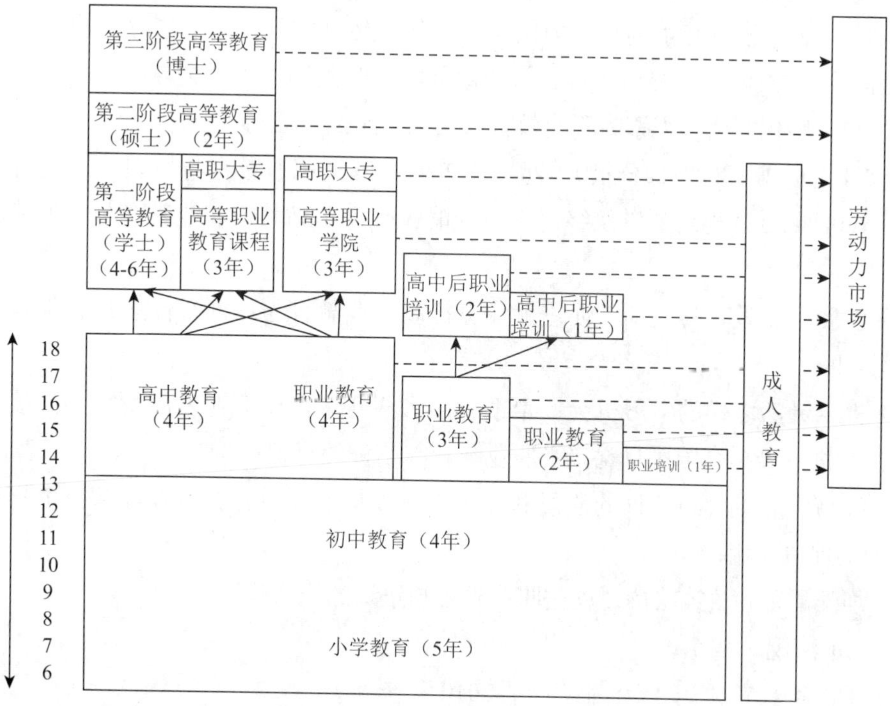

图1　马其顿教育体系

① 欧洲教育网 . Macedionia [EB/OL].http://www.euroeducation.net/prof/macenco.htm. 2017-10-08.

② Strategy for Vocational Education and Training in a Lifelong Learning Context 2013-2020 and Action Plan [DB/OL].http://www.seecel.hr/UserDocsImages/Documents/VET%20STRATEGY%20AND%20ACTION%20PLAN_EN.pdf. 2017-10-08.

③ 中华人民共和国驻马其顿共和国大使馆经济商务参赞处 . 对外投资合作国别（地区）指南 [EB/OL]. http://images.mofcom.gov.cn/mk/201708/20170825230749213.pdf. 2017-10-06.

二、职业技术教育与培训的战略与法规

（一）战略①

2005 年，马其顿获得欧盟候选国地位，并积极为加入欧盟而努力。在教育方面，马其顿积极引进国际和欧盟教育理念，加快改革，积极推进博洛尼亚进程。

在过去的二十多年中，马其顿对职业教育进行了系列改革，主要包括：

· 加强职业教育立法；

· 改革职业教育与培训体系：延长义务教育时间，将中等教育纳入义务教育；建立不同学制的职业教育与培训体系和资格层次，以及相对应的课程标准；开办成人教育，完善教育体系；引入私立教育与培训机构，完善公办职业教育与培训体系；

· 制订 2 至 3 年制职业教育与培训岗位、职业资格标准和教育大纲；

· 启动建设国家职业资格框架；

· 推进职业教育分权管理与治理改革。

根据马其顿教育和科学部《终身学习背景下职业教育与培训 2013—2020 战略及行动计划》，职业教育与培训在人力资本的开发、经济增长、减少失业，更好地就业以及社会融合等方面做出了突出的贡献。与此同时，马其顿认识到全球经济一体化、科技创新、人口老龄化等诸多因素为职业教育与培训带来巨大压力。

该计划根据《布鲁日公报》（2011—2020）欧洲职业教育与培训一体化目标和欧盟《教育与培训 2020 规划》以及终身学习战略，确立了马其顿职业教育与培训战略，重点包括：

· 发展职业教育与培训，促进就业，提高职业教育与培训在促进社会包容和凝聚力中的作用；

· 提供灵活多样的学习机会，帮助青年和成年人获得职业发展所需的技能，激发创业热情，进一步提高国民自觉接受职业教育与培训的意识；

· 提高职业教育与培训的质量和相关性，发挥职业教育在企业经营、市场竞争和创新方面的促进作用；

· 加强治理和政策扶持，促进职业教育与培训的能力建设。

（二）法规

1.《中等教育法》（1995 年颁布，2010 年修订）

修订的《中等教育法》第三章规定将中等教育纳入义务教育，实现义务教育达到 13 年，并且规定在公立学校免收学费。

① Strategy for Vocational Education and Training in a Lifelong Learning Context 2013–2020 and Action Plan [DB/OL]. http://www.seecel.hr/UserDocsImages/Documents/VET%20STRATEGY%20AND%20ACTION%20PLAN_EN.pdf. 2017-10-08.

2.《职业教育与培训法》(2006 年颁布，2008 年修订)

《职业教育与培训法》第一次对实施职业教育与培训的学校和机构进行了规定，并定义了教育机构、雇主的权利和义务。该法律还保障了接收学生实践和培训的公司的权利：雇主有权提议修改现有的职教体系教学大纲和课程并提出修改意见。另外，《职业教育与培训法》规定，在培训期间，职教机构、雇主和学生之间需签订培训协议，协议的内容、形式和程序由有关机构确定。

3.《成人教育法》(2008 年)

2008 年 1 月通过的《成人教育法》，在终身学习的视角下，全面规范了成人教育体系的组织、结构、经费和管理。该法律规定成立成人教育委员会和成人教育中心。

4.《高等教育法》(2000 年颁布，2008 年修订)

《高等教育法》为高校和高等教育改革创造了新的法律基础。该法律规定，国家大学和高等教育机构需制订五年发展规划。根据博洛尼亚进程的原则，2003 年通过的高等教育修订法为高等教育体系建立了一个新的法律框架，将高等教育分为三个教育阶段，该法在 2008 年进行了最后的修订。

5.《国家资格框架法》(2013 年)①

马其顿议会 2013 年 10 月通过了《国家资格框架法》，明确了国家资格框架的原则和目标、结构和等次、质量保障。该法对已有职业资格进行了梳理并与欧洲资格框架建立了对应。根据该法，马其顿成立了国家资格框架委员会负责职业资格的开发、认证和管理。

6.《终身学习背景下职业教育与培训 2013—2020 战略及行动计划》

该计划由欧洲培训基金会支持，分析了马其顿国家职业教育的成就和面临的主要挑战，并从发展职业教育促进社会包容，提升职业教育吸引力，提高教育质量和相关性等四个方面制订了详细的行动计划。

三、职业技术教育与培训的体系与质量保障

(一)体系

马其顿职业教育与培训体系从层次上包括高中职业教育和高中后职业培训和大学职业教育三个部分。此外，还包括成人职业教育与培训。

1. 高中阶段职业教育

高中职业教育与培训分为三类，主要分为 4 年制、3 年制和 2 年制职业教育。马其顿现有 99 所公立高中(包括国立学校 10 所、首都斯科普里直属学校 21 所、其余市属学校

① EQF Referencing Report of the Macedonian Qualifications Framework and Self-Certification to the QF-EHEA. [EB/OL].https://media.ehea.info/file/The_Former_Yugoslav_Republic_of_Macedonia/97/3/EQF_Report_Macedonia_2016_667973.pdf. 2017-10-09.

68所）和13所私立高中。在所有公立高中之中，其中16所为普通高中，40所为职业高中，另有34所学校同时开设普通高中和职业高中教育，4所特殊职业教育学校和5所艺术学校。职业高中主要开设专业有机电工程（25所）、电器技术（20所）、纺织和皮革制造（17所）、化工技术（15所）。在13所私立高中之中，共有6所为职业学校，主要专业有经济、贸易、法律、餐饮、旅游等。马其顿2007—2012年高中阶段各类教育学生人数及占比见表1。

4年制普通高中、艺术学校和职业学校学生在毕业时参加学校结业考试和全国大学入学考试后可选择大学第一阶段学士学习或选择3年制职业教育（包括职业学院和大学开设的职业教育课程）。

2年和3年制职业教育学生在毕业时参加职业考试，获得技术证书，再接受1—2年的高中后职业培训。

表1 马其顿2007-2012年高中阶段各类教育学生人数及占比

教育类型	2007/2008年	2008/2009年	2009/2010年	2010/2011年	2011/2012年
	总人数	总人数	总人数	总人数	总人数
高中阶段教育总人数	94545	93843	95343	94155	93064
普通高中	38214	38373	38527	38013	37646
艺术学校	854	1015	1221	1071	1080
职业学校	55477	54455	55595	55071	54338
职业教育总人数占比（%）	58.70	58.00	58.30	58.49	58.39

资料来源：EQF Referencing Report of the Macedonia Qualifications Framework and Self-Certification to the QF-EHEA.

2. 高中后职业培训

《职业教育法》规定了两种形式的高中后职业教育，分为2年制和1年制职业培训，2年制培训叫"技师项目"，培养职业教育培训师；1年制培训项目为培养专业人员。

3. 高等职业教育

马其顿高等职业教育学制3年，包含两种形式，一是职业学院的职业教育，二是大学开设的职业教育课程。职业学院一般为独立的私立学校或隶属于现有的公立大学，为数不多，2010—2011学年共2102人选择职业学院接受职业教育，其中1853人选择公立职业学院，249人选择私立职业学院，共占高等教育学生人数的3.32%。近年来，国家鼓励大学开办职业教育课程，2011—2012学年第一学期，公立大学中职业教育课程学生人数占高等教育学生总人数的5.01%。高等职业教育学生毕业时可获得高级资格证书，主要选择就业。

4. 继续教育技术培训

马其顿开设为期1年的成人基本职业技能培训，参加培训的人员一般没有相应职业资格，通过培训，学员可获初级职业资格。2011年的培训项目中，共163人参加本项目，占当年职业教育学生总人数的0.29%。

（二）保障

1. 职业技能证书[①]

马其顿建立了国家资格框架，并以此推动教育改革，鼓励人们终身学习，支持在知识和技能社会中，提高劳动力素质和经济竞争力，增加社会包容性，协调社会发展。

马其顿建立的国家资格框架基于以下原则：

· 体现知识和理解能力，技术和学习能力；
· 设立类别和分级；
· 学分的可转移性；
· 与欧洲资格框架体系衔接；
· 质量保证；
· 通过职业资格学习和认证保障民众平等接受终身教育；
· 提高劳动力素质，提升国家经济竞争力；
· 建立对非正式和非正规学习的认证制度。

马其顿资格框架按级别、类型和领域进行分类。

（1）马其顿职业资格框架共包括8级（第5、6、7级分别分A、B两个级别）对应欧洲资格框架8个等级。见表2。

表2 马其顿国家资格框架体系[②]

国家资格框架级别	学历/能力水平	学　分	欧洲资格框架级别
1	完成初等教育（中学），并取得毕业证书	/	1
2	完成高中2年职业教育，并取得职业教育证书	60–120分职业教育学分	2
3	完成高中3年职业教育，并取得职业教育文凭	180分职业教育学分	3
4	完成4年普通高中、艺术学校或职业教育，并取得相应文凭	240分职业教育学分或马其顿通识教育学分	4

① EQF Referencing Report of the Macedonian Qualifications Framework and Self-Certification to the QF-EHEA. [EB/OL].https://media.ehea.info/file/The_Former_Yugoslav_Republic_of_Macedonia/97/3/EQF_Report_Macedonia_2016_667973.pdf. 2017-10-09.

② National Framework for Higher Education Qualifications for Republic of Macedonia. [EB/OL].http://www.mon.gov.mk/images/documents/nacionalna_ramka/National%20Framework%20for%20Higher%20Education%20Qualifications%20for%20Republic%20of%20Macedonia%20-%20Guide.pdf. 2017-10-09.

续表

国家资格框架级别	学历/能力水平	学　分	欧洲资格框架级别
5	5A:完成3年高等职业教育课程并取得文凭	60–120分欧洲学分转换系统学分	5
	5B:完成高中后1–2年职业教育，通过技师资格考试并取得文凭，或通过特殊教育并取得文凭	60分职业教育学分	
6	6A:完成大学4年学业且取得学士学位	240分欧洲学分转换系统学分	6
	6B:完成3年制高职教育且取得毕业文凭	180分欧洲学分转换系统学分	
7	7A:大学毕业后完成2年研究生教育，取得硕士学位	60–120分欧洲学分转换系统学分	7
	7B:取得高等专业教育学位	60分欧洲学分转换系统学分	
8	完成博士课程学习，取得博士学位	/	8

（2）马其顿资格框架按类别分为教育资格和职业资格两大类，其中教育资格指学校教育，以毕业文凭和相关证书为形式，其目的是为了接受更高等级的教育；职业资格以就业为主要目标，通过成人教育完成部分课程模块，以职业证书为形式。

（3）按领域分，马其顿高等教育根据国际学科标准进行分类，职业教育资格根据行业领域分为16种。见表3。

表3　马其顿职业教育领域分类

序号	领　域	序号	领　域
1	地质、矿产、冶金	9	机械工程
2	土木工程与测量	10	交通运输和仓储
3	图形行业	11	纺织、皮革
4	经济、法律与贸易	12	餐饮和旅游业
5	电气工程	13	化工技术
6	医疗保健和社会保障	14	林业和木业加工
7	农业、渔业和兽医学	15	运动休闲
8	个人服务	16	艺术

2. 质量保障

马其顿职业教育与培训的质量保障包括国家教育和培训体系和国家资格框架两个部分，均体现了全过程的特点。

（1）国家教育和培训体系的质量保障

教育与培训质量保证体系由国家立法进行规范。主要由教育和科学部教育发展局、职业教育与培训中心、成人教育中心、高等教育认证与评估委员会负责，对职业教育与培训进行全过程监督和管理，具体包括输入、过程和输出三个环节。其中输入环节主要包括机构和课程的审核和认证。过程环节，根据法律规定，各类教育与培训机构需进行自评，并由上述机构及国家教育检查组进行指导和监督。结果阶段主要通过考试和考核进行质量保障。

（2）国家资格框架的质量保障

马其顿职业教育与培训国家资格框架通过严格的设计和实施过程保障其质量。第一，《国家资格框架法》明确了实施主体、职业资格结构、等级等；第二，各相关方参与协商和讨论，共同制订资格框架规范、原则并参加公开答辩；第三，根据劳动力市场要求，开发了具体可行的资格体系标准和课程体系；第四，建立了规范的评估标准和认证程序。

四、职业技术教育与培训的治理与教师

（一）治理

马其顿教育体系的管理归属于教育和科学部，职业教育主要由其下属职业教育和培训委员会和职业教育与培训中心成人教育委员会负责规划和管理。

职业教育和培训委员会主要负责政策制订与协调，包括：对职教的发展战略提出意见；向教育和科学部提出国家资格和职业标准的修订、补充意见；与各市政府合作，向教育和科学部提出发展职教网络的建议。

职业教育与培训中心是一个专业机构，其目标是发展职教体系，满足当代技术和社会发展的需要，工作其职责主要包括：为各类职业教育进行理念引导；开展劳动市场研究；制定职业岗位标准和教学大纲；及时监测教育质量，确保职业教育机构及教育培训符合规定要求和标准。

成人教育委员会是一个咨询机构，就成人教育战略和实施以及国家资格和职业标准提出建议；成人教育中心负责成人教育的规划发展和监督评估，并促进教育与培训同社会伙伴的关系。

根据马其顿地方自治法，各市对辖区内的劳动力市场需求进行分析，有权对当地职教体系的质量进行监督。

（二）教师

自 1995 年起，根据马其顿教育和科学部规定，新入职的教师须通过考试，所有教师学历要求为大学本科及以上，职业教育与培训方面的教师还需在技术等方面接受专业训练。[①]

近年来，教育发展局启动了教育现代化项目，并实施了教师在职创新培训项目。2009 年，为改变学生在国际数学和文化素养测试中的不佳表现，马其顿实施了相关新的

---

① UNESCO International Bureau of Education. World Data on Education. VII Ed. 2010/11 [DB/OL].http://www.ibe.unesco.org/fileadmin/user_upload/Publications/WDE/2010/pdf-versions/The_Former_Yugoslav_Rep_of_Macedonia.pdf. 2017-10-14.

专业发展计划。

马其顿教师起薪是18000代纳尔，低于全国平均水平工资21000代纳尔，公务员平均起薪标准约为16000代纳尔（警察12000代纳尔，医生24000代纳尔），教师工作8年左右方可达到全国平均工资。[①]

五、职业技术教育与培训的诉求与发展趋势

近年来，马其顿积极引进欧洲职业教育理念和标准，建立了对应的资格框架结构；教育和科学部制定了《终身学习背景下职业教育与培训2013—2020战略及行动计划》，将职业教育与培训作为终身教育的重要手段并以此作为职业教育改革的抓手，符合全球倡导的终身教育和全民教育趋势。

在技术进步和全球化的大背景下，近年来，马其顿还面临着高失业率和人口老龄化的问题，为职业教育发展带来巨大压力。[②]马其顿职业技术教育与培训需要解决的主要问题是完善职业教育治理体系。

根据马其顿教育体系，职业教育与培训归属教育和科学部管理，具体主要由职业教育与培训中心管理。作为职业教育与培训最重要的部门，相比其所承担的责任和使命，该中心的权力和地位不能完全与其对等，中心没有独立的财政权（财政权隶属于教育发展局）和自主权，缺乏专业教育人员，甚至连必要的工作软硬件都亟待改善。

近年来，马其顿在教育管理方面进行权力下放，但权力下放并不仅仅是国家和地方教育权力的重新分配，地方政府除承担管理职责外还需要明确与国家在教育投入方面相应的投入。

根据马其顿财政部预算和资金司统计，近年来，国家在教育的投入占GDP的5%—6%，属于经合组织发达国家水平，但经费整体投入到各层次教育，对职业教育与普通教育的投入没有进行区分，也没有对职业教育经费投入进行统计。

因此，一方面需要转变职业教育与培训管理中心的功能，使其由专业机构转变为全国职教与培训的管理机构，不仅具备原有职业教育规划方面的职能，还是对全国职业教育与培训实施政策管理、经费支持的权力部门；另一方面，需要明确国家和地方政府在职业教育管理及经费上的责任与义务。

（深圳职业技术学院　技术与职业教育研究所　罗　欢
深圳职业技术学院　联合国教科文组织职业技术教育与培训联系中心　王冰峰）

① SABER Country Report: FYR Macedonia Teachers.[DB/OL].https://openknowledge.worldbank.org/bitstream/handle/10986/20152/779190WP0SABER00Box385305B00PUBLIC0.pdf?sequence=1&isAllowed=y. 2017-10-14.

② Strategy for Vocational Education and Training in a Lifelong Learning Context 2013-2020 and Action Plan. [DB/OL].http://www.seecel.hr/UserDocsImages/Documents/VET%20STRATEGY%20AND%20ACTION%20PLAN_EN.pdf. 2017-10-08.

主要参考文献

[1] 中华人民共和国外交部 . 马其顿国家概况 [EB/OL]. http://www.fmprc.gov.cn/web/gjhdq_676201/gj_676203/oz_678770/1206_679474/1206x0_679476/.2017-10-06.

[2] 中国社会科学院欧洲研究所.马其顿[EB/OL].http://ies.cssn.cn/wz/yjzl/ozgggl/201207/t20120731_2460469.shtml. 2017-10-06.

[3] 中华人民共和国驻马其顿共和国大使馆经济商务参赞处 . 对外投资合作国别指南 [EB/OL]. http://images.mofcom.gov.cn/mk/201708/20170825230749213.pdf. 2017-10-06.

[5] 欧洲教育网 . Maledonia [EB/OL].http://www.euroeducation.net/prof/macenco.htm. 2017-10-08.

[6] Strategy for Vocational Education and Training in a Lifelong Learning Context 2013-2020 and Action Plan [DB/OL].http://www.seecel.hr/UserDocsImages/Documents/VET%20STRATEGY%20AND%20ACTION%20PLAN_EN.pdf. 2017-10-08.

[7] EQF Referencing Report of the Macedonian Qualifications Framework and Self-Certification to the QF-EHEA. [EB/OL].https://media.ehea.info/file/The_Former_Yugoslav_Republic_of_Macedonia/97/3/EQF_Report_Macedonia_2016_667973.pdf. 2017-10-09.

[8] National Framework for Higher Education Qualifications for Republic of Macedonia. [EB/OL]. http://www.mon.gov.mk/images/documents/nacionalna_ramka/National%20Framework%20for%20Higher%20Education%20Qualifications%20for%20Republic%20of%20Macedonia%20-%20Guide.pdf. 2017-10-09.

[9] UNESCO International Bureau of Education. World Data on Education. VII Ed. 2010/11 [DB/OL].http://www.ibe.unesco.org/fileadmin/user_upload/Publications/WDE/2010/pdf-versions/The_Former_Yugoslav_Rep_of_Macedonia.pdf. 2017-10-14.

[10] SABER Country Report: FYR Macedonia Teachers. [DB/OL].https://openknowledge.worldbank.org/bitstream/handle/10986/20152/779190WP0SABER00Box385305B00PUBLIC0.pdf?sequence=1&isAllowed=y. 2017-10-14.

后　记

两千多年前，汉朝使节张骞等人历经千难万险，“凿空西域”，打通了东西方交流合作的通道，连接起东西方文明文化交流互鉴的纽带。自此以来，“丝绸西去，天马东来”成为东西方交流交往的常态。一代又一代的国家使节、商旅行人以巨大的智慧和勇气，以超乎常人的执着和付出，克服千难万险，无惧风沙，一往无前，来往于道，络绎不绝，蔚为大观，成为东西方文化、商业交流发展史上脍炙人口的历史场景，为东西方文明文化的交流互鉴做出了巨大的贡献。

与此同时，在我国南方，随着造船业的不断发展进步，东西方的交流依托人们不断深化而积累的航海知识和舟船建造能力，不惧风险烟涛，凭借舟船，踏平万顷浪潮，来往于鲸波汹涌的碧海巨洋之间，把中国的陶瓷、茶叶运送到万里之外的南洋诸岛和中东、欧洲和美洲大地，再将西方的器物和文化知识带到中国，成就了东西方交往、交流史上合作与友谊的佳话。

这就是著名的古代“一带一路”。在“一带一路”的漫漫征途上，人们怀揣着自己远大的理想，秉持着百折不回的坚定信念，年复一年，日复一日，一代又一代地艰辛奋斗，拉近了东西方世界的距离，促进了东西方文明文化的深入交流，成就了数千年人类史上无可比拟的伟大工程，也体现了人类探寻异地，渴望交流，文明互鉴的内在需求和深刻智慧，在人类文明的交流交往发展史上刻下了深深的印迹，成为后人无限向往的探险之旅、创新之旅的智慧和力量的源泉。在现今广东徐闻的大汉三墩和泉州古刺桐港的遗址旁，在古都西安、河西走廊和新疆西去的古丝绸之路上的遗址边，抚今忆昔，遥想当年丝绸之路上队队沙漠之舟迤逦往来、行人艰难奔走的景观和海面上千帆竞发、舟船云聚的场景，不能不使人思接千古，心飞神驰！

往事越千年，千年一瞬间。时代的发展为“一带一路”注入了丰富的新内涵，展现了伟大的新愿景。2013 年习近平主席在出访中亚和东南亚国家期间，以超迈古今的宽广视野，海纳百川的博大胸怀，开放包容的泱泱气度，先后提出共建“丝绸之路”和“21世纪海上丝绸之路”的倡议，得到了沿线、沿岸国家的积极响应。几年来，在国家层面上也采取了系列行动，制定了系列政策，以落地有声、抓铁有痕的力度，与“一带一路”沿线沿岸国家在经济、文化、教育等多个领域展开一系列卓有成效的合作实践，把“一带一路”倡议持续、有效，一步一个脚印地推向前进。2017年5月，习近平主席在“一带一路”国际合作高峰论坛的主旨演讲中，深刻阐述了以“和平合作、开放包容、互学互鉴、互利共赢”为核心的“丝路精神”，全面描绘了建设和平、繁荣、开放、创新、文明的“一带一路”建设的美好愿景，指出了“一带一路”建设的伟大事业需要伟大实践。号召“一步一个脚印推进实施，一点一滴抓出成果，造福世界，造福人民”，为世界“一带一路”建设伟大工程指明了发展方向，注入了巨大推动力。

教育是文化交流不可或缺的组成部分，也是促进世界各国、各民族文化交流互鉴、人民友好交往的重要纽带。教育对外开放是新时代中国改革开放的重要方面。职业教育作为培养技术技能型人才的教育类型，与社会经济的发展密不可分、互为依存、相互促进、共同发展。“一带一路”建设离不开大批高素质、高水平，敬业爱岗的技术技能型人才的积极参与，因此，职业教育就成为“一带一路”建设中一支不可或缺的力量。同时，“一带一路”倡议的实施，也为中国职业教育的改革发展带来了新思想、新理念、新视野、新要求，也提供了新动力、开辟了新路径。我们必须以国际化的视野，更加开放的心态，更加有力的举措，推动职业教育的改革发展，才能促进职业教育更上新台阶，为我国的经济建设、社会进步做出新的更大的贡献；也才能适应“一带一路”建设对于职业教育技术技能型人才培养提出的新要求。

深圳职业技术学院是我国首批28所示范性职业教育院校之一。深圳职业技术学院的办学实践较好地诠释了中国特色职业教育的发展路径，在当代高职教育中发挥着独特的示范作用。作为我国高职教育的排头兵，正在积极启动“丝路学院”的建设，积极主动联合国内参与“一带一路”建设的企业和社会组织如华为、中兴通讯、招商局港口控股等公司，共同拓展“一带一路”沿线、沿岸国家职业教育市场，探索高职教育人才培育的海外新模式、新路径，力图为习近平主席“一带一路”倡议的实施提供技能人才的支撑。

基于以上认识，今年6月，深圳职业技术学院倡议成立“职业教育国际联盟”，目的是借此凝聚国内及“一带一路”沿线、沿岸国家和地区的职业教育资源，在职业教育的理论研究、政策建议、文化交流、校企合作、产教融合、师资培训、技术培训等诸多方面展开更有深度、更具广度的合作与交流，努力探索形成开放包容、互利共赢、合作互鉴的机制和平台，夯实合作基础，努力当好“一带一路”倡议的思想传播者和理念践行者。

“好雨知时节，当春乃发生。”深圳职业技术学院这一倡议适应新时代的要求而产生，也必然引起社会的关注、企业的响应和领导的支持。各级教育领导部门和中国职业教育学会高度肯定这一倡议，诸多企业积极支持让人感动，国外合作机构主动热情令人感叹。为了让职业教育国家联盟成员对于“一带一路”沿线、沿岸国家职业教育历史、现状有一个较为初步而全面的了解，深圳职业技术学院组建专业团队编写了《“一带一路”沿线国家职业教育概览》一书。我们的团队自今年7月开始，在资料极为贫乏、天气炎热难耐的背景和环境中，夜以继日，克服种种困难，编写出上、下两册洋洋80余万字的文稿，并在商务印书馆的大力支持下，在短短的时间内成书出版。虽属筚路蓝缕，权作抛砖；期待后来居上，终成引玉，是所愿也！

本书编写过程中参考了联合国教科文组织、世界银行等国际组织和有关国家的教育报告；还参考了我国外交部及驻外使领馆、商务部、各国教育网站等的文献资料，限于篇幅未能一一注明，在这里我们表示真诚的感谢！还要真诚感谢外交部一等秘书赵立平博士的大力支持，他利用自己的休息时间为我们寻找相关一手材料和文献；真诚感谢商务印书馆（深圳）有限公司苑容宏先生和王婉珠编辑给了我们极具专业价值的指导意见，使我们在写作过程中避免了一些疏漏，并且在出版方面给予大力支持，促成了这本书的及时出版。

还需要说明的是，由于时间仓促，且有的国家资料欠缺，加上编写时间紧迫，本书难免出现错误和不足，恳请读者朋友们能够及时给予批评指正。读者的批评意见是本书能够完善的必要条件。本书如有再版机会，定将集思广益，以更加完善的面貌呈现在大家面前。

最后，我们愿将本书作为一份微薄的礼物，奉献给"一带一路"建设这一伟大倡议。我们期望，本书的出版，能够为"一带一路"这一伟大工程的建设贡献出我们的绵薄之力！是为记。

李建求

2017年10月20日